경영학원론

MANAGEMENT

CENGAGE Learning

Management

1st Edition

Ranjay Gulati
Anthony J. Mayo
Nitin Nohria

Original edition © 2014 South Western, a part of Cengage Learning.
Management 1st Edition by Ranjay Gulati, Anthony J. Mayo and Nitin Nohria
ISBN: 9780538478465

This edition is translated by license from South Western, a part of Cengage Learning, for sale in Korea only.

ISBN-13: 978-89-9833-893-0

Cengage Learning Korea Ltd.
14F, YTN Newsquare, 76 Sangamsan-ro,
Mapo-gu, Seoul, 121-904, Korea
Tel: (82) 2 330 7000
Fax: (82) 2 330 7001

Cengage Learning is a leading provider of customized learning solutions with office locations around the globe, including Singapore, the United Kingdom, Australia, Mexico, Brazil, and Japan. Locate your local office at: **www.cengage.com/global**

Cengage Learning products are represented in Canada by Nelson Education, Ltd. For

product information, visit **www.cengageasia.com**

Printed in Korea
1 2 3 4 19 18 17 16

경영학원론

MANAGEMENT

GULATI | MAYO | NOHRIA 지음   김경미 | 박현준 | 안성익 | 이광희 | 차경진 옮김

CENGAGE Learning   카오스북 CHAOS BOOK

Andover • Melbourne • Mexico City • Stamford, CT • Toronto • Hong Kong • New Delhi • Seoul • Singapore • Tokyo

옮긴이 소개

김경미 ι 인천대학교 경영학부

박현준 ι 인천대학교 경영학부

안성익 ι 영남대학교 경영학부

이광희 ι 금오공과대학교 경영학과

차경진 ι 강원대학교 글로벌경영학과

경영학원론

MANAGE MENT

발행일 2016년 02월 15일
지은이 Gulati, Mayo, Nohria
옮긴이 김경미, 박현준, 안성익, 이광희, 차경진
발행인 오성준
발행처 카오스북
주 소 서울 서대문구 연희로 77-12, 505호(연희동, 영화빌딩)
전 화 02-3144-3871~2
팩 스 02-3144-3870

등록번호 제25100-2015-000038호

디자인 Moon & Park
인 쇄 이산문화사
지 류 성진페이퍼

웹사이트 www.chaosbook.co.kr
이메일 info@chaosbook.co.kr
ISBN 978-89-98338-93-0 93320

정가 32,000원

머리말

변화하는 관리의 패러다임

리더는 항상 다른 사람을 분발하게 해야 하고 그러면서도 자신의 조직을 위해 모순되고 불확실한 정보를 바탕으로 중요한 전략적 의사결정을 내려야 하는 난제에 직면해왔다. 리더의 성공과 실패는 이러한 정보를 정확하게 해석해 가공하는 능력에 달려있다. 오늘날의 리더는 과거 어느 때보다 더욱 역동적이며 복잡한 도전과 기회를 마주하고 있다. 리더는 기술적 진보를 활용하고, 다각화되고 다양한 노동력을 관리하며, 빈번하게 발생하는 경쟁적이며 지정학적 변화와 불확실성을 예상하고 대응해야 하며, 글로벌한 규모로 경쟁하고, 그러면서도 사회적으로 책임 있고 납득 가능한 방법으로 운영할 수 있는 방법을 터득해야 한다.

경영관리의 원칙, 목적, 관점에 대한 교재를 새로 저술하면서 추구한 것은 3가지 중요한 양상 –1)전략적 포지셔닝, 2)조직설계, 3)개별적 리더십– 사이의 상호연결성을 보여주려는 것이었다. 이들은 독립적으로는 작용할 수 없으며 또 그렇게 되어서도 안 된다. 한 조직의 전략은 이러한 전후 맥락에서 이끌어가는 관리팀이 처한 경쟁적 · 환경적 상황과 능력의 성격에 달려있다. 이와 같이 전략의 형성, 조직설계, 기업의 리더십 사이에는 강한 상호작용이 있다. 진화하는 사업 환경에서의 성공은 관리의 상호작용이 선형적 과정의 부분이 아니라 역동적이며 상호작용에 의한 것이라는 사실에 대한 명확한 이해를 요구한다.

이 책에서는 전략 및 조직 행동의 공진화(co-evolutionary)적 성격에 대해 설명한다. 비록 이 영역이 관리에 관련된 많은 책에서 종종 독립적으로 다루어지고는 있지만 어떠한 전략이 리더십을 알려주는 것인가, 어떻게 리더가 전략적으로 포지셔닝하고 궁극적으로 성과에 영향을 미치는가를 강조함으로써 더 전체론적이고 통합적 방법을 취한다. 이 책 전체를 통해 이용되는 것은 성과우위다. 이는 전략적 선택, 조직의 조정, 개별적 리더십 방식 등에 관한 결정 사항의 영향 및 결과를 보여준다. 추구하는 목표는 한 가지 핵심 질문과 관련된 통합된 양상을 다룸으로써 리더십 역할에 대비할 수 있게 도움을 주려는 것이다.

21세기 리더는 어떻게 회사를 성공적으로 관리할 수 있는가?

본문의 구성

경영관리에 관한 이 책은 전략적 포지셔닝, 조직설계, 개별적 리더십 관점 사이의 상호관련성을 제시함으로써 3가지 중심되는 방식을 취한다. 실제 삶에서와 같이 기업 전략적 선택과 리더십 방법은 관련성을 적합하게 만들고 변화시켜 유지시킬 필요가 있다.

전략적 관점은 그 안에서 기업이 경쟁하는 환경적 상황에 대해 이해할 수 있게 한다.

조직적 관점은 한 기업을 변화하는 전후 관계적 맥락에서 경쟁할 수 있게 조정 및 구성할 수 있는 방법을 정의해준다.

개인적 관점은 효과적 팀과 과정을 구축할 때 리더가 갖는 역할에 초점을 맞춘다.

이렇게 전체론적 방법을 통해 기업전략이 성공을 위해 요구되는 리더십 유형에 어떻게 영향을 미치는지, 기업의 리더십과 자원이 잠재적/전략적 선택사항에 어떻게 영향을 미치는지 이해하게 될 것이다.

'참여 · 연결 · 수행 · 지도' 대화식 학습을 통한 중요 과정의 필요사항 검토

이 책 〈경영학원론〉 1판은 학생이 관리자처럼 생각할 수 있도록 효과적으로 참여시키는 것과 더불어 개념을 현실 세상에 적응하려는 시도를 한다. 다음과 같은 다양한 학습활동을 통해 결과와 기타 중요한 진행 목표를 얻기 위한 방식을 따른다.

- 참여(Engage): 해당 내용으로 끌어당겨 관련성을 수립하게 함
- 연결(Connect): 지식의 주요 내용을 숙달하고, 조건 및 개념을 연결시킴
- 수행(Perform): 개념과 이론에 관한 현실 세계의 적용
- 지도(Lead): 관리자가 되도록 하는 고급 수준의 비판적 사고 및 적용

이 책의 특징

이 책은 관련성과 성과에 대한 초점을 적절하게 보여주는 사례, 다양한 비즈니스 상황을 소개하는 성찰적 실습, 조직적 결과와 개별적 결과를 추진하도록 해주는 핵심 요인으로 구성되었다.

- 자기 성찰(Self-Reflection): 각 장의 첫머리에서 시작한다. 학생들이 자신을 해당 장의 전후 관계 속에 놓고 성찰하게 하는 '현실 확인'을 제공한다.
- 리더십 개발의 여정(Leadership Development Journey): 종합적인 기술 기반의 활동으로 관리자로서 자신은 누구인지, 또는 어떤 사람이 될 것인지를 개발할 수 있게 해준다. 모든 장에서 이 활동은 이론을 행위로, 즉 '무엇'을 '어떻게'로 전환시켜준다.
- 다른 관점(Different View): 사업 상황에서의 애매한 부분을 정의하는 데 도움을 준다. 다양한 쟁점은 제1장에서 3대 기본 기준을 다루고, 제6장에서 '작은 거인', 제7장에서 '민주

적 직장'을 이끌어 긍정적 사내정치(제14장), 21세기에서의 동기부여(제18장), 비영리 적 네트워킹(제20장) 등을 관리하게 한다. 학생들에게 어떻게 각 장의 개념이 현실 세상의 맥락으로 전환되는지에 대해 경험하게 해준다.

- 적합한 사례(Case in Point): 각 활동은 학생들에게 사례를 더 탐구할 것을 요청하면서 이 책의 내용을 바탕으로 연구 기회를 제공한다.

강의자 지원 사항

강의자 교재용 CD

이 책을 통해 즉시 이용할 수 있는 중요한 강의자료를 찾아볼 수 있다. 강의자용 자료는 각 장별로 해당 과정이 처음인 강의자를 위한 도구와 더불어 실력 있는 관리자를 개발히려는 경험 많은 교수를 위해서도 혁신적 자료를 제공한다. 강의자 교재에는 매뉴얼, 문제은행, Examview 테스트용 소프트웨어, 강의자를 위한 파워포인트 프레젠테이션 슬라이드 등이 있다. 강의자용 매뉴얼은 강의 개요, 추천되는 교수법 관련 내용 및 교육적 특징에 대한 답변, 추천되는 추가 사례연구, 표본 교수 요목 등으로 구성되어 있다.

저자 소개

Ranjay Gulati

Ranjay Gulati는 하버드대학 경영대학원 조직행동연구소(Organizational Behavior Unit) 소장이며 경영학 교수(Jaime and Josefia Chua Tiampo Professor)이다. 기업에서의 리더십, 전략, 조직 관련 쟁점 등에 대한 전문가다. 최근에는 격변의 시장에서 고성장 조직을 구축하기 위한 리더십 및 전략 문제를 탐구하고 있다. 이전 연구 중 일부는 사내 및 기업 간 협업의 성공 요인과 시사점에 초점을 맞춘 것이었다. 기업이 성과를 향상시키기 위해 경계 내에서 그리고 그것을 넘어 더 큰 연계성을 효과 있게 이용해야 할 시기와 방법을 검토했다.

최근 저서 〈탄력성을 위해 재조직하라: 고객을 조직의 중심으로 두는 방법(Reorganize for Resilience: Pulling Customers at the Center of Your Organization)〉 (Harvard Business Press, 2009)에서 탄력성 있는 회사는 –호경기 및 불경기 모두 번영하는 회사– 어떻게 고객의 삶에 몰입해 성장을 추진하고 수익성을 늘리고 있는지를 탐구했다. 제조, 소매, 전문 서비스, 미디어, 정보기술, 보건 등 광범위한 산업 전반에 걸친 10년 이상의 연구를 바탕으로 행동을 지연시키는 내부 장벽을 허물고, 부서 전체를 조정하며, 협업 네트워크를 창출하는 방법을 제시함으로써 탄력성으로 향하는 방향을 규명했다. 〈네트워크 자원의 관리방법: 동맹, 제휴, 기타의 관계적 자산(Managing Network Resources: Alliances, Affiliations, and other Relational Assets)〉 (Oxford University Press, 2007)은 기업의 성장 포트폴리오가 갖는 시사점을 기업 간 연결성에 두고 조사했다. 기업이 어떻게 핵심 활동이 되어야 할 대상을 점차 축소해가고 있는지, 동시에 협업으로 진입함으로써 고객을 대상으로 다양한 내용을 확대해가고 있는지를 보여준다. 또한 떠오르는 기술집약적 산업에서의 경쟁 역학에 초점을 맞추고 있는 책을 공동 편집했다.

Gulati 교수는 미국경영학학회의 경영방침 및 전략부문 전임 위원장이며 세계전략경영학회(Strategic Management Society)의 선출 선임연구원이다. ISI–Incite에 의해 지난 10년간 경제학 및 경영학 부문에서 가장 저명한 상위 10인 학자 중 1명으로 올랐다. 〈The Economist〉, 〈Financial Times〉, 〈Economist Intelligence Unit〉 등은 관리 실무에 가장 업적이 많은 10인의 경영대학원 학자 가운데 그를 등재했다. 또한 하버드맥아더선임연구원

(Harvard MacArthur Fellow)이자 슬론재단선임연구원(Sloan Foundation Fellow)이었다. 그의 연구는 〈Administrative Science Quarterly〉, 〈Harvard Business Review〉, 〈American Journal of Sociology〉, 〈Strategic Management Journal〉, 〈Sloan Management Review〉, 〈Academy of Management Journal〉, 〈Organization Science〉 등과 같은 유명 학술지에서 출간되었다. 또한 〈Wall Street Journal〉, 〈Forbes〉, 〈strategy+business〉, 〈Financial Times〉 등에도 기고해왔다. Gulati 교수는 〈Administrative Science Quarterly〉와 〈Strategic Management Journal〉 등이 포함되는 여러 유명 학술지 편집위원으로 재직하고 있다. 〈Strategic Management Journal〉에서는 2000년 '동맹과 전략적 네트워크', 2011년 '조직설계' 특별판의 공동편집자를 지냈다. 2014년에 공개된 '다중 네트워크'에 대한 〈Academy of Management Journal〉의 특별판을 공동 편집했다.

Gulati 교수는 하버드 경영대학원의 고급관리프로그램을 주재하고 있다. 고객중심의 조직을 구축하고 지도하는 법, 고객관계를 관리하는 법, 전략적 동맹을 관리하는 법, 인수합병, 격변 시장에서 경쟁우위를 지속하는 법 등의 주제로 여러 임원교육 프로그램을 총괄해왔다. 하버드로 오기 전에 교수로 재직했던 켈로그대학원(Kellogg School)에서 MBA 및 고급MBA 프로그램에서의 교수 내용으로 최고 교수상(Best Professor Award)을 받는 등 많은 수상을 했다.

Gulati 교수는 전 세계의 대기업 및 중소기업에 조언을 하고 연설도 한다. 대표적으로 연설 및 자문을 해준 기업들은 GE, SAP, Novartis, Bank of China, Sanofi Aventis, Caterpillar, Allergan, Metlife, Target, Hitachi, Honda, Qualcomm, Aetna, Future Brands, Ford, Seyfarth Shaw, LaFarge, McGraw-Hill, Rockwell Collins, Merck, General Mills, Abbott Laboratories, Baxter, Credit Suisse, Microsoft 등이다. 여러 창업 회사의 자문단으로 봉사했으며 기업 소송에서는 전문가 증인으로 활동했다. CNBC 방송에 게스트로 자주 출연했으며 아울러 비즈니스 혁신, 협업, 리더십의 비전을 주제로 패널리스트로 출연했다. 하버드대학 박사학위, MIT 슬론경영대학원 석사학위, 워싱턴주립대학교와 뉴델리의 세인트스테판스대학 각각에서 받은 컴퓨터공학과 경제학 학사학위를 소지하고 있으며, 매사추세츠 뉴튼에서 살고 있다.

Anthony J. Mayo

Tony Mayo는 하버드경영대학원(HBS)의 조직행동연구소에서 경영학 수석 교수(Thomas S. Murphy Senior Lecturer)로 재직하고 있다. 최근 MBA 프로그램의 1년 차에서 새로이 요구되는 체험적 행동학습과정인 FIELD, 즉 리더십 개발을 위한 현장 몰입체험을 강의한다. 이전에는 '위대한 비즈니스 리더: 상황맥락적 지능의 중요성' 과정을 공동으로 만들어 가르쳤다. 또한 리더십 기반의 고급 교육프로그램을 광범위하게 가르치고 있다. 5개 국어로 번역된 〈그들의 시대에: 20세기의 가장 위대한 비즈니스 리더(In Their Time: The Greatest Business Leaders of the 20th Century)〉의 공동저자이다. 〈권력으로 가는 경로: 내부자와 외부자가 미국의 비즈니스 리더십과 기업가를 형성한 방법(Paths to Power: How Insiders and Outsiders Shaped American Business Leadership and Entrepreneurs)〉, 〈관리자와 리더: 항공사 업계가 리더십에 대해 우리에게 가르쳐 줄 수 있는 것(Managers and Leaders: What the Airline Industry Can Teach Us About Leadership)〉의 공동 저자이다. 이 책들은 Dean Nitin Nohria와 Tony가 만들어낸 위대한 미국의 비즈니스 리더 데이터베이스 개발에서 비롯된 것이다(http://www.hbs.edu/leadership/database/index.html).

Tony는 HBS Leadership Initiative의 임원으로도 봉사한다. Leadership Initiative는 학제간 센터로 리더와 리더십에 대한 최첨단의 연구 및 과정 개발에서 촉매 역할을 하는 곳이다. 임원으로서 Tony는 리더십에 대한 종합 연구프로젝트를 감독하면서 리더십 개발의 수많은 고급 교육프로그램을 관리하고 있다. 높은 잠재성의 리더십 개발, 고위 중역을 위한 리더십, 지도의 충격요법, 리더십 베스트 실무 등의 프로그램을 공동으로 만들었으며 수많은 맞춤형 리더십 개발 프로그램에 중요한 기여를 했다. 리더십 개발을 위한 하버드 경영대학원의 훈련용 구성요소를 설계해 실시했으며 최근에는 모든 고급 훈련프로그램을 감독하고 있다.

Tony는 광고대행사(Hill Holiday, 데이터베이스 관리기업), Epsilon, 종합 서비스의 직접 마케팅 회사(DIMAC Marketing Corporation) 등에서 수석 종합관리 지위를 가지고 데이터베이스 마케팅 부분에서 경력을 쌓았다. 최근에는 Hill Holiday의 고객관계 관리업무 총지배인으로 근무했다.

Epsilon에 있을 때 공동 CEO 대행으로 근무했는데 〈Fortune〉 1,000대 기업과 전국의 비영리조직에 대한 전략적 데이터베이스 마케팅 서비스의 전달과 마케팅 전체를 책임졌다. 또한 Epsilon의 영업 및 회계관리 부서에서 수석관리로 일했다. DIMAC Marketing Corporation에 있을 때는 전략개발담당 부사장 및 CFO 대행으로 근무했다. 이 능력을 가지고 DIMAC의 이질적 사람들로 이루어진 사업 구성단위를 위한 통합된 전략계획의 개발을 이끌었으며 궁극적인 판매를 조정했다. 데이터베이스 마케팅 업계에 종사하기 전에는 하버드 경영대학원에서 MBA 행정 담당 임원으로 근무했다.

Tony는 하버드 경영대학원에서 MBA를 수료했으며 석사학위는 보스턴대학에서 받았다. 부인 Denise, 3자녀인 Hannah, Alex, Jacob 등과 함께 매사추세츠 니드햄에서 살고 있다.

Nitin Nohria

Nitin Nohria는 2010년 7월 1일 하버드 경영대학원 10대 학장이 되었다. 그 전에는 Leadership Initiative의 공동 학과장, Faculty Development의 수석 부학장, Organizational Behavior unit의 책임자로 근무했다.

그의 지성적인 관심은 인간의 동기부여, 리더십, 기업의 변화 및 책임, 지속가능한 경제적 및 인간적 성과 등에 중점을 두고 있다. Amanda Pepper와 XPlane으로 협업해 Paths to Power 비디오를 만들어 사회에서 가장 절박한 문제점 중 일부를 다룰 때 리더십의 가치와 중요성에 대한 방식을 생성해냈다. 2010년 6월에는 Rakesh Khurana, Scott Snook과 함께 주최한 학회에 바탕을 두고 〈Harvard Business Review〉는 리더십이 앞으로는 어떻게 나아갈지에 대해 6주간의 블로그를 개설했다.

공동 저자 혹은 공동 편집자로 16권의 책을 간행했다. 최근에 쓴 〈리더십 이론과 실무 편람(Handbook of Leadership Theory and Practice)〉은 HBS의 100주년 기념행사 동안 준비했으며 진보하는 리더십에 대한 개론서다. 〈권력으로 가는 경로: 내부자와 외부자들이 미국의 비즈니스 리더십과 기업가를 형성한 방법(Paths to Power: How Insiders and Outsiders Shaped American Business Leadership and Entrepreneurs)〉에서 그는 어떻게 다른 배경 출신의 리더가 －일부는 내부자라 생각할 수 있고 다른 사람은 외부자라 할 수 있는－ 미국의 비즈니스에서 권력을 잡게 되었는지를 연대순으로 기록했다. 그의 책 〈그들의 시대에: 20세기의 가장 위대한 비즈니스 리더(In Their Time: The Greatest Business Leaders of The 20th Century〉과 더불어 20세기 가장 유명한 미국의 비즈니스 리더에 관한 교훈서이다. 리더십의 역사적 연구에 대한 3부작의 세 번째 저서가 바로 〈기업가, 관리자, 리더: 항공사 산업으로부터 얻는 리더십 교훈(Entrepreneurs, Managers, and Leaders: Leadership Lessons from the Airline Industry)〉이다.

Nohria는 또한 50건 이상의 학술지 논문, 사례, 조사보고서, 주해 등의 저자이기도 하다. 세계의 여러 곳에 소재한 다양한 대기업 및 중소기업의 고문 및 상담역으로 근무해왔다. ABC, CNN, NPR 등에서 인터뷰를 했고 〈Business Week〉, 〈Economist〉, 〈Financial Times〉, 〈Fortune〉, 〈New York Times〉, 〈Wall Street Journal〉 등의 잡지에 인용되었다. 하버드 경영대학원의 MBA, 박사, 고급 교육프로그램 등을 통해 강의를 해왔으며 1996년에는 런던 경영대학원에서 초빙교수로 일했다. 하버드 경영대학원 교수로 1988년 7월에 합류하기 전에는 MIT 슬론경영대학원에서 경영학 전공으로 박사학위를 받았으며 인도 봄베이에 있는 Indian Institute of Technology에서 화학공학으로 공학사 학위를 받았다. IIT는 2007년 Nohria에게 '성공한 동창생의 영예'를 수여했다. 부인, 두 딸과 함께 보스턴에서 살고 있다.

MANAGEMENT

제 3 부 조직 관점

MANAGEMENT

제 4 부
개인 관점

M A N A G E M E N T

제 1 부

관리를 위한 전후 관계의 설정

제 1 장

관리학 입문

학습목표

이 장을 공부한 후 다음을 할 수 있도록 한다.

- 관리의 3가지 중요한 역할인 전략적 포지셔닝, 조직설계. 개별적 리더십을 차별화하기
- 관리 및 리더십의 상호보완적 구성요소와 조직 내 다양한 관리 수준에서의 기술적인 대인관계와 개념적인 기술의 상대적 중요성 등을 설명하기
- 관리의 실행이 어떻게 진화해왔는지 설명하기
- 비즈니스 목적이 관점에 따라 어떻게 다른지와 기업과 기업 비즈니스를 둘러싼 비즈니스 환경과 관계가 시간이 흐름에 따라 어떻게 변화했는지 설명하기
- 관리에 대한 이해관계자 이론을 설명하고, 다양한 이해관계자와의 관계가 어떻게 전체적인 기업 성과를 향상시키기 위해 관리되고 있는지 설명하기

장의 개요

자기성찰 MANAGEMENT

관리와 리더십에 대한 나의 장점은 무엇인가?

다음의 진술 내용을 읽으면서 자신의 리더십에 대한 그리고 관리에 대한 장점을 검토해보라. 다음의 진술문에 '네' 혹은 '아니오'라고 답변해 관리에 대한 장점을 평가해보라.

1. 나는 프로젝트를 기획하는 데 뛰어나다.
2. 집단과 함께 일할 때 나는 비전을 창출해내고 목표를 설정함으로써 비전을 현실로 만들기 위해 전략적으로 생각한다.
3. 나는 예산편성과 재정기획에 유능하다.
4. 나는 현상에 도전함으로써 변화를 이끈다.
5. 나는 체계를 수립하고 과업을 위임함으로써 해야 할 직무를 갖도록 사람들을 조직할 수 있다.
6. 나는 사람들을 어떻게 동기부여할지를 이해하고 있다.
7. 나는 복잡한 문제들을 위한 해결책을 창출해내는 것을 즐긴다.
8. 나는 다양한 사람들의 집단과 함께 일을 하여 목표를 달성해낼 수 있는 능력을 갖고 있다.
9. 나는 다양한 상황들을 질서 있게 만드는 책임을 지는 타입의 사람이다.
10. 나는 열정과 정서적인 접속을 통해 사람들에게 영향을 준다.

만약 홀수 번호의 진술문에 대부분 '네'로 답변했다면 관리에 대한 장점의 단단한 기초를 갖고 있는 것이다. 만약 짝수 번호의 진술문에 대부분 '네'로 답변했다면 리더십에 관한 장점의 단단한 기초를 갖고 있는 것이다. 만약 양쪽 다 '네'라면 관리자와 리더 역할을 균형 있게 하는 데 능숙하다는 뜻이다.

서론

오늘날의 리더는 무수히 많은 도전에 직면하고 있으며 어려운 결정에 일상적으로 마주치고 있다. 소비자의 요구를 맞추기 위해 제품의 제공 범위를 확대하고 있는가? 아니면 필요없는 것들은 없애고 회사의 노력을 소수 제품에 집중하고 있는가? 경쟁사들과 직접적으로 경쟁해야 하는가? 아니면 획기적인 신제품(또는 서비스)을 내놓기 위해 돈을 투자하고 있는가? 어떻게 직원들에게 동기를 부여하고 있는가? 어떻게 조직 내에서 신뢰와 헌신을 얻어내고 있는가? 초점을 학습 및 개발에 맞추어야 하는가 아니면 손익계산만을 따지는 결과물에 맞추어야 하는가?

리더는 기술적 진보를 활용하고, 분산되고 다양한 노동력을 관리 및 지도하며, 끊임없는 경쟁 및 지정학상의 변화와 불확실성에 대응하고, 글로벌한 규모로 경쟁하며, 특별히 책임질 수 있는 방식으로 운영하는 방법을 이해하는 것이 필요하다. 이러한 새로운 환경에서의 성공은 1) 전략적 포지셔닝, 2) 조직설계, 3) 개별적 리더십에 대한 확실한 지식을 요구하고 있다(그림 1-1 참조).

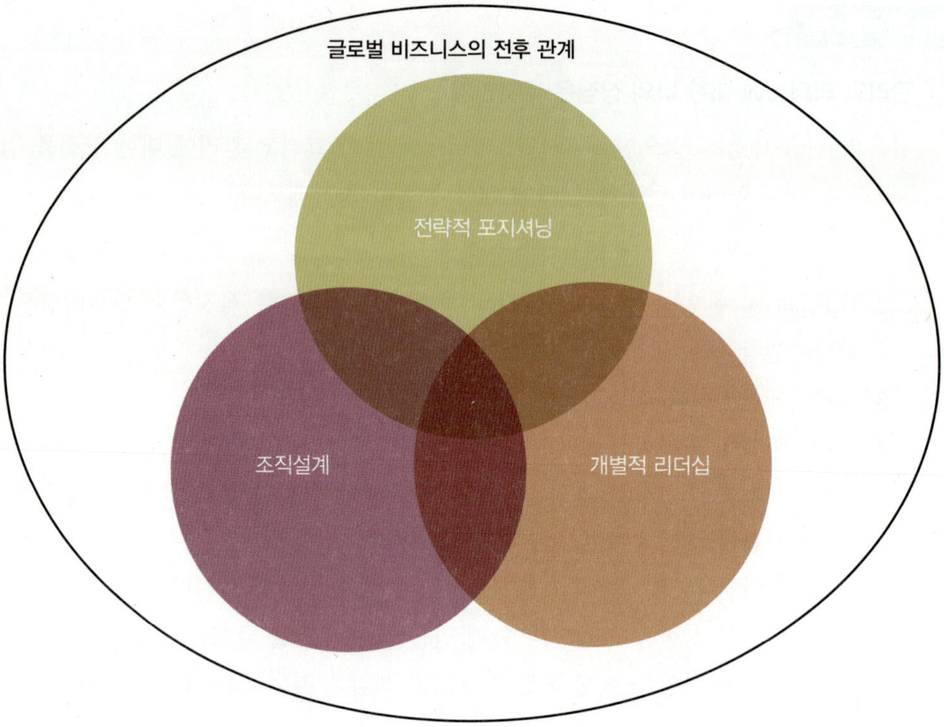

그림 1-1 관리의 핵심 내용

기업에 대한 전략의 공식화, 조직설계, 리더십 사이의 상호작용은 기능적인 것도 아니며 선형적인 것도 아니다. 그것은 바로 역동적이면서도 상호작용적인 것이다. 이 책은 전체에 걸쳐 관리의 원칙, 목적, 관점에 대해 전략, 조직설계, 개별적 리더십 행동 사이의 상호의존성 및 상호연관성을 보여준다. 조직의 전략은 경쟁적이며 환경적인 상황, 관리팀의 기술 및 능력의 성격, 전후 관계에 좌우된다. 이렇게 전후 관계적인 상황을 이해한다는 것은 다음에는 기회와 위험을 인식할 수 있는 것과 더불어 판매시장에서 효과적으로 경쟁할 수 있도록 회사의 자원을 이끌고 구성할 수 있는 기업경영진의 능력에 의존하게 된다.

기업전략적 선택과 리더십은 타당성을 유지하기 위해 적응하고 변화하는 것을 필요로 한다. 전략은 성공을 위해 요구되는 조직설계와 리더십에 영향을 미치는 경우가 종종 있다. 한 기업의 리더 유형과 조직설계는 또한 기업이 믿을 만하게 경쟁할 수 있는 전략적 선택에도 영향을 미칠 수 있다. 본질적으로 전략, 조직설계, 리더십은 통합적이며 역동적인 방식으로 함께 작용해야 한다.

이 책은 관리의 3가지 핵심 내용인 전략, 조직, 개별적 리더십에 따라 구성되었다. 전략 수준 또는 관점은 기업이 경쟁하는 환경 및 변화하는 전후 상황에서 성공하기 위해 조직이 자원을 조정하는 데 도움이 되는 전략요소들을 이해하는 것이 포함되어 있다. 전략적 관점에서 다루는 핵심 질문사항은 다음과 같은 것이 포함된다. 기업은 어떻게 경쟁해야 할 것인가? 경쟁적 상황은 성공 또는 실패 잠재성을 어떻게 형성하는가? 글로벌화는 기업의 경쟁적 포지셔닝에 어떻게 영향을 미치며 또한 미치게 될 것인가?

어떠한 전략을 추구해야 할지 안다는 것은 단지 관리 퍼즐의 첫 번째 부분에 지나지 않는다. 다음 조각은 전략적 목적을 달성하기 위해 조직의 구성요소를 개발하고 조정하는 일과 관련되어 있다. 그 목적을 달성하기 위해 이 책의 조직에 대한 관점은 기업이 변화하는 전후 관계 상황에서 경쟁하기 위해 조정되고 구성되어야 할 방식을 정의한다. 핵심 질문에는 다음과 같은 것이 포함된다. 어떠한 조직구조가 기업이 자원을 최적화할 수 있게 해주는가? 기업문화는 어떻게 핵심 가치를 강화시킬 수 있으며, 확실한 조직의 성과를 위해 그 기초가 어떻게 놓여지게 할 수 있는가? 성과는 어떻게 측정되는가? 조직은 끊임없이 변화하는 경쟁 상황에서 어떻게 타당성과 경쟁성을 유지하고 있는가?

마지막으로 조직은 공통의 목표 또는 목적을 달성하기 위해 함께하는 개인들의 집합에 지나지 않는다. 그러나 조직은 어떻게 다양한 개인들을 함께 일할 수 있도록 조정하고 동기를 부여해주는가? 그에 대한 답변은 효과적 리더십을 통해서다. 이 책의 마지막 부분은 리더십의 핵심 구성요소와 활동을 다룬다. 관리자는 먼저 자신이 누구이고 무엇이 다른 사람에게 효과적으로 동기를 주고 영향을 미칠 수 있도록 자신에게 동기를 주고 있는지 알아야 한다. 이 책의 개별적 관점 부분에서 다루는 핵심 질문에는 다음과 같은 것이 포함된다. 관리자는 어떻게 권력과 영향력을 이용하고 있는가? 관리자는 어떻게 대단히 중요한 결정을 내리고 갈등을 처리하는가? 무엇이 다른 사람에게 동기를 주며 어떻게 효과적 팀을 만들어내는가? 관리자는 어떻게 긴급함과 연민을 가지고 의사소통하는가?

전략, 조직설계, 개별적 행동의 상호작용은 광범위한 전후 관계 상황에서 작용하고 있다. 사실 전후 관계는 개별적인 관리적 행위의 허용 정도와 더불어 기업이 전략적 기회를 이용할 수 있도록 직접 영향을 줄 수도 있다. 이것이 바로 왜 [그림 1-1]에서 관리의 3가지 관점을 전후 관계의 구성으로 둘러싸고 있는지의 이유다. 비록 전후 관계가 특정한 기회의 이용가능성과 실현가능성을 형성할 수는 있겠지만 관리자는 기술을 상업화할 수 있는, 정부 조치를 지원하거나 반대할 수 있는, 인구통계학적 움직임을 이용할 수 있는 능력이 포함되는 많은 행위들을 통해 전후 관계에 영향을 줄 수 있다. 최근 수년간 커지고 있는 글로벌화의 중요성과 확대되고 있는 기업의 사회적 책임에 대한 범위는 비즈니스에 상당한 영향을 끼쳐왔다. 이에 대해 설명한 제2장 및 제3장은 글로벌화, 기업의 사회적 책임 각각에 대한 개관과 그것들이 비즈니스를 위한 전후 관계를 어떻게 형성해왔는지를 제공한다.

첫 번째 장에서는 관리의 기본 핵심 사항들을 설명하고 기업을 보는 관점이 수년에 걸쳐 어떻게 진화해왔는지를 설명한다. 기업은 주주에 대한 의무만을 갖고 있는 것으로부터 다양한 이해관계자들에 대한 의무를 갖고 있는 것으로 변화해왔다. 기업 목적에 대한 이 관점은 판매시장에서의 복잡성과 격변성이 증가함에 따라 변화해왔다. 또한 기업의 내부 · 외부 환경도 설명해 기업이 비즈니스를 수행하면서 마주치는 다양한 권력과 이해관계자들을 보여준다. 이 책을 공부하면서 한 가지 분명해져야 할 사항은 기업의 이해관계자와 환경을 관리하는 것이 매우 어려운 과업이라는 사실이다. 하지만 높은 성과를 내는 조직은 효과가 떨어지는 경쟁자보다는 환경적 관심사를 더 잘 관리하고 있다. 이 관심사에 대응해가면서 관리자는 기업성과를 자극해 판매시장에서 경쟁우위를 달성할 수 있다. 다양한 이해관계자의 복잡성을 이해하지 못하면 캘리포니아 잉글우드(Inglewood) 시장에 진입하려던 Walmart의 시도에서 증명된 것처럼 처참한 결과를 맞을 수도 있다. Walmart 사례는 오늘날의 비즈니스 환경에서 관리하는 일과 이끌

Walmart의 비즈니스 환경

세계에서 가장 큰 소매상인 Walmart는 1960년대 창립된 이래 성장과 확대의 궤적을 따라왔다. 전설적인 Sam Walton에 의해 시작된 Walmart의 역사적 전략은 다소 도심에서 벗어난 시장에 점포를 개설해 이전에는 쇼핑 욕구를 다수의 소형 점포에 의존했던 고객에게 다양성과 경쟁력 있는 가격을 제공하는 것이었다. 1970~80년대 전체를 통해 Walmart는 미국 전역에 걸쳐 많은 시장에서 가장 낮은 가격으로 제공하는 것을 공격적으로 확대했다. K-Mart와 Sears 같은 다른 소매사업이 어려운 시기에 빠져듦에 따라 Walmart는 언제나처럼 인상적인 결과를 계속 올렸다.

새천년이 밝아오는데도 Walmart는 소매시장에 대한 우위를 계속 유지했다. 2004년 회사 매출은 2563억 달러였으며 순이익은 90억 달러 이상이었다. 그해에 500개의 새로운 점포를 개설하기로 계획을 세웠는데 그중 반은 슈퍼센터(Supercenter)였으며 이는 Walmart의 전통적 소매 제공 품목들과 더불어 식료품을 제공하는 새로운 형태였다(그림 1-2 참조). Walmart는 710억 달러의 가치가 있을 것으로 추산된 캘리포니아의 거대한 식료품 시장으로의 확대 가능성을 보았다.

Gustavo Graf/Bloomberg/Getty Images

Walmart는 슈퍼센터를 Palm Springs 외곽의 소도시 La Quinta에서 밀어붙이기 시작했다. 이렇게 첫 번째 성공적 개점에 이어 Los Angeles에 더 인접한 시장으로 시선을 돌렸다. 하지만 회사가 슈퍼체인을 Inglewood에 여는 것으로 계획을 세움에 따라 자신의 고장에 Walmart 크기의 점포가 단위구역에 신축되는 것을 막기 위해 2002년에 입법 통과를 시도했던 시의회 의원들로부터 심각한 반대에 부딪쳤다. Walmart 임원들은 왜 한 소도시가 새로운 일자리(1,200명으로 추산)와 시를 위해서는 추가적인 세수입(연간 500만 달러로 추산)을 생성해낼 수 있는 슈퍼센터와 같은 새로운 상업적 기업을 원하지 않는지 혼란스러워 했다.

또한 새로운 시장에 진입하려 시도했을 때 전형적인 경쟁 압력에도 직면했다. 미국의 많은 시장들과 마찬가지로 캘리포니아에서의 식료품 사업은 매우 경쟁이 심했는데 업계 전반적으로 낮은 매출 총이익을 내는 것이 일반적이었다. 캘리포니아 시장은 Safeway, Albertson's, Kroger 등과 같은 확실히 자리를 잡은 식료품 기업들에 의해 지배되고 있었다. Inglewood 계획이 신문 1면을 장식하자마자 캘리포니아에 있는 많은 Walmart의 식료품 경쟁기업들은 이 체인점의 잠재적 진입에 대해 공격적 행동으로 대응했다. 많은 시장에서 Walmart의 식료품사업 진출은 특정 제품에서 3~5%의 가격 인하를 초래해왔다. 그 결과 캘리포니아에 있는 가장 큰 식료품 체인 다수가 Walmart와의 가격경

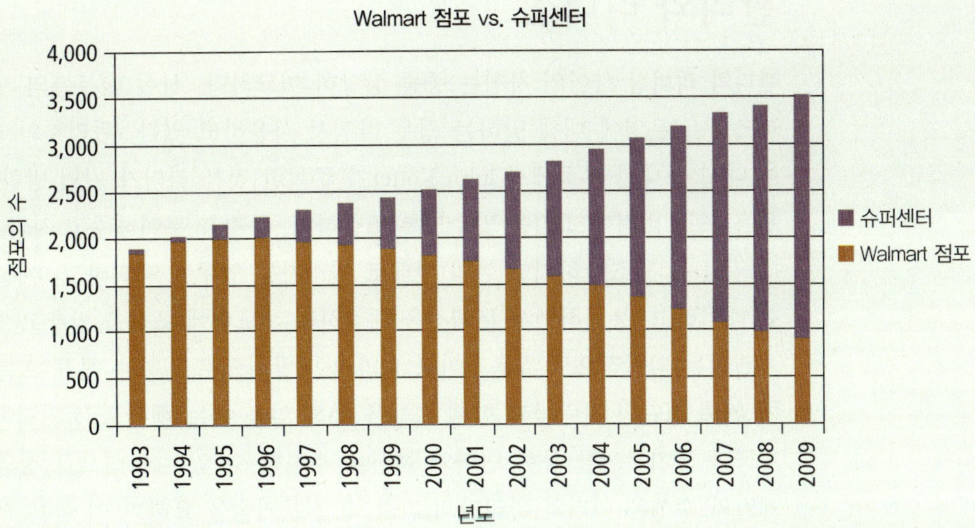

그림 1-2 슈퍼센터의 성장(1993~2009)

Source: Wal-Mart Stores, Inc., annual reports for 1999, 2004, and 2009.

쟁력을 유지하기 위해 직원 임금과 의료보장을 낮추려는 시도를 했다. 경쟁사의 식료품 근로자들이 임금 삭감으로 고통을 받자 식품상업노동자조합(United Food and Commercial Workers: UFCW) 노조는 Inglewood 시의회에 Walmart 슈퍼센터를 막아달라는 압력을 계속 가했다. 많은 사람은 Walmart의 진출이 도시 전체에 임금 인하가 계속되는 원인이 될 것이라 주장했다. 이것은 이미 Los Angeles 주변의 다른 도시에 비해 상대적으로 높은 실업률과 낮은 수입으로 악명을 얻고 있던 도시로서는 우울한 전망이었다.

Walmart 임원들이 이 사안에 주목함에 따라 내부적으로 어떠한 조치를 취해야 할지 논했다. 시의회로 그 제안을 들고 간다는 것은 무의미한 것으로 보였다. 그래서 회사는 그 제안을 시민투표에 붙이자는 것으로 진전시켰다. 비판론자는 Walmart의 임금과 의료 프로그램이 직원을 계속해서 최저생계비 이하로 묶어놓을 것이기 때문에 지역 시민을 해치게 될 것이라 대응했다. Los Angeles 시가 의뢰한 한 연구는 Walmart 슈퍼센터가 일자리를 파괴했으며 경쟁사로 하여금 더 낮은 임금을 지불하도록 만들었음을 보여주었다. 대조적으로 로스엔젤레스카운티경제개발조합에 의해 발행되고 Walmart가 자금을 댄 한 보고서는 반대되는 결론을 내렸는데 Walmart에서 쇼핑한 가구들이 식료품비를 절약하게 됨으로써 소비자들이 다른 품목에 더 많은 소비를 할 수 있게 되고 그 결과 일자리 성장으로 이어졌다고 주장했다. 하지만 유권자는 분명하게 그 계획을 거절했으며 Walmart는 Inglewood를 포기했다.

10년 전만 해도 Walmart는 새로운 점포를 개설할 때 반대에 직면하는 일은 있었지만 거의 없던 일이었다. 오늘날 새 점포를 개설하려 하면 마치 언제든 저항에 직면하고 있는 것처럼 보인다. 만약 여러분이 Walmart 관리자였다면 이 상황을 어떻게 다루었을까? Walmart 임직원은 어떤 행동을 할 수 있었을까?

어가는 일의 복잡성을 잘 보여준다. 효과적 관리는 이익을 생성해내는 것 이상의 책임을 지는 것이다. 관리 직무는 종종 핵심 구성요소의 다양성 욕구를 이해할 수 있는 능력을 요구한다. 본질적으로 글로벌 비즈니스 환경에서의 성공은 효과적 관리와 기술적 리더십을 요구한다.

관리와 리더십

관리와 **리더십** 사이의 차이는 종종 상당히 미묘하다. 사실 대부분의 사람은 이 용어를 비즈니스 운영에 대해 말하는 경우 바꿔서 사용하고 있다. 관리자와 리더십의 차이점에 대한 중대한 분석에서 John Kotter가 주목한 것은 리더가 기업 방향을 설정하고, 직원을 조직 비전에 초점을 맞추도록 조정하며, 동기를 부여해주고 자극시킨다는 것이다(그림 1-3 참조). 하지만 이와 반대로 관리자는 업무를 계획하고, 예산을 세우며 직원을 배치하고, 통제하면서 문제점을 해결하려는 노력에 초점을 맞추고 있다는 것이다.

관리는 일반적으로 효율적이고 효과적인 방식으로 원하는 목표 또는 목적을 달성하기 위해 집단의 사람들과 함께 그들을 통해 일을 하는 행위로 정의되어왔다. 리더십은 자극과 동기부여를 통해 변화와 혁신을 추진할 수 있는 능력으로 정의되어왔다. 전략개발과 수행은 리더와 관리자의 기술 및 전문기술을 요하며 이 둘은 모두 똑같이 조직의 성공에 중요하다. 수행을 위한 확실한 계획이 없는 비전이나 방향은 종종 그저 꿈일 따름이다. 비전 없는 계획의 수행은 종종 전략적 또는 경쟁우위가 결여된다.

관리(Management)
어떤 집단의 사람과 함께 그리고 그들을 통해 일을 하여 효율적이고 효과적인 방법으로 원하는 목표 또는 목적을 성취해내는 행위

리더십(Leadership)
감화와 동기부여를 통해 변화와 혁신을 추진할 수 있는 능력

예를 들어 Southwest Airlines에서 비전은 이전 최고경영자(CEO) Herb Kelleher가 주요 항공사들이 하던 것보다 단거리로 승객을 날랐던 캘리포니아에 있는 통근 항공사에 대해 배웠을 때 탄생했다. Kelleher는 많은 여행객이 상당히 먼 거리(800~1600km)를 운전하느라 피곤할 것이라 추측했다. 왜냐하면 이용할 수 있는 비행기가 너무 비싸

그림 1-3 리더 vs. 관리자의 역할

거나 아니면 충분할 만큼 자주 있는 것이 아니었기 때문이다. Kelleher의 비전은 승객으로 하여금 자동차 이동을 짧은 비행으로 맞바꾸게 하자는 것이었다. 자동차 여행과 경쟁한다는 항공 여행의 비전은 장거리 비행에 더 많은 초점을 맞추고 있었던 주요 항공사에 의해 판촉되던 비전과는 크게 다른 것이었다. Kelleher가 그 비전을 회사에 제시하는 한편, 관리팀은 정밀하고도 정확하게 그 일을 수행할 수 있는 능력이 있었다. 그들은 그렇게 회사의 자원을 조직화해 효율성, 일관성, 속도, 비용효과를 거두었다.

조직이 성공하려면 단지 상층부만이 아니라 조직 전체를 통해 관리자와 리더를 개발하고 육성하는 것이 필요하다. 사실 조직은 종종 CEO를 포함해 여러 위치에 있는 직원의 제안사항과 투입을 바탕으로 진화하고 혁신한다. 비즈니스 성공을 위해 요구되는 기술은 종종 조직 내에 있는 한 직원의 수준과 책임에 따라 달라진다. 전문기술은 초기에는 매우 중요한 반면 조직 내의 개별적 발전으로서의 더 전략적 능력에 비해서는 부차적인 것이 되는 경향이 있다. 예를 들어 최일선의 감독은 초점을 기술적 또는 공정상의 쟁점에 맞추어 운영이 순조롭게 진행되고 있음을 보장해야 하며, 신입 수준의 직원은 일정 수준의 능숙함과 기술이 요구되는 특정한 운영상의 역할을 갖고 과업을 맞는 일이 흔하다. 비록 리더십 기술이 조직 내에서 승진함에 따라 더 중요해지는 것이 사실이기는 해도 리더십은 그저 고위경영진의 독점물이 아니라는 것을 주지하는 것이 중요하다. 오늘날 대부분의 조직은 심지어 낮은 수준의 관리자라 해도 리더처럼 운영하고 생각할 것을 기대한다.

조직 내에서 더 높은 자리에 있는 관리자는 재무적 보고, 기획, 재능 있는 직원의 채용, 팀개발 등과 같은 과업에 집중한다. 비록 전문기술이 중요하기는 해도 중간 수준의

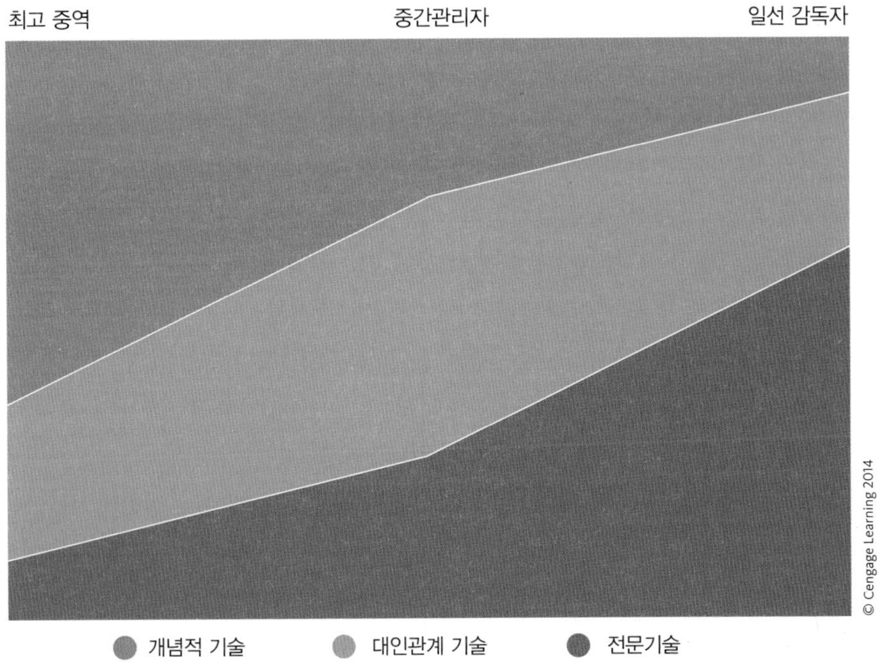

그림 1-4 관리 수준별 기술의 중요성과 관련성

관리자는 팀에 동기를 부여하고 개발하는 일에 노력한다. 나아가 조직전략의 개발과 개량을 위한 분석을 제공하기 위해 개념적 기술을 고위 중역들과 일할 때 이용하는 대인관계 기술에 더 많은 시간을 소비한다.

그보다 더 높은 지위로 올라가면 고위 중역은 조직을 위한 비전 및 과제를 설정하는 것과 더불어 전략 수행을 감독해 줄 것으로 기대된다. 단기 및 장기 전망이 균형을 이루도록 해야 하며 그러면서도 특정의 예상되는, 혹은 예상치 못한 만일의 사태를 위한 계획도 세워야 한다. 조직 내의 매입 및 지원을 보장하기 위해 고위 리더는 강한 의사소통 및 대인관계 기술에 의존하는 것이 필요하다. 개념적으로 생각할 수 있는 능력은 이 수준에서는 지극히 중요하다(그림 1–4 참조). 비록 개인의 능력은 조직 내에서 지위가 상승함에 따라 변하지만 각각은 매우 독특한 방식을 가질 수 있고 그러면서도 성공할 수 있음을 주목하는 것이 중요하다. 일부 리더는 외향적인 반면 다른 리더는 내면의 소리를 귀담아 들으면서 의사결정을 한다. 일부는 신속하고 충동적인 반면 다른 사람은 조심스럽고 의사결정에 시간이 오래 걸린다. 일부 지도자는 자만심이 강한 반면 어떤 사람은 겸손하다. Peter Drucker에 따르면 효과적 리더는 특정의 리더십 방식을 이용하는 사람이 아니다. 바로 자신의 방식이 결과물을 얻게 해주는 사람이다.

전문적인 대인관계의 개념적 기술은 조직 내에서 갖고 있는 지위와 상관없이 중요하며 의의가 있다. 중요한 차이점은 각 기술이 지닌 강도의 수준에 있다. 개념적 기술은 최고 중역의 시간을 더 많이 소비하며 반면 전문기술은 신입 직원들과 일선 감독자에게 더 중요하다. 기술의 세분은 비즈니스 및 비즈니스가 아닌 환경에도 적용된다. 축구팀을 생각해보자. 선수들은 전문기술을 능력의 최대 한도까지 수행하려 한다. 그들은 팀의 구성원으로 뛰는 것이 필요하며, 따라서 팀 플레이(아니면 전략)를 아는 것이 필요하다. 그러나 선수들의 1차적 관심사는 기술이다. 코치 역시 지시와 훈련을 제공함으로써 기술에 초점을 맞추고는 있지만 개별 선수들이 한 팀으로 뛴다는 것을 보장해야 한다. 코치는 전략을 설정하고 팀 능력을 더욱 발전시킬 수 있는 플레이를 만들어낸다. 마지막으로 구단주는 재능을 확인한 후 지원해 줄 수 있어야 하지만 많은 시간을 수익 생성 및 장기 투자기회 등과 같은 전략적 쟁점을 감독하는 데 보낸다.

관리자와 리더의 1차적 기술은(개념적, 대인관계의, 전문적) 이 책의 전체 구성에 맞추어 조정된다(그림 1–5 참조). 전략적 관점에서는 상당한 시간을 들여 비즈니스 리더가 경쟁 환경에서 운영을 차별화하기 위해 전략과 형세를 개발하는 방법을 설명한다. 상황과 자신의 위치를 이해할 수 있는 능력은 잘 연마된 개념적 능력의 개발에 의해 결정된다. 조직 관점으로 옮겨가면 초점은 개념적이면서 아울러 대인관계의 그리고 전문기술이 개입되는 구조적 쟁점에 맞추어져 있다. 예를 들어 직원의 재능을 극대화시키는 조직구조는 어떻게 만들어지는가? 이 책의 마지막 부분에서는 개인이 리더로 발전하기 위한 그리고 필요한 조직적, 전략적 결정을 내릴 수 있도록 준비하기 위한 (전문적, 대인관계의, 개념적) 기술을 구축할 수 있는 방법을 다룬다.

글로벌 비즈니스 생태계 내에서 회사 위치를 정의하기 위해 커다란 그림의 전략적 관점으로 시작해보자. 일단 전략이 개발되면 수행하고 전달될 수 있도록 진행하는 것이

그림 1-5 큰 그림의 전략에서 개별적 역할까지

중요하다. 바로 그곳에서 조직구조, 설계과정, 성과관리의 작동이 시작된다. 원하는 전략적 목적을 지원하기 위한 최선의 구조와 과정은 무엇인가? 이용할 수 있는 자원은 무엇인가? 어떠한 자원을 획득하고 개발해야 하는가? 비즈니스는 변화하는 전후 관계적 상황에서 관련성을 어떻게 유지할 수 있는가? 이 질문의 답변은 조직 관점을 정의해준다. 방어가 가능한 전략과 효율적 조직구조는 개별적 역할과 리더십의 결과물이다.

궁극적으로 관리자는 상황을 인식하기 위해 필요로 하는 전략적 능력, 그 상황에서 무엇을 해야 할지를 아는 사회적 기술, 역할을 할 수 있는 행동적 기술을 갖고 있어야 한다. 일부 리더는 무엇을 해야 할지는 알고 있지만 실제로는 하지 못하며, 반면 다른 리더는 미묘한 차이가 있는 상황의 중요한 세부 상황과 복잡성을 인식할 때 효율성이 떨어진다. 또한 어떤 사람은 모든 상황을 동일한 관리적 방법으로 다룬다. 효과적 관리는 다양한 상황에서 역할하며 필요로 하는 일련의 광범위한 기술과 능력 개발을 요구한다. 바로 이것이 개인적 리더십 기술의 개발에 초점을 맞추는 것이 그렇게 중요한 이유다.

리더십 개발의 여정 대학을 졸업하고 직장생활을 시작하면 관리하고 지도하기 위해 필요한 전문적, 개념적, 대인관계 기술을 효과적으로 이용할 수 있을지 주목받는다. 이상적인 직장생활을 위해 다음 질문에 대해 생각해보라.

- 초보 수준의 직무를 위해 요구되는 전문기술을 확인할 수 있는가?
- 직원을 감독하기 위해 필요로 하는 대인관계 기술은 무엇인가?
- 최고 중역은 비전을 설정하고 전략을 만들기 위해 개념적 기술을 어떻게 이용하는가?

이상적인 직장생활을 위해 필요한 기술 분석을 바탕으로 직장생활을 성공으로 이끌고 개발할 수 있도록 3가지 목표를 확인해보라.

변화하는 관리의 관점

Bettmann/CORBIS

어떻게 대규모의 복잡한 조직이 운영되고 있는지에 대한 정식 이론은 1900년대 초 독일 사회과학자 Max Weber에 의해 처음으로 제시되었다. Weber의 중요한 공헌은 **관료적 조직구조**의 개념화였다. Weber에 따르면 이상적 관료제도의 특징에는 다음과 같은 것이 포함된다. 개인들 사이의 과업과 책임에 대한 명확한 차별화, 엄격한 권한과 결정권의 계층을 통한 조정, 표준화된 규칙과 절차, 계획이 조직의 상위 서열에서 이루어져 하위 서열에서 수행될 수 있도록 하는 기획과 수행의 수직적 분리, 채용과 승진을 위한 기술적 기준의 이용 등이다. 현대 조직의 대부분은 그 구조가 관료적 형태의 기본 원칙을 바탕으로 이루어졌다. 관료 조직의 고전적 예는 미군이다. Weber에 따르면 관료 형태가 가장 크게 기여한 것은 조직을 더 이성적이면서도 효율적으로 만들게 하는 능력이었다.

Weber의 연구에 이어 많은 사회과학자들이 과학적 원칙을 바탕으로 조직구조를 탐구하기 시작했다. 1910년대에 Frederick Taylor가 개척한 연구 중 일부가 **과학적 관리**로 알려지게 되었다. 과학적 관리는 직무, 작업, 인센티브 체계를 어떻게 시간과 동작 연구와 같은 산업공학적 방법을 이용해 생산성을 개선할 수 있도록 설계할지에 초점을 맞추었다. 연구 결과는 기업 내에서의 효과적 감독에 대한 테일러 원칙의 바탕을 형성했다. 이 방법을 통해 조직은 잘 윤활된 기계로 비유되었고 관리자는 기계 조작자로 보이게 되었다. 관리자는 확실한 성과를 만들어낼 것으로 기대되는 과학적 연구를 바탕으로 특정 행위를 규정했다. Taylor는 직원이 자신의 동기에서는 경제적인 것을 추구하며 합리적이라 여겼다.

1930년대에 관리이론은 조직을 기계로 보는 관점에서 벗어나 변화하게 되었다. 이 기간에 **인간관계 운동**이 나타났는데 직장에서 비공식적 사회관계의 중요성을 강조하는 것이었다. 기업을 기계로 보는 과학적 관리에 반대함으로써 인간관계 과학자들은 조직을 생존을 위한 그리고 효과를 내기 위한 기능 속에서 공통의 이해관계를 공유하는 상호의존적 인간 시스템으로 이해해야 한다고 여겼다. 인간관계 운동을 통해 관리 관점은 기업의 산출로부터 비공식적이며 사회적 측면으로 전환되었다. 이후 조직은 사람들이 상호작용하고 학습하면서 동시에 수익을 만드는 수단으로 다루어지게 되었다.

1950년대까지 관리이론은 조직구조들 사이의 차이점과 이 차이점의 이유에 대한 이해가 기업을 새로운 상황 또는 전후 관계에서 적응하는 방법을 알려주는 데 어떻게 이용될 수 있을지 연구하는 것으로 변천했다. 일부 과학자는 사회적, 심리적, 기술적, 경제적 조건을 기준으로 조직 사이의 차이점을 보았다. 이 기간에 출현한 조직구조에 대한 가장 심오한 통찰력 중 하나는 조직이 확실한 안정적 과업 아니면 불확실한 혁신적 과업을 수행하도록 설계되는지의 여부를 기준으로 종종 달라진다는 사실이었다. 그래서 조직이 수행해야 하는 환경과 과업의 성격은 조직구조를 결정짓게 된다는 것이다. 이 주장에 따르면 효율성을 강조한 기업은 안정적이고, 기계론적 조직구조를 유지하기 위해서는 가장 적합하다는 것이다. 대조적으로 혁신을 강조한 기업은 비공식적 조직구

관료적 조직구조
(Bureaucratic organization structure)
개인 사이의 과업 및 책임에 대한 명확한 차별화, 엄격한 권위 및 결정권의 계층을 통한 조정, 표준화된 규칙 및 절차, 기획 및 집행의 수직적 분리로 인해 계획은 조직의 상위 서열층에서 만들어지고 집행은 하위 서열층에서 이루어진다.

과학적 관리
(Scientific management)
어떻게 직무, 작업, 인센티브 계획을 설계해 생산성을 개선할 수 있는지 등에 산업공학 방법을 이용하는 것.

인간관계 운동
(Human relations movement)
조직이 기업의 생존 속에서 그리고 효과적인 기능 속에서 공통적 이해를 공유하는 상호의존적 인간 시스템으로서 이해되어야 한다는 신념

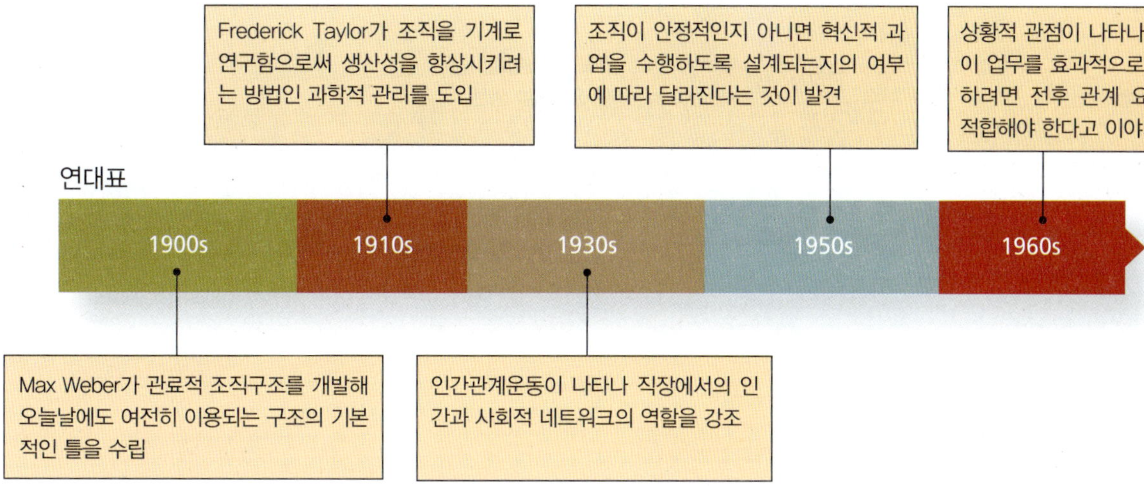

그림 1–6 조직에 대한 연구에서 중요한 역사적 사건

조를 유지하기 위해서는 가장 적합하다는 것이다.

1960년대에는 대중적인 생각이 나타나 모든 기업은 분명한 조직구조를 가지고 있어야 한다는 인식을 완전히 허물어 버렸다. 이 기간에 효과적인 조직구조가 조직과 환경에서의 다양한 측면들 사이에서 적합 또는 조정을 바탕으로 하고 있던 곳에서 기업에 대한 **상황적 관점**이 나타났다. 사회적, 정치적, 비즈니스 환경은 효과적인 조직이 구성되는 방식을 형성하는 데 커다란 역할을 한다. 상황적 관점에 따르면 조직구조는 기업 환경에 적합해야 한다(그림 1–6 참조).

조직 역할에 대한 최근 연구는 이전 연구의 많은 부분이 확대되는 경향을 보여왔다. 일반적으로 조직설계에 대해서는 '만능' 방법은 존재하지 않는다. 조직설계의 의사결정에서 관리자는 전략적 목표를 전후 관계적인 환경, 내부적인 자원 가능성과 관련해 평가해야 한다. 이것이 바로 왜 전후 관계에 대한 이해가 그렇게 중요한지의 이유다.

변화하는 비즈니스 목적에 대한 관점

기업의 내부 · 외부 환경을 형성하거나 영향을 미치는 오늘날의 **비즈니스 환경**은 불과 수년 전에 그랬던 것보다 대단히 더 복잡하다. 수년 동안 비즈니스 환경에 대한 접근방법 및 성과의 추진방법에 대한 관점은 변해왔다(그림 1–7 참조).

20세기의 상당 부분에 걸쳐 많은 관리자는 기업에 대한 **관리자 관점**에 찬성했는데 이는 기업을, 원자재를 고객에게 판매하기 위한 제품으로 변환시키는 메커니즘으로 보는 것이었다. 이러한 체계에서 관리자는 초점을 기업과 공급자, 고객, 소유주, 직원 사이의 관계에 맞추었다. 이 기간에 경영진은 초점을 Walmart가 Inglewood에서 다루어야 했던 광범위한 당사자들의 조합에 맞추지 않았다. 사실 많은 기업은 지방정부 또는 비

상황적 관점(Contingent view)
효과적인 조직구조는 그것이 갖고 있는 환경 속에서 조직과 다양한 측면 사이의 적합성 또는 연결을 바탕으로 하고 있다는 기업 관점

비즈니스 환경(Business environment)
한 기업의 내적 및 외적 환경에서 전후관계의 모든 힘과 요소들의 조합

관리자 관점(Managerial view)
기업을 고객들에게 판매하기 위해 원자재를 제품으로 전환시키기 위한 메커니즘으로 보고 있는 사업체제

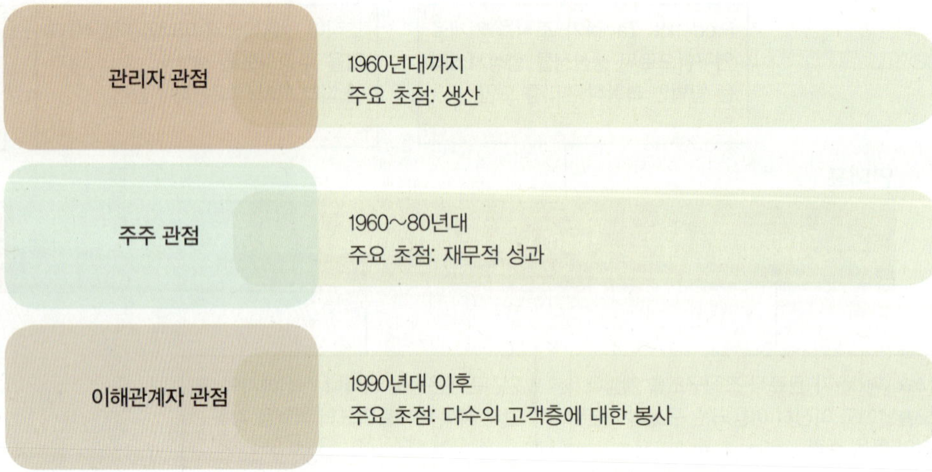

그림 1-7 변화하는 비즈니스 환경에 대한 인식

정부기관(NGO) 같은 외부 당사자를 성가신 대상 그 이상의 무엇으로도 고려하지 않았다. 1960년대까지 주주들은 오늘날 가지고 있는 권한을 가지지 못하고 있었다. 상호기금은 개발되지 않았었고 기업인수는 아직까지 많은 사람들에게 알려져야 하는 것이었다. 그 결과 관리자는 주주들로부터는 성과를 개선하라든지 또는 다른 산업에서 비즈니스를 추구해보라는 등의 많은 위협에 직면하지 않았다.

하지만 1960년대 말에 많은 관리자는 기업을 더 주주에 중점을 두는 관점을 통해서 보기 시작했다. 1970년대에 미국 기업은 2가지 세력으로부터 포위공격을 받고 있었다. 1) 느린 경제성장과 높은 인플레이션의 조합, 2) 증가된 외국 경쟁기업의 미국 시장에 대한 진입이었다. 많은 기업은 성장을 멈추었고 수익은 부진해지기 시작했다. 성장과 수익성 부족으로 인한 결과로 여러 미국 대기업은 자산과 현금을 기업 주가에 비교해 평가절하된 상태로 보유하고 있었다. 재무 비평가는 고위직 리더를 주주가치의 극대화 실패에 대한 책임으로 돌렸으며 그 결과 일부 경영팀은 금융 투자자의 압력에 의해 교체되었다.

이러한 경험으로부터 기업에 대한 새로운 관점이 주로 주주가치를 바탕으로 나타났다. 기업에 대한 주주 관점에 따르면 최고관리자의 직무는 기업 자산에 대해 가능한 한 가장 높은 주식시장 가치를 생산해야 하는 것이었다. 이 기간에 일련의 요인들이 결합되어 이 관점을 촉진하게 되었다. 1980년대 초에는 인수합병(M&A)의 독점금지 규제조항이 완화되어 많은 기업이 인수 및 수직적 통합을 통해 새로운 성장 기회를 추구하도록 부추겼다. 이 기간은 관리자가 가능한 어떠한 방식으로든 성장을 추구하려는 시도를 함에 따라 M&A 활동과 기업인수 모두에서 엄청난 증가를 보였다. 전반적으로 어느 기업도 시장의 압력, 비공개 기업투자펀드, 적대적 매수자, 또는 다른 회사에 의한 인수 위협의 영향을 받지 않을 수 없었던 것이다.

주주 관점(Shareholder view)
최고관리자의 임무가 그 회사의 자산에 대해 가장 높은 주식시장 평가를 만들어내는 것에 있는 사업 체제

Ford Motor는 이들 완화된 규칙을 이용했다. 주주에게 더 많은 가치를 제공하고 비

즈니스를 성장시키려는 노력에서 Ford는 1980년대에 Jaguar 및 Aston Martin 등 영국의 자동차 제조사들을 인수했다. 양사 모두 Ford가 진입하는 데 실패했던 시장을 대표하고 있었다. Jaguar는 고급 대형 자동차, Aston Martin은 고가의 스포츠카 부문을 갖고 있었던 것이다. Jaguar를 확보함으로써 Ford는 서유럽에 존재감을 높일 수 있는 방법을 발견하게 되었다.

Maksim Toome/Shutterstock.com

주주 관점은 1980년대 동안 절정에 달해 비즈니스 목적에 대한 사고에 상당한 변화를 가져오게 했다. 많은 관리자는 조직이 단지 주주 충성심만 가지고 있다고 여기게 되었다. 즉 직원, 지역사회, 고객 등은 부수적이라는 것이다. 주주 가치의 과도한 강조 결과는 1980년대 말에 많은 미국 회사가 해외 경쟁에서 기반을 잃기 시작함에 따라 나타났다. 일부 기업의 주주 가치에 대한 이러한 단편적 초점은 신제품 투자의 결여와 품질기준에서 손상을 초래했다. 이들 기업은 더 영리한 회사들이 신제품, 고객요구에의 더 큰 집중, 품질에 대한 강력한 전념으로 시장점유율을 뺏어감에 따라 허를 찔리게 되었던 것이다.

주주 관점이 절정에 달했던 것과 거의 같은 시기에 많은 기업의 내부 · 외부 환경은 복잡성이 증가되기 시작했다. 전형적 미국 기업의 외부 환경은 해외 경쟁을 통한 격변을 겪음으로써 시작되었다. 미국 자동차 제조업계의 3대 기업(General Motors, Ford, Crysler) 등 많은 미국 기업은 업계를 보호하던 보호주의 조치 덕분에 1980년대까지는 거의 해외 경쟁에 직면하지 않았다. 이 3대 기업은 또한 신흥경제 속에서 많은 자동차 기업이 초창기에 직면했던 경쟁압력도 낮았다. 일본의 자동차 제조회사들이 1970년대 초 미국 시장 잠식을 시작했을 때만 해도 3대 기업은 환경을 다룰 수 있는 새로운 복잡성의 요소를 갖고 있었다. 그러나 이 기업들의 환경은 해외 경쟁만의 이유로 복잡성 면에서 증가되지 않고 있었다. 오히려 1980년대 동안 기업은 일련의 외부 집단으로부터 커져가는 압력에 직면하기 시작했다. 환경운동가, 동물권리단체, 지역정부 등이 포함되어 있었다. 많은 환경 관련 집단은 이 기간에 나타났다(표 1-1 참조).

비록 최근 들어서는 기업이 자신의 환경 발자국 또는 탄소배출량에 집중하는 일이 흔한 일이 되기는 했지만 항상 그런 것만은 아니었다. 많은 기업은 환경 관련 관심사들을 20세기의 대부분 동안 단순히 무시했다. 광산, 석유, 가스 탐사, 폐기물 관리 등 영향을 많이 끼치는 산업은 환경 관련 관심사에 어떠한 주의도 거의 기울이지 않았다. 하지만 이 모든 것은 대중이 기업활동의 부산물 중 일부에 대해 알게 되면서 1980년대에 변했다. 산성비와 스모그는 평범한 시민의 어휘가 되었고 많은 기업은 환경 관련 관심사를 다루도록 압력을 받았다.

동시에 기업의 외부 환경은 복잡성이 증가되고 있었으며 많은 기업은 직원 행동주의와 같은 내부 환경에서 새로운 압력을 다루어야 했다. 주주 관점이 진전되면서 주주들은 계속해서 특정의 분기 목표를 달성하도록 관리자를 다그쳤다. 관리자의 초점은 내부 · 외부 복잡성의 새로운 자원을 다루는 일과 결과물을 만들라는 주주들로부터의 압

표 1-1 주요 환경 관련 집단의 설립년도

환경 관련 집단	설립년도
Energy and Environmental Research Center	1951
The Nature Conservancy	1951
American Wildlife Foundation	1961
World Wide Fund For Nature	1961
Environmental Defense Fund	1967
Friends of the Earth	1969
National Resources Defense Council	1970
Earth Justice	1971
EarthWatch Institute	1971
Greenpeace	1971
National Coalition for Marine Conservation	1973
Alliance for Justice	1979
Earth First! Journal	1979
American Council for an Energy-Efficient Economy	1980
Nuclear Control Institute	1981
Earth Island Institute	1982
World Resources Institute	1982
Rainforest Action Network	1986
Rainforest Alliance	1986
Conservation International	1987
Earth Share	1988
Society of Environmental Journalists	1990
Environmental Working Group	1993
Center for Renewable Energy Policy Project	1995
Environmental Literacy	1997

Source: Compiled from historical information on respective websites, accessed October 6, 2009.

력을 다루는 일로 확장되었다. 이들 세력의 조합은 기업을 바라보는 새로운 패러다임의 개발로 이어졌다.

기업에 대한 **이해관계자 관점**은 경제 환경에서 증가하는 복잡성과 격변 가운데 나타났다. E. Edward Freeman의 1984년 저서 〈전략적 관리: 이해관계자 접근방법(Strategic Management: A Stakeholder Approach)〉을 통해 유명해진 이해관계자 관점은 기업과 상호작용하는 다수의 집단을 조직해 분석하려는 시도를 했다(그림 1-8 참조). 일반적인 기업은 정부, 지역공동체 조직, 소유주, 지지집단, 고객, 경쟁사, 미디어, 직원, 환경주의자, 공급자와 관계를 갖고 있거나 또는 의무를 지고 있을 수 있다. 비록 이 리스트가 완전한 것은 아니라 해도 기업이 관계를 갖고 있는 다양한 당사자들과 집단을 보

이해관계자 관점 (Stakeholder view)
기업과 상호작용하는 다수의 집단을 조직하며 분석하려고 시도하는 사업 체계

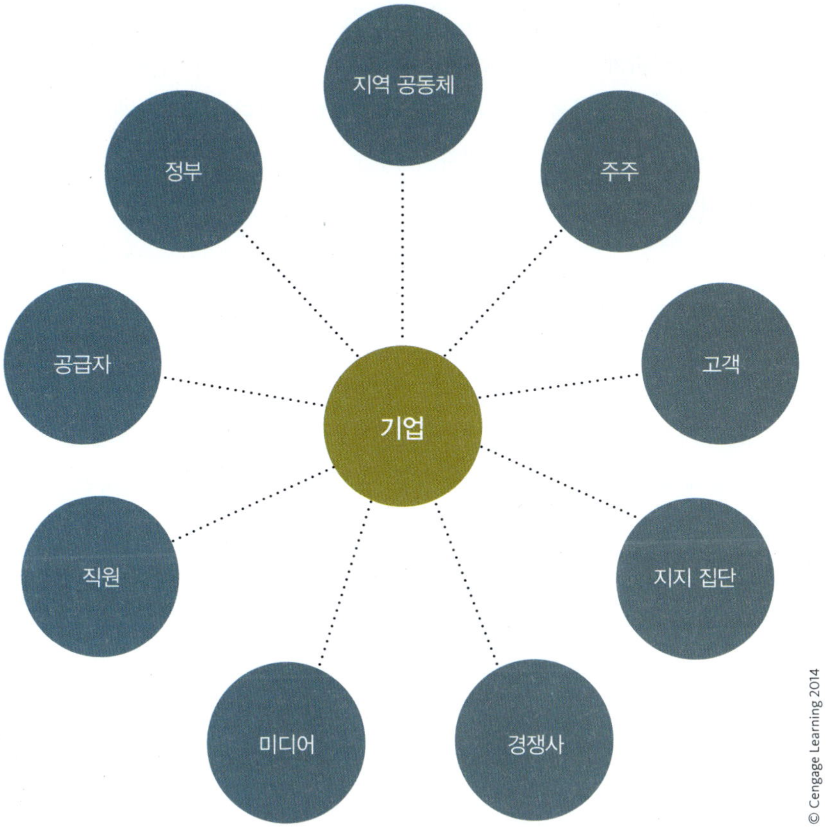

그림 1-8 기업에 대한 이해관계자 관점

다른 관점

이익, 지구, 사람들: 1990년대 중반에 처음으로 소개된 것으로 'triple bottom line' 또는 3P라고도 한다. 한 기업의 일정 기간에 대한 재무적(수익/profit), 환경적(지구/planet), 사회적(사람들/people) 성과를 측정한다. 사회적 및 환경적 책임을 강조하는 지속가능한 기업은 동기와는 상관없이 이익을 늘려가고 있으며 종종 더 전통적인 경쟁사보다 더 좋은 결과를 낸다. Timberland는 탄소배출을 감소시키고, 재생가능한 자원 사용을 촉진하며, 의류제품에서 재활용된 유기농(또는 재생된) 원료의 집중도를 증가시키는 데 초점을 맞추고 있다. 그러면서도 수익성은 유지시키고 있는 회사다. Triple bottom line에 초점을 맞추는 또 다른 지속가능한 회사를 살펴보라.

- 3P의 각각에서 그 기업은 얼마나 성공적인가?
- 그 기업은 '지구'와 '사람들'을 어떻게 계량화하고 있는가?
- 이러한 실행이 항상 윤리적인가? 그렇다면 왜인가?

단지 수익에만 초점을 맞추고 있는 더 전통적인 회사를 확인해보라.

- 3P에 초점을 맞추는 일이 이로운 일인가?
- 3P를 이행할 수 있는 방법은 무엇인가?

여준다. 이해관계자 관점은 관리자가 오늘날의 판매시장에서 기업의 복잡한 내부 · 외부 환경을 잘 이해할 수 있도록 한다.

각 기업은 판매시장에서 성과에 영향을 미치는 다른 이해당사자들을 갖고 있다. 다양한 이해관계자의 중요성은 조직의 라이프사이클 내에서 다른 지점에서는 변화한다. 예를 들어 지역공동체는 한 기업이 새로운 위치에서 존재감을 세우려 할 때 영향을 미치는 이해관계자가 될 수 있다. 지역 공동체 내에서의 성공적인 운영 기간 후라면 이해당사자의 영향을 미치는 수준은 소멸될 수 있다. 앞으로의 장에서는 기업의 내부 · 외부 환경을 자세히 설명할 때 이해관계자들 중 일부를 정의한다. 지금은 어떻게 관리자가 이해관계자 방법을 이용해 기업을 더 효과적으로 관리하고 기업 성과를 개선할 수 있는지 살펴보자.

이해관계자 접근방법

이해관계자 이론에 따르면 "이해관계자는 한 조직의 목적 성취에 의해 영향을 받을 수 있거나 그것에 영향을 미칠 수 있는 모든 집단 또는 개인이다." 핵심은 이해관계자 이론이 한 기업의 결정에 영향을 줄 수 있는 사람들 그리고 그 결정으로부터 이익을 보는 사람들과 관련 있다는 사실이다. 이해관계자 관리를 위한 조직구성에서 첫 번째 단계는 기업의 모든 중요한 이해관계자를 식별하는 일이다. [그림 1-8]이 이해관계자의 분명한 집단을 제기하지만 모든 조직을 대표하는 것은 결코 아니다. 이해관계자 관리의 두 번째 구성요소는 기업의 다양한 이해관계자를 다룰 수 있는 공식 과정과 시스템을 설계하는 일과 관련된다.

이해관계자 매핑 작업

이해관계자 관리의 첫 번째 단계는 기업의 모든 이해관계자 관계를 조사하는 일이다(그림 1-9 참조). 관리자는 궁극적으로 어떤 집단 또는 개인이 기업에 영향을 미칠 수 있는지 아니면 기업에 의해 영향을 받을 수 있는지 결정해야 한다. 관리자는 [그림 1-8]에 나온 모델을 이용하고 그 기업의 다양한 이해관계자를 추가하거나 제거함으로써 이 과정을 시작할 수 있다. 각 기업은 해당하는 이해관계자로 이루어진 특정 집단을 가지고 있다. 일부 이해관계자는 다른 것들보다 더 중요하다. 예를 들어 필수 자원을 통제하는 이해관계자는 특별히 중요하게 고려해야 한다.

일단 초기의 이해관계자 맵이 구성되면 관리자는 각 이해관계자 내의 특정 부분집합을 확인해야 한다. 예를 들어 그저 '정부'를 맵의 중요한 이해관계자로 식별해놓는 것은 충분하지 않다. 대신 관리자는 이 집단을 기업에 영향을 미치거나 기업에 의해 영향을 받을 수 있는 특정의 정부기관으로 나누어 매핑작업을 함으로써 더 큰 수준의 상세함으로 확장시켜야 한다.

매핑 과정에서의 다음 단계는 기업과의 연관성을 통해 각 집단 또는 하위 집단이 추구하는 이해관계를 정의하는 것이다. 예를 들어 어떤 기업은 정부를 이해관계자 맵에 포함시키고, 환경보호청(Environmental Protection Agency: EPA)은 이 범주의 하위 집단으로 올려놓았을 수 있다. 그 기업과 EPA의 관계는 생산과정에서 나오는 탄소배출량을 감소시키는 것에 목적이 있을 수 있다. 이러한 관계를 매핑 작업해 놓음으로써 기업은 왜 EPA가 그 조직에 관심을 갖고 있는지 나아가 이해관계를 다루기 위해 어떤 시작을 할 수 있는지 더 잘 이해할 수 있다.

대개 어떤 중요한 교훈은 매핑 과정으로부터 부각될 수 있다. 첫째, 기업의 이해관계자와 그들이 갖는 이해관계는 정적인 것이 아니다. EPA가 단지 탄소배출량에 관련되어 있다는 것 때문에 앞으로 폐기물 처리정책에 대해서는 쟁점을 일으키지 않을 것이라는

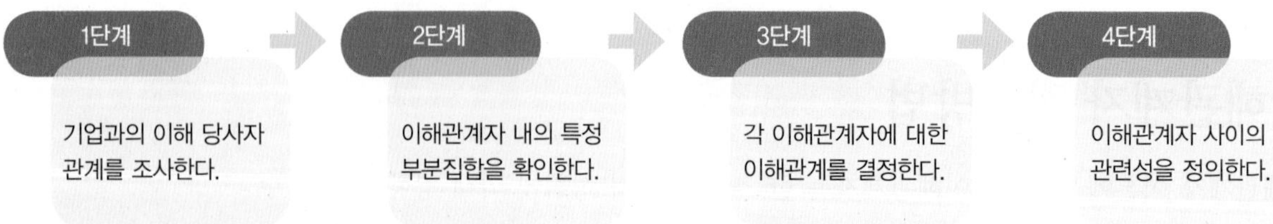

그림 1-9 이해관계자 매핑과정

의미는 아니다. 둘째, 맵의 이해관계자들 중 많은 부분이 특정 쟁점에 관련될 수 있는 잠재성을 갖고 있다. Walmart의 사례에서 보았듯 시의회와 지역노조가 함께 연합했기 때문에 강력한 저항에 직면했다. 이 사례에서는 보통 서로 함께 일하지 않았던 두 집단이 Inglewood 시장에 Walmart가 들어오는 것을 막기 위해 힘을 모았다. 관리자로서 이 유형의 연계가 일어날 수 있다는 잠재성을 인식하고 있어야 한다. 최근 수년 동안 Walmart는 직원 의료보험에 더 많은 투자(노조의 중요한 관심사)를 하고 마트 운영이 환경에 미치는 영향을 감소(환경론자와 공동체 조직자의 중요한 관심사)시키려는 노력을 개시함으로써 이미지를 개선하려 애써 왔다.

이해관계자 관리 과정

일단 이해관계자 매핑 과정이 완료되면 관리자는 새로운 이해관계자와 환경에서의 복잡성을 확인하고 대응할 수 있도록 기업 내에 메커니즘을 개발하는 작업으로 넘어가야 한다. 이는 결코 쉬운 과업이 아니다. 관리자는 이해관계자 메커니즘을 여러 방법으로 개발할 수 있는데 여기에 포함되는 것에는 전략적 검토 과정과 환경 탐사가 있다.

전략적 검토 과정에서 기업의 고위 리더는 공식적 검토 회의에서 비즈니스 단위 관리자들과 만난다. 회의 동안 비즈니스 단위 관리자는 자신의 단위 또는 부서 성과를 검토하고 해당 단위의 향후 전망에 대한 관점을 제시한다. 전략적 검토 과정에는 대개 재무적 성과 및 목표, 새로운 비즈니스 전망, 연구 및 개발의 업데이트 내용, 제조 능력, 재능관리, 경쟁 위협 등의 정보가 포함된다. 전략적 검토과정의 주된 목표가 전략의 공식화와 목표 설정에 있기는 하지만 리더는 토론회를 기업의 이해관계자 맵을 새로운 전략 프로젝트로 통합하는 데 이용할 수도 있다. 예를 들어 Walmart가 캘리포니아로 슈퍼센터를 확대하려는 결정을 했을 때 관리자는 주요 계획에 수반될 운영상의, 재정적인, 조직적인 전략을 설명하기 위한 검토과정을 시작했을 것이다. 동일한 회의에서 경영진은 또한 새로운 전략적 조치에 의해 영향을 받는(또는 영향을 주는) 다양한 이해관계자를 설명할 수도 있었을 것이다. 이 사항을 바탕으로 Walmart는 시의회로부터 나올 저항 가능성을 다루기 위한 다양한 전략을 개발했을 것이다. 어떤 의미로는 이해관계자 분석을 전략적 검토 과정에 통합시키는 것은 새로운 제안들이 정확하게 이해되고 평가되고 있음을 보장하기 위한 시도다.

이해관계자의 반응과 활동을 확인하고 이해하기 위해 이용될 수 있는 두 번째 과정은 환경탐사다. 환경탐사를 함으로써 관리자는 향후 비즈니스에 영향을 미칠 중요 사안과 경향에 대한 비즈니스 한계를 제거한다. 환경탐사에 참여하는 관리자는 전후 관계적 상황에 주의를 기울이기를 거부하는 관리자보다 조직을 위해 더 큰 재정적 결과를 만들어낸다. 이는 특히 새로이 떠오르는 경향을 자주 이용하는 기업가에 대해서는 사실이다.

관리자는 다양한 방법을 통해 환경탐사를 추구할 수 있으며 이에 포함되는 것이 시나리오 구축과 경향 분석이다. 시나리오 구축에서 관리자는 여러 사안과 이해관계자

전략적 검토 과정 (Strategic review process)
한 기업의 고위직 리더가 사업 구성 단위 관리자와 만나 특정 목표를 향한 진행을 검토하는 과정

환경탐사 (Environmental scanning)
사업에 영향을 미칠 중요한 일 및 경향을 살펴보기 위해 관리자가 이용하는 도구

시나리오 구축(Scenario building)
여러 일들과 이해관계자가 함께 연계되어 있을 때 일어날 수 있는 결과를 예측하는 것.

들이 함께 연관될 때 일어날 수 있는 가능한 결과를 예측하는 모색을 한다. 예를 들어 Walmart 관리자는 슈퍼센터의 확장이 식료품 가격이 떨어지도록 함으로써 다른 식료품 체인점은 경쟁하기 위해 단가를 어쩔 수 없이 낮추게 될 것이라는 시나리오를 구축했을 것이다. 단가 절감 노력은 다른 식료품 체인이 임금 및 의료보험 혜택을 줄이는 결과를 가져와 식품노동자노조로부터 저항을 불러오게 되었으며 궁극적으로는 Walmart가 진입하는 것을 막도록 노조가 Inglewood 시의회를 압박하게 만드는 결과를 가져올 수 있었다. 이 분석은 분명 가변적이기는 해도 기업에 해를 끼칠 수 있는 잠재적 시나리오를 확인하는 데 지극히 유용하다.

다양한 잠재적 시나리오를 확인했다면 관리자는 다음에는 기업이 타당한 범위의 대안적 장래를 준비할 수 있도록 **우발 기획**으로 주의를 돌릴 수 있다. 우발 기획에서 관리자는 보통 확률을 대안적 장래에 할당해 기업이 준비할 수 있는 일련의 조치 단계를 위한 계획을 짜기 시작한다.

이해관계자의 반응과 활동을 예견하기 위해 이용되는 또 다른 기법은 **추세분석**이다. 추세분석에서는 일어날 수 있는 변화를 예견할 수 있도록 중요한 변수들을 관찰하고 모델로 만든다. 비록 추세분석이 불완전한 과학이기는 해도 어떻게 특정 환경 변수가 기업과 이해관계자에게 영향을 미칠지 관리자가 파악하는 데 유용한 툴이 될 수 있다. 환경 탐사와 추세 분석의 성공은 기업이 직면하는 위험과 기회를 정확하게 평가할 수 있는 관리자 능력에 크게 좌우된다.

언제 그리고 어떻게 전략 변화가 이루어지는지를 안다는 것은 항상 쉽지만은 않다. 관리자는 새로이 생겨나는 경쟁위협에 대비하고 새로운 잠재적 기회를 이용할 수 있도록 내부 기회의 한계 이상을 예견해야 한다. 어떤 의미로 보면 관리자는 주변적 비전을 갖는 것이 필요하다. 즉 일상 운영을 관리하는 일의 한계 이상을 예견할 수 있는 능력을 말한다. 이처럼 경계 탐사 활동에 뛰어난 관리자는 **상황맥락 지능**을 보유하고 있는 것이다. 그는 환경적 요인이 비즈니스 운영에 미치는 영향을 이해하고 있으며, 어떻게 영향을 줄 수 있는지, 그에 따라 어떻게 반응할 수 있는지를 이해하고 있다.

우발 기획(Contingency planning)
조직을 위해 가능한 범위 내에서 대안적인 미래를 준비하기 위해 마련해야 하는 외적 환경의 체계적 평가

추세분석(Trend analysis)
주요 변수가 관찰되고 모델화되어 환경 속에서 일어날 수 있는 변화를 예측하는 도구

상황맥락 지능(Contextual intelligence)
한 기업에 미치는 환경적 요인의 영향을 이해할 수 있는 능력 그리고 그 동일 요인에 대해 어떻게 영향을 주는지를 이해할 수 있는 능력

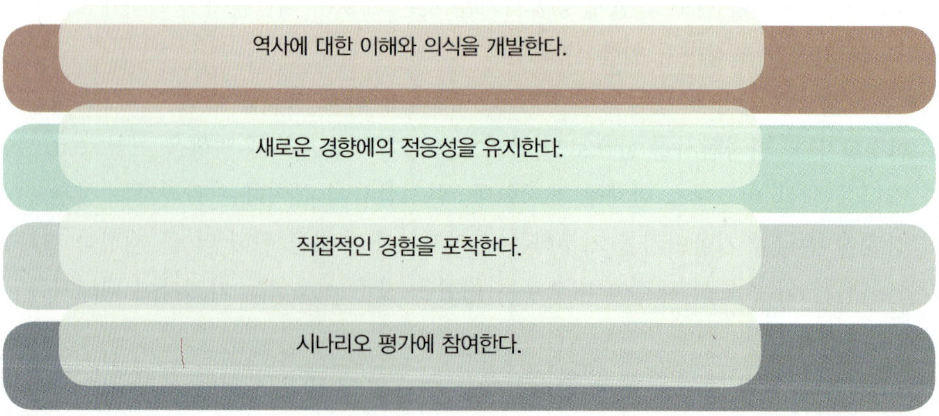

그림 1–10 상황맥락 지능의 구축작업

관리자는 상황맥락 지능을 역사적 선례를 이해함으로써 그리고 그것이 어떻게 산업에 영향을 미쳤는지 이해함으로써 강화할 수 있다. 산업에서의 역사적 경향과 사건에 대한 이해는 관리자가 향후 유사한 사건의 잠재적 영향에 적응하는 데 도움이 된다. 관리자는 환경탐사 기술을 비즈니스에 영향을 미칠 수 있는 새로운 상황을 경험하는 기회를 포착함으로써 강화할 수 있다(그림 1-10 참조). 예를 들어 만약 어떤 회사가 중국이나 인도에 있는 새로운 공급자를 확보하기 바란다면 회사 중역은 이용가능한 기회와 더불어 글로벌 위치에서 작업하는 것에 대한 문화적 의미 등을 이해할 수 있도록 이 지역을 방문하는 것이 필요하다.

불확실성의 관리

비즈니스 환경의 많은 양상은 해석하기 어렵다. 특히 어려운 것은 향후 산업이 어떻게 진화될 것인지 또는 비즈니스가 어떻게 운영될 것인지에 미치는 전후 관계 세력의 영향을 예견하는 일이다. 환경 탐사와 같은 상황맥락적 지능을 구축하기 위한 과정에 참여하는 일은 내재적 불확실성과 위험 중 일부를 경감시키는 데 도움이 된다.

관리자가 최선을 다해 노력함에도 불구하고 비즈니스에 대해서는 항상 일정 수준의 불확실성은 존재한다. 관리자가 불확실성을 적정하게 추정하는 것은 중요한 일이다. 만약 관리자가 자기 산업에서 불확실성의 성격을 과소평가하면 경쟁 위협에 대비하는 데 또는 잠재적 기회를 이용하는 데 실패한다. 만약 관리자가 불확실성 수준을 과대평

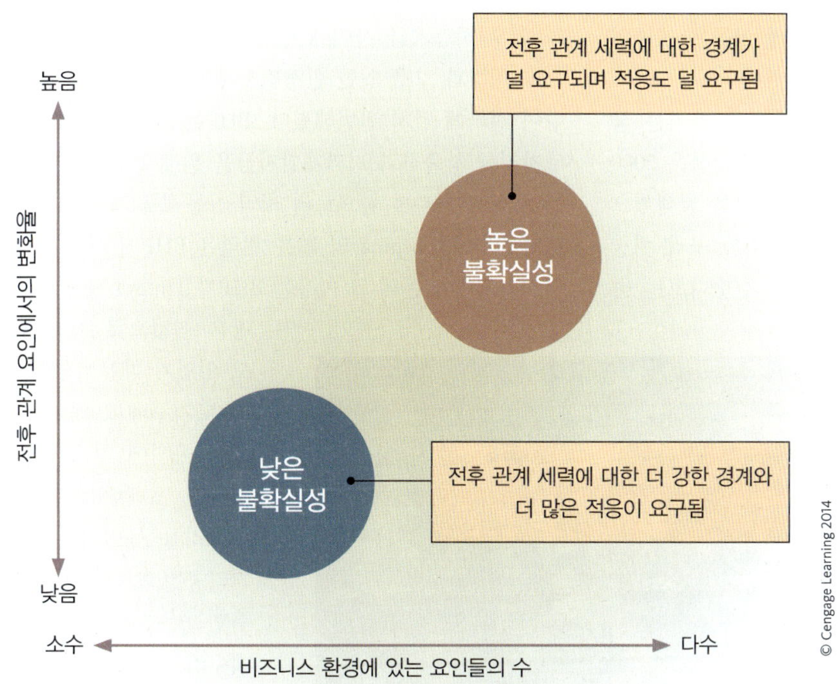

그림 1-11 어떻게 전후 관계 세력들이 불확실성에 영향을 미치는가

가하면 비즈니스 환경에 영향을 미치게 하기 위해 할 수 있는 일이 전혀 없다고 가정해 무기력하게 되거나 조치를 취하지 못하게 될 수도 있다. 관리자는 많은 전후 관계의 세력들이 산업에 영향을 미치고 그 동일한 세력들이 계속 변할 때 일반적으로 더 큰 불확실성에 직면한다(그림 1-11 참조). 맥락 속에서의 변화율은 관리자가 어디까지 환경 탐사활동에 참여해야 하는지의 정도와 얼마나 회사가 운영을 조정하는 것이 필요할지의 정도를 결정하게 해준다.

지금까지 이해관계자 접근방법과 어떻게 적용될 수 있는지 설명했다. 이제 매우 다양한 이해관계자를 갖고 있는 기업이 어떻게 복잡한 환경에서 자신의 구성요소를 다루는 법을 알게 될지를 기업 입장에서 살펴보자.

BHP의 Tintaya 구리광산

비록 BHP Billiton에 대해서는 들어본 적이 없다 해도 대부분 제품 하나는 갖고 있거나 그 재료를 사용하는 집에 살고 있을 가능성이 높다. 최근 수년 동안 이 금속광산 회사는 비금속 수요가 중국, 인도에서의 경제성장과 맞물려 상승함에 따라 세력과 위상 면에서 성장을 해왔다. BHP는 전 세계 25개국에 알루미늄, 철광석, 석탄, 납, 구리, 아연 추출에서 비즈니스를 유지하는 글로벌 광산 거대기업이다. 2007년 말까지 480억 달러의 매출을 올렸으며 순이익은 140억 달러였다. 1996년 Tintaya 구리광산을 획득했는데 이곳은 페루의 Espinar라 불리는 안데스 지역에 위치하고 있다.

페루가 라틴아메리카에서 괜찮은 경제성장을 올리는 국가 중 하나로 간주되고 있기는 해도 1인당 평균소득은 2000달러 정도에서 맴돌고 있었다. 지역 주민은 더욱 궁색했으며 고용 기회는 거의 갖지 못하고 있었다. 비록 구리 채광이 페루 정부에게는 큰 번영을 이루는 데 공헌했다고는 하지만 Espinar의 거주민 대부분은 어떠한 혜택도 보지 못했다. 사실 Tintaya 광산은 오랜 기간 이 지역과 광산의 여러 운영자들 사이에서 논쟁의 근원이었다. 국영기업으로 1985년에 설립된 이 광산은 원래 토착 영농 공동체인 Tintaya Marquiri 내의 125가정에서 징발된 2368헥타르 토지 위에 세워졌다. 토

Ric Francis/ZUMAPRESS.com/Newscom

지보상으로 —전하는 바에 따르면— 페루 정부는 농부들에게 1헥타르당 겨우 10soles(대략 2.45에이커당 3달러)만을 지불했다. 채광과 관련된 일자리를 약속했지만 일자리는 거의 없었다. 따라서 토지 상실은 많은 가정들을 가난으로 내몰았다.

금속 가격은 21세기 초에 상승을 계속했기 때문에 페루의 재산도 동시에 올라갔다(그림 1-12 참조). 페루 채광산업의 상승은 다양한 NGO의 관심도 함께 불러 일으켰으며 그 결과 일부 하층계급 사이에 광범위한 불만으로 이어졌다. 대규모 채광과 그로 인한 환경적 · 사회적 영향에 반대하는 저항이 전국에 걸쳐 빈번해졌다. BHP는 600곳 이상의 지역에 일자리를 창출하고 지역개발자금을 위해 200만 달러에 가까운 자발적 기부를 함으로써 지역 공동체를 지원했다고 생각했다. 하지만 Espinar의 많은 지역은 BHP에 대한 저항감이 커져가고 있었는데 그 이유는 BHP가 Tintaya 광산 주변에서 땅을 헐값으로 계속 취득하고 있었기 때문이었다. BHP의 토지구매에 대한 우려감이 높아짐에 따라 주민들은 BHP가 초래한 환경 악화에 목소리를 높이기 시작했다. 처리공장 인근에 살고 있는 주민들은 공장에서 나오는 폐수가 목초지의 땅을 오염시켜 물을 쓰기에 부적합하

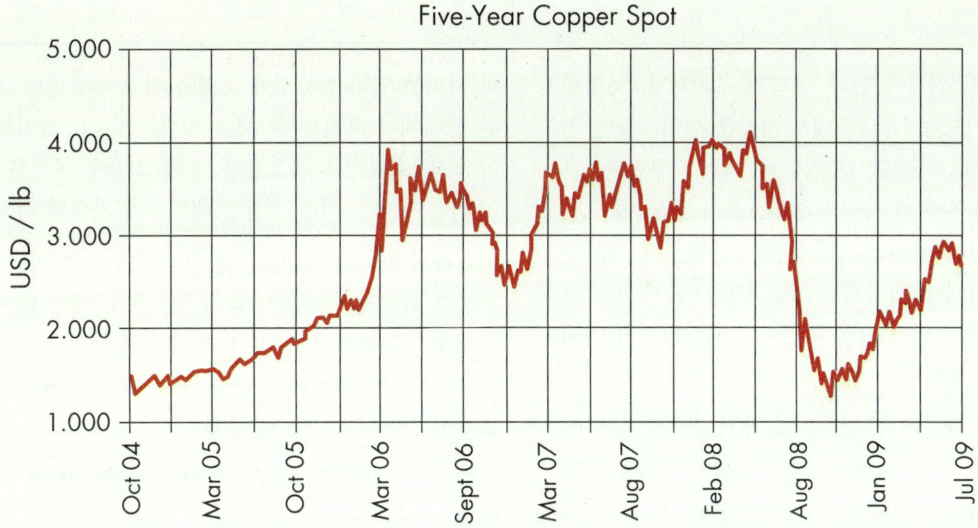

그림 1-12 5년간 구리의 현물가격

Source: Kitco—Spot copper historical charts and graphs, kitcometals.com, www.kitcometals.com/charts/copper_historical_large.html, accessed October 7, 2009. Used by permission.

게 만들었다고 주장했다.

2003년 봄에 1000여 명의 사람들이 Tintaya 광산을 습격해 관리자를 인질로 잡았다. 그들은 회사의 선광 부스러기 저장고가 지역의 낙농업계에서 사용하는 수원지를 오염시켰다고 주장하는 Ccanipia 유역 출신의 사람들이었다. BHP는 협상을 벌여 광산의 연간수익 중 일정 비율을 기부하는 개발기금을 설립하기로 합의했다. 동시에 채광이 이루어지고 있는 지역의 다른 집단들은 BHP가 Ccanipia 주민들과 협상한 것에 분노하기 시작했다. 2005년 5월 23일 주의 수도에서 온 500명의 좌익 정치당원들과 학생들이 합의조건을 항의하기 위해 광산 출입구에 모였다. 광산을 폐쇄시키고 모든 인원을 철수시키는 결정이 이루어졌다.

BHP는 전체 공정을 통해 다양한 이해관계자의 중요성을 인식하는 데 실패했다. 1990년대에 페루 정부로부터 광산을 취득했을 때 BHP는 이해관계자 전략을 제대로 갖추지 못했음이 분명했다. 그리고 2000년대 초의 개발 시도에도 불구하고 BHP의 부주의는 궁극적으로 위기 상황으로 이어진 것이었다.

적합한 사례 BHP의 Tintaya 구리광산

1. 관리자는 위기 상황에 대응해야 한다. 대안 전략은 위기를 전향적으로 방지하도록 노력한다. BHP 관리자가 위기를 방지하기 위해 다르게 할 수 있었던 조치는 무엇인가?
2. 상황맥락적 지능은 필수적 관리기술이다. BHP의 Tintaya 구리광산 관리자는 위기에 영향을 미칠 수 있는 또는 대응할 수 있는 환경(또는 비즈니스 운영)을 어떻게 분석할 수 있었을까?
3. BHP의 구리광산 중역에게 불확실성을 관리하는 것이 왜 어려운 과업이었는가? 시나리오 기획이 불확실성을 관리하는 데 어떻게 도움을 줄 수 있는가?
4. 이해관계자 관점은 어떻게 다수 집단이 기업과 상호작용하는지를 고려한다. BHP의 구리광산 사례에서 중요한 이해관계자는 누구인가? 위기를 방지하기 위해 협업했을 이해관계자는 누구인가?
5. 이 사례에서 학습된 중요 교훈은 무엇인가? 이 교훈을 다른 기업의 관리 실천에 어떻게 적용할 수 있는가?

요약

관리의 중요한 3가지 원칙이 있다. 전략적 포지셔닝, 조직설계, 개별적 리더십이다. 비즈니스에서 성공은 방어가능한 전략적 위치를 창안하고 육성할 수 있는 능력을 요구한다. 그 결과 이러한 전략의 실행은 자원의 할당, 조직 구성, 중요한 성과 측정의 이용이 포함되는 조직설계의 다양성에 좌우된다. 궁극적으로 전략과 조직설계는 개별적 리더십 행위의 결과다. 리더가 어떻게 관련 기술을 확인하고 개발하는지 이해하는 것은 상당히 중요하다.

글로벌 비즈니스 환경에서 성공은 효과적 관리와 리더십이 요구되는 일이다. 관리는 원하는 목표(또는 목적)를 달성하기 위해 타인과 함께 그리고 그들을 통해 일을 하는 행위이며, 리더십은 자극과 동기부여를 통해 변화와 혁신을 추진하는 능력이다. 효과적 리더는 전문적, 대인관계의, 개념적 기술을 개발하고 이용한다. 기술 각각에 대한 상대적 중요성은 개인이 기업 내에서 갖는 수준이 기준이 된다. 초보 수준에서는 전문기술이 매우 중요하다. 전문기술은 종종 신입 직원에게 문호를 개방하기도 한다. 대인관계 기술 역시 팀에 합류해 일을 할 때 신입 직원에게 중요한 것이지만 조직 내에서 능력을 보여주려면 자신의 전문기술에 의존해야 한다.

관리 수준에서 전문기술은 여전히 중요하지만 대인관계의 그리고 인지적 기술보다는 상관이 덜하다. 관리자의 일은 팀 관리의 많은 측면이 개입된다. 이는 강한 대인관계 기술을 요한다. 관리자는 또한 혁신적 노력을 위해서는 지원을 제공하고 시나리오 기획에 참여한다. 양쪽 모두의 일은 개념적 능력에 의존한다. 고위직 수준에서는 기업이 판매시장에서 효과적으로 경쟁할 수 있게 할 전략적 포지셔닝을 창출해내도록 리더는 인지적 능력에 초점을 맞추어야 한다. 외부와 단절된 상태에서 그런 일을 하는 것은 아니다. 타인들과 일을 해야 하며 효과적 의사소통을 통해 조직에 동기를 부여해주어야 하는데 바로 이것이 강한 대인관계 기술의 핵심요소다.

효과적 관리의 관점은 지난 100년에 걸쳐 관료적 조직구조로부터 과학적 관리로 그리고 인간적 관계로 다시 상황적 이론으로 진화해왔다. 관리에 대한 상황적 관점이 주장하는 것은 조직구조, 비즈니스 환경, 리더십 사이에는 적합성 또는 조정이 있어야 한다는 것이다.

비즈니스 환경은 더욱 복잡성이 커졌으며 비즈니스 목적에 대한 관점도 나란히 변화해왔다. BHP와 Walmart는 관리자가 직면할 수 있는 엄청난 난관 중 일부를 예시해준다. 관리자는 더 이상 좁은 관리적 또는 주주 관점을 통해서는 회사 또는 산업을 평가할 수 없다. 관리자는 기업이 상호작용하는 수많은 이해관계자들 그리고 이해관계자가 기업 행위에 의해 어떻게 영향을 받고 있는지 또는 기업에 어떻게 영향을 미치는지 고려해야 한다. 또한 관리자는 회사의 내부 · 외부 환경에서 모든 차원들에 대해서도 알고 있어야 한다.

모든 이해관계자와 환경을 매핑작업하는 것이 이해관계자 접근방법의 첫 번째 단계다. 관리자는 또한 전략적 검토, 환경 탐사, 시나리오 기획 등 다양한 이해관계자 관리과정을 이용해 중요한 이해관계자들을 만족시키고 있음을 확인해야 한다. 이 과정은 관리자가 불확실성과 위험에 대비하도록 도움을 준다.

주요 용어

과학적 관리(Scientific management)
관료적 조직구조(Bureaucratic organization structure)
관리(Management)
관리적 관점(Managerial view)
리더십(Leadership)
비즈니스 환경(Business environment)
상황맥락적 지능(Contextual intelligence)
상황적 관점(Contingent view)
시나리오 구축(Scenario building)
우발 기획(Contingency planning)
이해관계자 관점(Stakeholder view)
인간관계 운동(Human relations movement)
전략적 검토 과정(Strategic review process)
주주 관점(Shareholder view)
추세분석(Trend analysis)
환경탐사(Environmental scanning)

과제

토론 주제

1. 관리의 3가지 원칙이 어떻게 상호작용하는지 기술하라. 한 조직의 전략이 어떻게 조직설계에 영향을 미칠 수 있는가? 어떠한 방법으로 관리자는 조직 전략에 영향을 미칠 수 있는가?
2. 다양한 전후 관계 요인들이 어떻게 비즈니스에 영향을 미칠 수 있는가? 관리자는 전후 관계에 영향을 미치기 위해 어떤 수단을 이용할 수 있는가?
3. 오늘날 비즈니스에 영향을 미치는 가장 중요한 전후 관계 요인은 무엇인가? 관리자 또는 기업은 이러한 요인에 어떻게 영향을 미칠 수 있는가?
4. 관리자와 리더 사이의 차이점을 비즈니스에서 성공하기 위해 중요한 기술(전문적, 대인 관계의, 개념적)과 결합해보라. 어떤 기술이 관리자에게 더 중요한가? 왜인가? 리더에 대해서도 동일하게 생각해보라.
5. 기업에 대한 주주 및 이해관계자 관점의 장점과 단점은 무엇인가? 만약 어떤 기업에서 주주였다면 관리팀이 어떤 관점을 따를 것을 원하게 될 것인가? 왜인가? 만약 직원이었다면 관점은 변하게 될까?
6. 비즈니스 전후 관계를 형성할 때 비영리집단과 지지집단은 어떠한 역할을 하는가?
7. [그림 1-11]을 검토해보자. 만약 비즈니스를 시작하는 중이었다면 업계에서 높은 불확실성과 함께 하고 싶은가 아니면 낮은 불확실성과 함께 하고 싶은가? 각 환경의 장점과 단점은 무엇인가? 각 환경에서 성공하려면 어떠한 기술을 필요로 하는가?

관리 연구

1. 도서관에 있는 자료를 활용해 관리에 대한 서로 다른 관점들의 예를 확인해보라.
   - 관료적 조직구조
   - 과학적 관리
   - 인간관계
   - 상황적 관점
2. 관리 관점이 시간이 지남에 따라 어떻게 변해왔는가? 최근의 관리 관행을 어떻게 기술할 것인가? 앞으로 5~10년 안에 관리 관행에 어떠한 변화가 있을 것으로 예상하는가? 이 변화에 개인은 어떻게 대비해야 하는가?
3. 한 기업을 선정해서 그에 대한 이해관계자 맵을 그려보라. 내부 · 외부 환경에서 그 기업은 어떠한 잠재적 변화를 예상해야 하는가? 그 기업은 변화에 어떻게 대비해야 하는가?

현장에서

1. 경험 많은 관리자가 어떻게 더 큰 지위를 통해 업무를 진행해가면서 변화시켰는지를 배워라. [그림 1-4]를 참조로 그의 경력에서 전문적, 대인관계의, 개념적 기술의 중요성을 확인하는 맵을 그려보라.
2. 지역 기업을 방문해 상황맥락적 지능을 향상시켜 줄 수 있는 정보를 수집해보라.
   - 해당 산업에 영향을 미쳤던 역사적 사건
   - 그 기업의 내부 · 외부 환경을 조사해 영향을 미치고 있는 최근의 경향
   - 그 기업이 최근의 환경으로부터 배울 수 있는 다른 산업 또는 기업
   - 그 기업을 위해 향후 시나리오 2가지를 개발해보라. 시나리오를 통해 어떠한 유형의 우발 기획을 권할 수 있는가?

참고문헌

[1] Robert Hooijberg and James G. Hunt, "Leadership Complexity and Development of the Leaderplex Model," Journal of Management, Vol. 23, No. 3, 1997, pp. 375-408.

[2] Paul R. Lawrence and Jay W. Lorsch, Organization and Environment (Boston, MA: Graduate School of Business Administration, Harvard University, 1967).

[3] Felix Oberholzer-Gee, "Walmart's Business Environment," Harvard Business School Case No. 9-706-453, rev. December 12, 2006 (Boston, MA: HBS Publishing, 2006), p. 3.

[4] Steven Greenhouse, "Labor Raises Pressure on California

Supermarkets," The New York Times, February 10, 2004.

[5] Felix Oberholzer-Gee, "Walmart's Business Environment," Harvard Business School Case No. 9-706-453, rev. December 12, 2006 (Boston, MA: HBS Publishing, 2006), p. 7.

[6] Ann Zimmerman, "Wal-Mart ... [and the] Supercenter Vote," The Wall Street Journal, April 8, 2004, p. B7; and Tim Sullivan, "In a Bitter Strike, Grocery Workers Lost Ground," High Country News, June 7, 2004.

[7] John P. Kotter, "What Leaders Really Do," Harvard Business Review, December 2001.

[8] Anthony J. Mayo, Nitin Nohria, and Mark Rennella, Entrepreneurs, Managers, and Leaders: What the Airline Industry Can Teach Us About Leadership (New York, NY: Palgrave-MacMillan, 2009), pp. 155172.

[9] Michael E. Porter and Nitin Nohria, "What is Leadership? The 's Role in Large, Complex Organizations," Handbook of Leadership Theory and Practice: A Harvard Business School Centennial Colloquium, Nitin Nohria and Rakesh Khurana, eds. (Boston, MA: HBS Press, 2010).

[10] Troy V. Mumford, Michael A. Campion, and Frederick P. Morgeson, "The Leadership Skills Strataplex: Leadership Skills Requirements across Organizational Levels," The Leadership Quarterly 18 (2007), pp. 154166; and Robert Hooijberg and James G. Hunt, "Leadership Complexity and Development of the Leaderplex Model," Journal of Management, Vol. 23, No. 3, 1997, pp. 375408.

[11] Michael E. Porter and Nitin Nohria, "What Is Leadership? The 's Role in Large, Complex Organizations," Handbook of Leadership Theory and Practice: A Harvard Business School Centennial Colloquium, Nitin Nohria and Rakesh Khurana, eds. (Boston, MA: HBS Press, 2010).

[12] Robert L. Katz, "Skills of an Effective Administrator," Harvard Business Review, SeptemberOctober 1974.

[13] Peter F. Drucker, "Not Enough Generals Were Killed," The Leader of the Future, Frances Hesselbein, Marshall Goldsmith, and Richard Beckhard, eds. (San Francisco, CA: Jossey-Bass Publishers, 1996).

[14] Robert L. Katz, "Skills of an Effective Administrator," Harvard Business Review, SeptemberOctober 1974.

[15] Robert Hooijberg and James G. Hunt, "Leadership Complexity and Development of the Leaderplex Model," Journal of Management, Vol. 23, No. 3, 1997, pp. 375408.

[16] Max Weber, The Theory of Social and Economic Organization, A. H. Henderson and Talcott Parsons, eds. (Glencoe, IL: Free Press, 1946 translation).

[17] Harold J. Leavitt, "Why Hierarchies Thrive?" Harvard Business Review, March 2003.

[18] Max Weber, The Theory of Social and Economic Organization, A. H. Henderson and Talcott Parsons, eds. (Glencoe, IL: Free Press, 1946 translation).

[19] Henri Fayol, General and Industrial Management (London: Pitman, 1949 translation); and Frederick W. Taylor, The Principles of Scientific Management (New York, NY: Harper, 1911).

[20] Elton Mayo, The Human Problems of an Industrial Civilization (New York, NY: Macmillan, 1933); and F. J. Roethlisberger and W. J. Dickson, Management and the Worker (Cambridge, MA: Harvard University Press, 1939).

[21] Eric L. Trist and K. W. Bamworth, "Social and Psychological Consequences of Longwall Method of Coal-Getting," Human Relations, Vol. 4, February 1951, pp. 328.

[22] Tom Burns and G. M. Stalker, The Management of Innovation (London: Tavistock, 1961).

[23] Paul R. Lawrence and Jay W. Lorsch, Organization and Environment (Boston, MA: Graduate School of Business Administration, Harvard University, 1967).

[24] Benjamin M. Friedman, Corporate Capital Structures in the United States (Chicago, IL: University of Chicago Press, 1985).

[25] Neil Fligstein, The Architecture of Markets: An Economic Sociology of Twenty-First- Century Capitalist Societies (Princeton, NJ: Princeton University Press, 2001).

[26] Benjamin M. Friedman, Corporate Capital Structures in the United States (Chicago, IL: University of Chicago Press, 1985).

[27] Michael C. Jensen, "The Eclipse of the Public Corporation," Harvard Business Review, SeptemberOctober 1989.

[28] Neil Fligstein, The Architecture of Markets: An Economic Sociology of Twenty-First-Century Capitalist Societies (Princeton, NJ: Princeton University Press, 2001).

[29] Michael Useem, Executive Defense: Shareholder Power and Corporate Reorganization (Cambridge, MA: Harvard University Press, 1993).

[30] Steven Prokesch, "Ford to Buy Jaguar for Billion," The New York Times, November 3, 1989; and The Guardian, "Ford Taking the Driver's Seat at Aston Martin," Sydney Morning Herald, September 9, 1987.

[31] Bradley A. Stertz, "Jaguar Stock Soars on Rumor of Bid by Ford," The Wall Street Journal, May 30, 1989; and "Jaguar Agrees to £1.6bn Ford Takeover," The Independent—London, November 3, 1989.

[32] R. Edward Freeman, Strategic Management: A Stakeholder Approach (Boston, MA: Pitman, 1984).

[33] Waymond Rodgers and Susana Gago, "Stakeholder Influence on Corporate Strategies Over Time," Journal of Business Ethics, Vol. 52, No. 4, July 2004, p. 350.

[34] R. Edward Freeman, Strategic Management: A Stakeholder Approach (Boston, MA: Pitman, 1984) p. 53.

[35] Robert Phillips, R. Edward Freeman, and Andrew C. Wicks, "What Stakeholder Theory Is Not," Business Ethics Quarterly, Vol. 13, No. 4, October 2003, p. 487.

[36] R. Edward Freeman, Strategic Management: A Stakeholder

Approach (Boston, MA: Pitman, 1984), p. 54.

37 Waymond Rodgers and Susana Gago, "Stakeholder Influence on Corporate Strategies over Time," Journal of Business Ethics, Vol. 52, No. 4, July 2004, p. 351.

38 Miguel Bustillo and Ann Zimmerman, "In Cities Fighting Wal-Mart, Target Welcomed," The Wall Street Journal, October 15, 2010.

39 R. Edward Freeman, Strategic Management: A Stakeholder Approach (Boston, MA: Pitman, 1984), p. 66.

40 Arnoldo C. Hax and Nicolas S. Majluf, "The Corporate Strategic Planning Process," Interfaces, Vol. 14, No. 1, January-February 1984, p. 52.

41 R. Edward Freeman, Strategic Management: A Stakeholder Approach (Boston, MA: Pitman, 1984) p. 67.

42 Marc J. Dollinger, "Environmental Boundary Scanning and Information Processing Effects on Organizational Performance," Academy of Management Journal, Vol. 27, No. 2, June 1984, pp. 351368.

43 Curtis W. Roney, "Planning for Strategic Contingencies," Business Horizons, MarchApril 2003, p. 36.

44 L. J. Bourgeois, III, "Strategy and Environment: A Conceptual Integration," Academy of Management Review, Vol. 5, No. 1, January 1980, p. 31.

45 Walter J. Ferrier, "Navigating the Competitive Landscape: The Divers and Consequences of Competitive Aggressiveness," Academy of Management Journal, Vol. 44, No. 4, August 2001, pp. 858877.

46 For more on contextual intelligence, see Anthony J. Mayo and Nitin Nohria, In Their Time: The Greatest Business Leaders of the Twentieth Century (Boston, MA: HBS Press, 2005).

47 Anthony J. Mayo and Nitin Nohria, In Their Time: The Greatest Business Leaders of the Twentieth Century (Boston, MA: HBS Press, 2005), pp. 359360.

48 Robert B. Duncan, "Characteristics of Organizational Environments and Perceived Environmental Uncertainty," Administrative Science Quarterly, Vol. 17, No. 3, September 1972, pp. 313327.

49 Hugh Courtney, Jane Kirkland, and Patrick Viguerie, "Strategy Under Uncertainty," Harvard Business Review, NovemberDecember 1997.

50 Robert B. Duncan, "Characteristics of Organizational Environments and Perceived Environmental Uncertainty," Administrative Science Quarterly, Vol. 17, No. 3, September 1972, p. 320.

51 Moshe Farjoun, "Towards an Organic Perspective on Strategy," Strategic Management Journal, Vol. 23, No. 7, July 2002, p. 571.

52 Javier Herrera, La Pobreza en el Per.: Una Visi.n Departmental (Lima, Peru: El Instituto Nacional de Estad. sticae Inform.tica, 2001), p. 11.

53 Javier, Herrera, La Pobreza en el Per.: Una Visi.n Departmental (Lima, Peru: El Instituto Nacional de Estad.stica e Inform.tica, 2001), p. 12.

54 Juan Aste, Jos. de Echave and Manuel Glave. "Procesos Multi-Actores para la Cogesti.n de Impactos Mineros en Per.: Informe Final." (Lima, Peru: La Iniciativa de Investigaci.n Sobre Pol.ticas Mineras, August 2003), p. 63.

55 Oxfam America, "Tintaya Copper Mine," available at http://www.oxfamamerica.org/whatwedo/where_we_work/south_america/news_publications/tintaya/art6243.html, accessed November 2012.

56 V. Kasturi Rangan, Brooke Barton, and Ezequiel Reficco, "Corporate Responsibility & Community Engagement at the Tintaya Copper Mine (A)," Harvard Business School Case No. 9-506-023, rev. May 20, 2008 (Boston, MA: HBS Publishing, 2006), p. 1.

57 V. Kasturi Rangan, Brooke Barton, and Ezequiel Reficco, "Corporate Responsibility & Community Engagement at the Tintaya Copper Mine (A)," Harvard Business School Case No. 9-506-023, rev. May 20, 2008 (Boston, MA: HBS Publishing, 2006), p. 2.

58 V. Kasturi Rangan, Brooke Barton, and Ezequiel Reficco, "Corporate Responsibility & Community Engagement at the Tintaya Copper Mine (A)," Harvard Business School Case No. 9-506-023, rev. May 20, 2008 (Boston, MA: HBS Publishing, 2006), p. 3.

59 V. Kasturi Rangan, Brooke Barton, and Ezequiel Reficco, "Corporate Responsibility & Community Engagement at the Tintaya Copper Mine (A)," Harvard Business School Case No. 9-506-023, rev. May 20, 2008 (Boston, MA: HBS Publishing, 2006), p. 9.

60 V. Kasturi Rangan, Brooke Barton, and Ezequiel Reficco, "Corporate Responsibility & Community Engagement at the Tintaya Copper Mine (A)," Harvard Business School Case No. 9-506-023, rev. May 20, 2008 (Boston, MA: HBS Publishing, 2006), p. 10.

61 V. Kasturi Rangan, Brooke Barton, and Ezequiel Reficco, "Corporate Responsibility & Community Engagement at the Tintaya Copper Mine (A)," Harvard Business School Case No. 9-506-023, rev. May 20, 2008 (Boston, MA: HBS Publishing, 2006), p. 13.

제 2 장

글로벌 비즈니스 환경

학습목표

이 장을 공부한 후 다음을 할 수 있도록 한다.

- 글로벌 비즈니스 환경에서 변화하는 상황맥락적 세력들이 기업의 경쟁적 위치에 어떠한 영향을 미치고 있는지 설명하기
- 무역협정과 무역협회 등이 포함되는 글로벌화가 비즈니스 형성에 역할을 해왔음을 이해하기
- 일반 및 과업 환경의 구성요소 등이 포함되는 기업 외부 환경의 주요 차원들을 정의하기
- 소유주, 이사회, 직원, 문화 등이 포함되는 기업 내부 환경의 4가지 구성요소 차별화하기

장의 개요

자기성찰 MANAGEMENT

나와 나의 비즈니스 환경

나의 비즈니스 환경을 살펴보고, 획득하며, 배울 수 있는 능력은 중요한 관리역량이다. 다음의 진술문에 '네' 혹은 '아니오'로 대답해 이 분야에서 자신의 역량을 평가해보라.

1. 나는 비즈니스 언론에 나오는 기사를 읽으며 시사문제에 업데이트를 계속 유지하기 위해 웹을 검색한다.
2. 나는 기술 개발과 활용이 어떻게 외부 환경에 영향을 미치는지 이해하고 있다.
3. 나는 글로벌 비즈니스 환경을 평가하기 위해 경제 데이터를 추적하고 있다.
4. 나는 경쟁적 환경에 영향을 미치는 사회문화적 경향을 식별할 수 있다.
5. 나는 인구통계학적 데이터가 비즈니스 의사결정을 내리기 위해 어떻게 이용될 수 있는지 파악하고 있다.
6. 나는 회사들이 글로벌 환경에서 운영되고 있으며, 따라서 세계의 다른 부분에서 일어나는 사건들에 관심을 가지고 있어야 함을 깨닫고 있다.
7. 기업을 분석할 때 나는 경쟁자와 기업 환경에 미치는 영향을 확인한다.
8. 나는 고객 및 공급자가 기업의 운영방법을 형성하는 데 맡고 있는 중요 역할을 이해하고 있다.
9. 나는 기업의 다른 소유구조와 기업 이사회가 갖고 있는 통치 역할을 이해하고 있다.
10. 나는 회사의 직원 및 문화가 성공에 중요한 구성요소임을 깨닫고 있다.

서론

회사와 리더는 홀로 활동하는 것이 아니다. 지속적으로 변화 및 진화하는 더 큰 생태계의 부분이다. 성공하는 회사의 리더는 글로벌 비즈니스 환경에서 변화에 대응하고 있을 뿐만 아니라 그것에 영향을 주기 위해 애쓰고 있기도 하다. 일부 리더는 로비활동에 초점을 맞추어 비즈니스에서 정부가 갖는 역할에 영향을 미치려 한다. 다른 리더는 성장하는 시장의 틈새 또는 목표 고객을 확인해 특정 요구사항을 충족시킬 수 있는 제품(혹은 서비스)을 개발한다. 또 다른 리더는 기술혁신의 결과를 상업화하기 위해 연구 및 개발에 투자한다. 이 방식으로 리더는 환경에 그저 대응만 하는 것이 아니라 그것을 관리하고 그에 따라 전략을 채택하는 전향적 입장을 취하는 것이다.

얼마나 극적으로 글로벌 비즈니스 환경이 변해왔는지에 대한 증거를 보려면 지난 20년 정도만 돌이켜보아도 충분하다. 1990년대에 경제는 인터넷 및 인터넷 관련 무역의 도래가 나타났었다. 투자자와 관리자가 한결같이 인터넷의 가공할 잠재성을 알기 시작함에 따라 ebay, Amazon, Google 등과 같은 유명 이름들이 이 기간에 형성되었다. 그러나 비록 이 기간이 구글 등 스타기업을 탄생시켰지만 또한 몰락한 회사들의 목록에 대해서도 주목할 필요가 있다(표 2-1 참조).

표 2-1 상위 인터넷 신규 기업들의 몰락 내용

기 업	주요 사업	문제점	확대된 자본금 (달러)
Webvan.com (1999~2001)	온라인 식료품점	너무 급속한 확장	3억7500만
Pets.com (1998~2000)	온라인 애완동물용품점	빈약한 인프라, 주목할 만한 비즈니스 제안이 없었음	8300만
Kozmo.com (1998~2001)	기본 식료품,DVD 등에 대한 1시간 무료배달 서비스	제품에 대해 남는 이윤보다 배달서비스에 더 많은 손해를 봄	2억8000만
Flooz.com (1998~2001)	신용카드 대용으로서의 온라인 화폐	고객들이 자신이 갖고 있는 신용카드를 더 선호했음	3500만
eToys.com (1997~2001)	온라인 완구점	광고 및 마케팅에 너무 많은 돈을 소비했음	1억6600만
Boo.com (1998~2000)	온라인 패션점	속도가 늦고 복잡한 웹사이트, 무료배달에 손해를 봄	1억6천만
MVP.com (1999~2000)	온라인 쇼핑상품점	고객들을 충분히 끌지 못함	8500만
Go.com (1998~2001)	검색엔진의 디즈니 버전	제한적 콘텐츠, 트래픽이 충분하지 못함	7억9천만
Kibu.com (1999~2000)	10대 소녀들을 위한 온라인 커뮤니티	성장할 만한 수익을 내지 못함, 겨우 50일도 못되게 존속했음	2200만

Source: Information for this table was derived from Kent German, "Top 10 dot-com flops," available at CNET.com www.cnet.com/1990-11136_16278387-1.html, accessed August 27, 2009; Nate Lanxon, "The Greatest Defunct Web Sites and Dotcom Disasters," available at CNET.com.uk http://crave.cnet.co.uk/gadgets/0,39029552,49296926-1,00.htm, accessed August 27, 2009; and "Top 10 Internet Startup Failures," available at Marketing Minefield www.marketingminefield.co.uk/articles/top-10-internet-startup-failures.html, accessed August 27, 2009.

혹시 온라인 패션점인 Boo.com, 온라인 애완용품 배달서비스인 Pet.com, 일상품을 위한 무료 가정배달 서비스인 Kozmo.com을 기억하는가? 이 신규 기업 중 많은 수는 견실한 비즈니스 토대가 결여되어 있었다. 그들은 비즈니스 원칙에 대한 실제적 평가가 아니라 인터넷이 제공해 줄 수 있을 것 같은 지나치게 열성적인 기대감을 바탕으로 설립되었다. 인터넷 파티는 증권시장이 이들 중 많은 기업의 생존력에 대한 믿음을 상실하기 시작함에 따라 2001년 초에 종말을 맞았다.

세계경제는 2001년 9월 11일의 사건이 일어나고서야 겨우 기술 붕괴를 다루기 시작했다. 미국에 대한 테러리스트 공격은 경제성장을 보여주던 글로벌 비즈니스에 엄청나게 부정적 영향을 미쳐 소비자 심리를 우울하게 만들었으며 종국에 가서는 불경기로 이어졌다. 2002~2003년의 불경기에서 미국 경제는 중국 및 인도에서의 기회로 인해 추진된 경제성장 덕분에 점차로 나아지는 모습을 보였다. 두 산업세력의 확장은 비즈니스의 글로벌화가 더 폭넓어지고 있음과 경제 리더십에서 미국과 일본에 대한 의존 감소를 의미하는 것이었다.

최근에는 모든 비즈니스 유형에서 대부분의 관리자가 서브프라임 고객에게 주택을 위해 돈을 대출해주는 은행 및 여러 기관들에 의해 가속화된 신용경색의 후유증에 직면했다. 이 관행은 21세기의 처음 10년 중 대부분을 통해 미국의 주택가격이 급격한 상승을 경험함에 따라 주목을 받지 않고 지나갔다. 주택소유권의 상승은 자동차, 주택개량, 가전제품, 조경사업 등이 포함되는 많은 비즈니스도 가열되게 만들었다. 하지만 2007년 후반까지 많은 소비자는 변동금리 모기지를 더 이상 지불할 수 있는 여유를 가질 수 없게 되었으며 대출금 상환 불능은 전대미문의 금융 몰락에 기여했다. 2008년 후반까지 Lehman Brothers, American International Group, Merrill Lynch 등과 같은 금융 대기업이 붕괴되었다. 게다가 86년 역사의 KB Toys, 60년 역사의 Circuit City, 34년 역사의 Linens'n Things 등 유서깊은 기업들도 몰락했다.

불과 수년의 짧은 기간에 전체 비즈니스 상황은 변했으며 관리자는 회의적인 소비자, 빠듯한 재정, 초조해하는 직원들 등의 환경에서 운영할 수 있는 새로운 경영방식을 급히 정의해야 했다. 비록 지난 수십 년의 사건들이 소란스러운 것으로 보이기는 해도 그것은 글로벌 비즈니스의 계속 변하는 성격을 보여주고 있는 것이다. 이 사건들은 관리자에 대해서는 난제 및 기회 모두를 제시해준다. 지난 100년 동안 다우존스산업평균지수를 차지해왔던 기업 목록은 변화가 얼마나 극적일 수 있는지 그리고 기업의 상승 및 몰락에 그러한 변화가 미친 영향을 잘 보여준다.

1956년 다우존스산업평균지수에 등장했던 30개 회사 중 겨우 7개 회사만이 여전히 2012년 명단에 남아 있으며 그 회사들 중 두 회사(Chevron과 AT&T)는 56년 동안 한 시점 이상을 명단에서 빠져 있었다. General Electric(GE)은 1896년 이래 계속 포함되어 있었던 유일한 기업이다. GE는 전략 및 사업과정을 지속적으로 적응시키고 개선함으로써 적합성을 유지해왔다. 예를 들어 25년 전 GE의 사업 포트폴리오를 검토해보면 75%는 제조를 기반으로 25%는 서비스를 기반으로 하고 있었음을 알 수 있다. 21세기를 넘어오면서 이 수치는 역전되었다. 75%가 서비스를 기반으로 그리고 단지 25%만이 제조로부터 얻어지고 있는 것이다.

비즈니스 상황에서 변화는 불가피한 것이다. 이 변화 중 일부는 기회를 제공해주는 반면 어떤 것은 겉보기에는 극복하기 어려운 것처럼 보이는 장애물을 가져다준다. 직원, 고객, 공급자를 다루는 일 외에도 오늘날의 관리자는 대중 옹호집단, 공동체 이익 토론회, 미디어 렙(media representatives)* 등이 포함되는 비즈니스 환경 내의 광범위한 다수 이해관계자들도 다루어야 한다. 사실 관리자가 마주치는 환경은 판매시장에서 우수한 성과를 달성하는 것에 대한 가장 큰 난제다. 계속적으로 뛰어난 성과를 달성하기 위해 관리자는 비즈니스 환경을 평가하고 처리할 수 있도록 해주는 도구를 필요로 하는데 내부적인 회사의 과정 및 능력, 정부 규제, 소비자의 감정과 같은 외부 세력 모두를 말한다. 장기간에 걸쳐 성공하는 회사는 서로 부딪치는 내부 · 외부 세력의 균형을 이루는 방법을 찾아낸 회사였다.

증가하는 시장의 글로벌화는 변화속도와 강도를 촉진시켜 왔다. 경쟁력을 유지하려면 회사는 더 이상 내수시장 안에서 독점적으로 판매할 수 없다. McDonald, Starbucks,

* **미디어 렙(media representative)** 방송광고를 방송사 대신 판매하는 방송광고 판매대행사(역자주)

표 2-2 다우존스산업평균지수의 구성(1896, 1956, 2012)

1896.5.26	1956.7.3	2012.7.3
American Cotton Oil	Allied Chemical	3M Company
American Sugar	American Can	Alcoa
American Tobacco	American Smelting	American Express
Chicago Gas	AT&T	AT&T
Distilling & Cattle Feeding	American Tobacco	Bank of America
General Electric	Bethlehem Steel	Boeing
Laclede Gas	Chrysler	Caterpillar
National Lead	Corn Products Refining	Chevron
North American	DuPont	Cisco Systems
Tennessee Coal & Iron	Eastman Kodak	Coca-Cola
U.S. Leather	**General Electric**	DuPont
U.S. Rubber	General Foods	Exxon Mobil
	General Motors	**General Electric**
	Goodyear	Hewlett-Packard
	International Harvester	Home Depot
	International Nickel	Intel
	International Paper	International Business Machines
	Johns-Manville	Johnson & Johnson
	National Distillers	JPMorgan Chase
	National Steel	Kraft Foods
	Procter & Gamble	McDonald's
	Sears Roebuck	Merck
	Standard Oil of CA	Microsoft
	Standard Oil of NJ	Pfizer
	Texas Company	Procter & Gamble
	Union Carbide	Travelers
	United Aircraft	United Technologies
	U.S. Steel	Verizon
	Westinghouse Electric	Walmart Stores
	Woolworth	Walt Disney

Source: "Dow Jones Industrial Average: Components," available at Dow Jones website at http://www.djaverages.com/, accessed July 17, 2012.

Dell 등과 같은 기업은 국내에서의 저속 성장을 경험했다. 이 추세에 대응하기 위해 기업 모두는(1967년에는 McDonald, 1996년에는 Starbucks, 1995년에는 Dell) 새로운 성장원천을 위해 해외에서 도전을 해왔다. 2011년까지 매출의 상당 부분을 국제시장으로부터 얻었다(McDonald 66%, Starbucks 24%, Dell 51%). 중국 및 인도 등과 같은 신흥 국가들에서 기회는 막대하다. 2012년에 중국의 중산층은 3억 명이었는데 이는 미국의 전체 인구와 거의 동등한 수준이다.

글로벌화는 또한 많은 산업들에서 새롭고도 강력한 경쟁자의 등장이 포함되는 난제도 제기했다. 컴퓨터에서 Dell은 중국기업 Lenovo와 싸워야 하는데 이 회사는 IBM의 PC사업을 인수했다. 자동차에서는 GM과 같은 글로벌 제조사가 중국기업 Chery Automotive, 2008년에 2,500달러 짜리 자동차를 출시한 인도 재벌 Tata와 경쟁해야 한다. 글로벌 비즈니스 환경을 이해한다는 것은 지속적 비즈니스 성공에 필수적이다. 많은 기업이 글로벌하게 확장하려는 노력은 실패로 끝냈다. 계속 변하는 비즈니스 환경에서 지속적으로 성공적 글로벌 입지를 구축할 수 있었던 회사가 Coca Cola이다.

Coca Cola

2011년에 Coca Cola는 125주년을 자축했으며 세계에서 가장 글로벌한 브랜드로 이름을 올린 지 연속 12년째 되는 해이기도 했다. GE와 마찬가지로 Coca Cola는 1세기 이상의 세월 동안 적합성과 시장생존 능력을 유지할 수 있었다. GE와 달리 Coca Cola는 역사 대부분 동안을 한 가지 핵심 제품라인의 확장에만 집중해왔다. 핵심 제품라인의 근간은 1925~2011년까지 애틀랜타 Sun Trust Bank에 있는 귀중품 보관실에 간수되었던 비밀스러운 콜라의 제조법에 있다. 125주년 기념식의 일부로 비밀제조법은 본사에 있는 새로운 World of Coca Cola Exhibit의 특별 장소로 옮겼다.

조지아 애틀랜타의 약사 John S. Pemberton은 1886년 회사를 설립해 Jacob's Pharmacy의 소다수 판매점에서 판매하기 위한 독특한 시럽을 탄산수에 섞었다. 소다수 판매점 고객들 중 한 사람이 Asa Candler였는데 그의 동료가 그 음료수를 Candler의 배탈과 두통 치료제로 권장했다. 카페인과 탄산가스 포화 조합이 Candler의 통증을 완화시킨 것으로 보였으며 그는 곧 그 제품에 반했다. 운명적인 첫 시음 5년 뒤에 Candler는 혼합음료의 제조법과 화학식을 Pemberton으로부터 구매했으며 공격적 광고활동을 시작해 Coca Cola의 판매를 분수처럼 확대시켰다. 1895년이 되자 Coca Cola는 미국의 모든 주와 영토에서 판매되어 마시는 제품이 되었다.

TAO Images/Glow Images

Candler의 첫 번째 미국 외 지역 확대는 캐나다, 쿠바, 파나마에서 병입(bottling) 운영이 개시되었던 1906년에 시작되었다. 이 해는 또한 Candler가 Coke의 기록대행사로 D'Arcy Advertising Company와 서명을 한 해이기도 했다. 이 관계는 50년을 지속되어 Coke를 든 산타클로스 이미지 등이 포함되는 수많은 잊을 수 없는 광고 및 판촉활동의 창조로 이어졌다. 국가의 사회의식에 다가가는 작업은 Coke의 판매와 아이콘적인 미국, 글로벌 브랜드의 우월함에 필수적인 것이었다. 역사 전체에 걸친 Coca Cola의 상표 슬로건은 미국 대중들과의 연대감을 구축할 수 있었다(표 2–3 참조).

비록 Candler가 Coca Cola를 위한 첫 번째 글로벌화 운동을 시작하기는 했지만 Coke를 진정한 글로벌 브랜드로 만드는 데 가장 큰 몫을 한 사람은 Robert Woodruff였다. Woodruff는 1923년 사장이 되었으며 60년 이상 종사했다. 그는 광고에 상당한 투자를 했으며 1926년에는 전 세계에 걸쳐 병입회사에 공급해

표 2-3 Coca Cola의 슬로건

연도	슬로건	역사적 맥락
1900	머리가 아프고 지칠 때는 Coca Cola를 마시자	의료제품으로 자리 잡음. 처음에는 약국에서 판매
1906	위대한 국가의 금주 음료	미국에서 금주 시기에 알코올 대안으로 자리잡음
1929	생기를 되찾게 해주는 잠깐의 휴식	고고춤의 1920년대 동안 휴식을 취하게 해주는 기회로 마케팅
1937	권하기도 쉽고 아주 저렴합니다	대공황이 고조되어 있을 동안 Coke는 정찰가격의 편의 제품으로 마케팅
1949	고속도로를 따라 어디에서든	미국의 성장하고 있던 교외화와 함께 확대
1960	Coke와 함께 여유를	1960년대의 쉽게 가려는 분위기에 맞추려는 마케팅
1971	나는 Coke의 세상을 사고 싶어	냉전 동안 세계평화를 고취하려는 시대 자유정신에 보조를 맞춤
1990	진짜 물건은 당할 수 없지	Pepsi 및 다른 콜라 제품들로부터의 경쟁을 피하려는 노력의 일환

Source: Coca-Cola Company, "Coke Lore: Slogans for Coca-Cola," available at http://www.thecoca-colacompany.com/heritage/cokelore.html, accessed July 18, 2012.

주기 위한 Coca Cola Foreign Department(Coca Cola 해외사업부)를 설립했다. 이때쯤 Coke는 여러 나라 중에서도 벨기에, 중국, 콜롬비아, 독일, 멕시코, 스페인 등에서 병입운영을 하고 있었다.

Coke의 대규모 전 세계 무대 진출은 Woodruff가 단지 5센트면 해외에서 근무하는 어떤 병사든 Coke를 마실 수 있게 하겠다고 발표한 2차대전 동안에 이루어졌다. 언뜻 보면 관대해보이는 제안을 통해 Woodruff는 전쟁 동안 심각하게 소비가 제한되었던 설탕에의 접근권을 확보할 수 있었던 것이다. 이 제한은 만약 어떤 회사가 자사 제품이 중요한 군사 기능을 충족시킨다는 것을 보여줄 수만 있으면 해제될 수도 있었다. 비록 사람들이 Coke를 군사상의 필수품이라 생각하기는 아주 어려울 수도 있겠지만 이 제품은 군대 사기를 앙양해주었으며 Woodruff는 병사들과 미국적 풍물의 한 편린 사이의 연관성을 이용해 대의명분을 진전시킨 것이었다. 이 전략은 상당히 잘 통했으며 그리하여 전 세계에 걸쳐 64개의 병입공장을 짓기 위한 정보보조금을 받았고 이는 결과적으로 50억 병 이상의 Coca Cola 소비로 이어졌다. Coke를 마시는 미군 병사들은 무의식적으로 이 회사를 위한 글로벌 대사가 된 셈이었다. 전쟁이 끝났을 때 회사는 준비가 완료된 글로벌 인프라를 갖추었으며 글로벌 포지셔닝에 착수했다. 1950년대 말 즈음에는 해외판매가 매출의 대략 1/3을 차지했다.

그 역사의 반이 지나가는 동안 회사는 단지 하나의 제품, 즉 Coca Cola만을 판매하고 마케팅했다. 이는 Fanta Orange가 이탈리아 나폴리에서 이 회사에 의해 소개된 1955년에 변하기 시작했다. 일단 제품이 이탈리아에서 성공하자 미국으로 가져왔다. 이 시점부터 신제품들이 출시되었는데 이에는 1961년의 Sprite, 1963년의 TAB, 1966년의 Fresca, 1972년의 Mr.PIBB, 1979년의 Mello Yello, 1982년의 Diet Coke 등이 포함되었다.

글로벌하게 확장하겠다는 Coke의 노력이 항상 순탄한 것만은 아니었다. 1920년대에 중국에서 영업을 시작했음에도 불구하고 공산당이 집권한 1949년에 떠나도록 강요받았다. 다음 30년 이상을 Coke는 단지 중국에서는 밀수시장에서만 구할 수 있는 제품이었다. 이는 Coke가 중국으로 돌아간 첫 번째 미국 기업이 되었던 1979년에 변했다. 20세기 말 즈음 중국에 28개의 병입공장을 세웠으며 중국이 하계올림픽을 개최한 2008년 즈음에는 Heaven&Earth(비탄산 과일주스, 차, 물) 및 Lanfeng(꿀녹차) 등이 포함된 중국 소비시장에 맞춘 제품들을 만들고 유통하기 위해 수많은 중국 기업과 파트너를 맺었다.

글로벌 무대에서 회사가 거둔 가장 큰 성공은 인구당 청량음료 소비가 세계에서 가장 많은 나라 중의 하나인 멕시코에서였다. 비록 Coca Cola가 수십년 간 멕시코에서 운영해 오기는 했었지만 이곳에서 거둔 주요 성장은 멕시코가 탄산음료에 대한 판매, 포장, 유통 규제사항을 해제한 1990년대에 일어났다. 새로운 법률은 Coke가 확장하고 이 나라의 유통망을 이용할 수 있게 만들어주었다. 유통은 멕시코에서는 필수적이었는데 왜냐하면 이 나라에서 대부분의 탄산음료는 가정이 아니라 소비자들이 마시고는 바로 반환해서 돈을 돌려받는 병을 파는 현장에서 소비되기 때문이었다. 강한 유통망을 갖는 것은 Coca Cola가 규칙적으로 그리고 체계적으로 소규모 소매점에서 공급자들을 다시 채울 수 있기 위해서는 매우 중요했다. 회사는 또한 주요 주스 공급자를 통해 멕시코에서의 영향력을 상승시켰다. 회사의 노력은 인구당 Coca Cola 소비에서 상당한 증가 결과를 가져왔는 데 1991년의 인구당 2900억 액량온스에서 2011년에는 7280억으로 상승했다.

2011년 즈음 Coca Cola는 200개국 이상에서 소비자를 갖고 있는 500개 브랜드로 확대되었다. 2011년에 올린 매출 465억 달러 중에서 대략 48%는 북미 외의 판매로부터 나온 것이었다. 인구당 소비가 미국에서는 대략 4000억 액량온스로 안정화되기는 했지만 인구당 소비가 730억(러시아), 380억(중국), 120억(인도) 액량온스인 3곳에는 엄청난 기회가 있었다. 이 소비 수치가 미국 및 멕시코에 비해서는 작지만 지난 10년간 러시아에서는 265%, 중국에서는 322%, 인도에서는 200%의 증가를 보여주고 있다. 성장하기 위해 회사는 Coca Cola 제품의 판촉활동을 연합하는 방법과 아울러 지역의 관습과 취향에 적응함으로써 소비를 증가시키는 것을 모색하고 있다. Coca Cola는 3개 시장을 확대하기 위해 2012~15년에 90억 달러를 투자하겠다고 보고했다.

적합한 사례 Coca Cola

1. 어떠한 요인이 Coca Cola를 강한 글로벌 브랜드로 만드는 데 기여했는가?
2. 어떻게 Coca Cola가 125년이 넘는 세월 동안 타당성을 유지할 수 있었는가?
3. 왜 Coca Cola는 50년 후 제품전략을 변경했는가?
4. 멕시코의 음료시장은 미국과 어떻게 다른가?
5. Coca Cola는 어떻게 중국, 인도, 러시아 등 신흥시장에서 음료 소비를 증가시킬 수 있을 것인가? 국내 브랜드에 더 집중해야 할 것인가 아니면 핵심 제품의 소비를 증가시키려 노력해야 할 것인가?

이 장에서는 글로벌화의 힘과 기업의 비즈니스 환경을 구성하는 다양한 내부 · 외부 실체를 탐구한다. 경쟁환경을 이해하고 어떻게 위협과 기회에 대응할지를 아는 것은 기업의 장기적 지속성에 매우 중요하다.

글로벌화

글로벌화는 다양한 지리적 지역 전반에 걸친 경제적, 기술적, 사회문화적, 정치적 시스템의 통합 및 상호의존을 말한다. 글로벌화의 아이디어는 수천년 전으로 올라간다. 글로벌화의 초기 형태는 민족국가가 제국의 문화 및 제품을 흡수하고 원자재 및 귀중한 상품에 대한 공급원으로서의 역할을 했던 정복영토를 가지고 있었을 때인 로마제국 시기에 존재했다. 글로벌 통합을 향한 이러한 경로는 다음 세기 내내 산발적으로 계속되다가 드디어 16~17세기에 이르러 포르투갈과 스페인 제국의 출현으로 절정에 이르렀다. 양 제국은 탐험과 상업적 활동을 확대시켰다.

동시에 네덜란드의 Dutch East India Company(네덜란드 동인도회사)는 유럽과 아시아에서 무역을 시작했다. 최초의 다국적회사로 인정되는 DEIC는 상인연합이 경쟁을 줄이고 규모의 경제를 달성하며 세계에 걸쳐 지역간 거래를 증가시키려는 의도를 가짐

글로벌화(Globalization)
다양한 지리적 지역 전반에 걸친 경제적, 기술적, 사회문화적, 그리고 정치적인 시스템의 통합 및 상호의존

North Wind Picture Archives/Alamy

에 따라 1602년 만들어졌다. 또한 주주들에게 주식을 발행한 최초의 회사이기도 했다. 1670년 즈음 DEIC는 세계에서 가장 부유한 법인으로서 50,000명 이상을 고용했다. DEIC는 네덜란드에게 재정적 자산이었던 것이 아니라 정치적 자산이기도 했다. 정부로부터 더 많은 자유를 갖게 됨에 따라 회사는 요새를 세우고, 무장세력을 유지하며, 자국의 제후들과 협정을 새로 만들 권리를 소유했다. 강력한 사령관들의 리더십을 통해 영국 함대를 격파하고 동인도에 있는 포르투갈인을 쫓아냄으로써 네덜란드 무역을 굳건하게 만들었다. 그 결과 17~18세기 대부분 동안 번창했다.

국가간 무역은 유럽 제국 세력들이 식민지와 무역함으로써 가속화되었지만 1차대전 동안에 그리고 그 이후 깨져버렸다. 전쟁의 피해는 많은 나라가 시선을 자국으로 돌려 자립에 더 많은 집중을 하도록 만들었다. 2차대전에 이어 많은 경제학자와 정치인은 보호주의보다 글로벌화를 더욱 추진했다. 이 움직임은 관세및무역에관한일반협정(GATT), 세계무역기구(WTO), 동남아국가연합(ASEAN), 유럽연합(EU), 북미자유무역협정(NAFTA), 기타 동맹 등이 포함되는 여러 국가간 무역협정 및 기구들의 창설로 이어졌다. 이 모든 기구는 국가들 사이의 무역과 투자자본에 더 나은 방식을 촉진하기 위해 등장했다.

글로벌 무역협정

2차대전 기간 중에 미국, 영국, 캐나다에서 파견된 관리들이 세계경제를 강화시킬 국가간 동맹 및 기구들을 계획하기 위해 만났다. 이 회합에서 여러 중요한 국제기구들이 등장했는데 세계은행(World Bank), 국제통화기금(IMF) 등이 포함되었다. 동시에 세계열강들은 관세를 규제하려는 국가간 무역조직을 창설하는 시도를 했다. 비록 이 조직이 등장하지는 않았지만 GATT가 관세를 낮추기 위한 임시방편으로 형성되었다. 이 협정은 3가지 주요 원칙을 토대로 했다. 1) 대부분 혜택을 받는 국가 지위, 2) 국가적 대우, 3) 합의이다. 대부분 혜택을 받는 국가 지위는 GATT의 한 회원국에 부여되는 관세율은 모든 국가에게도 확대된다는 것을 의미했다. 국가적 대우는, 외국 기업은 한 나라의 국내 기업들처럼 동일한 규칙과 규정이 적용된다는 것을 의미했다. 합의는, 무역분쟁은 분쟁 당사자의 만장일치 합의에 의해 해결된다는 것을 의미했다.

GATT의 수많은 협상 회합들을 통해 무역상품 관세는 1940년 40%에서 1980년 5%로 낮추어졌다. 1986~1994년까지 GATT는 우루과이라운드를 시행했다. 관세를 삭감하고 서비스, 자본, 지적재산, 섬유, 농업 등에 이르는 다양한 부문에서의 합의를 이루었다. 우루과이라운드는 GATT에 대한 계승자, 즉 국가간 무역을 감시 및 자유화하기 위해 만들어진 WTO를 탄생시켰다는 점에서도 가치가 있었다. WTO는 국가간 무역규칙들을 다루기 위해 형성되었으며 새로운 무역협약을 협상 및 이행하며 회원국의 성실도를 감시하는 책임을 맡고 있다.

세계무역 및 자유무역연합

2008년 글로벌 금융위기에 따라 세계무역은 휘청거렸지만 글로벌 무역은 글로벌 총국내생산(GDP)에서 3.6%의 증가로 2010년에는 반등을 이루었다. 성장 경로는 지구 전체에 걸쳐 균등하지는 않았다. 선진국은 GDP에서 2.6%의 상승을 보인 반면 신흥 · 개발도상국은 중국(10.3%)과 인도(9.7%)에 의해 선도되어 7.0%를 기록했다(표 2–4 참조).

세계무역은 다양한 국가들 간에 협상되고 WTO에 의해 감독된 자유무역 협정들을 통해 지원받고 있다. 2012년 WTO는 EU, NAFTA, ASEAN, MERCOSUR 등 300건 이상의 지역 무역협정들을 감독했다(표 2–5 참조). 북미, 유럽, 아시아 내의 무역은 아프리카, 중동, 남미, 중미 내의 무역액보다 훨씬 더 높았다. 유럽은 무역에 대한 집중

표 2–4 지역별 GDP와 무역(연간변화율, 2009~2010)

지역	GDP	수출	수입
세계	3.6	14.5	13.5
북미	3.0	15.0	15.7
남미 및 중미	5.8	6.2	22.7
유럽	1.9	10.8	9.4
독립국가연합	4.3	10.1	20.6
아프리카	4.7	6.5	7.0
중동	3.8	9.5	7.5
아시아	6.3	23.1	17.6

Source: World Trade Organization, "World Trade in 2010," available at website, http://www.wto.org/english/res_e/reser_e/wtr_e.htm, accessed July 24, 2012.

표 2–5 지역간 무역협정

무역 협정	대표 국가
ASEAN (동남아국가연합)	Brunei Darussalam, Cambodia, Indonesia, Laos, Malaysia, Myanmar, Philippines, Singapore, Thailand, Vietnam
CACM(Central American Common Market, 중미공동시장)	Costa Rica, El Salvador, Guatemala, Honduras, Nicaragua
ECOWAS(Economic Community of West African States, 서아프리카국가경제공동체)	Benin, Burkina Faso, Cape Verde, Cote d'Ivoire, Gambia, Ghana, Guinea, Guinea-Bissau, Liberia, Mali, Niger, Nigeria, Senegal, Sierra Leone, Togo
EU(유럽연합)	Austria, Belgium, Bulgaria, Cyprus, Czech Republic, Denmark, Estonia, Finland, France, Germany, Greece, Hungary, Ireland, Italy, Latvia, Lithuania, Luxembourg, Malta, Netherlands, Poland, Portugal, Romania, Slovak Republic, Slovenia, Spain, Sweden, United Kingdom
GCC(Gulf Cooperation Council, 걸프협력회의)	Bahrain, Kuwait, Oman, Qatar, Saudi Arabia, United Arab Emirates
MERCOSUR(Southern Common Market, 남미공동시장)	Argentina, Brazil, Paraguay, Uruguay, Venezuela
NAFTA(북미자유무역협정)	Canada, Mexico, United States
SADC(Southern African Development Counci, 남아프리카개발공동체)	Angola, Botswana, Congo, Lesotho, Madagascar, Malawi, Mauritius, Mozambique, Namibia, South Africa, Swaziland, Tanzania, Zambia, Zimbabwe

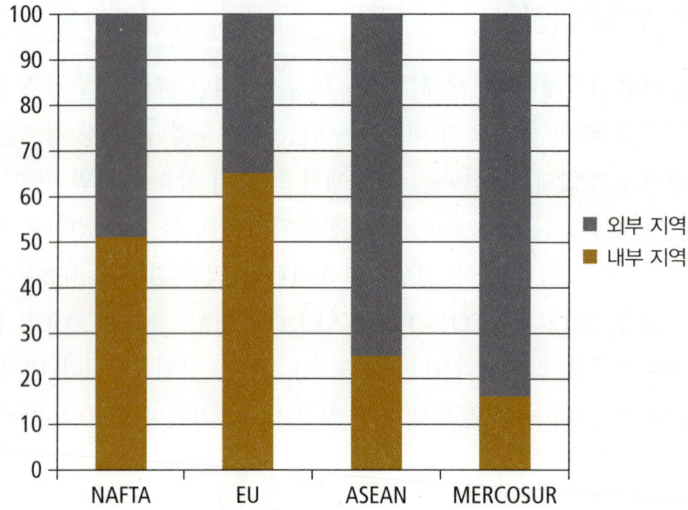

그림 2-1 지역 무역협정의 상품수출 내역 (2010)

Source: World Trade Organization, "International Trade Statistics, 2011," available at the website, http://www.wto.org/english/res_e/statis_e/its2011_e/its11_toc_e.htm, accessed July 24, 2012.

도(즉 특정 지역 내 국가간의 무역)가 가장 높으며 반면 아프리카는 가장 낮은 집중도를 보였다. 2010년에 EU의 상품수출 중 66%가 EU 회원국으로 간 것에 비해 아프리카는 12%만이 아프리카 국경 내에 머물렀다. 아프리카의 주요 수출시장은 EU였다(그림 2-1 참조).

Alex and Anna /Shutterstock.com

EU는 그 뿌리가 1950년대로 거슬러 올라가는데 당시 유럽 국가들은 지역 내에서의 정치 및 경제 안정성을 촉진할 수 있는 방법을 찾고 있었다. 그 조직은 원래 유럽석탄및철강공동체가 시초였는데 이는 석탄 및 철강무역에서의 무역장벽을 줄이는 것을 모색했다. 점차로 발전하여 1993년에 EU의 법률적 체계가 수립된 마스트리히트조약의 서명으로 현재의 형태를 갖추었다. EU의 형성은 사람, 재화, 용역, 자본의 자유이동을 보장하는 모든 회원국들에서 적용되는 법률시스템에 의한 단일시장을 창출하게 되었다.

1999년 EU는 공동화폐인 유로화를 도입했으며 유로존의 17개 회원국에 의해 채택되었는데 27개 주요 경제 국가의 경제적 연합이다. 단일 유럽통화가 수많은 국가통화를 대체했으며 공동의 판매시장을 통합시켰는데 이는 미국과 동등한 경쟁력이 있는 경제를 창출한 것이었다. 유로화는 예를 들면 사람과 재화의 이동을 쉽게 하고, 환율 문제를 없애며, 가격 투명성을 제공하고, 단일 금융시장을 창출하며, 가격 안정성과 낮은 이자율을 지원함으로써 단일시장의 구축을 위해 고안되었다.

NAFTA

NAFTA는 미국, 캐나다, 멕시코가 국가 사이의 관세를 없애기 위한 협정에 서명한 1994년에 발효되었다. 오늘날 이 무역집단은 세계에서 GDP 총합면에서는 가장 큰 무역블록을 형성하고 있다. 협정이 개시된 이래 회원국 사이에 거래되는 대부분 물품 관세는 감소되거나 없어졌지만 무역블록은 여전히 특정 농작물에 대해서는 무역규제를 유지하고 있다. 이 합의를 통해 미국과 멕시코는 경제적으로 그리고 정치적으로 유대를 공고히 했왔다. 2010년 미국은 1600억 달러 이상의 가치가 있는 물품을 멕시코로 수출했고 캐나다로는 거의 2500억 달러를 수출했다.

많은 산업들이 국경 개방과 관세 인하로부터 혜택을 받았는데 자동차 회사, 건설장비 제조업체, 농작물 기업들이 포함되어 있다. 무역도 3국 사이에 극적으로 증가되어왔다. NAFTA가 개시된 이래 미국과 NAFTA 회원국들 사이의 총무역은 149% 증가되었다.

ASEAN

ASEAN은 원래 1967년에 다음 내용들이 포함되는 지역의 1차적 목표를 지원하기 위해 설립되었다. 1) 경제성장의 가속, 2) 사회 문화적 발전 촉진, 3) 평화와 안정 확보이다. ASEAN의 최초 회원국은 인도네시아, 말레이시아, 필리핀, 싱가포르, 태국 5개국이었다. 수년이 지난 후 브루나이, 캄보디아, 라오스, 미얀마, 베트남 5개국이 가입했다. 세계에 있는 모든 주요한 무역연합 중에서도 ASEAN은 싱가포르에 의해 대표되는 가장 다양한 인구분포를 가진 기구 중의 하나인데 싱가포르의 경제규모는 아시아에서 가장 발전이 더딘 미얀마보다 80배나 크다. 차이점은 또한 인구에서도 분명한데 2억3천만 명인 인도네시아의 인구는 싱가포르보다 50배나 더 많다.

ASEAN 국가 구성에서의 다양성은 지역 내에서의 통합을 진전시키는 데 약간의 난제를 만들어왔다. [그림 2-1]에서 보듯 지역 내 무역이 EU 및 NAFTA 내에서 이루어지는 것보다 훨씬 낮다. 더 큰 통합을 용이하게 하려는 노력에서 ASEAN 회원국은 ASEAN경제공동체(ASEAN Economic Community: AEC)의 창설을 통해 향상된 무역자유화를 촉진하기로 합의하였는데 2015년경에 설립될 것이다. AEC는 재화, 용역, 투자에 대한 더 자유로운 흐름을 만들어낼 것을 계획하고 있다.

많은 ASEAN 국가들의 빠른 성장속도와 아울러 중국 및 인도에서의 대규모 개발 기회에 대한 ASEAN의 근접성은 앞으로의 팽창과 경제성장에 대한 강력한 토대를 제공해왔다. 미국과의 무역은 정체되어 있는 반면 중국과의 ASEAN 무역은 3배 이상이 되었다.

MERCOSUR

4번째로 큰 무역집단인 MERCOSUR는 아르헨티나, 브라질, 파라과이, 우루과이, 베네수엘라로 구성되어 있다. 다른 무역집단과 유사하게 1991년에 설립된 MERCOSUR는 지역 내에서의 관세 감소 및 재화의 자유로운 흐름을 통해 경제성장과 통합을 촉진하기 위해 만들어졌다. MERCOSUR는 라틴아메리카에서의 경제적 거대 조직을 만드는 것을 추구한다.

ASEAN과 마찬가지로 MERCOSUR는 회원국 사이의 무역성장률을 가속화시키기 위해 분투해왔다(그림 2-1 참조). 연료 및 광산 제품들이 점차 MERCOSUR의 수출에서 중요한 요소가 되고 있다. 석유가 풍부한 베네수엘라는 2012년에 MERCOSUR에 가입했으며 지역 내외 모두에서 연료무역의 중요성을 키워갈 가능성이 높다.

일반적으로 무역 동맹국들의 확산은 국가 간의 무역을 이끌고 전 세계에 있는 기업들과 국가들을 위한 경제 기회를 제공해준다. 많은 비판론자들이 협약의 부작용들 중 일부를 매도하지만 전반적인 경제 영향은 긍정적이다. 하지만 이 쟁점은 항상 흑백논리는 아니며 무역규제는 Chiquita와 같은 기업의 생존성에 심각한 영향을 미칠 수 있다.

바나나는 세계에서 가장 중요하면서도 인기가 많은 농산품 중의 하나인데 연간 7천만 톤 이상이 생산된다. 20세기의 대부분 동안 Chiquita는 국제 바나나 산업을 지배해왔는데 1994년에는 51억 달러의 가치를 지녔다. 1993년 EU는 Chiquita가 과일을 조달하던 라틴아메리카에서 수입되는 바나나에 대해 쿼터제를 수립하는 새로운 제도를 채택했다. 예를 들어 도미니카, 세인트루시아, 세인트빈센트, 그레나다 등 다른 국가에서 생산되는 바나나는 EU에서 무관세 혜택을 받았다. 이 새로운 정책은 빈곤 지역에게 경제적 부양을 제공하기 위해 도입된 것이었다. 그 결과 Chiquita는 20~50%로 추정되는 시장점유율을 상실했으며 주가는 1991년 40달러에서 1994년 13.63달러로 추락했다. 1996년 WTO는 EU에게 그 제도가 규제적이며 보호주의적이라는 이유로 쿼터제 부과를 중단하라고 명령했다.

무역제한은 한 회사의 부에 극적 영향을 줄 수 있다. Chiquita의 사례에서는 규제적인 관세가 필연적으로 가장 중요한 소비시장으로부터 차단되도록 만든 것이다. 비록 EU의 정책을 지지한다는 주장도 있을 수 있으나 궁극적인 영향은 판매시장에서 가장 효율적 생산자를 해롭게 했다는 것이다.

글로벌화 및 자유무역 지지자는 무역장벽을 감소시키는 일이 모두를 위한 경제 번영을 증가시킨다고 주장한다. 지지자는 글로벌화에 대한 논쟁으로 **비교우위** 이론을 제시한다. 비교우위 이론은 국가가 가장 낮은 생산기회 비용을 갖기 위해서는 생산하는 재화를 특화해야 한다고 주장한다. 한 나라가 특정한 제품생산에 계속 특화를 시키면 그 나라는 더욱 효율적 생산자가 된다. 비교우위 이론이 주장하는 것은 자유무역이 자원의 효율적 할당으로 이어지는데 그 이유는 자유무역이 나라들로 하여금 가장 낮은 비용의 제품을 특화하도록 선도하기 때문이다. 그 결과 무역에 관련된 모든 나라가 더 값싼 제품으로부터 혜택을 누리는 것이다. 국가 간의 자유무역은 가격이 더 낮아질수록 고용은 더 많이 이루어지며 산출은 더 높아지고 개발도상국 국민의 더 높은 생활수준으로 이어진다.

비교우위
(Comparative advantage)
국가가 그들이 가장 낮은 생산 기회 비용을 갖기 위해서는 생산하는 재화를 특화해야 한다고 선언하는 경제 이론

외부 환경

글로벌화의 힘은 비즈니스 환경의 모든 측면에 극적으로 영향을 끼쳐왔지만 제1장의 Walmart 사례에서 보았듯 기업이 운영되는 환경은 수많은 일선 현장에서 점점 더 복잡해졌다. 지속적으로 성공하려면 관리자는 기업이 운영되는 비즈니스 환경의 모든 측면을 이해하고 있어야 한다. 한 기업의 **외부 환경**은 그 기업의 비즈니스에 영향을 미치는 모든 외적 힘을 나타낸다.

기업의 외부 환경은 2가지 구성요소로 나눈다. 즉 **일반 환경**과 **과업 환경**이다(그림 2-2 참조). 글로벌 상황 맥락은 기업의 일반 및 과업 환경의 요소 모두에 영향을 미칠 수 있으며 [그림 2-2]에 외부층을 형성한다. 기업의 일반 환경은 기업에 영향을 미치는 주된 외적 힘을 말한다. 이 요인 중 일부는 다른 것들보다 기업에 더 강한 영향을 미친다. 예를 들어 미국의 보건부문에서 정치 · 법률적 세력은 강력하다. 건강보험 회사와 제약회사가 운영하는 방식에 상당한 영향을 미친다. 사회문화적 및 기술적 힘은 Facebook, Twitter, LinkedIn 등과 같은 소셜 네트워킹 기업들의 확산에 커다란 역할을 해왔다. 정치적 힘은 제조공정을 위해 오일, 가스, 목재 등과 같은 원자재를 알맞은 가격으로 살 수 있는 접근성에 의존하는 회사들에 영향을 미쳐왔다.

외부 환경(External environment)
기업의 비즈니스에 영향을 미치는 모든 외적인 힘을 나타낸다.

일반 환경(General environment)
한 기업의 외부 환경에 영향을 미치는 기술적, 경제적, 정치적 · 법률적, 그리고 사회 문화적 차원들이 포함된다.

과업 환경(Task environment)
직접적으로 한 기업에 지속적인 기반에서 영향을 미치는 실체들이 포함되는데 이에는 경쟁자, 공급자, 고객들이 포함된다.

한 기업의 과업 환경은 지속적 바탕에서 기업에 직접적으로 영향을 미치는 실체들

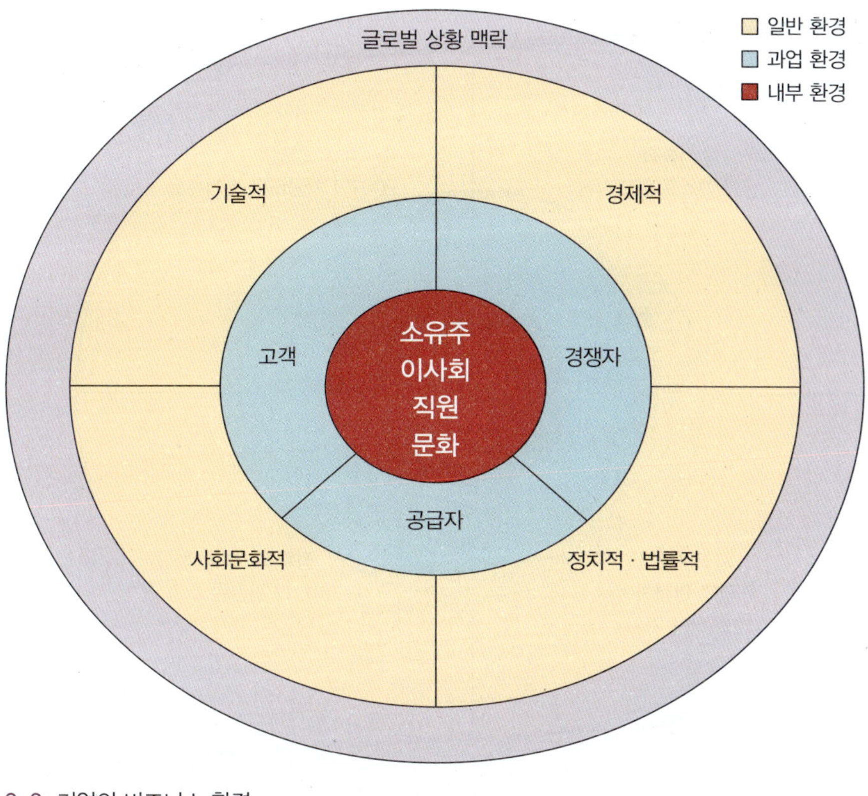

그림 2-2 기업의 비즈니스 환경

Source: Adapted from L. J.Bourgeois, III, "Strategy and Environment: A Conceptual Integration," *Academy of Review*, Vol. 5, No. 1, January 1980, p. 26.Management

이 포함되어 있으며 경쟁자, 공급자, 고객도 포함된다. Apple이 2010년에 iPad를 소개했을 때 그것은 그저 컴퓨터 작업을 위한 새로운 플랫폼이 발명된 것뿐만이 아니라 경쟁자에게는 유사한 제품으로 따라오도록 하는 엄청난 압박을 가한 일이기도 했다. Motorola, Dell, Toshiba 등과 같은 회사는 재빠르게 대응했다. iPad가 소개된 지 단 1년만에 시장에는 11종의 태블릿이 있었다. 일반 환경의 차원과는 대조적으로 이 부분들은 더 크고 더 즉각적인 영향력을 발휘할 수 있는 능력을 갖고 있다.

일반 환경

일반 환경의 차원이 과업 환경의 차원보다 더 광범위하고 더 분산되어 있으며 기업과 산업에 미칠 수 있는 영향 때문에 정확히 이해하는 것은 중요하다. 이 차원은 어떤 특정 산업의 모든 기업이 경쟁하는 전략적 상황 맥락의 토대를 형성한다. 관리자를 위한 첫 번째 단계는 기업에 관계가 있는 외부 환경을 확인해 그것을 다루는 데 도움이 되는 전략을 개발하는 것이다. 일반 환경에서의 외부 차원이 어떻게 McDonald에 영향을 미치고 있는지 살펴보자(그림 2–3 참조).

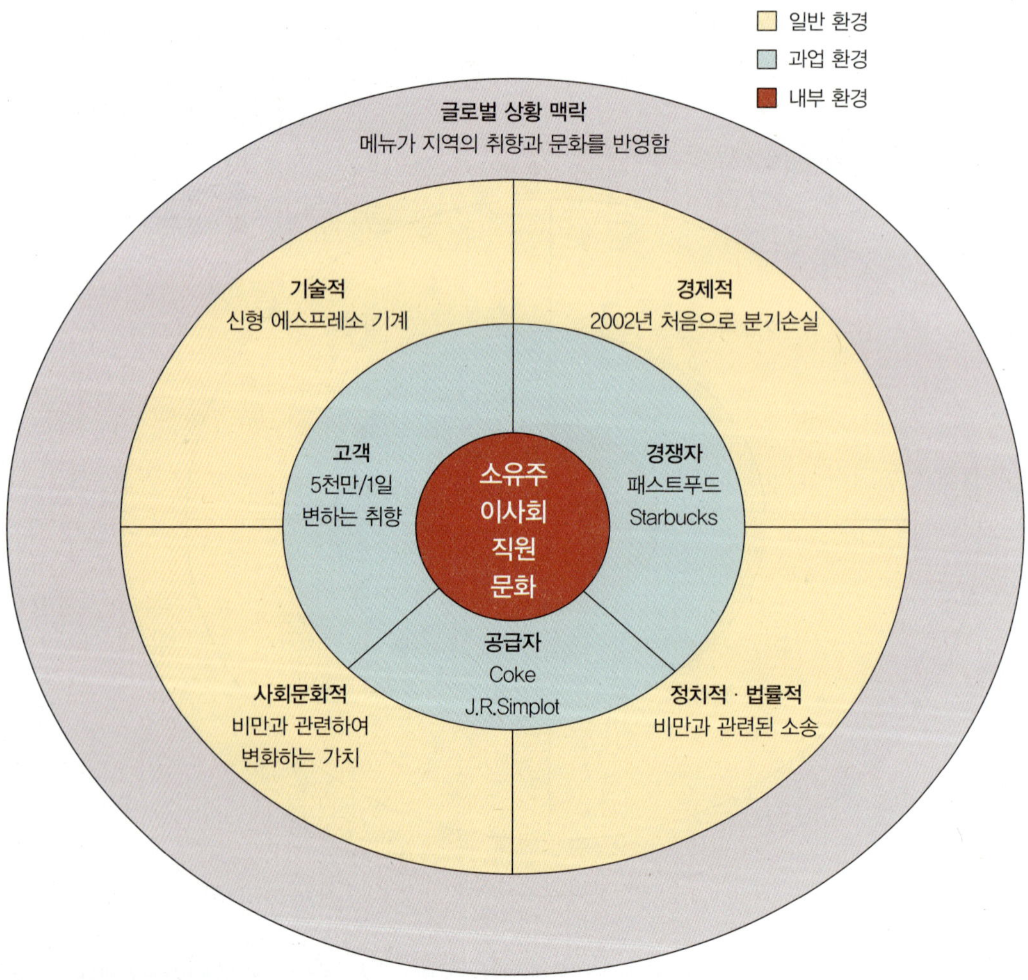

그림 2–3 McDonald의 비즈니스 환경

기술적 차원

일반 환경에서의 기술적 차원은 기업이 결과물을 생산해내기 위해 이용하는 공정, 기술, 시스템을 말한다. 기술적 차원은 기업의 제조라인 또는 유통시스템을 운영하기 위해 이용되는 하드웨어 또는 소프트웨어 등이 배후에 있는 기술이 포함된다. 이 차원은 지난 20년간 가속화된 변화를 겪었다.

기술이 회사와 산업에 다양한 방식으로 영향을 미치는 반면 성공하는 회사는 새로운 혁신을 이용할 수 있다. 때로는 가장 성공한 장수 회사가 반드시 기술을 처음으로 상업화한 또는 혁신을 이용한 회사가 아닌 경우도 있다. 예를 들어 Napster는 온라인 디지털 음악에서 최초의 혁신을 일으켜 소비자에게 새로운 도래를 알렸지만 정부 규정, 예술가, 음반회사 등이 포함되는 중요한 이해관계자들의 중요성을 인식하지 못해 Apple이 모든 구성요소를 만족시키는 비즈니스 모델을 소개할 수 있도록 길을 닦아준 셈이 되었다.

McDonald의 비즈니스가 다른 기업에게 비견될 만큼 기술적 힘에 의해 추진되고 있지는 않지만 새로운 비즈니스 기회를 추진하여 운영을 효과적으로 진행할 수 있는 기술에 의존하고 있다. 과거 몇 년 동안 McDonald는 전문 커피음료를 판매하는 진취성을 도입했다. 이 조치는 Starbucks와 같은 경쟁자로부터 점유율을 뺏기 위해 아침 샌드위치와 함께 전문 커피를 제공하기 시작한 패스트푸드 체인에 의한 시도였다. 아침 샌드위치 시장은 McDonald의 가장 중요하면서도 수익성이 좋은 제품라인 중의 하나다.

에스프레소 및 카푸치노 등과 같은 일련의 전문 커피음료를 McDonald가 도입하는데 도움이 될 수 있도록 새로운 기술에 의존했다. 2007년에 McDonald는 자동화된 에스프레소 기계를 특정 판매점에 출시하기 시작했다. 상당한 수작업이 필요한 Starbucks 에스프레소 기계와 달리 McDonald 기계는 끓이고 향을 만드는 공정에서 모든 기능을 자동으로 수행한다. 이 기계는 McDonald의 효율적 생산에 초점이 맞추어져 있으며 따라서 엄격한 시간 및 배달 기준을 유지하는 데 도움이 되고 있다. 이 기술적 이행은 가까운 장래에 10억 달러에 가까운 추가 매출을 더해 줄 것으로 기대되고 있다.

경제적 차원

기업 환경에 대한 경제적 차원에는 GDP, 인플레이션, 실업, 소비자의 감정, 기업이 자사 제품(혹은 서비스)을 판매하는 모든 국가의 이자율 등이 포함된다. 글로벌 비즈니스 환경의 경제적 차원을 이해하는 것은 특히 비즈니스를 외국에서 수행하려는 관리자에게 특히 중요하다. 이 지식을 얻으려면 관리자는 비즈니스를 하려는 모든 국가에서의 구조, 자원의 위치, 통화, 노동쟁점 등과 같은 경제 구성요소를 파악해야 한다(표 2-6 참조).

캐나다, 호주, 일본, 독일 등과 같은 선진국은 미국과 유사한 높은 수준의 자유시장 원칙에 의해 특징 지워진다. 이 국가들은 인플레이션 및 이자율에 관해 개발도상국보다 낮은 가변성을 갖고 있는 안정된 경제 조건을 유지한다. 발전이 덜 된 모든 나라에서는 인플레이션과 이자율이 국가의 취약하면서도 미숙한 경제로 인해 심하게 변동을

기술적 차원(Technological dimension) 한 기업이 결과물을 생산해내기 위해 이용하는 공정, 기술 또는 시스템

경제적 차원(Economic dimension) 기업이 활동을 수행하고 있는 시장 내에서의 전반적인 경제 환경(예를 들면 GDP, 인플레이션, 실업)

표 2-6 주요 경제지역의 특징

세계의 지역	경제 조건
북미	미국, 캐나다, 멕시코로 구성되어 있으며 미국은 2011년 15조 달러의 경제로 이 지역을 선도함. 멕시코 경제는 1.7조 달러였고, 캐나다는 1.4조 달러임. 1990년대에 제조업 직종이 해외로 나감에 따라 미국에서는 서비스 산업이 GDP의 76% 이상을 차지함. 수출이 매년 1조 달러 이상이지만 전반적으로 큰 무역적자를 겪고 있으며 2011년에는 8천억 달러였음.
EU	27개 회원국으로 구성된 EU는 2011년 GDP가 15.4조 달러로 세계에서 가장 큰 경제를 나타냈음. 개방된 내부 교환경제를 유지하고 있으며 다른 지역과도 비교적 개방된 무역을 함. 높은 수준의 노동조합화, 근무규칙, 정부가 운영하는 사회제도 등을 가지고 있어 EU 기업은 다른 지역보다 높은 원가에 직면하고 있음.
중국	1970년대 이래 중국은 점차 개혁을 도입함에 따라 폐쇄적이며 중앙기획적인 경제로부터 서서히 시장 지향적인 경제로 이동하였음. 개혁은 효율성과 더불어 GDP가 1978년 이래 10배 이상 증가됨에 따라 엄청난 경제성장으로 이어졌음. 2011년 GDP는 세계 3위 수준인 11.3조 달러였으며 매년 거의 10%씩 성장함. 그럼에도 중국에서 비즈니스를 한다는 것은 부패 및 지적재산권 도용 등을 포함한 많은 문제로 가득 차 있음. 중국의 향후 난제는 급속히 노화되는 인구, 높은 국내 인플레이션, 형편없는 소득분배로 인한 소비자 욕구의 결여 등에 기인하고 있음.
인도	1997년 이래 평균 7%의 성장을 기록하는 세계에서 가장 빨리 성장하는 경제권 중 하나로 GDP가 세계 4위인 4.5조 달러임. 노동력의 절반 이상이 농업에 종사하지만 글로벌한 지식기반의 서비스는 중요한 경제성장의 원천으로 인도 생산의 절반 이상을 차지함. 1990년부터 시작하여 산업규제를 철폐하고, 공공기업을 사유화하며, 해외무역 규제를 줄임으로써 개방 시장경제로 발전해왔음. 중요한 난제는 광범위한 빈곤, 부적합한 인프라, 고등교육의 부실화 등이 포함됨.
일본	일본은 20세기 하반기 동안 가장 빠르게 성장하는 경제권 중의 하나였는데 1960년대에는 10%의 연간성장, 1970년대는 5%, 1980년대에는 4%로 하락했음. 자동차, 전자제품, 기계공구, 금속, 선박, 화학제품, 섬유 등을 생산하며 2011년 GDP는 4.4조 달러로 세계 5위를 기록함. 그러나 GDP의 200%인 정부부채와 노령화되는 인구로 인해 심각한 문제에 직면하게 될 것임.

거듭할 수 있다. 관리자는 이 모든 요인을 새로운 시장이면 어디든 진입하기에 앞서 고려해야 한다. 이 요인은 또한 기업이 이미 운영하고 있는 시장에서도 고려하는 것이 중요하다. 왜냐하면 해당 지역에서의 소비자 욕구와 더불어 기업의 일상적 비즈니스 운영에도 영향을 미칠 수 있기 때문이다.

관리자는 또한 글로벌 지역의 자원 위치도 고려해야 한다. 대부분의 글로벌 시장은 자원의 개발과 가용성에서 미국과 다르다. 미국에서는 대부분의 관리자가 통신 네트워크 및 고속도로 등을 당연한 것으로 여긴다. 개발도상국은 대조적으로 신뢰할 만한 고속도로가 없으며 이는 그 나라에서 비즈니스를 할 때 장애물이 될 수 있다. 개발이 덜 된 자원의 위치와 인프라를 가지고 있으면 글로벌 관리자는 다른 시장에 걸쳐 비즈니스를 수행할 때 융통성을 유지하는 것이 필요하다.

관리자는 또한 국경 너머에서 비즈니스를 운영할 때 통화 문제도 조사해야 한다. 대부분의 선진국은 상당히 예측 가능한 범위를 따라 변동하는 안정된 통화를 갖고 있다. 그러나 개발이 덜 된 지역에서는 하루 사이에도 통화가 극적으로 춤을 출 수 있으며 소비자의 구매력도 변한다. 이는 이 지역 소비자에게 유통시키기 위해 글로벌 위치를 이용하는 기업에게 문제점을 제기할 수 있다. 지역통화가 달러에 대해 크게 평가절하되면 기업은 이 차이를 처리할 수 있도록 가격에서 조정을 하지 못하면 손해를 볼 수 있다.

마지막으로 관리자는 글로벌 시장에서의 노동 상황을 고려하는 것이 필요하다. 글로벌 시장은 노동력의 기술력과 교육에 의해 큰 폭으로 달라진다. 첨단기술 운영 또는 기술력이 필요한 기업에서는 기술을 갖춘 근로자의 안정된 공급이 성공에 필수적이다.

Bloomberg/Getty Images

대개 기업이 직원을 국내로부터 글로벌 현장으로 재배치하려면 상당히 비용이 많이 든다. 비록 많은 기업이 고위직 책임자를 재배치하지만 많은 하위직 근로자를 재배치하는 일은 비용효율적인 해결책이 되지 못한다. 많은 글로벌기업은 조직의 하위직에 일을 시키기 위해 지역 근로자의 기량을 개발하는 것에 의존하고 있다.

주택건설 산업은 특히 경제적 변화에 민감하다. 예를 들어 Toll Brothers는 미국에서 가장 큰 단독주택 및 계획단지의 건설업체 중 하나인데 2003~06년에 연간 30% 성장했다. 낮은 이자율과 쉽게 접근가능한 금융이 이렇게 괄목할 성장을 부추긴 것이었다. 하지만 2007년 들어 주택건축이 가파르게 추락함에 따라 장애물에 부딪쳤다. 이 침체는 많은 경제 요인들의 결과였는데 무기력한 GDP 성장, 증가하는 실업, 경색된 신용시장, 높아가는 이자율 등이 포함되어 있었다. 주택건축은 경제 상황의 생존성에 대한 징후 역할을 하기도 한다.

1948년 출범했을 때부터 McDonald는 전 세계에 걸쳐 30,000개 이상의 식당으로 성장했다. 2011년에 270억 달러의 매출을 올려 55억 달러의 순이익을 냈다. 하지만 지난 수년간 강화되어가는 결과에도 불구하고 21세기 초반에는 어려움을 겪었다. 2002년 4/4분기에는 처음으로 분기손실을 겪었는데 3억 4300만 달러에 달했다. 영업손실은 수많은 요인의 결과였는데 전반적인 침체 환경과 McDonald의 핵심인 미국 시장에서의 무기력한 소비가 포함되었다. 2000년의 기술거품 및 2001년 9월 11일의 테러 공격에 이어진 불경기는 이 기간에 많은 기업이 활기없는 결과를 기록하도록 초래했다. 하지만 McDonald 손실의 심각성은 여러 요인의 결과였는데 기업의 일반 환경에 대한 차원의 논의에서 탐구해보자.

정치적 및 법률적 차원

외부 환경의 정치적 차원은 기업에 영향을 주는 정치적 사건 및 활동을 말한다. 글로벌한 규모로 운영하는 기업은 비즈니스에서 상당한 정치적 힘을 경험한다. 예를 들어 지역정부의 정책 입안자는 원자재를 제한하거나 허가에 과도한 수수료를 부과함으로써 기업이 이용할 수 있는 기회에 영향을 미칠 수 있다. 본질적으로 경쟁력 상황을 변화시킬 수 있는 힘을 가지고 있는 것이다.

소요와 폭력은 많은 나라에서 일상적으로 일어나는 일이다. 이 요인은 글로벌 시장에 직접적 또는 간접적 영향을 미친다. 정치적 소요는 민간소요가 기업 재산 파괴로까지 이어지면 기업에 직접적 영향을 미친다. 제1장의 BHP 구리광산 사례에서는 정치적으로 민감한 상황이 광산에서의 폭동으로 변해 관리자로 하여금 비즈니스를 포기하고 떠나도록 만들었다. 정치 소요는 또한 해당 국가에서의 소비자 신뢰를 파괴함으로써 기업에 간접적 영향을 미칠 수 있다. 마지막으로 많은 기업은 특정 글로벌시장에서 자산수용의 잠재성을 인식해야 한다. 예를 들어 지난 수십년에 걸쳐 세계의 여러 지역에

정치적 차원(Political dimension)
한 기업에 영향을 주는 정치적인 사건 및 활동을 말한다.

서 비즈니스를 하는 국제 석유회사들에 반복되는 문제점이었다.

2010년 11월 피지 정부는 캘리포니아에 본사를 둔 FIJI Water의 지역 관리자 David Roth의 비자를 취소했다. 수출 중 20%를 차지하는 FIJI Water는 피지에 대한 조세부담을 낮추려는 노력에서 자국의 물을 미국 본사에 인위적으로 낮은 가격에 판매했다는 혐의로 고발되었다. 정부는 또한 만약 조세 쟁점이 해결되지 않는다면 회사 제품을 공급하는 FIJ IWater의 권한을 취소하겠다고 위협했다.

외부 환경의 법적 차원은 기업이 시장에서 맞닥뜨리는 규정 및 법률을 말한다. 일부 국가에서 법률 및 규정은 기업 제품을 가공해야 하는(예를 들어 식품회사) 또는 소비자에게 판매해야 하는(예를 들어 제약회사) 방법을 지시해주는 것이다. 미국 의회는 미국 내에서 판매되는 모든 자동차 연비 기준을 올렸다. 2016년까지 27mpg(갤런당 마일수)에서 35.5mpg로 올려야 한다. 이 입법은 지구온난화의 속도가 이산화탄소 배출로 인해 가속화되고 있다는 우려의 반응으로 제정되었다. 미국 내에서 자동차를 판매하는 모든 기업은 직접적으로 영향을 받는 것으로 많은 회사가 엔진과 연료시스템의 설계를 점검해야 한다. 2012년 오바마 행정부는 자동차가 2025년까지는 54.5mpg를 달성해야 한다고 요구하는 더 높은 기준을 발표했다.

지난 10년간 McDonald는 판매하는 음식으로 인해 극심한 조사를 받아왔다. 일반적으로 McDonald의 메뉴 중 대다수는 Big Mac 및 Chicken McNuggets 등과 같은 고칼로리, 고지방의 품목으로 구성되어 있다. 1990년대 말에 많은 비판론자들은 McDonald와 같은 기업이 어린이 및 성인 모두에게 비만발생률에 직접적으로 책임이 있다는 주장을 하기 시작했다. 2001년에 한 변호사가 의뢰인을 대신해 McDonald에서 식사를 한 것 때문에 비만이 되었다고 주장하면서 McDonald에 대해 법적 책임 소송을 제기했다. 소송이 결국 기각되기는 했지만 회사는 계속해서 메뉴를 개선하라는 증가되는 압력을 받았다. 2012년에 McDonad는 모든 메뉴 품목에 칼로리를 게시하는 것에 동의하는 다른 패스트푸드 체인점과 함께 동참했다. 그렇게 함으로써 더 투명해지고 소비자는 선택에 더 많은 정보를 얻을 수 있도록 시도했다. 오바마의 취임 1기 동안 이루어진 보건 점검의 일환으로 20개 이상의 지점을 갖고 있는 모든 식당은 메뉴에 칼로리를 게시해야 했다. McDonald는 연방정부가 그렇게 하도록 요구하기 전에 조치를 취했던 것이다.

사회문화적 차원

외부 환경의 사회문화적 차원은 사회의 가치 및 관습과 더불어 인구학적 특성을 말하는 것이다. 기업에 영향을 미칠 수 있는 두드러진 인구학적 영향력 중 일부가 노령화와 변화하는 인종구성이다. 관리자는 이 변화가 비즈니스를 어떻게 운영할지 그리고 어떻게 종업원을 고용할지에 미치는 영향을 고려해야 한다. 2000년의 12%로부터 상승하여 세기 중반 즈음에는 미국 인구의 20% 이상이 65세 이상이 될 것이다. 65세 이상 인구의 증가는 노령화 되어가는 베이비붐 세대의 결과인데 이들은 미국 인구에서 가장 큰 급증이었다. 베이비붐은 2차대전 이후인 1946~64년 사이에 태어난 7천8백만 명 이상의 사람들을 말한다. 이들의 첫 번째 파도가 2011년에 65세를 넘기 시작했다. 일본과 독일

법적 차원(Legal dimension)
한 기업이 자신의 시장에서 맞닥뜨리게 되는 규정 및 법률

사회문화적 차원(Sociocultural dimension)
사회의 가치 및 관습과 더불어 인구학적인 특성

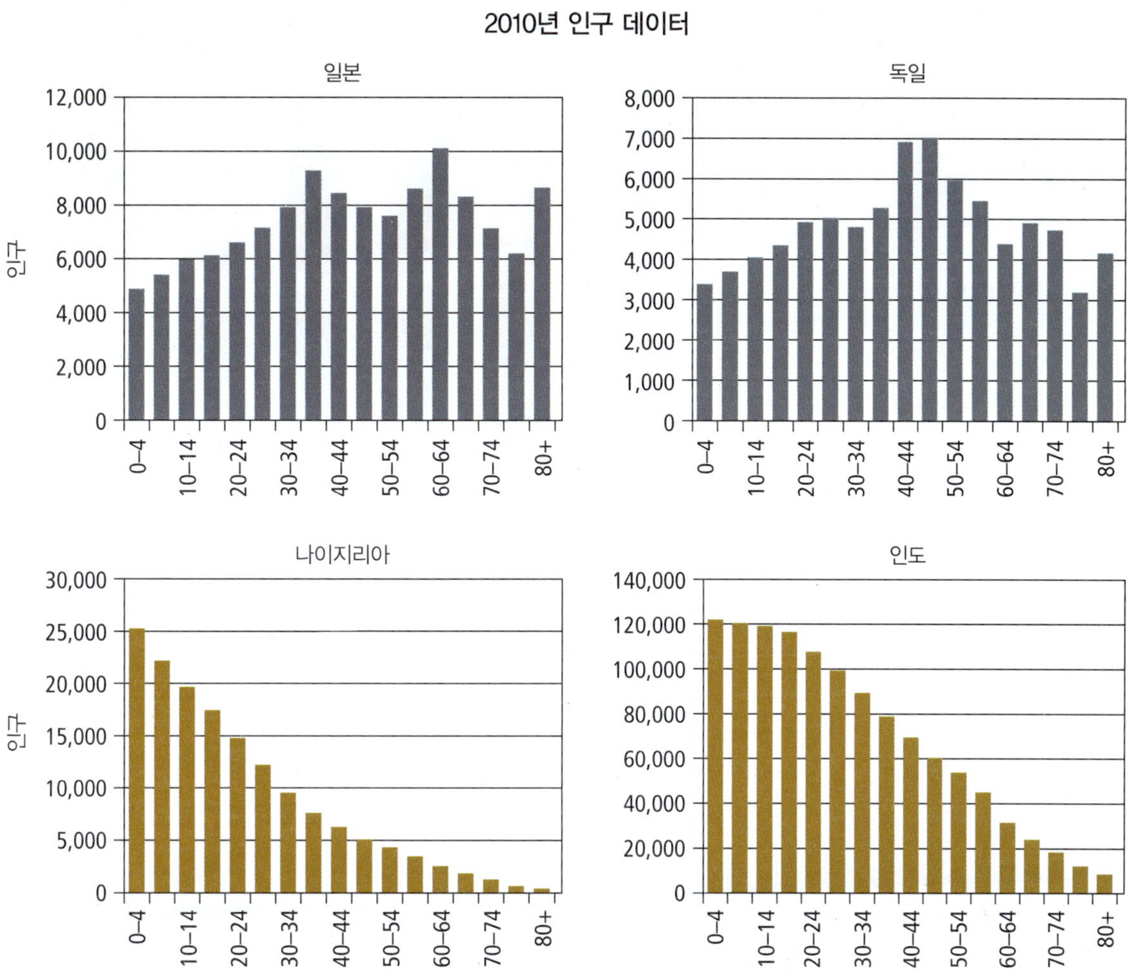

그림 2-4 일본, 독일, 나이지리아, 인도에서의 인구역학

Source: Euromonitor International.

은 65세 이상의 비율에서 더욱 가파른 상승에 직면하고 있으며 반면 인도와 나이지리아는 훨씬 더 젊은 인구를 갖고 있다(그림 2-4 참조). 노령화되는 인구통계의 경제적 영향에 대한 우려로 일본과 독일은 심지어 자국민들에게 더 많은 아이를 갖도록 장려하는 재정적 우대책을 제공한다. 아이들이 더 많으면 노년층 보살핌에 드는 비용 증가를 지원해 줄 폭넓은 고용기반이 되기 때문이다.

미국 인구가 노령화 되어감에 따라(그림 2-5 참조) 대기업은 고위경영진의 상당 부분을 젊은 직원들로 교체해야 하는 일에 직면하게 될 것이다. 많은 기업은 이러한 세대교체를 적은 인재풀로부터 선정할 것이다. 이 과업을 완수하기 위해 기업은 핵심 자리를 채우기 위해 회사 바깥에서 인력을 찾는 것이 필요하다. 전통적으로 조직 내에서 채용하고 승진시켰던 많은 대기업의 이전 경험과는 대조되는 것이다. 그외 기업은 제3의 또는 제4의 직장경력을 제공할 기회로서 나이든 직원들로 이루어진 경험자들의 풀을 찾게 될 것이다. 그렇게 함으로써 중역의 전통적 은퇴 연령을 연장할 수 있는 유연근무제 또는 일자리 나누기 등을 만들어낼 수 있다.

다른 관점

사과 슬라이스가 많아질수록 프라이는 더 적어진다? 전국에 걸쳐 Happy Meals가 더 영양이 풍부한 음식을 제공해 아이들의 기쁨이 커질 것이다. 아이의 비만과 더 건강한 먹거리 습관에 대응하기 위해 McDonald는 모든 Happy Meals에서 프라이의 수는 줄이는 반면 사과 슬라이스를 추가함으로써 더 건강한 식사를 제공하고 있다. McDonald는 사회적 환경의 욕구에 부응하도록 비즈니스를 진화시키는 것이 성공적으로 전진하는 데 필요하다는 사실을 인식한 것이다.

- 사회적 환경을 인식하는 것이 왜 비즈니스에서 중요한가?
- 조직의 사회적 환경이 제품 또는 비즈니스 모델에 영향을 끼친 또 다른 사례는 무엇인가?
- 조직의 사회적 환경이 제품 또는 비즈니스 모델에 영향을 끼치지 않아야 하는 사례는 무엇인가?

구 분	2000	2010	2020	2030	2040	2050
60세 이상	12%	13%	16%	20%	20%	21%
45~64세	22%	26%	25%	23%	23%	22%
20~44세	37%	34%	32%	32%	31%	31%
20세 이하	29%	27%	26%	26%	26%	26%

그림 2-5 연령별로 본 미국의 추정 인구

Source: U.S. Census Bureau, 2004.

노령화되는 인구는 특히 인구 부분을 위한 제품(혹은 서비스) 개발을 추구하는 기업에게 추가적인 시사점을 갖는다. 가처분소득이 더 많아지고 여가시간도 많아짐에 따라 노년층은 많은 산업에서 특히 매력적 목표시장이 되고 있다. 1996년에 프로골퍼협회(Professional Golfers' Association: PGA)는 연구를 수행해 골퍼들 중 거의 40%를 이루기 때문에 부머세대(boomers)의 참여를 비즈니스 성장의 핵심이라 이름붙였다. 남자와 여자가 나이 들어감에 따라 골프를 할 수 있는 가장 활동적 연령에 들어서며 따라서 PGA 간부는 이 연령층의 참여를 조성하는 것이 골프의 미래에 매우 중요한 일이라고 주장했다. 부머세대는 또한 이전 세대에 비해 아름다움에 더 많은 신경을 쓰며 성형산업에 영향을 주고 있다. 2002년에 수행된 연구에 따르면 1997~2001년에 성형산업이 65세 이상의 연령층에서 352%의 성장을, 유방확대술에서는 300%의 성장을 기록했다. 부머세대가 아름다움을 강조하기 때문에 의사는 성형산업이 급속한 성장을 이룰 것으로 자신한다.

노령화에 추가하여 기업은 인종구성 변화에 대해 전략을 조정하거나 개발해야 한다(그림 2-6 참조). 전후 수십년 동안 미국 내의 라틴계 인구는 다른 집단보다 빠르게 성장하여 2050년 즈음에는 인구의 20%에 도달할 것으로 예상된다. 노령화인구의 제품을 목표로 삼는 회사와 유사하게 일부 기업은 특별히 다양한 인구별 소분류 집단을 대상으로 제품(혹은 서비스)을 개발하기로 선택했다. 예를 들어 Home Depot는 2005년에 Colores Origenes 광고를 시작했는데 이는 라틴계 문화를 반영하기 위한 70종의 생생한 색상을 특징으로 하는 첫 번째 페인트 색깔들이었다. 라틴 비주얼을 창조한다는 계획

구분	2000	2010	2020	2030	2040	2050
기타	3%	3%	4%	4%	5%	5%
라틴계	12%	14%	16%	18%	20%	22%
아시아계	4%	5%	5%	6%	7%	8%
흑인계	13%	13%	14%	14%	14%	15%
백인계	69%	65%	61%	58%	54%	50%

그림 2-5 인종별로 본 미국의 추정 인구

Source: U.S. Census Bureau, 2004.

을 가지고 Home Depot는 실내 장식용품에서 라틴문화를 표현하는 재료를 찾던 소비자를 끌어들이기 바란 것이었다. Azul CielitoLindo(사랑스러운 블루스카이)와 Chayote(차요테 호박) 등과 같은 이름을 사용하였는데 라틴계 주민은 스페인어로 된 색상을 더 구매할 가능성이 많다고 여겼기 때문이었다.

글로벌화의 영향으로 많은 문화적 취향 및 관습들이 하나로 통합되는 계기가 되기는 했지만 대부분의 글로벌 시장은 중요한 문화적 차원에 대해서는 여전히 차이가 있다. 관리자가 해외에서 비즈니스를 수행할 때 첫 번째 단계는 새로운 문화를 이해하거나 느끼는 것이다. 대부분의 나라는 종교적 신념, 인종, 사회적 규범, 언어 등을 바탕으로 차이점을 보여준다. 예를 들어 언어는 다른 국가 사이의 거래에 엄청난 영향을 미친다. 공통적 언어를 공유하는 나라 사이의 교역은 언어를 공유하지 않는 나라들 사이의 교역보다 3배나 큰 것으로 추산된다.

IKEA는 태국 시장에 진출했을 때 언어와 사회적 규범의 영향을 경험했다. 많은 IKEA 가구제품은 재미있는 스칸디나비아식 이름을 사용하지만 때때로 제품 이름이 다른 언어에서는 매우 다른 의미를 갖는다. IKEA의 Redalen 침대는 노르웨이의 한 마을에서 이름을 따왔는데 스칸디나비아에서는 유명한 품목이지만 태국에서는 이 이름이 성적으로 노골적 의미를 갖고 있다. IKEA처럼 전 세계로 확장해가는 기업은 모욕적이

표 2-7 보편적인 사회적 차원

사회적 차원	설 명
권력 거리	하급 직원들이 권력이 불평등하게 분배되어 있다고 인정하는 정도. 권력 거리가 짧음은 오스트리아, 덴마크처럼 민주적 사회임을 말한다. 권력 거리가 길다는 것은 중국과 같은 전제적 사회를 말한다.
개인주의와 집단주의	개인이 평생 집단의 일원이 되기보다는 자신의 소속이 되기를 선택할 예상의 정도. 미국은 대부분 개인주의적임에 반해 라틴아메리카는 집단주의가 강하다.
남자다움과 여성스러움	사람들이 전통적으로 남성 또는 여성의 가치를 확인하는 방식. 어떤 나라에서는 전형적으로 남성적 또는 여성적 자질을 옹호한다. 남성(일본): 경쟁, 주장, 야망, 부의 축적. 여성(스웨덴): 관계와 삶의 질.
불확실성 회피	사회 구성원이 불확실성을 최소화함으로써 불안에 맞서는 정도. 대다수 라틴 국가처럼 높은 불확실성의 회피를 갖고 있는 나라는 많은 규칙과 구조를 선호하며 변화 적응력이 떨어진다. 낮은 불확실성의 회피를 갖고 있는 나라에는 아일랜드, 스웨덴, 덴마크, 싱가폴 등이 포함된다.
장기 지향성과 단기 지향성	비즈니스 의사결정을 할 때 고려하는 미래 및 기준에 부수되는 중요성. 아시아 국가는 보통 장기 지향성을 갖고 있으며 서구 구가는 단기지향성을 갖고 있다.

Source: Based on data from Geert Hofstede and Michael H.Bond, "The Confucius Connection: From Cultural Roots to Economic Growth," Organizational Dynamics, Vol. 16, Autumn 1988, pp. 4–21.

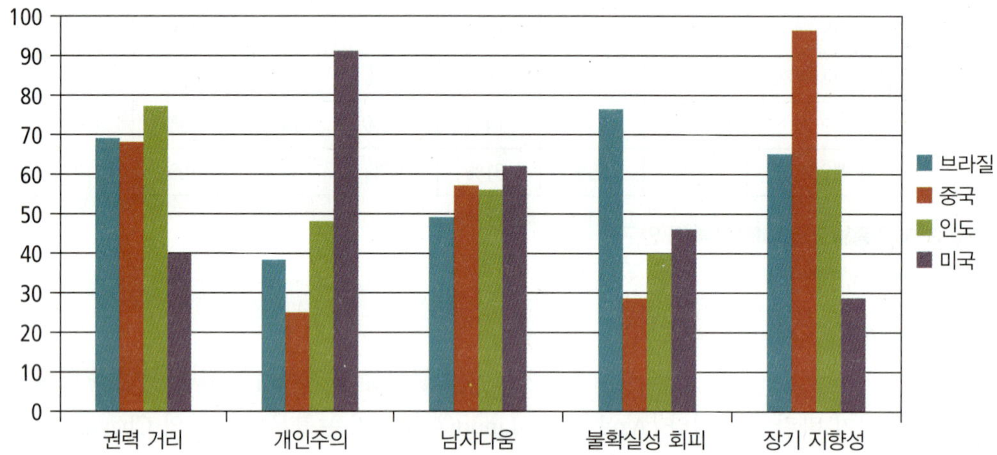

그림 2-7 나라별 사회적 가치 점수

Source: Adapted from Geert Hofstede and Michael H. Band, "The Confucius Connection: From Cultural Roots to Economic Growth." Organi-zational Dynamics, Vol. 16, Autumn 1988, pp. 4–21.

거나 오해를 살만한 것이 아님을 인식시키기 위해 언어 및 지역풍속에 민감해야 한다. 이는 까다로운 균형잡기 절차가 될 수 있다. 왜냐하면 IKEA의 글로벌 매력은 제품이 갖고 있는 기발하면서도 재미있는 스칸디나비아식 용어에 있기 때문이다.

사회적 가치(Social value)
일상적인 선택 및 상호작용에서 사람들을 이끌고 있는 원칙에 깊이 뿌리를 두고 있는 시스템

언어장벽이 쉽게 극복될 수도 있겠지만 사회적 가치는 글로벌하게 확장해나가기를 바라는 회사에 종종 훨씬 더 큰 난제를 제기한다. 사회적 가치는 일상적 선택 및 상호작용에서 사람들을 이끄는 원칙에 깊이 뿌리를 두는 시스템을 말한다. 한 사회의 사회적 가치는 기업에 2가지 방식으로 영향을 미칠 수 있다. 첫째, 한 나라의 사회적 가치는 기업의 현지 직원들이 행위하고 행동하는 방식에 영향을 미칠 수 있다. 둘째, 한 나라의 사회적 가치는 특정 제품에 대한 고객의 선호도에 영향을 미칠 수 있다. 나라의 사회적 차원의 중요성은 [표 2-7]과 같다. 이 5가지 광의의 차원들은 관리자가 특정 국

가의 사회적 가치를 설명하는 데 도움을 준다(그림 2-7 참조).

기억해야 할 사실은 이 차원이 한 국가 내에 있는 사회 및 변화를 대변하고 있다는 것이다. 한 기업이 함께 일하는 특정의 민족 또는 나라들은 이 광의의 글로벌화와는 다를 수도 있다. 효과적이 되려면 관리자는 경쟁하고 싶어 하는 시장의 문화를 이해해야 한다(문화의 의사소통에 대한 쟁점에 대해서는 제19장에서 설명한다).

McDonald는 지난 10여년 간 집중적 감시를 받아왔는데 그 이유는 메뉴와 많은 고객의 변화하는 가치 때문이다. 어린이들과 성인들 사이의 비만 및 당뇨 비율이 걱정스러운 속도로 증가해왔다. 이 경향이 나타남에 따라 많은 소비자는 다이어트와 건강에 관한 신념과 가치체계를 바꾸기 시작했다. 게다가 많은 사람들은 증가하는 비만과 늘어나는 판매 사이의 연관성을 암시하면서 McDonald와 같은 패스트푸드 체인점들을 공개적으로 비난하기 시작했다.

인기 있는 다큐멘터리 Super-Size Me에서 감독은 체중과 건강에 어떠한 영향을 미칠지 알아보기 위해 한 달 동안 매끼 식사로 McDonald를 먹는 것으로 설정했다. 이와 같은 미디어는 회사에 파멸을 가져올 만한 영향을 주었다. 이러한 방송과 〈Fast Food Nation〉 같은 비판적 책들로 인해 McDonald는 Super-Size로 제공하던 메뉴를 중단하고 새롭고 건강한 품목들을 메뉴에 추가했다(예를 들어 샐러드, 오트밀, 신선한 과일).

다른 대부분의 기업들보다 더 McDonald는 글로벌 기회를 이용해왔다. 118개 나라에서 식당을 운영하고 있으며 매일 6천4백만 명의 고객에게 서비스를 한다. 모스크바, 쿠웨이트 등과 같은 광범위한 지역에서 식당을 운영한다. 많은 사람에게 식당은 미국의 맛에 대한 기회를 제공해주고 있다. 하지만 다른 사람은 이 체인점이 많은 지역에서 문화적 정체성을 감소시켰다고 주장하면서 회사의 팽창을 비판한다. 그럼에도 불구하고 글로벌 전략은 매출 및 브랜드 인지도 증가라는 방식으로 엄청난 성공을 가져다주었다.

과업 환경

기업의 과업 환경에는 즉각적 방식으로 직접적 영향을 미치는 실체들이 포함되는 데 경쟁자, 공급자, 고객 등이 포함된다. 일반적 환경 차원과는 대조적으로 이 집단은 더 크고 더 지속적인 영향을 가할 수 있는 능력을 갖고 있다. 각 구성요소를 McDonald 시점을 통해 설명한다.

경쟁자

한 기업의 경쟁자는 유사한 고객집단을 목표로 제품(혹은 서비스)을 창출해내는 모든 조직이다. 기술의 확산, 글로벌화의 급격한 속도, 혁신의 속도 등은 크게 변화한 경쟁적 상황을 초래해왔다. 기술적인 그리고 글로벌한 변화는 전자, 자동차, 컴퓨터 등과 같은 산업에서 경쟁을 가속시켜왔다.

미국의 자동차산업은 글로벌 관점에서 보면 경쟁에서 가장 극적 변화 중 일부를 겪어왔다. 미국, 유럽, 기타 전통적 자동차시장이 정체되어 있었을 동안 중국과 인도 시

경쟁자(Competitor)
유사한 고객집단을 목표로 하여 재화나 용역을 창출해내는 모든 조직

장은 급증했다. 중국과 인도에서의 자동차 생산은 2003~2007년에 매년 2자릿수 비율로 성장했으며 글로벌 시장으로 진출할 수 있는 재정적 힘을 주었다. 인도의 Tata Motors가 2008년 6월 Ford로부터 Jaguar와 Land Rover를 사는 동안 중국 회사 Chery Automobile과 Geely Automobile은 글로벌 판매시장에서의 입지를 강화했다. Chery는 2005~2007년에 수출을 18,000대에서 120,000대로 증가시켰으며, Geely는 2006년 Detroit Auto Show에서 자동차를 전시한 최초의 중국 자동차 기업이 되었다. 다른 회사들은 서구 회사들과 합병해 미국으로의 수출을 확대시켰으며, 심지어는 미국 내에서 새로운 생산을 시작했다.

미국의 반도체산업 역시 중국 회사들로부터 경쟁압박을 경험하고 있다. 중국의 칩 제조회사인 SMIC, Actions, Vimicro 등이 2004년 뉴욕증권거래소에 공개했을 때 중국이 이 산업을 곧 지배하게 되리라는 징후가 있었다. 2009년 5월 중국은 전 세계 반도체 판매의 53.5%를 점유함으로써 새로운 기록을 세웠다.

McDonald에게 경쟁자 목록은 광범위하다. 필수적으로 국내 시장에서는 모든 식당과 경쟁하고 있다. 국내에 있는 중국, 멕시코, 인도 식당은 모두 McDonald의 경쟁자다. 하지만 McDondald는 다른 패스트푸드 식당을 직접적 경쟁자로 간주한다. Wendy's, Burger King, Taco Bell, Hardee's 등의 기업은 McDonald와 유사한 제품을 제공한다. 만약 미국의 어느 도로든 차를 몰고 나가면 이 식당들이 맞붙어 있는 것을 볼 수 있다. McDonald는 또한 수많은 다른 기업(예를 들어 Starbucks)도 경쟁자로 꼽고 있다. Starbucks는 2005년에 아침 샌드위치 제품을 소개했다. McDonald에게 이는 중요한 위협이 되었는데 왜냐하면 소비자가 이제는 Starbucks에서 커피 한 잔을 주문한 다음 아침 샌드위치를 먹기 위해 McDonald로 향하기보다 아침을 완결하기 위해 Starbucks에 머물 수 있기 때문이다.

공급자

공급자는 한 기업이 제품(혹은 서비스)을 창조하는 데 도움이 될 수 있도록 제공해준다. 많은 경우 기업이 모든 것을 내부에서 생산하는 것은 경제적이지 않다. 그 결과 기업은 제품을 위한 투입물을 생산하는 다양한 공급자에게 의존하고 있다. 광범위하게 다양한 별개의 공급자를 갖는 것에 더해 기업은 보통 특정한 한 기업에 의존하는 것을 줄이기 위해 특정 구성부품에 대해서는 여러 공급원을 유지한다.

다른 기업들과 마찬가지로 McDonald는 수많은 공급자 명단을 갖고 있다. 프렌치프라이 감자, 햄버거 간쇠고기, 음료용 소다수(Coca Cola) 등을 공급해주는 특정 기업(예를 들어 J.R.Simplot)에 의존한다. 2010년 McDonald는 8억 파운드의 쇠고기(미국 내 소비되는 모든 쇠고기의 3%), 2억 3100만 파운드의 치즈, 7억 5천만 파운드의 닭고기, 6천만 파운드의 사과를 구매했다. 수년에 걸쳐 McDonald는 공급자 관점에서 일하는 좋은 고객이라는 명성을 얻어왔다. 소수 공급자와 깊고도 장기적 관계를 발전시킨다. 협상에서 회사는 초점을 제품의 질과 정확한 사양에 맞춘다. 예를 들어 McDonald 햄버거 안에 들어있는 고기는 목초를 먹여 기른 소로부터 나온 leanchuck(어깨)이 83%

공급자(Supplier)
한 기업이 제품 및 서비스를 창조하는데 도움이 될 수 있도록 자원 또는 서비스를 제공해주는 회사 그리고 곡물을 먹여 키운 소로부터 나온 choiceplates(흉곽 아래 부분)가 17%여야 한다. 이 상세함은 글로벌 가맹점 전체를 통해 일관적인 운영과 제품을 유지할 수 있도록 해주었다.

고객

한 기업의 고객은 한 기업의 제품(혹은 서비스)을 구매하는 사람 또는 조직을 말한다. 많은 관리자에게 고객은 기업 요인 중 가장 중요한 요소다. 고객과 판매가 없으면 기업은 존재할 수 없다. 많은 기업이 "고객은 왕이다", "고객은 항상 옳다"고 표명한다. 이 선언은 기업에게 고객이 가장 중요하다는 것을 보여준다. 많은 기업은 서로 다른 고객을 갖고 있다. 예를 들어 Staples와 같은 회사는 개인고객 및 기업고객 모두를 갖고 있다. 만약 학교 소모품을 여기서 구매한다고 하면 이 기업의 개인고객 중 한 명이 된다. 하지만 이 기업은 사무실 비품으로 스태플을 사용하는 기업고객의 많은 명단도 갖고 있다. 그리고 양쪽 고객 모두 기업에 중요하기는 해도 관계 및 판매 과정은 상당히 다르다.

McDonald가 고객에게 편의성과 일관성을 제시함에 있어서는 선구자였지만 Happy Meals와 실내놀이터 도입을 통해 더 폭넓은 지지자를 끌기 위해 노력해왔다. 이 노력을 통해 McDonald는 속도와 편의성을 중하게 여기는 고객과 더불어 식사를 목적으로 하는 고객에게도 즐거운 식사를 제공할 수 있도록 노력하고 있다. McDonald가 대부분의 성공을 꾸준한 식사 경험에 바탕을 두어왔지만 글로벌한 규모로 확대됨에 따라 지역화된 메뉴의 수정으로 실험도 해왔다.

2003년 McDonald는 중동 전역에 걸쳐 소비자 브랜드 작업의 발판을 확보하기 위해 McArabia를 도입했다. 이 샌드위치는 미국의 메뉴 품목보다 상당히 매운 맛을 특징으로 하는데 마늘을 바탕으로 한 타히니(tahini) 소스로 드레싱한 것이었다. 이 품목은 모로코에 있는 가맹점에서는 그 나라 소비자의 독특한 입맛에 맞추어 더 수정되었다. 타히니 소스보다는 쿠민, 고수, 얼얼한 토마토소스, 피망, 피타 등을 사용했다. 홍콩에서는 Shrimp Burgers, 일본에서는 레몬페퍼 Shaka Shaka Chicken 패티, 싱가포르에서는 칠리를 얇게 썬 Singa Porridge 아침식사를 판매했다. 이들은 단지 지역 고객의 취향에 적응하기 위해 McDonald가 전 세계에 걸쳐 시도한 변경 작업의 일부 사례에 지나지 않는다.

내부 환경

기업의 내부 환경은 경계 내에서 기업에 영향을 미치는 여러 차원으로 구성되어 있다. 내부 환경의 전형적 구성요소로 포함되는 것에는 소유주, 이사회, 직원, 문화 등이 있다. 이 차원 각각은 기업의 실적 및 경쟁입지에 직접 영향을 미칠 수 있다.

고객(Customers)
한 기업의 제품 및 서비스를 구매하는 사람들 또는 다른 조직들

내부 환경(Internal environment)
소유주, 이사회, 종업원, 그리고 문화 등이 포함되는 기업, 당사자들 또는 요인들의 집단

소유주

기업 소유주는 법률적 통제권을 유지하고 있는 사람 또는 기관이다. 대부분 기업은 한 사람 또는 소수 사람들의 집단에 의해 소유되어 있다(그림 2-8 참조). 개인사업자는 미국 기업들의 대다수를 구성한다. 미국 기업 중 75% 이상이 10명 이하의 사람을 고용하고 있다(예를 들어 마을의 세탁소 또는 피자가게). 다른 기업은 크기에서는 더 클지는 몰라도 여전히 개인사업자 체제를 유지하고 있다. 이 기업은 자신의 주식을 뉴욕증권거래소 같은 거래소에서 거래하지 않는다. 대신 기업 내에 소유주 지분을 나타내는 정해진 주식의 양을 가지고 있다. 일부 기업은 분기별 수익 예상치 달성에 대한 증권가의 기대에서 나오는 압박 및 감시 등으로부터 벗어나기 위해 공유제를 회피한다. 다른 한편에서는 많은 대기업이 주주들에 의해 공적으로 소유되어 있으며 증권시장에서 활발히 거래된다. 공적으로 소유되어 증권시장에서 거래되는 회사들은 수익을 정기적으로 보고하는 일이 포함되는 연방 및 여러 주 정책을 준수해야 한다.

개인 및 기관주주들 모두 McDonald를 소유하고 있다. 온라인으로 McDonald의 주식을 살 수 있다. 그리고 소유권이 아주 적다 해도 기업의 소액주주로 간주되어 대리권에 의해 투표할 수 있는 기회가 주어진다. McDonald는 또한 기관주주들도 소유하고 있다(예를 들면 Fidelity Investments 또는 캘리포니아주의 연금제도인 CalPERS 등). 일반적으로 기관주주는 한 회사에서 수천 주(심지어는 수백만 주)를 보유하고 있다. 그 결과 기관주주는 종종 전략이나 관리를 변경하도록 기업을 압박하면서 더 큰 영향력을 행사한다.

소유주(Owners)
한 조직의 법률적 통제권을 유지하고 있는 사람 또는 기관

이사회(Board of directors)
주주들에 의해 선출되어 그 기업의 전반적인 방향을 감독하는 일을 부과 받은 사람들의 집단

이사회

이사회는 주주들에 의해 선출되어 기업의 전반적 방향을 감독하는 일을 부과 받은 사람들의 집단이다. 비록 주주들이 회사의 일부 소유주이기는 하지만 관리자가 실제로 회

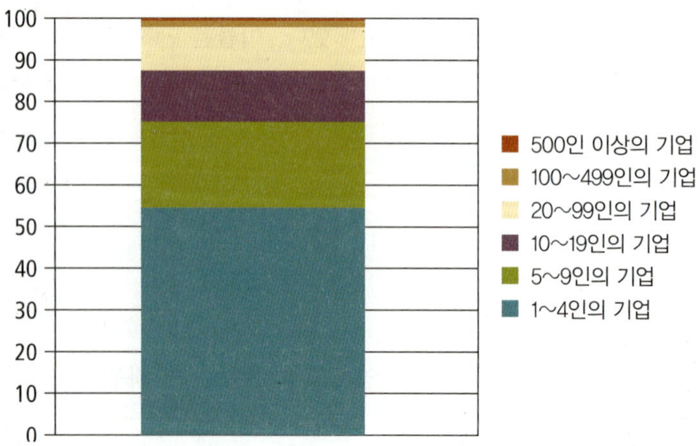

그림 2-8 직원 규모별 미국 기업의 수 (2004)

Source: U.S. Census Bureau, 2004.

사를 잘 운영하고 있는지 감독하기는 어렵다. 그러므로 이사회는 중간 집단으로서의 역할을 하고 있으며, 따라서 관리자가 다양한 주주집단들의 이해관계를 보살피고 있는지 감독한다. 이사회는 여러 종류가 있다. 일부 기업의 이사회는 대부분 회사 임원들로 구성되어 있으며 반면 어떤 회사는 비임원 출신의 실제대표제를 갖고 있다. 최근에는 기업이 2000년대 초의 법인 부정에 대한 대응책으로 이사회 구조를 다양화하기 시작했다. Enron, WorldCom 등과 같은 회사의 이사회에 대한 비판 내용은 충분한 감독의 결여였다. 이사회가 갖고 있는 주요 기능 중 하나는 기업 전략 및 관리행위의 감독을 제공하는 것이다. 많은 비판자들은 Enron 이사회가 책임자들이 여러 재무 사기를 획책하는 동안 무엇을 하고 있었는지 놀라워했다. 이 사건 때문에 많은 기업은 책임자 출신의 대표자를 적게 구성해 이사회가 독립적이 되도록 했다.

Enron이 파산신청을 하고 WorldCom이 연수입에 대해 엄청난 허위보고를 했을 때 대규모 부정이 드러났고 정부 관리들은 여러 구성요소를 보호할 수 있는 새로운 입법을 제정했다. 2002년 7월 Sarbanes-Oxley법이 통과되었는데 회사 내에서 이사회 구성원이 수행하던 역할을 상당히 변화시킨 것이었다. 운영의 전반적 감독 책임을 지는 것보다는 재무보고서를 준비하고 건전한 보고 내용을 보장할 수 있도록 의무화한 것이었다. 이 법은 모든 것을 새로운 규제위원회의 감독하에 두면서 법인의 책임자, 법인의 이사, 변호사, 회계사 등에게 새로운 책임을 성문화했다. 이는 회사에게 더 엄격한 규칙을 수립했고 감사수수료, 법률수수료, 위원회 보수, 보험 할증료 등의 비용도 증가되었다. 그 결과 대기업은 해당 법률을 준수하기 위해 평균 780만 달러를 지불했다. 그럼에도 불구하고 이 법은 효과적인 것으로 여겨지고 있는데 그 이유는 회사 및 감사들이 그 이후 개발된 철저한 새 회계규율을 갖고 있기 때문이다. 만약 오늘날 부정이 발견되면 이사들은 주주들에 의해 책임이 지워질 수 있다.

McDonald에서 이사회는 책임자, 비책임자 구성원, McDonald의 비즈니스와 고객에 대해 이해를 하고 있는 다른 회사 출신의 다양한 개인들로 구성되어 있다. 책임자에는 이사회 부회장직을 맡고 있기도 한 CEO James Skinner, 사장 겸 COO Donald Thompson 등이 포함되어 있다. 다른 구성원에는 Mattel의 CEO Robert Eckert, Nike 소비자직접부문 사장 Jeanne Jackson 등이 있다.

종업원

한 기업의 **종업원**은 기업의 내부 환경 중에서도 극히 중요한 구성요소다. 종업원은 기업이 존재하는 것이 가능하도록 제품을 만들고 서비스를 제공하는 사람이다. 능력이 있고 동기부여되어 있는 종업원을 기반으로 하지 않으면 기업은 판매시장에서 경쟁우위를 기대할 수 없다. 대부분의 기업은 정규직 종업원과 임시 종업원을 포함한다. 정규 종업원은 근로계약이 정해진 일자에 만료되지 않은 종업원이다. 한편 임시 종업원은 바쁜 크리스마스 시즌 동안 채용할 수 있다. 예를 들어 Amazon은 휴가철 전의 판매 폭증에 대비해 임시 근로자들을 수용할 수 있도록 대형 유통창고 인근 마을에서

종업원(Employees)
한 기업이 존재하는 것이 가능하도록 제품을 만들고 서비스를 제공하는 사람들

Recreational Vehicle(RV) Parks와 제휴관계를 맺었다. 적은 여윳돈과 새로운 경험을 찾는 은퇴자들이 이 '아마존 타운'에 모여 몇 개월간 캠프를 세운다. Amazon은 이 새로운 직원들을 전시회에서 채용하고 주차료를 지불하기로 약속한다. 이런 식으로 Amazon은 임시직을 구하는 일을 해결하는 독특한 방법을 찾아낸 것이다.

기업의 외부 환경이 최근 더욱 복잡하게 성장한 것과 마찬가지로 내부 환경 역시 복잡성이 증가되어 왔는데 그 이유는 종업원들의 새로운 혼합 때문이다. 오늘날에는 그 어느 때보다 직장이 서로 다른 성별, 인종, 연령, 종교, 국적의 사람들로 이루어져 있다.

McDonald는 2개의 구별되는 종업원 집단을 가지고 있다. 일리노이에 있는 법인사무실에는 전 세계에 있는 회사를 지원해주는 핵심 기능을 가지고 일하는 수천 명의 종업원들이 있다. 이들은 판매, 마케팅, 재무, 운영 등의 업무를 수행한다. 많은 기업과 마찬가지로 McDonald는 종업원들에게 Hamburger University 프로그램을 통해 연수기회를 제공한다. 개별적 점포 수준에서는 카운터 뒤에서 음식 준비와 배달일을 맡는 시간제 종업원들을 두고 있다. McDonald가 이러한 종업원의 처우에 비판을 받아오기는 했지만 식당관리자로 혹은 법인사무실 직원으로 승진할 수 있는 직접적 기회를 제공해주고 있다. 책임간부들 중 40%는 지역의 McDonald 식당에서 일하는 크루멤버로 시작한 사람들이다.

문화

문화는 무언가 의미가 있을 것 같은 세상이다. 사람들은 종종 특정 회사, 학교, 교실, 스포츠팀의 문화에 대해 이야기한다. 자신이 다니는 대학의 문화가 마음 편하고 대학생활을 할 만하다고 말한 적이 있었을 것이다. 대학 문화는 그 학교에 다니기로 결정한 이유들 중의 하나이기도 했다. 한 조직을 설명할 때 자주 등장하는 용어이기는 하지만 문화는 정의하기 어렵다. 핵심은, 한 조직의 존재성과 대표성을 구현하는 문화가 무엇이냐는 것이다.

일부 사람은 기업 문화를 그 기업의 물리적 환경 등 어떤 유형의 요인을 바탕으로 정의한다. 이 관찰이 가능한 특성들에는 물리적 공간, 사람들의 옷 입는 방식, 근무일정표의 시간 및 유형, 구성원의 전체적 행동 등이 포함될 수 있다. 관찰 내용을 바탕으로 많은 사람들은 특정 문화를 공식적인 또는 비공식적인 것으로 이름 붙인다. 하지만 가시적 단서들은 한 조직의 전체 문화를 나타내지는 않는다.

핵심은 문화가 한 조직이 일을 해야 하는 방법 그리고 조직 내 개인들이 상호작용해야 하는 방식에 대한 기본적 가정의 한 형태라는 것이다. 한 조직에 가입한 구성원으로서 무엇이 용인되는 행동인지 명시적으로 그리고 묵시적으로 양쪽 모두 가르침을 받고 있다.

기업 문화는 장기간의 시간을 두고 발전한다. 많은 기업에서 문화는 설립자가 갖고 있는 개성의 부산물이다. 회사는 한 개인 또는 소규모 집단의 가치, 신념, 가정을 바탕으로 한다. Apple 문화에 끼친 Steve Jobs의 영향, Virgin 문화에 끼친 Richard Branson

리더십 개발의 여정 영민한 리더는 비즈니스 환경에 적절히 대응한다. 만약 비즈니스를 시작한다면 어떠한 요인들을 고려해야 할까? 다음 요소들을 포함하라.

- GDP, 인플레이션, 고용 등과 같은 경제지표
- 현재의 정치적 활동
- 규정과 법률
- 인구학적 예측과 통계 데이터
- 사회문화적 경향

무엇이 리더십과 연관되는가? 이 분석을 바탕으로 어떠한 결정을 내릴 수 있는가?

의 영향은 수십년 동안 전해져왔다. 다른 기업들에서 문화는 그 기업이 살아가는 공동체의 산물이다.

많은 기업과 마찬가지로 McDonald의 문화는 설립자 Ray Kroc까지 거슬러 올라간다. 1950년대에 Kroc은 캘리포니아에 있던 원래 McDonald의 형제들로부터 사업을 독점할 수 있는 권리를 샀다. Kroc은 전국에 걸쳐 식당을 독점할 수 있는 무서운 잠재성을 보았다. 그는 또한 엄격한 조립라인 규율을 식품의 준비 및 배달과정에 적용해 엄청난 이익의 기회도 보았다. 이렇게 상세한 요소에의 주목은 법인본부에서 문화로 정의되고 전 세계의 많은 점포로 퍼져나갔다. McDonald 등 패스트푸드 식당에서의 높은 직원이직률에도 불구하고 이 회사는 독특한 문화를 수천 곳의 점포로 확산시킬 수 있었으며 그리하여 소비자는 BigMag을 위스콘신의 매디슨에서 먹든 러시아의 모스크바에서 먹든 동일한 맛을 보는 것이다.

한 기업의 문화는 유능한 노동력을 끌어당기고, 개발하며, 유지하기 위해 그리고 판매시장에서 경쟁우위를 창출하기 위해 매우 중요하다. 제8장 조직문화에서 이 주제를 더욱 상세하게 설명한다.

요약

여러 환경 요인들은 결합되어 바로 10년 전에 존재했던 것보다 더욱 글로벌한 판매시장을 창출해왔다. 글로벌화는 전 세계에 걸친 무역장벽과 관세의 전반적 감소로부터 초래되었다. 원가가 높은 지역에서의 노동이 원가가 낮은 지역으로 이전되기는 했지만 그 효과는 긍정적이었다. 전 세계를 둘러싼 시장이 개방됨에 따라 시민들과 소비자들은 고용, 상업적 기회, 제품 기회에 더 접근할 수 있게 되었다.

비록 글로벌화가 많은 사람들에게 삶을 더 좋게 만들기는 했지만 관리자에게는 더 도전적이고 복잡하게 만들기도 했다. 관리자는 글로벌 무대에서 비즈니스를 수행하지 않는다 해도 글로벌 비즈니스 환경이 기업과 산업에 영향을 미치고 있음을 깨달아야 한다. 낮아진 무역장벽과 함께 기업은 판매시장에서 더 많은 경쟁에 마주칠 것이다. GATT, NAFTA, ASEAN, MERCOSUR 등의 무역협정과 WTO 등 무역기구들은 관리자가 경쟁에 대해 생각하는 방식을 바꾸어왔다.

한 기업의 외부 환경에는 2가지 중요한 구성요소가 포함된다. 일반적 환경과 과업 환경이다. 일반 환경은 기술, 경제적 조건, 정치적 및 법률적 구조, 사회문화적 요인 등이며 기업에 영향을 미치는 중요한 외부 영향을 나타낸다. 과업 환경은 경쟁자, 공급자, 고객이 포함되어 가장 즉각적 영향을 미치는 차원들이다. 외부 환경에 반응하고 영향을 미치는 일에 더해 관리자는 내부 과업 환경에도 주목해야 한다. 내부 환경은 소유주, 이사회, 직원, 조직문화 등이 포함되어 운영 방식에 영향을 미치는 여러 차원들이다. 이 차원 각각은 경쟁우위를 창출하고 유지하기 위해 특별한 주의를 요한다.

주요 용어

경쟁자(Competitor)
경제적 차원(Economic dimension)
고객(Customers)
공급자(Supplier)
과업 환경(Task environment)
글로벌화(Globalization)
기술적 차원(Technical dimension)
내부 환경(Internal environment)
법적 차원(Legal dimension)
비교우위(Comparative advantage)
사회문화적 차원(Sociocultural dimension)
사회적 가치(Social values)
소유주(Owners)
외부 환경(Externale nvironment)
이사회(Board of directors)
일반 환경(General environment)
정치적 차원(Political dimension)
종업원(Employees)

과제

토론 주제

1. 왜 어떤 회사는 다른 회사보다 글로벌 확장에서 더 성공하는가? 관리자는 글로벌하게 확장하려 할 때 어떤 요인을 고려해야 하는가?
2. 미국에 본사를 둔 회사가 중국 또는 인도 등의 신흥시장에 진출하는 것이 더 쉬울 것으로 생각하는가 아니면 중국이나 인도 회사가 미국에 진출하는 것이 더 쉬울 것이라 생각하는가? 각각의 시나리오에 어떤 조언을 제공할 수 있는가? 그 조언은 얼마나 유사한가? 아니면 차이가 있는가?
3. 글로벌 확장을 위한 가장 큰 기회는 어디에 존재하는가? 아시아, 남미, 아프리카? 왜인가?
4. 무역연합과 지역적 무역협정의 장점과 단점은 무엇인가? 이들이 기업과 사회에 좋은 일이 되어왔는가? 무역동맹으로부터 얻는 가장 큰 이점은 무엇인가? 왜인가?
5. 사회적 미디어는 기업들이 국내에서 또는 글로벌 비즈니스를 하는 방식에 어떻게 영향을 미쳐왔는가? 향후 5년 내에 글로벌 비즈니스에 영향을 미칠 것으로 생각하는 기술 요인은 무엇인가?
6. 일반 환경의 중요한 차원(기술적, 경제적, 정치적 · 법률적, 사회문화적) 중에서 어느 것이 가장 복잡한가? 어떤 것이 관리자에게 영향을 미칠 수 있는가? 왜인가?
7. 미국의 노령화인구가 비즈니스에 제시해주는 기회는 무엇인가? 어떠한 난제를 제시해주는가?
8. 미국 인구에서 변화하는 인종구성에 대해 기업은 어떻게 대응해야 하는가? 그 변화가 제시해주는 난제 및 기회는 무엇인가? 어떤 회사가 증가하는 다양성에 잘 적응하는가?
9. 관리자는 기업의 내부 환경에 어떤 식으로 영향을 줄 수 있는가? 가장 신경 써야 할 부분은 어디인가?
10. McDonald가 향후 10년간 얼마나 잘 입지를 다질 수 있을 것이라 생각하는가? 핵심적 장점과 잠재적 난관은 무엇인가?

관리 연구

1. GE와 Coca Cola는 100년 이상 타당성을 유지해왔다. 왜인가? 적어도 50년 동안 타당성을 유지해온 다른 회사를 찾아보라. 성공 비결은 무엇인가?

2. 환경분석을 수행할 회사 하나를 선정하라. 분석에서 다음 사항을 고려하라.
   - 외부 환경에 영향을 미치는 다양한 힘들을 기술해보라.
   - 기업의 내부 환경에 대한 다양한 구성요소들과 그것들이 어떻게 영향을 미치는지 고찰해보라.
   - 향후 5년 내에 가장 큰 영향을 미칠 상황맥락적 힘은 무엇인가? 혹시 그 힘이 기회를 제공해줄지 아니면 난제를 제공해줄지 평가해보라.
3. 최근에 위기를 관리한 회사를 선정하라.
   - 어떤 환경적 요인이 위기를 가져왔는가?
   - 경영진이 위기에 어떻게 대응했는지 시간표를 만들어 보라.
   - 경영진의 조치가 유효했는가?
   - 경영진이 윤리적으로 행동했는가?

현장에서

1. 비영리조직의 리더와 함께 일하면서 내부 · 외부 환경을 평가해보라. 평가 내용을 급우와 공유할 수 있도록 준비하라.
   - 비영리조직의 환경이 영리조직과 비교해 어떻게 달랐는가?
   - 기업은 비영리조직으로부터 무엇을 배울 수 있는가?
2. 소매기업의 비즈니스 환경을 기록하는 영상을 만들어보라. 영상에는 다음과 같은 부분들이 포함되어야 한다.
   - 기업의 이해관계자들에 대한 분석
   - 외부 환경의 여러 차원들에 대한 설명
   - 기업이 경쟁자 및 공급자들을 어떻게 관리하고 있는가에 대한 설명
   - 고객에 대한 분석
   - 조직문화와 그것이 성과에 어떻게 영향을 미치는지에 대한 설명
3. 다른 나라에서 태어난 2명의 관리자를 선정하라. Hofstede의 국가가치(National Values) 모델을 이용해 각 관리자에게 다음과 같은 차원들에 대해 출생 국가의 가치를 설명해 달라고 요청하라.
   - 가깝거나 먼 권력 간격
   - 개인주의 또는 집단주의
   - 남성다움 또는 여성스러움
   - 불확실성 회피
   - 단기 지향성 또는 장기 지향성

   각 관리자가 자신의 국가가치를 기술한 후 그 가치가 리더십에 어떻게 영향을 미치고 있는지 질문하라.

참고문헌

1 Justin Tan and David Tan, "Environment— Strategy Co-Evolution and Co-Alignment: A Staged Model of Chinese Under Transition," Strategic Management Journal, Vol. 26, 2004, p. 143.

2 Nitin Nohria, Anthony J. Mayo, and Mark Benson, "General Electric's 20th Cen- tury ," Harvard Business School Case No. 9-406-048, rev. July 25, 2007 (Boston, MA: HBS Publishing, 2006).

3 McDonald's Corporation, "Geographic Seg- ments," via the OneSource® Business Brows- erSM, accessed January 18, 2013; Dell Inc., "Geographic Segments," via the OneSource® Business BrowserSM, accessed January 18, 2013; and Starbucks Corp, "Geographic Segments," via the OneSource® Business BrowserSM, accessed January 18, 2013.

4 Helen H. Wang, "The Chinese Middle Class View of the Leadership Transition," Forbes, November 9, 2012.

5 Interbrand, "Best Global Brands 2011," http://www.interbrand.com/en/best-global- brands/Best-Global-Brands-2011.aspx, accessed July 18, 2012.

6 Anthony J. Mayo and Nitin Nohria, In Their Time: The Greatest Business Lead- ers of the Twentieth Century (Boston, MA: HBS Press, 2005), p. 76; and Coca- Cola, "125 Years of Sharing Happiness: A Short History of the Coca-Cola Company," http://www.thecoca-colacompany.com/ heritage/ourheritage.html, accessed July 18, 2012.

7 Frank Cespedes, "Cola Wars: Going Global," Harvard Business School Case No. 9-709-451, rev. September 30, 2009 (Boston, MA: HBS Publishing, 2008), p. 3.

8 Frank Cespedes, "Cola Wars: Going Global," Harvard Business School Case No. 9-709-451, rev. September 30, 2009 (Boston, MA: HBS Publishing, 2008), p. 2.

9 Coca-Cola, "Coca-Cola: Per Capita Con- sumption of Company Beverage Prod- ucts," http://www.thecoca-colacompany. com/ourcompany/ar/pdf/2011-per-capita-consumption.pdf, accessed July 18, 2012.

10 Coca-Cola, "Coca-Cola: Per Capita Consumption of Company Beverage Prod- ucts," http://www.thecoca-colacompany. com/ourcompany/ar/pdf/2011-per-capita-

consumption.pdf, accessed July 18, 2012.

11 Coca-Cola, "Coca-Cola: Passionately Refreshing a Thirsty World – 2011 Annual Review," http://www.thecoca-colacompany.com/ourcompany/ar/, accessed July 18, 2012.

12 "A Taste of Adventure," The Econo- mist, December 19, 1998, via LexisNexis, accessed March, 2011; and Britannica Online Encyclopedia, "Dutch East India Company," www.britannica.com/ EBchecked/topic/174523/Dutch-East- India-Company, accessed March 2011.

13 Jack High and George C. Lodge, "The World Trade Organization: Toward Freer Trade or World Bureaucracy," Harvard Business School Case No. 9-795-149, rev. August 16, 1995 (Boston, MA: HBS Pub- lishing, 1995), p. 2.

14 Jack High and George C. Lodge, "The World Trade Organization: Toward Freer Trade or World Bureaucracy," Harvard Business School Case No. 9-795-149, rev. August 16, 1995 (Boston, MA: HBS Pub- lishing, 1995), p. 2.

15 World Trade Organization, "About: What We Do," http://www.wto.org/english/thewto_e/whatis_e/what_we_do_e.htm, accessed July 17, 2012.

16 World Trade Organization, "Interna- tional Trade Statistics, 2011," http://www.wto.org/english/res_e/statis_e/its2011_e/its11_toc_e.htm, accessed July 24, 2012.

17 "The Single Market: Fewer bar- riers, more opportunities," European Commission, http://ec.europa.eu/internal_ market/index_en.htm, accessed September 27, 2007; and "Activities of the European Union: Internal Market," European Commission, http://ec.europa.eu/internal_ market/index_en.htm, accessed September 27, 2009.

18 "Outs and Ins; The European Union and the Euro Zone," The Economist, March 12, 2011, via LexisNexis, accessed March 2011.

19 "The Euro: Our Currency" European Commission, available at http://ec.europa. eu/internal_market/index_en.htm, accessed September 27, 2009.

20 Office of the United States Trade Rep- resentative, "North American Free Trade Agreement ( ), " www .ustr .gov/ trade-agreements/free-trade-agreements/ north-american-free-trade-agreement- nafta, accessed March 2011.

21 Office of the United States Trade Rep- resentative, "North American Free Trade Agreement ( ), " www .ustr .gov/ trade-agreements/free-trade-agreements/north-american-free-trade-agreement-nafta, accessed March 2011.

22 Margareta Drzeniek Hanouz and Thi- erry Geiger, "Enabling Trade in the Greater Region," World Economic Forum, 2010.

23 Margareta Drzeniek Hanouz and Thi- erry Geiger, "Enabling Trade in the Greater Region," World Economic Forum, 2010.

24 World Trade Organization, "Interna- tional Trade Statistics, 2011," http://www.wto.org/english/res_e/statis_e/its2011_e/ its11_toc_e.htm, accessed July 24, 2012; and Joanna Klonsky, Stephanie Hanson, and Brianna Lee, "Mercosur: South America's Fractious Trade Bloc," Coun-cil on Foreign Relations, July 31, 2012, http://www.cfr.org/trade/mercosur-south- americas-fractious-trade-bloc/p12762, accessed August 7, 2012.

25 Debora Spar and Terrence Mulligan, "Chiquita Brands International (A)," Har- vard Business School Case No. 9-797-015, rev. September 12, 2007 (Boston, MA: HBS Publishing, 1996), p. 7.

26 Debora Spar and Terrence Mulligan, "Chiquita Brands International (A)," Har- vard Business School Case No. 9-797-015, rev. September 12, 2007 (Boston, MA: HBS Publishing, 1996), p. 7.

27 Theodore H. Cohn, Global Political Economy: Theory and Practice, 5th edition (New York, NY: Pearson Education, Inc., 2010).

28 Peter Debaere, "Why Countries Trade: The Theory of Comparative Advantage," University of Virginia Darden Business Publishing Note No. UV2702, rev. July 24, 2009 (Charlottesville, VA: University of Virginia Darden School Foundation, 2007).

29 Jeffrey Sachs, The End of Poverty (New York, NY: The Penguin Press, 2005).

30 "Tablet Reviews," http://tabletpc - comparisons.com/, accessed September 2011.

31 L. J. Bourgeois, III, "Strategy and Envi- ronment: A Conceptual Integration," Academy of Management Review, Vol. 5, No. 1, January 1980, p. 26.

32 Janet Adamy, "McDonald's Takes on A Weakened Starbucks—Food Giant to Install Specialty Coffee Bars, Sees Bil- lion Business," The Wall Street Journal, January 7, 2008.

33 Central Intelligence Agency World Fact Book, "North America: United States," https://www.cia.gov/library/publications/ the-world-factbook/index.html, accessed July 13, 2012.

34 Central Intelligence Agency World Fact Book, "Europe: European Union," https://www.cia.gov/library/publications/the-world-factbook/index.html, accessed July 13, 2012.

35 Central Intelligence Agency World Fact Book, "East and Southeast Asia: China," https://www.cia.gov/library/publications/ the-world-factbook/index.html, accessed July 13, 2012.

36 Central Intelligence Agency World Fact Book, "South Asia: India," https://www.cia.gov/library/publications/the-world-factbook/index.html, accessed July 13, 2012.

37 Central Intelligence Agency World Fact Book, "East and Southeast Asia: Japan," https://www.cia.gov/library/publications/ the-world-factbook/index.html, accessed July 13, 2012.

38 Calculated from annual revenue and sales figures. Toll

Brothers Inc., Toll Broth- ers 2007 Annual Report, Global Reports, 2007.

39 Patrice Hall, "Blame Abounds for Hous- ing Bust; Easy Money, Greed a Toxic Mix," The Washington Post, December 26, 2007; and J. W. Elphinstone, "Mortgage Volume Drops to-Year Low, Latest Sign of Slow- ing Real Estate Market," The Associated Press, August 2, 2006.

40 Gerald D. Keim and Amy J. Hillman, "Political Environments and Business Strategy: Implications for Managers," Busi- ness Horizons, 2008, p. 48.

41 Caroline Winter, " Water: Shutting Off the Tap?" Bloomberg Businessweek, November 25–December 5, 2010.

42 The White House, Office of the Press Secretary, "Obama Administration Final- izes Historic Fuel Efficiency Standards," August 28, 2012.

43 David P. Baron, "Obesity and McLaw- suits," Stanford Graduate School of Busi- ness Case No. P-49, (Stanford, CA: Stanford Graduate School of Business, 2005), p. 1.

44 Stephanie Strom, "McDonald's Menu to Post Calorie Data," New York Times, Sep- tember 12, 2012.

45 U.S. Census Bureau, 2004.

46 Daisuke Wakabayashi and Miho Inada, "Baby Bundle: Japan's Cash Incentive for Parenthood," The Wall Street Journal, October 8, 2009.

47 Tim Triplett, "Golf Industry Links Future to Aging Boomers," Marketing News, Vol. 30, Issue 12, 1996, p. 2.

48 David Frabotta, "Riding the Wave of the Future," Cosmetic Surgery Times, Vol. 5, Issue 8, 2002, p. 22.

49 "Homing In on Hispanics," Home Channel News, Special Reports, December 12, 2005.

50 "The Home Depot's New Splash," Chain Store Age, Vol. 81, Issue 10, 2005, p. 17.

51 Pankaj Ghemawat, "Distance Still Matters: The Hard Reality of Global Expansion," Harvard Business Review, September 2001.

52 James Hookway, " Products Makes Shoppers Blush in Thailand," The Wall Street Journal, June 5, 2012.

53 Pankaj Ghemawat, "Distance Still Matters: The Hard Reality of Global Expansion," Harvard Business Review, September 2001.

54 Beth Kowitt, "Why McDonald's Wins in Any Economy," Fortune, September 5, 2011.

55 Efraim Levy, "Industry Surveys Autos & Auto Parts: Global," Standard & Poor's Industry Surveys, August 2008, www.netadvantage.com, accessed October 15, 2009.

56 Vivek Wadhwa, "Why China's Chip Industry Won't Catch America's," Busi- nessWeek , September 3, 2009, www.BusinessWeek.com, accessed October 15, 2009.

57 Compiled from Department of Com- merce and semiconductor industry reports, "High-Tech Hardware Sales During: May 2009," San Jose Mercury News, July 17, 2009, www.lexisnexis.com, accessed October 14, 2009.

58 Beth Kowitt, "Why McDonald's Wins in Any Economy," Fortune, September 5, 2011.

59 David Upton and Joshua D. Margo- lis, "McDonald's Corporation," Harvard Business School Case No. 9-693-028, rev. September 23, 1996 (Boston, MA: HBS Publishing, 1992), p. 3.

60 Erik German, "Morocco Loving the McArabia," GlobalPost , August 26, 2009, www.globalpost.com/dispatch/morocco/090825/morocco-loving-the- mcarabia, accessed October 13, 2009.

61 U.S. Census Bureau, 2004.

62 Lynn Sharp Paine and James Weber, "The Sarbanes-Oxley Act," Harvard Busi- ness School Case No. 9-304-079, rev. July 12, 2004 (Boston, MA: HBS Publishing, 2004).

63 Deloitte & Touche, Ernst & Young, and Price waterhouseCoopers, "Per- spectives on Internal Control Reporting: A Resource for Financial Market Participa- tion," p. 5.

64 Deborah Solomon, "At What Price? Critics Say the Cost of Complying with Sarbanes-Oxley Is a Lot Higher Than it Should Be," The Wall Street Journal, October 17, 2005.

65 Diya Gullapalli, "Living with Sarbanes-Oxley: How Companies Are Coping in the New Era of Corporate Governance," The Wall Street Journal, October 17, 2005.

66 Stu Woo, "Welcome to Amazon Town," The Wall Street Journal, December 20, 2011.

67 Regina Wolfe, Laura Hartman, Justin Sheehan, and Jenny Mead, "Started as Crew (C): McDonald's Strategy for Corpo- rate Success and Poverty Reduction," Uni- versity of Virginia Case Study No. UV1156 (Charlottesville, VA: Darden Business Pub- lishing, 2008), p. 10.

68 Clayton M. Christensen and Kirstin Shu "What Is an Organization's Culture?," Harvard Business School Case No. 9-399-104, rev. August 2, 2006 (Boston, MA: HBS Publishing, 1999).

69 Clayton M. Christensen and Kirstin Shu, "What Is an Organization's Culture?," Harvard Business School Case No. 9-399-104, rev. August 2, 2006 (Boston, MA: HBS Publishing, 1999).

제 3 장

윤리와 기업의 사회적 책임

학습목표

이 장을 공부한 후 다음을 할 수 있도록 한다.

- 다양한 윤리적 체계를 구별하고 관리자가 복잡한 윤리적 결정을 처리하는 방식에 어떻게 영향을 미치는지 설명하기
- 관리자가 조직의 내부 · 외부 양쪽 모두에서 직면하는 도덕적 갈등의 유형을 설명하기
- 비즈니스의 윤리적, 법률적, 재정적 의무와 기업의 사회적 책임에 대한 방식에 어떻게 영향을 미치는지 설명하기
- 기업의 사회적 책임과 전체적인 성과 사이의 관련성 약술하기

장의 개요

자기성찰 MANAGEMENT

내가 지닌 윤리적 신념은 무엇인가?

윤리학은 도덕에 대한 학문이며 도덕은 무엇이 옳은지 아니면 그른지, 선인지 아니면 악인지를 판단하기 위해 이용되는 기준으로 정의된다. 우리가 갖고 있는 도덕적 신념은 삶의 경험, 문화적 유산, 개인적 가치 등에 의해 영향을 받는다. 다음의 진술문에 '네' 혹은 '아니오'라고 답해 내가 지닌 도덕적 신념을 살펴보자.

1. 행동은, 가장 많은 사람을 위한 가장 큰 선을 생성해내는 것이라면 도덕적이라 생각한다.
2. 옳은 또는 그른 행위는 의도에 의해서가 아니라 온전히 그 결과에 의해서만 판단되어야 한다.
3. 윤리적 규정에 위반된다 해도 전체 선을 극대화하기 위한 행동을 추구해야 한다.
4. 규정은 좋은 결과를 생성해내기 위해 계획된다.
5. 동기는 윤리적 행동을 판단할 때 중요하다.
6. 사람은 윤리적 의사결정을 내릴 때는 표준화된 과정을 이용해야 한다.
7. 사람은 어려운 결정에 직면하면 자신이 갖고 있는 가치 또는 도덕이 행위를 이끌도록 해야 한다.
8. 윤리적 행동은 사회적 역할의 결과이며 사회적 기대를 준수한다.
9. 윤리적 행위에 대한 평가는 타인의 가치, 의견, 신념 등에서의 차이점을 고려해야 한다.
10. 관리자는 자신의 결정에 대한 사회적 영향을 고려해야 한다.

응답을 바탕으로 할 때 나의 윤리 관점은 무엇인가? 윤리적 신념이 관리 행동에 영향을 미친다는 주장을 어떻게 생각하는가?

서론

관리자는 애매모호한 상황에 자주 마주친다. 결정 사항은 명확한(또는 올바른) 어떠한 대답도 갖고 있지 못하다. 신중하게 제시한 계획은 예상치 못한 장해물에 직면하게 될 것이다. 중요한 관계가 갈등과 분란을 초래하는 심한 압박을 받을 수도 있다. 이 어려운 결정을 처리하기 위해 의심할 여지없이 개인적 가치, 신념, 윤리에 의존하게 될 것이다. 유아기 때부터 우리는 부모, 후견인, 선생님, 친구, 닮고 싶은 사람(role model) 등에 의해 무엇이 옳은지 아니면 그른지 가르침을 받아왔다. 우리가 알고 있는 것은 살인과 절도는 나쁜 일이며, 다음과 같은 황금률에 의해 살아가야 한다는 사실이다. "남에게 대접 받고자 하는 대로 남을 대접하라."

우리는 넌더리를 내면서 기업인과 정치인의 추문을 접한다. 그러면서 이렇게 생각한다. "나는 뇌물을 주지 않을 거야" 또는 "나는 절대로 위험한 조건에서 일하도록 직원을 강요하지 않을 거야." 비록 이것이 단순한 생각처럼 보일 수 있겠지만 윤리 연구는 비즈니스에서 가장 복잡한 주제 중 하나다. 윤리학은 도덕적 표준과 행동·행실에 미치는 학문이다. 도덕성은 사람들이 무엇이 옳고 그른지, 무엇이 선이고 악인지를 판단

윤리/윤리학(Ethics)
도덕적 표준 및 그것이 행동 및 행실에 미치는 영향에 대한 학문

도덕성(Morality)
사람들이 무엇이 옳고 아니면 무엇이 그른지, 무엇이 선이고 무엇이 악인지를 판단하기 위해 이용 하는 기준

하기 위해 이용하는 기준으로 정의된다.

윤리는 시계와 같다. 표면상으로 우리는 원 안에서 움직이는 2개의 침을 보고 있다. 매우 단순하다. 그러나 시계판 아래에는 우리가 보고 있는 것이 맞다는 것을 보장해주기 위한 톱니바퀴, 용수철 등 복잡한 메커니즘이 있다. 윤리는 이와 상당히 비슷하지만 중요한 차이점은 안에 있는 모든 일들이 어떻게 상호작용할지 알지 못하며, 전혀 알지 못할 수도 있다는 사실이다. 심지어 더 깊은 수준에서 보면 시간을 확인하기 위한 정확한 방법을 갖고 있지 않은 한 그 시각이 실제로 맞는 것인지 알 수 없다는 점이다. 시간에 관해서라면 다행히도 그린위치 표준시간이 확인해준다. 그러나 윤리에 관해서라면 보편적으로 용인되는 기준은 전혀 존재하지 않는다. 관리자는 개인적 신념과 경험을 끌어내고 사회적으로 인정될 규범에 의존하며, 자신의 환경에서 접근하게 된다.

관리자는 경제적, 법률적, 윤리적 의무사항을 만족시키라는 상사, 주주, 고객, 부하직원으로부터의 압박에 직면하게 될 것이다. 이 이해관계를 조정하기란 좀처럼 쉽지 않다. 경쟁의 우선순위와 성과 압박은 관리자로 하여금 특히 징벌, 곤란한 상황, 승진의 상실 등이 두려운 경우 양심의 소리를 무시하는 결과를 종종 초래한다. 글로벌화가 증가됨에 따라 한 사회에서 발전된 도덕률이 다른 사회의 도덕률과 충돌하는 경우도 종종 있다. 예를 들어 뇌물은 서구에서는 금기시되지만 세상의 다른 지역에서는 일반적으로 받아들여지고 있다. 그 결과 관리자는 종종 그것이 세상의 한 지역에서만 적용될 것이라는 좁은 견해를 갖고 있다. 더구나 아직도 많은 사람은 어떻게 하는 것이 옳은 줄은 알지만 그것을 항상 행하는 것은 아니다. 왜 그럴까?

이 장에서는 도덕과 윤리의 애매한 또는 불분명한 상황을 잘 처리할 수 있도록 하기 위해 계획된 윤리적 의사결정에 대한 다수의 관점을 제공한다. 윤리적 의사결정을 내릴 때 중요한 것은 조직 구성원 모두의 이해관계를 중시해야 한다는 사실이다. 주주는 기업이 이윤을 극대화하기를 기대하고 있다. 직원은 기업이 안전한 근무환경과 공정한 보수를 제공해주기를 기대하고 있다. 고객은 기업이 제품(혹은 서비스)에 대해 진실하며 투명하기를 기대하고 있다. 그리고 대중은 기업이 '좋은 시민'으로 봉사해주기를 기대하고 있다. 비즈니스 철학이 어떻게 주주 관점으로부터 다수의 이해관계자 관점으로 변했는지에 대한 제1장의 설명을 상기해보자. 오늘날 많은 조직은 내수시장과 글로벌시장 모두에 의해 책임 있는 기업인지의 여부를 평가받고 있다. 2010년 미국 기업의 75%, 유럽 기업의 거의 100%가 사회적 책임(Corporate Social Responsibility: CSR) 사항을 웹사이트에 보고했다. CSR 노력을 통해 기업들은 어느 정도 의미있는 방식으로 사회를 위한 활동을 추구하고 있다.

CSR은 제품에 더 많은 책임을 지도록 하고 더 좋은 직원을 끌어들이며, 궁극적으로 주가를 개선하는 일 등을 가능하게 해줌으로써 기업 브랜드를 개선시킬 수 있다. 기업들의 경쟁이 생활수준을 향상시키고 더 많은 사람에게 더 많은 것을 제공해 줌에 따라 많은 CSR 계획 중에서 2가지 핵심 구성요소인 지속가능성과 에너지 효율성이 더욱 중요하게 되었다. 에너지 효율성과 지속가능성이 최근 몇 년간 정치와 기업의 논쟁을 지배해왔음은 놀라운 일이 아니다. 그러나 CSR이 모든 조직에 맞는 것은 아니다. 회사는

CSR이 적합한지, 비용효과가 있는지, 자신의 전반적인 전략에 맞는지 등을 신중하게 검토해야 한다. 이러한 조정 없이는 CSR의 노력은 비효율적이며 비용만 많이 드는 일이 될 수 있다.

이 장에서는 윤리학의 많은 이론과 회사 및 관리자가 이해관계자의 요구에 균형을 맞추어 높은 윤리적 · 법률적 기준을 유지하면서도 경제적 결과를 달성하는 데 도움이 되는 CSR을 탐구한다. 기업 환경에서 윤리적 쟁점을 인식하는 것은 어려운 일이며 윤리적 결정을 이행하는 일은 더더욱 어려운 일이다. 그러나 경험 및 훈련으로 이루어질 수 있다. Merck가 믿기 힘든 스트레스와 불확실성 속에서 윤리적 결정 중 하나를 어떻게 관리했는지 살펴보자.

Merck와 사상충증

사상충증(river blindness, 絲狀蟲症)은 아프리카와 라틴아메리카 열대지역 강기슭을 따라 오지마을 사람들 중 거의 1800만 명에게 피해를 입히는 질병이다. 아주 작은 기생충에 의해 발생되는데 강물에 서식하는 흑파리에 물려 사람에게 전염된다. 벌레는 사람의 피부 밑으로 파고들어 가는데 직경이 1.3~3cm의 혹을 만든다. 혹 안에서 벌레는 피부 아래의 신체 도처를 꿈틀거리며 기어다니는 수백만 마리의 새끼를 낳고 이들이 이동하면 피부가 변색된다. 희생자는 때로 자살까지 하는 심한 가려움증을 겪는다. 새끼는 눈을 침범하고 그러면서 점차로 희생자의 눈을 멀게 한다. 땅이 비옥하지 않기 때문에 대부분의 마을 사람들은 땅에 정착하지 않고 강을 따라 살아가야 하며 따라서 이 질병을 피할 수 없는 삶의 일부로 받아들이고 있다.

인간의 몸속에 있는 이 기생충을 치료하는 유일한 약은 매우 비쌌으며 심각한 부작용을 일으켰고 게다가 장기간 입원을 요했기 때문에 대부분의 희생자에게 치료는 어려웠다. 그러나 1979년 Merck에 근무하던 연구원 William Campbell 박사는 회사에서 가장 잘 팔리던 동물약 중 하나인 Ivermectin이 이 기생충을 죽일 수도 있음을 발견했다. 추가 연구에서 밝혀진 것은 Ivermectin이 사상충증을 치료할 수 있는 저가의, 안전한, 그러면서도 간단한 치료법을 제공할 수 있다는 사실이었다. Campbell은 Merck의 회장 P. Roy Vagelos 박사에게 이 약의 인간약 버전을 개발하자고 청원했다. 결정은 쉽지 않았다. 약의 개발비용은 최고 1억 달러까지 할 것이며 비록 성공한다 해도 희생자들은 그 약을 사먹기에는 너무 가난했고, 낙후된 지역에 쉽게 전달할 수 있는 어떠한 방법도 없었다. 게다가 사람들이 그 약을 오용하면 부작용을 초래할 것이고 이는 Merck에 대한 악평을 촉발할 가능성도 있었다.

AP Photo/Paul Sakuma

Merck 관리자는 어떻게 해야 할지 결정할 수 없었다. 의료비는 상승 중에 있었고 노인의료보험제도(Medicare)와 저소득층의료보장제도(Medicaid)의 상환은 제한되어 있었으며 미국 의회는 경쟁자들이 복제약품을 카피해 판매하는 것을 쉽게 만들어주는 법안을 통과시키려 했다. 비록 Merck가 악화되어 가는 경제 조건과 기업 압박에 직면하고 있었지만 관리자는 경제적 유망성이 거의 없는 제품에 착수하기를 꺼려했다. Vagelos는 Ivermectin의 인간약 버전을 개발하는 결정을 내리려 애쓰면서 경영팀과 수차례의 진지한 회의를 수행했다. 결국 사상충증의 인간약 버전이 무시하기에는 너무 중요하다는 결론에 이르렀다. 사실 많은 관리자는 비록 비용은 많이 들고 그에 따른 경제보상은 미미하다 해도 도덕적으로는 약을 개발해야 할 의무가 있다고 여겼다. 1980년 말 Vagelos는 인간 Ivermectin을 개발하는 데 필요한 자금을 승인했다.

7년의 임상테스트와 연구 후에 Merck는 Ivermectin의 인간약 버전을 개발하는데 성공했다. 이것은 단 한 알의 약을 1년에 한 번만 복용하면 기생충을 완전하게 근절할 뿐 아니라 새로운 감염도 예방해주는 것이었다. 불행히도 Merck의 초기 두려움은 진실이 되었다. 감염된 지역의 정부, 미국 정부, 또는 세계보건기구까지 어느 누구도 이 약을 사지 않았다. 그 결과 Merck는 잠재적 희생자들에게 약을 무상으로 나누어주기로 결정했다. 그러나 또 다른 장애물에 직면했다. 약을 가장 필요로 하는 사람들에게까지 전달해 줄 효과적 유통채널이 없었던 것이다. 세계보건기구와 함께 작업하면서 Merck는 한 국제위원회에 자금을 지원해 약을 제3세계에 안전하게 유통시킬 수 있는 인프라를 제공하면서 암시장에서 판매되는 것을 막도록 했다. 1996년 즈음 수백만 명의 사람들이 약을 받았고 이후 삶이 변화되어 질병에 의한 심한 고통과 실명의 잠재성으로부터 구제 받았다.

왜 회사가 그렇게 많은 돈을 전혀 이익이 되지 않는 약을 개발하고, 제조하며, 유통까지 시켰는지에 대해 질문했을 때 Vagelos는, 일단 회사가 갖고 있는 동물약 중의 하나가 인간 질병을 치료할 수 있다는 생각을 했을 때 유일한 윤리적 선택은 그것을 개발하는 일이었다고 말했다. 게다가 사람들은 어떻게 Merck가 원주민들을 도왔는지 기억하고 있다고 말했다. 그는 이 행동을 통해 회사가 전략적으로 중요한 장기적 이점을 갖고 있는지 학습했다는 것이다. "15년 전 일본에 처음 갔을 때 내가 일본 사업가들에게 들은 것은 2차대전 이후 결핵을 퇴치하기 위해 일본에 Streptomycin을 들여온 회사가 바로 Merck였다는 것이었습니다. 우리가 돈을 벌지는 못했지만 Merck가 오늘날 일본에서 가장 큰 미국계 제약회사라는 것은 우연이 아니죠."

적합한 사례 Merck와 사상충증

1. 왜 Merck는 Ivermectin의 인간약 버전을 개발하는 일을 처음에는 주저했는가?
2. Ivermectin의 인간약 버전 개발의 장점과 비용은 무엇인가?
3. 왜 P. Roy Vagelos 박사와 팀은 Ivermectin의 인간약 버전을 개발하기로 결정했는가?
4. Ivermectin의 인간약 버전에 대한 Merck의 투자가 이해관계자들을 위한 가치와 기업윤리를 창출한 것에 대해 어떻게 생각하는가?

윤리학 체계

관리자는 비즈니스 의사결정을 내릴 때 윤리가 아니라 단지 법률만 고려해야 하는 것일까? 많은 사람은 비즈니스 윤리에서 이러한 태도에 공감한다. 왜냐하면 법률은 모든 사람에게 적용되는 강제력 있는 규칙이기 때문에 법률은 공공생활에 적용되어야 하고 반면 윤리는 사적 생활에 적용되어야 한다고 여긴다. 일부는 심지어 법률은 비즈니스 윤리를 이미 구현하고 있는 것으로 여기기도 한다. 따라서 윤리적이어야 한다는 추가 단계가 필요없다는 것이다.

하지만 법률은 항상 올바른 방법으로 끝나는 것은 아니다. 건설업에서의 석면 사용을 생각해보라. 1950년대 동안 석면은 튼튼함, 내구성, 내화성 등으로 인해 건축재료로 이용되었다. 그 결과 1억 명 이상의 미국인이 석면을 사용한 건물에서 생활함으로써 석면에 노출되었다. 비록 석면을 사용하는 것이 합법적이긴 했어도 분명 윤리적인 일은 아니었다. 게다가 합법적으로 간주되는 아이디어가 반드시 윤리적일 필요는 없다. 예를 들어 인종분리는 남북전쟁 이후에도 거의 1세기 동안 합법적이었다. 비록 많은 사람들은 법률이 비즈니스에 도덕적 근간을 제공하고 있다고 주장하지만 실상 그것들은 단지 사회의 최소 기준을 반영하고 있을 뿐이다.

투자자는 기업에 대해 이윤을 최대화할 것으로 기대하지만 반면 많은 고객은 기업이 예를 들어 오염과 폐기물을 줄이고, 내부자거래를 삼가며, 시민과 인간의 권리를 촉진하는 등의 사회적으로 책임 있는 중요한 일에서 리더십을 보여줄 것이라 기대한다. 복잡한 결정사항을 효과적으로 관리하려면 리더는 단지 경쟁상의 이해관계와 책임 사항들만 만족시킬 것이 아니라 가치에 맞도록 행동해야 한다. 따라서 강한 도덕적 잣대를 가지고 있어야 한다. 잣대는 개인이 윤리적 난제를 처리하는 데 지침이 되는 원칙이다. 잣대는 대개 사람이 갖고 있는 개인적 가치의 깊은 이해로부터 나온다. 이러한 이해는 개인이 도덕적으로 모호한 상황에 부딪쳤을 때 '진북(true north)'을 더 잘 찾을 수 있도록 해준다.

이 절에서는 자신만의 도덕적 잣대를 개발함으로써 윤리적 불확실성을 극복하고 자신의 길을 더 분명하게 알 수 있도록 윤리적 원칙과 개념에 대한 통찰력을 제공한다.

공리주의

Thomas Jefferson은 독립선언서에서 "모든 사람은 동등하게 창조되었고, 자신의 창조주에 의해 양도할 수 없는 분명한 권리를 부여 받았는데 바로 그것들 중에 생명, 자유, 행복의 추구가 있다"라고 썼다. Jefferson은 적절한 윤리적 토대가 국가에 있어야 한다고 주장했다. 생명과 자유는 분명한 것으로 보이지만 윤리적 토대를 정의하기 위해 가능한 모든 것 중에서 행복도 선택했다. **공리주의**는 의심할 여지없이 미국 건국의 아버지들에게 뿐만 아니라 수많은 국가의 건국자들에게도 영향을 미쳤다. 가장 대중적이며 광범위하게 사용되는 윤리 체계 중 하나인 공리주의는 이론 토대로 '최대 행복의 원리'를 주창한다. 철학자 David Hume과 Jeremy Bentham 등에 의해 시작되었으며 John Stuart Mill은 〈공리주의(Utilitarianism)〉로 1863년 이 철학을 공고히 했다.

공리주의는 만약 어떤 행동이 최대 다수의 사람들을 위한 최대의 선 또는 효용을 만들어낸다면 그 행동은 도덕적인 것으로 간주된다고 주장하는 윤리철학이다. 결정해야 하는 순간에 직면하면 사람은 모든 가능한 결정사항에 비용편익분석을 이용해야 하며 최대 효용으로 귀결되는 대안을 선정해야 한다. 비즈니스에서 관리자는 영향을 받는 당사자를 위한 훌륭한 결과, 다른 사람의 이해관계를 확인함에 있어서의 객관성, 행위에 대한 가능한 결과 등을 추구해야 한다. '좋은' 것이란 행복, 효용, 즐거움으로, 반면 '나쁜' 것은 고통, 불쾌함으로 간주된다. 행위는 만약 그것이 행복의 촉진이나 고통, 잘못이 없음을 촉진하는 것이면 옳은 것이다.

공리주의의 강점과 광범위한 영향력에도 불구하고 어떤 경우에는 미치지 못할 수도 있다. 예를 들어 최대 다수의 사람들을 위한 최대 선의 원칙에 복종함은 다수의 횡포와 소수민족 등 개인에 대한 존중 결여로 이어질 수 있다. 회사가 주주를 위해 최대 선을 생산하면서 직원과 공동체를 위해서도 역시 최대 선을 생산할 수 있을까? 만약 그렇지

공리주의(Utilitarianism)
만약 어떤 행동이 최대 다수의 사람들을 위한 최대 선, 또는 효용을 만들어 낸다면 그러한 행동은 도덕적인 것으로 간주된다고 주장하는 윤리철학

않다면 어떤 이해관계자가 최대 선을 대표하고 있는 것일까? 다수의 이해관계자가 존재하는 세상에서 올바른 선택을 한다는 것은 매우 어려운 일이 되곤 한다. 결정이 거래하는 것을 의미하는 경우가 있다. 다른 체계들이 이 단점에 대한 균형이 될 수 있다.

칸트주의

칸트주의(Kantianism)는 또 다른 지배적 윤리 모델이기는 하지만 토대를 이루는 방식에서 공리주의와는 다르다. 순수하게 행위의 긍정적, 부정적 결과에만 초점을 맞추는 것보다 Kant는 동기가 도덕적 행위를 판단하는 경우 결정적으로 중요한 것이라 여겼다. 즉 사람은 올바른 이유를 위해 올바른 결정을 해야 한다는 것이다. 예를 들어 어떤 기업은 단지 그것이 이익을 내는 경우 혹은 효과적 홍보가 될 것으로 예상되는 경우에만 옳은 일을 한다. 칸트주의에 의하면 이 결정은 타산적인 것이지 도덕적인 것은 아니다. 그러나 최종 결과만 도덕적이면 됐지 의도가 좋든 나쁘든 무슨 문제가 있단 말인가? Kant는 이러한 행동은 신뢰를 구축하지 못한다고 주장했다. 만약 나쁜, 심지어 중립적 의도를 갖고 있는 사람이 한번 좋은 결과를 만들면 향후에도 좋은 결과를 만들 것이라 신뢰할 수 있을까? 이 방식을 채택한 리더 중 한 사람이 Kyocera의 창립자 이나모리 가즈오(稻盛和夫)이다. 그는 자신의 성과관리 과정을 이렇게 설명했다.

"나는 직원들의 성과를 4가지 수준에 의해 점수를 매겼다. 첫째 수준은 도전적인 정신과 긍정적인 태도로 성과의 결과물을 이루어낸 사람이다. 만약 어떤 직원이 성과의 결과물을 이루지는 못하지만 긍정적 태도로 노력한다면 그 사람은 두 번째 수준으로 간주된다. 만약 어떤 직원이 성실한 또는 힘든 노력을 하지 않으면서도 그저 행운이나 또는 우연히 성공적 결과를 얻는다면 그는 세 번째 수준이다. 어떠한 긍정적 노력도, 어떠한 결과도 없다면 그는 네 번째 수준이다. 우리는 그저 결과만 바라보지는 않는다. 우리는 매우 중요한 요인으로 과정을 평가한다."

Kyocera에서 직원들은 행위와 결과뿐만 아니라 의향에 대해서도 보상을 받고 있는 것이다.

그러나 좋은 동기가 칸트주의 관점에서 행동을 도덕적이게 만드는 유일한 기준은 아니다. Kant는 보편적 법칙 또는 규칙이 이성적 인간의 행동방식을 지배해야 한다고 여겼다. Kant에 따르면 개인 행위에 영향을 미치는 한 가지 중요한 법칙은 "나는 내가 갖고 있는 행동원리가 보편적 법칙이 되어야 하는 방식이 아니면 결코 행동해서는 안 된다"이다. 즉 자신의 행위를 보편적 법칙이 되는 것처럼 상상해야 한다는 것이다. 보편적 조건에서 논리적이며 선함을 유지하는 사람만이 도덕적이라 생각된다는 것이다.

Kant는 사람이 목적으로 취급되어야 하며 결코 목적을 위한 수단으로 취급되어서는 안 된다고 주장했다. 그렇게 하면 인간을 기계로 취급하는 것과 같으며 존중받을 자격이 있음을 부인하는 것과 같다는 것이다. 인간에 대한 존중은 그저 필요한 것이 아니라 의무라고 여긴다. 조직은 이 태도를 가져야 발전할 수 있다. 예를 들어 Southwest Airlines에서는 강령의 핵심이 '개인에 대한 존중'이다. 그 결과 직원들은 자신을 표현하

칸트주의(Kantianism)
동기와 보편적인 규칙이 무엇이 옳고 아니면 그른지 판단하는데 중요하다고 주장하는 윤리철학

는데 거리낌이 없고 회사에 극도의 충성심을 보이기 시작했다. 9.11테러 이후 직원들은 수당도 받지 않은 채 특근작업을 해서 회사가 비용을 아낄 수 있게 했으며 심각한 경제 불확실성에서도 운영을 계속 이어갈 수 있게 했다.

수탁자 책임

비즈니스에서 가장 중요한 도덕적 의무사항 중 하나는 수탁자 관계로 규정된다. 수탁자 관계는 어떤 당사자가 —개인이든 기업이든— 재산, 정보, 또 다른 당사자를 대신해 의사결정을 내릴 수 있는 권한을 수탁받을 때 존재한다. 비즈니스에서 투자 자문가는 고객에 대한 **수탁자**다. 공동경영의 구성원은 서로에 대한 수탁자다. 그리고 법인의 간부, 임원, 책임자는 해당 기업 및 주주에 대한 수탁자다.

수탁자는 통상적인 전문 관계를 넘어서는 법률 책임을 지니고 있다. 이 책임에는 정직과 공개, 근면과 돌봄, 충실과 자제 등이 포함된다. 보통 협상에서는 각 당사자가 원하는 대로 많건 적건 정보를 공개하는 것이 허용된다.

그러나 수탁자 관계에서는 해당 수탁자가 수혜자에게 정직해야 하며 모든 정보를 공개해야 할 의무를 진다. 수탁자는 또한 완전한 충실의무를 갖는다. 이는 수혜자의 이해관계를 보호하고 조장해야 하는 것만이 아니라 자신의 이해관계를 수혜자에 앞서 생각하는 것을 피해야 한다는 것이다. 예를 들어 의사는 히포크라테스 선서를 한다. 이는 자신이 맡은 환자의 건강 욕구에 완전하게 봉사하겠다는 것과 환자를 잘못 다루지도, 과도하게 다루지도 않겠다는 것을 약속한다. 이 규칙이 수탁자에게 요구하는 것은 수혜자를 대신해 최선의 노력을 다할 것과 수혜자 비용으로 절대 개인적 이익을 취하지 않아야 한다는 것이다.

덕목과 성격

예전의 윤리이론들이 의무를 지우는 일과 근본 권리를 존중하는 일에 중점을 두어온 반면 덕윤리학자는 이것만으로는 충분하지 않다고 여긴다. 많은 사람은 의무 규칙을 따르는 사람은 강한 도덕적 성격과 진실성을 보여주는 사람만큼 신뢰할 만하지 못하다고 주장한다. 학자들은 성격을 1) 상황의 도덕적 요소를 인식할 수 있는 능력, 2) 도덕적 판단을 얼마나 잘할 수 있는지, 3) 행위가 판단과 얼마나 일관성을 갖는지, 4) 개성을 보여주도록 다른 사람을 얼마나 잘 가르칠 수 있는지 등에 의해 정의해왔다.

비즈니스에서 일정 부분은 권리와 의무에 중점을 두기보다는 덕이 있는 개인, 좋은 성격을 갖고 있는 사람에 의해 이루어진 결정에 의존해야 한다고 여긴다. 사람은 만약 처음으로 인식하는 것이 아니라면 도덕적 상황을 해결할 수 없다. 그러나 관리자와 직원의 도덕 덕목은 무엇이 되어야 하는가? 비즈니스 세계에서는 진실성, 용기, 동정심 등이 해당되는 것들인가? 다른 것들도 있는가? 20세기의 대부분 동안 많은 사람은 유일하게 좋은 비즈니스 덕목은 이윤과 경쟁력이라 여겼다. 만약 관리자가 자신의 결정과 행동을 이 덕목이 이끌도록 한다면 조직은 수익을 낼 수 있으며, 경쟁은 건전해질

수탁자(Fiduciary)
수혜자를 대신하여 행사할 수 있는 재산, 정보, 또는 권력을 맡은 사람

표 3-1 도덕성 발달

수준	단계	내용
전 인습적 도덕성	복종과 처벌	아이들에게 보통 흔하며 규칙을 고정된 것 또는 절대적인 것으로 본다. 규칙에 복종한다는 것은 처벌을 피할 수 있음을 의미한다.
	개인주의와 주고받기	아이들은 개인적 관점에서 처리하며, 개인적 욕구에 얼마나 도움이 되는가를 바탕으로 행위를 판단한다.
인습적 도덕성	대인관계	사회의 기대와 역할에 부응하는 데 중점을 둔다. '멋지게' 사는 것에 맞도록 그리고 선택한 것들이 관계에 어떤 영향을 미치는지 고려하는데 중점을 둔다.
	사회질서의 유지	사람들이 사회를 전체로 생각하기 시작함으로써 규칙을 따르고, 맡은 바를 완수하며 권위를 존중함으로써 질서를 유지하는 일에 중점을 둔다.
후 인습적 도덕성	사회접촉과 개인권	타인의 가치, 의견, 신념을 다르게 여기기 시작한다. 법률이 사회를 유지시키는데 중요하기는 하지만 사회 구성원이 이 기준에 동의해야 한다.
	보편원칙	보편 원칙과 추상적 추론을 바탕으로 비록 법률 및 규칙에 어긋난다 해도 내재화된 정의의 원칙을 따른다.

Source: Adapted from Lawrence Kohlberg and Richard H. Hersh, "Moral Development: A Review of the Theory," *Theory Into Practice*, Vol. 16, No. 2, 1977.

것이다. 이 덕목은 Sunbeam의 최고경영자 Al Dunlap와 같은 관리자로 이어졌다. 그는 직원들을 해고하고 비록 수익을 낸다 해도 공장문을 닫아버리는 성향 때문에 '전기톱 알(Chainsaw Al)'이란 별명을 얻었다. 그에게는 주식가격과 수익성만이 유일하게 가치 있는 비즈니스 목표였다. 그 결과 불필요해지면 많은 사람이 직장과 생계를 잃었다. 이러한 사례는 "Dunlap이 필수적인 것으로 받아들인 덕목이 모든 기업에서 항상 도덕 덕목이 되는가?"라는 질문을 가져왔다.

아리스토텔레스와 플라톤으로 거슬러 올라가면 덕 윤리학(virtue ethics)은 도덕성의 1차적 기능으로서, 사람들이 창의성과 갈등관리 기술을 개발하는 방식과 유사하게 덕스러운 성격을 발달시키는 것이라 주장한다. 도덕성 발달에 가장 크게 영향을 준 연구는 도덕성 발달의 3가지 수준 전체에 걸쳐 전개되는 6단계 개요를 설명한 Lawrence Kohlberg에 의해 이루어졌다(표 3-1 참조). 전(前) 인습적 도덕성은 보통 인생 초기인 유년기에 발생하지만 성인 역시 도덕적 추론을 보일 수 있다. 인습적 도덕성 발달은 고도로 의존적인 유년기에서 더 독립적인 청소년기로 변천함에 따라 일어난다. 이 수준의 추론은 많은 성인들에 의해 나타난다. 최종 수준인 후(後) 인습적 도덕성은 도덕적 가치에 높은 인식을 갖는 사람들에 의해 드러난다. 이들은 가치가 어디에서 온 것인지 이해해 다른 문화의 가치들을 비교할 수 있다. 일부 사람은 이 단계에 절대 도달하지 못한다.

정의

덕 윤리학(Virtue ethics)
도덕성의 주요 기능은 덕성을 개발하는 것이라고 주장하는 윤리철학

3가지 이론은 개인적 관점에서 도덕성을 다루었다. 즉 개인인 우리는 옳은지 그른지의 윤리적 결정을 어떻게 하고 있는가? 그러나 모든 사람은 사회 안에서 살아가고 있으며 인구의 증가는 도덕성을 더욱 복잡하게 만들고 있다. 비록 우리가 도덕적으로 올바른

결정을 내리는 방법을 알고 있다 해도 다른 사람의 행위가 선한 것인지 악한 것인지 어떻게 판단할 수 있는가? 만약 여러분이 상점에서 도둑질을 하고 있는 오랜 친구이면서 이웃이기도 한 사람을 붙잡는다면 그가 악한 사람이라 판단할 것인가? 어떤 사람이 도둑질은 했지만 그것이 단지 아이를 먹여살릴 수 있는 유일한 방법 때문이었다면 어찌겠는가? 이 판단은 우리가 얼굴 없는 조직을 심판해 그 조직을 처벌해야 할 경우 더욱 복잡해지고 더욱 어려워진다. **정의**는 사회가 무엇이 도덕적으로 옳은지 그른지, 공정한지 불공정한지 판단할 수 있는 틀을 제공해주고 도덕적으로 옳지 않은 방법으로 행동하는 사람을 평가하거나 처벌할 수 있는 방법을 제시해준다. 정의는 도덕적 행동이 사회질서를 보전하기 위한 공평, 공정, 불편부당의 기준을 바탕으로 하고 있어야 한다는 개념이다.

분배적 정의는 사회 구성원 사이의 부의 분배를 다룬다. 이 주장을 따르는 사람들이 평등주의자인데 개별적 차이점은 도덕적으로 중요한 것이 아니라 여긴다. 예를 들어 부의 균등한 분배를 위한 상당히 진보적인 조세를 지지한다. 그러나 더 많은 능력을 가진 사람이 더 많은 돈을 가지고 있다면, 타인을 위해 더 나은 봉사를 제공한다면 어떻게 하겠는가? 억만장자 Bill Gates가 설립해 교육과 사회적 선에 수백만 달러를 기부하는 Gates Foundation을 생각해보라. 급진적 평등주의가 사회를 위해서는 윤리적으로 최선이 아닐 수도 있기 때문에 더 온건한 형태가 모양을 갖추어왔다.

철학자 John Rawls에 따르면 각각의 사람은 기본 자유가 최대로 허용되어야 하지만 (도덕의 권리) 일단 기본적 평등이 달성된다 해도 사회에 있는 모든 사람을 이롭게 할지에 대해서는 불평등이 구성원 사이에 존재할 수 있다. 출생, 가족 이력, 타고난 재능

정의(Justice)
사회가 무엇이 도덕적으로 옳은지 아니면 그른지, 공정한지 아니면 불공정한지 판단할 수 있는 틀을 제공해주고 도덕적으로 옳지 않은 방법으로 행동하는 사람들을 평가하거나 처벌할 수 있는 방법들을 수립해주는 윤리 철학

분배적 정의(Distributive justice)
사회 구성원들 사이의 부에 대한 분배를 다루는 정의의 부분집합

리더십 개발의 여정

리더는 조직 내에 윤리적 풍토를 만들어야 할 책임이 있다. 윤리적 행동을 모델화하고, 공정한 결정을 내리며, 신뢰 문화를 구축해나가는 리더가 있음으로써 시작된다. 또한 리더는 윤리기준을 위반하는 직원은 징계를 하여 단지 결과에만 치중할 것이 아니라 의사결정을 내릴 때 "올바른 일을 한다"는 것에 중점을 둘 수 있도록 하는 책임도 져야 한다. 리더는 윤리 실천과 행동을 여러 분야에 적용해야 한다.

- 직원을 채용하고 선정하는 일
- 직원을 교육시키는 일
- 정책과 규정을 시행하는 일
- 행동에 대해 포상 및 처벌하는 일
- 관리회계시스템을 유지하는 일
- 관리시스템의 성과를 감독하는 일
- 의사결정 과정을 관리하는 일

윤리적 풍토를 만들어내는 리더를 관찰하는 시간을 가져보라. 그 리더는 어떻게 윤리적 행동을 고취시키고 동기를 부여해주었는가? 리더의 윤리기준을 강화해준 지원시스템은 무엇이었는가? 리더의 윤리 행동으로부터 무엇을 학습했는가? 그 교훈을 리더십 개발에 어떻게 적용시킬 것인가?

등의 불평등은 해당되지 않는 것이기 때문에 사회는 이 불평등 사항을 더 균등하게 만들어야 하고 선천적으로 불리한 사람을 위한 지원을 제공해주어야 한다. 기본권과 부의 불평등은 정부와 비즈니스에서 중요한 일이다. 예를 들어 만약 두 사람이 한 회사에서 동일한 지위를 갖고 있지만 한 사람이 경력년수가 많다면 그 사람은 더 많은 월급을 받아야 한다. 그가 아마도 해당 직무를 더 잘 수행할 능력이 있기 때문이다. 그는 회사의 재무 상태를 개선시키고 그 결과 모든 사람의 재무 상태를 개선시켜 줄 수 있는 능력을 갖게 된다. 비록 이 예는 단순한 것이지만 관리자의 결정사항은 다수의 이해관계자로부터 받는 압력을 비교 검토해야 하는 경우 더욱 어려워진다.

절차적 공정성은 규칙이 명확하게 언명되고, 지속적으로 복종되어야 하며, 불편부당하게 시행되어야 한다는 개념이다. 이는 사회가 법률과 절차를 개발하기 위한 체계를 제공함으로써 공정함 또는 그저 결과만을 가져다준다. 예를 들어 미국, 캐나다, 호주 등에서는 절차적 공정성이 정치적 입법을 통해 규칙을 정하고 정당한 절차 및 법원시스템을 통해 규칙이 공정하게 시행되도록 한다.

도덕적 갈등

선한 사람이 되는 것과 건전한 개인적 윤리를 갖는 것은 비즈니스에서의 윤리적 쟁점을 위해서는 충분하지 않을 수 있다. 윤리적 갈등은 무엇이 옳은지 그른지를 아는 것처럼 간단한 상황은 거의 드물다. 많은 관리자는 예를 들어 구조조정에서 어느 직원을 해고해야 할지 등과 같은 나쁜 결정을 내려야 한다. 관리자는 회사 정책을 해석하고, 규칙을 시행하며, 직원을 고용, 해고, 징계, 감독해야 하기 때문에 조직에서 매우 중요한 역할을 하고 있으며 역할 모델로서 일하고 있는 것이다.

또한 대부분의 사람이 선천적으로 선하며 좋은 의도를 갖고 있다 해도 개인이 비도덕적 결정을 내릴 수 있는 상황이 존재한다는 것을 이해하는 것도 중요하다. 예를 들어 회계사는 고객에 대한 유대감을 발전시킴에 따라 잘못된 정보를 보고하거나 심지어 수상한 행동을 통지할 가능성도 적어짐으로써 편파적 영향을 더욱 허용하도록 만든다. 심지어 더욱 충격적인 것은 일부 의사들의 행동이다. 2002년 이전에 간 이식은 환자가 얼마나 위중한지에 따라 우선권이 주어졌다. 그에 따라 집중치료실(ICU) 내에 있는 어느 환자든 대개는 상위 순위에 가깝게 있었다. 간 이식을 필요로 하지만 ICU 안에 들어갈 만큼 위중하지 않은 환자를 도우려는 노력에서 일부 의사는 가짜 ICU 입원서를 만들어냈다. 가짜 ICU 환자를 만든 의사의 도덕성을 특히 히포크라테스 선서를 생각할 때 어떻게 평가하겠는가? 그 의도는 좋았지만 행위는 의문이 남는다. 이러한 시스템에서라면 가짜 ICU 입원서를 만들지 않은 정직한 의사와 함께 있던 환자는 이식받을 가능성이 그만큼 적어졌을 것이다.

절차적 공정성(Procedural justice) 규칙이 명확하게 언명되고, 지속적으로 복종이 되어야 하며, 그리고 불편부당하게 시행되어야 한다고 주장하는 공정성의 부분집합

비록 많은 사람은 직장에서 윤리적이라 여기지만 대부분의 사람은 도덕성에 훨씬 미치지 못한다. 관리자로서 윤리적 함정을 피할 수 있도록 자신의 편견에 대한 경고를 받

을 수 있어야 한다. 가장 일반적인 편견에는 자신의 집단을 선호하는 것, 자신에 대한 신뢰를 과장하는 것, 부정확한 인과관계를 세우는 것 등이 포함된다. 관리자가 윤리적 의사결정에서 직면하는 다른 난제는 조직문화가 관련되는데 이는 윤리적 결정에 강한 영향을 미칠 수 있으며 심지어는 조직의 하위 그룹에서 변화되기도 한다. 예를 들어 직원 안전에 관심을 더 많이 가지면 어떤 제조공장에서는 자부심의 원천이 될 수도 있지만 다른 곳에서는 비웃음이 될 수도 있다.

이 절에서는 일반적인 조직이 오늘날 직면하고 있는 도덕 갈등과 일부 개인이 이 갈등에 대처하는 행동방식에 대해 설명한다.

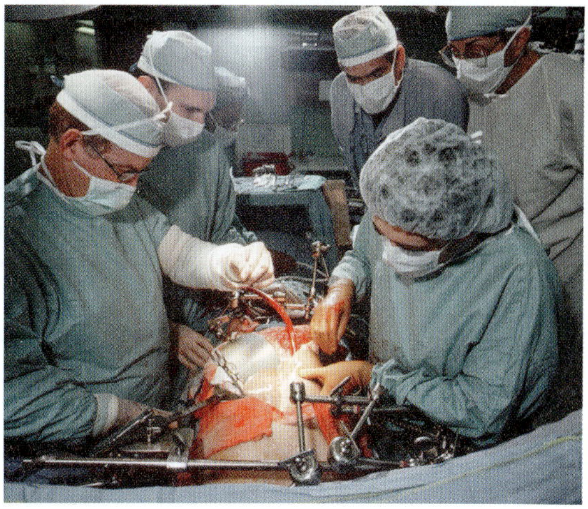

Wally McNamee/Corbis

조직이 직면하는 일반적인 도덕적 갈등

조직을 이끄는 관리자는 그가 맺고 있는 환경, 고객, 직원과의 관계에서 많은 도덕 갈등에 직면하고 있다. 미국이 20세기 동안 산업화됨에 따라 기업들은 3가지 범주에서 광범위한 절차를 만들어냈다. 단지 환경적 책임을 더 많이 갖게 된 것만이 아니라 고객과 직원들과도 더 정직한 관계를 지키게 되었다. 이러한 진행 중 일부는 회사에 의해 추진되기도 했지만 미국소비자동맹(Consumers Union)과 같은 외부 단체도 기여했다. 게다가 소비자보호법, 식품 및 약품 테스트, 동등한 기회의 고용법, 환경보호법 등 입법 활동도 기업으로 하여금 새로운 성과 기준을 준수하도록 강요했다.

경제가 제조시대에서 정보시대로 변천하면 경영윤리가 개입되어야 한다. 도덕적 추론은 이제 정보의 전송을 다루고 있다. 정보는 능력을 향상시킬 수 있지만 통제, 권한, 조작용으로도 이용될 수 있다. 예를 들어 회사는 소비자 정보를 얻기 위해 개인화된 마케팅에 참여하고 있으며 그들의 관점에 광고 내용을 맞추고 있다. 이것이 소비자 경험을 개선시킬 수 있는 반면 기업 사이에 공유된 정보는 매우 개인적인 것이 될 수 있으며 따라서 잘못된 취급에 빠져들 수도 있다. 신원 도용은 미국에서는 중요한 문제가 되고 있는데 매년 900만 명으로 추산되는 사람들이 피해를 입고 있다. 어떤 사람이 신원을 훔치면 그는 사회보장번호, 이름, 신용카드 등 개인정보를 이용해 사기나 다른 범죄를 저지를 수 있다. 희생자는 자신의 정당한 이름과 신용을 되찾기 위해 수천 달러와 여러 날을 낭비해야 할 정도로 심각하다.

환경적 갈등

비즈니스 윤리에서 가장 논란이 되는 주제 중 하나로 공해는 오랜 기간에 걸쳐 대중적인 논쟁의 중심이 되어왔다. 국가 단계의 장기적 지속가능성과 글로벌 단계의 경고가 날로 증가함에 따라 공해문제는 향후에도 논쟁으로 남을 것이다. 관리자의 중요한 질문은 다음과 같다. 환경을 보전하기 위해 차세대 기업은 어떠한 의무를 해야 하는가?

산업화가 19~20세기 전반에 걸쳐 확대됨에 따라 대기오염의 사회적 비용이 기하급수적으로 증가되었다. 그 결과 많은 산업들이 부정적 영향을 받아왔으며 농업과 임업도 예외는 아니다. 대기 중 이산화황 농도가 높은 지역에서는 산성비가 괴멸적 영향을 미칠 수 있다. 더욱 중요하면서도 지속되는 결과에는 장기적인 보건 악화와 세계의 기후·기상에 영향을 미치는 온실효과 등이 포함된다.

수질 오염은 기업과 사회를 난관으로 몰고 있는 또 다른 문제점이다. 염분, 금속, 생물학적 물질 등의 오염물질은 수중 삶을 해치고 인간의 웰빙을 위협하고 있다. 2010년 British Petroleum(BP)은 수백만 갤런의 석유를 멕시코만으로 누출시켜 야생을 위협하고 결국에는 전체 연안의 경제를 위태롭게 만들었다. 석유 굴착장치와 안전시스템을 설계할 때 BP 기술자들은 비정상적 압력으로 석유 매장지를 뚫으면 폭발 가능성이 있음을 알고 있었다. 사태가 있기 수시간 전에 비정상적으로 높은 압력 기록들이 굴착작업을 변경해야 한다는 경고를 주었다. 그러나 작업을 계속해야 한다는 결정이 내려졌다. 훗날 사고 보고서는 BP의 안전 메커니즘과 유지관리에 대한 여러 우려 사항들이 재난으로 이어졌음이 드러났다. 관리자는 윤리적 의무사항과 비즈니스에 의해 일어난 비용 사이에서 균형점을 결정해야 한다.

공해 외에도 환경 갈등은 자연자원이 갈수록 고갈되고 있다는 것에서도 분명하다. 비록 고갈이 현재 세대에 영향을 미치지 않을 수도 있지만 차세대에 대해서는 비용이 될 것이다. 왜냐하면 자원에 관해 윤리적 결정을 내리는 것이 단지 장기적 이익만을 갖고 있는 것이기 때문에 사람들은 단기적으로 유리한 선택을 하는 것으로 편향되는 경우가 있다. 이러한 단기적 사고는 재앙을 불러일으키는 결과를 가져올 수 있다. 많은 사람들이 주장하기로는 자유시장 시스템이 장기적 지속가능성을 위해서는 최선의 도구지만 자유시장은 현재 세대의 욕구만을 고려하고 있다는 것이다. 오늘날의 관리자로서 어려운 결정은 자원을 보존해야 하는가에 대한 것이 아니라 얼마나 보존해야 하는가에 대한 것이다.

사생활 갈등

사생활은 가장 어려운 윤리적 쟁점 중 하나다. 이는 소비자 및 직원들에게 영향을 미친다. 비록 권리장전(Bill of Rights)에서 보호되고 있는 것은 아니지만 사람들은 자신에 관해 공개되는 정보의 유형과 정도를 결정할 수 있는 권리라 생각한다. 최근 수년 동안 Google과 Facebook 등은 사람들이 공유해도 괜찮다고 생각하는 한계를 넘어왔으며 그 회사들은 느슨한 정책으로 인해 비난을 받았다. 〈Consumer Reports〉에서는 최근 Facebook의 사생활 정책의 검토를 수행했는데 몇 가지 충격적 사실을 발표했다. 예를 들어 Facebook은 한 개인이 Like 버튼으로 어떤 웹사이트를 방문할 때마다 그가 버튼을 클릭했는지 아니면 심지어 그 사람이 Facebook 회원인지의 여부와도 상관없이 보고를 받는다. 게다가 Facebook 사용자가 자신의 정보를 친구들만 볼 수 있게 제한한다 해도 특정의 Facebook 앱스를 사용하는 사람들이 정보를 무심코 넘겨주어 어느 누구도 알지 못하는 채 제3자에게 접촉되도록 할 수도 있다.

사생활(Privacy)
한 사람이 자신에 관해 공개되는 정보의 유형과 정도를 결정할 수 있는 권리

비즈니스에서는 관리자가 이러한 침입행위를 피한다는 것이 거의 불가능한데 이는

특히 부하직원이 근무하는 것을 관찰해야 할 책임이 있기 때문이다. 집단의 성과를 개선하기 위해 부하직원의 기술과 경력상의 포부를 안다는 것이 용인된다고는 하지만 과도하게 간섭하는 행위에는 전화 엿듣기, 몰래카메라 설치하기, 전화사용 시간, 컴퓨터 키보드 두드린 횟수 등을 추적할 수 있는 감시시스템 등이 포함된다.

관리자에게 관건은 사생활 존중과 부하직원에 대해 아는 것 사이에서 올바른 균형점을 찾아내는 것이다. 이를 위해 관리자는 부하직원으로부터 구하고자 하는 정보에 3가지 간단한 규칙을 따라야 한다. 1) 정보가 현재 쟁점에 직접적으로 상관이 있어야 한다, 2) 직원이 승낙할 수 있는 기회가 있어야 한다, 3) 정보를 알게 되는 방법은 정상적이고 타당해야 한다. 예를 들어 직원의 정치 신념을 조사하는 것과 몰래카메라, 숨겨놓은 마이크 등의 장치를 사용하는 것, 거짓말 탐지기 테스트 등은 사생활 침해다. 그러나 직원이 고위직으로 올라감에 따라 회사를 더 공식적으로 대표하면 사적인 활동과 관련될 수 있다. 예를 들어 부사장의 음주 문제는 회사를 대표하는 전문가로서의 능력에 영향을 미칠 수 있다.

도덕적 갈등에 직면한 개인의 역할

비록 회사가 정책을 개발하고 어려운 환경, 소비자, 직원 갈등을 어떻게 다루고 있는지(또는 다루어야 하는지)에 대해 성명문을 만들 수는 있지만 실제 결정은 개인들에 의해 이루어진다. 대부분의 사람은 일반적인 윤리적 난제와 마주치는 경우 소수의 개인이 잘못된 방향으로 가기는 하지만 올바른 결정을 내린다. 그러한 일은 정보가 제한되어 있고 애매한 부분일 수 있지만 그것도 역시 개인이 더 불안정하면서도 잠재적으로 불법을 따르기로 결정하는 경우 명백한 상황이 될 수 있다. 개인이 직면하는 일반적인 윤리 갈등은 이해관계의 충돌, 영업비밀, 뇌물 등과 관련된 것이다. 잘못 인식된 우대정책 역시 개인을 타락으로 이끄는 요인이 된다.

이해관계의 충돌
(Conflict of interest)
종업원 또는 관리자가 회사를 대표하는 활동에 관여할 때 그 활동의 결과에 대해 개인적인 이해관계를 갖고 있는 경우에 발생하는 충돌

이해관계의 충돌

직원 또는 관리자가 회사를 대표해 활동할 때 그리고 활동 결과가 개인적 이해관계를 갖고 있을 때 **이해관계의 충돌**에 관여한다. 이는 자신의 이해관계가 회사의 이해관계에 반하는 경우 또는 개인의 판단이 회사 임무에 편향되는 경우의 특수한 문제다. 만약 어떤 관리자의 며느리가 회사가 필요로 하는 공구를 제조하는 회사의 영업사원이라면 해당 관리자는 더 신뢰가 가는 또는 덜 비싼 공급자 대신 그녀의 회사에게 비즈니스를 줄 수 있는 동기가 부여된다. 다른 예는 사람들이 편향된 판단을 행사하고, 고용주와 직접 경쟁에 참여하고, 권한을 오용하며, 기밀을 위반하는 상황이 포함된다. 내부자거래는 이해관계 충돌의 가장 일반적 형태 중 하나다. 2002년 여성구두회사 설립자 Steve Madden은 투기적 저가주 기업이 20건 이상의 기업공개를 조작하는 일에 도움을 주어 투자자들에게 1억 달러에 달하는 손해를 초래한 일을 자백했

Owen Hoffmann/PatrickMcMullan.com/Sipa USA/Newscom

다. 그 결과 Madden은 41개월 징역형을 선고 받았고 400만 달러 이상의 벌금과 손해배상금을 지불했다.

영업비밀

회사의 가장 중요한 자산 중 일부는 영업비밀이다. **영업비밀**은 어느 유형이든 다른 사람들에 의해 알려져 있지 않은 사업을 수행하는 데 이용되는 정보다. 영업비밀은 종종 한 회사가 경쟁사보다 우위에 있게 하는 전략적 장점을 제공해주기 때문에 연구개발(R&D)에 특히 소중하다. 예를 들어 Google의 검색 알고리즘은 영업비밀이 상당히 지켜지고 있다. 영업비밀은 특허, 저작권, 상표 등과 더불어 법률에 의해 지적재산(Intellectual Property: IP)으로 간주된다. 이러한 것들이 유형의 재산과 동일하게 취급되고 있음을 의미한다. 소유주는 영업비밀의 소유권을 다른 사람에게 판매하고, 라이선스를 주거나 또는 부여할 수 있는 권리를 갖고 있다. IP 소유주는 일반적으로 회사 자체이지 한 사람의 개별적 직원은 아니다. 그러하기 때문에 개별 직원은 영업비밀을 회사의 명확한 승낙 없이는 누설해서는 안 된다. 그렇게 하는 것은 법적 소송을 불러일으키는 것과 더불어 회사의 장점을 손상시킬 수 있다.

특히 제약산업은 지적자산을 보호하고 재정 수명을 보장하기 위해 IP 법률에 크게 의존하고 있다. R&D, FDA에 의한 규정, 임상실험 등에 많은 시간이 소요되기 때문에 제약회사는 다른 업계의 회사보다 더 높은 비용이 발생한다. 그 결과 법률이 IP를 보호하고 있음을 보장받기 위해 무슨 일이든 한다. 국내에서는 특허를 더 오래 보호받기 위해 로비활동을 할 뿐만 아니라 미국 정부에는 더 느슨한 IP 법률을 갖고 있는 나라들에서의 제약 사기행위를 줄임으로써 해외 IP를 보호해달라고 요청한다.

뇌물

뇌물은 인간 역사에서 가장 오래되고 가장 기본적인 도덕 위반 사항 중 하나다. 기원전 1세기 로마공화국에는 뇌물을 처벌하는 규정이 있었다. 불공정한 이득에 자신을 대신해서 행위하도록 어떤 당사자에게 무엇인가 소중한 것을 제공하는 것이 뇌물이다. 근본적으로는 신뢰에 대한 위반이다. 비록 뇌물의 가장 오래된 형태는 정부관리들과 관련 있었지만 오늘날에는 사적 조직에서도 나타나고 있다. 뇌물에 의해 초래되는 문제점은 수없이 많다. 조직은 비효율적 이용으로 인한 자원 유용, 비즈니스에서의 고비용, 투자자의 신뢰감 상실 등 부정적 결과를 겪는다. 2011년 미국 규제기관들은 100명 이상의 직원이 계약 체결에서 수백만 달러에 대한 대가로 돈이 든 쇼핑백을 정부관리들에게 전달했다고 주장하면서 IBM을 아시아에서의 10여 년에 걸친 뇌물 공세로 고발했다. 기소를 피하기 위해 IBM은 1천만 달러의 합의금을 지불하는데 동의했다. 정부 입장에서 보면 뇌물은 경제발전을 약화시키는 일인데 왜냐하면 효율성을 감소시키고, 냉소주의를 키우며, 국가 간의 경쟁을 왜곡시키기 때문이다.

영업비밀(Trade secret)
어느 유형이든 다른 사람들에 의해 흔히 알려져 있지 않은 사업을 수행하는 데 이용되는 정보. 이는 종종 한 회사가 그 경쟁사에 대해 우위에 있게 하는 전략적 이점을 제공해 주기도 한다.

뇌물의 부정적 결과가 아주 심하기 때문에 대부분의 나라는 뇌물을 규탄하면서 정부관리에게 뇌물을 금지하는 법률을 채택해왔다. 심지어 국제법도 존재한다. 국내와 국제적인 노력에도 불구하고 뇌물은 전 세계에 스며드는 문제점으로 남아 있다. 많은 경우 벌금은 아주 심하지 않다. IBM 사례를 생각해보자. 이 회사가 기소를 피하기 위해 지불한 1천만 달러는 2011년에 거둔 순수익의 겨우 0.06%에 지나지 않는다. 어떻게 이것이 IBM이 뇌물로부터 확보한 비즈니스와 비교 되겠는가? 어떤 경우 기업은 심지어 뇌물에 관여함으로써 긍정적인 면과 부정적인 면의 잠재성을 결정하기 위해 비용편익분석을 수행하기도 한다.

REUTERS/Shannon Stapleton/Landov

부패와 싸우고 있는 비정부기관인 Transparency International은 부패인식지수(Corruption Perceptions Index)를 발표한다. 2010년 보고서에 따르면 전 세계 178개국 중 75%가 5점 이하의 성적을 받았는데(가장 깨끗한 정도가 10점) 이는 부패와 관련한 심각성을 보여준다. 이들 국가 중 많은 수가 다국적기업을 유치하고 있으며 많은 미국 관리자는 자원을 확보하고 물건을 판매하기 위해 현지 기관들을 상대해야 한다. 만약 여러분이 재정목표를 맞추라는 신한 압박에 직면해 있는 관리자라면 유통채널을 확보하기 위해 뇌물을 제공할 것인가? 만약 판촉경쟁을 하고 있으며 동료가 앞서기 위해 뇌물을 제공할 것이라면 어떻게 하겠는가?

내부 고발

직원이 이해관계자에게 도덕적 의무를 갖고 있는 반면 비즈니스를 수행해야 할 의무도 역시 갖고 있다. 사실 직원의 주요 임무는 기업 목표를 향해 일하고 그 목표를 해칠 수 있는 활동을 피하는 것이다. 그러나 직원은 터무니없이 도덕적 기준을 위반해야 하는 경우가 있을 수 있으며 그 상황이 닥치면 다른 사람이 개입해 그만두게 할 필요가 있다. Bernie Madoff는 미국 역사상 가장 큰 폰지(Ponzi) 사기에 책임이 있었다. 10년 이상 동안 Madoff는 금융사기를 벌였으며 투자자 돈에서 500억 달러로 추산되는 자금을 축적했다. 잠재적 사기에 대한 정보가 은밀하게 흘러나오자 한 독립 수사관이 Mddoff의 투자전략을 따라 해보았다. 곧 그는 엄청난 절도를 교묘히 획책하고 있음을 발견했다. 수사관은 증권거래위원회(Securities and Exchange Commission: SEC)에 보고서를 제출했으며 계속된 조사는 Madoff의 유죄판결과 150년 징역형으로 결말이 났다.

내부 고발은 회사 내의 경영간부 또는 회사 외부의 통제 기관에게는 불법적 또는 비도덕적 행위임이 분명한 조직 구성원에 의한 정보의 공개다. 내부 고발의 한 예는 직원이 회계부정을 발견하고 그것을 SEC에 보고하는 경우다. 비록 내부고발자가 윤리적으로 행동하고 있기는 하지만 보통 자신의 의견 차이에 대한 행위에 높은 값을 지불 받고 있다. 블랙리스트에 올려지며, 해고되고, 위협받으며, 불공정한 대우를 받을 수 있기 때문에 종종 재정적 곤경을 감내하기도 한다. 내부 고발을 한 사람은 다른 일자리를 구하기 어려운데 왜냐하면 배신을 한 것으로 보이기 때문이다. 주목해야 할 한 가지 흥미로운 사실은 그러한 결과에도 불구하고 많은 내부고발자는 만약 아무것도 하지 않았다면 자존심을 유지할 수 없었을 것이며 따라서 만약 또 선택이 주어진다면 똑같이 할 것이라고 말한다는 점이다.

내부 고발(Whistle-blowing)
한 회사의 경영간부들 또는 회사 외부의 통제 기관들에게는 불법적 또는 비도덕적 행위임이 분명한 한 조직의 구성원에 의한 정보의 공개

기업의 사회적 책임

오늘날에는 비즈니스 조직에 더 큰 목표를 달성해야 한다는 압박이 커지고 있으며 그러한 목표는 재정적 성과의 범위를 넘어서는 것이다. 비록 관리자가 Human Rights Watch(국제인권감시기구), Animal Defense League(동물방어연대), Environmental Protection Agency(환경보호국) 등과 같은 외부 조직으로부터 압력에 직면하고는 있지만 CSR 활동에 참여하는 자사 직원들로부터 압력도 느끼고 있다. 지난 20년 동안 기업은 대응을 해왔다. 사실 〈Fortune〉 500대 기업 중 80% 이상이 CSR 쟁점을 다루고 있으며 사회적 책임의 투자는 1995년 6,390억 달러에서 2005년 2조 7,100억 달러로 상승했다. 예를 들어 Chiquita Brands International은 모든 농부들에게 생계임금 기준을 제시하고 있으며 전체 공급체인을 통해 환경 실천을 이행했다.

CSR은 1953년 사회의 목적 및 가치에 부합하는 정책, 결정, 행위를 추구하는 것을 목표로 기업의 의무로서 처음 설명되었다. CSR의 배후에 있는 기본 가정은 기업과 사회는 긴밀하게 얽혀 있다는 것이다. 즉 사기업은 제품을 구입하는 소비자에 의존하고 있으며, 소비자는 웰빙을 지속하게 해주는 제품을 공급해주는 기업에 의존하고 있다는 것이다. 정부와 마찬가지로 사기업은 대중과 사회적 계약을 맺고 있는데 이는 권리 및 의무를 내포한다. 비록 계약의 상세한 내용은 사회가 변함에 따라 변경될 수 있지만 계약은 기업을 위한 합법성의 원천으로 남아있다. 즉 만약 한 회사가 책임을 다하지 못하면 사회는 그 기업에 조치를 취할 수 있는 것이다. 소비자는 그들이 좋아하지 않는 회사에서 나온 물건을 구매하지 않도록 선택할 수 있으며 유능한 직원은 자신이 존중하지 않는 회사를 그만둘 수 있다.

기업은 전통적으로 단지 하나의 이해관계자인 주주의 이해관계만 만족시켜왔지만 이제는 이해관계자 모두에게 가치를 창출하고 분배하는 것이 일반적인 행위다. 그 결과 관리자는 가치를 소비자, 주주, 정부 관청, 직원 등등에 공평하게 분배해야 할 책임을 지고 있다. 불가피하게 이해관계자들 사이에는 충돌이 일어나며 그럴 경우 충돌을 해결하기 위한 건전한 윤리적 판단이 요구된다.

경제적, 법률적, 윤리적 책임

사회에서 한 기업의 역할은 경제성장의 원천이자 실질적 재화와 용역의 생산자가 된다. 이 역할을 바탕으로 이론가들은 기업이 책임감을 가져야 할 3가지 핵심 영역을 주장했다. 경제적, 법률적, 윤리적 영역이다. 많은 사람은 만약 기업들이 이 영역 각각을 촉진시키면 이해관계자들에게 공정한 부의 분배를 달성하게 될 것으로 여긴다. 비록 3가지가 별도이며 독특한 것으로 보이기는 해도 겹칠 수 있으며 따라서 기업활동은 한 가지, 두 가지, 세 가지 영역 모두를 지원할 수 있다(그림 3-1 참조).

기업의 사회적 책임
(Corporate social responsibility)
사회의 목적 및 가치에 부합하는 정책, 결정 그리고 행위를 추구함에 대한 사업체의 의무

경제적 책임
(Economic responsibilities)
수익을 내고 주주의 가치를 늘려야 하는 사업체의 임무

경제적 책임은 수익을 내고 주주가치를 늘려야 하는 기업의 임무를 말한다. 기업은 사회 내의 기본 경제단위다. 따라서 사람들이 원하는 재화(혹은 서비스)를 생산해야 하

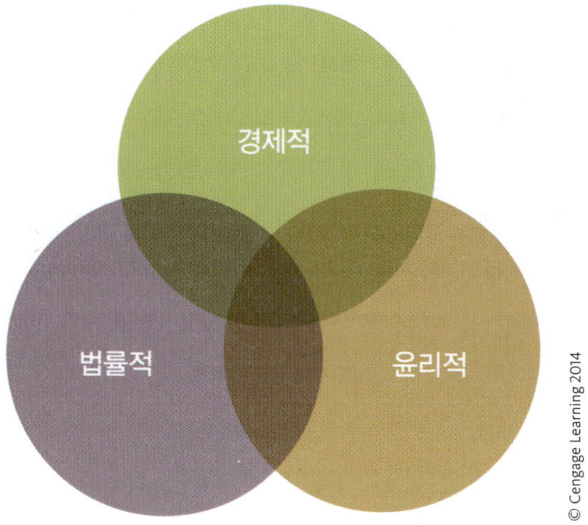

그림 3-1 사회에서 기업이 갖는 핵심적 책임

고 수익을 내고 판매해야 할 임무를 갖는다. 비즈니스의 대부분 측면은 이러한 근본 가정을 바탕으로 세워진다. 회사는 수익을 증가시키기 위한 다양한 활동에 직접·간접 방법 모두 참여하고 있다. 직접 활동에는 생산비를 줄이고 효율성을 증가시키는 일이 포함된다. 간접 행위는 무형의 것들을 말하는데 시간이 흐름에 따라 경제적 성과가 증가되는 것이다(직원의 사기를 진작시키는 일, 브랜드 인지도를 증가시키는 일, 조직 전체를 통해 강한 리더십을 증진시키는 일 등이다).

법률적 책임은 비즈니스 활동에 대해 법률에 복종하는 것이다. 사회가 비즈니스를 생산자 역할을 가정하여 허용하는 것과 마찬가지로 이것도 역시 한 기업이 운영해야 하는 경계를 정해놓고 있다. 즉 사회는 기업이 법률 경계 내에서 경제적 책임을 추구하기를 기대하고 있다. 한 회사가 이 책임을 유지할 수 있는 방법에는 여러 가지가 있다. 가장 일반적인 것은 법률을 준수하고 향후의 법률을 예상하며, 민사소송을 피하는 것

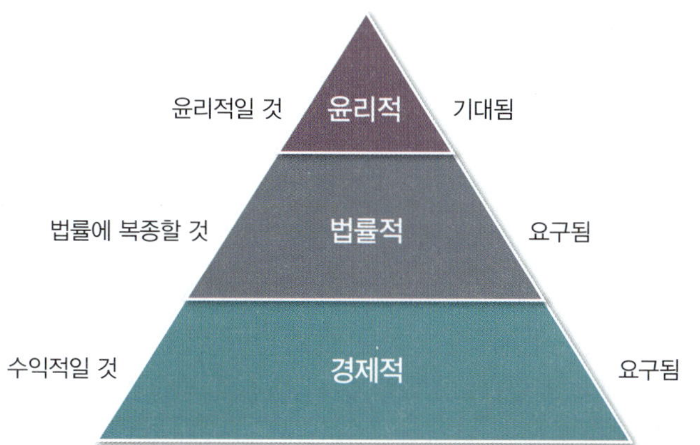

그림 3-2 기업의 사회적 책임에 대한 의무

Source: Adapted from Archie B. Carroll, "The Pyramid of Corporate Social Responsibility: Toward the Moral Management of Organizational Stakeholders," *Business Horizons*, 1991, pp.39–48.

법률적 책임(Legal responsibilities) 한 사업체가 자신의 경제적 책임을 법률의 경계 내에서 추구해야 하는 의무

이다. 예를 들어 Toyota는 가속페달이 자동차 바닥에 박혀버릴 수 있다는 보고를 받았을 때 전 세계에서 5백만 대 이상을 자발적으로 리콜함으로써 소송비용을 피했다. 일반적으로 법률은 기업이 지켜야 하는 최소한의 기준으로 역할을 한다([그림 3-2] 참조). 2002년의 Sarbanes-Oxley법에 의해 증명된 대로 변호사들은 최근의 추문들로 인해 비즈니스 기준의 기대치를 상승시켰다. Enron의 회계부정에 대한 대응으로 의회는 간부, 임원, 관련된 사람들이 재무감사에 영향을 미치거나 재무보고서를 변경하는 것을 방지하기 위해 법을 통과시켰다. 이는 또한 연방 조사를 방해하기 위해 이용된 자료 파기는 어떤 것이든 불법으로 만들었다. 2008년의 글로벌 위기의 후유증 속에서 의회는 2009년에 법률을 통과시켜 금융시장을 규제할 수 있는 정부 능력을 증가시켰다. 이는 미국 기업에서 재개된 불신을 반영한 것이었다. 이 법은 금융시스템에서의 위험을 탐지할 수 있는 새로운 심의회를 만들었으며, 금융상품에 대해 소비자를 보호할 수 있는 새로운 강력한 규제기관을 만들었고 금융파생상품이라 불리던 복잡한 거래증서에 규제를 요청했다.

윤리적 책임
(Ethical responsibilities)
자신의 경제적 및 법률적 책임 이상으로 사회의 기대에 부합해야 하는 사업체의 책임

기업의 사회적 반응
(Corporate social responsiveness)
사회적으로 책임 있는 방식으로 종사해야 한다는 사회로부터의 압력에 반응하는 사업체의 실천 내용

경제적 · 법률적 책임 이상으로 기업들은 **윤리적 책임**을 갖고 있다. 이는 일반 국민이 기대하는 행동이다. 비록 윤리적 책임을 정의하기는 어렵지만 관리자는 윤리 체계를 이용해 이해관계자들이 갖고 있는 기대를 바탕으로 윤리적 결정방법을 이해할 수 있다. 도덕 갈등도 이 체계가 어떻게 실제 생활에 적용되는지 수많은 예를 제공해준다. 공정한 채용을 실천하고 안전한 작업환경을 제공하는 것만으로는 더 이상 충분한 선이 되지 못한다. 오늘날의 윤리 풍토는 기업으로 하여금 지속가능성과 공해 쟁점들을 다루도록 요청하고 있다.

카메라 회사인 Ritz Camera는 최근 'Call2Recycle'운동을 시작했다. 이 계획의 일부로 Ritz는 고객에게 사용한 충전 배터리를 추가 비용 없이 적절하게 폐기할 수 있는 쉬운 방법을 제공하고 있다. 이 프로그램은 재활용 지속성을 증가시키고 폐기물은 줄인다는 아이디어를 바탕으로 했다.

다른 관점

기업전략적 자선활동

비즈니스 세계에서 대부분 순익에 의해 추진된 기업의 자선활동은 정당화되기가 어려워졌다. 조직은 기업의 사회적 책임을 자선활동과 일치시킴으로써 더 전략적이 되어야 할 필요성을 발견했다. 자선활동의 배후에 있는 동기는 종종 외부 마케팅과 직원 사기를 위한 노력에 의해 추진되는데, 동시에 재무적 성과도 늘어나며 사회도 개선시키고 있다. 예를 들어 지역의 교육시스템에 투자하는 것은 박애주의적 활동이지만 궁극적으로 지역 노동력을 개선시키고 회사의 잠재적 경쟁력과 순익을 개선시킨다.

1. 지역경제에 인심 좋게 기부한 회사를 찾아보라. 그 동기는 무엇인가? 기부가 제공해주는 사회적 장점은 무엇인가? 그 기부는 조직에 어떠한 이점을 제공해주는가?
2. 기업 자선활동에서 선도적인 회사를 찾아보라. 그 기업이 올바르게 하는 일은 무엇인가? 기부는 사회와 기업에 어떻게 이익이 되고 있는가?
3. 조직은 어떻게 최선의 실천을 공유하고 있으며 서로 배울 수 있는가? 그것은 어떻게 공동체와 더불어 순익에 도움이 되는가?

기업의 사회적 반응

많은 연구자들은 회사가 CSR을 실천하는 방법을 위해 경제적, 법률적, 윤리적 체계의 범위 이상을 검토했다. 책무성을 다루는 주요 질문 중 하나가 어떻게 기업이 사회를 위해 선한 결과를 생산할 수 있는 프로그램과 정책을 창출해내는가이다. **기업의 사회적 반응**은 사회가 기업에게 더 많은 것을 하도록 압력을 가할 때 기업은 어떻게 반응해야 하는가를 말한다. BP가 멕시코만에서 2010년 석유사태를 일으켰을 때 유출에 의해 영향을 입은 사람들을 배상하기 위해 200억 달러의 구제기금을 설립하는 것으로 대중의 비난에 반응했다. 압력에 반응할 때 관리자는 자신의 재량으로 할 수 있는 수많은 방법들을 갖고 있다. 즉 반발하거나, 조정하거나, 변호하거나, 이끌거나, 홍보를 이용하거나, 법률을 이용하거나, 흥정하거나, 문제해결을 할 수 있다. 반응하는

기업은 3가지 행동으로 규정지어진다. 즉 1) 지속적으로 환경 조건들을 관찰하고 평가한다, 2) 이해관계자의 욕구를 확인한다, 3) 변화하는 조건에 대응할 수 있는 계획과 정책을 세운다.

다음 장에서는 CSR 행동이 어떻게 기업전략에 이용될 수 있는지 그리하여 어떻게 경쟁우위의 잠재적 원천이 될 수 있는지를 설명한다.

기업의 사회적 책임이 비즈니스를 위해 좋은 것인가?

오랜 기간 CSR은 수익에 대해 다시 생각해보아야 할 부분이었다. 즉 만약 회사가 충분한 돈을 벌고 있다면 그 회사는 사회적으로 책임져야 할 복지에 기부를 할 만한 여유를 가지고 있다는 것이었다. 이제는 더 이상 그렇지 않다. 비록 사회적 책임이 조직의 순익과 상반되는 일로 여겨지기는 했지만 최근 연구는 2가지가 나란히 이윤을 생성하고 사회복지를 개선시킬 수 있는 작용을 할 수 있음을 보여주었다.

CSR과 재무적 성과

일부 전문가는 CSR이 재무성과를 줄일 뿐만 아니라 자본주의 사회에서 비즈니스 목적을 손상시키는 일로 여기고 있다. Milton Friedman보다 이 관점에 목소리를 높인 사람도 없었는데 그는 1970년 "기업의 유일한 사회적 책임은 이윤을 늘리는 일밖에 없다"고 주장했다. 그는 비록 사회복지가 중요하기는 하지만 정부에게 맡겨야 하며 기업이 할 수 있는 가장 최선의 일은 법의 한도 내에서 이윤을 극대화하는 것이라 여겼다. 그 밖의 다른 어느 것이라도 사회를 손상시키는 일이며 자본주의에서 사회주의로 이동하는 것이었다.

수십 건의 연구가 CSR 활동이 경제성과에 부정적 영향을 미치고 있음을 보여줌으로써 Friedman의 견해를 지지했다. 이윤, 투자 대비 수익률, 주식가격, CSR 활동을 반영하는 CSR지수 등의 재무지표를 이용해 연구자는 CSR 활동이 많아질수록 향후 재무성과는 낮아질 것이라고 주장했다. 이유로 드는 것은 CSR이 순익을 갉아먹는 확실한 비용과 관련있다는 것이지만 그것은 결코 순익에 미칠 수 없는 단지 불확실한 이득에 지나지 않는다. 더 최근에는 다른 연구들이 유사한 기준에서 재무성과에 미치는 긍정적 또는 중립적 영향을 찾아내면서 그 주장을 반박했다. 연구자는 CSR을 개선된 효율성, 혁신, 장기적 재무 성공으로 이어지는 하나의 투자로 보아야 한다고 주장한다.

보편적으로 받아들여지지는 않지만 CSR과 이윤 사이의 긍정적 관련성이 더 일반적으로 인정되면서 그에 대한 비즈니스 사례를 크게 강화시켜주었다. 소비자는 이 현상에서 중요한 원천이다. 그들은 CSR에 참여하는 회사에 호의적 태도를 갖고 있을 뿐 아니라 CSR 활동을 바탕으로 구매결정을 내리기도 한다. 회사를 위한 다른 장점은 조세

감면이 되며, 유능한 직원을 채용할 수 있고, 소송을 피할 수 있으며, 비용을 줄일 수 있는 방안이 된다. 예를 들어 Arco, Procter&Gamble 등의 기업은 수익과 명성 중 일부는 친환경 행동 덕분으로 생각하고 있다.

CSR과 전략: 경쟁우위를 위한 CSR의 이용

건강한 사회는 성공한 기업을 필요로 하는 반면 성공한 사기업은 수요 증가를 유지해 줄 건강한 사회를 필요로 한다. CSR의 실천은 기회, 혁신, 경쟁우위의 원천이 될 수 있다. 즉 회사의 미래에 대한 투자가 될 수 있다. 그 결과 회사는 CSR을 전략을 다루는 것과 동일한 방식으로 다루어야 한다. 즉 CSR 목표를 계획하고, 이행하며, 평가해야 한다. 그렇게 함으로써 세상을 더 좋은 곳으로 만드는 가운데 수익을 낼 수 있다. 2010년 Panera Bread 설립자 Ron Shaich는 자사가 하고 있는 자선활동을 재평가했다. 비록 회사가 1년에 현금과 제품으로 1억 달러 이상을 다양한 공동체에게 기부하고 있었지만 Shaich가 느끼기에 그 노력들은 너무 산만하고 연관되어 있지도 않았다. 'pay-what-you-can cafe in Denver'에 대해 알게 된 뒤 Shaich는 본격적인 Panera 베이커리 카페인 Panera Cares를 시작하기로 결심했다. Panera Cares는 경제적으로 곤란을 겪고 있는 공동체를 기반으로 그곳에서 한 끼 식사를 필요로 하는 사람이 한 곳을 이용할 수 있다는 점을 제외하고는 본질적으로 Panera 시설과 동일한 것이었다. 가격표도 없고 현금출납기도 없이 Panera Cares는 기부를 기반으로 운영되는 데 후원자들에게 할 수 있는 만큼 지불하도록 요청한다. 자급을 할 수 있도록 회사는 신중을 기해서 일부는 다른 사람보다 더 많이 기부할 수 있는 다양한 고객에게 접근할 수 있는 위치를 선택했다.

핵심적 비즈니스 활동의 지원

CSR은 기업의 임무, 비전, 전략에 기여하는 핵심 비즈니스 활동을 지원하는 경우 전략적이다. 가장 중요한 분야 중 하나가 노동력이다. 기량이 있고 창의적이며 추진력 있는 직원을 끌어들이고 유지하는 것은 고객을 만족시키고 회사를 경쟁사와 차별화시키기 위해 필수적이다. 이전에는 기업이 공정 기술, 금융시장에 대한 접근, 특허, 산업의 매력 등을 강조함으로써 성공을 거두었다. 이 경쟁우위 원천들이 여전히 중요하지만 최상위 지원자 채용은 오히려 더욱 중요해지고 있다. "전국에서 첫 번째로 폐기물이 전혀 없는 자동차공장"이 되려는 노력에서 Indiana Automotive의 Subaru는 조립라인에서 포장재를 줄이고 공정을 감소시키는 근로자가 새로운 Subaru Legacy를 포함한 보너스를 받을 수 있는 인센티브 프로그램에 착수했다. 이 프로그램은 회사에 재투자되는 상당한 비용절감으로 이어졌으며 매력적이고 인기 좋은 고용주로서의 회사 이미지도 상승시켰다.

연구가 보여주는 것은 CSR 활동이 더 많은 회사들이 일하기에 더 매력적인 곳으로 보인다는 점이다. 이는 유능한 직원들이 고용주를 더 따르려는 의사를 갖고 있고 시간이 흘러도 함께 머물려는 의사를 갖고 있음을 의미한다. CSR 활동에 참여하는 직원은 더 높은 자아상을 갖는 경향이 있으며 그 결과 사기가 진작되고 회사 수익성도 증가되고 있다. 예를 들어 Home Depot는 직원들이 자원봉사에 참여할 수 있는 친교시간을 갖는 것을 허용한다. 그렇게 함으로써 직원들은 더 행복해하며 자신의 직무에 도움이 되는 새로운 기술을 획득한다.

인간관계 외에도 회사는 CSR을 통해 비즈니스 환경의 질을 개선하는데 이용할 수 있다. 예를 들어 교육, 공해절감, 제3세계 개발 등에 투자함으로써 사회복지를 증진시키면서도 생산성을 개선하고 새로운 비즈니스 기회를 생성해낼 수 있다. Cisco는 Cisco Networking Academy라 불리는 교육프로그램을 만들어 컴퓨터 네트워크 관리자를 훈련시킨다. 이 프로그램은 고교 졸업자를 위한 매력적인 직업 기회를 제공해줄 뿐 아니라 직무를 수행하기 위해 나중에 Cisco 제품을 필요로 하게 될 새로운 네트워크 관리자에 의한 장기적 성장 기회를 확보해주었다. 또 다른 사례로 Exxon Mobil은 개발도상국에서 도로와 법률규칙 등 기본 인프라를 개선하기 위해 지속가능한 자원에 전념해왔다. 그렇게 함으로써 여러 개발도상국에서 기업 운영과 소비자 수요 모두를 개선시키고 있다.

전략적 CSR 플랫폼의 창출

CSR은 특히 한 회사가 처음으로 CSR 활동에 참여할 때 이행하기 어려울 수도 있다. 회사는 전략적 CSR(strategic CSR)에 참여하도록 애써야 하는데 여기서 자사의 사업활동에 직접적으로 관련되는 사회복지를 재정복지와 결합시킬 수 있는 CSR 계획들을 확인한다. 4단계 과정은 이러한 노력에서 관리자를 위한 유용한 도구다. 모든 이해관계자들 사이의 상호작용을 평가한 뒤 관리자는 이 계획을 전략에 이용해야 한다(그림 3-3 참조).

첫째, 회사는 인사이드아웃(inside-out) 결합과 더불어 아웃사이드인(outside-in) 결합도 확인해야 한다. 인사이드아웃 결합은 사회에 영향을 끼치는 한 기업이 갖는 가치사

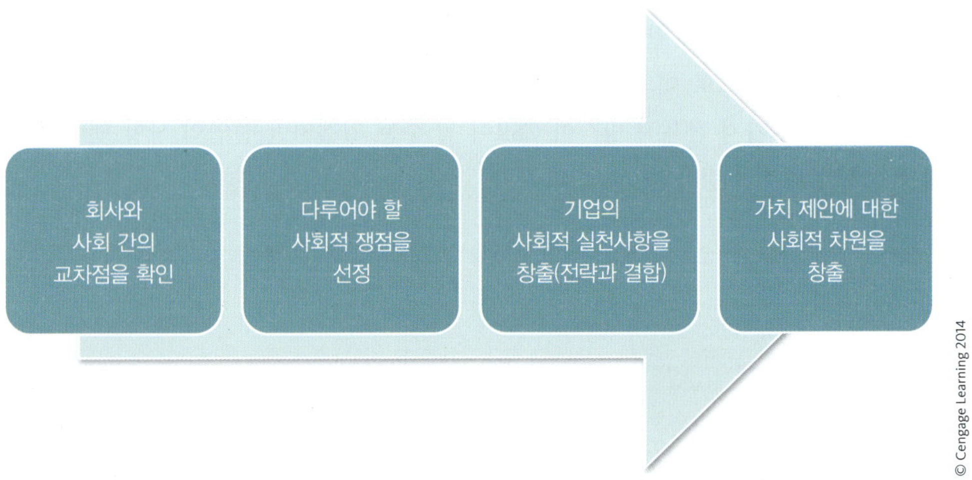

그림 3-3 CSR 이행의 4단계 과정

전략적 CSR(Strategic CSR) 비즈니스 활동에 직접적으로 관련이 되는 그리하여 사회복지를 재정복지와 결합시킬 수 있는 기업의 사회적 책임 활동

슬 속에서의 모든 활동으로 구성된다. 고용 및 해고정책, 온실가스 배출량, 공급망 활동 등이 포함된다. 아웃사이드인 결합은 생산성을 개선하고 전략을 집행하는 능력에 영향을 미칠 수 있는 사회적 차원으로 구성된다. 이에는 산업 규정, 천연자원에의 접근성, 인적자원의 이용가능성, 라이벌 관계 등이 포함된다.

한 회사가 어떠한 사회적 쟁점을 다룰지 선택할 때 CSR을 위한 필수 지침은 어떤 원인이 가치가 있는지의 여부가 아니라 사회를 위한 혜택을 생성하는 그러면서도 기업에 이익이 되는지의 여부다. 회사는 기업활동과는 전혀 연관성 없는 일반적 사안을 지원하는 일을 삼가야 한다. 대신 자사의 가치사슬과 직접적으로 연관되는 또는 비즈니스의 경쟁적 맥락을 변화시킬 수 있는 사안을 지원해야 한다. 예를 들어 지역의 무용회사를 지원해주는 일은 Southern California Edison과 같은 전기 및 수도 서비스 회사에게는 일반적 사안이지만 비즈니스를 위해 고급 오락 및 여행 등에 의존하는 American Express 같은 회사에게는 경쟁적 맥락의 영향을 미칠 수 있다.

특정 사안을 선택한 뒤 회사는 인사이드아웃과 아웃사이드인 차원 양쪽 모두를 지원해주는 사회적 실천사항을 창출해내야 한다. Whole Foods의 비즈니스 모델은 사람들이 건강하고, 맛이 있으며, 환경친화적 식품에 프리미엄을 지불할 것이라는 개념을 중심으로 세워졌다. Whole Foods는 현대적인 공장식 농장을 변화시켜 동물들이 도살되기 전에는 인도적 방법으로 다루어 구매력을 향상시키고 있다. 또한 자체적인 수산식품 가공공장을 소유하고 운영해 소싱 전략이 다른 해양생명에 영향을 주지 않음을 확신시키고 있다. 2006년 1월에는 역대 가장 큰 재생 가능 에너지 구매 거래를 풍력기지에서 성사시켰는데 이는 나라 전체의 전력소비를 감당하기에 충분할 만큼의 규모였다.

마지막으로, 회사는 사회적 실천사항을 이용해 가치 제안에 사회적 차원을 추가한다. 이는 한 기업이 고객을 위해 충족시킬 수 있는 독특한 욕구다. 이렇게 가치 제안에 사회적 차원을 추가함으로써 사회에 영향을 끼치는 일이 전체 전략에 불가결한 것임을 보여줄 수 있다. Whole Foods의 가치 제안은 유기농의, 자연적인, 그러면서도 건강한 식품에는 열성적이며 환경에 관심있는 고객에게 판매한다는 것이다. 이러한 강조점은 제품의 프리미엄 가격을 마음대로 정하는 것을 가능하도록 해주었다.

소비자가 기업의 CSR 활동에 추가 비용을 지불할 용의가 있는 곳에서 모든 회사가 Whole Foods 방식으로 이익을 볼 수는 없다. 기업은 다양한 전략 대안들을 고려해야 하기 때문에 한 가지 잠재적 방식이 CSR이 될 수는 있겠지만 산업의 상황 맥락적이며 경쟁 상황에 비추어 평가되어야 한다.

요약

윤리학은 무엇이 옳은지 그른지, 도덕적인지 비도덕적인지에 대한 학문이다. 많은 비즈니스 결정은 옳고 그른 것 사이의 단순한 선택이 아니다. 충돌하는 이해관계, 모호한 데이터, 서로 다른 개인적 · 문화적 관점 등이 의사결정의 복잡성에서 나타난다. 관리자는 이 불분명하고 애매한 상황을 잘 다루어야 한다. 윤리체계는 이 사례 중 많은 경우에서 관리자에게 도움을 줄 수 있다.

윤리체계는 회사의 이해관계가 사회의 이해관계와 충돌할 때 지침을 제공해준다. 관리자는 어떠한 거래가 가장 중요하고 관련있음을 어떻게 결정하는가? 관리자의 개인적 도덕철학과 무엇이 옳고 그른지에 대한 이해가 윤리적 갈등에서 가장 중요한 역할을 한다. 공리주의적 방법을 취하는 일부 사람들은 도덕성이 최대 다수의 사람들을 위한 최대 선을 생산해내는 의사결정으로부터 나오는 것으로 여긴다. 반면 도덕성이 동기와 도덕적 의무로부터 나오는 것이라 여기는 사람들도 있다. 즉 개인이 올바른 이유를 위한 올바른 결정을 해야 한다고 여긴다. 또 다른 사람들은 도덕적 결정을 정의 개념을 바탕으로 한다.

조직은 오랫동안 환경, 소비자, 직원 관계에서 일반적인 도덕 갈등에 직면해왔다. 비즈니스 상황이 진화함에 따라 조직은 이 구성요소에 대한 관계를 재평가해 그것들을 적절하게 다루고 있음을 확인해야 한다. 궁극적으로 사람들은 결정을 해야 하는데 직면하는 갈등 중 일부는 이해관계의 충돌, 영업비밀, 뇌물 등이 개입된다. 기업 또는 직원이 이 갈등을 적절하면서도 윤리적 방법으로 처리하는데 실패하면 법정소송이나 내부자 고발로 이어지기 쉽다.

CSR은 비즈니스에서 윤리를 적용하는 것으로, 사기업은 사회적 책임을 지는 행동에 참여할 것으로 기대된다. 기업은 경제적, 법률학적, 윤리적 책임을 주주, 고객, 직원, 대중들에 갖고 있다. 따라서 기업은 경쟁하는 이해관계와 우선권이 균형 잡히도록 경쟁력을 유지해야 한다. 이는 관리에 대한 이해관계자 관점의 부분이다.

CSR과 기업의 재무성과 사이의 관련성은 항상 분명한 것은 아니다. 분명한 것은 CSR이 고립되어 추구되어서는 안 된다는 사실이다. CSR이 기업전략과 비즈니스 활동에 연계된다면 경쟁우위가 될 수 있다. 기업이 전략적 의미에서 사회적 책임감을 가지면 상당한 자원, 전문가, 통찰력을 이용해 사회가 혜택을 보는 활동을 할 수 있다.

주요 용어

경제적 책임(Economic responsibilities)
공리주의(Utilitarianism)
기업의 사회적 반응(Corporate social responsiveness)
기업의 사회적 책임(Corporate social responsibility)
내부 고발(Whistle-blowing)
덕 윤리학(Virtue ethics)
도덕성(Morality)
법률적 책임(Legal responsibilities)
분배적 정의(Distributive justice)
사생활(Privacy)
수탁자(Fiduciary)
영업비밀(Trade secret)
윤리적 책임(Ethical responsibilities)
윤리학(Ethics)
이해관계의 충돌(Conflicts of interest)
전략적 CSR(Strategic CSR)
절차적 공정성(Procedural justice)
정의(Justice)
칸트주의(Kantianism)

과제

토론 주제

1. 자신의 개인적 가치와 신념에 대해 생각해보라. 자신이 갖고 있는 가치는 어디에서 온 것인가? 비즈니스와 리더십에서 내가 갖고 있는 관점은 무엇(또는 누가)이 그 틀을 형성시켜 준 것인가?
2. 공리주의와 칸트주의를 비교해 대조해보라. 두 윤리체계는 어떻게 유사하고 어떻게 다른가? 어느 것이 나의 개인적 가치에 맞는가? 왜인가?
3. 사기업은 사회 발전에 도덕적 의무를 갖고 있는가? 신흥시장에서의 도덕적 의무는 동일한가 아니면 다른가?
4. [표 3-1]에서 도덕성 발전 단계를 검토해보라. 각각의 단계는 개인이 지도하는 방식에 어떻게 영향을 미칠 수 있는가?
5. 어떠한 우대책 또는 상황이 어떤 사람으로 하여금 이해관계의 충돌 또는 영업비밀에 분투하도록 하는 원인이 될 수 있는가? 회사는 직원이 올바른 일을 하리라고 어떻게 확신할 수 있는가?
6. 무엇이 학생으로 하여금 수업 중 부정행위를 하거나 논문을 표절하는 동기를 주는가?
7. 내부 고발자는 왜 그 행위에 높은 개인적 보상을 받고 있는가?
8. 기업은 환경 의무를 어떻게 평가해야 하는가?
9. 기업은 왜 CSR을 추구해야 하는가? CSR을 추구하기 위해서는 무엇이 옳은 이유이고 무엇이 틀린 이유가 되는가?
10. 한 기업의 경제적, 법률적, 윤리적 책임을 고려해보라. 어느 것이 가장 중요한가? 가장 덜 중요한 것은 무엇인가?

관리 연구

1. 비즈니스 관리자를 묘사하고 윤리 갈등에 초점을 맞춘 영화 한 편을 생각해보라. 영화에서 윤리 쟁점은 무엇인가? 그 쟁점을 만들어내는 경영진의 역할은 무엇인가? 이해관계자는 경영진에게 윤리 쟁점을 해결하도록 압력을 가했는가?
2. Ethisphere Institute는 세계에서 가장 윤리적인 기업의 연례 목록을 작성한다. 몇 년 동안 3,000개 기업이 지명되었다(아니면 스스로 지명했다). Ethisphere Institute는 윤리지수 등급시스템을 이용하고 있다. 이 시스템은 각 조직의 윤리, 소송, 규정 위반, 지속가능한 비즈니스 실행에의 투자, 기업의 시민의무 실천 등을 평가한다. 또한 조직의 업계 동료, 공급자, 고객 등으로부터 받은 피드백도 고려한다.

   세계에서 가장 윤리적인 회사 목록에 포함된 한 회사를 연구해보라. 그 회사가 윤리 실천으로 한 일은 무엇인가? 조직문화와 리더십이 윤리 실천에 어떻게 영향을 미친다고 생각하는가? 회사의 윤리 실천에 대한 투자가 이해관계자에게 가치를 창출한 것을 어떻게 생각하는가? 회사는 자사 가치와 CSR 사이에서 시너지를 창출해내고 있는가?
3. CSR로부터 혜택받는 한 회사를 찾아보라. 그 회사는 무엇을 했는가? 어떤 혜택을 받았는가? 행위는 어떤 식으로 전략적이었는가?

현장에서

한 조직을 선정해 윤리체계와 CSR 감사를 수행해보라. 아래의 점검 목록을 사용해 조직의 윤리 실천과 CSR 활용도를 평가해보라.

- 구성원에게 적절한 행동을 규정하는 행동강령을 갖고 있는가?
- 윤리 훈련 프로그램을 갖고 있다면 그 교과과정은 어떠한가?
- 재무자원을 관리하기 위한 확인 및 균형 점검 시스템을 갖고 있는가?
- 리더는 어떻게 윤리적 행동을 하고 있는가?
- 윤리와 CSR을 전략적 기획과정에 어떻게 이용하고 있는가?
- 직원들은 윤리적 행동에 평가 및 보상을 받고 있는가?
- 부적절한 윤리 행동을 어떻게 처벌하고 있는가?
- CSR 계획을 위한 성과 매트릭스를 갖고 있는가?
- CSR 계획을 공개적으로 보고하는가?

참고문헌

1 Manuel G. Velasquez, Business Ethics: Concepts and Cases, 4th edition (Upper Saddle River, NJ: Prentice Hall, 1998), p. 8.

2 PricewaterhouseCoopers , " Trends 2010: Stacking Up the Results," PricewaterhouseCoopers website, www.pwc.com/ca/sustainability, accessed 2010.

3 Charles Fombrun and Mark Shanley, "What's in a Name? Reputation Building and Corporate Strategy," The Academy of Management Journal, Vol. 33, No. 2, 1990, pp. 233–258.

4 John R. Boatright, Ethics and the Conduct of Business, 3rd edition (Upper Saddle River, NJ: Prentice Hall, 2000), pp. 9–10.

5 John R. Boatright, Ethics and the Conduct of Business, 3rd edition (Upper Saddle River, NJ: Prentice Hall, 2000), p. 19.

6 Manuel G. Velasquez, Business Ethics: Concepts and Cases, 4th edition (Upper Saddle River, NJ: Prentice Hall, 1998), pp. 2–5.

7 Standard & Poor's Corporation, Standard & Poor's Industry Surveys, Vol. 1, 1979, pp. H13–H16.

8 "Merck to Donate Drug for River Blindness," The Wall Street Journal, 1987, p. 42.

9 David Bollier, Merc k & Company (Stanford, CA: The Business Enterprise Trust, 1991), p. 5.

10 David Bollier, Merc k & Company (Stanford, CA: The Business Enterprise Trust, 1991), p. 16.

11 John R. Boatright, Ethics and the Conduct of Business, 3rd edition (Upper Saddle River, NJ: Prentice-Hall, 2000), p. 16 ; a nd Tom L. B ea uc ha m p an d Norman E. Bowie, Ethical Theory and Business, 7th edition (Upper Saddle River, NJ: Prentice-Hall, 2004), p. 4.

12 John R. Boatright, Ethics and the Conduct of Business, 3rd edition (Upper Saddle River, NJ: Prentice-Hall, 2000), p. 16.

13 Tom L. Beauchamp and Norman E. Bowie, Ethical Theory and Business, 7th edition (Upper Saddle River, NJ: Prentice Hall, 2004), p. 5.

14 Tom L. Beauchamp and Norman E. Bowie, Ethical Theory and Business, 7th edition (Upper Saddle River, NJ: Prentice Hall, 2004), p. 5.

15 Linda K. Treviño and Katherine A. Nelson, Managing Business Ethics: Straight Talk About How to Do It Right, 3rd edi- tion (Hoboken, NJ: Wiley, 2004), p. 16.

16 Augusto Blasi, "Moral Cognition and Moral Action: A Theoretical Perspective," Dev elopment Review , Vol. 3, 1983, pp. 178–210.

17 Manuel G. Velasquez, Business Ethics: Concepts and Cases, 4th edition (Upper Saddle River, NJ: Prentice Hall, 1998), p. 6.

18 Tom L. Beauchamp and Norman E. Bowie, Ethical Theory and Business, 7th edition (Upper Saddle River, NJ: Prentice Hall, 2004), p. 17.

19 Tom L. Beauchamp and Norman E. Bowie, Ethical Theory and Business, 7th edition (Upper Saddle River, NJ: Prentice Hall, 2004), p. 17.

20 O. C. Ferrell, John Fraedrich, and Linda Ferrell, Business Ethics: Ethical Decision Making and Cases, 5th edition (Boston, MA: Houghton Mifflin, 2002), p. 59.

21 Thomas L. Beauchamp and James F. Childress, Principles of Biomedical Ethics (New York, NY: Oxford University Press, 2011), pp. 337–377.

22 Tom L. Beauchamp and Norman E. Bowie, Ethical Theory and Business, 7th edition (Upper Saddle River, NJ: Prentice Hall, 2004), p. 17.

23 Tom L. Beauchamp and James F. Childress, Principles of Biomedical Ethics (New York, NY: Oxford University Press, 2001), p. 347; and Michael Sandel, Justice: What's the Right Thing to Do? (New York, NY: Farrar Strauss and Giroux, 2009), p. 37.

24 Tom L. Beauchamp and Norman E. Bowie, Ethical Theory and Business, 7th edition (Upper Saddle River, NJ: Prentice Hall, 2004), p. 23.

25 Tom L. Beauchamp and Norman E. Bowie, Ethical Theory and Business, 7th edition (Upper Saddle River, NJ: Prentice Hall, 2004), p. 23.

26 Tom L. Beauchamp and Norman E. Bowie, Ethical Theory and Business, 7th edition (Upper Saddle River, NJ: Prentice Hall, 2004), p. 24.

27 Anthony J. Mayo, Masako Egawa, and Mayuka Yamazaki, "Kazuo Inamori, A Japanese Entrepreneur," Harvard Business School Case No. 9-408-039, rev. April 7, 2009 (Boston, MA: HBS Publishing, 2008), p. 15.

28 Tom L. Beauchamp and Norman E. Bowie, Ethical Theory and Business, 7th edition (Upper Saddle River, NJ: Prentice Hall, 2004), p. 22.

29 Tom L. Beauchamp and Norman E. Bowie, Ethical Theory and Business, 7th edition (Upper Saddle River, NJ: Prentice Hall, 2004), p. 23.

30 Mary Schlangenstein, "Workers Chip In to Help Southwest Employees Offer Free Labor," The Seattle Times, September 26, 2001, p. E1.

31 Lynn Sharp Paine, "The Fiduciary Relationship: A Legal Perspective," Harvard Business School Note No. 9-304-064, rev. April 10, 2009 (Boston, MA: HBS Publishing, 2004), pp. 1–2.

32 Robert C. Clark, "Agency Costs versus Fiduciary Duties," Principles and Agents: The Structure of Business, eds. John W. Pratt and Richard J. Zeckhauser (Boston, MA: HBS Press, 1985), pp. 55–79.

33 Lynn Sharp Paine, "The Fiduciary Relationship: A Legal Perspective," Harvard Business School Note No. 9-304-064,

rev. April 10, 2009 (Boston, MA: HBS Publishing, 2004), p. 4.
[34] Tom L. Beauchamp and Norman E. Bowie, Ethical Theory and Business, 7th edition (Upper Saddle River, NJ: Prentice Hall, 2004), p. 32.
[35] Nitin Nohria, Sandra J. Sucher, and Bridget Gurtler, "Note on Human Behavior: Character and Situation," Harvard Business School Note No. 9-404-091, rev. February 1, 2011 (Boston, MA: HBS Publishing, 2004), p. 2.
[36] Tom L. Beauchamp and Norman E. Bowie, Ethical Theory and Business, 7th edition (Upper Saddle River, NJ: Prentice Hall, 2004), p. 31.
[37] Nitin Nohria, Sandra J. Sucher, and Bridget Gurtler, "Note on Human Behavior: Character and Situation," Harvard Business School Note No. 9-404-091, rev. February 1, 2011 (Boston, MA: HBS Publishing, 2004), p. 2.
[38] Tom L. Beauchamp and Norman E. Bowie, Ethical Theory and Business, 7th edition (Upper Saddle River, NJ: Prentice Hall, 2004), p. 32.
[39] Tom L. Beauchamp and Norman E. Bowie, Ethical Theory and Business, 7th edition (Upper Saddle River, NJ: Prentice Hall, 2004), p. 32.
[40] Tom L. Beauchamp and Norman E. Bowie, Ethical Theory and Business, 7th edition (Upper Saddle River, NJ: Prentice Hall, 2004), p. 32.
[41] Tom L. Beauchamp and Norman E. Bowie, Ethical Theory and Business, 7th edition (Upper Saddle River, NJ: Prentice Hall, 2004), p. 31.
[42] Tom L. Beauchamp and Norman E. Bowie , Et hic al Th eo ry and Business, 7th edition (Upper Saddle River, NJ: Prentice Hall, 2004), p. 631; and Carolyn Wiley, "The ABC's of Business Ethics: Definitions, Philosophies and Implementation," IM, 1995, pp. 22–27.
[43] Gerald F. Cavanaugh, Dennis J. Moberg, and Manuel Velasquez, "The Ethics of Organizational Politics," Academy of Management Review, Vol. 6, No. 3, 1981, pp. 363–374.
[44] Tom L. Beauchamp and Norman E. Bowie, Ethical Theory and Business, 7th edition (Upper Saddle River, NJ: Prentice Hall, 2004), p. 632.
[45] Tom L. Beauchamp and Norman E. Bowie, Ethical Theory and Business, 7th edition (Upper Saddle River, NJ: Prentice Hall, 2004), p. 633.
[46] Tom L. Beauchamp and Norman E. Bowie, Ethical Theory and Business, 7th edition (Upper Saddle River, NJ: Prentice Hall, 2004), p. 633.
[47] Carolyn Wiley, "The ABC's of Business Ethics: Definitions, Philosophies and Implementation," IM, 1995, pp. 22–27.
[48] David M. Mayer, "How Can We Create Ethical Organizations?," July 22, 2011, http://www.centerforpos.org/2011/07/ how-can-we-create-ethical-organizations/
[49] O. C. Ferrell, John Fraedrich, and Linda Ferrell, Business Ethics: Ethical Decision Making and Cases, 5th edition (Boston, MA: Houghton Mifflin, 2002), p. 16.
[50] Linda K. Treviño and Katherine A. Nelson, Managing Business Ethics: Straight Talk About How to Do It Right, 3rd edi- tion (Hoboken, NJ: Wiley, 2004), p. 138.
[51] Max H. Bazerman, George Loewenstein, and Don A. Moore, "Why Good Accountants Do Bad Audits," Harvard Business Review, November 2002.
[52] Ja son Sny der, "G ami ng the Li ver Transplant Market," Journal of Law, Economics, & Organization (forthcoming), http://www.anderson.ucla.edu/faculty/jason.snyder/Jason_Snyders_Website/CV_&_ Research_files/meldpaper.pdf, accessed October, 2011.
[53] Mahzarin R. Banaji, Max H. Bazerman, and Dolly Chugh, "How (Un)ethical Are You?" Harvard Business Review, December 2003.
[54] Mahzarin R. Banaji, Max H. Bazerman, and Dolly Chugh, "How (Un)ethical Are You?" Harvard Business Review, December 2003.
[55] Bart Victor and John B. Cullen, "The Organizational Bases of Ethical Work Climates," Administrative Science Quarterly, Vol. 33, 1988, pp. 101–125.
[56] Federal Trade Commission, "About Identity Theft-Deter, Detect, Defend, Avoid ID Theft," Federal Trade Commission, www.ftc.gov/bcp/edu/microsites/idtheft/ consumers/about-identity-theft.html#Ho wdothievesstealanidentity, accessed March 2011.
[57] Manuel G. Velasquez, Business Ethics: Concepts and Cases, 4th edition (Upper Saddle River, NJ: Prentice Hall, 1998), p. 252.
[58] Manuel G. Velasquez, Business Ethics: Concepts and Cases, 4th edition (Upper Saddle River, NJ: Prentice Hall, 1998), pp. 253–255.
[59] Manuel G. Velasquez, Business Ethics: Concepts and Cases, 4th edition (Upper Saddle River, NJ: Prentice Hall, 1998), p. 258.
[60] "Oil Spill Investigation Reveals 'Fundamental Mistake,' Highlights Potential Cost Implications," BMI Industry Insights—Oil & Gas, Americas , May 26, 2010, available via Factiva, accessed March, 2011.
[61] Manuel G. Velasquez, Business Ethics: Concepts and Cases, 4th edition (Upper Saddle River, NJ: Prentice Hall, 1998), p. 290.
[62] Manuel G. Velasquez, Business Ethics: Concepts and Cases, 4th edition (Upper Saddle River, NJ: Prentice Hall, 1998), p. 290.
[63] Manuel G. Velasquez, Business Ethics: Concepts and Cases, 4th edition (Upper Saddle River, NJ: Prentice Hall, 1998), p. 449.
[64] "Facebook and Your Privacy," Consumer Reports, June

2012.

65 John R. Boatright, Ethics and the Conduct of Business, 3rd edition (Upper Saddle River, NJ: Prentice Hall, 2000), pp. 162–165.

66 Manuel G. Velasquez, Business Ethics: Concepts and Cases, 4th edition (Upper Saddle River, NJ: Prentice Hall, 1998), pp. 452–453.

67 Manuel G. Velasquez, Business Ethics: Concepts and Cases, 4th edition (Upper Saddle River, NJ: Prentice Hall, 1998), pp. 430–432.

68 Manuel G. Velasquez, Business Ethics: Concepts and Cases, 4th edition (Upper Saddle River, NJ: Prentice Hall, 1998), pp. 430–432.

69 John R. Boatright, Ethics and the Conduct of Business, 3rd edition (Upper Saddle River, NJ: Prentice Hall, 2000), pp. 143–145.

70 Robert F. Worth, "Shoe Designer Jailed 41 Months, Fined $3.1M: IPO Manipulation," The New York Times, April 5, 2002, p. FP3, available via LexisNexis, accessed March 2011.

71 John R. Boatright, Ethics and the Conduct of Business, 3rd edition (Upper Saddle River, NJ: Prentice Hall, 2000), p. 130.

72 John R. Boatright, Ethics and the Conduct of Business, 3rd edition (Upper Saddle River, NJ: Prentice Hall, 2000), p. 132.

73 "Pharma Chief Says He Supports the US Administration's Moves on Priorities," Pharma Marketletter, May 5, 2006, avail- able via LexisNexis, accessed March 2011.

74 John T. Noonan, Jr., Bribes (New York, NY: Macmillan, 1984), pp. 13, 54.

75 John T. Noonan, Jr., Bribes (New York, NY: Macmillan, 1984), pp. 578–579.

76 Lynn Sharp Paine and Christopher M. Bruner, "Bribery in Business: A Legal Perspective," Harvard Business School Note No. 9-306-012, rev. August 18, 2006 (Boston, MA: HBS Publishing, 2006), p. 2.

77 Jessica Holzer and Shayndi Raice, "IBM Settles Bribery Charges," The Wall Street Journal, March 19, 2011, p. B1.

78 Lynn Sharp Paine and Christopher M. Bruner, "Bribery in Business: A Legal Perspective," Harvard Business School Note No. 9-306-012, rev. August 18, 2006 (Boston, MA: HBS Publishing, 2006), p. 2; and Rajib Sanyal and Subarna Samata, "Correlates of Bribe Giving in International Business," International Journal of Commerce & Management, Vol. 14, No. 2, 2004, pp. 1–2.

79 O. Thomas Johnson, Jr., "International Law & Practice: Foreign Corrupt Bribery: A Comparison of National and Supranational Legal Structures," www.abanet.org/genpractice/lawyer/spring97/johnson.html, accessed March 2011.

80 Transparency International, Corruption Perceptions Index 2010, www.transparency.org/policy_research/surveys_indices/cpi/2010/results, accessed March 2011.

81 Manuel G. Velasquez, Business Ethics: Concepts and Cases, 4th edition (Upper Saddle River, NJ: Prentice Hall, 1998), p. 429.

82 Allan Chernoff, Sr., "Madoff Whistleblower Blasts," Money, February 4, 2009, http://cnnmoney.printthis.clickability.com/pt/cpt?expire=1&title=Madoff+whistleblower+blasts+the+S EC%27s+failure++Feb.+4%2C+2009&urlID=34017767&action=cpt&part nerID=2200&fb=Y&url=http%3A%2F%2Fmoney.cnn.com%2F2009%2F02%2F04%2Fnews%2Fnewsmakers%2 Fmadoff_whistleblower%2Findex.htm, accessed March 2011; and Liz Moyer, "Madoff 's Sentence," Forbes, July 13, 2009, www.forbes.com/forbes/2009/0713/ federal-white-collar-madoff-sentence.html, accessed March 2011.

83 John R. Boatright, Ethics and the Conduct of Business, 3rd edition (Upper Saddle River, NJ: Prentice Hall, 2000), p. 107.

84 John R. Boatright, Ethics and the Conduct of Business, 3rd edition (Upper Saddle River, NJ: Prentice Hall, 2000), p. 106.

85 John R. Boatright, Ethics and the Conduct of Business, 3rd edition (Upper Saddle River, NJ: Prentice Hall, 2000), pp. 122–123.

86 Ruth V. Aguilera, Debora E. Rupp, Cynthia A. Williams, and Jyoti Ganapathi, "Putting the S Back in Corporate Social Responsibility: A Multilevel Theory of Social Change in Organizations," Academy of Management Review, Vol. 32, No. 3, 2007, pp. 836–863.

87 Abagail McWilliams, Donald S. Siegel, and Patrick M. Wright, "Corporate Social Responsibility: Strategic Implications," Rensselaer Working Papers in Economics, No. 0506, May 2005; Ruth V. Aguilera, Debora E. Rupp, Cynthia A. Williams, and Jyoti Ganapathi, "Putting the S Back in Corporate Social Responsibility: A Multilevel Theory of Social Change in Organizations," Academy of Management Review, Vol. 32, No. 3, July 2007, pp.836–863; and Roger L. Martin, "The Virtue Matrix: Calculating the Return on Corporate Responsibility," Harvard Business Review, March 2002.

88 Sankar Sen and C.B. Bhattacharya, "Does Doing Good Always Lead to Doing Better? Consumer Reactions to Corporate Social Responsibility," Journal of Marketing Research, Vol. 38, No. 2, 2001, pp. 225–243; and N. Rubin, "The Challenge of Socially Responsible Investments," The CPA Journal, Vol. 78, No. 7, 2008.

89 Ruth V. Aguilera, Debora E. Rupp, Cynthia A. Williams, and Jyoti Ganapathi, "Putting the S Back in Corporate Social Responsibility: A Multilevel Theory of Social Change in Organizations," Academy of Management Review, Vol. 32, No. 3, 2007, pp. 836–863.

90 H. R. Bowen, Social Responsibilities of the Businessman (New York, NY: Harper & Row, 1953), p. 6.

91 Donna J. Wood, "Corporate Social Performance Revisited,"

The Academy of Management Review, Vol. 16, No. 4, 1991, pp. 691–718.

[92] Steven L. Wartick and Philip L. Cochran, "The Evolution of the Corporate Social Performance Model," The Academy of Management Review, Vol. 10, No. 4, 1985, pp. 758–769.

[93] Max B. E. Clarkson, "A Stakeholder Framework for Analyzing and Evaluating Corporate Social Performance," The Academy of Management Review, Vol. 20, No. 1, 1995, pp. 92–117.

[94] Mark S. Schwartz and Archie B. Carroll, "Corporate Social Responsibility: A Three-Domain Approach," Business Ethics Quarterly, Vol. 13, No. 4, 2003, pp. 503–530.

[95] Archie B. Carroll, "A Three-Dimensional Conceptual Model of Corporate Performance, " The Academ y of Management Review, Vol. 4, No. 4, 1979, pp. 497–505.

[96] Mark S. Schwartz and Archie B. Carroll, "Corporate Social Responsibility: A Three-Domain Approach," Business Ethics Quarterly, Vol. 13, No. 4, 2003, pp. 503–530.

[97] Archie B. Carroll, " A Three- Dimensional Conceptual Model of Corporate Performance," The Academy of Management Review, Vol. 4, No. 4, 1979, pp. 497–505.

[98] Mark S. Schwartz and Archie B. Carroll, "Corporate Social Responsibility: A Three-Domain Approach," Business Ethics Quarterly, Vol. 13, No. 4, 2003, pp. 503–530.

[99] Kate Linebaugh, "The Toyota Recall: Toyota Is Unable to Hit the Brakes on Crisis," The Wall Street Journal, 2010.

[100] Sarbanes-Oxley Act of 2002, Pub. L. No. 107-204, 116 Stat. 745 (2002), summarized in Lynn Sharp Paine and Christopher M. Bruner, "Deception in Business: A Legal Perspective," Harvard Business School Note No. 9-306-019, rev. August 10, 2009 (Boston, MA: HBS Publishing, 2006), p. 2.

[101] "Financial Regulatory Reform," The New York Times, November 4, 2010, http://topics.nytimes.com/topics/reference/timestopics/subjects/c/credit_crisis/ financial_regulatory_reform/index.html, accessed March 2011.

[102] "Rechargeable Battery Recycling Corporation; Ritz Camera Western Stores Join the Rechargeable Battery Recycling Corporation's Call2Recycle Program," Entertainment & Travel, August 11, 2008, p. 230.

[103] Rosabeth Moss Kanter, Supercorp: How Vanguard Companies Create Innovation, Profits, Growth, and Social Good (New York, NY: Crown Business, 2009).

[104] Archie B. Carroll, " A Three- Dimensional Conceptual Model of Corporate Performance," The Academy of Management Review, Vol. 4, No. 4, 1979, pp. 497–505.

[105] John Schwartz, "Comments by Overseer of Fund Irk Lawyers," The New York Times, December 22, 2010, p. A18.

[106] R. W. Ackerman, The Social Challenge to Business (Cambridge, MA: Harvard University Press, 1975).

[107] Milton Friedman, "The Social Responsibility of Business Is to Increase Its Profits," The New York Times Magazine, September 13, 1970, p. 32.

[108] Kenneth E. Aupperle, Archie B. Carroll, and John D. Hatfield, "An Empirical Examination of the Relationship between Corporate Social Responsibility and Profitability, The Academy of Management Journal, Vol. 28, No. 2, 1985, pp. 446–463; and Moses L. Pava and Joshua Krausz, "The Association Between Corporate Social Responsibility and Financial Performance: The Paradox of Social Cost," Journal of Business Ethics, Vol. 15, No. 3, 1996, pp. 321–357.

[109] Sandra A. Waddock and Samuel B. Graves, "The Corporate Social Performance-Financial Performance Link," Strategic Management Journal, Vol. 14, No. 4, 1997, pp. 303–319.

[110] Jennifer J. Griffin and John F. Mahon, "The Corporate Social Performance and Corporate Financial Performance Debate: Tw ent y-F ive Years of Inc omp ara ble Research," Business and Society, Vol. 36, No. 1, 1997, pp. 5–31; and Marc Orlitzky, Frank L. Schmidt, and Sara L. Rynes, "Corporate Social and Financial Performance: A Meta- Analysis," Organization Studies, Vol. 24, 2003, pp. 403–441.

[111] Lee Burke and Jeanne M. Logsdon, "How Corporate Social Responsibility Pays Off," Long Range Planning , Vol. 29, No. 4, 1996, pp. 495–502; Michael V. Russo and Paul A. Fouts, "A Resource-Based Perspective on Corporate Environmental Performance and Profitability," The Academ y of Management Journal, Vol. 40, No. 3, 1997, pp. 534–559; and Sandra A. Waddock and Samuel B. Graves, "The Corporate Social Performance-Financial Performance Link," Strategic Management Journal, Vol. 14, No. 4, 1997, pp. 303–319.

[112] C. B. Bhattacharya and Sankar Sen, "Doing Better at Doing Good: When, Why, and How Consumers Respond to Corporate Social Initiatives," California Management Review, Vol. 47, No. 1, Fall 2004, pp. 9–24.

[113] Lois A. Mohr, Debora J. Webb, and Katherine E. Harris, "Do Consumers Expect Companies to Be Socially Responsible? The Impact of Corporate Social Responsibility on Buying Behavior," Journal of Consumer Affairs, Vol. 35, No. 1, Summer 2001, pp. 45–72; and C. B. Bhattacharya and Sankar Sen, "Doing Better at Doing Good: When, Why, and How Consumers Respond to Corporate Social Initiatives," California Management Review , Vol. 47, No. 1, Fall 2004, pp. 9–24.

[114] Geoffrey B. Sprinkle and Laureen A. Maines, "The Benefits and Costs of Corporate Social Responsibility," Business Horizons, Vol. 53, 2010, pp. 445–453.

[115] Michael V. Russo and Paul A. Fouts, "A Resource-Based Perspective on Corporate Environmental Performance and Profitability," The Academ y of Management Journal, Vol. 40, No. 3, 1997, pp. 534–559.

[116] Michael E. Porter and Mark R. Kramer, "Strategy &

Society: The Link Between Competitive Advantage and Corporate Social Responsibility," Harvard Business Review, December 2006.

117 Michael E. Porter and Mark R. Kramer, "Strategy & Society: The Link Between Competitive Advantage and Corporate Social Responsibility," Harvard Business Review, December 2006.

118 Oliver Falck and Stephan Heblich, "Corporate Social Responsibility: Doing Well By Doing Good," Business Horizons, Vol. 50, 2007, pp. 247–254.

119 Beth Kowitt, "A Founder's Bold Gamble on Panera," Fortune, August 13, 2012; and Panera Cares, "Our Mission," avail- able at http://paneracares.org/our-mission/, accessed October 1, 2012.

120 Lee Burke and Jeanne M. Logsdon, "How Corporate Social Responsibility Pays Off," Long Range Planning, Vol. 29, No. 4, 1996, pp. 495–502.

121 C. B. Bhattacharya, Sankar Sen, and Daniel Korschun, "Using Corporate Social Responsibility to Win the War for Talent," MIT Sloan Management Review, Vol. 49, No. 2, Winter 2008, pp. 37–44.

122 Jeffrey Pfeffer, "Competitive Advantage Through People," California Management Review, Vol. 36, No. 2, 1994, pp. 9–28.

123 Roben Farzad, "The Scrappiest Car Manufacturer in America," Bloomberg Businessweek, June 6–12, 2011.

124 Daniel B. Turban and Daniel W. Greening, "Corporate Social Performance and Organizational Attractiveness to Prospective Employees," The Academy of Management Journal, Vol. 40, No. 3, 1997, pp. 658–672; and Ruth V. Aguilera, Debora E. Rupp, Cynthia A. Williams, and Jyoti Ganapathi, "Putting the S Back in Corporate Social Responsibility: A Multilevel Theory of Social Change in Organizations," Academy of Management Review , Vol. 32, No. 3, 2007, pp. 836–863.

125 Daniel W. Greening and Daniel B. Turban, "Corporate Social Performance as a Competitive Advantage in Attracting a Quality Workforce," Business and Society, Vol. 39, No. 3, 2000, pp. 254–280.

126 C. B. Bhattacharya, Sankar Sen, and Daniel Korschun, "Using Corporate Social Responsibility to Win the War for Talent," MIT Sloan Management Review, Vol. 49, No. 2, Winter 2008, pp. 37–44.

127 Michael E. Porter and Mark R. Kramer, "The Competitive Advantage of Corporate Philanthropy," Harvard Business Review, December 2002.

128 Michael E. Porter and Mark R. Kramer, "Strategy & Society: The Link Between Competitive Advantage and Corporate Social Responsibility," Harvard Business Review, December 2006.

129 Michael E. Porter and Mark R. Kramer, "Strategy & Society: The Link Between Competitive Advantage and Corporate Social Responsibility," Harvard Business Review, December 2006.

130 Michael E. Porter and Mark R. Kramer, "Strategy & Society: The Link Between Competitive Advantage and Corporate Social Responsibility," Harvard Business Review, December 2006.

131 Michael E. Porter and Mark R. Kramer, "Strategy & Society: The Link Between Competitive Advantage and Corporate Social Responsibility," Harvard Business Review, December 2006.

M A N A G E M E N T

제 2 부
전략적 관점

제 4 장

전략 입문

학습목표

이 장을 공부한 후 다음을 할 수 있도록 한다.

– 전략의 역사적 기원을 설명하기
– 전략 목적에 대한 개요를 설명하며, 내부 · 외부 환경을 분석하고, 비전, 사명, 목표를 정의하며, 전략의 수립 과정을 서술함으로써 기업을 위한 전략체계 만들어내기
– 특정 활동을 정의하고, 활동 간에 절충을 이루며, 활동의 적합성을 창출함으로써 기업이 어떻게 경쟁우위를 달성할 수 있는지 서술하기
– 비즈니스 차원의 전략과 기업 차원의 전략 사이의 차이점 설명하기
– 서로 다른 글로벌 전략의 장점과 단점 설명하기
– 회사가 글로벌시장에 진출하는 방식 서술하기

장의 개요

자기성찰 MANAGEMENT

나는 전략적 사고가인가?

전략적 사고는 리더가 정보를 분석해 의사결정을 내릴 수 있도록 해줌으로써 조직이 지속가능한 경쟁우위를 구축할 수 있도록 해주는 과정이다. 나의 전략적 사고에 대해 다음의 진술문에 '네' 또는 '아니오'라고 답변함으로써 평가해보라.

1. 집단과 함께 일할 때 나는 전략을 이끌고 갈 비전을 만들어낼 수 있다.
2. 어떤 상황을 생각할 때 나는 새롭고 다른 방법으로 일을 바라볼 수 있는 전체적 국면을 포괄할 수 있다.
3. 회사를 분석할 때 나는 경쟁자와 전략적 행위에 어떻게 반응할지 생각해본다.
4. 나는 데이터를 이용해 유형과 관계를 이해하는 데 뛰어나다.
5. 나는 환경적 경향과 조직전략 사이의 관계를 이해한다.
6. 나는 고객 지향이 기업전략에 어떻게 중요한 사항이 되는지 이해한다.
7. 한 회사를 연구할 때 나는 산업 내에서 그 기업이 갖는 포지셔닝에 대해 생각한다.
8. 나는 한 기업의 내부 환경이 전략을 어떻게 지원하는지 인지적으로 보여줄 수 있다.
9. 나는 한 기업전략을 평가하는 데 도움이 되는 비즈니스 모델에 친숙하다.
10. 나는 정보를 이용할 수 있는 올바른 질문을 하는 일에 능하다.

만약 질문의 대부분에 '네'라고 답했다면 전략적 리더처럼 사고하고 있다.

Source: Richard L. Hughes and Katherine M. Beatty, *Becoming a Strategic Leader: Your Role in Your Organization's Enduring Success* (San Francisco, CA: John Wiley & Sons, 2005).

서론

이 책의 첫 부분에서 비즈니스 환경이 어떻게 계속해 변화하고 더 복잡해지는지 살펴보았다. 계속적으로 변하는 맥락적 상황에서 성공하려면 기업은 방어전략을 개발해 실행해야 한다. 그 핵심이 되는 전략은 고객에게 가치를 제공하는 독특한 활동을 추구하는 일이 포함된다. 어떠한 사업을 추구할지, 무슨 제품을 생산할지, 어떠한 고객에게 봉사할지, 조직 목표를 달성하기 위해 자원을 조정하는 일 등이 있다. 즉 전략은 조직을 위한 관리자의 '게임 계획'이다. 기업이 목표를 달성하기 위해 어떠한 계획을 갖고 있어야 하는지를 구체화한다.

특정 전략을 채택하는 일은 기업이 하려고 계획하는 것과 그것을 어떻게 계획해야 하는지를 결정하는 선택과 절충이 요구된다. 기업은 다른 회사들이 따라 하기 힘들거나 불가능한 전략을 창출함으로써 경쟁자보다 더 많은 경제적 가치를 올릴 때 경쟁우위를 달성한다. 경쟁우위가 지속가능해지려면 기업전략은 외부 환경과 조화를 이루고 내부 역량에 맞추어 조정해 나가면서 또한 역동적이 되어야 한다.

이 장에서는 전략 구성요소를 이해하는 데 도움이 되는 체계를 설명한다. 전략은 단

전략(Strategy)
고객에게 가치를 제공하는 일단의 독특한 활동을 추구하는 것; 어떠한 사업들을 추구할지, 무슨 제품들을 생산할지, 그리고 어떠한 고객들에 대해 봉사할지 등에 대해 균형을 맞추는 것; 그리고 조직의 목표를 달성하기 위해 자원들을 조정하는 것.

경쟁우위(Competitive advantage)
기업은 그들이 다른 회사들은 따라하기 어렵거나 불가능한 전략에 관여함으로써 경쟁자들보다 더 많은 경제적 가치를 창출해내는 경우 경쟁우위를 달성하게 된다.

순히 비즈니스 영역만은 아니다. 비영리조직, 스포츠팀, 국가, 개인 각자의 환경에서 방어적이며 경쟁적인 위치를 개척하는 조직들의 중요한 구성요소이기도 하다.

야구팀 Oakland Athletics와 Baltimore Orioles가 지난 10년 동안 경쟁해온 방식은 초경쟁적인 스포츠 환경에서 현명하고, 전략적인 선택의 중요성을 잘 보여준다.

메이저리그에서의 경쟁

1990년대 동안 메이저리그야구(MLB)의 지급총액은 기록적인 수준으로까지 상승하기 시작했다. New York Yankees와 Boston Redsox 같은 팀은 고액연봉 선수의 제한 인원수를 두고 경쟁하기 시작했다. Alex Rodriquez 등 유능한 선수의 입찰전쟁은 연봉총액이 1억5천만~2억 달러까지를 넘나들고 있었다. 주요 도시들은 큰 연봉을 감당할 수 있었는데 티켓 판매와 돈벌이가 되는 케이블방송 계약으로부터 벌어들이는 수익 때문이었다. 그러나 Baltimore나 Oakland 같은 중급 도시들은 큰 팀들의 연봉에 경쟁할 수 있는 충분한 연간수익을 생성할 수 없었다.

Yankees와 RedSox가 팀순위와 시장을 지배하고 있었기 때문에 많은 비판가들은 시스템 구조가 중간시장에서 하위 시장까지의 팀들이 주요 팀들과 경쟁하지 못하게 막고 있다는 불평을 하기 시작했다. 비록 대부분 MLB가 공평한 경쟁의 장이 되지 못하고 있다는 점에 대해서는 비판가들이 옳기는 했지만 어떤 팀은 작은 팀도 거물들과 경쟁할 수 있음을 보여주는 것으로 여겨졌다.

Oakland Athletics는 한때 큰 팀의 부류에 있었다. 1980년대에 팀은 Mark McGuire와 Jose Canseco 등 최고 선수들에게 여유롭게 돈을 쓰는 그룹의 소유가 되었다. 소유주는 팀을 돈을 벌어다주는 기업으로 본 것이 아니라 공동체의 자존심을 살려주는 수단으로 보았다. 이 팀이 1990년대 초에 다른 소유주로 넘어갔으며 새 소유주는 팀을 동일한 방식으로 운영할 자원을 갖고 있지 못했다. 낡고 쇠잔해가는 경기장에 팬 기반도 적었기 때문에 경쟁을 벌일 수 있는 새 방식이 필요했다.

1997년 이전에 메이저리거였던 Billy Beane을 총괄관리자(GM)로 고용했다. 일찍이 Beane은 New York Mets에서 가장 유망한 예상 후보 중의 한 명이었다. 그는 "절대 놓칠 수 없는 선수 유형"으로 불려졌는데 그 이유는 스카우트들이 그가 대스타가 될 것으로 여겼기 때문이었다. 그가 갖고 있는 상당한 기량에도 불구하고 Beane은 메이저에서는 성공을 거두지 못했다. 평범한 야구경력을 뒤로 하고 GM이 되기 전까지 Oakland 경영본부에서 일하기 시작했다. Beane은 다른 GM들에 의해 이용되는 동일한 전술은 이용할 수 없음을 알고 있었다. 그래서 소유주가 부여한 제약 내용에 적합하게 실력이 좋은, 그러면서도 비용은 덜 나가는 재능 있는 선수들을 찾아낼 새로운 전략이 필요했다.

Beane의 전략 중 핵심은 대부분의 MLB 팀들이 재능을 부적절하게 평가했다는 아이디어였다. 자신의 경험을 통해 Beane은 스카우트들이 단순히 경기를 보는 것만으로 유망주를 평가한다는 것을 알고 있었다. 그들은 젊고, 신체적으로 인상적인 고교 선수를 선호하는 경향을 갖고 있었다. 대부분의 스카우트들은 선수를 평가할 때 컴퓨터나 통계자료를 이용하지 않았다. 대신 선수가 얼마나 빨리 달리는지, 얼마나 빨리 던지는지, 얼마나 멀리 공을 치는지를 보고 싶어 했다.

연구와 통계 분석을 통해 Beane은 스카우트들이 전통적으로 평가한 항목이 야구에서의 성공을 예측해주지 못했음을 알아냈다. 그들이 살펴보았던 3가지는 안타, 4구 출루, 에러를 이용해 베이스에 얼마나 자주 도달하는지 측정하는 출루율(on-base percentage: OBP)만큼 중요한 것이 아니었다. OBP는 타자가 안타와 더불어 4구 출루, 야수의 에러로 베이스에 도달하는 능력을 고려해 얻어지는 것이기 때문에 가장 일반적으로 이용되는 타율 통계와는 다르다. 일부 선수는 스카우트들이 원하는 전통적 공헌도와 함께 유리한 OBP도 역시 갖고 있기는 했지만 대부분의 무

John G. Mabanglo/epa/Corbis.

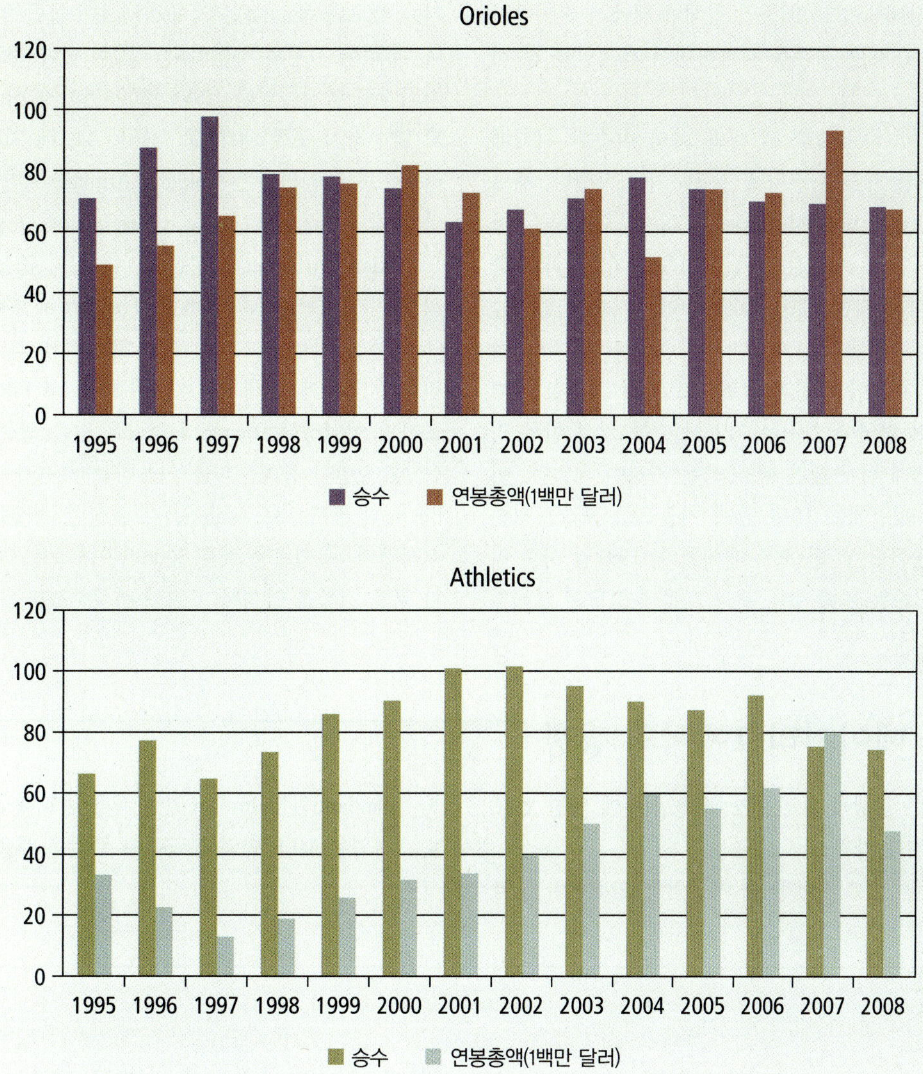

그림 4-1 Baltimore Orioles와 Oakland Athletics의 승수와 연봉총액 (1995~2008)

Source: Data adapted from Baseball Almanac, www.baseball-almanac.com/yearmenu.shtml, accessed November 18, 2009.

명 선수는 훨씬 높은 OBP를 갖고 있었다.

1997년 Beane은 대학 선수들로서 높은 OBP를 갖고 있는 선수를 뽑는 전략을 이용하기 시작했다. 이들 중 대부분은 다른 팀에서 주목받지 못했으며 따라서 슈퍼스타에 비해 저렴했다. Ben Grieve(21세)와 Miguel Tejada(23세)가 1997년 Athletics와 계약했고 메이저리그에서 계속 성공을 이루어갔다. Grieve는 1998년 올해의 American League Rookie(아메리칸리그 신인상)가 되었다. Miguel Tejada는 6번이나 올스타가 되었고 2002년에는 American League의 MVP가 되었다. Beane의 전략이 다른 GM들에게 퍼져나가자 최초의 반응은 조롱이었다. 그러나 결과가 대변해주었다. 1999년 Beane이 GM을 맡은 지 2년 후부터 Athletics의 팀 연봉은 MLB팀들 중 바닥을 유지하는 반면 승률은 평균 58%를 기록했다. 비록 Athletics가 Beane의 재임 동안에는 World Series 승리를 하지 못했지만 플레이오프 진출을 10년 사이에 5번이나 이루었다.

대조적으로 Baltimore Orioles는 50여 년 동안 World Series에서 4번이나 우승할 정도로 MLB에서 가장 성공한 프랜차이즈팀 중 하나였다. 사실 이 조직은 1960~70년대에는 거의 매년 포스트시즌에 진출할 정도로 MLB에서 가장 우세한 팀 중 하나였다. 하지만 1983년 World Series에서 우승한 이후 10년에 걸친 장기 슬럼프에 들어갔다. 1980년대 초 경력 많은 선수들을 얻으려고 젊은 자산들을 팔아버린 것이 팀 몰락에 많은 기여를 했다. 새로운 소유주에게 넘어가고 유망주는 거의 없는 상태에서 10년 동안 침체 상태에서 벗어나지 못했는데 심지어 1988년 시즌을 시작하면서 21게임을 진 적도 있었다.

Billy Beane이 Athletics로 온 때와 거의 비슷한 시기에 Baltimore Orioles는 새로운 전략을 추구하기 시작했다. 새로운 소유주는 1993년에 팀을 사들였는데 그는 몸값이 높은 자유계약 선수들을 얻기 위해 돈을 쓸 작정을 했다. 전략을 통해 경쟁하는 방식을 찾는 대신 Baltimore는 지속이 불가능한 수준으로까지 지급총액을 확대하면서 Yankees와 RedSox를 따라했다. 하지만 이들 팀과 정면으로 맞서 경쟁할 자원을 갖지 못했으며 결국에 가서는 최고 선수를 잃고 한두 명의 유명 선수들에게 너무 많은 돈을 쓰는 지경이 되었다. 이 전략으로 1996~97년에는 10년 만에 처음으로 포스트시즌에 진출하기는 했어도 두 번 모두 패배했다. 1997년 시즌 이후에도 비록 추락하는 관중 수와 수익 때문에 정도는 덜해지기는 했으나 몸값 높은 자유계약 선수들을 얻는 일을 계속했다. 부족한 자원과 차별화되지 않는 전략으로 팀은 끊임없이 쇠퇴기로 빠져들었다. 1998~2006년까지 시즌 우승은 한 번도 달성하지 못한 채 평균 승률은 44%에 지나지 않았다. 그러면서도 평균연봉은 Oakland Athletics보다 59%나 더 높았다(그림 4–1 참조).

Oakland Athletics의 성공은 〈머니볼: 불공정한 게임을 승리로 이끄는 예술(Moneyball: The Art of Winning an Unfair Game)〉로 간행돼 2003년 베스트셀러가 되었으며, Beane의 전략은 역사에 남게 되었다. 훗날 Brad Pitt가 주연한 영화로까지 이어졌다. Beane의 전략은 많은 팀들이 선수를 선택할 때 정밀한 통계분석을 이용하는 계기가 되었다. 그 결과 Beane의 전략으로 Athletics가 달성한 경쟁우위는 확산되기 시작했다. 흥미로운 것은 2006년 이후로는 Oakland Athletics가 우승 기록을 달성하기 위해 분투해왔다는 사실이다.

적합한 사례 메이저리그에서의 경쟁

1. 어떠한 환경적 · 경쟁적 요인들이 MLB 선수에 대한 연봉 총액을 상승시키는가?
2. 팀 전략을 만들어내고 시행할 때 야구팀의 GM이 하는 역할은 무엇인가?
3. Oakland와 Baltimore의 전략을 비교해보라.
4. 기업은 MLB 팀의 전략에서 무엇을 배울 수 있는가?

리더가 자신이 갖고 있는 자원의 장점을 이용할 수 있도록 해주는 일관성 있는 전략을 만들어내는 일은 승리와 패배의 차이점이 된다. 위 사례는 경쟁에서 전략과 성과의 중요성을 보여준다. Orioles와 Athletics는 양쪽 모두 비슷한 자원을 갖고 있었지만 Athletics는 지속적으로 차별화된 전략을 통해 Baltimore보다 나은 성공을 거두었다. 최근 Athletics의 부진한 성적은 전략을 다시 한번 재평가해야 할 필요가 있음을 시사한다. 이 장과 책 전체에서 들려주는 수많은 사례는 특출한 전략과 수행을 통해 더 높은 성공과 수익성을 성취하는 기업들을 보여준다.

비즈니스에서 전략은 중요한 위치를 차지한다. 성공한 모든 회사는 잘 설계된 전략을 갖고 있으며 전략의 수립은 기회로부터 오는 것은 아니다. 오히려 기업의 내부 · 외부 환경, 소유하고 있는 자원의 신중한 평가 뒤에 이루어진다. 이 요인들을 신중하게 고려함으로써 관리자는 기업 목표를 달성하고 판매시장에서 경쟁우위를 획득할 수 있다. 사실 기업의 위험한 경쟁자 대부분은 유사한 기업들이다. 본질적으로 난제는 경쟁에서 차별성을 유지하는 일이다. 한 산업에 있는 경쟁자들 사이에 어떠한 차별성도 없는 경우 기업은 가격경쟁을 하는 경향이 있으며 이는 전체 산업에서 수익성을 잠식할 수 있다.

전략의 간단한 역사

전략 개념은 새로운 것은 아니다. 그 기원은 고대의 군사용어에 깊이 스며들어 있다. strategy는 그리스어 strate-gos에서 유래하며 stratus(군대)와 e-gos(이끌다)에서 파생되었다. 그리스는 strategy를 군대 리더 또는 장군을 지칭하는 것으로 사용했다. 광의의 의미로 보면 이 용어는 커다란 자원을 결집시킬 수 있는 개별적 리더의 능력을 나타낸 것이었다.

많은 사람은 전쟁 맥락에서의 전략 개념이 손자(孫子)에 의해 기원전 480~221년 사이의 어느 땐가 저술된 것으로 전해지는 중국의 병법에서 처음으로 상세하게 기술된 것으로 여겼다. 이 책에서 손자는 이렇게 말했다. "100번의 전투에서 100번의 승리를 거두는 사람은 뛰어난 기술을 갖고 있는 것이 아니다. 뛰어난 기술을 갖고 있는 사람은 타인을 전쟁에 이르도록 하지 않고도 굴복시키는 전략을 사용한다." "전략을 실행함에 기술이 있는 사람은 전투 없이도 타인의 전략을 굴복시키고, 공격함이 없어도 타인의 방어시설을 무너뜨리며, 장기적인 작전 없이도 타인의 조직을 흡수한다." 본질적으로 손자는 상대에 대한 성공은 무력을 사용하지 않고도 전략을 사용하여 달성될 수 있는 것으로 여겼다. 그는 물리적 힘을 통해 상대를 압도하는 것보다는 상대보다 깊이 생각하는 것이 더 중요하다고 여겼다. 전략을 통한 충돌 회피가 성공의 본질이었던 것이다. 이 개념은 충돌을 해결하기 위해 외교를 사용하기도 하고 무력을 사용하기도 하는 국제문제와 유사하다. 대부분의 국가는 양쪽 모두를 동시에 추구한다.

charistoone-images/Alamy

수천 년 동안 군사적 맥락에서의 전략 개발은 민족국가의 성공에 반영되어 왔다. 사실 로마제국과 같은 민족국가는 군사전략을 성공적으로 이용해 경쟁 국가들을 물리치기 위한 전체적인 계획을 추진했다. 로마의 군사 전략가들은 자신의 힘(내부 환경), 적의 힘과 조건(외부 환경) 평가를 바탕으로 전투계획을 구상했다. 로마제국에서 군사전략은 적에 따라 전투별로 변경되었다. 이 맥락에서 전략은 특정 목표를 달성하기 위해 이루어지는 행위의 계획으로 간주되었다. 손자와 같은 군사 전략가는 전략과 전술의 구별을 명확히 했다. 군사 리더에게 전술은 군대가 전장에서 수행하는(공격하거나 측면에 배치시키거나 하는) 특정한 이동 또는 행위를 나타내는 것이었다. 전략은 전쟁을 위한 커다란 계획으로, 보통은 군사적 우위를 창출하려는 목적을 갖고 있었다.

비즈니스 전략이 탄생한 것은 이와 같은 군사적 토대에서다. 전략 개념을 비즈니스에 적용할 때 많은 사람이 "전쟁과 같은 비즈니스"라 말하는 것은 놀라운 일은 아니다. 가장 기본 수준으로 보면 전쟁과 비즈니스는 많은 공통점을 갖고 있다. 즉 상대를 이기려는 욕구, 경쟁에서의 성공 등이다. 전장에서 싸우고 있든 아니면 메인스트리트에서 싸우고 있든 상관없이 교전 법칙은 조직이 경쟁하는 근거지를 얻기 위한 투쟁에서 변하지 않았다. 이때 다음의 법칙이 중요하다.

- 경쟁자보다 더 나은 정보를 생성한다.
- 그 정보를 강하게 만들기 위해 잘 아는 선택 사항들을 분석한다.
- 선택 사항들 사이에서 신속하게 결정한다.
- 전략적 선택 사항을 결정적 조치로 전환시킨다.

손자에 의하면 정보를 모으는 과정은 전략을 개발하는데 필수적인 구성요소였다. 손자병법에서 이렇게 말했다. "승리하는 사람은 자신의 본거지에서 도전에 앞서 엄청나게 많은 요인들을 추정한다. 패배하는 사람은 자신의 본거지에서 도전에 앞서 적은 수의 요인들을 추정한다. 추정을 많이 하면 승리를 가져다준다. 추정이 적으면 패배를 가져다준다." 전장에서 몹시 중요한 데이터 수집활동과 분석은 비즈니스 상황을 이해하는 데도 해당된다. 전쟁에서는 적을 이해하는 것이 중요하며 비즈니스에서 리더는 경쟁자와 전체적인 경쟁 상황을 이해하고 있어야 한다.

경쟁 상황을 이해해야 하는 필요성은 초기 비즈니스 리더로 하여금 전략 기초로서의 기업 계획과 분석에 초점을 맞추도록 이끌었다. 기업 계획의 기능은 2차대전 이후 많은 기업들이 규모, 범위, 복잡성에서 커짐에 따라 유행하게 되었다. 이는 관련성 없는 다각화, 본질적으로는 서로 다른 산업 내의 회사를 인수하는 일을 통해 성장한 **복합기업의 형성** 시대에 특히 분명해졌다. 관리자는 다양한 비즈니스 라인을 이해하기 위해 기업 계획에 의지했다. 계획 과정에는 비즈니스 차원의 목표와 목적에 대한 상세한 예측 개발이 포함되어 있었다. 목표는 정해진 기간에 집행될 것으로 기대되는 특정한 상세 사업계획을 통해 제도화되었다. 기업들은 정기적으로 업데이트되는 3년 또는 5년의 사업계획을 개발했다.

이 계획 과정이 GM(총괄관리자)과 임원들에게 비즈니스를 위한 잠재적 로드맵을 제공해주기는 했어도 그 계획은 경쟁 상황의 변화에 급격히 맞지 않는 경우가 종종 있었다. 경쟁하는 판매시장에서의 변화를 바탕으로 계획을 수정하는 대신 많은 기업들은 맹목적으로 이행하는 것으로 결정했다. 그러나 예상했던 대로 결과는 효과적이지 않았으며 따라서 계획의 유용성과 중요성은 줄어들기 시작했다. 특히 1970~80년대에 미국 기업들이 더 발빠르고 유연성을 갖춘 국제 경쟁자들에게 경쟁력을 잃게 됨에 따라 분명해졌다. 많은 사람은 미국이 경쟁력을 상실한 원인의 하나가 기업 계획에 대한 전념이라 지적했다. 일부 연구가들은 경영진의 완고한 집착 때문에 계획이 기업의 혁신 능력을 감소시켰다고 여겼다.

비록 계획이 특히 외부와 단절된 상태에서 수행되는 경우 덜 긍정적 면을 갖고 있기는 하지만 기업은 잠재적 결과에 대한 이해 없이는 중요한 투자를 하고 자원배분 결정을 할 때 바보처럼 될 것이다. 이때 중요한 결정에 건전한 이성이 결여되며 점증적으로는 일관된 목표에 기여하지 못한다. 계획에 대한 핵심은 탄탄하고 심사숙고한 것이 되어야 할 뿐 아니라 유동적이면서도 적응 가능하도록 해야 한다. 비즈니스 계획은 임원의 서랍에 넣어두는 것이 되어서는 안 되며 좀비처럼 분별력 없이 따르는 것이 되어서도 안 된다. 계획은 관리자가 잠재적 기회와 위협 내용에 대비할 수 있도록 살아있는

복합 기업의 형성(Conglomeration) 관련성이 없는 다각화, 본질적으로는 서로 다른 산업 내의 회사들을 인수하는 일을 통하여 성장해가는 행위

문서가 되어야 한다.

유용성을 유지하려면 계획은 지속적으로 관찰과 업데이트가 되어야 한다. 업데이트 계획의 유동성 과정은 경쟁이 심해지는 환경에서 전략 개발의 중요한 구성요소다. Ford Motor의 CEO Alan Mullay는 핵심 부서의 부서장들과 함께 회사 계획이 제대로 궤도에 올라 있는지 확인하기 위해 매주 2시간 반 동안 비즈니스 계획을 검토한다. Ford는 계획을 검토할 때 색깔별로 구분되는 시스템을 이용한다. 적색은 문제가 있음을 의미하는 반면 녹색은 진행을 나타낸다. 회의를 자주 갖도록 함으로써 Ford는 비즈니스 계획이 타당하고 시의적절함을 확인하는 것이다.

오늘날 대부분의 기업은 전략을 하나의 고정된 계획이라기보다 관리자가 자원을 할당하고 활동을 평가할 수 있도록 해주는 하나의 체계 또는 도구로 본다. 전략은 상상력과 판단력 모두가 혼합되어야 한다. 미래를 상상할 수 있으려면 관리자는 분석과 계획에서 이점을 얻어야 한다. 사실 연구자들이 보여준 것은 전략적 계획을 이용하는 대기업과 중소기업 모두가 더 직관적 의사결정을 이용하기보다 장기적 재무성과를 만들어 내려는 경향이 있다는 사실이었다. 핵심은 환경을 계속 관찰해 필요에 의해 전략을 채택해야 한다는 것인데 이는 항상 쉬운 일만은 아니다.

전략과 조직: 체계

제1장에서 설명한 바와 같이 광의의 이해관계자 집단을 효과적으로 만족시키려면 관리자는 내부 · 외부 환경을 이해하는 것이 필요하다. 필수적인 이해관계자가 누구인지, 기업이 달성하려는 것이 무엇인지를 이해하는 것은 기업전략을 개발하기 위한 전제조건이다. 기업전략을 개발할 때 관리자는 다음 사항을 결정해야 한다.

- 목적은 무엇인가?
- 환경 세력들은 비즈니스에 어떻게 영향을 미칠 것인가?
- 어떤 이해관계자들이 중요한가?
- 어떤 비즈니스 또는 부문에서 경쟁할 것인가?
- 누구에게 봉사할 것인가?
- 자신의 회사를 경쟁자들과 어떻게 구분할 것인가?

이 모든 질문들이 전략 개발에 중요하지만 첫 번째 질문이 가장 중요하다. 왜냐하면 기업이 존재하는 이유를 보여주기 때문이다.

비즈니스의 목적

비즈니스는 무엇을 위한 것인가? 누가 무슨 목적으로 기여하고 있는가? 이 질문은 수십 년간 광범위하게 논의되어 왔으므로 기업 목적에 대해 살펴보자. 일반적인 의미로

목적(Goal)
조직적으로 요구되는 결과, 생산물, 또는 최종 상태

기업 목적은 조직적으로 요구되는 결과, 생산물, 최종 상태로 정의된다. 노벨경제학상을 수상한 경제학자 Milton Friedman에 따르면 비즈니스 목적은 수익을 내는 것이다. 즉 기업은 가능한 한 가장 큰 폭의 차이로 비용을 초과하는 수익을 생산해내려 분투해야 한다. Friedman은 기업은 단지 이 과업에만 초점을 맞추어야 하며 법률의 한도 내에서 주주 또는 소유주를 만족시키고 가치를 창출하는 것에만 관심을 두어야 한다.

최근에는 학자와 관리자들이 기업은 이해관계자들에 대한 임무도 갖고 있다고 주장하면서 수익에만 초점을 맞추는 것에 논쟁을 벌이고 있다. 기업의 이해관계자 이론에 점점 더 많은 주목을 하고 있음에도 불구하고 많은 사람은 여전히 기업의 유일한 목적은 주주를 위해 수익을 내는 것이라고 여긴다. 이러한 논쟁은 Enron과 Worldcom 등이 포함된 기업 스캔들에 이어 가열되었다. 비록 많은 관리자들이 자사를 관리하기 위해 광의의 이해관계자 방법을 채택하고 있지만 기업의 주요 목적은 여전히 이윤을 극대화하는 것이며 그러면서도 윤리적이며 책임을 질 수 있는 방식으로 행해야 한다.

내부 · 외부 환경의 분석

전략 수립은 기업의 내부 · 외부 환경에 대한 분석으로부터 시작된다(그림 4–2 참조). 환경을 평가하는 전략 없이는 그 요인들을 신중하게 평가하고 그 평가를 바탕으로 전략을 만들어낸 경쟁자에 지게 될 것이다. 제2장에서는 모든 기업이 내부 · 외부 환경의 수많은 힘들에 의해 영향받고 있음을 보여주었다. 관리자는 회사가 갖고 있는 목표, 자원, 능숙도 등이 포함되는 내부 환경의 구성요소를 모두 확인해 회사의 능력과 잠재성 등을 평가해야 한다. 또한 외부 환경의 구성요소도 기업의 잠재적 성공 또는 실패에 영향을 미칠 수 있는 상황 맥락적 힘에 각별한 역점을 두면서 탐구해야 한다. 내부 · 외부 환경을 분석할 때 관리자는 기업의 다양한 이해관계자들의 힘과 욕구 등에 대한 종합적 이해를 확립해야 한다. 비즈니스 또는 산업에 따라 특정의 이해관계자는 다른 관계자보다 더 많은 영향을 미친다. 관리자는 어떤 이해관계자가 가장 큰 조정력을 발휘하는지 확인해 그 욕구를 다룰 수 있는 특정한 방식을 개발해야 한다.

일단 관리자가 이들 요인을 검토하면 기업의 존재 이유를 더 분명히 설명할 수 있게 되며 기업이 갖고 있는 잠재성의 이행을 가능하게 해줄 의사결정을 내릴 수 있고 활동 시스템을 시작할 수 있다. 이 과정의 궁극적 목표는 전략적으로 잘 맞으며 복제하기 힘든 활동의 네트워크를 창출하는 것이다. 네트워크는 기업의 핵심역량을 형성하며 결과적으로 경쟁우위를 수립하는 데 도움이 된다. 온라인 DVD 대여회사 Netflix는 핵심역량을 명백하게 언명하고 있다.

- 이용하기 쉽고 직관적인 웹사이트
- 구독자가 매긴 20억 건 이상의 평가를 바탕으로 한 개인별 영화 추천
- 고객 경험을 계속적으로 개선시킬 수 있도록 초점을 맞춤
- 무제한 구독하게 이끄는 수익성 있는 비즈니스

핵심역량(Core competencies)
전략적으로 서로 잘 맞으며 모방하기 어려운 독특한 활동의 네트워크

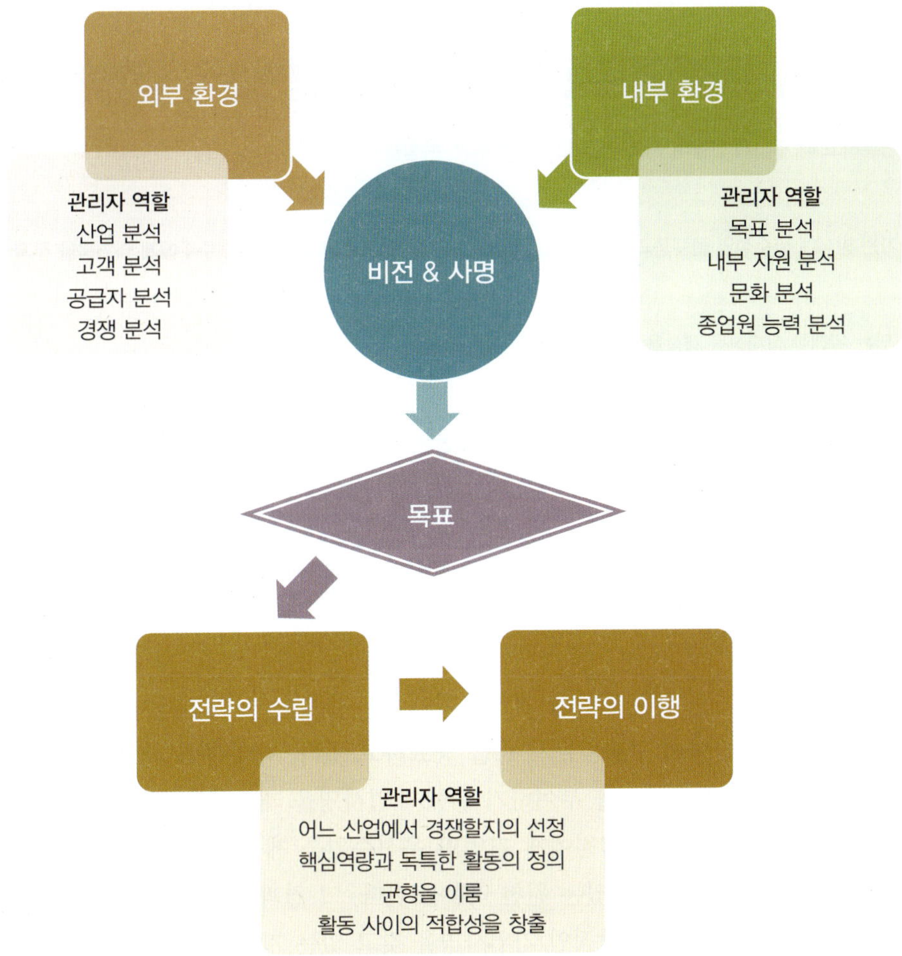

그림 4-2 전략의 체계

Netflix는 핵심역량을 강화함으로써 경쟁자들과 차별화되기를 바라고 있다.

비전, 사명, 목표

기업이 성공하려면 어떻게 고객에게 가치를 가져다주고 다양한 이해관계자들을 만족시킬 수 있는지에 대해 분명한 비전을 갖고 있어야 한다. Warren Bennis와 Burt Nanus는 "조직을 위해 실제적이고, 신뢰할 만하며, 매력적인 미래 모습을 분명히 표현하는 비전, 현재 존재하는 것보다 무언가 중요한 방식"에 주목했다. 비전은 기업이 무엇을 성취하기 원하는지, 그것을 완수하기 위해 어떻게 계획하는지에 대한 개념 또는 그림이다. 회사 비전의 개발은 리더의 중요한 역할 중 하나다. 비전은 종종 개인을 기업에 합류시키고 기대 이상의 수행을 하도록 동기를 부여해준다.

한 기업의 비전은 그 기업이 추구하는 방향의 고귀한 아이디어를 촉진시키는 반면 사명은 기업이 고객을 위해 무슨 활동을 수행하는지에 대한 정의다. 많은 기업은 이 이념을 기업사명을 통해 체계적으로 정리해놓고 있다. 기업사명은 기업의 존재 이유를 정

비전(Vision)
한 기업이 성취하기를 원하는 그리고 그것을 완수하기 위해 어떻게 계획해야 하는지에 대한 개념 또는 모습

사명(Mission)
기업이 고객을 위하여 수행하는 활동

기업사명(Mission statement)
한 기업의 존재 이유를 정의하는 진술서

표 4-1 기업사명의 표본

회 사	기업사명
facebook	사람들에게 세상을 공유하고 더 열리게 만들며 서로 연결되도록 할 수 있는 힘을 주기
intel	우리가 일하고 살아가는 방식에 필수적인 플랫폼과 기술 진보를 끊임없이 제공함으로써 고객, 직원, 주주에게 즐거움을 주자.
Microsoft	사람과 기업이 갖고 있는 완전한 잠재성을 세상을 통해 깨달을 수 있도록 하기
SAP	우리의 사명은 모든 규모의 기업과 산업이 더 나은 운영을 할 수 있도록 돕는 것이다.

Source: Intel, "General Company Information," Intel website available at http://www.intel.com/intel/company/corp1.htm, accessed September 11, 2011; Microsoft, "Our Mission," Microsoft website available at http://www.microsoft.com/about/en/us/default.aspx, accessed September 11, 2011; SAP, "About SAP AG," SAP website available at http://www.sap.com/corporate-en/index.aspx accessed September 11, 2011; and Facebook, "About," Facebook website available at http://www.facebook.com/facebook, accessed September 11, 2011.

의해놓은 것이다. 이는 무슨 활동을 기업이 수행하는지 또는 어떤 시장에 공헌하려 하는지, 경쟁자들과 어떻게 구별되는지 등을 공표하고 있다. 대부분의 기업은 고객에게 의사를 전하고 직원에게 동기를 부여하기 위해 기업사명을 개발하고 다듬는데 많은 시간을 소비했다. 기업사명은 직원에게 기업의 우선순위를 제공해주고 있으며, 그렇게 함으로써 기업활동을 이끌 수 있는 원천 역할을 한다. 그 결과는 직원들을 더욱 생산적이게 한다. 어떤 연구자는 포괄적인 기업사명을 갖고 있는 기업은 느슨하게 정의된 기업사명을 갖고 있는 기업보다 더 높은 목표를 수행하는 경향이 있음을 보여주었다. 효과적인 기업사명은 다음과 같은 장점을 제공해준다.

- 회사의 목적을 정의한다.
- 직원에게 동기부여와 책무를 구축해준다.
- 방향과 자극을 제공한다.
- 초점으로서의 역할을 한다.
- 전략적 절충을 이루는 데 도움이 된다.

[표 4-1]에 제시된 기업사명을 살펴보자. 최첨단 기업에서 알 수 있듯 대부분의 기업사명은 기업의 목적을 밝히고 있다.

흥미로운 것은 기업사명들 중 많은 부분이 서로 바꿔 쓸 수 있다는 점이다. 회사 이름만 없다면 어느 것이 Intel의 기업사명인지 Microsoft의 기업사명인지 구분할 수 있는가? 기업사명은 영감을 주고 잠재적인 동기부여를 하지만 그 사명이 어떻게 완수될지에 대한 상세 내용은 결여되어 있다. 상세 내용은 해당 기업전략이 정의될 때 더 분명해진다.

목표(Objectives)
한 기업이 그 진행을 평가할 수 있는 정량화가 가능하고 연속적인 중요한 단계 또는 기준

비전과 사명이 기업의 중요한 방향을 제시하는 반면 목표는 사명에 의해 기업이 과

정을 평가할 수 있는 정량화 가능한 이정표(또는 기준)를 제공해주는 것이다. 목표는 재무 성과, 시장점유, 신제품 도입 등이 포함되는 수많은 부분에서 특정 기간 내에 달성하기를 바라는 것에 대한 개요다.

일단 관리자가 기업을 위한 비전, 사명, 목표를 수립하면 비즈니스 전략을 정의해야 한다. 한 기업의 비전, 사명과 더불어 내부 · 외부 환경을 분석하는 과정은 **전략의 수립**을 위해 투입되는 것들이다. 한 기업전략을 수립하면서 관리자는 판매시장에서 방어가 가능한 위치를 개척하기 위해 자원을 최대로 조절할 수 있는 방법을 확인해야 한다. 목표는 기업이 무엇을 달성하려 하는지를 정의한다. 전략은 기업이 그 목표를 어떻게 달성하려 하는지를 설명한다. 즉 목표는 결과이고 전략은 그 수단인 것이다.

전략의 수립

전략 개발은 계획적이면서도 긴급한 양면적 과정이어야 한다. 전략 개발의 계획적 구성요소에 포함되는 것에는 내부 · 외부 환경의 체계적 평가, 환경 요인에 반응하는 또는 영향을 미치는 계획의 창출, 기업이 성취하기를 바라는 목표(또는 기준)의 수립 등이 있다. 전략의 계획된 부분은 일반적으로 기업 내에 있는 개인들, 즉 대개는 전략적 계획 자원과 회사의 일상적 운영, 경쟁 상황에 대해 확고한 이해를 하고 있는 관리자에게서 도출된다. 이렇게 계획된 전략과 더불어 기업 비전과 사명의 핵심 개요는 CEO 및 그의 팀과 함께하는 하향식 과정이 된다.

잘 수립된 계획이 있다 해도 기업은 경쟁하는 판매시장의 모든 측면을 예측할 수는 없다. 경쟁자들이 다른 기업의 행위에 대해 또는 환경 변화에 반응하는 방식을 예상하는 것은 어렵다. 그렇기 때문에 기업전략은 긴급성이라는 구성요소를 갖고 있어야 한다. 즉 변화하는 환경조건에 융통성과 적응성을 갖고 있어야 한다.

일선 관리자는 업계에서 일어나는 변화의 가장 중심 위치에 있는 경우가 있으며 그렇기 때문에 잠재적인 새로운 기회 또는 심각한 위협을 이해할 수 있는 위치에 있다. 일선 관리자를 포함해 전략 수립 과정에서는 전략적 조치와 성공적 이행에 대한 조직의 의견 일치가 증가한다. 비록 전략 개발의 계획된 측면에서는 하향식인 경우가 있지만 전략 개발의 긴급성 측면에서는 상향식인 경우가 더 많다. 그러한 것들은 조직 전체를 통해 개인들로부터 끓어 올라오고 있다는 것이다.

전략 개발과정은 [그림 4-2]에서 보는 것처럼 항상 직선 형태로만 흐르는 것은 아니다. 오히려 시간이 흐름에 따라 진화한다. 외부 환경의 변하는 본질은 관리자에게 진행형 기반에서 환경 탐색에 관여해 기업에 미치는 영향에 대해 결정할 것을 요구한다. 기업전략 중 어떤 양상은 장기간에 걸쳐 유지되지만 반면 어떤 양상은 빈번하게 바뀌기도 한다. 안정성은 성숙기 산업과 심하게 규제받는 산업에 종사하는 기업들에 특히 그러하다. 그 상황에서는 기업전략의 많은 양상들이 상대적으로 일관성을 갖는 경향이 있으며 따라서 때로는 미리 결정되기도 한다. 한 기업의 행위가 비즈니스 환경에 극적으로 영향을 미칠 가능성은 없다. 역동적이고 빠르게 변하는 산업에서는 전략과 선택

전략의 수립(Strategy formulation) 한 기업이 어떻게 자원을 조정하여 판매시장에서 방어적인 위치를 개척할 수 있을지를 확인해가는 과정

사항들이 끊임없이 변하게 마련이다. 관리자는 외부 환경 중의 어느 측면이 기업에게 영향을 미칠지 그리고 그 영향의 정도는 얼마나 될지를 확인할 수 있는 능력을 개발해야 한다. 전략 계획의 중요한 역할은 여전히 남아 있지만 어떤 계획이든 유연하고 적응 가능해야 한다. 계속적으로 변하는 환경의 방향을 읽을 수 있는 기업의 능력은 그 기업이 장기간에 걸쳐 갖고 있는 경쟁우위를 극대화할 수 있도록 해준다.

박물관, 식당, 흥미로운 여행상품 등과 같은 지역 오락물에 할인가격을 제공해주는 Groupon은 계획된 것과 긴급한 전략 사이의 균형, 예측하지 못한 시장의 힘이 회사의 여정을 변화시키는데 어떻게 관여할 수 있는지를 잘 설명해준다. 설립자 Andrew Mason은 웹사이트 www.ThePoint.com를 출범시키면서 한편으로는 시카고대학에서 석사학위를 취득하려 했다. 정치적 쟁점 이면에 숨어있는 진실을 폭로하는 일에 동기를 부여받아 어떤 사안에 지지 의견을 내기 원하는 어느 누구에게든 플랫폼을 제공하기를 원했다. 웹사이트는 곧 전국적 관심을 끌었는데 이유는 대중의 삶에 영향을 주어서가 아니라 그것이 갖고 있는 논란성과 당시로서는 어리석기까지 한 운동 때문이었다. 예를 들어 1년 내내 도시를 따뜻하게 유지하기 위해 시카고 상공 전체에 돔을 씌우자는 의견으로 수십만 명의 지지자를 모았다. 회사가 돈을 까먹는 데는 그리 오래 걸리지 않았다.

실패한 시도에도 불구하고 Mason은 한 가지 중요한 동향을 발견했다. 가장 성공적인 운동은 바로 대량 구매력을 생성할 수 있도록 소비자들을 함께 묶어두는 것이었다. 이 지식을 갖고 그는 전략을 변경했으며 7명의 직원이 제품(혹은 서비스) 거래를 일으키기 위해 지역 공급기업들을 접촉하기 시작했다. 지역 영업점들은 적은 마케팅 비용으로 —그렇지 않았다면— 비즈니스에 관심을 가지지 않았을 수천 명의 새로운 고객을 얻을 수 있는 기회를 갖게 되었다. 그 대가로 영업점들은 Groupon과 매출을 50:50으로 나눔으로써 이윤을 희생하는 식이었다. 2010년 초에 Groupon은 단지 12달러만 받고 25달러짜리 시카고 보트여행 티켓 20,000장을 판매했다. 두 회사는 Groupon의 웹사이트를 통해 생성된 238,000달러를 나누었다. 원래 전략을 수정함으로써 Mason은 대단한 성공을 거두었다. 2010년 즈음 Groupon은 85개 이상의 도시로 확대되었으며 지금까지 10억 달러를 가장 빠르게 창출한 회사가 되려 하고 있다. 이는 Apple, Google, Amazon을 능가하는 실적이다.

Juan Camilo Bernal/Shutterstock.com

2010년 Google은 Mason에게 Groupon을 인수하는 대가로 60억 달러를 제안했다. 불행히도 Mason은 이후 2년 동안 매우 어려웠기 때문에 거래를 넘겼다. Groupon의 성공은 이후 시장점유율과 재고 포지션을 잠식하게 된 수많은 경쟁자들을 대담하게 만들었다. Groupon의 점유율은 2011년 이후 70% 이상 격감했으며 Mason은 자리를 잃었다. Groupon은 다시 한번 전략을 재평가해 시장에서 방어가 가능한 위치를 찾아야 할 것이다. 그 목적을 달성하기 위해 회사는 4천만 개의 이메일 주소를 할인 전자제품을 판매하는데 이용하는 새로운 Groupon Goods 비즈니스를 만들어 냈다. 이 새로운 모험은 약간의 초기 성공을 보여주었으며 회사가 자신을 재평가할 수 있는 한 가지 방법이 될 수도 있다.

전략 수립은 고객을 위한 가치를 창출하고 수익성을 달성하기 위한 첫 번째 단계다. 비록 회사의 산업 자체는 수익성에 커다란 영향을 미치지만 그런 만큼 회사의 성과도 그 산업 내에서 이루어진다. 여기서 바로 조직의 리더십이 작용한다. 전략 개발에서 일어나야 하는 활동시스템을 인식함으로써 리더십 팀은 경쟁자보다 성과 우위를 창출할 수 있다. 기업전략을 고려할 때 리더는 다음 사항이 포함된 선택을 해야 한다.

- 제공할 제품(혹은 서비스)의 범위와 다양성
- 기업이 판매시장에서 위치를 어떻게 찾아야 할지에 대한 방법
- 운영의 규모와 영역
- 기업조직과 구조
- 성공 측정방법

이들 선택은 상호간에 의존적이며 보완적이다. 즉 한 기업이 조직되는 방식은 무엇을 생산할지 계획하는 것과 그것을 어떻게 생산할지 계획하는 것에 달려있다. 기업이 하는 선택사항들의 조합은 개별적인 부분들의 총합보다는 더 큰 전체적인 통합의 형태를 갖추어야 한다.

비록 기업이 경쟁하게 될 (산업의) 선택 내용이 매우 중요하기는 하지만 또한 그만큼 기업이 어떻게 경쟁할지에 대한 —즉 기업이 전략적 선택사항을 이행하게 될— 선택

리더십 개발의 여정 성공하는 전략적 리더는 전략을 만들어내고 집행할 수 있는 능력을 갖고 있다. 나아가 전략을 분명히 표현함으로써 어떻게 전략의 성공에 기여할 수 있는지를 조직 구성원이 동의하고 이해할 수 있게 한다. 전략적 의사소통 기술을 더 개발하기 위해 존경하는 기업을 선정해 3분 엘리베이터 피치(elevator pitch)*를 만들어보라. 엘리베이터 피치에는 다음 요소들이 포함되어야 한다.

- 사명과 비전
- 가치 제의
- 고객 서비스 철학
- 경쟁자
- 경쟁자들과 어떻게 차별화하고 있는지의 방법
- 성공의 측정방법

이러한 엘리베이터 피치의 청중은 그 기업에 최근 입사한 직원들이다.

* 엘리베이터 피치 (elevator pitch): 어떤 상품이나 서비스 혹은 기업과 그 가치에 대한 빠르고 간단한 요약 설명을 의미하는 것으로 로켓 피치(rocket pitch)라고도 함. (역자 주)

사항도 중요하다. 전략적 실행은 가장 중요한 목표를 달성할 수 있는 기업 능력에 필수적으로 중요하다. 사려깊은 실행 없이는 기업전략은 그저 정신적 집행에 지나지 않는다. 당연한 일이지만 잘 구상된 전략과 강력한 실행을 하는 조직은 판매시장에서 더 나은 실적을 올린다.

전략의 정의: 비즈니스 관점

많은 사람들 —그리고 일부 기업— 에게 전략은 단순히 기존의 활동을 할 수 있는 더 좋은 방법을 찾는 것일 뿐이다. 예를 들어 휴대폰을 제조하는 한 회사가 덜 비싼 자재로 전화기를 조립할 수 있는 새로운 방법 아니면 한 번의 교대작업 동안 생산되는 전화기 수를 증가시키는 제조공정을 발견했다고 가정해보자. 비록 이 활동이 비용은 줄이고 생산성은 늘릴 수 있겠지만 기업을 위한 장기적 경쟁우위의 원천을 나타내는 것은 아니며 전략으로 생각되지 않는다. 이 같은 활동은 **운용 효과성**을 증가시켜주는 것으로 이야기되는데 왜냐하면 그것이 기업으로 하여금 경쟁자들보다 효과적으로 운영할 수 있도록 해주기 때문이다. 정의에 의하면 이러한 활동은 기업이 비용을 줄이거나 효율성을 늘리는 데 도움이 되며 수익성을 유지하는 데 중요하다. 하지만 회사는 차이점을 수립하는 것에 의해서만 경쟁자보다 더 나은 결과를 낼 수 있다.

관리자는 전략을 개발할 때 3가지 요소를 고려하는 것이 필요하다(그림 4-3 참조).

첫째, 관리자는 경쟁전략이 운영 효율성에 대한 것이 아니라 주로 차별성이라는 사실을 깨달아야 한다. 전략에는 고객에게 가치를 전달할 수 있는 활동을 의식적으로 선택하는 것이 포함된다. 만약 제공되는 제품(혹은 서비스)에 고객에게 가치를 전달하는 활동이 포함되어 있지 않다면 기업은 오랜 기간 수익성을 유지할 수 없다.

운용 효과성
(Operational effectiveness)
한 기업이 경쟁사들이 하는 것보다 더 효과적으로 운영할 수 있도록 해주는 어떤 활동을 수행하는 것.

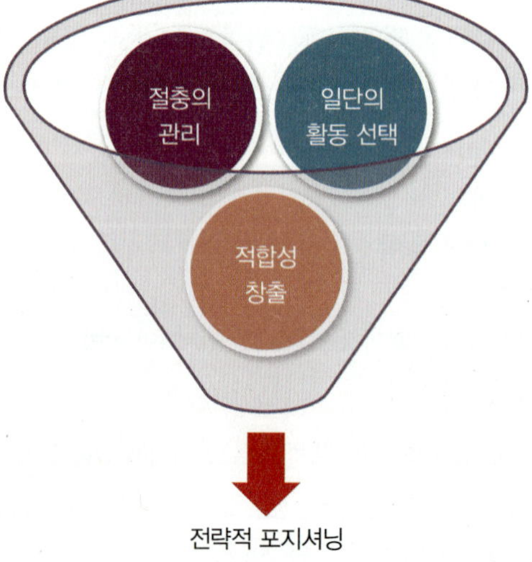

그림 4-3 전략의 3가지 구성요소

둘째, 독특한 활동을 선택하는 것이 긴요한 일이기는 하지만 관리자는 또한 무엇을 하지 말아야 할지 결정해야 한다. 즉 관리자는 전략 수립에서 절충을 이루어야 한다. 절충이 이루어지지 않으면 경쟁우위를 가지고 있지 않은 너무 많은 시장에서 경쟁하느라 결국 애만 쓰게 될 것이다.

셋째, 관리자는 활동들 간의 확실한 적합성을 창출해야 제공되는 제품(혹은 서비스)을 경쟁자가 쉽게 흉내 내지 못한다. 활동은 고객이 원하는 제품을 생산할 수 있도록 지속가능해야 하며 서로 맞물려 있어야 한다.

관리자가 이 시스템을 구성할 때 성과도 강조해야 한다. 활동의 전체 시스템은 성과라는 주제를 중심으로 기반을 두어야 한다. 그렇지 않으면 경쟁자에게 밀린다. 활동과 적합성은 그것 자체로는 충분하지 못하다. 성과와 실행은 시스템을 보완해주는 것이어야 한다. 이 정의가 이론상으로는 간단하게 들리지만 많은 관리자가 각 단계의 중요성을 파악하지 못해 결국 불완전한 전략을 만들어 궁극적으로 실패하고 만다. 전략 정의의 3단계를 더 자세히 고찰하고, 해당되는 사례도 살펴보자.

활동 선택하기

전략은 기업이 성취하려고 하는 것(제공할 시장, 생산할 제품 등)과 더불어 목표를 성취하기 위해 하려고 하는 방법이다. 예를 들어 Southwest Airlines은 경쟁자와 차별화되는 독특한 활동을 유지하고 있으며 낮은 비용의 모델을 유지하는 것이 가능하다. 충분히 활용되지 않으면서도 대도시 근처에 있는 공항으로 취항하는데 주력하고 있다. 비행기도 한 가지(Boeing 737s)만 취항시켜 단거리 수송만 한다. 이는 전통적인 대도시 거점 운항 방식과 대조적이다. 게다가 Southwest는 식사를 제공하지 않으며 좌석 배정 제도 없다. Southwest가 새로운 시장으로 진입하면 그 시장에 이미 존재하는 항공기 평균 요금의 70% 이하로 운임을 설정하기도 했다. Southwest의 활동은 그렇지 않았다면 다른 수송 수단을 고려하였을(예를 들면 자동차 또는 기차) 고객에게 저가의 서비스를 제공하는 목적을 갖고 있었다.

시초부터 Southwest는 고객에 초점을 맞추고 즐겁게 일하는 문화를 장려했다. Southwest의 전임 CEO Herb Kelleher는 "즐거움은 사람들에게 하나의 자극제다. 자신의 일을 더 즐기게 되고 일은 더욱 생산적으로 하게 된다"고 말했다. Southwest에서의 즐거움 문화는 모든 임원에 의해 촉진되고 있다. 이 문화를 갖게 됨으로써 Southwest는 직원 이직률을 10년간 계속해서 극도로 낮은 5%로 유지할 수 있었다. 이 문화는 또한 Southwest로 하여금 다른 항공사에 비해 상대적으로 낮은 평균급여의 지불을 가능하게 했는데 이는 직원이 회사에서 일하기를 원하기 때문이다. Southwest에서는 '재미' 요인이 비용은 낮추면서도 이윤은 높일 수 있도록 도움을 준 것이었다.

대조적으로 주요 항공사들은 Southwest가 하지 않는 모든 것들을 제공한다. Delta와 같은 대형 항공사는 전통적인 대도시 거점 운항 방식을 이용하고, 식사를 제공하며, 좌석을 배정하고, 거의 어디든 운항하며, 다양한 항공기를 활용한다. 일부 항로에서

Sjoerd van der Wal/Sjo/iStockphoto.com

Delta는 저가 항공사와 가격 경쟁을 하지만 두 항공사의 수익성은 지난 10년간 극적으로 달랐다. Southwest는 분명한 전략을 형성하는 독특한 활동을 창안해 왔으며 그 결과 35년의 연속적인 수익성으로 이어졌다.

소비재 산업에서는 Gillette가 독특한 활동을 수행함으로써 제품을 경쟁사와 차별화시킨다. 활동 중 일부에는 Mach3 및 Fusion 스타일 면도기 등과 같은 혁신 제품의 도입으로 이어진 엄청난 연구개발(R&D)이 포함되어 있다. Gillette는 이 활동으로 판매시장에서 가치가 더 높이 인식된다. Gillette는 R&D 및 광고에 많은 지출을 함으로써 저가 모델은 추구하지 않는다는 능동적 마케팅을 하는 것이다. 이를 가격 선도자 전략에 상당한 중점을 두는 다른 경쟁사 Bic 면도기와 비교해보자. Bic은 R&D와 광고에서 Gillette보다 비용을 덜 쓰며 자사 제품에 낮은 가격을 매긴다. 플립형(flip) 제품에서 Gillette의 전략은 Mach3 및 Fusion 면도기에 프리미엄 가격을 부과하는 것이 가능하게 해준다. 그 이유는 판매시장에서 인식되는 가치 때문이다. 2011년에 Gillette Fusion 면도기는 3달러짜리 교체용 날과 함께 10달러 가격이 붙었는데 반면 Bic 면도기는 1개당 가격이 겨우 40센트밖에 되지 않았다.

Southwest Airlines과 Gillette는 고객에게 가치를 전달하는 일련의 독특한 활동을 창안해왔다. 이 독특한 활동은 업계 내에서 전략적 위치를 차지할 수 있게 해준다. **전략적 위치**는 제공하는 제품, 또는 서비스의 방식, 그것들을 전달하기 위해 선택하는 방법 등에 의해 기업이 점유하는 산업 내의 한 부분을 말한다. 어떤 회사가 활동을 선택하면 그것은 산업에서의 점유를 위해 전략적 위치를 선택하는데 유효하다. 가장 일반적인 전략적 위치는 비용우위, 차별화, 집중화를 바탕으로 하는 것이다. Southwest Airlines은 비용우위를 바탕으로 경쟁하며, Gillette는 차별화 전략을 바탕으로 경쟁한다.

또 다른 일반적 전략인 집중화 전략은 산업 자체가 아니라 산업 내의 틈새시장에 초점을 맞추는 것이다. 집중화 전략에서 비용우위 및 차별화가 여전히 일반적 전략이기는 하지만 일부 회사는 대기업에 의해 간과되고 있는 부분에 구미를 맞추는 방법을 이용한다. 그 결과 대개 소규모이며 Edward Jones는 이러한 회사의 한 사례다.

절충하기

회사는 모든 사람에게 모든 것을 효과적으로 할 수는 없다. 만약 그렇게 하려고 하면 집중화가 결여된다. 집중화의 결여는 잠재 고객과 더불어 그 기업을 위해 서비스를 전달하려 애쓰는 직원까지도 혼란스럽게 만든다. 절충 개념은 회사 및 인생에서 잘못 이해되고 또한 잘못 적용되고 있다. 사실 사람들은 자신이 무엇을 하고 있는지 깨닫지 못하고 매일 절충을 한다. 예를 들어 한 대학생은 빨리 점심을 먹고 다음 수업 준비를 하려 한다. 그는 수업에 대비하는 일과 친구들과 느긋하게 식사를 즐기는 일 사이에서 명

전략적 위치(Strategic position)
제공하고 있는 제품 또는 서비스의 방식 및 그것들을 전달하기 위해 선택하는 방법 등에 의해 기업이 점유하고 있는 산업 내의 한 부분

백한 절충을 하고 있는 것이다.

Edward Jones는 미국에서 가장 크고 가장 수익성이 좋은 소매 투자 중개회사로 미국 내에만 10,000곳 이상의 사무실을 갖고 있으며 평균 세전 자기자본수익률(return on equity: ROE)이 대략 30%다. Southwest Airlines과 마찬가지로 중서부에 본사를 둔 이 투자회사는 고객을 위해 수행할 독특한 활동을 선택했다. Edward Jones는 그 전략을 "전국에 있는 1인 투자자문역 사무실의 네트워크를 통해 재무 결정을 위임하는 보수적 개별 투자자에게 믿을 수 있으며 편안한 직접 대면의 재무 조언을 제공해주는 것"이라 정의한다. Edward Jones는 수많은 절충을 이루어냈다. 한 가지 핵심 절충 중의 하나는 고객 유형이다. 이 회사는 재무서비스를 시골의 고객에게 확대하려 했는데 그 고객은 대도시에 사는 사람보다 자산을 적게 가지고 있었다. 비용은 낮게 유지하면서 시골에 사는 고객의 보수적 욕구에 부응하는 것을 목표로 삼는 활동을 채택했다.

또한 중개인이 수행하는 활동을 제한했다. 다른 중개업자에 비해 Edward Jones는 많은 재무상품과 서비스를 제공하지 않는다(예를 들어 상품, 옵션, 본격적인 투자은행 업무). 이러한 활동은 많은 대형 중개업자가 유지하는 활동과 극명하게 대비된다. 하지만 Edward Jones는 명백한 절충을 함으로써 시골 고객에게 봉사를 더 잘할 수 있다고 여긴다. 무엇이 고객 가치인지를 이해하기 위해 연구했으며, 그 대가를 치를 용의가 있으며, 자사 조직을 고객을 위해 봉사할 수 있도록 구성해 온 것이다.

활동들 간의 적합성 창출

전략이 효과를 거두고 방어가 가능해지려면 관리자는 선택한 활동들 사이에서 적합성과 동조를 창출해야 한다. 뛰어난 전략과 수익성을 갖는 회사는 서로를 강화시키는 일단의 활동을 사용해 전체적인 시스템이 복제되는 것을 어렵게 만든다. 활동들 간에 적합성을 창출하는 목표는 기업이 경쟁사와 비교해 비용을 줄이거나 차별성을 크게 하기 위해서다. 많은 활동 간의 전략적 적합성은 경쟁우위에 대해서뿐만 아니라 우위의 지속가능성에 대해서도 필수적이다. 사실 경쟁자가 연관되는 활동의 열을 맞추는 일이 특정의 광고활동 또는 제품 특징을 모방하는 것보다 더 어려운 일이다.

자기자본수익률
(Return on equity, ROE)
보통주 소유자들의 소유지분(주주의 지분)에 대한 이익률의 수단

예를 들어 Toyota Motor는 전체적으로 성공하고 수익을 올리도록 해준 상호 연관된 시스템 활동을 이용한다. Toyota 생산시스템으로 알려진 이 시스템은 제조라인에 대한 학습과 꾸준한 개선을 촉진하는 상호 연관된 활동들이 포함되어 있다. DNA의 가닥들처럼 이 규칙은 어떻게 직원이 직무를 수행하는지, 어떻게 상호작용하는지, 어떻게 제품과 서비스가 흘러가고 있는지, 어떻게 직원이 공정상의 문제를 확인하고 다루는지를 통제한다. 이 규칙은 어떻게 모든 활동 —생산현장에서부터 임원의 집무실까지, 좌석벨트를 장착하는 것부터 제조공장을 재구성하는 것까지— 이 수행되어야 하는지를 엄격하게 규정한다. 규격에서 벗어나는 사항은 즉

PHILIPPE HUGUEN/AFP/Getty Images

표 4-2 기업 전략의 질을 평가하는 기준

기준	평가
외적 적합성	전략이 환경적 상황에 적합한가?
내적 적합성	전략이 기업의 중요한 자원들에 영향을 미치고 있는가?
차별화	전략이 판매시장에서 구별된, 차별화된, 지속 가능한 위치를 제공해주고 있는가?
이행 가능성	기업이 전략을 효과적으로 집행하고 있는가?

Source: Adapted from Donald C. Hambrick and James W. Fredrickson, "Are You Sure You Have a Strategy?" *Academy of Management Executive*, Vol. 15, No. 4, November 2001.

시 눈에 띄어 직원으로 하여금 근절될 수 있도록 실시간 시도로 즉시 대응토록 한다.

많은 외부 관찰자에게 Toyota 생산시스템의 가장 중요한 특징은 구조적이라는 것이다. 예를 들어 직원이 자신의 위치에서 문제가 발생하면 사용하는 안돈코드(andon cord/行燈))이다. 사실 많은 Toyota의 경쟁자는 Toyota의 수익성 수준을 이룰 수 있으리라는 희망을 갖고 그 시스템을 모델로 삼았다. 그러나 Toyota가 한 활동 중 많은 부분이 경쟁자에게 널리 모방되고 있음에도 불구하고 전체 시스템을 모방한 회사는 거의 없었다. 이유는 Toyota가 창출해낸 독특한 적합성 때문이었다.

전략을 정의하고 형성하는 단계가 단순한 것처럼 보여도 그것을 만들어내는 것은 매우 어려우며, 심지어는 실행하기가 더 어렵다. 그 진행은 궁극적으로 회사 활동들 간의 적합성을 창출해내는 일에 대한 것이다. 많은 사례에서 보았듯 독특한 활동 시스템을 만들어내는 회사는 업계에서 경쟁자에 비해 우월한 성과우위를 유지한다. 관리자는 수많은 중요 기준을 바탕으로 자사의 전략을 평가해야 한다(표 4-2 참조).

사업부 전략 vs. 기업 수준의 전략

이 장의 전체에 걸쳐 광범위한 수준으로 기업 전략을 설명했다. 즉 무엇을 달성하기를 바라는가, 그것을 어떻게 달성하기를 바라는가에 대한 내용이다. 조직이 어떤 한 산업 또는 여러 산업의 집단에서 경쟁우위를 창출하고 지속해가는 방법은 2가지 유형의 전략에 의해 추진된다. 즉 **사업부 전략**과 **기업 수준의 전략**이다(그림 4-4 참조). 전략에 대한 2가지 측면을 간략하게 기술한다(더 상세한 내용은 제5장과 제6장에서 제공된다).

사업부 전략
(Business-level strategy)
회사가 정해진 비즈니스 및 자신의 위치에서 경쟁사와 어떻게 경쟁할 것인지에 대해 결정하는 것.

기업 수준의 전략
(Corporate-level strategy)
다수시장 활동의 구성 및 조정 등을 통해 가치 창조를 추구하는 회사의 방식

사업부 전략

사업부 전략은 "회사가 정해진 비즈니스 및 자사 위치에서 경쟁자와 어떻게 경쟁할 것인지"에 수반되는 것이다. 사업부 전략을 세울 때 관리자는 산업구조의 매력성 및 회사의 자원을 평가해 어떻게 경쟁할지를 결정한다. 이 평가를 바탕으로 관리자는 3가지 전략적 방법 사이에서 선택한다. 저비용, 차별화, 집중화다. Southwest Airlines은 항공산

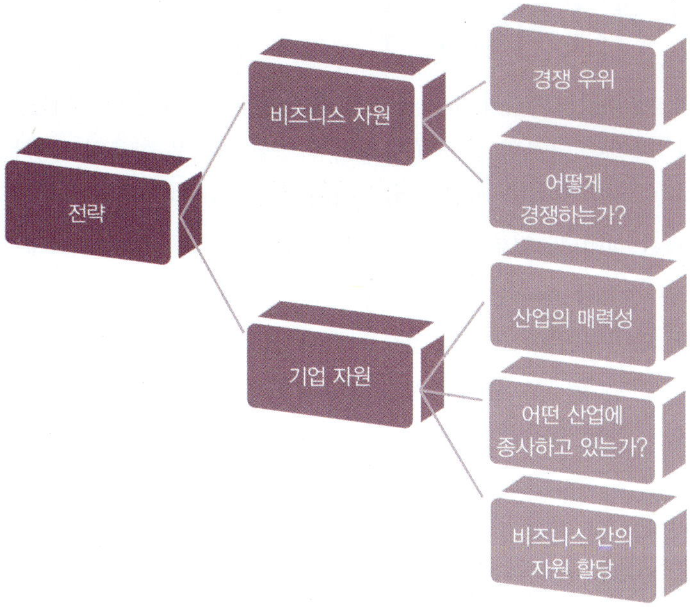

그림 4-4 사업부 전략과 기업 수준의 전략

Source: Adapted from Robert M. Grant, *Contemporary Strategy Analysis: Concepts, Techniques, Applications* (Cambridge, MA: Blackwell Publishers, 1991), p.20.

업에서 저가 비즈니스 전략을 채택했고, Gillette는 남성 대상의 제품 시장에서 차별화 전략을 선택했으며, Edward Jones는 투자산업에서 집중화 전략을 추구했다. 사업부 전략은 산업역학 및 진화와 밀접하게 얽혀 있다.

기업 수준의 전략

기업 전략은 전체적으로 얼마나 많은 산업이 경쟁하고 있는지, 수직적으로 통합해야 할지의 여부, 회사를 사야 하는지 아니면 팔아야 하는지의 여부, 자원을 어떻게 공유할 것인지 등이 포함된다. 또한 다른 기업과의 전략적 제휴 및 파트너 관계를 확인하고 개발하는 일도 수반한다. 기업 차원의 전략은 "다수 시장 활동의 구성 및 조정 등을 통해" 가치 창조를 추구하는 방식이다. 본질적으로 비즈니스의 포트폴리오와 조직 방식을 정의한다.

다양한 산업은 다양한 수익 포트폴리오를 갖고 있으며, 그 차이는 관리자가 사업부 전략과 기업 수준의 전략을 정의하는 방식에 크게 영향을 미친다. 기업의 수익성은 고객을 위한 장기적 가치를 창출해낼 수 있는 능력에 달려있다. 많은 기업이 단기간에는 가치를 창출할 수 있겠지만 꾸준히 유지할 수 있는 기업은 극소수다. 제5장에서는 어떠한 역학이 산업 내에서 일어나고 있는지, 어떻게 상호작용이 수익성을 결정하는지를 5가지 세력모델(5-Forces Framework)을 통해 설명한다. 그것이 어떤 산업인지는 상관없이 모든 기업은 '어떻게' 그리고 '언제' 글로벌 확대를 해야 하는지의 난제에 직면하고 있는 것이다.

글로벌로 가기 위한 전략

글로벌 전략의 개발에는 관리자에게 규모와 현지반응성이라는 반대되는 힘 사이의 균형을 요구한다. 다양한 글로벌 전략의 명칭이 비슷한 방식을 함축하고 있는 것 같고 종종 바꿔서 사용되기도 하지만 상당한 차이점이 있다. 중요한 차이점은 운영의 효율성과 맞춤화에 관한 것이다. 일부 기업은 동일한 제품을 더 큰 잠재 고객에게 더 많이 팔기 위해 글로벌 전략을 추구한다. 생산 효율성과 비용효과를 중점적으로 관리하면서 초점을 맞춘다. 다른 기업은 제품이 현지 고객과 취향에 확실히 맞도록 하기 위한 맞춤화를 추구한다. 이 상황에서 현지 운영은 상당한 자율성이 부여된다. 게다가 어떤 기업은 현지 맞춤화와 운영 효율성이 균형을 이루도록 함으로써 2가지 방식의 혼합 형태를 추구한다.

기업은 현지 욕구와 취향에 대한 대응과 민감성이 중요할 때 **다국적 전략**을 사용한다. 이 방식은 제품을 대상으로 맞춤화가 개입된다. **글로벌 전략**은 지역적 취향의 요구를 들어주는 대신 전체적인 규모의 경제와 글로벌한 효율성을 개발하는 것에 초점을 맞춘다. 그렇게 함으로써 주된 목표는 원가관리가 된다. **국제적 전략**은 글로벌과 다국적 전략 사이의 혼합이다. 글로벌 전략과 마찬가지로 계열사에 대한 통제는 유지하지만 다국적 전략처럼 계열사가 현지 취향에 맞춘 신제품과 아이디어를 개발하는 것을 가능하게 해준다. **초국가적 전략**은 효율성, 현지 반응성, 조직의 학습에 초점을 맞춘다. 환경적 조건을 바탕으로 기업은 글로벌 운영을 추구하면서 이 전략들 중 하나를 선택해야 한다.

다국적 전략

다국적 전략
(Multinational strategies)
모기업이 지역의 계열사를 조직하여 지역의 취향에 맞추어진 제품을 개발할 수 있는 자율성을 주는 전략

글로벌 전략(Global strategies)
지역적 취향의 요구를 들어주는 대신 전체적인 규모의 경제와 글로벌 한 효율성을 개발하는 것에 초점을 맞추는 전략

국제적 전략
(International strategies)
다국적 및 글로벌 전략의 요소들을 해외 계열사를 이용해 결합시켜 제품을 생산하고 유통시키는 전략

초국가적 전략
(Transnational strategies)
한 기업의 국가간 활동을 효율성, 현지 반응성, 조직의 학습성 사이에서 균형을 맞추는 전략

다국적 모델에서 모기업은 현지 계열사를 조직해 지역 취향에 맞춘 제품을 개발할 수 있는 자율권을 준다. 현지 계열사는 지역 차원에서 기업의 모든 기능을 수행할 수 있다. 다국적 계열사는 강한 지역적 선호도를 차지하기 위해 현지 차원에서의 판매와 마케팅 기능을 수행한다. 계열사 내에 여러 판매 및 마케팅 조직을 만드는 일은 엄청난 간접비를 초래할 수 있다. 다국적기업이 어떻게 조직되는가에 따라 기업은 특정 선호도에 적합한 제품의 지역화를 시도하는 많은 마케팅 조직을 가질 수 있다. 이러한 방식은 시스템 내에 추가 비용이 들도록 할 뿐 아니라 단위조직 사이의 협조를 어렵게 만든다. 제2장에서 살펴본 것처럼 McDonald는 지역 취향에 맞춤으로써 글로벌 제국을 건설해왔다.

글로벌 전략

다국적 전략과 대조적으로 글로벌 전략은 모든 시장에 표준화된 제품을 제공하려 시도한다. 글로벌 전략의 주요 목표 중 하나는 생산 측면에서 규모의 경제에 대한 장점을

얻으려는 것이다. 제품을 대규모로 집중화시킨 곳에서 제조함으로써 대량생산에서 오는 효율성과 비용절감의 장점을 얻을 수 있다. 전자산업은 글로벌 전략을 이용하는 기업에 의해 지배되기 시작했다. 1950~60년대에 트랜지스터와 집적회로의 도입은 제조비용을 감소시키고 생산성에서 최소효율 규모를 증가시켰다. 그 결과 컬러TV의 생산효율 규모는 1960년대 초의 연간 5만 대에서 1980년대 초에는 50만 대까지 상승했다. 동시에 R&D와 마케팅 비용은 더 많은 현지 기업이 해당 비즈니스에서 경쟁하는 것을 막는 수준으로까지 증가되었다. Best Buy 등의 가전제품 소매상이 출현해 제조기업으로 하여금 원가구조를 낮추도록 더욱 심한 압력을 행사하기 시작했다.

끊임없는 기술 변화와 취향 동질화는 가전제품 산업이 세계적 규모의 경제를 추구하도록 가속화시켰다. Matsushita 등 많은 일본의 경쟁사는 이러한 형태의 글로벌 전략을 이용해 1970년대 가전시장을 지배했다. Panasonic 브랜드에서 표준화된 가전제품을 집중시킨 공장에서 생산함으로써 높은 수익과 시장점유를 달성했다. 더 최근에는 Apple이 iPod와 iPad 제품 판매에서 이 전략을 채택했다. 그러나 이 전략이 표준화 제품에는 먹혀들지만 모든 제품에 다 적용되는 것은 아니다. 현지 시장은 취향과 선호도 등의 조건에서 다르다. 글로벌 전략을 고려할 때 관리자는 선호도와 함께 수익성이 있는 제품을 만드는 데 필요로 하는 최소효율 규모를 감안해야 한다.

국제적 전략

국제적 전략은 다국적 전략과 글로벌 전략의 요소를 결합한 것이다. 다국적 전략과 마찬가지로 국제적 전략은 제품의 생산과 유통을 위해 외국 계열사를 이용하는 데 초점을 맞춘다. 글로벌 전략과 마찬가지로 R&D 등 중요 과정은 모국 시장에 있는 모기업에 의해 수행된다. 어떤 의미로 보면 국제 전략을 추구하는 기업은 현지 맞춤화 또는 규모의 경제를 통한 저비용, 생산이 높은 수준으로 요구되지 않는 시장에서 경쟁하는 셈이다. 국제 전략을 갖고 있는 현지 계열사는 핵심 과정과 기술 및 기타 혁신의 확산에 대해서는 모기업에 의존한다. 이 모델은 모기업으로 하여금 제품개발과 혁신을 엄격하게 통제하는 것을 가능하게 해준다. 하지만 현지 선호도에 맞추어 제품을 채택하거나 규모의 경제를 달성하는 목적으로는 특별히 유용한 것은 아니다.

초국가적 전략

초국가적 기업의 핵심 속성은 3가지 요인 사이에서 전략이 균형을 이룰 수 있게 하는 능력이다. 즉 효율성, 현지반응성, 조직의 학습성이다. 일부 시장에서는 다른 곳보다 현지반응성을 더 요구할 수도 있기 때문에 이러한 유연성은 기업으로 하여금 역동적인 환경요인에 대응할 수 있도록 해준다. 초국가적 전략을 이용하는 기업은 한편으로는 현지 욕구에 반응하면서 규모의 효율성에 균형을 이룸으로써 유연성을 개발한다. 일부 생산은 저비용 생산과 규모의 경제에 대한 장점을 얻기 위해 소수의 위치에 집중시키면서 다른 생산활동은 현지 선호도에 적응하기 위해 지역 차원에서 수행할 수도 있다. 이 전략의 일부로 초국가적 기업은 일부 자원은 국내에 집중시키고 다른 자원은 글로벌 단위들 사이에 유통시킨다. 이는 결과적으로 자산과 능력의 복합적인 배치로 볼 수 있다.

초국가적 기업은 또한 정보와 학습한 것을 기업 전체를 통해 공유하고 확산시킬 수 있는 능력을 갖고 있어야 한다. Intel은 전 세계 시장의 해외 계열사들로부터 받는 현장 혁신에 의존하고 있다. 기업 역사의 대부분 동안 Intel은 프로세서 칩에 역량을 맞추어 성장해 왔으며 1980~90년대 전체를 통해 20%의 연간 성장을 폭발시켜왔다. 그러나 1990년대 말에 성장이 저하됨으로써 비즈니스 중점을 네트워크 장비, 무선전화, 정보가전, 모든 전자상거래 관련 업종까지 넓히기로 결정했다. 이 전환을 위해 Intel은 1999년 한 해에만 12개 회사를 획득하는데 60억 달러를 썼다. 플래시메모리와 같은 중요 기술 중 많은 부분은 해외시장에서 찾아내거나 개발되었으며 훗날 회사 전체를 통해 확산된 것이었다.

관리자는 글로벌 전략을 만들 때 고려해야 할 수많은 선택권을 갖고 있다. 많은 시장에서 경쟁 수준과 혁신 부분은 기업으로 하여금 초국가적 형태를 채택하도록 강요해왔다. 하지만 초국가적 전략의 수많은 장점에도 불구하고 일부 기업은 활동 범위가 너무 흩어져버리게 되었다. 게다가 어떤 글로벌시장은 대안이 되는 글로벌 전략을 요청할 수도 있다. 이것을 염두에 두고 관리자는 기업전략을 경쟁하는 글로벌 비즈니스 환경에 맞추어야 한다.

요리용 바렐그릴 제조사 Weber는 제품을 인도로 선적하기로 결정했을 때 Bangalore에 Weber Experience Center(체험센터)를 만들어 인도 사람들에게 그릴에 굽는 방식을 가르쳐주었다. 인도 시장은 Weber로서는 대부분의 인도 사람들이 채식주의자라는 사실 못지않게 여러 난관이 있는 곳이었다. 인도 사람들은 미국에서라면 그릴이 일반적으로 놓여있는 커다란 뒷마당을 갖고 있지 않았다. 이러한 난관에도 불구하고 인도 시장은 채소, 생선, 피자 등을 그릴에 굽는 습관으로서의 강력한 기회를 가지고 있었다. Weber Experience Center를 통해 인도에서 그릴에 굽는 장점을 알려주는 것에 추가해 Weber는 일명 Smokey Joe라고 불리는 소형의 14.5인치 그릴을 엄청나게 광고했다. 이 휴대용 그릴은 Weber가 중국에서도 성공을 거두는 열쇠가 되기도 했다.

시장 진입 전략

어느 나라에 진입할 것인지 결정하는 것은 기업의 '시장과 학습 잠재력'에 달려있다. 시장 잠재력은 특정 지역의 전체 시장 크기와 그것이 갖고 있는 성장 전망을 말한다. Weber와 같은 많은 회사들에게 중국은 매력적인 신흥시장인데 그 이유는 중산층 인구의 성장 때문이다. 신흥시장에 있는 소비자들이 더 높은 수입을 올리게 됨에 따라 더 많은 품목을 요구하는 것은 당연하다.

시장 선정에 이어 관리자는 특정 시장의 진입 방식을 결정해야 한다. 진입 방식을 고려할 때 관리자는 2가지 중요한 차원을 생각해야 한다. 첫째, 기업이 그 제품을 얼마나 수출할지 아니면 국내에서 얼마나 생산할지의 정도를 결정해야 한다. 둘째, 기업이 생산 자산 모두를 소유하고 있을지 아니면 다른 기업과 소유권을 공유할지의 여부를 결정해야 한다. 이러한 차원에서 관리자는 프랜차이징이나 라이센싱 등과 같은 낮은 소유권 구조를 선택하든지 아니면 제휴나 합작투자 등과 같은 높은 소유권 구조를 선택할 수 있다. 어떤 방식이 서로 다른 상황을 위해 적합한지 구분하는데 도움이 되는 4가지 주요 시장 진입 형태를 살펴보자.

수출

수출은 한 기업의 제품을 그 회사의 국내 본거지로부터 전 세계 시장으로 선적하는 것에 관련된 일이다. 예를 들어 중국에서 만들어진 완구는 미국으로 선적된다. 이 과업을 완수하려면 기업은 보통 제품을 글로벌시장에 운송하고 유통시켜 줄 국제 관리들과 계약을 맺게 된다. 수출 행위는 긍정적인 면과 부정적인 결과를 가져온다. 긍정적 면에서 보면 수출은 많은 기업에게 비싸지도 않으면서 위험도 적은 방법으로 글로벌한 팽창을 시작할 수 있는 기회를 제공해준다.

부정적인 면에서 보면 수출전략의 가장 큰 난관 중 하나가 국제시장에서의 판매와 마케팅에 대한 통제력의 상실이다. 이 경우는 그 기업만큼 해당 제품과 판매 과정을 이해하지 못하는 해외 기업에게 통제력을 허용할 때 일어난다. 회사는 이러한 난관을 판매과정에 대한 관리로 피할 수 있다. 수출은 또한 정치적 · 경제적 불안정성에도 민감하며 관세입법에 의해 급격히 영향받을 수 있다.

라이센싱과 프랜차이징

해외시장에 진출하려는 기업이 이용할 수 있는 2가지 저비용 방법은 라이센싱과 프랜차이징이다. 라이센싱은 "라이선스 공여자(판매하는 기업)가 기술, 특허, 상표, 디자인, 공정, 노하우, 지적재산권, 기타의 등록된 이권을 라이선스 수혜자(구매하는 기업)가 수수료를 내고 이용할 수 있도록 허가해주는" 계약적 방식이다. 국제적인 라이센싱 중 대다수가 선진 공업국들 사이의 기술이전과 관련된다. 라이센싱은 또한 다른 산업들에서도 일어난다. 즉 소비자 제품, 식품, 오락 등이다. 2005년 MTV Networks와 Warner Music Group은 MTV로 하여금 전 세계의 휴대폰 네트워크에 판매하는 프로그램에 Warner의 음악 비디오 카탈로그를 포함시키도록 허용하는 라이센싱 계약을 발표했다.

라이센싱은 많은 기업들로 하여금 더 영향력이 큰 진입전략을 추구하기 전에 해외시장을 테스트해보는 것을 가능하게 해준다. 하지만 라이센싱은 많은 위험이 수반되는데 가장 중요한 것은 전매우위에 대한 잠재적 상실이다. Angela Ahrendts가 2006년 Burberry에 취임했을 때 회사가 제품을 라이선스 주고 있는 방식에 대해 우려했다. 그

수출(Exporting)
한 기업의 제품을 그 회사의 국내 본거지로부터 전세계 시장으로 선적하는 것.

라이센싱(Licensing)
라이선스 공여자(판매하는 기업)가 기술, 특허, 상표, 디자인, 공정, 노하우, 지적재산권, 또는 기타의 등록된 이권을 라이선스 수혜자(구매하는 기업)가 수수료를 내고 이용할 수 있도록 허가해주는 계약적 방식

녀의 견해로는 회사가 너무 공격적으로 Burberry라는 이름의 라이선스를 주게 됨으로써 응집력과 일관성이 결여된 글로벌 존재감을 만들고 있다는 것이었다. 그녀가 처음으로 취한 조치 중 하나는 라이센싱 권리를 다시 사들여 소비력이 큰 젊은 고객을 위한 고급의 진보적 브랜드라는 포지셔닝에 맞는 제품으로 전용한 것이었다.

시장진입 방식의 하나로서, **프랜차이징**은 라이센싱과 많은 유사성을 공유하고 있다. 프랜차이징은 "서비스, 상표화된 제품 또는 브랜드 명에 대해 프랜차이즈를 주는 회사(모회사)가 프랜차이즈를 받는 회사에게 이름을 사용할 수 있도록 허용하고 그 답례로 일괄 지불 또는 로열티를 받으며, 품질과 서비스 기준을 준수해야 하는" 조직적 형태다. 라이센싱은 제조회사들 사이에서 빈번하게 일어나는 반면 프랜차이징은 호텔이나 패스트푸드체인 등과 같은 서비스 회사들에 의해 이용된다. Kentucky Fried Chicknen(KFC)의 11,000곳이 넘는 점포들은 미국 외의 지역에 위치하고 있다. KFC의 모기업 Yum은 확장 계획 중 가장 최근에는 아프리카를 목표로 삼는 노력을 기울여왔다. 성장 중인 주요 아프리카 도시들의 소비주의에 다가가려는 노력을 하면서 Yum은 2012년에 130개의 KFC를 아프리카에 개설한다는 계획을 추진했다.

합작투자와 제휴

합작투자(joint venture)에서는 두 기업이 하나의 새로운 회사를 시장에서 형성하기 위해 함께한다. 합작투자는 중국이 오늘날처럼 국제적 팽창에 그다지 개방적이지 않았던 때인 1980년대에 팽창을 바라던 많은 기업에게 인기가 높았다. General Motors와 같은 회사에게는 합작투자가 국제시장에 진출할 수 있는 유일한 통로일 것이다. 합작투자에서는 외국기업이 현지 기업의 노하우를 통해 시장과 국가 상황을 파악한다. 또한 양쪽 기업 모두가 대개는 투기 사업에 자원을 제공함으로써 양쪽 모두 위험을 공유하는 것이 가능해진다.

이러한 장점에도 불구하고 합작투자는 여러 해에 걸쳐 다양한 결과를 생산해왔다. 합작투자의 전체 성공률은 전 세계적으로 대략 50% 정도다. 낮은 성공률이 예증하는 사실은, 합작투자에는 수많은 위험이 내재하고 있다는 것이다. 전략, 지배, 조직의 쟁점 등이 포함되는 난관에 부딪치는 경향이 있다. 전략에 관해서는 합작투자의 구성원이 서로 다른 전략적 이해관계를 갖고 있을 수 있으며 그 결과 협업할 수 있는 능력에 영향을 미친다. 지배에 관해서는 대부분의 합작투자가 양쪽 당사자 모두 통제권 공유를 허용하도록 되어 있기 때문에 종종 불화로 이어진다. 마지막으로 합작투자의 많은 파트너들은 파트너 사이에 존재하는 커다란 문화적 차이점을 극복하는 데 어려움이 있음을 보여준다.

합작투자와 대조적으로 계약적 제휴는 새로운 실체를 만들어내지 않는다. **제휴**에서는 파트너들이 시장활동에 공동으로 참여하도록 계약에 의해 함께한다. 제휴에는 양쪽 모두의 상호이익을 위해 한 기업이 상대와 자원 또는 능력을 공유하는 것이 포함된다. 제휴는 시장에서의 경쟁우위를 얻기 위해 또는 경쟁의 균형을 이루기 위해 이용될 수

프랜차이징(Franchising)
한 기업이 자사의 소매 단위점들을 운영할 수 있는 하청계약을 개별적인 소유주들과 맺고 있는 소매 사업체에서의 일반적인 방식. 이 방식은 일반적으로 한 기업이 수수료 및 그 단위점의 수익 중 일정 퍼센트에 대한 답례로 경영과 마케팅 기법을 소유주와 공유하는 일이 수반된다.

합자투자(Joint venture)
두 기업이 시장에서 하나의 새로운 회사를 형성하기 위해 함께하는 구조

제휴(Alliance)
파트너들이 시장에서 공동으로 활동에 관여하기 위해 계약에 의해 합치는 구조

있다. 많은 기업은 판매시장에서 위치를 개선하기 위해 제휴를 추구한다. 일반적으로 기업은 내부적 실체를 만들어내는 비용 또는 능력을 개발하는 비용이 수입하는 비용보다 높을 경우 전략적 제휴를 추구한다. 제휴는 비용이 적게 들지만 수립해 키우는데 시간과 노력이 든다.

일반적으로 기업은 시장에서의 조건을 바탕으로 제휴 또는 합작투자를 추구해야 한다. 현지 시장이 기업의 본국 시장과 상당히 다른 경우 또는 언어와 문화적 습관이 엄청나게 다른 경우다. 비록 현지 시장에 대한 지식은 인수를 통해 얻을 수도 있지만 많은 기업은 문화적 차이 때문에 외국의 인수기업들을 통합하기 위해 분투하고 있다. Ford가 인도시장에 진출했을 때 수많은 진입 선택사항들을 고려했지만 궁극적으로는 현지 비즈니스 환경을 처리하는 데 도움이 되도록 현지 기업 Mahindra & Mahindra와의 합작투자로 결론을 내렸다.

기업은 또한 글로벌 경영의 통합 잠재성이 낮을 경우 합작투자 또는 제휴를 추구해야 한다. 글로벌 경영을 하는 것의 장점 중 하나는 일어날 수 있는 것을 학습하는 데 있다. 그러나 일어날 것을 학습하기 위해서는 서로 다른 사업단위들이 기업 본사와 잘 통합되어 있어야 한다. 만약 글로벌 통합이 되지 않을 것 같거나 가능성이 없다면 파트너와 함께 시장에 진입해야 한다. 마지막으로 기업은 현지 지분 참여가 요구되는 나라에서는 현지 제휴 또는 합작투자에 어쩔 수 없이 참여한다. 중국과 브라질 등에서는 외국기업에게 현지 파트너를 갖도록 요구해왔다.

Disney가 2011년에 963에이커 규모의 상하이 디즈니랜드를 출범시켰을 때 전체적으로 운영에서 57%의 지분을 소유한 3개의 국영기업들과 파트너를 맺었다. 비록 Disney가 중국에 개장하기 위해 현지 중국 회사와 파트너를 맺도록 요구받기는 했지만 파트너로부터 가치로는 따질 수 없는 통찰력을 얻었다. 예를 들어 파트너는 공원에서 제공할 음식 종류를 조언했으며(딤섬과 면류를 더 많이 하라는) 놀이기구의 종류(디즈니 영화를 주제로 한 기구와 중국 문화를 바탕으로 한 기구의 조합)에 대해서도 조언했다. 상하이 디즈니랜드를 방문하는 사람은 미키마우스와 마주칠 가능성이 높지만 미국의 특징적 의복을 입고 있는 대신 행운을 상징하는 전통적인 적색의 중국옷을 입은 사람과 마주칠 가능성도 높다. 문화적 차이점과 규범에 주의를 기울임으로써 Disney는 공원까지 3시간의 자동차 주행거리 내에 살고 있는 3억 명의 사람들을 유치할 수 있기를 바라고 있다.

TAO Images Limited/Alamy

다른 관점

세상은 편평한가?

우리는 글로벌화된 세상에 살고 있는가? 기술과 무역은 분명 세상이 편평하다는 개념을 지지해주고 있다. McDonald와 Coca Cola 등과 같은 브랜드는 아시아와 아프리카의 외딴 지역에까지 침투하고 있다. Tom Friedman은 세상이 외주 및 스마트폰 등의 영향으로 편평해졌다는 개념을 처음으로 제시했다. 그러나 경제학 교수 Pankaj Ghemawat는 글로벌화된 경제 개념을 연구해 놀라운 데이터를 발견했다. 그는 국가간 무역 및 인터넷 트래픽 등 다양한 측정기준을 살폈으며 그리하여 글로벌화의 정도가 단지 10%에 지나지 않음을 발견했다. 비즈니스 활동의 90%는 아직도 국내에서 이루어지고 있으며 이는 세상이 편평하다는 개념을 반박한다.

1. 세상이 편평하다는 개념을 지지해주는 데이터를 찾아낼 수 있는가? 세상이 편평하지 않거나 또는 일부만 편평하다는 개념을 어떤 데이터가 보여 주는가?
2. 어떤 조직이 진정으로 글로벌한가? 그 비즈니스 중 몇 %가 글로벌한가?
3. 글로벌 경제에 대해 Friedman과 Ghemawat의 결과로부터 어떠한 결론을 도출해낼 수 있는가?

완전소유 자회사

마지막으로 회사는 해외시장에 **완전소유 자회사**를 통해 진입할 수 있다. 이 경우 회사는 외국에 해당 시장에서 비즈니스를 수행하기 위한 독립 법인을 설립한다. 많은 기업은 이러한 방식의 시장진입만을 전적으로 이용하고 있는데 그 이유는 기술 또는 공정의 민감한 성격 때문이다. 기술이나 제약회사에서 무형자산은 기업 가치 중 큰 부분을 차지한다. 그 결과 많은 기업은 라이센싱 또는 제휴에 불편함을 느끼고 있다. 게다가 완전소유 자회사는 모기업이 그 새로운 기업에 엄격한 통제권을 유지하는 것이 가능하다. 이 통제권은 제품(혹은 서비스)이 제휴 또는 합작투자 파트너가 이해하기에는 어려울 수 있는 엄격한 활동이 관련되는 경우 중요해진다.

완전소유 자회사를 설립하는 것은 돈이 많이 들고 위험한 제안이다. 기업은 새로운 시장에 생산시설을 설립해야 하고 직원들을 훈련시켜야 한다. 미국의 수준 높은 인프라와 기술 환경에 길들여 성장해온 관리자로서 외국 시장은 뚜렷한 대조가 될 수 있다. 이러한 의미에서 완전소유 자회사의 관리자는 기업 활동을 현지 인프라 및 전체적인 환경에 적응시켜간다는 점에서 창의성과 유연성을 유지하는 것이 필요하다.

완전소유 자회사
(Wholly owned subsidiary)
한 기업이 시장에서 사업을 수행하기 위해 외국에 설립하는 완전히 운영되고 있는 독립적인 실체

요약

기업에게 전략개발과 이행은 업계에서 이기고 지는 것만큼의 차이가 되는 경우가 종종 있다. 일관성 있고 독특한 활동과 자원 없이 기업은 판매시장에서 경쟁우위를 창출해낼 수 없다. 전략 개념은 수천 년을 두고 존재해왔으며 그 기원은 군사적인 것과 깊은 관련이 있다. 군사 전략가들은 전쟁 상황을 확인해야 했고 상대의 장점과 약점을 파악해야 하며, 적절한 전술적 책략을 결정해야 했다. 비즈니스 리더도 같은 일을 해야 한다. 경쟁 상황을 자각하고 상대의 장점과 약점을 알고 있으며, 시장을 공략할 계획을 개발할 필요가 있다.

기업전략을 이해하기 위한 체계는 기업의 목적을 정의하는 것으로부터 시작되는 다수의 구성요소와 관련된다. 그런 다음 내부 · 외부 환경을 분석해 어떤 자원과 난관, 기회가 비전, 사명, 목표를 달성하는데 유용한지를 결정한다. 기업사명은 기업의 존재 이유에 대한 개요를 설명하면서 어떤 활동을 수행할 것인지, 어떤 고객에게 봉사할 것인지, 어떤 차이를 만들어낼 것인지를 서술한다. 내부 · 외부 환경을 분석하고 사명을 정의했다면 그 다음에 전략을 수립할 수 있다. 전략 수립은 계획된 과정과 긴급한 과정이 되기도 한다. 계획된 구성요소는 기업의 환경과 능력 평가로부터 도출된다. 전략적 계획은 이 목적을 위해 이용된다. 긴급한 과정은 일선 관리자에 의해 보통 수행되는 경쟁 상황의 재평가를 통해 개발된다.

전략을 정의할 때 기업은 독특한 활동을 선택해야 하고 절충을 이루어야 하며, 활동 간의 적합성을 창출해 판매시장에서 차별화시킬 수 있는 핵심역량을 개발해야 한다. 동시에 관리자는 이들 활동에 초점을 맞추어 고객과 기타 이해관계자들을 위한 가치를 창조해야 한다.

기업이 어떤 산업에서의 경쟁우위를 구축하고 지속하는 방법은 사업부와 기업 전략에 의해 추진된다. 사업부 전략은 특정 산업에서 경쟁하게 될 방법이다. 경쟁의 3가지 전략 방식에는 1) 저가 제공자가 되는 것, 2) 차별화된 제품(혹은 서비스)을 제공하는 것, 3) 특정 고객 또는 시장에 초점을 맞추는 것이다. 기업 전략은 회사가 전체적으로 경쟁하게 될 산업의 수와 다양한 부문에 걸쳐 자원과 제품을 공유하게 될 방식으로 구성된다.

글로벌 확장을 계획할 때 관리자는 회사 목표에 적합한 전략 —다국적, 글로벌, 국제적, 초국가적의— 을 선택할 필요가 있다. 기업이 글로벌 발전을 진행함에 따라 관리자는 현지

의 반응성 또는 글로벌 효율성에 초점을 맞추는 것으로부터 양쪽 요인 모두 혼합되는 초국가적 형태에 맞추는 것으로 전환할 계획을 세워야 한다. 초국가적 기업에서는 글로벌 계열사들이 회사 전체를 위한 수익 원천으로서만이 아니라 혁신 및 학습의 원천으로서도 기능해야 한다.

관리자는 글로벌 전략을 평가할 때 수출로부터 라이센싱으로, 제휴로, 완전소유 자회사 등으로 옮겨가면서 다양한 시장 진입 전략의 장점과 단점을 파악해야 한다.

올바른 시장진입 방법은 시장의 규모, 원자재의 이용가능성, 핵심 자원에 대한 접근성, 자본금 요구사항, 현지 파트너의 존재, 그 나라의 사회 및 경제정책 등이 포함되는 요인의 수 등에 좌우된다.

주요 용어

경쟁우위(Competitive advantage)
국제적 전략(International strategies)
글로벌 전략(Global strategies)
기업사명(Mission statement)
기업 수준의 전략(Corporate-level strategy)
다국적 전략(Multinational strategies)
라이센싱(Licensing)
목적(Goal)
목표(Objectives)
복합기업의 형성(Conglomeration)
비전(Vision)
사명(Mission)
사업부 전략(Business-level strategy)
수출(Exporting)
완전소유 자회사(Wholly owned subsidiary)
운용 효과성(Operational effectiveness)
자기자본수익률(Return on equity, ROE)
전략(Strategy)
전략의 수립(Strategy formulation)
전략적 위치(Strategic position)
제휴(Alliances)
초국가적 전략(Transnational strategies)
프랜차이징(Franchising)
합작투자(Joint venture)
핵심역량(Core competencies)

과제

토론 주제

1. Apple, Southwest Airlines, Amazon 등과 같은 기업은 해당 업계에서 강한 경쟁우위를 유지하고 있다. 그들은 어떻게 그렇게 할 수 있는가? 경쟁우위를 지속하기 위해 필요로 하는 것은 무엇인가?

2. 전략적 계획의 장점과 단점은 무엇인가?

3. 비즈니스의 목적은 무엇인가? 마음에 떠오르는 첫 번째 단어로 다음 서술문을 완성해보라. "법이 정의에 대한 것처럼, 비즈니스가 0000에 대한 것처럼, 약은 건강에 대한 것이다." 왜 그렇게 적었는가?

4. McDonald나 Walmart 같은 회사를 생각해보라. McDonald는 사회를 위해 좋은 회사인가? Walmart는 어떤가? 그들은 사회에 기여하고 있는가? 그들의 목적은 무엇이 되어야 하는가? 왜인가?

5. 전략 개발은 어떻게 '계획된 과정'이 되는가? 혹은 '긴급한 과정'이 되는가? 어떠한 과정이 더 큰 가치를 제공해 주는가?

6. 운영의 효과성은 왜 지속가능하면서 방어 가능한 전략이 되지 못하는가?

7. Southwest Airlines는 더 주요한 시장에 봉사함으로써 전략을 변경하기 시작했다. 그들이 계속 성공을 거둘 것으로 생각하는가? 어떤 난관에 직면하게 될 것이며, 그 난관을 어떻게 다루어야 할 것인가?

8. Toyota의 생산라인은 다른 회사들의 모범 사례가 된다. 왜 다른 회사들은 Toyota 생산시스템을 따라하면서도 성공적이지 못한가? 다른 회사의 가장 좋은 실행 과정을 "바로 가져다 쓰게 할 수" 있는가?

9. 글로벌 전략의 장점과 단점은 무엇인가? 왜 어떤 회사는 한 가지 방식이 다른 것에 비해 좋다고 선택하는가?

10. 글로벌시장 진입 방식의 장점과 단점은 무엇인가? 시장 진입 방식을 난이도에 따라 순서를 매겨보라. 기업은 어떤 경우에 특별한 방식을 채택해야 하는가?

관리 연구

1. 한 기업을 선택해 비전, 사명, 강령을 기술해보라. 비전과 사명은 어떻게 회사 전략과 맞추어져 있는가? 사명 또는 비전은 기업가치를 강조하고 있는가? 어떤 식으로 사명은 직원들에게 동기부여가 되고 있는가?

2. 한 기업을 선정해 비즈니스 전략을 분석해보라. 윤리적 실행을 포함한 전략적 측면이 존재하는가?

3. 사업이 다각화된 기업 하나를 연구해보라. 이 회사는 어떻게 사업부 수준의 전략과 기업 수준의 전략을 차별화하고 있는가?

4. 이 장에 있는 산업 수익성 목록을 조사해보라(그림 4-5). 왜 일부 산업이 다른 산업보다 더 높은 수익을 내는지 가설을 세워보라. 어떤 산업이 더 매력적이라고 보는가? 왜인가?

5. 이 장에서 설명된 해외진출 방식 중 각각에 대한 사례를 한 가지씩 찾아보라.

현장에서

1. 전략은 단순히 비즈니스 영역만은 아니며 스포츠팀의 필수 요소가 될 수도 있음을 학습했다. 학우들과 함께 스포츠팀 경기에 참여해보라.
   - 그 팀의 전략을 어떻게 설명하겠는가?
   - 그 팀이 재능관리 실무를 전략에 맞추고 있는 몇 가지 사례는 무엇인가?
   - 코치는 팀이 전략을 실행할 수 있도록 어떻게 권한을 주고 있는가?
   - 그 팀은 경쟁우위를 갖고 있는가?

2.. 지역 프랜차이즈 기업을 방문하고 관리자와 인터뷰를 해보라. 기업 본사가 전략을 만들기 위해 지역 프랜차이즈 가맹점과 어떻게 일하는지 배워라. 기업 차원 전략과 지역 프랜차이즈 가맹점의 전략 사이에 어떤 차이점이 있는가?

참고문헌

1 Michael E. Porter, "What Is Strategy?," Harvard Business Review, November- December 1996.

2 Kenneth R. Andrews, The Concept of Corporate Strategy (Homewood, IL: Dow- Jones-Irwin, 1971), p. 28.

3 David Collis and Jan W. Rivkin, "Strategic Renewal," Harvard Business School Module Note No. 9-708-503, rev. April 6, 2009 (Boston, MA: HBS Publishing, 2008), p. 1.

4 Online database of players and statis- tics, www.baseball-reference.com, accessed November 18, 2009.

5 Michael Lewis, Moneyball: The Art of Winning an Unfair Game (New York, NY: W.W. Norton, 2003).

6 Bruce D. Henderson, "The Origin of Strategy," Harvard Business Review, November–December 1989, p. 141.

7 R. L. Wing, The Art of Strategy: A New Translation of Sun Tzu's Classic "The Art of War," (New York, NY: Doubleday, 1988), p. 13.

8 R. L. Wing, The Art of Strategy: A New Translation of Sun Tzu's Classic "The Art of War," (New York, NY: Doubleday, 1988), p. 13.

9 Mark B. Fuller, "Business As War," Fast Company, December 19, 2007, www. fastcom pany.com/magazine/00/war.html.

10 R. L. Wing, The Art of Strategy: A New Translation of Sun Tzu's Classic "The Art of War," (New York, NY: Doubleday, 1988).

11 Henry Mintzberg, The Rise and Fall of Strategic Planning (New York, NY: Free Press, 1994), pp. 239–245.

12 C. Chet Miller and Laura B. Cardinal, "Strategic Planning and Firm Performance: A Synthesis of More Than Two Decades of Research," Academy of Management Journal, Vol. 37, No. 6, 1994, p. 1649.

13 Keith Naughton, "The Happiest Man in Detroit," Bloomberg Businessweek, February 7–13, 2011.

14 Bruce D. Henderson, "The Origin of Strategy," Harvard Business Review, November–December 1989, p. 140.

15 C. Chet Miller and Laura B. Cardinal, "Strategic Planning and Firm Performance: A Synthesis of More Than Two Decades of Research," Academy of Management Journal , Vol. 37, No. 6, December 1994, pp. 1649, 1662; John A. Pearce II and Fred Davis, "Corporate Mission Statements: The Bottom Line," Academy of Management Executive, Vol. 1, No. 2, 1987, p. 109; and Lawrence C. Rhyne, "The Relationship of Strategic Planning to Financial Performance," Strategic Management Journal, Vol. 7, No. 5, 1986.

16 Donald C. Hambrick and James W. Fredrickson, "Are

You Sure You Have a Strategy?" Academy of Management Executive, Vol. 15, No. 4, 2001, p. 58.

17 Milton Friedman. "The Social Responsibility of Business Is to Increase Its Profits," The New York Times Magazine, September 13, 1970, pp. 122–126.

18 Netflix, "Corporate Fact Sheet," http://ir.netflix.com, accessed October 1, 2009.

19 Warren Bennis and Burt Nanus, Leaders: The Strategies for Taking Charge (New York, NY: Harper & Row, 1985), p. 89.

20 John A.Pearce II and Fred Davis , "Corporate Mission Statements: The Bottom Line," Academy of Management Executive, Vol. 1, No. 2, 1987, p. 109.

21 Chip Jarnagin and John W. Slocum, Jr., "Creating Corporate Cultures Through Mythopoetic Leadership," Organizational Dynamics, Vol. 36, No. 3, 2007, p. 292.

22 Forest R. David and Fred R. David, "It's Time to Redraft Your Mission Statement," Journal of Business Strategy, Vol. 24, No. 1, 2003, p. 11; and John A. Pearce II and Fred Davis, "Corporate Mission Statements: The Bottom Line," Academy of Management Executive, Vol. 1, No. 2, 1987, p. 112.

23 Forest R. David and Fred R. David, "It's Time to Redraft Your Mission Statement," Journal of Business Strategy , Vol. 24, No. 1, 2003, p. 11; and Jerome H. Want," Corporate Mission: The Intangible Contributor to Performance," Management Review, 1986, p. 47.

24 David J. Collis and Michael G. Rukstad, "Can You Say What Your Strategy Is?," Harvard Business Review, April 2008, p. 3.

25 Henry Mintzberg, "The Design School: Reconsidering the Basic Premises of Strategic Management," Strategic Management Journal, 1990, pp. 171–195.

26 Arthur A. Thompson, Jr. and A. J. Strickland III, Strategy Formulation and Implementation: Task of the General Manager, 5th edition (Boston, MA: Irwin, 1992), pp. 5, 7.

27 Arnoldo C. Hax and Nicolas S. Majluf, "The Corporate Strategic Planning Process," Interfaces, Vol. 14, No. 1, 1984, p. 49.

28 Henry Mintzberg, "Crafting Strategy," Harvard Business Review, July–August 1987.

29 Adelaide W ilcox King, Sally W. Fowler, and Carl P. Zeithaml, "Managing Organizational Competencies for Competitive Advantage: The Middle- Management Edge," Academ y of Management Executive, Vol. 15, No. 2, 2001, p. 98.

30 Kenneth R. Andrews, The Concept of Corporate Strategy (Homewood, IL: Dow- Jones-Irwin, 1971), p. 29.

31 Christopher Steiner, "Meet the Fastest Growing Company Ever," Forbes , August 30, 2010, http://www.forbes.com/forbes/2010/0830/entrepreneurs- groupon-facebook-twitter-next-web- phenom.html.

32 Christopher Steiner, "Meet the Fastest Growing Company Ever," Forbes , August 30, 2010, http://www.forbes.com/forbes/2010/0830/entrepreneurs- groupon-facebook-twitter-next-web- phenom.html.

33 Douglas MacMillan, "Groupon CEO Andrew Mason Fights to Keep His Job," Bloomberg BusinessWeek, January 10, 2013.

34 Richard P. Rumelt, Dan E. Schendel, and David J. Teece, "Fundamental Issues in Strategy," Fundamental Issues in Strategy: A Research Agenda, Richard P. Rumelt, Dan E. Schendel, and David J. Teece, eds. (Boston, MA: HBS Press, 1994), p. 9.

35 Donald C. Hambrick and James W. Fredrickson, "Are You Sure You Have a Strategy?," Academy of Management Executive, Vol. 15, No. 4, November 2001, p. 54.

36 Arthur A. Thompson, Jr. and A. J. Strickland III, Strategy Formulation and Implementation: Task of the General Manager, 5th edition (Boston, MA: Irwin, 1992), p. 3.

37 Michael E. Porter, "What Is Strategy?," Harvard Business Review, November– December 1996, p. 3.

38 Michael E. Porter, "What Is Strategy?," Harvard Business Review, November– December 1996, pp. 3–18.

39 Michael E. Porter, "What Is Strategy?," Harvard Business Review, November– December 1996, p. 8.

40 Donald C. Hambrick and James W. Fredrickson, "Are You Sure You Have a Strategy?," Academy of Management Executive, Vol. 15, No. 4, November 2001, p. 52.

41 Charles O'Reilly and Jeffrey Pfeffer, "Southwest Airlines (A)," Stanford Graduate School of Business Case No. HR-1A, rev. April 5, 2006 (Stanford, CA: Stanford Graduate School of Business, 1995), p. 3.

42 Charles O'Reilly and Jeffrey Pfeffer, "Southwest Airlines (A)," Stanford Graduate School of Business Case No. HR-1A, rev. April 5, 2006 (Stanford, CA: Stanford Graduate School of Business, 1995), p. 3.

43 Charles O'Reilly and Jeffrey Pfeffer, "Southwest Airlines (A)," Stanford Graduate School of Business Case No. HR-1A, rev. April 5, 2006 (Stanford, CA: Stanford Graduate School of Business, 1995), p. 7.

44 Paul Betts, "Bic Struggles to Shave into Gillette's Market Leadership," Financial Times, October 31, 2007, available via LexisNexis, accessed September 2011.

45 Michael E. Porter, "What Is Strategy?," Harvard Business Review, November– December 1996, p. 3.

46 Michael E. Porter, Competitive Strategy: Techniques for Analyzing Industries and Competitors (New York, NY: The Free Press, 1980), pp. 34–46.

47 Richard S. Allen, Marilyn M. Helms, Margaret B. Takeda, and Charles S. White, "Porter's Generic Strategies: An Explanatory Study of Their Use in Japan," Journal of Business Strategies, Vol. 24, No. 1, Spring 2007, p. 74.

48 Michael E. Porter, "What Is Strategy?," Harvard Business

Review, November– December 1996, p. 10.
[49] David J. Collis and Michael G. Rukstad, "Can You Say What Your Strategy Is?," Harvard Business Review, April 2008, p. 1.
[50] Michael E. Porter, "What Is Strategy?," Harvard Business Review, November– December 1996, pp. 10–14.
[51] Steven Spear and H. Kent Bowen, "Decoding the DNA of the Toyota Production System," Harvard Business Review, September–October 1999, p. 1.
[52] Steven Spear and H. Kent Bowen, "Decoding the DNA of the Toyota Production System," Harvard Business Review, September–October 1999, p. 2.
[53] Kenneth R. Andrews, The Concept of Corporate Strategy (Homewood, IL: Richard D. Irwin, Inc., 1980), p. 13.
[54] David Collis and Cynthia Montgomery, "Corporate Strategy: A Conceptual Framework," Harvard Business School Note No. 9-391-284, rev. April 17, 1995 (Boston, MA: HBS Publishing, 1991), p. 6.
[55] Stephen Tallman and Karin Fladmoe- Lindquist, "Internationalization, Globalization, and Capability-Based Strategy," California Management Review, Vol. 45, No. 1, 2002, pp. 116–135.
[56] Christopher A. Bartlett and Sumantra Ghoshal, Managing Across Border s: The Transnational Solution, 2nd edition (Boston, MA: HBS Press, 1998), p. 26.
[57] Christopher A. Bartlett and Sumantra Ghoshal, Managing Across Border s: The Transnational Solution, 2nd edition (Boston, MA: HBS Press, 1998), p. 26.
[58] Christopher A. Bartlett and Sumantra Ghoshal, Managing Across Border s: The Transnational Solution, 2nd edition (Boston, MA: HBS Press, 1998), p. 69.
[59] "The New Intel: Craig Barrett Is Leading the Chip Giant into Riskier Terrain," Bloomberg BusinessWeek , March 13, 2000, http://www.businessweek.com/2000/00_11/b3672001.htm, accessed September, 2011.
[60] Ashlee Vance, "Stretching Intel Flash Memory," International Herald Tribune, December 3, 2008, available via Factiva, accessed September, 2011.
[61] Ryan Bradley, "Where Grills Are Born," Fortune, August 13, 2012.
[62] Anil K. Gupta and Vijay Govindarajan, "Ma nagin g Glob al E xpans ion: A Conceptual Framework," Business Horizons, March–April 2000, p. 47.
[63] Anil K. Gupta and Vijay Govindarajan, "Ma nagin g Glob al E xpans ion: A Conceptual Framework," Business Horizons, March–April 2000, p. 48.
[64] Paul Beamish, "Note on International Licensing," Ivey Management Services, 2005, p. 1.
[65] Paul Beamish, "Note on International Licensing," Ivey Management Services, 2005, p. 10.
[66] Paul Beamish, "Note on International Licensing," Ivey Management Services, 2005, p. 3.
[67] Beth Kowitt, "High Tech's Fashion Model," Fortune, June 11, 2012.
[68] Paul Beamish, "Note on International Licensing," Ivey Management Services, 2005, p. 1.
[69] Paul Beamish, "Note on International Licensing," Ivey Management Services, 2005, p. 2.
[70] Zeenat Moorad, "Africa a Mecca for Multinationals," Business LIVE, July 5, 2012.
[71] Joe Bleeke and David Ernst, "The Way to Win in Cross-Border Alliances," The McKinsey Quarterly, Vol. 28, No. 1, 1992, pp. 113–133.
[72] Anil K. Gupta and Vijay Govindarajan, "Ma nagin g Glob al E xpans ion: A Conceptual Framework," Business Horizons, March–April 2000, p. 49.
[73] Anil K. Gupta and Vijay Govindarajan, "Ma nagin g Glob al E xpans ion: A Conceptual Framework," Business Horizons, March–April 2000, p. 49.
[74] Anil K. Gupta and Vijay Govindarajan, "Ma nagin g Glob al E xpans ion: A Conceptual Framework," Business Horizons, March–April 2000, p. 49.
[75] "Disney Gets a Second Chance in China," Bloomberg Businessweek, April 18–24, 2011.

제 5 장

비즈니스 차원의 전략

학습목표

이 장을 공부한 후 다음을 할 수 있도록 한다.

- 기업이 업계 내에서 경쟁하는 방식 설명하기
- 외부 환경의 다양한 세력들이 산업의 매력도에 어떤 영향을 미치고 있는지 개요 설명하기
- 기업의 내부 환경이 전략적 방법에 어떻게 영향을 미치고 있는지 설명하기
- 기업의 내부 장점과 약점을 기술하고 판매시장에서 직면하는 기회와 위험을 정의함으로써 기업에 대한 SWOT 분석 수행하기
- 기업이 3가지 본원적 전략, 즉 원가우위, 차별화, 집중화 중의 하나를 통해 경쟁우위를 어떻게 생성할 수 있는지 설명하기
- 기업의 가치사슬 설명하기

장의 개요

자기성찰 MANAGEMENT

경쟁우위를 위한 구상

상황을 구상할 수 있는 능력은 필수적인 관리 기술이다. 구상에는 어떤 상황을 이해하기 위해 관찰하는 일, 해석하는 일, 행동하는 일 등이 수반된다. 관리자가 회사의 비즈니스 전략을 위한 기준틀을 만들 때 경쟁우위를 가져다 줄 핵심 행동에 초점을 맞춘다. 1~5까지의 점수를 놓고 다음 서술문을 읽으면서 전략적 구상의 기술을 평가해보라.

1=절대 아님, 2=거의 아님, 3=때때로 그러함, 4=보통 그러함, 5=항상 그러함

1. 나는 기업이 고객을 위한 가치를 어떻게 창출해야 할지 계획을 짤 수 있다.
2. 제품을 평가할 때 품질을 고려한다.
3. 회사를 연구할 때 경비가 절감될 수 있는 방법을 확인하려 노력한다.
4. 나는 제품(혹은 서비스)이 기업의 포지션 자체만으로도 어떻게 차별화 되는지 알고 있다.
5. 나는 어떤 기업은 확실한 전략의 결여 때문에 경쟁열위에 있음을 깨닫고 있다.
6. 나는 산업구조가 기업전략에 어떻게 영향을 미치는지 이해하고 있다.
7. 나는 왜 일부 기업은 산업 중에서도 더 작은 부문에 집중하는지 그 이유를 이해하고 있다.
8. 나는 기업의 유형 및 무형의 자원들이 경쟁우위의 중요한 결정 요인임을 인식하고 있다.
9. 기업전략을 연구할 때 나는 이행에 필요한 1차적인 그리고 지원활동을 알고 있다.
10. 기업전략에 대해 생각하는 경우 나는 직원의 기여가 가치를 어떻게 창출하는지 감안한다.

이러한 평가를 바탕으로 내가 갖고 있는 전략 구상의 장점은 무엇인가? 무엇이 개선 가능한가?

서론

이 장에서는 기업이 속해 있는 산업에서 어떻게 경쟁하고 있는지와 경쟁우위를 정의하는 데 초점을 맞춘다. 관리자라면 경쟁전략의 선택에 기본이 되는 2가지 질문을 생각해 보는 것이 도움이 된다. 관리자가 물어야 할 첫째 질문은 “해당 산업이 얼마나 매력적인가?”이다. 산업은 기업 간의 경쟁방식과 수준, 수익에 대한 잠재성을 형성하는 독특한 구조와 성격을 갖고 있다. 일부 산업은 높은 성장과 지속적 변화가 특징인 반면 다른 산업은 상대적으로 안정되어 있다. 항공사 산업을 예로 들면 높은 연료비, 유산비용(legacy cost)의 구조, 치열한 경쟁 등 여러 이유 때문에 이윤은 전통적으로 낮은 편이었다. 하지만 구조적으로 좋지 못한 산업조건은 영리한 기업도 큰 수익은 벌어들일 수 없게 만들고 있다. 제4장에서 살펴보았듯 Southwest는 어려운 산업 조건에도 불구하고 성공하는 회사의 완벽한 예라 할 수 있다. 산업의 성격을 평가했다면 관리자가 두 번째로 물어야 할 것은 “기업이 해당 산업에서 어떻게 경쟁할 것인가?”이다. 이러한 포지셔닝은 비즈니스 차원 전략 중에서도 핵심이다.

그림 5-1 전략의 3가지 구성요소

Source: Adapted from Constantinos Markides, "Strategic Innovation," *Sloan Management Review*, Spring 1997, p. 12.

비즈니스 차원 전략을 세울 때 관리자는 어떻게 경쟁할지를 결정하기 위해 산업구조의 매력도, 외부 환경에서의 기회와 위협, 기업의 내부 자원 등을 검토한다. 관리자는 다음과 같은 3가지 근본 질문에 답변할 수 있어야 한다. 1) 누구에게 봉사하고 있는가(광의의 또는 협의의 시장 세분)? 2) 무엇을 제공하는가(작은 범위의 또는 큰 범위의 제품)? 3) 그것을 어떻게 제공하는가(회사가 갖고 있는 독특한 생산방법 또는 전달 과정)? 이 3가지 질문은 [그림 5-1]에 예시되어 있다. 질문에 대한 답은 기업이 따르게 될 3가지 본원적인 전략적 방법을 결정할 때 적용된다. 저비용 전략, 차별화 전략, 집중화 전략이다. 또는 이 전략들을 혼합할 수도 있다.

비즈니스 차원의 전략 개념을 설명하기 위해 다양한 수준의 성공을 경험한 두 기업에 대해 살펴보자. 두 기업 모두 친숙할 것이다. 그러나 단지 한 기업만이 판매시장에서 지속가능한 경쟁우위를 구축해 유지시킬 수 있었다.

많은 직장인들, 부모, 대학생들은 한 잔의 커피로 아침을 시작하는데 그 잔이 점차 Starbucks로 변해가고 있다. 이 회사의 제품은 거의 모든 곳에서 발견할 수 있다. 즉 거리에서, 서점에서, 사무실에서, 쇼핑몰에서, 카페 등에서 발견된다. Starbucks는 오늘날 미국에서는 너무 인기가 많아 분주한 도심의 서로 마주 보이는 곳에 2~3개의 점포가 있는 것도 이상한 일이 아니다. 하지만 잘 알려진 커피 제조기업이 오늘날에는 도처에 널려 있다 해도 20년 전만 해도 전문 커피시장은 거의 없는 것이나 마찬가지였다.

커피를 위한 상업시장은 아랍 무역상들이 원산지 에티오피아로부터 중동으로 재배를 위해 커피 아라비카(Coffee Arabica) 나무를 들여왔을 때인 AD 500~1000년 사이에 기원했다. 커피는 수세기 동안 중동에서 널리 애용되다가 16세기에는 유럽으로 퍼졌다. 그 후 전 세계적으로 인정받게 되어 많은 문화에서 중요한 아침식사 음료가 되었다. 1940년대 즈음에 평균적인 미국의 성인은 믿기 어려울 정도인 연간 20파운드(약

9kg)의 커피를 소비했다.

2차대전 후 커피의 제조는 General Foods나 Folgers 등과 같은 소수 대기업에 의해 통제되기 시작했다. 산업이 통합됨에 따라 제조기업들은 커피를 식료품 상점을 통해 대규모로 유통시켰으며 판촉 초점을 재배와 가공처리 기능에서의 효율성을 달성하는 데 맞추었다. 이 기간에 커피 브랜드는 대부분 차별화되지 않았다. 시장점유율과 슈퍼마켓의 매대 점유율을 높이기 위해 대형 가공기업들은 쿠폰, 할인, 기타 판촉활동을 하면서 가격전쟁을 벌였다. 시장 선도기업들이 이러한 경쟁에 초점을 맞춤에 따라 고객 욕구가 변하고 있음과 대체재의 시급함에 대해서는 깨닫지 못했다. 이 기간에 커피의 1인당 소비는 떨어지기 시작했는데 1963년의 1일 3.1컵을 정점으로 1980년대 중반에는 2컵 미만으로 떨어졌다.

커피 소비가 하락하기 시작한 시점과 거의 같은 때에 전문 커피 제조기업들이 전국에 걸쳐 생기기 시작했다. 이 기업들은 고급 원두와 다양한 커피음료를 제공하는 소규모 커피점을 운영하는 경우가 종종 있었다. 고급 원두에 대한 관심이 커지고 있음에도 불구하고 전문 커피시장은 1980년대에 들어설 때까지도 단편적으로만 유지되었다.

Starbucks의 탄생

Starbucks의 성장에 가장 큰 역할을 한 Howard Schultz는 한 가정용품 회사의 영업사원으로 사회생활을 시작했다. 그는 플라스틱제 원뿔 모양 필터를 많이 구매해주던 시애틀에 있는 Starbucks라는 거래처를 방문했을 때 처음으로 전문 커피를 소개받았다. 그곳 회사의 제품 맛을 본 뒤 Schultz는 이러한 유형의 커피가 전국의 독립적 식당에서 팔릴 수 있을 것이라 확신했다. 출장을 다녀온 뒤 뉴욕에 있는 직장을 그만두고 그 신출내기 회사의 직원이 되었다. 추가로 소매상점을 열자고 고위경영진을 설득했지만 실패한 뒤 결국 그 회사도 퇴사했다.

Starbucks를 나온 후에 Schultz는 동료들과 함께 시애틀 지역에 여러 곳의 전문 커피점을 열었다. Starbucks의 원 소유주가 비즈니스를 접으려 하자 Schultz는 자본금을 모아 사들였다. 1987년 인수 이후에 Schultz는 Starbucks라는 이름을 사용해 5년간 125개의 점포를 개설하겠다는 계획을 세웠다. 전문 커피를 위한 시장은 여전히 단편화되어 있었으며 대부분의 소비자는 전문 커피에 대한 개념을 거의 갖고 있지 않다는 사실에도 불구하고 Schultz는 특별한 분위기를 가진 프리미엄 커피가 큰 매력을 지녔다고 생각했다. 그가 재창조하려는 소매점의 분위기는 고객이 몇 시간이나 머무르는 유럽식 커피점이었다. 그는 브랜드와 고객 경험의 구축을 바라고 있었는데 이는 좋은 커피재료를 갖고 있는 Starbucks와 연계되는 일이었다.

Skip ODonnell/iStockphoto.com

Starbucks는 곧 주요 대도시에서 고객을 얻게 되었고 전국적으로 퍼져나갔다. 독특한 전략과 잘 정의된 활동을 통해 Schultz는 소비자와 주주 모두에게 가치를 가져다주었다. 그의 전략 결과는 숨이 막힌다고 밖에 할 수 없었는데 1988년에는 1천만 달러의 수익을 올렸지만 1993년에는 1억 7300만 달러로 상승했다. 같은 기간 Schultz는 Starbucks 점포수를 33개에서 272개로 늘렸다. 2011년 즈음에는 연간 매출액이 110억 7천만 달러이고 미국과 해외에 17,000개 이상의 점포를 거느렸다(그림 5-2 참조).

Starbucks의 Howard Schultz 사례에서 알 수 있듯 수행과 전략이 수익성 면에서

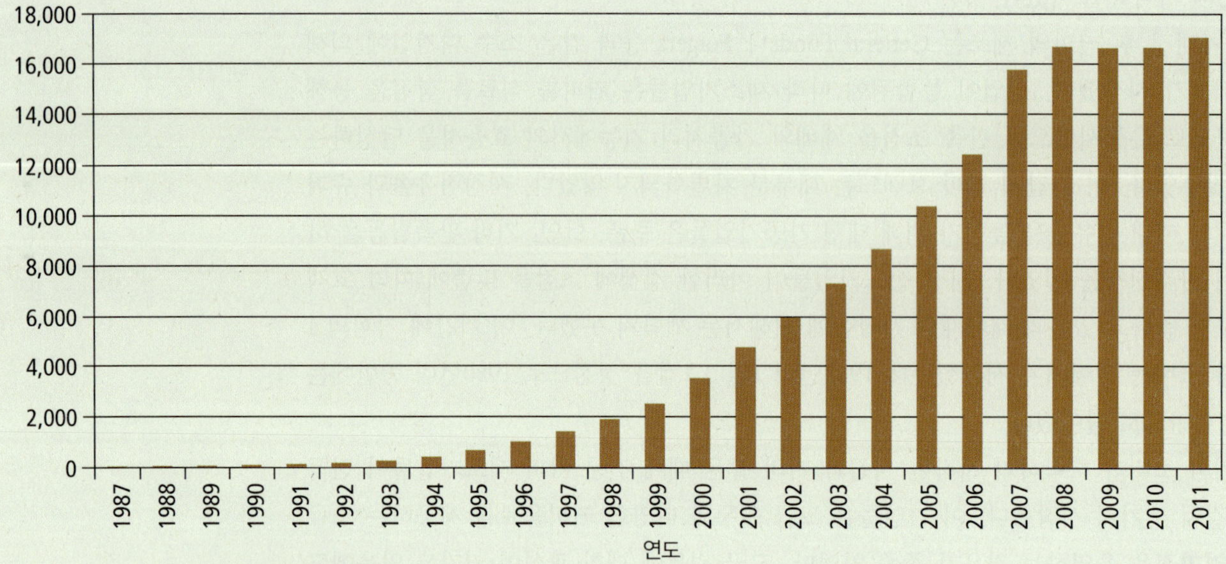

그림 5-2 Starbucks 점포의 성장(1987~2011)

Source: Adapted from Starbucks Corporation, -K (Seattle, WA: Starbucks Corporation, 2000–2011); and Nancy F. Koehn, "Howard Schultz and Starbucks Coffee Company," Harvard Business School Case No. 9-801-361, rev. September 30, 2005 (Boston, MA: HBS Publishing, 2001), p. 29.

차이가 나게 만들어야 한다. 1980년대 말 이전에는 커피산업이 글로벌 음료시장에서는 저성장, 저수익 부문으로 보였다. Folgers와 General Foods 같은 시장 선도자들은 가격을 기반으로 경쟁하고 있었으며 가정에서의 소비용으로 커피를 판매하는 데 집중했다. Schultz의 전략은 사람들이 자신의 집 밖에서 커피를 즐기기 위해 추가 금액을 지불하는 환경을 창출하는 것이었다. 비록 다른 커피점들이 Starbucks의 경쟁자이기는 하지만 Starbucks는 또한 전체적인 커피 소비를 두고 Folgers와 General Foods와도 경쟁을 하고 있다.

Schultz는 대형 커피 생산업자들 및 기타 커피점들과 비교해 제품을 차별화시키고 많은 위협들로부터 회사를 성장시킨 내부·외부의 기업활동 시스템을 구축함으로써 상대적인 경쟁우위를 개발한 것이다. 지나고 나서 보니 Schultz는 소비자들이 품질 및 경험에 대해 프리미엄 가격을 지불할 것이라는 데 도박을 한 셈이었다. 그는 이 위험을 경쟁자들과 차별화시킨 방어 가능한 전략과 핵심역량(예를 들어 인적 자원)의 개발을 통해 완화시켰다. 하지만 그 경험이라는 것은 구조적으로 간단하지 않은 시장 세분화를 급속하게 확대시키려고 시도했던 다른 많은 식품 및 음료회사들로서는 매우 어려운 일이었다.

Krispy Kreme

Krispy Kreme 도넛 이야기는 극도의 최고점과 최저점으로 점철되어 있다. 2000년에 가장 성공적으로 기업공개(initial public offering: IPO)를 했음에도 불과 3년 뒤 증권거래위원회(SEC)의 조사 대상이 되었다(그림 5-3 참조). 비록 SEC의 조사가 회계변칙에 집중되기는 했지만 이 회사가 갖고 있던 핵심 문제점들 중 많은 것이 과도한 팽창과 변하는 식습관에 대한 주의가 모자란 것으로부터 초래된 것이었다.

Krispy Kreme은 1937년 New Orleans에 있는 한 프랑스인 요리사로부터 도넛 조리법을 샀던 Vernon Rudolf에 의해 시작되었다. 도넛 체인이 본고장 시장에서 인정받았기 때문에 회사는 국내의 다른 지역으로 확장되기 시작했다. 이 기간에 Krispy Kreme은 회사 소유의 점포와 프랜차이즈 조직들을 통해 성장을 추구했다. 2000년 Krispy Kreme이 상장되었을 때 주가는 따끈하고 윤기나는 Krispy Kreme 도넛을 얻기 위

그림 5-3 Krispy Kreme의 주가 변동표(2000~2011)

Source: Datastream.

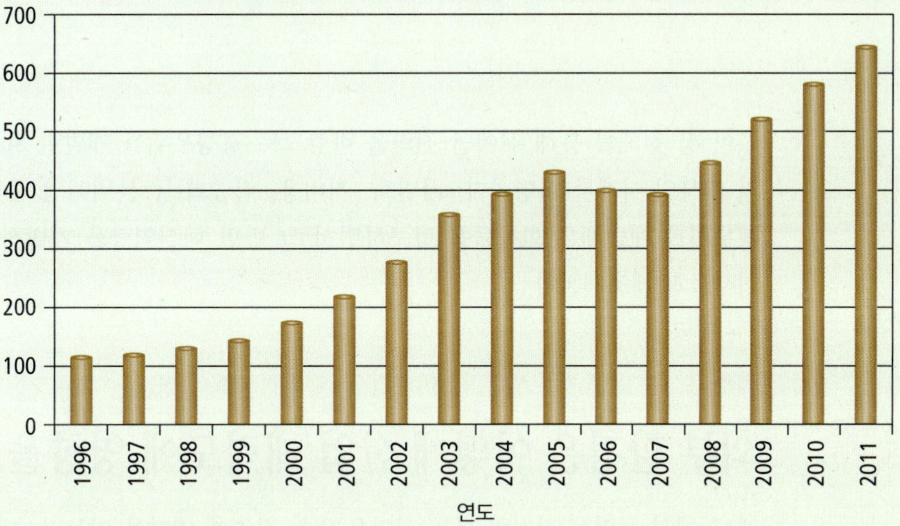

그림 5-4 Krispy Kreme의 점포 수(1996~2011)

Source: Adapted from Krispy Kreme Doughnuts Inc., -K (Winston-Salem, NC: Krispy Kreme Doughnuts Inc., 2001–2011), www.onesource.com, accessed August 16, 2011.

해 새 점포에서 몇 시간이고 고객들이 줄을 서 있는 광경을 투자자들이 목격하면서 신기록을 작성했다. 넉넉해진 IPO 자금과 투자자들로부터 받은 권한으로 미국과 캐나다 전역에서 공격적으로 밀어붙이기 시작했다. 5년 내에 200개 남짓의 점포로부터 시작해 433개까지 확장되었는데 주로 프랜차이즈 모델을 통한 것이었다(그림 5-4 참조).

Krispy Kreme이 팽창 전략을 확대하기 시작한 것과 동시에 많은 미국인들은 Atkins와 South Beach 등 새로운 다이어트를 시작했다. 둘 모두 탄수화물(즉 빵과 씨리얼)의 섭취를 줄이자는 것이었다. 새로운 체중 감량 전략에 초점을 맞춘 다이어트가 광범위하게 퍼지고 미디어의 주목에도 불구하고 Krispy Kreme은 소비자 선호도의 변화가 자사 제품에 영향을 미칠 수도 있는 잠재적 부작용을 인식하는 데 실패했다. 또한 도넛 수요의 하락을 막을 신제품을 확대하는데도 실패했다. 새로운 점포를 계속 개설할 때인 2004년에 수익성이 급락하기 시작했는데 2004년 5천만 달러에서 2005년에는 1억 5700만 달러의 손실에 이르렀다. Krispy Kreme의 매출이 미끄러지기 시작한 2003년에 고위 경영진은 수익성을 유지시키고 때로는 늘리기까지 하려는 과정에서 의심스러운 회계행위에 관여하기 시작했다. 회계 비행이 밝혀짐에 따라 주가는 2003년 44달러에서 2005년에는 6달러로 떨어졌으며 고위 경영진들이 교체되었다.

만약 회사가 공개되기 시작한 2000년부터의 언론자료 또는 분석보고서들 중 일부를 살펴보면 Krispy Kreme에 대해 매우 다른 견해를 발견할 수 있을 것이다. 처음에는 많은 분석가들이 엄청난 성장 전망을 갖고 있는 훌륭한 브랜드로 찬양했지만 외부 판매시장에서의 변화 감각을 잃었으며 내부 운영 절차에 대한 통제도 잃었다. 한 기업이 장기간 생존하기 위한 핵심 사항 중 하나는 판매시장에서의 예상되는 그리고 예기치 못한 변화 내용을 이해하고 적응할 수 있는 능력이다. Krispy Kreme은 미국인의 식습관 변화에 맞추는 데 실패했던 것이다.

대조적으로 Starbucks의 경이로운 성장은 부분적으로는 미국인들이 한 잔에 3달러 이상인 전문 커피에 기꺼이 지불할 수 있게 된 20여년 동안의 자유로운 소비행위와 탐닉의 물결에 편승하게 만든 회사의 능력으로 인한 결과였다. 2008년 글로벌 금융위기의 악몽 중에 Starbucks는 비즈니스 포지션을 재평가해야 했다. 사업 중 일부를 간소화하고 팽창 계획을 늦추었던 것이다. 과거에는 성장을 달성하기 위해 국내와 해외 모두 점포의 급속한 팽창에 의존했다. 그때 이후 군살을 뺀 경제 규모로 운영하는 것으로 전략을 변경했다. 2011년 Starbucks는 식료품점에서 팔리는 주스와 차 등의 품목 확대를 추구할 것이라고 발표했다. 2012년에는 고객이 스마트폰으로 구매한 것을 지불할 수 있도록 하는 새로운 서비스를 공개했다. 몇 주도 안 되어 Starbucks는 새로운 차원의 편의성을 제공할 수 있는 가장 크면서도 가장 인기 많은 소매상이 되었다. 이러한 노력을 통해 점점 경쟁이 심해지는 판매시장에서 비즈니스를 더욱 차별화하려는 시도를 했던 것이다.

이 장 전체를 통해 뛰어난 전략을 바탕으로 경쟁우위를 개발한 Starbucks와 같은 여러 회사의 사례를 설명한다. 차별화, 저비용, 집중화 등 본원적인 대안 전략을 통해 경쟁우위를 개발해온 회사들을 탐구하면서 그 반면 핵심역량을 개발하는 일에 서툴렀던 회사들과 대조해본다.

외부 환경은 어떻게 산업 매력도에 영향을 미치는가

제1장에서 설명한 것처럼 모든 기업은 외부 환경에 영향을 받는다. 대부분의 기업은 기술적 세력, 경제적 세력, 정치적 · 법률적 세력, 사회문화적 세력, 글로벌 세력 등이 포

리더십 개발의 여정 전략을 행동으로 옮기는 것이 전략 이행 작업이다. 많은 관리자가 전략을 형성하는 일에 열심이지만 그 작업의 이행에는 고심한다. 그럼에도 불구하고 전략 이행은 기업이 갖고 있는 비즈니스 차원의 전략 중 필수적 측면이다. 여러분이 학생클럽의 구성원이었을 때, 어떤 스포츠팀에 참여했을 때, 직장에서 일할 때, 또는 비영리조직에서 자원봉사를 하고 있었을 때 등에 대해 생각해보라.

1. 그때의 전략적 목표는 어떻게 행동 단계로 옮겨졌는가?
2. 목표를 향해 함께 작업하도록 다른 사람들을 어떻게 참여시켰는가?
3. 전략 이행에 무엇으로 기여했는가?
4. 전략 이행이 성공이었는가? 왜 그런가? 아니면 왜 그렇지 않은가?

함되는 공통 세력에 의해 영향을 받는다. 효과적 전략은 회사의 경쟁우위를 외부 환경 속에 존재하는 기회와 일치시키는 것이다. 제1장의 사례에서는 한 기업이 갖고 있는 외부 환경에서의 격변이 얼마나 난제들을 만들어낼 수 있는지를 보았다. Walmart 사례에서 회사는 Supercenter를 캘리포니아로 확대시키려는 시도를 했을 때 극심한 난관에 직면했다. 이러한 여러 사례에서 얻는 교훈은 기업의 다양한 이해관계자들을 인식하고 그들을 위한 전략을 개발하는 것의 중요성이었다. 비록 관리자가 영향을 미치는 요인들을 인식할 때 이해관계자가 도움을 주기는 하지만 기업의 경쟁 환경을 평가하기 위해 필요한 상세한 수준은 제공해주지 않는다. 이 활동을 위해 필요한 도구의 하나가 Michael Porter에 의해 개발된 5가지 세력모델(5-Forces Model)이다.

Porter의 5가지 세력모델

이 모델은 산업의 장기적인 수익잠재성을 평가할 수 있는 체계를 제공해준다. 이것이 제시해주는 것은 어떤 산업이든 5가지의 기본 경쟁 세력을 탐구함으로써 평가될 수 있다는 것이다. 5가지 세력모델은 신규 진입자의 위협, 고객의 교섭력, 대체재의 위협, 공급자의 교섭력, 기존 경쟁자들 간의 대립관계 등이 포함되어 있다. 이 5가지 요인을 조사함으로써 관리자는 해당 산업의 장기 전망과 그것을 이끌고 있는 전략 세력에 대한 감각을 얻을 수 있다. 훌륭한 전략가라면 누구든 이 도구를 산업의 장점과 약점을 확인하는 출발점으로 이용해야 한다.

신규 진입자의 위협

모든 회사는 업계로 들어오는 진입자의 위협에 직면하고 있다. 새로운 경쟁자가 업계로 들어오면 동일한 제품이 동일한 고객에게 더 많이 공급된다는 것을 의미한다. 이는 결국에 가서는 모든 기업들의 수익을 감소시킨다. 비록 모든 산업은 경쟁사 진입의 위협은 갖고 있지만 (규제받는 산업이나 국유화 산업은 제외) 위협 수준은 산업마다 다르다. 5가지 세력모델에 따르면 산업에 대한 진입 위협은 진입자가 예상할 수 있는 기존 경쟁자와 그 반응에 의해 존재하는 **진입장벽**에 따라 좌우된다. 진입장벽은 산업에 따라 달라지며 기업이 시장 또는 산업에 들어가려 노력하는 중에 직면할 수 있는 장애물이다. 가장 일반적인 진입장벽에 포함되는 것으로는 해당 산업에 들어가는 데 필요한 높은 자본 투자와 한 제품에서 다른 제품으로 전환하는 고객과 관련된 높은 비용 등이 있다. 이는 또 다른 형태의 진입장벽이다. 개인 컴퓨터(PC) 산업은 작용 중에 있는 진입장벽의 흥미로운 예를 제공한다.

PC는 오늘날 너무 흔해져서 불과 수년 전만 해도 그 산업이 어떤 모습이었는지 잊어버리기 쉽다. PC 이전에는 컴퓨터 시장이 산업용·정부용의 대형 메인프레임과 미니컴퓨터를 생산하던 IBM 등의 기업에 의해 지배되고 있었다. 1980년대 초에 신규 기업들이 개인이 사용할 수 있는 컴퓨터를 개발하기 시작했다. Apple은 PC 시장을 특정 집

진입장벽(Barriers to entry)
기업이 시장 또는 산업에 진입하기 위해 노력하는 중에 직면하게 되는 장애물

단에서 인기를 얻을 것으로 전망했다. 1981년에 IBM은 PC 버전을 출시해 불과 2년 뒤에 시장의 42%를 점유했다. 하지만 메인프레임 컴퓨터와 달리 IBM은 PC 프로세서는 Intel에, 운영시스템은 Microsoft에 외주를 주었다. 게다가 IBM은 제품의 아키텍처(컴퓨터 시스템의 구성)를 개방해 소프트웨어 개발자들로 하여금 PC 프로그램을 만들도록 장려했다.

PC 시장의 초기에 IBM은 다른 기업들에 비해 엄청난 경쟁우위를 유지하고 있었는데 그 이유는 브랜드, 판매력, 수익성 좋은 거래 기업과의 관계 때문이었다. 하지만 IBM이 아키텍처를 소프트웨어와 주변기기 제조업자들에게 개방하자 경쟁자들을 위한 문도 열어준 셈이 되고 말았다. 과거 IBM은 메인프레임 컴퓨터용으로 쓸 독점 시스템을 개발하면서 시스템 아키텍처는 내부 작업으로 남겨두고 있었다. 그러나 PC와 함께 IBM은 뒤처지게 되었고 특정 구성부품을 외주로 주면서 시간을 벌어보려 했던 것이다. 이러한 단편적 조치를 통해 IBM은 PC 산업의 거대한 진입장벽을 해체해버렸던 것이다.

IBM PC의 수요가 폭발함에 따라 다른 기업들은 IBM 복제품을 만들기 시작했다. 사실 Compaq은 IBM 복제품을 판매한 첫 해에만 매출이 1억 달러를 넘어섰다. Dell과 Hewlett-Peckard 등 복제품 제조기업은 소송이 뒤따랐다. 1986년 즈음 IBM은 표준을 설정해주었지만 복제회사들을 낳게 되었다는 사실을 깨닫게 되었다. 1989년 IBM의 시장점유율은 고객이 더 저렴한 복제 PC를 구매하기 시작함에 따라 17%까지 떨어졌다

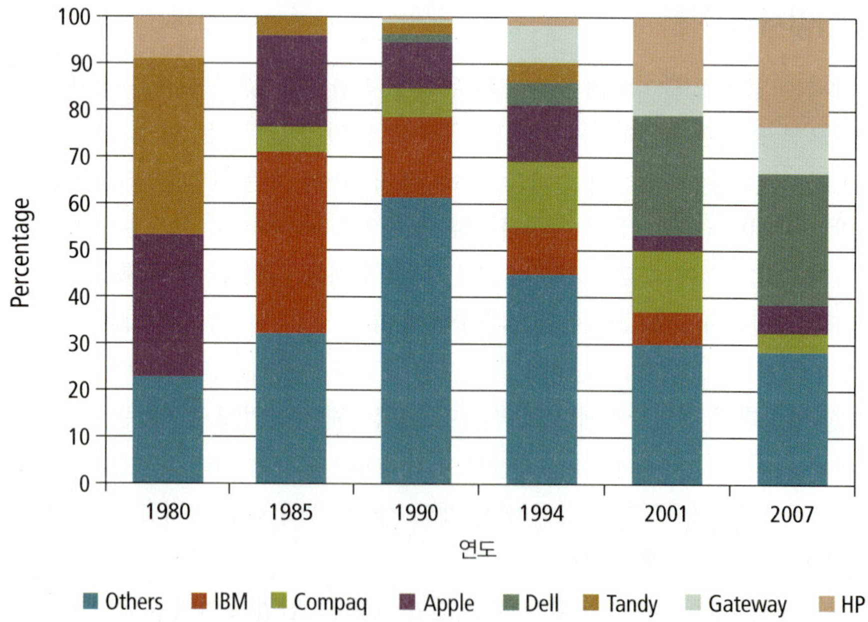

그림 5–5 PC의 시장점유율 추이(1980~2007)

Source: John Steffens, *Computer Industry Forecasts and Newgames: Strategic Competition in the PC Revolution* (New York, NY: Pergamon Press, 1994); V. Kasturi Rangan and Marie Bell, "Dell—New Horizons," Harvard Business School Case No. 9-502-022, rev. October 10, 2002 (Boston, MA: HBS Publishing, 2002); and "Home Personal Computers - US - December 2008," December 2008, Mintel www.mintel.com, accessed December 14, 2009.

(그림 5-5 참조). 2007년 IBM은 10대 PC 제조기업에도 들지 못하게 되었다.

PC 산업에서 IBM이 시도한 전략에서 알 수 있듯 진입장벽을 낮추면 경쟁을 조장하게 되고 그 결과 모두가 수익이 덜 나는 산업을 만들게 된다. 장벽이 높으면 IBM의 메인프레임 비즈니스 사례에서처럼 유망한 경쟁자들이 그 산업에 들어가는 것이 어렵다고 느끼게 만들어 이미 그 안에서 활동하던 IBM과 다른 기업들이 더 수익을 낼 수 있게 해주었다.

이제 진입장벽이 낮으면 무슨 일이 일어날 수 있는지 알게 되었으며 공급자 측면에서 본 규모의 경제, 수요 측면에서 본 규모의 장점, 고객의 전환 비용, 자금 수요, 규모와 관계없는 현업 효과, 유통채널의 불평등한 접근권, 정부의 제한 정책 등이 포함되는 진입장벽의 주요 원천에 대해 살펴보자. 이 장벽 중 많은 부분은 서로 관련되어 있어 시장에 진입하려 애쓰는 기업들에게 난관을 가중시킨다. 진입장벽은 또한 산업의 라이프사이클 단계와도 관련 있다. 어떤 산업 또는 새로운 시장이 일어나면 장벽이 낮아서 많은 기업이 지배적 위치를 구축하려 재빨리 움직인다. 어떤 산업이 더 성숙하면 초기처럼 유사한 규모 또는 수준을 바탕으로 해서는 신규 기업이 진입하기에는 어렵다.

공급자 측면에서 본 규모의 경제

공급자 측면에서 본 규모의 경제는 기업이 제품을 상당한 양으로 제조할 때 발생한다. 대규모의 양은 일반적으로 더 낮은 생산원가로 귀결된다. 낮은 원가는 새로운 기업에 의한 진입을 단념하게 만들 수 있다. 그 이유는 진입 시점에서는 동일한 생산규모를 생성할 수 없으며 해당 산업에 진입하는 것을 덜 매력적으로 생각하게 만들기 때문이다. 진입장벽 규모를 기반으로 한 형태는 많은 산업에서 존재하는데 이에는 마이크로프로세서, 철강 생산, 자동차 제조 등이 포함된다. 이 산업 각각에서는 공장을 설립하고 장비를 구매하는 데 드는 비용 등 고정비가 극도로 높다. 대규모 고정비는 결과적으로 더 큰 규모로 생산하는 것이 이윤 생성을 보장하는 경우도 있으며 새로운 진입자에게는 중요한 장애물이 될 수 있다.

수요 측면에서 본 규모의 이점

산업에서의 이점은 어떤 제품에 지불하려는 구매자 의사가 증가하는 만큼 발생한다. 원래 구매자는 평판이 좋은 공급원으로부터 구매함으로써 안전과 보안에 대한 감정을 느끼게 된다. 규모의 이점은 업계에 새로 들어온 기업 제품에 대한 소비자들의 선호도를 감소시킴으로써 진입 의욕을 꺾는다. 수요 측면으로 본 규모의 장점의 전형적인 예가 Microsoft의 운영시스템인 Windows이다. Windows가 운영시스템 시장을 지배함에 따라(2012년 시장점유율은 90% 이상) 잠재적 진입자들은 소프트웨어의 기존 범용성과 호환 가능한 시스템을 구매하려는 소

Stephan Drescher/iStockphoto.com

비자들의 선호도로 인해 근본적으로 막혀 있다. 흥미로운 것은 Microsoft가 Windows Phone 운영시스템으로 스마트폰 시장을 잠식해 들어갈 때 이러한 어려운 난관에 직면하고 있다는 사실이다. 소비자들은 이미 Apple 아니면 Android 플랫폼을 사용하는 운영시스템의 단골 고객이 되어버렸다.

고객의 전환 비용

전환 비용은 구매자가 공급자를 변경할 때 직면하는 고정비다. 전환 비용은 공급원을 변경하는 경우 소비자가 자신의 제품 또는 운용 절차를 변경해야 하기 때문에 발생한다. 투자중개 산업은 고객이 높은 전환 비용에 직면하는 한 사례다. 많은 소비자는 투자활동 모두를 Fidelity Investments와 같은 단일 중개법인을 통해서 한다. 일반적 소비자는 중개업자와 함께 주식, 투자신탁, 퇴직예금계좌 등을 갖고 있을 것이다. 많은 소비자는 자산을 다른 중개업자에게 전환하려 할 때 장애물에 마주친다. 이 경우 소비자가 직면하는 높은 비용에는 전환을 마무리하는데 필요로 하는 시간과 인내심이 포함된다. 높은 전환 비용은 또한 온라인 은행업무에서도 볼 수 있다. 일단 고객이 계좌, 지불일정, 정보 등을 설정해놓으면 다른 은행으로 전환하는 과정은 잠재적으로 더 나은 이자율에도 불구하고 그렇게 썩 매력적이지 못하다.

자금 수요

많은 산업에서 운영을 시작할 때 새로운 진입자는 큰 금액이 요구된다. 자금은 고정시설에 대해서뿐 아니라 고객의 신용, 재고, 착수 손해 등에서도 필요하다. 많은 산업은 새로운 진입자가 진입하려면 엄청난 자본 지출을 해야 하는데 이에는 구리광산, 제약, 철강 생산 등이 포함된다. 제약산업에서 연구 및 개발비는 엄청나며 약제의 평균 개발비는 8억 달러를 초과한다. 이러한 요건 때문에 잠재적 진입자들이 산업에 진출하는 데 제한을 받는 것이다.

규모와 관계없는 현업 효과

많은 산업에서 현업 회사들은 잠재적 경쟁자가 쉽게 이용할 수 없는 비용 또는 품질의 장점을 유지하고 있다. 이 장점에 포함될 수 있는 것으로는 뛰어난 기술, 원자재에 대한 우선적 접근, 정부 보조금 등이 있다. IBM 사례에서도 보았지만 독점 기술은 상당한 진입장벽으로 작용할 수 있다. IBM이 PC에 들어가는 여러 구성 부품들을 다른 기업에 외주로 주었을 때 이는 중요한 진입장벽을 효과적으로 파괴한 셈이었다.

유통채널에 대한 불평등한 접근권

모든 회사는 제품(혹은 서비스)을 소비자에게 유통시켜야 한다. 하지만 많은 산업은(예를 들어 음료) 과밀한 유통채널이 특징이다. 편의점에 한 번이라도 들어가 보았다면 청량음료, 물, 주스 등의 품목이 확산되고 있음을 발견할 것이다. 이 제품 중 많은 품목이

Coke 및 Pepsi 등과 같은 다국적기업에 의해 통제되고 유통된다. Vitamin Water 등 새로운 진입자에게 진입장벽은 제품을 팔기 위한 유통채널을 확보해야 한다는 막중한 과제다. 이 과제에 맞서 싸우기 위해 Vitamin Water는 집중적인 광고와 마케팅을 통해 독립 유통업자들의 환심을 샀다. Vitamin Water 설립자 Darius Bikoff는 제품을 소매점들에게 공격적으로 광고했는데 점포 내에서 진열 공간을 얻기 위해 Manhattan의 상점을 일일이 방문하기도 했다. 이러한 노력을 통해 Vitamin Water는 일반적으로는 진입하기 어려운 시장에 들어갈 수 있는 발판을 마련했다.

정부의 제한 정책

정부는 라이선스 요건, 특허 보호, 해외 투자장벽, 현지 원자재 시장에 대한 제한 등의 통제를 활용해 산업으로 들어가는 것을 막거나 심지어 배제시킬 수도 있다. 뉴욕의 도시택시 산업은 정부의 제한 정책 산업으로 대표된다. 뉴욕에서는 대략 14,000대의 택시가 라이선스를 받고 영업을 한다. 메달리온(medallion)으로 알려져 있는 라이선스는 소수의 사기업에 의해 통제되는 귀중한 상품이다. 이 시스템은 자동차를 구매해 자신만의 택시 서비스를 운영하려는 사업가가 발생하는 것을 방지해준다.

Stuart Monk/Shutterstock.com

공급자의 교섭력

공급자는 기업에게 제조 또는 생산공정에서 필수적인 투입물을 제공한다. 대부분의 회사에게 공급자라는 용어는 전기회사, 직원(노동 투입물을 공급해주는), 원자재 생산자(예를 들어 제강기업) 등이 포함되는 거대한 집단이라는 의미가 함축되어 있다. 모든 기업은 서로 다른 정도의 힘을 행사하는 매우 긴 공급자 명단을 갖고 있다. 공급자 세력의 가장 일반적 측면 중 일부는 공급자 제품에 어떤 대체재도 없는 경우, 공급자가 생산을 제한하는 경우, 공급자가 해당 산업을 주요 고객으로 여기지 않는 경우에 나타난다. 공급자 세력에는 여러 형태가 존재한다. 이제 작용 중에 있는 공급자 세력을 보여주는 사례를 살펴보자.

지난 20여 년간 Microsoft는 PC 제조기업들에게 엄청난 공급자 세력을 행사해왔다. 운영시스템 소프트웨어의 지배적 생산자로서 Microsoft는 20여 년 동안 90%에 달하는 시장점유율을 유지해왔다. 이러한 유지율을 고수해온 것은 운영시스템 소프트웨어 산업에서의 진입장벽 때문이었다. Microsoft는 수요 측면에서 본 규모의 이점을 누리고 있는 것이다. IBM이 운영시스템을 1981년 Microsoft에게 외주를 주었을 때 극복하기 어려운 것으로 입증된 **선발자 이익**을 제공했다. 선발자 이익은 기업이 고객의 충성을 확보하는 바람직한 제품(혹은 서비스)을 처음으로 제공할 때 일어난다. 한 연구에서는 선발자가 일반적으로 2차 선발자에 대해 10년간은 이익을 누리고 있음을 보여주었다.

선발자 이익 (First-mover advantage)
한 기업이 고객의 충성을 확보하는 바람직한 제품 또는 서비스를 처음으로 제공하는 경우 일어나는 경쟁상의 이익

Caro/Alamy

IBM과 PC 복제품을 위한 표준이 됨으로써 Microsoft Windows는 모든 PC의 필수 구성요소가 되어버렸다. 여러 해가 지나면서 Windows 사용자가 증가함에 따라 Microsoft의 공급자 권한은 더욱 강해졌으며 경쟁자들이 시장에 진입하는 것을 어렵게 만들었다. 비록 이 회사가 Windows를 소비자에게 직접 판매는 하고 있지만 판매 중 대부분은 PC를 만드는 주문자 상표에 의한 제품생산자(original equipment manufacturers: OEM)를 통해 이루어진다. 수억에 달하는 Windows 네트워크와 함께 대부분의 OEM 기업은 제품에 Windows 시스템을 포함시키고, Microsoft가 무엇을 통제하든 지불을 하는 것 외에는 선택의 여지가 거의 없다.

모든 기업은 서로 다른 세력의 원천을 간직한 긴 공급자 명단을 가지고 있다. 비록 Microsoft가 OEM 기업들에게 극도의 공급자 권한을 가지고는 있지만 다른 공급자(예를 들어 디스크 드라이브 제조사)는 낮은 교섭력을 가질 수 있다. 기억해야 할 중요한 사실은 기업-공급자 관계에서 누가 권한을 유지하고 있는가에 관해서는 모든 산업과 시장이 서로 다르다는 점이다.

강력한 공급자 집단의 성격

한 기업이 갖고 있는 공급자 명단 중에는 어떤 집단이 상대적으로 강력한지의 여부를 그 성격이 결정짓는다. 공급자는 다음과 같은 경우 강력해지는 경향이 있다.

- **공급자 산업은 해당 산업이 판매하는 것보다 집중화가 더욱 잘되어 있다.** 이 형태의 공급자 권한을 Microsoft에서 보았다. 10여 기업이 PC 산업에서 경쟁하고 있음에도 불구하고 단 하나의 기업이 운영시스템 산업을 명백하게 지배하고 있다.
- **구매자 산업에서의 참여자들은 공급자를 변경할 때 전환 비용에 직면한다.** 많은 공공 에너지 기업은 보일러가 특정한 석탄만을 사용할 수 있도록 주문되기 때문에 이를 교체하면 다양한 종류의 석탄을 구매해야 한다. 다른 종류의 석탄으로 전환하려면 공공 에너지 기업은 새로운 석탄을 취급할 수 있는 설비를 장착하는 시간 동안 공장 사용을 중지해야 한다. 이 경우 공공 에너지 기업은 석탄 사용에서 극도의 높은 전환 비용에 직면한다.
- **해당 공급자가 제공하는 것에 어떠한 대체재도 존재하지 않는다.** 제약산업에서 개별 제약회사들은 상대적으로 낮은 교섭력을 갖고 있는 병원과 의료조직 등의 고객을 위해 극도로 차별화된 제품들을 생산한다. 많은 경우 약품은 독특하며 따라서 경쟁할 수 있는 제품이 있다 해도 극히 소수이기 때문에 권한이 공급자에게 집중된다. 특정 질병에 고통을 겪는 사람들은 아예 대안으로 삼을 치료약도 갖고 있지 못하다. 희귀 질병에 쓰는 치료약을 개발하는 Genzyme 같은 회사는 자사 제품에 거의 전적인 재량권을 갖고 가격을 매길 수 있다.
- **공급자 집단은 구매자 산업에서 전방통합을 하겠다는 위협을 할 수 있다.** 이것은 해당

산업이 엄청난 이익을 내는 경우, 진입장벽이 낮은 경우, 공급자가 경쟁할 수 있는 자원과 능력을 갖고 있는 경우에 일어난다. 고급 의류 제조사 Diesel은 청바지를 팔기 위해 단독 브랜드 상점을 개설했을 때 소매 산업에서 전방통합을 했다.

- **공급자 집단은 해당 산업에 크게 의존하고 있지 않다.** 만약 공급자 집단이 해당 산업을 중요한 고객으로 생각하지 않는다면 공격적인 가격정책에 의해 해당 산업으로부터 최대한의 이윤을 뽑아내려는 시도를 할 수 있다.

대체재의 위협

불과 10여 년 전만 해도 대부분의 사람은 백과사전만 찾아보면 다음과 같은 일반적인 질문에 즉시 해답을 구할 수 있었다. Maryland의 인구는 몇 명인가? 에어컨을 발명한 사람은 누구인가? 1850년대 프랑스의 지도자는 누구인가? 백과사전은 다양한 주제의 정보원으로 유용했지만 매년 신판으로 교체하지 못하기 때문에 곧 시대에 뒤떨어진 것이 되어 버렸다. PC 및 CD-ROM 등의 도전과 함께 두꺼운 장정의 백과사전은 사라지게 되었다. 1990년대 초에는 Microsoft가 PC에서 이용할 수 있는 백과사전을 개발했다. Encarta라 불리는 이 제품은 백과사전을 수십 권의 책으로부터 온라인으로 상호작용하는 시스템으로 바꾸어놓았다. 훗날 인터넷과 Yahoo, Google 등 검색엔진의 등장으로 사람들은 실제 책조차도 거의 소용이 없게 되었다. 검색엔진은 최신의 데이터를 즉시 찾을 수 있도록 해줌으로써 백과사전의 완전한 대체재가 되었다.

Encarta의 도입과 검색엔진의 확산으로 Britannica 등을 비롯한 전통 백과사전 공급자들은 곤경에 빠졌다. 1990년에 6억 5천만 달러의 판매고를 달성해 4천만 달러의 순익을 기록한 뒤 Britannica는 연이어 수익을 내는데 실패했다. 판매는 1993년에 4억 5천만 달러로 30% 격감했다. 컴퓨터화한 백과사전과 모바일앱 등을 이용한 현대화 노력에도 불구하고 Britannica의 판매는 2010년에도 여전히 4억 5천만 달러였다. 2012년 3월 Britannica는 백과사전의 모든 인쇄를 중단하고 전면 디지털 플랫폼으로 전환한다고 발표했다. 1768년 이래 책을 출판해온 기업으로서 이는 극적이지만 필요한 결정이었다. 완전히 디지털 플랫폼으로 전환했음에도 불구하고 Britannica는 Google 검색에서 55% 이상이 상위 검색결과로 등장하는 Wikipedia로부터의 만만찮은 경쟁에 직면하고 있다. 생존을 확보하기 위해 Britannica는 새로운 가치를 보여줘야 할 필요가 있다.

> **다른 관점**
>
> **공공 부문에의 전략적 계획 — United States Postal Service**
>
> 1775년 이래 영업을 개시한 국영기관 United States Postal Service(USPS)는 오늘날 주로 인터넷으로 인해 비즈니스에서 수십억 달러의 손실을 보았다. 1999~2011년 사이에 USPS의 우편 물량은 1706억 건으로 19% 감소했다. 대조적으로 휴대폰 문자 메시지는 2011년에 1조 9천억 건으로 1백만% 증가했다. 수익성을 증가시키기 위해 USPS는 직원들을 해고시키고, 서비스 시간을 줄이고, 일부 우체국을 닫고, 연금수당을 줄이는 등의 방법을 모색했다. 하지만 정부기관으로서 어떤 전략을 수행할 것인지 그리고 필요하면 USPS를 재정적으로 지원할 것인지에 대한 결정은 항상 의회의 책임이었다.
>
> 1. 인터넷이 생활화됨에 따라 수익성을 늘리고 심각한 상황을 방지하기 위해 USPS는 어떠한 전략을 이행할 수 있을까?
> 2. USPS는 의회가 승인해야 하는 수익성을 증가시키기 위해 어떠한 전략을 찾아왔는가? 고려해야 하는 다른 전략이 존재하는가?
> 3. 어떤 조직이 전략을 결정할 때 정부에 의존하는가? USPS가 그 조직으로부터 배울 수 있는 것은 무엇인가?

비록 대부분의 대체 제품은 경쟁 제품에게 강력한 힘을 행사하지는 못하지만 모든 회사는 어떤 종류이든 대체재 위협에 직면하고 있다. 대체재는 경쟁자의 제품 또는 동일한 소비자 욕구를 만족시키는 다른 제품이 될 수 있다. 5가지 세력모델에 따르면 대체 제품(혹은 서비스)은 회사들이 부과할 수 있는 가격에 상한선을 제시함으로써 수익 잠재력을 제한한다. 백과사전 사례에서 가격 대비 성능의 절충점은 심지어 근접하지도 않았다. 월간 수수료만 내면 소비자는 인터넷을 통해 거의 계속적으로 가장 최근의 데이터를 얻을 수 있다. 비록 컴퓨터 구매비용과 인터넷 비용이 백과사전 한 세트보다 많을 수는 있겠지만 성능 차이가 너무 크기 때문에 Britannica처럼 낡은 모델을 기반으로 해서는 효과적으로 경쟁할 수 없다.

일부 대체재는 당장은 확실하지 않다. 예를 들어 Southwest Airlines이 저가의 지점간 항공요금을 도입했을 때 목표는 전통적인 항공사들과 경쟁하는 데 있지 않았다. 회사는 자신의 차를 이용해 상대적으로 짧은 거리를 여행하는 고객들에게 대안을 제시하려 했다. Southwest는 다른 항공사에게 비행기 여행의 대안은 물론 자동차 여행의 대체재도 함께 제공하고 있는 것이다.

고객의 교섭력

산업에 따라서는 기업 고객이 매우 다른 모습을 가지며 다르게 행동할 수 있다. 의류상점 등의 소매점포에서 고객은 일상의 사람들이다. 하지만 많은 기업은 기업과 기업사이의 고객이라 불리는 상업 활동을 하는 고객을 다루고 있다. 예를 들어 철강생산 기업을 생각해보자. 고객은 일반적으로 자동차 제조회사 또는 개인용 가전제품의 대기업 제조회사다. 철강 제조회사의 고객은 소매 고객과는 매우 다른 모습을 보이며 또 그렇게 행동한다. 문제는 고객의 다른 유형이 자사가 갖고 있는 **교섭력**을 기반으로 한 기업에서 다른 수준의 압력을 행사할 수 있다는 사실이다. 구매자는 매우 큰 양으로 구매하는 경우 또는 공급자 제품이 크게 차별화되지 않을 때 공급자에 비해 상대적으로 높은 힘을 갖는다. 이와 같은 구매자 또는 고객은 산업 내에서 가격을 강제로 낮출 수 있는 힘을 갖는다. 실제 작용하는 고객의 힘을 보여주는 사례를 살펴보자.

철강산업은 20세기의 대부분 동안 소수의 집약된 생산자에 의해 지배되었다. 1950년대에 3대 철강생산회사인 US Steel, Bethlehem Steel, Republic Steel은 미국 철강시장의 대략 60% 정도를 점유했다. 이 기간에 성공을 거둔 철강회사는 구매자에게 엄청난 공급자 세력을 행사한 자본화가 잘된 기업이었다. 대부분의 구매자는 공장에서 가장 가까이 위치한 생산업자로부터 철강을 구매하는 것 외에는 거의 선택권이 없었다. 이는 철강을 운송하는 일에 엄청난 비용이 들기 때문이었다. 하지만 이러한 교섭력은 외국 경쟁사들이 시장에 진입한 1950년대 말과 1960년대 초에 변하기 시작했다. 대규모의 집약된 일본 생산기업들이 생산성을 지속적으로 증가시킴으로써 미국 시장에서 지배적인 수출기업이 되기 시작했다. 제조법 향상을 통해 일본 회사는 미국의 철강회사와 운송비용의 차별화를 극복할 수 있었다. 일본 회사는 2차대전 이후 전체적인 철강산업이 새로운 기술로 본질적으로 재건되었기 때문에 가격 주도권을 달성할 수 있었다. 이렇게 더 효율적인 기술은 정부 지원과 유리한 인건비 구조와 결합되어 일본의 생산업자로 하여금 미국의 경쟁자와 심지어 운송비용을 추가했어도 가격 면에서 싸우는 것을 가능하게 만들었다.

교섭력(Bargaining power)
공급자 또는 구매자가 어떤 회사에 대해 행사하는 압력

미국 시장에 수입된 철강이 넘쳐남에 따라 구매자는 대부분 차별화되지 않는 제품을 생산하던 철강회사에게 더 많은 힘을 행사하기 시작했다. 철강산업에서 힘이 공급자에서 구매자로 전환됨에 따라 많은 철강회사는 시장점유율과 생산성 모두에서 하락을 겪기 시작했다. 교섭력에서의 변화는 극도로 높은 유산비용 구조와 결합되어 미국 철강기업의 미래를 보여주면서 항구적 하락세로 이어졌다. 2002년 즈음에는 2위, 3위, 5위의 철강회사가 모두 파산했다.

강력한 고객집단의 성격

철강산업 사례에서 보았듯 강력한 고객집단은 제품가격 및 품질면에서 압력을 행사함으로써 회사에 해를 끼칠 수 있다. 일반적으로 고객집단은 다음과 같은 상황에서 힘을 갖는다.

- **고객집단이 공급자에 비해 상대적으로 집중화되어 있거나 대량 물량으로 구매할 때:** Walmart는 방대한 규모에 힘입어 수많은 기업에게 극도의 구매력을 행사하고 있다. 세계에서 가장 큰 소매상으로서 Walmart는 많은 기업의 최대 고객이 되는 경우가 종종 있다. 규모와 범위 때문에 Walmart는 Procter&Gamble, Kraft 등의 공급자에게 하향식의 가격 압력을 행사할 수 있다. Walmart와 Amazon은 서적 · 출판산업에 유사한 영향을 끼쳐왔다. 즉 두 회사는 출판사로 하여금 심지어는 베스트셀러 출판물에 대해서까지도 가격을 낮추도록 강요해왔다.
- **해당 산업의 제품이 차별화되어 있지 않을 때:** 이 유형의 교섭력을 철강산업의 사례에서 보았다. 대부분의 철강회사는 차별화되지 않는 제품을 생산했으며 이는 궁극적으로 낮은 가격의 경쟁자에게 취약한 일이었다. 일본 철강회사 제품에서 더 많은 선택권을 갖게 되자 구매자들은 가격을 낮추도록 압력을 가하기 시작했다.
- **구매자가 공급기업을 변경하는 시점에 전환 비용이 거의 들지 않을 때:** 전환 비용은 사무용품과 종이 공급산업을 포함한 여러 산업에서 낮아지는 경향이 있다. 종이와 사무용품은 대체로 여러 공급자로부터 구매할 수 있는 저렴한 상품이다. 그렇기 때문에 대부분의 기업은 특정의 사무용품 회사와 독점적 계약을 유지하지 않으며 가격에 따라 공급자를 변경한다.
- **구매자가 잠재적으로 후방통합을 하여 해당 산업의 제품을 생산할 때:** 청량음료 병입회사에게 이러한 위협은 수십 년간 존재해왔다. Coke와 Pepsi는 이미 병입에서 후방통합 방식을 추구해왔다. 두 기업은 수년간 병입 운영에서 주식을 보유하고 있었지만 2010년 Pepsi는 북미의 병입회사 중 80%를 인수했고 Coke는 가장 큰 병입기업을 인수했다.

기존 경쟁자 간의 대립관계

기업 간의 대립관계 심화는 산업구조에 달려있는 경우가 있다. 일부 산업은 가격, 서비스, 다양성, 제품 도입을 기반으로 경쟁하는 치열한 대립관계가 특징이다. 어떤 대립관계에서는 각 경쟁자가 특정의 틈새 또는 활동에 초점을 맞추기보다 오히려 상대를 능가하려는 방법을 추구하다 보니 수익 잠재성이 감소된다.

Coke와 Pepsi는 세계에서 가장 널리 알려진 소비자 브랜드다. 비록 두 회사가 지난 세기에 걸쳐 엄청난 재정적 성공을 누려오기는 했지만 기업 역사에서 가장 치열했던 대립관계 사건에 관여한 적이 있었다. 1950년대에 Pepsi는 비공식적 슬로건으로 'Coke를 이기자'로 정하고 Coke가 시장을 주도하고 있는 포지션을 직접 공격하기 위해 새 제품을 도입하기 시작했다. Pepsi는 가정소비를 목표로 26온스짜리 병을 도입했다. 두 회사는 1960년대 동안 주력 상품인 콜라 브랜드에 많은 확장 제품을 도입해가면서 대립관계를 계속 이어갔다. Coke는 Fanta, Sprite, Tap을 도입했으며 Pepsi는 Teem, Mountain Dew, Diet Pepsi 등을 도입했다. 두 경쟁사는 또한 서로에게서 시장점유율을 빼앗아오기 위해 광고도 엄청나게 집행했다.

대립관계의 고전적인 예가 'Pepsi Challenge'로 알려진 마케팅 활동이다. Pepsi는 여러 시장에서 소비자에게 Coke와 Pepsi의 상표를 보여주지 않고 어느 것을 선호하는지 말하도록 하는 블라인드 테스트를 수행했다. Pepsi 임원들은 Coke의 시장점유율이 높은 이유는 소비자가 단순히 Pepsi의 맛을 더 좋아한다는 것을 모르기 때문이라 생각했다. Pepsi Challenge 이후 Pepsi는 많은 대도시에서 시장점유율을 높였다. Coke는 리베이트, 반박 주장, 소매가격 인하, 테스트의 유효성에 의문을 제기하는 광고 등으로 대응했다. 대부분의 상황에서 이와 같은 대립관계는 양쪽 회사 모두에 수익성이 줄어드는 결과를 초래했을 것이다. 하지만 치열한 대립관계에도 불구하고 Coke와 Pepsi는 모두 엄청난 수익성을 유지해왔다.

치열한 대립관계와 가격경쟁을 촉진하는 조건

산업의 대립관계는 상당히 치열해 경쟁이 주로 가격에 초점이 맞추어지면 수익성이 줄어드는 결과로 이어진다. 다음과 같은 상황에서 경쟁과 대립관계는 가장 심해진다.

- 제품(혹은 서비스)이 차별화 또는 전환 비용이 결여되어 있을 때: 대부분의 상품 시장은 유형의 대립관계를 보여주는데 그 이유는 제품 간에 차별성이 없기 때문이다.
- 고정비는 높고, 한계비용은 낮을 때: 한계비용은 추가적인 산물을 생산하는 데 발생되는 비용이다. 항공산업은 한계비용이 낮다. 일단 비행기가 한 장소에서 다른 장소로 가는 것으로 일정이 세워지며 1명의 추가 승객을 더 태우는 데 드는 한계비용은 낮다. 항공산업에서는 비행기가 최소한의 고정비도 충당하지 못하면 원가 이하로 가격을 내려야 한다. 고객을 유인하기 위해 매력적인 '마지막 1분' 거래를 제시하는 전략도 취한다. 영화관 비즈니스는 낮은 한계비용 운영의 또 다른 예다.
- 생산능력이 큰 증분으로 확대되어야 할 때: 때때로 기업이 제품을 적은 양으로 제조하는 것은 비용면에서 효과적이지 못하다. 생산을 시작하는데 드는 초기 비용이 아주 클 수 있기 때문에 그에 맞는 대규모 산출이 보장되어야 한다. 화학제품 산업

에서 생산능력은 단지 대규모 뱃치(batch)의 증가에서만 늘어나며 이는 기업이 전체 뱃치를 팔 수 없으면 가격경쟁을 부추긴다.

- **제품의 통용기간이 짧을 때:** 마이크로프로세서 등의 기술을 기반으로 한 제품이 이 유형의 대립관계에 해당된다. 혁신 속도가 빨라짐에 따라 지난 세대의 모델을 재고로 갖고 있는 기업은 시기가 지난 부품들을 처분하기 위해 가격을 크게 인하해야 한다.
- **경쟁자가 많거나 규모 및 세력에서 대략 동등할 때:** 차별화되지 않은 수많은 경쟁자들이 저성장 시장의 서비스산업(예를 들어 세탁업)에서 활동할 때 나타난다.
- **산업의 성장이 늦을 때:** 아침식사용 씨리얼 시장에서 소비 성장은 지난 10년간 속도가 감소되어왔다. 그 결과 General Mills나 Kellogg 같은 회사는 가격을 두고 치열하게 경쟁해왔다.
- **출구 장벽이 높을 때:** 때때로 산업을 떠나는 비용이 엄두도 못낼 정도로 높을 수 있다. 이는 기업으로 하여금 더 오래 운영하도록 만들 수 있다. 철강산업에서 출구 장벽은 유례가 없을 정도로 높았는데 생산업자들의 운영비용과 관계없이 수많은 유산비용과 환경비용 등에 직면해 있었기 때문이었다. 그 결과 미국의 철강회사들은 연간 영업손실액이 전체 산업에 손실을 끼침에도 불구하고 비즈니스를 유지했다.

5가지 세력모델의 한계

수년에 걸쳐 많은 사람들이 5가지 세력모델의 효용성에 의문을 제기해왔는데 그 이유는 산업을 어느 한 시점에서 바라보기 때문이다. 하지만 경쟁은 계속적으로 변하는 경쟁역학에 의해 추진되고 있으며 따라서 이들 변화는 관찰되어야 한다. 왜냐하면 변화가 산업의 전체적인 매력도에 영향을 미칠 수 있기 때문이다. IBM의 경우 PC산업은 시스템 중 주요 구성부품을 경쟁자에게 외주를 주는 것으로 결정해 한순간에 구조적으로 어려운 산업이 되어버렸다.

여러 비판에도 불구하고 5가지 세력모델은 산업 매력도를 평가하고 비즈니스 전략을 개발하기 위한 가장 중요한 도구 중 하나로 남아있다. 비록 산업이 특정 세력에 노출되는 정도는 서로 다르지만 5가지 세력이 대개는 수익 잠재성을 증가시키거나 감소시키는 역할을 한다(그림 5-6 참조).

관리자는 이러한 도구를 시장 또는 산업에 진입하기 전에, 하는 동안에, 한 이후에 활용해 구성요소들을 더 잘 이해해야 한다. 이 도구는 관리자가 어디에 초점을 맞추어야 할지 결정하는 데 특히 유용하다. 세력은 어떻게, 어디에서 경쟁해야 할지 등의 전략적 선택을 하기 위한 지침을 제공해준다. 모든 세력이 한 산업에서 동등하게 작용하는 것은 아니다. 어떤 산업에서의 5가지 세력의 분석은 어느 것이 가장 중요한지를 확인하는 데 도움이 된다.

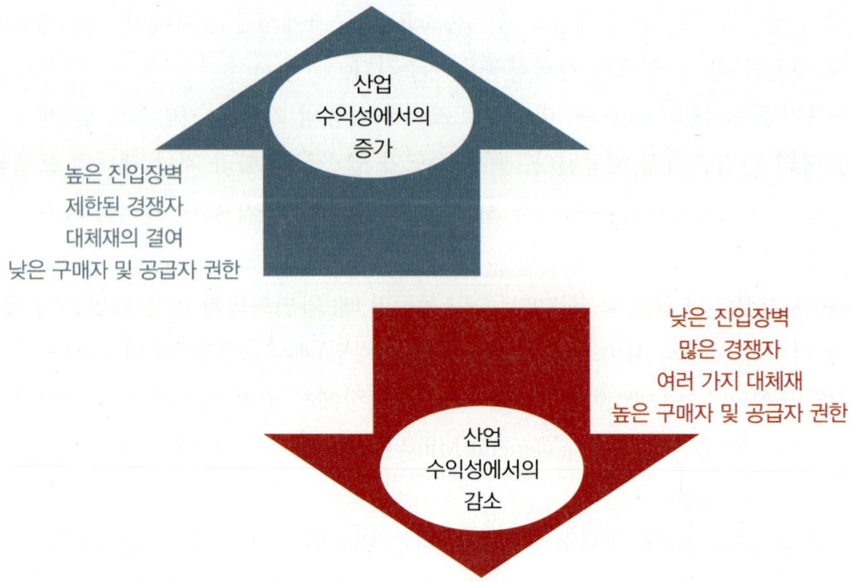

그림 5-6 산업의 수익성에 미치는 5가지 세력의 영향

Source: Adapted from Michael E. Porter, "Understanding Industry Structure," Harvard Business School Note No. 9-707-493, rev. August 13, 2007 (Boston, MA: HBS Publishing, 2006), pp. 3–4.

기업의 내부 환경은 전략에 어떻게 영향을 미치는가

지금까지의 설명은 기업의 외부 환경 또는 산업구조의 평가에 맞추어왔다. 산업의 서로 다른 수익 잠재성을 설명했으며 5가지 세력모델을 도입해 특정 산업의 매력도를 평가해보았다.

기업의 내부 환경이 전략 개발과 기업성과에 어떻게 영향을 미치는가에 대해서는 충분히 설명하지 않았다. 기업의 내부 자원도 산업구조만큼이나 똑같이 중요할 수 있다. 지속적 경쟁우위를 창출하기 위해 관리자는 뛰어난 내부 자원과 유리한 산업역학 모두에 의존해야 한다. 경쟁우위의 원천으로서 내부 자원에 초점을 맞추는 일은 왜 매력적인 산업에 종사하는 기업의 수행능력이 형편없는가와 왜 매력적이지 못한 산업에 종사하는 기업의 수행능력은 괜찮은가에 대한 분석으로부터 도출되었다. 그 차이점은 해당 기업에 관한 요인과 관련있는 것으로 보인다. 이것은 연구자들로 하여금 승자를 패자와 구분되게 만드는 기업 차원의 활동, 과정, 자원을 탐구하도록 만들었다.

기업의 자원 기반 관점

기업이 자원의 집합체라는 생각은 **기업의 자원 기반 관점**으로 종종 이야기된다. 1990년대에 개발된 이 이론은 자원을 "기업이 전략을 창출해 이행하는데 이용할 수 있는 능력"으로 정의한다. 이 이론을 바탕으로 기업은 자원의 수집과 수확을 통해 경쟁우위를 개발할 수 있다. 이 이론은 또한 모든 기업이 같은 산업 내에서 동일한 자원과 능력을 가지고 있는 것은 아니며 장점은 오래 유지될 수 있는 것이라 가정한다.

기업의 자원 기반 관점
(Resource-based view of the firm)
기업이 자원의 수집과 수확을 통해서 경쟁력 있는 장점을 개발할 수 있다는 이론

기업의 자원 기반 관점에서 얻을 수 있는 또 다른 통찰력은, 기업이 갖는 외부 환경과의 관계와 관련된다. 정부의 규제기관, 소비자 취향, 인구통계 등 외부 세력은 지속적으로 진화하고 있다. 유용하면서 수익성 있는 제품을 갖고 있는 회사가 어느 날 그 제품의 시장이 더 이상 없음을 발견할 수도 있다. 환경이 변함에 따라 기업은 여전히 핵심역량을 제공하고 있는지 확인하기 위해 내부 자원을 재평가해야 할 필요가 있다. 만약 그렇지 못하면 기업은 새로운 내부 능력을 만들어내거나 개발해야 할 필요가 있다. 대개 장기적인 성공은 학습의 마음가짐을 채택하려는 경영진의 의지와 능력에 달려있다. 학습의 마음가짐은 결과적으로 관리자가 변화의 영향에 더 적절히 대응할 수 있도록 한다.

기업 자원과 핵심역량의 중요성을 규명했으므로 이제 모든 기업이 유지하고 있는 자원 범주 사례를 살펴보자.

회사의 자원

모든 기업은 자원 또는 자산에 대한 긴 목록을 가지고 있다. 많은 사람에게 기업 자원은 그 기업에 대해 알 수 있게 해주는 요소다. 어떤 자원(예를 들어 공장 및 장비)은 가치를 매길 수 있고 쉽게 판매도 된다. 다른 자원(예를 들어 직원 또는 특허)은 쉽게 가치를 매길 수 없고 그래서 거의 판매되지 않는다. Toyota에게는 이들 자원 모두가 중요하다. Toyota의 시스템 또는 자원과 활동 간의 적합성이 Toyota로 하여금 경쟁우위를 유지할 수 있게 해준다. Toyota를 비롯한 여러 회사의 자원은 3가지 범주에서 분류될 수 있다. 즉 유형 자원, 무형 자원, 인적 자원이다.

유형 자원

기업의 유형 자원은 확인이 가능하다는 장점이 있다. 이에는 공장 및 장비, 제품을 제조하기 위해 사용하는 요소들이 포함된다. 다른 유형 자원에 포함되는 것들로는 부동산, 재고품, 원자재, 컴퓨터시스템 등이 있다. Toyota에서 유형 자산은 중요하면서도 수없이 많다. Toyota는 전 세계에 걸쳐 북미에 있는 13개를 포함해 64개의 제조회사를 갖고 있다. 이들 자동차 제조시설은 Toyota의 대차대조표에서 가장 큰 자산으로 나타난다. 또한 전 세계에 걸쳐 부동산 형태로 중요한 유형 자원도 역시 갖고 있다.

Ian Shipley IND/Alamy

Toyota는 유형 자원(자동차 공장)을 미국 내에서도 소득이 낮은 지방에 세우는 전략을 이용해왔다. 이 전략은 미국 정부가 자국 내로 들여오는 수입 자동차 수에 규제를 가했을 때인 1980년대에 변화했다. Toyota는 미국 내에 공장을 세움으로써 규제 내용에 대응했다. 미국 시장에 내재하는 높은 인건비를 극복하기 위해 Detroit와 같은 전통적인 자동차 제조지역에서 멀리 떨어진 지방에 공장을 건설했다. 이 전략을 결정함으로써 Toyota는 인건비를 줄이고 지방에 산업을 유치하려 애쓰는 주정부들로부터 양보를 이끌어낼 수 있었다.

무형 자원

유형 자원은 쉽게 가시화될 수 있는 반면 무형 자원은 친숙하지 않을 수도 있다. 여기에는 기업의 내부 자원, 시스템, 브랜드, 기술, 문화, 지적재산 등이 포함된다. Toyota에게 무형 자원은 약간은 설명하기 어렵지만 똑같이 중요한 것들이다. 제4장에서 설명한 것처럼 Toyota는 토요타생산시스템(Toyota Production System)을 통해 전설적이 되었다. 이 시스템은 자동차를 조립하기 위해 이용하는 제조라인과 공정의 조합이다. 비록 그 라인이 여타의 경쟁사 자동차공장에 있는 것과 똑같은 것으로 보일 수도 있겠지만 그것이 갖고 있는 철학과 그것을 지배하는 공정에서는 엄청나게 다르다.

예를 들어 각 근로자의 머리 위에는 안돈코드(andon cord · 行燈)라 불리는 장치가 있다. 근로자는 자신의 작업 위치에서 어떤 문제점에 부딪치면 이 코드를 당긴다. 그러면 감독관이 달려와 두 사람이 합심하여 문제를 해결하기 위해 애쓴다. 만약 문제점이 정해진 시간 안에 교정될 수 없다면 근로자 또는 감독관은 그 코드를 다시 한번 당겨 문제가 풀릴 때까지 라인을 중지시킨다. 이러한 메커니즘 뒤에 숨어 있는 철학은 비용이 많이 드는 재작업을 요할 수 있는 제조과정에서의 실수를 방지하려는 것이다. Toyota는 모든 라인의 근로자가 공정을 더 효율적으로 만들 수 있는 방법을 찾도록 장려한다. 비록 이 시스템이 단순한 것으로 보일 수 있겠지만 경쟁자가 그것을 흉내내기란 거의 불가능하다. 이는 Toyota의 제조 환경에서 긴밀하게 얽혀있는 것이다.

인적 자원

기업의 인적 자원에는 하위직 직원에서부터 CEO에 이르기까지 모든 직원이 포함된다. 예를 들어 컨설팅이나 회계업무 기업을 생각해보자. 비록 이 기업들이 의뢰인의 문제점을 해결하기 위해 이용하는 독점적 과정, 모델, 체계를 갖고 있을 수는 있으나 가장 중요한 자산은 그러한 생각과 모델을 이용할 수 있는 직원이다. 유명한 성과를 올린 직원 또는 관리자가 회사를 떠나면 가치 있는 큰 자원을 잃는 것이다.

Toyota의 인적 자원은 유형 및 무형 자원만큼이나 중요하다. Toyota의 생산시스템은 수십년 동안 자동차 업계의 부러움의 대상이었다. 이 모델은 전 세계의 관리자와 학자들에 의해 다른 산업에서 활용할 수 있는 방법을 발견할 수 있으리라는 희망에서 연구되었다. 비록 그 시스템의 구성요소 중 일부, 예를 들어 안돈코드가 중요하기는 하지만 Toyota의 직원도 똑같이 중요한 것이다. Toyota는 직원을 채용할 때 단지 기술적 역량을 갖고 있을 뿐만 아니라 어떤 핵심 속성(문제를 해결할 수 있는, 창의적으로 생각할 수 있는, 팀의 일부로 일할 수 있는 능력)을 갖고 있는 사람도 뽑는다.

Toyota는 자사의 유명 생산시스템을 그들이 갖고 있는 많은 자원의 활용을 통해 만들어왔다. 이 모든 성공으로 고객과 경쟁자는 Toyota를 주목해왔다. 사실 Toyota는 최근에 세계에서 가장 큰 자동차회사로 General Motors를 앞질렀으며 지난 10여 년간 가장 수익을 많이 내는 자동차 제조회사로 자리매김해왔다. 많은 기업이 Toyota의 생산시스템을 흉내내려는 시도를 했다. 이 목적을 위해 많은 기업이 Toyota 시설을 시찰하기를 요청했고 어떻게 운영되는지 볼 수 있도록 허락을 받았다.

이렇게 질문할 수도 있다. "왜 Toyota는 경쟁자에게 자사의 칭찬받고 있는 생산시스템을 시찰하도록 허용하는가? 이것이 경쟁자로 하여금 그 시스템을 따라 하고, 비슷한 자원을 획득하며, 그리하여 Toyota의 경쟁우위를 잠식하는 것이 가능하도록 하지 않겠는가?" 정말 그럴까. Toyota가 경쟁자로 하여금 자사 시설을 관찰할 수 있도록 한 이유는 제4장에서 설명한 '그 무엇인가'를 바탕으로 하고 있기 때문이다.

한 기업의 활동과 자원은 중요하다. 하지만 그 활동과 자원은 불완전하다. 기업은 모든 활동이 함께 어우러지게 하여 지속가능한 경쟁우위를 창출해낼 수 있는 특정의 핵심역량을 개발하고 그러한 시스템을 만들어내야 한다. Toyota는 다른 기업이 자사의 생산시스템을 통해 어떤 활동은 흉내낼 수도 있을 것임을 알고 있다. 그러나 어느 회사라 해도 전체 시스템을 복제할 수는 없을 것임을 알고 있는 것이다.

SWOT 분석

관리자가 내부 · 외부 환경을 더 잘 이해할 수 있도록 해주는 한 가지 도구가 SWOT 분석이다. 이 간단한 도구는 관리자가 외부 환경에서 눈에 띄는 기회, 위협과 더불어 내적 강점과 약점에 대한 핵심 정보를 얻을 수 있도록 해준다(그림 5–7 참조). 내적 강점에 포함될 수 있는 것으로는 특정한 인적 자원의 기술, 독점적 기술, 군더더기 없는 제조기술 등이 있다. 일반적으로 조직으로 하여금 경쟁자들이 하는 것보다 더 효율적 기능을 하는 것을 가능하게 해주는 이 항목들은 회사의 가치사슬에서 핵심적 측면이다. 약점은 회사 운영에서 잠재적으로 취약한 측면이다. 여기에 포함되는 것으로는 낡은

SWOT 분석(SWOT analysis)
관리자가 외부 환경에서 눈에 띄는 기회 및 위협의 내용과 더불어 자기 기업의 내적인 강점과 약점에 대한 핵심 정보를 얻을 수 있도록 해주는 도구

그림 5–7 SWOT 분석

공장과 장비, 노령화된 노동력, 핵심 자재를 한 공급자에게 의존하는 것 등이다. 분석 중에서 기회와 위협 측면은 제1장에서 설명한 기법들 중 많은 것들이 망라되는데 환경 탐사와 우발 기획 등이 포함된다. 이 활동들은 상황맥락적 상황에서 더 나은 이해를 할 수 있게 해주는 핵심 구성요소다. 이 분석의 중요한 질문에는 일반적으로 다음과 같은 것이 포함된다.

– 경쟁에서 구별되도록 해주는 핵심적인 내부 능력에는 무엇이 있는가?
– 회사가 갖고 있는 독특한 핵심인 경쟁우위는 무엇인가?
– 어떠한 내부 상황에서 취약한가?
– 회사가 개발해야 할 필요 능력에는 무엇이 있는가?
– 어떠한 방식으로 외적인 상황맥락이 변하고 있는가?
– 어떤 기회 또는 위협이 변화를 있게 하는가?

SWOT 분석은 외부 환경에 대한 관리자의 이해를 능력 및 경쟁우위와 관련시켜 결합시킬 수 있는 한 가지 방법이다. 5가지 세력모델과 마찬가지로 SWOT 분석은 어느 한 시점에서 기업의 단편을 보여준다. 효과적이 되려면 분석은 정기적으로 다시 설명되어야 하며 그저 따로 떨어진 학문적 연습으로서가 아니라 전략적 행동을 바탕으로 해야 한다. 운영하고 있는 상황맥락의 실체에 대한 전략적 방식을 채택하는 기업은 완고한 전략을 고수하는 기업보다 수행 능력이 더 좋다. 그렇게 함으로써 기업은 더 높은 수준의 **전략적 유연성**(외부 환경에서의 변화를 확인하고 대응할 수 있으며 내부 자원을 동원해 변화를 처리할 수 있는 능력)을 유지할 수 있다.

경쟁우위

외부의 환경 세력과 기업 내부 환경 내에 있는 자원을 이해함으로써 관리자는 판매시장에서의 경쟁우위를 달성하기 위해 어떻게 전략을 개발할 수 있을지 판단할 수 있다. Southwest Airlines은 고객들이 알맞은 비행기 여행을 할 수 있도록 저비용 시스템을 만들어냄으로써 대립관계에 있는 항공사들보다 경쟁우위를 구축할 수 있었다. 이는 구조적으로 좋지 않은 것으로 생각되는 산업 내에서 매력이 떨어지는 특징은 상쇄시키고 매력적 요소를 활용함으로써 가능했다. 또한 Oakland Athletics의 Billy Bean이 야구선수들을 평가하기 위한 새로운 기법을 발견함으로써 어떻게 경쟁우위를 개발했는지도 살펴보았다. 두 조직은 경쟁자가 수행할 수 없는 핵심역량의 개발을 통해 고객을 위한 가치를 창출함으로써 경쟁우위를 유지할 수 있었다.

전략적 유연성(Strategic flexibility) 외부 환경에 있어서의 변화에 대하여 확인하고 대응할 수 있으며 내부 자원을 동원하여 이들 변화를 처리할 수 있는 능력

가치(Value) 많은 소비자들이 어떤 제품 또는 서비스에 대해 기꺼이 지불하려고 하는 금액으로 이는 경쟁사보다 더 낮은 가격을 제시함으로써 또는 그것이 지닌 이점이 더 높은 잠재적 비용을 능가하는 독특한 제품을 제공함으로써 나온다.

경쟁우위는 제품(혹은 서비스)을 생산하는데 드는 비용을 초과해 고객 가치를 창출해낼 수 있는 기업의 능력으로부터 나오는 것이다. **가치**는 소비자가 어떤 제품(혹은 서비스)에 기꺼이 지불하려 하는 금액을 말하는 것으로 경쟁사보다 더 낮은 가격을 제시

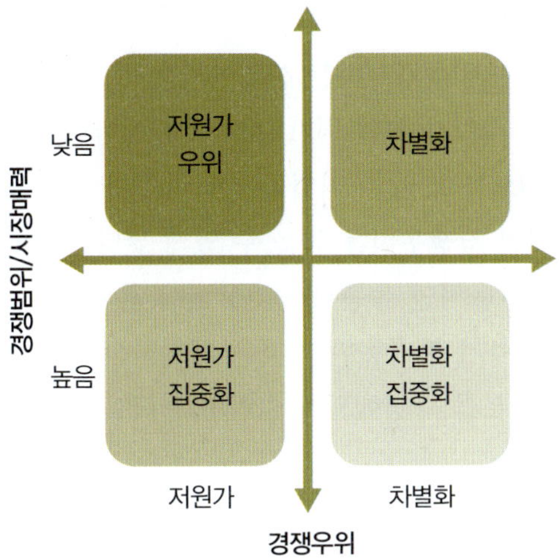

그림 5-8 3가지 본원적 전략

Source: Adapted from Michael E. Porter, "The Five Competitive Forces That Shape Strategy," *Harvard Business Review*, January 2008.

함으로써 또는 비용을 능가하는 독특한 제품을 제공함으로써 가능하다. 산업 내에서의 경쟁우위는 기업이 경쟁자보다 뛰어난 능력을 갖추도록 해주는 전략을 만들어낸 결과물이다.

경쟁우위는 관리자가 기업에서 선택할 수 있는 3가지 본원적 전략으로부터 나올 수 있다. 즉 원가우위, 차별화, 집중화이다. 집중화 전략은 처음 2가지 전략을 변형한 것일 뿐인데 여기서 관리자는 원가우위 또는 차별화를 통해 평상시보다 더 작은 분화를 대상으로 하여 선택한다(그림 5-8 참조).

원가우위

원가우위 전략에 참여하는 회사는 제품(혹은 서비스)을 가능한 한 낮은 가격에 폭넓은 고객에게 제공하는 것을 목표로 한다. 원가우위로 경쟁하는 기업에게는 수행할 활동을 계획할 때 여러 절충안들이 필요하다. 이 절충안은 가격 및 제품의 특징 또는 품질에 중점을 둔다. 이 전략을 갖고 기업은 모든 경쟁자의 가격보다 낮게 제품(혹은 서비스)을 제공하려 한다. 제품 원가를 낮추는데 도움이 되는 원천은 **규모의 경제**, 독점 기술, 원자재의 차별적 접근권 등이 포함된다. 규모의 경제는 한 기업에 의해 생산된 제품의 양이 단가를 줄일 수 있는 것이 가능할 때 달성된다. 이 방식으로 기업의 고정비가 더 많은 단위에 걸쳐 분산된다.

원가우위 전략에서 관리자는 효과적으로 경쟁하기 위한 여러 가지 저원가 우위의 원천을 추구해야 한다. 저원가 우위의 복수 원천들을 추구하는 것이 중요한 한편 관리자는 시장 내 경쟁자들 간에 존재하는 차별화 측면도 고려해야 한다. 예를 들어 기업 제품은 업계 내의 경쟁자와 크게 달라질 수 없기 때문에 고객은 더 이상 해당 제품을 대안으로 인식하지 않게 된다. 만약 구매자들이 제품을 비교 대상으로 보지 않는다면 기

원가우위(Cost leadership)
가능한 낮은 가격에 광범위한 대중들에게 제품 또는 서비스를 제공하는 것을 목표로 하는 전략

규모의 경제(Economies of scale)
한 기업에 의해 생산된 제품의 양이 단가에 대하여 줄일 수 있는 것이 가능한 경우 달성된 원가 절감

업은 가격 인하를 해야 할지도 모른다.

여러 기업이 원가우위를 가지려 경쟁하는 산업에서는 경쟁이 치열해 일부 회사는 시장점유율을 얻기 위해 또는 지키기 위해 원가 이하로 판매한다. 산업 내에서 가장 낮은 원가로 생산하는 회사가 됨으로써 다른 기업들에게 저원가 전략을 포기하도록 설득하는 경우가 있다. 이렇게 되면 경쟁우위를 얻을 수 있게 된다. 세계에서 가장 큰 회사가 되려는 Walmart는 극도로 효율적인 유통시스템을 낮은 운영비로 실천했다. 낮은 원가는 다른 소매점으로서는 맞추기 불가능한 가격을 제시하는데 도움이 된다. 이제 원가우위의 주요 구성요소 중 일부를 규명했으며 이러한 전략을 성공적으로 이용하고 있는 기업을 살펴보자.

Vanguard Group

Vanguard Group은 미국에서 가장 큰 자산관리회사 중 하나인데 2011년 현재 관리하는 자산이 1조 7천억 달러가 넘으며 직원은 13,000명이다. Vanguard는 개인 및 기관 투자자들에게 뮤츄얼펀드, 상장지수펀드, 회사채, 양도성 예금증서, 연금, 529컬리지세이빙플랜(college saving plan), 중개 서비스, 투자자문 서비스 등을 제공한다. Vanguard의 자산 다수는 뮤츄얼펀드다. Vanguard의 뮤추얼펀드 비즈니스는 미국에서 가장 큰 것으로 Fidelity Instruments, T.Rowe Price 등과 경쟁하고 있다. 다른 많은 뮤추얼펀드 회사와 달리 Vanguard는 기금을 외부의 중개업자를 통하기보다 직접 소비자들에게 유통시키고 있다.

사업 초기부터 Vanguard는 모든 활동의 초점을 고객에게 저가의 고품질 서비스를 제공해주는 것으로 맞추어왔다. 평균 비용지급 비율은 업계에서도 가장 낮은 편에 속하는데 커미션이나 판매수수료 등이 없이 판매되기 때문에 어떠한 거래비용도 없다. Vanguard의 저가 방식의 또 다른 구성요소는 인덱스펀드를 판촉하는 일과 관련 있다. 인덱스펀드는 대개 S&P500 등과 같은 주요 시장지수를 반영하고 있으며 광범위한 주식을 소유하는 것이 가능하다. 이 모델은 투자자 다각화 및 펀드 관리자가 포트폴리오를 수행하고 회사

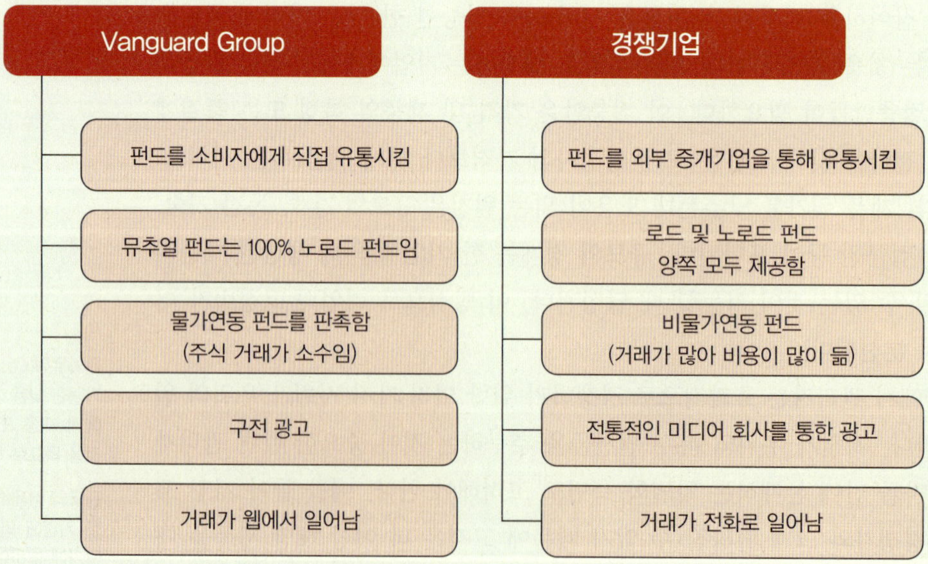

그림 5-9 Vanguard의 저비용 전략

가 반영된 지수 밖으로 떨어지지 않는 한 변경하지 않음으로써 낮은 거래대금을 제시한다. 대조적으로 비물가지수 뮤추얼펀드의 관리자는 주단위로 아니면 심지어 매일매일 주식들을 사고팔아서 펀드를 마련하는데 이는 투자자의 전체 비용을 증가시킨다. Vanguard가 주로 물가지수펀드에 치중하고는 있지만 Fidelity에서 하는 것과 유사하게 적극적으로 관리되는 뮤추얼펀드 역시 제공한다. 이러한 활동을 통해 Vanguard는 다른 회사들이 수립한 차별화 수단들 중 어떤 것은 충족시키면서도 전체적인 원가우위 초점은 유지시키고 있다.

Vanguard는 업계에서 원가우위 포지션을 갖도록 해주는 다른 활동들도 수행한다. 전통적인 미디어에서는 거의 광고를 하지 않으며 대신 구전 홍보를 선호한다. 거래 사항 대부분은 웹으로 일어나는데 많은 기업들이 전화를 통해 거래를 수행하는 것과 대조적이다. 이러한 Vaguard의 주안점은 많은 경쟁자들보다 거래당 발생하는 비용을 훨씬 낮게 만들어 주고 있다.

Vanguard의 활동에서 알 수 있듯 비즈니스의 모든 측면은 소비자에게 더 낮은 비용이 발생하도록 하는 것이다(그림 5-9 참조). 비록 많은 경쟁자가 자체의 물가연동펀드를 제공함으로써 Vanguard 활동 중 일부를 흉내내는 시도를 해왔지만 Vanguard는 전략적 포지션을 유지할 수 있었는데 그 이유는 비즈니스의 모든 측면에서 저비용을 촉진시킴으로써 창출된 활동 간의 적합성 때문이었다.

적합한 사례 Vanguard Group

1. Vanguard Group은 어떻게 스스로를 자산관리회사로서 포지션을 만들었는가?
2. Vanguard Group의 저비용 전략의 핵심 구성요소를 지원해주는 활동을 자세히 나타내보라.
3. 저비용 전략은 어떻게 Vanguard Group의 고객을 위한 가치를 창출하고 있는가?
4. 경쟁기업들이 Vanguard Group의 전략을 모방하는 일에 왜 성공하지 못했는가?

차별화

차별화 전략에서 기업은 소비자에 의해 중시되는 차원에 따라 독특함을 추구한다. 이것을 달성하려면 기업은 스스로의 포지션을 정해 고객이 중시하며 경쟁사는 쉽사리 복제할 수 없는 제품(혹은 서비스)의 속성을 제공해야 한다. 원가우위와 대조적으로 소비자는 만약 해당 제품이 진정으로 가치라는 점에서 차별화된 것이라면 프리미엄 가격을 지불할 용의가 있다. 차별화는 광범위한 요인들이 바탕될 수 있는데 이에 포함되는 것으로는 제품의 특징, 유통시스템, 마케팅 방식 등이 있다.

차별화를 성취하고 유지시킬 수 있는 기업은 가격 프리미엄이 독특해짐으로써 발생하는 추가 비용을 초과하는 한 장기적 수익성을 창출할 수 있는 능력을 갖고 있다. 기업이 차별화된 전략에서 가격 프리미엄을 추구하지만 반면 프리미엄이 그렇게 크지 않아 고객이 더 이상 낮은 가격으로 팔리는 경쟁품의 대안으로 인정하지 않을 수도 있다. 이 과제를 달성하려면 기업은 차별성을 증가시키고 고객들로부터 프리미엄 가격을 받을 수 있는 포지션 측면을 중시해야 한다. 그런 다음 차별화에 기여하지 않는 활동비용을 줄여야 한다. 만약 어떤 기업이 내구성에 신경쓰는 고객에게 자전거용 자물쇠를 판매하고 있다면 도난방지 자재의 비용은 늘리고 자물쇠를 멋지게 만드는 데 드는 비용

차별화(Differentiation)
고객들이 가치가 있다고 생각하는 어떤 차원 또는 일단의 차원들을 따라 한 기업이 자신의 업계에서 독특해지는 것을 추구하는 전략

은 줄이는 것을 고려할 수 있다.

차별화 전략의 기본 전제는 경쟁자와 차별화될 수 있는 차원을 선택해야 해고 그 차원은 소비자와 관련 있어야 한다. 원가우위 전략과 달리 차별화 토대가 같지 않은 한 하나 이상의 기업이 하나의 업계에서 차별화를 바탕으로 성공적으로 경쟁할 수 있다. 이제 차별화 전략의 주요 구성요소 중 일부를 설명했고 이 전략을 성공적으로 이용하고 있는 기업을 살펴보자.

Patagonia: 고객과 환경에 가치를 부가하다

Patagonia는 등산 및 스키 등의 야외 스포츠를 즐기는 고객을 위해 기능성 의류와 장비를 판매하는 회사로, 전설적 산악 등반가 Yvon Chouinard에 의해 1973년 설립되었다. North Face, Marmot Mountain Inc. Mountain Hardware 등 고급제품의 경쟁자들로 이루어져 있는 미국의 야외 의류업계에서 가장 성공했으며 널리 알려진 기업 중 하나다. 이 업계에는 또한 Columbia Sportswear와 Nike, Reebok 등 중급 수준의 스포츠 관련 기업이 활발하게 판촉을 벌이고 있다. 제조기업은 자사 제품을 Dick's, Estern Mountain Sports, REI 등 일반 및 야외 스포츠 상점이나 인터넷, 카탈로그, 회사가 소유한 소매 브랜드 상점 등 여러 채널을 통해 판매한다.

Ed Endicott/WYSIWYG Foto, LLC/Alamy

기업의 차별화 원천 가운데 으뜸은 제품의 품질이다. 고급 품질의 제품을 생산하기 위해 Patagonia는 공급자들과 긴밀한 작업을 했다. 상품으로 팔리는 원단을 사는 것보다 공급자들과 협업해 Patagonia 의류를 위한 혁신적 자재를 창조해낸다. 대조적으로 많은 경쟁자는 언뜻 보기에는 비슷한 제품을 만들기 위해 상품으로 팔리는 원단과 원가가 덜 드는 방법을 이용한다. 비록 고급 품질과 혁신적 원단에 초점을 맞추고는 있었지만 Patagonia는 제조 공정에서 원가를 낮추려는 시도도 하면서 저가로 판매하는 다른 경쟁자와 경쟁력을 유지하고 있다.

Patagonia는 또한 경쟁우위를 환경에 대한 차별화된 방식을 통해 도출해내고 있다. 사실 이 회사는 많은 사람에 의해 세계에서 환경과 관련한 활동을 가장 많이 하는 회사 중 하나로 인정받는다. 유기농 원단을 사용하는 것에서부터 환경단체에 연매출의 1%를 기부하는 것에 이르기까지 Patagonia는 모든 활동에서 환경을 고려한다. 재활용을 촉진하고 과다한 폐기물을 줄이기 위해 고객으로 하여금 찢어진 Patagonia 스키복은 새것을 사는 대신 수선하도록 권장한다. 심지어 재봉도 해준다.

이렇게 차별화된 전략을 통해 Patagonia는 다른 전문 야외용 의류 제조기업보다 더 높은 가격에 제품을 판매하고 있다. 일반적으로 다른 전문 생산자들보다 15~20% 높고, 대량생산 시장 생산자들보다 50% 더 높다(그림 5-10 참조).

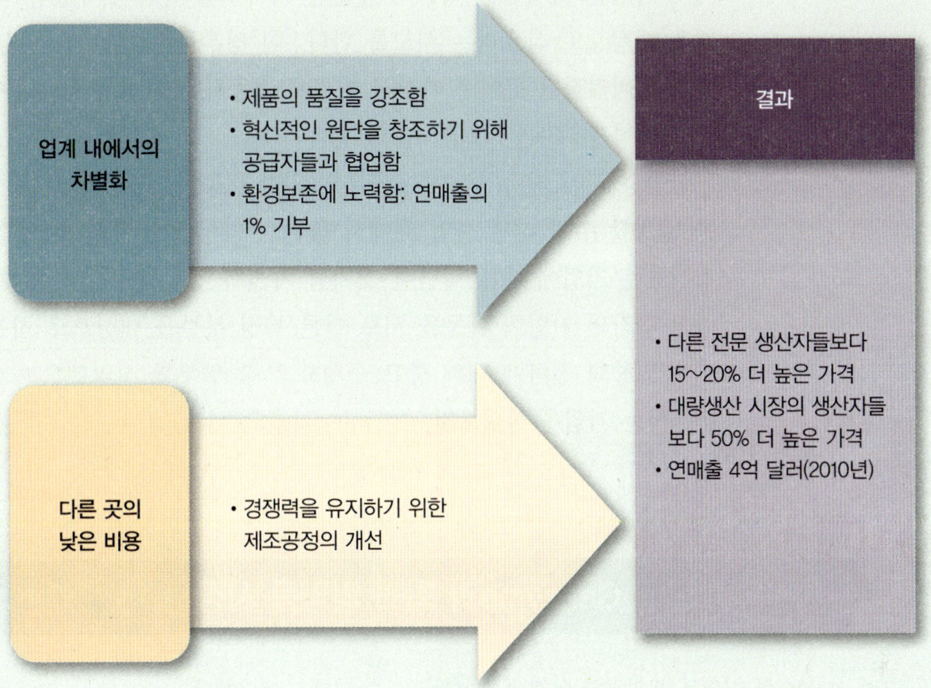

그림 5-10 Patagonia의 차별화 전략

Source: Adapted from Forest Reinhardt, Ramon Casadesus-Masanell, and Hyun Jin Kim, "Patagonia," Harvard Business School Case No. 9-711-020, rev. October 19, 2010 (Boston, MA: HBS Publishing, 2010); and Patagonia, Inc. Company Profile," 2009, www.onesource.com, accessed December 10, 2009.

적합한 사례 Patagonia

1. 왜 Patagonia의 차별화 전략이 높은 이윤을 가져왔다고 생각하는가?
2. 차별화 전략을 입안해서 수행한 다른 의류 제조기업을 찾아보라.
3. Patagonia 웹사이트를 방문해 기업의 사회적 책임 실천사항에 대해 읽어보라. 이 회사는 어떻게 기업의 사회적 책임 실천사항을 전략에 통합시키고 있는가? 이것이 차별화 전략의 구성요소가 되고 있는가?

집중화

집중화를 통해 회사는 판매 노력을 특정의 지리학적 지역에, 특정의 구매자 집단에, 특정의 제품 유형에 '집중한다'. 회사는 지리적으로 작은 지역 또는 소수의 고객에게 저가 제품을 제공하는 곳에서는 저가 방식을 취할 수 있고, 특정 지역 또는 대상자에게 차별화된 제품을 제공하는 곳에서는 차별화된 방식을 취할 수 있다.

집중화(Focus)
회사가 판매 노력을 특정의 지리학적 지역에, 특정의 구매자 집단에, 또는 특정의 제품 유형에 대해 집중하는 전략

2가지 유형의 집중화 전략은 시장의 어떤 부분에 존재하고 있는 차이점을 이용하려는 데 목적이 있다. 저가 집중화 전략에서 기업은 역사적으로 충분한 서비스를 받지 못해왔던 가격을 의식하는 고객을 대상으로 삼으려는 시도를 한다. 차별성 집중화 방식

에서 기업은 역시 역사적으로 충분한 서비스를 받지 못해왔던 특별한 욕구를 지닌 고객을 대상으로 삼으려는 시도를 한다. 이 경우들은 일반적인 경쟁자들에 의해 간과되었거나 버려졌던 곳이며 따라서 이곳에 집중하는 기업은 이 부문에 독점적으로 집중함으로써 경쟁우위를 달성할 수 있다.

만약 기업이 지속가능한 원가우위(원가 집중화) 또는 차별성(차별성 집중화) 집중화를 달성할 수 있다면 산업 내에서 좋은 수익성을 달성할 수 있다. 차별화를 바탕으로 경쟁하는 기업에 대해 설명한 것처럼 차별화 전략을 이용하는 여러 기업은 동일 산업에서 각각의 기업이 활동을 서로 다른 특정 부문을 대상으로 하는 한 존재할 수 있다. 이제 집중화 전략에 대해 중요 구성요소 중 일부를 설명했으며 이 방식을 성공적으로 활용하는 기업을 살펴보자.

Genzyme과 희귀 의약품 시장

Genzyme은 고속 성장을 하고 있는 생명공학 업계에서 가장 잘 알려져 있으며 수익성이 좋은 회사들 중 하나다. 전통적인 의약품 개발과 달리 생명공학은 인간의 단백질과 유사해 보이는 합성의 또는 인공적 단백질을 만들어내는 도구를 이용한다. 이 방식은 빈혈증, 당뇨, 류머티즘 관절염 등과 같은 질병을 성공적으로 치료하는 의약품을 만들었다.

비용적인 제한 사항과 믿기 힘들 정도로 어려운 FDA 승인 과정 때문에 대부분의 회사는 의약품 개발 노력을 많은 환자 개체군이 있는 질병에 초점을 맞추고 있다. 따라서 단지 수천 명의 사람들에게만 영향을 미치는 희귀 질병은 환자 수가 너무 적어 개발과 제조, 판매에 요구되는 투자액을 되찾기 어려울 수 있다. 그 결과 대부분의 제약회사는 연간 매출액 10억 달러 이상을 생성해낼 수 있는 '대박 의약품'을 개발하려 한다. 데이터를 바탕으로 할 때 왜 대형 제약회사들이 많은 질병 분야에 진출하지 않는지 쉽게 이해가 간다. 환자의 전체 시장 부문을 평가하는 대신 Genzyme은 어떠한 치료약도 존재하지 않는 특별히 심각한 질병에 집중하기로 결정했다. Genzyme의 관리자는 효과적 치료약이 전혀 없는 심각한 질병은 회사로 하여금 효과적 치료약에 대해, 특히 그 비용이 치료를 받지 못하는 환자들을 돌보는 데 소요되는 의료적·사회적 비용보다 적다면 환자당 높은 가격을 부과할 수 있다고 판단했다.

Genzyme은 마침내 전 세계적으로 20만 명 이하의 환자가 발생하는 희귀 의약품 부문을 추구하기로 결정했다(표 5-1 참조). 희귀 의약품 생산회사들은 1983년의 희귀의약품법에 따라 보호를 받고 있다. 이 법에 따르면 7년간의 시장독점권, 임상용 테스트 비용에 대해 연방보조금 예산을 신청할 수 있는 자격, 제품 개발과 관련해 발생된 임상연구 경비에 대해서는 50%의 세금공제 등의 다양한 혜택을 통해 공공기금을 희귀 의약품 개발에 사용하도록 되어 있다. 희귀의약품법을 통해 Genzyme은 개발되는 의약품에 대해서는 시장독점권을 누리는 동시에 개발비 중 일부도 회수할 수 있다. 이 독점권은 엄청난 수익성을 누릴 수 있도록 해주는 것이었다.

Genzyme은 희귀 의약품 부문에서 이점을 취하는 차별화된 집중화 전략을 통해 경쟁우위를 유지하고 있다(그림 5-11 참조). Genzyme은 아무것도 가지고 있지 않은 집단을 위한 치료약을 개발할 수 있는, 그러면서도 그 치료약에 대해 보험회사와 정부가 돈을 지불할 수 있는 방법을 강구해내는 기회를 보았던 것이다. 이 전략은 희귀 질병을 대상으로 한 성공적인 여러 생물학적 제품과 80%에 달하는 평균 총이익으로 이어졌다.

표 5-1 미국에서 발매된 희귀 의약품

년도	의약품명	질 병	회 사	미국 환자수
2005	Retisert	만성 비감염성포도막염	Bausch & Lomb	175,000
2004	Acetadote	아세트아미노펜 과다복용	Cumberland Pharmaceuticals	100,000[a]
2003	Serostim	AIDS 종말 증후군	Serono Laboratories, Inc.	100,000
2002	Xyrem	기면증 형태로서의 탈력발작	Orphan Medical, Inc.	100,000
2002	Zevalin	비호지킨 B-세포 림프종	IDEC Pharmaceuticals	90,000
2007	Doxil	다발성 골수종	Johnson & Johnson Pharmaceuticals	80,000
2006	Revlimid	다발성 골수종	Celgene Corporation	80,000
2007	Nutropin Depot	저성장 호르몬 분비	Genentech, Inc.	80,000
2007	Saizen	저성장 호르몬 분비	Serono Laboratories, Inc.	80,000
2004	Apokyn	파킨슨병	Mylan Bertek Pharmaceuticals	50,000[a]
2008	Banzel	중증 뇌전증	Novartis Pharmaceuticals Corporation	45,000
2004	Vidaza	골수이형성증후군(MDS)	Pharmion Corporation	40,000
2007	Norditropin	누난증후군	Novo Nordisk Pharmaceuticals	40,000
2006	Prograf	장기이식증 장기 거부 반응의 방지	Astellas Pharma, Inc.	35,000
2007	ReFacto	혈우병 A	Wyeth Pharmaceuticals, Inc.	23,000
2006	Remicade	크론병	Centocor, Inc.	21,000
2006	Sprycel	골수성 백혈병	Bristol-Myers Squibb Company	20,000
2008	Xenazine	헌팅턴병	Cambridge Laboratories Group	16,000
2005	Arranon	T-세포 급성 림프구성 백혈병	GlaxoSmithKline US	10,000
2006	Myozyme	폼페병	Genzyme Corporation	10,000[b]
2002	Gleevac	위장관 기질종양(GIST)	Novartis	6,000[a]
2003	Fabrazyme	파브리병	Genzyme Corporation	5,000
2004	Clolar	급성 림프구성 백혈병(전체)	Genzyme Oncology	4,000[a]
2004	Alimta	중피종	Eli Lilly and Company	3,000[a]
2006	Elaprase	점액성다당류증 II (MPS II)	ShirePlc	2,300

a 미국에서의 매년 신규 환자수
b 전 세계 환자수

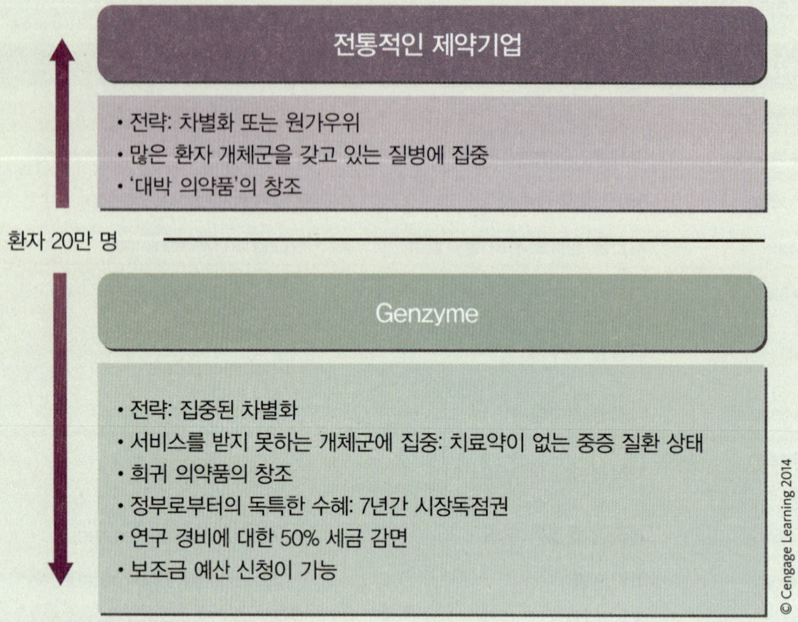

그림 5-11 Genzyme의 집중 차별화 전략

적합한 사례 Genzyme과 희귀 의약품 시장

1. Genzyme이 어떻게 생명공학 산업에서 틈새시장을 창출할 수 있었는가?
2. 외부 환경은 어떻게 집중 차별화 전략을 지원해주었는가?
3. 집중 전략을 이행할 때 왜 혁신을 할 수 있는 기업의 능력이 중요한가?

어중간한 상황

앞에서 3가지 본원적 전략을 바탕으로 경쟁한 기업들의 사례를 살펴보았다. 각 기업은 전략들 중 하나를 기준으로 경쟁우위를 개발하기 위한 활동을 정의했다. 하지만 많은 기업이 활동이나 전략에서 일관성이 없거나 아니면 분명하지 못하다. 사실 많은 기업은 본원적 전략 중 하나를 이용하는 경쟁 포지션이 자사에 해당되는 것임을 명확히 알지 못하고 있다. 수많은 전략에 관여하고 있지만 그 어느 것도 숙달하지 못하는 기업은 보통 불리한 입장에 처하게 되는데 그 이유는 다른 기업들이 경쟁우위를 달성함에 있어 더 나은 포지션을 잡게 되기 때문이다. 어중간한 상황에 있는 기업이 비록 단기간에는 이윤을 낼 수 있을지 모르지만 장기적으로 보면 더 집중화된 경쟁자가 더 많은 성공을 하게 될 것이다.

많은 산업에서 기업은 고객에게 모든 일이 해당될 것이라는 전망에 의해 중간적 입장의 유혹에 빠져 있다. 비록 그것이 핵심 비즈니스 모델에 적합하지 않다 해서 잠재적 수익 기회에 대해 아니라고 말하는 것은 매우 어려운 일이다. 기업이 수익만을 위한 수익을 추구한다면 집중력을 잃어 효율성이 떨어진다.

Delta AirLines는 저가의 대체상품인 Delta Express를 만들어 Southwest의 저가 위협에 대응하려 시도했다. 비록 이 대체상품이 처음에는 수익성이 있었지만 다른 저가 항공사들이 시장점유율을 빼앗아감으로써 결국 Delta의 수익을 잠식시켰다. Delta의 Florida 시장에서 Southwest와 JetBlue는 모두 저가 항공여행을 고객들에게 제공해 더 나은 포지션을 잡았다. 이들 저가 항공사들과 달리 Delta의 전체적인 원가구조는 비교할 만한 수준이 될 때까지 가격을 밀어붙이지 못하게 만들고 있었다. 게다가 Delta는 JetBlue가 유지하는 차별화 중 일부 측면을 맞추는 데 문제가 있었다. 여기에는 낮은 원가로 제공할 수 있었던 정성을 들인 오락 옵션과 가죽 좌석 등이 포함되어 있었다. 어중간한 위치에 있던 Delta의 포지션은 마침내 저가 대체상품의 실패로 이어졌다.

비록 원가우위와 차별화 전략을 동시에 추구하는 대부분의 회사들이 힘겨워하는 경향이 있기는 하지만 최근의 연구는 특히 디지털 업계에 있는 일부 기업이 2가지 방식을 통합시킴으로써 성공할 수 있음을 보여주었다. 웹 기술과 소셜미디어 형식은 기업들로 하여금 특정 집단의 사람들을 아주 낮은 원가에 목표로 삼는 것을 가능하게 만들었다. 본질적으로 웹을 기반으로 하는 기업은 저가에 집중하는 차별화 전략을 추구할 수 있다. 표적 마케팅은 이 새로운 기술이 출현하기 전에는 대단히 돈이 많이 들고 시간이 소모되는 일이었으며 그에 따라 '어중간한 상황'을 만들어내고 있었다. 인터넷은 e-비즈니스의 쟁점 중 많은 부분을 완화시켜주었다. 비록 낮은 원가의 고객 접촉이 e-비즈니스의 초석이 되기는 했지만 성공하는 회사들은 원가우위를 표적 시장 부문에서 특별한 집중화와 결합시켜왔다.

관리자는 산업구조의 구성요소를 평가해 장기적 수익성을 위한 잠재성이 있는지의 여부를 결정한다. [표 5-2]는 기업이 5가지 세력모델을 추구할 수 있는 서로 다른 본원

표 5-2 본원적 전략과 5가지 세력모델의 결합

구 분	신규 진입자의 위협	공급자의 교섭력	고객의 교섭력	대체재의 위협	경쟁자들 간의 대립관계
저원가	원가우위 제공, 동일한 원가우위를 가지기에는 신규 진입자가 더 어려움	대개 대량 구매의 원가우위 때문에 영향을 잘 받지 않음	이미 저 원가에서 운영하고 있기에 강력한 구매자의 영향을 덜 받음	원가 기반의 대체재에 덜 민감하지만 새로운 제품 기회를 놓칠 수 있음	강한 원가우위, 그러나 새로운 혁신에는 민감함
차별화	뚜렷한 역량, 그러나 가격/가치의 균형 유지가 필요함	가격 인상을 구매자에게 떠넘길 수 있음	표적 시장, 구매자는 가격에 덜 민감하며 차별화된 제품을 원함	고객 충성도를 구축하기 위해 큰 투자가 종종 요구됨	브랜드 충성도를 극복하기 어려움
집중화	고객 충성도, 특정의 틈새시장에 집중함. 그러나 커지면서 더 많은 경쟁자를 불러모을 수 있음	가격 인상을 떠넘길 수 있지만 대형 구매자에게는 종종 먹히지 않음	독점성— 약간의 옵션, 그러나 가격/가치의 균형을 계속 제공하는 것이 필요함	브랜드 충성도, 특정 틈새를 제공하기에는 제한된 시장	제공 내용의 독점성. 대개는 경쟁이 제한됨

Source: Based on data from Arthur A. Thompson, Jr. and A. J. Strickland III, Strategy Formulation and Implementation: Tasks of the General Manager, 5th edition (Home-wood, IL: Irwin, 1992), pp. 106–112.

적 전략들을 결합시켜준다. 본원적 전략은 5가지 세력의 영향을 감소시킬 수는 있어도 제거하지는 못한다.

본원적 전략에서의 직원

3가지 본원적 전략은 기업으로 하여금 매우 다른 방식으로 운영하도록 요구하고 있다. 이 전략은 또한 직원 관점에서도 다르다. 원가우위 전략은 엄격한 통제시스템 및 비용 최소화와 관련된다. 이 활동들은 일반적으로 기업에 있는 문화에 의해 강제성을 띠게 된다. 문화는 Southwest Airlines에서 본 바와 같이 절약, 규율, 상세한 내용까지 주의를 기울이는 것 등이 포함되는 여러 특징을 바탕으로 한다.

Southwest에서 기업문화는 전략과 긴밀하게 통합되어 있다. 이 회사는 직원에게 다른 항공사에 비해 평균적으로 낮은 임금을 지불하고 있으며 멋진 호텔 숙소와 같은 비금전적 혜택도 없다. 하지만 직원들에게 긍정적이고 즐거운 환경을 제공해준다. 만약 숙소나 비금전적 혜택 등이 취업에 중요한 요인이라면 Southwest Airlines 또는 다른 원가우위 기업이 잘 맞지 않을 것이다.

차별화를 바탕으로 경쟁하는 기업에게는 문화 역시 중요한 요인이 된다. 차별화는 혁신과 위험 부담을 장려하는 문화에 의해 특징 지워진다. Patagonia의 문화는 이 특징 중 많은 부분을 예시하고 있다. Patagonia에서 직원들은 더 나은 디자인을 만들어내기 위해 제품과 원단으로 실험하는 것이 장려된다. 게다가 업무를 일찍 끝내고 파도타기나 암벽 등반을 할 것을 장려한다. Patagonia 관리자에게 이러한 활동은 직원들이 직장과 생활의 균형을 동시에 촉진하면서도 제품에 대한 영감을 얻을 수 있도록 도움을 주는 일이다. 만약 창의성, 혁신, 개성이 취업 조건이라면 차별화를 바탕으로 경쟁하는 회사가 잘 맞을 것이다.

가치사슬로서의 기업

내부 · 외부 환경을 분석하고 경쟁우위를 확보할 수 있는 최선의 전략을 결정한 뒤에 관리자는 그것을 자사 전략으로 채택할 수 있도록 기업의 측면을 강화해야 한다. 장기간에 걸쳐 성공을 거두고 있는 기업은 경쟁자들은 흉내 내기 어려운 핵심역량을 창출할 수 있는 독특한 자원과 능력을 보유하고 있다. 그러나 관리자는 어떻게 핵심역량을 이해하고 개발하기 시작하는 것일까? 관리자가 기업 자원을 더 잘 이해하기 위해 이용할 수 있는 내부 분석의 한 가지 방법은 가치사슬 분석이다. 이 분석은 한 기업이 수행하는 모든 활동을 조사하고 어떻게 상호작용해 경쟁력 있는 원천을 형성하는지 결정하는 체계적 방법이다.

가치사슬 분석
(Value chain analysis)
한 기업이 수행하는 모든 활동을 조사하고 그것들이 어떻게 상호작용하여 경쟁력 있는 이점의 원천을 형성하는지 결정하는 체계적 방법

가치사슬 분석은 기업을 다양한 활동으로 분리시켜 시스템 내의 총원가와 차별화의 잠재적 원천 등을 잘 이해하게 한다. 이 장에 있는 많은 사례들이 보여준 바와 같이 모

든 기업은 제품(혹은 서비스)이 시장에서 성공하는 독특한 활동을 보유하고 있다. 성공하는 기업은 이 활동이 원가우위와 차별화 포지션을 달성하는 데 도움이 된다.

1차적 활동과 지원 활동

기업의 가치사슬은 2가지 주요한 활동으로 나누어질 수 있다. 1차적 활동과 지원 활동이다(그림 5-12 참조). 1차적 활동은 제품의 물리적 창조와 판매, 구매자로의 이전 등에 관여하는 활동을 말한다. 이 활동은 5가지 범주로 나눈다. 조달물류, 운용, 판매물류, 마케팅 및 판매, 서비스다. 지원 활동은 1차적 활동이 발생하기 위해 필요로 하는

1차적 활동(Primary activities) 제품의 물리적 창조와 판매 그리고 구매자로의 이전 등에 관여하는 활동

지원 활동(Support activities) 중요한 활동이 일어나는데 필요한 지원을 제공해주는 활동.

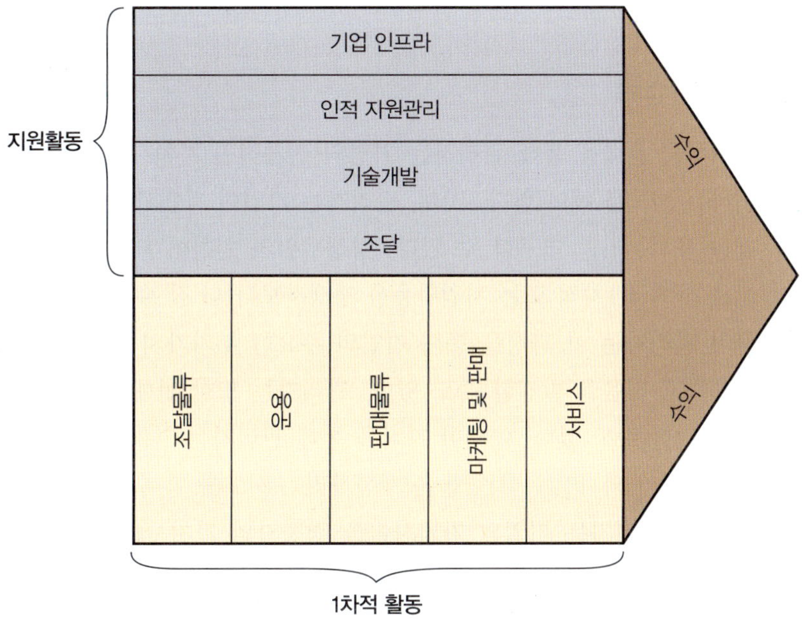

그림 5-12 기본적인 가치사슬

Source: Adapted from Adelaide Wilcox King, Sally W. Fowler, and Carl P. Zeithaml, "Managing Organizational Compe-tencies for Competitive Advantage: The Middle-Management Edge," *Academy of Management Executive*, Vol. 15, No. 2, 2001, pp. 96–97.

표 5-3 1차적 활동

조달 물류	제품에 대한 투입물을 수령하고, 저장하며, 전파하는데 이용되는 자재의 취급, 입고, 재고 통제 활동.
운용	조달물류에 의해 제공된 투입물을 최종 제품 형태로 전환시키는데 필요한 활동. 기계가공, 포장, 조립, 장비의 유지 및 관리 등이 운용 활동의 예이다.
판매 물류	최종 제품을 수집하고, 보관하며, 고객에게 유통시키는 것과 관련된 활동. 입고, 자재 취급, 주문 처리 등이 포함된다.
마케팅 및 판매	고객이 제품을 구매할 수 있도록 수단을 제공하기 위해 완성되는 활동. 제품을 효과적으로 마케팅하고 판매하기 위해 기업은 광고 및 판촉 활동을 개발한다. 적합한 유통채널을 선택한다. 그리고 영업 인원을 채용하고, 개발하며, 지원한다.
서비스	제품의 가치를 향상 또는 유지관리하기 위해 고안되는 활동. 기업은 다양한 서비스 관련 활동에 참여하는데 이에는 설치, 수리, 훈련, 조정 등이 포함된다.

Source: Adapted from Michael E. Porter, Competitive Advantage: Creating and Sustaining Superior Performance (New York, NY: The Free Press, 1985).

표 5-4 지원 활동

조달	기업의 제품을 생산하기 위해 필요로 하는 투입물을 구매하기 위해 완수되는 활동. 구매되는 투입물에는 고정 자산(기계류, 실험실 장비, 사무실 비품, 건물)과 더불어 제품의 제조 동안 완전히 소모되는 품목(원자재 및 소모품)이 포함된다.
기술개발	기업의 제품과 그것을 제조하는데 이용되는 공정을 개선하기 위해 완수되는 활동. 기술개발은 여러 형태를 취하는데 예를 들어 가공 장비의 설계, 기본적인 연구 및 제품 설계, 서비스가 이루어지는 절차 등이다.
인적 자원관리	모든 인원을 채용, 고용, 훈련, 개발, 보상을 해주는 일 등과 관련된 활동.
기업 인프라	일반 관리, 기획, 재무, 회계, 법률 지원, 정부 관계 등과 같이 전체적인 가치사슬의 작업을 지원하기 위해 요구되는 활동.

Source: Adapted from Michael E. Porter, Competitive Advantage: Creating and Sustaining Superior Performance (New York, NY: The Free Press, 1985).

지원을 제공한다. 이 활동은 4가지 범주로 나눈다. 기업 인프라, 인적 자원관리, 기술개발, 조달이다. 1차적 및 지원활동은 [표 5-3]과 [표 5-4]에서 더 상세히 정의된다.

가치시스템

가치사슬 분석을 통해 관리자는 기업의 전체적인 가치시스템에 대한 3가지 측면을 분석하는 시도를 해야 한다. 첫째, 관리자는 기업이 자원과 능력을 핵심역량 개발에 어떻게 이용하는지를 연구할 수 있다. 경쟁우위의 원천이 되기 위해서는 핵심역량이 기업으로 하여금 1차적 또는 지원활동을 경쟁자보다 더 잘 수행하도록 해주어야 한다. 예를 들어 관리자는 이 과정을 통해 기업의 주요한 부가가치 행동이 마케팅과 판매 기능에 존재하고 있음을 발견할 수도 있다. 관리자는 또한 판매물류가 회사의 중요한 난제임을 발견할 수도 있다. 이러한 자각을 통해 관리자는 가치를 창출하는 활동을 강조하고 가치부가가 되지 않는 사항들은 개선하려는 시도를 할 수 있다.

둘째, 관리자는 기업의 가치사슬을 경쟁자의 가치사슬과 비교해 시장에 있는 경쟁세력들을 더 잘 이해하고 회사의 가치창출 활동을 어떻게 개선할지를 결정할 수 있어야 한다. 마지막으로 관리자는 기업의 가치사슬을 공급자 및 유통채널의 가치사슬이 포함되는 더 큰 가치시스템 맥락에서 보아야 한다. 이러한 가치사슬을 연구함으로써 관리자는 제품을 시장으로 가져가게 하는 서로 다른 시스템들 사이의 연관성을 이해할 수 있다. 이 관련성을 이해하면 경쟁우위를 향상시킬 수 있다. Toyota는 데이터와 공정의 공유를 통해 공급자들과 밀접한 연관성을 창출함으로써 경쟁우위를 성취해왔다.

요약

기업의 비즈니스 전략은 3가지 중요한 질문에 답하는 방식에 의해 정의된다. 1) 왜 제품(혹은 서비스)을 제공하는가? 2) 어떠한 제품(혹은 서비스)을 제공하는가? 3) 제품(혹은 서비스)을 어떻게 제공하는가? 기업들은 이 중요한 질문에 근본적으로 다른 방식으로 답하고 있으며, 한 산업에서 경쟁적 상황의 토대가 되는 것은 바로 이 반응이다.

기업의 비즈니스 전략을 정의할 때 관리자는 외부 환경에 대한 철저한 평가를 수행해야 한다. 외부 환경 평가는 일반적으로 산업 매력도를 드러낸다. 어떤 산업은 다른 것보다 본질적으로 더 많은 매력을 갖고 있다. 진입장벽, 구매자 세력, 공급자 세력, 경쟁 대립관계, 가용한 대체재 등에 대한 평가가 포함되는 5가지 세력모델은 산업의 매력도를 평가할 수 있는 방법의 하나다.

하지만 외부 환경 평가를 바탕으로 하는 전략개발은 불완전하다. 관리자는 또한 기업의 외부자원도 평가해 능력 및 자원에 대한 접근이 어떻게 경쟁우위를 제공할 수 있는지 결정해야 한다. 우위를 제공해 줄 수 있는 내부 자원에는 생산공정, 브랜드, 문화 등 무형자원을 비롯해 부동산, 재고, 장비 등과 같은 유형의 품목들이 포함되어 있다. 직원 역시 핵심역량을 창출해낼 수 있는 강력한 내부 자원이 될 수 있다.

SWOT 분석은 판매시장에서의 기회, 위협과 더불어 기업의 내부 강점과 약점을 보여준다. 산업 내에서 기업의 현재와 미래 포지션을 가늠해 볼 수 있는 효과적인 방법이다. 이 분석은 또한 기업의 경쟁우위를 결정하는데도 유용하다.

경쟁우위는 고객을 위해 가치를 창출해낼 수 있는 기업의 능력으로부터 도출된다. 기업이 가치를 창출해낼 수 있는 방법은 원가 또는 차별화를 통해 이루어진다. 이 포지션으로부터 3가지 본원적 비즈니스 차원의 전략이 등장한다. 즉 원가우위, 차별화, 집중화이다. 원가우위를 바탕으로 경쟁하는 기업은 가능한 한 낮은 가격에 제품(혹은 서비스)을 제공하려 한다. 차별화를 바탕으로 경쟁하는 기업은 독특하며 경쟁자들이 쉽게 복제할 수 없는 제품(혹은 서비스)을 제공한다. 집중화 전략으로 경쟁하는 기업은 특정의 표적 시장, 지역, 또는 다르게 정의된 실체에 대해 원가우위나 차별화 중 하나를 적용한다.

기업전략을 추진하는 내부 자원과 외부 환경을 분석할 때 관리자는 기업을 다양한 활동으로 세분화하는 가치사슬 도구를 이용해 부가가치를 찾을 수 있다. 관리자는 가치시스템 내에서 기업과 가치사슬 사이의 연관성을 탐구해 1차적 및 지원활동 사이의 적합성을 창출할 수 있다. 이렇게 함으로써 관리자는 경쟁우위를 확립할 수 있고, 어떻게 지속시킬지 알 수 있게 된다.

주요 용어

1차적 활동(Primary activities)
SWOT 분석(SWOT analysis)
가치(Value)
가치사슬 분석(Value chain analysis)
교섭력(Bargaining power)
규모의 경제(Economies of scale)
기업의 자원 기반 관점(Resource-based view of the firm)
선발자 이익(First-mover advantage)
원가우위(Cost advantage)
전략적 유연성(Strategic flexibility)
지원활동(Support activities)
진입장벽(Barriers to entry)
집중화(Focus)
차별화(Differentiation)

과제

토론 주제

1. 기업전략을 정의하는 3가지 근본 질문을 생각해보라. 1) 누구에게 제공하는가? 2) 무엇을 제공하는가? 3) 어떻게 제공하는가? 어느 질문이 대답하기 가장 어려운가? 왜 인가? 답변이 되었다면 어떠한 질문이 판매시장에서 기업의 경쟁우위를 가장 잘 다루고 있는가?
2. 만약 Coca Cola의 임원이었다면 5가지 세력 중 어느 것에 가장 주목할 것인가? 왜인가? 만약 Red Bull의 임원이었다면 이 답변은 바뀌게 될 것인가?
3. 어떤 산업이 낮은 진입장벽을 갖고 있는가? 그 산업에서의 새로운 진입자는 낮은 장벽을 어떻게 해야 가장 잘 활용할 수 있는가?

4. 왜 선발자는 장기간 특별한 경쟁우위를 누리고 있는가? 무엇이 이 선발자의 우위를 막을 수 있는가?
5. 대부분의 사람들은 Southwest Airlines이 Delta 또는 United 등 다른 항공사의 대체재로 생각하고 있지만 Southwest는 수백km 밖에 떨어져 있지 않은 도시들 사이의 자동차여행에 대한 대체재이기도 하다. 다른 어떤 기업이 독특한 대체재로서 역할하고 있는가?
6. 공급자와 구매자의 교섭력을 비교해 대조해보라. 어떤 식으로 강력한 공급자와 구매자는 산업에 영향을 미치고 있는가? 이 영향은 어떻게 유사하며 어떻게 다른가?
7. 치열한 대립관계가 특징인 산업에서는 왜 전체적인 수익성이 감소되는가? 왜 이것이 Coke와 Pepsi 사례에서는 일어나지 않는가?
8. 기업의 내부 환경에 대한 3가지 주요 측면(유형자원, 무형자원, 인적자원)을 고찰할 때 어느 것이 성숙 산업에서 가장 중요한가? 새로운 신흥산업에서는 어떤가?
9. 제2장에서 General Electric이 100년 이상 기업을 유지해 올 수 있었는지 살펴보았다. 많은 방식에서 GE는 강한 전략적 유연성을 특징으로 한다. 다른 기업 중에서 전략적 유연성을 보여주는 곳이 있는가? Facebook이 20년 후에도 여전히 성공한 비즈니스로 남아있을 것인가? 지속성을 위해 그들은 무엇을 해야 할까?
10. 원가우위 또는 차별화 전략을 추구하는 회사에서 일하는 것은 어떤가? 직무는 어떻게 달라질 것 같은가?
11. 왜 일부 회사들은 '어중간한 상태'에 머물러 있는가?
12. 기업의 1차적 및 지원활동은 어떤 식으로 자원기반 관점과 연관성을 갖는가? 그 자원은 유형인가 아니면 무형인가?

관리 연구

서로 다른 본원적 전략(저가, 차별화, 집중화)을 이용해 경쟁을 벌이는 회사 3곳을 선택하라.

1. 3곳의 회사 각각에 대해 본원적 전략을 지원해주는 활동을 열거하라.
2. 3곳의 회사 각각에 대해 Porter의 5가지 세력모델을 적용해보라. 자신의 분석을 바탕으로 매력적인 산업에 들어있는지 결정하라.
3. 3곳의 회사 각각에 대해 유형자원, 무형자원, 인적자원을 열거해보라.
4. 3곳의 회사 각각에 대해 가치사슬을 분석하라.
5. 어느 회사에 투자할 것인가? 그 이유는?

현장에서

1. 비즈니스 전략을 명확하게 정의해놓지 않은 회사 한 곳의 관리자와 인터뷰를 하라. 인터뷰를 바탕으로 그 회사가 왜 '어중간한 상황'에 있는지 분석하라. 어떠한 본원적 전략이 경쟁우위를 위한 포지션이 될지 설정하라. 그 전략을 이용할 수 있도록 권고 사항들을 개발하라.
2. 5가지 세력 중 어느 것이 비영리부문의 평가에 적용될 수 있는가? 어떤 세력이든 추가할 수 있는가?

참고문헌

[1] Michael E. Porter, "Understanding Industry Structure," Harvard Business School Note No. 9-707-493, rev. August 13, 2007 (Boston, MA: HBS Publishing, 2006), p. 1.

[2] Nancy F. Koehn, "Howard Schultz and Starbucks Coffee Company," Harvard Business School Case No. 9-801-361, rev. September 30, 2005 (Boston, MA: HBS Publishing, 2001), p. 2.

[3] Nancy F. Koehn, "Howard Schultz and Starbucks Coffee Company," Harvard Business School Case No. 9-801-361, rev. September 30, 2005 (Boston, MA: HBS Publishing, 2001), p. 4.

[4] Nancy F. Koehn, "Howard Schultz and Starbucks Coffee Company," Harvard Business School Case No. 9-801-361, rev. September 30, 2005 (Boston, MA: HBS Publishing, 2001), p. 5.

[5] Nancy F. Koehn, "Howard Schultz and Starbucks Coffee Company," Harvard Business School Case No. 9-801-361, rev. September 30, 2005 (Boston, MA: HBS Publishing, 2001), p. 11.

[6] Nancy F. Koehn, "Howard Schultz and Starbucks Coffee Company," Harvard Business School Case No. 9-801-361, rev. September 30, 2005 (Boston, MA: HBS Publishing, 2001), p. 11.

[7] Starbucks Corporation, 2011 Annual Report (Seattle, WA: Starbucks Corporation, 2011).

[8] Madhav V. Rajan and Brian Tayan, "Financial Restatements: Methods Com panies Use to Dis tort F inanci al Performance," Stanford Graduate School of Business Case No. A-198 (Stanford, CA: Stanford Graduate School of Business, 2008), pp. 6–7.

[9] Krispy Kreme Doughnuts Inc., April 28, 2006 10-K (Winston-Salem: Krispy Kreme Doughnuts Inc., 2006), p. 44, http://investor.krispykreme.com/secfiling. cfm?filingID=950123-06-5450, accessed December 10, 2009.

[10] Datastream, "Interactive Price Chart, Krispy Kreme Donuts," http://banker. thomsonib.com, accessed December 9, 2009.

[11] Bob Horovits, "Starbucks' Growth Strategy Thinks Outside

the Cup," USA Today, March 24, 2011.

12 "Adam Brotman: How Not to Reinvent the Wheel and Still Merrily Roll Along," Fast Company, 2012.

13 R. Duane Ireland, Michael A. Hitt, S. Michael Camp, and Donald L. Sexton, "Integrating Entrepreneurship and Strategic Management Actions to Create Firm Wealth," Academy of Management Executive, Vol. 15, No. 1, 2001, p. 53.

14 Michael E. Porter, "Understanding Industry Structure," Harvard Business School Note No. 9-707-493, rev. August 13, 2007 (Boston, MA: HBS Publishing, 2006), pp. 2–7.

15 Michael E. Porter, "Understanding Industry Structure," Harvard Business School Note No. 9-707-493, rev. August 13, 2007 (Boston, MA: HBS Publishing, 2006), pp. 2–7.

16 Jan W. Rivkin and Michael E. Porter, "Matching Dell," Harvard Business School Case No. 9-799-158 (Boston, MA: HBS Publishing, 1999), p. 2.

17 Jan W. Rivkin and Michael E. Porter, "Matching Dell," Harvard Business School Case No. 9-799-158 (Boston, MA: HBS Publishing, 1999), p. 2.

18 Jan W. Rivkin and Michael E. Porter, "Matching Dell," Harvard Business School Case No. 9-799-158 (Boston, MA: HBS Publishing, 1999), p. 2.

19 Jan W. Rivkin and Michael E. Porter, "Matching Dell," Harvard Business School Case No. 9-799-158 (Boston, MA: HBS Publishing, 1999), p. 2.

20 Jan W. Rivkin and Michael E. Porter, "Matching Dell," Harvard Business School Case No. 9-799-158 (Boston, MA: HBS Publishing, 1999), p. 2.

21 Jan W. Rivkin and Michael E. Porter, "Matching Dell," Harvard Business School Case No. 9-799-158 (Boston, MA: HBS Publishing, 1999), p. 2.

22 David Lei and John W. Slocum, Jr., "Strategic and Organizational Requirements for Competitive Advantage," Academy of Management Executive, Vol. 19, No. 1, 2005, p. 32.

23 Michael E. Porter, "Understanding Industry Structure," Harvard Business School Note No. 9-707-493, rev. August 13, 2007 (Boston, MA: HBS Publishing, 2006), p. 3.

24 Michael E. Porter, "Understanding Industry Structure," Harvard Business School Note No. 9-707-493, rev. August 13, 2007 (Boston, MA: HBS Publishing, 2006), p. 3.

25 Michael E. Porter, "Understanding Industry Structure," Harvard Business School Note No. 9-707-493, rev. August 13, 2007 (Boston, MA: HBS Publishing, 2006), p. 3.

26 Michael E. Porter, "Understanding Industry Structure," Harvard Business School Note No. 9-707-493, rev. August 13, 2007 (Boston, MA: HBS Publishing, 2006), p. 3.

27 Jon Brodkin, "Windows on Verge of Dropping Below 90% Market Share," Network World, January 13, 2011, http:// www.networkworld.com/ news/2011/011311-windows-on-verge-of- dropping.html, accessed August 15, 2012.

28 Michael E. Porter, "Understanding Industry Structure," Harvard Business School Note No. 9-707-493, rev. August 13, 2007 (Boston, MA: HBS Publishing, 2006), p. 3.

29 Michael E. Porter, "Understanding Industry Structure," Harvard Business School Note No. 9-707-493, rev. August 13, 2007 (Boston, MA: HBS Publishing, 2006), p. 3.

30 Michael E. Porter, "Understanding Industry Structure," Harvard Business School Note No. 9-707-493, rev. August 13, 2007 (Boston, MA: HBS Publishing, 2006), p. 3.

31 Michael D. Rawlins, "Cutting the Cost of Drug Development?," Nature, April 2004.

32 Michael E. Porter, "Understanding Industry Structure," Harvard Business School Note No. 9-707-493, rev. August 13, 2007 (Boston, MA: HBS Publishing, 2006), p. 3.

33 Michael E. Porter, "Understanding Industry Structure," Harvard Business School Note No. 9-707-493, rev. August 13, 2007 (Boston, MA: HBS Publishing, 2006), p. 4.

34 Michael E. Porter, "Understanding Industry Structure," Harvard Business School Note No. 9-707-493, rev. August 13, 2007 (Boston, MA: HBS Publishing, 2006), p. 4.

35 Michael E. Porter, "The Five Competitive Forces That Shape Strategy," Harvard Business Review, January 2008.

36 David J. Ketchen, Jr., Charles C. Snow, and Vera L. Street, "Improving Firm Performance by Matching Strategic Decision-Making Processes to Competitive Dynamics," Academy of Management Executive, Vol. 18, No. 4, 2004, p. 31.

37 Michael E. Porter, "Understanding Industry Structure," Harvard Business School Note No. 9-707-493, rev. August 13, 2007 (Boston, MA: HBS Publishing, 2006), pp. 4–5.

38 "Britannica Says It's Short on Cash," The New York Times, April 6, 1995, www.lexisnexis.com, accessed December 14, 2009.

39 Data provided by OneSource® Business Browser, an online business informa- tion product of OneSource Information Services, Inc., accessed September 2011.

40 Scott Cendrowski, "Bytes Beat Bricks," Fortune, July 4, 2011.

41 Shalini Ramachandran and Jeffery A. Trachtenberg, "End of Era for Britannica," The Wall Street Journal, March 14, 2012.

42 Michael E. Porter, "Understanding Industry Structure," Harvard Business School Note No. 9-707-493, rev. August 13, 2007 (Boston, MA: HBS Publishing, 2006), p. 7.

43 Michael E. Porter, "The Five Competitive Forces That Shape Strategy," Harvard Business Review, January 2008.

44 Timothy A. Luehrman, "Kaiser Steel Corporation, 1950," Harvard Business School Case No. 9-291-005, rev. August 1, 1990 (Boston, MA: HBS Publishing, 1990), p. 4.

45 Timothy A. Luehrman, "Kaiser Steel Corporation, 1972," Harvard Business School Case No. 9-291-012, rev. December 21, 1990 (Boston, MA: HBS Publishing, 1990), p. 5.

46 Timothy A. Luehrman, "Kaiser Steel Corporation, 1972," Harvard Business School Case No. 9-291-012, rev. December 21, 1990 (Boston, MA: HBS Publishing, 1990), p. 5.

47 Timothy A. Luehrman, "Kaiser Steel Corporation, 1972,"

Harvard Business School Case No. 9-291-012, rev. December 21, 1990 (Boston, MA: HBS Publishing, 1990), p. 6.

48 William E. Fruhan, Jr., "Restructuring the U.S. Steel Industry," Harvard Business School Case No. 9-203-042, rev. June 19, 2003 (Boston, MA: HBS Publishing, 2002), p. 8.

49 David B. Yoffie, "Cola Wars Continue: Coke and Pepsi in the Twenty-First Century," Harvard Business School Case No. 9-702-442, rev. January 27, 2004 (Boston, MA: HBS Publishing, 2002), p. 8.

50 "Compustat Quarterly Updates— Fundamentals Annual," 2000–2009, www.compustat.com, accessed December 14, 2009.

51 Michael E. Porter, "Understanding Industry Structure," Harvard Business School Note No. 9-707-493, rev. August 13, 2007 (Boston, MA: HBS Publishing, 2006), pp. 7–8.

52 Michael E. Porter, "Understanding Industry Structure," Harvard Business School Note No. 9-707-493, rev. August 13, 2007 (Boston, MA: HBS Publishing, 2006), p. 2.

53 Richard P. Rumelt, Dan E. Schendel, and David J. Teece, "Fundamental Issues in Strategy," Fundamental Issues in Strategy: A Research Agenda, Richard P. Rumelt, Dan E. Schendel, and David J. Teece, eds. (Boston, MA: HBS Press, 1994).

54 Jay Barney, "Firm Resources and Sustained Competitive Advantage," Journal of Management, 1991, Vol. 17, No. 1, pp. 101–102.

55 David G. Sirmon, Michael A. Hitt, and R. Duane Ireland, "Managing Firm Resources in Dynamic Environments to Create Value: Looking Inside the Black Box," Academy of Management Review, Vol. 32, No. 1, 2007, p. 273.

56 Margaret A. Peteraf, "The Cornerstones of Competitive Advantage: A Resource- Based View," Strategic Management Journal, Vol. 14, No. 3, 1993, pp. 179–191.

57 David J . Collis and Cynthia A. Montgomery, "Competing on Resources," Harvard Business Review, July–August 2008; and Moshe Farjoun, "Towards an Organic Perspective on Strategy," Strategic Management Journal, Vol. 23, No. 7, 2002, p. 564.

58 David G. Sirmon, Michael A. Hitt, and R. Duane Ireland, "Managing Firm Resources in Dynamic Environments to Create Value: Looking Inside the Black Box," Academy of Management Review, Vol. 32, No. 1, p. 280; and Nils Stieglitz and Klaus Heine, "Innovations and the Role of Complementarities in a Strategic Theory of the Firm," Strategic Management Journal, Vol. 28, 2007, p. 2.

59 R. Duane Ireland, Michael A. Hitt, S. Michael Camp, and Donald L. Sexton, "Integrating Entrepreneurship and Strategic Management Actions to Create Firm Wealth," Academy of Management Executive, Vol. 15, No. 1, 2001, p. 58.

60 David Lei and John W. Slocum, Jr., "Strategic and Organizational Requirements for Competitive Advantage," Academy of Management Executive, Vol. 19, No. 1, 2005, p. 35.

61 "Toyota Motor Corporation—Annual Balance Sheet," March 31, 2009, avail- able from Reuters Research Inc., published by OneSource Information Services, Inc., www.onesource.com, accessed December 14, 2009.

62 Adelaide W ilcox King, Sally W. Fowler, and Carl P. Zeithaml, "Managing Organizational Competencies for Competitive Advantage: The Middle- Management Edge," Academ y of Management Executive, Vol. 15, No. 2, 2001, p. 96.

63 Richard P. Rumelt, Dan E. Schendel, and David J. Teece, "Fundamental Issues in Strategy," Fundamental Issues in Strategy: A Research Agenda, Richard P. Rumelt, Dan E. Schendel, and David J. Teece, eds. (Boston, MA: HBS Press, 1994), p. 17.

64 Arnoldo C. Hax and Nicolas S. Majluf, "The Corporate Strategic Planning Process," Interfaces, Vol. 14, No. 1, 1984, p. 55.

65 Moshe Farjoun, "Towards an Organic Perspective on Strategy," Strategic Management Journal, Vol. 23, No. 7, 2002, pp. 562, 565.

66 C. Brooke Dobni and George Luffman, "Determining the Scope and Impact of Market Orientation Profiles on Strategy Implementation and Performance," Strategic Management Journal, Vol. 24, 2003, p. 583; and R. Duane Ireland, Michael A. Hitt, S. Michael Camp, and Donald L. Sexton, "Integrating Entrepreneurship and Strategic Management Actions to Create Firm Wealth," Academy of Management Executive, Vol. 15, No. 1, 2001, p. 53.

67 Katsuhiko Shimizu and Michael A. Hitt, "Strategic Flexibility: Organizational Preparedness to Reverse Ineffective Strategic Decisions," Academ y of Management Executive, Vol. 18, No. 4, 2004, p. 44.

68 Pankaj Ghemawat and Jan W. Rivkin, "Creating Competitive Advantage," Harvard Business School Note No. 9-798-062, rev. February 25, 2006 (Boston, MA: HBS Publishing, 1998), p. 4.

69 Marvin B. Lieberman and Shigeru Asaba, "Why Do Firms Imitate Each Other?," Academy of Management Review, Vol. 31, No. 2, 2006, p. 367.

70 Michael E. Porter, Competiti v e Advantage: Creating and Sustaining Superior Performance (New York, NY: The Free Press, 1985), p. 3.

71 Michael E. Porter, Competiti v e Advantage: Creating and Sustaining Superior Performance (New York, NY: The Free Press, 1985), p. 3; and Pankaj Ghemawat and Jan W. Rivkin, "Creating Competitive Advantage," Harvard Business School Note No. 9-798-062, rev. February 25, 2006 (Boston, MA: HBS Publishing, 1998), p. 3.

72 Michael E. Porter, Competiti v e Advantage: Creating and Sustaining Superior Performance (New York, NY: The Free Press, 1985), p. 12.

73 Michael E. Porter, Competiti v e Advantage: Creating and Sustaining Superior Performance (New York, NY: The Free Press, 1985), p. 13.

74 Michael E. Porter, Competiti v e Advantage: Creating and Sustaining Superior Performance (New York, NY: The Free

Press, 1985), p. 13.

75 "The Vanguard Group, Inc. Company Report," 2011, http://www.premium.hoovers.com, accessed August 16, 2012.

76 Luis M. Viceira and Helen H. Tung, "The Vanguard Group, Inc. in 2006 and Target Retirement Funds," Harvard Business School Case No. 9-207-129, rev. January 28, 2008 (Boston, MA: HBS Publishing, 2007), p. 2.

77 Luis M. Viceira and Helen H. Tung, "The Vanguard Group, Inc. in 2006 and Target Retirement Funds," Harvard Business School Case No. 9-207-129, rev. January 28, 2008 (Boston, MA: HBS Publishing, 2007), p. 3.

78 Michael E. Porter, Competiti v e Advantage: Creating and Sustaining Superior Performance (New York, NY: The Free Press, 1985), p. 14.

79 Pankaj Ghemawat and Jan W. Rivkin, "Creating Competitive Advantage," Harvard Business School Note No. 9-798-062, rev. February 25, 2006 (Boston, MA: HBS Publishing, 1998), pp. 7–8.

80 Michael E. Porter, Competiti v e Advantage: Creating and Sustaining Superior Performance (New York, NY: The Free Press, 1985), p. 14.

81 Michael E. Porter, Competiti v e Advantage: Creating and Sustaining Superior Performance (New York, NY: The Free Press, 1985), p. 14.

82 Marvin B. Lieberman and Shigeru Asaba, "Why Do Firms Imitate Each Other?," Academy of Management Review, Vol. 31, No. 2, 2006, p. 374.

83 Michael E. Porter, Competiti v e Advantage: Creating and Sustaining Superior Performance (New York, NY: The Free Press, 1985), p. 14.

84 Forest Reinhardt, Ramon Casadesus- Masanell, and Hyun Jin Kim, "Patagonia," Harvard Business School Case No. 9-711-020, rev. October 19, 2010 (Boston, MA: HBS Publishing, 2010), p. 4.

85 Brian Dumaine, "Built to Last," Fortune, August 13, 2012.

86 Forest Reinhardt, Ramon Casadesus- Masanell, and Hyun Jin Kim, "Patagonia," Harvard Business School Case No. 9-711-020, rev. October 19, 2010 (Boston, MA: HBS Publishing, 2010), p. 5.

87 Michael E. Porter, Competiti v e Advantage: Creating and Sustaining Superior Performance (New York, NY: The Free Press, 1985), p. 15.

88 Michael E. Porter, Competiti v e Advantage: Creating and Sustaining Superior Performance (New York, NY: The Free Press, 1985), p. 15.

89 Barbara Martinez and Jacob Goldstein, "Industry Fails to Find New Drugs to Replace Wonders Like Lipitor," TheWall Street Journal, December 6, 2007.

90 Henry Chesbrough and Clarissa Ceruti, "Genzyme: Engineering the Market for Orphan Drugs," Harvard Business School Case No. 9-602-147, rev. May 13, 2002 (Boston, MA: HBS Publishing, 2002), p. 3.

91 Henry Chesbrough and Clarissa Ceruti, "Genzyme: Engineering the Market for Orphan Drugs," Harvard Business School Case No. 9-602-147, rev. May 13, 2002 (Boston, MA: HBS Publishing, 2002), p. 7.

92 Genzyme Corporation, March 2, 2009, 10-K (Cambridge: Genzyme Corporation, 2009), p. F-29, http://www.onesource.com, accessed December 11, 2009.

93 Michael E. Porter, Competiti ve Advantage: Creating and Sustaining Superior Performance (New York, NY: The Free Press, 1985), p. 16.

94 Michael E. Porter, Competiti v e Advantage: Creating and Sustaining Superior Performance (New York, NY: The Free Press, 1985), p. 16; and Gregory G. Dess and Peter S. Davis, "Porter's (1980) Generic Strategies as Determinants of Strategic Group Member ship and Organizational Performance," Academy of Management Journal, Vol. 27, No. 3, 1984, pp. 480, 484.

95 Stewart Thornhill and Roderick E. White, "Strategic Purity: A Multi-Industry Evaluation of Pure vs. Hybrid Business Strategies," Strategic Management Journal, Vol. 28, 2007, p. 559.

96 Nitin Nohria, William Joyce, and Bruce Roberson, "What Really Works," Harvard Business Review, July 2003.

97 Eonsoo Kim, Dae-il Nam, and J . L. Stimpert, "The Applicability of Porter's Generic Strategies in the Digital Age: Assumptions, Conjectures, and Suggestions," Journal of Management, Vol. 30, No. 5, 2004, p. 571.

98 Eonsoo Kim, Dae-il Nam, and J . L. Stimpert, "The Applicability of Porter's Generic Strategies in the Digital Age: Assumptions, Conjectures, and Suggestions," Journal of Management, Vol. 30, No. 5, 2004, p. 577.

99 Michael E. Porter, Competiti v e Advantage: Creating and Sustaining Superior Performance (New York, NY: The Free Press, 1985), p. 23.

100 Michael E. Porter, Competiti v e Advantage: Creating and Sustaining Superior Performance (New York, NY: The Free Press, 1985), p. 24.

101 Michael E. Porter, Competiti v e Advantage: Creating and Sustaining Superior Performance (New York, NY: The Free Press, 1985), p. 33.

102 Michael E. Porter, Competiti v e Advantage: Creating and Sustaining Superior Performance (New York, NY: The Free Press, 1985).

103 Michael E. Porter, Competiti v e Advantage: Creating and Sustaining Superior Performance (New York, NY: The Free Press, 1985), p. 38.

104 David J. Ketchen, Jr. and G. Tomas M. Hult, "Bridging Organization Theory and Supply Chain Management: The Case of Best Value Supply Chains," Journal of Operations Management, Vol. 25, No. 2, 2007, pp. 573–580; and Michael E. Porter, Competitive Advantage: Creating and Sustaining Superior Performance (New York, NY: The Free Press, 1985).

105 Michael E. Porter, Competiti v e Advantage: Creating and Sustaining Superior Performance (New York, NY: The Free Press, 1985), p. 51.

제 6 장

기업 차원의 전략

학습목표

이 장을 공부한 후 다음을 할 수 있도록 한다.

- 기업 차원의 전략이 다각화, 해외 확장, 수직적 통합 등과 관련한 결정사항을 포함하고 있음을 이해하기
- 관련 다각화와 비관련 다각화 사이의 차이점을 기술하고 각 방법의 장점과 단점의 개요 설명하기
- 기업이 왜 해외 확장을 통해 다각화하기로 결정하는지에 대한 이유 설명하기
- 수직적 통합 과정을 기술하고 기업이 왜 이러한 경로를 추구하기로 선택하는지에 대한 이유 설명하기

장의 개요

자기성찰 MANAGEMENT

성장을 위한 전략 구상

기업 차원의 전략은 경영진이 복수의 비즈니스를 위한 계획을 개발하는 일과 기업 경계를 어떻게 확장할 것인지를 결정하는 일이 수반된다. 이는 또한 조직의 구상과 소유의 선택이 관련된다. 기업은 복수의 비즈니스 전반에 걸쳐 자신의 자원을 극대화할 수 있다.

다음 진술문에 '네' 혹은 '아니오'로 답변해 복수의 비즈니스에 대한 관리를 통해 기업을 성장시키려는 전략을 얼마나 이해하고 있는지 평가해보라.

1. 나는 비즈니스 차원과 기업 차원 전략 사이의 차이점을 설명할 수 있다.
2. 나는 기업의 다각화가 왜 성장전략이 되는지 이해하고 있다.
3. 나는 관련 다각화와 비관련 다각화 사이의 차이점을 설명할 수 있다.
4. 나는 성장계획을 분석할 때 신규 비즈니스에 진입하는 데 드는 비용을 고려한다.
5. 나는 효과적인 기업 차원 전략을 추구하기 위해 필요로 하는 리더십 기술에 대해 알고 있다.
6. 나는 산업의 매력도가 기업을 다각화할 때 의사결정 과정에 포함되어야 함을 인식하고 있다.
7. 나는 기업이 다양한 비즈니스 사이에서 어떻게 시너지를 창출하고 있는지 알고 있다.
8. 나는 기업이 왜 국제적 다각화 전략을 추구하는지 설명할 수 있다.
9. 나는 수직적 통합에 대한 이유를 이해하고 있다.
10 나는 수직적 통합의 서로 다른 형태에 대해 친숙하다.

만약 대부분의 진술문에 '네'라고 답했다면 기업 차원의 전략에 대해 분명한 파악을 하고 있다.

서론

제4장에서 학습했듯 기업전략에는 2가지 중요한 구성요소가 개입된다. 즉 비즈니스 차원의 전략과 기업 차원의 전략이다. 비즈니스 차원의 전략을 통해 관리자는 기업이 어떻게 특정 산업에서 그리고 그 산업 내에 있는 경쟁자들 간에 갖고 있는 포지션에서 경쟁할지를 결정한다. 하지만 대부분의 기업은 그저 하나의 산업에서만 경쟁하고 있지는 않다. 오히려 많은 회사들 —예를 들어 General Electric(GE), Procter & Gamble(P&G), Kyocera, Tata Group, Westinghouse 등— 은 그 각각이 서로 다른 수익 잠재성과 경쟁위협을 지닌 수많은 산업에 걸쳐 경쟁하고 있다.

선두에 서있는 많은 기업들 중에서 성공하려면 기업 차원의 전략을 개발해야 한다. 기업 차원의 전략은 "다수 시장 활동의 구성과 조정을 통해" 가치 창조를 추구하는 방식으로 정의된다. 기업 차원의 전략에는 얼마나 많은 산업들이 서로 얽혀 경쟁하고 있는지, 수직적으로 통합할 것인지의 여부, 회사를 인수할 것인지 매각할 것인지의 여부, 사업부들 간에 자원은 어떻게 공유할 것인지 등에 대한 결정사항들이 포함된다. 본질

리더십 개발의 여정 조직 경계를 넘어 일을 한다는 것 그리고 다른 조직과 파트너를 맺는다는 것은 관리자로 하여금 기업 차원의 전략을 입안해 이행할 수 있도록 해준다. 일단 파트너 관계가 형성되면 유능한 리더는 공통 목표에 치중하면서도 큰 그림을 마음속에 구상할 수 있는 능력을 갖고 있다. 다른 사람과 함께 공통 목표를 달성하기 위해 파트너를 맺었을 때를 생각해보라.

1. 다른 사람과 파트너를 맺을 때 전략적 이유는 무엇이었는가?
2. 다른 사람과 파트너를 맺을 때 장점과 단점은 무엇이었는가?
3. 그러한 파트너 관계가 개인적인 성장과 자원의 수집을 가져왔는가?
4. 그러한 파트너 관계는 다른 사람들에게는 어떻게 이로운가?
5. 기업 차원의 전략 경영에 적용될 수 있는 파트너를 맺는 관계로부터 무엇을 배웠는가?

적으로 이 결정사항은 3가지 범주로 요약될 수 있다. 1) 기업이 경쟁하게 될 시장과 비즈니스 범위, 2) 기업의 어떤 자원이 편성될 것인지의 방법인 조직설계, 3) 비즈니스 단위들 사이의 관계인 소유이다. 즉 기업을 획득(소유)해야 할 것인지 아니면 다른 수단(동업, 동맹, 또는 조인트벤처)을 통해 조정되어야 할 것인지의 여부 등이다.

기업 차원의 전략을 개발하는 궁극적 목표는 **기업우위**를 구축하려는 것인데 이는 기업이 자원을 극대화해 여러 비즈니스 단위 전반에 걸쳐 경쟁우위를 구축하는 경우에 일어난다. 즉 회사는 만약 해당 기업을 독립적으로 소유하지 못했다면 존재하지 못했을 총괄적인 수익을 확보할 수 있을 경우에 기업우위를 끌어낸다.

이 장에서는 관리자가 기업 차원 전략에 관해 내려야 하는 3가지 결정사항을 설명한다. 첫째, 다각화 전략을 추구하는 동기를 설명한다. 둘째, 지리적 경계를 두고 일어나는 다각화와 그러한 해외 확장이 갖는 의미를 설명한다. 셋째, 기업이 수직적으로 통합되어야 하는지의 여부를 설명한다. 이들 중요한 전략적 내지는 조직적 결정사항은 종종 '큰 내기(big bets)'라 불리는데 그 이유는 기업이 어떻게 경쟁할지의 방법을 근본적으로 정의하는 일이기 때문이다. 사업 초기에 기업 차원의 전략을 추구하면서 다양한 성공을 경험한 2개의 기업(GE와 Westinghouse)을 살펴보자.

기업우위(Corporate advantage) 기업이 그들의 자원을 극대화하여 사업단위 전반에 걸쳐 경쟁우위를 구축하는 경우에 일어난다.

General Electric과 Jack Welch

General Electric은 원래 20세기의 전환기에 전력의 생성과 보급에 대한 잠재성을 이용하기 위해 설립되었다. 이 목표를 위해 초기 확장 노력은 조명과 가전제품이 포함되는 전력에 의존하는 비즈니스 품목에 집중되었다. 20세기 내내 회사는 전력 생성에 의존하는 비즈니스를 구축하고 획득함으로써 확장을 계속해 나갔으며 항공기 엔진, 기관차, 의료시스템 등이 포함되는 다양한 비즈니스에 투자하면서 성장을 이루었다.

Jack Welch가 1981년 회사를 통솔하게 되었을 때 GE는 이미 기업 차원의 전략을 고객 및 주주의 가치를 창출하는 데 있어서는 전설적이 되어 있었다. 하지만 이후 20여 년에 걸쳐 Welch는 대부분의 다른 회사들이 핵심 비즈니스에 다시 치중하는 기간에 관련 및 비관련 사업단위 모두에 특출한 경영을 함으로써 회사를 그 어느 때보다 절정 단계로 이끌었다.

45세의 Jack Welch가 최고경영자(CEO)가 되었을 때 미국 경제는 불경기에 있었다. Welch는 GE가 영위하는 산업에서 1위와 2위를 차지하는 회사만 유지해야 한다고 여겼다. 그 이유는 구미가 당기는 산업에서 뛰어난 성과를 보여준 기업을 선호했기 때문이었다. 1981~90년 사이에 GE는 200개 이상의 기업을 처분하거나 매각함으로써 110억 달러 이상이라는 자금 여유를 만들었다. 동시에 회사는 210억 달러 이상을 수많은 구매에 투자하면서 370건 이상의 인수를 했다. 그 결과는 GE 주가의 극적 상승이었다(그림 6-1 참조).

Joe Mcnally/Getty Images news/Getty Images

Welch의 재임 동안 GE가 거둔 놀라운 성과는 단지 사업 분할과 인수로 인한 것만은 아니었다. Welch는 기업활동 중 많은 부분을 철저히 점검해 다양한 사업단위 전반에 영향을 미칠 수 있는 유형 및 무형자원 양쪽 모두를 개발했다. 1980년대 말에 많은 기업을 처분한 뒤 Welch는 소프트웨어와 GE 비즈니스에 대한 내부 작용에 치중하기 시작했다. 이 목적을 위해 더 개방적 문화를 촉진함으로써 관료구조를 조금씩 벗겨내기 시작했다. 이 과정에서 기업개선작업(Work-Out) 회의라 불리는 구조가 등장했는데 여기서는 모든 직원들이 토론에 참가해 어떻게 기업이 개선될 수 있을지를 논의했다. 직원들의 제안 사항은 GE의 각양각색의 폭넓은 비즈니스 전반에 걸쳐 알맞게 사용되었다.

동시에 Welch는 회사활동을 개선할 수 있는 방법을 찾기 위해 내부를 살피기 시작했다. GE는 비즈니스에 전환될 수 있는 최고의 실천 사항들을 찾기 위해 Ford, HP, Xerox, Toshiba 등을 관찰했다. Welch는 또한 100만 건의 작업당 3.4건의 불량품이라는 품질 수준을 목표로 Motorola가 개척한 품질기준인 식스시그마(Six Sigma) 품질정책의 이행을 통해 공정을 개선함으로써 한계에 도전하기도 했다. Welch의 운영계획이 회사 성과에 커다란 역할을 했지만 그는 또한 GE의 인적자원 집중화를 통해 성공을 거두었다. 이 목표를 위해 Welch는 재직하는 동안 리더를 개발하려는 목적으로 상당한 돈을 투자했다. 그는 직관적으로 회사가 소수의 집중된 리더십 집단에 의해 관리되기에는 너무 크다는 사실을 알았다. 대신 Welch는 회사의 최고 리더들을 발굴해 보상을 주었으며 그리하여 재능 개발은 GE의 특징이자 기업 차원 전략의 핵심 구성요소가 되었다.

운영 효율성과 자원 개선 노력을 통해 GE는 세계에서 가장 존경받는 기업 중 하나로 스스로 변신했다. 제2장에서 설명했듯 GE는 100년의 세월 동안 다우존스평균산업지수에서 포지션을 유지하고 있는 유일한 오리지널 기업이다. 중요한 기업 차원 전략이 효과적으로 영향력을 발휘할 수 있도록 해가면서 스스로 다른 이미지를 보여주는 능력을 통해 포지션을 유지할 수 있었던 것이다.

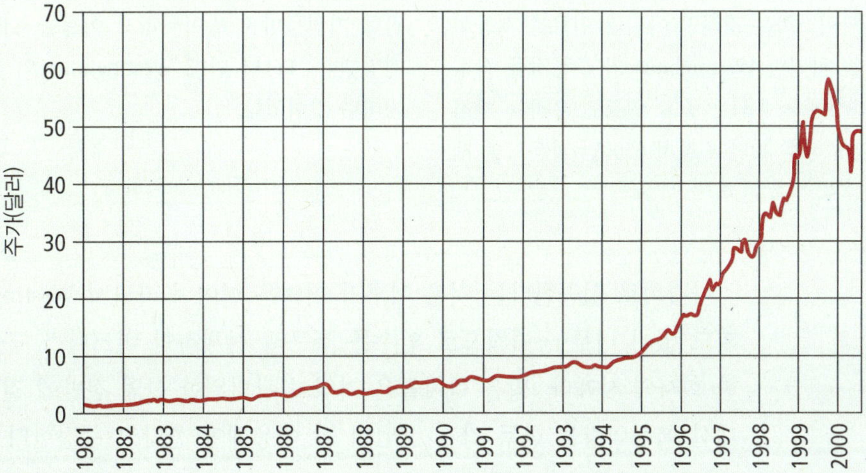

그림 6-1 GE의 주가 (1981~2000)

Source: Thomson Datastream, accessed January 2010. © Reuters. Used with permission. https://www.thomsonone.com

Westinghouse: 135개 사업부에서 3개 사업부로

외부자 관점에서 보면 GE와 Westinghouse는 아마도 20세기 초에는 비슷하게 보였을 것이다. 설립된 이래 Westinghouse는 많은 비즈니스 계열사에 걸쳐 GE의 자연스러운 경쟁상대가 되어왔다. 20세기로 접어들면서 두 회사는 다각화와 산업 영향력의 주목할 만한 사례로 일컬어지게 되었다. 사실 Westinghouse는 20세기 내내 기술상의 획기적 발전 중 일부를 맡아왔다. 전기 표준, 상업용 라디오 방송, 레이더, 핵기술, 성에가 끼지 않는 냉장고 등이 있었다. 하지만 내부자 관점으로 보면 두 회사는 더 이상 달라질 것이 없었다. 다각화 전략이 어떻게 효과를 낼 수 있는지 GE가 여전히 훌륭한 사례가 되고 있기는 하지만 Westinghouse는 그러한 행위를 공격할 빌미를 갖춘 부정적 의견을 가진 사람들을 만들어내고 있다.

George Westinghouse는 1886년 교류전류(AC)를 2주 동안 작은 New England 마을로 끌어옴으로써 Westinghouse Electric을 설립했다. 비록 Westinghouse가 자신이 살던 시대에는 가장 위대한 기술자 중 한 명으로 생각되고는 있지만 경영에 관한 기록은 기술부문에서 갖고 있는 명성에 걸맞지 않았다. 그리하여 회사는 1900년대 초 그의 재임 기간에 2번이나 파산상태에 빠졌다. 사실 이 회사에 대한 수년에 걸친 주요 비판 중 하나는 관리 감독이 부실했다는 것이었다. 감독의 부실은 세기 중반에 이르기까지 계속되었다.

1960년대 즈음 Westinghouse는 135개의 사업부로 확장되었으며 수익은 거의 3배였다. 1970년대 초에는 핵발전소 건설 분야로까지 공격적으로 확장함으로써 다각화를 계속 추구해 나갔다. 핵발전소 수주에서 이기기 위해 Westinghouse는 발전소를 세워 서비스하는 것뿐만 아니라 연료를 제공하는 것에도 합의했다. 하지만 Westinghouse가 주문장을 작성하자마자 핵반응 과정에 사용되는 중요 연료인 우라늄 가격이 치솟기 시작했다. "향후 20년에 걸쳐 6500만 파운드를 제공하기로 합의함에 따라, 그리하여 해당 시설들과의 계약 시 예상한 것보다 파운드 당 30달러 이상 더 높은 가격에 우라늄을 가동하게 됨에 따라 Westinghouse는 20억 달러 이상의 잠재적 부채에 직면하게 되었다." 그리고 비록 회사가 예상했던 것보다 낮은 금액에 많은 시설들과 계약을 맺기는 했어도 이 위기는 심각하게 손해를 입혔다.

Westinghouse는 항상 신기술을 개척하는 일에는 훌륭했지만 기업 확장에서는 그렇게 성공을 거두지 못했다. Westinghouse는 산업의 성장 속도가 곧 둔화될 것이라는 경고 신호에도 불구하고 폐에너지 재생비즈니스에 뛰어들었다. GE와 대조적으로 Westinghouse의 성장 계획은 집중되어 있지도 그리고 절제되어 있지도 않았다. 또한 지속적인 개선과 학습효과에도 집중하지 못했다. 1980년대 중반을 바라보면서 회사는 기존 비즈니스를 개선하는 일보다는 주가를 끌어올리는 일에 더 사로잡혀 있는 것처럼 보였다.

Westinghouse는 1990년대 초에 마지막 장을 맞게 되었다. 방송산업에 다시 진입하겠다는 계획으로 1995년 CBS를 54억 달러에, 1996년에는 Infinity Broadcasting을 47억 달러에 인수했다. 이렇게 흥청망청 쓰는 데 지불할 돈을 조달하기 위해 방위 전자장치 비즈니스는 30억 달러에, 토지 개발 비즈니스는 4억 3500만 달러에, Knoll 사무가구는 5억 6천만 달러에, 주거 보안 비즈니스는 4억 3천만 달러에, Thermo King은 25억 6천만 달러에, 전력생산 비즈니스는 1억 5300만 달러에 각각 매각했다. "불과 25년 전만 해도 135개 사업부를 갖고 있었지만 이제는 단지 3개뿐인 핵에너지, 공정 제어, 정부활동으로 줄어들었다." 1997년 즈음 남아있던 제조 관련 기업들마저 팔아버리고 이름을 CBS Corporation으로 개명했다. 111년 만에 Westinghouse의 핵심이 자취를 감추어버린 것이었다.

다각화로 성공한다는 것은 이루기 어려운 일이며 따라서 Westinghouse는 확실한 계획도 없이 너무 공격적으로 인수를 추구해 전체적인 비즈니스 구성으로 통합하지 못한 회사의 사례다. 많은 학자들은 기업이 광범위한 산업 전반에 걸쳐 성공하려 애쓰는 대신 핵심역량을 한두 가지 산업에 잘 이용해야 한다고 주장한다. 하지만 GE와 Jack Welch 사례에서 보았듯 다각화는 성공할 수 있다. GE는 여러 비즈니스 간에 공유된 조직 과정과 최선의 실천사항을 개발함으로써 성공을 거두었다. GE는 이미 성공한 비즈니스만을 찾아내려 했기 때문에 최선의 실천사항을 의미 있는 방식으로 적절히 이용할 수 있는 많은 기회들이 있었다. 본질적으로 혁신과 아이디어가 자유롭게 공유되는 기업들 사이에서 교환시장을 만들어냈던 것이다.

게다가 재능 개발에 대한 GE의 방식은 비즈니스의 광범위한 단면을 효과적으로 관리할 수 있는 리더의 공급 루트를 구축하는 데 대단히 중요했다. 사실 주요 임원들에게 한 산업에서 다른 산업으로 또는 한 지역에서 다른 지역으로 이동하도록 요청하는 경우가 종종 있었다. 많은 경우 산업 및 지역이 모두 변경되곤 했다. 기업개선작업(Work-Out) 같은 직원 지원 프로그램 역시 기업 계획의 효과적인 전파에 기여했다.

기업 차원의 전략을 GE가 성공적으로 수행한 것은 이례적인 일일까? 다른 회사들도 유사한 전략을 통해 성공을 거둘 수 있을까? 이제 기업 차원의 전략을 성공적으로 이행한 다른 회사의 사례를 살펴보자.

다각화 전략

기업 차원 전략의 초석이 되는 것 중의 하나가 **다각화**다. 다각화를 통해 기업은 독립적인 실체로 있었던 것보다 더 많은 가치를 창조하려는 시도에서 관련이 있을 수도 있으며 없

다각화(Diversification)
독립적인 실체로 있었던 것보다 더 많은 가치를 창출하려는 시도에서 관련이 있을 수도 아니면 없을 수도 있는 여러 가지 서로 다른 비즈니스에 기업이 관여하는 전략

GE	3M	Danaher	Berkshire Hathaway
항공우주	자동차용품	항공우주	의류 제조
소비자 가전제품	청소용 제품	분석기기	자동차용품
오락	통신	통신	건설
금융 서비스	소비자/사무실 소매	소비자 가전제품	전선
보건	전자제품 디스플레이	치과용 제품	배전
미디어	식품 및 음료	의료용 모니터기	식품 서비스
발전	보건	군용품	장비
센서기	주택 개조	네트워크 관리	보험
운송	군용품	전동 공구	천연가스
물 기술	개인 보호	반도체	철로
		수질	주거용 부동산

그림 6-2 다각화된 기업들의 예

Source: "Business Description," *Reuters*, via the OneSource® Business Browser, an online business information product of OneSource Information Services, Inc. ("OneSource"), accessed January, 2010.

을 수도 있는 여러 비즈니스에 관여한다(그림 6–2 참조). 다각화 전략의 궁극적 목표는 전체적으로 보았을 때 결합된 회사들이 부분(개별적 비즈니스 단위)들의 총합보다는 더 커지자는 것이다. 다각화를 상세히 설명하기 전에 이 주제의 역사를 간략하게 살펴보면서 이 전략의 실천사항이 시간이 흐름에 따라 어떻게 진화했는지 이해하자.

다각화의 역사

미국에서의 다각화 전략의 실천사항과 인기는 주기적인 부침을 겪어왔다. 20세기 중반부의 작은 기반에서 시작해 기업은 정신없이 바쁜 속도로 다각화를 하기 시작했다. 1950년대에는 〈Fortune〉 500대 기업 중 대다수가 단 하나의 핵심 비즈니스에서 수익을 내고 있었다. 하지만 이러한 단편적 집중화는 기업 다각화를 무심코 촉진하게 된 규제 변화의 결과로 1960년대 동안 변하기 시작했다. 수익 기반을 확장하려는 노력에서 많은 기업은 경쟁사를 인수하거나 또는 이전에는 공급자들에 의해 제공되던 내부 능력을 구축하려는 시도를 했다. 1950년 Celler-Kefauver Act 법이 통과되면서 연방거래위원회(Federal Trade Commission: FTC)는 양쪽 활동을 모두 하지 못하도록 했다. 그 결과 확장을 모색하던 기업은 인수를 할 만한 후보를 자사의 산업 외에서 찾아야 했으며 이는 1960~70년대 동안 많은 기업의 다각화 전략으로 이어졌다.

많은 기업은 '포트폴리오로서의 기업' 모델을 바탕으로 다른 산업으로 다각화하기 시작했는데 이 모델에서는 기업을 다양한 비즈니스 단위를 위한 내부 은행으로 보았다. 그리고 위험은 기업 전체에 걸쳐 분산되는 것이었다. 경영 자문회사들은 이 구조를 다양한 주식 포트폴리오에 비교함으로써 촉진시켰다. 대부분의 개인과 기관들이 주식에 투자할 때 다양한 주식 포트폴리오를 유지한다. 다양한 포트폴리오를 가지고 있음으로써 개인은 그저 한두 곳 회사가 내는 성과에 과도하게 의지하지 않아도 된다. 이러한 다양성은 고수익을 내는 주식과 저수익을 내는 주식 사이에서 균형을 이루도록 해주며 전체적인 위험을 낮추어준다. 1979년 즈음에는 〈Fortune〉 500대 기업 중 45%가 다각화를 위한 포트폴리오 기법을 채택하고 있었다. 1980년대 초에는 미국 100대 기업 거의 모두가 다각화되었는데 포트폴리오 관리 모델을 바탕으로 구성되었다.

PeterPhoto123/Shutterstock.com

독점금지의 규제 환경은 1980년대 초의 로널드 레이건 대통령 재임기간에 극적으로 변화하기 시작했다. FTC는 지난 수십년 전과 비교해 달라진 요인들을 바탕으로 합병 건들을 평가하기 시작했으며 기업이 작은 기업들을 인수함으로써 확장하는 것을 더 용이하게 만들어주었다. 이는 근본적으로 Celler-Kefauver Act 법의 효과를 거스르는 일이었다. 동시에 기업인수 장벽이 철폐되었으며, 자금 조달이 용이하게 되었고 적대적인 기업인수를 꾀하는 투자회사들도 등장했다. 당시에는 기업 매수자라고도 불렸던 투자회사는 다양한 부문을 지닌 회사를 인수한 다음 그 회사를 여러 부분들로 쪼개 핵심되는 비즈니스는 독립적 실체로 남겨두고 다른 구매자들에게 팔아버리는 방식을 추구했다. 기업을 쪼갬으로써 더 많은 가치를 생성할 수 있다고 여겼다. 본질적으로 부분들(개별적 비즈니스 단위)의 가치가 전체적인 총합보다 더 크다고 확신했던 것이다.

1980년대 동안 기업들 간의 다각화 경향은 관리자가 포트폴리오 모델의 신뢰를 잃음으로써 그리고 기업 매수자는 회사를 분리시킴으로써 그 자체가 크게 역전되었다. 일부 기업은 이 기간에 부문들을 우선적으로 처분해 핵심 비즈니스에 집중하기 시작했다. 다른 기업은 실적이 좋지 못한 회사들을 처분해 더 집중화된 작은 그룹이 되도록 조직을 재정비했다. 대개 기업들 간의 다각화 수준은 1970~80년대의 전성기에는 크게 하락하기 시작했지만 이는 여전히 많은 회사들의 전략 중에서 중요한 부분을 차지하고 있다.

다각화 전략의 유형

다각화는 3가지 형태 중에서 한 가지를 택할 수 있다. 즉 **단일제품 전략**, **관련 다각화**, **비관련 다각화**다(그림 6-3 참조). 단일제품 전략에서 기업은 하나의 시장에서 하나의 특정 제품에만 집중한다. 이 전략을 통해 기업은 자사가 갖고 있는 자원과 능력을 이용해 하나의 특정 시장에서 핵심역량을 개발하려는 시도를 한다. 비록 한 가지 제품에만 집중하는 것이 그 기업으로 하여금 특출한 핵심역량 개발을 가능하게 해주는 경우가 있지만 제5장에서 설명했듯 만약 해당 제품(혹은 서비스)의 수요가 줄어들면 기업은 더 큰 순환에 노출될 수 있다.

관련 다각화와 비관련 다각화 전략을 추구하는 기업은 단일제품 집중화가 가져오는 순환을 피하는 경우도 종종 있다. 비록 많은 기업이 다각화 전략을 추구할 것이라고 주

단일제품 전략
(Single-product strategy)
기업이 대개는 하나의 시장에서, 하나의 특정 제품에만 집중하는 전략

관련 다각화
(Related diversification)
하나 이상의 비즈니스를 갖고 있는 기업이 유사한 일단의 유형 및 무형의 자원을 이용하는 것.

비관련 다각화
(Unrelated diversification)
기업이 타당한 연관성도 없는 여러 가지 사업을 관리하고 있는 것.

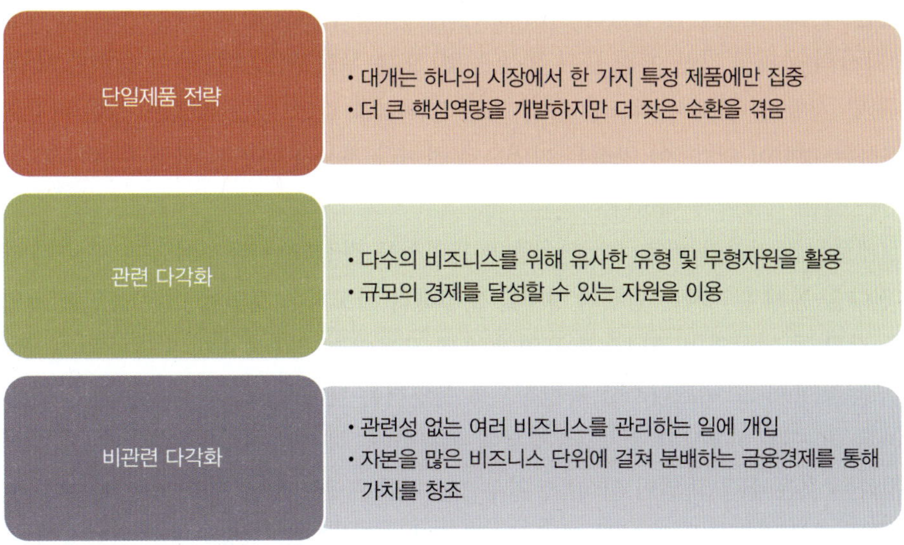

그림 6-3 다각화 전략의 유형과 정의

다른 관점

강소기업과 비즈니스 영향력

비즈니스 영향력은 강소기업을 정의하는 독특한 매력 및 열정이다. 〈강소기업: 대기업보다 위대한 기업이 되기를 선택한 회사들(Small Giants: Companies that Choose to Be Great Instead of Big)〉 에서 Bo Burlingham은 강소기업을 수익성과 성장보다는 비전과 문화에 더 큰 주안점을 두는 회사로 정의한다. 강소기업은 자사의 성공을 직장문화, 고객 서비스, 공동체 기여를 달성하는 것에 의해 측정한다. 대개 개인 소유인 이 기업은 목표 또는 재정 상태를 공개하도록 요구 받지 않으며 따라서 즉시 얻을 수 있는 정보를 찾기 힘들다. 아이다호의 보이즈(Boise)에서 운영되는 ECCO 같은 회사가 강소기업의 한 예다.

1. 인터넷에 소개된 연구를 바탕으로 ECCO가 왜 강소기업인지를 설명해보라.
2. ECCO에서 재무적인 성과보다 더 중요한 목표는 무엇인가?
3. ECCO는 수익성과 성장에 대한 압력으로 추진되는 대기업과 어떻게 차이가 있는가?
4. 강소기업의 예가 되는 다른 회사를 선택해보라. 그 회사는 왜 대기업이 되기보다 위대한 기업이 되기로 선택했는가?

TAO Images/Glow Images

장할 수는 없지만 대부분의 관리자는 단일제품을 제공할 때 내재하는 위험을 피하는 방식으로 비즈니스를 다각화한다. 사실 2005년에는 "미국에 본사를 둔 〈Fortune〉 500대 기업은 평균 4가지의 뚜렷이 다른 산업을 운영하고 있었으며 그중 일부는 10가지 이상이 되기도 했다." 기업이 어떤 방식으로든 관련 있거나 연관 있는 수많은 비즈니스를 갖고 있다면 그 기업은 관련 다각화를 추구하는 것으로 인정된다. 관련 다각화의 다른 명칭은 **수평적 다각화**인데 이에는 "유사한 유형 및 무형자원들을 활용하는 둘 이상의 사업단위에 대한 소유권"이 개입된다. Nike가 골프 의류와 장비를 판매하는 것은 수평적 다각화의 사례가 되는데 소비자가 대개는 한 가지 제품을 다른 것과 함께 사용하기 때문이다. 반대로 전혀 관련 없는 여러 비즈니스를 관리하는 기업은 무관한 다각화 전략을 추구한다. GE는 대개 비관련 다각화 전략을 추구해왔다.

관련 다각화와 비관련 다각화 사이의 선택은 기업의 자원에 대한 평가로부터 기인한다. 자사의 물리적 자산(예를 들어 생산 능력) 또는 무형자산(예를 들어 강력한 브랜드, 연구 및 개발 능력)에서 과도한 능력 또는 잠재력을 갖고 있는 기업은 관련 다각화를 추구하는 경향이 있다. 이 방식은 기업으로 하여금 자산을 관련된 산업 전반에 걸쳐 조정하는 것을 가능하게 해준다.

실제로는 관리자가 비즈니스 단위들의 관련성을 결정하는 것이 어렵다. 관련된 다각화 전략을 통해 관리자는 **범위의 경제**를 달성하려 시도하는 것인데 이는 동일한 기업구조를 갖고 둘 이상의 비즈니스를 운영하는 데 드는 또는 2가지 이상의 제품을 생산하는 데 드는 비용이 그 비즈니스를 독립적으로 운영하는 데 드는 또는 각 제품을 별도로 생산하는 데 드는 비용보다 덜 드는 경우에 존재한다. 하지만 사업단위들 사이에서 이를 결정하는 것은 쉬운 과업이 아니다. 일부 전문가들은 관련성이 제조 또는 물류 등과 같은 서로 다른 운영활동 사이의 연계성으로부터 기인된다고 주장하면서 관련성이 기업 수준이 아니라 운영하는 비즈니스 수준에서 결정되어야 한다고 강조한다.

수평적 다각화
(Horizontal diversification)
기업이 일단의 유사한 유형 및 무형의 자원들을 공유하는 사업을 추구하는 관련 다각화에 대한 또 다른 별칭

범위의 경제(Economies of scope)
동일한 기업구조를 가지고 2건 이상의 사업을 운영하거나 또는 2가지 이상의 제품을 생산하는데 드는 원가가 독립적으로 그 사업을 운영하는 원가 또는 각각의 제품을 별도로 생산하는 원가 이하인 경우 존재한다.

더 최근에는 운영 또는 시설을 바탕으로 하는 비즈니스 간의 연계성보다는 오히려 능력 또는 노하우와 같은 공유된 전략 자산이라는 면에서 관련성의 특징을 갖는다. 여기서의 차이는 자원과 능력을 공유하는 일로부터 나타나는 규모의 경제가 경쟁우위를 달성하는 방법이 되는 경우가 있기 때문에 중요하다. 관리자가 갖는 난관은 이 유형의 연계성을 찾아내 경쟁우위를 추진하는 일이다. GE는 Work-Out과 품질관리계획 등을 통해 다양한 비즈니스 전반에 걸쳐 범위의 경제를 찾아내고 이용하는 데 효율성을 발휘해왔다.

기업은 왜 다각화 전략을 추구하는가?

관리자는 조직을 여러 이유에서 다각화시키려 한다. 1) 서로 다른 비즈니스들 사이에서 핵심 자산 또는 기술을 가지고 영향력을 발휘할 수 있는 기회, 2) 성장을 위한 기회, 3) 위험을 관리하거나 또는 최소화할 수 있는 잠재성, 4) 개인의 이익을 위한 잠재성이다. 관련 비즈니스 또는 관련없는 비즈니스를 결합시킴으로써 관리자는 시너지를 창출해낼 수 있다고 여긴다. 시너지는 기업이 다수의 사업 전체에 걸쳐 중복되는 활동들을 결합시키고 또는 충분히 활용되지 않고 있는 자산을 효율적으로 사용함으로써 지속가능한 비용절감을 생성할 때 창출된다. 예상되는 시너지는 대개 기업이 동일한 산업 내의 기업들을 획득하는 주된 이유가 된다. 독립체들을 결합시킴으로써 기업은 만약 그 독립체들이 독립해서 있었다면 성취할 수 없었을 약점을 확보하려는 것이다.

많은 관리자는 특히 해당 비즈니스가 성숙해져 내적인 유기적 성장의 기회가 사라지는 경우 기업 확장에 대한 관심을 가지고 다각화 전략을 추구해왔다. Google이 휴대폰 산업에 진출한 것은 성숙 단계에 있는 자사의 인터넷 검색 능력에서 벗어나 사업을 확장하려는 노력의 일환이다. 많은 경우 다각화를 통한 성장은 수익성의 대안 조치로, 특히 내부 · 외부 환경 요인에의 변화에 대한 대응으로 추구된다. 다각화는 흉내가 어려운 지속가능한 경쟁우위를 창출할 때 높은 성과를 거둔다.

다각화 전략의 또 다른 중요 논쟁은 기업 차원에서의 위험 감소다. 이 논쟁은 포트폴리오 관리를 바탕으로 하고 있으며 여러 비즈니스를 가지고 있음으로써 관리자가 한 가지 비즈니스 위험을 전체 범위에 걸쳐 분산시킬 수 있을 것이라 말한다. 이 상황에서 논쟁이 되는 사항은 다각화된 비즈니스 단위들이 하나 또는 몇 개 단위의 성과가 좋지 않을 경우 전체적인 기업 성과를 매끄럽게 해줄 수 있을 것인가에 관한 것이다.

실제로 주주들은 주식의 폭넓은 지표들을 보유함으로써 소유한 포트폴리오에서의 위험을 더 다양화시킬 수 있다. 사실 기업들과 비교하면 주주들은 이러한 기능을 더 잘 수행할 수 있는데 그 이유는 투자은행 수수료와 같은 동일 유형의 거래비용을 물도록 하지 않으며 서로 다른 비즈니스를 사거나 팔려는 경우 기업이 행사하는 프리미엄을 통제하고 있기 때문이다. 해당 주주는 단지 포트폴리오를 조정하는 데 드는 명목상의 거래비용만을 물게 된다. 이 논리를 따른다면 다음 질문이 나오게 된다, "그렇다면 관리자는 왜 여전히 다각화 전략이 위험을 감소시킨다고 주장하는 것일까?" 그 답은 일

시너지(Synergy)
기업이 다수의 사업 전체에 걸쳐 중복되는 활동들을 결합시키고 또는 충분히 활용되지 않고 있는 자산들을 효율적으로 사용함으로써 지속 가능한 비용절감을 생성하는 경우 창출된다.

부 관리자가 다각화가 다양하고 안정적인 현금유동성을 제공해 줌으로써 외부의 자본조달원에 대한 의존도를 줄여준다고 여기고 있다는 것이다.

다각화의 마지막 이유는 고위 관리자들의 사리 추구와 선호도를 바탕으로 한다. 고위직급의 보수는 기업 규모와 복잡성에 묶여있는 경우가 종종 있다. 다각화를 통한 성장은 일부 관리자가 위험을 최소화하려는 그러면서도 동시에 통제 영역을 구축하려는 시도에서 이용하는 전략의 하나다. 이 동기가 바탕이 된 다각화의 정당화는 관리자가 인수 작업을 할 때 더 많은 관심을 통합에 집중시키지 않는 한 차선의 수행으로 귀결된다.

이 장의 나머지 부분에서는 '다각화 결과'에 있어서 이행의 쟁점들을 살펴본다.

관련 다각화

앞서 살펴보았듯 관련 다각화 전략을 추구하는 기업은 같은 방법으로 관련된 또는 연계된 수많은 비즈니스를 갖는다. 비록 관련성이 많은 경우에는 알아내기 어렵기는 하지만 자원 또는 능력의 공유를 통해 범위의 경제를 추구하는 기업이 포함되는 경우가 있다. 대부분의 관련 다각화 전략에서 관리자는 사업단위들 간 자원 및 기술의 공유, 이전 등을 통해 가치를 창출하려는 시도를 하는데 여기에는 다음 사항이 포함된다.

- 유사한 제품에 대한 판매 인력, 광고 경비, 유통채널 등의 공유
- 밀접하게 관련된 기술 또는 연구 및 개발 활동의 이용
- 운영 지식 또는 과정의 이전
- 다수의 제품라인에 걸쳐 기업의 강한 브랜드 및 명성의 영향력 이용

P&G는 수년에 걸쳐 Gillette와 같은 소비자 제품 회사들을 인수함으로써 관련 다각화 전략을 추구해왔다. 비록 P&G가 내부적으로도 잘 알려진 많은 소비자 브랜드를 개발해오기는 했지만 (예를 들어 Tide 세탁용 세제) 많은 소비자들에게 가치를 가져다주기 위해 다른 소비자 제품의 인수에도 또한 의존하고 있다. P&G는 이러한 관련 다각화를 통해 더 큰 가치를 창조할 수 있다고 여기는데 그 이유는 수년에 걸쳐 개발해온 상당한 마케팅 및 브랜드 작업의 능력 때문이다. P&G의 관리자는 핵심역량을 지난 반세기 동안의 새로운 인수 전체에 걸쳐 성공적으로 이전해왔다. 1979년 이래 P&G는 여러 나라들에 있는 다수의 산업들로부터 120여 개 이상의 회사들을 인수해왔다(표 6-1 참조).

시장지배력(Market power)
기업이 그들이 판매하고 있는 제품의 가격을 시장에서 확인되는 정상 가격 이상의 수준까지 올리려고 시도하는 경우에 달성되는 것.

일부 기업들도 역시 관련 다각화 전략을 추구해 **시장지배력**을 얻을 수 있다. 시장지배력을 얻기 위해 관련 다각화를 추구하는 기업은 판매하는 제품의 가격을 시장에서 확인되는 정상가격 이상의 수준까지 올리려 시도한다. 시장지배력을 얻기 위해 일부 기업은 자사의 규모를 이용해 경쟁자를 시장 바깥으로 몰아내고 있기도 하다.

Art Directors & TRIP/Alamy

표 6-1 P&G의 인수 사항 (1982~2009)

년도	산업부문	회사명	거래금액(100만 달러)	표적 국가
1982	식품 및 유사제품	Coca-Cola Bottling Midwest Inc.	공개되지 않음	United States
1985	의약품	Richardson-Vicks Inc.	1,674	United States
1987	개인 미용 및 위생용품	Blendax Group	400	Germany
1989	식품 및 유사 제품	Sundor Group Inc.	300	United States
1989	개인 미용 및 위생용품	Noxell Corp	1,340	United States
1990	식품 및 유사제품	Del Monte Corp—Hawaiian Punch	150	United States
1990	개인 미용 및 위생용품	Shulton—Toiletries, Fragrances	370	United States
1991	제지 및 관련 제품	Canadian Pac Forest—Facelle	161	Canada
1991	개인 미용 및 위생용품	Revlon Inc.—Max Factor, Betrix	1,060	United States
1993	제지 및 관련 제품	VP Schickedanz AG	580	Germany
1994	개인 미용 및 위생용품	Giorgio Beverly Hills (Avon)	150	United States
1996	제지 및 관련 제품	Kimberly-Clark (businesses)	220	United States
1997	제지 및 관련 제품	Tambrands Inc.	2,003	United States
1997	제지 및 관련 제품	Loreta y Pena Pobre	170	Mexico
1999	식품 및 유사제품	IAMs Co	2,300	United States
1999	기계류	Recovery Engineering Inc.	276	United States
1999	제지 및 관련 제품	Prosan	375	Argentina
2001	개인 미용 및 위생용품	Bristol-Myers Squibb—Clairol	4,950	United States
2003	개인 미용 및 위생용품	Wella AG	6,121	Germany
2004	의약품	Laboratorios Vita—Commercial	207	Spain
2004	개인 미용 및 위생용품	Procter & Gamble—Hutchison Ltd	2,000	Choma
2005	금속 및 금속 제품	Gillette Co	54,906	United States
2005	개인 미용 및 위생용품	Colgate-Palmolive Co-Southeast	공개되지 않음	Malaysia
2009	개인 미용 및 위생용품	Sara Lee Corp	467	United Kingdom

Source: SDC Platinum, a Thomson Financial product, accessed January 2010. © Reuters. Used with permission. http://thomsonreuters.com

경쟁자를 시장 바깥으로 몰아내기 위해 시장지배력을 이용한 기업의 예가 바로 Microsoft다. 1990년대 중반에 인터넷 브라우저 Navigator의 창시자 Netscape는 상장을 하여 지난 10년에 걸쳐 가장 성공한 신규 상장기업 중 하나가 되었다. 선발자로서 Netscape는 재빨리 새로이 형성된 인터넷 브라우저 소프트웨어 비즈니스의 선도적인 점유율을 획득했다. 이러한 성공에 대응해 Microsoft는 자체적인 인터넷 브라우저인 Internet Explorer를 자사의 Windows 운영시스템과 함께 번들 제품으로 제공하기 시작했다. 제품 번들화 전략을 통해 Microsoft는 본질적으로 인터넷 브라우저 소프트웨어를 무상으로 거저 주어버린 것이었다. 비록 Microsoft가 그것을 명확하게 언급하지는 않았지만 회사의 궁극적 목표는 Netscape를 브라우저 비즈니스에서 몰아내자는 것이었다. Microsoft의 시장지배력은 운영시스템 소프트웨어에서 갖고 있던 지배적인 포지션으로부터 유래한 것이었다. 운영시스템에서의 이러한 시장지배력이 있기에 Microsoft는 Netscape가 갖고 있던 브라우저 소프트웨어 부분에서는 초기 선두주자 자리는 사라질 것이라고 확신했던 것이다.

관련 다각화를 추구하는 이유

많은 다각화 전략은 시너지의 추구에서 실시된다. 기업이 어떻게 시너지를 개발하는지 잘 이해할 수 있도록 제5장에서의 가치사슬 설명으로 되돌아가보자. 주목한 바와 같이 모든 기업은 가치활동의 집합체로 구성되어 있다. 기업은 고객을 위한 가치를 창출하는 데 도움을 주는 2가지 세트의 활동 —1차적 활동과 지원활동— 을 갖고 있다. 가치사슬은 시너지를 창출할 수 있는 2가지 유형의 상호관계를 정의한다. 즉 유사한 가치사슬들 간에 기술 또는 전문지식을 이전해 줄 수 있는 회사의 능력 그리고 활동을 공유할 수 있는 능력이다.

모기업이 새로운 비즈니스 단위를 획득하면 어떤 기술들이 그 새로운 사업단위의 가치사슬 전체에 걸쳐 이전될 수 있다. 제5장에서의 Vitamin Water의 예를 생각해보자. 이 회사는 음료산업에서 경쟁할 때 수많은 진입장벽에 처해 있었다. 하지만 CEO의 지칠 줄 모르는 작업을 통해 광범위한 유통을 얻을 수 있었으며 2007년에 Coca Cola에 의해 인수되었다. 이러한 인수를 통해 Coke는 마케팅 기술을 새로이 인수한 사업단위에 거의 비용을 들이지 않고 이전할 수 있다. 기술 이전은 비즈니스 단위들이 가치사슬의 배열 내에서 유사한 구매자, 가치활동 또는 유사성을 갖고 있을 때 일어날 수 있다.

많은 회사들은 비즈니스 단위들 간의 유사성에 대한 주장을 바탕으로 관련 다각화를 추구해왔다. 기술을 이전하는 것은 만약 비즈니스들 간의 유사성이 3가지 조건을 만족시키는 경우 경쟁우위로 이어진다.

1. 비즈니스에 관련되는 활동들이, 공유되는 전문지식이 의미가 있을 만큼 충분히 유사하다.
2. 기술 이전에 경쟁우위가 되는 데 중요한 활동이 포함되어 있다.
3. 이전되는 기술이 그것을 받는 사업단위를 위한 경쟁우위의 중요한 원천을 나타내고 있다.

AP Photo/Jim Mone

서로 다른 비즈니스 단위들 전반에 걸쳐 성공적으로 이전된 기술이 경쟁우위를 생성시킨 회사의 중요한 예가 바로 3M이다. 3M은 다각화된 기술회사로 의료 및 고속도로 안전산업 등이 포함되는 상당히 다른 시장에 판매를 하고 있다. 수년에 걸쳐 3M은 회사의 기술과 연구 능력으로 성장한 세계적으로 유명한 제품들을 안정적으로 개발해왔다. 이 제품들에는 Post-It Super Sticky Notes, Scotch Transparent Duct Tape, LCD TV용 광학필름, Scotch-Brite 청소용 제품

등이 포함되어 있다. 지식 공유를 통해 3M의 연구 공동체는 왕성한 개발 프로그램을 창안해왔다. 사실 3M의 회사 규범은 "제품은 비즈니스에 속하는 것이지만 기술은 회사에 속한 것이다"이다. 이러한 문화는 3M의 초창기 동안 서서히 주입되었으며 오랫동안 지속되어 판매시장에서 지속가능한 경쟁우위를 창출하는 데 도움을 주었다.

관련 다각화 전략에서 또 다른 중요한 성공 동인은 비즈니스 단위들 간의 자원 공유다. 자원 공유는 범위의 경제를 개발하는 데 핵심 구성요소이며 기업의 경쟁우위를 증대시킨다. 자원을 공유할 수 있는 능력은 기업전략을 위한 중요 요인이 되는데 그 이유는 그것이 원가를 낮추거나 또는 차별화를 상승시킴으로써 경쟁우위를 향상시키기 때문이다. 이러한 맥락에서 범위의 경제를 생각해보는 또 다른 방법은 그것을 기업이 서로 다른 비즈니스 단위를 소유함으로써 누리는 원가절감으로 생각해보는 것이다.

범위의 경제를 추구할 때 자원을 공유하는 것은 유형자원, 행정 및 지원 기능, 내부 실천사항, 무형자원 등에 대한 영향력 발휘를 통해 일어날 수 있다. 유형자원인 경우 기업은 다각화 전략을 통해 많은 고정비를 여러 비즈니스 단위 전반에 걸쳐 분산시키는 경우가 있다. 기업이 새로운 사업단위를 획득할 때 핵심 기업은 유통 네트워크 등과 같은 중복된 기능들은 없앰으로써 결합된 독립체를 위한 원가절감의 결과를 가져올 수 있다. 새로운 기업은 다른 비즈니스 단위들 간에 기존의 유통 네트워크를 공유할 수 있다. 이것이 바로 많은 소비자 제품회사들, 예를 들어 P&G 같은 회사들이 추구한 전략이다. P&G가 2005년에 Gillette를 인수했을 때 P&G 관리자는 여러 내부 기능의 결합을 통해(예를 들어 유통) 규모의 경제를 성취할 수 있을 것으로 추측했다. 관리자는 Walmart와 같은 구매자들이 치약, 면도용 크림 등 여러 제품을 한 회사에서 구매하는 것을 편하게 생각할 것으로 상정했다. P&G는 또한 유통망이 효과적으로 그리고 비용상으로도 효율적으로 2가지 세트의 제품 모두를 구매자에게 공급할 수 있을 것으로 여겼던 것이다.

기업은 행정상 또는 지원상의 기능(예를 들어 기술 및 연구개발)을 공유함으로써도 광범위한 비즈니스 단위들 전체에 걸쳐 범위의 경제를 달성할 수 있다. 또 다른 비즈니스 단위를 추가함으로써 기업은 동일한 수준의 비용을 유지하면서도 수익을 증가시킬 수 있다. 이는 사업단위들 간에 자원을 공유할 수 있기 때문이다. 자원을 공유하는 것에 더해 기업은 내부 실천사항과 과정 등을 공유함으로써도 시너지를 생성할 수 있다. 대규모 파인세라믹 제품 및 통합 기술 생산자인 Kyocera가 기업들을 인수할 때 자사의 독특한 재무보고와 운영철학을 인수된 회사에 도입한다. Kyocera는 전체적인 비즈니스에서의 다양한 부서들과 작업 집단들의 수익성을 이해할 수 있도록 해주는 치밀하게 통합된 비즈니스 보고 과정을 개발해왔다. 이러한 차원의 상세함은 회사가 무슨 제품(혹은 서비스)이 가장 수익성 좋은 것인지를 잘 이해하는 데 도움을 주어 회사로 하여금 즉각적 변화를 이룰 수 있도록 해준다. 이러한 보고 능력은 내부 가치사슬에서 Kyocera의 핵심역량 중 하나가 되었다.

마지막으로 기업은 무형자원의 공유를 통해 범위의 경제를 달성할 수 있다. 모기업이 다른 관련 비즈니스를 획득하면 그 모기업은 획득한 회사에 많은 무형의 요인들을 대여할 수 있다. 예를 들어 브랜드 또는 명성 등과 같은 것이다. 이러한 활동을 통해 모기업은 내부 가치의 중요한 원천을 새로운 사업단위로 이전한다. 이 사업단위는 모기업의 브랜드를 시장에서 더 큰 인지도를 달성하는 데 이용할 수 있게 된다.

비관련 다각화

비관련 다각화 전략을 추구하는 기업은 어떠한 식으로든 관련되지 않는 여러 비즈니스를 유지하고 있다. 가장 대표적인 예가 Vivendi이다. Vivendi는 그 기원이 19세기 중반으로까지 거슬러 올라간다. Compagnie Generale des Eaux로 알려졌던 원래 기업은 프랑스에서 상수도 사업을 운영했었다. 20세기 동안 이 회사는 핵심 공공사업 비즈니스에서 나오는 현금유동성을 이용해 부동산, 의료서비스, 통신 등이 포함되는 폭넓은 산업들로 다각화했다. 이 전략이 수년간 잘 먹혀들기는 했지만 1990년대 중반에 재정적 위기에 처하자 회사 쇄신을 위해 CEO들이 여러 번 바뀌었다. 1990년대 말에 일부 사업단위들을 구조조정 및 처분하면서 다각화에 자금을 댄 전체 기업 부채를 줄이는 데 집중했다. 2000년대가 시작될 즈음 Vivendi는 마구잡이 다각화에 착수했다. 음악 콘텐츠 및 출판(Universal Music), 비디오게임 개발(Activision Games) 등의 산업들을 인수하고 핵심인 상수도 사업 비즈니스는 매각했다. 비록 지난 20여 년간 자체적인 구조조정을 성공적으로 여러 번 하기는 했지만 강력한 성과를 거두기 위해 지속적으로 분투를 해온 것이었다.

비관련 다각화 전략의 궁극적 목표는 일정 유형의 재무적 경제를 창출하려는 것이다. 금융경제는 기업이 비즈니스 단위들 간의 자본 분배를 통해 달성하는 원가절감과 관련 있다. 대개 기업은 금융경제를 2가지 방법 중 하나로 달성할 수 있다. 즉 1) 사업단위들 간에 자본을 효율적으로 분배함으로써, 2) 새로운 비즈니스를 매수하고 더 높은 가격에 판매시장에서 되파는 것을 목표로 자산을 구조조정하는 방식이다. 비관련 다각화의 불리한 점은 회사를 더 높은 수준의 위험 및 불확실성으로 내몰 수 있다는 것이다.

비관련 다각화를 추구하는 이유

비관련 다각화의 근본 이유는 비즈니스 단위 사이의 효율적인 자본 배분이 전체적인 비즈니스 위험성을 감소시킨다는 것이다. 앞에서도 설명했지만 비관련 다각화를 통한 위험 감소는 달성하기 어렵다. 하지만 몇몇 상황에서는 비관련 다각화 전략이 재무적 경제를 달성할 수 있다. 비관련 다각화를 이용하는 한 가지 장점은 그것이 병에 걸려 있거나 죽어가고 있는 회사로 하여금 수익성 있는 부문에서 생성된 자본을 이용해 단기간은 지원해 줄 수 있게 해준다는 것이다. 내부적으로 생성된 자금이 없다면 그 회사는 아마도 조기 파산상태에 돌입하는 수밖에 없을 것이다.

재무적 경제(Financial economies)
기업이 비즈니스 단위들 간의 자본 분배를 통해 달성하는 원가 절감

비관련 다각화 전략은 또한 비즈니스 단위들의 구조조정을 통해서도 재무적 경제를 달성할 수 있다.이러한 시나리오에서 관리자는 가치가 저평가된 자산을 획득하는 경우

매력도 테스트	진입비용 테스트	개선도 테스트
산업이 수익성이 있는지 아니면 수익을 낼 가능성이 있는가?	새로운 산업에 진입하는 데 비용은 얼마나 드는가?	새로운 산업이 기업에 경쟁우위를 제공해 줄 것인가?

그림 6-4 다각화 테스트

Source: Adapted from Michael E. Porter, "From Competitive Advantage to Corporate Strategy," *Harvard Business Review*, May–June 1987.

도 종종 있으며 특정한 구조조정 활동을 통해 자산을 늘리려는 시도도 한다. 이 활동에는 직원을 해고하고 자산을 매각하는 일 등이 포함될 수 있다. 하지만 이러한 유형의 전략은 이행하기 어려운 경향이 있는데 그 이유는 구조조정 업무가 비즈니스 단위 차원에서는 특별한 전문지식을 요하기 때문이다.

다각화 테스트

이 장을 시작하면서 든 사례처럼 다각화는 기업 차원에서는 가치를 더해주기도 하고 또는 파괴하기도 하는 양면성을 갖고 있다. 그렇다면 관리자는 언제 다각화 전략을 수행해야 하는 것일까? 관련 다각화를 추구해야 할지 아니면 비관련 다각화를 추구해야 할지에 대한 결정은 선택의 여부가 되지 못한다. 많은 회사는 양쪽 방법을 동시에 추구한다. 모든 경우에서 관리자는 어떠한 다각화(관련 또는 비관련)가 주주 가치를 창출할지의 조건을 확인해야 한다. 이 조건은 세 갈래의 테스트에서 확인할 수 있다(그림 6-4 참조).

산업이 얼마나 매력을 갖고 있는가?

경쟁으로부터 얻을 수 있는 수익률은 결국 기업이 지닌 근본적인 구조적 기능이다. 매력적인 산업은 기업으로 하여금 다른 산업들에 비해 더 큰 수익성을 얻을 수 있도록 해주는 구조적 구성요소를 갖고 있다. 매력적인 산업은 높은 진입장벽, 대체재의 결여, 낮은 경쟁 강도, 낮은 공급자 및 구매자 세력 등의 특징을 갖고 있다. 하지만 매력적인 산업이 높은 진입장벽이라는 특징을 갖고 있기 때문에 많은 기업은 가장 매력적인 산업들로 다각화 시킨다는 것이 어렵다는 것을 알고 있다.

Afagundes/Dreamstime.com

회사가 구조적으로 매력이 덜한 산업으로 다각화하는 대표적 예는 Time Warner가 AOL을 2001년에 1,060억 달러에 인수했을 때 일어났다. 이 거래는 오래된 미디어 거물인 Time Warner에게 회사가 전달하는 콘텐츠 전반에 걸쳐 더 큰 다각화와 더 많은 통제력을 제공해주었다. 하지만 인수 시점에서 인터넷 제공 산업은 여러 이유들로 인해 구조적으로 매력이 떨어지기 시작한 때였다. 비록 AOL이 초기 인터넷 서비스 비즈니스를 지배하고 있었지만 케이블 및 전화회사들이 1990년대 말에 상당한 유통과 기술적 장점을 갖고 그 산업에 진출해 있었다. 소비자들이 다이얼을 돌리는 것으로부터 고속 DSL과 케이블 서비스로 이동해감에 따라 AOL의 시장점유율은 급속하게 떨어지기 시작했다. Time Warner가 AOL을 인수했을 때 그 산업은 이미 자본화가 잘된 기업들 간의 치열한 경쟁관계로 특징 지워지고 있었다.

진입비용은 얼마인지?

많은 관리자는 또한 진입비용이 낮다는 이유로 매력이 떨어지는 산업으로의 다각화 함정에 빠져들고 있다. 어떤 산업에 진입하는 데 드는 비용은 경영진이 그 산업에서 경쟁함으로써 파생될 것으로 기대하는 장점을 초과할 수 없다. 많은 인수 건들이 진입비용 테스트를 하지 않고 있는데 그 이유는 경영진이 진입비용도 정확히 평가하지 않고, 해당 산업에 머물러 있음으로써 회사에 축적될 비용도 정확하게 평가하지 않기 때문이다. 비록 저가의 인수 기회가 존재한다 해도 그것의 존재는 대개 모두 함께 피해야 할 낮은 진입장벽을 갖고 있는 산업들과 관련이 있다.

반대로 다각화 전략에서 높은 진입비용은 효과적인 투자대비 수익률의 잠재성에 영향을 미치는 것만큼이나 기업 가치에 좋지 않을 수 있다. 대개는 많은 세력들이 모여들어 한 기업이 싼 가격에 새로운 산업을 구매하는 것을 막곤 한다. 민간 자기자본 기업들, 투자은행들, 기타의 투자자들이 시장에 있는 저평가된 기업을 찾아내기 위해 불철주야 작업을 하고 있다. 이 결과 저평가된 회사를 찾아내기 더욱 힘들어지는데 그 이유는 매각 과정이 다수 입찰자들을 끌어들이는 경우가 종종 있어서 목표로 하는 값을 끌어올리기 때문이다.

비즈니스가 더 나은 것이 될까?

Michael Porter에 따르면 기업이 인수에 착수할 때 새로운 사업단위(또는 그 비즈니스 단위의 새로운 소유)는 회사와의 연계로부터 경쟁우위를 얻을 수 있어야 하며 그 반대도 마찬가지다. Mikolaj Piskorski는 동일한 쟁점에 대해 약간 다른 의견을 제시하고 있다. 그는 그러한 회사의 존재가 자체적으로 성취할 수 있었을 것에 더해 비즈니스 단위의 전체적인 경쟁우위를 개선시킬 수 있는지의 여부를 묻는다. 답변이 부정적이라면 이는 그 회사가 해당 시장에 진입하는 것을 피하거나 아니면 그 시장에서 나가야 함을 제시하는 것이다. 만약 그 답변이 긍정적이라면 관리자는 추가 질문을 해보아야 한다. 즉 "해당 비즈니스 단위를 소유하는 것이 대안의 계획이 생산해낼 수 있는 것보다 다 큰 경쟁우위를 생산해낼 수 있는가?" 만약 2개의 비즈니스가 독립적으로 소유된 운영으로서 자체적으로 창출해낼 수 있는 가치 이상의 가치를 추가할 수 없다면 그 기업은 다각화를 하지 말아야 한다.

개선도 테스트에 대한 긍정적 답변 그리고 소유 테스트에 대한 부정적 답변이 시사하는 바는 관리자가 해당 산업에 진입은 해야 하지만 예를 들어 전략적 동맹과 같은 완

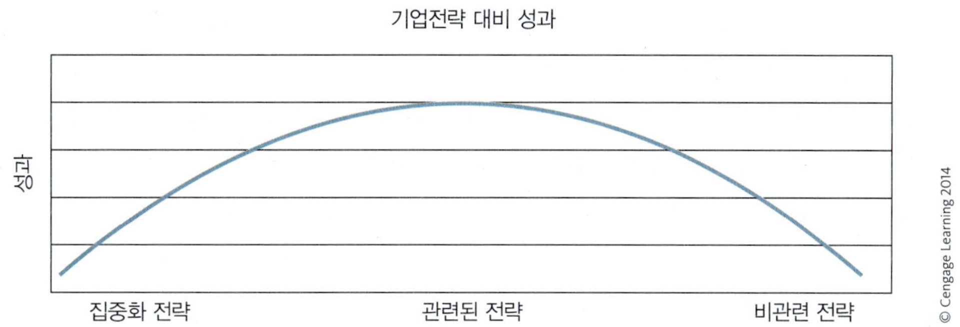

그림 6–5 다각화가 기업 성과에 미치는 영향

전한 소유를 향한 약간의 대안적 준비를 통해 진행되어야 한다는 것이다. 이러한 테스트로부터 알 수 있듯 다른 비즈니스로 다각화 하겠다는 결정은 철저한 분석 뒤에 이루어져야 한다. 이 엄격한 지침은 관리자가 회사에 대해 진정한 가치를 창출해낼 수 있는 가능성이 존재하는 경우에만 비즈니스를 추가할 것임을 보장해준다.

다각화의 결과

다각화 전략이 집중 전략보다 더 나은 것이라는 증거는 복합적이다. 한 가지 중요한 연구에 따르면 기업 성과는 단일 비즈니스 전략으로부터 관련 다각화로 변화함에 따라서는 증가되고 있지만 성과는 기업이 관련 다각화로부터 비관련 다각화로 변경함에 따라서는 감소된다. 이 연구가 보여주는 것은 기업 성과는 한 지점까지는 성과가 계속 증가하다가 기업이 비관련 산업들로 너무 많이 다각화함에 따라 감소되는데 이는 뒤집어진 U자와 유사하다는 것이다(그림 6–5 참조).

관련 또는 비관련 다각화로 성공을 거둔 기업은 이행 전략 및 과정에 상당한 시간을 들여왔다. 인수된 회사와 인수하는 회사 모두의 관리자는 다각화에 대한 성공 또는 실패의 핵심 실무자들이다. 공유된 자원이나 영향력을 발휘하도록 자산의 성공적 이행을 보장하기 위해 어느 정도까지 관리자가 함께 작업하는가는 승자와 패자 사이의 차이점을 만든다. 불행히도 많은 기업은 시너지의 '잠재적 장점'에 대해서는 너무 많은 시간을 쏟으면서도 그 잠재성을 현실로 만들기 위해 필요로 하는 힘든 작업에 대해서는 충분한 시간을 들이지 않는다.

비록 비관련 다각화의 결과가 미국 내에서는 복합되어 있지만 이 전략이 인도, 중국, 한국, 칠레 등과 같은 신흥 경제국들에서는 잘 적용되고 있다는 분명한 증거가 존재한다. 많은 비관련 기업들을 거느리고 있는 대규모의 가족 비즈니스그룹 또는 고도로 다각화된 재벌그룹은 신흥 경제국들에서는 여러 해 동안 성공을 거두어왔다. 이 경제국들은 제한된 금융시장, 정치적 불안정, 제한적 정보흐름, 가변적인 인적 자원이 소유한 기술 등이 특징이다. 이 환경에서 다각화된 비즈니스그룹은 자체의 내부 시장을 자금과 자원을 위해 생성시킴으로써 난관의 많은 부분을 완화시킨다.

1868년 설립된 인도 기업 Tata Group은 비관련 다각화 전략을 이용해 인도에서 가장 크고 가장 성공한 회사가 되었다. 강력한 윤리와 가치가 회사를 이끌고 있는 Tata Group은 7가지 비즈니스 부문에서 경쟁하는 98개의 회사(예를 들어 철강, 자동차, 관광산업 등)를 소유하고 있다. 2008년에 Tata는 630억 달러의 수익을 기록했는데 380억 달러는 국제 비즈니스에서 나온 것이었다. 2008년 1월에 2,500달러의 소매가격을 붙인 자동차 Nano를 출시한 후 〈Business Week〉는 Tata Group을 세계에서 가장 혁신적인 기업 명단에서 6위로 지명했다.

기업 본사들이 다각화된 기업 내에 있는 별도의 기업들과 상호작용하는 방법은 지속가능한 결과를 생성함에 있어 또 다른 중요 요인이다. 성공적으로 다각화된 조직은 비즈니스 단위가 더욱 고객에게 가까이 다가간다. 그리하여 실시간 운영과 시장전략을 가능하게 해주는 집중화되지 않은 자율권을 갖고 있는 기업 전반에 걸쳐 영향력과 원가절감을 제공해주는 집중화된 통제수단(예를 들어 집중화된 구매 및 정보기술)의 균형을 이룰 수 있다. 이 균형은 회사 사무실에서는 각각의 운영 비즈니스에 대해 제한된 이해 내용만을 갖고 있는 관련 없는 다각화를 추구하는 기업에게는 특히 중요하다.

Walt Disney

지난 반세기에 걸쳐 Walt Disney는 세계에서 가장 많이 알려지고 성공한 오락회사 중 하나였다. 비록 시장점유율 면에서는 등락을 겪기는 했어도 여전히 한 기업이 어떻게 기업 차원 전략의 이행을 통해 경쟁우위와 장기적 수익을 달성할 수 있는지에 대한 사례 연구로 남아있다.

월트 디즈니(Walt Disney)와 그의 형제인 로이(Roy)는 1923년 캘리포니아 헐리우드에 Walt Disney Studios를 설립했다. 처음에 비즈니스는 힘들었지만 그들은 월트가 미키마우스(Mickey Mouse) 캐릭터를 개발했을 때 성공하리라는 것을 알았다. 1930년대 후반 월트는 비즈니스를 단편만화에서 장편 극영화로 전환했다. 이 중에는 최초의 장편 만화영화로 1937년에 개봉된 〈백설공주와 일곱 난장이〉가 포함되어 있었다.

GABRIEL BOUYS/AFP/Getty Images

2차대전 동안 회사는 만화영화의 수요가 줄어들자 재정적으로 곤란을 겪었다. 하지만 월트디즈니는 이 기간에 정부를 위한 교육용 만화를 제작하고 다른 비즈니스로 다각화 해가면서 살아남았다. 초기의 다각화에 포함된 것이 디즈니의 음악저작권과 최고 예술가들을 섭외하고 관리하기 위한 Walt Disney Music Company의 창설이었다. 1950년대 초반에 디즈니는 〈보물섬〉, 〈올드 옐러(Old Yeller)〉 등과 같은 실제 액션 영화들을 제작하기 시작했다. 또한 영화를 배급하고 궁극적으로는 각 영화에 대한 수익의 1/3을 남기기 위해 Buena Vista Distribution도 창설했다. 게다가 1950년대 동안 디즈니는 TV 시리즈물인 〈Disneyland〉의 제작과 함께 TV 쇼 방면으로도 다각화를 했는데 이는 캘리포니아에 새로 만든 테마공원을 홍보하기 위해 이용되었다.

디즈니는 플로리다 올랜도에 디즈니월드(Disney World)라 불리는 또 다른 테마공원으로 디즈니랜드의 성공을 이어갔다. 이 새로운 공원은 즉시 성공을 거두어 첫 해에만 방문객이 1,100만 명이었고 수익은 1억 3900만 달러였다. 공원 안에서 이동할 수 있도록 디즈니는 사내에서 운영하는 여행회사를 세워 여행대리점, 항공사, 여행사 등과 함께 작업했다. 하지만 1966년에 월트 디즈니가 사망함에 따라 회사 역량을 영화제작에서 테마공원 건설로 돌리면서 약화되기 시작했다. 1984년에는 기업 매수자들에게 회사를 거의 잃을 지경에 이르렀으나 로이 디즈니를 이사회에 다시 복귀시킨 한 개인 투자자의 현금투입 덕분에 살아남게 되었다. 이러한 회사 역사의 침체 시점에서 경영권은 Michael Eisner에게 넘어갔다.

Eisner가 비즈니스에 내린 첫 번째 주문은 TV 및 영화사업에 새로운 생명을 불어넣자는 것이었다. 1980년대 초에 디즈니는 케이블로 Disney Network를 제공하면 매출 감소를 가져올 수 있다는 두려움에서 네트워크 TV 쇼의 제작을 중단했었다. Eisner는 그와 반대되는 방법을 취했는데 즉 네트워크 TV에서 여러 가지 쇼를 제작하면 브랜드 이미지를 높일 수 있다는 생각이었다. Eisner는 그런 다음 초점을 약화된 영화사업부로 돌렸는데 1984년 즈음에 영화 예매점유율은 보잘것없는 4% 선을 유지하고 있었다. 새로운 경영진은 디즈니에서 만들어지는 영화의 유형과 방식 모두를 완전히 변경했다. 이 기간에 디즈니는 평균적으로 더 많은 영화를 제작(연간 4편 대비 연간 16편)했는데 나이 든 관객을 위한 코미디물과 실제 액션물부터 시작했다. 출연료가 낮은 배우들을 캐스팅하고 모든 영화예산이 엄격하게 재정적으로 관리되도록 유지했다. Eisner의 초기 영화 33편 중 27편이 수익을 냈는데 이는 업계의 평균적인 히트 비율인 40%보다 높은 성공이었다.

그 이후 10년에 걸쳐 디즈니는 기업 영역을 새로운 비즈니스로 확장했으며 상당한 투자를 통해 핵심 부분을 강조했다. 1987년에 Disney Stores를 출범시킴으로써 '흥행으로서의 소매'라는 개념을 개척했는데 이는 제곱미터(m2) 당 매출액이 소매 평균 비율의 2배를 생성하는 것이었다. 디즈니는 또한 Euro Disney, Typhoon Lagoon, Disney-MGM Studios 등을 건립하면서 테마공원 사업부를 확장했다. Buena Vista Home Video 사업단위를 통해 비디오를 소비자에게 직접 판매함으로써 엄청난 성공을 거두었다. 추가적인 다각화는 브로드웨이 연극 제작, NHL 하키팀 The Migthty Ducks 인수, 성인 대상 영화를 제작하기 위해 Miramax와 Touchstone 등의 브랜드를 만들고 새로운 제작 스튜디오를 개발한 것 등이다.

이 모든 투자가 디즈니의 영역을 넓혀주었으며 1995년 ABC를 인수함으로써 가장 다각화되고 수직적으로 통합된 기업 중의 하나로 입지를 공고히 했다. ABC 인수를 통해 디즈니는 창의적인 콘텐츠 배포를 위한 전 세계적인 유통판로를 갖춘 세계에서 가장 큰 흥행회사가 되었다.

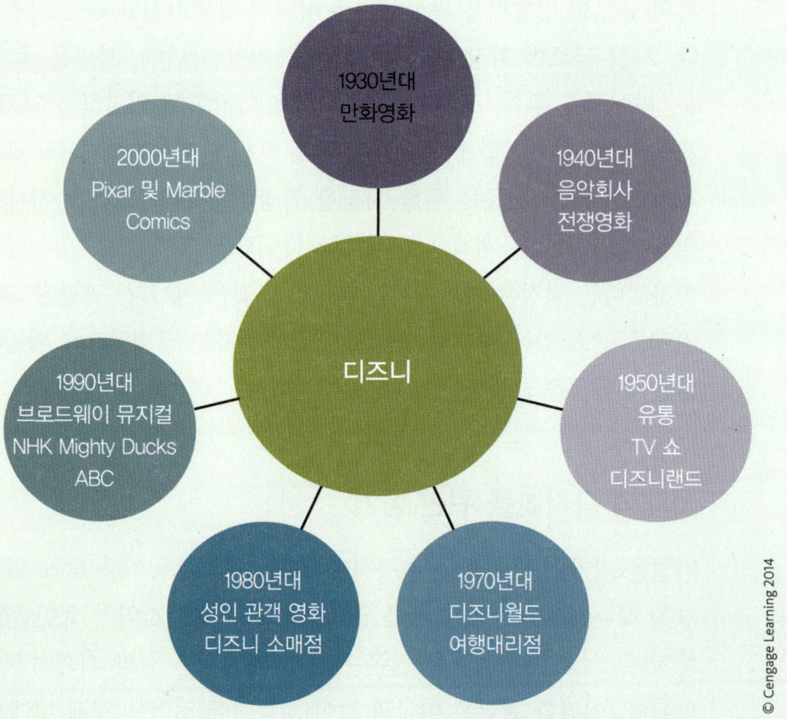

그림 6-6 디즈니의 다각화

190억 달러의 자금을 투자한 디즈니는 TV 방송국, 케이블 네트워크, 라디오 방송국, 신문, 정기간행물 등을 거느리게 되었다. Eisner는 디즈니 브랜드로 영향력을 행사할 수 있으며 가치를 창출할 수 있는 능력은 기업의 시너지에 달려있다고 믿었다. 예를 들어 한 영화를 개봉하기 1년 전에 디즈니의 만화그룹 출신 창작자들은 소비자 제품, 홈 비디오, 테마공원 사업단위 등의 책임자들에게 발표회를 갖는다. 참석자들은 관람 후 영화를 평가하고, 의견을 나누고, 월 단위로 모여 영화를 업데이트시킨다.

요약하면, Eisner는 디즈니의 구조가 서로 다른 비즈니스 단위들이 자원을 공유하고 기술을 이전하는 것을 가능하게 해주는 수평적 · 수직적 · 지리적 시너지를 통해 창조되는 것이라 여겼다(그림 6-6 참조).

적합한 사례 Walt Disney

1. 디즈니의 핵심역량은 무엇인가? 디즈니는 어떻게 핵심역량을 서로 다른 비즈니스들에 맞추었는가?
2. 최근 몇 년 동안 디즈니가 기업 역량을 확장하기 위해 투자한 주요 내용은 무엇이었는가?
3. 향후 5년에 걸쳐 디즈니의 비즈니스 포트폴리오를 강화시키려면 어떠한 투자를 해야 하는가?

국제적 다각화

제4장에서 설명했듯 오늘날 점차적으로 글로벌화하는 비즈니스 환경에서 대부분의 기업은 자사 전략에 어느 정도의 국제적 구성요소는 유지하고 있다. 국제적 다각화는 기업의 글로벌 영향력을 확장하려는 하나의 방법이지만 항상 다각화가 필요한 것은 아니다. 사실 글로벌 확장과 다각화는 동의어가 아니다. 기업은 국제적 전략(예를 들어 수출, 라이선스 주기, 프랜차이즈 주기)을 다각화에 의지하지 않고도 추구할 수 있다. 이제 일부 기업이 어떻게 국제적 전략을 이용해 다각화를 추구하고 있는지 살펴보자.

기업은 자사 제품을 위한 시장을 확장하기 위해 또는 가치사슬에 투입용으로 쓸 자원을 얻기 위해 국제적으로 다각화하는 것을 추구할 수 있다. 그러나 국제적으로 다각화하겠다는 결정은 가볍게 취할 수 있는 것은 아니다. 관련된 그리고 관련 없는 다각화 전략을 갖고 있는 경우와 마찬가지로 관리자는 국제적으로 확장하려는 결정을 내릴 때 많은 요인들을 고려해야 한다.

국제적 다각화를 위한 동기

기업은 국제적 다각화를 추구하기 위한 수많은 동기를 갖고 있는데 이에는 새로운 시장을 찾는 일, 규모의 경제를 달성하는 일, 어떤 지역적 요인들을 이용하는 일 등이 포함된다. 성숙기에 접어든 많은 제품에 대해서는 성장 기회가 기업의 내수시장으로 제약된다. 이러한 현상은 미국과 같이 성숙기에 접어든 경제 내에서는 더욱 확대된다. 예를 들어 패스트푸드 식당은 미국 내에서는 성장 제약에 직면하고 있다. 이 산업은 미국에서 1950년대에 시작되었으며 1960~70년대 동안에는 천문학적 성장을 경험했다. 하지만 McDonald 등의 기업은 1980~90년대에 제한된 성장에 직면하게 되었는데 그 이유는 시장 상황 때문이었다. 그 결과 McDonald는 해외로 눈을 돌렸다. 오늘날 이 회사는 전 세계에 걸쳐 100개국 이상에서 영업을 유지하고 있다. 그리고 패스트푸드 산업에서 국제적 다각화를 추구하는 회사는 이들뿐만이 아니다. Kentucky Fried Chicken과 Pizza Hut도 지난 수십 년 동안 해외시장으로 공격적 확장을 해왔다(그림 6-7 참조).

비록 국제적 다각화가 이 회사들에 탁월한 성장 기회를 제공해오기는 했지만 큰 대가를 치르는 일이 많았다. 사실 McDonald는 어떤 시장에서는 엄청난 저항에 직면하기도 했다. 프랑스에서 식당 확산에 대해 문화적 저항에 직면했는데 그것은 많은 사회 비평가들이 미국 패스트푸드 체인의 존재가 전통적 프랑스 문화를 파괴한다고 불평했기 때문이었다. 인도에서는 McDonald가 처음에는 저항에 직면했는데 그 이유는 소고기 제품으로 만든 수많은 전통적인 버거 메뉴를 출시했기 때문이었다. 대부분의 인도 사람은 종교적 이유로 소고기 제품을 먹지 않으며 그 결과 McDonald 정책에 대해 상당히 불쾌하게 생각했다. 비록 회사가 이러한 실책을 소고기 버거를 대신해 양고기 버거를 도입함으로써 정정하기는 했지만 이 상황은 기업이 해외로 확장하는 경우 직면할 수 있는 여러 문제점을 보여준다.

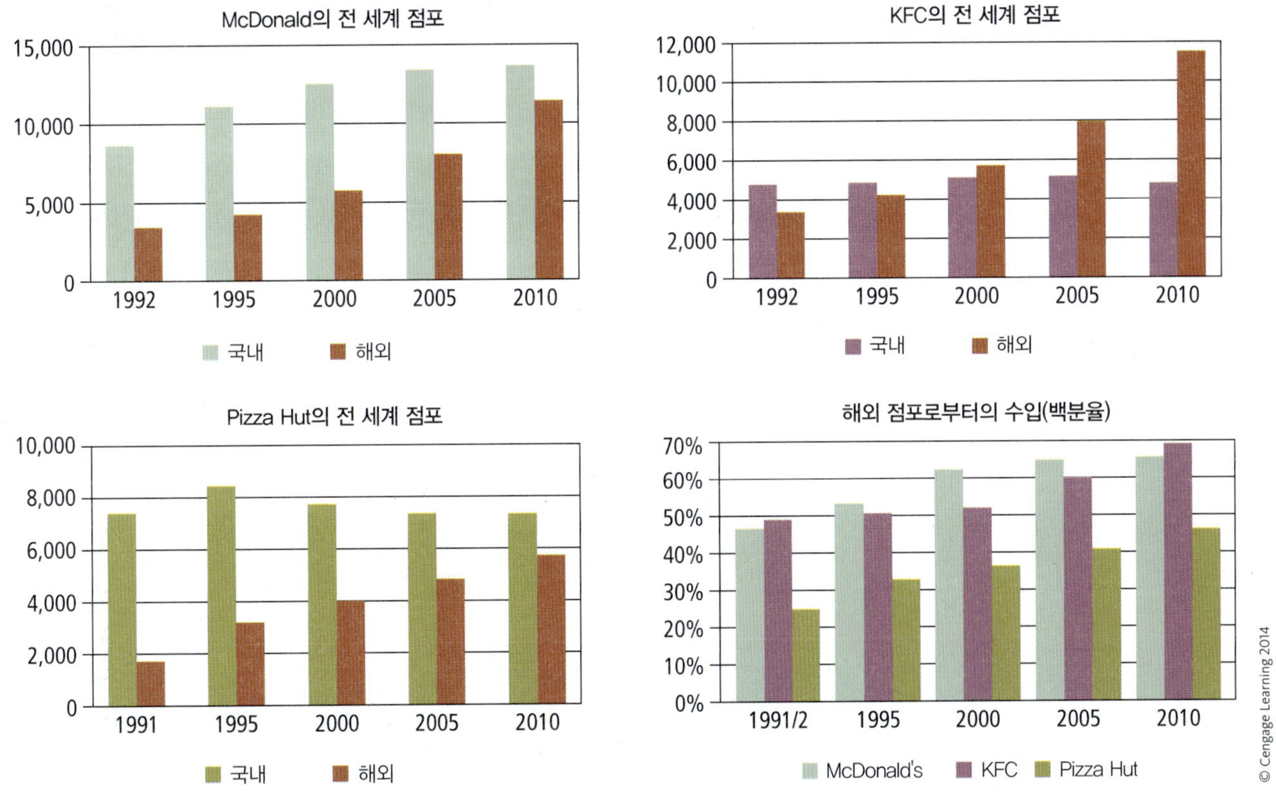

그림 6-7 전 세계 점포수 및 총수입에 대한 기여도

Source: Compiled from Annual Reports, available from http://www.aboutmcdonalds.com/mcd/investors/publications/annual_report_archives.html and http://www.yum.com/investors/annualreport.asp, accessed September 2011.

기업은 규모의 경제를 달성하기 위해서도 국제적으로 다각화를 하고 있다. 제5장에서 설명한 바와 같이 기업은 더 많은 양의 제품을 생산할 때 규모의 경제를 달성할 수 있다. 이때 기업은 한 제품을 생산하는 것과 관련된 고정비를 더 많은 단위의 수에 걸쳐 분산시킬 수 있으며 이는 궁극적으로 회사 이윤을 증가시킨다. 마지막으로 많은 기업은 지역적 요인들을 이용하기 위해 국제적으로 다각화를 하고 있다. 이 요인들에는 노동력과 천연자원을 더 낮은 값으로 조달하는 일이 포함될 수 있다.

Nike는 낮은 원가의 노동력을 이용하기 위해 해외시장에서 자사의 유명한 운동화와 의류 생산을 중심으로 전체적인 전략 기반을 삼아왔다. 1970년대 초부터 Nike는 아시아에 있는 여러 나라들에 생산 외주를 주어왔는데 그 나라들은 인건비가 낮았다. 또한 본질적으로는 어떠한 물리적 자산도 제조회사를 만드는 데 사용하지 않는 것이었다. 하지만 이 전략이 Nike로 하여금 오랜 기간에 걸쳐 운동화 업계에서 가장 크고 수익성 좋은 회사가 될 수 있도록 해주기는 했지만 노동행위에 대해 상당한 비판에 직면해왔었다. 1990년대 말에 Nike는 노동행위에 대해 사회와 학생집단 모두로부터 심각한 반대에 직면하게 되었다. 그들은 Nike가 비참한 공장 조건에 있는 근로자들에게 '노예 임금'을 지불했다고 주장했다. 비록 회사가 그 이후 하도급 제조공장 중 많은 곳의 조건을 개선해오기는 했어도 이 상황은 국제적인 다각화 전략을 추구할 때 내재되어 있는 난관들을 다시 한번 보여준다.

국제화 범위 테스트

관리자가 국제적 다각화의 유효성을 결정하기 위해 이용할 수 있는 테스트는 다각화의 유효성을 결정하기 위해 이용되는 테스트와 비슷하다. 테스트에는 2가지 친숙한 구성요소인 '개선도' 테스트와 '소유' 테스트가 관련되어 있다(그림 6-8 참조). 이 테스트의 각각의 구성요소를 더 탐구해보자.

요인비용차이
(Factor cost differences)
원자재 또는 저임금 노동과 같은 기타의 요인들에 대한 접근에 의해 달성되는 원가 절감

기업은 개선도 구성요소를 3가지 다른 경로를 통해 통과할 수 있다.

첫째, 국제적 다각화는 만약 그 전략이 기업에게 **요인비용차이**를 제공한다면 기업을 더 개선되게 만들어 줄 것이다. 요인비용차이에는 원자재와 저가의 노동력과 같은 기

개선도 테스트

글로벌 존재가 자체적으로 성취할 수 있을 것 이상으로 기업의 경쟁우위를 개선시킬 것인가?

소유 테스트

글로벌 비즈니스 단위를 소유하는 일이 경쟁우위를 지속 내지는 달성하는 것에 대한 최선의 대안을 제공하고 있는가?

그림 6-8 국제화 범위 테스트

Source: Adapted from Michael E. Porter, "From Competitive Advantage to Corporate Strategy," *Harvard Business Review*, May–June 1987; and Mikolaj Jan Piskorski, "Choosing Corporate and Global Scope," Harvard Business School note no. 9-707-496 (Boston, MA: HBS Publishing, 2007), p. 2.

타 요인들에 대한 접근성이 포함된다. 비록 많은 기업이 원래는 어떤 나라들에 있는 풍부한 천연자원을 이용하려 국제적으로 다각화를 했지만 오늘날의 회사는 Nike의 예에서 보았듯 해외의 인건비를 이용하려 다각화를 하고 있다.

둘째, 기업은 생산에서 규모의 경제를 달성할 수 있다면 이 테스트를 통과할 것이다. 자동차 제조회사 등 제조 기업으로서는 글로벌시장 전체에 걸쳐 표준화된 제품을 판매하는 일이 규모의 경제를 통한 경쟁우위를 창출할 수 있다. 이 경우 기업은 제조 고정비를 표준화된 제품을 통해 많은 시장 전체에 걸쳐 분산시킬 수 있다.

셋째, 기업은 기존 제품을 다른 나라에 판매함으로써 이 테스트를 통과할 수 있다. 예를 들어 소비자 제품에서는 대부분의 다국적기업이 이런 식으로 등장했다. 이 기업들 중 일부는 자국에서 제품을 판매하는 것과 더불어 제품을 해외에 수출하고, 유통망을 수립하며, 제조할 수 있는 완전한 자회사를 설립함으로써 국제적 활동을 시작했다.

이러한 사실은 테스트의 다음 부분, 즉 소유에 관한 질문으로 이끌게 된다. 국제적으로 경쟁하는 기업은 제3장에서 개요를 설명한 바와 같이 외국 기업에게 자원을 라이선스 주어야 할 것인지 아니면 판매해야 할 것인지의 여부를 평가해야 한다. 어떤 시장의 비효율성은 기업이 제품을 생산해 유통시키기 위해 현지 관리들과 계약을 맺는 일을 못하게 만든다. 국경 너머로 이전될 자산이 무형일 경우 계약은 문서화하기에는 너무 많은 비용이 드는 일일 수 있다. 국제적으로 다각화할 경우 기업이 직면하는 또 다른 장애물에는 현지 법률의 차이도 포함된다. 특히 법률시스템과 계약법이 미국처럼 발전되지 않았거나 집행력이 없을 수 있는 신흥 경제국에서는 더욱 그러하다.

다각화와 마찬가지로 국제성 테스트의 통과를 성취하기는 어려운 일이다. 국제적 다각화 전략을 추구하는 관리자는 새로운 경쟁우위가 달성될 것임과 그 목표를 달성하는 데 어떠한 다른 비용효과가 높은 대안이 존재하지 않음을 분명히 해야 한다.

CEMEX: 국제적 다각화를 통해 위험을 감소시킴

결합제로서의 시멘트 사용은 그 기원이 고대로 거슬러 올라가지만 19세기 영국에서 현재의 형태로 진화가 이루어졌다. 시멘트 산업은 극히 자본집약적이며 한 기업이 수익성에 도달하기 위해서는 1백만 톤을 생산해야 하는 경우도 있다. 하지만 시멘트의 자연적 특성으로 인해 흘리지 않고 먼 거리에 걸쳐 운반하는 것은 어려운 일이다. 그 결과 시멘트 산업은 최근까지도 지역적 산업으로 남아 있었다. 많은 시멘트 회사들은 시간이 흐름에 따라 재정적 어려움을 겪었는데 그 이유는 수요의 주기성 때문이었으며 이는 대부분이 국내총생산(GDP)과 건설 소비에 의해 움직인다. 이러한 난제를 극복하기 위해 대규모 시멘트 회사들 중 많은 회사들이 국제적으로 다각화를 하기 시작했다. 특히 한 기업이 집중적인 시장 분석을 통해 국제적인 다각화를 개척해왔다.

멕시코에 본사가 있는 CEMEX는 세계에서 3번째로 큰 시멘트 회사로 9,300만 톤의 생산능력을 갖고 있다. 2008년 CEMEX는 15개국에서 시멘트 공장을 운영하고 있었으며 30개국에 생산 또는 유통시설을 소유하고 있었다(그림 6-9 참조). 해외로 다각화하기 전에는 시멘트 운영시설 대부분을 국내 시장인 멕시코에서 유지했다. 멕시코 내수시장의 주기성을 극복하기 위해 CEMEX는 1980년대 초에 다각화를 추구하기 시작했다. 이 회사는 주기적인 핵심 시멘트 비즈니스에의 의존도를 줄이기 위해 석유화학, 광산, 여행사 등과 같은 산업들로 다각화를 했다. 수입이 별로 좋지 않자 핵심 시멘트 산업에서의 국제적 다각화를 추구하기로 결정했다. 대

미주	유럽	기타 세계
• Argentina	• Austria	• Australia
• Columbia	• Croatia	• Bangladesh
• Costa Rica	• Czech Republic	• China
• Dominican Republic	• Finland	• Egypt
• Guatemala	• France	• Israel
• Mexico	• Germany	• Malaysia
• Nicaragua	• Hungary	• Philippines
• Panama	• Ireland	• Taiwan
• Puerto Rico	• Latvia	• Thailand
• United States	• Lithuania	• United Arab Emirates
• Venezuela	• Norway	
	• Poland	
	• Spain	
	• Sweden	
	• United Kingdom	

그림 6-9 CEMEX가 경쟁하고 있는 나라들

Source: Pankaj Ghemawat and Jamie L. Matthews, "The Globalization of CEMEX," Harvard Business School Case no. 9-701-017, rev. november 24, 2004 (Boston, MA: HBS Publishing, 2000), p. 5; and Cemex SAB de CV, 2008 Annual Report (Mexico: San Pedro Garza Garcia, 2008), pp. 17, 21, 75, available at OneSource® Business Browser, www .onesource.com, accessed January 2010.

부분의 상황에서 CEMEX는 해외 진입 모드에 집중해 현지 시장에 있는 기존 생산능력을 획득하는 데 맞추었다. 이러한 시장 진입 모드를 추구한 이유는 처음부터 시멘트 공장을 짓는 일과 관련된 엄청난 비용 때문이었다. CEMEX 관리자들도 특정 나라의 생산능력 요건에 민감했으며 새로 짓는 공장은 필요로 하는 것 이상으로 한 나라의 시멘트 생산능력을 증가시킬 수 있음을 주지하고 있었다.

CEMEX가 국제적 다각화를 추구하기 시작한 것과 거의 동시에 많은 대형 시멘트 생산회사들도 비슷한 전략을 추구하기 시작했으며 Lafarge와 Holderbank 등이 포함되어 있었다. 이 기업들도 역시 한 곳의 지역시장에 집중하는 것의 위험성을 감소시키려 했다. 그리고 비록 많은 기업이 수년에 걸쳐 수익성을 유지해오기는 했지만 CEMEX는 새로운 시장에 진입하면 효율성과 집중화로 상당히 유명세를 떨치게 되었다. 이 명성을 잠재적 시장에 대한 철저한 분석과 합병 후 통합에 대한 상세한 전략을 통해 달성했던 것이다. CEMEX는 다른 나라에 투자할지의 여부에 대해 여러 요인들을 살폈는데 여기에는 그 나라가 상대적으로 낮은 소비수준과 아울러 많은 인구, 높은 인구성장률을 갖고 있는지 등이 포함되어 있다.

국제적 다각화 전략과 철저한 인수 과정 등을 통해 CEMEX는 현금유동성의 주기성을 감소시키고 운영하고 있는 시장에서의 경쟁우위를 유지할 수 있도록 관리했다. 여러 나라에서의 생산능력에 민감함을 갖는 것은 CEMEX로 하여금 초과되는 생산능력과 가격의 대폭 하락을 피할 수 있도록 해주었다. 만약 CEMEX가 기존 생산능력을 인수하는 것이 아니라 신규 시장에 생산능력을 추가했다면 시장 세력들은 가격을 낮추도록 만들어 이윤이 하락했을 것이다.

적합한 사례 CEMEX의 국제적 다각화를 통한 위험 감소

1. 시멘트 기업에게는 왜 국제적 다각화가 실행 가능한 전략이 되는가?
2. CEMEX는 왜 국제적 다각화 전략을 추진했는가?
3. CEMEX의 국제적 다각화 전략은 어떻게 실행되었는가?
4. CEMEX의 국제적 다각화는 어떻게 경쟁우위의 결과를 가져왔는가?

수직적 통합

시간이 흐름에 따라 비즈니스는 수평적 · 수직적 방식 모두로 확장된다. 수평적 확장은 관련 다각화 추구의 결과다. 수직적 확장 전략은 더 효과적으로 자원을 공유하고 기업의 가치사슬을 올릴 수도 있고 낮출 수도 있는 원가를 관리하려는 노력에서 추구된다. 일부 기업이 비용을 관리하기 위해 추구하는 한 가지 방법이 바로 수직적 통합이다. 대개 **수직적 통합**은 기업이 동일한 기업 내에 다른 비즈니스 단위에 쓰이는 투입물을 만드는 비즈니스 단위를 소유할 때 일어난다. 본질적으로 수직적 통합에 대해서는 2가지 서로 다른 방식이 존재하는 데 바로 **후방통합**과 **전방통합**이다(그림 6–10 참조). 후방통합은 기업이 사용하는 투입물을 소유하거나 통제할 때 발생한다. 전방통합은 기업이 고객 또는 유통채널을 주요 제품을 위해 소유하거나 통제할 때 일어난다. 각 방식의 예를 더 철저히 살펴보자.

후방통합의 예는 20세기 초 Harshey Company가 겪었던 경험이다. 캔디로 친숙한 이 회사는 1차대전 후 자체적인 설탕 공급을 보장하기 위해 설탕을 생산하는 후방통합을 했다. 하지만 근본적으로 다른 회사들에 대한 설탕 수출국이 되어버린 쿠바 내에 너무 많은 설탕 생산능력을 인수했다. 설탕 시장에서 Harshey의 지식 부족과 상품가격 폭락은 1920년대에 회사가 거의 끝장나는 지경으로까지 치달았다. 더 최근에는 많은 대형 석유회사들도 현장 탐사 서비스 회사들을 구매함으로써 후방통합 전략을 추구해왔다.

전방통합의 예는 Walt Disney가 ABC TV 네트워크를 인수한 예에서 찾아볼 수 있다. 이러한 조치를 통해 Disney는 콘텐츠에 대한 유통 메커니즘을 통제할 수 있는 고객 중 하나를 획득한 것이었다. 성공적인 전방통합의 다른 예로는 딜러 네트워크를 소유하고 있는 자동차 제조기업들과 소매 부문에서의 Apple의 진입 등이 포함된다. 자체적인 소매상점의 도입을 통해 Apple은 회사와 고객 사이의 관계를 더 잘 관리할 수 있게 되었다. 이 전략으로 Apple은 대형 전자상점들에 있는 그렇게 잘 알고 있지도 않은 점원들에 의존할 필요가 없는 것이다. 자사가 고용한 지식이 풍부한 직원에 의존할 수 있게 된 것이다.

수직적 통합(Vertical integration) 기업이 동일한 기업 내에 다른 비즈니스 단위에 쓰이는 투입물을 만들어 내는 비즈니스 단위를 소유하는 경우 일어난다.

후방통합(Backward integration) 기업이 자사가 사용하는 투입물을 소유하거나 통제하는 경우에 발생한다.

전방통합(Forward integration) 기업이 고객 또는 유통채널을 자신의 주요 제품을 위해 소유하거나 통제하는 경우 일어난다.

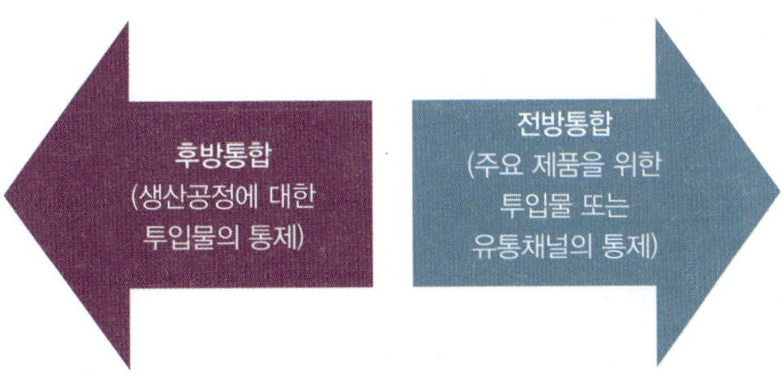

그림 6–10 후방통합과 전방통합

수직적 통합과 관련된 비용

왜 기업이 수직적으로 통합해야 하는지를 이해하려면 거래비용과 관리비 사이의 차이점을 이해해야 한다. **관리비**는 비즈니스 단위들 사이의 활동을 조정하는 데 드는 비용을 말한다. **거래비용**은 하청업자 또는 공급업자로부터 제품(혹은 서비스)을 획득하기 위한 비용과 더불어 제품(혹은 서비스) 계약을 작성하고 관리하는 일과 관련된 비용이다. 여러 해에 걸쳐 수직적 통합의 장점에 관해 지배적인 타당성은 다각화에 대한 생각이 변한 것과 같은 방식으로 변해왔다. 1960~70년대의 대기업 시대 동안 많은 관리자는 수직적 통합이 기업에게 주요 비즈니스를 위한 안정되고 더 비용효과적인 투입물을 공급해줌으로써 경쟁우위의 원천을 제공해주는 것이라 여겼다. 이 기간에 회사는 회사 내의 기능을 수행하는 관리비가 기술 개선으로 줄어들자 수직적 범위를 확장시켰다. 하지만 더 최근에는 관리자가 수직적 통합을 통해 기업의 전체적인 가치사슬을 통제하는 것에 역점을 덜 주어왔다.

어떤 상황에서는 수직적 통합의 장점이 해당 비용보다 더 크다(그림 6-11 참조). 예를 들어 거래비용은 기업 공급망에서의 단계들 사이에는 너무 크기 때문에 그에 대한 유일하게 합리적 조치로 수직통합을 한다. 대개 가치사슬에서는 단계들 사이의 특정적인 또는 기술적인 연계성이 커지면 커질수록 거래비용도 더 커지고 그리하여 수직적으로 통합해야 할 이유도 더 많아진다. 앞으로의 사례에서 보듯 의류 제조회사 Zara는 가치사슬 중 어떤 부분들을 따라 수직적으로 통합하기로 선택했는데 그 이유는 기업활동 중에서 선택된 집단의 성격이 갖는 복잡성과 시간 민감성 때문이었다.

관리비(Administrative costs)
비즈니스 단위들 사이의 활동을 조정하는데 드는 비용

거래비용(Transaction costs)
하청업자 도는 공급업자로부터 제품 또는 서비스를 획득하기 위한 비용과 더불어 이들 제품과 서비스를 위한 계약을 작성하고 관리하는 일과 관련된 비용

비록 수직적 통합이 어떤 형식의 거래비용을 피할 수는 있겠지만 이윤에 대해 부담

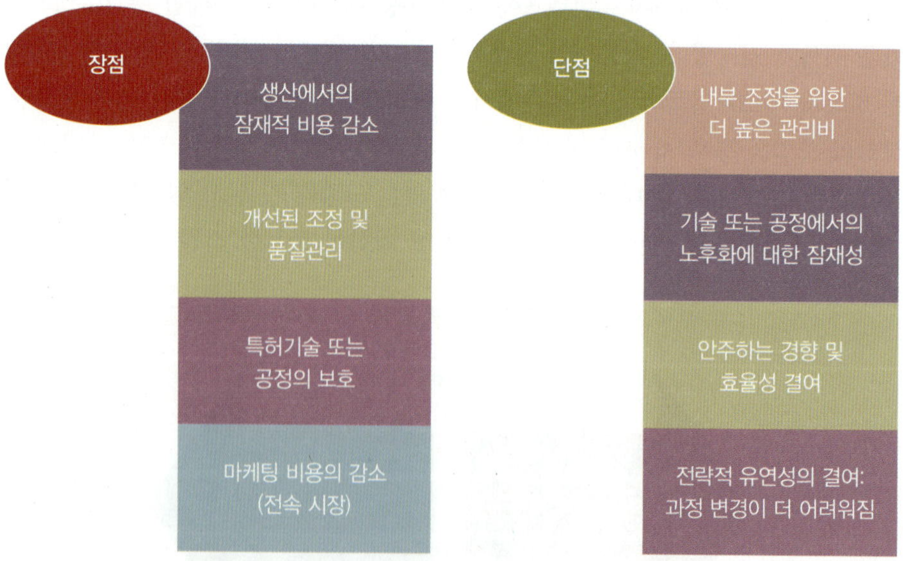

그림 6-11 수직적 통합의 장점과 단점

Source: Charles W. L. Hill and Gareth R. Jones, *Strategic Management: An Integrated Approach*, 2nd edition (Boston, MA: Houghton Mifflin Company, 1992), pp. 208–212; and Kathryn Rudie Harrigan, "Formulating Vertical Integration Strategies," *Academy of Management Review*, Vol. 9, no. 4, 1984, pp. 638–652.

이 될 수도 있는 추가적 관리비를 발생시킨다. 기업 활동이 전체적인 가치사슬에 걸쳐 확산되는 것이기 때문에 경영진으로서는 예를 들어 유통 및 마케팅 등과 같은 중요 부분에서 특정의 핵심역량을 개발하기가 더욱 어려워지는 일이 생긴다. 많은 경우 수직적으로 통합된 기업이 활동에서 진정한 차별화의 원천을 개발하기란 어렵다. 그 이유는 가치사슬의 너무 많은 다른 부분들에 걸쳐 확산되기 때문이다.

마지막으로 동기들이 수직적으로 통합된 기업에서는 잘못 맞추어지는 상황이 발생한다. 수직적으로 통합된 기업에서는 관리자가 더 큰 생산공정에 쓰일 투입물을 생산하는 데 최대의 노력을 다하지 않을 수도 있는데 그 이유는 내부적인 수익성이 제품을 자매회사에 '판매함'으로써 보장받고 있기 때문이다. 이 상황에서는 내부의 사업단위는 해당 기업의 통제권 밖에 있는 회사들이 처하는 것과 똑같은 시장 압력에 직면하지 않는다.

기업은 수직적으로 통합하겠다는 결정을 내릴 때 수많은 비용에 직면한다. 이 비용은 수직적 통합으로부터 얻는 장점들을 반감시킬 수 있다. 이 경우 기업은 수직적 통합에 대한 대안을 모색해야 한다.

수직적 통합에 대한 대안

기업 내부의 비용에 관한 대부분의 결정에서 관리자는 '만드는 것 vs. 사는 것'의 결정에 직면한다. 즉 기업은 제품(혹은 서비스)을 만들어야 하거나 아니면 해당 제품(혹은 서비스)을 외부의 제공자로부터 사야 한다는 것이다. 제품(혹은 서비스) 생산을 위한 실제 비용을 고려하는 것에 더해 그 과정에 쏟는 시간과 노력도 고려해야 한다. 비용, 노력, 시간은 기업을 위해 더 많은 가치를 창출해낼 수 있는 잠재성을 갖고 있는 다른 부분에 쓰는 것이 더 낫지 않을까?

수직적 통합의 일반적 대안 중의 하나는 기업이 동맹이나 프랜차이즈 등과 같은 국제적 전략(제4장 참조)을 추구하는 경우 이용하는 방식과 유사하다. 수직적 통합의 가장 일반적 방식은 어떤 제품(혹은 서비스)에 대해 공급자와 계약을 맺는 것이다. 관리자는 회사에 제공될 어떤 서비스 또는 투입물을 명시하기 위해 단기 및 장기 계약 모두를 추구할 수 있다. 단기 계약은 때때로 **현장 계약**이라고도 하는데 특정 가격에 어떤 상품을 구매하겠다는 회사의 약속과 관련된다. 식품을 가공하는 회사가 많은 양의 밀을 필요로 하면 관리자는 그것을 상품거래소에서 주선되는 현장 계약을 통해 구매할 수 있다. 대조적으로 회사는 현장 거래보다 더 복잡한 상황에서는 투입물을 얻기 위해 또는 서비스를 명시하기 위해 장기적 계약을 이용하는 경향이 있다.

외주는 자체적으로 하던 과업 또는 기능을 다른 회사가 수행하도록 계약을 맺는 것이다. 예를 들어 많은 회사는 고객서비스 운영을 수직적으로 통합하기보다 차라리 외부의 벤더들에게 외주를 준다. 콜센터를 전문으로 하는 기업은 해당 기업에 더 낮은 가격에 더 나은 품질의 서비스를 제공해 줄 수 있다. 회사가 이러한 기능을 외주로 돌리면 어떤 기간에 걸쳐 수행되는 활동들을 명기하는 장기 계약을 체결한다.

현장 계약(Spot contracts)
어떤 구매자에게 특정한 가격에 상품을 구매할 수 있도록 해주는 계약

외주(Outsourcing)
회사 외의 한 업체와 회사가 자체적으로 하던 어떤 과업 또는 기능을 수행하도록 계약을 맺는 것.

Bloomberg/Getty Images

San Antonio에 본사를 둔 Rackspace는 주요 비즈니스 기능을 외주로 바꾸는 데 집중해왔다. 1998년에 설립된 Rackspace는 기능을 수행할 수 있는 내부 능력을 갖추지 못한 중소기업들에게 웹호스팅 서비스를 공급한다. 헌신적인 기술팀을 갖고 있는 Rackspace는 마치 해당 기업의 사실상의 기술부서처럼 운영된다.

많은 사람은 핵심적이 아닌 활동을 외주로 돌리는 것이 기업에게는 더 핵심 기능에 집중할 수 있도록 해주는 동시에 비용 절감을 가져다주는 일이라고 주장한다. 관리자는 외주 결정을 할 때 회사에서의 거래비용에 대한 균형을 고려해야 한다. 회사에서의 모든 수직적 관계와 마찬가지로 어떤 거래비용은 그 회사가 활동을 외주로 돌리기로 결정할 때 발생한다. 만약 이 비용이 이러한 기능을 사내에 유지함으로써 발생하는 관리비보다 더 낮다면 외주를 심각하게 고려해야 한다. 하지만 관리자는 이러한 비용편익분석을 무엇이 해당 기업에서 '핵심적인' 기능을 구성하고 있는지 치중해야 한다. 비록 정보기술이 오늘날에는 핵심 기능이 아닌 것처럼 보이기는 하지만 기업은 정보시스템을 바탕으로 경쟁을 향해 움직이고 있을 수 있다.

관리자는 너무 많은 활동을 외주로 돌리는 것이 회사의 핵심역량을 해치는 결과를 초래할 수도 있음을 깨닫고 있어야 한다. 수직적 통합과 전략적 외주 사이에서 올바른 균형점을 찾는 일은 힘든 일이지만 이는 더 강력하면서도 더 방어가 가능한 경쟁 포지션을 가져올 수 있다. 수직적 통합에 너무 많은 집중을 하는 것은 기업을 외부 시장으로부터 고립시키는 결과를 초래할 수 있다. 반대로 과도한 외주는 기업의 내부 능력을 약화시킬 수도 있다.

Zara: 수직적으로 통합된 의류제조 기업

의류산업은 소매 및 마케팅 관점으로 보면 가장 가시적인 산업들 중 하나다. 소비자는 많은 곳(백화점에서부터 최고급 상점 그리고 Target까지)에서 옷을 선택할 수 있다. 이 업계에서 성공을 거둔 기업들 중 일부는 효과적인 기업 차원의 전략을 통해 의류의 가치사슬이라는 예술을 터득한 기업이다.

주요 의류제조 기업들 중 많은 기업이 자사 활동을 가치사슬 중에서 특정 부분에 집중하고 있지만 스페인의 Inditex는 가치사슬 중 많은 부분을 따라 수직적으로 통합함으로써 제품을 차별화시키고 또한 성과를 올리고 있다. Inditex는 6가지 체인을 운영하고 있는데 Zara, Massimo Dutti, Pull&Bear, Bershka, Stradivarius, Oysho이다. Zara가 가장 큰 규모인데 전 세계에 걸쳐 1,000여 곳이 넘는 상점을 갖고 있으며 회사의 매출 대부분을 생성하고 있다. Zara는 유럽과 북미의 주요 시장에서 남성 및 여성용 패션 의류를 만들고 있다.

Zara는 패션에 민감한 제품들 중 대부분을 내부에서 제조하며 1주일에 2회씩 새로운 디자인을 발표함으로써 눈에 매우 띄는 상점으로 반복 쇼핑객들을 끌어들이는 것을 목표로 삼고 있다. 계속해서 변하는 상점 진열품 덕분에 Zara는 하루 단위로 업데이트된 판매 데이터를 제공하는 상점들에게 상당한 의존을 한다. 이 데이터를 갖고 "Zara의 디자이너들은 계속적으로 고객 선호도를 추적하면서 내부 · 외부 공급자들에게 1년 내내 생산되는 거의 11,000여 점에 달하는 품목들(색상, 원단, 크기 등을 감안하면 수십만 개의 제품)을 주문한다. 이는 2,000~4,000 품목을 생산하는 주요 경쟁자들과 비교가 된다." 이러한 주문생산을 달성하기 위해 생산은 소량 단위로 수행되고 있으며 패션에 민감한 품목의 생산은 수직적으로 통합되어 있다. 생산센터로부터 의류 뱃치(batch)들이 1주일에 2회 유럽에 있는 상점들로 보내지는데 이는 재고는 적게 유지하는 동시에 창고의 필요성을 없애기 위한 것이다.

이렇게 매우 치밀하게 서로 맞물리는 활동 시스템에 힘입어 Zara는 상당히 경쟁이 심한 글로벌 의류 업계에서 장점을 개발해온 것이다. 전통적인 패션 소매상은 생산비를 줄이기 위해 자사의 패션 라인들 중 상당 부분을 외주로 돌린다. 비록 외주가 원가를 줄일 수는 있을지라도 디자인 및 유통 과정에서 그렇게 많은 유연성을 부여해주지는 못한다. 전통적 소매상은 다양한 패션 품목들을 대량으로 생산하며 그리하여 그 제품들이 개별적인 소매 점포들에서 필요로 할 때까지 창고에 보관해놓는다. 이 과정은 상당한 준비 시간을 요한다. 대안으로 Zara는 고도로 패션화된 제품들을 적시에 그리고 지속적인 바탕 위에서 유통하는 것에 집중해온 것이다. 어떤 제품에 대한 수직적으로 통합된 구조가 없었다면 신속하게 의류제품을 패션에 민감한 고객들에게 가져다 줄 수 없었을 것이다.

적합한 사례 Zara

1. Zara의 전략은 전통적인 소매상과는 어떻게 다른가?
2. 어떤 주요 활동이 Zara의 수직적 통합전략을 지원하기 위해 맞추어지고 있는가?
3. Zara의 수직적 통합이 어떻게 경쟁우위의 결과로 이어졌는가?
4. Zara의 전략은 경쟁자에 의해 쉽게 모방될 수 있는가?

요약

기업 차원 전략의 이용은 기업을 위한 가치를 창출할 수도 있고 파괴할 수도 있다. 관리자는 다각화, 국제적 다각화, 수직적 통합 등이 포함되는 선택 가능한 수많은 기업 차원 전략의 도구들을 갖고 있다. 서로 다른 사업단위들 사이에 기술 및 자원을 이전하는 일은 기업에게 시너지를 창출할 수 있으며 기업이 다각화하기로 결정하는 가장 중요한 이유다.

1) 관련 다각화, 2) 비관련 다각화, 3) 국제적 다각화 등이 포함되는 다각화의 3가지 중요 방식이 있다. 다각화를 할 것인지 하지 않을 것인지의 여부를 결정할 때 기업은 해당 산업의 매력성과 그 산업에 진입하는 데 드는 비용을 고려해야 한다. 추가적으로 기업은 만약 결합된 조직들이 2개의 조직들이 독립해 남아있었을 경우보다 더 나은 경쟁우위를 생성할 수 있을지를 결정하는 개선도 테스트를 수행해야 한다.

관련 다각화를 하면 기업은 유사한 유형 또는 무형 자원을 이용하는 하나 이상의 비즈니스를 소유한다. 관련 다각화의 목표는 기업이 기술, 자원, 자산을 유사한 비즈니스 전체에 걸쳐 영향력을 행사할 수 있도록 규모의 경제를 달성하는 것이다. 비관련 다각화를 추구하는 기업은 반드시 기업 능력을 비즈니스 전반에 걸쳐 영향력을 행사하는 것에 집중하지는 않는다. 이는 본질적으로 다른 사업단위들 사이에 시너지를 창출한다는 것이 힘든 일이기 때문이다. 비관련 다각화의 목표는 재무적 경제를 창출하는 데 집중한다. 일반적 관점에서 관련 다각화를 추구하는 기업은 성장 및 수익성이라는 전략적 방식에 의존한다. 대안으로서 비관련 다각화를 추구하는 기업은 더 많은 재정적 수단을 통해 수익성을 추진하려는 시도를 한다.

다각화의 세 번째 방법은 국제적이다. 국제적 다각화를 통해 기업은 자산과 자원을 글로벌한 규모로 영향력을 행사하려 노력한다. 국제적 다각화는 또한 관련 및 비관련 비즈니스에 집중할 수도 있다. 국제적 다각화를 시도하는 것에는 수많은 동기들이 있는데 새로운 시장을 찾는 일, 범위의 또는 규모의 경제를 달성하는 일, 지역적으로 균형을 이룬 비즈니스 포트폴리오를 통해 위험을 완화시키는 일 등이 포함된다.

수직적 통합은 회사의 기업전략 중 또 다른 구성요소가 될 수 있다. 수직통합은 기업이 동일한 기업의 다른 비즈니스 단위를 위해 투입물을 만드는 비즈니스 단위를 소유하는 경우에 일어난다. 수직적으로 통합할지 하지 않을지의 여부를 결정할 때 기업은 만약 통합이 외부 공급자들로부터 구매하는 것에 비교해 경쟁우위를 제공할지를 고려해야 한다. 수직적 통합으로 성공할 수 있는 열쇠는 무엇을 사내에서 하고 무엇을 다른 곳으로부터 구입할지 사이에서 올바른 균형점을 찾는 일이다. 이것은 궁극적으로 기업이 외부 공급자로부터 구매하는 데 드는 비용(거래비용)과 내부 조정에 드는 비용(관리비)을 평가해야 함을 의미한다.

주요 용어

거래비용(Transaction costs)
관련 다각화(Related diversification)
관리비(Administrative costs)
기업우위(Corporate advantage)
다각화(Diversification)
단일제품 전략(Single-product strategy)
범위의 경제(Economies of scope)
비관련 다각화(Unrelated diversification)
수직적 통합(Vertical integration)
수평적 다각화(Horizontal diversification)
시너지(Synergy)
시장지배력(Market power)
외주(Outsourcing)
요인비용차이(Factor cost difference)
재무적 경제(Financial economies)
전방통합(Forward integration)
현장 계약(Spot contracts)
후방통합(Backward integration)

과제

토론 주제

1. 비즈니스 차원 및 기업 차원 전략을 비교 및 대조해보라. 이 전략들은 어떻게 서로 보완되고 있는가? 각각의 전략을 시행하기 위해서는 어떠한 리더십을 가장 필요로 하는가?
2. 라이프사이클의 어떠한 시점에서 기업은 기업 차원 전략의 개발 및 시행을 고려해야 하는가?
3. 정부는 기업이 다각화 전략을 추구하는 방식을 규제하거나 감독함에 있어 어떠한 역할을 갖고 있어야 하는가? 오늘날의 비즈니스 환경에서 기업 차원 전략에 대한 규제 수준이 너무 심하다고 여기는가 아니면 너무 약하다고 여기는가, 아니면 대체로 적당하다고 여기는가?
4. 관련 및 비관련 다각화의 장점 및 단점은 무엇인가? 기업은 어떠한 다각화 경로를 따라야 할지 어떻게 고려해야 하는가?
5. 왜 기업은 다각화의 잠재적 장점을 이루는 것이 그렇게 어려운가? 기업은 다각화 장점을 거둘 수 있는 기회를 늘리기 위해 무엇을 할 수 있는가?
6. 왜 인도에 있는 Tata Group과 같이 대규모 가족을 기반으로 하는 대기업은 비관련 다각화로 성공을 거두어 왔는가? 신흥시장 내의 상황 중 어떤 측면이 비관련 다각화의 추구에 도움이 되는가?
7. 왜 기업은 국제적 다각화를 추구하는가? 기업은 국제적 차원에서 다각화하는 경우 어떠한 위험에 직면하는가?
8. 언제 수직적 통합을 하는 것이 조직에게 합당한가?
9. 회사는 수직적 통합을 추구하는 것으로부터 가장 좋은 가치를 어떻게 도출해내는가?
10. 외주는 수직적 통합에 대해 점점 인기가 높아가는 대안이 된다. 외주 비용은 얼마이며 그 장점은 무엇인가?

관리 연구

1. 다각화 전략을 이용하는 회사를 찾아내 경쟁하고 있는

다른 산업들을 열거해보라. 만약 그 회사가 다른 산업에 있어야 한다면 그것을 결정하기 위해 다각화 테스트를 이용하라. 인터넷과 연례보고서 또는 10-Ks 등의 공개자료를 이용해 이러한 정보를 수집하라.

2. P&G는 관련된 기업들을 획득해 Walmart나 Target 등과 같은 소매 체인들과 함께 시장지배력을 구축하는 행동을 해왔다. 어떤 기업이 유사한 경로를 추구할 수 있었는가?
3. 국제적 다각화 전략을 이용하는 회사를 찾아내 경쟁하고 있는 다른 산업들을 열거해보라. 만약 그 회사가 다른 산업에 있어야 한다면 그것을 결정하기 위해 국제적 다각화 테스트를 이용하라. 인터넷과 연례보고서 또는 10-Ks 등의 공개자료를 이용해 이러한 정보를 수집하라.
4. 수직적 통합전략을 이용하는 회사를 찾아내 수직적으로 통합을 이룬 생산 단계들을 열거해보라. 인터넷과 연례보고서 또는 10-Ks 등의 공개자료를 이용해 이러한 정보를 수집하라.

현장에서

기업 차원의 전략을 추구하지 않은 지역 기업과 함께 브레인스토밍 회의를 해보라. 기업 차원 전략에 대한 해당 기업의 선택권을 탐구하기 위해 관리자들과 작업을 하라. 다음과 같은 질문을 던져보라.

- 다각화 전략을 위한 기업의 선택 사항은 무엇들이 있는가?
- 제안된 각각의 다각화 전략에서 장점과 단점은 무엇이 있는가?
- 그 기업이 수직적으로 통합할 기회가 존재하는가?
- 그 기업이 어떤 동맹이든 하고 있는가? 만약 그렇다면 그 동맹의 장점은 무엇인가?
- 그 기업은 국제적 다각화를 고려한 적이 있었는가? 왜 했는가 아니면 왜 하지 않았는가?

참고문헌

1 David Collis and Cynthia Montgomery, "Corporate Strategy: A Conceptual Frame- work," Harvard Business School Note No. 9-391-284, rev. April 17, 1995 (Boston, MA: HBS Publishing, 1991), p. 6.

2 Michael E. Porter, "From Competitive Advantage to Corporate Strategy," Harvard Business Review, May–June 1987.

3 Bharat N. Anand, "Corporate Strategy: Course Introduction," Harvard Business School Note No. 9-705-482, rev. April 11, 2005 (Boston, MA: HBS Publishing, 2005), pp. 2–3.

4 David Collis and Cynthia Montgomery, " Corporate Strategy: A Conceptual Framework," Harvard Business School Note No. 9-391-284, rev. April 17, 1995 (Boston, MA: HBS Publishing, 1991), p. 6.

5 Bharat N. Anand, "Corporate Strategy: Cou- rse Introduction," Harvard Business School Note No. 9-705-482, rev. April 11, 2005 (Boston, MA: HBS Publishing, 2005), p. 1.

6 R. Duane Ireland and C. Chet Miller, "Decision-Making and Firm Success," Academy of Management Executive, Vol. 18, No. 4, 2004, p. 9.

7 Christopher A. Bartlett and Meg Wozny, "GE's Two-Decade Transformation: Jack Welch's Leadership," Harvard Business School Case No. 9-399-150, rev. May 3, 2005 (Boston, MA: HBS Publishing, 1999), p. 2.

8 Steve Massey,"Who Killed Westinghouse?" Pittsburgh Post-Gazette, 1997.

9 Steve Massey,"Who Killed Westinghouse?" Pittsburgh Post-Gazette, 1997.

10 Steve Massey,"Who Killed Westinghouse?" Pittsburgh Post-Gazette, 1997.

11 Steve Massey,"Who Killed Westinghouse?" Pittsburgh Post-Gazette, 1997.

12 Steve Massey,"Who Killed Westinghouse?" Pittsburgh Post-Gazette, 1997.

13 Steve Massey,"Who Killed Westinghouse?" Pittsburgh Post-Gazette, 1997.

14 Bharat N. Anand and Samhita Jayanti, "Strategies of Unrelated Diversification," Harvard Business School Note No. 9-705-480, rev. April 11, 2005 (Boston, MA: HBS Publishing, 2005), p. 6.

15 Gerald F. Davis, Kristina Diekman, and Catherine Tinsley, "The Decline and Fall of the Conglomerate Firm in the 1980s: The Deinstitutionalization of an Organization Form," American Sociological Review, Vol. 59, 1994, p. 552.

16 Gerald F. Davis, Kristina Diekman, and Catherine Tinsley, "The Decline and Fall of the Conglomerate Firm in the 1980s: The Deinstitutionalization of an Organization Form," American Sociological Review, Vol. 59, 1994, p. 553.

17 Gerald F. Davis, Kristina Diekman, and Catherine Tinsley, "The Decline and Fall of the Conglomerate Firm in the 1980s: The Deinstitutionalization of an Organization Form," American Sociological Review, Vol. 59, 1994, p. 553.

[18] Neil Fligstein, The Transformation of Corporate Control (Cambridge, MA: Harvard University, 1994), p. 256.
[19] David Collis and Cynthia Montgomery, " Corporate Strategy: A Conceptua l Framework," Harvard Business School Note No. 9-391-284, rev. April 17, 1995 (Boston, MA: HBS Publishing, 1991), p. 1.
[20] Mikolaj Jan Piskorski, "Choosing Corporate and Global Scope," Harvard Business School Note No. 9-707-496, (Boston, MA: HBS Publishing, 2007), p. 1.
[21] Mikolaj Jan Piskorski, "Choosing Corporate and Global Scope," Harvard Business School Note No. 9-707-496, (Boston, MA: HBS Publishing, 2007), p. 3.
[22] Mary Kwak, "Maximizing Value Through Diversification," MIT Sloan Management Review, Winter 2002, p. 10.
[23] Mikolaj Jan Piskorski, "Choosing Corporate and Global Scope," Harvard Business School Note No. 9-707-496 (Boston, MA: HBS Publishing, 2007), p. 3.
[24] James Robins and Margarethe Wiersema, "A Resource-Based Approach to the Multibusiness Firm: Empirical Analysis of Portfolio Interrelationships and Corporate Financial Performance," Strategic Management Journal, Vol. 16, 1995, pp. 277–300.
[25] David Collis, "Managing the Multibusiness Corporation," Harvard Business School Note No. 9-391-286, rev. April 24, 1997 (Boston, MA: HBS Publishing, 1991), p. 5.
[26] Cynthia A. Montgomery, "Corporate Diversification," Journal of Economic Perspectives, Vol. 8, No. 3, 1994, p. 166.
[27] Carolin Decker and Thomas Mellewigt, "Thirty Years After Michael E. Porter: What Do We Know About Business Exit?," Academy of Management Perspectives, Vol. 21, No. 2, 2007, p. 42.
[28] Michael Lubatkin and Sayan Chatterjee, "Extending Modern Portfolio Theory into the Domain of Corporate Diversification: Does It Apply," Academy of Management Journal, Vol. 37, No. 1, 1994, p. 109.
[29] Carolin Decker and Thomas Mellewigt, "Thirty Years After Michael E. Porter: What Do We Know About Business Exit?," Academy of Management Perspectives, Vol. 21, No. 2, 2007, p. 47.
[30] Rajesh K. Aggarwal and Andrew A. Samwick, "Why Do Managers Diversify Their Firms?: Agency Reconsidered," Journal of Finance, Vol. 58, No. 1, 2003, pp. 71–118.
[31] Arthur A. Thompson, Jr., and A. J. Strickland, III, Strategy Formulation and Implementation: Tasks of the General Manager, 5th edition (Homewood, IL: Irwin, 1992), p. 170.
[32] David B. Yoffie, Dharmesh M. Mehta, and Rudina I. Seseri, "Microsoft in 2005," Harvard Business School Case No. 9-705-505, rev. January 9, 2006 (Boston, MA: HBS Publishing, 2006), p. 4.
[33] Michael E. Porter, "From Competitive Advantage to Corporate Strategy," Harvard Business Review, May–June 1987.
[34] Michael E. Porter, "From Competitive Advantage to Corporate Strategy," Harvard Business Review, May–June 1987.
[35] Michael E. Porter, "From Competitive Advantage to Corporate Strategy," Harvard Business Review, May–June 1987.
[36] Christopher A. Bartlett and Afroze Mohammed, "3M: Profile of an Innovating Company," Harvard Business School Case No. 9-395-016 (Boston, MA: HBS Publishing, 1995), p. 3.
[37] Christopher A. Bartlett and Afroze Mohammed, "3M: Profile of an Innovating Company," Harvard Business School Case No. 9-395-016 (Boston, MA: HBS Publishing, 1995), p. 3.
[38] Michael E. Porter, "From Competitive Advantage to Corporate Strategy," Harvard Business Review, May–June 1987.
[39] Michael E. Porter, "From Competitive Advantage to Corporate Strategy," Harvard Business Review, May–June 1987.
[40] Michael E. Porter, "From Competitive Advantage to Corporate Strategy," Harvard Business Review, May–June 1987.
[41] Julie Chen, Anchor, "CBS News: Morning News," January 12, 2001, www.factiva.com, accessed January 2010.
[42] Michael E. Porter, "From Competitive Advantage to Corporate Strategy," Harvard Business Review, May–June 1987.
[43] Mikolaj Jan Piskorski, "Choosing Corporate and Global Scope," Harvard Business School Module Note No. 9-707-496 (Boston, MA: HBS Publishing, 2007).
[44] Cynthia A. Montgomery, "Corporate Diversification," Journal of Economic Perspectives, Vol. 8, No. 3, 1994, p. 172; and Peter Taylor and Julian Lowe, "A Note on Corporate Strategy and Capital Structure," Strategic Management Journal, Vol. 16, No. 5, 1995, pp. 411–414.
[45] Douglas J.Miller, "Technological Diversity, Related Diversification, and Firm Performance," Strategic Management Journal, Vol. 27, 2006, pp. 601–619; Leslie E. Palich, Laura B. Cardinal, and C. Chet Miller, "Curvlinearity in the Diversification Performance Linkage: An Examination of Over Three Decades of Research," Strategic Management Journal, Vol. 22, 2000, pp. 155–174; and Michael Lubatkin and Sayan Chatterjee, "Extending Modern Portfolio Theory into the Domain of Corporate Diversification: Does It Apply," Academy of Management Journal, Vol. 37, No. 1, 1994, pp. 130–133.
[46] Michael Shayne Gary, "Implementation Strategy and Performance Outcomes in Related Diversification," Strategic Management Journal , Vol. 26, 2005, pp. 643–664.
[47] Tarun Khanna and Krishna Palepu, "The Future of Business Groups in Emerging Markets: Long-Run Evidence from

Chile," Academy of Management Journal, Vol. 43, No. 3, 2000, pp. 368–285; Tarun Khanna, Krishna G. Palepu, and Jayant Sinha, "Strategies That Fit Emerging Markets," Harvard Business Review, June 2005; and Michael E. Porter, "From Competitive 179 Advantage to Corporate Strategy," Harvard Business Review, May–June 1987.

48 Ben Wojdyla, "The $2500 Tata Nano, Unveiled in India," Jalopnik, January 10, 2008, http://jalopnik.com/343003/ the-2500-tata-nano-unveiled-in-india, accessed September 2011; and "The World's 50 Most Innovative Companies, Bloomberg BusinessWeek, http://www .businessweek.com/ interactive_reports/innovative_companies.html, accessed September, 2011.

49 Nirmalya Kumar, Pradipta K. Mohapatra, and Suj Chandrasekhar, "Tata Group: Driving for Multi-Industry Global Leadership," India's Global Powerhouses: How They Are Taking On the World (Boston, MA: HBS Press, 2009), pp. 158–174.

50 David Collis, David Young, and Michael Goold, "The Size, Structure, and Performance of Corporate Headquarters," Strategic Management Journal, Vol. 28, 2007, pp. 383–405.

51 Michael E. Raynor and Joseph L. Bower, "Lead from the Center: How to Manage Divisions Dynamically," Harvard Business Review, May 2001.

52 Michael G. Rukstad, David Collis, and Tyrrell Levine, "The Walt Disney Company: The Enter tainment King," Harvard Business School Case No. 9-701-035, rev. January 5, 2009 (Boston, MA: HBS Publishing, 2001), p. 2.

53 Michael G. Rukstad, David Collis, and Tyrrell Levine, "The Walt Disney Company: The Enter tainment King," Harvard Business School Case No. 9-701-035, rev. January 5, 2009 (Boston, MA: HBS Publishing, 2001), p. 5.

54 Michael G. Rukstad, David Collis, and Tyrrell Levine, "The Walt Disney Company: The Enter tainment King," Harvard Business School Case No. 9-701-035, rev. January 5, 2009 (Boston, MA: HBS Publishing, 2001), p. 7.

55 Michael G. Rukstad, David Collis, and Tyrrell Levine, "The Walt Disney Company: The Enter tainment King," Harvard Business School Case No. 9-701-035, rev. January 5, 2009 (Boston, MA: HBS Publishing, 2001), pp. 11–12.

56 Mikolaj Jan Piskorski, "Choosing Corporate and Global Scope," Harvard Business School Note No. 9-707–496, (Boston, MA: HBS Publishing, 2007), p. 9.

57 Mikolaj Jan Piskorski, "Choosing Corporate and Global Scope," Harvard Business School Note No. 9-707-496, (Boston, MA: HBS Publishing, 2007), p. 9.

58 Mikolaj Jan Piskorski, "Choosing Corporate and Global Scope," Harvard Business School Note No. 9-707-496, (Boston, MA: HBS Publishing, 2007), p. 9.

59 Mikolaj Jan Piskorski, "Choosing Corporate and Global Scope," Harvard Business School Note No. 9-707-496, (Boston, MA: HBS Publishing, 2007), p. 10.

60 Tarun Khanna, Krishna G. Palepu, and Jayant Sinha, "Strategies That Fit Emerging Markets," Harvard Business Review, June 2005.

61 Pankaj Ghemawat and Jamie L.Matthews, "The Globalization of CEMEX," Harvard Business School Case No. 9-701-017, rev. November 24, 2004 (Boston, MA: HBS Publishing, 2000), p. 5.

62 Pankaj Ghemawat and Jamie L.Matthews , "The Globalization of CEMEX," Harvard Business School Case No. 9-701-017, rev. November 24, 2004 (Boston, MA: HBS Publishing, 2000), p. 9.

63 Mikolaj Jan Piskorski, "Choosing Corporate and Global Scope," Harvard Business School Note No. 9-707-496, (Boston, MA: HBS Publishing, 2007), p. 5.

64 R. H. Coase, "The Nature of the Firm," Economica Vol. 4, 1937, pp. 386–405.

65 John Stuckey and David White, "When and When Not to Vertically Integrate," Sloan Management Review, Spring 1993, pp. 71–83.

66 James L. Heskett and W. Earl Sasser, "Rackspace Hosting in Late 2000," Harvard Business School Case No. 9-808-166 (Boston, MA: HBS Publishing, 2008).

67 Gregory G. Dees, Abdul M.A. Rasheed, Kevin J. McLaughlin, and Richard L. Priem, "The New Corporate Architecture," Academy of Management Executive, Vol. 9, No. 3, 1995, pp. 7–18.

68 Frank T. Rothaermel, Michael A. Hitt, and Lloyd A. Jobe, "Balancing Vertical Integration and Strategic Outsourcing: Effects on Product Portfolio, Product Success, and Firm Performance," Strategic Management Journal , Vol. 27, 2006, p. 1051.

69 Frank T. Rothaermel, Michael A. Hitt, and Lloyd A. Jobe, "Balancing Vertical Integration and Strategic Outsourcing: Effects on Product Portfolio, Product Success, and Firm Performance," Strategic Management Journal , Vol. 27, 2006, p. 1051.

70 Pankaj Ghemawat and Jose Luis Nueno, "Zara: Fast Fashion," Harvard Business School Case No. 9-703-497, rev. December 21, 2006 (Boston, MA: HBS Publishing, 2003), p. 9.

71 Pankaj Ghemawat and Jose Luis Nueno, "Zara: Fast Fashion," Harvard Business School Case No. 9-703-497, rev. December 21, 2006 (Boston, MA: HBS Publishing, 2003), p. 9.

M A N A G E M E N T

제 3 부

조직 관점

MANAGEMENT

제 7 장

조직 설계

학습목표

이 장을 공부한 후 다음을 할 수 있도록 한다.

– 기업이 전략적 목표를 성취하도록 도움을 주는 일에 조직이 하는 역할 이해하기
– 기업전략적 목표에 맞춰 조직을 창출하는 데 중심되는 다양한 조직적 설계의 결정사항 정의하기
– 기능적, 사업부제, 매트릭스, 네트워크, 이들이 혼합된 것 등이 포함되는 조직구조의 여러 형태를 설명하고 각 형태의 장점과 단점의 개요 설명하기
– 어떠한 조직 선택사항과 리더십 방식이 비즈니스의 특정 라이프사이클 단계에 해당하는지 결정하기
– 어떻게 기업이 조직을 재정의해 고객 수요에 더 잘 부합하도록 하고 조직 효율성을 개선하고 있는지 설명하기

장의 개요

자기성찰 MANAGEMENT

조직 감각

감각은 지각 또는 안목의 날카로움을 이용해 뛰어난 판단과 신속한 결정을 할 수 있는 능력으로 정의된다. 종종 관리자가 비즈니스 감각을 논할 때 기업의 재무적, 회계적, 마케팅 상태에 대한 이해를 말하곤 한다. 하지만 관리자는 조직이 어떻게 전략적 목표를 성취하기 위해 설계되고 있는지를 이해하는 감각도 필요하다. 다음의 진술문에 '네' 혹은 '아니오'라고 답해 조직설계에 대해 갖고 있는 감각을 평가해보라.

1. 나는 조직의 3가지 기능을 식별할 수 있다.
2. 나는 조직이 행동을 통제하기 위해 여러 메커니즘을 어떻게 이용하고 있는지 이해하고 있다.
3. 나는 분권적 조직과 집권적 조직 사이를 차별화할 수 있다.
4. 나는 왜 조직이 분업을 위해 설계되는지 이해하고 있다.
5. 나는 왜 직무 전문화가 조직설계의 고려 사항인지 알고 있다.
6. 나는 조직이 이용하는 메커니즘을 조정하는 사례를 들 수 있다.
7. 나는 조직이 서류화되지 않을 수도 있는 일을 하기 위한 비공식 구조를 갖고 있음을 인정한다.
8. 나는 서로 다른 조직구조의 유형과 관련해 장점과 단점이 있음을 인식하고 있다.
9. 나는 조직설계가 라이프사이클을 어떻게 변하게 할 수 있는지에 친숙하다.
10. 나는 일부 조직이 고객에게 서비스를 잘할 수 있는 유연성을 위해 어떻게 설계되고 있는지 이해하고 있다.

만약 위 진술문에서 대부분을 '네'라고 답했다면 어떻게 조직이 목표를 달성하기 위해 설계되고 있는지를 이해하기 위한 감각을 개발하기 시작한 것이다.

서론

이 책의 첫 번째 부분에서는 기업전략적 관점에 대해 설명했다. 기업이 경쟁을 벌이면서 자사를 경쟁자보다 지배적인 시장점유율을 달성하거나 이윤을 극대화할 수 있는 최적의 포지션에 두게 될 전략을 관리자가 어떻게 평가하는지를 분석했다. 관리자는 환경적 상황을 분석하며, 가장 최선을 다해 경쟁할 수 있는 방법을 결정하고(원가우위, 차별화 또는 집중화), 성공 기준을 정하며, 전체적인 경쟁 상황을 평가하는 것이 필요하다. 전략적 방향이 결정되었으면 다음 난제는 이행이다. 전략이 어떻게 일상적 행위로 옮겨지는가? 기업은 목표를 어떻게 달성하는가?

조직은 개인들(그리고 기업)이 원하는 성과물을 창출하기 위해 모이는 기본적인 메커니즘이다. 비록 전략이 필수적으로 중요하기는 하지만 실행은 기업의 장기적 성공에 매우 중요하다. 경쟁자가 다른 기업전략적 관점을 '도용'하거나 채택하는 경우도 있을 수 있지만 뛰어난 이행과 실적을 추진하는 독특한 조직 구성을 모방하는 것이 더욱 어려운 일이다. Southwest Airlines를 떠올려보자. 많은 항공사들이 Southwest의 즐겁고,

겉치레가 덜하며, 거점별 항공운항의 저원가 방식을 모방하려 노력해왔다. 그 노력의 결과는 대부분 비참할 지경이었다. 다른 항공사들은 Southwest의 성공을 이룬 독특한 조직설계와 문화를 모방할 수 없다. 심지어 Toyota가 많은 방문객들에게 자사의 운영시스템을 시찰하도록 허용했음에도 불구하고 Toyota의 생산시스템을 모방하는 데 비슷한 어려움을 겪었다.

이 장에서는 전략 목표를 달성하기 위한 도구로서의 조직을 살펴본다. 조직설계, 문화, 인적자본, 측정 등의 핵심 결정을 내리는 방법에 의해 회사가 전략을 이행하는 방식을 탐구한다. 설계의 핵심 요소는 조직의 공식적 구조다. 다양한 조직설계의 선택 방법과 관련된 조직구조 등을 이 장에서 학습한다. 직원들이 회사에 대해 느끼는 방식과 그들이 갖고 있는 가치는 조직문화의 일부다. 이 가치는 어떠한 방식으로 작업이 수반되고 있는지 그리고 어떠한 방법으로 직원들이 조직 내에서 관련을 맺는지 등의 로드맵을 제공해준다.

조직문화의 개발과 육성은 제8장에서 학습한다. 궁극적으로 조직은 기업의 전략적 목표를 앞당기기 위해 함께 일하는 개인들의 집합이다. 제9장에서는 기업이 직원들을 어떤 방법으로 채용, 유지, 개발해 사명을 완수할지를 설명한다. 전략을 달성하기 위해 기업이 내리는 선택의 결과는 면밀히 관찰해 정기적으로 측정하는 것이 필요하다. 제10장에서 설명하는 성과관리는 전략 목표를 달성하기 위해 경영진이 채택한 과정과 절차 등을 평가할 수 있는 수단을 제공해주기 때문에 조직 관점의 핵심적 구성요소다. 이러한 관찰과 측정 결과는 더 폭넓은 전략적 변화를 추진할 뿐만 아니라 일상적인 시정조치에 힘을 쏟을 수 있는 토대를 형성한다.

제11장에서는 변화에 대비하고 그것을 이행하는 것은 조직 관점의 최종적 구성요소임을 강조한다. 기업의 조직설계 선택방법은 특히 공통의 목적과 목표의 추구에서 기업 자원을 정렬시키는 데 플러스가 된다면 경쟁우위의 결과를 낳을 수 있다. 성공하는 기업은 조직과 문화를 변화시키는 전후 관계의 상황에 맞추어 수정하고 조정한다. 사실 더 효과적인 전략적 결과물의 경향을 추구해 조직 변화를 꾀하는 기업이 장기간으로 보면 더욱 성공한다.

본질적으로 전략은 기업이 무엇을 성취하기를 원하고 있는지 또는 바라고 있는지를 정의해주며, 반면 조직은 그에 의해 전략이 이행되고, 평가되며, 수정되는 1차적 수단이다. 조직설계의 첫 장인 제7장은 조직의 목적에 대한 개요와 전략적 이행 방식을 정의할 때 관리자가 고려해야 할 다양한 설계 요소들을 제시해준다.

지난 10여 년에 걸친 미국 연방수사국(FBI)의 변혁은 조직 관점을 갖는 것의 중요성을 보여주는 흥미로운 사례다.

미국 연방수사국(FBI)

FBI는 미국 법무부(Department of Justice: DOJ)의 산하조직으로 설립되었다. 1908년 DOJ는 범죄수사에 집중하는 34명의 특별수사관을 두고 있었으며 1930년 즈음 J. Edgar Hoover의 리더십 하에 미국 전역에 걸쳐 30개의 현장 사무소가 설립되었다. Hoover는 FBI를 전국적인 무대로 끌고 나가는 작업을 하면서 1972년까지 중요한 역할을 했다. 영화와 널리 유명해진 사건들의 덕택으로 FBI는 미국의 심각한 범죄에 대항해 싸우는 중요 범죄 수사기관이라는 전국적인 인지도를 얻었다. 원래 FBI는 2개 부분으로 나누어져 있었다. 범죄수사와 정보다. 전자는 옛날에 일어났던 일들을 결정하는 데 반해 후자는 미래를 예측하는 데 주력하는 것이었다. 1970년대에 FBI의 주요 우선사항에는 방첩, 조직범죄, 화이트칼라 범죄 등이 포함되어 있었다. 마약범죄가 1980년대에 추가되었고 대테러는 1990년대에 추가되었다. 이 기간에 각각의 범주는 조직 내에서 동일한 수준의 주목을 받지는 않았다.

FBI의 문화는 대부분 현장 수사관들에 의해 모양을 갖추었다. 현장 수사관은 정의를 위해 전념하며 범죄자를 기소함으로써 커다란 성취감을 얻었다. 한 수사관은 이렇게 말했다. "나는 여기에 감옥을 채우러 들어온 것이지 파일 캐비닛을 채우러 온 것은 아니다." FBI 수사관은 또한 자율권을 존중했다 한 수사관은 이렇게 말했다. "진짜 남자라면 타자기만 두드리지 않는다. 진정한 수사관이 필요로 하는 것은 수첩, 펜, 총밖에 없으며 이 3가지만 있으면 세상을 정복할 수 있다." 그 결과 현장 수사관은 범죄수사에서 일하는 것을 추구했는데 그 이유는 그 직무가 범죄자들을 감옥으로 보내는 것이기 때문이었다.

반면 정보 직무는 덜 강력한 포지션으로 보여왔다. 왜냐하면 그 직무가 아직 일어나지 않은 사건들을 예측하는 데 집중되었기 때문에 정보 수사관은 일을 추구하려면 더 높은 당국으로부터의 허가를 요청해야만 했다. 더 명확한 지침, 기한, 상당히 더 많은 자율성을 갖고 있음으로써 범죄수사 직무는 훨씬 더 많은 인기가 있었다.

GYI NSEA/iStockphoto.com

2001년 9월 11일 세계무역센터와 펜타곤 공격은 조직 전체에 걸쳐 충격파를 가져왔다. 보강수사가 드러낸 것은 FBI와 중앙정보국(Central Intelligence Agency: CIA)이 그 공격을 막을 수 있는 충분한 정보를 갖고는 있었지만 공유하는 데 실패했다는 사실이었다. 그 결과 새로운 우선사항이 즉시 법무부 장관과 FBI 국장 Robert Mueller로부터 설정되었다. FBI의 전통적인 우선사항은 뒤집어졌다. 공격을 우선적으로 막고 범죄기소는 그 다음으로 하라는 명령이 하달되었다. 그렇게 함으로써 FBI는 구조를 재편하고, 자원을 재분배하며, 목적을 수정해야 했다.

첫 번째 변화는 Muller가 방첩 및 대테러리즘에 더 집중하기 위해 FBI를 개혁하는 작업을 한 2001년 이후 곧바로 일어났다. 2가지 부분은 동일한 리더십 하에 통합되었으며 FBI 본부로 집중화시켰다. 모든 정보는 사건에 따라 독립적으로 일하는 현장 사무소보다 FBI의 국장행정보좌관(Executive Assistant Director: EAD)에게 제출되도록 했다. 정보의 의사소통과 간편화를 개선하기 위해 본부에 보고하는 현장정보단이 모든 현장 사무소에 설립되었다. 정보의 강조 사항이 증가됨에 따라 신임 정보분석관들을 대거 채용하고, 새로운 기술에 투자했으며, 모든 수사관에 대한 정보 훈련의 양을 증가시켰다. 그러나 어떤 조직이든 마찬가지로 이러한 변화는 저항에 부딪치게 되었다.

Mueller는 FBI를 개혁하는 것만으로는 충분하지 않을 것임을 이해하고 있었다. 또한 FBI의 전체 사명과 목적을 변경해야 했다. 이전의 시스템은 사건에 따라 환경을 조사하고 그에 따라 자율적으로 수사를 하여 범인을 기소하는 현장 수사관에 의존했었다. 이 시스템은 신뢰할 수 없음이 증명되었는데 그 이유는 위협 내용들이 전국적으로 그리고 국제적으로 연계되기 시작했기 때문이었다. 2007년이 시작되면서 Mueller는 "국가 안보조직으로서 봉사하는", "정보에 앞서고 위협을 근간으로 하는" FBI를 계획했다. 새로운 시스템에서 모든 노력은 정보가 우선으로 되었다.

수사관들은 새로운 위협에 대해 배우고, 정보의 간극을 평가하며, 그러한 정보를 채우기 위해 현장작업을 수행한다. 획득된 데이터를 바탕으로 현장 수사관은 전향적으로 범인 및 테러리스트들과 싸우게 된다. 본질적으로 이는 법률 집행을 이끌기 위해 정보전술을 이용하려는 노력이었다. 이러한 전략과 조직 변화를 이행하기 위해 Mueller는 3가지 새로운 계획을 도입했다. 전략관리시스템(strategic management system: SMS), 전략집행팀(strategic execution team: SET), 전략성과회의(strategic performance sessions: SPS)였다. 이들은 FBI 전략을 더 명확하게 정의하고, 우선사항을 분명히 하고, 목표를 수립하며, 목표를 향한 진행을 관찰하게 됨을 의미한 것이었다.

SMS는 FBI가 새로운 조직으로 변화하는 데 도움이 될 중요한 매트릭스와 목표를 확인하는 역할을 했다. FBI는 변경된 균형성적표를 채택했는데 이는 전략을 행동으로 옮기는 시스템으로 정부의 범죄 전담기관 필요성에 부응하기 위한 것이었다(균형성적표는 제10장에서 상세히 설명한다). SMS는 국가에 미치는 위협을 장기적으로 분석 수행하는 FBI의 능력을 관찰, 검토, 개선하기 위한 주요 부분들을 뒷받침하는 것이었다. SET는 장기적이고 지속가능한 변화를 이행하기 위해 이용되었다. 9.11 이후 FBI에서 겪은 변화 저항을 극복하는 것이 필요했기 때문에 SET는 법 집행과 내부 정보를 '국가안보를 개선한다'는 한 가지 사명으로 끌고 나가는 역할을 했다. SET는 단일 현장사무소를 통해서가 아니라 국가적이며 국제적인 시점을 통해 위협 내용을 이해하는 것이 필요하다고 강조함으로써 통합된 문화를 촉진했다. SPS는 전체적인 전략을 FBI 전체에 걸쳐 의사소통하면서 과정을 평가했다. 현장사무소의 성과 검토 기능을 가진 SPS는 본부에서 파견된 구성원에 의해 현지 수사관이 정보를 어떻게 수집하고 분석했는지, 우선순위는 어떻게 정했는지, 자원은 어떻게 할당했는지, 목표를 향해 과정을 어떻게 밟아왔는지 등을 평가하도록 했다.

3가지 새로운 계획은 FBI의 조직구조와 문화에서 근본적인 변화를 생성하는 역할을 했다. 변화 목표들 중 하나는 조직 전반에 걸친 조정과 통합을 향상시키는 데 있었다. 많은 회사들과 마찬가지로 FBI는 이행 도중 난관에 직면했다. 주로 조직의 저항이었다. 그럼에도 개선 노력은 효과적이었으며 Mueller가 여러 난관을 이해하고 성공을 확인하는 데 도움이 되었다. 2009년 즈음 그는 수사관들이 행정적 의무는 줄여주고 정보기술(IT) 지원은 더 개선시켜 줄 것을 필요로 한다는 것을 발견했다. 또한 새로 채용된 정보분석관을 현장사무소와 통합시키는 것이 필요하다는 사실도 알게 되었다. 비록 변화 노력이 밝은 전망을 보여주었지만 그가 FBI에 항구적 변화를 가져다주기에는 여전히 많은 난관의 극복을 필요로 했던 것이다.

FBI의 역사가 보여주듯 조직은 늘 변화작업이 진행 중이다. 환경 조건이나 내부적인 우선사항이 변할 때 조직은 그것이 효율적이고 적절한지 확인한 후 채택해야 한다.

적합한 사례 미국 연방수사국(FBI)

1. 왜 FBI의 조직설계는 시간이 흐르면서 변화했는가?
2. 변화의 과정 중에 FBI는 어떻게 변혁을 추진해 조직 전략과 맞추었는가?
3. FBI 국장 Robert Mueller는 어떠한 조직설계의 구성요소가 방첩 및 대테러리즘에 집중하는 데 필수적인 것이라 확인했는가?
4. Mueller의 3가지 새로운 계획의 목표는 무엇이었는가? 3가지 새로운 계획은 어떻게 목표를 달성했는가?

전략에서 조직설계까지

조직설계(Organizational design) 조직이 그들의 전략을 추구하면서 채택하거나 이용하는 공식적인 시스템, 수단 그리고 결정사항

커져가는 경쟁 상황의 복잡성과 변화, 글로벌화의 급속한 속도, 자원의 적절한 조정 및 동원의 필요성 등은 기업의 조직설계를 그 조직이 지원하는 전략과 연계시키는 일에서 중요성의 원인이 되어왔다. 일부는 전략과 조직설계 사이에 계층적 관계가 존재하며 그에 의해 설계는 전략을 따르는 것이라 주장하지만 상당한 증거는 전략과 조직설계가

원래 함께 진화해나가며 상응하는 것임을 보여준다.

예를 들어 원가우위의 전략 추구를 바라는 기업은 운영 효율성, 원가절감, 내부 통합 또는 조정 등을 강조하는 조직설계 결정을 내릴 가능성이 상당히 높다. 차별화 전략을 추구하려는 기업은 혁신, 창의성, 유연성, 속도 등을 강조하는 다른 조직설계 결정을 내리게 될 것이다. 조직설계는 조직이 전략을 추구하면서 채택하거나 이용하는 공식 시스템, 수단, 결정사항을 말한다.

지금까지 설명한 내용으로 보면 잘 정의된 조직이 없다면 많은 기업이 판매시장에서 경쟁우위를 개발하고 유지하는데 어려움을 겪을 것임이 분명하다. 조직이 전략적 목표를 달성하기 위해 시도하는 방법에 영향을 미치는 여러 중요한 차원들이 있다. 예를 들어 직무는 어떻게 분화시킬 것인가, 조직 전체에 걸쳐 자율성은 얼마나 허용해야 할 것인가? 직무는 공식화하고, 구성되며, 표준화되어야 할 것인가? 회사는 고객, 지리적 위치, 제품의 범주 또는 기능 등에 중점을 두어야 할 것인가? 이 요인에서 이루어지는 선택사항은 조직의 전체적인 맥락에 영향을 미친다.

분업

분업은 기업 내의 일들을 직원들 사이에 나누는 방법을 말한다. 관리자는 기업 내의 분업에 대해 여러 중요한 결정을 내려야 한다. 가장 먼저 관리자는 직무에 대해 수직적 및 수평적 분업 결정을 해야 한다. 수직적 분업은 한 직원이 기업의 어떤 부분에서 얼마나 많은 활동을 창출하고, 집행하며, 관리해야 하는지를 말한다. 예를 들어 신제품 휴대폰 회로를 설계하는 책임을 맡은 기술자는 수직적 분업을 하고 있는 경우가 거의 없다. 하지만 연구에서 대량 제조까지의 프로젝트 예산집행과 이행에 관여하는 기술자는 상당한 정도의 수직적 분업을 하고 있다. 수평적 분업은 어떤 직무에서 수행하는 활동의 폭을 말한다. 만약 동일한 기술자가 휴대폰의 외부 케이스, 배터리, 회로를 설계하고 있다면 그는 단지 구성부품 중의 하나만 설계하는 근로자보다 더 높은 수평적 분업을 하고 있는 것이다.

관리자가 분업을 고려할 때 그 결정에 내재하는 균형을 인지하는 것이 필요하다. 첫째, 고도로 분업화된 직무 창출은 기업이 어떤 기술 또는 기능에서 전문성 또는 역량을 개발하는 데 도움이 된다. 반면 극도의 분업은 근로자에게 낮은 직무만족도로 이어질 수 있는데 만약 그 분업이 지루하고 반복적인 일을 초래할 경우에 그러하다. 높은 수준의 직무 분업이 되어 있는 기업은 이직을 막을 수 없는 상황이 더 높다. 그렇지만 흥미롭게도 직무의 반복적이면서도 분업적인 성격은 그 자체가 새로운 자원에 대한 신속하면서도 효율적인 훈련으로 이어지도록 하는 데 도움이 된다.

메커니즘의 조정

분업 결정에 이어 관리자는 기업 구성원의 활동을 어떻게 조정해야 할지 결정해야 한

분업(Division of labor)
기업 내의 작업이 직원들 사이에 나누어지는 방법

다. 관리자는 직접적 감독, 공식적 규칙, 계획 및 예산, 훈련 및 사회화 등이 포함되는 활동들로부터 선택할 수 있는 수많은 조정 방법을 갖고 있다.

2가지 대립되는 학설이 조직 목표를 달성하기 위해 얼마나 많은 통제가 필요한지를 보여준다. 한쪽에서는 **조직주의자**들이 조직설계에서 통제를 많이 하면 할수록 직무가 만족스럽고 효율적으로 수행되는 것이 보장된다고 여기고 있다. 더 많은 통제에는 일반적으로 더 많은 직무표준, 규칙 및 책임에 대한 분명하면서도 명시적인 정의, 더 위계적인 리더십 등이 포함된다. 많은 패스트푸드 소매체인점은 주요 제품을 준비하고 제공할 때 품질, 일관성, 속도를 보장하기 위해 치밀한 통제시스템을 바탕으로 한다. 체인점의 위치를 시작으로 빵을 얼마나 오래 구어야 하는지, 치킨 패티를 얼마나 깊이 튀겨야 하는지, 샌드위치를 어떻게 포장해야 하는지 등이 정의되고 수초 단위로 시간을 정하는 것이 포함되는 모든 직무의 양상에서는 효율성이 다른 어떠한 것들보다 최우선의 고려사항이다.

통제의 극단적 형태는 Weber의 관리에 대한 **관료적 접근방법**에 의해 가장 잘 예증된다. 관료적 시스템은 고도로 형식화되어 있으며 광범위한 규칙, 절차, 정책, 지시사항 등이 특징이다. 지위는 최고경영진이 조직의 방향과 행동을 지시하고 반면 낮은 직급의 관리자와 직원이 명령을 따르는 식의 계층적으로 배열된다. 관찰 방법의 근본적 메커니즘에는 상급자의 하급자에 대한 밀접한 대인 감시가 포함된다. 관료제에서 성공을 거두려면 각 개인이 공식적 권한을 인정하고 규칙과 규정을 학습해야 한다.

기업이 규모와 복잡성 면에서 커짐에 따라 관료제는 활동을 구성하고 더 공식적인 의사소통 및 통제 메커니즘을 창출함으로써 대처할 수 있는 효율적 방법이 될 수 있다. 게다가 관료제는 다양한 노동력과 높은 이직률에도 견딜 수 있다. 비록 관료제가 통제의 가장 공정하고 효율적인 방법으로 생각되는 경우가 있기는 해도 공식적인 규칙과 감시는 문제가 될 수 있다. 일부 환경에서는 장점이 될 수 있는 계층제와 제약 내용들이 같은 이유로 다른 환경에서는 단점이 되기도 한다. 관료제는 변화하는 역동적 시장에 대응할 필요가 있는 창의적이고 혁신적 환경에서는 유용하지 못하다.

조직주의자(Organizers)
더 많은 통제가 직무들이 만족스럽게 그리고 효율적으로 수행되는 것이 보장되도록 조직 설계에서 보증해 준다고 여기는 사람

관료적 접근방법 (Bureaucratic approach)
시스템이 고도로 형식화되어 있으며 방대한 규칙, 절차, 정책 그리고 지시사항 등에 의해 규정되는 조직 통제의 극단적 형태

행동주의자(Behaviorist)
역할 및 책임이 느슨하게 정의되는 좀 더 개방적인 조직구조를 지지하는 사람

행동주의자는 반면에 통제를 너무 많이 하면 할수록 직무만족도는 더 낮아지며, 타성이 증가하고, 창의성이 부족해진다고 강조한다. 행동주의자는 역할과 책임이 느슨하게 정의되는 더 개방적인 조직설계를 지지한다. 극단적 형태의 행동주의자 방식을 채택한 회사 중 하나가 산업용 유체동력 응용장치를 생산하는 기업들이 사용하는 유압 카트리지 밸브 및 매니폴드 제조사인 Sun Hydraulics이다. Bob Koski가 1970년에 플로리다에서 설립했을 때 산업용품 제조기업의 새로운 모범을 만들어보고자 했다. 이 회사는 직함, 조직구성표, 부서, 밀착 감시, 정의된 작업규칙도 갖고 있지 않다. Koski는 "우리의 한 가지 규칙은 규칙이 없다는 것이다"라고 말했다. 또한 그는 이렇게 말했다. "우리가 예상하는 것은, 사람들은 운영에 대해 폭넓게 공유된 정보를 바탕으로, 어떻게 해야 회사 목표에 가장 최선으로 기여하는지를 스스로 결정할 수 있다는 것이다." 신입 직원은

AP Photos/PRNewsFoto/Sun Hydraulics Corporation

어디에서 자신의 기술이 가장 잘 활용되는지를 알기 위해 한 부분에서 다른 부분으로 이동하는 직무순환 형태로 입사한다. 물론 이러한 유형은 모두 조직에 해당되는 것은 아니다. 많은 사람은 구조를 갖고 성장한다. 따라서 Sun Hydraulics에서는 무언가를 잃어버린 듯한 또는 편하지 않은 느낌을 가질 수도 있다.

많은 방식에서 Sun Hydraulics는 조직 통제에서 클랜방식을 채택했다. 클랜의 중요한 특징은 과업에 책임있는 자체적 감독팀이 포함된다는 것이다. 클랜 내에서 각 구성원은 다수의 과업을 수행할 수 있도록 2가지 이상의 일에 훈련이 되며 개인의 목표와 가치가 조직 가치와 완전하게 일치한다. 클랜의 중요한 장점 중 하나는 직원이 갖는 자율 규제적 성격이다. 근로자는 프로젝트에 대해서는 협업을 하며 적절한 팀 행동을 협상해야 하고 조직 사명과 가치를 지침으로 이용한다. 비록 관료제가 안정된 환경에서 운영되는 대규모 조직에서는 더 효율적이기는 하지만 클랜은 조건이 불확실하고 작업활동을 측정하기 어려울 때 선호된다. 회사가 불확실성에 처하면 직원들은 상황 맥락에 따라 적응하고 변화할 필요가 있는데 이는 클랜에서 가장 용이하게 일어난다. 그 이유는 그것이 다양한 작업 유형과 성과를 받아들이기 때문이다. 낮은 이직률과 보장된 고용이 클랜시스템을 유지하는 데 중요하기 때문에 가격경쟁을 하고 있으며 원가에 민감한 산업에서 경쟁하는 회사는 클랜시스템을 도전해 볼 만한 것으로 여긴다(그림 7-1 참조).

클랜방식(Clan approach)
일단의 과업에 책임이 있는 자체적인 감독 팀들이 포함되는 조직 통제의 유형

조직설계: 공식적 구조

조직설계 결정은 기업전략을 실행하기 위해 채택되는 조직구조에 직접적으로 영향을 미친다. 조직구조는 직원들 사이에 조정된 행위를 가능하게 해주는 조직의 역할, 관계, 절차로 정의된다. 대부분의 사람은 조직구조가 단순히 기능, 제품, 지리적 위치에 따

조직구조 (Organizational structure)
직원들 사이에 조정된 행위를 가능하게 해주는 조직의 역할, 관계 그리고 절차의 경향

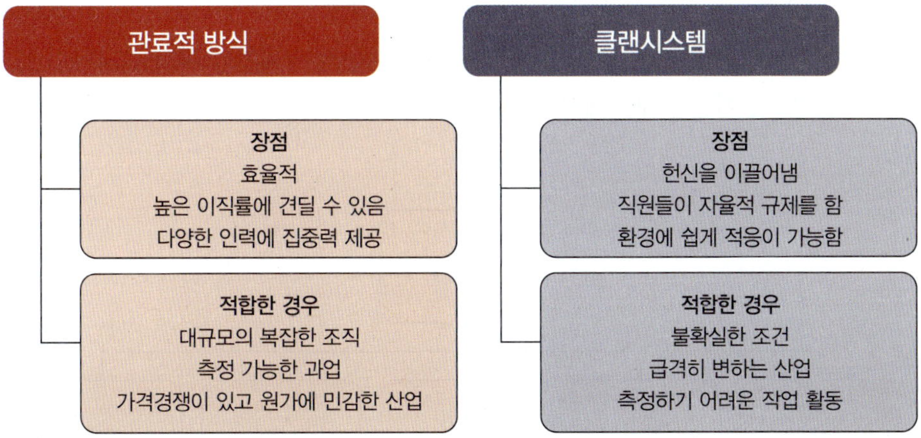

그림 7-1 통제에 대한 관료적 및 클랜시스템

Source: Adapted from B. R. Baliga and Alfred M. Jaeger, "Multinational Corporations: Control Systems and Delegation Issues," *Journal of International Business Studies*, Vol. 15, Fall 1984, pp. 25–40.

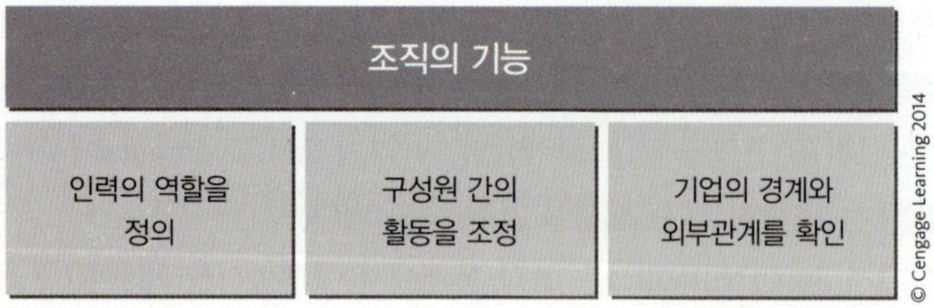

그림 7-2 조직의 3가지 기능

라 도표를 만드는 일이 포함되는 것으로 가정하지만 올바른 조직구조를 구축하는 일에는 회사의 능력, 경쟁 환경, 전체적인 상황 맥락 등에 대한 상세한 분석이 포함된다. 잘 정의되어 있으며 유용하게 만든 조직구조는 기업으로 하여금 마음대로 이용할 수 있는 내부 자원을 극대화하며, 곧 일어날 수 있는 변화에 대비할 수 있도록 해준다.

대개 조직구조는 3가지 중요한 기능을 제공해준다(그림 7-2 참조). 첫째, 조직구조는 기업으로 하여금 과업과 기능에 따라 사내 인력을 나눔으로써 다양한 활동의 수행을 가능하도록 해준다. 둘째, 조직구조는 기업 구성원으로 하여금 감독, 공식적 규칙 및 절차, 계획 및 예산, 훈련, 사회화 등과 같은 메커니즘을 통해 활동을 조정할 수 있도록 해준다. 조정은 중요한데 그 이유는 조직 내의 상호 의존성 때문이다. 즉 한 집단의 행위 및 결정은 다른 집단이 작업하는 방식에 영향을 미친다. 셋째, 조직구조는 한 기업의 경계와 비즈니스 환경 및 다른 기업 모두와 갖게 되는 관계를 정의해준다.

기업이 채택할 수 있는 조직구조의 3가지 기본 유형은 '기능적인, 사업부제의, 매트릭스적인 것'이다. 대부분의 기업은 조직구조에 관해 비즈니스의 복잡성과 전략이 변화함에 따라 처리하는 진화적 경향을 따른다. 일반적으로 많은 기업은 기능적 구조로 시작한다. 기업이 확대되고 복잡성이 커짐에 따라 사업부제 구조로 재편한다. 일부 기업은 그런 다음 매트릭스 구조로 이동하기도 한다.

기능적 구조(Functional structure)
생산, 마케팅, 판매, 회계 등과 같이 수행하는 것이 필요한 주요 활동에 관하여 기업을 조직하는 구조

사업부제 구조(Divisional structure)
집단들이 기능을 별도의 사업부로 나누는 구조

매트릭스 구조(Matrix structure)
부문별 및 기능별 관리자 양쪽 모두가 조직 내에서 동일한 권한을 갖고 있는 구조

기능적 구조

사람들이 기업의 조직구조를 상상할 때 전통적인 기능적 형태를 생각하는 경향이 있다(그림 7-3 참조). 기능적 구조에서 기업은 생산, 마케팅, 판매, 회계 등 주요 활동을 수

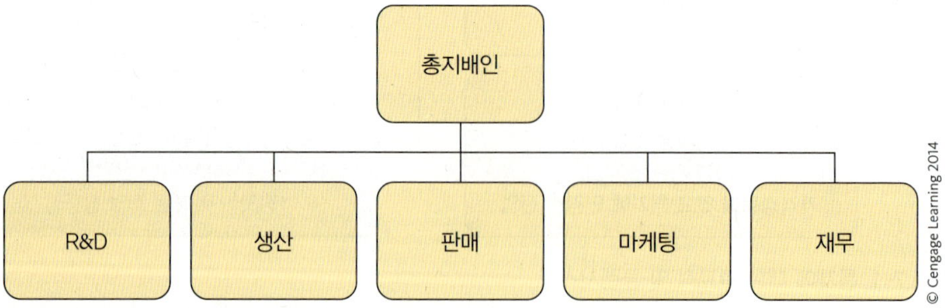

그림 7-3 기능적인 조직구조

행할 조직을 구성한다. 예를 들어 판매관리자는 조직 중 판매 부분에 자리를 잡고 판매 부사장(VP)에 의해 관리를 받게 된다. VP는 계층적 방법으로 기업의 판매 관리자 모두를 관리한다. 판매 관리자 등의 직원은 기능적 목표(예를 들어 판매 실적)와 기업의 광범위한 목표(예를 들어 총매출 성장)를 달성하는 데 전념한다. 직원들이 기능적 구조 내에서 수많은 목표를 향해 고투하는 동안 직장에서 승진하는 것은 부서의 성공에 의해 결정된다. 각각의 기능을 맡고 있는 부서는 일반적으로 더 큰 부서와 별도로 자체적인 예산 업무 및 기획 과정을 수행한다.

기능적 구조는 소규모 비즈니스나 제한된 수의 제품(혹은 서비스)을 갖고 있는 비즈니스에서는 아주 잘 맞는다. 이 형태는 기업 내의 용이한 의사소통, 감독에 대한 직접적인 접근, 제한된 수준의 감원조치 등을 지원한다는 데 있다. 기능적 구조의 가장 중요한 장점 중 하나는 그것이 만들어내는 전문성과 효율성이다. 기능적 집단에 따라 직원들을 모이게 함으로써 많은 기업은 핵심역량을 개발하며 기능적인 전문성을 바탕으로 경쟁우위를 만들어낸다. 어떤 집단은 심지어 자체적인 독특한 문화와 가치시스템을 개발하기도 한다. 이러한 유대감이 핵심역량 개발로 이어질 수 있는 반면 만약 기능적 집단이 너무 고립되면 기업 내의 조정 문제를 만들어낼 수도 있다. 기업이 효과적으로 경쟁하려면 기능적 집단 모두가 조정된 방식에 따라 행동해야 한다. 이러한 조정의 핵심 양상은 의사소통이다. 예를 들어 생산과 판매는 지속적으로 의사소통해야 하며 그래야 판매집단이 제품을 더 잘 이해할 수 있고 생산은 고객과 갖는 판매의 상호작용을 바탕으로 피드백을 받을 수 있다. 기능적 조직 내에 있는 총지배인은 의사소통과 조정이 기획 및 예산책정 시스템 등과 같은 수많은 공식적 메커니즘을 통해 지원되도록 해야 한다(여기에 대해서는 제10장에서 더 자세히 설명한다).

기능적 조직구조는 경쟁의 가장 중요한 양상이 생산효율성 또는 기능적 전문성인 경쟁 상황에서 가장 잘 맞는다. 이 상황에서는 생산에서의 규모의 경제 개발이 경쟁우위 개발의 핵심적 양상이다. 기능적 구조는 규모의 경제를 창출하기 위해서는 최적인데 그 이유는 그 환경이 다른 환경들보다 더 안정적이고 복잡성이 덜하기 때문이다.

기능적 형태의 중요한 약점 중 하나는 비즈니스 환경에서 변화를 다루지 못한다는 점이다. 비즈니스 환경이 급속히 변할 때 많은 기능적 조직은 대응책을 만들어낼 수 있는 다양한 기능을 조정하는 것이 어렵다. 많은 기능 집단은 그야말로 다른 기능 집단과 갖는 관계를 정의할 수 있었던 정상적 상호작용 이상으로는 전혀 움직이지 못한다. 기능적 구조의 또 다른 약점은 많은 직원들이 단지 자신의 기능에만 집중하고 있기 때문에 기업의 전체 목표에 좁은 견해를 갖고 있다는 점이다. 즉 한 걸음 물러서서 조직 목표의 큰 그림을 볼 수 없을 수도 있다. 전체적인 조직 목표에 반하는 기능에 대한 과도한 집중은 차선의 비즈니스 결정으로 이어질 수도 있다.

사업부제 구조

기능적 구조와 대조적으로 사업부제 구조는 다양한 기능들을 별도의 부분들로 분류한

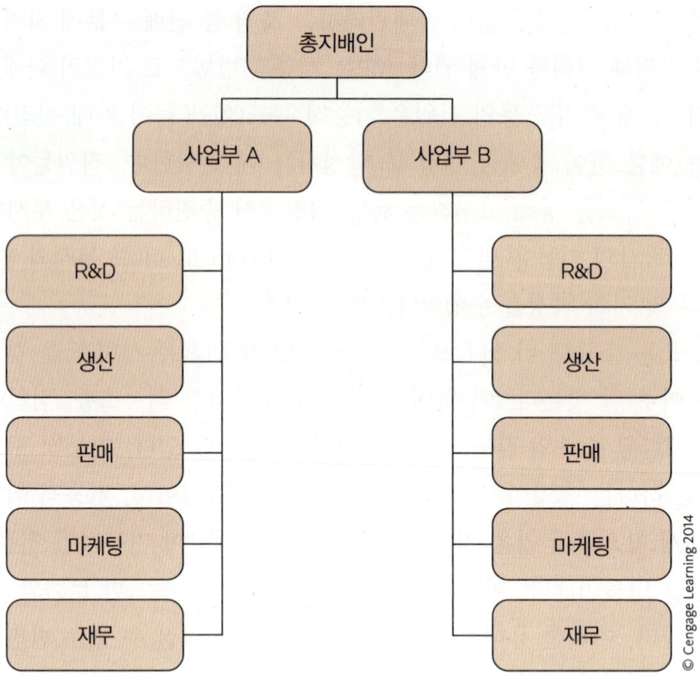

그림 7-4 사업부제 조직구조

다(그림 7-4 참조). 이 구조에서 기업은 제품, 지리, 심지어는 의뢰인을 중심으로 각각의 사업부를 갖고 본사에 의해 감독되는 자체적인 이윤과 손실 측정을 하는 자족적인 비즈니스로서 운영되도록 조직될 수 있다. 제품 사업부제 조직에서는 각 단위가 특정 제품을 개발하고 판매하는데 초점을 맞춘다. 지리적 사업부제 조직에서는 각 단위가 특정 지역에서 활동을 한다. 의뢰인 기반의 사업부 조직에서는 각 단위가 단지 선택된 의뢰인들에게만 역점을 둔다. 각각의 사업부는 인적 자원, 판매 및 마케팅, 재무 등과 같은 자체적으로 갖추어진 기능적 능력들을 갖고 있다. 어떤 의미로 보면 사업부제 형태는 재화를 생산하는 데 필요로 하는 기능(예를 들어 판매 및 생산) 대신 기업이 생산하는 산출물(제품 또는 서비스)을 중심으로 조직된다.

사업부제 형태는 기능적 형태에 관해 여러 차이점들을 나타내고 있다. 첫째, 직원들은 자신의 기능보다는 사업부에 더 충실함을 느끼는 경향이 있다. 둘째, 사업부제 형태는 더 큰 책임을 가능하게 한다. 많은 방식에서 사업부는 비즈니스 내의 비즈니스다. 셋째, 사업부제 형태에서의 승진은 대개 기능적인 전문성보다 사업부 전반에 걸친 관리 능력을 바탕으로 한다. 넷째, 사업부제 구조에서 기능들 간의 조정은 순수한 기능적 구조에서보다는 더 유동적이고 더 용이하다. 이것은 현실로 나타나는 데 그 이유는 사업부 내의 모든 기능은 특정 범주의 제품(혹은 서비스)에 집중하고 있기 때문이다.

사업부제 구조는 총지배인에 의존해 여러 사업부들 간의 행위가 그렇게 하는 것을 필요로 하는 곳에서 이루어질 수 있도록 조정된다. 사업부제 조직의 총지배인은 기능적 형태의 총지배인보다는 더욱 광범위한 목적을 갖고 있다. 여러 사업부 간의 행위와 의사소통을 조정하는 일 외에도 사업부제 구조에서의 총지배인은 또한 기업본부 직원과 상호작용함으로써 기업을 위한 전체적인 전략이 개발되고 인도될 수 있도록 도움을 준다.

사업부제 구조는 시장 변화에 즉각적인 대응이 요구되는 높은 불확실성이 특징인 비즈니스 환경에 가장 잘 맞는다. 사업부제 구조는 또한 조정되는 행위들이 혁신 또는 고객의 요구사항을 위해 필요로 하는 경쟁적 상황에서도 적합하다. 사업부제 구조는 이 유형의 환경에 들어맞는 경향이 있는데 왜냐하면 각 사업부가 자체적인 기능적 능력의 계획을 갖고 있어서 고객의 수요 또는 변화하는 비즈니스 환경에 맞추어 재빠르게 조정할 수 있기 때문이다.

사업부제 구조는 기능적 형태와 관련해 여러 약점도 갖고 있다. 첫째, 사업부제 구조에서는 핵심 기능이 각 사업부에서 복제되고 있어 규모의 경제에 대한 개발이 막혀 있다. 예를 들어 R&D가 많은 회사는 만약 각 사업부의 R&D 필요사항이 엄청나게 달라서 공유될 수 없는 것이라면 규모의 경제를 개발할 수 있는 능력을 상실할 수 있다. 이것은 조직으로 하여금 각각의 사업부에 R&D 시설을 개발해서 갖도록 하는 일을 초래할 수도 있다. 사업부제 구조에서 또 다른 공통적인 문제점은 사업부들 사이의 경쟁 행동에 대한 잠재성이다. 한 회사의 두 사업부가 어떤 고객들을 공유하는 일은 특별한 일은 아니다. 이 경우 사업부들은 기업의 전체적인 최선의 이해관계에 반해 자신만의 자체적인 이해관계에 따라 활동할 수도 있다. 마지막으로 사업부제 구조는 순수한 기능적 구조라면 할 수 있는 동일한 수준의 기능적 전문성을 개발하지 않는다. 대개 사업부제 구조는 다양한 비즈니스 환경에서 운영하고 있으며 다수의 제품 종류를 생산하면서 서로 다른 지리적 지역들에 제공하는 또는 다양한 고객들에게 제공하는 전략을 바탕으로 경쟁하는 기업에 적합하다.

매트릭스 구조

대부분의 기업은 순순한 기능적 또는 사업부제 구조를 사용하지 않고 있다. 오히려 대부분의 주요 기업은 오늘날 각 구조의 요소들을 결합한 구조를 사용하고 있다. 그리하여 조직에서의 초점은 하나의 사업부제 속성(제품, 지리, 의뢰인) 또는 기능에만 맞추고 있지는 않다. 대신 다수의 것들에 대해 한꺼번에 동시에 초점을 맞추는 조직을 만들기 위해 노력한다. 한 가지 일반적 구조는 제품의 집단을 취하고 그것들을 기능적 구조에 덮어씌움으로써 기능들 간의 조정을 용이하게 하는 것이다. 이러한 조직에서는 많은 직원이 2명의 상사 밑에서 일하고 있는데 한 명은 제품을 담당하는 상사이고 다른 한 명은 기능을 담당하는 상사이다. 제품 분야 상사는 제품에 초점을 맞추는 반면 기능 분야 상사는 기능에 역점을 둔다.

또 다른 일반적 구조는 제조 또는 판매 등과 같은 핵심 기능에 집중해 사업부제 구조와 달리 규모의 경제가 개발될 수 있도록 한다. 매트릭스 구조의 목표는 서로 다른 조직 형태로부터 긍정적 요소들을 결합하려는 것이다.

많은 조직에서 "관리자는 기능 전반에 걸친 기능 및 수평적 조정 내에서 기술적인 전

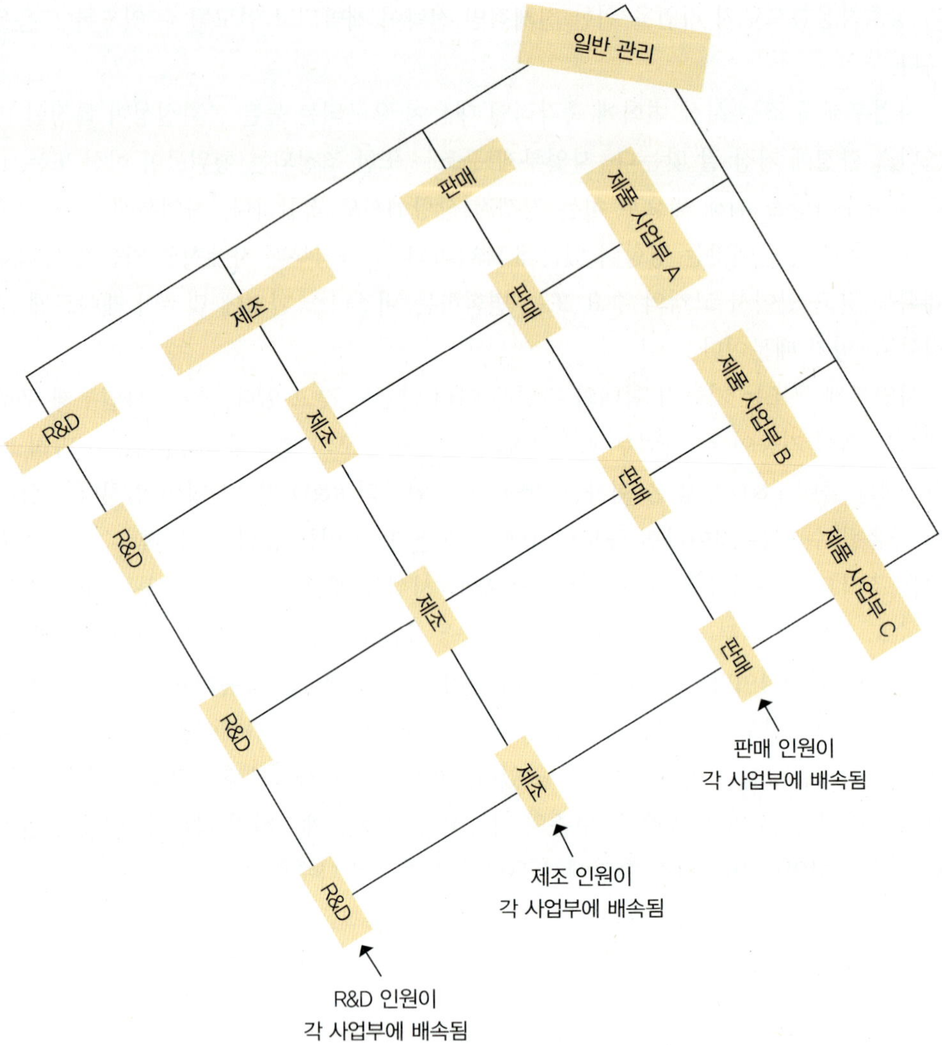

그림 7-5 매트릭스 조직구조

문성이 필요함을 깨닫고 있다." 이 경우 조직은 대부분 매트릭스 구조를 채택한다. FBI는 본질적으로 사업부제 구조에서 매트릭스 구조로 변화한 것이었는데 이는 범죄수사와 정보 사이의 활동을 더 잘 조정하는 방법을 추구했기 때문이다.

매트릭스 구조에서는 사업부제 및 기능적 관리자 모두 동등한 권한을 가지고 있으며 많은 직원들은 양쪽 모두의 상사에게 보고한다(그림 7-5 참조). 예를 들어 어떤 마케팅 직원이 사업부까지 걸쳐 이어지는 프로젝트에 배정될 수 있는데 그러면서도 마케팅 부서 내에서는 기능적 면에서의 책임도 갖고 있다. 이 경우 그는 프로젝트 및 부서 관리자 모두에게 보고한다.

이러한 매트릭스 형태에서의 이중적 보고 구조는 다음 조건에서는 적합하다. 첫째, 환경적 압박이 기능면과 제품면 모두에서 나오는 것이라면 조직은 양쪽 집단에 대해 힘의 균형을 보전하기 위해 매트릭스 구조를 채택해야 한다. 둘째, 관리자는 기업의 내부적 상호관련성이 복잡한 경우 매트릭스 구조를 고려해야 한다. 이 유형의 조직에서는 부서들 사이에 높은 상호 의존성이 존재한다. 셋째, 관리자는 자원들을 사업부 전체에 걸쳐 그리고 기능 내에서 공유하고 최적화하는 것이 필요할 때 매트릭스 구조를 고려해야 한다. 매트릭스 구조는 기능 및 사업부들 간에 융통성 있게 자원을 배분함으로써 이 조건 모두를 다룰 때 채택될 수 있다.

매트릭스 구조의 주요 약점은 사업부는 물론 기능적 집단에서 일하는 관리자에 대해서도 혼란스럽고 비효율적인 시나리오들을 발생시키는 경우가 있다는 것이다. 많은 상황에서 관리자는 양쪽 사람 모두로부터 모순되는 압력을 받는다. 왜냐하면 관리자가 이중으로 보고하는 관계를 갖고 있기에 어느 집단에 우선을 두어야 할지 아니면 관리자가 자신의 시간을 양쪽 집단 중 어디에 할당해야 할지를 조정하는 일이 어렵다. 이러한 이유로 매트릭스 구조는 기능 및 사업부들 간에 상당한 조정을 요하며 따라서 자원이 적절히 할당되고 충돌이 해결될 수 있도록 해야 한다. 이러한 수준의 조정을 달성하려면 매트릭스 구조는 기능 및 사업부 집단 사이의 빈번한 회합이 요구된다. 비록 이 회합이 조정을 위해 필요한 것이기는 하지만 이런 일은 조직에서는 비효율성을 만들어낼 수 있다. 매트릭스 구조에서 관리자는 더 이상 수직적 권한에 의존하지 않는다. 오히려 기능 및 사업부 전체에 걸쳐 의사소통이 되고 자원이 공유되는 조직을 구축해야 한다.

네트워크 구조

네트워크 구조(Network structure)
지식 근로자가 개별적 기여자로서의 일을 하기 위해 또는 조직을 위해 어떤 전문적 기술을 제공해주는 작업 집단의 일부분이 되기 위해 구성되는 구조

오늘날 비즈니스 환경에서 급속한 변화 속도와 복잡성은 많은 조직으로 하여금 특정 산업에서의 혁신 요구에 부합하는 조직을 만들 수 있는 대안을 찾아보도록 하고 있다. 한 가지 방법이 조직 체계로서 네트워크 구조를 이용하는 것이었다. 네트워크 구조는

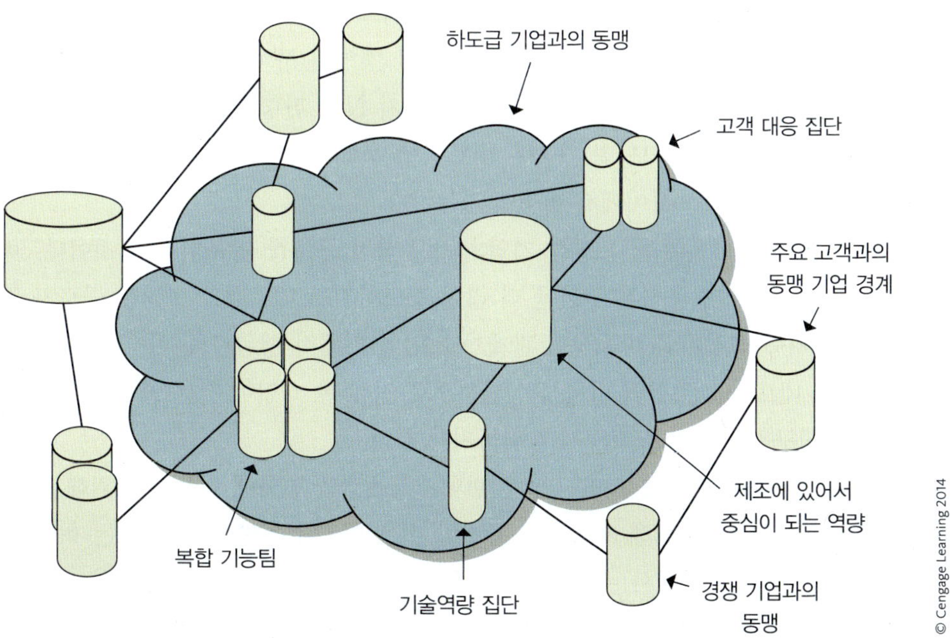

그림 7-6 네트워크 조직구조

2003 David McIntyre/Black Star/Newscom

이전에 설명된 구조들과는 매우 다른 분업이 특징이다. 네트워크 구조에서는 '지식 근로자'가 개별적 기여자로서 일하기 위해 또는 조직을 위해 어떤 전문적 기술을 제공해주는 작업 집단의 일부분이 되기 위해 구성된다. 다양한 조직 집단들이 네트워크 조직의 구축 단위를 형성한다(그림 7-6 참조).

네트워크 조직에서는 지식 근로자들 간의 조정이 복합 기능팀을 통해 달성된다. 일부는 조직 내에 그리고 일부는 조직 외부에 있다. 이 팀의 목표는 서로 다른 근로자들의 조합을 함께 모이게 해서 각각의 행위가 조정될 수 있도록 하는 것이다. 예를 들어 복합 기능팀은 신제품 개발을 위해 설립될 수도 있다. 이 팀은 기술, 판매, 마케팅, 생산 출신의 근로자들로 구성된다. 네트워크를 이룬 팀들이 여러 다른 위치로 분배되어 가상의 팀을 만드는 것은 특별한 일은 아니다.

계약 생산기업인 Flextronics는 Microsoft의 2001년 휴가시즌용 Xbox의 조립과 납품을 감독하기 위해 가상의 팀을 이용했다. Microsoft는 캘리포니아에 본사를 둔 Flextronics와 북미 및 유럽에서 Xbox를 동시에 발매하는 것으로 계약을 맺었다. 동시 발매를 완수하기 위해 Flextronics는 캘리포니아 San Jose에서 근무하는 직원들과 멕시코, 헝가리에 있는 제조 운영시설의 직원들로 가상의 팀을 하나 만들었다. 이 팀은 정기적으로 만나 2개 대륙에 걸쳐 Xbox의 동시 발매를 성공시키기 위해 실천 사항들을 공유했다. Flextronics는 또한 납품 과정의 투명성을 보장하려는 노력에서 회합에 Microsoft도 포함시켰다.

네트워크 구조에서 복합 기능팀은 영구적일 수도 있고 임시적일 수도 있다. 경영진이 복합 기능팀에 광범위한 감독을 하지만 네트워크 조직에서의 결정권은 하위 직급에 두는 경향이 있다. 네트워크 조직은 상급과 하급 경영진 사이의 의사소통과 자원을 조정하기 위한 중간관리자를 거의 아니면 아예 두지 않아 편평해진다. 이렇게 편평한 조직을 지원해주기 위해 정보 및 기술은 네트워크 구조에서 이용이 가능하며 그렇게 하여 자원은 즉시 집단들 사이에서 이동이 가능하다.

네트워크 조직의 독특한 특징은 기업의 비공식적 구조를 강조한다는 것이다. 비록 대부분의 조직구조가 공식적 구조를 더 많이 강조하지만 네트워크 조직은 근로자 집단들과 복합 기능팀 사이의 비공식적 관계가 기업의 지배적 행위가 될 수 있도록 설계된다. 게다가 네트워크 조직의 비공식적 성격으로 인해 한 개인이 갖는 공식적 위치는 전통적인 조직구조에서 만큼 그렇게 강력하지 못하다.

네트워크 구조를 갖고 있으면 기업은 판매시장에서의 변화에 적용하기 위해 또는 경쟁자 행위에 대응하기 위해 재빠르게 움직일 수 있다. 이 능력은 변화 또는 혁신의 정도가 상당히 심한 산업에서는 경쟁우위의 원천이 될 수 있다. 하지만 이러한 적응력 수준은 조직 내에서 자원의 중복과 책임 수준이 낮아지는 결과로 이어진다. 예를 들어 네트워크 구조에서의 복합 기능팀은 모든 팀 구성원이 동일한 태도를 취하고 있음을 보

표 7-1 조직구조의 장점과 단점

구 분	기능적 구조	사업부제 구조	매트릭스 구조	네트워크 구조
자원 효율성	뛰어남	안 좋음	보통	좋음
대응성	안 좋음	보통	좋음	뛰어남
적응성	안 좋음	좋음	보통	뛰어남
책임성	좋음	뛰어남	안 좋음	보통
가장 잘 맞는 환경	안정된 곳	혼합된 곳	복잡한 곳	변덕스러운 곳

Source: Adapted from Exhibit in Nitin Nohria, "Note on Organization Structure," Harvard Business School Note No. , rev. June 30, 1995 (Boston, MA: HBS Publishing, 1991), p. 19.

리더십 개발의 여정 리더는 조직을 위한 결과를 만들어내기 위해 많은 역할을 맡아서 한다. 리더십의 서로 다른 역할을 숙달한다는 것은 동시에 단체행동, 적응, 혁신을 장려하면서 안정성, 효율성, 통제를 가능하게 하는 조직의 결정을 요하는 일이다. 일, 회원 또는 자발적 행동으로 연관되어 있는 어떤 조직에 대해 생각해보라.

1. 그 조직의 구조는 리더십 목표와 일치되어 있는가?
2. 그 리더는 외부 압력에 대응해 조직구조를 지금까지 변경한 적이 있는가?
3. 그 리더는 집단행동과 공유된 책임을 권장하기 위해 조직을 설계했는가?
4. 그 리더는 통제시스템으로서 어떻게 그 조직구조를 이용했는가?
5. 조직구조와 성과의 매트릭스 사이에는 분명한 연관성이 있는가?
6. 해당 조직의 리더십과 조직구조 사이의 시너지에 대해 무엇을 배울 수 있는가? 이 교훈을 리더십 실천사항에 어떻게 적용시킬 수 있는가?

장하기 위해 상당한 정도의 조정 및 의사소통이 요구된다. 기술이 조정 및 의사소통 활동을 아주 용이하게 하는 데 중요한 역할을 할 수는 있지만 이 도구에 대한 투자는 비용이 든다. 관리자는 어떤 조직구조의 결정이든 불리한 점이 있다는 사실을 인식하고 장점에 중점을 두어야 한다.

각 조직구조는 장점과 단점을 모두 갖고 있다(표 7-1 참조). 조직구조를 설계할 때 관리자는 효율성, 대응성, 적응성, 책임성 등이 포함되는 수많은 차원들을 고려해야 한다. 운영상의 효율성에 중점을 두고 있으며 안정적인 산업에 위치하는 기업은 사업부제 구조가 더 잘 맞는다. 적합한 설계는 기업전략 및 목표와 잘 맞는 것이어야 한다. 어떤 방법이 이용되든 조직은 경쟁적 환경에서의 변화에 적응할 수 있어야 한다.

조직설계의 수단

기업이 채택한 조직구조와는 상관없이 고려해야 할 일반적인 조직 수단은 존재한다. 이 수단은 일반적으로 조직 내에서 결정이 어떻게 이루어지는가에 관여한다. 조직설계에서 가장 중요한 부분들 중 하나가 어떻게 정보가 조직을 통해 흘러야 하는지 그리고 누가 그러한 정보에 대해 결정을 내려야 하는지를 정한다.

결정권

결정권에는 다양한 유형의 전략적 또는 전술적 결정사항들을 발의하며, 승인하고, 이행하며, 통제하는 것 등이 포함된다. 결정권은 수직적 · 수평적 차원을 기준으로 달라질 수 있다. 수직적 차원에 따라 관리자는 집권적 방법으로 아니면 분권적 방법으로 결정을 내려야 할지의 여부를 정해야 한다. 수평적 차원에 따라 관리자는 조직 내의 동일한 직급에서는 누가 결정권을 갖고 있는지 정해야 한다. 예를 들어 관리자는 한 제품에 독특한 특징을 추가할 권리를 마케팅이 갖고 있는지 아니면 제품 개발이 갖고 있는지 결정해야 한다.

일반적으로 결정권은 의사결정에 관해 기업에서 최선의 정보를 갖고 있는 사람에게 주어져야 한다. 관리자가 결정권을 개별적 직원들에게 이전하는 과정을 위임이라 부른다. 많은 제조기업의 라인에서 일하는 근로자는 기업의 생산능력과 운영이 어떻게 이루어지는지 훨씬 더 많이 알고 있으며 그에 따라 생산 차원의 결정을 내리는 데 최선의 위치에 있게 된다.

비록 집권적 계층조직이 효율적인 의사결정 때문에 일반적이기는 하지만 분권적 회사가 위임과 참여를 위한 더 나은 환경을 제공해주기 때문에 보편화되고 있는 중이다. 집권적 조직은 결정사항을 하향식, 계층적 방식으로 집중화시킴으로써 직원의 행동을 통제하는 형식적 구조가 특징이다. 이는 기능적 조직구조에서 종종 나타난다. 분권적 조직에서는 중요한 결정이 상부로부터 강제되는 것이 아니라 기업의 모든 수준에서 이루어진다. 네트워크 조직구조가 분권화 조직과 밀접하게 닮아 있다. 제10장에서 설명하겠지만 집권화 및 분권화에 관한 결정은 중요하다. 그 이유는 그것들이 대부분 효과를 거두는 관찰시스템과 측정방법에 영향을 미치기 때문이다.

집권적 조직은 더 커지고 더 오래가는 경향이 있으며 더 성숙한 산업에 존재한다. 집권화는 직원들의 활동을 제약하는 경직된 구조를 도입하는 경우가 있는데 이는 환경적으로 안정되어 있는 매우 큰 규모의 조직에서는 유용하다. 권한 집중화는 전략적으로 변화하는 데 소요되는 시간을 단축시키며 사업부들 사이의 치밀한 활동 조정을 매우 용이하게 해준다.

불확실성이 증가함에 따라 회사들은 더 기민해져야 하며 따라서 책임과 의사결정을 현지 사업단위들에게 위임하는 것이 더 효율적이 된다. 일반적으로 분권화된 회사가 환경적 위협 및 기회에 대응할 수 있는 더 많은 유연성을 제공해주는데 그 이유는 기술력이 높은 직원들을 이끌 수 있고 표준화를 통해 노력을 조정해주며 더 많은 개별적 차원의 의사결정을 허용해주기 때문이다. 잘 정의된 역할과 책임은 밀접한 감독의 필요성을 경감시켜주고 이는 환경적 변화와 불확실성에 대응할 수 있는 조직 능력을 향상시켜준다.

이 장에서 설명한 수많은 시스템과 방법들에도 불구하고 어떠한 모델이든 순수한 형

결정권(Decision rights)
다양한 유형의 전략적 또는 전술적 결정사항들을 발의하며, 승인하고, 이행하며, 통제하는 것 등이 포함되는 권리

위임(Delegation)
관리자가 결정권을 개별적인 직원들에게 이전하는 과정

집권적 조직
(Centralized organization)
결정사항을 하향식, 계층적 방식으로 집중화시킴으로써 종업원의 행동을 통제하고 있는 형식적인 구조가 특징인 조직구조

분권적 조직
(Decentralized organization)
중요한 결정이 상부로부터 강제되는 것이 아니라 기업의 모든 수준에서 이루어지는 조직구조.

태의 것은 거의 없다. 고도로 집권화된 아니면 분권화된 조직 아니면 순수한 관료제 또는 클랜 등은 거의 찾아보기 힘들다. 대신 여러 방법들의 장점을 취하려 한다. 실제 조직은 각 방식 중 약간의 특징들을 포함하고 있으며 회사의 적용 및 능력에 따라 서로 다른 측정 기법을 사용하고 있다.

결정권을 할당해주는 일에서도 관리자는 이해관계의 잠재적 충돌에 대해 알고 있어야 한다. 예를 들어 많은 제조업 직원들은 얼마나 생산을 하고 있는지를 바탕으로 보수를 받는다. 만약 어떤 제조업 근로자가 라인의 속도를 변경할 수 있는 결정권을 갖고 있다면 그는 자신의 전체적인 총보수를 늘리기 위해 가동속도를 안전하지 못한 수준으로까지 증가시킬 수 있다. 게다가 결정권은 많은 낮은 직급의 근로자들이 관리자가 하고 있는 정보 접근권을 갖고 있지 않기 때문에 역시 통제되어야 한다. 예를 들어 판매원은 판매를 종료하기 위해 가격책정을 변경하기를 원할 수도 있다. 하지만 이 판매원은 해당 제품의 원가 또는 기업이 수익을 내기 위해 필요로 하는 이윤폭의 완전한 정보를 갖고 있지 못할 수도 있다.

비공식적 구조

iofoto/Shutterstock.com

비록 많은 업무가 조직의 공식적 구조 내에서 일어나고 있지만 모든 조직은 또한 비공식적 구조에 의해 정의될 수도 있다. 많은 직원은 시간이 흐름에 따라 직장 내에서 비공식적 방식을 개발한다. 예를 들어 어떤 시간에 모두 함께 점심을 먹으러 나간다든지 아니면 더 높은 직위의 판매직원들이 특정 고객을 상대하는 것을 허용하는 것 등이다. 이러한 비공식적 행위 중 그 어느 것도 기업의 내규 또는 경영진의 실천사항에 수록되어 있지는 않지만 그럼에도 불구하고 그런 일들은 조직의 중요한 구성요소를 나타낸다.

새로운 관리자가 어떤 사업부를 인수하거나 채용될 때 변화 내용들이 비공식적 구조에 어떻게 영향을 미치게 될지 알고 있어야 한다. 작업 실무 또는 비공식적 구조에서의 변화 내용은 더 큰 효율성을 가져다 줄 수도 있지만 또한 전체적인 사기를 더 떨어뜨릴 수도 있다. 심지어 작은 변화 내용이라 해도 비공식적 업무 과정에 영향을 미칠 수 있다. 새로운 관리자의 직무 중 핵심 구성요소는 조직의 비공식적인 구조와 그 구조에 대한 잠재적 변화 내용의 함축된 의미를 이해한다.

조직설계와 기업의 라이프사이클

기업은 외부 세력(규정 속에서의 상황맥락적 변화)과 내부 세력(핵심적 자원 또는 능력의 상실이나 추가)의 결과로 진화하거나 변화할 수 있다. 기업은 환경적 조건에 그저

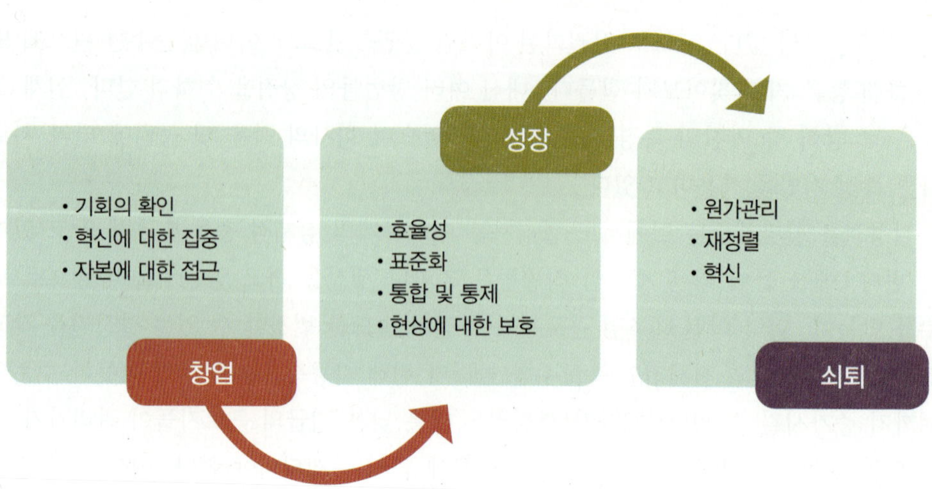

그림 7-7 라이프사이클 전반에 걸친 리더십의 역할

Source: Adapted from Anthony J. Mayo, Nitin Nohria, and Mark Rennella, *Entrepreneurs*, Managers, and Leaders: What the Airline Industry Can Teach Us About Leadership (New York, NY: Palgrave MacMillan, 2009), pp. 1–20.

대응만 하는 것은 아니다. 기업은 그 조건에 영향을 줄 수도 있다. 기업이 가장 중요한 업계 환경에 영향을 주고 자사의 조직을 진화해가는 전후 맥락적 요인에 적응해가는 과정을 **상호적응**이라 한다. 상호적응 과정은 기술과 패션 등 변화가 상존하는 산업에서는 매우 중요하다.

관리자가 조직설계 방안에서 택하는 선택사항은 기업의 라이프사이클인 창업, 성장, 성숙, 쇠퇴와 맞물려야 한다. 신생 기업은 일반적으로 미숙한 직무 표준화, 강화된 조정, 폭넓은 결정권, 개방되어 있는 경계 등이 특징이다. 기업이 규모 면에서 성숙 및 성장하고 있을 때는 분업을 강조하고 더 많은 효율성과 통제를 확보하기 위해 뚜렷한 조정 메커니즘을 명시하는 경향이 있다. 일단 기업이 성숙기에 도달하면 조정에 대한 치중은 때때로 줄어드는데 특히 근로원칙과 운영절차가 조직문화 속에 자리를 잡는 경우 그러하다. 이러한 방식으로 비공식적 구조는 더 높은 수준의 중요성을 갖는다.

기업이 진화하면 리더십의 성격도 그 기업의 라이프사이클 단계에 맞추어야 한다(그림 7-7 참조). 비즈니스의 초기 단계에서 중요한 리더십 활동과 우선사항은 성장 내지는 성숙 단계에서는 변화할 필요성이 있다. 관리자는 회사의 방식과 우선사항 등을 전후 맥락적인 환경에서의 근본적 변화와 더불어 비즈니스의 요구에 맞춰 변화시킬 수 있도록 배워야 한다.

조직 유연성

장기간 경쟁력을 유지하려면 기업은 현재 전략적으로 긴요한 것들이 변화하고 있는 시장 조건에 적응하는 데 충분할 만큼 지원해주는 조직설계 결정 사항을 이행할 필요가 있다. 제11장에서 설명하겠지만 다가오는 변화에 대비하면서도 현재의 전략적 운영에서 효율성을 유지하도록 기업은 양면성을 갖고 있다. 양면성에 대한 가장 일반적 방법

상호적응(Mutual adaption)
기업이 그에 의해 자신의 가장 중요한 업계 환경의 성격에 영향을 주고 조직을 진화해가는 전후 맥락적인 요인들에 대응하여 적응해가는 과정.

은 구조와 관련된 것인데 여기서 기업은 1차적 비즈니스에 집중하면서도 향후 기회에 대처할 별도의 조직 또는 팀을 만든다. 대규모 조직의 구조 및 관료제를 벗어나 소규모 사업단위는 더 자유로운 개발 과정을 추구하는 것이 허용된다. 비록 이 방식에서는 특히 혁신과 창의성을 위한 공개토론의 장을 만든다는 점에서는 많은 장점이 있지만 관리자는 그 별도의 팀이 너무 고립되지 않도록 확인해야 한다. 만약 그렇지 않으면 관리자는 팀의 활동 또는 권고 내용을 주류 비즈니스와 통합하는 일에 더 많은 어려움을 겪게 될 것이다.

최근에는 기업이 별도의 조직 부분으로서가 아니라 개별적 직무 역할에서 양면성을 구축하려는 노력을 해왔다. 어떤 경우 직원들은 근무시간 중 일부를 미래를 파악하는 활동에 쓰도록 기대를 받으면서 조직이 새로운 전후 맥락적 현실에 적응할 수 있도록 장려되기도 한다. 이 조직은 직원들의 새로운 계획과 혁신을 지원해준다.

다른 관점

민주적 직장

민주적 직장에서 일하는 직원은 더 행복하고 더 건강한가? 전 세계 조직에서의 투명성, 책임성, 분권화 등을 옹호하는 비영리조직 WorldBlu는 '그렇다'라고 말한다. 민주적 회사는 이직률과 결근율이 낮으며, 재능은 더 우수하고, 생산성과 효율성 수준은 더 높으며, 더 혁신적임을 자랑하고 있다. X세대와 Y세대, 경제위기, 진보된 기술 등은 민주적 직장에 영향을 미치는 요인들이다. 캘리포니아 샌프란시스코에 본사를 둔 작은 민주적 회사 Brainpark는 직원들이 부적합한 CEO를 투표로 퇴출시킬 수 있는 선택권을 포함해 상위 경영진을 정기적으로 검토하는 것을 허용하고 있다. Zappos.com은 행복한 직원과 행복한 고객이 비즈니스에 좋다고 여기는 대규모 조직의 한 예이다.

1. Zappos.com은 직원을 어떻게 대우하고 있는가? 또 고객은 어떻게 대우하고 있는가? Zappos의 비즈니스가 회사를 민주적 직장으로 만들고 있는 다른 측면은 무엇인가?
2. 민주적 직장을 갖고 있는 또 다른 조직은 어느 곳인가? 왜인가?
3. 민주적 직장을 이행함으로써 수익을 증가시킨 조직은 어느 곳인가? 왜인가?

조직설계에서의 최근 경향

과거에는 많은 기업이 고객이 원하는 것과 필요로 하는 것을 고객 관점으로 바라보기보다는 자사가 갖고 있는 기존 제품을 통해 알게 되었었다. 많은 시장에서 경쟁이 심화됨에 따라 기업은 어쩔 수 없이 더 고객을 중심으로 한 모델을 채택한다. 기업 관점을 채택하는 것은 간단한 과정이 아니다. 오히려 더 고객 중심이 되려는 모험을 하는 조직이 새로운 구조를 창출하고 적응하는 것이 필요하다.

최근 수년 동안 많은 선도적 기업(예를 들어 Cisco Systems)은 4가지 특정 활동, 즉 조정, 협조, 능력 개발, 연계 등을 조직설계에 이용함으로써 주안점을 고객 중심적인 설계로 이동시키는 데 성공을 거두어왔다. 조정에는 기업 근로자들이 활동을 조정해 고객을 위한 가치를 창조하는 일에 더 열중하도록 해주는 구조적 메커니즘과 과정을 창출하는 일이 관련된다. 협조는 조직 내의 사람들이 고객에게 더 봉사하게 해주는 문화나 자극 같은 비공식적 방법을 이용하는 일이 관련된다. 능력 개발은 고객에게 더 나은 서비스를 하는 데 필요한 올바른 기술을 개발하도록 직원들을 지원하는 일이 관련된다. 연관은 기업이 제공하는 가치를 증가시키기 위해 기업 외부의 관련 당사자들과 관계를 개발하는 일이 포함된다.

고객 중심적인 모델의 추구에서 일부 기업은 전통적인 **사일로**(silos) 또는 기능적 또는 사업부적 구성단위들을 백지화하고 전적으로 고객 욕구를 바탕으로 새로운 구조를 채택하는 일을 고려해왔다. 비록 일부 기업이 이러한 조치를 추구해오기는 했지만 많은 기업은 기피해왔는데 그 이유는 그동안 개발해온 규모의 경제 때문이었다. 기업이 이 능력을 파괴하기를 원하지는 않지만 그럼에도 더 고객 중심적이 되기를 원하는 경우 공식적인 조정 메커니즘이 사일로들 사이의 간격을 메워주는 가교가 될 수 있도록

사일로(Silos)
자체 규칙과 지침에 의해 운영하는 기능적 또는 부문적 구성단위이며 다른 구성단위들과는 정보를 공개적으로 공유하지 않는다.

할 수 있다. 기존 사일로를 없애지 않고도 더 공식적인 조정을 달성할 수 있는 한 가지 방법은 현재 구조에 걸쳐 경계를 탐색하는 역할 또는 사업단위들을 층층이 배치해 고객 욕구에 대한 회사의 서로 다른 활동들을 연계시키는 일을 부과한다. 이 메커니즘은 업무를 특정한 방식으로 하는데 익숙한 조직 내에 상당한 긴장을 조성한다.

Cisco Systems은 고객집단에서부터 기술집단에 이르기까지 2001년 '기술 붕괴' 이후 개편되었다. 이 움직임은 회사에 등장했던 쓸데없는 반복 업무를 처리하는 일로부터 시작되었다. 예를 들어 다른 부서가 다른 고객을 위해 거의 동일한 제품을 개발함으로써 자원이 버려지는 결과를 초래했다. 개편은 마케팅과 연구개발에 집중되었다. 처음에는 회사의 많은 사람들이 그 움직임이 Cisco를 고객들로부터 멀어지게 할 수 있다고 우려했다. 이 두려움과 싸우기 위해 경영진은 다양한 조정 메커니즘을 만들어 고객 중심성을 유지시켰다. 집권적 마케팅 집단에는 회사의 다른 부분들로부터 나온 기술을 함께 모아주는 기술팀이 포함되었다.

Ronda Churchill/Bloomberg/Getty Images

고객 중심적이 되도록 추구하는 기업을 위한 두 번째 핵심 요소는 협력적 환경을 개발함으로써 직원들이 고객 해결방안을 전달할 수 있도록 사일로를 없앤 것에 보상해주는 것이다. 이러한 협력적 환경은 공식적 및 비공식적 요소들이 모두 포함되어야 한다. 공식적인 면에서는 기업이 고객 중심 활동에 초점을 맞추는 유인책과 측정 시스템을 채택해야 한다. 비공식적 면에서는 관리자가 고객을 우선으로 두고 일할 수 있는 환경과 문화를 창출해야 한다. Cisco에서는 협력적 환경이 시작부터 존재했는데 그 이유는 설립자가 고객에 중점을 두었기 때문이었다. 비록 회사가 혁신적 기술에 주력하고 있지만 직원들은 고객 욕구에 부합하지 못하는 기술은 쓸모가 없는 것임을 배워 왔었다. Cisco는 고객 중심적 문화를 비공식적 구조를 통해 강화시켰다. 회사는 직원들 간에 평등주의 환경을 촉진시키고 있으며 이는 고객이 어떻게 대우받고 있는지 소문이 퍼지도록 하고 있다.

고객 중심적이 되도록 추구하는 기업을 위한 세 번째 요소는 능력개발이다. 기업이 조직의 사일로를 넘어서기 위해 조정 메커니즘을 만들어낼 때 직원들은 조직에 의해 요구되는 새로운 활동을 다룰 수 있는 새로운 기술이 필요하다. 고객 중심적 조직에서는 직원들이 조직의 경계 전반에 걸친 연계성을 창출하는 동안 다수의 제품에 걸쳐 작업할 수 있어야 한다. 회사가 고객 중심성을 증가시킬 때 그 행동에 보상을 해주고 새로운 다방면의 지식을 가진 직원들이 성공할 수 있는 직장 경력을 만들어줌으로써 직원들이 기술을 구축하는 데 도움이 되어야 한다.

고객 중심성을 위한 네 번째 요소는 외부 파트너와의 연계성을 개발하는 일이다. 기업은 제품의 상품화를 두고 싸울 수 있으며 기업 경계를 재정의함으로써 더 고객 중심적이 될 수 있다. 이러한 재정의는 많은 방식으로 일어날 수 있다. 비핵심적 기능은 외주를 준다든지, 고객을 위해 더 큰 가치를 전달하는 제품(혹은 서비스)을 제공하기 위해 또 다른 기업과 보조를 맞추는 일 등이 포함된다. 예를 들어 Starbucks는 제공하는 제품(혹은 서비스)의 폭을 넓히기 위해 다른 기업들과 힘을 모음으로써 고객 중심성을 추구해왔다. 회사가 깨닫게 된 것은 고객들 중 다수가 Starbucks가 서비스할 수 없었던 시간 및 장소에서 원하고 있다는 사실이었다. 이 욕구를 다루기 위해 Starbucks는 Pepsi와 연합해 시원한 Frappuccino 제품을 판매함으로써(왜냐하면 Pepsi는 음료를 병입하고 유통시키는 일에 더 많은 전문성을 가지고 있었으므로) 고객들에게 더 많은 가치를 가져다 줄 수 있었다.

요약하면 많은 기업은 조직설계를 잘 다루어 더 고객 중심적이 되어왔다. 이 움직임은 비즈니스 환경을 변화시킴으로써 촉진되었으며 글로벌시장에서의 경쟁을 심화시켰다. 조직설계의 핵심 측면은 그것이 갖고 있는 유동적 성향이다.

요약

잘 정의된 전략은 중요한 것이지만 그 자체로는 의미가 없다. 집행은 기업전략의 목표와 목적을 성취할 때 관건이 되며 목적이 달성되는 기본적 메커니즘은 조직을 통한다. 조직설계에는 조직의 구조, 문화, 인적자원, 성과 기준, 측정 등에 관한 중요한 결정사항들이 포함되어 있다.

전략과 조직설계는 상호 진화적이다. 하나가 반드시 다른 것을 따를 필요는 없지만 같은 방향을 향하고 있어야 한다. 조직설계의 핵심은 관리자가 기업으로 하여금 비즈니스 환경이 진화됨에 따라 효과적으로 경쟁할 수 있는 최선의 위치에 있도록 여러 요소들이 균형을 이루도록 하는 것이다. 그 해결책은 분업, 역할 정의 및 책임, 조정 활동 등을 어떻게 할 것인지 등에 대한 결정이다. 이 결정의 성취는 집행 로드맵 개발로 이어져 조직이 어떠한 구조를 채택해야 할지에 영향을 미친다.

기업전략에 따라 기능적, 사업부제, 매트릭스, 네트워크, 기타 복합적 구조 등이 적합할 수 있다. 각 구조는 장점과 단점을 갖고 있다. 기능적 구조는 효율성과 규모의 경제를 지원해준다. 사업부제 형태는 불확실성이 높은 비즈니스 환경에 가장 잘 들어맞는다. 매트릭스 형태는 기능적 형태와 사업부제 형태가 결합된 것으로 비즈니스 구성단위 전체에 걸쳐 핵심 능력에 조정력을 행사하는 방법이다. 네트워크 구조는 다양성을 조정하고 혁신을 위한 토론의 장을 만들어내는 데 적합하다.

조직구조의 선정 다음에는 결정권 등 미세한 요소들을 설계해야 한다. 이 결정이 필수적으로 중요하기는 하지만 상황맥락적 환경과 내부 자원의 변화 관점에서 평가하고 판단해야 한다. 장기간에 걸쳐 성공을 거두는 조직은 자사의 전략이 지속되도록 변화하고 적응해야 한다. 그렇게 함으로써 리더는 적합한 방식을 채택해 상황맥락적 현실과 라이프사이클 단계에 적응해야 한다.

최근 수년 동안 많은 기업이 조직을 재정비해 더 효율적으로 서비스를 수행하거나 더 나은 서비스를 고객에게 제공하는 시도를 해왔다. 고객을 향한 움직임은 기업으로 하여금 조직의 사일로를 해체시키고 운영절차를 다시 검토하도록 요구한다. 관리자는 조직설계에 관한 결정사항이 기업의 성공 토대를 제공해주는지 지속적으로 관찰해야 한다.

주요 용어

결정권(Decision rights)
관료적 접근방법(Bureaucratic approach)
기능적 구조(Functional structure)
네트워크 구조(Network structure)

매트릭스 구조(Matrix structure)
분권적 조직(Decentralized organization)
분업(Division of labor)
사업부제 구조(Divisional structure)
사일로(Silos)
상호적응(Mutual adaptation)
위임(Delegation)
조직구조(Organizational structure)
조직설계(Organizational design)
조직주의자(Organizers)
집권적 조직(Centralized organization)
클랜방식(Clan approach)
행동주의자(Behaviorist)

과제

토론 주제

1. 어떠한 방식으로 전략과 조직설계의 결정사항들이 함께 진화해나가는가? 어떠한 상황에서 하나가 다른 것보다 앞서야 하는가?
2 조직구조의 기능적, 사업부제, 매트릭스 형태의 장점 및 단점은 무엇인가? 왜 기업은 성장해감에 따라 기능적 구조에서 매트릭스 구조로 진행해 나가는가?
3 네트워크 조직구조를 고려할 때 어떠한 리더십 요소가 중요한가? 관리자는 네트워크 구조에서의 일부 난제들을 어떻게 완화시킬 수 있는가?
4 어떠한 조직구조가 직원들에게 창의성과 혁신을 폭발시키는 데 가장 강한가?
5 어떠한 조직구조에서 가장 잘 해나갈 수 있는가? 어떠한 조직구조가 가장 어려울 것 같은가? 기능적인 직장 경력을 추구하는가 아니면 다방면에 능한 직장 경력을 추구하는가?
6 오늘날 많은 조직은 공식적인 조직표를 사용하지 않고 있다. 그 이유가 무엇이라 생각하는가?
7 왜 조직주의자 아니면 행동주의자 견해를 지지하는지에 대한 사례를 만들어보라. 관료적 조직에서 성공할 것 같은가 아니면 클랜에서 성공할 것 같은가? 왜인가?
8 왜 어떤 관리자는 조직 내에서 책임을 위임하는 데 어려움을 겪는가?
9 관리자는 분권화된 조직구조를 감독할 때 어떠한 난제들에 부딪치는가?
10 비공식적 조직은 어떻게 조직설계에 영향을 미치는가?
11 기업이 글로벌 단계에서 경쟁하기 위한 가상팀에 의존할 때 관리자는 어떠한 조직설계를 선택해야 하는가?

관리 연구

1 비슷한 전략을 추구하는 것으로 보이는 동일한 산업 내의 회사 두 곳을 평가해보라. 각 회사는 어떻게 전략 이행 결정을 해왔는가? 각 회사는 조직설계에 대해 어떠한 결정을 내렸는가?
2 신생 회사를 성숙한 회사와 대조해보라. 두 회사의 조직은 어떻게 다른가? 각각의 라이프사이클 단계에서 더 중요한 것과 덜 중요한 것은 무엇인가?
3 가상의 회사를 만들어보라. 이 회사는 기본적인 것이어야 한다(예를 들어 저가를 바탕으로 경쟁하는 항공사). 그 회사의 전략을 나타내는 문장을 작성하고, 가상의 회사 전략에 적합한 조직을 설계해보라.

현장에서

1 고객 중심적이며 제품(혹은 서비스)을 판매하는 회사를 방문하라. 조직 행위를 관찰하는 문화인류학자로서 회사를 살펴보라. 고객 상호작용에 대한 사진을 찍고 조직 행위를 포착해 관찰 내용을 작성하라. 사진과 관찰 내용을 바탕으로 그 회사에 대한 간략한 기사를 작성한다. 그 과정들이 어떻게 고객 요구를 충족시키기 위해 설계되는지 설명해보라.
2 그룹을 만들어 음악 콘서트, 댄스 공연, 연극 활동에 참가하라. 그 그룹의 구조에 대해 이미지를 만들어보라. 어떻게 그 그룹의 구조가 공연자들로 하여금 직무를 수행하게 할지 생각해보라. 혹시 그 구조가 개선을 위해 설계된 것인지 아니면 정적인 것인지 분석하라. 회사가 공연예술의 조직구조에서 배울 점이 있는가?

참고문헌

[1] W. Richard Scott, Org anizations: Rational, Natural, and Open Systems, 5th edition (Upper Saddle River, NJ: Prentice Hall, 2003), p. 11; and R. H. Coase, "The Nature of the Firm," Economica , Vol. 4, No. 16, 1937, pp. 386–405.

[2] Danny Miller and John O. Whitney, "Beyond Strategy: Configuration as a Pillar of Competitive Advantage," Business Horizons, May–June 1999, pp. 5–17.

[3] Edgar H. Schein, "Three Cultures of Management: The Key to Organizational Learning," Sloan Management Review, Fall 1996.

[4] Ira C. Harris and Timothy W. Ruefli, "The Strategy/Structure Debate: An Examination of the Performance Implications," Journal of Management Studies, Vol. 37, No. 4, 2000, pp. 587–603.

[5] Jan W. Rivkin and Michael Roberto, "Federal Bureau of Investigation, 2001 (Abridged)," Harvard Business School Case No. 9-710-450, rev. May 24, 2010 (Boston, MA: HBS Publishing, 2010), pp. 1–2.

[6] Jan W. Rivkin and Michael Roberto, "Federal Bureau of Investigation, 2001 (Abridged)," Harvard Business School Case No. 9-710-450, rev. May 24, 2010 (Boston, MA: HBS Publishing, 2010), p. 4.

[7] Jan W. Rivkin and Michael Roberto, "Federal Bureau of Investigation, 2001 (Abridged)," Harvard Business School Case No. 9-710-450, rev. May 24, 2010 (Boston, MA: HBS Publishing, 2010), p. 6.

[8] Jan W. Rivkin and Michael Roberto, "Federal Bureau of Investigation, 2001 (Abridged)," Harvard Business School Case No. 9-710-450, rev. May 24, 2010 (Boston, MA: HBS Publishing, 2010), pp. 4–5.

[9] Jan W. Rivkin and Michael Roberto, "Federal Bureau of Investigation, 2001 (Abridged)," Harvard Business School Case No. 9-710-450, rev. May 24, 2010 (Boston, MA: HBS Publishing, 2010), p. 10.

[10] Jan W. Rivkin, Michael Roberto, and Ranjay Gulati "Federal Bureau of Investigation, 2007," Harvard Business School Case No. 9-710-451 (Boston, MA: HBS Publishing, 2010), p. 2.

[11] Jan W. Rivkin, Michael Roberto, and Ranjay Gulati "Federal Bureau of Investigation, 2007," Harvard Business School Case No. 9-710-451 (Boston, MA: HBS Publishing, 2010), p. 5.

[12] Jan W. Rivkin, Michael Roberto, and Ranjay Gulati "Federal Bureau of Investigation, 2007," Harvard Business School Case No. 9-710-451 (Boston, MA, MA: HBS Publishing, 2010), p. 5.

[13] Jan W. Rivkin, Michael Roberto, and Ranjay Gulati "Federal Bureau of Investigation, 2009," Harvard Business School Case No. 9-710-452, rev. May 18, 2010 (Boston, MA: HBS Publishing, 2010), p. 1.

[14] Jan W. Rivkin, Michael Roberto, and Ranjay Gulati "Federal Bureau of Investigation, 2009," Harvard Business School Case No. 9-710-452, rev. May 18, 2010 (Boston, MA: HBS Publishing, 2010), pp. 1–2.

[15] Jan W. Rivkin, Michael Roberto, and Ranjay Gulati "Federal Bureau of Investigation, 2009," Harvard Business School Case No. 9-710-452, rev. May 18, 2010 (Boston, MA: HBS Publishing, 2010), pp. 2–4.

[16] Jan W. Rivkin, Michael Roberto, and Ranjay Gulati "Federal Bureau of Investigation, 2009," Harvard Business School Case No. 9-710-452, rev. May 18, 2010 (Boston, MA: HBS Publishing, 2010), pp. 4–5.

[17] Jan W. Rivkin, Michael Roberto, and Ranjay Gulati "Federal Bureau of Investigation, 2009," Harvard Business School Case No. 9-710-452, rev. May 18, 2010 (Boston, MA: HBS Publishing, 2010), pp. 5–8.

[18] Alfred D. Chandler, Jr., Strategy and Structure: Chapter s in the History of American Industrial Enterprise (Cambridge, MA: MIT Press, 1962).

[19] Terry L. Amburgey and Tina Dacin, "As the Left Foot Follows the Right? The Dynamics of Strategic and Structural Change," Academy of Management Journal, Vol. 37, No. 6, 1994, pp. 1427–1452.

[20] Robert Simons, Levers of Organization Design: How Managers Use Accountability Systems for Greater Performance and Commitment (Boston, MA: HBS Press, 2005), p. 17.

[21] This section on Organizational Design Decisions is extensively drawn from Nitin Nohria, "Note on Organization Structure," Harvard Business School Note No. 9-491-083, rev. June 30, 1995 (Boston, MA: HBS Publishing, 1991).

[22] Gregory A. Bigley and Karlene H. Roberts, "The Incident Command System: High-Reliability Organizing for Complex and Volatile Task Environments," Academy of Management Journal, Vol. 44, No. 6, 2001, pp. 1281–1299.

[23] William G. Ouchi, "A Conceptual Framework for the Design of Organizational Control Mechanisms," Management Science, Vol. 25, No. 9, 1979, pp. 833–848.

[24] Eric M. Olson, Stanley F. Slater, and G. Tomas M. Hult, "The Importance of Structure and Process to Strategy Implementation," Business Horizons, Vol. 48, 2005, pp. 47–54; and B. R. Baliga and Alfred M. Jaeger, "Multinational Corporations: Control Systems and Delegation Issues," Journal of International Business Studies, Vol. 15, Fall 1984, pp. 25–40.

[25] Peter H. Grinyer and Masoud Yasai- Ardekani, "Dimensions of Organizational Structure: A Critical Replication," Academy of Management Journal, Vol. 23, No. 3, 1980, pp. 405–421.

[26] W illiam G. Ouchi, "Markets, Bureaucracies, and Clans," Administrative Science Quarterly Vol. 25, 1980, pp. 129–141.

[27] James R. Barker, "Tightening the Iron Cage: Concertive

Control in Self-Managing Teams," Administrative Science Quarterly, Vol. 38, 1993, pp. 408–437.
[28] Organization Theory: Selected Readings, 2nd edition, D. S. Pugh, ed. (Middlesex, England: Penguin, 1984), p. 10.
[29] Linda A. Hill and Jennifer M. Suesse, "Sun Hydraulics: Leading in Tough Times (A), Abridged," Harvard Business School Case No. 9-403-139, rev. May 6, 2003, (Boston, MA: HBS Publishing, 2003).
[30] Richard E. Walton, "From Control to Commitment in the Workplace," Harvard Business Review, March–April 1985, pp. 77–84.
[31] James R. Barker, "Tightening the Iron Cage: Concertive Control in Self-Managing Teams," Administrative Science Quarterly, Vol. 38, 1993, pp. 408–437.
[32] Richard L. Daft and Norman B. Macintosh, "The Nature and Use of Formal Control Systems for Management Control and Strategy Implementation," Journal of Management, Vol. 10, No. 1, 1984, pp. 43–66.
[33] B. R. Baliga and Alfred M. Jaeger, "Multinational Corporations: Control Systems and Delegation Issues," Journal of International Business Studies, Vol. 15, Fall 1984, pp. 25–40.
[34] Jan W. Rivkin and Nicolaj Siggelkow, "Balancing Search and Stability : Interdependencies Among Elements of Organizational Design," Management Science, Vol. 49, No. 3, 2003, pp. 290–311.
[35] Nitin Nohria, "Note on Organization Structure," Harvard Business School Note No. 9-491-083, rev. June 30, 1995 (Boston, MA: HBS Publishing, 1991), p. 4.
[36] Nitin Nohria, "Note on Organization Structure," Harvard Business School Note No. 9-491-083, rev. June 30, 1995 (Boston, MA: HBS Publishing, 1991), p. 4.
[37] Nitin Nohria, "Note on Organization Structure," Harvard Business School Note No. 9-491-083, rev. June 30, 1995 (Boston, MA: HBS Publishing, 1991), p. 4.
[38] R. Duane Ireland and Justin W. Webb, "Strategic Entrepreneurship: Creating Competitive Advantage Through Streams of Innovation," Business Horizons, 2007, p. 55.
[39] Nitin Nohria, "Note on Organization Structure," Harvard Business School Note No. 9-491-083, rev. June 30, 1995 (Boston, MA: HBS Publishing, 1991), p. 4.
[40] David Collis,"Managing the Multibusiness Corporation," Harvard Business School Note No. 9-391-286, rev. April 24, 1997 (Boston, MA: HBS Publishing, 1991), p. 1.
[41] Nitin Nohria, "Note on Organization Structure," Harvard Business School Note No. 9-491-083, rev. June 30, 1995 (Boston, MA: HBS Publishing, 1991), p. 7.
[42] Nitin Nohria, "Note on Organization Structure," Harvard Business School Note No. 9-491-083, rev. June 30, 1995 (Boston, MA: HBS Publishing, 1991), p. 6.
[43] Michael Goold and Andrew Campbell, "Making Matrix Structures Work: Creating Clarity on Unit Roles and Responsibility," European Management Journal, Vol. 21, No. 3, 2003, pp. 361–363.
[44] Michael Goold and Andrew Campbell, "Making Matrix Structures Work: Creating Clarity on Unit Roles and Responsibility," European Management Journal, Vol. 21, No. 3, 2003, pp. 361–363.
[45] Alan Hurwitz, "Organizational Structures for the 'New World Order,'" Business Horizons, May–June 1996, pp. 5–14.
[46] Nitin Nohria, "Note on Organization Structure," Harvard Business School Note No. 9-491-083, rev. June 30, 1995 (Boston, MA: HBS Publishing, 1991), p. 6.
[47] Jeffrey T. Polzer and Alison Berkley Wagonfeld, "Flextronics: Deciding on a Shop-Floor System for Producing the Microsoft Xbox," Harvard Business School Case No. 9-403-090, rev. August 23, 2004 (Boston, MA: HBS Publishing, 2003).
[48] Gregory G. Dees, Abdul M.A. Rasheed, Kevin J. McLaughlin, and Richard L. Priem, "The New Corporate Architecture," Academy o f Management Exe cuti ve, Vol. 9, No. 3, 1995, pp. 7–18.
[49] Nitin Nohria, "Note on Organization Structure," Harvard Business School Note No. 9-491-083, rev. June 30, 1995 (Boston, MA: HBS Publishing, 1991), p. 8.
[50] Melissa A. Schilling and H. Kevin Steensma, "The Use of Modular Organizational Forms: An Industry-Level Analysis," Academy of Management Journal, Vol. 44, No. 6, 2001, pp. 1149–1168.
[51] Nitin Nohria, "Note on Organization Structure," Harvard Business School Note No. 9-491-083, rev. June 30, 1995 (Boston, MA: HBS Publishing, 1991), p. 8.
[52] Herbert A. Simon, Administrati v e Behavior: A Study of Decision-Making Processes in Administrative Organizations, 3rd edition (New York, NY: The Free Press, 1976).
[53] Khandwall (1977), Stinchcombe (1959), Kimberly (1976), Blau et al. (1976), Reimann (1973), and Pugh et al. (1968) quoted in B. R. Baliga and Alfred M. Jaeger, "Multinational Corporations: Control Systems and Delegation Issues," Journal of International Business Studies, Vol. 15, Fall 1984, pp. 25–40.
[54] David F. Hawkins, "Introduction to the Management Control Process," Harvard Business School Note No. 9-105-044 rev. May 5, 2005 (Boston, MA: HBS Publishing, 2005), p. 3.
[55] Jeffrey A. Alexander, "Adaptive Change in Corporate Control Processes," Academy of Management Journal, Vol. 34, No. 1, 1991, pp. 162–193.
[56] Jeffrey A. Alexander, "Adaptive Change in Corporate Control Processes," Academy of Management Journal, Vol. 34, No. 1, 1991, pp. 162–193.
[57] Jeffrey A. Alexander, "Adaptive Change in Corporate Control Processes," Academy of Management Journal, Vol.

34, No. 1, 1991, pp. 162–193, and B. R. Baliga and Alfred M. Jaeger, "Multinational Corporations: Control Systems and Delegation Issues," Journal of International Business Studies, Vol. 15, Fall 1984, pp. 25–40.

[58] D. S. Pugh, "The Measurement of Organization Structures: Does Context Determine Form?," Organization Theory: Selected Readings , 2nd edition, D. S. Pugh, ed. (Middlesex, England: Penguin, 1984), p. 75; and William G. Ouchi, "A Conceptual Framework for the Design of Organizational Control Mechanisms," Management Science, Vol. 25, No. 9, 1979, pp. 833–848.

[59] David Collis, "Managing the Multibusiness Corporation," Harvard Business School Note No. 9-391-286, rev. April 24, 1997 (Boston, MA: HBS Publishing, 1991), p. 5.

[60] David Collis, "Managing the Multibusiness Corporation," Harvard Business School Note No. 9-391-286, rev. April 24, 1997 (Boston, MA: HBS Publishing, 1991), p. 2.

[61] Paul R. Lawrence and Davis Dyer, Renewing American Industry (New York, NY: The Free Press, 1983), p. 4.

[62] Allen C. Bluedorn, "Pilgrim's Progress: Trends and Convergence in Research on Organizational Size and Environments," Journal of Management, Vol. 19, No. 2, 1993, pp. 163–191.

[63] Ken G. Smith, Terrence R. Mitchell, and Charles E. Summer, "Top Level Management Priorities in Different Stages of the Organizational Life Cycle," Academy of Management Journal, Vol. 28, No. 4, 1985, pp. 815–816.

[64] Ken G. Smith, Terrence R. Mitchell, and Charles E. Summer, "Top Level Management Prioritiesin Different Stages of the Organizational Life Cycle," Academy of Management Journal, Vol. 28, No. 4, 1985, pp. 817–818.

[65] Jan W. Rivkin and Nicolaj Siggelkow, " Balancing Search and Stability: Interdependencies Among Elements of Organizational Design," Management Science, Vol. 49, No. 3, 2003, pp. 290–311.

[66] Charles A. O'Reilly III and Michael L. Tushman, "The Ambidextrous Organization," Harvard Business Review, April 2004.

[67] David Lei and John W. Slocum, Jr., "Organization Designs to Renew Competitive Advantage," Organizational Dynamics, Vol. 31, No. 1, 2002, pp. 1–18.

[68] Julian Birkinshaw and Cristina Gibson, "Building Ambidexterity Into an Organization," Sloan Management Review, Vol. 45, No. 4, Summer 2004, pp. 47–55.

[69] Julian Birkinshaw and Cristina Gibson, "Building Ambidexterity Into an Organization," Sloan Management Review, Vol. 45, No. 4, Summer 2004, pp. 47–55.

[70] Ranjay Gulati, "Silo Busting: How to Execute on the Promise of Customer Focus," Harvard Business Review, May 2007.

[71] Ranjay Gulati, "Silo Busting: How to Execute on the Promise of Customer Focus," Harvard Business Review, May 2007.

[72] Ranjay Gulati, "Silo Busting: How to Execute on the Promise of Customer Focus," Harvard Business Review, May 2007.

[73] Ranjay Gulati, "Silo Busting: How to Execute on the Promise of Customer Focus," Harvard Business Review, May 2007.

[74] Ranjay Gulati, "Silo Busting: How to Execute on the Promise of Customer Focus," Harvard Business Review, May 2007.

[75] Ranjay Gulati, "Silo Busting: How to Execute on the Promise of Customer Focus," Harvard Business Review, May 2007.

제 8 장

조직문화

학습목표

이 장을 공부한 후 다음을 할 수 있도록 한다.

- 업무가 어떻게 이루어지며 어떤 활동과 실행이 기업 내에서 가치가 있는지에 대해 문화가 체계와 토대를 제공하는 방식 설명하기
- 문화의 3가지 수준인 1) 인위적 내용, 2) 가치와 신념, 3) 추정 구별하기
- 기업 내에서 문화가 개발되고, 영향을 미치며, 사회화되는 방식 설명하기
- 기업문화가 어떻게 조직성과에 영향을 미치는지 설명하기
- 기업이 새로운 환경적 난관에 부딪치는 경우 또는 기업이 적응해야 하는 경우 문화가 하는 역할 설명하기

장의 개요

서론

문화란 무엇인가?

조직문화의 수준

- 인위적 사항
- 신념과 가치
- 추정

문화는 어떻게 개발되는가?

- 창립자의 역할
- 조직 리더의 역할
- 팀의 역할
- 문화의 사회화

문화는 어떻게 성과에 영향을 미치는가?

문화와 결정적 순간

- 합병 및 인수에서의 문화 평가
- 새로운 상황맥락에 대한 문화의 적응

요약

주요 용어

과제

참고문헌

자기성찰 MANAGEMENT

나는 기업문화 인류학자인가?

기업문화 인류학자는 고대 문명의 유물을 찾아내기 위해 땅속을 파헤치지는 않는다. 대신 그는 조직 구성원이 목표를 달성하기 위해 일할 때 어떻게 집단적으로 생각하고, 행위하며, 느끼는지에 대한 조직행동을 체계적으로 관찰하고 연구한다. 나 자신을 기업문화 인류학자로 생각하고 다음의 진술문에 '네' 혹은 '아니오'로 답해 보라.

1. 나는 적절한 행동에 대해 공유되어 있는 추정이 조직 구성원의 행위를 이끌고 있음을 인정한다.
2. 나는 가치와 신념이 어떻게 조직 구성원 스스로 역할을 이해하도록 하는지 알고 있다.
3. 나는 이야기와 신화가 어떻게 조직 가치를 전하고 있는지 이해하고 있다.
4. 나는 문화를 상징적으로 대표하는 주인공을 조직이 갖고 있음을 인식하고 있다.
5. 나는 의식 절차가 어떻게 조직문화를 강화시키는지 보아왔다.
6. 나는 의식이 어떻게 조직 구성원을 사회화시키는 데 도움을 주고 있는지에 익숙하다.
7. 조직을 분석할 때에 나는 그 문화를 이해하기 위해 물리적 · 인위적 사항들을 찾아본다.
8. 나는 조직 설립자가 어떻게 문화에 영향을 미치고 있는지 이해하고 있다.
9. 나는 리더가 한 조직문화를 예증해주는 롤모델임을 알고 있다.
10. 나는 조직문화와 성과 사이에 정신적 연관을 지을 수 있다.

만약 위 질문의 대다수에 '네'라고 답했다면 기업문화 인류학자가 될 다분한 소질을 갖고 있다.

서론

그곳에서는 사장에서부터 문지기까지 모든 사람이 스스로를 '신사 및 숙녀'라 부르며, 모든 직원이 손님에게 "답은 '그렇습니다'입니다. 자, 질문은 무엇이죠?"라고 말하는 곳이다. 그곳은 뛰어난 명성이 오래 유지되어왔을 뿐 아니라 해가 갈수록 계속 성장해온 회사다. 1980년대에 다른 회사들이 고객 및 직원과 관련된 경비를 줄여나가고 있을 때 이 회사는 오히려 더 양질의 서비스를 전달하고, 직원 및 과정의 효과를 키우면서 더 많은 훈련에 투자해오고 있었다. 그 회사는 바로 Ritz-Carlton이다.

Ritz-Carlton은 어떻게 이러한 성장과 지속가능한 품질을 오랫동안 보여주어 왔는가? 물론 이 질문에 단 하나의 답변만 있는 것은 아니다. 그러나 만약 원천적 성공에 대한 토대가 있었다면 그것은 바로 회사의 조직문화다. 직원들은 회사가 자신에 대해 바라는 기대를 알고 있다. 그들은 서비스의 넉넉한 정신과 고품질에 대한 헌신을 구체화시킨다. 서비스와 품질은 Ritz-Carlton 브랜드의 특징이며 조직문화의 정수다. 사실 각 직원은 고객에 관한 사항 하나를 해결하는 데 2,000달러까지 쓸 권한이 부여되어 있으며 이에는 어떠한 질문도 하지 않는다.

Vespasian/Alamy

Ritz-Carlton의 직원 한 명은 심지어 호텔 손님의 결혼 프러포즈를 도와주기까지 했다. 그 손님은 호텔 직원에게 해변에 의자 2개를 놓아달라고 부탁했는데 그 이유는 그날 저녁 여자친구에게 프러포즈할 계획이었기 때문이었다. 해변에 왔을 때 그는 의자들이 아름다운 꽃으로 장식되어 있음을 발견했다. 그와 여자친구는 턱시도로 갈아입은 호텔 직원의 에스코트를 받았다. 그는 두 연인을 탁자로 데려간 다음 촛불을 켜고 샴페인 한 병을 선물했다. 이 모든 것은 호텔 경영진의 승낙 또는 허락 없이 이루어진 일이었다. Ritz-Carlton 직원은 단지 그가 요청받았던 일만 한 것이 아니었다. 그는 두 명의 호텔 손님을 위한 잊혀지지 않는 경험을 만들어주기 위해 그 이상의 일을 한 것이었다. 이러한 추억을 만들어내는 것이 Ritz-Carlton의 문화 중 핵심이다.

Ritz-Carlton과 마찬가지로 대부분의 조직은 새로운 수준의 성장과 성과에 도달하길 원한다. 최첨단의 기술, 새로운 전략, 새로운 계획 등을 이행함으로써 이윤을 증가시키고, 원가는 낮추고, 생산성은 개선시키며, 가치를 구축하려는 시도를 하고 있다. 그럼에도 불구하고 새로운 계획은 실패하고, 합병은 잘 안 되며, 장기적으로 개선되는 성과는 항상 일어나는 것은 아니다. 이러한 실패는 조직문화를 적절하게 다루지 못해 초래된다.

조직문화는 업무가 어떻게 성취되며 어떠한 활동과 실행이 직원들에 의해 소중하게 생각되는지에 대한 토대와 체계를 제공해준다. 앞 장에서는 조직이 어떻게 설계되어야 직원들이 전략 목표를 추구하는 것을 가능하게 하는지 검토했다. 하지만 조직설계 자체만으로는 직원들이 전략 목표를 달성할 수 없다. 직원들이 실제 어떻게 행동해야 하며, 궁극적으로 성과를 어떻게 달성할 수 있는지 모양을 만들어주는 것은 바로 조직문화다. 문화는 단조로운 조직구조를 살아있는 3차원의 실체로 완전히 바꾸어 놓는다.

많은 회사는 일상의 요구사항들이 문화로 만들어질 수 있도록 올바른 자원 또는 필요한 자원을 할당하는 일에서부터 문화를 잘못 추구하고 있다. 가장 큰 성과를 거둔 회사는 자사의 조직문화가 성공의 바탕이라 강조한다. 3M을 생각해보자. Post-it Notes로 유명한 3M은 계속적으로 업계를 이끌어왔는데 그것은 창의성과 혁신을 조성하는 문화를 만들어줌으로써 가능했다. 3M에서는 "직원들이 팀 내에서 일하고, 아이디어에 도전하며, 위험을 감수함으로써 새롭고 개선된 제품과 과정을 개발해내는 것이라 믿고 있다."

그 핵심에는 직원들의 행동을 이끌며 그리하여 어떻게 생각하고, 느끼며, 행동하는지를 거의 무의식적 수준에서도 탐구하게 하는 독특한 조직문화가 있다. 조직이 진화하고 전후 맥락적 상황이 변화함에 따라 회사의 문화를 조정하는 일이 필요한데 여기에는 잘되는 것은 강화시키고, 잘되지 않는 것은 없애며, 그리하여 새로운 절차 또는 활동을 만드는 일이 포함된다. 이러한 의미에서 문화는 역동적이다. 장기간에 걸쳐 성공을 거두는 조직은 자신의 문화를 만들어가는 데 성공한 조직이다.

이 장에서는 문화의 정수, 즉 경쟁우위의 동인을 어떻게 개발하며 어떻게 그렇게 될 수 있는지를 탐구한다. 또한 리더가 조직문화를 형성할 때의 역할을 검토한다. 문화를 이해하는 것이 특히 중요한 상황을 한 조직이 다른 조직과 합병하는 경우, 기업이 경쟁하고 있는 외부 상황이 변하는 경우 등을 포함시켜 설명한다. 문화에 대해 더 배우기 위해 Cisco Systems의 사례를 살펴보자.

Cisco Systems

Cisco Systems는 컴퓨터 네트워킹 장비산업에서 선도기업 중 하나로 1990년대의 호황 동안 수익 측면에서 경쟁자들을 훨씬 앞섰으며 2001년 업계의 경제 하락세에서도 훌륭히 생존했다. 최고 정점에 있을 때인 2000년에 Cisco는 가장 근접한 경쟁자인 3Com보다 200억 달러나 많은 수익을 올렸다. Cisco에 대한 평가보고서에 따르면 "Cisco는 Microsoft가 PC 소프트웨어 부문에서 해왔던 것을 네트워크 부문에서 하고 있다." 많은 요인들이 Cisco의 성과에 기여했지만 회사가 거둔 성공 중 상당 부분은 고객 중심적이면서도 공격적인 양면성을 갖춘 문화가 기여한 바가 컸다.

Cisco의 고객 중심 문화는 근본적으로 철저히 구축된 것이었다. 샌프란시스코 인근에 살던 Sandy Lerner와 Leonard Bosack 부부는 첫 번째 라우터(router)를 만들어 판매하자마자 가장 중요한 것은 고객이 하는 말에 귀를 기울여야 한다는 것이었다. 고객의 대부분은 입소문을 듣고 부부에게 찾아온 사람들이었다. Lerner는 자신이 할 수 있는 최선의 마케팅 전략은 기술을 원하는 고객을 찾는 것보다 고객을 위한 해결책을 구축하는 것이었음을 깨달았다. 자신의 경험을 바탕으로 그녀는 신생 회사 내에 'Customer Advocacy(고객지지)'라 이름붙인, 고객의 요구를 처리해주는 부서를 만들었다. Customer Advocacy 부서는 회사 조직 개편에서 세 번에 걸친 전환을 통해 회사의 중심이 되었다. Switching and Services 부문 수석부사장이자 전임 최고전략책임자 Mike Volpi에 따르면 Cisco의 경쟁자 대부분은 스스로를 '기술 회사'로 정의하는데 반해 Cisco의 경영진과 직원들이 갖고 있는 가장 기본적인 신념은 '고객을 위해 해결방안을 찾는 회사'이며 기술은 이 목표를 위한 수단으로 이용하고 있다는 것이다. 그는 이렇게 말했다. "우리는 제품에서 일어나는 혁신은 고객의 문제점을 해결하겠다는 개념에 의해 추진되고 있음을 분명히 해야 한다."

고객 중심 지향은 1995년 CEO로 취임한 John Chambers에 의해 조성되었다. Chambers에게 고객 중심 문화는, 고객에 관한 쟁점이 회사의 한 부서로 미루어지지 않는다는 것을 의미한다. 모든 직원이 고객에게 책임을 지는 것이다. 직원 상여금은 부분적으로는 고객만족 설문조사의 결과를 바탕으로 한다. 회사의 가치는 직원이 달고 있는 배지의 뒷면에 인쇄되어 있다. "No technology religion"(어떠한 기술도 신조가 아니다). 이는 회사가 고객에 집중할 것을 강조하는 의도가 담긴 평범한 문구다.

Chambers는 Cisco의 문화와 그 결과로 인한 성공에 오랫동안 영향을 미친 또 다른 가치를 창출했다. Chambers는 IBM에서 근무한 후 Cisco로 왔는데 IBM의 지나친 조심성이 불만이었다. IBM이 행동에 적극적이지 못한 것은 시장에서 우위를 잃어가고 있는 것에 부분적으로는 책임이 있다. Chambers가 Cisco에 취임했을 때 같은 실수를 되풀이하지 않겠다고 결심했다. 그는 위험스럽고도 공격적인 결정을 내리는 경우가 종종 있었는데 그가 내린 결정은 빠른 속도의 네트워킹 산업에 필요한 것이었다.

Chambers의 결정 중 많은 부분이 공격적인 성장에 중점을 두는 것이었다. 그리하여 1993~2001년 사이에 71개 회사의 인수를 감독했다. Cisco가 획득한 회사들 중 대다수는 기술 혁신을 제공하던 작은 신생기업이었으며 이는 Cisco로 하여금 고객에게 완전한 솔루션을 제공하는 것을 가능하게 해주었지만 성공 잠재성은 미지수였다.

합병과 인수 도박에서 몇몇은 값비싼 실패를 보았다. 하지만 대부분은 성공을 거두었다. 그 바탕은 문화적으로 잘 맞고 고객 중심적인 사고방식을 갖고 있는 회사들을 인수하려 애썼기 때문이었다. 그러나 비록 문화적으로는 유사한 작은 회사들이라 해도 동화작용에는 약간의 변화가 요구된다. Chambers는 인수한 모든 회사들이 그 변화를 수행할 것을 요구했다. 그는 새 직원들을 위해 집중적으로 오리엔테이션을 했으며 이는 Cisco의 문화를 받아들이고 Cisco의 가치를 받아들이는 것을 가능하게 했다.

Cisco의 숫자가 직원수와 고객수 모두에서 성장함에 따라 그리고 경기침체가 산업을 강타함에 따라 오랫동안 간직해온 고객 중심의 문화를 유지할 것인지에 대한 난관에 봉착하게 되었다. 2002년에 불경기를 견딘 후 Cisco 임원들은 시장 변화의 대응으로 회사를 개편했다. 조정 작업은 회사 그룹을 이전에 조직되었던 고객 유형을 중심으로 하기보다 기술의 8가지 유형을 중심으로 재편성하는 것이었다. 회사는 새로운 구조가 공격적인 장기 목표를 달성하는 데 도움이 되기를 바랐지만 새 구조는 회사의 문화적 성향을 반영하지 못한다는 것을 알게 되었다. 경영진은 Customer Focus Initiative(고객 중점 계획)를 출범시켜 고객 중심 문화를 강화하려 했다. 이 계획에 따라 수많은 고객들을 관찰하면서 경향을 확인하고 욕구를 예상했다. 각각의 고객에 대해 모든 정보를 수집하고 그 데이터를 기반으로 솔루션을 찾아내는 데 이용했다. 이 계획의 좌우명은 '경청하라–공유하라–전달하라'였다. 경청하고, 공유하며, 전달함에 따라 Cisco는 고객의 친밀감과 충성심이 증가한다는 것을 확인했다.

비록 Cisco가 환경에 맞추어 변화를 하기는 했지만 핵심 가치, 즉 고객서비스, 혁신, 신중한 위험부담은 확고부동하게 집중해왔다. 이 가치는 회사의 기본 구조에 녹아들었으며 직원들은 만약 성공하기 원한다면 그 가치에 따라 일해야 한다는 것을 알고 있다.

적합한 사례 **Cisco Systems**

1. Cisco의 창립자는 어떻게 회사 문화에 영향을 주었는가?
2. Customer Advocacy는 어떻게 Cisco 문화의 요인이 되었는가? 이 문화적 요인은 Cisco를 경쟁자들로부터 어떻게 차별되도록 했는가?
3. John Chamber가 Cisco의 CEO가 되었을 때 그는 어떻게 고객 중심의 문화를 계속 유지할 수 있었는가?
4. Cisco는 인수합병의 대부분에서 어떻게 성공을 거두었는가?

문화란 무엇인가?

문화에 대한 가장 기본적인 설명은 조직 내의 개인들이 독특하게 그리고 집단적으로 생각하고, 느끼며, 행하는 방식이다. 문화는 종종 "한 집단에 의해 문제점을 해결해주는 것으로 학습되었던, 유효한 것으로 충분히 생각될 만큼 잘 적용되었던, 그리하여 새로운 구성원에게 문제점과 관련해 인지하고, 생각하며, 느끼는 올바른 방식"으로 정의된다. 즉 문화는 직원들에게 일을 어떻게 해야 할지 그리고 회사 내에서 어떻게 상호작용할지에 대한 로드맵과 규칙을 제공해주는 것이다. 문화는 안정성, 일관성, 의미하는 것에 대한 인간의 필요성에 반응한다. 여러 요소들이 한 기업의 문화적 기원을 판독하는 데 도움이 된다.

- **회사의 가치와 철학, 목적에 대한 적합성**: 광범위한 정책과 이념적인 원칙이 주주, 직원, 고객, 기타 이해관계자를 지향하는 한 집단의 행위를 이끈다. 그 집단이 성취하기 위해 노력하고 있는, 공식적으로 발표된 원칙 및 가치는 무엇인가? 무엇이 그 회사의 목적인가? Ritz-Carlton과 Cisco를 놓고 보면 그 핵심적 가치는 고객 서비스다.
- **조직의 경계에 대한 이해**: 한 조직의 규칙을 이해한다는 것은 그 조직이 무엇을 가치 있는 것으로 생각하는지 그리고 직원들에게 무엇을 기대하고 있는지 새로운 구성원이 이해하는 데 도움이 된다. 이는 직원의 열성을 기업의 가장 중요한 측면에 맞추도록 하는 데 도움이 된다. Progressive Insurance의 새로운 최고마케팅책임자로서 Jeff Charney는 처음으로 참석한 회의석상에서 'COMPLACENCY (자기만족), GOSSIP(험담), ME, ME, ME(나에게)'라고 쓰인 라벨이 붙어 있는 빈 맥주병들을 방망이로 깨버렸다. 이 극적 행위는 마케팅팀을 위한 새로운 분위기, 즉 내분과 영역 보호가 아니라 협업과 팀워크에 집중하겠다는 것을 강조한 것이었다.

문화(Culture)
조직 내의 개인들이 독특하게 그리고 집단적으로 생각하고, 느끼며, 행하는 방식

- **회사 내 힘의 구조에 대한 이해:** 힘을 성취하고, 지키며, 잃게 되는 규칙을 확인하는 것도 역시 무엇이 옳으며 무엇이 적합하지 않은지에 대한 조직의 전제를 드러나게 하는 데 도움이 된다.
- **일의 규칙과 규범에 대한 이해:** 조직 내의 사람들이 어떻게 상호작용하고 있는가? 이야기를 통해 그리고 부적절한 행동에 대한 제재 등을 통해 한 세대의 직원들로부터 다음 세대의 직원들로 전승되고 있는 "공정한 하루의 임금을 위한 공정한 하루의 일"이라는 규범 등 작업 집단 내에서 전개되고 있는 묵시적 기준과 가치가 무엇인지 확실하게 하는 데 도움이 된다. 강한 규범은 조직의 우선순위와 기대를 증가시켜주며 그 결과 성과에 대한 더 나은 이해, 궁극적으로는 더 큰 효율성으로 이어진다.
- **회사의 보상 및 처벌 시스템에 대한 평가:** 승진, 중요한 프로젝트의 완수, 획기적 사건 등 구성원에 의한 중요한 가치 또는 중요한 진전을 반영하는데 관심이 되는 사안들을 축하해주는 방식을 살펴봄으로써 평가될 수 있다. 반대로 처벌을 받거나 무시된 행동을 살펴보는 것은 그 조직문화에 더 많은 단서를 제공해준다.

여러분의 대학 탐색 과정에 대해 생각해보라. 여러분이 받았을 중요한 한마디의 조언은 '적합한' 학교를 찾아보라는 것이었다. 어떤 상담원은 '적합한 캠퍼스'에 발을 내딛으면 그 의미를 알게 될 것이라고 말했을 수도 있다. 그 말은 옳을 수 있으며 여러분은 그곳에서 자신의 모습을 그려볼 수도 있다. 캠퍼스의 분위기, 학습 모델, 교육 철학, 과외 활동, 전체적인 정신 등은 대학문화의 요소들이다. 이 요소들 중 캠퍼스의 인프라 등을 포함해 어떤 것은 분명한 것인 반면 다른 것들은 미묘하다. 그래서 무엇을 가치 있게 여기는지, 무엇이 중요한 것인지에 더 탐구하도록 요구한다. 탐색 과정의 중심에는 자신과 대학 사이의 올바른 어울림을 찾아내는 것이다. 동일한 교훈이 어떤 직무를 살피는데도 적용된다. 즉 자신과 가치 있다고 여기는 것이 잘 맞는 문화를 찾아내는 것이다.

조직문화의 수준

문화는 조직에 대한 수많은 측면들로부터 추론될 수 있다. 일부는 가시적인 반면 다른 것들은 숨겨져 있다. 문화를 이해하려면 서로 다른 문화의 수준과 그것이 갖고 있는 표현들을 이해해야 한다. Nordstrom 상점에 가면 독특한 문화에 대한 느낌을 갖기 시작할 것이다. Nordstrom은 대부분의 다른 백화점들보다 더 높은 품질의 조명과 바닥재를 사용하고 있다. 상점들은 깨끗하고 잘 정돈되어 있다. 나무랄 데 없는 외관 이상으로 판매사원의 친절함과 도움을 주려는 마음을 파악할 것이다. 만약 Nordstrom에 자주 들린다면 판매직원들이 얼마만큼 친절히 봉사하고 있는지를 알게 될 것이다. 예를 들어 지구 반대편에서 한 벌의 바지를 구매한 외국 고객이 미국의 Nordstrom에 가지고 와서

AP Photo/Elaine Thompson

환불할 수 있냐고 물었다. 믿을 수 없게도 젊은 점원(매니저도 아니다)은 고객에게 바지를 얼마에 구입했냐고 물은 뒤 금전등록기로 가서는 해당 금액을 환불해준다.

어떻게 그리고 왜 그 직원은 고객에게 이러한 방법으로 서비스할 수 있는 권리를 부여받았을까? 이 질문에 대한 답변은 Nordstrom에 새겨진 문화에 놓여 있다. Ritz-Carlton과 아주 흡사하게 Nordstrom은 직원들에게, 고객에게 봉사하는 일이라면 무엇이든 받아들이는 것을 허용하는 문화를 구축해왔다. 직원은 무엇을 해야 할지 물을 필요가 없다. 자신의 조직이 무엇을 기대하고 있는지 알기 때문이다.

한 조직문화는 수많은 수준에서 이해될 수 있다. 인위적 사항(관찰될 수 있는 일상적 행동), 신념과 가치(조직 구성원에 의해 중요하다고 여기는 것), 추정 사항(왜 조직 구성원이 그렇게 행위하는지에 대한 내재된 본질) 등이 포함된다. 관리자는 조직문화를 이해하고 평가하기 위해 가시적인 인위적 사항으로부터 출발해 그에 의해 만들어지는 과정을 파악해야 한다. 이것이 의미하는 바는 문제점 및 추정 사항을 형성한 배경을 확인하는 것과 아울러 인위적 사항의 배후 추정 사항을 알아내는 일이다.

인위적 사항

인위적 사항은 가시적인 조직구조, 과정, 언어 등이다. 문화의 가장 가시적인 수준은 회사의 인위적 사항이다. 그럼에도 불구하고 인위적 사항은 단지 문화의 표면에 지나지 않는다. 인위적 사항에는 "친숙하지 않은 문화를 갖고 있는 새로운 집단과 마주칠 때 사람들이 보고, 듣고, 느끼는 모든 현상"이 포함된다. 인위적 사항에는 그 조직의 가시적 생산품, 즉 그들의 언어, 기술, 예술적인 창작물, 양식, 공표된 가치 목록, 관측 가능한 의식 및 기념식 등이 포함된다. 조직문화의 이러한 가시적 수준은 식별하기 쉽다. 회사 내에 어떠한 인위적 사항이 존재하는지 그리고 그것들이 어떻게 실행되는지를 확인하는 것은 지극히 단순하다. 왜 인위적 사항이 존재하는지의 이유를 이해하는 것은 전혀 또 다른 일이다.

신념과 가치

인위적 사항을 초월해 문화는 한 조직이 모두 함께 배우는 터전으로 구성원이 들고 나오는 신념과 가치로부터 창조된다. 대개 신념과 가치는 조직 구성원이 인위적 사항에 부여하는 의미를 말한다. 조직의 신념과 가치는 조직 내에서 중요하다고 생각되는 것을 도출한다. 조직의 가치는 창립자로부터 유래되어 사람들이 그 회사에 입사함에 따라 전승된다.

인위적 사항(Artifacts)
가시적인 조직적 구조와 과정, 언어

신념과 가치(Beliefs and values)
어떤 조직의 구성원들이 인위적 사항들에 대해 부여하는 의미

리더십 개발의 여정 리더는 문화적 가정을 강화하려는 도구로 스토리텔링 기법을 이용한다. 스토리텔링 기법은 조직의 가치, 그 가치가 구성원이 목표를 달성하는 것을 어떻게 가능하게 하는지에 대해 분명한 그림을 보여줄 때 효과적인 리더십 실행이 될 수 있다. 어떤 리더가 목표를 가지고 가치를 일치시키기 위해 스토리로 의사전달하는 경우를 떠올려보라.

1. 그 스토리는 상황에 대한 통찰력 있는 설명을 제공함으로써 해당 단계를 어떻게 설정했는가?
2. 그 스토리는 주인공이 있었는가?
3. 가치를 의사소통하기 위해 어떤 사례들이 이용되었는가?
4. 그 스토리는 어떤 유형의 행위를 필요로 하는 것이었는가?
5. 그 스토리의 교훈은 무엇이었는가?

추정

회사의 명시적으로 표현된 신념과 가치의 배후에 있는 것은 한 회사가 갖고 있는 인위적 사항에 대한 실제 이유들과 문화의 진정한 실체다. 즉 한 조직의 근원적 가정이다. **추정**은 한때는 어떤 조직이 가지고 있는 신념으로부터 기인하는 행동이었다. 그 행동이 그것을 다루기 위해 만들어진 문제점을 성공적으로 해결함에 따라 점점 당연한 것으로 여겨지게 되었다. 일단 어떤 행동이 추정되면 신념 또는 가치와 달리 더 이상 가시적이지 않다. 오히려 그것은 고유하고, 본능적이며, 무의식적인 것이다. 일단 어떤 것이 추정되면 그것은 단지 구성원에게만 가시적이 될 수 있으며 본질적으로 조직 내부에 깊숙이 자리잡게 된다.

새로운 회사에 입사하면 관리자들과 직원들의 가장 큰 유혹은 문화의 인위적 사항—예를 들어 구성원의 전반적인 태도와 행동방식— 이며 이는 문화에 좋은 일이다. 하지만 인위적 사항은 현혹시키는 것이다. 그것은 별개로 평가될 수 있는 것은 아니며 근원에 의미를 두어야 한다. 그렇지 않으면 관리자는 'HP WAY(HP방식)'를 공언했지만 실제로는 이해하는 데 실패한 HP의 Carly Fiorina처럼 잘못된 판단에 처하게 될 수 있다.

추정(Assumption)
더 이상 가시적이지는 않지만 해당 조직 내에 깊이 자리잡게 된 어떤 집단이 가지고 있는 신념으로부터 기인하는 행동

Hewlett-Packard

HP보다 더 확연한 문화를 가지고 있던 조직은 거의 없었다. 회사의 창립자들은 비즈니스 모델을 이윤과 사람에 초점을 맞추었으며 'HP WAY'로 알려진 문화로 유명했다. 회사의 문화에는 "매출 성장, 팀워크, 개방 경영, 완전한 고용, 평등주의 보수 실행, 유연한 근무시간, 보다 더 많은 이윤"이 포함되어 있었다. 2000년 즈음에 HP는 세계에서도 상위에 드는 기술회사 중 하나가 되었으며 HP WAY는 회사를 〈Fortune〉의 '일하기 좋은 100대 기업'의 명단에 들어갈 수 있도록 해주었다.

1990년대 중반 HP는 "프린터 및 UNIX 컴퓨터 모두에서는 시장 선도기업 그리고 PC에서는 신흥세력"이 되었다. 지속적 성장은 회사에 새로운 난제를 가져다주었으며

1993년 은퇴한 두 창립자(Bill Hewlett과 David Packard)의 자리는 Lew Platt가 새로 리더가 되어 회사를 책임지게 되었다. Platt는 HP WAY의 확고한 신봉자였지만 일부는 그가 두 창립자가 가지고 있던 강한 비즈니스의 예리함은 부족하다고 생각했다. Platt는 변화의 필요성을 인지하고 있었으며 McKinsey&Company의 전략적 지도를 받아 비즈니스를 분리시켜 프린터와 컴퓨터에 집중했다. 그렇게 분리된 회사는 Agilent Technologies가 되었다.

GYI NSEA/iStockphoto.com

이러한 변화에도 불구하고 1990년대 말에는 수익 목표를 맞추느라 고투했으며 이사회는 회사를 전진시키는 데 도움이 될 새로운 리더십을 찾기 시작했다. 이사회는 "회사의 프로파일, 마케팅과 판매의 배경, HP 문화를 자극해줄 카리스마와 능력을 갖춘" 사람을 찾았다. Carly Fiorina는 Lucent Technologies에서 강력한 명성을 만들어냈으며 그 덕분에 HP를 새로운 방향으로 이끌도록 영입되었다. Fiorina는 즉시 HP의 문화를 변화시키고 HP WAY를 개편하는 작업을 시작했다. 취임 후 한 달 뒤에 열린 회의에서 그녀는 변화를 설명하는 한 사업부 수장을 가로막고는 이렇게 말했다, "분명히 해야 할 것이 있습니다. 당신은 당신의 숫자를 만드세요. 어떠한 변명도 있을 수 없습니다. 그리고 만약 당신의 숫자를 만들 수 없다면 나는 그렇게 할 수 있는 사람을 찾겠습니다."

Fiorina는 또한 전용 제트기를 구매함으로써 HP의 평등주의를 무시해버렸다. 이 행동은 당시 많은 CEO에게 특별한 일은 아니었지만 정규 항공사 비행기를 타고 일반석에서 매년 20만 마일을 날라다녔던 Lew Platt와 극명한 대조가 되었다. 이러한 변화에도 불구하고 Fiorina는 HP WAY의 중요성과 그것이 회사에 미치는 중요성을 계속 강조했다. 하지만 막후에서 Fiorina는 제품보다는 솔루션을 판매하는 쪽에 중점을 둠으로써 과감한 전략적 · 조직적 변화를 시행하기 시작했다. 일부 직원들과 이사회 구성원은 변화에 저항했지만 가장 과감한 변화는 Compaq Computer를 획득하겠다는 Fiorina의 결정과 함께 등장했다.

HP는 비즈니스 전략으로 인수를 이용한 적이 거의 없었지만 Fiorina는 Compaq와의 결합된 힘이 HP에게 경쟁상대인 IBM과 경쟁할 수 있는 힘을 줄 것으로 여겼다. 이 인수는 공동 창립자의 아들로 이사회 임원이었던 David Packard의 커다란 반대에 부딪쳤다. 합병이 끝난 후 Packard는 Fiorina를 상대로 주주들을 기만하려는 시도를 했다는 사유로 소송을 제기했으나 기각되었다. 새로운 회사는 35억 달러의 비용과 2만 명을 줄일 수 있었다. 비록 HP가 프린터 부문에서는 경쟁력을 유지하고 있었지만 PC 판매에서는 크게 개선을 이루지 못하고 있었다. 인수 후 가장 큰 변화는 문화에 대한 것이었다. 한때 수익성 추구에서 직원을 중심으로 운영되는 기업으로 유명했던 회사는 길을 잃게 되었다. 2003년 이후 HP의 직원들 중 절반 이상이 5년도 안 되는 근무경력을 갖게 되었으며 2003년에 HP가 '일하기 좋은 100대 기업'의 등재를 신청했을 때 등수에 들지 못했다. 게다가 HP의 내부 문서는 "직원들이 경영진의 신뢰성, 존경, 공정성 등에서 낮은 점수를 준다"고 기록되었다.

문화는 어떻게 개발되는가?

문화는 어떤 조직의 사람들에게서든 자연발생적으로 상호작용하여 행동 규범을 수립함에 따라 빠르게 개발되기 시작한다. 하지만 공식적 조직에서 문화의 중추는 대개 창립자와 함께 시작된다. 창립자는 보통 이전의 경험을 가지고 자신의 조직에 그것을 주입시킨다. 그것은 무언가 새로운 것을 창출하려는 창립자의 바람을 촉발시키는 규범이다.

예를 들어 Home Depot의 원래 창립자들은 자사 조직을 다른 무엇보다 고객에게 봉사한다는 이념을 바탕으로 세웠다. 이것은 자원을 어떻게 분배할 것인지, 점포는 어떻게 구성할 것인지 등에 영향을 주었지만 또한 고객과 어떻게 상호작용할지에 대해서도 영향을 주었다. Bob Nardelli가 Home Depot의 CEO로 취임했을 때 고객을 직접 응대하는 문화를 하향식으로 추진되는 운영성과에 초점을 맞추는 것으로 급진적 변화를 시도했다. 그 결과는 문화적 단절을 가져왔으며 결국 Nardelli는 CEO 직을 내놓았다.

> **다른 관점**
>
> 극단적 변화와 역경이 집단에서는 최고의 능력을 발휘하게 해줄 수 있다. 2010년 칠레에서 광산 붕괴가 일어났을 때 매몰된 33명의 광부에게는 특히 사실이 되었다. 그들은 모두가 안전하게 구조될 때까지 지하에서 믿기 힘든 69일을 생존했다. 생존 수단으로 33인은 자체적인 민주주의를 조직했다. 리더에게는 집단을 관리하고, 음식 배급제를 실시하고, 사람들을 통솔하고, 건강을 살피고, 구조대와 의사소통하고, 구조 후 가족 및 외부세계와의 홍보를 맡는 일이 할당되었다. 33인 모두는 구조될 때까지 인내심을 갖고 기다릴 수 있도록 해준 결정에서 투표권을 갖고 있었다. 33인의 생존은 위기에서 스스로 창안해낸 조직문화의 직접적인 기여 덕분이었다.
>
> 1. 칠레의 광산 붕괴와 같은 위기로부터 학습될 수 있는 교훈은 무엇인가?
> 2. 난관으로부터 생존한 기업 하나를 선택하라. 그 회사와 광부 사이의 조직문화에서 유사성은 무엇인가?
> 3. 난관에 부딪쳐 생존하지 못한 기업 하나를 선택하라. 그 기업은 광부들과 구조대로부터 무엇을 배울 수 있는가?

창립자의 역할

창립자는 조직 속에 특별한 문화를 깊이 새길 수 있는, 그리하여 영향력을 행사할 수 있는 다양한 수단을 가지고 있다.

- **위험과 관련한 불안을 완화시킬 수 있는 능력**: 왜냐하면 창립자는 가장 큰 위험부담을 지고 있기 때문에 회사가 무엇을 해야 하는지에 대해, 그리고 스트레스를 받을 때 직원들이 느끼는 압박을 완화시켜 줄 수 있는 가장 강한 신념을 가지고 있다.
- **추정을 유효하게 만들 수 있는 능력**: 창립자는 회사의 재정적 이해관계를 위한 결정이 아니라 문화적 가치를 지키자는 결정사항을 강요할 수 있다. 가치가 경제를 이기는 일이 가능하도록 함으로써 창립자는 회사의 문화와 조직에서는 무엇이 가치 있는 일인가에 대해 강한 영향력을 행사할 수 있다. Apple의 초창기에 Steve Jobs는 개인용 컴퓨터로 나아가는 새로운 방향을 모색하면서 재정적으로는 무모하다고 여겨졌던 다양한 방향을 추구했다.
- **혁신에 대한 격려**: 창립자는 위험스러운 결정을 할 수 있고 그 누구에 대해서도 책임질 것을 요구 받지 않는 유일한 사람이다. 따라서 창립자는 직원들에게 혁신을 요구할 수 있고, 혁신의 좋은 예가 될 수 있는 독특한 위치에 있다.

Cisco의 문화는 Sandy Lerner와 Leonard Bosack이 고객에게 집중하는 것으로부터 시작되었다. 초기에 그들은 자신의 신념을 비즈니스에 주입시키는 일을 했다. 경험을 바탕으로 특히 Sandy는 고객이 성공의 열쇠라는 믿음을 갖고 있었다. Herb Kelleher는 Southwest Airlines의 CEO가 되었을 때 유머와 재미를 갖춘 문화를 불어넣었다. 비록 Southwest의 전략이 저가로 주요 지점별 항공 운항을 제공한다는 전제를 바탕으로 구축되었지만 유머와 재미가 특징인 문화에서 이루어지고 있는 것이다. 재미의 문화는 Southwest 직원들이 열심히 일하지 않는다는 의미는 아니다. 반대로 그들은 대부분의 다른 항공사 직원보다 더 열심히 일함으로써 회사가 저가의 항공운임을 가장 많은 사람들에게 제공하는 것을 가능하게 해주고 있다. 직원들은 이러한 재미, 서비스 지향의 문화에 맞게 변화할 수 있는 능력을 바탕으로 채용된다.

조직 리더의 역할

조직에서 리더는 갖고 있는 역할에 의해 결과에 대한 책임을 지며 결과들이 성취되는 방법과 더불어 지키고 있는 가치에 상당한 영향을 미친다. 직원들은 리더에게 조직에서 무엇이 중요한지, 무엇을 측정해야 하는지, 무엇으로 보상 받아야 하는지에 대한 지침을 바라고 있다. 직원들이 적절한 행동의 단서를 리더에게 바라기 때문에 리더는 말하고 행하는 것이 담고 있는 함축성을 이해해야 한다. 즉 롤모델로서 리더는 행동이나 행위가 의도하지 않은 결과를 가져오지 않도록 조심해야 한다. 강력한 문화는 직원이 어떤 방식으로 행동할 수 있도록 하는 압박을 가할 수 있다. 리더는 문화가 긍정적인 행동을 강화시키고 있음을 분명히 해야 할 책임을 진다.

리더는 구성원이 높은 기준을 유지할 수 있도록 함으로써 그리고 뛰어난 행동에 보상을 주기 위한 공개적 광장 등을 이용함으로써 문화가 성과에 영향을 미치도록 이용할 수 있다. 또한 리더는 기업의 비전과 방향이 변화하는 상황맥락적 환경에 맞추어 이루어지고 있음을 분명히 함으로써 회사 문화를 강화시키는 일에 중요한 역할을 한다. 오랜 시간에 걸쳐 성공을 거두어 온 기업들에 대한 연구에서는 문화와 관련해 리더의 역할이 매우 중요한 것으로 생각되었다.

- 모든 관리자와 직원이 맡은 바 최선을 다하도록 고취시킨다.
- 직원과 관리자에게 독립적 결정을 내릴 수 있도록 그리고 운영을 개선시킬 수 있는 방법을 찾아볼 수 있도록 권한을 부여해준다.
- 성과를 바탕으로 보수를 지급해 성취한 것에 보상을 주고 계속해서 기대치를 높이도록 한다.
- 도전 지향적인 업무 환경을 조성해준다.
- 분명한 가치를 수립해 준수하도록 한다.

팀의 역할

이 장 전체를 통해 살펴본 바와 같이 문화는 설립자 또는 고위경영진 중의 또 다른 리더에 의해 추진될 수 있지만 또한 업무가 조직 전체를 통해 수행되는 방법에 의해 추진될 수도 있으며 따라서 시간이 흐름에 따라 서서히 개발될 수 있다. 이 방식에서는 문화가 갑작스러운 현상이 될 수 있는데 직원들이 상호작용하면서 그리고 서로 간에 영향을 미치는 방식으로 가능하다. 상호작용이 결국에는 조직이 공유하는 신념과 가치의 일부가 된다.

팀은 커다란 문제에 봉착하고, 그 문제점을 해결하며, 해결책의 효과를 인식하는 방법에 의해 문화에 직접 영향을 미친다. 조직 초창기에는 모든 조직이 동일한 문제에 부딪치며 함께 모여 의사결정을 하고 해결책을 찾아야 한다, 만약 그 해결책이 성공적이지 못하면 회사는 다음번에 비슷한 문제가 일어나면 다른 방식을 탐구할 것이다. 하지만 만약 그 해결책이 성공적이라면 아마 다음번에도 —그리고 그 다음 번에도 또 그 다음 번에도— 동일한 방식으로 처리하는 선택을 하게 될 것이다. 하지만 조직 역사 중 어느 한 시점에서는 구성원이 특정한 문제를 해결하기 위해 어떻게 해결할 것인지 탐구하는 것을 중단한다. 그들은 단지 전에 했던 방식으로 그것을 하게 될 것으로 추정한다. 그 해결책은 이제 더 이상 논쟁거리가 아닌 것이다. 즉 의사결정 과정도 아니고 하나의 결과로서 개발된 중요 사항도 아닌 것이다. 이것이 집단 또는 팀을 기반으로 하는 문화의 탄생이다. 심지어는 창립자에 의해 규정된 어떤 과정은 조직이 갖고 있는 문화의 중요한 부분이 되기 전에 직원들에 의해 시도되고 시험되어야 한다.

문화의 사회화

John G. Mabanglo/EPA/Landov

그렇다면 문화의 요소는 어떻게 새겨지는가? 새로운 직원들은 어떻게 조직문화 속에서 사회화가 되는 것인가? 회사는 조직문화를 각인시키는 일에 재량으로 쓸 수 있는 많은 도구를 갖고 있다. 예를 들어 Toyota의 모든 구성원은 채용이 되면 문화수련회에 참석한다. United Parcel Service에서 근무하는 첫해 동안 새로운 관리자는 소포들을 선별하고 배당하는 일이 포함되는 여러 업무에서 일한다. 일이 어떻게 이루어지며 직원들이 어떻게 상호작용해야 하는지를 이해하는 이 과정을 사회화라 부른다. 문화의 사회화 과정은 다음과 같은 형태를 취할 수 있다.

- 철학, 신조, 가치에 대한 공식적인 발표: Google은 문화에 대한 개요를 회사가 최초로 대중에게 제공하는 안내서에 첨부되는 표지 및 '10가지(Ten Things)'라 불리는 운영철학 등이 포함되는 여러 문서들에서 설명한다. 표지에서는 "Google은 틀에 사로잡힌 회사가 아니다"라고 말한다. 또 "우리는 무엇이 되려고 하지 않는다"라고 말한다. 운영철학에는 회사의 가치가 열거되어 있는데 그중에 포함되는 것으로는 "정장을 입지 않으면 진지해질 수 있다"라든가 "해답이 필요한데 책상에 있을 필요는 없다" 등이 있다.
- 물리적 공간의 설계: 물리적 배치 및 조직 구성원이 서로와, 고객과, 또는 기타 외부인들과 상호작용하는 방식에 의해 집단 내에서 복종하고 있다는 느낌은 문화의 중요한 메시지를 전달해 줄 수 있다. Google 창립자인 Larry Page와 Sergey Brin이 성장하고 있는 회사를 캘리포니아 마운티뷰에 있는 새로운 본사로 이사했을 때 그곳을 구글플랙스(Googleplex)라 불렀다. 또한 '구글리(googley)'라 불렀던 가치와 특징을 수립하기 시작했다. 구글플렉스에서 구글리즘(Google ism)은 애완동물이 허용되고, 운동용 공의 수가 사무실 의자 수의 2배가 된 비공식적 분위기의 형태를 처음으로 갖추었다. 비디오게임기와 푸즈볼(foosball) 테이블이 복도를 따라 죽 늘어섰다.

  구글플렉스의 비공식적 환경은 구글 문화를 세우는 데 중요한 요소였다. 신규 비즈니스 담당 부사장 Megan Smith는 이렇게 말했다, "Google의 임원은 우리의

사회화(Socialization)
어떻게 일이 행해지고 어떻게 개인들이 조직 내에서 상호작용해야 하는지를 이해해가는 과정

물리적 회사 공간에 엄청나게 생각을 많이 했습니다. 구역은 교류를 위해 창조되었습니다. 우리는 서로 다른 기능과 집단 출신의 사람들이 상호작용하기를 원합니다." 인력 운영 담당 부사장 Laszlo Bock는 Google이 구내식당에 서있는 줄의 수와 사내 이동경로에 신중하게 주의를 기울이고 있다고 말한다. 그들은 사회화 활동이 강화될 수 있도록 회사가 후원해주는 행사는 작은 규모가 되도록, 점심을 먹기 위한 줄은 길어지도록 애쓰고 있다는 것이다. 회사의 물리적 분위기에 대한 Google 경영진의 공들인 보살핌은 그들이 관리하고 있는 회사 문화를 얼마나 진지하게 받아들이고 있는지를 예증한다.

- **롤 모델의 역할, 리더의 예, 가르침, 지도하기:** Google 관리자는 직원들이 혁신적이 되기를 원하고 있다. 스스로가 회사 가치를 고취시키는 방식에서 혁신적이 되어왔다. 관리 혁신의 한 예가 80/20 방침이다. Google의 기술직 직원은 자신만이 선택한 프로젝트에 시간의 20%를 쓸 수 있다. 직원들은 이 시간을 어떻게 이용할 것인지 보고하고, 성취하는 결과물에 의해 판단을 받는다. Gmail, AdSense, Google Maps 등은 모두 20%에서 그 시작을 찾아낸 것들이다. 사실 "개발된 모든 신제품과 특징 중 절반은" 이 방법에서 시작되었다.
- **보상시스템과 규범:** 보상을 받고 인정을 받는 행동은 조직 내에서 무엇이 중요하게 여겨지고 있는가에 대한 핵심 단서가 된다. Google 사업부인 AdSense는 매 분기마다 아이디어 경연대회를 연다. 또한 관리자는 작업 공정의 속도를 신속하게 만들어주는 아이디어에 대해서는 포상을 한다. 이는 "빠른 것은 느린 것보다 낫다"는 회사 가치를 지원해주는 전술이다. 상을 두고 경쟁함으로써 직원들은 무엇이 가치있는 것인지를 즉시 학습하고 있는데 그것은 바로 혁신과 속도다.
- **이야기, 전설, 신화, 우화:** Google은 문화를 심어주는 데 있어 스토리의 중요성을 보여준다. 창립자 중 한 사람에 대한 이야기가 Google 전체에 걸쳐 떠돌고 있다. "한 고위경영진이 커다란 실패를 했는데 수백만 달러의 비용도 날아갔다. 그런데도 창립자 Larry Page는 그녀에게 그런 실수를 저질러 행복하다고 말했다는 것이다. 왜냐하면 만약 실수를 저지르지 않으려 한다면 위험을 감수하지 않으면 되기 때문이다. 그녀가 꾸물거리면서 아무런 실수도 하지 않는 것보다 오히려 신속하게 움직이면서 실수하는 것이 더 낫다." 이 이야기는 회사 전체에 걸쳐 위험을 감수하는 문화를 권장한다. 이 이야기가 전해지고 있다는 사실은 구성원에게 문화를 가르치는 일의 효용성을 보여준다.
- **리더는 측정하고 통제하기 위해 무엇에 주목을 하는가:** Ben & Jerry's Homemade의 Ben은 직원들이 종종 "서로가 보살피는 자본주의"라 묘사하는 문화를 길러냈다. 이 회사의 가치는 부분적으로 임원들이 측정한 것들을 통해 직원들이 절실히 느끼도록 해주었다. 예를 들어 회사의 연말보고서는 경제적 이득을 보여주는 것이지만 또한 회사가 얼마나 그 해에 사회를 위해 헌신했는지도 입증한다. 이 정책은 개인적 가치가 기업의 사회적 책임과도 일치시키도록 하여 직원들을 매료시키는 장점을 추가해주었다.

– **중요한 사건 및 위기에 대한 리더의 반응:** 시장 침체로 인해 중요한 삭감과 기구 축소 등이 요구될 때 Toyota는 사람을 제외하고 모든 것을 삭감했다. Toyota는 그 결정이 좋지 못한 경제적 의사결정을 하게 만든다는 비즈니스 세계에서의 일반적 신념에도 불구하고 직원들을 해고하는 것을 거부했다. 이러한 위기 대응은 직원들에게 "사람이 가장 중요한 회사의 투자다"라는 복음처럼 회사가 얼마나 신념을 갖고 있는지를 보여주는 일이었다. "사람이 가장 소중한 자원이다"라고 공언하는 다른 회사들은 힘든 시간이 오면 정리해고를 이용하는 경우가 종종 있다. 직원들은 어려운 시간 동안 조직의 실제 문화를 학습한다.
– **조직설계:** Cisco의 Customer Advocacy 결정은 조직설계가 어떻게 문화에 새겨지는가에 대한 좋은 사례다. 고객이 공언된 가치가 된다는 것은 회사 구조에 들어가 있다. 또한 대부분의 Cisco 직원들이 고객과 상호작용하도록 하는 설정은 회사 문화를 강조하는 조직설계의 또 다른 요소다.
– **직원들을 채용하며, 선정하고, 승진시키며, 관리하기 위한 기준:** 어떤 과업을 완수함에 있어 구성원에 의해 표출되는 특별한 역량은 특정한 문화에서 무엇이 가치 있는가의 단서가 된다. Google은 채용하는 직원들에게 상당한 주의를 기울인다. 인력운영 담당 부사장 Laszlo Bock는 이렇게 말했다, "문화적으로 조직에 적합하지 않기 때문에 채용되지 않는 많은 똑똑한 사람들이 있다." Google의 채용담당 임원은 지원자들을 '진취성, 유연성, 협업정신, 원만하다는 증거를 갖고 있다'는 일반적 인지능력을 평가함으로써 문화적 적합성을 판단한다. 이러한 인적 자원을 갖고 Google 관리자는 직원이 선의를 갖고 있고, 호기심 있으며, 정통한 사람으로서 대부분 동료의 도움을 받아 스스로를 관리할 수 있는 능력을 갖추고 있다고 여긴다.

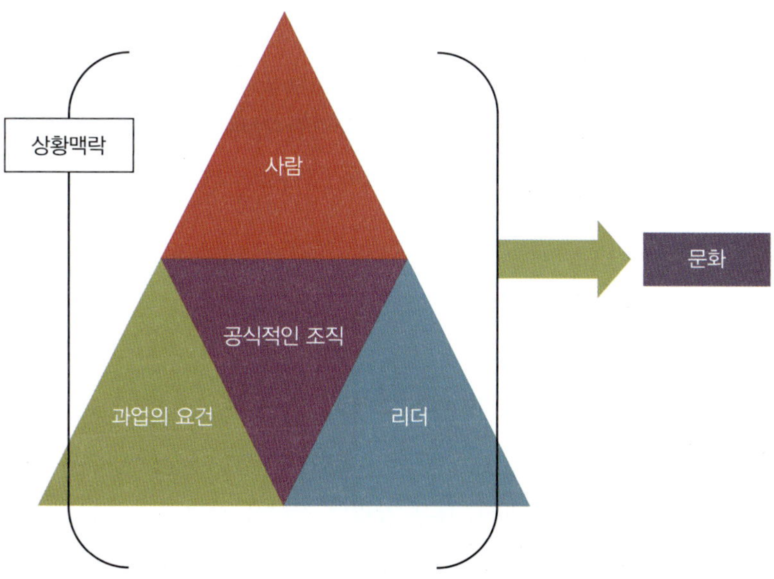

그림 8–1 문화의 결정요인

Source: Adapted from Michael B. McCaskey, "A Framework for Analyzing Work Groups," *Managing People and Organi-zations*, ed. John J. Gabarro (Boston, MA: HBS Press, 1992), pp. 241–262.

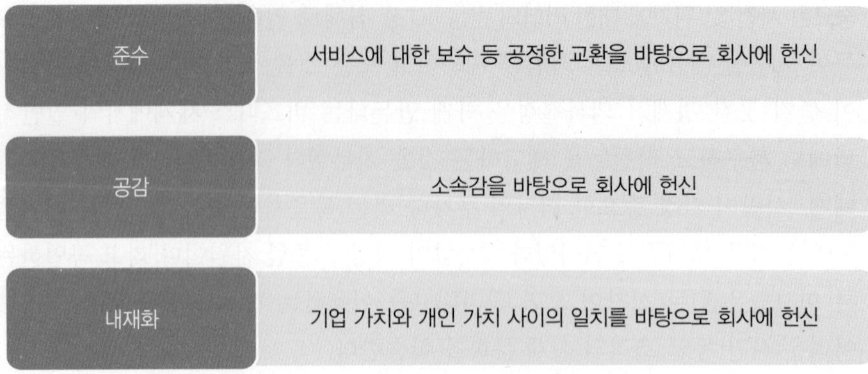

그림 8-2 조직 몰입의 구축

Source: "Building Organizational Commitment," in Charles O'Reilly, "Corporations, Culture and Commitment: Motivation and Social Control in Organizations, California *Management Review*, Vol. 31, No. 4, Summer 1989, pp.9–25. © 1989 by the Regents of the University of California. Reprinted by permission of the University of California Press.

즉 그들은 제자리에서 자신이 갖고 있는 과정을 이용하는 사람이 그 문화에 가장 적합하며 기여할 가능성이 더 많다고 여긴다.

개인이 조직에서 사회화가 되는 여러 방식들을 검토함으로써 문화가 직원(기술 및 태도), 기업이 구조를 이루는 방법(공식적 조직), 업무 수행의 성격(과업 요건), 리더의 역할 등이 포함되는 핵심 요인들에 의해 결정된다. 이 모든 요소는 특정한 상황맥락에서 운영되어 문화 발전의 단계를 결정해준다(그림 8–1 참조). 이 요인 중 많은 것이 상호관련 되어 있고 영향을 미친다.

시간이 흐름에 따라 문화적 사회화 과정은 조직에 대한 더욱 강력한 수준의 몰입으로 이어질 수 있다. 조직 몰입이 달성되는 과정은 3가지 단계에 걸쳐 진화한다. 준수로부터 공감을 거쳐 다시 내재화로 이어지는 것이다(그림 8–2 참조). 조직 몰입은 그에 의해 직원들이 조직과 목표에 전념하는 사회화의 최종 결과다. 내재화된 문화는 직원들이 회사 소유주인 것처럼 느끼게 되어 더욱 강력한 전체적인 성과로 이어질 수 있다. 그렇게 되면 회사가 직원들은 물론 고객에게도 약속을 이행하고 있다는 확신을 주어 더 열정적으로 일한다.

문화는 성과에 어떻게 영향을 주는가?

양질의 제품(Ben & Jerry의 아이스크림), 혁신적인 전략(Google의 방식), 나무랄 데 없는 고객 서비스(Ritz Carlton의 방식) 등은 강력한 전략을 갖고 있는 회사들이 만들어낸 긍정적 부산물 중 일부다. Rupert Murdoch's News Corporation에 의한 휴대폰 해킹사건 추문, JP Morgan Chase에서 발생한 엄청난 거래 손실 등도 마찬가지다.

조직 몰입
(Organizational commitment)
직원들이 조직과 그 목표에 전념하게 되는 사회화의 원하는 최종 결과

강력한 긍정적 문화는 조직이 갖고 있는 전략적 목표의 달성에 상당한 기여를 할 수

있으며 더 나은 수준의 성과, 더 높은 재무지표, 궁극적으로는 독특한 경쟁우위 등과 연계되어 왔다. 어느 시점이 되면 회사의 크기 때문에 더 이상 총괄 관리자가 모든 결정을 이끄는 일이 가능하지 않게 되거나 결정 사항이 회사 목표와 분명히 일치함을 보장하는 것이 어려운 일이 될 수 있다. 강력한 문화에서는 목표가 분명하고 본능적인 지침을 제공해준다. 만약 조직이 강력한 구조를 갖고 있다면 회사를 통해 내려지는 결정 사항들이 조직 목표와 일치하며 그리하여 조정과 관찰이 덜 요구될 수 있는 더 많은 기회가 존재한다. 본질적으로 강력한 문화는 회사로 하여금 더 유연하면서 더 신속하게 운영하는 것을 가능하게 만들어준다. 그 이유는 직원들이 모든 행위의 과정에서 사사건건 다투지 않아도 되기 때문이다.

또한 조직문화는 용인될 수 있고 될 수 없는 행동도 정의해준다. 문화는 직원의 행동이 윤리적이 될 수 있도록 이끄는 데 중요한 역할을 하고 있음을 입증해왔다. 사실 문화는 조직에서의 올바른 행동방식을 정의하는 일에서 오히려 윤리 준수 프로그램보다 더 크게, 가장 중요한 영향을 주는 요인이 되고 있음을 보여왔다. 한 연구에서 확인한 것은 만약 직원들이 "조직에 대해 개인적 헌신을 하고 있으며 그 규칙이 도덕적으로 올바르다고 여기고 있다면 그들은 규칙을 따르도록 동기부여를 받는다는 사실이다." 본질적으로 준수성이 몸에 배게 된다.

강력한 문화에서는 직원들 사이에 무엇이 가치 있는 일인가에 대한 높은 수준의 합의와 그에 상응해 가치에 대한 높은 수준의 집중력이 존재한다(그림 8-3 참조). 기업 내에 무엇이 가치 있는 일인가에 대한 어떠한 합의도 존재하지 않으며 가치를 향한 열정이나 집중력이 없다면 기업 가치는 수동적인 것으로 간주된다. 직원은 무엇이 중요한지 인식은 하고 있지만 거기에 필요한 노력을 반드시 해야 할 용의는 갖고 있지 못하다. 그 반대 상황에서, 주변의 가치 있는 것에 상당한 집중력은 있지만 무엇이 중요한

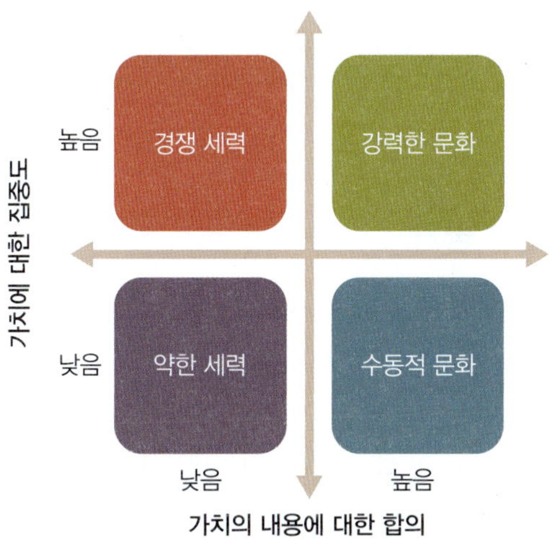

그림 8-3 가치가 문화에 끼치는 영향

Source: Jennifer A. Chatman and Sandra Eunyoung Cha, "Leading by Leveraging Culture," *California Management Review*, Vol. 45, No. 4, Summer 2003, pp. 24–25; and Yoash Wiener, "Forms of Value Systems: A Focus on Organizational Effec-tiveness and Cultural Change and Maintenance," *Academy of Management Review*, Vol. 13, No. 4, 1988, pp. 534–545.

지에 대해 합의가 존재하지 않으면 기업은 일반적으로 경쟁 세력 및 대립관계로 구성된다. 기업이 얼마나 많은 가치를 보유하고 있는가는 가치가 얼마나 강력하게 보유되어 있는지 그리고 그것이 얼마나 많은 조직의 바이인(buy-in)을 생성하는 것만큼은 중요하지 않다.

많은 경우에 회사는 지리적으로 또는 회사 내의 조직 구성단위 주위에 형성되는 **하위문화**를 개발한다. 집단은 자신을 다른 집단과 비교하고 대조함으로써 정체성을 발견한다. 그리고 이것은 조직 내의 집단에 대해서는 사실이다. 그러나 비록 이러한 정체성 형성이 집단들을 뭉치게 만들고 그것들에게 개별적 차원에서 할 수 있는 것보다 더 많은 것을 달성하게 하는 힘을 주기는 하지만 이는 또한 서로 다른 조직의 구성원이 함께 일하거나 의사소통하려 애쓸 때 문제점을 유발할 수 있다. 관리자는 회사의 사업부들 사이에 일어나는 충돌이 다른 집단의 구성원으로부터 나오는 사고, 감정, 행위에서의 차이점에 기인한다는 것을 인식하고 있어야 한다. 만약 관리자가 문화적 차이로서의 충돌을 정확하게 평가하고 있다면 서로 다른 추정을 해소해 더 나은 방법으로 문제점에 맞설 수 있다.

문화와 결정적 순간

조직문화가 일반적으로 매우 중요하기는 하지만 개인의 경력에서 어떤 사람이 새 조직에 참여하거나 또는 조직 내에 있는 새로운 팀의 책임을 맡는 경우처럼 한층 더 결정적이 되는 상황이 있다. HP에서 Carly Fiorina가 행한 것처럼 과거에 무엇을 가치 있게 여겼는지에 대한 충분한 인식 없이 조직을 전진시킨다는 것은 효과를 거두기 어렵다. 비록 변화가 요구되기는 하지만 그 출발점을 이해하는 것이 중요하다. 합병 및 인수 과정에서는 문화를 이해하는 것이 특히 중요하다. 합병에 대한 한 연구에서는 90%가 결코 기대에 부응하지 못하고 있음이 확인되었다. 그 장본인은 다름 아닌 기업문화의 충돌이다.

합병 및 인수에서의 문화 평가

하나의 회사가 다른 회사를 획득하면 그 회사의 "자원, 과정, 비즈니스 모델 등을 기업 안에 깊이 새겨져 있는 우선 사항들과 함께" 얻게 된다. 비록 자원은 손쉽게 관찰되는 것이지만 회사의 과정과 비즈니스 모델 등은 조직문화를 구성하는 문서화되어 있지 않고 이론도 충분히 정립되어 있지 않은 추정 속에 깊이 새겨져 있다. 인수를 하기 전에 획득하는 회사의 관리자는 자사가 갖고 있는 문화를 장점 및 약점과 함께 이해하고 있어야 한다. 그런 다음 획득하려는 회사의 문화를 이해해야 한다. 유사점과 차이점은 무엇인가? 변화에 필요한 사항은 무엇인가? 양쪽 문화의 가치가 극대화됨을 보장하려면 어떻게 해야 하는가?

하위문화(Subcultures)
지리적으로 또는 회사 내의 조직 구성단위 주위에 형성되는 문화

문화 충돌은 때때로 한 회사가 다른 회사를 획득할 때 일어난다. 극단적 경우 한 회사의 다른 회사에 대한 합병의 최종 결과가 획득된 회사의 문화가 희생됨으로써 가치를 상당히 감소시키는 것일 수도 있다. 양쪽 모두의 문화를 이해하는 현명한 관리자라면 자사가 갖고 있는 문화에 적합한 회사를 선택함으로써 그리고 회사의 안정성을 위해 필수적인 각 문화의 요소들을 보전함으로써 차이점을 감소시키는 데 도움을 줄 수 있다.

Cisco는 문화구조에 적합한 회사들을 획득해서 성공을 거두었다. 그러한 적합성이 기대한 것만큼 강력하지 않으면 Cisco는 획득하려는 회사에게 Cisco라는 유형을 고수하도록 요구했다. 이러한 강제성 있는 과정은 획득되는 회사가 소규모이고 발달이 덜 된 문화를 가질 때 효과적이다. 획득되는 회사가 더 큰 규모이거나 아니면 회사 가치의 핵심 부분이 문화에 깊이 새겨져 있다면 통합을 강제하는 것이 항상 가능하거나 권장 사항은 되지 못한다. 그렇게 함으로써 획득하는 회사는 중요한 가치의 구성요소를 낭비한다. 본질적으로 이는 회사가 시작 당시에 가치를 갖고 있었던 이유를 잃게 된다.

새로운 상황맥락에 대한 문화의 적응

문화를 개발하고 육성함에 있어 조직은 외부 경쟁 환경의 진화와 더불어 내부의 과정 및 행위에 대해서도 면밀한 주의를 기울여야 한다. 문화는 경쟁을 차별화되게 만들어 줄 수 있다. 1,200명의 글로벌 고위 임원을 대상으로 한 설문조사에서 91%가 문화를 기업 성공에서 전략만큼이나 중요한 것이라 여겼다. Ritz-Carlton에서는 서비스의 정점이 되도록 노력함으로써 경쟁상의 독특함을 유지시키고 다듬기 위해 문화를 육성해 왔다.

문화는 또한 변화의 강력한 억제제가 될 수 있다. 문화의 견고한 특징은 심지어 강력한 경쟁 압박에 처해 있는 상황에서도 변화를 매우 어렵게 만든다. 경쟁력을 지속하려면 관리자는 **내부 통합**(업무가 기업 내에서 어떻게 성취되는가)과 **외적 적응**(변화가 기업전략에 어떻게 영향을 미치는가)의 쟁점에 주의를 기울일 필요가 있다. 외적 목표를 달성할 수 있도록 조직을 정렬시키려면 일관성 있는 관계, 과정, 신념 등을 개발해 유지해야 한다.

왜냐하면 문화는 어떤 과업 또는 문제점으로부터 오는 것이기 때문에 조직이 동일한 과업에 직면하는 한 문화는 변하지 않아야 한다. 관리자가 회사의 미래에서 새로운 종류의 과업을 직감하거나 조직문화가 불리한 조건이 되기 시작하면 관리자는 변화를 어떻게 이끌어낼 수 있을지에 직면한다. Clayton M. Christensen이 말한 바와 같이 "문화는 새로운 경험을 맞아 진화할 수 있기에 역동적이다. 변화는 2가지 방식으로 일어날 수 있다. 즉 분명하고도 현존하는 위기의 결과로서… 또는 기술적이면서도 정교한 관리자 하에서 관리되는 진화를 통해서이다." 조직문화를 직접적으로 공격하는 것은 영향을 미친다. 그러나 변화를 신중하게 조율하는 관리자는 유연한 전환을 통해 조직에 도움이 된다. 조직의 변화 과정에 대해서는 제11장에서 더 자세히 설명한다.

내부 통합(Internal integration) 기업 내에서 일이 어떻게 완수되는지에 대한 것.

외적 적응(External adaptation) 환경적 변화가 어떻게 기업의 전략에 영향을 미치는지에 대한 것.

문화를 부드럽게 변화시킬 수 있는 관건은 계속해서 되풀이되면서 수행되는 과업에 주목하는 것이다. 관리자는 이 관건을 개인들로 이루어진 집단을 모음으로써 그리고 그 집단에 새로운 종류의 문제를 제시함으로써 활용할 수 있다. 이는 회사가 향후 해결하기 위해 필요로 할 것들과 비슷하다. 이렇게 집단이 문제를 성공적으로 해결하면 관리자는 같은 종류의 문제를 그 해결책이 하나의 전제가 될 때까지 반복해서 제시해야 한다. 일단 새로운 문화가 집단에서 형성되면 그것을 해체시키는 대신 집단이 전체 조직을 망라하게 될 때까지 다른 팀의 구성원을 그 집단으로 한 사람씩 이동시켜야 한다. 이런 식으로 관리자는 회사의 생존을 보장해 줄 필요한 문화를 성장시킬 수 있다.

위기가 찾아오면 회사 문화가 더 신속하게 변화할 수 있다. 이 상황에서는 만약 그렇게 함으로써 회사가 생존하는 데 도움이 될 것이라 믿을 수 있다면 직원들은 일반적으로 새로운 가치를 기꺼이 포용한다. 이 기간에는 리더가 변화에 대해 분명하고도 납득할 만한 전략을 제공하는 것이 매우 중요하다. 그렇지 않으면 기존 문화가 강력한 저항 요소가 될 수 있다.

Ben & Jerry's Homemade

Ben & Jerry's의 Ben Cohen과 Jerry Greenfield는 전형적인 비즈니스 임원의 모습은 결코 보여주지 않는다. 두 소유주는 모두 통통하면서 꾀죄죄한 수염과 흐트러진 머리를 자랑스레 기르고 있다. 셔츠와 타이보다는 티셔츠와 플란넬을 즐겨 입는다. 친구 사이인 두 사람은 아이스크림을 만드는 통신강좌에 등록했다. 얼마 후 아이스크림 가게를 열었고 시간이 흐르면서 아이스크림 업계에서 최고급 제품으로 시장점유율을 급속하게 장악한 회사로 발전했다.

회사가 초창기였을 때 Ben과 Jerry는 회사 문화를 만드는 데 성공을 거두었다. 파격적인 것 —생산하는 제품에 여러 가지가 섞인 일반적 아이스크림이 아니라 향과 조합에서 보여지는 특성— 으로 회사의 특징을 삼은 것 외에도 직원에 의해 회사는 하나의 가족이라는 문화가 형성되었다. 지역을 가치 있게 여기는 사람들을 끌기 위해 버몬트라는 작은 도시에 본사를 두었다. 처음에는 생산이 소규모로 운영되었다. 대형 주문이 왔을 때는 직원들이 똘똘 뭉쳐 긴밀하게 조직된 가족이 함께 일해 나가는 방식으로 주문을 완수했다. 직원들은 자신이 할 수 있는 일이면 규정이나 직무에 상관없이 무엇이든 했다. 성공이 이루어지면 직원들은 모두 함께 축하했다. 또한 중요한 회사의 결정사항에 대해서는 모두 함께 상의했다.

두 명의 창립자는 회사 문화의 다른 측면을 형성하는 데 특별한 역할을 했다. 그들 중 어느 누구도 부자가 되려고 아이스크림 마케팅을 시작한 것은 아니었다. 오히려 비즈니스는 모험에 가까운 것이었다. Jerry는 즐거움의 정신을 회사 크기와 상관없이 동일하게 유지시키는 것에 고심했다. 스스로가 일종의 즐거움 관리자가 되어 회의석상에서 즐거움을 전도했다. 반면 Ben은 회사의 도덕적 마인드에 관심을 가졌다. Ben의 지시에 따라 마케팅(제품의 포장작업을 포함해)은 사회적인 대의명분을 대중들에게 교육시키는 방식이 되었다. 그런 식으로 그들은 사회적 행동주의를 염두에 두고 판매인들을 선정했다. 예를 들어 노숙인들이 운영하던 한 빵집에서 자사의 초콜릿케이크를 구매했다. 1985년에 Ben은 공동체를 지향하는 프로젝트에 기금을 대는 Ben & Jerry's Foundation의 창설을 이끌었다. 나중에 회사는 평화를 위한 1%(1% for Peace)를 조직했

TAO Images/Glow Images

는데 이는 국방예산의 1%를 평화를 촉진하는 일에 전용하는 것을 돕기 위해 만들어진 그룹이었다. 회사는 가족농장의 보호에서부터 지구온난화에 이르기까지 많은 대의명분을 위해 노력했다. 그 노력은 성과를 거두어 1988년 Corporate Giving Award 상을 수상했다.

그들은 또한 사회적 변화에 대한 안목을 가지고 회사를 운영했다. 그중에서도 Ben은 최고위직 임원은 회사의 가장 낮은 임금보다 5배 이상은 받을 수 없다는 5:1 보수원칙을 도입했다. 회사가 수익 면에서 성장하고 직원의 수가 많아짐에 따라 점점 기업화되어 갈수록 가족 분위기는 점점 적어지게 되었다. 모든 사람이 모든 결정에 개입할 수 없게 되었으며 직무규정도 엄격해졌다. 수많은 기획이 더 많이 일어나게 되었다.

회사 발전을 위해 Ben & Jerry는 회사를 성장시키는 기술을 가진 고위급 임원들을 데려왔다. 그리하여 더 많은 성공을 가져왔다. 그러나 새로 들어온 직원은 경제적 업적을 가치있는 것으로 보았으며 회사에 대해 가지고 있는 기본적 전제는 기존 문화와 충돌을 빚었다. 이 시점에서 초안이 만들어진 강령은 조직의 가치를 명확히 해주었다. 강령에서는 회사의 중점을 3가지로 선언했다. 즉 제품의 사명, 사회적 사명, 경제적 사명이다. 3가지 사명 각각에 동일한 비중을 주자는 것이 Ben의 주장이었다. 이는 또한 어떤 회사든 이윤과 성장이 생명선이라고 믿고 있던 신입 고위 임원들도 인정한 사항이었다.

회사가 확장되면서 5:1 방침이 논란의 대상이 되었다. 처음에 소유주들과 임원들은 이 방침이 사회적으로 동기부여된 전문가들을 찾는 데 도움이 될 것으로 여겼다. 왜냐하면 이 규칙 때문에 고위 임원들 중 많은 사람이 경제적으로 절약을 해야 했다. 하지만 시간이 지남에 따라 고위 임원들은 이 방침이 좋은 자격을 갖춘 임원들을 채용하는 것을 불가능하게 만들고 있다고 여겼다.

결국 Ben & Jerry의 5:1 방침은 수정되어 7:1로 변경되었다. Unilever가 Ben & Jerry를 2000년에 인수하면서는 회사 전체에 걸쳐 보수 및 급여와 관련된 복잡성이 증가한 것에 대한 대응으로 비율 관행도 완전히 중단되었다. 그렇다 해서 5:1 방침의 종말로 회사의 사회공헌 기반까지 무너져버린 것은 아니었다. 사회적 사명은 살아남아 있으며 여전히 잘 유지된다. 매년 대의명분이 있는 일에 적어도 1,100만 달러를 기부하며 이러한 기업 자선활동은 대부분 직원들에 의해 추진된다.

비록 5:1 방침은 기능상 문제가 있음이 입증되었지만 더 큰 사회적 사명의 선제는 그렇지 않았다. 적어도 기업의 책임성이라는 핵심은 경제적 핵심에 실제적인 영향을 주어 더 나아지게 만들었다. 제품의 포장방법, 마케팅, 웹사이트, 광고물 등에서 홍보되는 사회적 공헌은 식품업계에서는 독특한 목소리가 되었다. 회사의 사회적 행동주의는 더 큰 세상의 문화와 함께 반향을 일으켜 경쟁우위를 갖도록 해주었다. 여러 연구들은 아이스크림 고객들이 사회적 책임성을 고취시키는 제품에 대해서는 조금 더 지불할 용의를 가지고 있다는 사실을 보여준다. 비록 회사가 사회적 사명에 대해 어떻게 그리고 어디에서 행동해야 할지를 다시 생각해야 하기는 했지만 2가지 핵심은 성공적으로 유지했던 것이다.

Ben & Jerry's는 경쟁하고 있는 판매시장에서의 변화에 맞추기 위해 기업문화의 한 측면을 수정해야 했던 회사의 사례다. 경쟁우위를 제공해주는 문화를 분명히 할 수 있는 성공 관건은 기업의 능력을 방해하는 요소들을 수정하는 동안에 강화된다.

요약

조직문화는 직원들이 상호작용하고 일할 수 있는 조건들을 제공해준다. 새로운 기업에 합류하면 그 누구든 어떤 행동과 활동이 보상을 받고 처벌을 받는 것인지, 무엇을 수행하기를 기대하고 있는 것인지, 어떻게 일을 완수하는 것인지를 이해하는 것이 필요하다. 조직문화의 일부 요소로는 물리적인 배치와 분위기, 고객 서비스에 대한 초점, 혁신에 대한 몰입 등이 있다. 조직문화의 다른 측면에 포함되는 것으로는 1) 인위적 사항들(보이는 것), 2) 가치와 신념(조직 구성원에 의해 알려지는 것), 3) 추정(기업에 깊이 새겨져 독특한 것) 등이 있다. 이것에 숨겨져 있는 요소를 충분히 이해하지 못하고 다른 회사의 문화를 흉내 내려 애쓰는 기업은 실패하기 쉽다. 문화의 보이는 측면을 따라 할 수는 있겠지만 근원적 과정은 그렇게 할 수 없는 것이다.

문화는 조직이 일을 어떻게 수행해야 하는지에 대한 그리고 직원들이 어떻게 상호작용해야 하는지에 대한 공유된 개념을 개발함으로써 생긴다. 조직문화는 처음에는 창립자의 행위, 신념, 추정 등에 의해 영향을 받는다. 시간이 흐름에 따라 문화는 공식적인 선언과 신조, 물리적 공간의 설계, 상위 리더의 가르침과 멘토링, 보상시스템 등과 같은 다양한 강화 메커니즘을 통해 조직 내로 더욱 깊이 새겨진다.

문화는 수행을 위한 강력한 동인이 될 수 있다. Cisco 및 Ritz-Carlton 같은 회사는 고객 지지와 지원을 바탕으로 문화를 구축해왔다. Google과 3M은 혁신을 가치 있게 여기고 강화시키는 문화를 구축해왔다. 많은 방식에서 그들의 문화는 성공의 핵심 동인이 되어왔다. 문화는 또한 양날을 갖고 있는 칼이기도 하다. 깊이 새겨져 있는 문화의 특성으로 인해 변화가 어렵기도 하다. 문화가 강력하게 자리를 잡은 회사는 환경적 변화에 적응하기가 더욱 어렵다. 이때 새로운 리더십이 필요하다.

문화에 대해 주목하는 것은 기업이 인수되거나 또는 2개 기업이 합병될 때 특히 중요하다. 만약 두 기업이 비슷한 문화를 갖고 있다면 합병에 앞서 과정과 절차를 정해놓으면 붕괴가 덜 될 수 있다. 한 회사의 문화가 다른 회사와 상당히 다르면 절차와 과정을 결합시키는 일이 매우 어려워질 수 있다. 때로는 그렇게 결합된 실체가 가장 큰 장점을 얻는 것이 가능하도록 획득된 회사가 독립적으로 운영되도록 허용한다. 대부분의 경우 하나의 문화는 회사 전체에 걸쳐 지배적이 되고 영향을 미친다.

문화에 주목하는 것은 또한 비즈니스 환경이 변할 때도 중요하다. 리더는 환경적 변화를 평가함에 있어 경계를 늦추어서는 안 된다. 이는 기업이 문화를 조정하거나 아니면 변경할 것을 요구받을 때가 있기 때문이다.

주요 용어

내부 통합(Internal integration)
문화(Culture)
사회화(Socialization)
신념과 가치(Beliefs and values)
외적 적응(External adaption)
인위적 사항(Artifacts)
조직 몰입(Organizational commitment)
추정(Assumptions)
하위문화(Subcultures)

과제

토론 주제

1. 어떠한 방식으로 조직설계와 문화는 일치될 수 있는가? 문화는 조직설계의 결정에 어떻게 영향을 미치고 있거나 아니면 미쳐야 하는가?
2. 조직문화를 어떻게 평가하는가? 어떠한 요소들을 조사해야 하는가?
3. 왜 조직의 추정은 변화시키기가 그렇게 힘든가?
4. 조직문화 중 어떠한 측면이 가장 중요한가? 왜인가?
5. 만약 조직이 위험 부담, 창의성, 혁신 문화를 강화시키려 한다면 어떠한 조직설계 방식을 택해야 하는가? 보상 내용과 강화 내용을 어떻게 생각해야 하는가?
6. 만약 조직이 효율성과 낮은 원가 문화를 강화시키려 한다면 어떠한 설계 요소를 받아들여야 하는가? Southwest Airlines을 생각해보라. 그들은 재미있고, 지원해주는 문화를 구축할 수는 있었지만 반면 재정상으로는 보수적이면서 비용 효율적이기도 하다. 이러한 유형의 문화를 어떻게 구축할 수 있는가?
7. 왜 회사들은 직원들로부터의 조직 몰입을 구축하려 하는가? 준수성을 기반으로 문화의 불리한 면은 무엇인가?
8. 문화는 어떠한 방식으로 기업 성과에 영향을 미칠 수 있는가? 강력한 문화는 기업에 어떻게 장점이나 단점이 될 수 있는가?
9. 조직은 하위문화 개발을 고려해야 하는가? 하위문화는 조직에 언제 유리할 수 있는가?
10. 왜 문화는 두 기업의 합병에서 그렇게 중요한가?

관리 연구

1. 최근에 자신이 합류한 조직 또는 집단에 대해 생각해보라. 그 문화를 어떻게 설명할 수 있는가? 문화의 사회화에 대한 조직의 과정은 무엇인가? 리더는 그 문화를 강화시키기 위해 무엇을 했는가?

2. 창립자에서 새로운 CEO로 리더가 변경된 회사를 선정하라. 창립자 하에서의 문화는 무엇이었는가? 그 문화 중 어떤 측면이 새로운 CEO와 함께 계속되었는가? 어떤 측면이 더 이상 존재하지 않는가?

3. 인수된 한 회사를 평가해보라. 그 회사는 어떠한 방식으로 인수자의 문화를 흡수했는가? 어떠한 방식으로 자사 문화를 유지할 수 있었는가?

4. 오랫동안의 회사 근무 경험을 가진 2~3명을 만나 인터뷰하라. 비즈니스에서의 문화와 사고방식이 그가 처음부터 오늘에 이르기까지 어떻게 변화했는가?

현장에서

다음 과업들을 완수함으로써 대학에서의 문화 인류학자의 역할을 가정해보라.

1. 대학 문화를 나타내는 인위적 사항들과 이야기들을 수집하라.

2. 대학 문화의 기본 신념과 가치를 설명하라. 그 가치는 문화의 기본 추정을 어떻게 강화시키고 있는가?

3. 설립자들이 대학 문화에 어떻게 영향을 미쳤는지 연구하라.

4. 캠퍼스에 존재하는 영웅들을 만나보라.

5. 캠퍼스의 하위문화들을 분류해보라. 조사한 사항을 설명할 수 있는 프레젠테이션을 만들어라.

참고문헌

1 Joseph A. Michelli, "Be the New Gold Standard," Industrial Management, Vol. 51, No. 2, 2009, p. 26, www.proquest.com, accessed July 2010.

2 Chip Jarnagin and John W. Slocum, Jr., "Creating Corporate Cultures Through Mythopoetic Leadership," Organizational Dynamics, Vol. 36, No. 3, 2007, p. 288.

3 Chip Jarnagin and John W. Slocum, Jr., "Creating Corporate Cultures Through Mythopoetic Leadership," Organizational Dynamics, Vol. 36, No. 3, 2007, p. 288.

4 Christopher A. Bartlett and Afroze Mohammed, "3M: Profile of an Innovating Company," Harvard Business School Case No. 9-395-016 (Boston, MA: HBS Publishing, 1995), pp. 4–5.

5 Ralph H. Kilmann, Mary J. Sexton, and Roy Serpa, "Issues in Understanding and Changing Culture," California Management Review, Vol. 28, No. 2, Winter 1986, p. 89.

6 Danny Miller and John O. Whitney, "Beyond Strategy: Configuration as a Pillar of Competitive Advantage," Business Horizons, 1999, pp. 5–17.

7 Clayton M. Christensen and Kirsten Shu, "What Is an Organization's Culture?," Harvard Business School Note No. 9-399-104, rev. August 2, 2006 (Boston, MA: HBS Publishing, 1999), p. 2.

8 "CEO of the Year 2000," www.chiefex- ecutive.net/ME2/Audiences/dirmod.asp? sid=&nm=&type=Publishing&mod=Pub lications%3A%3AArticle&mid= 8F3A70 27421841978F18BE895F87F791&Aud ID= 257093CD 337F495B86A6A070467 02F8C&tier=4&id=9E8D7024D 9BE400 1A5072ED87AC3A61E, accessed July 2010.

9 Ranjay Gulati, Reorg anizing for Resilience: Putting Customers at the Center of Your Business (Boston, MA: HBS Press, 2009), p. 79.

10 Ranjay Gulati, Reorg anizing for Resilience: Putting Customers at the Center of Your Business (Boston, MA: HBS Press, 2009), p. 79.

11 Edgar H. Schein, Organizational Culture and Leadership, 3rd edition (San Francisco, CA: Jossey-Bass, 2004), p. 17.

12 Charles O'Reilly, "Corporations, Culture, and Commitment: Motivation and Social Control in Organizations," California Management Review, Vol. 31, No. 4, Summer 1989, pp. 9–25.

13 "Jeff Charney, CMO, Progressive Insurance: How to Keep a Work Culture Fresh," F ast Compan y , June 2012, p. 110.

14 Ralph H. Kilmann, Mary J. Sexton, and Roy Serpa, "Issues in Understanding and Changing Culture," California Management Review, Vol. 28, No. 2, Winter 1986, p. 90.

15 Jennifer A. Chatman and Sandra Eunyoung Cha, "Leading by Leveraging Culture," California Management Review, Vol. 45, No. 4, Summer 2003, p. 23.

16 Chip Jarnagin and John W. Slocum, Jr., "Creating Corporate Cultures Through My thopoetic Leadership," Organizational Dynamics, Vol. 36, No. 3, 2007, p. 291.

17 Michael L. Tushman and Charles A. O'Reilly, III, "Shaping Organizational Structure," Winning Through Innovation: A Practical Guide to Leading Organizational Change and Renewal (Boston, MA: HBS Press, 2007), p. 2, http://cb.hbsp.harvard.edu/cb/web/he/ product_view.seam?R=2432BC-PDF- ENG&T=EC&C=PRODUCT_

DETAIL &CS=ff5297f17ec46005ea0e6b07bb2 40e33.

[18] Edgar H. Schein, "Three Cultures of Management: The Key to Organizational Learning," Sloan Management Review, Fall 1996.

[19] Edgar H. Schein, Organizational Culture and Leadership, 3rd edition (San Francisco, CA: Jossey-Bass, 2004), pp. 25–26.

[20] Edgar H. Schein, Organizational Culture and Leadership, 3rd edition (San Francisco, CA: Jossey-Bass, 2004), p. 28.

[21] Edgar H. Schein, Organizational Culture and Leadership, 3rd edition (San Francisco, CA: Jossey-Bass, 2004), p. 30.

[22] Edgar H. Schein, Organizational Culture and Leadership, 3rd edition (San Francisco, CA: Jossey-Bass, 2004), p. 31.

[23] Michael Beer, Rakesh Khurana, and James Weber, "Hewlett-Packard: Culture in Changing Times," Harvard Business School Case No. 9-404-087, rev. January 25, 2005 (Boston, MA: HBS Publishing, 2004), p. 2.

[24] Michael Beer, Rakesh Khurana, and James Weber, "Hewlett-Packard: Culture in Changing Times," Harvard Business School Case No. 9-404-087, rev. January 25, 2005 (Boston, MA: HBS Publishing, 2004), p. 2.

[25] Michael Beer, Rakesh Khurana, and James Weber, "Hewlett-Packard: Culture in Changing Times," Harvard Business School Case No. 9-404-087, rev. January 25, 2005 (Boston, MA: HBS Publishing, 2004), p. 6.

[26] Peter Burrows, Backfire: Carly Fiorina's High-Stakes Battle for the Soul of Hewlett- Packard (Hoboken, NJ: John Wiley & Sons, 2003), pp. 141, 153.

[27] Michael Beer, Rakesh Khurana, and James Weber, "Hewlett-Packard: Culture in Changing Times," Harvard Business School Case No. 9-404-087, rev. January 25, 2005 (Boston, MA: HBS Publishing, 2004), p. 11.

[28] Roy Harris, "Doubly Blessed?," CFO, September 1, 2003, www.proquest.com, accessed August 2010.

[29] Dean Takahashi, "Hewlett-Packard's Failure to Make Best-Employer's List Raises Questions," San Jose Mercury News, January 27, 2004, www.proquest.com, accessed August 2010.

[30] Clayton M. Christensen and Kirsten Shu, "What Is an Organization's Culture?," Harvard Business School Note No. 9-399-104, rev. August 2, 2006 (Boston, MA: HBS Publishing, 1999), p. 4.

[31] Chip Jarnagin and John W. Slocum, Jr., "Creating Corporate Cultures Through Mythopoetic Leadership," Organizational Dynamics, Vol. 36, No. 3, 2007, p. 289.

[32] Edgar H. Schein, "The Role of the Founder in Creating Organizational Culture," Organizational Dynamics , Summer 1983, p. 27, www.proquest.com, accessed August 2010.

[33] Anthony J. Mayo, Nitin Nohria, and Mark Rennella, Entrepreneurs, Managers and Leaders: What the Airline Industry Can Teach Us About Leadership (New York, NY: Palgrave-MacMillan, 2009), pp. 155–172.

[34] Paul McDonald and Jeffery Gandz, "Getting Value from Shared Values," Organizational Dynamics, Winter 1992, pp. 64–76.

[35] Harrison M. Trice and Janice M. Beyer, "Cultural Leadership in Organizations," Organization Science, Vol. 2, No. 2, May 1991, p. 150.

[36] Ralph H. Kilmann, Mary J. Sexton, and Roy Serpa, "Issues in Understanding and Changing Culture," California Management Review, Vol. 28, No. 2, Winter 1986, p. 89.

[37] John J. Sherwood, "Creating Work Cultures With Competitive Advantage," Organizational Dynamics, Winter 1988, pp. 5–27.

[38] Nitin Nohria, William Joyce, and Bruce Roberson, "What Really Works," Harvard Business Review, July 2003.

[39] Jesper B. Sorensen, "Note on Organizational Culture," Stanford Graduate School of Business Note No. OB-69 (Stanford, CA: Stanford Graduate School of Business, 2009), p. 1.

[40] Clayton M. Christensen and Kirsten Shu, "What Is an Organization's Culture?," Harvard Business School Note No. 9-399-104, rev. August 2, 2006 (Boston, MA: HBS Publishing, 1999), p. 3.

[41] Edgar H. Schein, Organizational Culture and Leadership, 3rd edition (San Francisco, CA: Jossey-Bass, 2004), pp. 28–29.

[42] Larry Page and Sergey Brin, "2004 Founders' IPO Letter," http://investor. google.com/corporate/2004/ipo-founders- letter. html, accessed August 2010.

[43] Google Inc., "Our Philosophy: Ten Things We Know to Be True," www.google. com/corporate/tenthings.html, accessed August 2010.

[44] Boris Groysberg, David A. Thomas, and Alison Berkley Wagonfeld, "Keeping Google 'Googley'," Harvard Business School Case No. 9-409-039, rev. July 7, 2011 (Boston, MA: HBS Publishing, 2009), p. 6.

[45] Bala Iyer and Thomas H. Davenport, "Reverse Engineering Google's Innovation Machine," Harvard Business Review, April 2008.

[46] Google Inc., "Our Philosophy: Ten Things We Know to Be True," www.google. com/corporate/tenthings.html, accessed August 2010.

[47] Boris Groysberg, David A. Thomas, and Alison Berkley Wagonfeld, "Keeping Google 'Googley'," Harvard Business School Case No. 9-409-039, rev. July 7, 2011 (Boston, MA: HBS Publishing, 2009), p. 10.

[48] John Theroux, "Ben & Jerry's Homemade Ice Cream Inc.: Keeping the Mission(s) Alive," Harvard Business School Case No. 9-392-025, rev. December 15, 1993 (Boston, MA: HBS Publishing, 1993), p. 7.

[49] Steven Spear, "Decoding the DNA of the Toyota Production System," Harvard Business Review, September–October 1999, p. 9.

[50] Boris Groysberg, David A. Thomas, and Alison Berkley Wagonfeld, "Keeping Google 'Googley'," Harvard Business School Case No. 9-409-039, rev. July 7, 2011 (Boston, MA: HBS Publishing, 2009), p. 5.

[51] Boris Groysberg, David A. Thomas, and Alison Berkley Wagonfeld, "Keeping Google 'Googley'," Harvard Business School Case No. 9-409-039, rev. July 7, 2011 (Boston, MA: HBS Publishing, 2009), p. 5.

[52] Boris Groysberg, David A. Thomas, and Alison Berkley Wagonfeld, "Keeping Google 'Googley'," Harvard Business School Case No. 9-409-039, rev. July 7, 2011 (Boston, MA: HBS Publishing, 2009), pp. 6–7.

[53] James L. Heskett, W. Earl Sasser, and Jon Wheeler, The Ownership Quotient: Putting the Service Profit Chain to Work for Unbeatable Competitive Advantage (Boston, MA: HBS Press, 2008); and Daniel R. Denison and Aneil K. Mishra, "Toward a Theory of Organizational Culture and Effectiveness," Organization Science, Vol. 6, No. 2, 1995, pp. 204–223.

[54] John P. Kotter and James L. Heskett, Corporate Culture and Performance (New York, NY: Free Press, 1992); Jeff Rosenthal and Ann Masarech, "High-Performance Cultures: How Values Can Drive Business Results," Journal of Org anizational Excellence, Spring 2003, pp. 3–18; and Nitin Nohria, William Joyce, and Bruce Roberson, "What Really Works," Harvard Business Review, July 2003.

[55] Jesper B. Sorensen, "Note on Organizational Culture," Stanford Graduate School of Business Note No. OB-69 (Stanford, CA: Stanford Graduate School of Business, 2009), p. 2.

[56] Eric Van den Steen, "Culture Clash: The Costs and Benefits of Homogeneity," Management Science, Vol. 56, No. 10, 2010, pp. 1718–1738.

[57] Clayton M. Christensen and Kirsten Shu, "What Is an Organization's Culture?," Harvard Business School Note No. 9-399-104, rev. August 2, 2006 (Boston, MA: HBS Publishing, 1999), p. 4.

[58] Tom Tyler, John Dienhart, and Terry Thomas, "The Ethical Commitment to Compliance: Value-Based Cultures," California Management Review, Vol. 50, No. 2, Winter 2008, pp. 31–51.

[59] Tom Tyler, John Dienhart, and Terry Thomas, "The Ethical Commitment to Compliance: Value-Based Cultures," California Management Review, Vol. 50, No. 2, Winter 2008, pp. 31–51.

[60] Jennifer A. Chatman and Sandra Eunyoung Cha, "Leading by Leveraging Culture," California Management Review, Vol. 45, No. 4, Summer 2003, p. 21.

[61] Jesper B. Sorensen, "Note on Organizational Culture," Stanford Graduate School of Business Note No. OB-69 (Stanford, CA: Stanford Graduate School of Business, 2009), p. 2.

[62] Chip Jarnagin and John W. Slocum, Jr., "Creating Corporate Cultures Through Mythopoetic Leadership," Organizational Dynamics, Vol. 36, No. 3, 2007, p. 289; and Charles O'Reilly, "Corporations, Culture, and Commitment: Motivation and Social Control in Organizations," California Management Review, Vol. 31, No. 4, Summer 1989, pp. 9–25.

[63] Paul Meehan, Darrell Rigby, and Paul Rogers, "Creating and Sustaining a Winning Culture," Harvard Management Update, Reprint No. U0801C, January 2008.

[64] Ronald R. Sims, "Linking Groupthink to Unethical Business Practices," Journal of Business Ethics, Vol. 11, No. 9, 1992, p. 651.

[65] Ronald R. Sims and Johannes Brinkmann, "Enron Ethics (or Culture Matters More Than Codes)," Journal of Business Ethics, Vol. 45, No. 3, 2003, pp. 243–256.

[66] Dean McFarlin, "Strong Culture Can Be a 'Double-Edged Sword'," Dayton Business Journal, October 14, 2012.

[67] Charles O'Reilly, "Corporations, Culture, and Commitment: Motivation and Social Control in Organizations," California Management Review, Vol. 31, No. 4, Summer 1989, p. 14.

[68] Clayton M. Christensen and Kirsten Shu, "What Is an Organization's Culture?," Harvard Business School Note No. 9-399-104, rev. August 2, 2006 (Boston, MA: HBS Publishing, 1999), p. 5.

[69] Chip Jarnagin and John W. Slocum, Jr., "Creating Corporate Cultures Through Mythopoetic Leadership," Organizational Dynamics, Vol. 36, No. 3, 2007, p. 289.

[70] Clayton M. Christensen and Kirsten Shu, "What Is an Organization's Culture?," Harvard Business School Note No. 9-399-104, rev. August 2, 2006 (Boston, MA: HBS Publishing, 1999), p. 6.

[71] Paul Meehan, Darrell Rigby, and Paul Rogers, "Creating and Sustaining a Winning Culture," Harvard Management Update, Reprint No. U0801C, January 2008.

[72] Clayton M. Christensen and Kirsten Shu, "What Is an Organization's Culture?," Harvard Business School Note No. 9-399-104, rev. August 2, 2006 (Boston, MA: HBS Publishing, 1999), p. 4.

[73] Edgar H. Schein, "Coming to a New Awareness of Organizational Culture," Sloan Management Review, Winter 1984, p. 7, www.proquest.com, accessed July 2010.

[74] Clayton M. Christensen and Kirsten Shu, "What Is an Organization's Culture?," Harvard Business School Note No. 9-399-104, rev. August 2, 2006 (Boston, MA: HBS Publishing, 1999), p. 2.

[75] Paul Meehan, Darrell Rigby, and Paul Rogers, "Creating and Sustaining a Winning Culture," Harvard Management Update, Reprint No. U0801C, January 2008.

[76] John Theroux, "Ben & Jerry's Homemade Ice Cream Inc.: Keeping the Mission(s) Alive," Harvard Business School Case No. 9-392-025, rev. December 15, 1993 (Boston, MA: HBS Publishing, 1993), p. 18.

[77] John Theroux, "Ben & Jerry's Homemade Ice Cream Inc.: Keeping the Mission(s) Alive," Harvard Business School Case No. 9-392-025, rev. December 15, 1993 (Boston, MA: HBS Publishing, 1993), p. 9.

제 9 장

인적 자본의 관리

학습목표

이 장을 공부한 후 다음을 할 수 있도록 한다.

- 인적자원 관리가 어떻게 조직의 전략적 자산이 될 수 있는지 설명하기
- 조직이 직원에 대해 계획하고, 채용하며, 선발하는 과정의 개요 설명하기
- 직원을 키우고 개발하기 위해 조직이 무엇을 해야 하는지 설명하기
- 다양한 상황맥락적 세력들이 인적자본 관리에 어떻게 영향을 미치는지 설명하기
- 개인이 자신의 경력 및 개발을 구체화함에 있어 할 수 있고 해야 하는 역할 설명하기

장의 개요

자기성찰 MANAGEMENT

전략적인 사람 관리

핵심 인재를 찾아내 유지하는 일은 점점 더 기업전략의 중요한 구성요소가 된다. 재능을 갖추고 동기가 부여되어 있는 자원이 없다면 기업은 전략적 목표의 약속을 이행할 희망을 가질 수 없다. 신입 및 기존 직원들이 잠재력을 발휘할 것임을 보장할 수 있는 가장 좋은 방법은 무엇인가? 인적자원에 대한 전략적 방법은 어떻게 성공을 보장해 줄 수 있는가? 이 질문들을 생각하면서 다음의 진술문에 '네' 혹은 '아니오'로 답을 해보라.

1. 대부분의 사람은 자신이 직무상 얼마나 일을 잘 수행하는지 과대평가하고 있다.
2. 직원들의 피드백과 보상에 대한 대화는 구분되어야 한다.
3. 직원이 과업에 숙달하면 특정의, 직접적인 성과 목표가 주어질 때보다는 "최선을 다하라"는 말을 들을 때 일을 더 잘 수행한다.
4. 관찰 프로그램은 직원의 경력 성공에는 어떠한 영향도 미치지 않는다.
5. 가치를 위해 직무 신청자를 선별하는 회사는 지능을 위해 직무 신청자를 선별하는 회사보다 더 나은 유지력을 가지며 더 많은 성공을 한다.
6. 회사에서 신입 직원이 성공할지에 대한 가장 좋은 예측 변수는 그의 과거 경력이다.
7. 우수한 실적을 내는 직원은 그렇지 못한 직원보다 직업을 바꿀 가능성이 덜하다.
8. 팀을 기반으로 하는 보상 프로그램은 직원을 기반으로 하는 보상 프로그램보다 더 좋다.
9. 대부분의 회사는 인적자원을 필요로 하기 훨씬 전에 신중하게 계획한다.
10. 자발적인 직원 이직은 회사의 수익을 손상시킨다.

위 질술문의 답변을 바탕으로 한다면 전략적 인적자원 관리에 대한 개념은 무엇인가? 인간의 본성에 대한 개념은 무엇인가?

Source: Adapted from Boris Groysberg and David Lane, "People Management," Harvard Business School Exercise No. 9-406-034, rev. August 3, 2006 (Boston, MA: HBS Publishing, 2005).

서론

20세기의 대부분 동안 인적자원(human resources: HR)에 대한 관리는 과업을 수행할 수 있는 직원을 구하는 일, 공정하게 보상해주는 일, 고용보장을 제공해주는 일에 관한 것이었다. 오늘날 HR 관리는 여전히 이 기능을 지원해주고 있기는 하지만 그 범위는 확장되었다. 이는 또한 인간의 지성을 관리하는 일, 해결책을 만들어내는 일, 근로자에게 가능한 가장 효율적인 방법으로 직무를 수행할 수 있도록 유연함을 제공해주는 일 등을 아우른다. 진보적인 조직은 HR을 최소화 되어야 할 비용으로서가 아니라 최적화될 수 있으며 중요한 차이점과 경쟁우위가 될 수 있는 소중한 자원으로 보고 있다. 금융자본과 마찬가지로 인적자본은 투자, 양성, 개발 등을 통해 엄청난 보상을 거둘 수 있다. 유사한 방식으로 양육과 보살핌이 없다면 인적자본은 위축될 수 있다.

표 9-1 가장 일할 만한 10대 기업(2008~2012)

구분	2012	2011	2010	2009	2008
1	Google	SAS	SAS	NetApp	Google
2	Boston Consulting	Boston Consulting	Edward Jones	Edward Jones	Quicken Loans
3	SAS	Wegmans Foods	Wegmans Food	Boston Consulting	Wegmans Food
4	Wegmans Foods	Google	Google	Google	Edward Jones
5	Edward Jones	NetApp	Nugget Market	Wegmans Food	Genentech
6	NetApp	Zappos.com	DreamWorks	Cisco	Cisco
7	Camden Property Trust	Camden Property Trust	NetApp	Genentech	Starbucks
8	REI	Nugget Market	Boston Consulting	Methodist Hospital System	Qualcomm
9	CHG Health	REI	Qualcomm	Goldman Sachs	Goldman Sachs
10	Quicken Loans	DreamWorks	Camden Property Trust	Nugget Market	Methodist Hospital System

Source: Data compiled from Top lists from Great Places to Work Institute website, http://www.greatplacetowork.com/best-companies/100-best-companies-to-work-for, accessed October 12, 2012.

인적자본에 투자하는 회사는 〈Fortune〉의 '가장 일하기 좋은 기업' 명단에 등재되곤 한다. 매년 400곳이 넘는 회사 출신의 직원들이 이 잡지와 좋은직장연구소(Great Places to Work Institute)가 공동으로 추진하는 설문조사에 참가한다. 설문조사는 근무 환경에서의 전반적 조건과 더불어 직원 몰입도와 만족도를 측정한다. 설문지를 작성하는 직원은 관리팀의 신뢰성, 자신의 직무만족도, 직장의 동료애 등에 대한 정보를 제공한다. 회사는 또한 인구학적 구성, 급여 및 복리후생 프로그램, 철학, 내부적인 의사소통 방법, 기회, 보상의 실행, 다양성 노력 등이 포함되는 정보를 제공한다. 각 회사의 점수 중 2/3는 설문지에 대한 직원들의 대답을 바탕으로 하며, 1/3은 문화적 평가에 대한 회사의 대답을 바탕으로 한다. 상위 100위에 드는 회사는 '가장 일할 만한 100대 기업'으로 지정된다(표 9-1 참조).

Google과 Wegmans Food Markets 등의 회사는 꾸준히 이 명단의 상위에 등재되고 있는데 그 이유는 HR의 전략적 가치를 인정하기 때문이다. Google은 직원에게 1급 식당시설, 체육관, 세탁실, 마사지실, 이발소, 세차장, 드라이크리닝 서비스 등을 제공해준다. Google이 주목받는 이유는 단지 경쟁력 있는 급여와 수많은 복리후생 프로그램을 제공해주기 때문만이 아니라 직원들에게 새로운 것들을 시도할 수 있는 기회를 제공해주고 있기 때문이기도 하다. 그 목적을 달성하기 위해 Google은 직원들이 시간의 20%(1주일에 1일)를 그것이 무엇이든, 현재의 프로젝트인지 아니면 새로운 것을 위한 아이디어인지에 관계없이 열정적으로 일하도록 한다. 이러한 실행은 직원으로 하여금 전체적으로는 회사에 새로운 방식, 프로그램, 제품 등을 창안할 수 있도록 동기를 부여해주면서도 개인적 열정을 충족시킬 수 있도록 해준다.

Wegmans도 역시 성장할 수 있는 기회로 직원에게 보상해주고 있다. 매년 이 회사는 교육비 지원으로 거의 450만 달러를 제공해 직원들이 기능과 지식의 범위를 확장할 수 있도록 해준다. 회사는 이렇게 말한다, "Wegmans에 근무하는 우리는 공통 목표를 향해 일하고 있는 훌륭한 사람들이 하려고 설정하는 것이면 그 무엇이든 성취할 수 있다고 여긴다 … 우리는 또한 직원들이 필요로 하는 것을 충족시킬 수 있을 때만 목표를 달성할 수 있을 것이라 여긴다." 비슷하게, Edward Jones가 여러 해 동안 이 명단에 등장했었는데 그 이유는 직원의 발전과 성장에 대한 헌신 때문이었다. 심지어 금융위기 와중에서도 Edward Jones는 직원을 유지하고 개인적 개발에 투자하는 일에 초점을 맞추었다. 2008~10년 사이에 Edward Jones는 이익배분제를 계속 제공했으며 12,615개 사무실 중 그 어느 곳도 닫지 않았다.

이 장에서는 회사가 기획, 채용, 선발 등의 작업을 통해 전략적 HR 능력을 구축하는 방법을 설명한다. 기획에서 회사는 전략을 금융자산 및 조직구조와 비교해 얼마나 많은 직원을 필요로 하게 될지 그리고 어떠한 역할을 하게 될지를 파악한다. 일단 인적자본이 획득되면 그 다음에 기업은 인적자본의 관리로 주의를 돌려야 한다. 그 목적을 달성하기 위해 이 장에서는 기업이 인적자본을 관리하는 훈련프로그램의 설계와 전달, 성과관리 시스템의 활용, 올바른 자원이 올바른 방법으로 배치되고 있음을 보장하기 위해 내부·외부 환경을 지속적으로 관찰해야 할 필요성 등 다양한 방식을 설명한다.

인적자본 관리는 외부와 단절된 상태에서는 일어나지 않는다. 다양한 상황맥락적 요인들이 HR의 전략적 이용에 영향을 미칠 수 있다. 제정법, 노조 가입, 외주 등이 포함되는 HR에 중요한 영향을 미치는 여러 사항이 검토된다.

궁극적으로 개인의 경력에 대한 책임은 바로 자신에게 있다. 직원이 단일 회사에서 보내는 시간은 갈수록 짧아지고 있으며 따라서 누구라도 이 회사 저 회사 돌아다닐 가능성이 많다. 자신의 인적자본을 어떻게 관리할지를 탐구해 가장 최선의 경력을 추구하는 것이 중요하다. 직원들을 위한 흥미로운 성공 진로를 창안해 전략으로서의 HR 관리를 완전하게 받아들인 회사가 바로 Zappos.com이다.

Zappos.com

자신의 첫 번째 회사를 1995년 Microsoft에 2억 6500만 달러에 매각한 25세의 Tony Hsieh는 벤처자본 투자기금인 Venture Frogs를 출범시켰다. 그가 한 가장 전도유망한 투자 중의 하나는 잘 알려져 있지는 않았지만 성장하고 있던 Zappos라는 온라인 신발 소매상이었다. 1999년 27세의 Nick Swinmurn에 의해 만들어진 Zappos는 원래는 shoesite.com 이라는 이름을 갖고 있었지만 Swinmurn는 재빠르게 Zappos라 변경했는데 그 이유는 기억하기에 더 쉽고 신발에 대한 스페인어 단어인 zapatos와 비슷하다고 생각했기 때문이었다.

회사를 시작했을 때 신발을 판매하는 15,000개 이상의 사이트들이 있었지만 2년 내에 Hsieh의 투자 및 경영자문에 힘입어 Zappos는 가장 큰 온라인 신발 소매상으로 선두에 서게 되었다. Zappos의 성공은 2가지 주요 요인에 기인한 것이었다. 즉 고객 서비스에 대한 끊임없는 집중과 깊이 뿌리를 내린 직원 중심의 문화였다. 사실 이 2가지는 서로 얽혀있는 것이었다.

처음 시작한 이래 Zappos는 신발을 온라인으로 구매하는 것의 잠재적 단점의 완화를 추구했다. 크기, 스타일, 기능성, 가격은 소비자가 신발을 사면서 고려하는 4가지 공통 요인이었다. 이 관심사를 다루기 위해 Zappos는 모든 신발의 익일 배송과 무료 반품을 제공했으며 이는 소비자들로 하여금 집안에서 편안하게 구매할 수 있도록 만들어주었다. Zappos는 또한 다른 어떤 온라인 또는 오프라인 신발 소매상보다 더 많은 스타일을 제공했다. 가장 중요한 것은 Zappos가 웹사이트와 콜센터 등을 통해 적절하면서, 시간에 늦지 않도록, 그러면서도 효과적인 소비자 서비스를 제공했다는 것이다. Zappos의 넓은 제품 선택폭, 빠른 배송, 전문적인 고객 서비스는 제품에 완전한 가격을 부과할 수 있도록 해주었다. 이는 하이터치(high touch) 고객 서비스 및 광범위한 직원 개발에 주력하는데 드는 비용을 지탱해주는 주요 장점이 되었다.

Hsieh는 2001년에 공식적으로 Zappos에 공동 CEO로 참여하기로 결정했으며 2003년에는 단독 CEO가 되었다. Swinmurn은 몇 년간 회장으로 머물다가 다른 벤처기업으로 옮겼다. CEO로서 Hsieh는 회사가 행복에 특별히 중점을 두면서 직원들에게 집중했다. Zappos의 최고 업무집행책임자(Chief Operating Officer: COO) Alfred Lin은 이렇게 동의했다, "우리는 단지 행복한 사람들만을 채용하며 그들이 행복을 유지할 수 있도록 노력한다. 여러분은 회사를 그러한 문화에 의해 고취되는 곳으로 만들지 않으면 행복한 직원들을 데리고 있을 수 없다. 우리는 이것을 전략적 자산의 하나로 본다. 우리는 1,200~1,500건까지의 브랜드 관계를 맺고 있으며 경쟁사에 비해 훨씬 앞서 있지만 그것은 따라 할 수 있다. 우리의 웹사이트와 정책을 따라 할 수는 있어도 특별한 문화는 그렇게 할 수 없다." Hsieh는 회사의 특별한 문화가 Zappos를 다른 온라인 및 오프라인 소매상들과 구별되게 만드는 고객서비스 유형을 제공할 수 있는 것으로 여겼다.

Bloomberg/Getty Images

직원에 대한 헌신을 공고히 하기 위해 Hsieh는 회사에 있는 모든 직원에게서 조언을 구함으로써 Zappos의 10가지 핵심 가치 개발에 힘썼다. 첫 번째 핵심 가치가 "서비스를 통해 큰 감동을 전하라"인 반면 또 다른 가치에 포함되는 것으로는 "긍정적인 팀 및 가족정신을 구축하라", "열정적이면서 단호해지자" 그리고 "겸손해지자" 등이 있다. Hsieh는 직원 행복과 생산성 사이에는 직접적 연관이 있다고 여겼다. 그 목적을 달성하기 위해 직원들에게 "업무 외적으로 팀 구성원과 사교적 활동을 하는데 시간을 10~20%까지 쓰는 것"을 장려했다. Hsieh는 만약 직원들이 동료와 개인적인 감정적 관계를 구축하면 그러한 행동을 고객과도 형성하게 될 것으로 여겼다. 이 관계를 구축함으로써 직원이 문제를 해결하기 위해 더 협업하고, 고객에게 서비스를 제공할 수 있는 새로운 방법을 찾아내려는 의지를 갖게 될 것이라고 희망했다. 직원은 가정생활을 직장생활과 따로 생각하지 않고 온전히 일에 전념할 수 있을 것이라 예상되었다.

Zappos의 세 번째 핵심 가치는 "즐거움과 약간의 괴상함 만들어내기"다. 이 가치는 직원 지원으로부터 시작되는 회사의 채용에서 강화되었는데 여기에는 크로스워드 퍼즐, 미로, 만화그림 등이 포함된다. 인터뷰 동안 지원자는 주제 음악을 지명하고 자신을 괴상함과 운의 척도에 따라 등급을 매겨보도록 요청 받는다. Zappos는 어느 정도는(너무 괴상하지는 않지만) 괴상하면서 운이 좋다고 생각하는 직원을 찾고 있었던 것이다. 회사의 채용 관리자는 이렇게 언급했다, "만약 누군가 자신을 운이라는 척도에서 최고점에 있다고 등급을 매기면 그는 아마도 우리가 찾고 있는 유형의 사람이 될 것이다. 창의적이고, 모험심이 강하며, 고정관념에서 벗어날 수 있는 사람일 것이다." 채용 과정에서 확실한 치명적 단점이 될 수 있는 것이 핵심 가치가 된 것이었다.

이 핵심 가치는 그저 문서에 적혀있는 단어만은 아니었다. 문화 속에 깊이 자리잡고 있었으며 유망한 지원자는 그것을 포용할 것으로 기대되었다. Hsieh는 이렇게 말했다, "우리는 그 사람이 [우리의] 핵심 가치에 부응하는지의 여부를 바탕으로 채용하고 해고할 생각이며 이는 특정한 직무 기능을 잘할 수 있는지의 여부와는 별개다."

한 사람을 채용해 메우게 되는 자리와는 상관없이 모든 신입사원은 고객서비스 전화에 응대하면서 적응하는 폭넓은 오리엔테이션 프로그램을 받는다. 사실 이는 지원자의 겸손성을 평가하는 방식의 하나였다. 만약 재무 담당자 또는 고위직 관리자가 전화에 응대하는 것을 꺼린다면 그것은 회사가 갖고 있는 문화적 적합성이 올바르지 않을 수도 있다는 분명한 징조였다. Zappos는 4주 오리엔테이션 말미에 만약 스스로 그만두는 직원에게는 2천 달러를 제공하면서까지 올바른 직원을 채용했음을 확인할 정도로 전념했다. 비록 그 제안을 받아들인 사람이 매우 드물기는 하지만 신입사원의 회사 및 핵심 가치에 대한 몰입도를 평가할 수 있는 빠른 방법의 하나였다. 한 사람이 4주의 오리엔테이션 프로그램을 통과하면 매년 200시간 이상의 추가 훈련을 받아야 한다. 훈련 중 일부에는 의사소통, 갈등관리, 지도 등과 같은 주제들이 포함되며 일부는 행복, 일과 삶에 있어서의 의미 등 더 부드러운 주제도 포함되어 있다.

Zappos의 직원에 대한 깊은 헌신은 강력한 결과를 생산해 냈다. 10년도 안 되는 기간에 10억 달러 이상의 소매 판매로 성장했으며 비즈니스 중 75%는 만족을 느낀 반복 고객으로부터 나온 것이었다. Amazon은 Zappos의 결과와 고객서비스에 상당한 인상을 받아 2009년에 8억 4700만 달러로 회사를 인수했다. Hsieh는 과도기 내내 회사에 남아 있으면서 독립운영을 하는 것이 허용되었다. Zappos의 성공은 '가장 일할 만한 기업'에 등재됨으로써 인정을 받았는데 2012년에는 11위, 2011년에는 6위를 기록했다.

적합한 사례 **Zappos.com**

1. Zappos의 성공 비결은 무엇인가?
2. Zappos의 채용 행위에 대한 평가는 어떠한가?
3. 어떠한 유형의 직원이 Zappos에서 성공할 것 같은가?
4. Zappos의 방식을 다른 회사가 모방할 수 있을까?
5. 만약 Zappos 직원이었다면 Amazon 인수에 어떠한 느낌이 들었을 것 같은가? Zappos의 직원은 무엇을 염려했을 것 같은가? 무엇이 흥분되게 만들었을 것 같은가? Zappos는 Amazon에게 무엇을 가져다 줄 것인가? Amazon은 Zappos에게 무엇을 줄 것인가?

인적자본의 획득

Zappos가 학습한 바와 같이 성공은 종종 팀에서 일하는 사람이 누구인가에서 시작된다. 올바른 자리에 올바른 사람을 채용하는 것은 회사가 지속가능한 경쟁우위를 구축할 수 있도록 해주는 중요한 일이다. 채용하려는 자리에 자격을 갖춘 지원자를 뽑기에 앞서 HR 관리자는 회사 경영진과 함께 현재와 미래에 필요로 하는 인재의 정의를 내리고 계획해야 한다. 이는 내부적으로 조직이 필요로 하는 것을 설정해야 하고 외부 비즈니스 환경의 영향을 고려하는 일을 수반한다. 고객 서비스가 핵심인 Zappos와 같은 조직에 적합한 직원이 이 사항이 덜 핵심 쟁점이 되는 다른 조직에서는 적합하지 않을 수 있다.

기업구조, 시스템, HR, 경영 실행 등을 경쟁 상황에 맞추어가는 과정을 **외적 적합성**이라 부른다. 강력한 외적 적합성은 회사 전략을 지원해준다. 관리자는 HR 실행업무를 전략의 2가지 구성요소를 염두에 두고 맞추어야 한다. 회사의 성장 단계와 전략적 목표다. 회사는 성장의 5가지 단계 중 하나에 있을 것이며 각 단계는 서로 다른 HR과 자본의 필요 사항을 지니고 있을 가능성이 있다. 단계 I은 초기 국면으로 상당히 기업가적이며 비공식적이라는 특징을 갖고 있다. 단계 II로 들어서면 기능적 성장에 도달하고

외적 적합성(External fit) 기업의 구조, 시스템, 인적자원, 경영 실행 등을 경쟁 상황에 맞추어 가는 과정

표 9-2 조직의 성장 단계에 맞춘 인적자원의 실행 내용

단계 I 개시	단계 II 기능적 성장	단계 III 통제된 성장	단계 IV 기능적 통합	단계 V 전략적 통합
느슨하며 비공식적인 관리, 기본 급여와 복리후생, 유연한 직무 정의 내용	보상 및 복리후생에서 비즈니스의 필요성에 대응, 훈련 및 개발 프로그램 추가, 전문가 채용	공식화된 통제 측정 및 목표, 일상적 성과평가, 더 공식적인 통제 메커니즘, 잘 정의된 직무 역할 및 기능	장기적 기획, 학제간 훈련 프로그램을 생성, 계승 계획, 공식적인 기획 및 고용 사이클	HR이 전략적 방향에 맞추어 완전히 통합, 장기적 기획, 전략적 쟁점에 초점을 맞춘 훈련과 개발

Source: Lloyd Baird and Ilan Meshoulam, "Two Fits of Strategic Human Resource Management," *Academy of Management*, Vol. 13, No. 1, 1988, pp. 116–128.

기술적 특화와 공식성이 증가되는 특징이 있다. 단계 III에서는 통제된 성장에 집중하게 되고 더 공식적 절차를 개발하며 전문적 관리에 더 많은 초점을 둔다. 기업이 제품을 다각화하기 시작하는 것도 이 단계에서다. 마지막으로 단계 V인 전략적 통합에서는 경영진이 유연성, 적응성, 비즈니스 기능 전반에 걸친 통합에 역점을 맞춘다. HR 관리는 그것이 회사의 발전 단계에 맞도록 할 때 가장 효과적이다(표 9-1 참조). 단계 I에서 직원은 무엇을 취하든 직무가 이루어질 수 있도록 하는 유연성과 의지 때문에 채용된다. 회사가 성숙해짐에 따라 서로 다른 기량들이 더 중요성을 갖는다. 예를 들어 단계 IV 동안에는 다각적인 기능을 갖고 기획과 분석에 종사할 수 있는 그리하여 다른 제품(혹은 서비스) 사이의 연관성을 파악할 수 있는 직원들을 찾아야 한다.

이러한 기업전략과 HR 사이의 적합성을 고려할 수 있는 다른 방법은 이 책의 앞부분에서 설명한 전략적 체계 중 일부다. 제5장에서 설명한 바와 같이 회사가 추구하는 경쟁전략(원가우위, 차별화 또는 집중)은 조직문화와 어떠한 유형의 사람들이 그 문화에 가장 적합한지에 영향을 미친다. 원가우위 전략은 엄격한 통제, 낮은 간접비용, 규모의 경제가 특징이며 그 결과 HR 실행은 비용 효율성을 증가시켜주는 생산성에 중점을 두어야 한다. 이러한 실행은 시간제 직원을 채용하거나 하청을 주는 일, 직무 할당에 유연성을 발휘하는 일, 과업을 단순화시킴으로써 훈련시간을 단축시키는 일 등이 포함될 수 있다. 경쟁자들에 대비해 품질 개선에 중점을 두는 차별화 전략을 추구하는 회사에서는 HR 실행에 계속적인 피드백 시스템, 기능 전반에 걸친 적절한 협업, 의사결정 및 책임에서의 직원 참여 등이 포함되어 있어야 한다.

혁신 전략에 중점을 두면 HR 실행은 실험성에 더 큰 자율성과 여지가 허용되어야 하며 개발 및 훈련을 위한 충분한 기회가 제공되어야 한다. 만약 조직이 Zappos와 같아서 고객 서비스가 중요한 차별화라 여긴다면 서비스를 지향하는 전문가를 채용할 필요가 있다.

비록 강력한 외적 적합성이 전략적 목표를 지원해주고 있다 해도 강력한 **내적 적합성** 역시 경쟁우위의 원천이 될 수 있다. 내적 적합성은 회사의 전략에 대한 지원으로서 인적 자원의 실행을 구축하고 조정해나가는 과정이다. HR이 경쟁우위가 되기 위해서는 4가지 요건을 만족시켜야 한다. 1) 그 자원은 기업에 가치를 더해주어야 한다, 2) 그것은 회사를 벗어나서는 존재할 수 없다, 3) 그것은 다른 회사들에 의해 쉽사리 모방될

내적 적합성(Internal fit)
회사의 전략에 대한 지원으로서 인적 자원의 실행을 구축하고 조정해 나가는 과정

수 없다, 4) 그것은 다른 자원들로 대체될 수 없다. 기업이 최선을 다하면 각 직원은 복제될 수 없는 독특한 기량 또는 관점을 제공할 수 있다. 직원은 복제될 수 없는데 그 이유는 각각의 회사가 운영과 결정에 영향을 미치고 있는 독특한 역사와 경험을 갖고 있기 때문이다. 제5장에서 Toyota의 사례를 본 바와 같이 다른 기업이 특정한 직원 행동을 복제한다는 것은 거의 불가능하다.

내부 · 외부 환경을 평가했으면 회사는 다음으로 모든 직급에서의 자리를 위해 자격을 갖춘 직무 지원자들을 채용하기 위한 다양한 수단을 활용한다. 회사는 내부에서 아니면 다른 회사, 대학, 온라인 직업 포스팅 등의 외부에서 지원자들을 채용할 수 있다. 내부에서 채용하는 것에 특별히 성공을 거둔 기업이 바로 General Electric(GE)이다. GE는 재능을 발전시키는 그리하여 직원들이 회사에서 수년간 근무한 뒤에는 지도부 역할을 맡을 수 있도록 준비할 수 있는 직무를 제공하는 데 중점을 두고 있다. 그러한 목표를 위해 GE는 새로운 직원이 회사에서 다른 기능들을 경험할 수 있도록 해주는 수많은 인턴제도 및 직무 순환 프로그램을 가지고 있다. 이 프로그램은 신입 직원에게 GE의 여러 분야를 배울 수 있도록 해주는 것과 동시에 GE에게는 해당 직원이 갖고 있는 능력과 기술에 대한 완전한 감각을 제공해준다. 이러한 지식은 직원이 자신의 기술과 회사가 필요로 하는 것을 적용시키는 항구적 위치에 자리잡을 수 있도록 해준다.

채용을 한 뒤에 HR 관리자는 회사의 지도부 및 경영진과 함께 작업하여 각 위치에 대한 최적의 지원자를 선정한다. 이에는 단지 지원자들의 과거 경력 및 업적뿐만 아니라 회사 문화에 맞출 수 있으며 회사의 내부 환경 내에서 성공할 수 있는 잠재성까지도 고려하는 일이 수반된다. 신규 직원을 채용할 때 지원자가 맞추어야 할 실제 역할과 위치의 요건들을 고려하는 일이 중요하다. 그러한 것들이 새로운 직책에 대해서는 적절할 수도 적절하지 않을 수도 있기 때문에 과거의 성공에 너무 많은 중점을 두면 위험해질 수 있다. 비록 직접적으로 이전이 가능한 기술이 중요할 수는 있지만 학습하고, 개발하며, 성장할 수 있는 지원자의 잠재적 능력을 고려하는 것 역시 중요하다.

인적자원의 기획

전략적 기획과 유사하게 재능을 갖춘 직원을 획득하기 위해 회사는 내부 자원의 필요성과 잠재적 변화 내용을 외부 환경과 더불어 고려해야 한다. 회사 지도부는 HR과 함께 새로운 영역으로의 확장(국내에 관한 것이든 해외로 나가는 것이든), 새로운 제품(혹은 서비스)의 생산, 잠재적인 인원삭감 등과 같은 앞으로 다가올 중요한 변화에 대해서도 대비해야 한다. 이 변화는 성공을 위해 요구되는 미래 기술에 직접적으로 영향을 미치는 경향이 있다. 비록 많은 CEO가 미래 인재의 필요성에 대한 계획을 세우고 있지 않지만 장기적인 HR 전략을 개발하는 것은 회사에게 강력한 경쟁우위를 제공해줄 수 있는데 특별한 재능을 갖춘 자원이 부족한 환경에서는 더욱 그러하다. 이것은 독특한 또는 특화된 기술을 갖고 있는 직원에 의존하는 기술 회사에게는 특히 중요하다. 계획을 세우는 일은 또한 회사가 확장하고 있을 때 중요하다. 예를 들어 만약 어떤 부서 또는 사업부가 너무 커지면 회사는 2개의 다른 부서 또는 사업부로 나누려는 결정을 할 수 있다. HR 기능은 회사의 지도부와 함께 작업함으로써 새로운 조직구조를 설계하는 데 도움이 될 수 있다.

Lynn Watson/Shutterstock.com

비록 회사가 중요한 조직 변화를 예상하지 않고 있다 해도 HR 부서는 여전히 현재의 인적자본이 필요로 하는 것을 어떻게 충족해야 할지를 계획해야 한다. 예를 들어 Target은 성장에 필요로 하는 것을 충족시키기 위한 기획을 하는데 투자하고 있다. 회사는 특정한 채용계획에 필요로 하는 것을 결정하기 위한 향후의 비즈니스 추정과 더불어 직무별, 월별, 부서별 직원의 이직률 등의 데이터를 이용한다. 비즈니스 분석 등 매우 중요한 업무에 대해 Target은 실제 결원이 생기기 훨씬 전에 직원들을 채용해 훈련을 시킨다. 이는 그 신입 직원들이 필요한 순간에 가치를 부가시킬 수 있는 위치에 있을 수 있도록 해준다. Target은 또한 팀 지도부 및 관리자가 현장 능력을 개발하는 것을 기대하고 있다. 어떤 시점에 있더라도 Target에 근무하는 관리자는 직위를 위해 훈련을 받고 있는 1명 아니면 2명의 직속 직원을 데리고 있어야 한다. 이는 공석이 신속하고도 확실하게 채워지는 것을 가능하게 해준다.

Target에서 이용된 방식과 같은 성공적 HR 기획은 직무 분석을 요하는 일이다. 이는 더 정밀한 직무기술을 제공하고 그 직위에 대한 이상적 후보자의 특성을 정의하기 위해 직무 과업에 대한 정보를 분석한다. 직무 분석은 경영진과 현재 직무를 맡고 있는 사람과의 인터뷰, 직장에서의 관찰, 자체적으로 관리되는 설문지 등이 포함되는 수많은 방식으로 시행될 수 있다. 정확한 직무 분석의 부재는 채용비용 증가, 직원 간의 불공평, 부적합한 직무 대비, 낭비되는 훈련 자원 등의 문제로 이어질 수 있다.

회사의 내부 자원이 필요로 하는 것을 평가했다면 HR 관리자는 그 다음에 관심을 외부 환경으로 돌려 보상과 복리후생에 대해 경쟁기업을 연구할 수 있다. 대부분의 직위는 특정한 직무를 수행할 것으로 요구되는 또는 기대되는 교육, 경험, 잠재적 재능을 바탕으로 보상이 주어진다. 기업은 판매시장에서 비교될 수 있는 직위에 대한 외부 분석을 바탕으로 보상 수준을 설정한다. 만약 기업이 경쟁사 또는 다른 회사 출신의 근로자를 채용하기로 선택한다면 이는 해당 근로자의 현재 수준에 부합하거나 아니면 초과하는 보상을 제공해 줄 것을 예상해야 한다. 보수 및 수당에 대한 자세한 내용은 이 장의 뒷부분에서 설명한다.

비즈니스 환경의 평가 역시 특정한 기술 수준을 갖고 있는 직원을 이용할 수 있는 가능성을 이해하는 데 중요하다. 예를 들어 불경기 동안에는 취업이 되지 않은 근로자들이 더 많으며 따라서 이는 공석이 된 직위에 적절한 근로자를 찾기가 더 용이할 수도 있지만 항상 성공적 채용이 되는 것은 아니다. 가장 최근의 불경기 동안(2008~2009) 많은 근로자가 실직을 당했지만 실직자의 대부분은 대학 교육을 받지 못했거나 제한적인 교육만 받은 기술 수준이 낮았다. 비록 미국에서 대학 교육을 받은 근로자의 최고실

직무 분석(Job analysis)
정밀한 직무 기술을 제공하고 그 자리에 대한 이상적 후보자의 특성을 정의하기 위해 특정의 직무 과업에 대한 정보를 분석하는 것.

직률이 5.0%에 이르는 동안에도 고교 졸업자의 최고실직률은 11.1%였으며, 고교 졸업장 미만을 가진 근로자의 최고실직률은 15.6%에 달했다. 특정한 기술자를 채용하려는 기업은 심지어 경제적으로 가장 힘든 시기에도 여전히 자격을 갖춘 사람을 찾는 일이 어렵다는 사실을 알게 될 것이다.

인재의 채용

일단 HR 관리자가 회사 지도부와 함께 예상되는 내적 변화를 파악하고, 외적 요인이 채용에 어떻게 영향을 미칠 것인지를 고려하고, 직무 기술을 개발하며, 지원자 중에 찾고 있는 특징을 결정했다면 이제는 이용 가능 인력을 채용할 때가 된 것이다. 채용을 하는 일은 내부 · 외부 양쪽 모두에서 일어날 수 있다. 내부 채용은 이미 그 회사에서 근무하는 근로자로부터 어떤 직위의 자격을 갖춘 지원자를 찾아내는 것이며, 외부 채용은 어느 곳에서든 자격을 갖춘 지원자를 찾아내는 것이다.

내부적으로 채용하는 것에는 여러 가지 장점이 있다. 첫째, 내부 지원자는 회사의 문화, 배경, 제품을 알고 있으며 새로운 역할에서 더 신속하면서도 더 의미있는 효과를 내는 것이 가능하도록 해준다. 게다가 내부 지원자를 채용함으로써 직원들에게 성장과 발전을 가능하게 해주는 잠재적 진로에 접근할 수 있음을 보여주는 일이기도 하다. 진로가 존재함은 상당 기간 회사에 머물러 있기를 바라는 높은 자질을 갖춘 지원자의 이목을 끄는 데 유용하다. 내부에서 채용함으로써 회사는 직위에 대한 후보자의 기량 및 잠재성에 대해 훨씬 더 많은 것을 알고 있다. 이러한 지식은 회사로 하여금 직원이 새로운 역할로 옮겨가는 것을 지원할 때 더 전향적이 되는 것을 가능하게 해준다.

'일하기 가장 좋은 100대 기업'의 하나로 꾸준히 이름을 올려왔던 Nordstrom은 고급 소비자 서비스에 대한 명성을 내부 직원으로부터 관리자를 승진하고 개발하는 것으로 유지해왔다. 회사의 현역 9인의 중역위원회 구성원 중 5명은 판매 직원으로 출발한 사람들이었다. 전도유망한 신입 판매직원이 1년 이내에 승진하는 경우가 종종 있으며 가장 큰 잠재성을 갖고 있는 직원은 6개월 순환훈련 프로그램에 참여할 수 있는 기회를 부여 받는다.

HR 관리자는 특정 대학 및 다른 회사에서 외부 지원자를 구하기도 하지만 HR 자문회사, 온라인 구인란, 무역박람회 등도 채용 담당자에게는 소중한 수단이 된다. 외부에서 채용하는 것에는 장점과 단점이 있다. 만약 해당 근로자가 이미 어디에든 채용되어 있다면 그에게 현 직장을 떠나도록 하기 위해 더 높은 보수를 제시해야 할 수도 있다. 만약 더 높은 보수가 제시된다면 비슷한 기술 수준의 직원이 새로 채용된 직원보다 더 낮은 수준에 있을 경우 회사 내부에서 평등성 논란으로 이어질 수 있다. 최근의 연구는 외부에서 채용된 근로자가 내부에서 채용된 동일 직무의 직원보다 18% 더 높은 급여를 받고 있음을 보여준다. 그렇게 추가로 지급되는 급여가 더 나은 성과로 항상 이어지는 것은 아니다. 한 연구에서는 외부에서 채용된 근로자는 더 좋지 않은 직무 성과 점수를 받았으며 내부 채용보다도 해고될 가능성이 61%나 더 높다는 사실을 언급했다.

Rudy Archuleta/Redux

외부에서 채용하는 것에 대한 일부 논란에도 불구하고 많은 기업은 선택의 여지가 없으며 특히 회사의 매우 중요한 새로운 역할을 채울 필요가 있을 때 외부 채용을 활용한다. 온라인 여행정보 제공 사이트 Kayak의 창립자이자 CEO Paul English는 훌륭한 사람이 있다면 언제 어디서든, 비록 당장 직무가 없다 해도 채용한다는 신념을 갖고 있다. 자신의 채용 철학에 대해 English는 이렇게 말했다. "나는 채용을 하는 일에 매우 사로잡혀 있다. Kayak에서 떠도는 농담에 따르면, 만약 내가 샌프란시스코로 출장을 갈 때 비행기가 착륙하면 내 동료가 이렇게 묻는다는 것이다, '이번 비행에서는 도대체 얼마나 많은 사람들을 채용했는가?'라고." 전도유망한 지원자가 확실하면 English는 그 거래를 공석 직위가 있는지 없는지 여부와 관계없이 7일 안에 협상을 끝내려 애쓴다. English로서는 중요한 인재를 찾는 일이 Kayak을 위한 매우 중요한 전략적 목표다. 이 회사의 성장은 유능한 기술 전문가들의 공급루트를 구축할 수 있는 능력을 바탕으로 하고 있다.

많은 기업은 기존 직원의 소개를 통해 새로운 인재를 찾아내고 있다. 이 방식으로 회사는 외부에서 채용하는 것의 불확실성의 일부를 완화시킬 수 있다. 기존 직원은 회사에 대해 중요한 기준 역할을 한다. 직원은 회사에 대해 잘 알고 있기에 지원자에게 회사 문화를 설명해 줄 수 있으며, 회사에게는 지원자의 실제 능력을 제공해줄 수 있다. 본질적으로 이러한 유형의 설명을 **현실적 직무소개**(realistic job review: RJP)라 부른다. RJP는 조직이 직무 후보자에게 긍정적이고 부정적인 측면을 포함해 직무의 가장 중요한 정보를 제공하는 과정이다. 전통적 직무 설명은 일반적으로 해당 직위에 대한 부정적 측면은 포함시키지 않는다. 비록 채용자가 후보자에게 직무 매력이 없는 측면을 발설한다는 것이 이상하게 여겨질지는 모르지만 RJP는 이직률을 감소시키는 역할을 한다. 본질적으로 후보자는 정식으로 일하기 전에 해당 직무의 기대되는 것과 성격에 대해 더 포괄적 이해를 얻게 된다.

회사는 또한 일부 경우 직위의 부정적 측면이 일부 지원자를 실망시키면 RJR이 지원자 가용 자원이 적어지는 결과를 초래할 수도 있음을 고려해야 한다. 일단 HR 관리자가 가용 지원자를 뽑아 그에게 해당 직무의 긍정적이고 부정적인 측면 모두를 알려주었다면 다음 과업은 가장 좋은 후보자를 선발하는 일이다.

인재의 선발

오늘날의 회사들은 광범위하게 다양한 정보를 활용해 가장 좋은 직무 후보자를 선정한다. 그 과정은 대학이 학생을 선발하기 위해 이용하는 과정과 유사하다. 대학 입학에서 학교는 시험성적이나 등급 등과 같은 정량적 데이터와 추천, 활동 및 성과물 목록, 졸업생과 학교 대표자와 면담에서 나온 정성적 정보 모두를 다양하게 수집한다. 회사도 역시 직무 후보자로부터 다양한 정성적 및 정량적 정보를 수집한다. 이에는 인지능력 및 인성 테스트, 대학 GPA(평점), 표준화된 테스트 성적, 후보자에 의해 제공된 기본적

현실적 직무소개 (Realistic job review)
조직이 직무 후보자에게 그에 대한 긍정적 및 부정적인 측면을 포함하여 직무의 가장 중요한 조건을 강조하는 정보를 제공하는 것.

이력, 인터뷰와 참조사항들로부터 수집된 정보 등이 포함될 수 있다. 회사는 또한 사회적 매체를 이용해 새로운 채용에서 더 많은 것을 학습하기도 한다. 비록 그것이 논란이 없는 것은 아니지만 일부 고용주는 심지어 후보 직원에게 Facebook에서 사용하는 패스워드까지도 제공하라는 요청을 한다. 지원자가 소셜 환경에서 자신을 어떻게 보여주고 있는지를 안다는 것은 고용주에게 매우 유용한 정보를 제공해 줄 수 있다.

대부분의 직무신청서에는 상당히 많은 정보가 포함되어 있기 때문에 회사로서는 그것을 모두 추려내 가장 좋은 후보자를 발견한다는 일이 엄청난 과업이 될 수 있다. 이 문제점은 최근 몇 년에는 온라인 구인란의 직무를 찾아내 지원하는 것을 훨씬 더 용이하게 만들었기 때문에 더욱 악화된다. 많은 기업은 이력서를 통해 일부 후보자를 선발하기 위한 중요 정보를 살펴보고 있다. 다른 기업은 능력 테스트를 활용해 직무신청서를 통해 선별하고 있다. 일부 연구자는 능력 테스트가 이력서를 통해 선별하는 작업보다는 일단 채용된 향후 성과를 예측하는 데 더 나은 실적을 갖는다는 생각을 하고 있다. 능력 테스트는 보통 설정된 시간 내에 완료해야 하는 정성적 및 정량적 문제 모두로 구성되어 있다. 이 테스트는 고용주에게 각 후보자의 표준적 측정을 제공해주는데 이는 다양한 지원자 가용 인원에 직면했을 때 유리하다. 비록 능력 테스트가 낮은(그리고 중간 정도의) 기술을 위한 직무용으로 상당히 일반적이기는 하지만 고위직 후보자를 선발하는 데는 거의 이용되지 않는다. 유사한 방식으로 직원은 또한 회사도 평가한다. glassdoor.com 등과 같은 웹사이트를 이용해 잠재적 고용주를 평가한다. 이러한 웹사이트에는 급여 정보와 아울러 현재 직원들에 의한 관리자 등급 정보 등이 포함되어 있다.

후보자의 과거 업무 이력이 중요한 반면 상황에 따른 인터뷰는 향후 행동에 대한 예측 변수를 제공해준다. 상황에 따른 인터뷰는 후보자가 직무 중에 일어날 가능성이 다양한 상황에서 어떻게 대응할지 설명하도록 요청받는 인터뷰다. 상황에 따른 인터뷰는 후보자가 분석적 역량을 어떻게 이용해 상황을 분석하고 가능한 조치를 제시할지에 대해 더 잘 이해할 수 있도록 해준다. 어떤 상황에서는 후보자가 이전의 경험을 이용할 수도 있지만 많은 경우에서 완전히 새로운 상황의 질문을 받게 될 것이다. 상황에 따른 인터뷰는 학생들이 제한된 업무 경험을 갖고 있는 교내에서의 인터뷰에서 일반적으로 이용된다.

선발 과정에서의 마지막 단계는 평판 조회다. 비록 대부분의 고용주는 일반적으로 후보자가 제공하는 3~4건의 평판을 접하지만 일부 기업은 예상 후보를 조사하기 위해 예전 동료들을 접촉하는 시도를 한다. 더 고위직으로 갈수록 더욱 많은 평판들이 확인된다. 평판 조회 과정에서 중요한 질문은 보통 "당신은 이 사람을 다시 채용하겠습니까?"이다. 만약 그 대응에서 약간이라도 주저함이 있다면 그 고용주는 잠재적 직무를 제시하는 것을 다시 한번 고려한다.

다른 관점

올바른 채용에의 기대

점점 더 많은 기업이 잠재적 신규 채용자를 탐구하기 위해 인성검사로 전환하는 중이다. 예를 들어 Xerox는 이전의 경력을 바탕으로 콜센터의 신규 직원을 채용하는 방식을 포기했다. 대신 후보자의 창의성과 호기심을 평가하는 인성검사에 의존하고 있다. Xerox는 더 캐묻기를 좋아하는 직원이 적어도 신규 직원을 훈련시키는데 쓰이는 5천 달러를 만회하기에 충분할 만큼 오랫동안 머물게 근무할 가능성이 더 많은 것을 발견했다. 후보자에게 과거 경력에 대해 질문하는 대신 Xerox는 인성검사를 통해 "나는 대부분의 사람이 하는 것보다 더 많은 질문을 한다, '사람들은 내가 한 말을 신뢰하는 경향이 있다" 등의 진술문에서 선택하도록 한다. Xerox는 고용 테스트를 설계하기 위해 스타트업이볼브(start-up Evolv)를 가지고 작업하는 중이다. 그것이 갖고 있는 데이터 모델링 활동을 통해 Evolv는 "이상적인 Xerox의 콜센터 직원은... 회사 근처에 살고 있는, 신뢰할 만한 교통수단을 갖고 있으며, 하나 이상의 그러나 4개 이상은 아닌 소셜 네트워크를 이용하고 있는" 사람임을 발견했다.

비록 이와 같은 테스트가 직원의 이직률을 낮추는데 도움을 줄 수는 있지만 이러한 데이터 모델링이 어떤 사람의 유형을 체계적으로 차별하기 위한 것으로 여겨지는 경우 해당 회사로 하여금 잠재적 소송에 노출시키는 것일 수도 있다. 회사는 그 기준이 "직무에 있어서의 성공을 예측하기 위한 것임을 입증"하는 것이 필요하다.

1. 신규 직원을 선발하기 위해 인성 테스트를 이용하는 것의 장점과 단점은 무엇인가?
2. 만약 비영리조직을 위한 인성 테스트를 개발 중이었다면 직무 후보자의 어떠한 특성을 평가하려 했을 것인가?
3. 회사는 얼마나 많은 비중을 인성 테스트에 두어야 하는가? 더 중요한 것으로 손꼽는 다른 채용 기준은 무엇이 있는가? 왜인가?

일단 인터뷰가 진행되었다면 다양한 인터뷰 담당관들이 함께 만나 해당 후보자를 설명해 직위와 관련 있는 특정 성격에 초점을 맞추어 확인한다. 비록 모든 인터뷰 담당관들이 가장 적합한 후보자에 합의하는 것이 이상적이지만 후보자의 바로 위 상급자가 보통은 채용 결정에서 최종 답변을 제시하는데 이는 그가 후보자와 밀접하게 일하게 될 것이기 때문이다.

인적자본의 관리

일단 회사가 인적자본을 획득하고 나면 이제는 관리하는 데 중점을 두어야 한다. 비록 이 책의 전체적인 부분이 다른 것들을 관리하는 것에 전념하고 있지만 이 장에서는 직원의 개발과 이행을 다루는 관리의 특정 부분에 초점을 맞춘다. 인적자본을 관리한다는 것은 궁극적으로 직무를 잘 수행할 수 있도록 필요로 하는 것을 제공함으로써 —그것이 보상인지 아니면 기술인지의 여부와 관계없이— 회사를 발전시키도록 직원을 최선의 직위에 배치하는 것이다.

이제 회사가 어떻게 인재를 개발하고 훈련시키는지 살펴보자. 직원이 처음으로 출근하면 회사는 그가 속도를 낼 수 있도록 그리고 특정 직무를 수행할 수 있는 기량을 발휘하는데 상당한 시간과 돈을 들인다. Zappos는 모든 새로운 채용자에게 고객과 전화를 하면서 상당한 시간을 보내는 업무가 포함되는 4주 훈련을 받도록 한다. 이러한 상호작용은 Zappos 신입직원으로 하여금 고객에게 궁극적으로는 회사 성과에 대해 무엇이 중요한지를 이해하도록 만들어준다. 직원 개발은 최초의 훈련과정으로 중단되는 것은 아니다. 공식적 및 비공식적 피드백이 어떤 행동을 조장하거나 하지 못하게 이용된다. 회사가 직원의 행동을 지원하고 이끌기 위해 성과평가를 이용하는 것을 포함해 어떻게 피드백을 제공하는지 설명한다.

직원의 훈련과 개발

20세기의 후반기 동안 대부분 직원훈련은 직원이 특정 과업을 어떻게 수행하는지를 학습하고 그런 다음 과업을 얼마나 잘했는지 평가받는 현장훈련으로 구성되어 있었다. 오늘날의 환경에서 진행형의 개발은 직원이 계속 최신의 기량과 기술혁신의 업데이트를 유지할 수 있도록 하는데 매우 중요하다. 훈련 프로그램 투자도 전체적으로는 회사의 장기적 투자인데 왜냐하면 그것이 미래를 위한 기술과 능력을 구축하는 데 도움이 되기 때문이다.

조직은 비즈니스 실행에 적응시키고, 새로운 장비로 기술을 가르치며, 신제품(혹은 서비스)의 제공 내용을 교육시킬 필요성 등이 포함되는 다양한 이유 때문에 직원을 훈련시킨다. 훈련 내용이 효과적이 되기 위해서는 내부적으로는 조직구조와 문화, 외부적으로는 전략, 경쟁 상황 등에 적합해야 한다. 하지만 조직이 훈련에 투자하기 전에 어떠한 유형의 훈련을 하는 것이 필요한지 그리고 누가 그것을 전달하기에 가장 좋은 위치에 있는지를 이해해야 한다. 이것을 **요구평가**라 한다. 불행히도 대부분의 회사는 훈련 내용이 필요로 하는 것을 정기적으로 평가하지 않고 있다. 즉 환경에 반응하거나 아니면 다른 회사가 이끄는 대로 따라가고 있을 뿐이다. 한 설문조사는 단지 조직들 중 27%만이 훈련 내용이 필요로 하는 것을 체계적으로 평가하고 있다는 사실을 확인했다.

관리자는 일련의 단계를 이용해 훈련을 가장 잘 진행할 수 있는 방법을 결정할 수 있다. 첫째, 관리자는 훈련 목표를 분명히 해야 하며, 이 목표는 조직전략에 의해 통지되어야 한다. 둘째, 관리자는 조직의 훈련이 요구하고 있는 것을 확인해 이 요구에 대한 적절한 대상을 결정해야 한다. 훈련이 요구하는 것의 확인은 HR 기능이 현재 조직에서의 기술조합에 대한 감사를 수행하고 그에 의해 기술조합을 앞으로 조직이 요구하는 것과 비교하는 차이의 평가로부터 나올 수 있다. 만약 회사가 특정 유형의 고객 지원이 요구되는 신제품을 출시한다고 할 때 훈련은 이러한 지원을 다루기 위해 설계되어야 한다. 일단 훈련 요구와 목표로 하는 대상이 결정되었다면 관리자는 HR 전문가와 공동으로 훈련 교과과정을 설계해 직원에게 전달하며, 그러한 개입의 효과를 평가할 수 있다. 훈련 효과에 대한 평가는 보통 직원이 새로운 기술을 제정하는(아니면 제정하지 않는) 방법에서 분명히 드러난다. 어떠한 개입이든 마찬가지로 그것은 프로그램의 전체적 성과물을 평가해 향후에는 훈련 경험을 어떻게 개선시킬 수 있을지를 결정하는데 유용하다.

훈련의 유형

조직에 있는 직무의 기능만큼이나 많은 유형의 훈련 방식이 있을 수 있겠지만 대부분의 훈련은 새로운 직원이 조직의 과정 및 절차에 익숙해지도록 도움을 주는데 중점을 두고 있다. 추가적으로 많은 조직은 직원의 개발, 법적 준수성, 안전 등에 대해서도 중점을 두고 훈련 프로그램들을 수행한다. [표 9-3]은 100명 이상의 직원을 가지고 있는 회사에서 이용되는 다양한 유형의 훈련 목록을 회사 비율과 더불어 제공해주고 있다. 비록 이 목록이 광범위하기는 하지만 조직 내의 모든 직원 그리고 모든 조직이 이용하고 있는 것은 아니다. 중요한 것은 어떠한 훈련방법이 적절한지를 결정할 때 회사 전략을 이용한다는 것이다. 예를 들어 R&D 부서는 창의성 및 컴퓨터 프로그래밍 훈련이 도움이 되겠지만 구매에 대한 것은 반드시 그렇지만은 않다. 반대로 회사 전체적으로는 다양성 훈련 또는 향후의 잠재적 법적 문제를 완화시키기 위한 성희롱 교육을 수행해야 할 필요가 있다.

비록 훈련의 주제는 매우 폭넓은 것일 수도 있지만 직원이 훈련을 받는 방법은 그보다 훨씬 적다. 즉 공식적 훈련과 비공식적 훈련으로 나누어질 수 있다. 가장 일반적인 공식적 훈련은 현장훈련인데 이는 근무 현장에서 해당 직원의 상급자에 의해 수행된다. 어떤 직위에 대해서는(예를 들어 중장비 운영 또는 위험물질의 사용 등 특정 법규 준수가 요구되는 것) 직원의 지식과 준수성을 확인하기 위한 테스트가 실시된다. 공식적 훈련은 또한 어떤 기술을 가르치기 위해 특별히 고안된 시설에서 직장외 훈련을 실

요구평가(Needs assessment)
어떠한 유형의 훈련이 실시되는 것이 필요한지 그리고 누가 그것을 전달하는데 최선의 위치에 있는지의 개요를 조직이 정해주는 과정

표 9-3 100명 이상의 직원을 갖고 있는 회사에서의 전형적인 훈련 프로그램

훈련 프로그램	제공되는 비율	훈련 프로그램	제공되는 비율
신입사원 오리엔테이션	92	정보 기술/MIS(경영정보시스템)	60
성과 평가	79	동기부여	60
개인 컴퓨터 교육	78	컴퓨터 프로그래밍	58
팀 구축방법	75	재무	57
리더십	75	판매 관리	54
성희롱	74	기획	54
채용 및 선발 과정	71	글쓰기 기술	54
훈련강사 대상 훈련	71	전략적 기획	53
신 장비 운용	71	다양성	52
안전	69	협상 기술	51
위임 기술	66	창의성	48
제품 지식	66	윤리	46
회의 수행방법	66	마케팅	43
목표 설정방법	65	구매	40
경청 기술	64	경제 분야에 대한 지식	40
의사결정	64	약물 남용	39
변화의 관리방법	63	재취업 주선 · 은퇴	39
품질 개선	63	금연	32
시간 관리	62	조직 재충전	30
문제 해결방법	61	외국어	22
연설법	61	기타 주제	4

Source: Zandy B. Leibowitz, "Designing Career Development Systems: Principles and Practices," *Human Resource Planning*, Vol. 10, No. 4, 1987, pp. 195–207.

시할 수도 있다. 항공업계에서는 오랫동안 조종사들을 훈련시키기 위해 시뮬레이터를 이용해왔으며, NASA에서는 세계 어느 공항이든 낮이나 밤, 어떠한 기후형태, 200개 항공기의 상승과 하강 등을 모의 환경으로 할 수 있는 가상의 통제 타워를 개발했다. 관리개발을 위한 다른 형태의 회사외 훈련에는 교육 프로그램이 포함될 수 있다. 많은 회사는 공동체의 대학과 협력해 특별한 훈련을 지원해 줄 수 있는 맞춤형 기업교육을 제공한다. 다른 회사는 더 나아가 자체 소유의 사립대학을 만들기도 한다. 한 가지 예가 맥도널드햄버거대학인데 여기서 직원들은 McDonalds 프랜차이즈의 특정한 운영을 배운다. Boeing과 GE 역시 자체의 훈련용 캠퍼스를 만들었으며 내부 · 외부의 자원의 조합을 이용해 직원에게 목표로 하는 프로그램을 전달하고 있다.

비록 공식 훈련이 직원 학습에 소중한 것이 될 수는 있어도 비공식 훈련이 훨씬 더 효과적일 때가 있다. 비공식 훈련에는 코칭(coaching) 및 멘토십(mentorship) 등이 포함될 수 있는데 이에 의해 직원은 자신의 분야 또는 부서의 더 경험 많은 구성원과 함께

조화를 이룰 수 있다. 가장 좋은 경우는 이 관계가 직원에게 귀중한 자원이 되어 회사와 자신의 기술을 발전시킬 수 있게 된다. 제2장에서 살펴본 것처럼 이 관계는 한 개인의 네트워크 중 매우 소중한 부분이 될 수도 있다. 회사와 직원에 대한 모든 훈련에도 불구하고 다양한 훈련 계획의 효과를 측정하는 것은 어렵다. 특히 비공식 훈련 프로그램은 측정하기 어려운데 이는 힘든 경제적 시기에 봉착하면 일부 회사에서는 훈련 프로그램을 조기에 중단시키는 결과를 초래할 수도 있다.

개발

대부분의 훈련이 단기적 기술 습득을 의미하지만 **개발**은 직원의 개인적 능력을 시간을 두고 개선시키려는 장기적이고, 진행형의 훈련과정을 말한다. 개인적 개발에 중점을 둔다는 것은 직원을 위해서는 더 소중한 실행이 되어왔는데 그 이유는 더 높은 자질을 갖춘 직원을 끌어당기며 회사에 더 헌신할 수 있도록 해주기 때문이다. 직원 개발 계획은 조직의 요구사항이 개인의 경력 요구사항과 일치되는 경우에 더 효과적이다. 일치성을 보장하기 위해서는 개별 직원의 능력과 기술에 대한 강력한 이해와 더불어 회사 전략에 대해서도 강력한 이해를 하고 있어야 한다. 이렇게 이해되면 HR 기능은 관리자와 함께 일하면서 도전하려는 개발 기회를 찾아내고, 개인의 이해관계와 조화를 이루며, 회사의 전체 방향을 지원할 수 있게 된다. 직원 개발 중 중요한 부분의 하나가 피드백을 제공해주는 것이다.

피드백과 성과 검토

피드백을 수행하는 많은 방법이 존재하지만 〈Fortune〉 1000대 기업 중 가장 인기 좋은 피드백 시스템은 **360도 피드백 · 다면평가**다. 이는 직원이 핵심 기술의 자기평가를 수행한 다음 관리자, 동료, 직속 상사, 거래처 등이 포함되는 조직 내 타인에 대해 반응을 비교하는 시스템이다. 이 방식으로 직원은 상사로부터(전통적인 시스템에서는 유일한 제공원), 동료로부터, 부하직원으로부터, 일부 경우에서는 고객 또는 의뢰인으로부터도 피드백을 받는다.

360도 피드백의 기원은 1950~60년대의 인간관계 운동으로 거슬러 올라갈 수 있지만 지난 20년에 걸쳐 조직 계층이 편평해지고 근로는 점점 교차기능적이 되어가며, 직원이 자율권을 더 부여받게 됨에 따라 견인력과 인지도를 얻게 되었다. 타인으로부터 피드백을 얻는 과정은 일반적으로 해당 조직의 중요하고 다양한 역량에 대해 개인의 등급을 매기거나 평가하도록 응답자에게 요청하는 웹을 기반으로 하는 조사 또는 설문조사 등이 포함된다. 이 역량 중 일부는 팀을 관리하고 개발하는 일, 대인관계 기술, 의사소통 능력, 전략적 관리 등이 포함될 수 있다. 대부분의 경우 360도 피드백의 응답자는 개별적인 직원과 관리자에 의해 선정된다.

360도 피드백 시스템의 이용에는 수많은 장점이 있다. 첫째, 자기 평가의 구성요소가 포함되는데 이는 개인이 경력을 계획하고 의사결정을 내리는 데 도움이 된다. 그러

개발(Development)
종업원의 개인적인 능력을 시간을 두고 개선시키려는 장기적이고, 진행형의 훈련 과정

360도 피드백 (360-degree feedback)
다면평가. 종업원이 핵심역량의 자기평가를 수행한 다음 관리자, 동료, 직속 상사, 거래처 등이 포함되는 조직 내의 타인에 대하여 그들의 반응을 비교하는 시스템

나 순수한 자기 평가는 비현실적으로 높은 등급을 매기는 결과를 가져올 수 있으며 두 번째 장점으로 이끌게 된다. 둘째, 360도 피드백은 직원에게 기술, 능력, 행동 등에 더 현실적 견해를 제공해준다. 자신의 행위를 가장 극찬하는 용어로 표현하는 것은 쉬운 일이며 따라서 가까운 곳에서 함께 일하는 사람으로부터 나오는 익명의 피드백을 자신의 견해와 비교하는 것이 중요하다. 셋째, 360도 피드백은 리더십 개발 과정에서는 효과적 수단이 되는데 그 이유는 개선을 위한 잠재적 영역을 확인해주기 때문이다.

360도 피드백은 일부 사례에서는 매우 효과적이었기 때문에 많은 회사는 성과 평가를 위해 이용하고 있다. 즉 피드백을 직원의 장점을 평가하고 승진 또는 인상 등에 관한 의사결정에 이용하는 것이다. 이 실행은 360도 피드백 도구의 일부 결점을 노출시켰다. 한 연구에서는 평가자 중에서 35%가 평가 및 급여를 위해 360도 피드백이 이용되는 경우 등급을 변경하고 있음을 보여주었다. 일부 평가자는 평가를 망설이기까지 하는데 그 이유는 자신의 동료 근로자를 처벌하는 것을 원하지 않기 때문이다. 심지어 더욱 심한 것은 직원들 간에 거래가 이루어져 서로 인위적으로 높은 평가를 제공하는 일도 생긴다. 그 반대로 평가자는 형편없는 지도부에 대한 대응으로 또는 일부 인지된(혹은 주장되고 있는) 위반사항 때문에 동료 직원을 보복하기 위해 가혹한 비판을 제시할 수도 있다. 다른 결점은 자신의 결과물을 알게 되는 경우 직원이 표현하는 편견으로부터 나오게 된다. 개인이 자체적인 자기 평가를 확인할 때 피드백을 유용하면서도 정확한 것으로 보는 것은 특별한 일은 아니다.

360도 피드백의 결점으로 인해 보수와 관련되는 인상 또는 기타 사항을 결정하는 것이 아니라 발전적 설명을 위해 이용하는 것이 최선이다. 이런 식으로 상급자와 직원은 개인의 강점을 축하해주고 개선을 위한 기회를 지원해주는 생산적인 대화를 가질 수 있다.

업적 평가

360도 피드백이 직원들을 개발하고 **멘토링**(mentoring)하는 데 유용하기는 하지만 공식적 업적 평가가 어떤 기간 동안(보통은 1년)에 직원이 이룬 성과를 평가하고 측정하는 데 이용된다. 특히 **업적 평가**는 조직 내에서의 개인별 성과의 확인, 측정, 관리다. 피드백과는 달리 평가는 결정이 근무조건, 승진, 종료, 보상 등에 내려지는 것이 필요할 때 관리적으로 이용된다. 둘째, 업적 평가는 조직에 의해 측정 가능한 목표의 성과를 개선하기 위해 이용된다. 셋째, 피드백이 향후에 이루어질 일에 대비하는 것임에 반해 업적 평가는 이미 행해진 일을 바탕으로 한다. 업적 평가의 한 가지 공통적 시스템이 **목표에 의한 관리**(management by objectives: MBO)다.

MBO는 그 내용을 과학적 관리로부터 이끌어내며 조직관리의 가장 초기 이론 중 하나다. MBO는 규정된 기한 내에 충족시킬 것으로 기대되는 일련의 특정 목표 또는 중요한 단계의 개요를 정해줌으로써 직원을 관리하는 과정이다. 직원은 성과 목표를 창의성과 혁신을 가지고 더 자유롭게 추구할 수 있다. MBO의 주요 구성요소는 설정되는 목표와 의사결정에의 참여로부터 나오는 것이다.

멘토링(Mentoring)
경험이나 지식이 풍부한 사원이 각자에게 맡겨진 신입사원을 지도해주는 시스템

업적 평가(Performance appraisal)
조직 내에서의 개인별 성과에 대한 확인, 측정, 관리

목표에 의한 관리 (Management by objectives: MBO)
규정된 기한 내에 충족시킬 것으로 기대되는 일련의 특정한 목표 또는 중요한 단계에 대한 개요를 정해줌으로써 종업원들을 관리해 나가는 과정

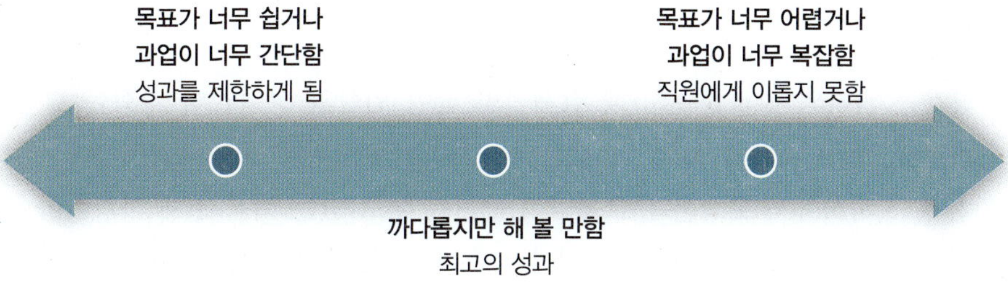

그림 9-1 목표 설정을 위한 지침

Source: Adapted from Robert N. Anthony, John Dearden, and Norton M. Bedford, *Management Control Systems*, 6th (Homewood, IL: R. D. Irwin, 1989), pp. 55–57.edition

목표 설정은 개인 또는 기업 성과의 목표와 대상을 정의하는 일이 관련되는 MBO에서 매우 근본이 되는 과정이다. 정량적 측정은 가능하면 언제든 이용되어야 하는데 그 이유는 직원에게 기대하는 것을 분명하게 정의해주며 조직의 가장 중요한 목표를 전해주고 있기 때문이다. 목표를 설정하는 일이 직원에게 동기부여를 시킬 수 있는 가장 직접적이면서도 가장 간단한 방법이기 때문에 관리자는 목표가 갖고 있는 힘을 인식하고 있어야 한다. 즉 한 부분에서 목표를 설정하면 다른 부분에서의 성과는 소홀히 하는 결과를 가져올 수 있다. 간단한 과업에서 관리자는 측정 가능한 목표를 선택해야 하는데 그 이유는 직원에게 계획이 실체와 특별함을 가지고 있다는 것을 보여주기 때문이다. 그러나 더 복잡한 과업에 대해서는 '최선을 다하라'는 목표가 더 적합하다.

직원은 원칙적으로 목표를 받아들여 일할 수 있도록 동기가 부여되어야 한다. 그 목적을 위해 목표는 공정하고, 도전할 가치가 있으며, 정당해야 한다(그림 9-1 참조). 목표가 직원이 기대하는 것보다 살짝 높다면 직원은 달성하기 위해 애를 쓸 것이지만 만약 목표가 너무 어려운 것이라면 정신 및 사기 면에서 이롭지 못한 것이 될 수도 있다. 만약 너무 쉬운 것이라면 자신의 목표에 도달해 만족하게 되고 그런 다음에는 성과를 개선하려 노력하는 일을 그만둘 수 있다.

목표 설정은 조직 상층부에 있는 고위 리더에 의해 추진되는 데 많은 회사에서는 일반적인 것이며 20세기 스타일의 관리를 반영한다. 이 스타일에서 고위 관리자는 경쟁 환경에 대한 지식을 투입해 그 숫자를 충분히 인정하고 준수할 것이라 기대하면서 하층부를 위한 예산과 성과 목표를 설정한다. 비록 하향식 관리가 위기의 순간에는 효과적이기는 해도 대부분의 상황에서 제대로 이루어지는 경우는 거의 없으며 제대로 전념하지 않는 결과로 이어지기도 한다. 대신 상향식 접근방법은 어떻게 되도록 해야 하는지, 기회가 어디에 놓여 있는지, 어떠한 약점을 다루어야 하는지 등에 대한 직원의 지식을 이용함으로써 대상으로 삼은 목표에 헌신할 수 있도록 만든다. 직원이 자신의 의견과 전문지식을 공유할 수 있는 기회를 갖게 될 때 특정 목표의 달성에 적극적으로 나설 가능성이 더욱 많아진다.

보상시스템

업적 평가는 과거의 성과를 평가해 잠재적인 급여 인상과 상여금의 기회를 결정하는 데 이용된다. 보상 계획과 보상시스템은 진행형의 직원 관계 중에서 필수적인 부분이다. 자본주의 사회에서 보상은 근로계약이 근거를 두고 있는 핵심 전제 사항이다. 그렇다면 회사는 어떻게 직원을 보상해주어야 하는가? 많은 보상의 변형들이 있지만 그 기초는 시급(대부분 조직에서 낮은 직급에 부여되는) 아니면 월급(조직에서 높은 직급의 관리직 또는 관리 직급에 부여되는) 구조를 가지고 있다. 이 기초적 구조를 벗어나면 많은 일자리에는 상여금도 포함되어 있다. 어떤 일자리는 거의 전적으로 상여금 구조를 근본으로 하기도 하다(예를 들어 수수료를 바탕으로 하는 영업직). 다른 형태의 보상에는 집단 성과급 구조와 수당이 포함된다. 대부분의 경우 봉급은 개인 직급에 결정되는 데 반해 상여금은 개별적인 그리고 집단을 기반으로 한 양쪽 모두의 달성에 의해 결정된다.

보상

개별적 보상의 일반적 형태가 **직무급**이다. 특별한 직무의 성격에 의해 결정되는 급여를 의미한다. 즉 급여가 인상될 수 있는 유일한 방법은 직무를 바꾸는 것이다. 이 급여 정책은 보통 기계적이고, 사전에 결정되어 있으며, 직무 과업이 표준화되어 있고, 관리자가 행동을 밀접하게 관찰하는 계층적 조직에서 이용된다. 예를 들어 직원이 전화 내용의 녹음을 통해 밀접하게 관찰을 받고 있는 고객 서비스 콜센터가 있을 수 있다. 이 유형에서 보상은 한 개인이 근무시간 중에 얼마나 많은 전화를 성공적으로 다루는지에 달려있다. 직무시스템은 원가우위 전략을 추구하는 회사에게 가장 잘 맞는다.

개별 보상 중 두 번째 일반적 형태는 **능력급**이다. 한 개인의 보상이 특정 직무에 의해서가 아니라 그가 갖고 있는 개인적 기술과 지식에 의해 결정된다. 보상시스템이 한 개인이 회사에 가져다주는 기술, 경험, 지식, 통찰력 등에 연결되어 있다. 능력을 바탕으로 하는 보상시스템은 느슨한 계층구조를 갖고 있고, 권한은 더 분산되어 있으며, 모호함의 정도가 높은 조직에 가장 적합하다. 이 유형의 환경은 결정을 내릴 때 개인적 판단을 이용하도록 요구된다.

더 큰 팀워크와 협업을 이끌기 위해 기업은 **집단성과 배분제도** 또는 **이익공유제** 등과 같은 집단 성과급 시스템을 이용해 직원에 대한 보상을 보완해준다. 양쪽 모두 집단의 성과를 보상해준다는 것과 조직과 직원 사이의 이해관계를 일치시킴으로써 생산성을 개선하려 한다는 점에서 유사하다. 이 방식을 이용하는 한 가지 장점은 특정의 사업부, 부서, 팀에 완전하게 맞춤형이 될 수 있다는 점이다. 집단성과 배분제도는 생산성, 효율성, 품질과 관련된 측정기준의 성취를 바탕으로 팀을 보상해준다. 집단성과 배분의 보상분을 계산하는 데 이용되는 측정기준은 복잡한 경향이 있으며 따라서 대개는 팀 또는 부서에 대해 특정된다. 그렇기 때문에 여러 다른 측정기준들이 단일 조직 내에서 이용된다. 이익공유제는 집단의 수익성이 개선되는 것을 바탕으로 보상이 공유된

직무급(Job-based pay)
특별한 직무의 성격에 의해 결정되는 급여

능력급(Skill-based pay)
한 사람의 개인적인 기술 및 지식에 의해 결정되는 보수.

집단성과 배분제도(Gain-sharing)
생산성, 효율성, 또는 품질과 관련된 어떤 측정기준의 성취를 바탕으로 보상해주는 팀 기반의 보상구조

이익공유제(Profit-sharing)
수익성에 있어서의 개선을 기준으로 보상을 공유하는 팀 기반의 보상구조

다. 이익공유제는 계산하고 관찰하기가 더 용이하다.

개별 성과급 시스템과 마찬가지로 집단 성과급도 장점과 단점을 가진다. 집단성과배분은 관리자로 하여금 생산이 진전된 것만큼 대상 및 방식을 변경할 수 있도록 해준다. 게다가 집단성과 시스템은 직원에게 더 많은 위험을 자유롭게 감수할 수 있게 해주고 더 혁신적이 될 수 있는 보호받을 수 있는 층을 제공해준다. 한 집단의 구성원이 된다는 것은 강력한 성과장려금을 제공해 줄 수 있는데 특히 모든 구성원이 최선을 다해 기여하는 경우에 그러하다. 하지만 직원의 자유를 창출해주는 대신 집단 성과급 시스템은 책임의 산만이라는 결과로 이어질 수 있다. 그 이유는 어떠한 개별 직원도 결과에 대해 궁극적 책임을 지지 않기 때문이다. 그 결과 집단 구성원 중 일부는 공정한 배분만큼 기여하지 않으면서도 여전히 전체적인 팀 수당을 받는다. 이는 만약 그것이 제대로 다루어지지 않는다면 팀 내에 긴장이 고조되는 결과로 이어질 수 있다. 집단의 전체적 성과가 이상적으로 가장 높은 수준이 아니라 집단의 평균적 능력으로 퇴화되기도 한다. 이러한 일이 발생하면 해당 집단은 집단의 보상구조로부터 혜택을 보지 못할 가능성이 많다. 나아가 뛰어난 성과를 올리는 직원을 이간시킬 수도 있으며 그렇게 되면 그는 다른 직장을 찾을 가능성이 더 많아진다.

수당

수당은 또 다른 형태의 보상이며 여기에는 생명보험이나 퇴직금 적립계정 등 장기 프로그램과 아울러 의료, 치과, 장애 등의 건강 보장이 포함될 수 있다. 많은 회사에서는 개별 직원의 전체적 보상패키지의 개요를 정할 때 수당비용을 포함시키고 있다. 어떤 경우에는 회사가 수당 명목으로 직원 1인의 급여 중 30% 이상까지 지불할 수도 있다(표 9–4 참조). 미국 노동통계국에 따르면 개인회사의 고용주는 2012년 6월에 직원 보수로 평균 28.80달러를 썼는데 그중 8.52달러(또는 29.6%)가 수당 비용에 해당하는 것이었다. 이 수당 중에서 가장 큰 구성요소는 의료보장이었다. 많은 일자리에서 은퇴계획 또는 연금을 제공해주는데 이는 일을 하지 않는 재정적 과도기를 완화시키는 데 도움

표 9–4 고용주에 의해 지불되는 전체 보상비용의 구성요소별 비율

보상의 구성요소	민간 근로자(%)	민간 기업(%)	주정부와 지방정부(%)
임금과 월급	69.3	70.4	65.0
수당	30.7	29.6	35.0
유급 무근로 수당 휴가 및 병가급	7.0	6.8	7.4
건강 수당	8.5	7.7	11.7
은퇴 수당	4.5	3.5	8.5
기타 수당	10.7	11.6	7.4

Source: Adapted from "Employer Costs for Employee Compensation—June 2012," Bureau of Labor Statistics, U.S. Depart-ment of Labor, September 11, 2012, http://www.bls.gov/news.release/pdf/ecec.pdf, accessed October 17, 2012.

을 준다. 예를 들어 소방관 및 경찰 등 공공 서비스 전문직은 재직 연수와 관련되어 커지는 연금을 받는다. 공공 부문의 고용주는 은퇴계획 비용이 매우 클 수 있으며 따라서 주정부와 지방정부가 부담하는 경우가 종종 있다. 민간 부문의 근로자도 역시 401(k) 저축계획의 형태로 은퇴 수당을 받는다. 일부 경우에는 회사가 이 저축계획을 부담하고 있기도 하지만 대부분 그 부담은 직원의 몫이다.

회사가 직원에게 수당을 제공하는 가장 일반적 방법은 **선택적 복지제도**이다. 이 제도는 직원이 복리후생의 선택권을 자체적으로 선택할 수 있도록 해주는 방식이다. 직원은 과세수당(은퇴저축과 같은)과 비과세수당(건강보장과 같은) 사이에서 선택할 수 있다. 선택적 복지제도는 수당을 제공해주는 비용을 극적으로 감소시킬 수 있는데 그 이유는 개별 직원으로 하여금 무엇이 가장 중요한지를 선택할 수 있도록 해주기 때문이다. 이 방식에서는 회사가 직원이 가치를 제공해주지 않은 수당에 대해 지불하지 않아도 된다. 자동화된 수당 선택 프로그램을 통해 직원의 선택할 수 있도록 해주는 것도 관리비와 HR 부서의 부담을 상당히 덜어주는 데 도움이 되어왔다.

다중 세대 인력의 관리

오늘날 많은 조직은 직장 내에 적어도 3세대 때로는 4세대가 포함되어 있다. 즉 1) 1946~64년 사이에 태어난 베이비부머, 2) 1965~68년 사이에 태어난 X세대, 3) 1979~94년 사이에 태어난 Y세대(일명 밀레니얼), 4) 1994년 이후에 태어난 리제네레이션(Re-Gens)이다. 세대의 집단은 유사한 역사적 또는 사회적 경험을 공유하는 것으로 이야기되며 이 경험은 세상에 대한 인식을 형성한다. 예를 들어 베이비부머는 베트남전쟁, 시민권, 워터게이트, 성혁명 등에 영향을 받았다. 그러한 범위의 또 다른 한편에 있는 밀레니얼들은 가정과 직장에서 상호작용하는 방식에 영향을 끼친 컴퓨터시스템에 연결된 세상에서 태어난 첫 번째 세대다.

효과적인 조직은 각각의 집단이 제공해주는 독특한 자질과 기술에 다가가는 것이 가능하다. 리더십의 난제는 각 집단에 동기부여를 해주는 동인이 항상 일정하지 않다는 것, 이 동인이 한 개인이 더 경험을 얻어감에 따라 변화하는 경향이 있다는 것이다. 예를 들어 '인정(認定)'은 일반적으로 보편적인 것으로 생각되는 동기부여의 동인이지만 각 세대에 의해 가치가 있는 것으로 생각되는 인정 형태는 다를 수 있다. 한 연구가 밝혀낸 것은 X세대 직원은 재정적 보상과 고용안정에 의해 더 동기가 부여되는데 반해 베이비부머와 Y세대 직원은 직무 유연성과 사회로 돌려줄 수 있는 기회를 가치 있는 것으로 여긴다. 이러한 동기부여의 차이점은 베이비부머와 Y세대가 사회 경력에서 ― 사회 경력 후반기 아니면 초기 단계 중에서― 더 많은 실험을 해볼 수 있는 경향을 갖고 있다는 사실에 기인하는 것일 수 있다. X세대는 대신 사회경력의 절정기에 들어서고 있는 중이어서 안정성과 재정적 보장을 가치 있게 여긴다. 급속한 기술변화, 상당한 강제 해고, 1990년대 말 대규모의 조직적 구조조정을 경험했기에 X세대는 다른 집단보다 더 개인주의적 성향을 갖고 있다. 평균적으로 그들은 조직에 대한 충성심이 덜하다.

선택적 복지제도(Cafeteria plans) 직원들이 복리후생의 선택권에 대해 자체적으로 선택할 수 있도록 해주는 방식

베이비부머

- 높은 자질의 동료
- 유연성
- 새로운 도전
- 회사 또는 상사로부터 인정을 받는 것
- 지성적으로 자극을 받는 직장
- 자율성
- 세상에 돌려줄 수 있는 기회

Y세대

- 높은 자질의 동료
- 유연성
- 새로운 도전
- 회사 또는 상사로부터 인정을 받는 것
- 발전 가능성
- 안정적인 발전 속도

그림 9–2 베이비부머와 Y세대에게 동기부여가 되는 것들

Source: Adapted from Sylvia Ann Hewlett, Laura Sherbin, and Karen Sumberg, "How Gen Y and Boomers Will Reshape Your Agenda," *Harvard Business Review*, July–August 2009.

흥미롭게도 무엇이 베이비부머와 Y세대에게 동기부여를 해줄 수 있는가에 대한 연구에서 두 집단에 공통 부분이 상당히 많음을 보여주었다(그림 9–2 참조). 보상만큼 또는 그보다 더 소중하게 여기는 것이 무엇이냐는 질문을 받았을 때 동기부여를 일으키는 동인 중 4가지가 베이비부머와 Y세대에 중복되었다. 훌륭한 자질의 동료, 유연성, 인정, 도전 등이 포함되어 있었다. 가장 중요한 차이점은 삶의 단계와 관련된 쟁점에 맞추어져 있는 것으로 보인다. 베이비부머는 더 많은 자율성과 자극을 추구하는 반면 Y세대는 사회경력의 진전을 추구하고 있다. 관리자로서는 이 정보는 충격적인 것이다. 즉 양쪽 집단 모두 핵심 동기요인으로서 보상 외의 측면을 가치있다고 한 것이다.

2008년에 UBS는 새로 채용된 직원에게 조직에 입사하기 전에 휴식년(gap year)을 추구할 수 있는 기회를 제공함으로써 Y세대를 위한 감성에 다가갔다. 최근 대학 졸업생들은 제2외국어로서 영어를 가르치는 일, 자연재해로 황폐화된 가정을 재건해주는 일, 개발도상국에서 소자본 기업가를 지원해주는 일 등 사회적으로 책임있는 계획을 추구하기 위해 UBS에의 지원을 연기할 수 있는 기회가 제공되었다. 이러한 휴식년 동안에 회사는 건강보험과 신규 채용자의 기본급 1/2에 해당하는 급료를 지불했다. CVS는 고령 인력을 위해 여름에는 남쪽에서 북쪽으로, 겨울에는 북쪽에서 남쪽으로 재배치 시켜주는 프로그램을 시작했다. 직원은 연공이나 수당을 줄이는 일 없이 한 점포에서 다른 점포로 자리를 옮겨갈 수 있다. 두 조직은 창의적인 방법을 추구해 핵심 직원이 선호하는 것과 동기부여에 다가갈 수 있었다.

유연 근무제도

직장 내에 있는 다른 세대들이 선호하는 것을 분명하게 표현해 전문적이며 개인적인 목표에 균형이 잡힐 수 있도록 조직은 근로환경을 구성하는 창의적 방법을 모색해왔다. 어떤 직원에게는 일반적인 하루 8시간을 근무하는 것에 더해 야근을 강요하는 것이 의욕을 상실하게 만든다. 이 직원에게는 근무 방법 및 시간에서 더 큰 유연성을 제공해

주는 대체적인 근로 방법에 참여할 수 있는 기회가 더 동기부여가 될 수 있다. 가장 일반적인 대체 근로 방법 중 일부가 가변근무 일정, 유연근무 일정, 직무 공유, 재택 컴퓨터 근무 등이다. IBM은 수년 동안 유연 근무제도를 선택하는 직원을 지원해주는 방식을 이용해오고 있다. 1998년 글로벌 근무 · 생활 유연성 프로젝트 사무실을 창안한 이후 축약된 주간 노동일수, 개별화된 근무일정, 통신근무, 시간제로 감소시킨 근무 일정, 가정에서 일할 수 있는 기회 등을 증가시켜왔다. 2007년에는 10만 명 이상의 직원이 일정 형태의 유연 근무에 매우 높은 만족도를 가지고 종사하고 있었다.

- **가변 근무 일정:** 오전 9시에 시작해 오후 5시에 종료되는 1주 5일의 전통적 근무 일정은 직원이 일상적인 개인 업무(예를 들어 병원 진찰, 부모-교사간 회의)에 참석하는 것을 어렵게 만들 수 있다. 이를 다루기 위해 4일은 하루에 10시간씩 일하거나 아니면 4일은 8시간 이상을 일하고 다섯 번째 날에는 8시간 미만을 일하는 가변 근무일정이 적합할 수 있다. HP에서는 현장 기술자는 고객의 문제에 대응하기 위해 하루 24시간, 1주일에 7일을 대기하고 있을 필요가 있다. 이 상황을 만족시키기 위해 일부 직원은 금, 토, 일요일에 3번의 12시간 교대로 근무하고 월요일에는 4시간 교대로 근무하는 것을 자원하고 있다. 다른 직원은 주중에 보통 8시간 교대근무를 한다.
- **유연 근무 일정:** 가변 근무와 마찬가지로 유연 근무는 직원이 매일 일을 시작하고 종료하는 시간을 바꿀 수 있다. 그렇지만 가변 근무와는 달리 덜 구조적이어서 직원이 근무시간에 대해 더 많은 관리를 할 수 있게 해준다. 보통 가변 근무는 가변 시간과 핵심 시간으로 이루어진다. 핵심 시간 동안에는 작업장에 있어야 하지만 유연 시간 동안에는 자신만의 일정을 선택할 수 있다. 예를 들어 근무를 일찍 시작해 오후에 퇴근할 수 있다. 아니면 늦은 오전에 시작해 오후 늦게까지 근무할 수도 있다. 아니면 오전 일찍 시작해 점심시간을 길게 가진 다음 오후 늦게까지 근무할 수도 있다. Home Depot는 중견 경력자와 원숙한 근로자를 유지시키기 위해 유연 근무 일정에 참여하는 것을 허락하고 있다. 이는 그들의 지식과 경험으로 우수한 고객 서비스를 실천하는 장기 근속자에게 매력적인 제도다.
- **직무 공유:** 직원은 많은 이유로 시간제 근무를 원할 수 있는데 여기에는 육아, 연로한(또는 병환 중인) 부모 돌보기 등이 포함된다. 한 가지 직무의 책임을 다른 사람과 공유함으로써 두 사람 모두 필요로 하는 균형을 취할 수 있다. 의약품의 발견, 개발, 마케팅에 전념하는 글로벌 의료기업 Abbott Laboratories는 직무 공유 프로그램을 이용해 극히 낮은 8%의 직원 이직률을 보이고 있다. 직무 공유는 특히 새로 엄마가 된 직원에게 아이를 돌보기 위해 근무시간을 줄이는 것이 필요한 경우 중요하다. 유연한 근무 환경을 제공함으로써 Abbott는 생산성과 고도로 숙련된 근로자를 유지할 수 있는 능력을 개선해왔다.
- **재택 컴퓨터 근무:** 기술의 전문성이 증가함에 따라 재택 컴퓨터 근무가 많은 직원에게 실현 가능한 선택사항이 되어가고 있다. 재택 컴퓨터 근무를 통해 직원은 근무시간 중 일부를 외부에서(가정에서) 보내면서 조직과는 이메일과 인터넷 등을 이

용해 계속 연락을 유지한다. 미국에서 가장 오래된 통신회사 중 하나인 AT&T가 재택 컴퓨터 근무의 가장 큰 지지자라는 사실이 놀라운 일은 아니다. 2007년에 AT&T 관리자 중 30%는 전통 사무실에서 벗어나 근무했으며 41%는 1주일에 적어도 이틀은 집에서 근무했다. 직원이 다양한 장소에서 근무할 수 있도록 허용함으로써 AT&T는 성과와 만족도는 크게 늘리고 이직률은 감소시키면서도 사무실 비용을 연간 3천만 달러를 절감하고 있다. 재택 컴퓨터 근무가 콜센터 생산성에 미치는 영향에 대한 연구가 중국의 한 여행대리점에서 시행되었다. 재택 컴퓨터 근무의 생산성은 사무실에서 일하는 것보다 12%가 더 높았다. 생산성에서의 증가는 결근일과 병가일이 적어진 결과였다.

kevinhillillustration/iStockphoto.com

직원의 이직

고용 라이프사이클 중 마지막 단계는 직원이 고용주와 떨어지는 곳에서 생긴다. 때때로 이직은 직원이 다른 회사에서 더 나은 기회를 찾아내거나 학업을 추구하기 위해 또는 개인적 일에 전념하기 위해 자발적으로 직장을 떠날 때 일어난다. 또 다른 일반적 형태의 자발적 이직은 은퇴인데 이는 경력 말미에 일어난다.

비자발적 이직은 계약 종료 또는 인원 삭감의 결과인데 관리자의 직무 중 가장 어려운 업무다. 어떤 직원이 직위 표준에 맞추어 수행하고 있지 못한 경우 그는 계약 종료의 후보자가 된다. 반대로 인원 삭감은 회사의 경쟁 포지션에서의 변화에 따른 결과다(예를 들어 시장점유율의 상실 또는 더 치열해진 경쟁 위협 등). 이 경우에 계약 종료는 한 개인의 성과에 따른 결과가 아니라 오히려 시장에서의 침체에 따른 결과다. 어느 경우이든 해고한다는 것은 충격적인 경험이 될 수 있으며 따라서 관리자는 회사 정책과 법률 사항 모두를 검토하고 지켜야 한다.

자발적 및 비자발적 이직 모두는 기업에 비용이 드는 일이다. 인원 삭감은 상당한 비용이 들 수도 있는 퇴직금 지급을 수반한다. 퇴직수당은 기업마다 다르지만 보통은 해고된 또는 인원 삭감 대상이 된 직원에게 일괄 지급금을 지불한다. 2주간의 급여가 일반적으로 최소한의 퇴직금 지급이지만 많은 회사는 회사에 근무한 연수에 대해 2주간의 급여를 지불하는 방법을 선택하고 있다. 자발적 이직이 있으면 회사는 채용으로부터 개발 훈련까지의 전체적인 HR 사이클에 대해 금액을 다시 투자해야 한다. 때때로 자발적 이직은 처음 단계에서 가장 중요한 HR 활동을 효과적으로 수행하지 못한 결과이기도 하다. 한 연구에서는 자발적 이직의 80%가 채용, 선발, 훈련, 개발을 개선함으로써 피할 수 있는 일임을 밝혀냈다. 경쟁이 엄청나게 치열한 오늘날의 환경에서 소중한 직원을 잃는다는 것은 다른 방식으로 비용이 드는 일이며 특히 만약 그 직원이 지식, 전문성, 통찰력 등을 경쟁사에게 넘기는 경우에는 더욱 그러하다. 영업비밀과 기타 독점적 정보의 누설을 방지하기 위해 많은 회사는 직원에게 채용되는 경우 그리고 회사를 떠난 경우 모두 기밀 유지협약서 및 비경쟁합의서에 서명할 것을 요청하고 있다.

일부 불리한 점에도 불구하고 자발적인 이직에 대해서는 비록 그것이 해당 직원의 관점이기는 해도 상당히 긍정적인 면도 있다. 직원의 시간 대부분은 그가 잘 수행하지 않기 때문에 그냥 흘러가고 있는 것이다. 해당 직원의 관점으로 보면 개인은 자신의 기량과 기대사항에 더 잘 맞을 수 있는 자리를 알아볼 수 있는 기회를 갖고 있는 것이다. 회사 관점에서 보면 직원을 떠나도록 해주는 것이 다양성을 늘리고, 노무비를 줄이며, 아니면 더 재능이 많은 사람을 데려올 수 있는 기회를 제공해주기도 한다. 비록 인원 삭감이라면 직원 이직이 큰 인원수로 이루어지기는 하겠지만 조직은 미래 전략을 위해 스스로를 재정비하는 것이다. 비록 그 일이 고통스러울 수는 있겠지만 이 과정은 조직에게 은유적 표현으로 말하면 재출발 단추를 누를 수 있는 기회를 제공해주는 것이다.

인원 삭감

인원 삭감은 더 경쟁적이 되려는 노력에서 조직이 시간이 흐름에 따라 쌓여진 비효율성과 낭비를 줄이기 위해 고안된 과정이다. 인원 삭감은 조직 발전 라이프사이클의 자연스러운 부분이며 수익을 강화하고, 비용을 절감하고, 경쟁력을 증가시키기 위해 수행된다. 1980~90년대에 이루어진 글로벌화 과정의 일부로 많은 회사는 더 효과적으로 경쟁하기 위해 축소 노력에 참여했다. 1990년대 상반기 동안 〈Fortune〉 500대 기업들 중 85% 이상이 인원 삭감을 단행했다. 2008년의 글로벌 금융위기는 다시 한번 인원 삭감이 각광 받도록 만들었다. 인원 삭감의 중요한 징후는 대량 해고, 공장 폐쇄, 병합 등이다. 각각은 관리하기가 매우 어려운 일이다. 인원 삭감을 공정하면서도 투명한 방법으로 수행하는 조직은 더 낮은 원가구조와 더 간결화된 운영이라는 잠재적 우위로 도약할 수 있다.

인원 삭감의 희생자를 관리하는 일은 어려운 과정이기는 하지만 유용한 지침이 있다. 첫째, 경영진이 직원에게 떠나기 훨씬 전에 통지해주어야 한다는 것인데 법률에 따르면 100인 이상의 직원이 있는 고용주는 적어도 60일은 되어야 한다. 직원이 일찍 알 수 있도록 해주는 것이 이직 조건을 제기할 수 있는 기회도 줄 수 있으며 새로운 직장을 찾을 수 있는 시간도 제공해준다. 둘째, 직원이 그 소식을 어떤 비인격적 발표를 통해서가 아니라 직속상사로부터 개별적으로 듣도록 해주어야 한다. 그 소식은 간략하면서도 요점을 담아 직원이 회사에서 보낸 시간과 노력에 대한 감사가 포함되어 있어야 한다. 가장 좋은 경우라면 회사에서 준비 시간, 재정적 혜택, 자문, 재교육, 재취업 주선 서비스 등을 제공해 줌으로써 전직에 도움을 주는 것이다. 이 유형의 서비스는 조직을 떠나는 상당히 고위직 임원에게만 해당되는 경우가 대부분이다.

인원 삭감은 관련된 모든 사람에게 대단히 충격적인 경험이기는 해도 간과되는 사람은 다름 아닌 바로 그 조직에서 계속 남아있게 되는 사람, 즉 생존자다. 생존자의 태도는 조직의 진행 중인 문화에 극적 영향을 미칠 수 있다. 직원은 조직을 믿고 있으며 그래서 만약 일을 잘하고 있으면, 직장을 계속 유지할 수 있고, 경력 진전을 이어갈 수 있으리라고 막연히 믿고 있다. 인원 삭감은 이러한 믿음을 깨는 일일 수 있다. 나아가 인원 삭감은 조직을 향한 억울함을 야기시키고 살아남은 직원 간에 죄의식을 일으킬 수도 있다. 이러한 맥락 내에서 일은 계속 진행될 필요가 있으며, 따라서 더 적은 사람에 의해 수행되어야 하기 때문에 생산성에도 영향을 미칠 수 있다. 이것은 생존자가 좁은 마음을 갖게 되고 자기 몰두에 빠지게 하며 분한 마음이 들게 하고, 위험을 기피하도록 만드는 일을 초래할 수 있다. 이것은 만연한 문제점이 되어 심지어는 **생존자 증후군**이라는 용어까지 만들어지게 되었다. 비록 인원 삭감이 생존자에게는 극히 어려운 난관이기는 해도 많은 연구는, 생존자는 대량해고가 필요했고, 공정하게 관리되었으며, 희생자가 그 과정 전체를 통해 정당하게 다루어졌다고 여길 때 더 긍정적으로 반응하고 있음을 밝혀준다.

인적자본에 영향을 미치는 상황 맥락적 세력

인적자본을 관리한다는 것은 제정법, 인력 동원, 글로벌화 등이 포함되는 수많은 상황 맥락적 세력에 의해 영향을 받을 수 있는 동적 노력이다. 비록 이 세력 중 많은 것이 관리자의 통제를 벗어나는 것이지만 그것에 대응하는 방법은 성공이냐 실패냐의 차이점이 될 수 있다.

법률적 환경

제3장에서 비즈니스 환경에 영향을 미치는 법적 체계 중 일부를 탐구했다. 이제 인적자본을 관리하는 것에 영향을 미치는 특정 법률에 초점을 맞추어보자. 20세기 전체에 걸쳐 일련의 법률들이 직장에 대한 접근성과 아울러 조건 모두를 개선하기 위해 제정되었다. 근무 환경을 변화시킨 가장 중요한 제정법 중의 하나가 1938년의 공정근로법(Fair Labor Standards Act)인데 이는 직장의 보건, 안전, 전반적인 복지의 최소한의 조건을 수립한 것이었다. 또한 연방의 최소임금을 정했고, 1주의 최대 노동시간을 설정했으며, 어린이 노동을 공식적으로 금지시켰다. 위반자는 상당한 벌금과 징역까지 가능하도록 되어 있다.

비록 이것이 노동자에게는 중요한 승리였다고는 하지만 여전히 여성과 소수민족의 처우에서는 엄청난 차이가 존재하고 있었다. 다행히 1964년의 공민권법(Civil Rights Act)이 통과됨으로써 극적으로 변화되었는데 특히 Title VII은 HR 실행의 법적 환경에서 전면적 변경이 이루어졌다. 이 법의 가장 중요한 조항은 "인종, 성별, 피부색, 종교, 출신 국가를 바탕으로 하는 고용 차별을 금지한 것이다 … 이 법은 채용, 고용, 임금, 배치, 승진, 혜택, 규율, 해고, 정리해고 등에서의 차별을 금지하고 있다." 1964년의 공민권법은 고용기회균등(Equal Employment Opportunity: EEO) 법률이라고 알려진 많은 법률들 중 최초의 것이었다. 이 법은 또한 고용기회균등위원회(Equal Employment Opportunity Commission: EEOC)도 설립해 법률 준수를 보장했다. 그 이후로도 보상, 보건, 안전 등과 같은 고용의 여러 측면을 다루기 위한 법률과 더불어 Title VII의 범위

생존자 증후군(Survivor syndrome) 인원삭감에서 생존한 특정 종업원들이 소심해지고, 자신에게만 몰두하고, 억울해 하고, 또는 위험 기피적이 되는 것.

표 9-5 인적자본에 영향을 미치는 미국의 주요 법률

연방법	년도	조 항
동일임금법	1963	동일한 조직 내에서 동일한 직무를 수행하는 남성과 여성은 동일한 급여를 받아야 한다.
공민권법, Title VII	1964	성별, 인종, 종교, 출신 국가를 바탕으로 한 차별 금지
고용에 있어서의 연령차별금지법(ADEA)	1967	고용에서의 차별에서 40~65세 사이의 개인을 보호
직업 안전 및 보건법	1970	직장에서의 안전에 대한 최소 기준을 만들어 냄
직업재활법	1973	장애를 갖고 있는 사람들에 대한 차별을 금지했지만 단지 연방정부에만 적용됨
장애 미국인법	1990	장애를 갖고 있는 사람들에 대한 차별을 금지함. 장애를 갖고 있는 사람들을 위한 세계 최초의 공민권법
공민권법	1991	원래의 공민권법을 개정해 직원들이 차별에 대한 법률소송에서 더 쉽게 승소할 수 있도록 만듦
휴가와 병가법	1996	직원에게 직업을 잃지 않고도 가족 또는 진료 사유로 인한 무급휴가를 가질 수 있도록 자격을 부여함

Source: U.S. Department of Labor, "Equal Employment Opportunity," http://www.dol.gov/dol/topic/discrimination/index.htm, accessed August 2012.

를 향상시키기 위해 통과된 수많은 법률이 있었다(표 9-5 참조). 일부 주에서는 이 법률이 성적인 성향을 바탕으로 한 차별을 방지하기 위해 확장되었다.

노사관계

20세기의 노동운동은 특히 실업률이 최고 25%까지 치솟았던 대공황의 여파에서 이루어진 초기 노동 입법에 중요한 영향을 미쳤다. 이 기간에 등장한 가장 중요한 노동법 중의 하나가 1935년의 와그너법(Wagner Act)이다. 직원으로 하여금 더 나은 임금, 근로조건, 고용 안정을 위해 조직을 갖추고 투쟁할 수 있는 권리를 허용해준 것이었다. 와그너법의 통과는 1950년대 즈음에는 미국 노동인구의 35%까지 치솟을 만큼 노조원의 급증을 초래했다. 그 이후의 법률들, 예를 들어 1947년의 태프트하틀리법(Taft-Hartley Act)은 노조가 소유하고 있던 권한들 중 일부를 규정하기도 했지만 노조원은 수십 년간 계속해서 증가했다. 하지만 1980년대 즈음에 노조는 영향력 중 일부를 잃기 시작했으며 노조원은 그 이후 크게 감소해 2011년에는 70년 이래 가장 낮은 11.9%에 도달했다(그림 9-3 참조). 비록 미국에서의 노조원은 최근에 감소했다 해도 많은 산업(항공사, 자동차, 영화제작사 등)은 여전히 노조에 의해 커다란 영향을 받고 있다.

노조는 일반적으로 두 종류의 범주에 들어간다. 즉 산업별노조와 직업별노조다. 산업별노조는 매우 규모가 크며 조직 내에 있는 광범위한 직원층을 아우른다. 예를 들어 자동차노조(Union of Auto Workers)는 Ford, General Motors 등의 회사들, 기타 자동차 생산기업에서 대부분 제조 포지션을 차지하고 있는 단일노조다. 반면 직업별노조는 모두 동일한 기술 또는 전문직에서 일하는 근로자들로 구성되어 있으며 한 직업에서 다른 직업으로 끌리는 경향이 있다. 예를 들어 할리우드에는 1편의 영화에 대한 기능 각각을 대표하는 노조가 있다. 즉 시나리오 작가, 편집자, 감독, 촬영기사, 동영상 제작자

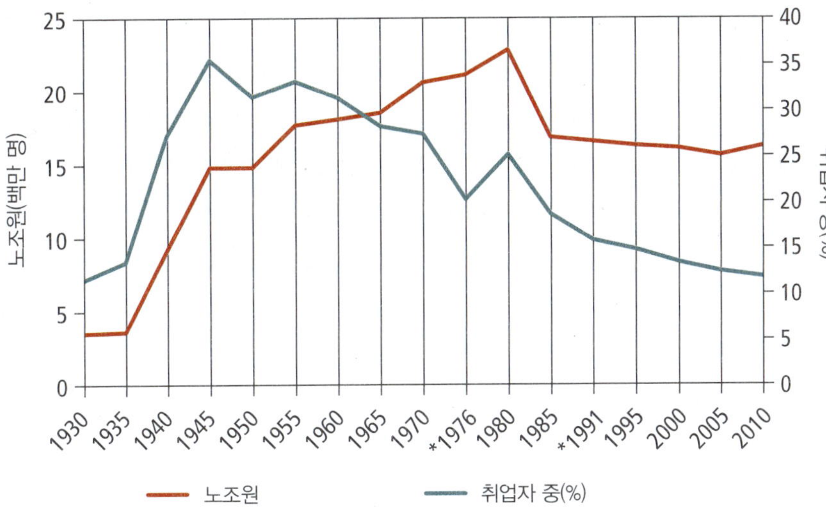

그림 9-3 미국에서의 노조원 (1930~2010)

Source: Table 8-9-Series D 946-951: "Labor Union Membership as a Percent of Total Employment, 1930–2002," in George Kurian, ed., *Datapedia of the United States*, (Lanham, MD: Bernan Press, 2004), p. 123; Used by permission. Bureau of Labor Statistics, "Union Members in 2005," http://www.bls.gov/news.release/archives/union2_01202006.pdf, accessed September 2011; Bureau of Labor Statistics, "Union Members—2010," http://www.bls.gov/news.release/pdf/union2.pdf, accessed September 2011.

등이다. 각각의 노조는 기능에 대해 회원을 대표하며 지속적인 고용과 근로자를 위한 포괄적 혜택을 보장하려는 목적을 갖고 있다.

AFP/Getty Images

직원이 노조에 가입하는 이유는 많겠지만 가장 일반적 이유는 특정 직무에 대한 공정한 보상과 혜택을 보장받기 위해서다. 자신의 임금이 만족스럽지 못하고, 낮은 직무만족도를 겪고 있으며, 따라서 회사의 경영진을 불신하는 직원은 노조원의 장점을 찾아보려는 가능성이 더 많다. 노조는 노조원들에게 소중한 곳인데 그 이유는 노조 대표가 기업 경영진과 협상해 임금, 수당, 고용보장, 연공서열 등에서 어떤 합의를 보장받는 과정인 **단체교섭** 없이는 얻을 수 없을 많은 혜택을 제공해주기 때문이다. 평균적으로 임금과 수당은 노조에 가입되어 있는 조직에서 더 높다. 어떤 경우는 노조를 갖겠다는 위협 하나만으로도 인상을 가져올 수 있다. 노조는 또한 구성원에게 더 공식적 방법으로 불만사항을 표현할 수 있는 기회를 제공해준다. 유명한 노동쟁의의 하나가 2011~12 시즌에 앞서 전미농구협회(National Basketball Association) 선수들과 구단주 사이에 일어났다. 초기 협상은 구단주가 선수들로 하여금 일을 하지 못하도록 사무실 폐쇄를 초래했다. 단체교섭을 통해 결국 새로운 계약을 맺었고 사무실 폐쇄는 종료되었다.

비록 노조가 더 큰 일자리 보호와 더 나은 혜택을 제공해줄 수는 있지만 노조원이 되려는 결정은 항상 쉬운 일은 아니다. 노조에 가입하는 것이 때로는 어떤 사람이 하려는 의사를 갖고 있는 것보다 더 큰 헌신을 나타내는 것일 수도 있다. 노조원은 임금 중 일

단체교섭(Collective bargaining) 노조의 대표들이 기업 경영진과 협상을 하여 임금, 수당, 고용보장, 또는 노조원 들의 연공서열 등에 대해 어떤 양해를 보장 받으려는 과정

정 부분을 노조가 관리 기능을 할 수 있도록 지불해야 한다. 또한 노조원의 직업 진로는 변화에 대한 여지가 거의 없이 사전에 결정되는 경우가 있다. 이는 근로조건에서 일부 노조에 가입된 근로자가 노조에 가입되지 않은 직원보다 낮은 직무만족도와 더 큰 불만사항에 대한 표현 결과다. 동시에 이직률은 노조에 가입된 기업에서 평균적으로 더 낮은데 조직과 직원에게 더 큰 안정성을 제공해주기 때문이다. 점점 더 많은 제조 직종들이 해외로 이전됨에 따라 노조는 계속해서 영향력을 잃어왔다. 예를 들어 섬유 산업은 미국의 근간을 이루고 있던 시기에는 노조 가입률이 높았다. 지금은 거의 대다수가 외주를 주게 되었으며 노조의 대표성에 중요한 하락을 초래했다. 사실 미국 의류 시장에서 국내 생산은 1990년대 말의 41%에서 2008년 즈음에는 3%까지 추락했다.

오프쇼링 경향

만약 지난 수년에 걸쳐 국내의 뉴스 프로그램을 보았다면 미국 기업들 간의 외주작업 및 오프쇼링에 대한 많은 설명을 들었을 것이다(그림 9–4 참조). 일부 뉴스 프로그램과 정치가는 주요 주제로 외주작업을 삼아왔다. 논객들은 어떤 기업의 기능을 해외에 외주작업으로 주는 관행에 대해 격분을 토로해왔다. 그리고 비록 그 주제가 국내적으로는 정치적 설명을 불러일으키기는 하지만 관리자는 이 관행의 근본이 무엇인가와 기업이 왜 그것을 추구하고 있는지를 이해하는 것이 필요하다.

'외주활동이 또 다른 소송의 원인'

Business Week, 1992년 2월 3일

'비용 절감이 필요한가? 주문이 떨어진다.
외주활동이 비용을 절감해주기는 해도 근로자는 좌절한다'

The New York Times, 1996년 4월 11일

'일자리 외주작업에 박차를 가하는 미국:
규칙 변경이 최대 425,000명에게까지 영향을 미칠 수 있어'

The Washington Post, 2002년 11월 15일

'설문조사 결과: 외주활동 인건비에 의해 생산성 신장'

Business Wire, 2009년 11월 17일

'GM 테네시에 있는 공장 부활:
이전이 미국의 경쟁력에 대한 자신감을 보여주면서 일자리도 회복시킬 것'

International Herald Tribune, 2011년 9월 24일

그림 9–4 외주활동에 대한 신문의 표제 기사

Source: Sunita Wadekar Bhargava, "Outsourcing Is the Source of Another Lawsuit," Business Week, February 3, 1992; Keith Bradsher, "Need to Cut Costs? Order Out; Outsourcing Saves Money, but Labor Is Frustrated," *The New York Times*, April 11, 1996; Christopher Lee, "U.S. to Speed Up Job 'Outsourcing'; Rule Change Could Affect Up to ," *The Washington Post*, November, 15, 2002; "Survey Says: Boost Productivity by Outsourcing Payroll: accounting pros share practices and attitudes on payroll processing," *Business Wire*, November 17, 2009, via LexisNexis, accessed January, 2010; and Nick Bunkley and Bill Vlasic, "G.M. Revives a Factory, and Hope, in Tennessee; Move Would Restore Jobs While Showing Confidence in U.S. Competitiveness," *International Herald Tribune*, September 24, 2011, Finance: p. 13.

글로벌 경쟁이 증가함에 따라 많은 기업은 가치사슬에서 원가를 더 낮출 수 있는 새로운 방법을 모색해왔다. 그러는 가운데 어떤 직무는 때로는 동일한 일을 더 저렴하게 할 수 있음에도 국내시장에서 할 수 있는 것보다 더 좋게 수행하는 현지 인재를 찾아낼 수 있는 해외로 이전시키려 노력해왔다. 많은 기업은 고객 서비스와 정보기술 기능을 인도에 있는 Wipro, Infosys와 같은 외부 벤더에게 외주를 주기로 결정해왔다. 게다가 회계, HR, 시설물 관리 등 비핵심 기능도 아울러 외주를 주기 시작했다. 한 회사가 비즈니스 활동을 외국에 있는 하청기업에게 외주를 주면 이를 일컬어 **오프쇼링**(offshoring)이라 한다. 비즈니스 기능의 외주는 반드시 더 높은 수익을 보장해주지는 않는다. 많은 경우 외주작업의 성공은 서로 다른 지역에 있는 사람을 효과적으로 관리할 수 있는 기업의 능력에 의해 추진된다.

외주를 주는 회사에게 중요한 동기는 노무비 절감이다. 미국 서비스 부분에서 1시간에 35달러를 버는 금융전문가는 인도에서는 단지 10달러만 받을 수도 있다. 제조 부문에서는 미국에서 1시간에 15달러를 버는 근로자는 중국이나 멕시코 등에서는 1달러라는 적은 금액에도 일할 용의가 있는 사람에 의해 대체될 수 있다. 일부 시장에서의 임금 격차는 1990~2000년대 동안 많은 미국의 일자리가 외국으로 나가는 결과를 가져왔다. 2001~2004년 사이에는 250만 개로 추산되는 일자리가 미국에서 중미 및 아시아로 외주가 주어졌으며 2005년 즈음에는 〈Fortune〉 1000대 기업 중 40%가 외국에 외주를 주었다. 2015년에는 또 다른 300만 개의 일자리가 미국을 떠날 것으로 추정된다.

많은 기업은 오프쇼링 활동에서 공통적 실수를 저지르고 있다. 첫째, 오프쇼링을 하기 위해 필요로 하는 것을 위해 도시, 나라, 벤더 등을 확인하는 데 너무 많은 시간을 쓰고 있으면서도 우선 어떤 활동을 오프쇼어해야 할지 결정하는 데는 충분한 시간을 쓰지 않고 있다. 예를 들어 경쟁상의 이유로 사내에서 하는 것으로 유지해야 하는 핵심 과정을 관리자가 지정하는 일을 빠뜨리는 경우가 있다. 둘째, 관리자가 어떤 공정을 오프쇼링할 때 내재되는 위험을 설명하지 않는다. 일부 관리자는 오프쇼링이 벤더에게 우위를 갖게 해주어 이후 거래에서 벤더의 협상력을 키워줄 수 있음을 깨닫지 못한다. 셋째, 많은 관리자는 오프쇼링 대신 국내에서 외주를 줄 수 있거나 아니면 파트너와 동맹관계를 맺을 수 있음을 깨닫지 못한다.

외주 활동은 복잡한 쟁점 사항이다. 비록 그 실행이 기업의 원가구조를 낮출 수 있겠지만 또한 일자리 상실의 불안감, 외국에서의 근로 조건 및 표준에 대한 우려를 커지게 만들 수 있다. 그러한 난관에 봉착했었던 회사가 IKEA였다. IKEA는 세계에서 가장 잘 알려져 있는 기업 중 하나다. "사람들을 위해 더 나은 일상생활을 창조하기"라는 경영철학을 가지고 IKEA 창업자 Ingvar Kampred는 디자인 활동을 지속적으로 추구해 원가절감을 이루어왔다. 이 중점 사항을 통해 IKEA는 세계 곳곳에서 원가를 낮출 수 있는 시설로 외주생산을 내보냈다. 그러나 IKEA가 인도에서 카펫을 공급하는 회사가 대략 20만 명에 달하는 어린이를 고용했다는 사실을 발견했을 때 문제가 되었다. 사건 이후 IKEA는 공급자와의 계약서에 만약 어떠한 어린이 노동이라도 이용되는 경우 하청을 종료할 수 있는 권리를 명기하는 강력한 단어를 추가했다. 어린이 노동과 관련된 또

오프쇼링(Offshoring)
한 사업체의 활동을 외국에 있는 하청업자에게 외주를 주는 일

다른 사건 이후 IKEA는 어린이 노동을 방지했음을 확실히 할 수 있는 한층 더 엄격한 통제와 감사를 채택했다. 그럼에도 불구하고 이 사건은 IKEA의 글로벌 명성에 금이 가는 일이 되었다.

자신이 갖고 있는 인적자본의 관리

과거에는 근로자가 동일한 직장에서 수십 년간 일하고, 한 고장에 수십 년간 머물러 사는 것이 특별한 일은 아니었다. 그러나 이러한 시대는 끝났다. 미국 노동통계국이 보고한 바로는 평균적으로 미국 근로자는 한 직장에서 4.4년을 일한다. 이것이 의미하는 바는 대부분의 사람에게 직장을 바꾸고 심지어 경력까지 바꾸는 것이 정상적 생활의 일부가 되었다는 뜻이다. 직원은 또한 진로를 이끌어주는 일을 더 이상 고용주에 의존할 수만은 없다. 노동인구가 더욱 복잡해지고 있기 때문에 경력을 관리하는 일은 근로자 자신에게 달려있다.

성공적인 진로의 추진

다른 경력의 선택사항을 고려하기 전에 자기 탐구를 하는 것이 가치 있는 일이다. 첫째, 내가 갖고 있는 강점과 가치를 결정해야 한다. 무엇을 하기를 좋아하는가? 무엇을 잘하는가? 관심사는 무엇인가? 자신이 어떠한 가치를 테이블에 올려놓을지에 대한 확고한 이해를 하지 못하고는 경력을 쌓을 수 없다. 회사는 성공하는 데 도움이 되는 독특한 기술을 가져다주는 후보자를 물색한다. 무엇을 알고 있느냐 만이 아니라 천성적인 재능이 무엇인지에 대해서도 생각해야 한다. 즉 성공하려면 양쪽 모두를 갖추어야 한다.

항상 자신의 강점을 발휘할 수 있는 일자리를 찾아야 한다. 비록 강점을 알지 못한다는 느낌이 든다 해도 나만이 그런 것은 아니다. 실제로 대부분 사람은 다른 지원자와의 차이점이 무엇인지 알지 못하고 있다. 강점을 발견하기 위한 한 가지 전략은 피드백 분석이다. 피드백 분석은 내가 한 중요한 행위와 결정사항의 결과를 추적해나가는 과정이다. 그 결과물을 예상과 비교함으로써 무엇을 잘할 수 있는지, 무엇은 잘하지 못하는지에 대해 더 나은 생각을 가질 수 있다. 이 과정은 무엇을 잘하는 것으로 '느끼고' 있는지를 되돌아보는 표준적 과정보다 더 낫다. 그 이유는 감정이 자신을 호도하는 경우가 있기 때문이다. 유형의 결과물을 기대치와 비교함으로써 강점과 약점을 계량화시킬 수 있다. 360도 피드백을 친구나 부모와 함께 이용해 내가 갖고 있는 강점의 통찰력을 파악하자.

강점을 아는 일에 추가해 다른 사람과 일을 어떻게 하고 있는지를 아는 것도 필요하다. 관리자와 밀접한 접촉을 하면서 일하는 것을 선호하는가 아니면 혼자 하는 것을 좋아하는가? 팀과 함께 일하는 것을 선호하는가 아니면 개별적으로 하는 것이 더 좋은가? 의사소통을 이메일, 전화 등을 통해서 하는가 아니면 직접 얼굴을 마주 보고 하는가? 사무실에서의 대인관계가 한 직장에서의 경험을 만들어갈 수도 있지만 깰 수도 있기 때문에 선호하는 것을 고려하는 것이 중요하다. 만약 상사와의 관계가 상처를 입게 된다면 그것은 의사소통 방법이 다르기 때문인가? 선호하는 의사소통 방식에 대해 설명하는 미팅을 하는 것도 일을 해나가는 관계를 개선하는 것에 도움이 된다. 자신이 다른 사람과 어떻게 일하는지에 대한 선호도 역시 진로를 결정하는 데 영향을 미친다. 만약 개별적으로 일하는 것을 선호한다면 컨설팅회사는 좋은 진로 선택이 아닐 수 있는데 그 이유는 대부분의 컨설팅 프로젝트가 팀을 이루어 수행되기 때문이다. 비즈니스에서 거의 모든 일은 일정 수준의 팀워크를 요구하는 일이기는 해도 대인관계가 적은 직책이 있다. 연구와 개발, 재무관리, 회계업무 등이다.

다른 사람과 일을 어떻게 해나가는지 아는 것이 진로 방향을 이끌어줄 수도 있지만 어떻게 학습하는지 아는 것은 어떤 방향을 택하든 중요한 일이다. 왜냐하면 내가 갖고 있는 지식, 이해, 기술 등을 늘리는 것은 진로개발을 확고히 할 수 있는 관건이기 때문이다. 어떻게 학습하는지를 아는 것은 특히 진로 초기에 중요하다. 어떤 사람은 독서로 학습한다. 그는 시각적 학습자이다. 어떤 사람은 경청함으로써 학습한다. 그는 청각적 학습자이다. 어떤 사람은 글쓰기, 메모하기, 다른 행위를 함으로써 학습한다. 그는 운동적인 학습자이다. 어떻게 해야 가장 잘 학습할 수 있는지 안다는 것은 생산성을 장기간에 걸쳐 개선시킬 수 있다. 어떻게 해야 가장 잘 학습할 수 있는지를 결정하려면 정해진 시간 동안 단 한 가지 방법으로만 학습을 해본다. 그런 다음에는 다른 방법으로 전환해 더 성공적인지, 덜 성공적인지 살펴본다.

나의 가치를 안다는 것 역시 진로에 대한 의사결정을 내릴 때 중요한 일이다. 가치를 알려면 살아오면서 관심 가졌던 모든 것을 고려해 그것 중 어느 것이 가장 소중한 것인지 결정해야 한다. 주의할 것은 가치를 결정하는 일은 무엇이 윤리적인가를 결정하는 것과는 다르다는 사실이다. 비록 윤리적 부분이 모든 사람에게 적용되는 일반적 규칙을 구성하고는 있지만 내 가치는 나에게만 특징적인 것이다. 즉 자신이 무엇을 가치 있게 여기는지 결정할 수 있다. 만약 대가족과 많은 시간을 보내는 것을 가치 있는 일로 여긴다면 다른 지역으로 출장을 자주 가거나 전근이 되지 않을 일자리를 찾을 것이다. 만약 특정한 정치적 이상을 가치 있는 것으로 여긴다면 유세활동에 자원봉사할 수 있는 시간을 허락해주는 일자리를 찾아야 한다.

직장을 바꾸는 데 있어 중요한 것은 항상 '어디로부터'보다는 '어디로' 가는 것이 되어야 한다. 즉 현재 직장에서 벗어나기를 원한다는 것 때문에 다른 직장을 구한다는 것은 항상 최선의 결정이 될 수 없다. 그것은 덜 이상적인 직장을 받아들이는 결과로 이어지며 때로는 현재 직장에서 문제점을 개선하는 것이 더 나은 선택이 될 수 있다. 떠나고 싶다는 압력을 받을 때마다 멈추어 서서 대안을 생각해보도록 한다. 만약 불편한 사회적 상황이 있다면 그 상황에 도움될 수 있도록 손을 뻗어주는 어떤 사람이 있는가? 만약 진행하고 있는 과업이 싫다면 다른 부서로 재배치될 수 있도록 요청할 수 있는가? 이 질문을 해보는 것이 불편함과 불행이 직장 및 회사와 전반적으로 관계 있는지의 여부 아니면 직장 구성요소에 대한 징후인지의 여부를 분명히 하는데 도움이 된다. 어떤

리더십 개발의 여정 진로 전환을 하는 것은 매우 이로운 일이 될 수도, 매우 위험한 일이 될 수도 있다. 직장을 바꾸는 것은 꿈꾸던 직장으로 이끌 수도 있지만 막다른 길로 몰아넣을 수도 있다. 목표는 직장을 바꿀 때마다 자신의 경력에서 꾸준한 진전을 이룰 수 있는 것이어야 한다. 비록 새 직장이 약간의 불확실성과 연관되는 것이기는 해도 경력 전환을 개선시키기 위해 할 수 있는 많은 일들이 존재하고 있다. 첫 번째 단계는 변경하기 전에 연구를 해보아야 한다는 점이다. 해당 산업의 기초를 알고 있어야 한다. 인터뷰하는 회사는 경쟁자와 어떤 차별성을 갖고 있는가? 그 산업이 성장하고 있는가, 축소되고 있는가, 아니면 안정적인가? 이 질문에 대한 답은 더 박식한 방식으로 자신을 표현할 수 있게 해줄 것이다. 또한 그러한 연구는 일자리와 회사에 대해 갖고 있는 관심을 확인해 줄 수 있는 것이어야 한다. 졸업한 뒤의 이상적인 직장에 대해 생각해보자.

1. 어떠한 유형의 산업이 가장 매력적인가?
2. 한 산업의 라이프사이클 중 어떠한 단계가 성장시켜 줄 수 있는가? 초창기 산업, 성숙한 산업, 아니면 호전되고 있는 산업?
3. 장기적 목표는 무엇인가? 한 기업에서 오랫동안 머물기 원하는가 아니면 다양한 잠재적 기회를 탐구하기 원하는가?
4. 잠재적 고용주의 선택에서 지리적 위치가 얼마나 중요한가?

경우에는 그러한 구성요소를 해결하는 것이 직장에서의 종사 및 만족감에 영향을 준다.

진로 전환은 스트레스가 심한 일일 수 있지만 전체적인 시야로 보는 것이 중요하다. 후퇴는 인생의 한 부분이며 대부분의 진로는 직선만 있는 것은 아니다. 만약 자신을 충분히 잘 알고 있다면 한 발 물러나는 것도 (아니면 두 발 아니면 세 발) 장기적인 면에서 목표를 맞추는 일을 지연시키지는 않는다. 만약 한 발 물러나는 일이 고통스럽다면 —직장을 잃거나 맡은 직무를 좋아하지 않는 것— 기본적인 것으로 되돌아간다. 자신의 강점, 일을 어떻게 하고 있는지, 어떻게 학습하고 있는지, 무엇을 가치 있는 것으로 여기는지를 생각해본다. 자신을 아는 것이 진로 관리의 관건이 된다.

요약

HR 관리는 어떤 조직의 전략에 대해서도 매우 중요한 구성요소이며, 직원을 전략적 자산으로 인식하는 조직은 장기적 성공을 이룩하는 데 더 나은 위치에 있게 된다. 비록 과거에는 HR이 최소화해야 할 비용으로 간주되었지만 오늘날에는 직원의 재능을 키우고 개발하는 데 투자하고 있다. 기업전략은 조직에 있는 사람들에 의해 세워진다는 것과 성공이 고도로 동기부여되어 참여 중인 노동력에 의존하고 있다는 것을 깨닫고 있다.

조직의 전략과 마찬가지로 HR에 대한 효과적이면서도 방어가 가능한 방식을 개발할 때 첫 번째 단계는 기획으로부터 시작된다. 조직은 내부 · 외부 환경을 평가해 미래의 난제에 부딪치는 경우 필요로 하게 될 자원의 유형을 예측해야 한다. 효과적 기획은 그것을 가지고 기업이 전달하기 위해 필요로 하는 것과 비교해 능력을 평가하는 갭분석을 이용한다. 갭은 HR이 필요로 하는 것의 토대를 형성한다. 필요로 하는 것을 평가하면 조직은 다음에는 직원 채용과 선발로 관심을 돌려야 한다. 대부분의 기업은 채용을 내부 · 외부적 관점으로부터 접근한다. 내부 채용은 외부 채용보다 대개 단기적으로는 더 생산적이다. 내부적으로 채용하는 것에 중점을 둔다는 것은 기업이 직원의 개발과 잠재성에 열성적임을 보여주는 것이기도 하다. 이 장점에도 불구하고 내부 채용이 항상 유일한 선택이 되는 것은 아니며 특히 해당 직무가 독특한 기술을 요하는 것일 때는 더욱 그렇다. 채용에 대한 이러한 방법에도 불구하고 기업은 직무 요건의 관점에서 후보자의 능력을 평가해야 한다. 평가는 능력과 인성 테스트, 일반적인 인터뷰, 평판 조회, 상황에 따른 인터뷰 등이 포함되는 수많은 요인들을 바탕으로 한다.

HR 관리의 전략적 방식은 직원이 채용되었다 해서 멈추는 것은 아니다. 이는 그저 시작일 뿐이다. 육성과 개발은 모든 직원의 잠재력을 완전하게 인식하고 있음을 확인하기 위해 매우 중요하다. 많은 기업은 신입 및 기존 직원 모두 기술과 능력을 구축하는 것을 가능하게 해주는 프로그램을 가지고 있다. 직원은 한 기업에서 경력을 계속 이어나가기 때문에 진행형의 전문적인 개발 프로그램에 접근권을 갖고 증가된 책임을 위한 성과와 잠재력을 향상시킬 수 있어야 한다. 지속적 피드백과 업적 평가를 통해 조직은 직원이 특정의 목적, 중요한 단계, 목표 등과 관련해 어떻게 수행하고 있는지를 평가할 수 있다. 이는 향후 가장 유용하게 될 훈련과 개발 유형에 대해서도 알려준다. 특히 업적 평가는 인상, 승진, 상여금, 업무종료에 관한 결정 사항에 토대를 만들어준다.

라이프사이클을 통해 조직은 자의에 의한 것이든 아니면 타의에 의한 것이든 이직을 겪는다. 비록 조직이 자의에 의한 이직, 특히 뛰어난 성과를 올리는 직원의 이직을 피하려는 노력을 하지만 타의에 의한 이직에 처해야 하는 경우가 있다. 타의에 의한 이직의 2가지 중요한 원인은 개별적인 성과에 대한 사안과 어려운 경제 상황이다. 조직이 어려운 경제 상황에 처하면 인원 삭감 노력을 기울여야 한다. 공정하면서도 투명한 방법으로 인원 삭감을 수행하는 기업은 그 다음에 이어지는 줄어든 원가구조의 장점을 거둘 수 있다. 또한 남아 있는 직원의 협조와 지원을 확보할 수 있는 더 좋은 위치에 서게 된다.

HR 관리는 독립적으로는 일어나지 않는다. 조직은 다양한 환경법을 준수함으로써 HR 실행이 공정하고, 법적이며, 그러면서도 일관성 있음을 보장해주어야 한다. 여러 해 동안 직원들과 사회의 구성원은 비즈니스 입법 환경에 영향을 미쳐왔다. 특히 노조는 공정한 임금과 좋은 근로조건을 위한 표준을 설정하는 일에 커다란 역할을 해왔다. 비록 노조활동이 최근 수십년 사이에 시들해지기는 했지만 여전히 유효하며 많은 중요한 산업에서 영향력 있는 실체다. 오늘날 가장 압박이 심한 상황맥락적 요인 중 2가지는 글로벌화와 경쟁 증가다. 글로벌 상황에서 가장 효과적으로 경쟁하기 위해 많은 기업은 일부 핵심적이지 않은 기능을 오프쇼링하는 경향이 있다. 비록 이 방식이 비용을 절감해주기는 하지만 관리자가 글로벌하게 다양하며 분산된 노동력을 감독해야 할 필요가 있기 때문에 복잡성도 증가시킬 수 있다.

조직이 개인에게 잠재력을 극대화할 수 있도록 도움을 줄 수는 있지만 개인적인 발전의 궁극적 책임은 개인에게 있다. 개인은 가치와 문화를 자신이 갖고 있는 것에 맞추어줄 수 있는 고용주를 찾음으로써 자신만의 인적자본에 대한 소유의식을 갖고 있어야 한다. 개인의 경력 성공은 신중한 계획과 분석 결과물이다. 분석 단위는 조직이 아니라 개인이다. 무엇이 동기를 부여해 줄 수 있는지 더 잘 이해하는 개인은 의미 있으면서도 만족스러운 성공 진로를 추구할 가능성이 더 높다.

주요 용어

360도 피드백(360-degree feedback)
개발(Development)
내적 적합성(Internal fit)
능력급(Skill-based pay)
단체교섭(Collective bargaining)
멘토링(Mentoring)
목표에 의한 관리(Management by objectives)
생존자 증후군(Survivor syndrome)
선택적 복지제도(Cafeteria plans)
업적 평가(Performance appraisal)
오프쇼링(Offshoring)
외적 적합성(External fit)
요구 평가(Needs assessment)
이익공유제(Profit-sharing)
인원 삭감(Downsizing)
직무 분석(Job analysis)
직무급(Job-based pay)
집단성과 배분제도(Gain-sharing)
현실적 직무소개(Realistic job preview)

과제

토론 주제

1. 어떠한 방식으로 HR은 기업을 위한 전략적 자산이 될 수 있는가?
2. HR 부서가 기업의 성장 단계와 맞추는 일이 왜 중요한가? 회사가 확장될 때 HR의 역할은 어떻게 변화되며 또한 어떠한 역할을 해야 하는가?(표 9-2 참조)
3. 회사가 HR이 필요로 하는 것을 계획할 수 있는 가장 효과적 방법은 무엇인가? 기획과정에서 무슨 정보가 가장 중요한가?
4. 내부에서 채용하는 것과 외부에서 채용하는 것의 장점과 단점을 설명하라.
5. 새로운 직원을 선발할 때 후보자에 대한 어떠한 기준이 가장 중요한가? 성공의 가장 정확한 예측 요소는 무엇인가? 직무 테스트, 인터뷰 성적, 평판 조회 아니면 다른 테스트?
6. 훈련과 개발의 차이점은 무엇인가?
7. 360도 피드백 시스템의 장점과 단점은 무엇인가?
8. 어떤 종류의 고용 입법이 HR 관리에 가장 큰 영향을 미쳤는가? 왜인가?
9. 미국에서의 노조운동은 최근 수십 년간 왜 그렇게 많이 침체되어 왔는가? 어떤 잠재적 비즈니스 또는 산업이 노조를 만드는 데 적합할 수 있는가?
10. 오프쇼링은 어떤 방식으로 관리자의 직무를 더 용이하게 만들어왔는가? 더 어려워졌는가?

관리 연구

1. 최근에 '가장 일할 만한 기업' 명단(http://www.greatplacetowork.com/best-companies/100-best-companies-to-work-for)에 적어도 2년 동안 등장한 기업 하나를 선정해 왜 명단에 등재되었는지 설명하라. 명단에 포함되어 있지 않은 그 회사의 경쟁사를 찾아 두 회사를 비교해보라. 명단에 오른 회사는 어떻게 특별한 모습을 보이고 있는가?
2. 점점 더 많은 회사가 직원을 끌 수 있고 유지시킬 수 있는 유연 근무 선택제에 의존하고 있다. 실제로 유연성을 권장하는 회사 2~3곳을 선정하라. 그 회사가 제공하는 것은 무엇인가? 유연성의 어떠한 방식이 경쟁우위를 제공해주고 있는가? 잠재적으로 불리한 면은 없는가?

현장에서

1. 대학의 진로센터를 방문해 직무에 대한 기술 내용 중 일부를 검토해보라. 어떠한 것이 RJP를 제시해주고 있는가? 만약 어떤 기업이 RJP를 제시하겠다는 결정을 했다면 무엇이 포함될 수 있는가?
2. 지역에 있는 기업의 HR 임원과 인터뷰를 해보라. 회사의 기획, 채용, 선발 과정 등에 대해 설명해 달라고 요청하라. HR 기능은 어떻게 비즈니스가 필요로 하는 것에 맞추어져 있는가?
3. 친지 중 한 명과 경력을 주제로 인터뷰를 하라. 그는 얼마나 많은 직업을 가졌는가? 왜 그는 직업을 변경했는가? 지금 무엇을 하고 있는지 알고 있다면 자신의 경력을 어떤 방식으로 관리할 수 있는가?

참고문헌

1 James Brian Quinn, Philip Anderson, and Sydney Finkelstein, "Managing Profes- sional Intellect: Making the Most of the Best," Harvard Business Review, March- April 1996.

2 Brian E. Becker and Mark A. Huselid, "High Performance Work Systems and Firm Performance: A Synthesis of Research and Managerial Implications," Research in Per sonnel and Human Resources Management, Vol. 16, 1998, pp. 53–101.

3 R. Levering and M. Moskowitz, "100 Best Companies to Work For," Fortune, February 4, 2008.

4 "Google, Inc.," www.google.com/support/jobs/bin/static.py?page=benefits. html, accessed October 1, 2008. 5R. Levering and M. Moskowitz, "100 Best Companies to Work For," Fortune, February 4, 2008.

6 A. Lashinsky, "Where Does Google Go Next?," Fortune, May 26, 2008.

7 "Wegmans, 2008, Company Overview," www.wegmans.com, accessed October 1, 2008.

8 "Wegmans, 2008, Company Overview," www.wegmans.

com, accessed October 1, 2008.

9 Laurie Burstein, "St. Louis Companies Rank High on Best Places to Work Lists," St. Louis Commerce, July 1, 2010.

10 Patrick M. Wright and Scott A. Snell, "Toward an Integrative View of Strategic Human Management," Human Resource Management Review, Vol. 1, No. 3, 1991, pp. 203–225; Brian E. Becker and Mark A. Huselid, "High Performance Work Systems and Firm Performance: A Synthesis of Research and Managerial Implications," Research in Personnel and Human Resources Management , Vol. 16, 19 98, pp . 5 3–1 01; Pa tr ick M. Wright and Gary C. McMahan, "Theoretical Perspectives for Strategic Human Resource Management," Journal of Management, Vol. 18, No. 2, 1992, pp. 295–320; and Randall S. Schuler and Susan E. Jackson, "Linking Competitive Strategies with Human Resource Management Practices," The Academy of Management Executive, Vol. 1, No. 3, 1987, pp. 207–219.

11 Frances X. Frei, Robin J. Ely, and Laura Winig, "Zappos.com 2009: Clothing, Customer Service and Company Culture," Harvard Business School Case No. 9-612-701 (Boston, MA: HBS Publishing, 2011).

12 Frances X. Frei, Robin J. Ely, and Laura Winig, "Zappos.com 2009: Clothing, Customer Service and Company Culture," Harvard Business School Case No. 9-612-701 (Boston, MA: HBS Publishing, 2011).

13 Frances X. Frei, Robin J. Ely, and Laura Winig, "Zappos.com 2009: Clothing, Customer Service and Company Culture," Harvard Business School Case No. 9-612-701 (Boston, MA: HBS Publishing, 2011).

14 Frances X. Frei, Robin J. Ely, and Laura Winig, "Zappos.com 2009: Clothing, Customer Service and Company Culture," Harvard Business School Case No. 9-612-701 (Boston, MA: HBS Publishing, 2011).

15 Frances X. Frei, Robin J. Ely, and Laura Winig, "Zappos.com 2009: Clothing, Customer Service and Company Culture," Harvard Business School Case No. 9-612-701 (Boston, MA: HBS Publishing, 2011).

16 Frances X. Frei, Robin J. Ely, and Laura Winig, "Zappos.com 2009: Clothing, Customer Service and Company Culture," Harvard Business School Case No. 9-612-701 (Boston, MA: HBS Publishing, 2011).

17 R. H. Miles and K. S. Cameron, Coffin Nails and Corporate Strategy (Englewood Cliffs, NJ: Prentice-Hall, 1982); Raymond E. Miles and Charles C. Snow, "Designing Strategic Human Resources Systems," Organizational Dynamics, Vol. 13, No. 1, 1984, pp. 36–52; Larry Greiner, "Evolution and Revolution as Organizations Grow," Harvard Business Review, May-June 1998; and Paul Milgrom and John Roberts, "Complementarities and Fit Strategy, Structure, and Organizational Change in Manufacturing," Journal of Accounting and Economics, Vol. 19, No. 2–3, 1995, pp. 179–208.

18 S. Davis, "Relating Human Resources Management to Business Strategy," Proceedings of the Human Resource Policy Institute, December 1981, pp. 3–5; J. R. Kimberly and R. H. Miles, The Organizational Life Cycle: Issues in the Creation, Transformation, and Decline of Organizations (San Francisco, CA: Jossey-Bass, 1980); and I. Meshoulam, "A Development Model for Strategic Human Resource Management," Unpublished doc- toral dissertation, Boston University, 1984.

19 R. C. Davis, The Fundamentals of Top Management (New York, NY: Harper, Row, and Brothers, 1951); A. C. Filey and R.J. Aldag, "Organizational Growth and Types: Lessons from Small Institutions," Research in Organizational Behavior, eds. B. M. Straw and L. L. Cummings (Greenwich, CT: JAI Press, 1980), pp. 279–321; Larry Greiner, "Evolution and Revolution as Organizations Grow," Harvard Business Review, May-June 1998; and B. R. Scott, Stages of Corporate Development (Cambridge, MA: Intercase Clearing House, Harvard Business School, 1971).

20 A. C. Filey and R. J. Aldag, "Organizational Growth and Types: Lessons from Small Institutions," Research in Organizational Behavior, B. M. Straw and L. L. Cummings, eds. (Greenwich, CT: JAI Press, 1980), pp. 279–321; H. Mintzberg, The Structuring of Organizations (Englewood Cliffs, NJ: Prentice-Hall, 1979); M. S. Salter, "Stages of Corporate Development, Implication for Management Control," Unpublished doctoral dissertation, Harvard University, 1968; and B. R. Scott, Stages of Corporate Development (Cambridge, MA: Intercase Clearing House, Harvard Business School, 1971).

21 M. S. Salter, "Stages of Corporate Development, Implication for Management Control," Unpublished doctoral dissertation, Harvard University, 1968.

22 Larry Greiner, "Evolution and Revolution as Organizations Grow," Harvard Business Review, May–June 1998.

23 Michael E. Porter, Competitive Strategy (New York, NY: The Free Press, 1980); and Michael E. Porter, Competitive Advantage (New York, NY: The Free Press, 1985).

24 Randall S. Schuler and Susan E. Jackson, "Linking Competitive Strategies with Human Resource Management Practices," The Academy of Management Executive, Vol. 1, No. 3, 1987, pp. 207–219.

25 Patrick M. Wright, Gary C. McMahan, and A bagail McWilliams, "Human Resources and Sustained Competitive Advantage: A Resource-Based Perspective," Center for Effective Organizations CEO Publication G 93-19 (239), November 1993; Patrick M. Wright and Gary C. McMahan, "Theoretical Perspectives for Strategic Human Resource Management," Journal of Management, Vol. 18, No. 2, 1 992 ,

pp. 2 95 – 320 ; an d Br ian E . Becker, Mark A. Huselid, Peter S. Pickus, and Michael F. Spratt, "HR as a Source of Shareholder Value: Research and Recommendations," Human Resource Management, Vol. 36, No. 1, Spring 1997, pp. 39–47.

26 J. B. Barney, "Firm Resources and Sustained Competitive Advantage," Journal of Management, Vol. 17, 1991, pp. 99–120.

27 Patrick M. Wright, Gary C. McMahan, and Abagail McWilliams, "Human Resources and Sustained Competitive Advantage: A Resource-Based Perspective," Center for Effective Organizations CEO Publication G 93-19 (239), November 1993.

28 John Sullivan, "The Top 25 Benchmark Firms in Recruiting and Talent Management," Ere.net , February 28, 2005, http://www.ere.net/2005/02/28/ the-top-25-benchmark-firms-in-recruiting-and-talent-management/, accessed September 2012.

29 Claudio Fernández-Aráoz, Boris Groysberg, and Nitin Nohria, "The Definitive Guide to Recruiting in Good Times and Bad," Harvard Business Review, May 2009.

30 Sunil J . Ramlall, "Strategic HR Management Creates Value at Target," Journal of Organizational Excellence , Spring 2006, pp. 57–62. 31 Edmun d Heery and Mike Noon , "Job analysis," A Dictionary of Human Resource Management (Oxford: Oxford University Press, 2008).

32 Frederick P. Morgeson and Michael A. Campion, "Social and Cognitive Sources of Potential Inaccuracy in Job Analysis," Journal of Applied Psychology, Vol. 82, No. 5, 1997, p. 628.

33 Data from Current Population Survey, U.S. Bureau of Labor Statistics.

34 Christopher Tkaczyk, "Nordstrom," Fortune, October 18, 2010.

35 Robert G. Eccles, Boris Groysberg, and Ann Cullen, "A Note on Compensation Research," Harvard Business School Note No. 9-408-114 (Boston, MA: HBS Publishing, 2011), p. 1.

36 Susan Adams, "Why Promoting From Within Usually Beats Hiring from Outside," Forbes, April 5, 2012, http://www.forbes. com/sites/susanadams/2012/04/05/why- promoting-from-within-usually-beats- hiring-from-outside/, accessed September 2012.

37 Geoff Colvin, "Kayak Takes on the Big Dogs," Fortune, October 8, 2012.

38 Geoff Colvin, "Kayak Takes on the Big Dogs," Fortune, October 8, 2012.

39 Edmund Heery and Mike Noon , "Realistic job preview," A Dictionary of Human Resource Management (Oxford: Oxford University Press, 2008).

40 Jean M. Phillips, "Effects of Realistic Job Previews on Multiple Organizational Outcomes : AMeta-Analysis," The Academy of Management Journal, Vol. 41, No. 6, 1998, p. 673.

41 John W. Boudreau and Sara L. Rynes, "Role of Recruitment in Staffing Utility Analysis," Journal of Applied Psychology Vol. 70, No. 2, 1985, p. 364.

42 Robert M. Guion and Wade M. Gibson, "Personnel Selection and Placement," Annual Review of Psychology, Vol. 39, 1988, p. 363.

43 Joseph Walker, "Companies Trade In Hunch-Based Hiring for Computer Modeling," The Wall Street Journal, September 20, 2012.

44 Joseph Walker, "Companies Trade In Hunch-Based Hiring for Computer Modeling," The Wall Street Journal, September, September 20, 2012.

45 Joseph Walker, "Companies Trade In Hunch-Based Hiring for Computer Modeling," The Wall Street Journal, September, September 20, 2012.

46 Jeff A. Weekley and Joseph A. Gier, "Reliability and Validity of the Situational Interview for a Sales Position," Journal of Applied Psychology Vol. 72, No. 3, 1987, p. 486.

47 Vickie Elmer, "Avoid Hiring the Unexpected," Fortune, September 24, 2012.

48 Claudio Fernández-Aráoz, Boris Groysberg, and Nitin Nohria, "The Definitive Guide to Recruiting in Good Times and Bad," Harvard Business Review, May 2009.

49 Irwin L. Goldstein, Training in Organizations (Pacific Grove, CA: Brooks Cole Publishing, 1993).

50 K. Galvin, "Texaco Settlement with Female Staff to Cost $3 million," Arizona Republic, January 7, 1999, p. D-1.

51 Cynthia D. Fisher, Lyle F. Schoenfeldt, and James B. Shaw, Human Resources Management, 4th edition (Boston, MA: Houghton Mifflin, 1999), p. 394.

52 Zandy B. Leibowitz, "Designing Career Development Systems: Principles and Practices," Human Resource Planning Vol. 10, No. 4, 1987, pp. 195–207.

53 J. E. A. Russell, "Career Development Interventions in Organizations," Journal of Vocational Behavior Vol. 38, 1991, pp. 237–287.

54 R. A. Noe, "An investigation of the deter- minants of successful assigned mentoring relationships," Personnel Psychology Vol. 41, 1988, pp. 457–479.

55 Cynthia D. Fisher, Lyle F. Schoenfeldt, and James B. Shaw, Human Resources Management, 4th edition (Boston, MA: Houghton Mifflin, 1999), p. 411.

56 Luis R. Gómez-Mejia, David B. Balkin, and Robert L. Cardy, Managing Human Resources, 5th edition (Upper Saddle River, NJ: Pearson, 2007), p. 251.

57 Jeanne C. Meister, "The Brave New World of Corporate Education," The Chronicle of Higher Education, February 9, 2001, http://chronicle.com.ezp-prod1. hul.harvard.edu/article/ The-Brave-New- World-of/17032/, accessed October 30, 2012.

58 McDonald's, "Hamburger University," http://www.

aboutmcdonalds.com/mcd/ corporate_careers/training_and_develop- ment/hamburger_university.html, accessed September 2012.

[59] Georgia T. Chao, "Unstructured Training and Development: The Role of Organizational Socialization," Improving Training Effecti veness in Work Organizations, J. K. Ford et al., eds. (Mahwah, NJ: Lawrence Erlbaum Associates, 1997), pp. 129–151.

[60] Georgia T. Chao, "Unstructured Training and Development: The Role of Organizational Socialization," Improving Training Effecti v eness in Work Organizations, J. K. Ford et al., eds. (Mahwah, NJ: Lawrence Erlbaum Associates, 1997), pp. 129–151.

[61] Luis R. Gómez-Mejia, David B. Balkin, and Robert L. Cardy, Managing Human Resources, 5th edition (Upper Saddle River, NJ: Pearson, 2007), p. 273.

[62] K. Tyler, "Do the Right Thing," HR Magazine Vol. 50, No. 2, February 1, 2005.

[63] T. G. Gutteridge, Z. B. Leibowitz, and J. E. Shore, Organizational Career Development: Benchmarks for Building a World-Class Workforce (Silver Springs, MD: Conceptual Systems, 1993).

[64] Manuel London and Richard W. Beatty, "360-Degree Feedback as a Competitive Advantage," Human Resource Management, Vol. 32, No. 2–3, Summer/ Fall 1993, pp. 353–372; and Walter W. Tornow, "Editor's Note: Introduction to Special Issue on 360-Degree Feedback," Human Resource Management, Vol. 32, No. 2–3, Summer/Fall 1993, pp. 211–219.

[65] David A. Waldman, Leanne E. Atwater, and David Antonioni, "Has 360 Degree Feedback Gone Amok?," The Academy of Management Executive, Vol. 12, No. 2, 1998, pp. 86–94; and Ginka Toegel and Jay A. Conger, "360-Degree Assessment: Time for Reinvention," Center for Effective Organizations CEO Publication G 03-17 (445), May 2003.

[66] William L. Mihal and Janet L. Graumenz, "An Assessment of the Accuracy of Self- Assessment for Career Decision Making," Journal of Vocational Behavior, Vol. 25, 1984, pp. 245–253.

[67] Manuel London and Richard W. Beatty, "360-Degree Feedback as a Competitive Advantage," Human Resource Management, Vol. 32, No. 2–3, Summer/ Fall 1993, pp. 353–372; and Walter W. Tornow, "Editor's Note: Introduction to Special Issue on 360-Degree Feedback," Human Resource Management, Vol. 32, No. 2–3, Summer/Fall 1993, pp. 211–219.

[68] David A. Waldman, Leanne E. Atwater, and David Antonioni, "Has 360 Degree Feedback Gone Amok?," The Academy of Management Executive, Vol. 12, No. 2, 1998, pp. 86–94; and H. J. Barnardin and R. W. Beatty, "Subordinate Appraisals to Enhance Managerial Productivity," Sloan Management Review, Vol. 28, 1987, pp. 63–74.

[69] William W. Tornow, "Editor's Note: Introduction to Special Issue on 360-Degree Feedback," Human Resources Management, Vol. 32, No. 2–3, Summer/ Fall 1993, pp. 211–219; D. M. Pollack and I. J. Pollack, "Using 360 Degree Feedback in Performance Appraisal," Public Per sonnel Management , Vol. 25, 1996, pp. 507–528; J. E. Jones and W. L. Bearley, 360 Degree Feedback: Strategies, Tactics and Techniques for Developing Leaders(Am herst, M A : HRD Press, 1996); M. Dalton, "When the Purpose of Using Multi-Rater Feedback is Behavior Change," Should 360-Degree Feedback be Used Only for Developmental Purposes?, D. Bracken, M. Dalton, R. Jacko, C. McCauley, and V. Pollman, eds. (Greensboro, NC: Center for Creative Leadership, 1997); V. Pollman, "Some Faulty Assumptions that Support Using Multi-Rater Feedback for Performance Appraisal," Should 360-Degree Feedback be Used Only for Developmental Purposes?, D. Bracken, M. Dalton, R. Jacko, C. McCauley, and V. Pollman, eds. (Greensboro, NC: Center for Creative Leadership, 1997); and A. DeNisi and A. Kluger, "Feedback Effectiveness: Can 360-degree Feedback Appraisals be Improved?," Academy of Management Executive, Vol. 14, No. 1, 2000, pp. 129–139.

[70] M. London and J. Smither, "Can multi- source feedback change perceptions of goal accomplishment, self-evaluations and performance related outcomes? Theory- based applications and directions for research," Personnel Psychology Vol. 48, 1995, pp. 803–839.

[71] Mark R. Edwards and Ann J. Ewen, "How to Manage Performance and Pay W ith 360-Degree Feedback," Compensation and Benefits Review, Vol. 28, May/June 1996, pp. 41–46; and Lauren Keller Johnson, "The Ratings Game: Retooling 360s for Better Performance," Harvard Management Update, January 2004, pp. 3–5.

[72] David A. Waldman, Leanne E. Atwater, and David Antonioni, "Has 360 Degree Feedback Gone Amok?," The Academy of Management Executive, Vol. 12, No. 2, 1998, pp. 86–94.

[73] Ginka Toegel and Jay A. Conger, "360-Degree Assessment: Time for Reinvention," Center for Effecti ve Org anizations CEO Publication G 03–17 (445), May 2003; and David A. Waldman, Leanne E. Atwater, and David Antonioni, "Has 360 Degree Feedback Gone Amok?," The Acade my of Management Executive, Vol. 12, No. 2, 1998, pp. 86–94.

[74] Joan F. Brett and Leanne E. Atwater, "360 Feedback: Accuracy, Reactions, and Perceptions of Usefulness," Journal of Applied Psychology, Vol. 86, No. 5, 2001, pp. 930–942.

[75] Luis R. Gómez-Mejia, David B. Balkin, and Robert L. Cardy, Managing Human Resources, 5th edition (Upper Saddle River, NJ: Pearson, 2007), p. 209.

76 Manuel London and Richard W. Beatty, "360-Degree Feedback as a Competitive Advantage," Human Resource Management, Vol. 32, No. 2–3, Summer/ Fall 1993, pp. 353–372.
77 Edwin A. Locke, "The Ubiquity of the Technique of Goal Setting in Theories of and Approaches to Employee Motivation," Academy of Management Review, July 1978, pp. 594–601.
78 Barnard (1938), Drucker (1954), and Odiorne (1976, 1986) quoted in Robert Rodgers and John E. Hunter, "Impact of Management by Objectives on Organizational Productivity," Journal of Applied Psychology Monograph, Vol. 76, No. 2, 1991, pp. 322–336.
79 Robert N. Anthony, John Dearden, and Norton M. Bedford, Management Control Systems, 5th edition (Homewood, IL: R. D. Irwin, 1984), p. 387.
80 Edwin A. Locke, "The Ubiquity of the Technique of Goal Setting in Theories of and Approaches to Employee Motivation," Academy of Management Review, July 1978, pp. 594–601, www.proquest.com, accessed May 2010.
81 E. A. Locke, L. M. Saari, K. N. Shaw, and G. P. Latham, "Goal Setting and Task Performance, 1969–1980," Psychological Bulletin, Vol. 90, No. 1, 1980, pp. 125–1, quoted in Michael Goold and John J. Quinn, "The Paradox of Strategic Controls," Strategic Management Journal, Vol. 11, No. 1, 1990, pp. 43–57, www.proquest.com, accessed June 2010.
82 Anat Drach-Zahavy and Miriam Erez, "Challenge Versus Threat Effects on the Goal-Performance Relationship," Organizational Behavior and Human Decision Processes, Vol. 88, 2002, pp. 667–682.
83 Edwin A. Locke, "The Ubiquity of the Technique of Goal Setting in Theories of and Approaches to Employee Motivation," Academy of Management Review, July 1978, pp. 594–601, www.proquest.com, accessed May 2010.
84 Neil C. Churchill, "Budget Choice: Planning vs. Control," Harvard Business Review, July–August 1984.
85 Robert N. Anthony, John Dearden, and Norton M. Bedford, Management Control Systems, 5th edition (Homewood, IL: R. D. Irwin, 1984), p. 392.
86 Robert N. Anthony, John Dearden, and Norton M. Bedford, Management Control Systems, 5th edition (Homewood, IL: R. D. Irwin, 1984), p. 391.
87 Neil C. Churchill, "Budget Choice: Planning vs. Control," Harvard Business Review, July–August 1984.
88 Neil C. Churchill, "Budget Choice: Planning vs. Control," Harvard Business Review, July–August 1984; and Robert N. Anthony, John Dearden, and Norton M. Bedford, Management Control Systems, 5th edition (Homewood, IL: R. D. Irwin, 1984), p. 391.
89 James P. Guthrie, "Alternative Pay Practices and Employee Turnover: An Organization Economics Perspective," Group & Organization Management, Vol. 25, No. 4, 2000, pp. 419–439.
90 Luis R. Gomez-Mejia, "Structure and Process of Diversi fication, Compensation Strategy, and Firm Performance," Strategic Management Journal, Vol. 13, 1992, pp. 381–397.
91 Edilberto F. Montemayor, "Congruence Between Pay Policy and Competitive Strategy in High-Performing Firms," Journal of Management, Vol. 22, No. 6, 1996, pp. 889–908.
92 James P. Guthrie, "Alternative Pay Practices and Employee Turnover: An Organization Economics Perspective," Group & Organization Management, Vol. 25, No. 4, 2000, pp. 419–439; Edilberto F. Montemayor, "Congruence Between Pay Policy and Competitive Strategy in High-Performing Firms," Journal of Management, Vol. 22, No. 6, 1996, pp. 889– 908; and Luis R. Gomez-Mejia, "Structure and Process of Diversification, Compensation Strategy, and Firm Performance," Strategic Management Journal, Vol. 13, 1992, pp. 381–397.
93 James P. Guthrie, "Alternative Pay Practices and Employee Turnover: An Organization Economics Perspective," Group & Organization Management , Vol. 25, No. 4, 2000, pp. 419–439.
94 James P. Guthrie, "Alternative Pay Practices and Employee Turnover: An Organization Economics Perspective," Group & Organization Management, Vol. 25, No. 4, 2000, pp. 419–439; and Luis R. Gomez-Mejia, Theresa M. Welbourne, and Robert M. Wiseman, "The Role of Risk-Sharing and Risk Taking under Gainsharing," The Academy of Management Review, Vol. 25, No. 3, 2000, pp. 492–507.
95 James P. Guthrie, "Alternative Pay Practices and Employee Turnover: An Organization Economics Perspective," Group & Organization Management , Vol. 25, No. 4, 2000, pp. 419–439.
96 Theresa M. Welbourne and Luis R. Gomez Mejia, "Gainsharing: A Critical Review and a Future Research Agenda," CAHRS Working Paper #95–10 (Ithaca, NY: Cornell University, School of Industrial and Labor Relations, Center for Advanced Human Resource Studies, 1995).
97 Luis R. Gomez-Mejia, Theresa M. Welbourne, and Robert M. Wiseman, "The Role of Risk-Sharing and Risk Taking under Gainsharing," The Academy of Management Review, Vol. 25, No. 3, 2000, pp. 492–507.
98 Luis R. Gomez-Mejia, Theresa M. Welbourne, and Robert M. Wiseman, "The Role of Risk-Sharing and Risk Taking under Gainsharing," The Academy of Management Review, Vol. 25, No. 3, 2000, pp. 492–507.
99 Luis R. Gomez-Mejia, Theresa M. Welbourne, and Robert M. Wiseman, "The Role of Risk-Sharing and Risk Taking under Gainsharing," The Academy of Management Review, Vol. 25, No. 3, 2000, pp. 492–507; and James P. Guthrie, "Alternative Pay Practices and Employee Turnover: An Organization

Economics Perspective," Group & Organization Management, Vol. 25, No. 4, 2000, pp. 419–439.

100 "Employer Costs for Employee Compensation–June 2012," Bureau of Labor Statistics, U.S. Department of Labor, September 11, 2012, http: //www.bls. gov/news.release/pdf/ ecec.pdf, accessed October 17, 2012.

101 Frank E. Kuzmits, "Communicating Benefits: A Double-Click Away," Compensation & Benefits Review, Vol. 30, 1998, pp. 60–64.

102 Karen Wey Smola and Charlotte D. Sutton, "Generational Differences: Revisiting Generational Work Values for the New Millennium," Journal of Organizational Behavior, Vol. 23, 2002, pp. 363–382.

103 Teresa M. Amabile, "The Motivation for Creativity in Organizations," Harvard Business School Note No. 9-396-240 (Boston, MA: HBS Publishing, 1996).

104 Sylvia Ann Hewlett, Laura Sherbin, and Karen Sumberg, "How Gen Y and Boomers Will Reshape Your Agenda," Harvard Business Review, July–August 2009.

105 Karen Wey Smola and Charlotte D. Sutton, "Generational Differences: Revisiting Generational Work Values for the New Millennium," Journal of Organizational Behavior, Vol. 23, 2002, pp. 363–382.

106 Sylvia Ann Hewlett, Laura Sherbin, and Karen Sumberg, "How Gen Y and Boomers Will Reshape Your Agenda," Harvard Business Review, July–August 2009.

107 Karen Wey Smola and Charlotte D. Sutton, "Generational Differences: Revisiting Generational Work Values for the New Millennium," Journal of Organizational Behavior, Vol. 23, 2002, p. 380.

108 B. W. Graham, "The Business Argument for Flexibility," HR Magazine, May 1996, pp. 104–110.

109 B. W. Graham, "The Business Argument for Flexibility," HR Magazine, May 1996, pp. 104–110.

110 Ken Dychtwald, Tamara J. Erickson, and Robert Morison, "Flexible Work Arrangements: Why You Need Them and How to Make Them Work," Workforce Crisis: How to Beat the Coming Shortage of Skills and Talent (Boston, MA: HBS Publishing, 2007), pp. 11–12.

111 Ken Dychtwald, Tamara J. Erickson, and Robert Morison, "Flexible Work Arrangements: Why You Need Them and How to Make Them Work," Workforce Crisis: How to Beat the Coming Shortage of Skills and Talent (Boston, MA: HBS Publishing, 2007), p. 7.

112 R. W. Griffen, Management, 9th edi- tion (New York, NY: Houghton Mifflin, 2008).

113 Ken Dychtwald, Tamara J. Erickson, and Robert Morison, "Flexible Work Arrangements: Why You Need Them and How to Make Them Work," Workforce Crisis: How to Beat the Coming Shortage of Skills and Talent (Boston, MA: HBS Publishing, 2007), p. 7.

114 "Abbott Laboratories Recognized as One of the Top 10 Best Places to Work for Mothers Nationwide," PR Newswire, September 24, 2002; and Ken Dychtwald, Tamara J. Erickson, and Robert Morison, "Flexible Work Arrangements: Why You Need Them and How to Make Them Work," Workforce Crisis: How to Beat the Coming Shortage of Skills and Talent (Boston, MA: HBS Publishing, 2007), pp. 13–14.

115 Ken Dychtwald, Tamara J. Erickson, and Robert Morison, "Flexible Work Arrangements: Why You Need Them and How to Make Them Work," Workforce Crisis: How to Beat the Coming Shortage of Skills and Talent (Boston, MA: HBS Publishing, 2007), pp. 13–14.

116 Nicholas Bloom, James Liang, John Roberts, and Zhichun Jenny Ying, "Does Working from Home Work? Evidence from a Chinese Experiment," Stanford University Draft Research Paper, July 2012.

117 Luis R. Gómez-Mejia, David B. Balkin, and Robert L. Cardy, Managing Human Resources, 5th edition (Upper Saddle River, NJ: Pearson, 2007), p. 185.

118 J. Taylor, "Avoid Avoidable Turnover," Workforce, April 1999.

119 Luis R. Gómez-Mejia, David B. Balkin, and Robert L. Cardy, Managing Human Resources, 5th edition (Upper Saddle River, NJ: Pearson, 2007), p. 187.

120 Steven H. Appelbaum, Claude Delage, Nadia Labib, and George Gault, "The sur- vivor syndrome: aftermath of downsizing," Career Development International, Vol. 2, No. 6, 1997, pp. 278–286.

121 Kim S. Cameron, "Strategies for Successful Organizational Downsizing," Human Resource Management, Vol. 33, No. 2, 1994, pp. 189–211.

122 Kim S. Cameron, "Strategies for Successful Organizational Downsizing," Human Resource Management, Vol. 33, No. 2, 1994, pp. 189–211.

123 R. G. Ehrenberg and G. H Jakubson, "Advance Notification of Plant Closing: Does it Matter?," Industrial Relations Vol. 28, No. 1, 1989, pp. 60–71.

124 Luis R. Gómez-Mejia, David B. Balkin, and Robert L. Cardy, Managing Human Resources, 5th edition (Upper Saddle River, NJ: Pearson, 2007), p. 196.

125 Rocki-Lee DeWitt, "The Structural Consequences of Downsizing," Organization Science, Vol. 4, No. 1, 1993, pp. 30–40.

126 Joel Brockner, "Managing the Effects of Layoffs on Survivors," California Management Review, Vol. 34, No. 2, 1992, pp. 9– 28; and Steven H. Appelbaum, Claude Delage, Nadia Labib, and George Gault, "The survivor syndrome: after- math of downsizing," Career Development International, Vol. 2, No. 6, 1997, pp. 278–286.

[127] R. Henkoff, "Cost-Cutting: How to Do It Right," Fortune, April 9, 1990.

[128] Steven H. Appelbaum, Claude Delage, Nadia Labib, and George Gault, "The survivor syndrome: aftermath of downsizing," Career Development International, Vol. 2, No. 6, 1997, pp. 278–286; and William McKinley, Carol M. Sanchez, Allen G. Schick, and A. Catherine Higgs, "Organizational Downsizing: Constraining, Cloning, Learning (and Executive Commentary)," The Academy of Management Executive, Vol. 9, No. 3, 1995, pp. 32–44.

[129] J. Brockner, R. L. DeWitt, S. Grover, and T. Reed, "When it is Especially Important to Explain Why: Factors Affecting the Relation ship between Managers' Explanations of a Layoff and Survivors' Reactions to the Layoff," Journal of Experimental Social Psychology, Vol. 26, 1990, pp. 389–407; and J. Brockner, B. M. Wiesenfeld, T. F. Reed, S. Grover, and C. Martin, "Interactive Effect of Job Content and Context on the Reactions of Layoff Survivors," Journal of Personality and Social Psychology, Vol. 64, 1993, pp. 187–197.

[130] U.S. Department of Labor, "Fair Labor Standards Act of 1938," http://www.dol. gov/whd/regs/statutes/ FairLaborStandAct. pdf, accessed August 2012.

[131] National Archives, "The Civil Rights Act of 1964 and the Equal Employment Opportunity Commission," http:// www. archives.gov/education/lessons/ civil-rights-act/, accessed September 2012.

[132] U.S. Equal Employment Opportunity Commission, "Laws & Guidance," http:// www.eeoc.gov/laws/index.cfm, accessed September 2012.

[133] Steven Greenhouse, "Union Membership in U.S. Fell to a 70-Year Low Last Year," The New York Times, Jan 21, 2011, http://www.nytimes.com/2011/01/22/business/22union.html, accessed September 2012.

[134] James N. Baron and David M. Kreps, Strategic Human Resources: Frameworks for General Managers (Hoboken, NJ: Wiley and Sons, 1999), p. 121.

[135] Steven L. Premack and John E. Hunter, "Individual Unionization Decisions," Psychological Bulletin, Vol. 103, No. 2, 1998, pp. 223–234.

[136] Richard B. Freeman and James L. Medoff, What do Unions Do? (New York, NY: Basic Books, 1984).

[137] "Suddenly, Made in USA Looks Like a Strategy," Bloomberg Businessweek, March 28–April 3, 2011.

[138] Steven Tadelis, "The Innovative Organization: Creating Value Through Outsourcing," California Review Management, Vol. 50, 2007, p. 264.

[139] Richard H. K. Vietor and Alexander Veytsman, "American Outsourcing," Harvard Business School Case No. 9-705-037, rev. February 2, 2007 (Boston, MA: HBS Publishing, 2005), p. 2.

[140] Richard H. K. Vietor and Alexander Veytsman, "American Outsourcing," Harvard Business School Case No. 9-705-037, rev. February 2, 2007 (Boston, MA: HBS Publishing, 2005), p. 2.

[141] Richard H. K. Vietor and Alexander Veytsman, "American Outsourcing," Harvard Business School Case No. 9-705-037, rev. February 2, 2007 (Boston, MA: HBS Publishing, 2005), p. 1.

[142] Sarag Anderson and John Cavanaugh, "Outsourcing: A Policy Agenda," Foreign Policy in Focus Vol. 9, No. 2, 2004.

[143] Ravi Aron and Jitendra V. Singh, "Getting Offshoring Right," Harvard Business Review, December 2005.

[144] U .S. De partment of State, "2000 Country Reports on Human Rights Practices," www.state.gov/g/drl/rls/ hrrpt/2000, accessed October 2005.

[145] Christopher A. Bartlett, Vincent Dessain, and Anders Sjöman, "IKEA's Global Sourcing Challenge: Indian Rugs and Child Labor (B)," Harvard Business School Case No. 9-906-414, rev. November 14, 2006 (Boston, MA: HBS Publishing, 2006), p. 1.

[146] Jeanne Meister, "Job-Hopping is the 'New Normal,' for Millennials: Three Ways to Prevent a Human Resource Nightmare," Forbes, August 4, 2012 http://www.forbes. com/ sites/jeannemeister/2012/08/14/job- hopping-is-the-new-normal-for-millennials- three-ways-to-prevent-a-human-resource- nightmare/, accessed October 30, 2012.

[147] Peter F. Drucker, "Managing Oneself," Harvard Business Review, January 2005.

[148] Boris Groysberg and Robin Abrahams, "Five Ways to Bungle a Job Change" Harvard Business Review, January 2010.

제 10 장

성과 관리

학습목표

이 장을 공부한 후 다음을 할 수 있도록 한다.

- 통제사이클의 4가지 단계와 그러한 통제사이클이 기업의 성과를 평가하는 데 어떻게 이용되고 있는지 설명하기
- 균형성과기록표 및 관련된 구성요소가 성과관리시스템에서 어떻게 이용되고 있는지 설명하기
- 기업이 성과 목표를 설정할 수 있는 다양한 방법의 개요 설명하기
- 기업이 성과를 어떻게 관찰하고 측정할 수 있는지 설명하기
- 관리자가 조직 성과를 개선하기 위해 취하는 시정 조치 설명하기

장의 개요

M A N A G E M E N T

자기성찰

자신의 성과를 어떻게 관리하고 있는가?

효과적인 관리에는 만들어내려고 하는 결과물을 아는 일과 그 결과물을 만들어내기 위해 전략을 창출해내는 일이 수반된다. 결과물을 만들어내기 위해 성과관리를 이용할 수 있는 능력을 평가해보자. 다음의 진술문에 '네' 혹은 '아니오'로 답을 해보라.

1. 프로젝트를 시작할 때 나는 결과를 염두에 두고 시작한다.
2. 목표를 설정할 때 나는 능력을 충분히 발휘할 수 있는 것 외에 기술을 발전시킬 수 있는 목표인지를 확인한다.
3. 성과를 관리하기 위해 도구, 대시보드, 성과기록표 등을 이용한다.
4. 어떤 과제에 대해 작업할 때 나는 과업을 계속하고 진행 상태를 관찰하기 위해 이용하는 내부 통제시스템을 갖고 있다.
5. 품질에 집중하는 것이 성과관리의 중요한 측면이라 믿는다.
6. 목표를 설정할 때 비전, 전략, 성과 사이의 연계성을 창출해낸다.
7. 어떤 과업을 진행할 때 최선의 실행을 벤치마크 함으로써 성과를 어떻게 개선할지 학습할 수 있다.
8. 개인적인 성과를 관리할 때 상황 또는 환경에 적응한다.
9. 성과를 관리하기 위해 측정기준의 다양성을 이용한다.
10. 성과를 평가하고 개선하기 위해 피드백을 모색한다.

만약 진술문의 대부분에 '네'라고 답했다면 성과관리에 집중함으로써 결과물을 만들어낼 수 있는 능력을 갖고 있다.

서론

일단 관리팀이 전략을 선정해 이행하기 시작하면 올바른 방향으로 나아가고 있는지 어떻게 아는가? 성공 아니면 실패는 재무적 측정기준, 시장 포지션, 브랜드 강점, 소비자 채택, 직원 몰입도 등이 포함되는 상당히 많은 방법으로 측정될 수 있다. 관리자는 비즈니스 라이프사이클 각 단계에서 어떠한 측정기준이 중요한지를 이해하는 것이 필요하다.

회사는 창업 단계에서는 돈을 잃을 것으로 예상되는 경우가 종종 있다. 주요 목표는 시장에의 도달과 제품(혹은 서비스)의 채택을 바탕으로 한다. Facebook을 생각해보자. 2004년 이래 Facebook의 회원수는 하늘 높은 줄 모르고 치솟아왔다. 2012년 즈음에는 5억2천만 명 이상의 개인들이 매일 Facebook에 접속했다. 운영을 시작한 처음 6년 동안 재무적 성과가 아니라 회원수를 구축하는 데 중점을 두었다. 사실 2009년까지는 엄청난 운영비를 감당할 수 없었다. 하지만 더 성숙한 기업에게 재정 손실에 대한 용인은 사실상 존재하지 않는다. 과정과 수익성 측정기준이 중심이 되는 것이다.

Al Freni//Time Life Pictures/Getty Images

때때로 특정 전략을 선택한 것의 결과는 명확하다. 예를 들어 New Coke의 도입이 소비자 선호도에 대한 잘못된 이해를 바탕으로 하고 있었음을 Coca Cola 경영진이 학습하는 데는 그리 오래 걸리지 않았다. 거의 한 세기 동안 Coca Cola는 그저 단순히 청량음료의 시장 선도자만은 아니었다. Coca Cola는 미국의 아이콘이었던 것이다. 19세기에 이루어진 것으로 추정되는 Coca Cola의 원래 제조법은 세계적 명성을 갖게 된 중추였으며 따라서 회사의 리더는 현지 입맛과 문화에도 불구하고 절대로 바꾸지 않겠다고 서약했다. 그러나 1980년대 동안 펩시는 'Pepsi Challenges'로 알려진 성공적 마케팅 활동을 전개했는데 이는 Coca Cola의 시장 주도권을 서서히 갉아먹고 있었다. 펩시의 광고가 소비자들이 블라인드 테스트에서 펩시를 선호했다는 것을 보여준 뒤 Coca Cola는 그 결과를 자체적으로 시행한 전국적인 맛 테스트에서 확인했다.

그것을 확실히 입증된 것으로 여긴 Coca Cola는 더 부드럽고 감미로운 맛을 가진 펩시를 모방하기 위해 제조법을 변경했다. 많은 소비자들은 격노했으며 회사는 수천 건의 분노에 찬 전화와 편지를 받았다. 대중의 분노는 3개월간 지속되었으며 국가와 문화를 초월한 것이었다. 변경에 대한 반대가 너무 강하자 Coca Cola는 원래의 제조법으로 되돌아갔으며 그 이름을 '클래식 코크(Classic Coke)'라고 다시 지었다. Coca Cola가 시장 선도자 및 전 세계적 아이콘으로서의 지위를 되찾을 수 있을 때까지 수년이 걸렸다. 이 사건이 예증하는 것은 매우 중요한 전략적 선택을 하기 위한 올바른 기준의 이용과 분석의 중요성과 더불어 그러한 데이터로부터 올바른 결론을 도출해내는 것의 중요성이다.

Coca Cola가 학습한 바와 같이 조직은 전략을 이행하고 비즈니스 환경을 분석하며, 새로운 위협과 기회가 발견되는 경우 전략을 조정할 때 매우 탁월해야 한다. 그러면서도 계속해서 운영 성과를 개선해 조직설계의 선택이 전략적 목표에 부합된다는 것을 확인해야 한다. 또한 조직에 있는 직원들의 전혀 다른 목표들은 조직이 공통적으로 추구하는 목표와 일치되도록 해야 한다.

성과관리가 어떻게 작용하는지를 이해하려면 조직의 상황맥락 내에서 이해해야 하는데 이는 하나의 엔진으로 개념화될 수 있다. 자동차 엔진은 완벽하게 타이밍이 맞춰지면 도로를 따라 자동차를 추진시키는 가동 부품들의 통합이 포함되는 일련의 복잡한 행위들을 수행한다. 그러나 만약 자동차를 떨어져서 살펴보면 그것은 투입하고(가솔린), 최종 제품(동작)으로 전환시키는 단지 하나의 금속 물체에 지나지 않는다. 사기업은 동일한 방식으로 운영되는데 3가지 부분으로 나누어진다. 즉 투입, 전환, 산출물이다. 비록 기업이 미시적 관점으로 보면 단순하게 보이지만 투입물을 산출물로 전환시키기 위해 함께 작용하는 복잡한 시스템으로 구성되어 있다. 4단계의 과정인 **통제사이클**은 메커니즘과 시스템을 제공해 전환 과정을 관찰할 수 있게 함으로써 산출물이 조직 및 고객이 요구하는 품질, 수량, 사양에 맞추어 생성되고 있음을 보여준다.

통제사이클(Control cycle)
메커니즘과 시스템을 제공하여 전환 과정을 관찰할 수 있게 함으로써 산출물이 조직과 그 고객들이 요구하는 품질, 수량, 사양에 맞추어 생성되고 있음을 보장해주는 4단계의 과정

통제사이클은 운영 목표를 세분하고 성과에 대한 기대치를 설정해 줌으로써 고급 전

략이 더 견고하고 명확하게 되도록 도움을 준다. 기업이 기대한 성과로부터 벗어나면 통제사이클은 시정 조치를 이행해 해당 전략이 여전히 추구해야 할 최선의 것임을 확인해준다. 이 장의 각 부분은 통제사이클 중 한 가지 단계에 전념하고 있다. 이 책에서 설명된 대부분의 개념들과 마찬가지로 관리 통제 및 성과관리는 잘 정의된 계획을 위한 방안은 아니다. 어떤 보편적 시스템도 모든 조직에 적용될 수는 없다. 운영 방식은 특정한 현지 및 운영 문화를 바탕으로 달라지게 될 것이다. 관리자는 조직을 이해하는 데 신중하면서도 창의적이어야 하며 상황맥락에 맞추어 정확한 도구를 이용해야 한다. 관리자가 통제시스템을 설계할 때 다음과 같은 질문을 하는 것이 중요하다. 즉 적절한가? 잘 되고 있는가? 얼마나 잘 되고 있는가?

다음 사례는 Shell이 어떻게 전략을 개발하고 이행하는 데 통제사이클 기법을 이용했는지를 보여준다.

새로운 전략의 창조: Shell에서의 지속가능한 개발

수년 동안 Royal Dutch Shell은 재무적 성과와 더 넓은 사회가 포함되는 다양한 구성요소에 봉사하기 위한 포괄적인 로드맵을 보여주는 핵심 비즈니스 원칙에 자랑스러워하고 있었다. 그러나 1990년대 중반 동안 Shell은 대중적 이미지를 실추시킨 2가지 중요한 논란을 겪었다. 첫째는 1995년 초에 일어났다. Shell은 낡은 석유저장 부표들 중 하나인 Brent Spar호를 북대서양에 침몰시킴으로써 퇴역시키려 했다. 계획을 집행하기 바로 전에 그린피스(Greenpeace)로부터 심각한 비난을 받았으며 세계 미디어의 불꽃 튀는 주목에 직면했다. 운동가들의 비난은 대중의 저항으로 전환되었는데 여기에는 독일에 있는 Shell의 여러 주유소 파괴까지 포함되어 있었다.

Brent Spar호 사건 직후 Shell은 또 다른 대중적 논란에 휩싸였다. 회사는 석유가 풍부한 나이지리아에서 상당한 운영을 하고 있었다. 인권운동가, 환경운동가, 현지 부족의 지도자가 정부에 의해 구금되어 있다가 결국에는 처형되었다. Shell이 이 지역에서 투자와 운영을 계속하고 있었기 때문에 다시 한번 대중과 미디어에 의한 비난 대상이 된 것이었다. 2가지 사건은 Shell로 하여금 어쩔 수 없이 비즈니스 활동, 이해관계자들과 맺고 있는 관계, 궁극적으로는 전략까지도 재평가하도록 만들었다.

새로운 전략을 정의하기로 결정한 Shell은 전 세계 출신의 주요 이해관계자들의 광범위한 조사를 수행했는데 비정부기구(NGO), 대학교수, 현지 공동체 지도자, 14개국 출신의 정부기관 등이 포함되었다. Shell은 10개국에 있는 일반 대중 출신 7,500명, 25개국에 있는 1,300명의 여론 주도층, 55개국에 있는 600명의 Shell 직원을 대상으로 조사를 이어갔다. 결과가 보여준 것은 고객이 회사에게 '나를 믿어달라'는 태도로부터 '나에게 보여달라'는 태도로 변할 수 있기를 기대하고 있다는 것이었다. 반면 이해관계자들은 Shell이 재무적 측정기준과 더불어 고도의 환경적 · 사회적 기준에 부응하고 있음을 보여주기 원한다는 사실이었다.

1997년 새로운 전략이 등장했다. Shell은 지속가능성개발그룹(Sustainability Development Group: SDG)을 만들었는데 이는 지속가능성을 유지하고 회사에 3가지 구성요소를 전달하는 데 초점을 맞추었다. 1) 경제적, 사회적, 환경적 성과를 기술하는 연례 Shell 보고서, 2) 지속가능성 활동을 촉진하고 전 세계 비즈니스 단위에서의 SDMF를 어떻게 이행할지를 기술하는 지속가능개발관리체계(Sustainable Development Management Framework: SDMF), 3) 성과를 관찰하기 위한 주요성과지표(key performance indicators: KPI)의 정의다.

Shell의 1998년 연례보고서는 주요 이해관계자들에게 지속가능성 계획의 정보를 제공했으며 이는 주주, NGO, 대학교수, 정부, 직원, 특별히 책임있는 투자공동체에게 송부되었다. 1998년의 보고서는 지속가능 발전전략의 3가지 기본 부분에 중점을 두어 내용을 재구성했다. 즉 재무적, 환경적, 사회적 성과다. 또한 어떤 목표에 대한 5개년 전략이 포함되어 회사가 그 목표를 어떻게 달성할지를 설명했다. 여러 해가 지나면서 Shell은 방법과 과정을 개선했다. 2001년 Shell은 전 세계 도처에 있는 핵심 기업으로부터 신뢰할 만한 데이터를 수집해 제3의 조직과 함께 입증했다. 연례보고서는 Shell과 이해관계자 사이의 투명성에 대한 가장 중요한 수단이었다.

SDMF는 모든 비즈니스 단위에게 전략 목표를 소개하기 위해 이용된 도구였다. 고위 관리자가 체계를 이행하기 위한 상호작용적 지침을 담은 매뉴얼을 만들어 컨설턴트와 같은 SDG 직원에게 송부해 관리자와 고위급 전략가의 의사소통을 촉진시켜 주었다. 그러나 고위급 경영진은 체계가 최고위층으로부터 추진되지 못했다고 생각했으며 SDMF를 전 세계 3,500명 관리자 각자에게 도입해 그들로 하여금 자신만의 방법을 이용해 비즈니스에 이용할 수 있도록 만들었다.

Photofusion Picture Library/Alamy

각 관리자에게 체계를 적용하고 이행할 수 있는 자율권을 부여함으로써 각 관리자는 모든 자원이 균형을 이루도록 하여 전략적 목표를 달성하는 것이 가능하게 되었다. 기업 전체에 걸쳐 채택이 용이하도록 고위 임원은 관리자가 가장 좋은 실행 방법을 공유하도록 권장했다.

KPI는 목표를 설정하고, 성과를 측정하며, 지속적 개선을 추진하기 위한 기반으로서의 역할을 했다. 전략적 성공에 초점을 맞추는 KPI는 장기적 요구 사항을 갖춘 단기적 목표라는 균형을 이룬 정량적이며 정성적인 측정 방법이었으며 내부적인 우선사항과 외부적인 관심사 모두에 상당히 중요한 것이었다. KPI의 범위를 좁혀가는 상호작용 과정을 거친 후 Shell은 16가지 KPI를 만들어냈는데 이는 완전히 새로운 측정방법이었다. Shell은 자본이익률, 총주주 수익, 온실가스 배출 등은 계속 측정하면서도 명성, 사회적 · 환경적 성과, 새로운 전략을 다루는 진실성 등 새로운 KPI도 함께 도입했다.

모든 것이 발표되고 행해졌을 때 Shell의 고위 관리자는 재무적, 환경적, 사회적 성과의 균형을 이루며, 그것을 전략에 이용하고 그 전략을 회사 전체에 걸쳐 이행하며, 그 이행을 종합적인 성과관리 시스템으로 추적한다는 가장 큰 계획 중 하나를 주력 에너지 회사에 의해 성공적으로 착수했다.

적합한 사례 새로운 전략의 창안: Shell에서의 지속가능한 개발

1. 왜 Brent Spar호 사건은 Shell의 전략을 재정의하게 했는가?
2. 어떠한 이해관계자들이 Shell의 전략을 재정의하는 데 관여했는가?
3. Shell의 전략을 재정의하는 과정은 어떻게 성과관리로 연계되었는가?
4. Shell은 성과목표의 달성을 어떻게 관찰 및 의사소통하고 있는가?

기준의 확인

비록 조직 전략이 대개는 최고 중역에 의해 형성되는 것이지만 하위급 관리자와 직원은 그러한 생각을 행위로 옮기는 일에 대한 책임을 지고 있다. 단지 몇몇 문장으로 요약되어 있는 간단한 생각을 취하고, 전체 조직을 위한 활동을 생성해내는 일이 벅찬 업무처럼 보일 수도 있다. 그러나 인생에서와 마찬가지로 비즈니스에서는 목표를 달성하기 위한 가장 효과적 방법은 측정이며, 성공을 위한 근본적 핵심 내용은 정확한 측정

수단을 선택하는 것이다. 만약 잘 된다면 성과 기준은 조직 전략을 지원해주어 전략적 성공으로 이어진다. Shell은 정확하게 이행만 하면 여러 KPI가 환경적 · 사회적 측면을 전략에 이용하도록 하여 업계 1등이 되는데 도움이 됨을 확인했다.

관리자는 예전부터 "만약 측정할 수 없다면 관리할 수 없다"라는 사실과 측정이 이중 목적으로 작용한다는 사실을 알고 있었다. 비록 그것이 관리자로 하여금 과거 성과를 평가하는 데 도움이 된다 해도 미래의 **행동** 역시 알려준다. 비즈니스에서는 단지 2가지 것만이 관찰되고, 측정되며, 모니터되고 있다. 행동과 **산출물**이다. 행동이 개별적 직원의 행위 또는 결정을 말하는데 반해 산출물은 조직이 생산하는 제품(혹은 서비스)이다. 산출물은 예를 들어 Apple에 의해 제조되는 노트북의 숫자처럼 전체 조직에 명시되거나 아니면 iTunes 사업부의 소프트 업데이트 횟수처럼 조직 부서들에 명시될 수도 있다. 산출물은 본사로부터 계량화되고 통제되는 것임에 반해 행동은 더 유연하고 다양하다. 따라서 이는 단위 또는 부서 수준에서 통제된다. 그러므로 대부분의 조직은 높은 수준의 회사 성공 기준과 더불어 부서, 기능, 팀의 성공 기준 모두를 확인하고 있다. 때때로 회사 기준을 팀 기준으로 해석하는 것이 필요하다. 다른 경우에서는 팀들이 자체의 독특한 기준을 갖고 있기도 하다.

20세기의 대부분에 기업은 성공을 측정할 때 투자 대비 수익률 및 이윤 등과 같은 재무적 숫자에 크게 의존했다. 재무적 측정기준은 오늘날에도 여전히 중요하지만 다른 기준도 역시 중요하다(예를 들어 품질, 혁신의 속도, 고객 만족, 직원 몰입도). Shell의 사례에서 중역들은 전통적 기준은 단기적 결과물에 초점을 맞추고 있기 때문에 미래 비즈니스로는 충분하지 못하다는 사실을 받아들였다. 더 최근에는 중역들이 재무적 기준을 보완하고 더 균형잡힌 관점을 장려하기 위해 비재무적 기준(지속가능성과 사회적 영향과 같은)을 중시해왔다. 그것들이 가지고 있는 가치에도 불구하고 직원의 태도, 연구 및 개발(R&D) 활동 등을 측정하는 데이터는 난제가 될 수 있다. 그 결과 이러한 것들은 측정하지 않는 경우가 종종 있게 된다. 그러나 회사는 전략적 목표의 관점에서 성과를 평가하기 위한 의미 있으면서도 목적 있는 측정 기준들을 개발하고 있다. 가장 널리 쓰이는 측정기준은 〈Fortune〉 1000대 기업들 중 60%가 활용하는 균형 성과기록표이다.

균형 성과기록표

균형 성과기록표는 기업이 사업의 성공을 추진하기 위한 가장 중요한 수단을 확인하고 장기적인 전략 목표를 단기적인 운영 행위와 연계시킴으로써 전략을 행동으로 전환할 수 있도록 하기 위해 창안되었다. 회사의 규모 및 범위에 따라 균형 성과기록표는 전체 성과를 평가하는 데 이용될 수 있거나, 어떤 비즈니스 단위 또는 사업부를 평가하는 데 이용될 수도 있다. 예를 들어 GE는 항공기 엔진으로부터 의료용 영상기기까지 많은 비즈니스를 운영하고 있는데 각각 다른 전략을 가지고 있다. 만약 GE가 균형 성과기록표를 선택한다면 비즈니스 단위 각각에 대해 독특한 성과기록표를 만들어내는 것이 필요하다. 반면 규모가 작은 회사는 회사 전체에 대해 한 가지 전략만을 갖고 있을 수 있는

행동(Behavior)
개별적인 직원들의 행위 또는 결정

산출물(Outputs)
조직이 생산하는 제품 또는 서비스

균형 성과기록표 (Balanced scoreboard)
사업의 성공을 추진하기 위한 가장 중요한 수단들을 확인하고 장기적인 전략 목표를 단기적인 운영 행위와 연계시킴으로써 전략을 행동으로 전환할 수 있도록 돕기 위해 창안된 방법. 이는 4가지(재무, 고객, 사업 과정, 학습 및 성장) 관점을 이용한다.

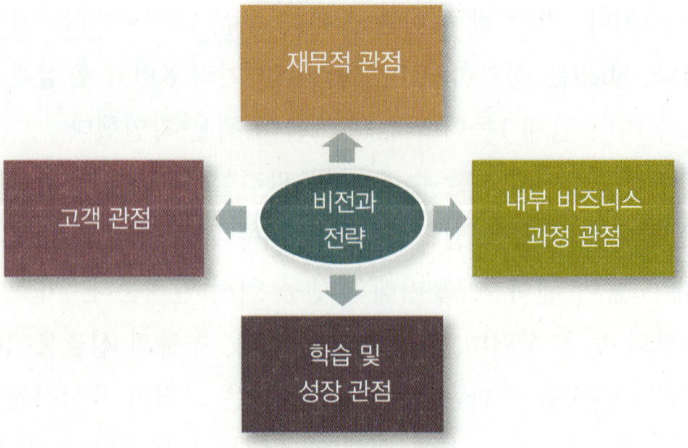

그림 10-1 균형 성과기록표의 4가지 관점

Source: Adapted from Robert S. Kaplan and David P. Norton, "Linking the Balanced Scorecard to Strategy," *California Management Review*, Vol. 39, No. 1, Fall 1996, p. 54.

데 이 경우는 단 하나의 균형 성과기록표만 필요로 한다.

4가지 서로 다른 관점(재무, 고객, 비즈니스 과정, 학습 및 성장)을 이용하는 균형 성과기록표는 조직 목표를 개별 직원의 일상 행위에 맞추고 있다(그림 10-1 참조). 균형 성과기록표의 소중한 장점은 조직 전체를 통해 전략에 대한 의사소통을 용이하게 해준다는 것이다. 회사 비전은 균형 성과기록표에서 중요한 역할을 한다. 비전은 회사의 전체 방향을 설정하고 회사가 어떻게 경쟁할지의 경계를 지시해준다.

재무적 관점

재무적 관점은 전략적 목표에 도달하기 위해 가장 중요한 재무적 측정방법을 선택하는 것과 관련된다. 재무적 측정은 20세기 대부분 동안 통제 과정을 지배해왔으며 21세기에도 중요한 방식이 될 것이다. 전통적인 재무적 측정방법에는 판매된 재화의 원가, 관리비용, 재고, 미수금 계정, 자기자본 수익률, 자산 수익률 등이 포함되어 있다.

새로운 재무적 측정방법은 전통적인 기준을 보완하기 위해 개발되었으며 **활동기준원가**(activity-based costing: ABC) 가 포함되는데 이는 제품을 개발하는 데 드는 원가의 더 정확한 측정을 제공해준다. ABC는 제품(혹은 서비스) 생산에 드는 특정 원가의 구성요소를 평가하기 위해 이용되는 회계시스템이다. ABC는 생산을 활동으로 연계시켜 주어 각 활동비용을 할당해주고 생산에 기여하는 활동에 초점을 맞춤으로써 어떻게 비용을 최소화할 수 있을지에 대한 더 정확한 측면을 제공해준다.

재무적 측정방법은 비즈니스의 라이프사이클 단계, 즉 **성장단계**, **지속단계** 또는 **회수단계** 등에 맞추어지도록 해야 한다(그림 10-2 참조). 라이프사이클 개념은 회사 전체에 아니면 특정 제품에 적용될 수 있다. 일부 제품은 신제품이고 그래서 성장단계에 있으며 반면 다른 제품은 시장 성숙기에 도달되었을 수도 있으며 그렇게 되면 회수단계에 있는 것이다.

조직이 신제품(혹은 서비스) 또는 기존 제품을 새로운 목표 고객을 갖고 있는 새로

재무적 관점(Financial perspective)
전략적 목표에 도달하기 위해 가장 중요한 재무적 측정을 선택하는 것.

활동기준원가 (Activity-based costing, ABC)
제품 또는 서비스의 생산에 드는 특정 원가의 구성요소를 평가하기 위해 이용되는 회계시스템

성장단계(Growth stage)
사업 사이클의 시작에 있는 단계로 고도의 투자활동이 특징이다.

지속단계(Sustain stage)
투자수익률을 최대화하려는 노력으로 돈을 투자 및 회수하는 단계

회수단계(Harvest stage)
비즈니스 라이프사이클의 마지막으로 이 단계에서 회사는 비즈니스 활동으로부터 가능한 한 많은 현금을 뽑아 내려 시도한다.

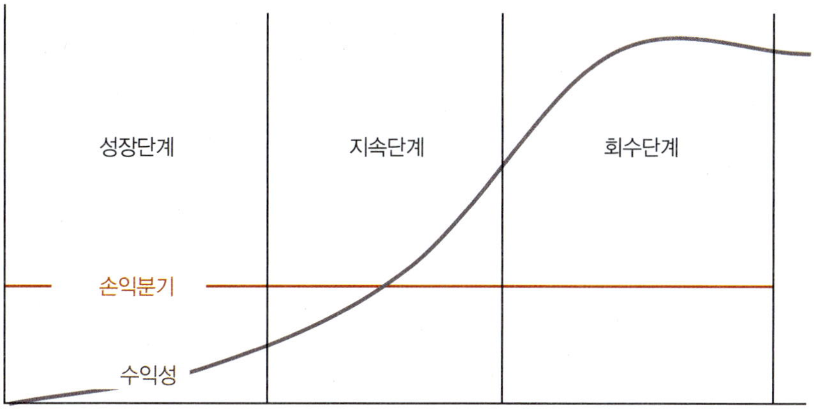

그림 10-2 비즈니스의 라이프사이클 단계

운 시장에 도입하면 비즈니스는 높은 투자와 새로운 고객을 끌기 위한 시도 등이 특징인 급속한 성장 국면에 접어들게 된다. 이 국면에서 중요한 기준은 시장점유율에 초점이 맞추어진다. 지속단계에서는 기업이 투자된 자본의 수익률을 극대화하려 노력한다. 자본이익률, 영업 수익, 매상 총이익 등과 같은 전통적인 재무적 기준이 이 단계에서는 적정하다. 마지막으로 회수단계에서는 회사의 제품(혹은 서비스)은 성숙기에 접어들었고, 투자는 최소한으로 이루어지며, 성장은 기대되지 않는다. 이 단계에서는 수익성 측정이 가장 중요하다.

고객 관점

고객 관점은 시장점유율과 유지 등 중요한 고객 기반의 측정기준을 재무적 성과와 연계시키는 것이다. 균형 성과기록표의 고객 관점은 관리자에 의해 비즈니스에서 가장 중요한 고객을 확인하기 위해 그리고 기업이 고객 요구에 맞추어 아니면 그보다 더 초과

고객 관점(Customer perspective) 시장점유율 및 유지와 같은 중요한 고객 기반의 측정기준을 기업의 재무적 성과와 연계시키는 것.

표 10-1 다양한 고객 측정기준

시장점유율	기업의 고객인 목표 시장의 점유율. 목표 고객에 대한 시장점유율은 목표로 삼고 있지 않은 시장에서의 증가가 있는 동시에 감소할 수 있다. 이는 기업이 전략 목표에 부합하지 못하고 있음을 나타낸다.
거래 점유율	목표 고객의 지갑에 대한 점유율이다. 소비자는 필요로 하는 것을 위해 여러 산업에 걸쳐 많은 품목에 돈을 쓴다. 일부 회사는 이를 소중하다고 여겨 모든 제품에 비례해 고객이 자사 제품에 쓰고 있는 금액을 관찰하고 있다
고객 유지	시장점유율을 유지시키거나 증가시킬 수 있는 쉬운 방법은 기존 고객을 유지하는 것이다. 많은 회사는 기존 고객을 가지고 비즈니스 성장 비율을 측정함으로써 고객 충성도를 추적한다.
신규 고객 획득	신규 고객의 수와 신규 고객에 대비한 총 매출액의 2가지 방법으로 측정된다.
고객 만족	가장 중요한 측정기준 중의 하나이면서 가장 객관적이고 정성적이기도 하다. 고객만족은 피드백 조사로 측정된다. 최근의 연구에서는 고객이 단지 자신의 경험을 극히 만족스러운 것으로 평가하는 경우에만 반복 구매를 수행하고 있음을 보여왔다.
고객 수익성	행복하고 만족스러운 고객을 갖고 있음은 좋은 일이지만 고객은 비즈니스를 위해 이득이 되는 사람들이다. 새로 획득된 고객은 높은 획득 비용 때문에 수익성이 없는 것으로 보일 수도 있지만 라이프사이클 수익성의 기준이 특정 고객을 획득하는지의 여부를 결정하는 데 이용될 수 있다.

해 얼마나 잘하고 있는지 측정하기 위해 이용된다. 균형 성과기록표가 소중하기 때문에 고객 관점으로부터의 측정 내용은 재무적 결과 또는 전략적 목표에 직접적으로 연계되어야 한다. [표 10-1]에 포함된 목록이 완전한 것은 아니라 해도 가장 중요한 고객 기반의 측정 사항들이 망라되어 있다. 고객 관점에서의 포괄적 산출물보다 더 중요한 것은 고객에 대한 **가치 제안**인데 이는 [표 10-1]에서 기술된 산출물의 핵심 추진 요인들이다. 가치 제안은 고객이 가장 가치 있게 여기는 제품(혹은 서비스)의 정량적 내지는 정성적 측면을 말한다. 각 산업과 목표 시장은 서로 다른 것들을 가치 있게 여기며 따라서 성공에 대한 핵심 추진 요인을 결정하는 것은 기업에 달려있다.

내부 비즈니스 과정 관점

비즈니스 과정 관점은 회사 내에서 어떻게 수행되는지를 지시해주는 내부 활동에 초점을 맞춘다. 내부 비즈니스 과정은 중요한데 왜냐하면 제품(혹은 서비스)을 고객에게 전달해주는 일상 운영을 나타내기 때문이다. 이전에는 재무적 수치와 고객 가치 등을 설명해왔지만 이는 좋지 않은 비즈니스 과정으로는 달성될 수 없다. 균형 성과기록표를 가지고 관리자는 가장 최선의 결과물을 달성하기 위해 가장 중요한 과정을 확인한다.

비록 그것이 기존 과정을 개선하는 데 유용하지만 균형 성과기록표는 조직을 위해 가장 중요한 과정을 강조하고 있으며 새로운 것들을 창출해내기 위한 기회를 제시해준다. 특히 회사가 전략을 변경하거나 새로운 고객을 목표로 삼을 경우 중요하다. 혁신은 현재의 그리고 미래 고객이 필요로 하는 것을 맞추어주는 새로운 제품(혹은 서비스)을 개발할 때 관건이 된다. 균형 성과기록표는 회사가 전략을 달성하도록 도움되는 측정 기준을 우선적으로 처리하기 때문에 기존 고객에 대한 서비스를 희생함이 없이도 미래 고객에게 초점을 맞추기 위한 선택을 할 수 있다.

학습과 성장 관점

학습과 성장 관점은 비즈니스 과정을 수행하고, 고객과 상호작용하며, 장기적인 재무 성장을 달성하기 위해 필요로 하는 인프라와 기술을 확인하는 것이다. 또한 능력이나 자원에서의 격차를 확인하는데도 도움이 된다. 직원의 성장은 혁신과 장기적 성공에 중요하며 위험을 장려하고 실패를 용인하는 환경을 통해 가장 잘 추구된다.

조직의 학습과 성장은 직원 측정, 정보시스템, 직원 혁신으로부터 기인한다. 관리자는 직원 만족도, 생산성, 직원 유지를 측정하는 경우가 종종 있는데 이는 직원의 쟁점 사항 또는 관심사 등을 더 잘 이해하려는 것이다. 정보시스템은 직원들에게 효과적이며 혁신적이 되는 데 필요한 정보를 제공함으로써 학습과 성장을 자극한다. 관건은 학습에 도움되는 환경을 조성해주는 것이다. 관리자는 반성과 분석을 위한 시간을 내고 직원들이 브레인스토밍을 하면서 문제를 해결하고 실험 내용을 평가할 수 있도록 훈련시켜야 한다.

균형 성과기록표의 중요한 장점은 **인과관계**와 관련되어 있으며 상호간에 보강작용을 하는 정량적이며 정성적인 측정 내용을 관리자가 만들어내는 데 도움이 된다는 것

가치 제안(Value propositions)
고객이 가장 가치 있게 여기는 제품 또는 서비스의 정량적 내지는 정성적 측면

비즈니스 과정 관점
(Business process perspective)
고객에게 가치 제안을 제공하고 전달해 줄 수 있는 회사의 능력을 개선시키게 될 측정에 대해 초점을 맞추는 것.

학습과 성장 관점
(Learning and growth perspective)
비즈니스 과정을 수행하고 고객과 상호작용하며, 장기적인 재무적 성장을 달성하기 위해 필요로 하는 인프라와 기술을 확인하는 것. 능력 또는 자원에서의 격차를 확인하는데도 도움이 된다.

인과관계
(cause-effect relationships)
관련이 있고 상호간에 보강이 되는 일단의 정량적 및 정성적 측정 내용

이다. 이는 회사가 신속하게 실패한 내용을 살펴보고 근본 원인을 차단시키는 것을 가능하게 만들어준다. 동시에 성공 원천을 이해할 수 있게 해준다. 이는 회사가 산업 내에서 경쟁우위를 달성할 수 있도록 그리하여 전체적인 전략과 비전을 뒷받침하지 않는 과도한 활동을 제거하는데 필요한 모든 조치를 취하고 있음을 의미한다. 인과관계는 전략적 맵을 구축해 성과 측정기준들 사이의 연계성과 조직이 어떻게 운영되는지를 명백하게 해준다.

만약 그렇다면 진술문은 인과관계를 분석하는 단순하면서도 효과적인 방법이다. 이는 기본적 수준(학습 및 성장 관점)부터 가장 높은 수준(재무적 관점)에 이르기까지의 측정 내용을 연결시켜준다. 직원의 더 좋은 판매훈련이 어떻게 더 높은 수익이라는 결과를 낳았는지 사례를 통해 살펴보자.

- 만약 제품에 대한 직원 훈련 프로그램을 늘리면 직원은 판매할 수 있는 전체 범위의 제품을 더 많이 알 수 있게 된다.
- 만약 직원이 제품에 대해 더 많이 알게 되면 판매 효과는 증대된다.
- 만약 직원의 판매 효과가 증대되면 판매하는 제품들의 평균수익이 증가된다.

만약 그렇다면 진술문 (If-then statements)
인과관계를 분석하는 단순하면서도 효과적인 방법

Amanco에서의 지속가능성 성과기록표

물은 세상에서 가장 풍부한 자원이기는 하지만 그 풍부함에도 불구하고 세계의 많은 사람에게는 여전히 구하기 어려운 것이다. 2005년 현재 11억 명의 사람들은 식수에 대한 접근성을 갖고 있지 못하며 26억 명은 위생이 부적절한 물을 마시고 있다. 물은 그저 인간의 건강을 위한 것 이상의 중요성을 갖고 있다. 또한 장기적인 경제발전과 환경적인 지속가능성을 추진해주는 것이기도 하다. 그 결과 상수 공급은 수십억 달러에 달하는 글로벌시장으로 성장했고, 라틴아메리카에 소재한 Amanco는 물을 자본화할 수 있는 이상적 포지션에 있게 되었다.

Amanco는 라틴아메리카 전체에 걸친 상수시스템용의 플라스틱 배관과 부대용품의 중요한 생산기업이었다. 회사는 의뢰인과 함께 작업하여 추출 및 급수로부터 시작해 회수 및 폐수관리에까지 이르는 완전한 상수사이클을 관리하고 있었다. 비록 Amanco가 업계에서 가장 높은 시장점유율을 획득했고 글로벌 규모로 운영하고 있었지만 경쟁력을 유지하려면 지속적으로 운영을 개선해야 했다. 신소재를 개발하기는 했어도 생산단가가 높았기에 현지 회사는 대체품을 사용했다. Amanco는 경제적 가치, 생태학적 효율성, 강력한 윤리성 등을 제공하는 사회적으로 책임있는 기업으로 알려질 수 있기를 원했다. 그 결과 다음과 같은 목표를 촉진하기 위해 '3대 기본 기준' 전략을 채택했다.

1. 장기적인 경제적 지속가능성을 창출한다.
2. 기업의 사회적 책임에 대한 시스템으로 가치를 생성한다.
3. 환경관리를 통해 가치를 생성한다.

이 목표를 달성하기 위해 Amanco는 균형 성과기록표를 채택해 독특한 회사 비전에 적합하도록 변경했다. 성과기록표는 전통적인 균형 성과기록표의 요소인 재무적, 고객, 비즈니스 과정, 학습 관점 등을 모두 포함했으며 5번째 관점인 환경 및 사회적 차원 역시 포함하고 있었다. 재무적 관점에서 비즈니스를 살펴보았을 때 Amanco는 경제적 가치와 지속가능한 수익을 만들어내기 원했다. 회사는 매년 판매를 증가시키고 운영비는 줄임으로써 이 목표를 달성했다. 고객 관점에서 Amanco는 고객 만족도와 제품 혁신성을 측정했다. 비즈니스 관점을 통해서는 4가지 주요 부분인 브랜드화, 고객관리, 생산혁신, 재무관리 등에 중점을 두었다. 이는 다수의 측정 내용을 확인함으로써 마케팅과 소비자 사이의 의사소통 측정, 품질보장, R&D에서의 창의성 개선, 원자재 구매의 최적화 등이 포함되는 과정을 개선시켰다. 균형 성과기록표의 네 번째 관점인 학습 및 성장은 리더십 개발, 관리자에 대한 연속 기획, 다양한 역량을 지닌 직원의 협업에 중점을 두었다.

Eyal Nahmias/Alamy

Amanco의 사회적 · 환경적 관점은 폭넓은 정의를 아우르고 있었는데 이에는 직원, 현지 공동체, 경쟁하는 산업 등이 포함되어 있었다. Amanco는 직원만족도 조사를 수행했고, 부상으로 인해 상실되는 시간을 측정했으며, 여성의 채용 비율을 계속 늘여왔다. 환경적 영향에 대해 단위당 투입과 그 과정에서 나오는 폐기물을 측정했다. 지역사회를 개선시키기 위해 절수 상황을 측정했으며 제품을 사용하는 지역사회에서 나오는 수입을 증가시켰다.

새로운 시스템을 도입한 3년 동안 Amanco는 비전의 모든 부분에서 성공을 거두었다. 각 연도의 수익성, 순자산수익률, 환경 효율성 등이 개선되었다. Amanco가 사회적 · 환경적 목적을 위해 희생했다는 사실에도 불구하고 재정수익은 3년 동안 44%나 증가했다.

비전과 전략의 측정 내용 연계

재무적 측정과 비재무적 측정의 조합이 균형 성과기록표의 중요한 측면이기는 하지만 실질적인 장점은 **산출결과**와 **추진 요인**이라는 2가지 범주의 측정 내용을 확인하는 것에서 나온다. 산출결과는 과거의 성공을 관찰하는 것이며, 추진 요인은 미래의 성공을 예측한다. 산출결과는 수익성, 시장점유율, 고객 만족도, 고객 유지, 직원의 기술 등 비즈니스에서 흔히 이용되는 일반적 측정 내용이다. 추진 요인은 회사 전략에 맞춘 더 독특한 것으로 미래 성공을 예측할 때 관건이 되는 요인들이다. Amanco는 미래의 전략적 성공을 추진하기 위해 환경적이며 사회적인 측정 내용을 확인했다. 그러나 산출결과와 추진 요인은 모두 중요하다. 즉 추진 요인 없이 산출결과를 측정하는 것은 혼란과 자원 낭비로 이어지며, 그렇다 해서 산출결과 없이 추진 요인을 측정하면 행위를 전략적 목표에 연계시킬 수 없게 된다.

비록 정성적인 측정 내용이 유용하며 훌륭한 가치를 반영하는 경우도 있지만 그럼에도 불구하고 재무적 결과로 연결되어야 한다. 관리자가 성과의 추진 요인과 정성적 성공에 발목이 잡혀 있는 경우가 너무 잦으며, 그렇기 때문에 행위를 최종 결과에 연계시켜야 한다는 중요성을 간과한다. 종합적 품질관리, 사이클 타임 감소, 조직 재충전, 직원 권한이양 등과 같은 개선 프로그램은 그것 자체가 목적이 된다는 점에서는 관리자의 우선권에 앞서는 것일 수도 있다. 비록 이 프로그램이 고객이 필요로 하는 것을 제공함으로써 그리고 경제적 결과물을 개선함으로써 시작되기는 하지만 관리자는 적절함을 유지하고 있음을 확실히 하기 위해 활동과 재무적 목표 사이의 강한 연계성을 계속 유지해 가면서 구체적 결과물을 주시해야 한다.

산출결과(Outcomes)
과거의 성공을 관찰하는 균형 성과기록표의 측정 내용

추진 요인(Drivers)
미래의 성공을 예측하는 균형 성과기록표의 측정 내용

균형 성과기록표의 이행

많은 기업은 이미 측정 기준을 이용해 조직 건전성을 관찰하고 있는데 보통은 수십 가지 때로는 수백 가지도 된다. 25~30가지의 측정법을 갖고 있으면 균형 성과기록표는 측정법을 대체하는 것이 아니라 보강해준다. 그것은 전략 목표를 달성하기 위한 새로운 과정을 확인해주고 전략적 우선사항을 설정해주며 다수의 프로그램을 하나의 진행형 관리과정과 전략적 체계로 통합시켜준다.

균형 성과기록표를 이행한다는 것은 회사에서의 변화를 요구한다. 각 회사가 다른 역사, 문화, 사명, 비전, 전략 등을 갖고 있기 때문에 직원은 다른 시야를 통해 균형 성과기록표를 살펴보게 된다. 성과기록표의 관점 중 하나는 특정 기업에게는 다른 것들보다 더 중요할 수 있다. 예를 들어 혁신과 새로운 제품의 도입에 중점을 두는 회사는 학습 및 성장의 관점을 상당히 강조할 수 있다. 상품에 대해 견고하면서도 경쟁이 매우 심한 시장에 있는 회사는 생산효율성을 추진하기 위한 비즈니스 과정 관점을 강조할 수도 있다.

만드는 과정과 달리 균형 성과기록표를 이행하는 데는 어떠한 상세한 방법도 존재하지 않지만 한 가지는 분명하다. 즉 전략이 균형 성과기록표가 개발되기 전에 결정되어야 한다는 사실이다. 다수의 성과기록표를 활용하는 회사에서는 성과기록표 '대사(ambassadors)'가 유용할 수 있다.

성과 목표의 설정

핵심적인 측정 방법을 확인하기 위해 균형 성과기록표를 이용한 후의 다음 단계는 측정기준을 위한 성과 목표를 설정한다. 목표를 설정하고 성취를 측정하는 것은 그 자체가 강력한 동기부여가 되는 힘으로 목표가 의미 있는 것이면 더욱 강력해지면서 더 큰 목적을 제공해준다. 성과 목표를 설정하는 한 가지 방법은 자사의 성과를 각자의 산업에서 최고라고 간주되는 다른 회사와 비교하는 것이다.

벤치마킹

벤치마킹의 개념은 목표를 설정하는 것에 도움이 되도록 주로 경쟁자 입장에서 회사 외부를 살펴볼 수 있는 관리자의 관점을 넓혀주는 것이다. 벤치마킹은 해당 산업의 가장 뛰어난 기업들로부터 데이터를 수집해 그 수치를 목표 또는 지침으로 이용하는 과정이다. 그 목표가 특화된 측정기준에 대해 다른 기업과 어떻게 비교하는지를 학습하는 것이기는 해도 산업 전체에서 장점을 갖고 있다. 벤치마킹은 경쟁을 촉진하고 가장 최선의 실행을 밝혀 산업 전체를 통해 분석, 채택, 이행될 수 있도록 해준다.

벤치마킹은 또한 조직 내에서의 장점도 갖고 있다. 그것은 내부 운영에 편향되지 않는 검토를 촉진시키고, 다른 회사들이 해결책을 찾아낸 문제점을 드러나게 하며, 객관

벤치마킹(Benchmarking)
해당 업계의 최고 회사들로부터 데이터를 수집하고 그 기록들을 회사의 성과를 평가하기 위한 목표 및 지침으로 이용하는 과정

적 데이터와 개선을 위한 목표를 제공해준다. 정확하게만 이행되면 벤치마킹 과정은 다음과 같은 내용이 포함된다.

- 벤치마킹하기 위한 과정의 확인
- 측정 기준의 선택과 데이터 수집
- 각 과정에 대한 최고 회사들의 확인
- 데이터의 수집과 검토
- 개선을 위한 계획의 창출

만약 한 회사가 엄격한 벤치마킹 프로그램을 채택했다면 조직 구성원은 경쟁사와 대적하거나 아니면 그들을 넘어서겠다는 희망을 가지고 에너지와 창의력을 모두 적용해 성과를 개선한다. 극복하기 위한 가장 어려운 장애는 파트너를 찾는 일이다. 데이터를 규칙적으로 수집해 공유하는 회사는 거의 없으며 이는 유용한 벤치마킹 파트너를 찾는 일에 비용이 들도록 만든다. 그럼에도 불구하고 최선의 실행을 위해 회사 바깥을 살펴보는 노력은 유용하다. 비록 완전한 벤치마킹 프로그램을 이행한다는 것이 어려울 수도 있지만 각 요소는 다른 시스템과 함께 효과적으로 이용될 수 있다.

예산

20세기의 대부분 동안 **예산 편성 과정**은 조직의 중심적 통제 메커니즘이 되어왔다. 그 이유는 조직 활동에 대한 모든 측면을 단일의 논리적 요약으로 통합시킬 수 있는 능력 때문이다. 예산은 일반적으로 기업 및 부서 또는 사업부 단위 수준 모두에서 만들어진다. 예산은 대개 각 단위의 수익과 비용의 추정을 포함하고 있으며 이 추정은 회사 전체에 걸쳐 자원을 배분하기 위해 이용된다(예를 들어 인적자원, 자본장비, R&D 기금). 일단 승인이 되면 예산은 특정 단위 또는 사업부 성과를 측정하기 위해 이용된다. 이 측정은 일반적으로 월별로 발생하며 성취된 실제 수익과 발생된 비용을 예산과 비교하는 일이 포함된다. 예상한 대로 수행하지 못하는 단위는 실적을 달성하지 못한 것에 대한 이유를 설명하고 시정 조치 계획도 설명해야 한다.

예산편성 과정 역시 과정을 측정하는 연간 재정 기준을 제공할 때 중요한 역할을 한다. 비록 최근의 연구가 예산편성이 시대에 뒤떨어져 있으며 조직의 잠재성을 방해한다고 주장하지만 그것은 여전히 단기 목표를 설정하고, 자원을 할당해 성과를 검토하기 위한 중요한 관리시스템으로 남아있다. 예산이 비즈니스에서 관행화되었기 때문에 균형 성과기록표 등 최신의 측정시스템을 이용하기 원하는 관리자는 새로운 시스템을 기존의 것과 연계시켜야 한다. 예산을 균형 성과기록표와 결합시킴으로써 조직은 전략을 성과기록표 측정기준으로 해석해 각각의 측정기준에 대한 목표를 설정하며, 전략적 계획을 추구하기 위해 필요로 하는 자원을 승인하기 위한 예산 과정을 이용한다.

예산 편성 과정(Budgeting process) 재원을 할당해주고 기업의 예상되는 정량적 및 정성적 결과를 측정하는 과정

성과 관찰과 측정

측정 기준이 확인되고 성과 목표가 설정된 후 통제사이클의 다음 단계는 활동을 관찰하고 성과를 평가한다. 측정은 기준이 충족되었는지 아니면 목표가 얻어졌는지를 확인하기 위해 행동과 산출물을 평가하는 과정이다.

측정 과정은 컴퓨터 프로그램과 데이터베이스가 개입되는 복잡한 시스템으로부터 엑셀 스프레드시트를 이용하는 단순한 시스템에 이르기까지 많은 형태를 가질 수 있다. 측정에 대한 한 가지 새로운 방식은 오픈북 경영이다. 경영진이 회사의 모든 재무적 데이터를 모든 직원과 공유하는 개념이다. 투명한 회사에서는 직원들이 개별적 성과를 개선할 수 있는 정확한 정보의 접근권을 갖고 있으며 자신의 측정방법으로 수치를 업데이트할 수 있어 신속하고도 정확한 데이터 수집이 보장된다. 인도에 본사를 둔 시스템 통합기업 HCL Technologies는 활발한 내부 전산망을 이용해 재무적 결과와 목표를 조직 전체를 통해 공유하고 있다. 더 일반적인 것은 고위 관리자와 함께 하는 월별 및 분기별 예산 또는 기획 검토회의인데 여기서는 실제 성과의 결과들이 예상, 계획, 예산에 대비해 비교된다. 이 회의는 회사로 하여금 기대 목표를 충족시키기 위해 진행 상황을 추적할 수 있도록 해준다. 관리자는 성과에 있어서의 차이점을 설명하고 간격을 줄일 수 있는 건의사항을 내놓을 것으로 기대된다. 종합적 품질관리 및 식스시그마 등 다른 측정시스템은 대규모 운영을 관찰하기 위한 포괄적인 과정이다.

종합적 품질관리

고객의 요구를 충족시키려는 최종적 목표를 가지고 종합적 품질관리(total quality management: TQM)는 지난 수십 년간 미국에서뿐만 아니라 전 세계적으로 인기를 얻어왔다. 더 높은 품질은 많은 산업에서 장기적 성공을 위한 가장 중요한 요건인데 그 이유는 실수를 줄여주기 때문이며 그럼으로써 재작업과 원가 역시 줄어드는 것이다. 비록 그것이 고객을 만족시키는 것이지만(시장점유율이 높아질수록 고객을 더 잘 유지할 수 있으며, 그렇게 되면 고객 충성도가 더 많아지고, 그럼으로써 가격을 더 높일 수 있다) 높은 품질은 회사로 하여금 쉽게 새로운 시장으로 이동해 새로운 고객을 확보할 수 있도록 해준다. 예를 들어 Apple은 데스크톱 컴퓨터의 생산자로 시작했지만 높은 품질과 사용자 경험에 중점을 두었기 때문에 노트북, 음악기기, 현재는 휴대폰에 이르기까지의 시장으로 옮겨가는 것을 가능하게 해주었다.

TQM의 궁극적 목표는 4가지 강화 원칙을 통해 고객의 요구를 만족시키는 것이다. 즉 고객 중점, 과정 중점, 팀워크 및 참여, 계속적인 개선이다. 샘플링, 통계학적 분석, 벤치마킹, 실행 절차도 등과 같은 공식적 측정도구들이 일반적으로 이용된다. 균형 성과기록표에서 돌이켜본다면 학습과 성장, 비즈니스 과정, 고객 관점 사이에서 유사한 연관성을 발견할 수 있는데 이는 TQM을 선택된 측정 기준의 강화를 위한 적합한 보완책으로 만들어주고 있다.

측정(Measurement)
기준이 충족되었는지 또는 목표가 얻어졌는지의 여부를 확인하기 위해 행동 및 산출물을 평가하는 과정

TQM의 더 중요한 측정방법 중 하나는 **총 사이클 시간**의 측정인데 이는 제품(혹은 서비스)을 개발해 고객에까지 전달하기 위해 요구되는 시간의 양으로 정의된다. 사이클 시간을 줄이면 3가지 근본 방식으로 품질이 개선된다. 첫째, 회사가 흐름도, 인과도표, 통계학적 도구를 이용해 사이클 시간을 줄이기 때문에 자재 및 공정에서의 결함이 드러나게 되어 품질을 개선할 수 있는 더 많은 기회를 제공해준다. 둘째, 사이클 시간을 줄이면 생산에서부터 인도에 이르기까지 결부되는 단계의 횟수가 줄어든다. 그 결과 이관작업, 부품, 지연 등의 횟수가 줄어들어 실수도 더 적어진다. 셋째, 노무비와 간접비가 줄어들고, 재고가 줄어들며, 재작업도 감소된다.

TQM의 가장 중요한 측면 중 하나인 계속적인 개선은 더 나은 방법을 찾아내는 과정을 연구하겠다는 약속을 의미한다. 이는 과학적 실험과 문제해결 작업에 적극적으로 관여하는 직원에게 의존하고 있다. 실험작업의 과정 동안 직원은 팀을 이루어 작업해 점진적인 진전을 만들어내기 위한 작은 실험을 설계하고 집행한다. 문제를 진단하기 위한 계획 · 시행 · 확인 조치로 알려진 과학적 방법을 이용해 개선을 위한 의사결정을 내리기 위해 추정보다는 확실한 데이터에 의존한다. 팀이 낭비를 줄이고, 사이클 시간을 개선하며, 자원 효율성을 증가시키기 위해 작업함으로써 점진적 조정이 축적되어 폭넓고, 압도적이며, 새로운 지평을 여는 개선의 모습이 나타난다.

식스시그마

Joan Kerrigan/Shutterstock.com

식스시그마는 원래 1980년대에 Motorola에서 제조공정에서의 결함을 줄이기 위한 방법으로 개발되었다. 점점 더 많은 회사들이 경쟁우위를 모색하는 과정에서 운영비를 급속하게 줄이기 위해 식스시그마를 채택했다. 식스시그마는 1백만 번에 3.4회의 결함이라는 기술적 목표로 사이클 시간을 개선하고, 원가를 줄이며, 낭비를 제거하기 위한 규율에 따르는 정량적 접근방법이다(평균으로부터 6가지의 표준편차).

실행에서 식스시그마는 DMAIC로 알려진 방법을 이용한다. 정의하고(define), 측정하며(measure), 분석하고(analyze), 개선하며(improve), 통제한다(control)의 약자다. 문제점을 정확하게 정의하고, 과정을 분명하게 하기 위해 측정하며, 근본 문제점을 확인하기 위해 과정을 분석하고, 여러 해결책들을 고려함으로써 과정을 개선하며, 그 문제점이 일어나지 않는다는 보장을 위해 진행 중인 측정방법을 통제하는 일 등을 수반한다. 회사는 "검은띠를 매는 유단자가 되어" DMAIC를 미리 정해진 시간 내에 특정 프로젝트에 적용시키는 책임을 맡는 직원을 훈련시킨다. 과정의 주요 문제점을 확인하고 측정한 뒤 검은띠 유단자는 근본 문제점이 확인될 때까지 반복해서 '그것은 왜인가?'라는 질문을 한다.

총 사이클 시간(Total cycle time)
제품과 서비스를 개발하여 고객에까지 전달하기 위해 요구되는 시간의 양

착상 때부터 식스시그마는 정밀한 정의를 버렸으며 그리하여 더 높은 품질과 더 낮은 원가 추구를 의미하는 일반적 용어가 되었다. 비록 그 노력은 제조부문에서 시작되었지만 식스시그마의 개념은 인적 자원, 고객 서비스, R&D 등과 같은 '결함'이 더 주관

리더십 개발의 여정 식스시그마는 리더가 계속해서 품질을 개선하고 원가를 줄이기 위해 이용하는 방식의 하나다. 현재 활용하고 있거나 아니면 예전에 활용했던 직무 중에서 개선이 필요한 부분을 생각해보라. 개선 계획을 개발하기 위해 식스시그마 방법론을 적용해보라.

1. 직무에 대한 설명을 기술하라.
2. 해당 직무와 관련 있는 각 과업의 개요를 설명하는 흐름도를 만들어라.
3. 흐름도를 분석해 성과와 함께 근본 문제점을 확인하라.
4. 분석을 바탕으로 한다면 성과를 개선하기 위한 여러 해결책은 무엇이 있는가?
5. 성과를 어떻게 통제하고, 관찰하고, 측정하며 개선할 수 있을지 나열해보라.

적인 비즈니스 부분으로까지 이전되었다. 최근 수년 동안 〈Fortune〉 500대 기업 중 2/3가 식스시그마를 이용했다. 그러나 이것은 모든 상황에서의 모든 불만 사항에 대한 해답은 아니다. 식스시그마가 가정하는 것은 현재의 제품 설계 및 공정이 근본적으로 적합한 것이며 단지 사소한 개선만을 필요로 한다는 것이다. 비록 식스시그마가 문제점을 현재의 체계에서 고립시켜 해결할 수는 있겠지만 그 체계에 도전해 새로운 것을 창출하지는 못하고 있다. 그렇기 때문에 제품 및 공정이 대량으로 맞춤화되어 있고 대량으로 표준화되어 있는 제조부문에 가장 적합하다.

ISO 9000

최근 수년 사이에 인기가 많아진 또 다른 중요 프로그램은 ISO 9000이다. 고품질의 공정을 보장함으로써 고품질의 제품을 추구한다는 국제적 관리 메커니즘이다. TQM과 식스시그마가 제품에 중점을 두는데 반해 ISO 9000은 생산공정에 집중한다. 이는 최종 제품을 개선할 수 있는 방법을 제공해주는 것은 아니지만 최종 제품의 품질에 기여하는 공정의 모든 부분을 문서화하고 측정할 수 있는 조직을 요구한다. ISO 9000 인증을 받으려면 회사는(그리고 공급자는) ISO 품질표준을 충족시켜야 한다. 그 결과 인증서를 획득하는 회사는 다른 인증을 받은 회사와 함께 비즈니스를 할 수 있다. 그러나 많은 비판론자는 너무 비용이 많이 들고 회사의 주목을 품질 추구로부터 품질 인증 추구로 돌리게 만든다고 여기고 있다. 복잡성은 차치하고라도 ISO 9000은 회사로 하여금 훈련하고, 컨설턴트를 받으며, 등록하는 데 수천에서 수백만 달러까지의 비용과 시간까지 들게 할 수 있다.

시정조치의 이행

조직이 측정기준을 확인하고, 목표를 설정하며, 결과물을 관찰한 후의 단계는 시정조치에 초점을 맞추는 것인데 이는 통제사이클 중에서 가장 중요한 측면이다. 비록 많은 조직이 정보를 만들어내기 위해 시간을 들이고 필요한 자원을 이용하지만 향후 성과를 개선하기 위해 데이터를 분석하는 데 실패한다. 아마도 일부 고위관리자가 공식적 통제시스템은 복잡한 결정을 내리기에는 너무 간단하다는 주장을 하면서 자신의 판단을 이용하기를 선호하는데 그 이유가 있을 수 있다. 그럼에도 불구하고 관리자는 공식적이든 아니면 비공식적이든 통제사이클로부터 나온 데이터를 이용해 더 현명한 결정을 내릴 수 있다.

사람들은 경험을 얻음에 따라 자신이 성취한 것과 실수를 통해 학습한다. 이는 조직에서도 마찬가지다. 회사는 조직의 모든 측면을 검토하고, 과거 성공과 실패 사례를 평가하며, 직원이 평가할 수 있는 토론의 장에 해당 교훈을 기록해놓아야 한다. 그렇게 함으로써 직원에게 학습과정에 참여해 통제사이클의 모든 측면을 개선할 수 있는 가능성을 열어놓는다. 접근이 가능한 정보를 가지면 더 나은 측정방법이 선택되고, 더 현명한 기준이 설정되며, 그리하여 개선된 관찰방법이 이용된다.

또한 실패 뒤에 숨은 추진력을 이해함으로써 회사는 실수를 생산적인 실수로 전환시킬 수 있다. 즉 실수로부터 학습되는 교훈이 성공으로부터 학습되는 것보다 더 중요하다. 회사에서는 직원이 능력을 계속 늘려나감으로써 선호하는 결과에 도달하고 함께 학습하는 방법 역시 배운다. 이러한 지식을 창출하고, 획득하며, 이전하는 데 숙련된 조직은 공정, 제품, 서비스에서 계속적인 개선을 증진해나갈 수 있다.

리더는 일반적으로 2가지 중요한 부분에서 시정 조치를 취한다. 첫째, 리더는 회사의 전략을 입증하기 위해 시정조치를 취한다. 통제사이클은 리더로 하여금 환경 변화에 회사가 어떻게 대응할지를 더 잘 평가할 수 있도록 만들어준다. 연례 비즈니스 검토서는 리더가 어떤 전략에 다시 전념하거나 아니면 변화에 대처할 수 있도록 해준다. 리더가 측정방법과 시정조치를 이용하는 두 번째 부분은 직원이 회사를 위해 올바른 활동에 종사하고 있음과 올바른 결과물을 생산해내고 있음을 보장하기 위해서다.

전략의 입증

이 책 전체를 통해 설명한 바와 같이 회사는 새로운 위협과 기회를 고려해 계속적으로 비즈니스 환경에 적응해야 하며 경영 통제시스템을 수정해나가야 한다. 통제사이클에는 외부 환경에 대한 기업의 대응을 개선하기 위한 **전략적 통제** 메커니즘이 포함되어 있다. 전략적 통제는 한 기업전략을 외부 환경에 비추어 재검정하거나 확인해가는 과정이다. 기획작업의 균형요소로서의 전략적 통제는 현재의 전략이 필요할 경우 변화를 추구하고 이루기에 최선의 것인지의 여부를 계속적으로 묻는다.

환경적 변화가 자연적으로 아니면 꾸준하게 발생할 수 있는 것이기 때문에 기업은 다른 가능성을 처리할 수 있는 이중 과정을 설정해놓아야 한다. 첫째, 기업은 조직성과를 기준에 대비해 시장에서의 가정, 기회, 위협 등을 평가하는 연례적 검토를 수행해야

전략적 통제(Strategic control)
한 기업의 전략을 외부 환경에 비추어 재검정하거나 확인해가는 과정

한다. 둘째, 기업은 환경으로부터 데이터를 수집 및 분석해 시의적절한 변화를 할 수 있도록 하기 위해 계속적인 과정으로 만들어 놓아야 한다. 첫째 과정은 시장에서의 완만하고, 안정적인 변화를 처리하며 관리자가 비즈니스 성과를 비교하는 데 도움을 준다. 관리자는 "우리가 전략적 목표를 충족하고 있는가?"라는 질문에 답변할 수 있다. 두 번째 방법은 빠르고 산발적인 변화를 처리해 새로운 위협과 기회를 확인한다. 관리자는 "우리가 최선의 전략을 추구하고 있는가?"라는 질문에 답변할 수 있다.

직원들의 조화

전략이 이행되고 통제사이클이 이루어짐에 따라 직원에게 피드백을 제공하는 것은 성과를 시정하고, 유지하며, 아니면 개선하기 위해 일반적으로 이용된다. 피드백 자체는 미래의 성과를 개선하는 것인데 그 이유는 무엇을 기대하고 있는가에 대한 직원의 자각을 강조하는 것이기 때문이다. 제9장에서 살펴보았듯 만약 직원이 기준을 유지하거나 훨씬 능가하고 있다면 관리자는 급여인상 아니면 새로운 기술을 습득할 수 있는 보상을 줄 수 있다. 하지만 만약 직원의 성과가 좋지 않으면 관리자는 경고, 근신, 잠재적인 계약종료 등과 같은 처벌 조치를 이용한다. 더 효과를 거두는 관리자는 문제 해결적 방법을 취한다. 즉 해당 직원과 함께 성과를 탐구하고, 과업을 다시 설계하며, 직원을 그 기술에 더 잘 맞는 자리로 이동시키기도 한다. 궁극적으로 전략적 목표를 달성하는 것은 직원이 각자 위치에서 동기부여 될 수 있도록 하며 팀 사이에 협조를 촉진시킬 수 있는 관리자의 능력에 달려있다.

다른 관점

해석 중의 상실

개발과 이행은 성과관리에서 성공의 관건이다. 전략 개발과 이행 사이의 의사소통 실패 또는 부재는 비록 가장 좋은 전략이라 해도 실패를 초래할 수 있다. 리더에 의해 수립된 목표는 전략의 집행 전 또는 집행 동안이라도 해석 중에 상실될 수 있다. Southwest Airlines과 같은 회사의 리더는 목표를 전체 조직에 걸쳐 모든 직원과 의사소통 하는데 상당히 성공을 거두었다. 목표는 집중되어 있으며 조직 전체에 걸쳐 직원은 목표를 이해하고 있다.

1. 조직은 Southwest Airlines으로부터 무엇을 배울 수 있는가?
2. 어떠한 조직이 해석 중에 상실되었기 때문에 전략을 이행하는데 실패했는가? 그것은 어떻게 다르게 행할 수 있었는가?
3. 어떠한 조직이 강력한 의사소통 덕분에 이행에서 성공을 거두었는가?

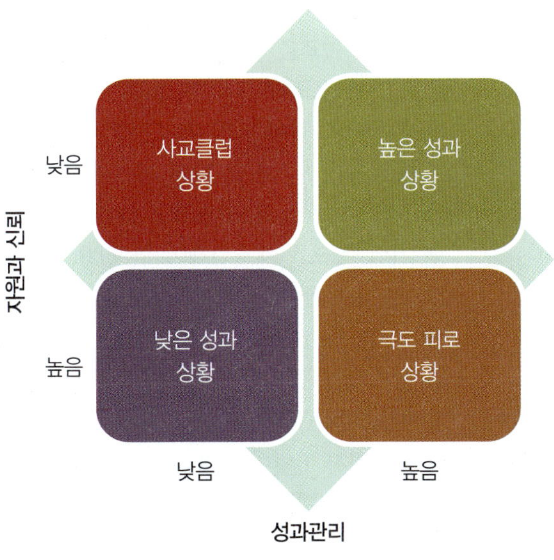

그림 10–3 성과와 지원의 균형

Source: Adapted from Julian Birkinshaw and Cristina Gibson, "Building Ambidexterity Into an Organization," *Sloan Manage-ment Review*, Vol. 45, No. 4, Summer 2004, p. 51.

조직이 전략적 목표를 달성하려면 성과가 바탕되어 있으며 지원할 수 있는 상황을 만들어내야 한다(그림 10–3 참조). 높은 성과를 내는 조직은 사회적 상호작용과 더불어 성과의 측정기준을 강조하는 방법으로 만들어진다. 사회적 지원 구조도 없이 단지 성과에만 초점을 맞추는 조직은 극도의 피로 상황을 만들어낸다. 이 상황에서의 성공은 단기간에는 성취될 수 있지만 높은 이직률과 형편없는 사기는 결국 진전을 해친다. 반대편에서 보면 그에 상응해 성과에 중점을 두는 조치도 없이 사회적 상호작용만 너무 강조하면 사교클럽이 되어버리는 상황을 초래한다. 성과에 초점을 두지 않으면 직원은 사회적 상호작용에 대해서는 더 많은 걱정을 하게 되고 결과에 대해서는 별로 걱정을 하지 않게 되어 결국에 가서는 자기만족에 빠져 상황 변화에 둔감해진다. 성과에 중점을 두는 것과 지원 환경에 중점을 두는 것 모두에서 부족한 조직은 오래 존속하지 못할 가능성이 있다.

요약

성과관리는 회사가 전략 목표를 충족시키고 있음을 보장하기 위해 관리자가 이용할 수 있는 도구와 과정을 망라한다. 통제사이클은 성과관리를 위한 기본 골격의 기초를 제공해준다. 통제사이클은 분석의 중요한 측정기준 확인, 성과 목표의 설정, 결과물의 관찰 및 측정, 시정조치의 이행 등을 망라한다.

균형 성과기록표는 성과의 측정기준을 확인하기 위한 포괄적 방법을 제공해준다. 균형 성과기록표는 재무적 관점, 고객 관점, 비즈니스 과정 관점, 학습 및 성장 관점 등을 포함하고 있다. 이 관점 각각은 관리자가 회사의 성과를 숫자 차원으로 더 잘 이해하는데 도움을 주는 중요한 측정기준을 포함하고 있다. 어떤 관점은 기업의 라이프사이클 중 특정 시점에서 더 중요하다.

회사는 내부 · 외부 메커니즘 모두를 통해 성과 목표를 설정한다. 목표를 설정하기 위한 중요한 외부 메커니즘은 관련 산업에서 "최고 등급에 들어 있는" 경쟁자 또는 다른 기업의 성과를 벤치마킹한다. 내부 성과 목표는 예산과 예측을 통해 도출되고 관찰될 수 있다.

기업이 목표를 충족하고 있음을 확인하기 위해 관리자는 성과를 관찰하고 측정해야 한다. 관리자가 성과를 평가할 수 있도록 해주는 수많은 도구들이 있다. 종합적 품질관리, 식스시그마, 직원 평가 등이 포함된다. 관리자는 모든 조직이 규모, 역사, 문화, 산업을 불문하고 독특하다는 사실을 이해하는 것이 필요하다. 그 결과 관리자는 단일 방법의 성과관리에 의존하지 않아야 한다. 오히려 적절한 조건에서 이용할 수 있는 도구로서의 방법을 고려해야 한다. 예를 들어 식스시그마는 제조공정에서 가장 적합하며 반면 예산 편성은 자원 할당에 가장 적합하다.

기업이 목표를 충족하지 못하면 관리자는 시정 조치를 취하는 것이 필요하다. 시정 조치는 많은 형태를 갖출 수 있다. 만약 사안이 직원의 성과라면 관리자는 원하는 결과에 맞추어져 있음을 보장하기 위해 장려책을 다시 조사할 필요가 있다. 만약 사안이 잘 맞추어져 있지 않은 전략 또는 과정이라면 기업 목표를 재평가해야 할 필요가 있다. 관리자가 회사 성과를 조사할 때 통제시스템이 제자리에 있는지도 재검정해야 한다. 측정이 필요한 것들을 측정하고 있는가? 시의적절한 방법으로 필요 정보를 얻고 있는가? 만약 그렇지 않다면 통제시스템은 수정되어야 한다. 성과관리시스템은 관리자로 하여금 회사가 얼마나 잘 전략적인, 재무상의, 운영상의 목표를 이행하고 있는지를 평가하는 데 도움을 준다.

주요 용어

가치 제안(Value propositions)
고객 관점(Customer perspective)
균형 성과기록표(Balanced scorecard)
만약 그렇다면 진술문(If-then statements)
벤치마킹(Benchmarking)
비즈니스 과정 관점(Business process perspective)
산출결과(Outcomes)
산출물(Outputs)
성장 단계(Growth stage)
예산편성 과정(Budgeting process)
인과관계(Cause-effect relationships)
재무적 관점(Financial perspective)
전략적 통제(Strategic control)
지속 단계(Sustain stage)
총 사이클 시간(Total cycle time)
추진 요인(Drivers)
측정(Measurement)
통제사이클(Control cycle)
학습과 성장 관점(Learning and growth perspective)
행동(Behavior)
활동기준원가(Activity-based costing: ABC)
회수 단계(Harvest stage)

과제

토론 주제

1. 관리자가 "만약 당신이 그것을 측정할 수 없다면, 그것을 관리할 수 없는 것인가?"라고 묻는다면, 그 의미는 무엇인가? 왜 그것을 관리할 수 없는가?
2. 관리자가 주의를 기울여야 할 성과 측정기준의 유형을 비즈니스 라이프사이클 단계가 어떻게 알려주는가?
3. 비즈니스가 방향을 전환하는 경우 어떠한 성과 측정기준이 가장 중요한가?
4. 만약 Facebook CEO라면 어떠한 측정기준에 주의를 기울일 것 같은가? 왜인가? 만약 Microsoft CEO라면 어떨 것 같은가?
5. 기업은 왜 성과를 다른 산업에 있는 회사에서 벤치마킹하는가? 완전히 다른 상황을 고려하는 것으로부터 어떠한 가치가 도출될 수 있는가?
6. 만약 비영리조직의 수장이라면 어떠한 성과 측정기준을 가장 중요한 것으로 고려할 것인가? 조직에 대해 균형 성과기록표를 어떻게 적용시킬 것인가? 성공은 어떻게 측정할 것인가?
7. 조직은 어떻게 학습 및 성장 관점을 발전시킬 수 있는가?
8. 피드백과 성과평가시스템이 인적자본을 관리하는데 어떻게 이용되고 있는지를 설명했다. 어떤 방식으로 이 방법이 기업의 전체적인 성과관리와 연계되는가?
9. 회사는 모든 직원에게 투명한 핵심 측정기준의 성과를 이루기 위해 어떠한 도구를 이용할 수 있는가?
10. Shell과 Amanco는 균형 성과기록표에 지속가능성 측정기준을 포함시켰다. 회사는 비즈니스 평가과정에서 사회적 책임의 측정기준을 언제 그리고 어떻게 포함시켜야 하는가?

관리 연구

1. 한 회사를 선정해 전략을 이해하기 위한 연구를 수행하라. 분석을 바탕으로 만약 그 회사의 CEO라면 성과관리의 어떠한 도구를 사용할 것인가? 팀을 직접 관리하는 하급 관리자라면 어떤 도구를 사용할 것인가?
2. 새로운 경쟁자가 동일한 전략을 가지고 업계에 진입했다. 동일한 성과 도구를 유지한다면 일어날 수 있는 일들의 결과는 무엇인가? 전략이 변해야 하는가? 만약 그렇다면 왜인가?

현장에서

지역의 조직을 대상으로 성과관리에 대한 30분 훈련회의를 만들어보라. 훈련회의를 설계할 때 다음과 같은 단계를 밟는다.

1. 훈련회의의 학습 목표를 만든다.
2. 학습 목표에 맞추어 내용을 개발하고 이 장의 자료를 포함시킨다.

3. 성과관리 개념을 예시하는 훈련회의에서는 '실제 세계'의 사례를 이용한다.
4. 조직의 성과관리시스템을 평가한다.
5. 훈련회의는 조직이 어떻게 성과관리시스템을 개선할 수 있는지 설명함으로써 종결짓는다.

참고문헌

1 "Facebook, Inc. Company Profile," Hoover's, www.hoovers.com, accessed November 1, 2012.

2 Elizabeth Candler Graham and Ralph Roberts, The Real Ones: Four Generations of The First Family of Coca-Cola (Fort Lee, NJ: Barricade Books, 1992), pp. 293–204.

3 Lawrence M. Fisher, "Inside Dell Computer Corporation: Managing Working Capital," Strategy + Business, January 1, 1998, www.strategy-business.com/article/9571?gko=d8c29, accessed May 2010.

4 Michael Hammer, "Process Management and the Future of Six Sigma," MIT Sloan Management Review, W inter 2002, pp. 26–32.

5 Eric Flamholtz, "Organizational Control Systems as a Managerial Tool," California Management Review, Winter 1979, pp. 50–59, www.proquest.com, accessed May 2010.

6 Raman Muralidharan, "Strategic Control for Fast-Moving Markets: Updating the Strategy and Monitoring Performance," Long Range Planning, February 1997, pp. 64–73; and David F. Hawkins, "Introduction to the Management Control Process," Harvard Business School Note No. 9-105-044, rev. May 5, 2005 (Boston, MA: HBS Publishing, 2005).

7 David Otley, "Performance Management: A Framework for Management Control Systems Research," Management Accounting Research, Vol. 10, 1999, pp. 363–382.

8 Eric Flamholtz, "Organizational Control Systems as a Managerial Tool," California Management Review, Winter 1979, pp. 50–59, www.proquest.com, accessed May 2010.

9 Jane Wei-Skillern, "Sustainable Development at Shell (A)," Harvard Business School Case No. 9-303-005, rev. July 6, 2004 (Boston, MA: HBS Publishing, 2004), p. 1.

10 Jane Wei-Skillern, "Sustainable Development at Shell (A)," Harvard Business School Case No. 9-303-005, rev. July 6, 2004 (Boston, MA: HBS Publishing, 2004), p. 2.

11 Jane Wei-Skillern, "Sustainable Development at Shell (A)," Harvard Business School Case No. 9-303-005, rev. July 6, 2004 (Boston, MA: HBS Publishing, 2004), p. 3.

12 Jane Wei-Skillern, "Sustainable Development at Shell (A)," Harvard Business School Case No. 9-303-005, rev. July 6, 2004 (Boston, MA: HBS Publishing, 2004), p. 4.

13 Jane Wei-Skillern, "Sustainable Development at Shell (A)," Harvard Business School Case No. 9-303-005, rev. July 6, 2004 (Boston, MA: HBS Publishing, 2004), p. 5.

14 Jane Wei-Skillern, "Sustainable Development at Shell (A)," Harvard Business School Case No. 9-303-005, rev. July 6, 2004 (Boston, MA: HBS Publishing, 2004), p. 6.

15 Jane Wei-Skillern, "Sustainable Development at Shell (A)," Harvard Business School Case No. 9-303-005, rev. July 6, 2004 (Boston, MA: HBS Publishing, 2004), p. 7.

16 Jane Wei-Skillern, "Sustainable Development at Shell (A)," Harvard Business School Case No. 9-303-005, rev. July 6, 2004 (Boston, MA: HBS Publishing, 2004), p. 8.

17 Jane Wei-Skillern, "Sustainable Development at Shell (A)," Harvard Business School Case No. 9-303-005, rev. July 6, 2004 (Boston, MA: HBS Publishing, 2004), p. 9.

18 Jane Wei-Skillern, "Sustainable Development at Shell (A)," Harvard Business School Case No. 9-303-005, rev. July 6, 2004 (Boston, MA: HBS Publishing, 2004), p. 3.

19 William J. Bruns, "Responsibility Centers and Performance Measurement," Harvard Business School Note No. 9-193-101, rev. May 13, 1993 (Boston, MA: HBS Publishing, 1993), p. 1.

20 David A. Garvin, "Building a Learning Organization," Harvard Business Review, July–August 1993.

21 William J. Bruns, "Responsibility Centers and Performance Measurement," Harvard Business School Note No. 9-193-101, rev. May 13, 1993 (Boston, MA: HBS Publishing, 1993), p. 1.

22 William G. Ouchi, "The Transmission of Control Through Organizational Hierarchy," Academy of Management Journal, Vol. 21, 1978, pp. 173–192, www.proquest.com, accessed May 2010.

23 Andy Neely and Mohammed Al Najjar, "Management Learning Not Management Control: The True Role of Performance Measurement," California Management Review, Vol. 48, Spring 2006, pp. 101–114.

24 David Otley, "Performance Management: A Framework for Management Control Systems Research," Management Accounting Research, Vol. 10, 1999, pp. 363–382, www.idealibrary.com, accessed May 2010.

25 Gerhard Speckbacher, Juergen Bischof, and Thomas Pfeiffer, "A Descriptive Analysis on the Implementation of Balanced Scorecards in German-Speaking Countries," Management Accounting Research, Vol. 14, 2003, pp. 361–387.

26 Helen Atkinson, "Strategy Implementation: A Role for the Balanced Scorecard?" Management Decision, Vol. 44, No. 10, 2006, pp. 1441–1460, www.emeraldinsight. com/0025-1747.

htm, accessed June 2010.
[27] Nils-Göran Olve, Carl-Johan Petri, Jan Roy, and Sofie Roy, "Twelve Years Later: Understanding and Realizing the Value of Balanced Scorecards," Ivey Business Journal, May–June 2004, pp. 1–7.
[28] Robin Goldwyn Blumenthal, "'Tis the Gift to Be Simple," CFO Magazine, January 1, 1998, www.cfo.com/printable/article.cfm/2990236, accessed June 2010.
[29] Robert S. Kaplan, "Integrating Shareholder Value and Activity-Based Costing with the Balanced Scorecard," Balanced Scorecard Report, Article Reprint No. B0101C, http:// hbsp.harvard.edu/product/ cases, accessed July 2010.
[30] Michael Contrada, "Using the Balanced Scorecard to Manage Value in Your Business," Balanced Scorecard Report, Article Reprint No. B0001C, http://hbsp. harvard.edu/product/cases, accessed July 2010.
[31] Robert S. Kaplan and David P. Norton, "Linking the Balanced Scorecard to Strategy," California Management Review, Vol. 39, No. 1, Fall 1996, p. 56.
[32] Robert S. Kaplan and David P. Norton, "Linking the Balanced Scorecard to Strategy," California Management Review, Vol. 39, No. 1, Fall 1996, p. 56.
[33] Robert S. Kaplan and David P. Norton, "Linking the Balanced Scorecard to Strategy," California Management Review, Vol. 39, No. 1, Fall 1996, p. 57.
[34] Robert S. Kaplan and David P. Norton, "Linking the Balanced Scorecard to Strategy," California Management Review, Vol. 39, No. 1, Fall 1996, p. 59.
[35] Robert S. Kaplan and David P. Norton, "Linking the Balanced Scorecard to Strategy," California Management Review, Vol. 39, No. 1, Fall 1996, pp. 59–60.
[36] Robert S. Kaplan and David P. Norton, "Linking the Balanced Scorecard to Strategy," California Management Review, Vol. 39, No. 1, Fall 1996, p. 60.
[37] Robert S. Kaplan and David P. Norton, "Linking the Balanced Scorecard to Strategy," California Management Review, Vol. 39, No. 1, Fall 1996, p. 60.
[38] Robert S. Kaplan and David P. Norton, "Linking the Balanced Scorecard to Strategy," California Management Review, Vol. 39, No. 1, Fall 1996, p. 60.
[39] T. O. Jones and W. E. Sasser, "Why Satisfied Customers Defect," Harvard Business Review, November–December 1995.
[40] Robert S. Kaplan and David P. Norton, "Linking the Balanced Scorecard to Strategy," California Management Review, Vol. 39, No. 1, Fall 1996, p. 61.
[41] Robert S. Kaplan and David P. Norton, "Linking the Balanced Scorecard to Strategy," California Management Review, Vol. 39, No. 1, Fall 1996, p. 61.
[42] Robert S. Kaplan and David P. Norton, "Linking the Balanced Scorecard to Strategy," California Management Review, Vol. 39, No. 1, Fall 1996, p. 62.
[43] Robert S. Kaplan and David P. Norton, "Linking the Balanced Scorecard to Strategy," California Management Review, Vol. 39, No. 1, Fall 1996, p. 63.
[44] Robert S. Kaplan and David P. Norton, "Linking the Balanced Scorecard to Strategy," California Management Review, Vol. 39, No. 1, Fall 1996, p. 63.
[45] Robert H. Hayes and W illiam J . A be r na t hy, " Ma n ag i ng Ou r Wa y t o Economic Decline," Harvard Business Review, July–August 1990.
[46] Robert S. Kaplan and David P. Norton, The Balanced Scorecard: Translating Strategy Into Action (Boston, MA: HBS Press, 1996), pp. 130–131.
[47] David A. Garvin, "Building a Learning Organization," Harvard Business Review, July–August 1993.
[48] Robert S. Kaplan and David P. Norton, "Linking the Balanced Scorecard to Strategy," California Management Review, Vol. 39, No. 1, Fall 1996, p. 64.
[49] Andy Neely and Mohammed Al Najjar, "Management Learning Not Management Control: The True Role of Performance Measurement," California Management Review, Vol. 48, Spring 2006, pp. 101–114.
[50] Robert S. Kaplan and David P. Norton, "Linking the Balanced Scorecard to Strategy," California Management Review, Vol. 39, No. 1, Fall 1996, p. 65.
[51] "Water policy 'fails world's poor,'" BBC News, http://news.bbc.co.uk/2/hi/science/ nature/4787758.stm, accessed October 7, 2011.
[52] Robert S. Kaplan and Ricardo Reisen de Pinho, "Amanco: Developing the Sustainability Scorecard," Harvard Business School Case No. 9-107-038, rev. January 29, 2008 (Boston, MA: HBS Publishing, 2007), p. 2.
[53] Robert S. Kaplan and Ricardo Reisen de Pinho, "Amanco: Developing the Sustainability Scorecard," Harvard Business School Case No. 9-107-038, rev. January 29, 2008 (Boston, MA: HBS Publishing, 2007), p. 3.
[54] Robert S. Kaplan and Ricardo Reisen de Pinho, "Amanco: Developing the Sustainability Scorecard," Harvard Business School Case No. 9-107-038, rev. January 29, 2008 (Boston, MA: HBS Publishing, 2007), p. 4.
[55] Robert S. Kaplan and Ricardo Reisen de Pinho, "Amanco: Developing the Sustainability Scorecard," Harvard Business School Case No. 9-107-038, rev. January 29, 2008 (Boston, MA: HBS Publishing, 2007), p. 5.
[56] Robert S. Kaplan and Ricardo Reisen de Pinho, "Amanco: Developing the Sustainability Scorecard," Harvard Business School Case No. 9-107-038, rev. January 29, 2008 (Boston, MA: HBS Publishing, 2007), p. 19.
[57] Robert S. Kaplan and Ricardo Reisen de Pinho, "Amanco:

Developing the Sustainability Scorecard," Harvard Business School Case No. 9-107-038, rev. January 29, 2008 (Boston, MA: HBS Publishing, 2007), p. 9.

[58] Robert S. Kaplan and Ricardo Reisen de Pinho, "Amanco: Developing the Sustainability Scorecard," Harvard Business School Case No. 9-107-038, rev. January 29, 2008 (Boston, MA: HBS Publishing, 2007), p. 23.

[59] Robert S. Kaplan and Ricardo Reisen de Pinho, "Amanco: Developing the Sustainability Scorecard," Harvard Business School Case No. 9-107-038, rev. January 29, 2008 (Boston, MA: HBS Publishing, 2007), p. 19.

[60] Robert S. Kaplan and Ricardo Reisen de Pinho, "Amanco: Developing the Sustainability Scorecard," Harvard Business School Case No. 9-107-038, rev. January 29, 2008 (Boston, MA: HBS Publishing, 2007), p. 9.

[61] Robert S. Kaplan and Ricardo Reisen de Pinho, "Amanco: Developing the Sustainability Scorecard," Harvard Business School Case No. 9-107-038, rev. January 29, 2008 (Boston, MA: HBS Publishing, 2007), p. 10.

[62] Robert S. Kaplan and Ricardo Reisen de Pinho, "Amanco: Developing the Sustainability Scorecard," Harvard Business School Case No. 9-107-038, rev. January 29, 2008 (Boston, MA: HBS Publishing, 2007), p. 11.

[63] Robert S. Kaplan and Ricardo Reisen de Pinho, "Amanco: Developing the Sustainability Scorecard," Harvard Business School Case No. 9-107-038, rev. January 29, 2008 (Boston, MA: HBS Publishing, 2007), p. 19.

[64] Robert S. Kaplan and David P. Norton, "Linking the Balanced Scorecard to Strategy," California Management Review, Vol. 39, No. 1, Fall 1996, p. 66.

[65] Robert S. Kaplan and David P. Norton, "Linking the Balanced Scorecard to Strategy," California Management Review, Vol. 39, No. 1, Fall 1996, p. 56.

[66] Robert S. Kaplan and David P. Norton, "Linking the Balanced Scorecard to Strategy," California Management Review, Vol. 39, No. 1, Fall 1996, pp. 66–67.

[67] Robert S. Kaplan and David P. Norton, "Linking the Balanced Scorecard to Strategy," California Management Review, Vol. 39, No. 1, Fall 1996, p. 67.

[68] Robert S. Kaplan and David P. Norton, "Linking the Balanced Scorecard to Strategy," California Management Review, Vol. 39, No. 1, Fall 1996, p. 68.

[69] Robert S. Kaplan and Gaelle Lamotte, "The Balanced Scorecard and Quality Programs," Balanced Scorecard Report, Article Reprint No. B0103D, http://hbsp.har- vard.edu/product/cases, accessed July 2010.

[70] Robert S. Kaplan and David P. Norton, "Putting the Balanced Scorecard to Work," Harvard Business Review, September- October 1993.

[71] Nils-Göran Olve, Carl-Johan Petri, Jan Roy, and Sofie Roy, "Twelve Years Later: Understanding and Realizing the Value of Balanced Scorecards," Ivey Business Journal, May–June 2004, pp. 1–7.

[72] Neil C. Churchill, "Budget Choice: Planning vs. Control," Harvard Business Review, July–August 1984.

[73] Robert C. Camp, Benchmarking: The Search for Industry Best Practices that Lead to Superior Performance (Milwaukee, WI: ASQC Quality Press, 1989), p. 12.

[74] Jac. Fitz-enz, "Benchmarking Best Practices," Canadian Business Review, Vol. 19, No. 4, Winter 1992, p. 28, www.proquest.com, accessed July 2010.

[75] Jeremy Hope and Robin Fraser, "Who Needs Budgets?," Harvard Business Review, February 2003.

[76] Jac. Fitz-enz, "Benchmarking Best Practices," Canadian Business Review, Vol. 19, No. 4, Winter 1992, p. 28, www.proquest.com, accessed July 2010.

[77] David Otley, "Performance Management: A Framework for Management Control Systems Research," Management Accounting Research, Vol. 10, 1999, pp. 363–382, www.idealibrary.com, accessed May 2010.

[78] Robert S. Kaplan and David P. Norton, "Linking Strategy to Planning and Budgeting," Balanced Scorecard Report, Article Reprint No. B0005A, http://hbsp. harvard.edu/product/cases, accessed July 2010.

[79] Robert S. Kaplan and David P. Norton, "Linking Strategy to Planning and Budgeting," Balanced Scorecard Report, Article Reprint No. B0005A, http://hbsp. harvard.edu/product/cases, accessed July 2010.

[80] Perry Pascarella, "Open the Books to Unleash Your People," Management Review, Vol. 87, No. 5, May 1998, pp. 58–60, www.proquest.com, accessed July 2010.

[81] A. Blanton Godfrey, "Section 14: Total Quality Manage ment," Joseph M. Juran, ed. Juran's Quality Handbook, 5th edition (New York, NY: McGraw-Hill, 1999), p. 14.2.

[82] James W. Dean, Jr., and David E. Bowen, "Management Theory and Total Quality: Improving Research and Practice through Theory Development," Academ y of Management Review, Vol. 19, No. 3, 1994, pp. 392–418, www.proquest.com, accessed July 2010.

[83] A. Blanton Godfrey, "Section 14: Total Quality Manage ment," Joseph M. Juran, ed. Juran's Quality Handbook, 5th edition (New York, NY: McGraw-Hill, 1999), p. 14.5.

[84] Peter Murray and Ross Chapman, "From Continuous Improvement to Organizational Learning: Developmental Theory," The Learning Organization, Vol. 10, 2003, pp. 272–282.

[85] Peter Murray and Ross Chapman, "From Continuous Improvement to Organizational Learning: Developmental Theory," The Learning Organization, Vol. 10, 2003, pp. 272–282.

[86] Richard M. Hodgetts, Blueprint for Continuous Improvement: Lessons from the Baldridge Winners (New York, NY: American Management Association, 1993), pp. 39–50.

[87] Richard M. Hodgetts, Blueprint for Continuous Improvement: Lessons from the Baldridge Winners (New York, NY: American Management Association, 1993), pp. 70–71.

[88] James W. Dean, Jr., and David E. Bowen, "Management Theory and Total Quality: Improving Research and Practice through Theory Development," Academ y of Management Review, Vol. 19, No. 3, July 1994, pp. 392–418, www.proquest.com, accessed July 2010.

[89] Peter Murray and Ross Chapman, "From Continuous Improvement to Organizational Learning: Developmental Theory," The Learning Organization, Vol. 10, 2003, pp. 272–282.

[90] David A. Garvin, "Building a Learning Organization," Harvard Business Review, July–August 1993.

[91] A. Blanton Godfrey, "Section 14: Total Quality Manage ment," Joseph M. Juran, ed. Juran's Quality Handbook, 5th edi- tion (New York, NY: McGraw-Hill, 1999), p. 14–20.

[92] "True Six Sigma Leads to Performance Improvements Beyond Manufacturing; Top Performers Slash Costs, Improve Quality and Reduce Cycle Times," Marketwire, November 10, 2009, available at LexisNexis, accessed July 2010.

[93] A. Blanton Godfrey, "Section 14: Total Quality Manage ment," Joseph M. Juran, ed. Juran's Quality Handbook, 5th edi- tion (New York, NY: McGraw-Hill, 1999), p. 14.32.

[94] Dr. Michael Hammer and Jeff Goding, "Putting Six Sigma in Perspective," Quality, October 2001, pp. 58–62.

[95] Jim Biolos, "Six Sigma Meets the Service Economy," Harvard Management Update, Article Reprint No. U0211A, http://hbsp. harvard.edu/product/cases, accessed July 2010.

[96] Dr. Michael Hammer and Jeff Goding, "Putting Six Sigma in Perspective," Quality, October 2001, pp. 58–62.

[97] Hal Plotkin, "Six Sigma: What It Is and How to Use It," Harvard Management Update, Article Reprint No. U9906C, http://hbsp.harvard.edu/product/cases, accessed July 2010.

[98] "Six Sigma Certification Booms as Employment Busts," Mar k etwire, December 22, 2008, available at LexisNexis, accessed July 2010.

[99] Michael Hammer, "Process Management and the Future of Six Sigma," MIT Sloan

[100] Dr. Michael Hammer and Jeff Goding, "Putting Six Sigma in Perspective," Quality, October 2001, pp. 58–62.

[101] Jim Biolos, "Six Sigma Meets the Service Economy," Harvard Management Update, Article Reprint No. U0211A, http://hbsp. harvard.edu/product/cases, accessed July 2010.

[102] Frank C. Barnes, "ISO 9000 Myth and Reality: A Reasonable Approach to ISO 9000," Sam Advanced Management Journal, Spring 1998, pp. 23–30.

[103] Thomas H. Stevenson and Frank C. Barnes, "Fourteen Years of ISO 9000: Impact, Criticisms, Costs, and Benefits," Business Horizons, May–June 2001, pp. 45–51.

[104] Andy Neely and Mike Bourne, "Why Measurement Initiatives Fail," Measuring Business Excellence, Vol. 4, No. 4, Bradford, 2000, p. 3, www.proquest.com, accessed June 2010.

[105] Michael Goold and John J. Quinn, "The Paradox of Strategic Controls," Strategic Management Journal, Vol. 11, 1990, pp. 43–57, www.proquest.com, accessed May 2010.

[106] David A. Garvin, "Building a Learning Organization," Harvard Business Review, July–August 1993.

[107] David A. Garvin, "Building a Learning Organization," Harvard Business Review, July–August 1993.

[108] Ja mes W. De an, Jr., a nd D avi d E . Bowen, "Management Theory and Total Quality: Improving Research and Practice through Theory Development," Academy of Management Review, Vol. 19, No. 3, 1994, 392–418, www.proquest.com, accessed July 2010.

[109] Y. Li, L. Li, Y. Liu, and L. Wang, "Linking Management Control System With Product Development and Process Decisions to Cope with Environment Complexity," International Journal of Production Research, Vol. 43, No. 12, 2005, pp. 2577–2591.

[110] Georg Shcreyogg and Horst Steinmann, "Strategic Control: A New Perspective," Academy of Management Executi ve, 1987, pp. 57.

[111] Eric Flamholtz, "Organizational Control Systems as a Managerial Tool," California Management Review, Winter 1979, pp. 50–59, www.proquest.com, accessed May 2010.

[112] Eric Flamholtz, "Organizational Control Systems as a Managerial Tool," California Management Review, Winter 1979, pp. 50–59, www.proquest.com, accessed May 2010; and Peter Lorange, Michael F. Scott Morton, and Sumantra Ghoshal, Strategic Control Systems (St. Paul, MN: West, 1986).

[113] Kenneth A. Merchant, Control in Business Organizations (Marshfield, MA: Pitman, 1985), p. 50.

[114] N.R.F. Maier, The Appraisal Interview (New York: Wiley, 1958), quoted in Mark B. Gavin, Stephen G. Green, and Gail T. Fairhurst, "Managerial Control Strategies for Poor Performance over Time and the Impact on Subordinate Reactions," Organizational Behavior and Human Decision Processes, Vol. 63, No. 2, 1995, pp. 207–221.

제 11 장

조직 변화

학습목표

이 장을 공부한 후 다음을 할 수 있도록 한다.

- 조직이 스스로 적응하거나 변혁하기 위해 극복해 나가야 할 과정과 활동 설명하기
- 조직의 내부 · 외부 환경으로부터 기인하는 변화의 핵심 추진 요인의 개요 설명하기
- 전향적인 것 대 반응적인 것, 계획적인 것 대 유기적인 것, 점증적인 것 대 변혁적인 것 등이 포함되는 조직 변화의 방식 구분하기
- 변화 과정과 그것을 구성하는 핵심 요소 설명하기
- 리더가 어떻게 변화에 저항해 싸우는지 설명하기

장의 개요

자기성찰 MANAGEMENT

나는 변화 관리자인가?

변화 관리자는 변화를 포용한다. 자신이 변화 관리자라 생각하는가? 변화에 대해 1~5까지의 점수를 매겨 어느 위치에 있는지 되돌아보라.

1=절대 아님, 2=거의 그렇지 않음, 3=때때로 그러함, 4=보통 그러함, 5=항상 그러함

1. 나는 변화를 만들어내기 위해 다양한 출처에서 나온 지식을 결합하는 데 능하다.
2. 나는 새로운 상황에 유연하며 적응을 한다.
3. 변화 상황에서 나는 합의를 이룩할 수 있다.
4. 나는 학습하고 진전하기 위해 위험을 감수할 용의가 있다.
5. 나는 변화의 정서적 측면을 어떻게 다스려야 하는지 알고 있다.
6. 나는 변화 상황에서 내가 가진 강점을 적절히 이용한다.
7. 변화 상황에서 나는 긍정적 에너지를 창출하기 위해 애쓴다.
8. 변화에 직면하면 나는 창출하려는 결과에 초점을 맞춘다.
9. 변화는 나를 흥분시키고 에너지를 불어넣는다.
10. 변화에 직면하면 나는 우선 상세한 사업계획을 만든다.
11. 나는 모호함에 대해 아무렇지 않으며, 확실하지 않은 조건에서도 활동할 수 있다.
12. 나는 왜 변화가 중요한지 다른 사람을 납득시킬 수 있다.
13. 나는 변화 상황에서 생각이 깊으며, 학습 기회로 활용한다.
14. 나는 변화의 정치적 문제를 어떻게 다루어야 할지 알고 있다.
15. 나는 문제의 해결책을 생각할 때 미래 지향적이다.

점수를 바탕으로, 나는 변화 관리자인가? 어떤 부분에서인가? 더 중점을 두어야 할 부분은 어디인가?

서론

글로벌 네트워크의 상호작용, 세계 시장의 현대화 및 개방화, 기술혁신의 성장 속도 등은 세상을 계속 변혁시키고 있다. 그것은 너무나 오랫동안 일어난 일이라 이제는 우리가 혼동과 변화의 시대에 살고 있다고 말하는 것 자체가 상투적 표현이 되어버렸다. 그럼에도 불구하고 세계 판매시장에서의 변화 속도는 줄어들지 않고 있다. 계속해서 격렬해지고 있으며, 영향은 뚜렷하다. 조직이 경쟁을 계속하고 생존을 유지하려면 적응하고, 혁신하며, 변혁할 수 있는 능력을 개발해야 한다. 완만한 위계질서적 관리방법은 적응 가능하고, 획기적이며, (아마도 가장 중요할 수도 있는) 빠른 방식으로 대체되어야 한다. 더 큰 시장점유율, 더 높은 수익, 더 낮은 원가, 혁신의 추구는 내부 조직역량과 더불어 리더가 변화하는 환경 요인에 부단한 경계를 할 것을 요구하고 있다.

표 11-1 최고의 글로벌 브랜드(1990, 2001, 2012)

순위	1990	2001	2012
1	Coca-Cola	Coca-Cola	Coca-Cola
2	Sony	Microsoft	Apple
3	Mercedes-Benz	IBM	IBM
4	Kodak	General Electric	Google
5	Disney	Nokia	Microsoft
6	Nestle	Intel	General Electric
7	Toyota	Disney	McDonald's
8	McDonald's	Ford	Intel
9	IBM	McDonald's	Samsung
10	Pepsi-Cola	AT&T	Toyota

Source: Interbrand, "Best Global Brands, 2012," available at Interbrand web site, www.interbrand.com/en/best_global_brands/Best-Global-Brands-2012.aspx, accessed March 19, 2013.

> **다른 관점**
>
> **사회운동**
>
> 영리를 위한 회사의 관점에서 조직 변화를 실천하는 경우가 있다. 하지만 모든 유형의 조직은 변화를 관리하고 있다. 비영리부분에서 리더는 운동을 통해 사회적 변화를 창출하기 위해 협업을 한다. 사회운동은 특별한 정치적 또는 사회적 안건에 초점을 맞추는 그리하여 그 행동이 사회적 실행에 저항하거나 또는 원상태로 돌리는 것을 초래할 수 있는 개인들 또는 조직들의 집단화다. 사회운동의 예로는 시민평등권운동, 환경운동, 노동운동 등이 포함된다.
>
> - 성공적인 사회운동의 사례를 들어보라. 그것은 왜 성공했는가?
> - 왜 일부 사회운동은 실패했는가? 실패한 사회운동 사례는 무엇인가?
> - 관리자는 사회운동으로부터 무엇을 학습할 수 있는가?

이 책을 통한 여정은 조직에 대해, 즉 어떻게 행동하며 어떻게 조치를 취하는지에 대해 더 많은 이해를 할 수 있도록 이끌어왔다. 비즈니스 환경, 비즈니스 수준의 전략, 점점 더 글로벌하는 판매시장에서 기업이 경쟁우위를 유지할 수 있는 방법 등을 설명해왔다. 또한 조직구조, 인적 자원, 문화, 성과관리시스템 등이 성과에 미치는 영향에 대해서도 살펴보았다. 그것들이 갖고 있는 타당성과 생존력을 지속시키기 위해 조직은 계속적으로 변화하고 진화하는 것이 필요하다. 불행히도 변화는 개인에게뿐만 아니라 조직에게도 역시 힘든 일이다. 그렇게 하려면 리더는 변화의 관리 과정에서 상당히 정통해야 한다. 변화를 할 수 없으면 심지어 가장 잘 알려진 것처럼 보이던 브랜드의 소멸까지 초래할 수 있다. 1990년, 2001년, 2012년의 가장 뛰어난 브랜드를 비교해보면 변화의 필요성을 잘 알 수 있다(표 11-1 참조).

20년 동안 Coca Cola는 중요하면서도 존경받는 브랜드로서 우위를 유지해올 수 있었다. 변화하는 입맛에도 불구하고(특히 에너지 드링크와 다양한 종류의 음료가 넘쳐나고 있으며 그에 대한 요구가 있음에도) Coca Cola는 소비자의 인식에 성공적으로 다가갈 수 있었다. 이는 그 제품이 여전히 높은 수요가 있음을 보여준다. 다른 기업은 그렇게 좋은 실적을 내지 못했다. 2012년 Sony는 10대 브랜드에서 40위까지 추락했으며 Nestle는 57위로까지 추락했다. 1990년대에 상위 4대 브랜드로 인정되던 Kodak은 20년 뒤에는 100대 명단에도 등재되지 않았다. Kodak은 디지털 사진에서의 변화에 보조를 맞추지 못했으며 급속하고도 고통스러운 경쟁 타당성의 상실을 초래했다.

법인, 비영리단체, 심지어는 스포츠팀조차 목적을 더 잘 성취하고, 목표를 달성하며, 전략을 제정하기 위해 조직 변화에 참여하고 있다. 전략이 환경과 맞지 않게 되거나 조직 능력이 새로운 경쟁 현실에 보조를 맞추는 데 실패하면 조직은 변화에 착수해야 한다. **조직 변화**는 사업환경 내에서의 내적 · 외적 변화에 맞추어 조정하기 위해 살펴보는 그리고 앞으로의 잠재적 기회에 대비하기 위한 과정과 활동으로 이루어진다.

이 장에서는 왜 변화가 필요한지, 변화를 시작하는 다양한 방법, 변화가 저항을 받는 이유, 리더가 전체 과정을 조율할 때의 역할 등을 탐구한다. 변화 가치를 예시하는 데 도움이 되도록 파산신청을 한 Kodak과 똑같은 운명을 겪을 수도 있었으나 험난한 시장 상황에서 경쟁 포지션을 유지하기 위해 그리고 심지어는 향상시키기 위해 스스로를 변혁시킨 IBM 사례를 살펴본다.

조직 변화(Organizational change) 조직이 사업환경 내에서의 내적 및 외적 변화에 자신들을 맞추어 조정하기 위해 살펴보는 그리고 앞으로의 잠재적 기회에 대비하기 위한 과정 및 활동

IBM에서의 안정, 위기, 변혁

IBM이 1896년 설립되었을 때 첫 번째 고객은 미국인구조사국이었다. 원래는 Tabulating Machine Company라 불리던 IBM은 정부와 함께 인구조사 과정의 시간과 복잡성을 줄이기 위한 작업을 했다. 1900년의 인구조사 이후 IBM은 기존 제품을 자동화된 도표작성기계를 원하는 기업에게 적용함으로써 안정된 상태를 이어갔다. 첫 번째 중요한 변화는 1911년에 3개의 회사와 합병되었을 때 일어났다. 3개의 문화와 제품이 함께 모인 것이었다. 그 결과 회사는 체중계로부터 도표작성기계, 자동고기슬라이서에 이르기까지 모든 것을 한 회사에서 제조하기 시작했다.

Thomas J. Watson은 1911년에 입사해 거의 40년간 회사를 이끌었다. 그는 "검정색 정장을 입은 … 자존심과 충성의 회사문화"를 시작했으며 장기간에 걸친 성장으로 회사를 이끌었다. 2차대전 동안 무기제조를 지원한 뒤 IBM은 다시 한번 변하기 시작했다. 공군을 위한 컴퓨터를 개발하기로 계약을 맺었으며 MIT의 지원으로 최첨단 기술을 개발했다. 이러한 컴퓨터로의 도약은 IBM의 도표작성기계의 확장이었지만 그럼에도 불구하고 이 단계는 중요한 움직임을 위한 준비를 갖춘 것이었다.

Brian Snyder/Reuters /Landov

이후 혁신적 움직임은 Watson의 아들 Thomas J. Watson Jr.가 1955년 취임하면서 본격화되었다. Watson Jr.는 "집적된 반도체칩을 기반으로 한 제품들 중 첫 번째 계열로 부품의 상호호환성을 제공하는 System/360 컴퓨터를 개발하기 위해" 5백만 달러를 투자했다. Watson Jr.는 메인프레임 컴퓨터로의 움직임으로 IBM을 혁신시켰다. 이 도박은 기대했던 수익을 올렸고 변혁된 회사는 엄청난 변화를 이용해 하드디스크와 플로피디스크를 포함하는 전례가 없이 많은 정보기술(IT) 혁신 제품들을 생산했다. IBM은 영업력, 연구 및 개발(R&D), 회사 구조를 새로운 IT 방향을 촉진할 수 있도록 재배치했으며 1960년대에 IT 분야를 지배하게 되었다. 미국 법무부가 IBM을 상대로 13년 동안이나 독점금지소송을 제기했지만 실패했다.

메인프레임의 도입은 장기간에 걸친 안정적 성장과 점진적 변화로 이끌었다. IBM은 계속 시장을 지배했으며 일하기에 가장 좋은 회사 중 하나로 인식되었다. 1980년대에는 IBM의 확고해진 문화와 메인프레임 비즈니스에 집중된 주도권이 거의 회사를 파멸시킬 정도의 위기로 이끌었다. 1981년 IBM은 개인용컴퓨터(PC) 시장으로 진입했다. 성공에도 불구하고 PC는 대기업에게 관심을 받지 못했는데 그 이유는 전통적 메인프레임 비즈니스에 중점을 두는 방식을 계속 추구했기 때문이었다.

메인프레임에 대한 중점, PC 비즈니스로 성장하는 것에 역행하는 타성 등으로 회사는 1991년 위기에 봉착했다. 수익이 146%에서 20억 8천 달러의 손실로까지 곤두박질쳤다. 이후 2년간 60%씩 하락했으며 한때는 월스트리트의 귀감이었으나 웃음거리로

전략했다. 경고 신호는 초기에 나타났지만 타성으로 인해 회사는 후퇴를 거듭했다. 비용은 참담한 수준으로까지 상승했으며, 여러 비즈니스 단위들은 (PC 비즈니스를 포함해) 협조하기보다 싸우는 일에 더 관심을 두었고, 문화는 무사안일주의로 흘렀으며, 경영진은 노회한 간부들과 복잡한 관료주의에 의해 점점 커져가는 비난의 현실로부터 격리되었다. 이러한 위기의 와중에 Lou Gerstner가 CEO로 취임했다.

IBM에 왔을 때 Gerstner는 이렇게 말했다, "나는 문자 그대로 제자리에 얼어붙어 있는 직원들을 발견했습니다. 그들은 무엇이 자신을 내리쳤는지도 알지 못했습니다. 1990년대에 회사는 이익을 기록했습니다. 20여 년 동안 세계에서 가장 잘 나가는 회사로, 세상에서 가장 존경받는 회사로 기록되었는데 어느 날 갑자기 사람들은 회사를 공룡이라 부르며 폐업에 대해 이야기하고 있습니다."

Gerstner는 즉시 과거의 전통을 버리고 회사 전략을 재정비하면서 IBM을 변화시키기 시작했다. 첫 번째 일은 회사의 초점을 고객으로 이동시킨 것이었다. 임원은 고객에게 할당되어 고객이 성공하도록 도움을 주고 무슨 문제를 가지고 있든 해결하라는 책임이 맡겨졌다. Gerstner는 처음 몇 개월은 계속 출장을 다니면서 고객을 방문해 IBM이 어떻게 봉사할 수 있는지를 알아냈다. 고객에 대한 중점은 이전에는 고객을 당연하게 여기고 고마워할 줄 몰랐던 기술집약적 IBM 문화에 충격을 주었다.

고객 중심에 초점을 맞추는 일을 추진하면서도 Gerstner는 IBM을 하나의 사명을 가진 하나의 회사로 통합하려 했다. '하나의 IBM(One IBM)'은 조직 변혁을 위한 Gerstner의 만트라(주문)이자 추진력이 되었다. 구조를 통합했으며 그 움직임이 용이하도록 계층제를 혁파했다. 또한 임원이 제품을 통합하거나 없애 하나의 그룹에 있도록 함으로써 의사결정의 기반이 되었다.

새로운 변화를 위한 Gerstner의 지원은 IBM을 급진적으로 재정의하도록 하는 매우 중요한 계획을 갖추게 했다. Gerstner는 e-비즈니스 전략의 중추로 "네트워크를 중심으로 하는 컴퓨터 작업"을 모색했다. 인터넷에서 수집된 모든 데이터는 정교한 컴퓨터 작업의 힘으로 분석 및 평가되는 것이 필요할 것이라 추측했다. 그는 IBM의 메인프레임 기술이 그 과업에 잘 맞을 것이라 여겼다. 비록 IBM의 인터넷에 대한 방식이 "당시 고공 행진을 하던 인터넷 주식공모(initial public offerings: IPO)보다는 훨씬 덜 도발적이기는 했지만" 중요한 신규 수입원이 되었다.

데이터 수집 및 분석에 초점을 맞춤으로써 IBM은 인터넷 거품이 사라지던 와중에서도 살아남았을 뿐만 아니라 다른 회사들처럼 실질적 자산을 보유하기 위해 재빨리 움직임으로써 번영을 이루었다. 이 과정에서 IBM은 기술 리더로서 명성도 되찾았다. Gerstner가 2000년에 CEO에서 물러났을 때 IBM은 매출액 850억 달러에 순이익 80억 달러를 기록했다.

적합한 사례 IBM에서의 안정, 위기, 변혁

1. IBM의 전략적 변화 과정의 연대표를 작성해보라. 그 연대표의 분석을 바탕으로 할 때 IBM은 변화에 전향적이었는가 아니면 대응하는 편이었는가?
2. 어떠한 외적 조건이 IBM에서의 변화 추진력이었는가?
3. IBM의 기업문화는 어떻게 변화를 지원해주었는가?
4. IBM에서의 변화를 관리함에 있어 리더십의 역할은 무엇이었는가?
5. 연대표를 10년간 확장시킨다면 IBM에서 다음으로 중요한 변화 계획은 무엇이었는가?

변화를 위한 경우

21세기에 IBM은 변화의 성공자로서 많은 의뢰인이 변화할 수 있도록 하는 조력자로 달라지게 되었다. IBM의 글로벌 비즈니스 지성그룹은 최근 자사의 관심사와 어려운 문제를 더 잘 이해하기 위해 전 세계에 걸쳐 1천 명의 CEO와 인터뷰를 가졌다. 놀라운 일도 아니지만 그 보고서에서 강조된 것은 1/2 이상의 CEO가 "조직의 능력, 지식, 자산을 크게 변화시키려는" 계획을 갖고 있다고 언급함으로써 조직 변화의 필요성이 더욱 커졌다는 사실이다. 특히 이 연구에서 주목한 것은 커다란 변화를 예상하는 CEO의 비율이 2006년의 65%에서 2008년에는 83%로 증가했다는 사실이다. 이러한 증가에도 불구하고 CEO 중 단지 61%만이 변화 과정에서 성공할 것으로 여기고 있었다.

불행히도 조직 변화를 위한 과감한 필요성의 이해가 성공적 계획을 창출해내는 역량으로까지 이어지지 않고 있는 것이다. 심지어 〈월스트리트저널〉이나 〈하버드비즈니스리뷰〉 등의 잡지를 대충 훑어보아도 강조하고 있는 것은 하향식 조직 변화 프로그램의 이행은 좋지 못한 성공 기록을 갖고 있다는 사실이다. 한 연구에서 밝힌 사실은 "기존의 비즈니스 방식으로 근본 변화를 시도했던 100개 기업 중에 단지 소수만이 매우 성공했다"는 것이다. 다른 연구에서는 모든 변화 계획들 중 70%는 실패하고 있음에 주목했다.

비록 많은 노력이 실패하고 있기는 하지만 조직은 더 잘 경쟁하기 위해, 번창하기 위해, 다양한 이해관계자들에게 가치를 가져다주기 위해 변화하고 있다. 기업 리더에 대한 조사에서 변화를 시작하는 이유 중 가장 중요한 3가지는 다음과 같았다.

- 더 효율적으로 경쟁하기 위해: 68%는 높은 수준의 경쟁을 경험하고 있었는데 미래에 더 경쟁이 치열할 것으로 예상했다.
- 성과를 개선하기 위해: 82%는 어떤 형태의 변화라도 하지 않으면 심각한 성과 하락을 보게 될 것 같다고 언급했다.
- 생존하기 위해: 15%는 변화 계획 없이는 향후 수년 안에 존재할 수 없다고 생각했다.

제10장에서 설명한 바와 같이 많은 조직은 균형 성과기록표와 통제사이클을 이용해 전략적 우선사항을 특히 외부 환경에서의 변화라는 측면에서 재평가하고 있다. 이 변화 중 일부는 회사로 하여금 자사의 제품(혹은 서비스)을 고객의 선호도와 취향에 맞도록 더 많이 R&D에 투자할 것을 요구한다. 정부 정책에서의 변화 내용은 회사로 하여금 규정을 준수할 수 있도록 새로운 과정과 절차에 적응하는 것을 요구한다. 정부는 국내에서의 규정 및 경쟁 수준에 대해 직접적 영향을 미칠 수 있다. 세금 인상, 은행의 통제, 거래 제한, 높은 관세의 요구, 보조금 제공, 다른 경제적 통제는 비즈니스에 직접 영향을 미친다. 그렇기 때문에 조직은 환경이 변하는 방식에 경계를 게을리하지 않아야 한다.

외부 환경에 의해 추진되는 변화

조직은 수적으로 증가하는 경쟁자들과 수적으로 증가하는 나라들에서 경쟁하고 있다. 동시에 폭넓은 다수의 시장에서 계속 변화할 수 있는 다수의 현지 정부 규정과도 맞서야 한다. 고객의 요구사항 또한 다양한 문화가 세계무대에서 만남에 따라 더 빨리 변하고 있다. 섬유회사 Fang Brothers Holdings의 Jean Fang이 주목한 것은 중국 소비자는 어떤 라이프사이클 제품에 대해서는 탐욕스러울 정도의 욕구를 갖고 있지만 그 흥미를 빠르게 잃는다는 사실이었다. 중국에서 성공하려는 회사는 자사 제품을 유지하기 위해 계속해서 다른 모습을 보여주어야 한다.

기술 진보는 변화를 더욱 배가시키고 있다. 새로운 기술 정보의 양은 매 2년마다 2배가 되고 있으며 미래에는 매 72시간마다 2배가 될 것으로 예측된다. 판매시장에 새로 진입하는 기업, 대체 제품, 증가되는 경쟁의 치열함, 성장하는 고객들 및 공급자의 교섭력, 이 모든 것은 경쟁 상황에 극적 영향을 미치고 있다. 이 세력들이 진화함에 따라 조직이 비즈니스를 수행하는 방식을 변형 내지는 변화시키게 만들고 있다. 조직 변화의 가장 강한 외부 요인 중 2가지가 글로벌화 및 기술적 혁신이다.

글로벌화

글로벌화는 새로운 시장 개방에서 초래되었지만 또한 글로벌 무대로 새로운 경쟁자를 불러오는 결과로도 이어졌다. 기업은 본국 시장으로부터 멀리 나가는 것을 무릅쓸 뿐 아니라 또한 멀리서부터 본국 시장으로 들어오는 경쟁상대와 직면하고 있기도 하다. 글로벌화의 증가하는 일반적 결과는 조직이 제품(혹은 서비스)을 현지 선호도에 맞추는 것이 필요하다는 점이다. 미국에서는 필수적인 세탁기가 인도에서는 필요하지 않을 수 있다. 특징, 가격대, 모습, 느낌 등은 다양한 시장에서 달라질 수 있다. 맞춤화는 글로벌 경쟁사가 가장 쉬운 방법인 생산효율성과 증가된 규모의 경제를 모색하고 있기 때문에 한 회사가 매우 큰 수량으로 변형의 종류가 많지 않은 한 제품을 생산할 때 어려워진다는 것이 입증된다.

BMW의 CEO Georg Bauer는 이렇게 말했다, "제품은 글로벌 브랜드를 가지고 현지화 되어야 한다. 나는 BMW를 현지 모습을 갖춘, 글로벌하게 통합된, 제품을 현지화한 조직으로 보고 있다." 조직이 이 요구에 부합하는 한 가지 방법은 현지 선호도에 적합하도록 효율적으로 생산되며 쉽게 재설정될 수 있는 기본 제품을 만드는 것이다. 예를 들어 중국 Media Tek은 광범위하게 퍼져 있는 휴대폰 제조사들이 본국 시장용으로 가장 잘 설정될 수 있는 전화기를 빠르게 생산하기 위해 휴대폰칩을 생산한다.

글로벌화는 노동인력의 역학도 바꾸어놓았다. 현지 경영인을 채용하거나 파트너 관계를 이용하는 조직은 현지 문화, 정치 환경, 이용 가능한 자원 등의 광범위한 지식을 통해 경쟁우위를 얻을 수 있다. 중국에서 비즈니스를 하는 벤처 자본가는 이렇게 말했다. "다국적기업은 좋은 제품(혹은 서비스)을 갖고 있지만 단점은 융통성이 없다는 것이다. 의사결정 절차는 오래 걸린다 … 경쟁 상황이 몇 개월도 안 되어 변하는 산업에서 중국 기업가들은 매우 신속하게 결정할 수 있기에 우위를 가질 수 있다."

기술

점점 더 독특한 형식으로 의사소통하고 대용량의 데이터를 보낼 수 있는 능력은 글로벌화가 나라 및 기업에 영향을 미치는 요인으로부터 처음 상상한 것보다 훨씬 더 중요한 방식으로 사람들에게 영향을 미치는 요인으로 변화했다. 기업은 전 세계로부터 고객, 자원, 재능 등을 구할 수 있다. 신문, 라디오, TV, 영화뿐만 아니라 인터넷과 휴대폰 등을 통해서도 사람들의 생활에 파고들 수 있다. 사실 기술은 적응 이상을 가능하게 해왔다. 즉 그것은 완전한 변혁을 이끌어온 것이다.

기술은 오늘날의 새로운 경쟁 상황에서 대부분 기업들의 전략이 되었다. 나아가 시장과 산업, 전략, 경쟁하는 기업의 설계에 대한 재정의를 가능하게 함으로써 가장 큰 추진 요인이 되었다. 베스트셀러 〈세계는 평평하다(The World Is Flat)〉에서 토마스 프리드만은 세계의 경쟁 환경에 직접적으로 영향을 미친 3가지 중요한 기술적 변화를 지적했다.

- 거의 어떠한 대가도 지불하지 않고 엄청난 양의 데이터를 글로벌하게 전송하고 저장하는 것을 가능하게 해준 … 광섬유 케이블과 대역폭의 대량 설치
- 전 세계에 걸친 PC의 확산
- 모든 PC 및 대역폭과 결합되어 글로벌한 플랫폼을 창출해내는 것을 가능하게 만들어준(이메일, Google, Microsoft, 특별히 설계된 아웃소싱 프로그램 등) 다양한 소프트웨어 응용프로그램의 집중성

기술은 모든 비즈니스에 영향을 미쳐왔다. 재고시스템, 제조공정, 인적자원시스템, 재무관리 등은 생산성, 예측성, 속도, 정확성 등을 극적으로 개선시킬 수 있었던 기술을 이용해 재설계되었다. 기술을 더 빨리 적용해 새로운 기술시스템을 경쟁사보다 더 효과적으로 통합시킨 Walmart의 능력은 회사의 성장과 경쟁우위를 확장시켰다. 회사는 판매 연도 시점에서의 일정한 제품 코드에 전자 스캐닝 작업을 도입했는데 이는 경쟁사보다 앞선 것이었다(Kmart보다 2년 앞섬). 또한 Walmart는 자체적인 위성시스템을 출범시킨 최초의 소매점 중 하나였다. 판매 데이터가 계속적으로 그리고 실시간으로 수집되고 분석되는 것을 가능하게 해주었다. 나중에 이 시스템은 Walmart가 신용카드 승인부터 재고관리, 자동화된 유통에 이르기까지 모든 것에 활용함으로써 매우 중요한 것으로 증명되었다.

Nintendo는 기술혁신의 희생자였다가 나중에는 수혜자가 되었다. 회사는 1990년대 초에 시장점유율 60%로 비디오게임 산업을 지배하고 있었다. 그럼에도 불구하고 새천년의 초기 몇 년 동안에는 시장점유율의 2/3를 잃었다. 새로운 기술과 고급 사양 게임 콘솔의 침투가 Nintendo를 시장의 주도권 자리에서 밀어낸 것이었다.

2005년에 Nintendo는 R&D에 2억 2천만 달러의 투자와 운영전략 재조정을 통해 조직을 변혁했다. 인터넷과 네트워크 기술을 이용해 온라인 커뮤니티('현자들의 모임(sages)'이라 부르는)를 만들어냈는데 신제품과 설계 특징에 대해 조언을 제공하는 것이었다. sages는 사용자들을 지원하고 커뮤니티 자원을 제공해주는 대신 독점적 보상(신작 게임 시사회와 같은)이 주어졌다. 온라인 환경을 통해 핵심 고객과 접속함으로써 Nintendo는 충성도를 깊이 하고, 시장에 대해 더 많은 것을 알게 되었으며, 중요한 아이디어

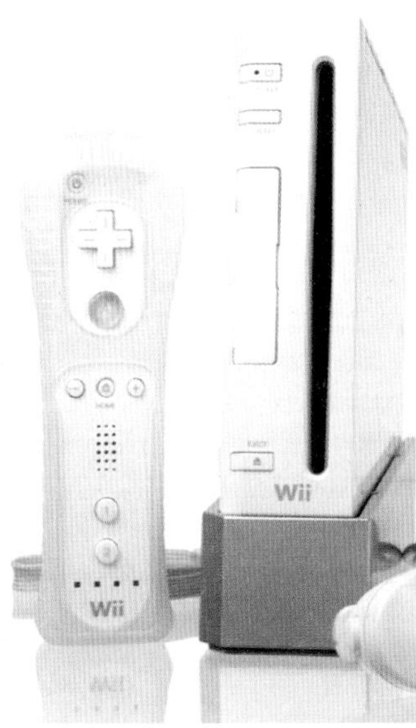

Florea Marius Catalin/iStockphoto.com

를 얻었다. 이는 R&D 투자를 통해 얻을 수 있는 최선의 성공이었다. 최근 몇 년 동안 Wii의 성공적 도입으로 투자가 가져온 결과를 볼 수 있었다. Nintendo는 비디오게임 산업의 시장점유율 44%를 차지하고 있다.

지속적 혁신의 필요성은 다른 방식으로도 조직에 영향을 준다. 제품 라이프사이클은 경쟁을 하는데 더 이상 수년씩 걸릴 수 없다. 사실 기존 모델을 바꾸는 신규 모델이나 변형 제품을 도입함으로써 기업은 지나치게 빨리 움직임으로 인해 자사 제품의 매출감소를 가져올 수 있다. 짧은 주기는 R&D 및 제품 마케팅에 쓴 상당한 경비를 회복할 수 있는 기회를 그만큼 덜 주고 있다. 조직은 변화에 보조를 맞출 수 있는 방법에 적응하고 그것을 찾아내야 하며 그러면서도 비즈니스를 효과적으로 관리해야 한다. 이는 조직으로 하여금 비용 일부를 공유하기 위한 혁신에 파트너 관계를 맺도록 하는 결과를 가져왔다.

와해성 혁신

가장 극단적 형태에서는 기술이 전체 산업을 와해시킬 수도 있다. 특히 역사적으로 성공을 거두었던 회사가 곧 일어날 변화의 징조에 주목하지 못했을 경우로 Kodak이 그 예를 잘 보여준다. 성공은 무사 안일주의로 빠지는 경우가 있으며 새로운 아이디어나 방식이 회사 내로 필터링되어 들어오는 것을 막을 수도 있다.

지속가능한 기술은 주요 시장에 있는 주류 고객이 역사적으로 가치를 부여해주었던 차원의 성능과 함께 제품의 확립된 성능을 개선시켜준다. 반면 **와해성 기술**은 주류 고객이 가치있다고 생각하는 것과는 다른 속성이 포함되어 있다. 이 속성은 일반적으로 시장의 작은 부분집합을 만족시키기 위해 나타나며 처음에는 아주 흥미진진하거나 가치있는 것으로는 등장하지 않는다.

단지 지속가능한 기술에만 치중하는 리더는 조직을 해칠 수 있다. 과거에는 조직을 크게 만들어주었던 동일한 초점 —주류 고객의 요구에만 중점을 두는— 이 와해성 혁신에 관해서는 좋지 않은 결정을 내리는 결과로 이끌 수도 있다. 지속가능한 기술에만 치중하는 것은 관리자로 하여금 자원 할당의 결정을 현재 고객을 바탕으로 내리게 하여 미래의 잠재적 시장은 무시하게 만든다.

Xerox가 소형의 탁상형 복사기에서 실패한 것은 적절한 사례의 하나다. Xerox는 대형 복사장비로 복사기 시장을 확고하게 지배하고 있었기 때문에 회사 이름이 복사 작업과 동의어가 될 정도가 되었다. 회사 경영과 판매 행위는 업계 최고로 생각되었다. 그럼에도 불구하고 소형의 탁상형 복사기를 개발하자는 아이디어가 등장했을 때 Xerox는 아무것도 하지 않았다. 시장에 소형복사기가 등장했을 때는 수요가 너무 낮았으며 Xerox는 최대 고객이 원한다고 믿었던 대형복사기를 계속 만들었다. 대부분 그 고객은 소형복사기를 원하지 않았지만 훨씬 더 큰 고객이 목전에 다다르고 있었음에도 Xerox는 그것을 무시했다. 소형복사기 시장을 따라가지 않음으로써 Xerox는 엄청난 수익을 올릴 수 있는 기회를 날려버린 것이었다. 결국 Fuji와 함께 합작투자회사를 모색해 소형복사기를 만들게 되었으며 이는 시장에서 갖고 있는 포지션을 강화시켜주었다.

지속가능한 기술
(Sustainable technologies)
주요 시장에 있는 주류 고객들이 역사적으로 가치를 부여해 주었던 차원의 성능과 함께 제품의 확립된 성능을 개선해주는 혁신적인 힘

와해성 기술
(Disruptive technologies)
주류 고객들이 가치가 있다고 생각하는 것들과는 다른 일단의 속성이 포함되어 있는 혁신적인 힘

조직이 판매시장에서 새로운 와해성 기술 또는 전적으로 새로운 시장을 창출하는 것을 인식할 때 시장점유율과 수익성을 유지하기 위해(또는 증가시키기 위해) 반응하고, 적응하며, 심지어는 변혁까지 해야 한다. 충분한 예지력만 있으면 전향적 변화에 참여하여 회사를 와해성 무대로 이끌 수 있다. Kodak은 혁신을 인식하고 대비하는 데 실패했던 기업이다.

Shaun Lowe/iStockphoto.com

Kodak이 영광의 자리에서 추락한 것은 디지털 기술의 발흥과 함께 나타난 것인데 사진 필름 시장을 조금씩 침식시키고 있던 와해성 기술 때문이었다. 1996~2007년까지 디지털 영상은 Kodak의 핵심적인 필름 시장을 도려내 버렸다. 그나마 Kodak이 계속 살아남은 바탕은 일찍이 1970년에 디지털 카메라에 투자했기 때문이었다. 그럼에도 불구하고 Kodak의 문제점은 지속가능한 기술적 사고의 부재였다. 즉 회사 내의 많은 직원은 새로운 기술에 두려움을 느끼고 있었기 때문에 디지털 방향으로 투자하거나 포함시키는 것을 원하지 않았다. Kodak이 1990년대에 시장점유율을 잃어버리기 시작한 이후 시장 주도권 포지션을 되찾기 위한 방법을 모색해왔다. 구조를 변경했으며, 수천 명의 직원을 해고했고, 새로운 경영진을 영입했으며, 수많은 재훈련 프로그램에 투자했다. 그러나 지금까지도 성공을 이루지는 못했다. 비슷한 이야기는 회사가 문을 닫기 바로 직전까지도 즉석사진 필름에만 집착하고 있었던 Polaroid에서도 드러났다.

기업이 내부 붕괴와 더불어 하는 가장 큰 실수는 변화를 무시하거나 심지어는 아예 없애버린다는 것이다. 그 이유는 현재의 회사 과정이나 목표에 적합하지 않기 때문이다. 붕괴가 나타나면 리더는 3가지 선택안 중 하나에 의존할 수 있다. 1) 새로운 전략을 개발하는 별도의 내부 조직을 만든다, 2) 특별히 새로운 혁신을 구축할 수 있도록 독립 조직을 만든다, 3) 그렇게 할 수 있는 자원을 가지고 있는 다른 회사를 획득함으로써 혁신을 다루고 구축할 수 있는 능력을 산다. 전통적인 비즈니스 바깥에서 운영함으로써 새로운 계획은 성장하고 발전할 수 있는 기회를 갖는다. 그것은 재래적 방식에 의한 압박을 받지 않는다. 결과적으로 조직에서의 변화를 강화시키는 데 도움을 주거나 아니면 기존의 비즈니스 노선에 굴복한다.

제7장에서 설명한 바와 같이 장기간 성공을 거두는 조직은 전통적 비즈니스 노선에서의 효율성과 비용 효과를 강화시켜주는 동시에 혁신과 실험에서도 최고가 될 수 있다. 과거에 성공을 거둘 수 있도록 해주었던 내부 운영을 보전하면서도 변화하는 외부 환경을 예측하거나 반응할 수 있다. 이러한 이중 과업을 달성하려면 조직은 내부 환경에서의 변화도 추진해야 한다.

내부 환경에 의해 추진되는 변화

외부 변화는 글로벌화 등을 추진시키며, 기술 혁신은 경쟁 상황에 영향을 미칠 수 있으므로 극적으로 그리고 명백하게 내부 변화의 추진 요인을 간과하기 쉽다. 그러나 조직 내부에 있는 요인은 변화가 필요할 때는 마치 중요한 것처럼 역할을 할 수 있다. 조직은 변화에 저항하는 상황이 생긴다. 이러한 저항을 **타성** 또는 '환경만큼 신속하게 변화하지 못하는 조직의 무능'이라 말한다. 타성이 크면 클수록 환경과 조직 행위 사이의 거리는 그만큼 더 커진다.

조직과 전략 사이의 불일치가 변화를 추진시키기도 한다. 계속해서 좋지 못한 성과도 변화에 대한 강력한 동인이다. 제10장에서 설명한 균형 성과기록표는 내부 성과를 기반으로 한 쟁점 사항을 이해하는 데 유용하다. 다른 변화 추진 요인은 분열을 초래하는 정책과 사일로(silo) 등이다. 이 모두는 조직의 효과를 방해하며 조직 성과가 떨어지는 요인이 될 수 있다. 조직이 역기능적인 내부 과정에 직면하거나 내부 운영이 더 이상 경쟁력에 보조를 맞추지 못하면 변화의 필요성이 강조된다. 내부 변화는 조직의 구조조정, 훈련 프로그램의 개발, 특정한 기술 세트를 가지고 있는 자원의 추가 필요성 등을 요구한다.

지난 수년에 걸쳐 Google은 한때 난공불락으로 Microsoft가 갖고 있던 컴퓨터 · 인터넷 세상의 높은 지위를 물려받아 왔다. Google의 권력 상승은 내부적으로 동기부여된 변화의 중요성을 예증한다. 비록 기업이 외부 환경에 제한된 통제력을 갖는 경우가 있지만 내부 환경에 크게 영향을 미침으로써 외부 환경에 대응하고 심지어는 형성하는 것도 가능하게 해준다. 일부 전문가가 주장하는 바는, Google의 성공 요소는 내부 적응성을 개발한다는 아이디어를 중심으로 혁신을 강화하고 비즈니스를 조직화하는 일에 전념했기 때문에 가능하게 되었다는 것이다.

많은 조직이 인터넷 인프라를 곧바로 개발하는 데 비해 Google은 인터넷뿐만 아니라 (전용의 운영시스템과 데이터베이스를 포함하는) 자체 인프라를 구축하는 데 수십억 달러를 썼다. 이는 직원이 새로운 제품, 과정, 기타 개선 사항을 제안할 수 있고 다른 직원은 그 제안 내용에 의견을 제시할 수 있는 전사적인 참여를 가능하게 만들었다. 나아가 Google이 신제품 개발 라이프사이클을 가속화하는 것도 가능하게 해주었다.

제8장에서 설명했듯 Gmail 및 Google Maps 등의 성공 사례는 R&D에서의 하향식 투자를 통해서라기보다 혁신 커뮤니티로 시작된 것이었다. 이 혁신은 새로운 비즈니스를 창출함으로써 Google의 방향을 변화시킬 수 있는 힘을 가지고 있다. 어떤 경우에는 신기술 개발 내용이 조직 구성 방식에까지 영향을 미쳤다.

혁신은 기술 및 구조 그 이상이 요구된다, Google 패밀리를 형성하는 개인을 개발하고 관리하는 것은 최우선 사항이다. 그렇기 때문에 Google에 채용되어 승선하면 성공에 이를 때까지 계속 비판적 생각을 유지한다. 신입 직원은 잠재적인 팀 동료, 관리자, 임원을 만나는 엄격한 인터뷰를 거쳐야 한다. 이 인터뷰에서 Google의 혁신적 환경에서 잘 지낼 수 있는 기술, 추진력, 태도를 갖고 있는지 심사를 받는다. 이 절차는 Google이 조직에서의 변화에 영향을 미칠 수 있는 직원을 채용함으로써 회사문화를 유지하고 있기 때문에 중요한 것으로 입증되어 왔다. 즉 Google은 항상 변화를 찾고 있으며 필요한 경우 조정할 수 있는 능력을 갖춘 사람을 채용함으로써 조직을 변화에 대비시키고 있는 것이다. 이러한 노력을 통해 Google은 변화를 즐겁게 받아들이고 참여자

타성(Inertia)
환경만큼 신속하게 변화하지 못하는 조직의 무능

로 하여금 혁신하도록 밀어붙이는 문화를 만들어왔다. Google은 직원에게 위험을 감수하고, 열정을 따르며, 실패를 두려워하지 말라고 요청함으로써 번영을 누리고 있다.

조직이 적응하고 변혁함에 따라 다양한 추진 요인들은 서로 다른 시대에서 더 격렬해진다. 때때로 변화 계획은 원가절감 또는 공정혁신에 중점을 두기도 한다. 다른 상황에서는 변화 계획의 성격이 더 문화적인 면에 중점을 둔다. 변화 과정의 목표가 가장 적절한 방식을 말해주는 것이다.

조직 변화에 대한 접근방법

변화의 필요성 그리고 그것이 어디서 비롯되는지를 이해하는 것은 단지 상황의 부분일 뿐이다. 변화 과정의 더 어려운 측면은 변화가 등장하는 또는 조직 내에서 전달되는 방식에 있다. 회사는 계획된 것과 유기적인 것 사이, 반응적인 것과 전향적인 것 사이, 점증적인 것과 변혁적인 것 사이에서 균형이 필요하다(그림 11-1 참조). 균형을 이루는 것이 리더십의 핵심 역할 중 하나다.

계획적 변화 vs. 유기적 변화

변화에 대해 생각할 때 **계획적 변화**를 생각하는 경우가 대부분이다. 조직의 리더는 소수 또는 전체에게 영향을 미칠 수 있는 전략 개발을 위해 다음 사항을 고려한다. 직원의 행동, 신념, 감정뿐만 아니라 조직구조, 과정, 문화 등을 포함한다. 계획적 변화는 변화 노력이 회사 전략부서로부터 또는 하향식 지시로부터 계획되어 추진되는 과정이

계획적 변화(Planned change) 변화의 노력이 회사의 전략부서로부터 또는 하향식 지시로부터 계획되어 추진되는 과정

그림 11-1 변화 방식에서 균형 잡기

다. 조직은 경쟁에 대한 정밀한 검사, 통제사이클 분석을 기반으로 하는 계획적 프로그램, SWOT 분석을 통해 이 유형의 변화를 시작한다. 제4장에서 설명한 바와 같이 많은 조직은 전략적 기획 기능을 이용해 판매시장에서 경쟁력과 타당성을 유지한다.

리더는 보통 조직을 경쟁적 상황에 적응할 수 있도록 계획적 변화를 이용한다. 계획적 변화는 또한 만약 현재 전략이 훌륭하지만 그 이행이 조직 타성에 의해 방해를 받을 때 유용하다. 나아가 계획적 변화는 환경적 요인 또는 미래 기회가 변화의 필요성을 나타내고 있다면 조직을 새로운 또는 장래의 경쟁전략에 맞추는 데 이용된다. 즉 조직은 "조직의 능력과 현재의 환경적 요구사항 사이가 더 잘 맞도록, 또는 예견된 미래 환경에 더 잘 맞도록 변화를 촉진하기 위해" 계획적 변화에 참여한다.

계획적 변화가 일치 작업 또는 잠재적 미래 기회 사이의 격차를 인식하고 있는 조직의 리더로부터 출발해 하향식 방법으로 뚜렷한 변화 계획을 설계하고 이행하는 것임에 비해 **유기적 변화**는 혁신하고, 문제를 해결하며, 업무를 수행하기 위한 더 효과적 방법을 탐구하고, 커다란 환경 변화에 반응하며, 교차기능적 위치에서 타인과 함께 상호 반응할 때 개인 또는 팀에서 나타난다. 이런 식으로 변화는 상층부에서가 아니라 조직의 훨씬 아래에서 시작된다. 주목할 것은 조직 내에서의 변화가 하향식일 수도 있고 동시에 유기적일 수도 있다는 사실이다. Google은 유기적 변화를 잘 이용한 회사다.

유기적 변화의 계속적이고 신생적인 성격은 '신생적 변화' 또는 '계속적 변화'라는 이름이 붙게 했다. 유기적 변화는 "계속적인 조정은 … 커다란 변화를 축적하면서 만들어 낼 수 있다"는 수칙으로부터 독특한 성격을 얻고 있다. 유기적 변화는 해당 작업을 하는 직원의 수준에서 문제점이 해결되도록 직원 권한부여를 통해 시작된다. 계속적인 개선 프로그램에서 해답 또는 최선의 행위가 떠오르면 관리자는 변화를 도입해 필요로 하는 조직 전체에 공유되도록 할 수 있다. 유기적 변화는 늦어질 수는 있지만 조직의 지원이 증가되는 것으로 이어질 수도 있다.

유기적 변화의 정수는 규칙보다는 오히려 원칙을 통해 어떻게 행동을 지시하는가에 놓여 있다. 관리자와 더불어 직원도 신뢰를 받으면서 모든 직급에서 전략적으로 생각하도록 요청을 받는다. 유기적 변화의 권한부여적 성격은 개인 및 팀에서 촉발적이며 창의적인 추진력을 이끌어낸다. 유기적 변화는 팀과 개인의 집단적인 특별한 재능을 이용하고, 조직을 위한 차이점을 만들어낸다. 불행히도 권위적인 하향식 조직에서는 불가능하지는 않지만 유기적 변화를 시작하기는 어렵다. 조직은 혁명적인 변화 계획을 위해 유기적 변화를 이행해야 한다. 심지어 개방적 조직에서도 유기적 변화에 내재하고 있는 불확실성은 불편함을 가져올 수 있다.

유기적 변화(Organic change)
혁신을 하고, 문제를 해결하며, 자신의 일을 수행하기 위한 더 효과적인 방법들을 찾아보고, 커다란 환경적 변화에 반응하며, 또는 교차기능적인 위치에서 타인과 함께 상호 반응할 때 그에 의해 개인 또는 팀으로부터 변화가 드러나게 되는 과정

반응적 변화 vs. 전향적 변화

조직은 내부 · 외부 모두로부터 계속적인 피드백을 받는다. 이 신호가 "불균형이 커지고 있음"을 나타내면 최고의 조직은 즉시 영향을 받는 수준에서 상황을 분석해 현상의 성격을 이해하고, 이루어질 수 있는 가장 효과적인 반응적 변화를 설계하며, 그런 다음

에는 그 전략들을 잘 집행한다. 변화가 하향식인지 아니면 유기적인지의 여부와는 상관없이 다른 촉매로 인해 시작될 수 있다. 촉매 중 일부는 반응적으로 작용하며 그에 의해 조직은 환경에 대해 반응한다. 다른 것은 조직이 기회의 순간을 포착해 환경이 변화하기 전에 행동하는 전향적인 것일 수 있다. 어떤 상황에서는 회사가 자사의 환경을 형성하기 위한 노력에서 변화를 만들 수도 있다.

반응적 변화는 알려진 외부 위협 또는 기회에 대한 대응으로 시작되는 과정이다. 계획적 변화와 마찬가지로 반응적 변화 프로그램은 일반적으로 하향식으로부터 시작된다. 리더는 뒤처지는 성과의 지표를 통지해주고 그런 다음 문제를 확인하기 위해 모색한다. 일단 문제를 진단하면 해당 쟁점을 분석해 근본 원인을 찾아낸다. 그 최초의 문제점은 더 크고 더욱 근본적인 쟁점의 증상으로 나타난다. 일단 리더가 문제의 완전한 범위를 이해하면 다음 단계에서 그 차이를 좁히거나 또는 문제점을 해결하기 위해 다른 선택안을 설계하는 것이 요구된다. 리더는 그런 다음 상황을 개선시킬 수 있는 권고사항에 중점을 둔다. 일반적으로 계획에는 취해져야 할 단계뿐만 아니라 각각에 대해 책임질 직원에 대한 확인까지도 포함되어 있다. 제한시간과 점검사항도 만들어져 합의가 된다.

물론 환경 변화에 효과적으로 반응할 수 있는 능력도 매우 중요하다. 그럼에도 불구하고 더 높은 수준의 성과를 위한 조정의 관점에서 보면 더 큰 능력은 변화에서 전향적으로 관여할 수 있는 능력으로부터 나온다. **전향적 변화**는 판매시장에서 조직을 밀어붙이게 될, 그리하여 경쟁에서 더 큰 성공 기회를 만들어낼 잠재성을 갖고 있다. 전향적 변화는 예상하는 사건 또는 곧 있게 될 기회 등을 바탕으로 하여 시작되는 과정이다. 그 변화의 노력에서 전향적 기업은 상황에서의 변화를 예측하기 위해 노력하고 있다. 반응적 변화가 조직으로 하여금 전략적 또는 성과의 간격을 좁히는 데만 집중하는 것에 반해 전향적 변화는 새로운 기회의 탐색을 조장해준다.

반응적 변화(Reactive change)
변화가 어떤 알려진 외부 위협 또는 기회에 대한 대응으로 시작되는 과정

전향적 변화(Proactive change)
변화가 어떤 예상하고 있는 사건 또는 곧 있게 될 기회 등을 바탕으로 하여 시작되는 과정

전향적 변화의 리더는 조직을 위한 새로운 가능성을 구상한다. 이러한 구상작업은 단순히 무엇인지에 중점을 두기보다는 오히려 무엇이 되어야 할지를 설계하는 것으로 이어진다. 무엇이 되어야 할지에 대한 탐구는 계획을 이행해 무엇이 될지를 만들어내는 것으로 이어진다. 이렇게 전체적으로 갖게 된 이미지는 개인과 팀에 의해 이용되어 그 방향으로 조직을 전향적으로 움직일 수 있는 방법을 찾아낸다.

Jack Welch가 GE에서 CEO를 물러나기 전에 추진했던 최종 계획 중의 하나는 전향적 변화를 잘 보여준다. 미래를 향해 전보다 더 강력하게 움직이는 조직을 떠날 것을 생각하면서 그는 distroyyourbusiness.com이라 불리는 프로그램을 착수했다. 그는 간단명료하게 이렇게 말했다, "변화가 기회를 만든다. 그리고 이것은 우리의 가장 큰 기회다." 그는 관리자가 미래의 원하는 상태에 대비해 회사의 현재 상태를 마음속에 그려볼 수 있기를 원했다. 또한 각자의 산업에서 역할을 대신하게 될 곧 일어날 변화 또는 경쟁자를 확인할 수 있기를 원했다.

PETER MORGAN/Reuters/Landov

점증적 변화 vs. 변혁적 변화

고려해야 할 변화의 또 다른 양상은 변화의 규모다. 심지어 반응적 변화를 보이는 기업조차 정적인 것은 아니다. 회사가 갖고 있는 성격에 의해 조직은 항상 변화하고 있다. 그럼에도 불구하고 끊임없는 변화의 정도는 점증적 변화를 추구해야 할지 아니면 변혁적 변화를 추구해야 할지의 여부에 영향을 미친다. 안정적 시간 동안에는 대부분의 기업이 점증적 변화에 참여하고 있는데 이는 작은 개선 내용 또는 변화 내용이 진행형 기반 위에서 과정과 방식에 대해 이루어진다. 종합적 품질관리 및 식스시그마 등과 같은 측정시스템은 점증적 변화 움직임의 중요한 예다.

장기간의 안정성은 조직이 외부 환경의 균형을 잘못 잡히게 하는 결과로 이어질 수 있다. 비록 조직 리더가 전략적으로 긴급한 것은 변화시키려 노력하고 있다 해도 조직의 관성적 압력은 새로운 전략을 방해한다. 이러한 불균형은 그것이 곪아 터져 중요한 위기로 이어질 때까지 점차 커지며 조직이 생존하기 위한 과감한 변화를 요구하는 일이다. 이 시나리오에서 리더는 조직의 활력을 살리고 다시 새롭게 할 수 있는 혁명적 변화에 참여해야 한다.

많은 조직은 회사 역사에서 중요한 변곡점에 직면하고 있는데 이는 때때로 '틀을 깨는 변화'라 부르기도 한다. 이 변화는 새로운 경쟁 위협에 의해 촉발될 수 있다. 즉 주요 자원의 상실이 포함되는 내부적인 역학, 새로운 정부 규정, 돌발적 요인 등이 있다. 미국에서의 항공산업은 1978년에 규제가 철폐되었을 때 틀을 깨는 급격한 동요를 겪었다. 규제철폐는 산업 규칙에 대한 모든 것을 바꿔놓았다. 규제철폐 전에는 민간항공위원회(Civil Aviation Board)가 항공운임, 노선, 새로운 항공사, 항공여행에 대한 여러 사항을 관할했다. 규제철폐 이후에는 새로운 항공사들이 진입하고 운임이 급격하게 하락함으로써 경쟁이 치열해졌다. 경제의 전체 모습이 바뀌어 변혁적 변화라 불리었는데 이는 일반적으로 중요한 경쟁 위협 또는 기업의 내부 · 외부 환경에서의 상당한 변화에 대한 대응으로 혁신이 급진적 또는 와해적으로 이루어지는 과정이다.

변혁적 변화는 과정, 시스템, 직원뿐만 아니라 전략 및 사명에서도 급격한 전환을 수반한다. 변화 내용은 매우 급격해 낡은 패러다임을 허물고 완전히 새로운 것을 도입하는 것이 요구된다. 두말할 필요 없이 점증적 변화는 조직에 있는 대부분의 직원에게 환영을 받지만 변혁적 변화는 훨씬 더 큰 저항에 직면한다. 이제 변화에 대한 저항을 다루는 방법을 살펴보자.

점증적 변화(Incremental change)
작은 개선내용 또는 변화내용이 진행형의 기반 위에서 과정 및 접근방법에 대해 이루어지는 과정

변혁적 변화
(Transformative change)
일반적으로 중요한 경쟁상의 위협 또는 기업의 외부 또는 내부 환경에 있어서의 상당한 변화에 대한 대응으로 변화가 급진적 또는 와해적으로 이루어지는 과정

변화의 과정

변화는 많은 조직에게 쉬운 과정이 아니다. 비록 조직 내의 일부는 변화 필요성을 알고 있지만 다른 많은 사람은 현재에 만족하며 어떠한 변화든 조직 내의 신뢰성 또는 상태를 줄일 수 있다는 두려움을 갖고 있다. 변화를 이끄는 리더는 현상을 불만족스럽게 만

$$D \times M \times P > Rc + Cc$$

그림 11-2 변화 과정

듦으로써 그리고 현실적이고, 강제적이며, 관심을 끌 만한 새로운 모델을 제시함으로써 변화를 만들어내야 한다. 또한 변화를 성공시키려면 리더는 변화 과정의 두려움과 저항을 줄여 줄 필요가 있다. 변화 과정의 중요한 구성요소는 단순한 공식에 요약될 수 있다(그림 11-2 참조). 여기서 D는 현상에 대한 불만족(Dissatisfaction)이고, M은 조직을 위한 새로운 모델(Model)이며, P는 변화를 위한 과정(Process)이다. 변화를 위한 힘들의 조합은 직원이 겪는 변화에 대한 저항(Resistance to Change: Rc) 및 변화에 대한 대가(Cost of Change: Cc)보다 커야 한다.

불만족의 창출

이 공식에서 불만족(D)은 조직의 타성을 깨는데 필요로 하는 에너지를 제공해주면서 변화를 위한 동기를 만들어준다. 현상에 대한 불만족을 창출해내는 일은 직원들과 조직이 무사안일주의 및 타성으로부터 벗어나는 데 도움을 준다. 위기 상황에서 불만족은 일반적으로 높으며 많은 직원은 변화의 필요성을 이해하고 있다. 실질적 난관은 리더가 기업의 오늘 성과에는 영향을 미치지 않지만 향후에는 중요한 요인이 될 수 있는 변화의 잠재적 힘을 알게 될 때 나온다. 리더는 이 상황에서 어떻게 변화를 만들어내야 할까? 어떻게 무사안일주의를 벗어나도록 조직에 충격을 주어야 하는가? 한 가지 방법은 불만족을 구축하는 것이다.

일부 연구자는 불만족을 창출해내는 것을 조직의 "동결을 풀어주는 일"에 연관시켰다. 동결을 풀어주는 일은 매우 어려운데 왜냐하면 사람은 정형화된 행동에 끌리기 때문이다. 이는 그것이 과거에 성공적이었다면 특히 그러하다. 불만족을 구축하는 한 가지 방법은 벤치마킹 또는 내부·외부의 성과·기회에 대한 차이의 분석이다. 제10장에서 설명한 바와 같이 벤치마킹을 하면 조직은 자사 성과를 "최상의 등급에 있는" 다른 회사와 비교한다. 이것은 일반적으로 무사안일주의를 확산시킬 수 있는 격차를 가져오게 하여 변화를 위한 동기를 제공한다. 다른 외부적 동기는 경쟁 범위를 정밀하게 조사함으로써 확인될 수 있다. 즉 그러한 상황이 새로운 상황의 현실을 만족시킬 수 있는 조직의 능력을 변화시키고 벤치마킹할 가능성을 찾아보는 것이다. 직원 태도에 대한 조사도 직원의 관심사와 쟁점사항 등을 더 잘 이해할 수 있는 수단이다. 이 조사의 결과도 역시 변화과정을 위한 토대를 제공해준다.

처리과정을 확실히 하기 위해 조직의 불만족은 일부 흩어져 있는 직원을 넘어 영향력 있는 리더가 포함될 수 있도록 확장되어야 한다. 변화 과정에 중심되는 직원이 누구인지 확인해 지원을 구하는 것은 특히 중요하다. 핵심 직원의 지원이 없으면 변화는 쉽게 경로를 벗어나거나 아니면 최소화되게 된다.

불만족(Dissatisfaction)
현상에 대한 불만족을 창출하여 사람들 및 조직들이 무사안일주의 또는 타성으로부터 벗어날 수 있도록 도움을 주는 변화과정 중의 한 구성요소. 이는 종종 변화과정의 시작을 위해 필요로 하는 기폭제를 창출해 내기도 한다.

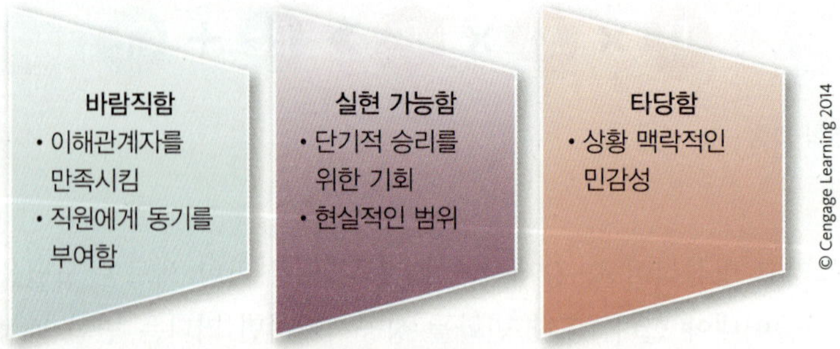

그림 11-3 효과적 모델의 특징

미래를 위한 새로운 모델의 개발

일단 불만족 사항이 발생하면 전달되는 것이 필요하다. 리더가 불만족을 전달시키는 한 가지 방법은 설득력 있는 **모델**(M) 또는 변화의 비전을 개발해 서로 전달시키는 것이다. 이 모델은 무엇이 그리고 왜 변화될 것인지에 대한 모습을 제시해주어야 한다. 이는 미래의 최종 상태에 대한 설명을 제시하고 있어야 하는데 조직이 어디로 가기를 원하는지, 거기에 도달하기 위해 무엇을 하는 것이 필요한지가 필수적이다.

설득력 있는 모델은 직원에게 원하는 목표를 달성하기 위해 함께 뭉칠 수 있도록 하는 희망과 더 높은 의미의 의식을 제공해준다. 효과적 모델은 바람직한 것이고, 실현 가능한 것이며, 타당한 것이다(그림 11-3 참조). 변화는 조직이 의미 있는 방식으로 최대한 발휘할 것을 요구하지만 그렇게 요구되는 변화는 너무 급진적이어서 직원이 쉽게 무시할 수 있는 것이 아니어야 한다. 만약 모델이 가능성의 범위를 넘어서면 조직에서 쉽게 저항 받을 수 있다. 모델은 또한 회사가 부딪쳐 나가게 될 것으로 예상되는 상황 맥락적 상황에 적합해야 한다.

변화를 위한 모델을 의사소통시키는 일에서 리더는 논리적이면서도 감성적인 면 모두에 호소해야 한다. 벤치마킹 아니면 다른 평가 등을 바탕으로 변화에 대한 설득력 있는 사례를 보여주어야 한다. 또한 리더는 직원과의 감성적 접촉을 이용해야 하고 원하는 변화를 위한 열정과 흥분을 보여주어야 한다. 이러한 열정은 만약 리더가 직원의 관심사와 쟁점 사항을 이해하고 적절히 대응한다면 조직 내로 퍼질 수 있다. 변화는 만약 직원이 감성적인 참여의 느낌을 갖지 못하면 쉽게 저항받을 수 있다.

이행 과정

높은 성과를 내는 미래 상태를 위한 현재 상황과 모델에 대한 불만족은 만약 직원이 도달할 수 있는 방법을 모른다면 아무것도 되지 않는다. 가장 중요한 다음 단계는 변화를 이행하기 위한 효과적 과정을 개발하는 것이다. 효과적 과정에는 상세한 이행 계획, 의사소통, 측정과정을 위한 메커니즘 등이 포함되어 있다. 여기에는 조직에서 원하는 변화를 이행하는 것에 초점을 맞춘 교육, 개시 행사, 회합 등이 포함된다. **과정**은 조직 변

모델(Model)
변화를 위한 모습의 하나

과정(Process)
변화의 노력을 이행하려는 일련의 계획(의사소통, 측정 등)과 접근방법

리더십 개발의 여정 이 책의 전제는 리더십이 계속적인 학습의 여정이라는 것이다. 자신의 개인적 삶에 적용될 수 있는 변화관리의 예를 떠올려보라.

- 나는 어떻게 변화를 성공적으로 관리했는가?
- 변화를 관리할 수 있는 추진력은 무엇이었는가?
- 개인적인 삶에서의 변화관리에 새로운 행동 모델이 포함되어 있었는가?
- 나는 언제 변화에 저항했으며 그 이유는 왜인가?

화를 구축하는 맵을 제공해주고 비전, 전략, 일상적 비즈니스 상호작용 사이의 일치를 가능하게 해준다.

많은 조직의 리더는 조직 변화를 진행이라기보다 하나의 행사로 잘못 인식함으로써 지속적 변화를 만들어내는 데 실패한다. 실질적 변화를 창출해내는 조직과 단지 잠깐 동안의 과정만을 생성해내는 조직 사이의 차이점을 수년에 걸쳐 연구한 후 John P. Kotter는 성공으로 가는 8단계 과정을 개발해냈다. Kotter는 가장 중요한 변화는 다음과 같은 순서로 발생하고 있음을 발견했다.

1. 긴급하다는 느낌을 설정한다. 변화의 리더는 내재하고 있는 조직 또는 개인의 타성을 극복할 수 있는 충분한 가속도를 구축해야 한다. 이것은 조직 내에서 불만족을 일으킬 수 있는 그래서 깜짝 놀란 사람들이 행동에 나설 수 있도록 하는 과정의 부분이다.
2. 강력하게 지도할 수 있는 연합체를 형성한다. 일단 긴급하다는 느낌이 고조되면 지원해줄 수 있는 팀이나 연합체를 구축하는 것이 중요하다. 변화가 성공적으로 구축될 수 있음을 보장해주기 위한 권한과 책임 모두를 갖고 있는 직원이 포함되어야 한다. 고위직 관리팀의 지원은 만약 변화 과정이 조직 내의 하위직 직원에 의해 지지되고 있다면 특히 중요하다.
3. 비전을 개발한다. 비전에는 조직이 원하는 미래 상태의 모델이 포함된다. 비전은 조직이 움직일 수 있는 방향과 추진력을 주는 것이어야 한다.
4. 새로운 비전을 의사소통한다. 의사소통은 조직 전체를 통해 동의되고 있음을 확인하기 위해 매우 중요하다. 비전은 직원을 위한 동기부여와 흥분의 원천을 제공해줄 수 있다. 의사소통은 직원의 마음과 가슴 모두에 대한 이야기가 되어야 한다. 즉 직원이 변화에 대한 사실을 논리적으로 이해하고 있어야 하며 아울러 변화 과정에 참여하기를 원하는 열정을 가지고 있어야 한다.
5. 타인에게 권한을 부여해 비전에 따라 행동한다. 비전을 만들어 공유한 뒤에는 지도를 해주는 연합체가 작용하여 조직이 행동할 수 있도록 권한을 부여해주어야 한다. 의사소통 계획은 권한 부여를 강화해주는 것이어야 하지만 연합체 역시 조직구조, 시스템, 과정의 장해물을 제거해주어야 한다.

6. **단기적 승리를 만들어낼 수 있도록 계획한다.** 변화 이행 과정은 오래 걸리는 것일 수 있다. 가속도와 흥분을 지속시키기 위해 단기 목표의 성취를 축하해주는 것이 중요하다.
7. **개선사항을 통합하고 더 많은 변화들을 만들어낸다.** 변화 프로그램을 전진시키기 위한 최초의 독려가 가장 어려울 때가 있지만 프로그램은 다른 중요한 시점에서 실패할 수 있다. 그중 하나는 최초의 가속도 이후에 "우리는 도달했다"라고 생각할 때 일어난다. 변화과정을 다시 활성화하는 것은 특히 그 바퀴를 앞으로 굴리려 할 때 또는 바퀴가 앞으로 나아가기 시작할 때 직원들이 전진을 멈추는 상황에서 지속적인 경계심과 리더의 완전한 개입을 요구한다.
8. **문화에서의 변화를 제도화시킨다.** 새로운 과정, 시스템, 가치 등은 성공을 이루려면 제도화 되도록 해야 한다. 제도화는 경영진으로 하여금 새로운 시스템이 어떻게 목표를 완수했는지 공유하고, 성과가 어떻게 개선되었는지 설명하고, 규범과 가치를 리더의 다음 세대로 서서히 주입시킬 것을 요구한다.

변화를 제자리에 동결시키는 일이 간과되는 경우가 종종 있다. 다이어트에 실패한 사람이라면 누구든지 설명하겠지만 새로운 행동을 일반적 관행에 깊이 새기는 것은 어려운 일이다. 많은 개인은 변화를 향해 움직이기에 충분할 만큼 시스템이 강력하지 않으면 예전 방식으로 물러난다. 다시 동결시키는 것은 변화를 지속가능하게 만들어준다. 조직 변화를 다시 동결시키려면 환경에 주의를 기울이는 것이 요구된다. 구조, 시스템, 문화는 원하는 변화에 맞추어 일치될 수 있도록 해야 한다.

변화를 선도함에 있어 시기 선택과 장소에 대해 생각하는 것도 중요하다. 높은 불만족, 긴박하고 고조된 감정, 큰 지원 기반이 있는 상황에서는 변화가 더 하향식으로, 지시 방식으로 이행될 수 있다. 이것은 특히 조직이 큰 위기에 직면하고 있다면 더욱 그러하다. 이 상황에서는 '대담한 일격'이 최선의 계획이 될 수 있다. 변화 과정이 복잡한

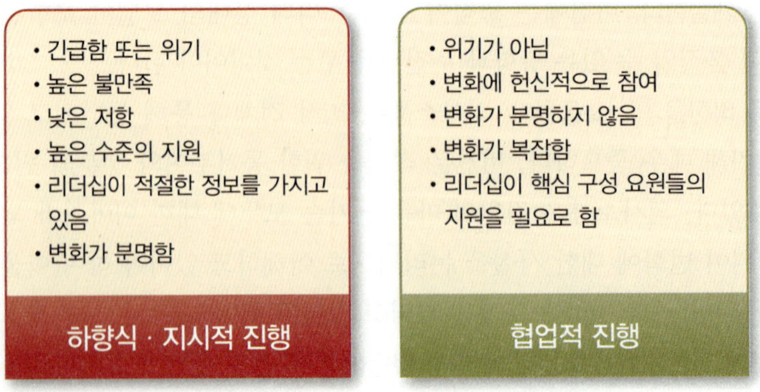

그림 11-4 변화를 이행하는 과정

Source: Rosabeth Moss Kanter, Barry A. Stein, and Todd D. Jick, *The Challenge of Organizational Change: How Com-panies Experience It and Leaders Guide It* (New York, NY: Free Press, 1992), pp. 489–519; and Rosabeth Moss Kanter, "Leadership for Change: Enduring Skills for Change Masters," Harvard Business School Note No. 9-304-062, revised November 17, 2005 (Boston, MA: HBS Publishing, 2003), pp. 15–16.

상황에서는 변화의 결과물과 혜택이 당장은 분명하지 않으며 그래서 추종자에게 충격요법을 쓸 필요가 있으며, 더 완만하면서 더 협업적인 방식이 적합할 수 있다. 리더는 변화를 추진하고 상황을 평가해 올바른 유형의 리더십 방법으로 관여할 필요가 있다(그림 11-4 참조).

변화 과정의 궁극적 목적 및 목표도 이행의 성격에 영향을 미친다. 목적이 엄격하게 주주 가치 또는 현금유동성을 개선하는 것에 맞추어져 있다면 더 명령적이고, 권위주의적 방식이 유용하다. 목적이 폭넓은 문화 변화에 있다면 더 참여적이면서 협업적 진행이 일반적으로 채택된다. 효과적이면서 지속가능한 변화는 실제로 양쪽 방법 모두의 조합이 요구된다. 많은 경우 리더는 재무적 성과 또는 전반적 경쟁력을 개선하기 위해 어느 정도 신속하면서도 대담하게 움직일 필요가 있다. 그렇지만 지속가능성과 장기적 성공은 군림하려는 성향이 덜하고 참여적 성향은 강한 리더가 있어야 하며, 열정을 가지고 열심히 일하는 직원 기반에 달려있다. 그렇기 때문에 성공적 변화 리더는 이 방법 사이에서 올바른 균형점을 찾아야 한다.

모두 함께 변화하는 방정식에서 3가지 변수(불만족, 모델, 과정)는 추진력을 형성하지만 변화의 대가 및 저항은 억제력을 나타낸다. 이 방정식은 변화 환경에서 일어나는 일의 좋은 표현이며 따라서 이 변수들 중 하나라도 없으면 변화 계획이 실패한다. 따라서 3가지 변수 모두 성공을 보장하기 위해 필요하다.

변화에 대한 대가와 저항

조직 변화를 이해할 때 중요한 사실은, 변화는 이행하기 어렵고 게다가 지속하기는 더욱 어렵다는 점이다. 여러 논문, 저서, 컨퍼런스, 교육프로그램 등이 리더가 변화를 이행하는데 도움이 되도록 매년 만들어지고 있지만 많은 변화 프로그램들이 실패한다.

무사안일주의는 단순히 조직의 변혁 노력을 흐트러지게만 만들지는 않는다. 애초에 시작부터 가속을 내는 것을 막을 수도 있다. 무사안일주의는 변화에 저항하며 친숙한 것만 모색하는 직원의 자연스러운 편애로부터 나오는 것이다. 이러한 반대는 더 큰 공동체에서 모이면 기하급수적으로 커진다. 스토리텔링, 집단 합리화, 새로운 방향에 조직을 맞추는 것에 실패한 경험 등이 퍼져나가 무사안일주의를 더 깊게 만들어 낡은 조직을 변혁하려는 노력을 크게 방해한다.

변화에 대한 흥분, 모델, 과정 등은 변화에 대한 대가 및 저항보다 더욱 커야 한다. 그 대가는 사회적, 심리적, 정서적, 정치적, 재정적인 것일 수 있다. 변화는 역할, 우선사항, 진행에 대한 재평가가 요구된다. 변화과정의 부분으로 직원은 직위, 정체성에 대한 감정 또는 친구를 잃을 수도 있다. 변화 과정을 통해 직원은 새로운 역량을 학습하고, 새로운 관계를 구축하며, 자신을 재창조하는 일에 상당한 시간과 에너지를 투자할 필요가 있다. 이것은 두려운 과정이다. 직원은 조직 내에서 영향 또는 지위의 상실을 당연히 두려워한다. 이전에 목표를 갖고 일했던 모든 것이 이제는 무관하게 될 수 있는 것이다.

두려움 및 불확실성에 사로잡혀 직원은 진행에 참여하기를 거부함으로써 또는 수동적 · 공격적 행위 —마치 그 과정을 지원하는 것처럼 행동하지만 사실은 아무것도 하지 않는 것— 등을 통해 변화에 저항할 수 있다. 어떤 연구자가 주목한 바와 같이 모든 직원은 변화 계획에 동의하지 않으면 어느 때건 행사할 수 있는 '침묵의 거부권'을 보유하고 있다. 이 거부권은 기각하기가 매우 어렵다.

직원은 또한 변화가 조직을 위해 올바르지 않다고 여기거나 변화 과정 뒤에 숨어있는 이유를 이해하지 못하면 변화에 저항한다. 이 상황에서는 리더가 변화에 대한 이유를 더욱 많이 의사소통하는 것과 조직 전체를 통한 신뢰 구축이 필요하다.

변화에 대한 저항과의 전쟁

변화에 대한 저항을 더 잘 이해할 수 있는 한 가지 방법은 조직의 자원, 과정, 가치 등을 평가하는 것이다. 조직의 자원은 조직의 변화 이행에 극적으로 영향을 미칠 수 있다. 자원에는 사람, 장비, 자본 등이 포함되며 지적재산, 브랜드 정체성, 연구 및 개발, 디자인, 고객, 유통업자 및 공급자 등과의 관계도 포함된다. '풍부한 고품질의 자원'을 갖고 있는 조직은 변화에 대한 저항에 성공적으로 맞설 수 있는 더 나은 포지션에 있게 된다. 좋지 못한 브랜드 이미지, 현금 부족, 만들어내거나 번창시키는 데 필요한 기술과 인력을 갖지 못한 조직은 변화의 노력을 제대로 하지 못하지만 동시에 변화에 대한 긴박한 느낌을 수립하기가 더 쉽다.

시간이 흐르면서 조직은 인력 기획과 같은 공식 과정과 자원을 할당하기 위해 어떻게 결정이 이루어져야 하는지 등의 비공식적 과정을 개발한다. 이 과정의 성격이 직원으로 하여금 매번 동일한 방법으로 행동하게 한다. 동일함은 속도와 효율성을 더욱 크게 해준다. 그럼에도 불구하고 일상 업무와 시스템은 조직 행위에 깊이 스며들어 조직이 변혁 계획을 시작할 때 엄청난 저항을 만들어낼 수 있다. 이 과정을 깨뜨리는 일은 극히 어려울 수 있다.

조직의 가치는 변화에 대한 저항을 관리할 때 고려해야 할 핵심 요인이다. 변화 과정에서 가치는 직원들이 함께 일하고 무엇이 중요한지에 우선순위를 설정하는 방법을 말한다. 본질적으로 가치는 조직문화 속에 반영되어 직원이 생각하고 행하는 방식에 영향을 미친다. 사람들이 믿는 것, 가치를 부여하는 것, 일이 되어야 하는 방식, 조직의 변화 노력 등이다. 제8장에서 설명한 바와 같이 문화는 변화에 대해 가공할 만한 장벽이 될 수 있다.

감성과 지성 사로잡기

가치, 신념, 기대 사항, 일상의 행위는 변화에 가장 어려운 요소가 될 수 있으며 변화 계획의 이행에서 가장 큰 저항을 제시할 수도 있다. 사실 대부분의 변화 프로그램은 신념과 가치를 변화시키는 목표를 가지고 있지도 않다. 그럼에도 불구하고 가장 근본 변화가 일어나는 부분이 바로 신념과 가치다.

조직의 변화 리더는 변화하는 과정과 직원이 변화의 필요성을 판단할 수 있도록 하는 일은 너무나 자주 살피면서도 직원의 가슴과 정서적인 몰입에 관여하는 일은 잊어버리고 있다. 그들은 마치 구조상 및 절차상의 변화 또는 지식의 창조 자체가 원하는 변혁을 가져다 줄 것처럼 변화를 제정하고 있다. 분석적 근거 또는 구조적 재설계를 넘어서는 참여 없이는 타성으로 인해 변혁적 노력의 기반을 허물어버릴 것이다. 같은 맥락에서 많은 변화 프로그램은 지식이 늘어나는 것을 성과가 개선되는 것과 동일시하는 잘못을 저지르고 있다. 비록 개선된 행위가 지식 증가와 상관이 있을 수도 있겠지만 교육 자체로는 성과를 개선시킬 수 없으며 변화를 만드는 경우는 훨씬 더 적다.

새로운 구조와 과정은 단지 변화가 이행될 수 있는 길을 제공할 뿐이다. 변화를 강화시켜 줄 수는 없다. 변화의 분석적 근거를 설명하거나 아니면 참여자의 지식을 늘려주기 위해 설계된 프로그램을 전달하는 일 등은 단지 변화의 잠재성을 구축할 수 있을 뿐이며 그것을 생산해주지는 못한다. 따라서 성공적 조직 변화의 노력은 변화가 필요하다는 신념을 갖고 있는 직원의 연합체를 구축해 그들이 변화의 영향에 대해 가지고 있는 핵심 의문 사항을 처리하도록 한다.

- 이 변화에서 나를 위한 것은 무엇인가?
- 내가 포기해야 할 것은 무엇인가?
- 과거의 성과에 대해 나는 인정을 받을 것인가?
- 나는 … 를 어떻게 해야 할지 알 수 있을까?
- 나는 변화를 이룰 에너지를 갖고 있는가?
- 나는 진정으로 차별성을 만들어낼 지위에 있는가?

이 질문 중 일부는 명백하게 진술이 되지만 일부는 겉으로 드러나지 않는다. 성공적 변화 리더는 이 질문에 답변한다. 변화의 저항을 다루는 일에서 관건은 경청하고, 의사소통하고, 개입하며, 훈련시키는 것이다(그림 11-5 참조). 리더는 직원이 변화에 영향

그림 11-5 변화에 대한 저항과의 전쟁

받음을 허용해 불만과 관심사를 터뜨리게 해주어야 한다. 만약 쟁점 사항에 유효한 어떠한 배출구도 존재하지 않으면 분노는 표면 아래서 끓어올라 강력한 저항 요인이 될 것이다. 리더는 변화의 신념과 변화하지 않는 경우와 관련되는 보상 등을 계속해서 의사소통해야 한다. 효과적 의사소통은 조직 전체를 통해 더 큰 신뢰와 이해를 구축하는 데 도움이 된다. 변화 과정의 일부가 되는 핵심 직원을 위해 기회를 창출하는 일은 리더가 단지 준수만이 아니라 더 큰 수준의 지원과 헌신을 생성하는 것을 가능하게 해준다.

개입의 일반적 형태에 포함되는 것으로는 특정 과제를 갖고 있는 전담반을 설립하는 것이다. 직원은 훈련과 개발 기회를 통해 성공의 길이 존재한다는 사실을 알아야 한다. 즉 자신을 위해 저항을 계속하지 않아야 한다는 것이다.

저항에 대한 타성과 저항의 원인이 되는 요인의 이해가 없이는 변화 계획은 성공할 가능성이 없다. 어떤 정황에서는 리더가 강제로 변화 과정에 참여하도록 해야 할 필요도 있다. 강압의 사용은 위기나 혼란의 시기에는 효과적일 수 있지만 변화를 제도화하려는 장기적 방법으로는 쓸 수 없다.

변화 리더의 특징

변화 계획의 높은 실패율은 대부분의 개인과 조직이 변화의 내부 · 외부 추진 요인에 적응하려 노력할 때 직면하는 어려움을 보여준다. 저항 세력은 대처할 수 없는 것처럼 보일 수도 있다. 성공적으로 변화를 이끌기 위해 무엇을 취해야 할지를 더 잘 이해하기 위해 한 연구팀은 24가지 변화계획을 연구했다. 그 분석을 통해 성공적 변화 리더는 다음과 같은 특징을 공유하고 있다는 사실을 발견했다.

- 더 나은 방식에 전념
- 기존의 세력 기반과 규범에 도전하는 용기
- 정의된 경계를 뛰어넘어 움직이겠다는 개인적 계획
- 자신과 타인에게 동기를 부여하는 능력
- 어떻게 사람들이 처우되는가에 대한 관심
- 상대적으로 낮은 프로파일을 유지하고 칭찬을 공유하는 능력
- 자신과 상황에 대한 유머 감각

요약

조직 변화는 내부 · 외부 세력에 의해 추진될 수 있으며 운영 과정, 전략, 인력, 기술, 문화, 구조, 요인들의 조합에 중점을 둘 수 있다. 발전을 계속 유지하기 바라는 기업은 비즈니스 환경을 관찰하고 필요에 따른 기반을 두고 전략, 조직설계의 선택사항, 과정 등을 채택한다.

변화의 필요성은 기업의 내부 환경과 아울러 외부 환경에서 나올 수 있다. 최근 수년 동안 기업의 외부 환경은 글로벌화, 기술, 와해적 혁신 등에 의해 영향을 받아왔다. 장기간에 걸쳐 성공을 거두는 기업은 외부 변화에 적응하거나 대응할 수 있다. 기업이 외부 환경에 대응할 때 그것이 변화된 상황에서 효과적으로 경쟁할 수 있는지를 결정하기 위해서는 내부 환경 역시 고려해야 한다. 때때로 현재의 성공이 조직의 타성 또는 무사안일주의로 이어질 수 있는데 이는 미래 지향적 변화를 한층 더 어렵게 만든다.

조직이 변화에 대비하는 방법은 항상 달라진다. 어떤 조직은 계속 변하고 있으며 그래서 계획적 변화에 의존한다. 다른 조직은 전향적 또는 예방적 변화에 참여해 계속 타당성을 갖고 있고 혁신적임을 분명히 하고 있다. 한편 또 다른 조직은 필요에 따른 기반에서 또는 근본적 변혁에 대한 대응으로 반응하면서 더 반사적인 방식으로 변화한다.

변화의 원인과 필요성을 확인하는 일은 첫 번째 단계다. 변화를 이끄는 과정은 매우 어렵다. 리더는 모델 또는 미래 비전을 향해 영향력을 발휘하는 추종자 집단에게 충격요법을 쓰기 위해 긴박한 느낌을 만들어낼 필요가 있다. 특히 변화의 필요성이 분명하지 않을 때 중요하다. 모델 또는 비전은 이행 과정을 통해 실현되는데 이에는 서로 다른 리더십 방법이 포함될 수 있다. 구조조정 과정, 과다 비용의 제거, 직원 해고, 비즈니스 일부 매각 등은 신속한 쟁취를 확보하기 위해 하향식 리더십에서 수행된다. 비록 이 방법이 단기간에, 특히 위기 시기에는 필요하지만 장기적 변화는 더 협업적인 방법으로만 지속이 가능하다. 특히 변화의 성격이 구조적이라기보다는 문화적일 경우에 그러하다. 이 상황에서는 직원이 변화 과정에 개입되는 것이 필요하다. 변화 리더는 상황을 평가해 적절한 과정과 방식을 효율적으로 활용해야 한다.

변화에 대한 저항은 대개 조직에서 매우 높다. 리더십의 핵심 역할은 저항에 맞서 싸우는 것이다. 리더는 인지적 · 정서적 수준 모두에서 직원을 관여시킴으로써 저항에 맞서 싸울 수 있다. 또한 리더는 변화의 필요성과 혜택에 대해 의사소통하는 것과 아울러 직원의 관심사를 경청할 필요가 있다. 변화 과정에 핵심 직원을 개입시키는 것과 훈련받을 기회를 제공해주는 것은 저항에 맞서 싸우기 위한 효과적인 메커니즘이 될 수 있다.

주요 용어

계획적 변화(Planned change)
과정(Process)
모델(Model)
반응적 변화(Reactive change)
변혁적 변화(Transformative change)
불만족(Dissatisfaction)
와해성 기술(Disruptive technologies)
유기적 변화(Organic change)
전향적 변화(Proactive change)
점증적 변화(Incremental change)
조직 변화(Organizational change)
지속가능한 기술(Sustainable technologies)
타성(Inertia)

과제

토론 주제

1. 왜 Coca Cola, Disney, Mcdonald와 같은 브랜드는 그렇게 오랫동안 유지될 수 있었는가? 어떻게 시대에 따라 변화해왔는가?
2. Google, Facebook은 향후 10년 동안 브랜드를 유지할 수 있음을 보장하려면 어떠한 방식으로 진화해가야 하는가?
3. 왜 조직의 변화는 그렇게 힘든가?

4. 비즈니스에서, 현재 잘하고 있는 것을 미래에 할 필요가 있는 것과 어떻게 균형을 잡아야 하는가? 기업은 양쪽 활동을 모두 잘할 수 있는가?

5. 관리자는 잠재적 조직 변화를 예측하려는 노력에서 외부 환경을 정밀 조사하기 위해 어떤 도구를 이용할 수 있는가?

6. 조직 변화의 다양한 방법을 고려해보라. 각각의 방법에서 장점과 단점은 무엇인가? 어떠한 조건에서 한 가지 방법이 다른 것보다 더 적합한가?

7. 변화에 대한 나만의 방법은 무엇인가? 나는 변화를 포용하는가 아니면 피하는가? 어떠한 상황에서 변화를 더 잘 받아들이는가?

8. 현상에 대한 불만족은 왜 만들어지는가? 관리자는 어떠한 방식으로 불만족을 줄일 수 있는가?

9. 변화는 어떻게 조직에서 탈선하는가? 관리자는 변화 과정이 실패하는 것을 방지하기 위해 무엇을 할 수 있는가?

10. 정서적 관계를 구축하는 것이 변화를 공고히 하는데 왜 그렇게 중요한가?

관리 연구

1. 적어도 25년의 역사를 가진 회사를 선택하라. 그 회사는 어떻게 변화했는가? 어떻게 타당성을 유지해왔는가?

2. 산업에 영향을 미칠 것으로 여겨지는 기술을 선정하라. 그 기술은 경쟁 상황에 어떻게 영향을 미칠 것인가? 어떠한 회사가 번창할 가능성이 있으며 어떠한 회사가 고투할 것인가?

현장에서

1. 변화 관리자 한 명과 팟캐스트 인터뷰를 수행한 후 웹사이트나 유튜브에 게시하라. 변화 관리자가 어떻게 변화 과정과 핵심 이행의 구성요소를 관리했는지 질문하라. 변화 관리자에게 다음 요소를 통해 가슴과 마음을 끌 수 있음으로써 변화 리더의 특징을 어떻게 보여주었는지를 공유하라.
   - 더 나은 방식에 전념
   - 기존의 세력 기반과 규범에 도전하는 용기
   - 정의된 경계를 뛰어넘어 움직이겠다는 개인적 계획
   - 자신과 타인에게 동기를 부여하는 능력
   - 어떻게 사람들이 처우되는가에 대한 관심
   - 상대적으로 낮은 프로파일을 유지하고 칭찬을 공유하는 능력
   - 자신과 상황에 대한 유머 감각

2. 캠퍼스에 대한 변화를 수행해보자. 기숙사 내의 재활용 프로그램을 만들어보라. 이 계획을 위한 로드맵으로 변화 방정식을 이용해 다음을 어떻게 달성했는지 작성해보라.
   - 현상에 대한 불만족
   - 새로운 행동방식 개발
   - 새로운 행동방식을 지원하고 제도화하는 변화 과정

참고문헌

[1] Lynda M. Applegate and Elizabeth Collins, "IBM's Decade of Transformation: Turnaround to Growth," Harvard Business School Case No. 9-805-130, rev. July 8, 2009 (Boston, MA: HBS Publishing, 2005).

[2] Lynda M. Applegate and Elizabeth Collins, "IBM's Decade of Transformation: Turnaround to Growth," Harvard Business School Case No. 9-805-130, rev. July 8, 2009 (Boston, MA: HBS Publishing, 2005).

[3] Lynda M. Applegate and Elizabeth Collins, "IBM's Decade of Transformation: Turnaround to Growth," Harvard Business School Case No. 9-805-130, rev. July 8, 2009 (Boston, MA: HBS Publishing, 2005).

[4] Lynda M. Applegate and Elizabeth Collins, "IBM's Decade of Transformation: Turnaround to Growth," Harvard Business School Case No. 9-805-130, rev. July 8, 2009 (Boston, MA: HBS Publishing, 2005).

[5] Anthony Wilson-Smith and Berton Woodward, "The Customer Drives Everything," Maclean's, Vol. 115, No. 50, 2002, pp. 40–41.

[6] Lynda M. Applegate and Elizabeth Collins, "IBM's Decade of Transformation: Turnaround to Growth," Harvard Business School Case No. 9-805-130, rev. July 8, 2009 (Boston, MA: HBS Publishing, 2005).

[7] Anthony J. Mayo and Nitin Nohria, In Their Time: The Greatest Business Leaders of the 20th Century (Boston, MA: HBS Press, 2005), p. 346.

[8] OneSource® Business BrowserSM, www.onesource.com, accessed August, 2010.

9 IBM Global Business Services, "Global CEO Survey," 2008.

10 IBM Global Business Services, "Global CEO Survey," 2008.

11 Jeffrey Pfeffer and Robert I. Sutton, Knowing-Doing Gap: How Smart Companies Turn Knowledge into Action (Boston, MA: HBS Press, 2000).

12 Michael Beer, "Why Total Quality Management Programs Do Not Persist: The Role of Management Quality and Implications for Leading a TQM Transformation," Decision Sciences, Vol. 34, No. 4, Fall 2003, p. 626.

13 John P. Kotter, "Leading Change: Why Transformation Efforts Fail," Harvard Business Review, March–April 1995.

14 Mi cha el B ee r an d Ni tin Noh ria , "Cracking the Code of Change," Harvard Business Review, May–June 2000.

15 Teresa J. Colvin and Ralph H. Kilmann, "A Profile of Large Scale Change," An Experiential Approach to Organization Development , Donald F. Harvey and Donald R. Brown, eds. (Upper Saddle River, NJ: Prentice Hall, 2001), p. 202.

16 Jean Fang quoted in Felix Oberholzer- Gee, Michael Chen, Nancy Dai, and G.A. Donovan, "Doing Business in China," Harvard Business School Case No. 9-713-428 (Boston, MA: HBS Publishing, 2012).

17 Michael A. Hitt, "The New Frontier: Transformation of Management for the New Millennium," Organizational Dynamics, Vol. 28, No. 3, Winter 2000, pp. 6–17.

18 IBM Global Business Services, "Global CEO Survey," 2008.

19 Willy Shih, Chen-Fu Chien, and Jyun- Cheng Wang, "Shanzhai! MediaTek and the 'White Box' Handset Market," Harvard Business School Case No. 9-610-071, rev. December 22, 2010 (Boston, MA: HBS Publishing, 2010).

20 Ray Yang quoted in Felix Oberholzer- Gee, Michael Chen, Nancy Dai, and G.A. Donovan, "Doing Business in China," Harvard Business School Case No. 9-713-428 (Boston, MA: HBS Publishing, 2012).

21 Lynda M. Applegate, Robert D. Austin, and F. Warren McFarlan, Corporate Information Strategy and Management: Text and Cases (Boston, MA: McGraw- Hill/Irwin, 2003).

22 Thomas L. Friedman, The World Is Flat: A Brief History of the Twenty-First Century (New York, NY: Farrar, Straus and Giroux, 2005).

23 Stephen P. Bradley, Pankaj Ghemawat, and Sharon Foley, "Walmart Stores, Inc.," Harvard Business School Case No. 9-794-024, rev. November 6, 2002 (Boston, MA: HBS Publishing, 1994), p. 1.

24 IBM Global Business Services, "Global CEO Survey," 2008.

25 IBM Global Business Services, "Global CEO Survey," 2008.

26 Michael A. Hitt, "The New Frontier: Transformation of Management for the New Millennium," Organizational Dynamics, Vol. 28, No. 3, Winter 2000, pp. 6–17.

27 Clayton M. Christensen, The Innovator's Dilemma: When New Technologies Cause Great Firms to Fail (Boston, MA: HBS Press, 1997).

28 Clayton M. Christensen, "Why Great Companies Lose Their Way," Across the Board, Vol. 35, No. 9, 1998, pp. 36–42.

29 Joseph L. Bower and Clayton M. Christensen, "Disruptive Technologies: Catching the Wave," Harvard Business Review, January-February 1995.

30 Clayton M. Christensen, "Why Great Companies Lose Their Way," Across the Board, Vol. 35, No. 9, 1998, pp. 36–42.

31 Clayton M. Christensen, "Will Kodak's New Strategy Work?," Forbes, February 26, 2007.

32 Jeremy Dann, "Interview: Focusing on the Next Big Thing," Strategy and Innovation (Boston, MA: HBS School Publishing and Innosight, 2003).

33 Clayton M. Christensen and Michael Overdorf, "Meeting the Challenge of Disruptive Change," Harvard Business Review, March–April 2000, pp. 66–76.

34 Charles A. O'Reilly, III, and Michael L. Tushman, "The Ambidextrous Organization," Harvard Business Review, April 2004.

35 Jeffery Pfeffer, New Directions for Organization Theory: Problems and Prospects (New York, NY: Oxford University Press, 1997).

36 Bala Iyer and Thomas H. Davenport, "Reverse Engineering Google's Innovation Machine," Harvard Business Review, April 2008.

37 Bala Iyer and Thomas H. Davenport, "Reverse Engineering Google's Innovation Machine," Harvard Business Review, April 2008.

38 Jerry I. Porras and Robert C. Silvers, "Organization Development and Trans form ation," Annual Review of Psychology, Vol. 42, No. 1, 1991, p. 51.

39 Wanda J. Orlikowski, "Improvising Organizational Trans form ation Over Time: A Situated Change Perspective," Information Systems Research, Vol. 7, No. 1, 1996, pp. 63–92.

40 Karl E. Weick and Robert E. Quinn, "Organizational Change and Development," Annual Review of Psychology, Vol. 50, No. 1, 1999, pp. 361–386; and Nitin Nohria and Rakesh Khurana, "Executing Change: Three Generic Strategies," Harvard Business School Note No. 9-494-039 (Boston, MA: HBS Publishing, 1993).

41 Karl E. Weick and Robert E. Quinn, "Organizational Change and Development," Annual Review of Psychology, Vol. 50, No. 1, 1999, pp. 361–386.

42 Linda A. Hill, "Leadership as Collective Genius," Management 21C: New Visions for the New Millennium, Subir Chowdry, ed. (New York, NY: Financial Times Publishing, 1999).

43 Karl E. Weick and Robert E. Quinn, "Organizational Change and Development," Annual Review of Psychology, Vol. 50, No. 1, 1999, pp. 361–386.

44 J. Stewart Black and Hal B. Gergersen, It Starts With One: Changing Individuals Changes Organizations (Upper Saddle River, NJ: Wharton School Publishing, 2008).

45 David L. Cooperrider, Diana Whitney, and Jacqueline M. Stavros, Appreciative Inquiry Handbook (Brunswick, OH: Crown Custom Publishing, 2008).

46 Christopher A. Bartlett, "GE's Two- Decade Transformation: Jack Welch's Leadership," Harvard Business School Case No. 9-399-150, rev. May 3, 2005 (Boston, MA: HBS Publishing, 1999).

47 Michael L. Tushman, W illiam H. New man, and Elaine Romanelli, "Convergence and Upheaval: Managing the Unsteady Pace of Organizational Evolution," California Management Review, Vol. 20, No. 1, Fall 1986, pp. 29–44.

48 Michael L. Tushman, W illiam H. Newman, and Elaine Romanelli, "Convergence and Upheaval: Managing the Unsteady Pace of Organizational Evolution," California Management Review, Vol. 20, No. 1, Fall 1986, pp. 29–44.

49 Anthony J. Mayo, Nitin Nohria, and Mark Rennella, Entrepreneurs, Managers, and Leaders: What the Airline Industry Can Teach Us About Leadership (New York, NY: Palgrave MacMillan, 2009), pp. 149–153.

50 Michael Beer, "Leading Change," Harvard Business School Note No. 9-488- 037, rev. January 12, 2007 (Boston, MA: HBS Publishing, 1988).

51 Kur t Le win, "F rontier s in Gro up Dynamics: Concept, Method and Reality in Social Science; Social Equilibria and Social Change," Human Relations, 1947, pp. 5–41.

52 "Are You Change-Ready? Preparing for Organizational Change," Managing Change and Transitions (Boston, MA: HBS Publishing, 2003).

53 John P. Kotter, "Leading Change: Why Transformation Efforts Fail, Harvard Business Review, March–April 1995; and John P. Kotter, Leading Change (Boston, MA: HBS Press, 1996).

54 Arnoud Franken, Chris Edwards, and Rob Lambert, "Executing Strategic Change: Understanding the Critical Management Elements That Lead to Success," California Management Review, Spring 2009.

55 Rosabeth Moss Kanter, "Moving Ideas into Action: Mastering the Art of Change," Harvard Business School Note No. 9-388-022, rev. October 10, 1989 (Boston, MA: HBS Publishing, 1987).

56 Kurt Lewin, "Frontiers in Group Dynamics: Concept, Method and Reality in Social Science; Social Equilibria and Social Change," Human Relations, 1947, pp. 5–41.

57 Michael Beer and Nitin Nohria, "Cracking the Code of Change," Harvard Business Review, May–June 2000; and Kerry A. Bunker and Michael Wakefield, "The Balance Needed to Lead Change," Harvard Management Update, November 2008.

58 John P. Kotter and Leonard A. Schlesinger, "Choosing Strategies for Change," Harvard Business Review , March–April 1979.

59 Freek Vermeulen, Phanish Puranam, and Ranjay Gulati, "Change for Change's Sake," Harvard Business Review, June 2010.

60 Rosabeth Moss Kanter, "Leadership for Change: Enduring Skills for Change Masters," Harvard Business School Note No. 9-304-062, rev. November 17, 2005 (Boston, MA: HBS Publishing, 2003).

61 John P. Kotter and Leonard A. Schlesinger, "Choosing Strategies for Change," Harvard Business Review , March–April 1979.

62 Clayton M. Christensen and Michael Overdorf, "Meeting the Challenge of Disruptive Change," Harvard Business Review, March–April 2000.

63 Clayton M. Christensen and Michael Overdorf, "Meeting the Challenge of Disruptive Change," Harvard Business Review, March–April 2000.

64 Michael L. Tushman and Charles A. O'Reilly, "Ambidextrous Organizations: Managing Evolutionary and Revolutionary Change," California Management Review, Vol. 38, No. 4, Summer 1996, p. 8.

65 Clayton M. Christensen and Michael Overdorf, "Meeting the Challenge of Disruptive Change," Harvard Business Review, March–April 2000.

66 Roger Connors and Tom Smith, Journey to the Emerald City: Achieve a Competitive Edge by Creating a Culture of Accountability (Paramus, NJ: Prentice Hall, 1999).

67 John P. Kotter and Dan S. Cohen, The Heart of Change: Real-Life Stories of How People Change Their Organizations (Boston, MA: HBS Press, 2002).

68 Jayne Alexandre Dias de Lima, "Managing Change: Winning Hearts and Minds," Balanced Scorecard Report, January–February 2009.

69 Rosabeth Moss Kanter, "Moving Ideas into Action: Mastering the Art of Change," Harvard Business School Note No. 9-388-022, rev. October 10, 1989 (Boston, MA: HBS Publishing, 1987).

70 Jon R. Katzenbach and The RCL Team, Real Change Leaders: How You Can Create Growth and High Performance at Your Company (New York, NY: Times Books, 1995).

M A N A G E M E N T

제 4 부

개인 관점

MANAGEMENT

제 12 장

조직 내 리더십

학습목표

이 장을 공부한 후 다음을 할 수 있도록 한다.

- 리더십 연구가 복잡한 이유를 설명하고 리더십 연구에 대한 다양한 설명 파악하기
- 리더 개개인 분석을 바탕으로 도출된 다양한 리더십 이론 기술하기
- 리더가 어떻게 부하의 영향을 받는지 설명하고 리더–부하 역학관계의 분석을 바탕으로 도출된 리더십 이론 말하기
- 상황맥락이 리더십 행사에 어떻게 영향을 미치는지 설명하기

장의 개요

자기성찰 MANAGEMENT

나의 리더십이 지닌 장점은 무엇인가?

리더는 자신이 가진 장점을 발휘할 수 있을 때 두각을 드러낸다. 내가 지닌 리더십의 장점은 무엇인가? 다음의 진술문을 읽고 자신의 리더십이 지닌 장점을 평가해보라.

1=전혀 아니다, 2=거의 아니다, 3=가끔 그렇다, 4=대개 그렇다, 5=항상 그렇다

1. 나는 응집력 있는 팀을 구축하는 리더다.
2. 나는 새로운 아이디어를 혁신하고 생성하는 리더다.
3. 나는 내가 가진 전문성을 이용하는 리더다.
4. 나는 신뢰 및 효과적인 커뮤니케이션을 바탕으로 한 관계를 강조하는 리더다.
5. 나는 타인에게 권한을 부여하는 리더다.
6. 나는 타인을 멘토링하고 지도하는 리더다.
7. 나는 시스템과 과정에 초점을 두는 리더다.
8. 나는 비전을 창출하고 타인이 그 비전을 시행하도록 감화를 주는 리더다.
9. 나는 최종 목표 또는 과업에 중점을 두는 리더다.
10. 나는 타인이 새로운 시도를 하고 위험을 감수할 것을 장려하는 리더다.

위의 답변을 바탕으로 자신의 리더십이 지닌 장점에 대해 무엇을 알 수 있는가?

서론

지금까지 전략 및 조직설계, 리더 또는 관리자 개인의 역할을 설명했다. 리더는 전략 목표를 이행하기 위해 조직을 설계하고, 하급자에게 동기를 부여하며, 여러 작업집단이 목표 달성을 위해 협력하도록 활동을 점검한다. 이때 리더십은 어떻게 발휘해야 하는가? 리더십 역할을 효과적으로 수행하기 위해 알아야 할 것과 해야 할 것은 무엇인가?

리더십은 공통 목표를 달성하기 위해 자신과 타인이 가진 최고의 역량을 이끌어내는 것이다. 어떤 사람은 리더십의 개념을 통달해 그 일을 쉬워 보이게 하지만 어떤 사람은 공통된 목표를 향해 타인에게 동기부여하는 것을 어려워한다. 리더십은 마술처럼 신비한 것이어서 이러한 차이를 정확히 지적하기 어렵다. 그러나 연구자들은 이 마술의 해법을 찾아내고 리더가 권력과 영향력을 얻는 과정을 분석해왔다.

물론 리더십 연구가 모든 질문에 답변을 제시한 것은 아니다. 대부분의 연구는 상충하는 이론들을 도출했는데, 오히려 그러한 불일치가 리더십과 관련된 핵심 쟁점을 유발했다. 그중 끊임없이 제기되는 문제는 리더가 선천적 또는 후천적인지 여부다. 어떤 사람이 타고난 리더라고 말하는 것은 쉽지만 사실 대다수는 누구나 리더가 될 수 있다

고 생각한다. 이러한 사고를 가진 사람은 자신이 무슨 일을 어떻게 할지 이해하면 리더십 기술과 행동을 의식적으로 개발할 수 있다고 믿는다.

리더십 연구에서 상반된 입장이 등장하는 주제는 리더십이 보편적 또는 우발적인지 여부다. 이 설명은 다음과 같은 질문을 던진다. 어떤 상황에서든 특정 집단을 이끌 수 있는 초월적 리더가 존재하는가? 효과적 리더십은 적절한 기술을 가진 적절한 개인이 적시에 적절한 과업을 추구하는 것으로부터 비롯하는가? 〈TIME〉, 〈LIFE〉, 〈Sports Illustrated〉를 창간한 Henry R. Luce는 오늘날 소셜미디어 문화에서 성공할 수 있을까? Elisabeth Liz Claiborne의 직장 여성을 위한 패션 개념은 신세대 직장 여성의 공감을 얻을 수 있을까? Mcdonald 창업자인 Ray Kroc은 오늘날 건강 위주의 패스트푸드 시장에서 성공할 수 있을까? 아니면 이 리더들은 단순히 각자가 속한 시대를 반영하는 것일 뿐일까?

리더십 이론에서 발생한 마지막 쟁점은 만족과 성과에 대한 설명이다. 리더의 1차적 역할은 직원의 행복을 희생하는 한이 있어도 우월한 성과를 보장하는 것인가? 리더는 부하가 행복할 수 있도록 최대한 노력해야 하는가?

위의 이론들은 부딪치는 듯 보여도 실질적으로 같은 동전의 이면이다. 리더십은 이 측면들을 조합한 것이다. 리더는 선천적이기도, 후천적이기도 하다. 어떤 사람은 천부적 능력을 가지고 있는 반면 모든 개인은 리더십 잠재력을 지니며 이 잠재력은 실전과 경험을 통해 실현된다. 성공적 리더는 다재다능하다. 다양한 방식과 접근법을 가변적 상황에 적용할 줄 안다. 또 리더는 직원을 만족시킬 뿐 아니라 성과를 창출해야 한다.

이 장은 성과, 만족, 특성, 행동, 상황이론을 설명하고, 복잡하면서도 때때로 모순적인 정보를 제시한다. 이 장을 읽음으로써 리더십에 대한 고유의 지적 틀을 구축할 수 있다. 이나모리 가즈오(稻盛和夫)에 대한 사례연구는 성공적 리더의 여러 측면을 강조한다. 이 사례를 읽으면서 리더십에 대한 가즈오의 방식을 고찰한다. 그것은 보편적인가, 아니면 일본의 상황에 특정적인가? 과거 및 동시대 비즈니스 리더를 연구함으로써 무엇을 배울 수 있는가?

이나모리 가즈오

이나모리 가즈오는 20세기 후반 일본에서 가장 성공한 기업가 중 하나다. 1932년 일본 남부 출신인 가즈오는 7형제 중 둘째로 태어났다. 부모는 가족의 생계를 위해 중소기업을 경영했지만 2차대전과 8년 동안의 중일전쟁은 회사와 가족의 생존에 상당한 타격을 입혔다. 아버지는 자식이 중학교를 졸업한 후 곧장 취업하기를 권했지만 가즈오는 고등학교에 이어 대학에 진학하기 위해 아버지를 설득했다. 결국 가즈오는 가족에게 재정적 부담을 안기지 않는 조건으로 허락을 받았다. 역경을 극복하면서 고등학교와 대학을 졸업한 후 세라믹 회사에 취업했으며, 1959년 27세의 나이로 자신의 회사인 Kyocera를 설립했다.

가즈오는 Kyocera를 설립하기 위해 투자자들에게 아이디어를 홍보하고 자본을 확보하려 했으나 투자자들은 그가 젊다는 이유로 회의적이었다. 그러나 끈질긴 설득 끝에 투자자의 신뢰를 얻었고 개중에는 "당신은 가능성을 가지고 있다. 잠재력 말이다. 당신은 고유의 철학을 가지고 있다. 내가 당신에게 투자하는 이유다"라고 말했다. 1959년 Kyocera는 TV에 쓰이는 U자형 세라믹관을 제조해 첫 제품으로 출시했다. 2012년 Kyocera는 145억 달러 이상의 매출액을 기록했고, 71,000명이 넘는 직원을 보유한 회사로 성장했다. 창립 25년 후 가즈오는 통신업계 벤처기업인 DDI(이후 KDDI로 변경)를 설립했다. 일본의 독점기업인 일본전신전화주식회사(Nippon Telegraph and Telephone: NTT)와 경쟁하고자 수많은 기업이 업계에 뛰어들었으나 KDDI는 모든 경쟁사를 앞질러 10년 내에 일본 최고의 장거리 통신 대안 기업으로 성장했다. 2012년에 KDDI는 19,000명 이상 직원을 보유하고 434억 달러의 매출액을 기록했다.

TOSHIFUMI KITAMURA/AFP/Getty Images

이러한 성공을 감안하면 가즈오는 사업에 영향을 미친 요인과는 상관없이 타고난 위인처럼 보였다. 수많은 사람이 그의 출중한 매력에 이끌려 조언과 멘토링을 얻고자 했다. 그가 온갖 어려움을 극복하고 성공할 수 있었던 이유는 무엇일까? 그토록 많은 이들이 그의 영향력과 조언을 추구하는 이유는 무엇일까? 가즈오의 핵심 성공 요인은 경영 관행의 근간을 이루는 이념, 즉 그의 경영철학이다. 그 경영철학은 모든 기업활동을 추진한 동력이자 삶의 대한 가즈오의 신념을 반영한다.

그는 Kyocera의 초창기부터 회사의 원동력이 될 경영철학을 수립하고자 했다. 27세부터 신념을 세워 일생 동안 정비해 나갔다. 그는 항상 3가지 신념을 지켰다. 1) 사람은 행복하기 위해 자신을 인도할 철학 또는 태도에 따라 삶을 영위해야 한다, 2) 사람은 인간으로서 옳은 일을 해야 한다, 3) 사람은 운명을 통제해야 한다. 가즈오는 Kyocera가 이 가치들을 양성하고 모든 직원이 같은 관점을 공유하기를 바랐다.

이 철학을 전파하기 위해 문화, 각종 상징, 전통, 잊지 못할 경구 등을 발달시켰다. 그의 철학을 구성하는 가장 영향력이 큰 요소는 성공의 공식이다. 즉 삶의 결과=능력×노력×태도이다. 능력과 노력에 대해 0~100까지 점수를 매길 수 있다면, 태도는 −100~100까지 점수를 매겼는데 이는 태도의 중요성을 강조한다. 노력이나 능력이 있어도 부정적 태도를 극복할 수 없다. 이 공식에 따르면 성공하기 위해 특출난 능력이 없어도 되고 직원은 이를 위안으로 삼았다. 직원은 각자 노력하고 긍정적 태도를 유지하는 한 행복하고 보람찬 인생을 살고 스스로의 운명을 통제할 수 있다고 믿었다. 가즈오는 "신을 존경하고 사람을 사랑하라"는 개인 신념을 회사에 적용했다. 시간이 지남에 따라 가즈오는 자기 신념을 공고화하고 이것이 담긴 책을 모든 직원에게 배포했다. 매주 직원과의 간담회가 있을 때마다 Kyocera 철학을 낭독하고 토론했다.

위와 같은 활동은 Kyocera의 제일 중요한 목표를 반영한다. 바로 직원의 물질적 · 지적 성장을 자극하고 사회와 인류의 진보에 기여한다.

가즈오는 그러한 기회가 자연히 사업 성공을 견인할 것이라 생각했고, 그 생각은 실현되었다. 그의 철학이 우수한 성과를 창출하는 데 일조했기 때문에 임원들도 이를 수용했다. 이사회 의장은 "좋은 성과와 철학 중 무엇이 우선인지 선택해야 한다면, 나는 철학이 우선이고 이는 회사의 좋은 성과로 이어진다"고 말했다.

가즈오는 자기 철학이 Kyocera에서 실효를 거두자 새 회사 DDL을 창립하면서 이 철학의 간소화된 형식을 채택했다. (KDDI를 설립하고자) DDI와 타 기업과 합병할 때 가즈오는 회사의 여러 측면을 타협했지만 Kyocera 철학만큼은 양보하지 않았다. 제휴 기업의 임원들이 Kyocera 철학의 영향력에 회의적일 때도 가즈오는 단호히 Kyocera 철학을 신규 회사의 기업문화에 편입시켰다.

가즈오는 분명 독특한 비즈니스 리더였다. 그의 철학은 각 직원의 동기부여를 통해 회사에 중대한 영향을 미쳤다. 이 장에서 다룬 리더십의 다양한 측면을 접하고 이나모리 가즈오가 리더의 자질을 어떻게 반영하는지 고찰해보자.

적합한 사례 **이나모리 가즈오**

1. 가즈오의 어린 시절 및 청소년기 경험이 리더십 방식에 어떻게 영향을 미쳤는가?
2. 가즈오의 경영철학이 지닌 기본 특징은 무엇인가? 이는 효과적 경영철학인가?
3. 조직문화 창출이 리더십 행위에서 중요한 이유는 무엇인가?
4. 가즈오가 융통성 있는 리더라 생각하는가? 그 이유는 무엇인가?

리더

리더십을 고찰하려면 우선 위대한 리더를 파악하고 그 특징을 관찰해야 한다. 가령 오프라 윈프리, 리처드 브랜슨, 리자청, 빌 게이츠, Steve Jobs, 이나모리 가즈오 등 비즈니스 리더를 보면 특출난 성과를 창출하고 공통된 목표를 달성하기 위해 타인에게 영향을 미칠 수 있는 능력을 타고난 것처럼 보인다. 이렇게 경외심을 불러일으키는 리더는 여러 질문을 제기한다. 리더는 어떤 사람인가? 무엇을 하는가? 어떤 이유로 영향력 있는 사람인가?

위대한 리더의 특성, 기술, 행동에 집중하고 공통된 패턴을 찾아내면 모든 상황에서 유효한 자질과 유형을 추출할 수 있다. 이것이 리더십 연구자들의 첫 번째 전략이다. 이 장은 효과적인 리더십과 더불어 리더가 갖춘 3가지 측면을 설명한다. 첫째, 리더의 천부적인 특징과 태도를 나타내는 리더십 특성을 파악한다. 둘째, 리더의 상황 분석 및 대응 능력, 타인과의 상호작용 능력을 가리키는 리더의 기술을 살펴본다. 셋째, 리더가 타인에 대해 드러내는 특정 행위인 리더십 행동을 다룬다. 이어 카리스마적인 리더십 이론을 제시한다.

리더란 어떤 사람인가? 특성 및 기술

100여 년 동안 연구자들은 리더에 중점을 두고 리더의 특성(개인의 선천적 특징) 및 기술(학습된 능력)을 연구함으로써 리더십 문제에 대한 해답을 추구해왔다. 연구자들은 협소한 관점을 이용해 관찰된 리더십 유형을 설명할 뿐 아니라 보편적 리더의 특징 — 모든 상황에서 리더십을 발휘할 수 있는— 을 파악하는 이론을 구축하고자 했다. 이 연구는 논쟁적이지만 리더 개개인의 자질에 대한 이해를 제공한다.

이 방법은 역사적으로 위대한 리더로 간주되는 개인의 특성과 특징을 검토함으로써 리더십을 설명했던 이론인 '**위인설**'로 불렸다. 이 이론은 부하들의 상상력을 자극하고 수백만 명의 사람들에게 영향을 미쳤던 니콜로 마키아벨리, 조지 워싱턴, 에이브러햄 링컨, 나폴레옹 보나파르트와 같은 사람들의 리더십으로 설명될 수 있다. 학계에서는 이 리더들이 탁월한 자질을 타고났고 유전적으로 우월한 혈통의 자손이라 생각했다. 이 이론은 오래 존속하지 않았지만 모든 리더십에 해당하는 보편적 특성과 능력을 밝힌 리더십 이론으로서 널리 알려진 **특성 기반의 리더십 이론**의 기반이 되었다.

위인설(Great Man theory)
리더십을 역사적으로 위대한 리더로 간주되는 사람들의 발자취 및 특성을 조사함으로써 설명한 리더십 이론

특성 기반의 리더십 이론 (Traits-based leadership theory)
모든 리더십 상황에 해당하는 일단의 보편적인 특성을 드러내기 위한 리더십 이론

Anthony Seebaran/iStockphoto.com

리더에게 공통으로 파악되는 특성 중 하나는 자신감이다. 자신의 능력과 기술에 대한 강한 확신을 가진 리더는 책임을 가지고 타인의 신뢰를 얻을 가능성이 더 높다. 위기 시기는 조직의 외부 환경과 장래에 대한 엄청난 스트레스와 불확실성을 야기한다. 예를 들어, 타일레놀로 인해 1982년 시카고에서 여러 명이 사망했을 때 존슨앤존슨(J&J)은 어마어마한 공분과 모든 타일레놀 제품을 회수하라는 정부의 압박을 겪었다. 위기를 극복하기 위해 J&J CEO인 제임스 버크(James Burke)는 환자, 의사, 지역사회, 주주에 헌신하겠다는 회사의 확고한 신조를 견지했다. 버크는 자신감을 유지하고 회사의 핵심 가치를 준수함으로써 J&J가 잠재적 재앙을 헤쳐나갈 수 있도록 중대한 의사결정을 내렸다. 버크는 모든 타일레놀 제품을 회수하고 전수 조사를 통해 대중에게 투명성을 확보했다. 이제 J&J는 전 세계에서 가장 신뢰할 수 있는 브랜드 중 하나다. 제임스 버크와 같은 자신감 있는 리더는 위기 상황을 극복하고 불확실성에 대한 의사결정을 내린다.

유능한 리더들의 공통된 특성은 솔선수범할 수 있는 동인이다. 리더는 집요함과 위험을 감수할 의지를 보임으로써 장애물에 굴하지 않고 인내한다. 솔선수범하는 리더일수록 강한 자신감을 지니고 있다는 것은 흥미로운 사실이다. 리더는 솔선수범하기 위해 상황을 분석하고 타당한 해결책을 도출할 수 있는 스스로의 능력에 자신감을 가져야 한다. 위대한 리더가 지닌 기타 특성은 고도의 육체적 에너지, 과업을 달성하기 위한 동기 등이 있다. 리더가 스스로를 검토할 때 특성은 중요한 요소지만 효과적 또는 무능한 리더십을 평가하는 데는 불충분하다. 리더십을 정의할 때 수많은 다른 요인들을 고찰하는 것이 중요하다.

리더십 기술

연구자들은 리더십 특성 외에도 효과적인 리더십과 관련해 학습할 수 있는 핵심 기술 또는 능력(**인지기술**, **전문기술**, **대인기술**)을 파악해왔다. 인지기술은 내적 · 외적 환경을 이해할 수 있고, 의사결정을 위해 타당한 추론을 이용할 수 있으며, 효과적으로 의사소통할 수 있는 능력을 일컫는다. 전문기술과 대인기술은 경험과 실천으로 향상할 수 있다. 전문기술은 조직 및 직무와 관련된 활동에 대한 지식을, 대인기술은 타인들과 상호작용할 수 있는 리더의 능력을 가리킨다.

리더는 인지기술을 이용해 방대한 정보를 수집 및 처리하고, 적절한 전략을 창출하며, 문제를 해결하고 올바른 의사결정을 내린다. 가령 1990년대 초에 삼성전자 회장이 로스앤젤레스에 위치한 전자제품 상점을 방문했을 때 미국인들이 한국산 전자제품을 저렴한 상품으로 여긴다는 것을 깨달았다. 그는 한국에 귀국하자마자 혁신적 디자인에 투자하기 시작했고, 동시에 진보적인 전자제품 제조기업으로서 삼성의 이미지와 명성을 높이기 위한 마케팅에 착수했다. 이로써 삼성은 17개의 한국 브랜드와 44개의 대만 브랜드가 연구개발(R&D) 투자를 증대하는 트렌드를 창출했다. 회장의 작은 깨달음

인지기술(Cognitive skills)
내적 및 외적 환경을 이해할 수 있고, 의사결정을 할 수 있는 타당한 추론을 이용할 수 있으며, 효과적으로 의사소통을 할 수 있는 리더의 능력

전문기술(Technical skills)
조직 및 직무와 관련된 활동에 대한 리더의 지식

대인기술(Interpersonal skills)
타인들과 상호작용할 수 있는 리더의 능력

으로 인해 전체 산업이 혁신에 투자하기 시작했고, 결과적으로 삼성은 2008년 32개의 혁신 및 디자인 관련 상을 수상했다. 이 사례는 리더가 주변 환경을 이해하면 하급자로 하여금 조직의 성공에 헌신하도록 이끌 수 있음을 보여준다.

전문기술은 일정 분야(또는 활동)에 대한 전문성과 조직(또는 산업)에 대한 지식 등 2가지로 나뉠 수 있다. 조직의 하위 계층에서 리더가 효과적이려면 하급자가 이용할 방법, 과정 및 장비에 숙달해야 한다. 이는 신임과 신뢰성이 전문성에 달려있는 매우 전문적인 환경에서 특히 중요하다. 전문기술은 보통 교육을 통해 얻지만 공식적 훈련보다 경험이 더 중요할 수도 있다. 조직의 규칙, 구조, 경영체계를 포함한 조직 관련 지식을 가진 리더는 정보의 우선순위를 매기고 의사결정을 내릴 수 있는 능력을 높일 수 있다.

리더는 뛰어난 인지기술과 전문기술 외에도 대인기술을 발달시켜야 한다. 좋은 리더가 일관적으로 소유한 대인기술은 효과적인 의사소통 및 사회적 역량을 포함한다. 리더가 상징적, 언어적, 비언어적 의사소통을 이용해 타인에게 상당한 감화를 주는 발표를 할 수 있다면 하급자, 동료, 상사, 외부인과 결속을 강화할 수 있는 능력도 제고된다. 자신의 네트워크를 강화한 리더는 타인의 협조를 비교적 수월하게 얻고 갈등을 해결할 수 있다. 사회적 역량은 리더가 타인의 태도, 가정, 신념이 행동과 동기에 어떻게 관련하는지 인지하는 능력을 포함한다. 리더는 이 복잡한 대인 역학관계를 이해함으로써 팀의 정체성을 구축하고, 타인에게 공감하며, 공통된 관심사를 공유하고, 팀워크를 촉진하며, 팀 정신을 드높이는 데 효과적이 된다.

리더의 역량과 정당성은 인지기술, 전문기술, 대인기술의 조합에 달려있다. 부하들은 역량 평가 외에도 리더의 성격을 고려한다. 핵심 가치 및 근본적인 신념을 가리키는 성격은 가변적 상황에서 행동의 동인이 되는 항시적 요인이다. 리더의 가장 중요한 2가지 성격적 특성은 전인적 품성과 책임감이다. 전인적 품성이 뛰어난 리더는 견고한 원칙을 준수해 자신감을 불러일으키고, 존경심과 충성심을 얻는다. 가즈오는 Kyocera 철학을 통해 직원에 대한 헌신과 존경을 입증해보였다. 이 철학은 같은 조직 내 다른 리더들에게 시금석이 되었다. 가즈오에게 리더십은 수익성을 초월하는 책임감이고, 삶의 질 향상이라는 높은 목적을 가지고 있다. 최근 기업 스캔들, 논쟁적 긴급구제, 정치적 비행이 만연한 가운데 대중의 관점에서 리더의 성격과 품성이 더욱 중요해지고 있다. 가즈오의 방식은 이러한 스캔들에 연루된 리더들이 채택한 방식과는 정반대이다.

리더는 무엇을 하는가? 행동

특성이 리더가 누구인지를 가리킨다면, 행동은 리더가 무엇을 하는지 일컫는다. 1950년대부터 다양한 행동이론이 특성 기반 이론으로부터 등장했는데, 이는 리더의 실질적 업무와 활동을 조사함으로써 리더십을 고찰할 수 있는 새로운 관점을 제공했다. 행동이론은 특정 행동과 효과성의 연관성을 보여주며 리더십에 대한 완전한 이해를 도모하는 데 기여했다. 리더십 담론에서 널리 알려진 개념은 리더가 각종 상황에서 이용하는

성격(Character)
가변적인 상황에서 행동을 추동하는 핵심적인 가치 및 근본적인 신념

행동방식인 지배적 리더십 유형을 나타낸다는 점이다. 가령 훈련 담당 하사관은 군사적 리더십 유형을 보이는 반면, 인도주의자는 섬기는 리더로 묘사된다.

다양한 책에서 수많은 리더십 유형을 다루지만 연구자들은 리더십 유형이 단지 2가지 종류의 행동에서 비롯함을 알아냈다. 리더는 과업 달성을 촉진하는 행동 또는 생산적 관계를 양성하는 행동에 종사한다. 그러나 이 영역이 상호 배타적이거나 리더가 한 가지 종류의 행동만을 표현할 수 있다고 가정하는 것은 오류다. 위와 같은 종류의 행동은 복잡한 방식으로 상호작용한다. 실제로 리더는 조직의 성과 기준과 하급자의 관계적 욕구의 균형을 맞추어야 한다.

과업에 중점 두기

효과적이고 신뢰성 있는 방식으로 과업을 달성하는 데 집중하는 개인은 과업지향 행동을 나타낸다. 온전히 과업지향적인 리더는 집단의 목표와 이 목표를 달성하기 위한 수단에 관심을 둔다. 1차적인 과업지향 행동은 다음과 같다.

- **단기 기획 실행하기:** 리더는 무엇을 해야 하고, 누가 그것을 하며, 언제 달성해야 하는지 결정할 책임이 있다. 조직이 효율적으로 업무를 실시할 수 있도록 리더는 목표 및 전략의 우선순위를 매기고, 책임을 부여하며, 활동 일정을 짜고, 자원을 할당해야 한다. 유용한 도구에는 서면계획, 예산, 직원회의 등이 있다.
- **역할 및 목표 명확히 하기:** 리더는 하급자가 자신에게 기대하는 것과 과업을 어떻게 달성해야 하는지 완전히 이해하게 해야 한다. 업무 활동을 조율하기 위해 리더는 특정 과업에 대한 계획을 전달하고 기대치를 설정한다.
- **운영 및 성과 점검하기:** 비즈니스에서 리더는 궁극적으로 각자의 구성단위가 창출한 일의 양과 질에 책임을 져야 한다. 하급자가 올바른 경로를 추구하고 높은 수준의 성과를 올리게 하기 위해 리더는 근로자를 관찰하고, 보고서를 검토하며, 품질을 검사한다. 이 분류는 제10장에 설명된 다수의 기능을 포함한다.

연구에 따르면 과업지향 행동이 하급자의 성과와 밀접히 연관되어 있으나, 이 행동들은 하급자의 직무만족도에 기여하지 않으며 심지어 주의를 딴 데로 돌릴 수도 있다.

리더십 유형(Leadership style)
리더들이 상황에서 이용하는 행동의 방식

과업지향 행동
(Task-oriented behavior)
효율적이고 신뢰성 있는 방식으로 과업을 달성하는 것에 우선순위를 매기려는 행동

관계지향 행동
(Relations-oriented behavior)
대인관계, 인간으로서 근로자의 가치, 그리고 구성단위 및 그 임무에 대한 강한 집념 등에 우선순위를 정하는 행동

사람에 중점 두기

관계지향 행동은 과업지향 행동을 보완하고, 대인관계에 대한 관심, 인간으로서의 근로자의 가치, 구성단위 및 임무에 대한 강한 집념을 특징으로 한다. 가장 영향력 있는 행동은 3가지로 분류된다.

- **하급자 지원하기:** 리더는 타인의 욕구와 감정을 지원함으로써 효과적 관계를 구축 및 유지하고, 만족도를 증진하며, 하급자와 정서적 유대를 형성할 수 있다. 리더가 배려, 수용, 호의, 타인에 대한 관심을 나타내면 하급자의 자신감, 리더에 대한 신뢰, 조직에 대한 몰입에 영향을 미칠 수 있다.

- 하급자 개발하기: 회사 내에서 직원의 능력과 위치를 높이기 위해 리더는 하급자에게 코칭, 멘토링, 커리어 상담을 제공할 수 있다. 하급자의 개발을 도울 수 있는 또 다른 방법은 동격으로 대우하고 문제해결에 솔선수범을 보이는 것이다. 리더가 이와 같은 행동을 보일 때 상호협력적 관계 및 직무 자율성을 양성하고 커리어 발달을 촉진한다.
- 성과 인정하기: 직원은 자신의 노력을 인정받기 원한다. 그러므로 리더는 조직 또는 집단에 대한 하급자의 기여를 칭찬하고 인정해야 한다.

관계지향 행동의 다른 장점은 낮은 회전율, 직무에 대한 높은 동기부여, 창조성, 자기조절, 장기 성공 증진, 조직에 대한 몰입과 충성도 강화 등이 있다.

관리격자도

1960년대에 개발된 관리격자도(그림 12-1 참조)는 과업지향 행동과 관계지향 행동의 균형을 맞추는 데 일조한다. 일부 연구자들은 과업지향 행동과 관계지향 행동이 양극단에 존재한다고 생각했지만 리더가 각 행동을 다양한 차원에서 내보여 각각 다른 리더십 유형을 창출할 수 있다는 것이 일반론이다. 이 전제에 따르면 리더십 유형의 질은 리더가 나타낸 행동의 정도에 달려있다.

관리격자도(Managerial grid) 특정한 방식의 리더십에 기인하는 과업지향 및 관계지향 행동에 대한 리더의 다른 수준을 보여주는 2차원적 격자도

리더가 내보일 수 있는 리더십 유형에 영향을 미치거나 이를 제한하는 데는 여러 요인이 작용한다. 예를 들어, 조직은 특정 행동을 제한하는 규칙과 요구사항을 도입할 수

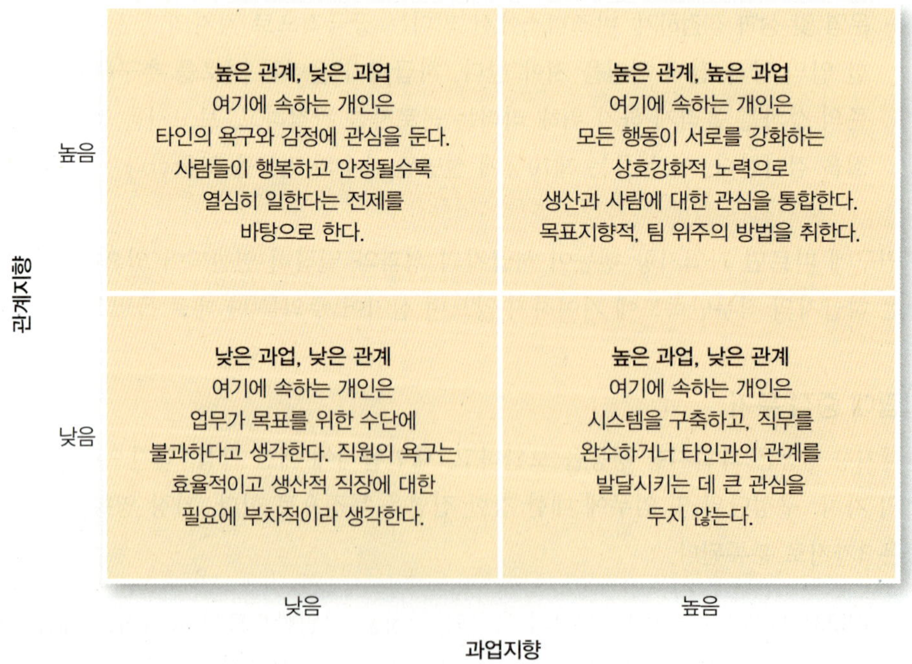

그림 12-1 관리격자도

Source: Adapted from Mindtools, Ltd., "Blake Mouton Managerial Grid," 2008, www.mindtools.com/pages/article/newLDR_73.htm, accessed September 10, 2008.

있다. 다른 제한적 요인에는 타인에 대한 대우와 성과 관리에 영향을 미치는 관리자의 가치와 신념이 포함된다. 가령 리더가 높은 질을 달성하는 것이 마감을 준수하는 것보다 더 중요하다고 생각한다면 성과를 내기 위한 시급성을 증대하고 전반적인 성과를 감소하게 하는 행동을 보이지 않을 것이다. 또한 리더의 개인사와 지식이 리더십 유형에 영향을 끼칠 수 있다. 대부분의 리더는 당장의 상황과 과업에 따라 다양한 유형을 보이지만 모든 리더는 대다수 상황 —특히 압박을 받는 상황— 에서 가장 편안함을 느끼고 기본적으로 적용하는 지배적 유형을 지닌다.

카리스마적 리더

특성 및 행동 관점은 리더에 대한 포괄적인 특징들을 고찰한다. 그러나 이 이론들은 여전히 소수의 리더가 존경이나 심지어 추앙을 받는 이유를 설명하지 못한다. 특성 및 행동이론보다는 카리스마적 리더십 이론이 유효한 지점이다. 원래 **카리스마적 리더**는 특수한 개인적 속성을 통해 위기상황을 극복한 뒤 감화를 주는 비전을 갖춘 사람으로 정의되었다. 카리스마적 리더는 탁월한 자질과 역량을 이용해 부하에게 강한 정서적 유착을 유발한다.

이 유형의 리더는 물질적 유인책 또는 위협적 징벌을 제공하는 대신, 사람들에게 삶의 의미와 도덕적 목적을 부여한다. 그러나 현대적 관점은 보다 실용적 방법을 취한다. 현대 이론에 따르면 리더는 부하에게 형언할 수 없는 영향력을 행사하는 초인적 개인이 아니라 형언할 수 없는 역량을 타고났다는 인상을 주는 특성과 행동을 보이는 사람이다. 카리스마는 선천적 자질이 아니라, 사회적 환경의 창조물이다. 즉 카리스마는 타인이 어떤 개인에게 부여하는 힘의 원천이며, 사회적 구성물이다.

카리스마적 리더 (Charismatic leaders)
감화를 주는 비전 또는 강렬한 개인적 속성을 통해 강한 복종심을 유발하는 사람

위와 같은 연구에 따르면, 리더는 부하로부터 기대 이상의 성과를 끌어내고, 부하의 근본적 신념을 변화시키며, 몰입과 충성심을 주입하며, 흥분을 유발하고, 부하가 집단적 목표를 위해 개인적 관심사를 희생하도록 설득할 때 카리스마적이라 간주된다. 리더가 근본적으로 다른 미래를 상상하고, 인습에 얽매이지 않은 방법을 이용하며, 변화를 위해 현실적 이유를 제공하고, 강력한 의사소통 기술을 가진 부하에게 감화를 주면 그 리더는 카리스마적이라고 볼 수 있다. 가령 Steve Jobs는 Apple의 고객뿐 아니라 직원들을 자극했던 상호연결된 미래를 열정적으로 표현한 리더였다. Jobs는 Apple 상품의 기술적 정교함과 예술적이면서 혁신적인 디자인에 주력해 회사가 모든 이의 기대치를 초월한 성과를 거두었다.

GYI NSEA/EdStock/iStockphoto.com

〈타임〉의 칼럼니스트 Lev Grossman은 Apple의 독특한 방식에 대해 이렇게 말했다. "대부분의 첨단기술 기업이 한두 가지 부문에 집중하는 반면 Apple은 모든 것을 한번에 한다. Apple은 자사 고유의 하드웨어와 운영체제를 만들고 이 운영체제에서 실행할 프로그램을 제

작한다. 또한 이 모든 것에 연결되는 소비자용 전자장치를 제조한다. 누가 이런 식으로 사업을 운영하겠는가? 일반적 통념에 따르면 Apple은 잘못하고 있는 것이다. 모든 것을 한번에 하려다가는 아무것도 잘 해낼 수 없는 것이다. 그러나 Apple은 30년 동안 3가지 주요 혁신 제품인 Apple II, 맥킨토시, 아이팟을 창조한 회사다." 곧이어 아이폰(iPhone)이 제품 대열에 합류했다. Apple의 성공은 대체로 Jobs의 비전과 카리스마에서 시작되었다. Jobs는 직원들이 각자 가진 역량을 초월하도록 장려했고, Apple에 대한 고객의 기대치를 높였다.

카리스마적 리더의 방식

카리스마적 리더는 자신의 능력에 상당한 자신감을 가지고 있고, 개인적 위험을 감수할 의지가 있으며, 자신이 가진 힘을 사회적 이익을 위해 긍정적으로 이용하겠다는 강력한 도덕적 확신을 따른다. 이 특성들은 행동을 통해 발현되고, 그중 가장 중요한 행동은 매력적인 비전을 창출하는 것이다. 카리스마적 리더는 비전을 창출한 후 강력한 이미지, 상징 및 은유를 이용해 타인에게 비전을 전달한다. 이 리더는 타인에게 감흥을 주기 위해 시선 마주침, 유창한 몸짓, 에너지, 음색을 이용하는 데 능숙하다. 리더는 발화와 친밀한 접촉을 통한 의사소통으로 직원들이 솔선수범할 것을 종용한다. 리더가 직원의 능력에 강한 긍정을 표현하면 직원들은 능히 과업을 완수하고 비전을 달성할 수 있다는 느낌을 받는다. Martin Luther King II세의 '나에게는 꿈이 있습니다' 연설은 현대사에서 가장 유명한 비전의 표현이다.

성공적 리더는 직원에 대한 높은 기대를 표현하고, 말과 행동을 일치하게 하며, 직원이 비전에 기여할 수 있도록 권한을 부여함으로써 추진력을 구축하고 지지를 얻는다. 공감은 리더가 직원의 이익에 관심을 가지고 리더에 대한 직원의 정서적 유대를 증진함을 나타내므로 신뢰를 높인다. 또한 리더는 비전을 추구할 때 개인적 위험을 감수하고 자기 희생을 마다하지 않을 때 신뢰를 쌓는다. 카리스마적 리더의 3가지 목표는 비전을 창출하고, 공감을 얻으며, 권한을 부여한다. 3가지 동인이 함께 작용할 때 카리스마적 리더는 깊은 신뢰, 애정, 정서적 애착, 자신감을 동반한다.

그러나 카리스마적인 리더십에도 어두운 면이 있다. 모든 카리스마적 리더가 긍정적인 역할 모델인 것은 아니다. 카리스마적 리더는 사회에 긍정적 영향력을 미치는 대신 자기애가 강하고, 자기 확대적이고, 착취적이다. 직원을 개발하는 대신 권력을 발휘해 직원들의 장래를 가로막는다. 사회적으로 유의미한 이념적 가치에 호소하기보다, 힘을 얻고 개인적 목적을 이행하기 위해 환상이 깨진 이념을 지지한다. 이 부정적 속성에도 불구하고 카리스마적 리더는 권세를 얻는다. 이때 떠오르는 명백한 질문은 다음과 같다. 어떻게 이 리더는 직원들을 끌어들이는 것일까? 합리적 사람이라면 리더의 근원적 동기를 인식하고, 그의 대의가 위협적이거나 비도덕적이라면 거부해야 하는 것 아닌가? 그 대답은 두말할 것 없이 '그렇다'이지만 리더가 권력을 획득하는 데는 상황의 맥락을 따져보아야 한다.

카리스마적 리더는 종종 위기 시기에 권세를 얻는다. 부하들이 심리적으로 괴로워하고 현상유지에 환멸을 느낄 때 리더는 현재 환경과는 근본적으로 다르거나 이보다 나아보이는 비전에 대한 지지를 더욱 쉽게 얻을 수 있다. 어떻게 보면, 직원들은 더 나은 미래에 대한 약속에 사로잡힐 수 있다. 이 경우 어떤 리더는 이 상황을 이용해 자신의 의제를 내세운다.

리더와 부하

지금까지 리더에 주로 초점을 둔 리더십 이론을 제시했다. 리더십의 일부 측면은 리더의 특성, 기술, 행동으로 설명될 수 있지만 리더십을 구성하는 중대한 측면, 즉 부하를 간과한다. 실제로 리더십은 이끄는 사람과 이끌어지는 사람 간의 역동적 상호작용이며, 리더는 직원에게 영향을 미치는 만큼 직원의 영향을 받는다.

변혁적 리더십 이론

변혁적 리더십은 이 분야에서 가장 널리 알려져 있고 가장 많이 연구된 개념 중 하나로서, 리더가 조직과 여기에 속한 직원 개개인을 보다 나은 방향으로 변혁 또는 변화시키기 위해 이용하는 행동으로 정의된다. 변혁적 리더는 강력한 도덕적 잣대와 의무감에 따라 직원들이 공통의 비전을 향해 기대를 초월하는 성과를 달성하도록 영향을 미친다. 학자들은 매우 성공적인 CEO와 관리자를 탐구한 연구를 통해 이 이론을 개발했다. 변혁적 리더십은 카리스마적 리더십과 유사해보이지만 중요한 차이점이 있다. 예를 들어, 학자들은 변혁적 리더십이 조직의 상부층뿐 아니라 모든 계층에 적용될 수 있다고 주장한다.

변혁적 리더십의 구성요소

변혁적 리더십은 효과적인 리더십이 빠른 기술적, 사회적, 문화적 변화라는 환경에서 수행된다고 가정하고 변화 과정에 중점을 둔다. 학자들은 성공적 변화 행위자들과의 면담을 통해 조직 내 모든 계층의 리더에 해당하는 공통 패턴을 파악했다. 변혁적 리더는 직원들이 집단의 이익과 목표를 위해 자신의 이익과 개인적 목표를 희생하도록 장려함으로써 직원들의 보다 높은 차원의 욕구에 호소한다. 변혁적 리더의 특징은 다음과 같다.

- 카리스마 및 비전: 카리스마는 변혁적 리더십에 필수지만 카리스마만으로는 변혁 과정을 구축하는 데 충분하지 않다. 카리스마는 특성 및 행동을 가리키고, 변혁적 리더십은 비전을 제공하고, 자신감을 주입하며, 직원들의 존경과 신임을 얻음으로써 리더에게 강한 정서적 유착을 초래하는 데 큰 비중을 둔다. 공통의 비전을

변혁적 리더십
(Transformational leadership)
리더가 자신들의 조직 및 사람들을 더 좋아지게 하려고 변혁하거나 변화시키기 위해 이용하는 일단의 행동

고취하는 것은 활동에 의미를 부여하고, 정서를 불러일으키며, 직원들을 지적으로 자극하기 때문에 리더십의 가장 중요한 측면 중 하나로 간주된다.

- **영감적 동기**: 직원이 비전을 추구하도록 고취하기 위해 리더는 상당한 신임을 얻어야 한다. 그러려면 강력한 도덕적·윤리적 기준을 지지하고 비전에 대한 역할모델로서 기능해야 한다. 직원들은 압박에도 불구하고 자신의 가치를 전달하고 전인적 품성을 유지하는 리더를 신뢰한다. 기본적으로 예측가능한 리더를 신뢰한다. 직원들이 리더를 더 신뢰할수록 개인적 위험을 감수하고, 변화를 창출하며, 조직을 개선하려는 의지가 강해진다.
- **지적 자극**: 리더에 대한 존경은 매우 중요하고, 존경심을 얻는 최선의 방법은 직원을 존경하는 것이다. 지적 자극이라는 맥락에 따라 리더는 직원들이 역량을 넘어선 문제를 해결할 때 스스로 사고하게 하고 창조성을 발휘하도록 장려해야 한다. 그러면 직원이 문제를 해석하고 해결책을 제시할 수 있는 능력이 제고된다. 무엇보다 리더는 타인이 기존 아이디어에 도전하도록 권장한다. 하지만 이는 상호 신뢰와 존경의 환경에서만 가능하다. 이 환경을 증진하려면 리더는 자신이 가진 가정에 공개적으로 문제를 제기하고, 문제를 재구성하고 새로운 방식으로 낡은 상황에 접근해야 한다.
- **개별적 배려**: 특성 기반 및 행동 기반 이론과 마찬가지로 변혁적 리더십의 가장 중요한 측면 중 하나는 개별적 배려다. 이는 리더가 부하의 업적, 성장, 지원에 대한 욕구를 이해하고 부하의 능력을 지속적으로 개발하는 노력을 의미한다. 리더는 적극적으로 경청하고, 과업에 대한 권한을 위임하고, 결과를 점검함으로써 개개인이 성장하고 성과를 달성하도록 돕는다.

변혁적 리더는 다른 유형의 리더가 이끄는 집단에서 거의 찾아볼 수 없는 효과를 창출할 수 있다. 가장 놀라우면서도 일관된 결과는 직원들이 자기 이익을 초월해 기대 이상을 달성하는 데 몰입하도록 영향을 미칠 수 있다는 점이다.

거래적 리더십 이론

카리스마적 리더십 및 변혁적 리더십 이론이 정서적 환기의 맥락에서 리더십을 설명한다면, 거래적 리더십은 직원이 스스로의 기대를 초월하도록 동기를 부여하는 단순한 과정을 일컫는다. **거래적 리더십**은 하급자가 원하는 것에 대한 대가로 하급자에게 무언가를 제공하는 과정이다. 예를 들어, 관리자는 노력과 양질의 제품에 대한 대가로 임금인상 또는 승진을 제공한다. 정치의 경우, 관료는 투표에 대한 대가로 캠페인 공약을 한다. 제10장에서 설명했듯 이 유형의 거래는 성과관리의 강력한 구성요소다.

거래적 리더십
(Transactional leadership)
리더가 하급자들에게 그 하급자가 원하는 그 무엇을 대신하여 무언가를 제공하게 되는 과정

거래적 리더십의 구성요소

거래적 리더는 혁신보다 효율성에 더 관심을 둔다. 그러므로 목표를 설정하고 목표에

리더십 개발의 여정 Robert E. Quinn은 변혁적 리더를 통해 조직 성과를 최적화하는 개인을 설명하기 위해 '근원적 리더'라는 용어를 창안했다. 근원적 상태에 있는 리더는 다음과 같다.

- 야심찬 결과물을 추구하므로 성과중심적이다.
- 자신의 가치에 따라 행동하므로 내적 지향적이다.
- 집합적 선의를 우선시하므로 타인중심적이다.
- 자신을 둘러싼 환경에서 배우고 변화에 적응하는 것에 외적으로 개방적이다.

리더십의 근원적 상태에 도달한 때를 고찰해보라.

1. 리더십의 근원적 상태에 도달하게 한 동인이 무엇인가?
2. 내가 올린 성과가 리더십의 근원적 상태에 어떻게 최적화되었는가?
3. 리더십의 근원적 상태에 얼마나 더 자주 도달할 수 있는가?

달성하기 위해 업무 권한을 위임하는 편이다. 거래적 리더십의 가장 중요한 2가지 구성요소는 **상황적 보상**과 **예외에 의한 관리**(MBE)다. 후자는 능동적 MBE와 수동적 MBE로 분류된다. 예외에 의한 관리(MBE)는 수동적 또는 능동적으로 관여하는 리더십의 방법론으로서, 하급자가 기준을 충족하기 위해 기울이는 노력을 증대하기 위해 리더가 언제 관여해야 하는지 규정한다. 거래적 리더십과 연관된 기타 활동은 조직 목표 설정, 상세한 조치 기획, 자원 할당, 직무 조직화 및 직원 배치, 문제 해결을 위한 성과 점검 등 다양한 과업지향 행동을 포함한다.

- 상황적 보상: 당근 또는 채찍 방법으로도 알려진 상황적 보상은 리더와 직원 간의 교환 과정을 의미하며, 리더는 직원 업무에 대한 대가로 보상을 제공한다. 리더는 보수, 의결권, 승진 등 유형적 항목부터 신임, 헌신, 존경 등 심리적 항목까지 광범위한 보상을 제공한다. 그러나 후자는 더 드물어지고 변혁적 리더십에 몰입하게 되었다. 상황적 보상을 효과적으로 이용하기 위해 리더는 직원이 업무로부터 가장 원하는 것(보상, 커리어 개발 또는 더 미묘한 욕구)을 이해하고, 이를 제공하기 위해 최선을 다해야 한다. 가령 어떤 직원은 연봉에 더 관심을 두고, 어떤 직원은 동료와 회사 문화에 더 관심을 둔다. 제18장에서 동기부여의 동인에 대해 상세히 살펴본다.
- 능동적 예외에 의한 관리: 관리자가 능동적 MBE를 이용할 경우 직원들이 기준을 충족하고 오류를 방지할 수 있도록 지속적으로 점검한다. 하급자가 원하는 성과에서 이탈하면 관리자는 성과 시정을 위해 즉각적 조치를 취할 수 있다. 능동적 MBE의 형태는 자아존중감과 장기 성과를 높이는 긍정적 강화부터 부정적 비판까지 다양하다. 직원이 업무를 시작하기 전에 리더는 성과의 기대를 명확히 하여 하급자의 혼란을 방지하고 자신감을 구축시킨다.
- 수동적 예외에 의한 관리: 능동적 예외에 의한 관리(MBE)가 지속적 점검을 증진한

상황적 보상(Contingent reward)
리더와 그 부하들 사이의 교환과정으로서 지도자는 부하들에게 봉사에 대한 교환으로 보상을 제공한다.

예외에 의한 관리 (Management-by-exception)
하급자가 기준에 부합하려는 노력을 더 많이 하도록 리더가 개입하여야 하는 경우에 규정되는 수동적 또는 능동적으로 행해지는 리더십의 방법

다면 수동적 MBE는 하급자가 기대에 미치지 못할 때 관리자가 시정 조치를 취해야 함을 의미한다. 그러므로 하급자는 오류에서 배우고 기능적으로 자립적이 된다. 단기적으로는 위험한 전략일 수 있지만 장기적으로는 더 효과적이다. 관리자는 상황의 시급성과 하급자의 기술 수준에 따라 2가지 MBE 균형을 맞추어야 한다. 예를 들어, 상사가 높은 압박을 가하거나 직원의 역량이 부족한 때는 능동적 MBE가 필요하다.

거래적 리더십과 변혁적 리더십 조합하기

지난 세기 동안 거래적 리더의 행위가 주로 쓰였으나 거래적 리더십은 조직의 성과와 기대를 초과할 수 있는 개인의 능력을 제한한다. 직원은 보상과 노력의 교환을 협상함으로써 성과를 달성하기 위해 노력하지만 직원이 목표에 달성하는 순간 노력과 몰입은 감소할 수 있다. 직원이 업무에 정서적으로 몰입할 때만 지속적으로 기대를 초월할 수 있다. 이 상황에서 직원은 물질적 보상보다 자기만족과 개인적 자부심을 위해 업무에 임한다. 즉 거래적 리더십은 직원이 잠재력을 완전히 발휘하도록 동기를 부여하는 것은 아니다. 그렇다 해서 거래적 방법론을 무시해야 한다는 뜻은 아니다. 오히려 체계화된 리더십이 필수적이다.

최고의 리더는 거래적 리더십과 변혁적 리더십을 모두 드러낸다. 거래적 리더는 질서를 구축하고, 효율성을 유지하며, 일관된 성과를 창출하는 반면 변혁적 리더는 정서적 요소를 도입함으로써 성과를 높인다. 거래적 리더는 성과를 얻기 위해 기존 틀을 이용하지만 변혁적 리더는 새로운 기회를 추구하고 위기를 방지하기 위해 해당 틀을 변화시킨다. 변혁적 리더는 의무감을 고취하고, 보다 높은 사회적 대의의 비전을 표명하며, 직원의 지능을 자극해 만족도와 성과를 높이므로 하급자와 더 좋은 관계를 맺을 수 있다. 헨리 포드는 거래적이면서 변혁적 리더였다. 근로자에게 높은 임금(일당 5달러)을 제공하고 엄격한 규칙과 절차에 따라 노동을 통제하는 한편, 조립라인을 이용하고 장애인과 문맹인을 고용해 자동차산업을 변혁시켰다.

리더–구성원 교환 이론

변혁적 및 거래적 리더십 이론이 리더가 영감 고취와 보상을 이용해 직원이 조직목표를 추구하도록 동기를 부여하는 방식에 초점을 둔다면, 리더-구성원 교환(leader-member exchange; LMX) 이론은 리더와 부하 간의 실질적 관계를 고찰한다. 리더-구성원 교환이론 이전의 모든 리더십 이론은 리더가 이끄는 집단의 구성원에게 동일한 특성, 행동, 방식을 내보이고, 모든 직원에게 동일한 리더십 유형을 이용한다는 가정을 지지했다. 리더-구성원 교환이론은 이러한 가정에 도전한다. 이 이론에 따르면 리더는 각 구성원을 다르게 대함으로써 각각의 직원과 독특한 관계를 발전시킨다.

리더–구성원 교환 이론(Leader-member exchange theory) 리더가 각각의 부하직원을 서로 다르게 다룸으로써 각 구성원과 독특한 관계를 발전시키는 리더십 방법

리더가 하급자들과 함께 개개인의 역할을 정의하면 높은 교환 또는 낮은 교환 관계가 발달한다. 시간 제약과 직무의 책임 때문에 리더는 소수의 중요 구성원과만 높은 교

환 관계를 형성할 수 있다. 집단의 나머지 구성원은 공식적 권위, 규칙, 정책의 영향을 받는다. 따라서 내집단과 외집단이라는 2가지 집단이 형성된다.

내집단 및 외집단

리더와 외집단 구성원과의 관계와 달리, 리더와 내집단 구성원과의 관계는 이중성을 보여준다. 즉 일부 리더는 긴밀한 개인적 관계를 우선시하는 반면 다른 리더는 업무가 완수될 수 있는 체계화된 환경을 유지한다. 그러나 리더는 한 가지 일정한 방식보다는 2가지 행동 모두를 드러낸다. 변혁적 리더십과 관계지향 행동과 마찬가지로 높은 교환 관계의 대표적 특징은 상호신뢰, 존경, 몰입이다. 리더는 부하에게 더 많은 자율성, 영향력, 지원을 제공해 몰입을 이끌어낸다.

하급자가 내집단의 구성원이면 더 흥미로운 과업을 부여받고, 더 막중한 책임과 권한을 얻으며, 임금 인상 및 승진 등 유형적 보상을 받는다. 또한 업무를 완수할 수 있도록 더 많은 자원을 얻으므로 자신의 영향력과 커리어를 증진할 수 있다. 이는 상호 영향력이 낮은 외집단 관계의 특징과는 정반대다. 후자의 경우 하급자는 단순히 공식적 규칙과 요구사항만을 준수하므로 직무와 관련된 평균적 혜택을 받는다.

높은 교환 관계로부터 이익을 얻는 것은 직원뿐이 아니다. 리더도 이러한 관계로부터 혜택을 얻는다. 구성원이 각자의 위치에 요구되는 직무 이상을 해낼 의지가 있기 때문에 리더는 업무를 더 효율적으로 달성할 수 있다. 높은 교환 관계에서 하급자는 집단의 목표를 달성하기 위해 혁신적인 방식을 탐색하고 의사소통에 더 많은 시간을 할애한다. 결국 외집단 구성원보다 더 의존적이게 된다. 내집단 하급자는 더 많은 노력을 기울이고 과업에 더 몰입하기 때문에 이 관계는 높은 상호의존성, 충성심, 신뢰 등의 특징을 지닌다. 게다가 조직은 더 낮은 직원 이직률, 개선된 직무 태도, 높은 참여율을 경험한다.

높은 교환관계의 장점이 명백함에도 리더는 대개 소수의 구성원과만 관계를 발전시킬 수 있다. 그러므로 하급자는 내집단에 진입하기 위해 리더의 시간을 두고 경쟁한다. [표 12-1]은 진입에 도움이 되는 부하의 행위를 보여준다. 언뜻 이 리더십 방식은 불공정하거나 차별적으로 보인다. 그렇기 때문에 리더-구성원 교환은 모든 하급자에게 동등한 대우와 기회를 보장하는 개념인 관계 라이프사이클을 포함하도록 발달되었다.

표 12-1 내집단 진입을 촉진하는 행위

자신에 대한 기대를 파악하기	변화를 위한 리더의 노력을 지지하기
문제를 해결하기 위해 솔선수범하기	적절한 때 인정을 표하기
상사에게 의사결정을 통보하기	구체적인 대안으로 결함이 있는 계획에 도전하기
상사와 함께 정보의 정확성 확인하기	적절한 때 상향 코칭을 제공하기
상사로부터 정직한 피드백 장려하기	책임을 확대하기 위한 방식 협상하기

관계 라이프사이클

관계 라이프사이클은 공평한 리더십 유형을 장려하고 조직의 전반적 성과를 높이기 위해 리더-구성원 교환 연구자들이 창안한 개념이다. 리더가 육성하는 다양한 관계를 관찰한 후 연구자들은 리더-구성원 교환관계가 역할-형성 과정의 산물임을 밝혀냈다. 리더는 하급자가 책임감과 기술을 함양할 기회를 제공하고, 이 역할이 수용되거나 거부되는 정도를 평가한다. 구성원의 특징 및 행동 외에 리더의 평가도 리더-구성원 교환 과정에 있는 관계를 추동하는 요인이다. 이 역할-형성 과정은 3가지 단계를 포함한다.

1. **모르는 사람 단계:** 첫 단계에서 리더와 하급자는 서로를 알아가게 되며, 그들의 상호작용은 공식적이고 조직 정책에 기초한다. 리더는 성과를 낼 수 있도록 동기부여를 위해 규칙과 계약 의무에 의존한다. 이 단계에서는 거래적 리더십이 지배적이고, 하급자는 경제적 보상에 대한 대가로 리더를 따른다. 리더가 모르는 사람 단계에서 잠재력을 발견하면 지인 단계로 발전시킨다.
2. **지인 단계:** 두 번째 단계는 리더가 하급자에게 집단 내 책임을 확대할 기회를 제공할 때 시작된다. 하급자는 이 단계에 진입하기 위해 새로운 역할을 수용해야 한다. 하급자는 확대된 책임을 통해 개인적 및 업무 차원에서 리더와 함께 정보와 자원을 공유한다. 서로 상대의 동기와 이익을 평가하되, 리더는 하급자가 확대된 책임을 다룰 수 있는 능력을 평가하고, 하급자는 리더를 위해 더 많은 노력과 몰입이 필요한지 결정한다. 리더-하급자 관계의 질이 개선되면 구성원은 자신의 이익을 집단의 이익과 교환하기 시작하고, 상호신뢰, 존경, 충성심을 발전시킨다. 지인 단계에서 둘 중 한 가지가 발생할 수 있다. 직원이 리더의 기대를 충족하지 못하거나, 충분한 신임과 책임을 획득해 성숙한 동반자 단계로 승진된다.
3. **성숙한 동반자 단계:** 리더와 부하는 강력한 상호신뢰, 존경, 의무를 바탕으로 상대를 의존할 수 있음을 인지하고, 하급자는 추가 업무를 수행하며, 리더는 추가 지원을 제공한다. 이때 양측의 상호작용은 더 이상 공식적이거나 계약적이 아니며, 구성원은 상호 영향력과 상호주의 특징을 갖춘 고차원의 교환에 개입한다. 양측은 자신의 이익을 저버리고 조직의 임무와 목표에 몰입한다. 리더와 부하는 서로 간의 강력한 정서적 유착을 가지고 변혁적 리더십에 관여한다.

관계 라이프사이클은 제각각 다양한 속도로 진행되며 다양한 결과를 수반한다. 관계가 발전되면서 직원은 더 많은 책임을 지고 리더는 일관되고 정직하며 건설적인 피드백을 제공한다. 직원은 자신의 이익 대신 상호 이익에 중점을 두며, 위계 관계가 더 이상 강조되지 않는다. 이런 이유에서 학자들은 리더가 모든 하급자의 관계를 양성해야 한다고 주장해왔다. 시간 제약, 편애, 편의를 바탕으로 내집단 구성원을 선정하기보다, 리더는 모든 구성원과 높은 리더-구성원 교환관계가 발달할 수 있는 기회를 제공해야 한다. 그러면 직무 성과, 만족도, 혁신성이 향상될 뿐 아니라 리더의 신뢰도를 높일 수 있는 공평한 관계로 인식된다.

관계 라이프사이클
(Relationship life cycle)
모르는 사람, 지인, 성숙한 동반자 단계 등에 의해 규정되는 개념으로, 리더와 부하는 부하들이 내집단의 일부가 될지 아니면 외집단의 일부가 될지 여부를 결정하는 과정을 겪게 된다.

리더, 부하 및 상황

지금까지 설명한 이론은 리더와 리더–부하 관계에 초점을 두었다. 리더와 직원의 역할이 리더십을 이해함에 있어 중대한 기반이 되지만 양측이 상호작용하는 상황도 그에 못지않게 중요하다. 상황이론은 리더십 상호작용과 결과물에 영향을 주는 방식을 토대로 한다. 즉 제각기 다른 상황에서 다른 리더십 유형이 요구된다. 대개 리더십은 지시하기와 지원하기의 2가지 기능으로 구성되지만 상황에 따라 각각 다르게 적용된다. 유명 기업의 CEO는 기술기업 창업에 효과적일까? 기업가는 관료적인 대형 조직을 성공적으로 이끌 수 있을까? 리더십 기술은 얼마나 이전가능한가? 상황이론은 이러한 문제를 제기하고 상황적 리더십의 미묘함을 밝히기 위해 선행 이론을 바탕으로 한다.

피들러의 상황 모델

특성 기반이론과 행동이론은 리더십 상호작용을 일관적으로 설명하지 못했는데, 조직심리학자인 Fred Fiedler는 1960년대에 **피들러 상황모델**이라는 초기 리더십 상황이론을 제안한 학자다. 그의 모델에 따르면 모든 상황은 리더에게 상황이 우호적이거나 불리하도록 만드는 변수들을 특징으로 한다. 상황의 호의성에 따라 다양한 리더십 유형이 필요하다. 우선 이 이론은 리더가 상황에 맞게 자신의 방식을 변화시킬 수 없다고 주장함을 명심해야 한다. 피들러는 리더가 적응하는 대신 상황이 리더에게 맞게 변화되어야 하거나, 상황에 맞는 다른 리더로 대체되어야 함을 암시한다.

리더십 상황의 호의성을 구성하는 3가지 요인은 리더–구성원 관계, 과업 구조, 리더의 지위 권한이다. 리더–구성원 관계는 좋든 나쁘든 리더와 부하 간의 관계의 질을 가리키며, 하급자가 리더에게 충성하는 정도를 포함한다. 과업 구조는 체계적이건 아니건 과업을 달성하기 위해 표준 절차가 마련된 정도를 일컫는다. 가령 제조시설은 여러 표준 절차를 갖추고 있고, 디자인 회사는 융통성 있고 과업을 완수하기 위해 창조성을 요한다. 마지막 변수인 지위 권한은 강하든 약하든 리더가 성과를 평가하고 보상 또는 징벌을 내리는 권한의 정도를 의미한다.

호의적 리더십은 좋은 리더–구성원 관계, 체계적인 과업, 강력한 지위 권한을 포함한다. 관계가 좋으면 리더에 대한 집단의 자신감, 신뢰, 충성도가 높으므로 하급자는 리더의 요청에 이의를 제기하지 않고 준수할 가능성이 더 높다. 과업이 체계화되면 더 간단하고 반복적이며, 명확히 시범을 보일 수 있고, 올바른 해결책이 제한되어 리더가 성과를 측정하고 점검할 수 있는 능력이 향상되므로 리더가 더 수월하게 지시를 내리고 성과를 점검할 수 있다. 강력한 지위 권한은 리더가 하급자를 고용 또는 해고, 승진, 징벌할 수 있는 공식적 권한을 갖추므로 하급자에게 동기부여할 수 있는 보다 많은 수단을 가지고 있음을 의미한다.

피들러의 상황 모델
(Fiedler contingency model)
리더가 리더십 상황의 호의성에 실질적으로 의존하고 있다는 상황이론으로, 리더–구성원의 관계, 과업 구조, 리더의 지위 권한으로 기술된다.

허시와 블랜차드의 상황이론

Fiedler의 상황 모델이 리더십 학자의 인정을 얻으려 할 때 Paul Hutsey와 Kenneth Blanchard는 상황이론에 대한 다른 방식을 고안했다. 자신의 리더십 유형에 고착된 리더 대신 두 사람은 하급자의 성숙도에 맞게 행동을 조정할 수 있는 융통성과 다양한 기술을 갖춘 리더를 제시했다. **상황적 리더십**은 1) 리더가 드러내는 과업 관련 행동의 양, 2) 리더가 드러내는 관계 관련 행동의 양, 3) 부하가 특정 과업 · 기능 · 목표를 수행할 수 있을 정도로 성숙한 수준 간의 상호작용을 바탕으로 한 리더십 이론이다.

상황적 리더십 (Situational leadership)
리더가 보여주는 과업과 관련된 행동의 양, 리더가 보여주는 관계와 관련된 행동의 양, 부하들이 특정의 과업, 기능, 또는 목표를 수행할 만큼 성숙한 수준 사이의 상호작용을 바탕으로 한 리더십 이론

이 장은 처음 2가지 유형을 상세히 설명했으나 세 번째 유형은 다루지 않았다. 성숙도는 부하의 역량과 과업 또는 활동에 대한 몰입도를 가리킨다. 높은 성숙도는 자신감과 과업을 수행할 수 있는 능력을, 낮은 성숙도는 능력 및 자신감 부족을 나타낸다. 리더는 직원의 자신감과 몰입도를 파악하고 직원의 성숙도에 맞게 지시와 지원을 조정하기 위해 직원을 평가해야 한다. 시간의 경과에 따라 리더는 하급자의 성숙에 따라 하급자의 자신감과 기술을 구축하고 리더 스스로의 리더십 유형을 조정할 수 있는 기회를 탐색해야 한다.

Hutsey와 Blanchard는 행동과 성숙도의 차등제를 구축하기 위해 리더의 행동과 직원의 특징을 검토했다. 직원은 4가지 성숙도를 보이며, 리더는 적절한 리더십 유형으로 각 수준에 대응한다. [그림 12-2]는 하급자에 따라 2가지 요인, 즉 하급자의 수행 능력과 우수한 성과를 달성할 의지를 시각적으로 표현하고, 이를 가장 효과적인 리더십 유형과 연관짓는다.

능력이 뛰어나고 의욕이 넘치는 직원의 경우, 리더는 권한 위임에 초점을 두고 직원이 직무를 스스로 하도록 물러나 있어야 한다. 이와 반대로 아직 능력이 부족하고 강한 동기를 결여한 신입사원의 경우, 리더는 적극적으로 지

다른 관점

섬기는 리더십

이타적이고 관대한 리더: 1970년에 Robert K. Greenleaf가 만든 용어로, 섬기는 리더십은 리더의 우선순위가 동료의 이익을 극대화하고 하급자의 욕구에 주의를 기울이는 것임을 주장했다. 지난 수십 년 동안 리더십 유형의 동향은 점차 섬기는 리더십으로 이동했다. 섬기는 리더는 동료에 공감하고 동료와 공동체의 대의에 관심을 두는 좋은 경청자이다. Southwest Airlines과 같은 기업은 경영철학의 일부로 섬기는 리더십을 채택했다. 고객 또는 주주에게 우선순위를 두는 다른 기업과 달리 Southwest Airlines은 직원의 욕구를 우선시한다. 직원이 행복해야 두 번째 우선순위인 고객이 행복해지며, 고객이 행복해야 세 번째 우선순위인 주주가 행복해진다. 섬기는 리더는 보다 나은 세상을 건설한다.

1. 섬기는 리더십이 다른 리더십과 다른 점은 무엇인가?
2. 섬기는 리더십은 Southwest Airlines의 성공에 어떻게 영향을 미쳤는가?
3. Southwest Airlines의 리더십과 관련된 성공으로부터 조직이 배울 점을 기술해 보라.

그림 12-2 하급자의 특징과 연관된 리더십 유형

Source: Adapted from Paul Hersey, Kenneth H. Blanchard, and Dewey E. Johnson, *Management of Organizational Behavior: Leading Human Resources*, 8th edition (Upper Saddle River, NJ: Prentice Hall, 2001), pp. 174–187.

시를 내려야 한다. 직원이 각자의 위치에서 열의를 보이지만 성공에 필요한 기술이 덜 발달되었다면 리더는 안내자 역할을 하여 개개인이 기술 수준을 높일 수 있도록 원조해야 한다.

가장 난해한 리더십 위치는 직원의 능력이 출중하나 최선을 다할 동기를 결여할 때 발생한다. 이 상황에서 리더는 해당 직무 또는 회사에 대한 열정을 재점화할 수 있도록 도와야 한다. 그래도 성과가 개선되지 않으면 직원이 다른 직책을 탐색하도록 지원해야 한다. 열정과 몰입이 부족한 직원은 조직문화를 상당히 훼손할 수 있다. 그러므로 직원을 자극하거나 조직에서 제거함으로써 위와 같은 상황에 빠르게 대처해야 한다.

하우스의 경로-목표 이론

여타 상황이론이 리더십 행동을 특정 상황과 결부한다면 리더십 경로-목표 이론은 다른 방식을 취한다. 조직이론가 Robert J. House에 의하면 리더십의 가장 중요한 측면은 부하가 과업을 완수할 수 있고 이에 따라 보상과 만족을 얻을 것이라는 신념이다. 부하가 스스로 과업을 성취할 수 있다고 믿으면 업무에 임한 뒤 보상과 만족을 얻는다. 과업을 해낼 수 있는 자신의 능력에 확신할 수 없다면 그러지 못할 것이다. 이는 리더가 하급자의 노력에 보상을 제공하는 거래적 리더십과 유사해 보인다. 그러나 경로-목표 이론은 차등제에 따라 상황 변수(직원의 과업 달성 능력에 대한 확신)를 파악해 리더가 거래적 관계로부터 최선의 성과를 유도할 수 있는 방법을 설명한다.

리더십 경로-목표 이론 (Leadership path-goal theory) 리더십에서 가장 중요한 측면은 이 과업을 달성할 수 있고 그것이 보상으로 이어질 것이라는 부하의 기대임을 주장하는 이론

부하가 과업을 완수하고 보상을 얻을 수 있는 능력에 대해 확신하는 정도는 3가지 요인에 달려있다. 1) 과업의 특징, 2) 부하의 특징, 3) 리더의 행동이다. 과업의 성격과 부하의 특징이 확신의 정도에 어느 정도 기여하지만 리더는 정서적 지지나 유도로 모자란 부분을 보충해야 한다(그림 12-3 참조).

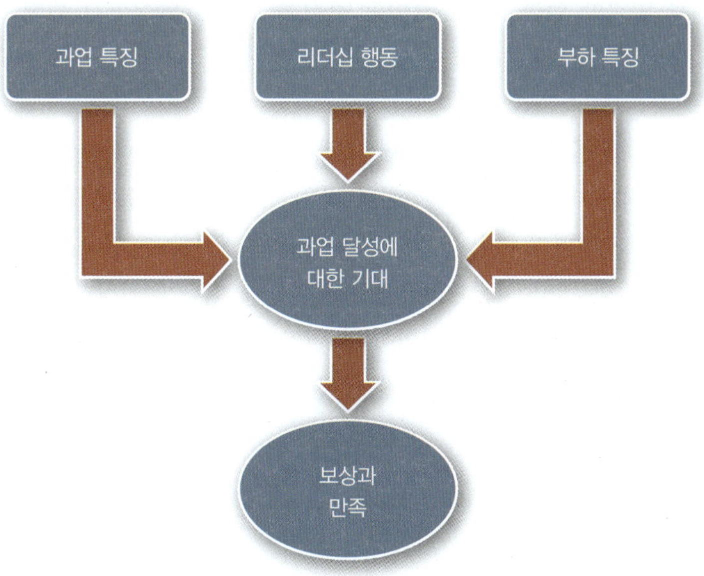

그림 12-3 경로-목표 이론의 시각적 표현

과업은 체계적이거나 아닐 수도 있고, 반복적이거나 다양할 수도 있으며, 단순하거나 복잡할 수 있다. 부하들은 각각 다른 변수를 추구할 수 있고, 리더는 부하가 추구하는 목표를 향해 이끌어야 한다. 하급자의 특징은 체계성에 대한 선호, 통제에 대한 욕구, 능력에 대한 확신을 바탕으로 한다. 일부 부하는 지지적 리더십을 선호하는 반면 다른 부하들은 체계화된 과업을 선호한다.

리더는 지시적, 참여적, 지지적, 성과지향 유형을 채택해 업무환경을 보완한다. 그러나 리더가 이 모든 행동을 동시에 실시할 가능성은 낮다. 유능한 리더는 개성과 능력에 가장 자연스러운 행동을 선택한다. 예를 들어, 항상 '직무 완수'에 초점을 두는 리더가 갑자기 직원의 가정 또는 개인사에 관심을 두면 어색해 보인다. 상황에 따라 리더가 익숙지 않은 행동이 필요하면 리더는 타인에게 책임을 위임할 수 있다.

리더십 대체물 및 중화물

어떤 학자는 과업 구조, 부하 특징, 환경의 기타 측면이 리더의 기능을 만족시킬 수 있다고 생각한다. 다른 학자는 심지어 리더십은 업무 설계, 보상 체계, 자기관리로 대체될 수 있다고 주장한다. 이러한 개념은 **리더십 대체물**(리더십을 불필요하게 만드는 상황)과 **리더십 중화물**(특정 방식으로 행동할 수 있는 리더의 능력을 저해하는 상황)로 분류된다. 또한 이 학파는 리더십이 실제 현상이 아니라고 주장한다. 부하의 투사에 불과하다는 것이다. 특정 책임을 지고 특정 행동을 보이는 이들은 하급자로부터 리더라는 직위를 부여받았을 뿐 조직의 성과와 만족에 실질적으로 기여하지는 않는다.

리더십 대체물과 중화물은 경로–목표 이론의 연장선상에서 리더가 상황의 특징을 보완하기 위해 어떻게 행동해야 하는지에 대한 통찰을 제공한다. 대체물은 하급자가 리더 없이도 최적의 수준에서 기능할 수 있게 하는 상황이다. 가령 하급자가 과업에 관련된 중요한 지식과 사전 경험을 갖춘 경우, 리더의 도움 없이도 과업을 수행할 수 있다. 마찬가지로 엄격한 행동규준을 구비한 조직은 성과를 달성하기 위해 명확한 경로를 이미 제공하고 있다. 따라서 근로자는 주어진 제약 조건에서 최적의 업무 수준을 쉽게 파악할 수 있다.

반대로 리더십 중화물은 리더가 영향력을 행사하지 못하도록 하는 제약조건이다. 예를 들어, 조직 규칙은 리더가 임금인상이나 자원 허용 같은 행동을 하지 못하게 할 수 있다. 물리적 거리도 리더와 하급자 간의 상호작용을 제한할 수 있다. 가령 FedEx의 지점장들은 국내 지점별로 전문복사 업무를 제공하는데 신규 지점장에게 지시와 개인적 지원을 제공할 수 있는 능력이 제한되어 있어 실망감을 드러내곤 한다.

리더십 대체물
(Leadership substitutes)
리더십을 불필요하게 만드는 상황의 양상

리더십 중화물
(Leadership neutralizers)
특정 방식으로 행동할 수 있는 리더의 능력을 저해하는 상황의 양상

요약

리더십은 이해하기 어려운 주제다. 100년 넘게 집중 연구가 실시되었지만 리더십에 접근하는 방식, 리더십을 설명하는 방식, 최선의 리더십 유형을 결정하는 것에 합의가 거의 이루어지지 않았다. 리더십은 그 복잡성에도 불구하고 조직의 성공에 필수적이고, 리더를 유능 또는 무능하게 하는 것을 이해하는 것이 중요하다.

수많은 리더십 연구에서 리더의 특징을 검토했다. 대체로 모든 이론에 관계와 과업구조 간의 균형이 명백히 드러나므로 특성 및 행동기반 리더십 이론은 리더십을 이해하는 데 가장 큰 기여를 했다. 두 이론은 기타 이론의 기반을 마련했으나 우수한 성과를 유도할 때 정서적 측면을 포함한 첫 이론은 카리스마적 리더십이다.

또 다른 권위 있는 리더십 이론은 리더와 부하의 관계를 고찰한다. 이 분석으로부터 1) 변혁적 리더십, 2) 거래적 리더십 등 2가지 중요 이론이 도출되었다. 변혁적 리더는 부하에게 동기를 부여하기 위해 영감 고취에 치중하고, 거래적 리더는 부하에게 동기를 부여하기 위해 보상에 집중하는 경향이 있다. 리더-구성원 교환이론은 리더가 일반적인 리더십 유형을 보이기보다 각 하급자와 독특한 관계를 육성함을 밝혔다. 이와 같은 연구에 따르면 리더는 기본적인 조직 성과에 필요한 거래적 행동을 유지하면서 모든 하급자와 변혁적 관계를 이루기 위해 노력해야 한다.

마지막으로 리더십 상황이론은 리더, 부하, 상황에 대한 측면을 모두 포괄해 가장 완전한 관점을 제시했다. 이 이론에 따르면 리더십은 업무환경의 특징에 따라 다양하다. 리더가 더 개입해야 하는 상황이 있는가 하면, 영향력을 덜 행사해야 하는 상황도 있다. 상황이론은 합의를 이끌어내지는 않지만 상황의 복잡성을 평가할 수 있는 흥미로운 관점을 제공한다.

주요 용어

거래적 리더십(Transactional leadership)
경로-목표 리더십 이론(Path-goal theory of leadership)
과업지향 행동(Task-oriented behavior)
관계 라이프사이클(Relationship life cycle)
관계지향 행동(Relations-oriented behavior)
관리격자도(Managerial grid)
대인 기술(Interpersonal skills)
리더-구성원 교환 이론(Leader-member exchange theory)
리더십 경로-목표 이론(Leadership path-goal theory)
리더십 대체물(Leadership substitutes)
리더십 유형(Leadership style)
리더십 중화물(Leadership neutralizers)
변혁적 리더십(Transformational leadership)
상황적 리더십(Situational leadership)
상황적 보상(Contingent reward)
성격(Character)
예외에 의한 관리(Management-by-exception)
위인설(Great Man theory)
인지 기술(Cognitive skills)
전문 기술(Technical skills)
카리스마적 리더(Charismatic leaders)
특성 기반의 리더십 이론(Traits-based leadership theory)
피들러의 상황 모델(Fiedler contingency model)

과제

토론 주제

1. 리더십의 3가지 측면(리더, 부하, 상황)을 고찰해보라. 이들 중 한 가지 측면이 다른 측면보다 중요하다고 생각하는가? 이유가 무엇인가?
2. 리더십에 대한 '위인설'은 왜 설득력이 있는가? 대다수가 아직도 리더가 후천적이기보다 선천적이라고 생각하는 이유는 무엇인가?
3. 1차적인 리더십 기술(인지기술, 전문기술, 대인기술)을 고찰해보라. 개인이 커리어를 발전시키려면 어떤 기술이 가장 중요해지는가? 이유가 무엇인가?
4. 리더의 성격은 어떻게 평가하는가? 리더의 특성과 행동에서 무엇을 탐색하는가?

5. 위기 상황에서 리더가 과업지향 행동과 관계지향 행동 중 어느 쪽에 더 중점을 두어야 하는가? 창업의 경우는 어떠한가?
6. 카리스마의 어두운 면을 설명해보라. 리더는 어떻게 카리스마를 남용할 수 있는가?
7. 리더십에 대한 변혁적 및 거래적 방식은 어떻게 상호 보완하는가?
8. 리더와의 관계에서 모르는 사람 단계부터 성숙한 동반자 단계로 이행하기 위해 개인은 무엇을 할 수 있는가?
9. 다양한 리더십 유형을 갖추는 것은 왜 중요한가?
10. 피들러, 허쉬 및 블랜차드, 하우스 등 3가지 중요 상황이론을 비교 및 대조해보라.

관리 연구

1. 집단의 구성원이 공통의 목표와 이념을 향해 상호작용하면서 관여한 활동을 선택하라. 누가 리더인가? 누가 부하인가? 이 장에 소개된 개념들을 이용해 주어진 상황의 성격을 분석하라. 부하와 리더의 상호작용을 기술하라. 내가 참여한 과업을 기술하고, 리더의 특성과 행동을 파악하라. 그것들이 상황에 맞는가? 이 상황에 어떤 리더가 최적인가? 리더가 필요한가? 그렇다면/아니라면 이유가 무엇인가?
2. 카리스마적 또는 변혁적 리더십의 설명에 맞는 리더를 선택하라. 그의 특성은 무엇인가? 그는 어떤 행동을 드러내는가? 그가 이끄는 상황을 어떻게 기술할 수 있는가? 이 상황이 이 장에 소개된 다른 개념에 어떻게 부합하는가? 다른 이론에 따라 설명될 수 없는 리더의 측면이 있다면 무엇인가?

현장에서

직장에서 또는 직장 밖의 활동에서 알게 된 유능한 리더를 관찰하고 분석하라. 그는 동료, 사업팀장, 함께 일한 상사, 교사, 공동체 일원 또는 자원봉사조직에서 알게 된 사람일 수도 있다.

유능한 리더의 성명: ______________________________

이 사람을 유능한 리더로 만드는 5~10가지 행동과 특징을 나열하라.

1. ______________________________
2. ______________________________
3. ______________________________
4. ______________________________
5. ______________________________
6. ______________________________
7. ______________________________
8. ______________________________
9. ______________________________
10. ______________________________

자신의 경험에 비추어 각 행동 · 특징을 다음과 같은 유형으로 분류하라.

수개월 만에 학습할 수 있음	수년 만에 학습할 수 있음	학습할 수 없음

리더십의 어떤 측면을 배울 수 없는가? 이유가 무엇인가?

참고문헌

1 Nitin Nohria and Rakesh Khurana, Handbook of Leadership Theory and Practice (Boston, MA: HBS Press, 2010), p. 7.

2 Anthony J. Mayo, Masako Egawa, and Mayuka Yamazaki, "Kazuo Inamori, A Japanese Entrepreneur," Harvard Business School Case No. 9-408-039, rev. April 7, 2009 (Boston, MA: HBS Publishing, 2008), pp. 2–3.

3 Anthony J. Mayo, Masako Egawa, and Mayuka Yamazaki, "Kazuo Inamori, A Japanese Entrepreneur," Harvard Business School Case No. 9-408-039, rev. April 7, 2009 (Boston, MA: HBS Publishing, 2008), p. 6.

4 Anthony J. Mayo, Masako Egawa, and Mayuka Yamazaki, "Kazuo Inamori, A Japanese Entrepreneur," Harvard Business School Case No. 9-408-039, rev. April 7, 2009 (Boston, MA: HBS Publishing, 2008), p. 6.

5 Kyocera Corporation, Inc., "Company Overview," www.hoovers.com, accessed November 2, 2012.

6 KDDI Corporation, Inc., "Company Overview," www.hoovers.com, accessed November 2, 2012.

7 Anthony J. Mayo, Masako Egawa, and Mayuka Yamazaki, "Kazuo Inamori, A Japanese Entrepreneur," Harvard Business School Case No. 9-408-039, rev. April 7, 2009 (Boston, MA: HBS Publishing, 2008), p. 9.

8 Anthony J. Mayo, Masako Egawa, and Mayuka Yamazaki, "Kazuo Inamori, A Japanese Entrepreneur," Harvard Business School Case No. 9-408-039, rev. April 7, 2009 (Boston, MA: HBS Publishing, 2008), p. 10.

9 Anthony J. Mayo, Masako Egawa, and Mayuka Yamazaki, "Kazuo Inamori, A Japanese Entrepreneur," Harvard Business School Case No. 9-408-039, rev. April 7, 2009 (Boston, MA: HBS Publishing, 2008), p. 10.

10 Anthony J. Mayo, Masako Egawa, and Mayuka Yamazaki, "Kazuo Inamori, A Japanese Entrepreneur," Harvard Business School Case No. 9-408-039, rev. April 7, 2009 (Boston, MA: HBS Publishing, 2008), p. 11.

11 Anthony J. Mayo, Masako Egawa, and Mayuka Yamazaki, "Kazuo Inamori, A Japanese Entrepreneur," Harvard Business School Case No. 9-408-039, rev. April 7, 2009 (Boston, MA: HBS Publishing, 2008), p. 30.

12 Anthony J. Mayo, Masako Egawa, and Mayuka Yamazaki, "Kazuo Inamori, A Japanese Entrepreneur," Harvard Business School Case No. 9-408-039, rev. April 7, 2009 (Boston, MA: HBS Publishing, 2008), p. 11.

13 Anthony J. Mayo, Masako Egawa, and Mayuka Yamazaki, "Kazuo Inamori, A Japanese Entrepreneur," Harvard Business School Case No. 9-408-039, rev. April 7, 2009 (Boston, MA: HBS Publishing, 2008), pp. 21–22.

14 Peter G. Northouse, Leadership: Theory and Practice (Thousand Oaks, CA: Sage Publications, 1997), p. 13.

15 Ralph M. Stogdill, Stogdill's Handbook of Leadership: A Survey of Theory and Research (New York, NY: Free Press, 1981), p. 26.

16 Shelley A. Kirkpatrick and Edwin A. Locke, "Leadership: Do Traits Matter?," The Executive, Vol. 5, 1991, pp. 48–60.

17 Thomas R. Piper, "Johnson & Johnson's Corporate Credo," Harvard Business School Case No. 9-304-084, rev. May 9, 2008 (Boston, MA: HBS Publishing, 2004), pp. 1–4.

18 Gary A. Y ukl, Leader ship in Organizations, 6th edition (Upper Saddle River, NJ: Pearson/Prentice Hall, 2006), p. 189.

19 Peter G. Northouse, Leadership: Theory and Practice (Thousand Oaks, CA: Sage Publications, 1997), pp. 17–18.

20 Shelley A. Kirkpatrick and Edwin A. Locke, "Leadership: Do Traits Matter?," The Executive, Vol. 5, 1991, pp. 48–60.

21 Shelley A. Kirkpatrick and Edwin A. Locke, "Leadership: Do Traits Matter?," The Executive, Vol. 5, 1991, pp. 48–60.

22 Ali Farhoomand and Vishwanath Desai, "Samsung Electronics: Innovation and Design Strategy," University of Hong Kong Case No. HKU825 (Hong Kong: Asia Case Research Centre, 2009), pp. 1–2.

23 "Samsung Receives CES Innovations Awards for 2008," Business Wire, November 14, 2007.

24 Gary A. Yukl, Leadership in Organi- zations, 6th edition (Upper Saddle River, NJ: Pearson/Prentice Hall, 2006), p. 185; and Robert L. Katz, "Skills of an Effective Administrator," Harvard Business Review, September–October, 1974.

25 Gary A. Y ukl, Leader ship in Organizations, 6th edition (Upper Saddle River, NJ: Pearson/Prentice Hall, 2006), p. 198; and Robert L. Katz, "Skills of an Effective Administrator," Harvard Business Review, September–October, 1974.

26 Bernard M. Bass, The Bass Handbook of Leadership: Theory, Research, and Managerial Applications (New York, NY: Free Press, 2008), pp. 112–114.

27 Shelley A. Kirkpatrick and Edwin A. Locke, "Leadership: Do Traits Matter?," The Executive, Vol. 5, 1991, pp. 48–60.

28 Gary A. Y ukl, Leader ship in Organizations, 6th edition (Upper Saddle River, NJ: Pearson/Prentice Hall, 2006), p. 198.

29 Gary A. Yukl, Leadership in Organizations, 6th edition (Upper Saddle River, NJ: Pearson/ Prentice Hall, 2006), p. 185; Robert L. Katz, "Skills of an Effective Administrator," Harvard Business Review, September– October, 1974; and Bernard M. Bass, The Bass Handbook of Leadership: Theory, Research, and Managerial Applications (New York, NY: Free Press, 2008), p. 103.

30 Gary A. Y ukl, Leader ship in Org anizations, 6th edition (Upper Saddle River, NJ: Pearson/Prentice Hall, 2006), p. 185; and Bernard M. Bass, The Bass Handbook of Leadership: Theory, Research, and Managerial Applications (New York,

NY: Free Press, 2008), p. 103.

[31] Gary A. Y ukl, Leader ship in Organizations, 6th edition (Upper Saddle River, NJ: Pearson/Prentice Hall, 2006), pp. 192–193; Shelley A. Kirkpatrick and Edwin A. Locke, "Leadership: Do Traits Matter?," The Executive, Vol. 5, 1991, pp. 48–60; and Ralph M. Stogdill, Stogdill's Handbook of Leadership: A Survey of Theory and Research (New York, NY: Free Press, 1981), pp. 81–82.

[32] Peter G. Northouse, Leadership: Theory and Practice (Thousand Oaks, CA: Sage Publications, 1997), p. 18.

[33] Teresa M. Amabile, Elizabeth A. Schatzel, Giovanni B. Moneta, and Steven J. Kramer, "Leader Behaviors and the Work Environment for Creativity: Perceived Leader Support," The Leadership Quarterly, Vol. 15, 2004, pp. 5–32.

[34] Daniel Katz and Robert L. Kahn, The Social Psychology of Organizations, 2nd edition (New York, NY: Wiley, 1978), p. 543.

[35] Gary Yukl, Angela Gordon, and Tom Taber, "A Hierarchical Taxonomy of Leadership Behavior: Integrating a Half Century of Behavior Research," Journal of Leadership and Organizational Studies, Vol. 9, No. 1, 2002, pp. 15–32.

[36] Ralph M. Stogdill, Stogdill's Handbook of Leadership: A Survey of Theory and Research (New York, NY: Free Press, 1981), p. 498; and Edwin A. Fleishman, "The Description of Supervisory Behavior," Journal of Applied Psychology, Vol. 37, No. 1, 1953, pp. 1–6.

[37] Gary A. Yukl, Leadership in Organi- zations, 6th edition (Upper Saddle River, NJ: Pearson/Prentice Hall, 2006), pp. 68–71; and Bernard M. Bass, The Bass Handbook of Leadership: Theory, Research, and Managerial Applications (N ew York, NY: Fre e P ress, 200 8), p. 498.

[38] Bernard M. Bass, The Bass Handbook of Leadership: Theory, Research, and Managerial Applications (New York, NY: Free Press, 2008), pp. 507–511; and Timothy A. Judge, Ronald F. Piccolo, and Remus Ilies, "The Forgotten Ones? The Validity of Consideration and Initiating Structure in Leadership Research," Journal of Applied Psychology, Vol. 89, No. 1, 2004, pp. 36–51.

[39] Gary A. Y ukl, Leader ship in Organizations, 6th edition (Upper Saddle River, NJ: Pearson/Prentice Hall, 2006), p. 51; Peter G. Northouse, Leadership: Theory and Practice (Thousand Oaks, CA: Sage Publications, 1997), p. 35; and Gary Yukl, Angela Gordon, and Tom Taber, "A Hierarchical Taxonomy of Leadership Behavior: Integrating a Half Century of Behavior Research," Journal of Leadership and Organizational Studies, Vol. 9, No. 1, 2002, pp. 15–32.

[40] Gary A. Y ukl, Leader ship in Organizations, 6th edition (Upper Saddle River, NJ: Pearson/Prentice Hall, 2006), pp. 71–72.

[41] Gary Yukl, Angela Gordon, and Tom Taber, "A Hierarchical Taxonomy of Leadership Behavior: Integrating a Half Century of Behavior Research," Journal of Leadership and Organizational Studies, Vol. 9, No. 1, 2002, pp. 15–32.

[42] Gary A. Y ukl, Leader ship in Organizations, 6th edition (Upper Saddle River, NJ: Pearson/Prentice Hall, 2006), pp. 72–73.

[43] Gary A. Y ukl, Leader ship in Organizations, 6th edition (Upper Saddle River, NJ: Pearson/Prentice Hall, 2006), pp. 74–75.

[44] Bernard M. Bass, The Bass Handbook of Leadership: Theory, Research, and Managerial Applications (New York, NY: Free Press, 2008), pp. 505–508; Teresa M. Amabile, Elizabeth A. Schatzel, Giovanni B. Moneta, and Steven J. Kramer, "Leader Behaviors and the Work Environment for Creativity: Perceived Leader Support," The Leader ship Quarterl y , Vol. 15, 2004, pp. 5–32; and Timothy A. Judge, Ronald F. Piccolo, and Remus Ilies, "The Forgotten Ones? The Validity of Consideration and Initiating Structure in Leadership Research," Journal of Applied Psychology, Vol. 89, No. 1, 2004, pp. 36–51.

[45] Robert R. Blake and Jane S. Mouton, The Managerial Grid III: A New Look at the Classic That Has Boosted Productivity and Profits for Thousands of Corporations Worldwide (Houston, TX: Gulf Publication Co., 1985), pp. 12–13.

[46] Gary A. Y ukl, Leader ship in Organizations, 6th edition (Upper Saddle River, NJ: Pearson/Prentice Hall, 2006), p. 249; and Maxwell Weber, The Theory of Social and Economic Organizations (New York, NY: Free Press, 1947).

[47] Boas Shamir, Robert J. House, and Michael B. Arthur, "The Motivational Effects of Charismatic Leadership: A Self-Concept Based Theory," Organization Science, Vol. 4, No. 4, 1993, pp. 577–594.

[48] Robert J. House, "A 1976 Theory of Charismatic Leadership," Leadership: The Cutting Edge. James G. Hunt and Lars L. Larson, eds. (Carbondale, IL: Southern Illinois University Press, 1977), pp. 189–207; and Jay A. Conger and Rabindra N. Kanungo, "Toward a Behavioral Theory of Charismatic Leadership in Organizational Settings," Academy of Management Review, Vol. 12, No. 4, 1987, pp. 637–647.

[49] Robert J. House, William D. Spangler, and James Woycke, "Personality and Charisma in the U.S. Presidency: A P sy ch olo gi ca l Th e or y of L e ade r Effectiveness," Administrative Science Quarterly, Vol. 36, 1991, pp. 364–396; and Rakesh Khurana, "The Curse of the Superstar CEO," Harvard Business Review, September 2002.

[50] Robert J. House, William D. Spangler, and James Woycke, "Personality and Charisma in the U.S. Presidency: A P sy ch olo gi ca l Th e or y of L e ade r Effectiveness," Administrative Science Quarterly, Vol. 36, 1991, pp. 364–396.

[51] Jay A. Conger and Rabindra N. Kanungo, "Toward a Behavioral Theory of Charismatic Leadership in

Organizational Settings," Academy of Management Review, Vol. 12, No. 4, 1987, pp. 637–647.

52 Lev Grossman, "How Apple Does It," Time, October 16, 2005.

53 Boas Shamir, Robert J. House, and Michael B. Arthur, "The Motivational Effects of Charismatic Leadership: A Self-Concept Based Theory," Organization Science, Vol. 4, No. 4, 1993, pp. 577–594; and Katherine J. Klein and Robert J. House, "On Fire: Charismatic Leadership and Levels of Analysis," Leadership Quarterly, Vol. 6, No. 2, 1995, pp. 183–192.

54 Alan Bryman, Charisma and Leadership in Organizations (Newbury, CA: Sage Publications, 1992), pp. 116–118.

55 Jaepil Choi, "A Motivational Theory of Charismatic Leadership: Envisioning, Empathy, and Empowerment," Journal of Leadership and Organizational Studies, Vol. 13, No. 1, 2006, pp. 24–43.

56 Jay A. Conger and Rabindra N. Kanungo, "Toward a Behavioral Theory of Charismatic Leadership in Organizational Settings," Academ y of Management Review, Vol. 12, No. 4, 1987, pp. 637–647.

57 Alan Bryman, Charisma and Leadership in Organizations (Newbury, CA: Sage Publications, 1992), pp. 116–118.

58 Jaepil Choi, "A Motivational Theory of Charismatic Leadership: Envisioning, Empathy, and Empowerment," Journal of Leadership and Organizational Studies, Vol. 13, No. 1, 2006, pp. 24–43.

59 Gary A. Y ukl, Leader ship in Organizations, 6th edition (Upper Saddle River, NJ: Pearson/Prentice Hall, 2006), p. 251.

60 Robert J. House, "A 1976 Theory of Charismatic Leadership," Leadership: The Cutting Edge. James G. Hunt and Lars L. Larson, eds. (Carbondale, IL: Southern Illinois University Press, 1977), pp. 189–207.

61 Peter G. Northouse, Leadership: Theory and Practice (Thousand Oaks, CA: Sage Publications, 1997), p. 133.

62 Gary A. Y ukl, Leader ship in Org anizations , 6th edition (Upper Saddle River, NJ: Pearson/Prentice Hall, 2006), p. 259; and Robert J. House and Jane M. Howell, "Personality and Charismatic Leadership," The Leadership Quarterly , Vol. 3, No. 2, Summer 1992, pp. 81–108.

63 Robert J. House, "A 1976 Theory of Charismatic Leadership," Leadership: The Cutting Edge. James G. Hunt and Lars L. Larson, eds. (Carbondale, IL: Southern Illinois University Press, 1977), pp. 189–207; and Robert J. House, William D. Spangler, and James Woycke, "Personality and Charisma in the U.S. Presidency: A Psychological Theory of Leader Effectiveness," Administrative Science Quarterly, Vol. 36, 1991, pp. 364–396.

64 James MacGregor Burns, Leadership (New York, NY: Harper Perennial, 1978), p. 244.

65 Peter G. Northouse, Leadership: Theory and Practice (Thousand Oaks, CA: Sage Publications, 1997), p. 134.

66 Gary A. Y ukl, Leader ship in Organizations, 6th edition (Upper Saddle River, NJ: Pearson/Prentice Hall, 2006), p. 264; and Alan Bryman, Charisma and Leadership in Organizations (Newbury, CA: Sage Publications, 1992), p. 128.

67 Gary A. Y ukl, Leader ship in Organizations, 6th edition (Upper Saddle River, NJ: Pearson/Prentice Hall, 2006), p.263; James MacGregor Burns, Leadership (New York, NY: Harper Perennial, 1978), pp. 243–244; Warren G. Bennis and Bert Nanus, Leaders: The Strategies for Taking Charge (New York, NY: Harper & Row, 1985), pp. 27–33; and Bernard M. Bass, Leadership and Performance Beyond Expectations (New York, NY: Free Press, 1985), pp. 37–48.

68 James M. Kouzes and Barry Z. Posner, The Leadership Challenge, 4th edition (San Francisco, CA: Jossey-Bass, 2008), p. 16; and Noel M. Tichy and Mary Anne Devanna, The Transformational Leader (New York, NY: Wiley, 1986), pp. 30–31.

69 Warren G. Bennis and Bert Nanus, Leaders: The Strategies for Taking Charge (New York, NY: Harper & Row, 1985), pp.43–55; and James M. Kouzes and Barry Z. Posner, The Leadership Challenge, 4th edition (San Francisco, CA: Jossey-Bass, 2008), p. 26.

70 James M. Kouzes and Barry Z. Posner, The Leadership Challenge, 4th edition (San Francisco, CA: Jossey-Bass, 2008), pp. 20–21.

71 Bernard M. Bass, Leader ship and Performance Beyond Expectations (New York, NY: Free Press, 1985), p. 99.

72 Peter G. Northouse, Leader ship: Theory and Practice (Thousand Oaks, CA: Sage Publications, 1997), p. 136; and Bruce J. Avolio, Bernard M. Bass, and Dong I. Jung, "Re-Examining the Components of Transformational and Transactional Leadership Using the Multifactor Leadership Questionnaire," Journal of Occupational and Organizational Psychology , Vol. 72, 1999, pp. 441–462.

73 Bernard M. Bass, Transformational Leadership: Industrial, Military, and Educational Impact (Mahwah, NJ: Lawrence Erlbaum, 1998), pp. 5–6.

74 Bernard M. Bass, The Bass Handbook of Leadership: Theory, Research, and Managerial Applications (New York, NY: Free Press, 2008), p. 622; and Bruce J. Avolio, Bernard M. Bass, and Dong I. Jung, "Re-Examining the Components of Transformational and Transactional Leadership using the Multifactor Leadership Questionnaire," Journal of Occupational and Organi-zational Psychology, Vol. 72, 1999, pp. 441–462.

75 Bernard M. Bass, Transformational Leadership: Industrial, Military, and Educational Impact (Mahwah, NJ: Lawrence Erlbaum, 1998), p. 6.

[76] Alan Bryman, Charisma and Leadership in Organizations (Newbury, CA: Sage Publications, 1992), p. 97; Bernard M. Bass, Leadership and Performance Beyond Expectations (New York, NY: Free Press, 1985), p. 20; and Bern ard M. B as s, Transformational Leadership: Industrial, Military, and Educational Impact (Mahwah, NJ: Lawrence Erlbaum, 1998), p. 4.

[77] Alan Bryman, Charisma and Leadership in Organizations (Newbury, CA: Sage Publications, 1992), p. 95.

[78] Peter G. Northouse, Leadership: Theory and Practice (Thousand Oaks, CA: Sage Publications, 1997), p. 131.

[79] Robert E. Quinn, "Moments of Greatness: Entering the Fundamental State of Leadership," Harvard Business Review, July–August 2005.

[80] John J. Hater and Bernard M. Bass, "Superiors' Evaluations and Subordinates' Perceptions of Transformational and Transactional Leadership," Journal of Applied Psychology, Vol. 73, No. 4, 1988, pp. 695–702.

[81] John P. Kotter, A Force for Change: How Leadership Differs from Management (New York, NY: Free Press, 1990), p. 4.

[82] Peter G. Northouse, Leadership: Theory and Practice (Thousand Oaks, CA: Sage Publications, 1997), p. 137; Bernard M. Bass, Leadership and Performance Beyond Expectations (New York, NY: Free Press, 1985), p. 14; and Bruce J. Avolio, Bernard M. Bass, and Dong I. Jung, "Re-Examining the Components of Transformational and Transactional Leadership Using the Multifactor Leadership Questionnaire," Journal of Occupational and Organizational Psychology, Vol. 72, 1999, pp. 441–462.

[83] Karl W. Kuhnert and Philip Lewis, "Transactional and Transformational Leadership: A Constructive / Developmental Analysis," Academy of Management Review, Vol. 12, No. 4, 1987, pp. 648–657; and Bernard M. Bass, "From Transactional to Transformational Leadership: Learning to Share the Vision," Organizational Dynamics, Vol. 18, No. 3, 1990, pp. 19–31.

[84] Gary A. Y ukl, Leader ship in Organizations, 6th edition (Upper Saddle River, NJ: Pearson/Prentice Hall, 2006), p. 138; Bruce J. Avolio, Bernard M. Bass, and Dong I. Jung, "Re-Examining the Components of Transformational and Transactional Leadership Using the Multifactor Leadership Questionnaire," J ournal of Occupational and Organizational Psychology , Vol. 72, 1999, pp. 441–462; and Bernard M. Bass, Transformational Leadership: Industrial, Military, and Educational Impact (Mahwah, NJ: Lawrence Erlbaum, 1998), p. 7.

[85] Bernard M. Bass, Leader ship and Performance Beyond Expectations (New York, NY: Free Press, 1985), pp. 147–148.

[86] Gary A. Y ukl, Leader ship in Organizations, 6th edition (Upper Saddle River, NJ: Pearson/Prentice Hall, 2006), p. 138; and Bernard M. Bass, Leadership and Performance Beyond Expectations (New York, NY: Free Press, 1985), p. 135.

[87] Alan Bryman, Charisma and Leadership in Organizations (Newbury, CA: Sage Publications, 1992), p. 98, and Bernard M. Bass, Transformational Leadership: Industrial, Military, and Educational Impact (Mahwah, NJ: Lawrence Erlbaum, 1998), p. 6.

[88] Alan Bryman, Charisma and Leadership in Organizations (Newbury, CA: Sage Publications, 1992), p. 98; and Bernard M. Bass, "From Transactional to Transformational Leadership: Learning to Share the Vision," Organizational Dynamics, Vol. 18, No. 3, 1990, pp. 19–31.

[89] Bruce J. Avolio, Bernard M. Bass, and Dong I. Jung, "Re-Examining the Components of Transformational and Transactional Leadership Using the Multifactor Leadership Questionnaire," J ournal of Occupational and Organizational Psychology , Vol. 72, 1999, pp. 441–462; and Jane M. Howell and Bruce J. Avolio, "Transformational Leadership, Transactional Leadership, Locus of Control, and Support for Innovation: Key Predictors of Consolidated-Business-Unit Performance," Journal of Applied Psychology, Vol. 78, No. 6, 1993, pp. 891–902.

[90] John P. Kotter, A Force for Change: How Leadership Differs from Management (New York, NY: Free Press, 1990), p. 3.

[91] Bruce J. Avolio, Bernard M. Bass, and Dong I. Jung, "Re-Examining the Components of Transformational and Transactional Leadership Using the Multifactor Leadership Questionnaire," J ournal of Occupational and Organizational Psychology, Vol. 72, 1999, pp. 441–462.

[92] Bernard M. Bass, Leader ship and Performance Beyond Expectations (New York, NY: Free Press, 1985), pp. 24–28; and John P. Kotter, A Force for Change: How Leadership Differs from Management (New York, NY: Free Press, 1990), p. 3.

[93] Bernard M. Bass, "From Transactional to Transformational Leadership: Learning to Share the Vision," Organizational Dynamics, Vol. 18, No. 3, 1990, pp. 19–31.

[94] Bernard M. Bass, Leader ship and Performance Beyond Expectations (New York, NY: Free Press, 1985), p. 28.

[95] George B. Graen and Mary Uhl- Bien, "Relationship-Based Approach to Leadership: Development of Leader-Member Exchange (LMX) Theory of Leadership Over Years: Applying a Multi-Level Multi-Domain Perspective," Leadership Quarterly, Vol. 6, No. 2, 1995, pp. 219–247; Richard M. Dienesch and Robert C. Liden, "Leader-Member Exchange Model of Leadership: A Critique and Further Development," Academy of Management Review, Vol. 11, No. 3, 1986, pp. 618–634; and Fred Dansereau, Jr., George Graen, and William J. Haga, "A Vertical Dyad Linkage Approach to Leadership within Formal Organizations: A Longitudinal Investigation of the Role Making Process," Organizational Behavior and

Human Performance, Vol. 13, 1975, pp. 46–78.

96 Gary A. Y ukl, Leader ship in Org anizations , 6th edition (Upper Saddle River, NJ: Pearson/Prentice Hall, 2006), p. 117; and Peter G. Northouse, Leader ship: Theory and Pr actice (Thousand Oaks, CA: Sage Publications, 1997), p. 109.

97 Richard M. Dienesch and Robert C. Liden, "Leader-Member Exchange Model of Leadership: A Critique and Further Development," Academy of Management Review, Vol. 11, No. 3, 1986, pp. 618–634; and Fred Dansereau, Jr., George Graen, and William J. Haga, "A Vertical Dyad Linkage Approach to Leadership within Formal Organizations: A Longitudinal Investigation of the Role Making Process," Organizational Behavior and Human Performance, Vol. 13, 1975, pp. 46–78.

98 George B. Graen and Mary Uhl-Bien, "Relationship-Based Approach to Leadership: Development of Leader-Member Exchange (LMX) Theory of Leadership Over Years: Applying a Multi-Level Multi-Domain Perspective," Leadership Quarterly, Vol. 6, No. 2, 1995, pp. 219–247; and Charlotte R. Gerstner and David V. Day, "Meta-Analytic Review of Leader-Member Exchange Theory: Correlates and Construct Issues," Journal of Applied Psychology, Vol. 82, No. 6, 1997, pp. 827–844.

99 Fred Dansereau, Jr., George Graen, and William J. Haga, "A Vertical Dyad Linkage Approach to Leadership within Formal Organizations: A Longitudinal Investigation of the Role Making Process," Organizational Behavior and Human Performance, Vol. 13, 1975, pp. 46–78.

100 Gary A. Yukl, Leadership in Organizations, 6th edition (Upper Saddle River, NJ: Pearson/Prentice Hall, 2006), pp. 117–120; and Robert C. Liden and George Graen, "Generalizability of the Vertical Dyad Linkage Model of Leadership," Academy of Management Journal, Vol. 23, No. 3, 1980, pp. 451–465.

101 Gary A. Yukl, Leadership in Organizations, 6th edition (Upper Saddle River, NJ: Pearson/Prentice Hall, 2006), pp. 118–120; and Peter G. Northouse, Leader ship: Theory and Pr actice (Thousand Oaks, CA: Sage Publications, 1997), p. 115.

102 Fred Dansereau, Jr., George Graen, and William J. Haga, "A Vertical Dyad Linkage Approach to Leadership within Formal Organizations: A Longitudinal Investigation of the Role Making Process," Organizational Behavior and Human Performance, Vol. 13, 1975, pp. 46–78.

103 Gary A. Yukl, Leadership in Organizations, 6th edition (Upper Saddle River, NJ: Pearson/Prentice Hall, 2006), p. 118.

104 Peter G. Northouse, Leadership: Theory and Practice (Thousand Oaks, CA: Sage Publications, 1997), p. 112.

105 Gary A. Yukl, Leadership in Org anizations , 6th edition (Upper Saddle River, NJ: Pearson/Prentice Hall, 2006), p. 136; and Peter G. Northouse, Leader ship: Theory and Pr actice (Thousand Oaks, CA: Sage Publications, 1997), pp. 110–111.

106 Peter G. Northouse, Leadership: Theory and Practice (Thousand Oaks, CA: Sage Publications, 1997), p. 117.

107 George B. Graen and Mary Uhl- Bien, "Relationship-Based Approach to Leadership: Development of Leader-Member Exchange (LMX) Theory of Leadership Over Years: Applying a Multi-Level Multi-Domain Perspective," Leadership Quarterly, Vol. 6, No. 2, 1995, pp. 219–247.

108 George B. Graen and Mary Uhl- Bien, "Relationship-Based Approach to Leadership: Development of Leader- Member Exchange (LMX) Theory of Leadership Over Years: Applying a Multi-Level Multi-Domain Perspective," Leadership Quarterly, Vol. 6, No. 2, 1995, pp. 219–247; and Robert C. Liden, Sandy J. Wayne, and Dean Stilwell, "A Longitudinal Study on the Early Development of Leader-Member Exchanges," Journal of Applied Psychology, Vol. 78, No. 4, 1993, pp. 662–674.

109 Gary A. Yukl, Leadership in Organizations, 6th edition (Upper Saddle River, NJ: Pearson/Prentice Hall, 2006), p. 118; Peter G. Northouse, Leadership: Theory and Practice (Thousand Oaks, CA: Sage Publications, 1997), pp. 113–115; and George B. Graen and Mary Uhl-Bien, "Relationship-Based Approach to Leadership: Development of Leader-Member Exchange (LMX) Theory of Leadership Over Years: Applying a Multi-Level Multi-Domain Perspective," Leadership Quarterly, Vol. 6, No. 2, 1995, pp. 219–247.

110 Gary A. Yukl, Leadership in Organi- zations, 6th edition (Upper Saddle River, NJ: Pearson/Prentice Hall, 2006), p. 121; Peter G. Northouse, Leadership: Theory and Practice (Thousand Oaks, CA: Sage Publications, 1997), p. 113; and George B. Graen and Mary Uhl-Bien, "Relationship- Based Approach to Leadership: Develop- ment of Leader-Member Exchange (LMX) Theory of Leadership Over Years: Applying a Multi-Level Multi-Domain Perspective," Leadership Quarterly, Vol. 6, No. 2, 1995, pp. 219–247.

111 George B. Graen and Mary Uhl-Bien, "Relationship-Based Approach to Leadership: Development of Leader-Member Exchange (LMX) Theory of Leadership Over Years: Applying a Multi-Level Multi-Domain Perspective," Leadership Quarterly, Vol. 6, No. 2, 1995, pp. 219–247; and Charlotte R. Gerstner and David V. Day, "Meta-Analytic Review of Leader-Member Exchange Theory: Correlates and Construct Issues," Journal of Applied Psychology, Vol. 82, No. 6, 1997, pp. 827–844.

112 Peter G. Northouse, Leadership: Theory and Practice (Thousand Oaks, CA: Sage Publications, 1997), p. 53.

113 Gary A. Yukl, Leadership ip in Organizations, 6th edition (Upper Saddle River, NJ: Pearson/Prentice Hall, 2006), pp. 215–218; and Peter G. Northouse, Leader ship: Theory and Pr actice (Thousand Oaks, CA: Sage Publications, 1997), pp. 74–77.

114 Gary A. Yukl, Leadership in Organizations, 6th edition (Upper Saddle River, NJ: Pearson/Prentice Hall, 2006), pp. 215–218; and Peter G. Northouse, Leader ship: Theory and Pr

actice (Thousand Oaks, CA: Sage Publications, 1997), p. 76.

115 Paul Hersey, Kenneth H. Blanchard, and Dewey E. Johnson, Management of Organizational Behavior: Leading Human Resources, 8th edition (Upper Saddle River, NJ: Prentice Hall, 2001), p. 171.

116 Paul Hersey, Kenneth H. Blanchard, and Dewey E. Johnson, Management of Organizational Behavior: Leading Human Resources, 8th edition (Upper Saddle River, NJ: Prentice Hall, 2001), p. 172.

117 Gary A. Yukl, Leadership in Organizations, 6th edition (Upper Saddle River, NJ: Pearson/Prentice Hall, 2006), p. 223.

118 Gary A. Yukl, Leadership in Organi- zations, 6th edition (Upper Saddle River, NJ: Pearson/Prentice Hall, 2006), p. 225; and Peter G. Northouse, Leadership: Theory and Practice (Thousand Oaks, CA: Sage Publications, 1997), p. 54.

119 Gary A. Yukl, Leadership in Organi- zations, 6th edition (Upper Saddle River, NJ: Pearson/Prentice Hall, 2006), pp. 218–219; Peter G. Northouse, Leadership: Theory and Practice (Thousand Oaks, CA: Sage Publications, 1997), pp. 88–89; Robert J. House, “Path-Goal Theory of Leadership: Lessons, Legacy, and a Reformulated Theory,” Leadership Quarterly , Vol. 7, No. 3, 1996, pp. 323–352; and Robert J. House, “A Path Goal Theory of Leader Effectiveness,” Administrative Science Quarterly, Vol. 16, No. 3, 1971, pp. 321–339.

120 Gary A. Yukl, Leadership in Organi- zations, 6th edition (Upper Saddle River, NJ: Pearson/Prentice Hall, 2006), pp. 219–221; and Peter G. Northouse, Leadership: Theory and Practice (Thousand Oaks, CA: Sage Publications, 1997), p. 93.

121 Gary A. Yukl, Leadership in Organi- zations , 6th edition (Upper Saddle River, NJ: Pearson/Prentice Hall, 2006), pp. 219–221; and Robert J. House, “Path- Goal Theory of Leadership: Lessons, Legacy, and a Reformulated Theory,” Leadership Quarterly, Vol. 7, No. 3, 1996, pp. 323–352.

122 Steven Kerr and John M. Jermier, “Substitutes for Leadership: Their Meaning and Measurement,” Org anizational Behavior and Human Performance, Vol. 22, 1978, pp. 375–403.

123 Gary A. Yukl, Leadership in Organi- zations , 6th edition (Upper Saddle River, NJ: Pearson/Prentice Hall, 2006), p. 228.

124 Gary A. Yukl, Leadership in Organizations, 6th edition (Upper Saddle River, NJ: Pearson/Prentice Hall, 2006), pp. 225–227.

125 Bernard M. Bass, Transformational Leadership: Industrial, Military, and Educational Impact (Mahwah, NJ: Lawrence Erlbaum, 1998), p. 160.

제 13 장

리더 되기: 자기 자신을 알기

학습목표

이 장을 공부한 후 다음을 할 수 있도록 한다.

- 리더가 되는 데 자각이 중요한 이유 설명하기
- 다양한 지능 형태를 개괄하고 지능이 성격과 리더십 유형에 어떻게 영향을 미칠 수 있는지 기술하기
- 특정 역할에 성공할 수 있는 확률에 성격이 어떤 영향을 미치는지 설명하기
- 행동을 조정하는 것을 학습하고 다재다능한 리더가 되는 데 자기 점검이 수행하는 역할 기술하기

장의 개요

자기성찰

MANAGEMENT

자신의 리더십 유형을 자각하고 있는가?

자아발견의 핵심은 자신의 리더십 유형과 그것이 타인에 미치는 영향을 자각하는 것이다. 그러려면 자신의 장점과 약점을 알아야 한다. 다음의 진술문에 답하고 자신의 리더십이 지닌 장점을 평가해보라.

1=전혀 그렇지 않다, 2=거의 그렇지 않다, 3=가끔 그렇다, 4=대개 그렇다, 5=항상 그렇다.

1. 나는 경험, 획득한 지식, 적응 기술의 총체인 내 지능에 의존한다.
2. 나는 탁월한 창조성을 가지고 있다.
3. 나는 상식과 실용적인 분석을 상황에 적용한다.
4. 나는 거시적으로 사고한다.
5. 나는 환경적 기회를 감지하고 위협을 예측할 수 있다.
6. 나는 다양한 문화적 상황을 이해하고 이에 적절히 반응한다.
7. 나는 타인의 정서를 의식하는 능력을 갖추고 있다.
8. 나는 솔선수범함으로써 이끈다.
9. 나는 피드백과 조언에 개방적이다.
10. 나는 의사결정을 내리기 전에 다양한 사람의 의견을 추구한다.

나는 자신의 리더십 유형을 얼마나 자각하고 있는가? 나의 리더십 유형이 지닌 장점을 어떻게 활용하는가? 나의 기회 영역은 무엇인가?

서론

대인적 태도 및 선호, 행동역학, 조직 성과에 대한 연구는 조직행동 분야의 근간을 형성한다. 전략은 조직의 추진 방향을 개괄하고, 조직행동은 목표를 달성하는 데 이용되는 과정을 정의한다. 조직행동의 핵심은 인간 상호작용이다. 그리고 이 상호작용은 자기 자신으로부터 시작한다.

리더가 되는 것은 대인기술 제고뿐 아니라 자신의 장단점, 성향, 개성을 알아가는 자기–발견의 여정이기도 하다. 자신의 선호와 스타일은 가정, 학교, 직장에서 타인과 상호작용하는 방식에 영향을 미친다. 일부 선호는 생득적이지만 개발될 수 있는 선호도 있다.

앞 장에서는 리더, 부하, 상황 간의 상호작용을 설명했다. 유능한 리더는 자신의 리더십 유형을 특정 상황의 고유한 측면에 맞추었다. 가령 위기상황에 직면한 리더는 종종 권위적이어야 한다. 조직이 혁신과 창조성에 치중하는 스트레스가 덜한 상황에서 리더는 참여적 또는 민주적 유형을 채택하면 더 큰 성공을 거둘 수 있다. 리더십 유형과 접근법은 비슷한 유연성과 융통성을 가지고 각각 다른 부하에게 적용되어야 한다.

조직행동 (Organizational behavior) 대인적 태도 및 선호, 행동 역학, 조직 성과에 대한 연구 일부 직원의 경우 리더는 지원을 아끼지 않고 힘을 북돋아주어야 한다. 어떤 직원에게는 리더가 더 도전적이어야 한다. 다른 직원들에게는 리더가 지시적이고 통제적이어야 한다. 직원마다 그에 걸맞게 다른 유형을 적용하면 리더는 고유의 동기부여 동인을 활용해 생산성은 물론 직무만족을 증진할 수 있다.

자신의 유형을 특정 상황과 직원 개개인에 맞추어 조정하는 과정은 몇몇 사람들에게는 더 수월하다. 리더십 유형과 접근법은 고무줄에 비견될 수 있다. 여러 방식으로 늘어나고 다룰 수 있지만 일정 지점에서 끊어진다. 어떤 리더의 리더십 유형은 매우 융통성 있지만 다른 리더의 유형은 강직하다. 리더가 자신의 안전지대로부터 지나치게 이탈해 가치나 경험에 맞지 않는 방식으로 이끌려 하면 그 리더는 불안을 느끼고 진정성이 결여한 것처럼 보일 수 있다. 그러므로 리더가 자신의 스타일을 확장하는 것은 중요하지만 자신의 한계를 반드시 인지해야 한다.

다양한 리더십 유형을 취할 수 있는 사람도 대부분의 상황에서 자신이 의존할 수 있는 기본적인 위치 또는 접근법을 가지고 있다. 스트레스를 받을 때 특히 그러하다. 상황이 무엇을 요구하든 자기에게 편한 리더십 유형으로 복귀한다. 기본적 유형을 주도하는 것은 각자의 개성, 기술 및 능력, 가치, 경험이다.

이 장에서는 자신의 행동을 이해하는 것이 효과적인 관계를 구축하고, 과업을 완수하고, 조직목표를 달성하기 위해 중요한 기점임을 전제로 한다. 그러므로 이 장은 자신의 사고, 감정, 행동을 이해하는 것인 **자각**에 중점을 둔다. 높은 자각성을 갖춘 사람은 자신의 경향과 선호를 이해할 수 있고, 자신의 리더십 유형과 접근법을 조정하는 데 더 능하다. 자아에 대한 이해는 타인과 효과적인 관계를 형성 및 발달하는 데 필수조건이다.

자각(Self-awareness)
자신의 사고, 느낌, 행동을 이해하는 것.

대인효과성 (Interpersonal effectiveness)
타인과 관계를 형성하고 효과적으로 의사소통함에 있어 자신의 역할을 인정하고 책임을 질 수 있는 능력

타인과 관계를 형성하고 의사소통함에 있어 자신의 역할을 인정하고 책임질 수 있는 능력을 **대인효과성**이라 한다. 자각과 대인효과성 간에는 흥미로운 상호인과성이 성립하는 데, 타인에 대한 인식도가 높을수록 자각성이 더 높아진다. 다음은 Konigsbrau-TAK의 볼프강 켈러에 대한 사례로, 효과적이고 생산적인 업무관계가 발달하는 데 자각이 중요한 이유를 나타낸다.

Konigsbrau-TAK의 볼프강 켈러

하버드 경영대학원 출신인 34세 독일인 볼프강 켈러는 독일의 대형 양주기업인 Konigsbrau의 우크라이나 지점장으로 임명되었다. 켈러는 Konigsbrau-TAK에 재직 당시 성공적인 실적 호전으로 주목받았고, 본사 고위직으로 곧 승진할 것이라는 평도 들었다. 그러나 켈러는 Konigsbrau-TAK의 영업이사이자 켈러의 부하직원인 드미트리 브로드스키의 행동을 관리하는 데 애를 먹었다.

켈러는 자기보다 10살 많은 우크라이나 출신 브로드스키를 고용한 뒤 그 능력과 경영방식에 의문을 품기 시작했다. 브로드스키는 영업이사로서 영업인력 조직을 재구성하고 각종 정보 및 통제시스템을 개발하는 데 우수한 성과를 거두었다. 그러나 이런 성공에도 불구하고 브로드스키의 재구성 방법론과 분석적 접근법에는 예상보다 더 오랜 시간이 소요됐다. 켈러는 새로 개발된 시스템이 만족스러우면서도 브로

드스키가 고객 및 영업팀과 효과적이고 생산적인 업무관계를 구축하는 것을 간과한다고 생각했다. 브로드스키는 그의 "형식적이고 냉담한" 경영방식 때문에 다른 동료와 밀접한 관계를 맺지 못했다. 브로드스키는 동료들과 가족에 대해 거의 이야기하지 않았고 다른 매니저들과의 사교모임에 참석하지 않았다. 브로드스키는 영업사원과 유통업자를 방문하지 않았는데, 켈러는 이들이 우크라이나에서의 Konigsbrau의 앞날에 중요하다고 여겼다. 충성도와 열의는 개인적 관계를 통해 발달한다고 생각하는 켈러에게 이 모든 요인이 문제점이었다.

브로드스키와는 달리 켈러는 영업팀 업무에 관여하고 고객과 협력하는 것을 선호했다. 켈러는 문제를 다룰 때나 문제가 발생하는 즉시 해결에 나서는, 행위 위주의 '실무 중심' 매니저로 묘사되었다. 대다수가 켈러는 권한위임하는 법을 모른다고 생각했다. 브로드스키가 충분한 위기감 없이 경영한다고 생각했던 켈러는 브로드스키팀의 업무에 자주 개입했다. 그러자 인사평가 후 켈러의 상사는 켈러에게 승진하고 싶으면 사업단위의 직무에서 한 발 물러나 팀에 더 협조적이어야 한다고 조언했다.

브로드스키의 성과를 검토할 때가 오자 켈러는 브로드스키가 "낮은 리더십 수준을 가지고 있고 개성이 부재"하며, "영업팀의 리더가 아니라고" 지적했다. 브로드스키는 켈러의 평가에 격렬히 반발하며, 켈러의 미시관리(마이크로매니징) 방식 때문에 자신이 성공할 수 없었다고 주장했다. 브로드스키는 자신의 행동이 켈러의 간섭에 대한 대응이라 생각했다.

켈러와 브로드스키의 리더십 유형은 근본적으로 다르고, 각자 상대가 사업에 기여한 가치를 인정하는 데 곤란을 겪었다. 예를 들어, 두 사람은 직장관계에 대해 이견을 보였다. 매우 외향적인 켈러는 동료, 하급자, 고객과의 개인적 관계와 접촉이 충성도와 열의를 육성한다고 생각했다. 따라서 켈러는 Konigbrau-TAK에서 협업환경을 조성하는 데 능했다. 반면 브로드스키는 긴밀한 업무관계를 적극적으로 추구하지 않았다. 오히려 그러한 관계를 기피하려는 경향이 있었다. 그러나 브로드스키는 켈러보다 덜 외향적임에도 회사에서 성공할 수 있었다. 영업인력을 재구성하고 정보 및 통제시스템을 개발한 것은 회사에 긍정적으로 기여했다. 게다가 브로드스키는 켈러 때문에 자신의 방식이 제대로 발휘되지 못한다고 생각했다.

적합한 사례 Konigsbrau-TAK의 볼프강 켈러

1. 켈러와 브로드스키의 리더십 유형을 비교 및 대조해보라.
2. 켈러가 브로드스키의 성과에 관심을 둔 이유는 무엇인가?
3. 브로드스키는 자신의 경영기술을 어떻게 높일 수 있는가?
4. 켈러가 브로드스키를 어떻게 관리해야 하는가?

볼프강 켈러의 사례는 개성의 차이가 대인 간의 긴장을 유발할 수 있음을 보여준다. 이러한 차이가 드러나면 당사자는 상대방에게 도전하고, 그를 기피하거나 그에게 화를 내기도 한다. 내재적 복잡성과 어려움에도 불구하고 다양한 개성을 가진 사람들과 일하는 것은 유의미하다. 사실 일정한 직무기능마다 그에 적합한 성격 특질이 제각기 다르다. 예를 들어, 매우 외향적이고 성실한 사람은 켈러처럼 마케팅이나 영업에서 성공적 커리어를 누릴 수 있다. 보다 덜 외향적인 사람은 정보기술시스템을 관리하거나 연구를 실시하는 부문에서 성공적 커리어를 가질 수 있다.

최근 연구에 따르면 외향적 리더는 내성적인 구성원으로 이뤄진 팀과 일할 때 탁월한 성과를 낸다. 정반대도 마찬가지다. 내향적 리더는 외향적 구성원으로 구성된 팀과 일할 때 우수한 성과를 낸다. 외향적 팀구성원은 내성적인 구성원을 이끌어낸다. 해당 팀의 구성원이 모두 외향적인 경우, 수많은 아이디어가 발생한다 해도 이를 실행에 옮기는 경우는 적다. 해당팀의 구성원이 모두 내성적인 경우, 새롭거나 혁신적인 아이디어가 덜 창출된다. 모두 자신과 비슷한 사람들과 일하기를 선호하지만 이 상황에서 집단의 총체적 성과는 제한적이다. 타인과 보다 효과적인 상호작용을 위해 차이를 어떻게 해결해야 할까? 그러려면 자기자신의 경향과 성향을 알아야 한다.

지능의 형태

기술 및 능력 차이는 업무가 실시되는 방식과 사람들의 상호작용 방식에 영향을 미친다. 기술 및 능력은 교육, 훈련, 경험을 통해 획득 또는 개발되는 적성 또는 역량을 의미한다. 기술과 능력은 '경험으로부터 이익을 얻고, 지식을 획득하며, 추상적으로 생각할 수 있고, 환경 변화에 적응할 수 있는 한 사람의 능력'으로 정의되는 **지능**과 연관된다. 지능은 대개 개인이 가진 정신적 능력의 전반적인 질을 나타내고 표준정규분포 또는 종 모양 곡선으로 표현되는 **지능지수**(IQ)로 측정된다. 총인구의 68%에 해당하는 사람들이 평균 85~115에 이르는 IQ를 가진다(그림 13-1 참조). 그러나 IQ는 한 가지 지능 형태에 불과하다. 인간은 직장내 성과와 성공을 유도하는 지능의 다른 측면을 갖추고 있다.

1900년대 초반 Alfred Binet은 보충교육 또는 다른 대안교육의 혜택을 얻을 수 있는 아동들을 파악하기 위해 IQ 검사를 개발했다. 이 검사는 다양한 군대 직군에 대해 후보의 준비성을 파악하기 위해 조정되었다. 1960년대 말 David Wexler는 기존 검사를 지속적으로 수정해 현재 통용되는 IQ 검사를 고안해냈다. 이후 IQ 검사는 전 세계의 학생들을 분류하는 데 쓰였다. IQ를 유전적 특성으로 간주하는 사고는 집단의 차이를 설명하고 학급 배치를 결정하며 직원들을 특정 직무에 임명하는 데 이용되었기 때문에 격렬한 논쟁과 끝없는 토론을 초래했다.

지능(Intelligence)
경험으로부터 이익을 얻고, 지식을 획득하며, 추상적으로 생각할 수 있고, 환경 변화에 적응할 수 있는 한 사람의 능력

지능지수 (Intelligence quotient(IQ))
한 사람이 가진 정신적인 능력의 전체적인 특성에 대한 측정치

위와 같은 상황에서 IQ 점수 이용에 반대하는 사람들은 사회경제적으로 하층에 속하

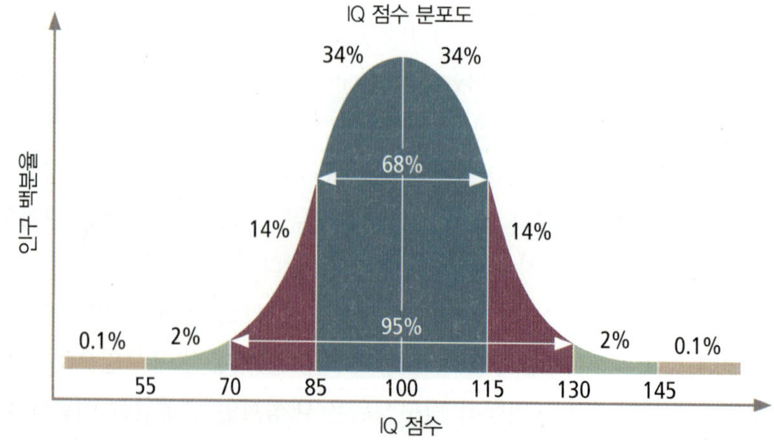

그림 13-1 IQ 종 모양 곡선

는 개인들에 대해 인지된 편향을 강조한다. 이들은 IQ 검사가 더 많은 사회경제적 이익을 누린 사람들에게 치우쳐 있으므로 정기시험은 현실을 정확히 반영하지 않는다고 주장한다. 대다수는 적절한 의사결정을 내리기 위해 정보를 수집하고, 가능한 선택사항을 고찰하며, 대안을 고려한다. 어떤 상황 또는 직업(항공관제 등)에서 찰나의 의사결정이 필요할 경우 대부분의 의사결정은 더 반성적인 사고를 통해 개선될 수 있다. 그러나 IQ 검사는 이러한 사고를 뒷받침할 정보수집 과정을 간과한다.

학급배치와 고용배치를 결정하기 위해 IQ를 이용하는 데 찬성하는 이들은 IQ 점수가 호기심, 공부, 풍부한 경험에 의해 제고될 수 있으므로 IQ 검사가 공정하다고 주장한다. 이 주장의 옹호자들은 개인의 IQ 점수와 다양한 지적과업에 대한 성과 간에 강력한 연관성이 있다고 지적한다. 이러한 한계에도 불구하고 IQ 검사는 수십년 동안 지능을 가장 정확히 반영하는 것으로 간주되어왔다.

지난 30년 동안 Howard Gardner, Robert Sternberg, Daniel Goleman 등 심리학자들의 연구는 가장 중요한 지능척도로서의 IQ에 도전해 다중지능, 창조성, 상황지능, 정서지능 등 다종다양한 지능모델이 수용되는 데 초석을 마련했다. 이 장은 이 지능모델을 통해 자기자신의 기술 및 능력을 인식하고 높이는 것이 자각 구축에 중요한 이유를 알아본다.

Library of Congress Prints and Photographs Division

다중지능

아인슈타인과 바흐 중에 누가 "더 똑똑한가"? 대다수가 수학 및 과학 천재로 여기는 아인슈타인이 더 똑똑하다고 답할 것이다. 다른 이들은 음악 천재로 알려진 바흐가 더 지적이라 말할 것이다. 대답은 수학과 과학 또는 음악 등 '더 똑똑한' 기술 및 능력에 대한 각자의 편향을 반영한다. 그러나 Howard Gardner의 지능에 대한 접근법에 따르면 둘 중 누구도 상대방 보다 더 지적일 수 없다.

1983년에 출간된 하워드의 저서 〈Frames of Mind〉는 단일한 지능 유형이라는 개념

표 13-1 다중지능

지능의 유형	설명	회사 환경에서 다음을 자원할 수 있다	관련 직업
언어	어휘지능	보고서 작성	변호사, 언론인, 정치인
수학-논리적	숫자/추론지능	스프레드시트 작성 또는 자료분석	과학자, 수학자, 경제학자, 기술자, 엔지니어
공간	그림지능	차트 또는 슬라이드 프레젠테이션 작성	예술가, 건축가, 조종사
신체	신체지능	사내 스포츠팀 조직 및 코칭	무용수, 운동선수, 시공업자
음악	음악지능	사내 장기자랑 기획	음악가, 가수
대인관계	대인관계 지능	대규모 청중 앞에서 발표	교사, 외교관
자기이해	자아지능	직원만족도 포커스그룹 참여	철학자, 심리학자, 신학자
자연탐구	자연탐구 지능	사내 재활용 프로그램 개발	정원사, 농부

Source: Adapted from Howard Gardner, *Frames of Mind: The Theory of Multiple Intelligences* (New York, NY: Basic Books, 1983).

을 부정한다. 가드너에 의하면 IQ 측정, 표준화된 검사점수, 등급은 개인이 똑똑함을 드러내는 모든 방식을 설명하지 못하기 때문에 누가 성공할지 여부를 예측하는 데 비교적 불충분하다. IQ 검사는 일정 환경에서 학업성취를 예측할 수 있지만 예술, 창조적 또는 기타 전문적 노력의 성공을 예측하지 않는다. 대신 Gardner는 커리어 성공을 나타낼 수 있는 언어, 수학-논리, 공간, 운동, 음악, 대인, 자기이해, 자연탐구 지능 등 8가지 지능을 제안했다(표 13-1 참조). 표를 읽고 자신의 지능이 어디에 속하는지 확인해보자.

언어지능이 발달한 사람은 스프레드시트를 작성하는 것보다 보고서 작성을 선호할 것이다. 공간지능이 뛰어난 사람은 청중 앞에서 발표하는 것보다 차트와 슬라이드 자료를 만들고 싶어할 것이다. 선호도가 무엇이든 지능을 직업선택 및 직무기능에 연관짓는 것은 직장효과성에 특히 중요하다. 대부분 사람들은 자신의 개성을 형성하고 각종 상황에 대한 접근법에 영향을 미치는 여러 지능을 복합적으로 지니고 있다.

Andrew Burton/Reuters/Landov

Virgin Group 창립자 Richard Branson은 자수성가에 국제적 기량을 갖춘 비즈니스 리더 중 하나이다. 브랜슨은 공교육 환경에서 우수한 성적을 거두지는 못했지만(16세에 자퇴), 뛰어난 사업요령 덕에 1966년 〈Student〉라는 청년문화 잡지를 창간했고, 30개국에 위치한 200개 이상 기업과 다국적기업을 설립했다. 2009년 기업가정신에 대한 기여로 영국에서 기사작위를 수여받았고 〈Forbes〉 전 세계 빌리어 네어리스트에 이름을 올렸다. 기차, 휴대폰, 음악레이블, 항공사, 우주관광 등 여러 분야의 기업과 협업해 Branson은 사업을 여섯 대륙에 걸쳐 확장시켰다.

인간두뇌의 기능에 대한 연구는 개인의 성향을 어느 정도 규명했다. 두뇌에서 정보가 처리되는 방식은 다양하다. 어떤 학자에 따르면 좌뇌는 논리적, 합리적, 분석적 사고의 처리 중심이다. 반대로 우뇌는 직관적, 공간적, 추상적 사고를 처리한다. 일부 사람은 좌뇌형으로 간주되고 정보를 체계적이고 조직적으로 처리하는 것을 선호한다. 우뇌형으로 불리는 사람은 정보를 추상적으로 처리하는 경향이 있다. 이들은 창의적이고 혁신적이며, 공간지능이 뛰어나고, 복잡한 문제해결에 더 능하다.

우뇌와 좌뇌 같은 분류는 분류에 불과하다. 두뇌활동에 대한 실증 연구는 우뇌와 좌뇌가 정보를 다른 방식으로 처리한다는 결론을 내리지 않았지만 확실한 것은 특정 개 개인은 타인에 비해 구조적, 체계적, 논리적이라는 것이다. 이와 같은 성향은 두뇌활동에 상관없이 활동과 직업 유형에 영향을 미치며 성공확률을 더 높일 수 있다.

켈러와 브로드스키의 지능과 직장행동을 가정하기 위해 이 개념을 이용할 수 있다. 켈러의 행동은 그가 '대인관계 지능적'임을 나타내고, 브로드스키의 행동은 '추론지능적'임을 드러낸다. 켈러의 행동은 Konigsbrau-TAK에서 맡았던 일반적 관리자 역할의 요구에 부합한다. 반대로 브로드스키의 행동은 대인관계 지능을 요하는 직위의 요구에 모순되는 듯 보인다. 그러나 그의 수학-논리지능은 조직 재구성과 시스템 실시를 요하는 역할 측면에서 유용하다.

창조성

흔히들 공간, 운동, 음악지능을 갖춘 사람들이 가장 창조적이라 생각한다. 그러나 창조성은 모든 지능 형태의 구성요소로서 모든 개인에게 어느 정도 나타난다. 확산적 또는 수평적 사고로도 불리는 창조성은 새롭고 유용한 대안을 생성하기 위해 여러 아이디어를 새로운 방식으로 결합 또는 연계하는 능력으로 정의된다.

창조성은 업무를 완수하는 방식과 사람들이 상호작용하는 방식에 영향을 미친다. 가령 수학자와 과학자는 계속해서 복잡한 현실문제에 대한 해결책을 생성한다. 교사, 변호사, 정치인, 심리학자는 대안 시나리오를 제시하기 위해 자료를 합성한다. 창조적인 사람은 아이디어를 생성하기 위해 기존 지식과 전문기술을 이용할 뿐 아니라 이 과정에 타인과 자원을 기용하기도 한다. 창조적인 사람은 다음과 같이 4가지 특징을 공유한다.

- 역경에 직면했을 때 자신감과 인내
- 위험감수 의지
- 성장 의지와 새로운 경험에 대한 개방성
- 모호성에 대한 관용

또한 창조성은 유창성, 융통성, 독창성 등 3가지 지표에 따라 평가된다. 유창성은 일정 요구사항에 부합하는 수많은 해결책을 생성할 수 있는 능력을 의미한다. 융통성은 과업마다 다른 전략이 필요한 일련의 과업을 해결할 수 있는 능력 등 문제에 대한 접근법을 변화시키는 능력을 뜻한다. 독창성은 새롭거나 독특한 제안, 발상 또는 해결책을 생성하는 능력을 일컫는다.

새로운 아이디어와 지시사항을 개발하는 것이 회사의 지속가능성에 필수적이므로 창조성은 모든 조직에 중요하다. 창조적이지 않은 이들은 타인의 창조적 잠재력을 인지하고 발휘하는 데 능숙할 수 있다. 따라서 창조성은 전략파악 및 유형적 해결책 도출 등 문제 해결방식에 대한 기존 가정에도 전함으로써 육성될 수 있다.

창조성(Creativity)
새롭고 유용한 대안을 생성하기 위해 여러 아이디어를 새로운 방식으로 결합 또는 연계하는 능력

창조성으로 명성을 구축한 대표적인 회사는 바로 '토이스토리', '니모를 찾아서', '몬스터주식회사' 등 여러 상을 받은 명작을 제작한 Pixar이다. Pixar의 기술 총책임자로 재직했던 Greg Brandeau는 Pixar가 성공한 이유는 모든 직원들의 창의력과 재능, 즉 '한 조각의 천재성'을 발견하고 발휘하게 한 회사의 능력 덕분이라 한다. 이 '한 조각의 천재성'은 단순히 애니메이션과 디지털 디자인의 순수 창조적 기능뿐 아니라 회사의 모든 면에서 찾아볼 수 있다. Pixar는 자사의 상품이 접수 담당자부터 감독까지 모든 이의 집합적 작업의 산물이라 확신한다. 그렇기 때문에 Pixar의 전 직원은 직위에 상관없이 영화의 엔드크레딧에 포함된다.

Luckydog1/Dreamstime.com

지능의 삼위일체 이론

지능의 두 번째 이론은 심리학자 Robert Sternberg가 제안한 것이다. 가드너의 이론처럼 스턴버그의 지능이론도 인지적 기능의 여러 측면에 기초한다. 그에 따르면 개인이 지능의 3가지 구성요소를 갖춘다. 1) 계산적(분석적), 2) 경험적(창조적), 3) 전후맥락적(실제적) 등으로 이를 **지능의 삼위일체 이론**이라 부른다. 그중 첫 번째 지능요소는 전통적인 IQ 검사로 측정되는 인지적 및 분석적 사고 처리와 밀접하게 연관된다. 스턴버그는 계산적 지능의 중심요소로 지식획득을 포함함으로써 분석적 처리의 전통적 평가와 차별화한다. 스턴버그는 문제를 해결하기 위해 물어야 할 질문과 탐색해야 할 정보를 인지하는 것이 분석적 지능의 핵심 측면이라 보았다.

삼위일체 지능이론의 두 번째 구성요소인 창조성은 새로운 상황과 자극을 파악하게 반응하면서 외부 세계와 관계를 맺는 능력을 의미한다. 창조적 지능은 그 자체로 창조적인 것이 아니라 새로운 아이디어에 개방적이고 경험적 학습과 발달에 관여하는 것이다. 스턴버그는 창조적 지능을 갖춘 사람들은 새롭거나 독특한 상황에 기존 지식 및 경험을 적용하는 데 능숙하다고 주장한다.

삼위일체 이론의 마지막 구성요소는 상황 지능으로, 외부 환경을 형성하고 그에 의해 형성되는 능력을 가리킨다. 어떤 사람은 상황을 파악하고 거시적으로 사고한다. 이들은 업무를 완수하는 데 최선의 방법은 물론 과업을 달성하는 데 무엇이 필요한지 알고 있다. 또한 장애물을 기회로, 업적을 향후 발전을 위한 벤치마크로 여긴다.

제1장에서 상황지능을 갖춘 개인은 사업 설립, 성장, 변화에 작용하는 거시적 차원의 맥락적 요인에 대한 민감도가 높은 사람으로 정의되었다. 상황지능을 갖춘 사람, 소위 '거시적' 사고자는 기회를 감지하고 위협을 회피할 수 있지만 다른 개인과 차별화되는 특유의 개인적 특징을 가지고 있다. 이 유형에 속한 이들은 역사에 대한 깊은 관심과 이해를 보유하고 과거로부터 배울 의지를 드러낸다. 또한 상황지능을 갖춘 개인은 규제적, 지정학적, 기술적 동향에 대해 잘 알고 있고 범문화적 경험에 적극 참여한다. 상황지능을 구비한 개인은 다음과 같다.

- 주변 환경과 사업 판도에 미치는 환경의 잠재적 영향을 이해하는 데 시간을 할애한다.
- 상황이 제시하는 기회를 놓치지 않고 이 상황을 새로운 가능성에 맞추는 개인적 특징을 갖춘다.
- 상황이 변하면 리더십 유형 · 접근법을 여기에 맞춰 변화할 줄 아는 능력을 갖춘다.

지능의 삼위일체 이론
(Triarchic theory of intelligence)
다음과 같은 3가지 지능의 구성요소를 소유하고 있다는 이론: (1) 계산적(분석적), (2) 경험적(창조적), (3) 전후맥락적(실제적)

상황지능을 보유한 개인은 대개 주변 환경에 비교적 잘 적응한다. 타인에 비해 외부 단서와 자극을 숙지하고 여기에 반응할 수 있다. 가령 Hayden Estrada가 Vanderbilt Owen 경영대학원의 입학 담당자로 임명되었을 때 그는 타 학교의 사례를 따라 스턴버그의 지능이론을 채택해 예비 재학생의 GMAT 점수와 학부생의 GPA 성적을 바탕으로 계산적 지능을 갖춘 지원자들을 뽑았다. 또한 스스로 사고할 줄 아는 (창조적 지능)지원자, 변화하는 사업 환경에 대해 추론할 수 있는 (상황지능)지원자들을 찾아냈다. 에스트라다는 2가지 요소를 평가하기 위해 Vanderbilt의 대학원 입학원서를 기준으로 개인의 창조적 및 상황적 지능을 평가한다.

문화지능

상황지능의 핵심 요소는 서로 다른 문화적 맥락과 상황을 이해하고 적절히 대응할 수 있는 능력인 **문화지능**이다. 사업의 전 지구화가 진행되면서 문화지능에 대한 요구도 증가했다. 문화지능을 갖춘 개인은 자신의 배경이나 정체성에 공공연히 영향을 받지 않고 다양한 문화적 맥락에 적응할 수 있다. 물론 개인의 정체성은 중요하고 억압될 수 없지만 그렇다고 각각 다른 문화적 배경을 가진 타인에 대한 개방성을 압도해서는 안 된다.

본질적으로 문화지능은 자기자신과 자신의 문화적 가치에 대한 이해, 타인의 문화와 가치의 인정, 자신의 리더십 유형을 특정 문화적 맥락에 맞추어 조정할 수 있는 능력을 포함한다. 교육상 또는 직업상 목적으로 해외에 거주하는 개인은 문화적 차이를 인정하고 이러한 차이가 협상과 경영 상황에서 행동에 어떤 영향을 미치는지 보다 잘 이해한다.

정서지능

지능 연구의 세 번째 주요 동향은 개인이 타인과 관계를 맺는 방식에 중점을 둔다. 대부분 사람들은 팀프로젝트를 진행할 때처럼 일정한 지점에서 타인에 대한 인내를 상실한 경험을 가지고 있다. 혹은 다른 구성원의 제안에 반대할 수도 있다. 또한 타인이 자신의 제안에 반박할 때 실망을 느끼기도 한다. 그럴 때면 "당신이 틀리고 내가 옳다!" 등과 같은 말을 충동적으로 한 적도 있을 것이다. 이와 같은 상황에서 개개인은 생산적으로 기능하기 위한 **정서지능**을 결여하게 된다. 정서지능은 자기자신의 감정과 타인의 감정을 인지하고, 스스로에게 동기를 부여하며, 자기자신의 정서와 대인관계를 생산적으로 관리할 수 있는 능력을 의미한다. 정서지능은 범문화적 상황에서 일할 때 더욱더 중요해진다.

Daniel Goleman 덕에 널리 알려진 정서지능은 평범한 수행자와 우수한 수행자 간의 차이에 대한 연구로부터 비롯했다. 골맨 등은 좋은 관리자와 위대한 관리자의 핵심 차이점이 정서지능을 구성한다고 주장했다. 개인은 능력, 지식, 경험을 통해 조직내 직위를 확보하고, 정서지능을 통해 자신의 직위를 보유하며 발전한다. 정서지능의 핵심은 시간에 따라 학습 및 향상될 수 있는 4가지 구성요소로 이루어진다. 바로 자각, 자기관리, 사회인식, 관계관리 등이다. [그림 13-2]에 나타나듯 정서지능은 내향적(자각, 자기관리) 및 외향적(사회인식, 관계관리) 중점 영역으로 구성된다. 한쪽은 자기자신과 관계를 맺는 방식을, 다른 한쪽은 타인과 관계를 맺는 방식을 포함한다.

문화지능(Cultural intelligence)
서로 다른 문화적 맥락과 상황을 이해하고 적절히 대응할 수 있는 능력

정서지능(Emotional intelligence)
자기 자신의 감정과 타인의 감정을 인지하고, 스스로에게 동기를 부여하며, 자기 자신의 정서와 대인관계를 생산적으로 관리할 수 있는 능력

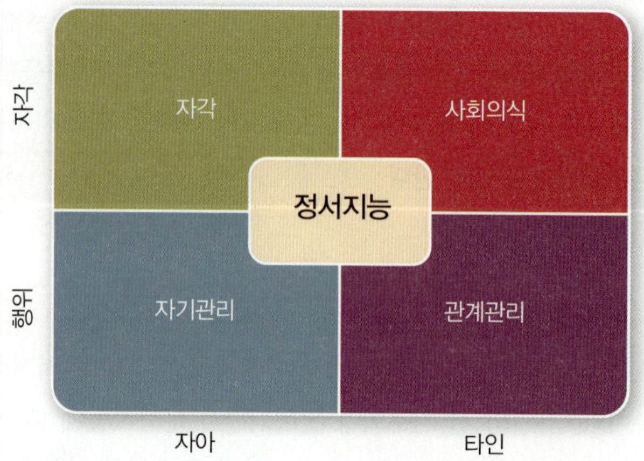

그림 13-2 정서지능의 구성요소

Source: Adapted from "The Emotional Intelligence Workbook," The Hay Group, 2008.

내향적 중점 영역에 있는 자각은 자신의 감정을 인식하고 이 감정이 타인에게 어떻게 영향을 미치는지 이해하는 능력을 포함한다. 자각적 개인은 자신감 있고 개인적 장단점을 잘 인지하는 경향이 있다. 그러므로 피드백과 개인능력 개발에 개방적이다. 또한 자기비하적 유머를 구사하기도 한다.

자기관리는 자기규율과 동기부여 등 2가지 요소로 구성되어 있고, 2가지 요소는 서로 상쇄한다. 규율은 위기 상황에서 파괴적 감정을 제어하는 능력인 자기통제와 새로운 아이디어와 변화에 대한 개방성으로 나타나는 적응성을 포함한다. 규율은 감정을 적절히 표출하도록 하는 반면 동기부여는 영감과 낙관의 원천으로서 기능한다. 동기부여는 성취 욕구와 장애를 극복하고 나아가는 능력을 포함한다. 개인은 다양한 수준의 정서지능을 갖추고 있지만 높은 정서지능을 가진 개인은 자신의 감정, 장단점, 욕구를 잘 인지한다. 또한 자신의 감정과 충동을 통제할 줄 알고 평균적인 기대 이상을 성취하고자 한다.

사회의식은 외향적 중점 영역에 속하며 개인적 및 집단적 차원에서 발현된다. 개인적 차원에서 사회의식은 타인의 감정 및 관점을 감지하고 그들의 관심사에 적극적으로 관여하는 감정이입(공감)을 가리킨다. 공감은 조직이 국내외적으로 팀을 운용하고자 할 때 더욱 중요해진다. 공감은 특히 여러 문화적 배경을 가진 팀일수록 중요해지는 데 특정 맥락의 뉘앙스를 이해하는 것이 중요하다. 집단적 차원에서 사회의식은 집단역학과 관계를 이해할 수 있는 능력을 의미한다. 강한 사회의식을 가진 개인은 조직문화에 종종 고착된 정치적 역학과 권력구조를 보다 잘 이해한다.

정서지능의 마지막 요소인 관계관리는 타인에게 영향과 감화를 주고, 갈등을 건설적으로 관리하며, 생산적인 팀을 구축 및 육성하는 능력을 포함한다. 골맨에 따르면 관계관리는 자각, 자기관리, 사회의식 등 다른 영역을 통달함으로써 획득되는 것이므로, 정서지능의 두드러지는 특징이라고 한다. 즉 개인은 스스로를 더 잘 관리할 수 있을 때 관계를 관리하는 데도 유능해질 수 있다. 정서지능을 보유한 리더는 다음과 같다.

리더십 개발의 여정 리더는 다양한 지능을 활용해 업무를 실시한다. 가드너의 다중지능 이론을 참고해 리더십을 발휘할때 어떤 지능을 이용하는가? 이 지능을 적용했을 때의 사례를 생각해보자. 우뇌사고가 필요한가, 좌뇌사고가 필요한가? 향상하려는 지능의 유형을 파악해보자. 이 지능을 향상하기 위한 실천계획을 작성해보자.

- 말하는 것보다 경청을 중시한다.
- 단순히 타인에게 명령하기보다 업무와 과업의 방식과 이유를 강조한다.
- 팀 구성원의 참여도를 높이고, 그들의 실수를 비판하고 정정하기보다 기여를 인정한다.
- 팀 구성원에게 동기를 부여하고 참여도를 높이는 방법을 이해하고 창조성을 양성하는 환경을 조성한다.

켈러와 브로드스키의 정서지능 수준은 얼마나 될까? 켈러는 영업팀과 외부 고객과 관계를 맺는 것을 중시하므로 관계관리 측면에서 브로드스키보다 높은 정서지능을 갖는다. 반면 브로드스키는 자기관리의 핵심요소인 규율면에서 켈러보다 높은 정서지능을 가지고 있다. 브로드스키는 업무 중에 평정심을 잃거나 충동적으로 행동하지 않는다. 한편 두 사람 모두 자각과 공감면에서 부족하다. 자신의 행동이 타인과의 관계에 미치는 영향을 인정하지 않는다. 브로드스키는 자신의 행동이 거리감을 발생시킴을 인지하지 못한다. 켈러는 자신의 행동 때문에 타인에 의해 협동심이 부족한 사람으로 보인다는 사실을 깨닫지 못한다.

지금까지 이 장에서 여러 지능의 형태를 다루었고, 성공적인 관리자는 수많은 영역에서 일정한 역량 또는 지능을 구축해야 한다. 학술적 지능도 중요하지만 반드시 기준치가 되는 것은 아니다.

다른 형태의 지능도 필수적인 데 특히 타인과 잘 협력하는 능력이 여기에 포함된다. 가장 중요한 지능의 본성은 개인의 가치와 욕구, 상황의 맥락적 요소에 달려있다. 대부분 지능 요인은 훈련, 새로운 경험, 실천, 시범 등으로 발달 및 향상될 수 있다. 모두가 음악적 재능, 예술적 기질, 논리적 사고력을 가지고 있지는 않지만 장점을 활용할 수 있는 기회를 탐색하고 학습 및 발달기회를 제공해야 한다. 또한 장점을 보완할 수 있는 구성원을 물색해야 한다. 그러한 과정에서 전체가 부분의 합 이상이 된다. Bill Gates는 Microsoft에 재직 당시 리더십 유형과 접근법을 보완했던 동료 리더들을 기용하는 데 능했다. 1982년 그는 Microsoft의 첫 최고운영책임자(COO)를 고용했다. 게이츠는 Microsoft의 기술투자에 대한 최종결정권을 가지고 있었지만 재정관리와 운영 등 사업의 다른 측면을 감독하는 데는 동료 리더들에게 의존했다. 이러한 협업 덕분에 Microsoft는 수십년 동안 소프트웨어 업계를 지배할 수 있었다.

EdStock/iStockphoto.com

자신의 개성 이해하기

창조성, 분석적 추론, 대인관계 능력이나 다른 여러 방식으로 발현되는 개인의 지능은 당사자가 지닌 **개성**의 핵심이라 할 수 있다. 어떤 사람은 연구와 분석, 컴퓨터 지원 등 장기간 홀로 일해야 하는 직무에 임하고, 어떤 이들은 고객서비스와 마케팅 등 타인과의 접촉을 필요로 하는 직업을 가지고 있다. 이는 직무에 적합한 개성을 지닌 개개인이 가진 직업이다. 내향적 또는 내성적인 사람들은 홀로 업무를 담당할 때 우수한 성과를 낸다. 외향적 또는 사교적인 사람은 타인과 관계를 형성하고 발전시키는 업무를 맡을 때 성과를 낸다. 어느 유형의 개성도 '옳다', '그르다'로 판단할 수 없으며, 단지 특정 유형에 더 적합함을 나타낸다.

개성은 사회적, 문화적, 환경적 요인에 의해 생득 또는 형성된 내적 특징, 성향, 기질을 지속하는 체계다. 누군가의 개성을 그가 드러내는 특성에 따라 설명하는 경향이 있는데, 사실 개성은 2가지 구성요소로 이루어져 있다. 개성의 첫 구성요소는 친구, 가족, 동료, 상사가 지각하는 개인(즉 성격 특질)이다. 누군가를 '내성적' 또는 '사교적'이라 묘사하는 것이 이 개념에 속한다. 개성의 두 번째 구성요소는 그 사람의 내적 본성 또는 근원적 사고과정을 가리킨다.

Robert McCrae와 Paul Costa는 효과적 및 비효과적 리더십 방식을 설명하기 위해 모든 사람에 공통으로 나타나는 몇 가지 특질을 규명했다. 개인의 개성은 5가지 요인으로 분류되고, 각 요인은 차등화된다. 예를 들어 외향성 수준이 높은 사람은 사회적 관계를 맺기 좋아하고, 낮은 이들은 내향적이다(표 13–2 참조).

각 특질의 강도는 개인마다 다른데, 이러한 가변성은 업무 실시 방식과 타인과의 상호작용 방식의 차이를 초래한다. 이 특질들은 개인의 기본적 리더십 유형과 접근법에 영향을 미치나 개개인의 리더십 유형은 상황 또는 맥락에 따라 매우 다양하다.

개성(Personality)
사회적, 문화적, 환경적 요인에 의해 생득 또는 형성된 내적 특징, 성향, 기질을 지속하는 체계

조직 내에서 갈등이 발생하는 이유는 대체로 방식상 차이 때문이다. Wolfgang Keller

표 13–2 리더십 성격 특질

특성	설명	낮음 대 높음
외향성	사교적, 적극적, 능동적이고 긍정적으로 경험하는 경향. 에너지, 활력, 스태미너, 활동성, 적극성, 지배성을 포함.	낮음: 내성적, 홀로 일하는 것을 선호함 높음: 사교적, 사회적 상호작용을 선호함.
개방성	경험에 개방적, 독창적, 창의적, 비순응적, 비전통적, 창조적, 자율적	낮음: 실용적, 위험회피 높음: 창조적, 위험감수에 개방적
성실성	성취 및 의존 가능성, 과업역량, 솔선수범, 집요, 인내로 구성	낮음: 융통성 있고 자율적 높음: 집요하고 체계적이며 조직적
우호성	남을 잘 믿고, 순응적, 사려 깊고 상냥함. 리더의 친근함과 호감을 가리킨다.	낮음: 경쟁적이고 도전적 높음: 연민적이고 협조적
정서적 안정성 (신경증 성향)	위기 상황에서 차분하고 자신감을 유지하는 능력	낮음: 반응적이고 흥분하기 쉬움 높음: 차분하고 꼼꼼함

Source: Timothy A. Judge, Joyce E. Bono, Remus Ilies, and Megan W. Gerhardt, "Personality and Leadership: A Qualitative and Quantitative Review," *Journal of Applied Psychology*, Vol. 87, No. 4, 2002, pp. 765–780; and Ginka Toegel and Jean-Louis Barsoux, "How to Become a Better Leader," *Sloan Management Review*, Vol. 53, No. 3, Spring 2012.

의 사례에서 브로드스키는 마감일을 간과하는 반면 켈러는 마감을 준수했다. 브로드스키는 정보 및 통제시스템을 생성하는 데 뛰어나지만 켈러는 문제해결에 능하다. 브로드스키는 동료 및 하급자와 대인관계 맺기를 꺼리지만 켈러는 적극적으로 관계를 쌓는다.

성격평가

특정 상황에 맞추어 자신의 리더십 유형을 바꾸기 전에 성향을 자세히 살펴보는 것도 유용하다. 에너지를 어디에서 얻는가? 타인과 어떻게 상호작용하는가? 정보를 어떻게 처리하는가? 아이디어를 어떻게 연계하는가? Carl G. Jung, Katherine Myers, Isabel B. Myers는 이 질문에 답하기 위해 구적인 접근법을 제안했다. 심리학자 칼 융은 생애 내내 인간의 행동이 규칙적이고 예측가능함을 암시하는 심리유형론을 지속적으로 재정비했다. 융에 따르면, 개인의 인지 과정과 궁극적으로 그의 리더십 유형에 영향을 미치는 6가지 기본 심리과정이 있다고 한다. 감각(Sensing: S), 직관(Intution: N), 사고(Thinking: T), 감정(Feeling: F), 외향성(Extraverted: E), 내향성(Introverted: I)이다.

마이어스와 브릭스는 융의 연구를 확장해 2가지 심리과정, 즉 판단(Judgment: J)과 인식(Perception: P)을 추가해 어떤 사람은 새로운 정보의 지속적인 흐름에 대체로 개방적인 데 반해 다른 이들은 폐쇄에 도달하는 데 더 관심이 있다고 주장했다. 이 8가지 과정 중에서 4가지 성격적 차원(E–I, S–N, T–F, J–P)이 발생한다.

마이어스와 브릭스는 연구를 지속하는 가운데 개인이 자신의 성격적 차원을 잘 이해하도록 돕는 마이어스–브릭스 성격유형검사(MBTI)를 개발했다. 이 검사는 북미지역에서 가장 널리 쓰이는 성격평가 도구가 되었다. 개인은 MBTI 평가를 완료하면 네 글자로 이루어진 성격 유형을 확인할 수 있다. MBTI 평가의 4가지 차원은 양극으로 간주된다. 가령 어떤 사람은 똑같이 높은 수준의 사고와 감정을 가질 수 없다. 둘 중 하나의

표 13–3 성격의 심리적 차원

설 명	심리적 차원	설 명
(E) 외향형 바깥세계에 집중하기	개인이 에너지를 얻는 곳	**(I) 내향형** 자신의 생각과 감정을 돌봄
(S) 감각형 오감을 통해, 지금 여기를 중시, 실질적이고 유형적인 정보에 집중	정보가 어떻게 수집되는가	**(N) 직관형** 패턴을 통해, 새로운 가능성과 시도에 개방적, 사실관계 간의 연결점과 관계에 집중
(T) 사고형 논리적, 분석적, 비인격적, 객관적 연계	아이디어와 개념이 어떻게 연계되는가	**(F) 감정형** 가치의 강도와 중요도에 바탕을 둠
(J) 판단형 체계적이고 분석적 방식으로 활동을 조직 및 완수	정보가 어떻게 처리되는가	**(P) 지각형** 새로운 정보를 득함, 새로운 아이디어와 가능성에 개방적, 서두르는 것을 좋아하지 않음

Source: Adapted from Isabel Briggs Myers and Peter B, Myers, *Gifts Differing* (Palo Alto, CA: Consulting Psychologists Press, 1980), pp. 7–10.

표 13-4 지배적 기능과 연관된 심리적 프로파일

지배적 기능	내향형		외향형	
(S) 감각형	ISTJ	ISFJ	ESTP	ESFP
(N) 직관형	INTJ	INFJ	ENTP	ENFP
(T) 사고형	ISTP	INTP	ESTJ	ENTJ
(F) 감정형	ISFP	INFP	ESFJ	ENFJ

Source: Adapted from Isabel Briggs Myers and Peter B, Myers, *Gifts Differing* (Palo Alto, CA: Consulting Psychologists Press, 1980), p. 16.

차원이 더 강력하며, 아이디어들이 서로 연계되는 방식과 개인이 문제에 관계하는 방식에 영향을 미친다(표 13–3 참조).

MBTI 검사결과는 16개의 잠재적 성격 유형을 포함하지만 각 성격 유형 내에서 지배적인 성격 측면이 존재한다. 지배적인 심리과정은 감각–직관(S-N) 척도 또는 사고–감정(T-F) 척도에 나타나며 개인의 검사결과 중에서 첫 번째 차원과 마지막 차원(E-I, J-P)에 달려있다. 인식형(P)이고 외향적(E) 성격을 지닌 사람은 지배적인 기능이 감각–직관척도에 존재한다. 판단형(J)이고 외향적 성격을 지닌 사람은 지배적 기능이 사고–감정척도에 드러난다. 내향적 성격의 개인은 정반대다. 인식형이고 내향적인 사람은 지배적 기능이 사고–감정척도에, 판단형이고 내향적인 사람은 지배적 기능이 감각–직관 척도에 존재한다(표 13–4 참조). 가령 검사결과가 INTP인 사람의 지배적 기능은 사고이고, 그것이 행동에 가장 강력한 영향력을 미칠 것이다. 그렇다 해서 다른 3가지 차원이 아무 영향도 미치지 않는다는 뜻은 아니다. 다만 그 사람의 방식에 영향을 미치되 지배적인 기능보다는 덜하다는 것이다. 또한 지배적 기능의 정반대가 열등한 기능으로 간주된다는 사실도 흥미롭다. INTP 성격의 정반대는 감정이다. 사고가 지배적인 사람은 열등한 기능은 덜 발달될 것이고, 사고보다 감정이 요구되는 상황 또는 사건에서 문제가 될 수 있다.

자신의 선호도와 타인의 선호도를 이해하면 의사소통을 잘 구사할 수 있다. 높은 수준의 직관을 가진 사람이 정보를 처리하는 방식은 높은 수준의 감각을 가진 사람과는 다르다. 직관형 사람은 개방형 질문과 브레인스토밍을 선호하고, 감각형 사람은 사실과 간결성을 선호한다. 사고형 사람은 체계적이고 신중히 분석된 정보를, 감정형 사람은 정보 자체보다 정보가 타인에게 미치는 영향에 더 크게 지배된다. ENFP형 사람은 외향적 · 직관적 · 감정적 · 인식적이고, 내향적 · 감각적 · 사고적 · 판단적인 ISTJ형 사람과는 정반대다. ENFP형 사람은 상상력이 풍부하고, 유능하고, 해결책을 즉흥적으로 제시하는 설득력을 갖추었다. 반면 ISTJ형은 ENFP형이 비현실적이고 집중을 잘하지 못하는 사람으로 인식한다. ISTJ형은 대개 조용하고, 철두철미하며, 논리적이고, 체계적이며 전통을 따르는 사고자이자 관리자로 묘사된다. 그런가 하면 ENFP형은 ISTJ형을 상상력이 부족하고 지루한 사람으로 인식한다.

개개인이 제각기 다른 상황에서 성공을 거둔다. 가령 도시관리자에 대한 연구에 따르면 가장 성공적이고 가장 긴 임기를 누리는 후보는 내향적이고 인식적이다. 보다 외향적이고 빠른 의사결정을 내리는 사람이 이러한 정치인 직위에 선호되는 것처럼 보이지만 정반대가 사실이다. 성공적인 도시관리자는 자기자신보다 직무에 더 관심을 끌어들인다.

개인이 정보를 처리하고 타인과 상호작용하는 방식을 강조하는 여러 MBTI 유형들이 명백히 구분되어 있지만 이 성격검사는 개인이 나타내는 행동의 모든 측면을 지시하지는 않는다. 과거 경험, 개인적 가치, 기타 상황적 요소가 개인의 리더십 유형에 영향을 미친다. MBTI 또는 다른 성격검사 도구는 개인이 기능하는 방식의 관점을 제공하는 데 유용하지만 개인의 성격은 다면적이고 단순한 설명으로 축소될 수 없다.

통제위치

개인이 특정 사건이나 외부 자극에 대응하는 방식은 그 사람의 성격을 들여다보는 또 다른 창구를 제시한다. 어떤 사람은 자신의 행위, 개인적 의지, 인내, 집념을 통해 사건의 결과물에 영향을 미치거나 이를 통제할 수 있다고 생각한다. 그런가 하면 어떤 이는 사건의 결과물은 개인의 통제범위를 넘어선 것이라 믿는다. 즉 불가피한 결과물에 영향을 미칠 수는 없다는 것이다. 개인이 사건의 결과물을 통제할 수 있다고 생각하는 정도에 대한 극단적 입장 차이를 **통제위치**라 부른다.

사람들은 사건의 결과물에 다음과 같이 4가지 원인 중 하나를 귀속시킨다. 개인능력, 노력, 과업 난이도, 운 또는 우연(그림 13-3 참조) 등이다. 이러한 귀속 행위는 안정성과 통제위치라는 2가지 영향을 받는다. 안정성은 시간에 따른 변화의 예측가능성이다. 개인능력과 과업 난이도는 상황마다 변화할 수 있지만 예측가능하도록 변하는 안정된 원인이다. 노력과 운의 결과물은 그보다 덜 예측가능하고 따라서 덜 안정적이다. 두 번

통제위치(Locus of control)
개인이 사건의 결과물을 통제하고 이에 영향력을 미칠 수 있다고 생각하는 정도

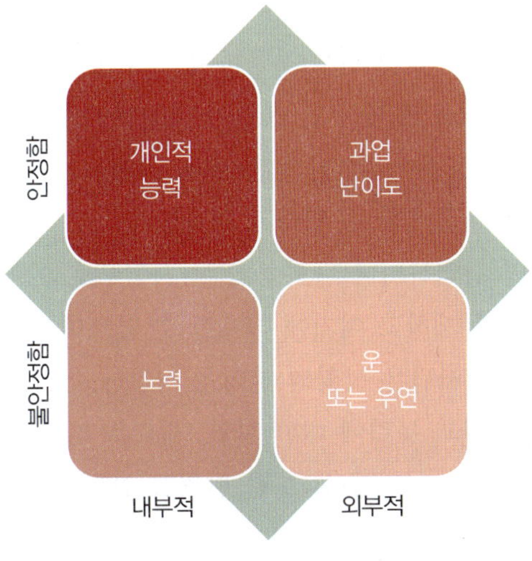

그림 13-3 결과물에 대한 안정성 및 통제의 귀인

Source: Modified from Mark J. Martinko and William L. Gardner, "Learned Helplessness: An Alternative Explanation for Performance Deficits," *Academy of Management Review*, Vol. 7, No. 2, April 1982, pp. 195–204.

째 측면은 통제위치 또는 개인이 사건의 결과물을 통제할 수 있다고 생각하는 정도다. 개인 능력과 노력은 내적 동인에 기인하고, 과업 난이도와 운은 외적으로 생성된다.

사건을 통제할 수 있는 능력을 확신하는 사람을 내재론자라 하고, 통제를 외적 사건에 두는 사람을 외재론자라 부른다. 내재론자는 개인의 노력과 능력이 결과물에 상당한 영향을 미칠 수 있다고 생각한다. 자기 결정력에 대한 신념을 가진 내재론자는 결과물을 통제할 수 있는 확률이 커보이는 상황 또는 사건을 추구한다. 흥미롭게도 내재론자는 실패하는 경우 개인적 효능감에 대한 굳은 신념을 지키면서도 기꺼이 통제 원인을 외적 사건 또는 자극에 둔다. 반대로 외재론자는 성공해도 내적(자아) 요인에 정당성을 부여하지 않는다. 여전히 성공과 실패 여부가 자신의 통제범위 밖에 있다고 생각한다. 외재론자는 실패를 타인 또는 외적 영향력 탓으로 돌리고, 성공은 운 또는 상황 덕분이라 여긴다. 외재론자의 통제감 또는 통제감 결여를 감안할 때 외재론자가 내재론자보다 결과물에 더 불안해 하는 것은 별로 놀랍지 않은 사실이다.

개인의 통제위치는 조직에 대해 흥미로운 점을 시사한다. 통제력이 강한 개인은 스스로 동기를 부여해 더 도전적 과업을 기꺼이 맡는다. 이들은 보다 높은 수준의 만족도와 성과를 보인다. 그러나 긍정적 성과와 높은 동기부여는 조직의 보상체계가 이러한 행동을 강화할 때만 지속된다. 또한 내재론자와 외재론자는 감독에 대해 다르게 대응한다. 내재론자의 개인적 통제감을 볼 때 내재론자는 권한을 위임하는 참여형 상사를 선호한다. 반면 외재론자는 지시를 내리는 관리를 선호한다. 각각 다른 감독 유형에 대한 선호도는 개인의 리더십 방식에도 명백히 드러난다. 내재론자는 참여형이 되기 쉽고 외재론자는 지시적이 된다.

역경 관리하기

개인이 역경에 맞서는 방식은 통제위치와 연관된다. 고난과 장애물에 직면했을 때 이를 발전과 학습의 기회로 보는 사람이 있는가 하면, 자신을 위축하는 사건으로 간주하는 사람이 있다. 역경은 학습 및 발전을 자극하지만 자신감을 약화시키고 개인이 생산적으로 전진할 수 있는 능력을 저해한다. 개인이 역경에 대면하는 방식은 성격 및 리더십 유형을 잘 이해하는 데 도움이 된다. 높은 내적 통제위치를 가진 사람은 부정적 상황에 적절히 대응하고 이를 통제할 수 있다고 생각한다.

역경을 직접 대면하면 강인하거나 탄력성 있는 사람으로 여겨진다. 이와 같은 사람은 어떤 사건과 결과물을 통제하고 여기에 적응할 수 있으며, 어려움을 겪고 나면 회복할 수 있다. 탄력성을 갖춘 사람은 상황의 현실을 직면하고 수용할 수 있는 능력, 행위를 이끌어 줄 굳건한 가치관과 능력에 대한 신념, 새로운 것을 즉흥적으로 시도하는 의지 등 공통적 핵심 특징을 가지고 있다. 또한 탄력성 있는 사람은 집요한 경향이 있어 장애물에 굴하지 않고 전진한다. 남아프리카공화국의 아파르트헤이트에 대항한 행동주의로 27년 동안 복역한 Nelson Mandela가 **탄력성**을 가진 개인의 본보기다. 남아프리카의 아파르트헤이트가 무너지면서 만델라는 1990년 감옥에서 풀려났고 몇 년 후 대통

탄력성(Resilience)
어떤 사건 및 결과물을 통제하거나 이에 적응하여 어려움을 극복할 수 있다는 신념

표 13-5 역경 대응 위계

대응전략	설 명	소요시간의 백분율(%)
회피	역경을 부정 또는 회피하고 대처하는 것을 미루기	
생존	단순히 역경을 헤치고 생존하기	
대응	근원적 문제를 해결하고 부정적 영향을 다루는 방법 찾기	
관리	역경을 다룰 수 있는 도구 또는 전략을 능동적으로 이용하기	
통제	학습, 성장 및 업적을 추진하기 위해 역경을 연료로 전환하기	
		100%

Source: Adapted from Joshua Margolis, "Leadership and Resilience," PowerPoint presentation (Boston, MA: Harvard Business School, October 2007); and Paul G. Stoltz, *Adversity Quotient @ Work* (New York, NY: HarperCollins, 2000).

령이 되었다. 복역 후 만델라의 연설과 행동은 복수와 분노보다는 화해와 용서의 요청으로 가득했다. 만델라와 같은 고생을 겪은 대부분의 사람들은 복수를 원했지만 만델라는 국가의 나은 미래를 위해 혹독한 대우와 개인적 감정을 초월했다. 만델라는 자신의 역경을 후진이 아니라 전진하는 것으로 탈바꿈했다.

고난에 직면했을 때 위축되는 사람은 '학습된 무력감'을 갖게 된다. 과거 경험 또는 상황을 바탕으로 나쁜 상황을 시정하기 위해 자신이 할 수 있는 것은 없다고 생각한다. 따라서 그들은 아무것도 하지 않는다. 어떤 사람은 상황을 비난하고 누구도 이에 적절히 대응하기 위해 아무것도 할 수 없다고 생각한다. 상황이 너무 독특하거나 어렵기 때문에 이를 효과적으로 다룰 수 있는 사람이 없다는 것이다. 이를 보편적 무력감이라 부른다. 반면 적절한 대응책이 있지만 자신의 기술 및 능력의 범위 밖에 있다고 생각하며 스스로를 탓하는 사람도 있다. 이를 개인적 무력감이라 하고, 자기자신을 그런 식으로 간주하는 사람은 자신의 기술 및 능력을 타인의 그것과 비교할 때 특히 낮은 자아존중감을 갖는다.

자신의 경향을 이해하는 방법 중 하나는 어려운 상황에 반응하는 방식을 생각해보는 것이다(표 13-5 참조). 역경을 회피하는 비율은 무엇인가? 얼마나 자주 자신의 학습 및 발전을 위해 어려운 상황을 활용하려 하는가? 나는 어떤 경향을 가지고 있는가?

각자 상황을 이해하고 해석하는 방식은 그 상황을 경험하고 다루는 방식을 결정한다. 상황의 사실관계가 무엇이든, 때에 따라 자동적이거나 무의식적 대응방식에 영향을 미치는 것은 개인의 세계관이다. 가령 "세상에 못할 것이 없다", "모두 나를 공격하려 한다", "반이나 가득 찬 또는 반이나 빈 컵"과 같이 흔한 경구를 생각해보자. 컵이 반이나 가득 찼다고 생각하는 사람은 도전과 장애를 학습과 발전의 기회로 여긴다. 모두 자신을 공격하려 한다는 사람은 정말로 세상을 그런 식으로 바라본다. 즉 역경을 자신에 대한 공모의 일부로 여기는 것이다.

역경에 대한 반응은 사람마다 대부분 고착되어 있으나 최근 연구에 따르면 통제, 주인의식, 범위, 지속 등 4가지 핵심 측면에서 사고함으로써 역경을 효과적으로 다룰 수 있는 능력을 높일 수 있다.

– **통제**: 앞으로 무엇이 발생하든 자신이 영향력을 발휘할 수 있다고 생각하는 범위. 자신이 통제할 수 있는 상황의 요소가 존재하는가?
– **주인의식**: 상황을 개선하기 위한 책임감 수준. 이 상황의 특정 측면을 개선하기 위해 노력할 수 있는가 혹은 노력해야 하는가?
– **범위**: 역경이 직장생활 또는 개인생활의 측면에 영향을 주는 범위. 역경이 한 가지 영역에 제한되어 있는가? 개인행동에 영향을 미치는가? 자신의 활동에 얼마나 큰 영향을 미치는가?
– **지속**: 역경의 예상 지속기간. 이 지속기간을 단축하기 위해 무엇을 할 수 있는가?

통제와 주인의식은 상호강화적이다. 통제력이 더 클수록 책임을 모면하기 더 어려워진다. 마찬가지로 주인의식이 클수록 해당 상황에 대한 통제력이 더 커진다. 특정 상황 또는 사건이 통제불가능해 보여도, 통제하고 책임질 수 있는 상황의 구성요소들을 나눔으로써 통제력과 주인의식(및 역경 대응력)을 높일 수 있다. 문제를 한꺼번에 해결하려 하면 압도적이고 불안한 방법이므로 문제의 소소한 측면을 하나씩 해결하는 게 더 쉬울 때도 있다.

범위와 지속은 상호의존적이다. 역경이 광범위한 경우 지속할 가능성도 더 높다. 역경이 더 오래 지속된다고 생각할수록 역경이 삶의 다른 측면에 영향을 미칠 확률도 높아진다. 역경의 지속기간을 단축하려면 역경의 영향력을 제한해야 한다.

자신의 적응력 또는 탄력성을 이해하는 것이 중요하다. 이는 여러 유형의 환경과 앞으로 감당해야 할 위험수준을 파악하는 데 유의미하다. 작금의 경기침체와 심화된 전지구적 경쟁을 감안할 때 역경에 효과적으로 대응할 수 있는 능력을 발전시키는 것은 더욱 중요해졌다. 또한 리너십의 성격은 점차 Ronald Heifetz가 '적응적 도전'이라 부른, 예상된(또는 예상하지 못한) 사건에 효과적으로 대응할 수 있는 능력과 연관된다. 고난에 생산적으로 대응하는 능력은 성공적 비즈니스 리더에 대한 최근 연구의 중요 결과이기도 했다. 성공한 자들은 역경을 학습 및 발전의 기회로 간주하고 대응한다.

자기점검

개성, 기술 및 능력, 방식상 차이처럼 **자기점검**의 차이도 업무수행과 타인과의 상호작용에 영향을 미칠 수 있다. 자기점검은 자신의 행동을 평가하기 위해 환경적 단서를 숙지하고 이를 활용하는 행위다. 자기점검 능력이 타인과 다를 경우, 그 차이는 개인의 직장 내 행동을 변화시키고 대인관계에 영향을 미친다.

자기점검(Self-monitoring)
자신의 환경으로부터 자신의 행동을 평가하기 위한 단서를 읽을 수 있는 개인적 능력. 사람은 고도의 자기 점검자로부터 낮은 자기 점검자로 달라질 수 있다.

가령 극장에서 영화가 상영되는 동안 핸드폰을 끄고, 이야기하지 말라는 지시를 받는다. 이후 자기 앞에 앉은 커플이 떠들기 시작한다. 그러면 "왜 저 사람들은 말을 듣지 않지?"라고 생각할 것이다. 그들의 무례함을 생각하면서 주변을 둘러보자 다른 사람들도 점점 더 크게 떠드는 커플을 주시함을 볼 수 있다. 그렇지만 커플은 이에 신경 쓰지 않고 계속 떠든다. 어떤 관객이 극장을 나가더니 직원을 데려와 커플에게 떠들지 말라고 조용히 이르게 한다. 커플은 다른 관객에게 미친 영향을 인지하지 못한 채 주변을 둘러본 후 부끄러움에 자세를 낮춘다. 이 커플은 왜 남들로부터 무례함을 지적받아야 했을까? 스스로 판단할 수는 없었을까?

개개인은 높은 자기점검자 또는 낮은 자기점검자로 설명될 수 있다. 높은 자기점검자는 규범과 통용되는 행동과 관련된 환경 및 사회적 단서를 파악하고 이 단서를 이용해 자신의 행동을 조정한다. 또한 타인의 행동을 반영해 타인과 어울리고 낮은 자기점검자보다 더 변화에 잘 적응한다. 높은 자기점검자는 카멜레온 같기도 하다. 상황 요건에 따라 자신의 방식을 조정하고 변화시킨다. 반대로 낮은 자기점검자는 환경 및 사회적 단서를 읽지 못하고 이 단서를 이용해 자신의 행동을 변화시키지 못한다. 보다 내향적이고 가변적 상황에서 일관된 행동을 보인다. 따라서 낮은 자기점검자는 강직하고 융통성이 결여된 사람으로 묘사된다.

업무환경은 다양한 개성, 기술 및 능력, 방식을 갖춘 개개인을 포함하고, 이는 효과적이고 생산적인 업무관계를 형성하는 데 이용되어야 한다. 그러므로 협조적이고 생산적인 업무 환경을 조성하려면 어느 정도의 적응성이 필요하다.

자신의 행동을 변경한다 해서 특정 방식이 항상 더 나은 것은 아니다. 오히려 한 가지 옳은 접근법이나 방식은 존재하지 않는다. 모든 종류의 직업에는 모든 유형의 성공적인 사람이 존재한다. 마지막으로, 어떤 사람이 자신과 다른 방식으로 일한다 해서 무능하다 여기고, 그 사람이 자신의 선호와 다른 방식으로 행동한다고 생각하는 경향이 있다. 이와 같은 상황에서 그 사람의 의도에 쉽사리 결론을 내려서는 안 된다. 대신 그 사람과의 차이점을 탐구하고 상호이해에도 달해야 한다.

> **다른 관점**
>
> **진정성 있는 리더십**
>
> 진정성 있는 리더는 자기자신과 타인에게 정직하다. 이 리더는 신뢰, 열정, 가치, 자기통제를 바탕으로 타인을 이끈다. 다 같은 사람이기에 완벽하지는 않지만 대중적인 리더이고 타인을 섬기기 위해 이끈다. 가령 Wendy Kopp은 수많은 도전에도 불구하고 인내한 진정성 있는 리더다. 그녀는 공교육의 불평등을 인식하고 Teach for America를 설립해, 최근 대학을 졸업한 이들이 공립학교에서 2년 동안 가르칠 수 있도록 했다. 5년 동안 끊임없이 노력했음에도 Teach for America는 폐쇄될 위기에 처했다. Kopp은 위기를 모면하기 위해 다시금 노력했고 10년 뒤 Teach for Amercia는 유례없는 성공을 거두었다.
>
> 영리 또는 비영리조직의 또 다른 진정성 있는 리더를 찾아보라.
>
> 1. 그 리더가 자신의 조직에 기여한 가치는 무엇인가? 그의 리더십 유형이 조직 내 직원에게 어떤 영향을 미치는가?
> 2. 그의 리더십 유형이 경쟁조직의 리더와 어떻게 차별화되는가?
> 3. 진정성 있는 리더로부터 무엇을 배울 수 있는가?

자기자신을 관리하기

자각 발달과 마찬가지로 대인관계에 유능해지는 것도 반복적인 과정이다. 대인효과성은 피드백과 지속적 발달을 필요로 한다. 자기자신을 알고 관리하는 것이 대인효과성에 중요하지만 자기자신을 알고 관리하는 방식도 만족스러운 경력을 개발하는 데 필수적이다.

Peter F. Drucker는 50년 정도 지속될 직장생활에서 계속 일에 몰두하고 생산적이기 위해서는 자기자신에 대한 이해를 증진해야 한다고 제안했다. 드러커는 다음과 같은 질문을 자문해볼 것을 제안한다.

- 나의 장점은 무엇인가? 종종 자신이 잘할 수 있는 것보다 잘할 수 없는 것에 더 익숙할 때가 있다. 하지만 자신의 장점을 아는 것은 자신이 속한 곳을 결정하는 데 유용하다. 이를 파악하려면 피드백을 얻는 것이 좋다. 드러커에 따르면 자신의 장

점을 파악하고 발전시키는 데 집중해야 한다. 또한 약점이 자신의 유능함과 성과를 상당히 저해하는 한 약점을 이해하고 개선해야 한다.

- 나의 성과는 어떠한가? 자신이 가장 좋은 성과를 내는 방식으로 업무에 임해 성과를 달성하는 데 집중해야 한다. 가령 자기자신이 숙지 또는 경청을 통해 새로운 정보를 획득하는 것을 선호하는지 알아야 한다. 또한 혼자 일하는 것과 팀구성원으로서 일하는 것 중 어느 쪽을 선호하는지, 의사결정자와 자문가 중 어느 쪽이 되고 싶은지, 스트레스 상황에서 좋은 성과를 내는지 혹은 체계와 예측가능성을 필요로 하는지, 소기업 또는 대기업 중 어디에서 일하기를 선호하는지 이해해야 한다.
- 나의 가치는 무엇인가? 개인이 조직에서 유능하려면 자신의 가치를 조직의 가치에 맞춰 조정해야 한다. 두 가치가 완전히 같지는 않더라도 스스로 실망하고 덜 생산적이 되지 않으려면 어느 정도 유사해야 한다.
- 나는 어디에 속하는가? 자신의 장점을 인지하고 성과를 내는 방식을 이해해야 하는 만큼, 자신이 어디에 속하는지 인지하는 것도 필요하다. 그러나 이 질문에 답하기 위해서는 세 질문에 어떻게 답변했는지 알아야 한다. 자신의 장점, 성과, 가치를 이해함으로써 어디에 속하고 속하지 않는지 확인할 수 있다.
- 내가 무엇을 기여해야 하는가? 이 질문에 답하려면 1) 상황이 요구하는 것, 2) 나의 장점, 성과, 가치를 고려할 때 완수해야 할 업무에 어떻게 최대한 기여할 수 있는가, 3) 영향을 미치기 위해 어떤 성과를 달성해야 하는지를 스스로 물어야 한다.

드러커에 따르면 이 질문에 답변함으로써 직장생활 내내 업무에 몰두하고 생산적일 수 있도록 무엇을 해야 하고, 어디서 어떻게 시작하고, 무슨 목표와 마감일을 정해야 하는지와 관련해 일정한 행위를 도출할 수 있다.

요약

성공적 리더는 각종 상황 및 맥락에 따라 자신의 방식을 조정할 수 있다. 이러한 적응력은 자각성과 통찰력을 키움으로써 개선 및 발전될 수 있다. 개선된 통찰력은 리더의 장점을 강화하고 약점을 보완할 수 있는 발전 기회와 경험으로 이어질 수 있다.

사람마다 다양한 지능 수준을 갖추고 있다. 다중지능이론은 IQ 검사로 측정되는 '이론적 지식' 또는 전통적인 학술적 적성이라는 고전 개념을 확장해 예술, 음악, 대인관계, 공간 등 다양한 지적 영역을 포괄한다. 이와 같은 지능형태는 특정 직군 및 환경에서 전통적 지능 측정치보다 더욱 중요하다.

점차 전 지구화 되는 사업환경에서 경쟁하는 경우, 거시적 차원의 환경요인을 이해하고 해당 맥락을 형성하는 위치에 있는 것이 중요하다. 전 지구적 환경에서 성공하려면 상황지능과 문화지능이 필수적이다. 개인적 차원에서 리더는 정서지능을 활용해 타인과 더 강력하고 생산적인 업무관계를 구축할 수 있다. 정서지능을 갖춘 리더는 자신의 장단점을 인지하고, 건설적으로 감정과 동기부여를 관리하는 데 능숙하다.

개인의 성격과 성향은 다양한 지능형태가 발현되는 방식과 밀접하게 관련된다. 스스로의 성격을 파악함으로써 자신이 왜 어떻게 일정한 방식으로 행동하는지 단서 및 이해를 얻을 수 있다. 자기성찰과 반성적 사고를 선호하는 사람이 있는가 하면, 활기찬 상호작용과 빠른 행동을 선호하는 사람이 있다. 각자의 리더십 유형과 접근법은 이러한 경향뿐 아니라 자신이 특정 상황을 통제하거나 활동의 결과물에 영향을 미칠 수 있다고 생각하는 범위를 뜻하는 통제위치의 영향을 받는다.

개인의 통제력은 역경 또는 고난에 대한 반응과 연관된다. 리더십은 예측 불허 장애와 도전에 무수히 직면한다. 어떤 사람은 역경에 직접 대면하고 해당 도전을 개인적 학습 및 발전을 함양하는 수단으로 활용한다. 또 어떤 사람은 역경에 위축되어 사건의 결과물을 통제하는 데 아무것도 할 수 없다고 생각한다. 통제 및 역경과 관련된 개인의 성향은 실천과 경험을 통해 시간에 따라 조정되고 변화할 수 있다.

결국 유능한 리더가 되려면 자신이 누구인지 알아야 한다. 다양한 상황에서 스스로의 방식과 접근법을 변화할 수 있는가(높은 자기점검자)? 아니면 상황에 상관없이 동일한 방법을 적용하는가(낮은 자기점검자)? 스스로 변할 수 있고 실제로 변화하는 사람은 다재다능하고 어떤 상황이든 성공할 확률이 더 높다.

주요 용어

개성(Personality)
대인효과성(Interpersonal effectiveness)
문화지능(Cultural intelligence)
자각(Self-awareness)
자기점검(Self-monitoring)
정서지능(Emotional intelligence)
조직행동(Organizational behavior)
지능(Intelligence)
지능의 삼위일체 이론(Triarchic theory of intelligence)
지능지수(Intelligence quotient(IQ))
창조성(Creativity)
탄력성(Resilience)
통제위치(Locus of control)

과제

토론 주제

1. 유능한 리더가 되는 데 자각이 중요한 이유는 무엇인가?
2. 정서지능 연구는 개인의 경력이 발전할수록 그 사람의 자각도가 하락하는 현상을 일관적으로 입증해왔다. 권한이 더 큰 위치에 오를수록 자각도가 하락하는 이유는 무엇인가?
3. 회사가 새로운 직원을 채용할 때, 다중지능에 입각해 지원자를 평가해야 하는가? 그렇다면 어떻게 평가해야 하는가? 아니라면 그 이유가 무엇인가?
4. 사업에서 성공하는 데 학술적 지능이 얼마나 중요한가?
5. 혁신은 회사가 시장에서 차별화하는 데 점차 중요한 수단이 된다. 회사가 혁신적인 사람을 채용한다면 지원자의 어떤 점을 눈여겨봐야 하는가?
6. 정서지능의 다양한 요소는 서로 어떻게 연관되는가? 정서지능이 높은 리더를 떠올려보라. 그를 어떻게 묘사할 수 있는가?
7. 개인의 성격평가에 대한 2가지 방법([표 13-2] 및 [표 13-3])을 살펴보라. 성공적 리더에게 가장 중요한 측면은 무엇인가? 자신의 성격을 어떻게 평가하는가? 어떤 분야를 개발해야 하는가?
8. 통제 위치와 탄력성은 서로 어떻게 관련되는가?
9. 개인의 리더십 유형과 성격은 장기간 안정화되는 경향이 있지만 어떤 시련이나 인생을 바꿀 사건의 영향을 받을 수도 있다. 자기 자신의 리더십 유형을 생각해보라. 자신의 리더십 유형에 어떤 경험이 영향을 미쳤는가? 성공과 실패 중 어떤 것으로부터 더 많은 것을 배웠는가? 이유가 무엇인가?
10. 상황지능과 자기 점검의 연관성을 설명해보라.

관리연구

1. 지금까지 함께 일했던 리더 중에서 최고의 리더와 최악의 리더를 떠올려보라. 그들의 성격은 어떻게 묘사할 수 있는가? 주요 차이점은 무엇인가? 그들과 함께 일했을 때 자기 자신에 대해 어떤 생각이 들었는가? 자기 자신에 대해 무엇을 배웠는가?
2. 존경하는 리더를 떠올려보라. 함께 일했던 사람도 좋고 역사적 인물도 좋다. 그들이 이용했던 지능의 형태는 무엇인가? 그 리더는 다재다능한가? 그렇다면 어떤 식으로 다재다능한가?

현장에서

가족이나 롤모델(Role model)과 시간을 보낸 뒤 그 사람의 리더십 유형에 대해 알아보자. 상호작용에 입각해 그 사람이 최고 역량으로 일을 수행할 때 어떤 리더십을 발휘하는지 나타내도록 리더십 유형을 묘사하라. 이 묘사는 그 사람의 성격, 다중지능, 문화적 역량, 사회적 자각, 창조적 기술, 기타 리더십이 지닌 장점을 설명할 수 있다.

참고문헌

1 George L. Hanbury, Alka Sapat, and Charles W. Washington, "Know Yourself and Take Charge of Your Own Destiny: The "Fit Model" of Leadership," Public Administration Review, Vol. 64, No. 5, 2004, pp. 566–576; and William Taggart and Daniel Robey, "Mind and Managers: On the Dual Nature of Human Informa- tion Processing and Management," Academy of Management Review, Vol. 6, No. 2, 1981, pp. 187–195.

2 Scott W. Spreier, Mary H. Fontaine, and Ruth L. Malloy, "Leadership Run Amok: The Destructive Potential of Overachievers," Harvard Business Review, June 2006.

3 Jeffery Polzer and Hillary Anger Elfenbein, "Identity Issues in Teams," Harvard Business School Note No. 9-403-095 (Boston, MA: HBS Publishing, 2003).

4 Anthony G. Athos and John J. Gabarro, "Understanding Another Person, Part 1: The Individual Frame of Reference," Harvard Business School Note No. 9-473-009, rev. September 1, 1976 (Boston, MA: HBS Publishing, 1972).

5 John J. Gabarro, Alison Comings, and Jennifer M. Suesse, "Wolfgang Keller at Königsbräu-TAK (A)," Harvard Business School Case No. 9-498-045, rev. October 17, 2008 (Boston, MA: HBS Publishing, 1997); and John J. Gabarro, Alison Comings, and Jennifer M. Suesse, "Wolfgang Keller at Königsbräu-TAK (B)," Harvard Business School Case No. 9-498-046, rev. May 20, 2008 (Boston, MA: HBS Publishing, 1997).

6 Adam M. Grant, Francesca Gino, and David A. Hofmann, "Stop Stealing the Spotlight: The Perils of Extraverted Leadership," European Business Review, 2011; and Carmen Nobel, "Introverts: The Best Leaders for Proactive Employees," HBS Working Knowledge, October 4, 2010.

7 Robert Benfari and Jean Knox, Understanding Your Management Style: Beyond the Myers-Briggs Type Indicators(Lexington, MA: Lexington Books, 1991).

8 S. K. Whitbourne, "Language, Problem Solving and Intelligence," Adult Development and Aging: Biopsychological Perspectives, 3rd edition (Hoboken, NJ: John Wiley & Sons, 2008), p. 175.

9 Robert J. Sternberg, "What Should Intelligence Tests Test? Implications of a Triarchic Theory of Intelligence for Intelligence Testing," Educational Researcher, Vol. 13, No. 1, 1984, pp. 5–15.

10 J . G. Clawson, "Leadership and Intelligence," Level Three Leadership: Getting Below the Surface, 2nd edition (Upper Saddle River, NJ: Prentice Hall, 2003), p. 112.

11 Dennis Garlick, "Integrating Brain Science Research with Intelligence Research," Current Directions in Psychological Science, Vol. 12, No. 5, 2003, pp. 185–189.

12 Howard Gardner, Frames of Mind: The Theory of Multiple Intelligences (New York, NY: Basic Books, 1983).

13 J . G. Clawson, "Leadership and Intelligence," Level Three Leadership: Getting Below the Surface, 2nd edition (Upper Saddle River, NJ: Prentice Hall, 2003), p. 111.

14 Justin Menkes, "Hiring for Smarts," Harvard Business Review, November 2005.

15 Biography.com, "Sir Richard Branson Biography," www. biography .com/articles/ Sir-Richard-Branson-9224520.

16 William Taggart and Daniel Robey, "Mind and Managers: On the Dual Nature of Human Information Processing and Management, " Academy of Management Review, Vol. 6, No. 2, 1981, pp. 187–195.

17 Edward M. Bowden and Mark Jung Beeman, "Getting the Right Idea: Semantic Activation in the Right Hemisphere May Help Solve Insight Problems," Psychological Science, Vol. 9, No. 6, 1998, pp. 435–440.

18 Terence Hines, "Left Brain/Right Brain Mythology and Implications for Management and Training," Academy of

Management Review, Vol. 12, No. 4, 1987, pp. 600–606.
[19] A. Nahavandi, The Art and Science of Leadership (Upper Saddle River, NJ: Prentice Hall, 2006), p. 125.
[20] A. Nahavandi, The Art and Science of Leadership (Upper Saddle River, NJ: Prentice Hall, 2006), p. 125.
[21] L. Thompson, "Creativity: Mastering Strategies for High Performance," Making the Team: A Guide for Managers (Upper Saddle River, NJ: Prentice Hall, 2000), p. 151.
[22] Mihaly Csikszentmihalyi, "Creativity," Encyclopedia of Leadership, eds. George R. Goethals, Georgia J. Sorenson, and James MacGregor Burns (Thousand Oaks, CA: Sage Publications, 2004), pp. 286–288.
[23] Lynne C. Levesque, Breakthrough Creativity: Achieving Top Performance Using the Eight Creati v e Talents (Palo Alto, CA: Davies-Black Publishing, 2001).
[24] Linda A. Hill, "Leadership: Leading from Behind," Harvard Business Review Blog, http://blogs.hbr.org/imagining-the-future-of-leadership/2010/05/leading- from-behind.html, accessed November 9, 2012.
[25] Robert J. Sternberg, The Triarchic Mind: A New Theory of Human Intelligence (New York, NY: Viking, 1988).
[26] Robert J. Sternberg, "What Should Intelligence Tests Test? Implications of a Triarchic Theory of Intelligence for Intelligence Testing," Educational Researcher, Vol. 13, No. 1, 1984, pp. 5–15.
[27] Robert J. Sternberg, The Triarchic Mind: A New Theory of Human Intelligence (New York, NY: Viking, 1988).
[28] Anthony J. Mayo and Nitin Nohria, In Their Time: The Greatest Business Leaders of the Twentieth Century (Boston, MA: HBS Press, 2005), p. xv.
[29] Anthony J. Mayo and Nitin Nohria, In Their Time: The Greatest Business Leaders of the Twentieth Century (Boston, MA: HBS Press, 2005), pp. xv, 359–360.
[30] Anthony J. Mayo and Nitin Nohria, In Their Time: The Greatest Business Leaders of the Twentieth Century (Boston, MA: HBS Press, 2005).
[31] Dennis Garlick, "Integrating Brain Science Research with Intelligence Research," Current Directions in Psychological Science, Vol. 12, No. 5, 2003, pp. 185–189.
[32] "Meet Vanderbilt's Admissions Director: A Conversation with Hayden Estrada, Director of Admissions at Vanderbilt's Owen Graduate School of Management," BusinessWeek Online, December 15, 1997.
[33] Ronald E. Riggio, "Intelligences, Other," Encyclopedia of Leadership, eds. George R. Goethals, Georgia J. Sorenson, and James MacGregor Burns (Thousand Oaks, CA: Sage Publications, 2004), pp. 733–735.
[34] Lynn R. Offerman and Ly U. Phan, "Culturally Intelligent Leadership in a Diverse World," Multiple Intelligence in Leadership, eds. R. E. Riggio, S. E. Murphy, and F. J. Pirozzolo (Mahwah, NJ: Lawrence Erlbaum Associates, 2002), pp. 187–214.
[35] Kerri Anne Crowne, "What Leads to Cultural Intelligence?," Business Horizons, Vol. 51, 2008, pp. 391–399.
[36] Daniel Goleman, Emotional Intelligence: Why It Can Matter More Than IQ (New York, NY: Bantam Book, 1995).
[37] Barbara Mandell and Shilpa Pherwani, "Relationship Between Emotional Intelligence and Transformational Leadership Style: A Gender Comparison," Journal of Business and Psychology, Vol. 17, No. 3, Spring 2003, pp. 387–404; and Daniel Goleman, "What Makes a Leader?," Harvard Business Review, November–December 1998.
[38] The HayGroup, "The Emotional Intelligence Workbook," 2008.
[39] Daniel Goleman, "What Makes a Leader?," Harvard Business Review , November–December 1998.
[40] Michael Maccoby, "Chapter 5," The Leaders We Need: And What Makes Us Follow (Boston, MA: HBS Press, 2007).
[41] Daniel Goleman, "What Makes a Leader?," Harvard Business Review , November–December 1998, p. 9.
[42] The Hay Group, "Being Clever Isn't Everything: Making the Business Case for Emotional and Social Intelligence," PowerPoint presentation, 2008.
[43] Robert R. McCrae and Paul T. Costa, Jr., Personality in Adulthood: A Five-Factor Theory Perspective, 2nd edition (New York, NY: Guilford Press, 2003).
[44] Shelley A. Kirkpatrick and Edwin A. Locke, "Leadership: Do Traits Matter?," The Executive, Vol. 5, 1991, pp. 48–60.
[45] John M. Digman, "Personality Structure: Emergence of the Five-Factor Model," Annual Review Psychology, Vol. 41, 1990, pp. 417–440.
[46] C. G. Jung, Psychological Types (New York, NY: Harcourt, Brace & Company, 1923).
[47] J. G. Clawson, J. P. Kotter, V. A. Faux, and C. C. McArthur, Self-Assessment and Career Development (Upper Saddle River, NJ: Prentice Hall, 1992), p. 72.
[48] Jamie L. Franco and Greg Reaume, "Personality and Group Roles, " Encyclopedia of Leadership, eds. George R. Goethals, Georgia J. Sorenson, and James MacGregor Burns (Thousand Oaks, CA: Sage Publications, 2004), pp. 1187–1192.
[49] Isabel Briggs Myers and Peter B. Myers, Gifts Differing (Palo Alto, CA: Consulting Psychologists Press, 1980).
[50] Robert Benfari and Jean Knox, Understanding Your Management Style: Beyond the Myers-Briggs Type Indicators (Lexington, MA: Lexington Books, 1991).
[51] Anne Field, "Intuitor, Thinker, Feeler, Senser: Which One Are You Talking To?," Harvard Management Communication Letter, July 2003.
[52] George L. Hanbury, Alka Sapat, and Charles W. Washington, "Know Yourself and Take Charge of Your Own Destiny: The 'Fit Model' of Leadership," Public Administration Review, Vol. 64, No. 5, 2004, pp. 566–576.

[53] J. B. Rotter, "Generalized Expectancies for Internal versus External Control of Reinforcement," Psyc hological Monographs, Vol. 80, No. 1, 1966.

[54] Mark J. Martinko and William L. Gardner, "Learned Helplessness: An Alternative Explanation for Performance Deficits," Academ y of Management Review, Vol. 7, No. 2, 1982, pp. 195–204.

[55] Herbert M. Lefcourt, "Personality and Locus of Control," Human Helplessness: Theory and Applications, eds. Judy Garber and Martin F. Seligman (New York, NY: Academic Press, 1980), pp. 245–259.

[56] Paul E. Spector, "Behavior in Organizations as a Function of Employee's Locus of Control," Psychological Bulletin, Vol. 91, No. 3, 1982, pp. 482–497.

[57] Micha Popper, "Psychological Substructures, " Enc yclopedia of Leadership, eds. George R. Goethals, Georgia J . Sorenson, and James MacGregor Burns (Thousand Oaks, CA: Sage Publications, 2004), pp. 1265–1270.

[58] Paul E. Spector, "Behavior in Organizations as a Function of Employee's Locus of Control," Psychological Bulletin, Vol. 91, No. 3, 1982, pp. 482–497.

[59] Herbert M. Lefcourt, "Personality and Locus of Control," Human Helplessness: Theory and Applications, eds. Judy Garber and Martin F. Seligman (New York, NY: Academic Press, 1980), pp. 245–259.

[60] Karen Reivich and Andrew Shatte, The Resilience Factor: 7 Keys to Finding Your Inner Strength and Overcoming Life's Hurdles (New York, NY: Broadway Books, 2002); and Suniya S. Lithar, Dante Cicchetti, and Bronwyn Becker, "The Construct of Resilience: A Critical Evaluation and Guidelines for Future Work," Child Development, Vol. 71, No. 3, 2000, pp. 543–562.

[61] Diane Coutu, "How Resilience Works," Harvard Business Review, May 2002.

[62] Jeffrey Pfeffer, What Were The y Thinking? Unconventional Wisdom About Management (Boston, MA: HBS Press, 2007).

[63] Lyn Y. Abramson, Judy Garber, and Martin E. P. Seligman, "Learned Helplessness in Humans: An Attributional Analysis," Human Helplessness: Theory and Applications, eds. Judy Garber and Martin F. Seligman (New York, NY: Academic Press, 1980), pp. 3–34.

[64] Carol Dweck, Self-Theories: Their Role in Moti vation, Personality, and Dev elopment (Philadelphia, P A: Psychology Press, 2000), pp. 138–141.

[65] Paul G. Stoltz, Adversity Quotient @ Work (New York, NY: HarperCollins, 2000).

[66] Joshua D. Margolis and Paul G. Stoltz, "How to Bounce Back from Adversity," Harvard Business Review, January–February 2010.

[67] Paul G. Stoltz, Adversity Quotient @ Work (New York, NY: HarperCollins, 2000).

[68] Ronald A. Heifetz and Marty Linsky, Leadership on the Line: Staying Alive through the Dangers of Leading (Boston, MA: HBS Press, 2002).

[69] Warren G. Bennis and Robert J. Thomas, Geeks & Geezers: How Era, Values, and Defining Moments Shape Leaders (Boston, MA: HBS Press, 2002).

[70] A. Nahavandi, The Art and Science of Leadership, (Upper Saddle River, NJ: Prentice Hall, 2006) p. 134.

[71] V. J. Derlega, B. A. Winstead, and W. H. Jones, Personality: Contemporary Theory and Research, 3rd edition (Belmont, CA: Wadsworth, 2005), p. 285.

[72] A. Nahavandi, The Art and Science of Leadership (Upper Saddle River, NJ: Prentice Hall, 2006), p. 134.

[73] Peter F. Drucker, "Managing Oneself," Harvard Business Review, January 2005.

[74] L. M. Roberts, J. Dutton, G. Spreitzer, and E. D. Heaphy, "Composing the Reflected Best Self-Portrait: Building Pathways for Becoming Extraordinary in Work Organizations," Academy of Management Review, Vol. 30, No. 4, 2005, pp. 712–736.

제 14 장

권력과 영향력

학습목표

이 장을 공부한 후 다음을 할 수 있도록 한다.

- 리더가 조직의 비전을 실현하고 전략목표를 달성하기 위해 어떻게 권력과 영향력을 이용하는지 설명하기
- 다양한 형태의 대인간 권력과 그러한 권력이 어떻게 개발되고 이용되는지 기술하기
- 권력이 조직 내 각각 다른 계층에서 어떻게 행사되며 개개인이 권력행사에 어떻게 반응하는지 개괄하기
- 상호의존성, 자원부족, 우선순위의 불일치 등이 조직갈등을 어떻게 심화하고 권력행사에 대한 필요성을 증대하는지 기술하기
- 다양한 영향력 유형을 개괄하고 이 유형이 특정 상황맥락에 어떻게 적용되어야 하는지 설명하기

장의 개요

자기성찰 M A N A G E M E N T

내가 가진 권력의 원천은 무엇인가?

개인 또는 집단에 영향력을 행사하기 위해 어떻게 권력을 이용하고 있는가? 그 권력의 원천은 무엇인가? 자신이 권력을 이용하는 방식을 탐구하기 위해 다음의 진술문을 평가해보라.

1=전혀 아니다, 2=거의 아니다, 3=가끔 그렇다, 4=대개 그렇다, 5=항상 그렇다

1. 나는 공식적인 직위 또는 직책을 가지고 있을 때 권력을 이용한다.
2. 나는 타인의 행동에 대해 보상을 제공함으로써 권력을 이용한다.
3. 나는 타인의 행동에 대해 처벌함으로써 권력을 이용하는 것을 선호한다.
4. 나는 권력의 원천으로서 나의 전문성을 이용한다.
5. 내 권력의 원천은 대인관계에 있다.
6. 나는 권력을 이용할 때 의지하는 광범위한 인맥을 가지고 있다.
7. 나는 타인을 공평하게 대하고 협조적으로 일함으로써 타인에게 권한을 부여한다.
8. 나는 믿을 만한 정보를 확보하고 자료를 이용해 타인에게 영향을 미친다.
9. 내 권력은 받은 호의에 보답하는 상호주의에서 비롯한다.
10. 나는 공통의 관심 또는 관점을 가진 사람들을 모아 연합체를 구성함으로써 권력을 구축한다.

위 진술문에서 권력의 원천에 대해 무엇을 배웠는가? 이 권력을 어떻게 이용하는가? 권력의 원천을 어떻게 확장할 수 있는가?

서론

리더가 되기 위해서는 목표를 달성하기 위해 타인과 협력하거나 타인을 경유해 일해야 한다. 앞서 설명했듯 효과적 리더십은 진공에서 발생하는 것이 아니다. 리더가 상황을 적절히 파악하고 부하의 욕구, 필요 또는 포부에 호소할 수 있는 능력이 필요하다. 추종자의 욕구에 호소하는 것은 리더가 자신의 여정에 타인이 참여하도록 설득해야 함을 의미한다. 상대방을 설득하려면 그의 개인적 동기 또는 포부에 호소하는 것을 포함하기도 한다. 혹은 특정 활동 또는 행동을 강제하기 위해 자신의 공식적 직위를 이용함을 뜻한다.

리더십은 **권력행사**와 효과적인 **영향력** 이용을 가리키기도 한다. 사실 수많은 학자들이 리더는 권력없이 이끌지 못한다고 생각한다. 권력은 특정 개인 또는 집단이 다른 개인 또는 집단의 행동, 사고, 태도에 영향을 미칠 수 있는 잠재력이다. 영향력은 권력을 행사하기 위한 수단 또는 매개체다. 개인이 영향력을 행사할 수 있는 정도는 리더가 성공하는 데 결정적일 수 있다. 조직 목표를 달성하기 위해 리더가 가진 능력의 성패를 좌우할 수도 있다. 결국 권력과 영향력은 회사의 비전과 전략을 지지하는 연합체를 구

권력(Power)
특정 개인 또는 집단이 다른 개인 또는 집단의 행동, 사고, 태도에 영향을 미칠 수 있는 잠재력

영향력(Influence)
권력을 행사하기 위한 수단 또는 매개체

축하는 데 필요하다. 즉 권력은 개인적 이익을 공통의 목표를 달성하기 위해 협조된 활동으로 변화시킨다.

리더십에 권력이 필수불가결 함에도 불구하고 권력을 추구하거나 이용하는 사람은 종종 오해를 사거나 두려움의 대상이 된다. 권력남용 및 오용에 대한 설득력 있는 증거는 쉽게 찾아볼 수 있다. 가령 독일의 히틀러나 소련의 스탈린의 지배를 생각해보자. 두 사람은 각각 타인을 통제하고 조종하기 위해 권력을 이용했다. 사업에서도 권력남용이 만연하다. 예를 들어, Benie Madoff는 불안한 재정조직을 설립하고 무수한 사람들의 노후 대비 저축자금을 사취했다. Enron의 Kenneth Lay와 Jeffrey Skilling은 Enron의 주가를 인위적으로 올리기 위해 허구의 지배회사를 설립했다. Tyco의 Dennis Kozlowski는 여러 스캔들 중에서도 아내의 생일파티를 위해 회사자금에서 100만 달러 이상을 빼돌린 사건이 있다. WorldCom의 Bernie Ebbers는 재정 문건을 조작해 투자자들을 대상으로 사기를 쳤다.

이러한 권력남용을 감안할 때 권력에 대한 경멸감이 만연한 것은 어쩌면 당연하다. 대다수가 권력을 타인의 통제로 인식한다. 마찬가지로 영향력은 긍정적이고 상호간에 이익인 결과물을 생성하기 위해 다른 개인 또는 집단의 태도나 가치를 변화시키는 능력이 아니라 타인을 조종하는 행동으로 간주된다. 물론 권력에는 어두운 이면이 있지만 리더는 권력이 없으면 타인을 이끌 수 없다. 권력을 효과적으로 이용하려면 그의 원천과 발현에 대해 알아야 한다.

따라서 이 장은 대인관계와 조직에서의 권력 역할과 권력을 효과적 또는 비효과적으로 이용했을 때의 결과를 설명한다. 이 장은 의사결정, 자원활용 및 할당에 있어 권력과 영향력이 미치는 영향을 강조한다. 마지막으로 협조적이고 협력적이며 높은 성과를 내는 업무환경을 조성하기 위해, 대인관계 및 조직 차원에서 권력을 관리하는 전략을 제시한다. 이 장은 대인관계가 어떻게 점차 상호의존적이고 상호연관적이 되는지와 관련해 특히 중요하다. 이러한 측면에서 자신의 인식도를 높이는 것은 직장생활 내내 이용할 수 있는 충분한 권력 원천을 개발하는 데 유용하다. 위의 개념들을 자세히 파악하기 위해 Keith Ferrazzi의 사례를 살펴보자.

키스 페라지: 독특한 사람

Keith Ferrazzi의 동료들은 그를 '독특한 사람'이라 부른다. 페라지는 준수한 외모의 소유자로 맞춤정장과 프라다 신발을 완벽히 갖춰 입는다. 페라지는 자신의 추진력과 직업의식 때문에 존경을 받는다고 생각한다. 수년의 노력 끝에 페라지는 Deloitte & Touche나 Starwood Hotels & Resorts Worldwide 등 일류기업에서 알짜배기 컨설팅 및 중역직에 임명되었다.

페라지는 경력 초기부터 자신을 도와줄 인맥을 쌓기 시작했다. 1992년 하버드 경영대학원을 졸업한 후 딜로이트에서 일자리를 제안받았지만 이를 수락하기 전에 '상부층 인사'와의 면담을 고집했다. 딜로이트의 전 사장인 Pat Loconto는 뉴욕 이탈리아식당에서 페라지를 만나기로 했다. 몇 잔을 들이킨 후 페라지는 로콘토가 같은 식당에서 1년에 한번 자신과 함께 저녁식사하는 조건으로 제안을 수락하겠다고 말했다. 대다수는 페라지의 요구가 매우 당돌하고 위험하다고 생각했다. 그러나 로콘토는 페라지의 적극성에 좋은 인상을 받았고 그 요구를 받아들였다. 페라지는 로콘토와의 저녁식사를 통해 경력과 관련된 중요한 지도 및 코칭을 받을 수 있었고, 수년 후 두 사람은 친구가 되었다.

딜로이트의 모든 직원이 페라지를 마음에 들어한 것은 아니었다. 페라지는 다른 사람과는 다르게 행동했고 업적을 공유하는 데 거리낌이 없었다. 그는 앞으로 하고 싶어하는 일에 대해 이야기하는 것을 좋아했다. 페라지는 컨설팅업무를 맡아 수많은 것을 단번에 처리하려 했고 그 일을 모두 마무리 짓지도 않았다. 모든 컨설턴트가 해야 하는 분석일을 포함해 자신이 하고 싶지 않은 일은 하지 않았다. 로콘토는 "페라지는 야심차고 성급하며 원하는 바를 이루기 위한 절차도 밟으려 하지 않았다. 확실히 다루기 힘든 사람이었지만 그런 점을 훌륭한 아이디어를 도출함으로써 만회했다." 그러나 딜로이트의 파트너 Tom Friedman은 페라지의 업적이 상당하기 때문에 사람들이 페라지를 질투하는 것이라 생각했다. 프리드먼은 남다른 페라지에게 이끌렸고, 그의 멘토를 자처했다.

1999년 5월 딜로이트의 파트너가 되기 직전 페라지는 Starwood Hotels & Resorts Worldwide로부터 최고마케팅책임자 직위를 제안받고 딜로이트를 그만두었다. 로콘토는 "키스에게 스타우드에 대한 이야기를 하면서 스스로 무엇을 경영하기 전에 큰 회사에서 천천히 경험을 쌓아야 한다고 말했다. 아이디어가 그리 많지 않은 상태에서 뛰기 전에 먼저 걸어야 한다고 일렀다"고 밝혔다. 페라지는 스타우드에 재직하면서 4명의 다른 사장과 최고경영책임자를 거쳤으며, 2년 후 사직했다. 조직 내 변화에 대해 인내심을 갖지 못한 페라지의 잘못이라는 것이 중론이었다. 페라지는 자신이 원하는 바를 어떻게 달성해야 하는지 알아낼 시간이 필요했다고 말했다. 그는 여러 선택 사항을 고려하면서 언젠가 스스로 회사를 경영할 수 있도록 영향력의 기반을 구축하기 위해 무엇을 해야 하는지 고민했다.

왜 키스 페라지의 동료들은 그를 강력한 관리자라 여겼을까? 단순히 그가 옷을 잘 입어서일까, 아니면 노력한 덕에 경력 초기부터 고위직으로 승진되어서일까? 그의 솔직하고 자신의 위치를 파악할 줄 아는 성격이 독특했던 것일까? 혹은 성공적 커리어를 유지했어도 사람들을 거슬리게 한 것이 질투를 자아낸 것일까? 한 가지 요인만이 페라지의 성공을 가늠할 수 있는 기준이라고는 할 수 없지만 이 모든 개인적 특징을 갖춘 덕분에 페라지는 상당한 대인간 권력을 획득할 수 있었다고 결론 내릴 수 있다.

대인간 권력

권력과 영향력은 목표설정과 활동의 우선순위를 정할 때뿐 아니라 누가 특정 업무를 맡아야 하는지, 업무가 어떻게 할당되어야 하는지, 논쟁을 어떻게 해결해야 하는지, 과업을 어떻게 완수해야 하는지 결정하는 데 중대한 역할을 한다. 점차 조직이 분권화되고 목표달성을 위해 다양한 사람과 일해야 할 필요성이 대두되면서 대인간 권력이 커져야 할 필요성도 증가했다. 대인간 권력은 개인이 해당 과업이나 여기에 관여한 사람들에 대해 공식적 통제력을 가지고 있지 않아도 과업을 달성해야 할 경우 특히 중요하다. 그러기 위해서는 설득과 영향력이 반드시 필요하다.

합법적 권력(Legitimate power)
조직 내에서 개인이 가지고 있는 공식적인 지위에 기초를 둔 대인간 권력

보상적 권력(Reward power)
어떤 사람이 타인의 행동에 대해 보상해 줄 수 있는 능력을 부여하는 대인간 권력

강압적 권력(Coercive power)
어떤 사람이 타인의 행동에 대해 처벌할 수 있는 능력을 부여하는 대인간 권력

전문적 권력(Expert power)
전문화된 지식 또는 기술을 가지고 있는 사람에 기초를 둔 대인간 권력

준거적 권력(Referent power)
어떤 사람이 타인에 대해 가지고 있는 개인적 호감에 기초를 둔 대인간 권력

대인간 권력의 형태

미국 사회심리학자인 John R.P. French와 Bertram Raven은 1959년에 집단행동을 연구하는 데 널리 쓰이던 대인간 권력을 설명하기 위한 유형론을 개발했다. 바로 '권력의 사회적 기초'다. 이 이론은 **합법적 권력**, **보상적 권력**, **강압적 권력**, **전문적 권력**, **준거적**

권력 등 5가지 권력의 유형을 포함한다.

페라지의 사례에서 그가 언젠가 회사를 직접 운영할 수 있도록 구축해야 할 영향력의 기반에 대해 고민하고 있음을 알 수 있었다. 이 질문을 탐구해보고자 프렌치와 레이븐의 유형론을 정의한 뒤 각 권력의 유형이 페라지의 경험에 어떻게 적용될 수 있는지 알아본다.

- **합법적 권력은 조직 내에서 개인이 가지고 있는 공식적 인지 위에 기초를 둔다.** 합법적 권력은 개인이 가진 조직 내 지위의 성격을 바탕으로 행동에 영향을 미칠 수 있는 권리와 정당성을 보유하고 있음을 인식하는 것이다. 개인은 하급자들이 조직 내의 지위를 존중할 때 합법적 권력을 가질 수 있지만 그의 권한에 대해 이의가 제기되면 그가 가진 합법적 권력이 약화된다. 키스 페라지의 딜로이트 동료들이 "이 사람이 누구이고, 왜 여기에 있으며, 내가 왜 그와 함께 일해야 하는가?"라고 말했을 때 페라지의 합법적 권력을 의심함을 나타낸다. 그러나 시간이 지나면서 페라지는 고위직과 임원의 지지를 획득하면서 더 큰 합법적 권력을 얻게 되었다.
- **보상적 권력은 어떤 사람이 타인의 행동에 보상해 줄 수 있는 능력을 가지고 있을 때 존재한다.** 보상적 권력은 어떤 사람이 특정 행동에 긍정적 결과를 제공하거나 부정적 결과를 제거할 수 있음을 인식하는 것이다. 임금인상, 승진 또는 칭찬을 제공함으로써 타인의 성과를 인정할 수 있는 권한을 가진 개인은 높은 보상적 권력을 보유한다. 보상적 권력을 효과적으로 이용하려면 무엇이 타인에게 동기를 부여하는지 이해해야 한다. 이러한 이해를 바탕으로 보상을 개인적 또는 집합적으로 부여할 수 있다(동기를 유발하는 구체적 동인에 대해서는 제18장에서 자세히 설명한다). 페라지가 팻 로콘토에게 1년에 한 번씩 만나달라는 요청을 한 것에서 잘 드러나듯 페라지는 로콘토가 높은 보상적 권력을 가지고 있음을 알고 있었다. 페라지가 중요한 지도와 코칭을 받았으므로 이 관계는 성공적이었다.
- **강압적 권력은 어떤 사람이 타인의 행동에 처벌할 수 있는 능력을 가지고 있을 때 존재한다.** 보상적 권력의 정반대인 강압적 권력은 어떤 사람이 타인의 불응에 처벌할 수 있음을 인식하는 것이다. 타인이 좋은 성과를 내지 못할 때 처벌을 내리거나 권고하는 권한을 가진 개인은 높은 강압력을 보유한다. 강압은 보다 빠른 단기적 결과를 유도하고 위기 상황에서 효과적일 수 있으나 남용하면 박탈감과 사기저하를 초래한다. 강압적 권력은 키스 페라지의 사례에 나타나 있지 않지만 페라지를 관리하기 어렵다고 항의한 딜로이트 직원들에 대해 로콘토가 높은 강압적 권력을 이용했을 것이라고 가정할 수 있다. 페라지는 훌륭한 아이디어를 제시함으로써 업무를 제대로 완수하지 못하는 것을 만회했으므로 그에 대해 강압적 권력은 쓰이지 않았음을 알 수 있다.
- **전문적 권력은 특정 분야에 두 명 이상의 사람이 가진 지식수준의 현저한 차이에 기초를 둔다.** 전문화된 지식, 능력, 기술을 갖춘 개인은 전문적 권력을 보유한다. 레이븐은 전문적 권력을 확장해 대인간 권력의 기타 원천으로 정보에의 접근성을 추가했다. 정보력은 중대한 의사결정에 영향을 미칠 수 있는 핵심 자료원에의 접근성

으로부터 비롯한다. 페라지의 경우 컨설팅 및 마케팅 경험을 통해 전문적 권력을 키웠는데 그가 딜로이트에서 파트너로 임명되거나 스타우드에서 최고마케팅 책임자로 임명된 사실이 이를 입증한다.

– **준거적 권력은 어떤 사람이 타인에 대해 가지고 있는 개인적 호감에 기초를 둔다.** 타인이 모방하고 싶어하는 개인은 높은 준거적 권력을 보유하고 있고, 타인은 그에 대한 존경심과 그가 가진 개인적 매력 때문에 그를 잘 대해준다. 처음에 페라지는 다른 사람들을 언짢게 했지만 고위직에 있는 사람들은 그에게 매료되었다.

최근 Joseph Nye는 권력의 다양한 원천을 경성권력과 연성권력으로 분류했다. 경성권력은 개인이 보상을 제공하고 처벌을 집행할 수 있는 능력뿐 아니라 공식적 지위로부터 발생한다. 명칭에서 알 수 있듯 경성권력은 권위적이고 공식적이며, 고용 및 해고, 강등 또는 승진시킬 수 있는 능력을 포함한다. 연성권력은 개인의 호감도와 전문성을 토대로 한다.

직위에 상관없이 신뢰할 수 있고 호감 가는 사람은 연성권력을 발휘할 수 있다. 연성권력은 대체로 효과적 의사소통과 설득을 통해 표현된다. 경성권력이 개인에게 속한다면, 연성권력은 부하들의 시각, 의견, 관점에 부여된다. Nye는 최고의 리더는 성공을 지속하기 위해 경성권력과 연성권력의 요소를 조합할 수 있음을 밝혀냈다. 상황적 요소는 어떤 유형의 권력이 적절한지 결정하는 데 핵심적 역할을 한다.

지위적 권력 및 개인적 권력

프렌치와 레이븐과 마찬가지로 조직 연구자 David Whetten과 Kim Cameron은 대인적 권력을 분류하고 설명하기 위한 방법론을 개발했다. 두 사람의 접근법은 조직 내 개인의 권력을 결정하는 2가지 기본적 요인을 제시한다는 점에서 프렌치와 레이븐의 접근법과 차별화된다. 그 요인은 바로 지위적 특징과 개인적 속성이다. 웨튼과 캐머런은 **지위적 권력**이 조직구조 내에서 개인이 차지한 공식적 위치로부터 얻어지며, 이는 해당 지위의 중심성, 융통성, 가시성, 적합성으로 설명될 수 있다. 반면 **개인적 권력**은 전문성, 매력, 노력, 정당성 등 타인이 욕망하는 개인적 속성을 지닌 것으로부터 얻어진다

지위적 권력(Positional power) 조직구조 내에서 개인이 차지하는 공식적 위치로부터 비롯한 권력

개인적 권력(Personal power) 타인이 욕망하는 개인적 속성을 지님으로써 얻어지는 권력

그림 14-1 지위적 권력 및 개인적 권력의 원천

(그림 14-1 참조). 지위적 권력 및 개인적 권력과 관련된 특징을 이용해 페라지에 대해 몇 가지 추론을 도출할 수 있다.

지위적 권력

지위적 권력은 흔히 권력을 고찰할 때 가장 먼저 떠오르는 것이다. 조직위계 내에서 개인이 어디에 위치하는가? 얼마나 많은 사람들이 그 사람에게 보고하는가? 그가 가진 예산은 얼마나 큰가? 그가 통제할 수 있는 자원과 정보는 무엇인가? 이 질문에 대한 답이 개인이 조직 또는 집단 내에서 보유하는 공식적 위치 또는 권한을 정의하고 그의 권력을 대신 정의하기도 한다. 지위적 권력의 중요도는 해당 지위에 대한 수많은 측면과 개인이 맡은 역할을 수행하는 방식에 달려있다.

지위적 권력의 첫 구성요소는 중심성으로, 조직 내에서 개인이 맡은 역할이 얼마나 중심적인가에 대한 것이다. 조직 내 중요한 과업과 대인관계 네트워크와 관련해 중심적 위치를 차지한 사람이 중심성을 획득한다. 이러한 사람은 타인이 필요로 하는 정보를 가지고 있기 때문에 타인이 자원에의 접근성을 얻거나 과업을 완수하려면 의존해야 하는 사람이다. 키스 페라지와 딜로이트 임원과의 관계는 여러 모로 그에게 이득이 되었다. 임원들의 코칭과 자문을 통해 페라지는 경력 성공에 중대한 의사결정을 내렸고 동료와의 불화를 면했다.

지위적 권력의 또 다른 핵심 측면은 융통성으로 판단을 행사하기 위한 자유도를 일컫는다. 융통성 있는 직위는 업무를 수행하는 방식을 지시하는 극소수의 규칙이나 관례만을 가진다. 융통성 있는 직위에 있는 사람은 비통상적 의사결정을 내리기 위해 상사의 승인을 득하지 않아도 된다. 딜로이트에서 페라지는 대체로 체계화된 직위를 융통성 있게 만들었다.

가시성은 개인이 조직 내에서 상호작용하는 영향력 있는 사람들의 수를 나타낸다. 따라서 인간 위주 직위는 핵심 의사 결정권자들과의 빈번한 접촉을 보장하는 직위일수록 과업 위주 직위보다 더 강력한 것으로 간주된다. 중심성이 정보에의 접근성을 제공한다면, 가시성은 영향력 있는 인사들과 상호작용함으로써 개인의 업적을 해당 인사들에게 공공연히 드러낸다. 페라지는 임원과의 만남을 요구하고 멘토를 발굴함으로써 가시성을 우선순위에 두었다.

적합성은 조직의 우선순위와 밀접하게 관련된 활동에 종사하는 개인에 특히 해당한다. 영향력 있는 직위를 추구하는 개인은 자기 부서의 활동이 회사에 얼마나 적합한지 인지해야 한다. 페라지의 사례를 보면 페라지의 컨설팅 및 마케팅 경험은 딜로이트에서 파트너로, 스타우드에서 최고마케팅책임자로 임명되는 데 적합했다.

개인적 권력

공식적 권한으로도 불리는 지위적 권력이 매우 중요한 권력 원천이기는 하지만 개인적 권력보다는 덜 영향력 있고 덜 효과적일 때가 있다. 조직 내에서 비교적 낮은 직위를 가진 사람도 엄청난 권력과 영향력을 행사할 수 있다. 개인적 권력의 1차적 원천은 과업 또는 조직에 적합한 역량을 보유함에서 비롯한 전문성이다. 전문성은 기술적(필요한 과업 관련 기술 보유), 인간적(대인관계 관리), 개념적(조직을 거시적으로 인식)이다. 제13장에서 다룬 다중지능을 상기해보자. 해당 상황에 적합한 기술을 가진 사람은 비교적 더 큰 개인적 권력을 가질 것이다.

전문성은 공식적 교육훈련과 실무경험을 통해 취득한다. 실적을 수립하는 것은 개인이 지닌 전문성의 일부다. 실적은 좋고 나쁜 성과를 포함한 개인의 과업 또는 조직 관련 경험 및 업적을 일컫는다. 전문성과 좋은 실적을 갖추면 그 사람은 믿을 수 있음을 암시한다. 페라지는 계속된 성공으로 자신의 전문성을 강화해 견고한 실적을 쌓을 수 있었다.

개인적 권력의 두 번째 원천은 열심히 일하는 것과 관련된 노력이다. 업무에 더 많은 노력을 기울이는 사람은 보다 열성적이고 의존 가능하다 볼 수 있다. 위의 사례에서 페라지는 야심 차고 열성적인 사람임을 알 수 있었다. 그러나 회사 동료들은 이러한 특징들을 마냥 긍정적으로만 여기지는 않았다. 페라지의 상사들은 그의 공격적 접근법 때문에 그를 다루는 데 애를 먹었다.

또 다른 개인적 권력원천인 개인의 매력은 신체적 외모, 카리스마, 호감 등 타인이 동일시하고 모방하고자 하는 속성을 지님에서 비롯한다. 매력적 사람은 개방적이고 정직하며, 충성도 높고 연민어린 사람으로 인식된다. 페라지의 옷차림, 준수한 외모, 인맥 형성 능력은 타인에게 매력적이지만 페라지의 야심과 열성은 그의 동기를 이해하지 못한 타인에게는 덜 매력적이었다.

마지막으로 개인이 정당성을 갖추면 개인적 권력이 증대된다. 프렌치와 레이븐은 정당성을 조직의 공식적 위계 내에 개인의 위치에 따른 지위적 권력원천으로 정의했지만

리더십 개발의 여정 영향력은 리더의 권력행사를 위한 수단이다. 좋은 리더는 자신이 타인에게 어떻게 영향을 주는지를 염두에 두고 전략적으로 행동한다. 리더는 타인이 변화하도록 동기부여하고 타인에게 권한을 부여하며, 무언가를 해냄으로써 영향력을 발휘한다. 리더는 다음과 같은 조언에 따라 영향력 발휘 기술을 개선할 수 있다.

- 비전을 통해 타인에게 감화를 준다.
- 영향을 미치고자 하는 특정 행동에 집중한다.
- 영향을 미치고자 하는 행동을 그 사람의 가치에 맞춘다.
- 교육을 행동에 영향을 미치기 위한 전략으로 이용한다.
- 네트워크를 구축하는 데 시간을 할애해 지원이 필요할 때 협업자가 존재하도록 한다.
- 효과적으로 영향력을 행사하는 다른 리더의 행동으로부터 배운다.
- 타인에게 영향을 미치기 위해 언어적 설득, 명료한 예시 및 이야기를 이용한다.
- 과업을 달성하는 데 필요한 자원을 제공해 타인에게 권한을 부여한다.

앞으로 몇 주 동안 영향력을 행사하기 위한 전략을 시도해보라. 그 시도를 기록하고 전략의 효과성을 평가해보라.

개인적 권력원천으로서 정당성의 개념은 개인의 위치보다 신뢰성을 바탕으로 한다. 정당성은 기존 가치체계를 따르고 조직의 다른 구성원이 신뢰할 방식으로 행동하는 것에서 비롯된다. 정당성을 보유하면 개인적 영향력을 행사하는 데 핵심적 수용도를 높인다. 현상 유지에 도전하는 사람의 경우 고착된 관행을 비판할 때 조직의 다른 구성원이 이의를 제기하는 경향이 있기 때문에 정당성이 특히 중요하다.

관계적 권력

대인간 권력의 유형을 정의하기 위해 연구자들은 개인이 속한 네트워크의 유형, 해당 네트워크에 속한 사람의 유형, 네트워크 내에서 대인관계의 강도 등에서 얻어지는 권력을 **관계적 권력**으로 분류했다. 관계적 권력은 조직 내에서 개인이 갖는 다양한 관계의 성격에 기초를 둔 비공식적 권력이다. 관계적 권력을 이해하려면 관계가 개인이 업무를 실시하고 사적 또는 업무적으로 발전할 수 있는 능력에 중요한 것으로 인식해야 한다.

네트워크 내에서 개인의 위치를 가리키는 중심성은 개인이 영향력을 가질 수 있는 능력에 영향을 미친다. 중심성은 지위적 권력을 나타내는 지표로 볼 수도 있다. 네트워크의 범위, 깊이, 이동성은 개인의 지위적 권력을 나타내는 또 다른 지표다(네트워크에 대해서는 제20장에서 자세히 설명한다). 이제 타인에게 영향을 미치는 능력에 대해 네트워크가 어떤 역할을 하는지 파악해보자.

네트워크의 범위는 개인이 속한 네트워크의 유형과 이 네트워크 내에서 이루어지는 접촉의 다양성을 가리킨다. 조직연구자 Herminia Ibarra는 개인이 과업 네트워크, 경력 네트워크, 사회적 네트워크에 위치할 수 있다고 주장한다. 과업 네트워크는 정보, 전문성, 자문, 정치적 접근성, 물질적 자원 등 특정 직무 관련 자원의 교환을 포함한다.

경력 네트워크는 경력에 대한 지시 및 지도를 제공하는 사람, 최고경영층에 대한 노출, 도전적이고 가시적 업무를 얻는 데 필요한 도움, 승진을 위한 지원 등을 포함한다. 사회적 네트워크는 공통의 배경 또는 관심사를 공유하고 다른 네트워크에서 서로를 더 신뢰할 수 있는 사람들로 구성된다. 사회적 네트워크는 업무 할당과는 덜 관련되지만 자원동원, 정보전달, 동료 코칭 제공에 대한 역할을 한다.

이베라에 의하면 개인이 가진 네트워크의 깊이 또는 강도가 네트워크 내에서 타인을 얼마나 오래 알고 지냈고 얼마나 자주 소통하는지에 달려있다. 대인관계의 강도는 교환자원의 종류에 영향을 미친다. 이 요인은 어떤 사람이 자신의 핵심 네트워크 또는 확장된 네트워크에 속하는지 여부와 관련된다. 핵심 네트워크는 긴밀한 유대와 상호주의의 특징을 지닌다. 이와 같은 관계는 대체로 장기적이다. 핵심 네트워크는 직무와 관련된 단기적 관계를 포함한다. 이 관계는 목적을 이루고나면 해체되기도 한다. 반면 확장된 네트워크는 개인과 장거리에 있는 사회 또는 조직집단 간의 가교 역할을 하는 장거리 지인을 포함한다. 확장된 네트워크에 속한 관계는 핵심 네트워크 내에 있는 관계보다 더 약하다.

관계적 권력(Relational power)
개인이 속한 네트워크의 유형, 이 네트워크에 속한 사람의 유형, 네트워크 내에 존재하는 관계의 강도로부터 얻어지는 권력 또한 연구자들은 네트워크의 이동성도 개인이 가진 관계적 권력의 속성이라 보았다. Boris Groysberg는 성공적인 주식분석가에 대한 연구를 통해 여성 분석가와 남성 분석가의 차이는 타인과의 관계 발달에 대한 방법과 그에 따른 결과에 있음을 알아냈다. 대부분의 여성은 담당 고객과 기업과 관계를 형성해 명성과 성공을 일구었다. 반면 남성 분석가는 조직과의 관계를 발전시키는 데 치중한다. 여성의 경우 이직한 후에도 높은 성과를 유지한다. 반대로 남성은 이직한 후에 성과가 급격히 떨어진다. 왜 이런 현상이 발생하는가? 첫째, 그로이스버그에 따르면 여성 분석가는 광범위한 네트워크를 통해 경력상 중요한 지원을 얻음으로써 명성을 얻고 다른 기업에서 매우 효과적으로 능력을 발휘한다. 둘째, 명망 있는 여성 분석가가 조직 내부의 장애물을 극복하기 위해 이러한 커리어 전략을 취했을 것이라 생각한다. 이와 같은 장애물 때문에 여성은 핵심 업무를 맡지 못하고 중요한 자원에 접근하지 못한다. 따라서 여성 분석가의 외적 관계는 이동성이 그고 남성 분석가의 내적 관계는 기업-특성적이다.

대인간 권력의 도전과제

어떤 사람은 권력과 영향력이 변할 수 있다는 개념을 고찰하지 않은 채 강력한 직위를 얻는다. 초기에 관계 발전 및 네트워크 형성에 상당한 시간을 소요해도 고위직에 오르면 현실에 안주하는 이들도 있다. 연구결과에 따르면 권력역학에 혜안이 부족한 사람은 권력상실에 더 민감하다. 이와 같은 인지결여는 개인을 조직 내 변화에 취약하게 만든다. 가령 Robert Moses의 사례를 살펴보자.

권력을 얻고 나면 권력에 의해 자신의 현실인식이 압도당할 수 있는 위험성을 인지해야 한다. 특히 고위 경영직에 오르고 나서 하급자와 동료가 건설적 비판 및 피드백을 제공하기 꺼린다면 그러한 위험이 심화된다. 앞에서 장기적 경력 성공에서 자각의 중요성을 다루었다. 경력이 진전됨에 따라 자신의 장단점을 지속적으로 점검하는 것이 중요하다.

표 14-1 권력유지와 상실

권력유지	권력상실
에너지, 인내, 신체적 스테미너	무자비함
에너지를 집중할 수 있는 능력, 상세한 것에 주의를 기울임	타인을 이용하고 착취할 의향
융통성	강직성
민감성, 타인을 이해하는 능력	타인에 대한 공감 결여
건설적 갈등에 관여할 의향	특권의식
필요할 때 자아를 낮출 수 있는 능력	왜곡된 자아 관점

Source: Nina W. Brown, *Coping with Infuriating, Mean, Critical People: The Destructive Narcissistic Pattern* (Westport, CT: Praeger Publishers, 2006); A. Delbecq, "'Evil' Manifested in Destructive Individual Behavior: A Senior Leadership Challenge," *Journal of Management Inquiry*, Vol. 10, 2001, pp. 221–226; Jeffery Pfeffer, *Managing with Power: Politics and Influence in Organizations* (Boston, MA: HBS Press, 1992); and Manfred. F. R. Kets de Vries, *Leaders, Fools, and Imposters: Essays on the Psychology of Leadership* (San Francisco, CA: Jossey-Bass, 1993)

변화를 거부하고 새로운 정보에 폐쇄적인 사람은 권력을 상실할 수 있다. 권력을 유지하려면 적합성을 지속하는 데 집중해야 한다. 연구자들은 권력을 유지하거나 권력을 상실할 위험에 처하는 여러 유형을 제시했다(표 14-1 참조). 상황맥락도 개인의 권력 수준과 범위에 영향을 미칠 수 있다. 어떤 학자는 개인이 적시에 적절한 위치에 있을 때 권력이 발생한다고 주장한다. 권력은 개인의 직위, 관계, 개성 또는 성격에서 비롯한다. 권력원천은 조직 내 맥락에서 영향을 받을 수 있다. 즉 어떤 사람의 권력원천은 맥락에 의해 향상되거나 손상될 수 있다. 예를 들어, 두 회사가 합병해 유사 부서를 통합할 때 전통적 권력원천이 변경된다. 이때 한 명의 관리자만이 살아남는다. 권력을 제한하는 요소는 물론 권력을 늘릴 잠재적 기회를 평가할 때 맥락을 고려해야 한다. 개인이 지닌 권력이 얼마나 상황에 특수한가? 상황이 바뀌어도 이전만큼 권력을 유지할 수 있는가? 어떤 기술이 이전 가능한가?

로버트 모지스: 추락한 권력

Library of Congress Prints and Photographs Division

1924~68년까지 뉴욕시 정부 공무원으로 지냈던 Robert Moses는 수도권의 수많은 도로와 공원을 시공하고 재정비하는 데 주도적 역할을 했다. 모지스는 임기 내내 예전에 도움을 줬던 공무원들에 의해 선출되었다. 이들은 업무를 완수하기 위해 모지스에게 의존했다. 모지스는 "지배적, 심지어 독재적" 내지는 "항상 권력에 목말라 있는 거만하고 교활한 사람"으로 불렸지만 한편으로는 "도시를 재정비하는 데 일생을 바친 사람"으로 묘사되기도 했다. 여러 업적 중에 모지스는 브루클린-퀸즈 고속도로, 헨리허슨 파크웨이, 크로스브롱스 고속도로, 반윅 고속도로, 스로그스넥 대교, 트리보로 대교 등 수십 개의 공원도로 및 교량개발을 지휘했다. 또한 자금을 확보해 마사페쿠어 주립공원, 존스비치 주립공원 등 뉴욕과 롱아일랜드에 상당한 양의 녹지를 조성했다.

임기 말에 이르자 그는(자신감과 자만으로) 관여했던 상당수의 사업에 휘말리게 되었다. 점점 더 바빠진 모지스는 타인의 아이디어를 수용하지 않았다. 개방성을 결여한 탓에 사업을 효과적으로 지속하는 데 필요했던 지식을 얻지 못했다. 결국 뉴욕에 상당한 기여를 했음에도 일자리를 잃었다. 모지스는 여러 모로 힘 있는 인물이었지만 정작 중요한 것을 놓쳤다. 초기에 그는 영향력을 행사할 수 있는 공직에 임명되기 위해서는 걸출한 인사와 관계를 맺는 것이 중요함을 인지했다. 하지만 점점 더 바빠지고 스스로 전문성을 얻으면서 타인의 기여를 거부했다. 이 중대한 실수는 해임에 결정적 요인이 되었다.

조직내 권력과 정치

앞에서 대인간 권력의 기원과 상실을 설명했다. 이제 개인이 조직을 전략적으로 변화시키기 위해 어떻게 권력을 이용하고, 권력이 조직의 역학관계로부터 어떻게 영향을 받는지 살펴보자.

조직연구자 John P. Kotter와 Jeffrey Pfeffer는 각자 조직 내 권력에 대해 광범위한 연구를 실시했다. 이들의 연구에 따르면 소수의 인원이 의사결정 과정에 참여하고 불일치가 적을 경우 서로 협조하고 협력하는 것은 비교적 간단하다. 당사자들이 회의를 소집해 직접 문제에 대면하고 모든 사람의 욕구를 만족하는 해결책을 탐색할 수 있다. 당사자들은 최적의 해결책을 제시할 수 있는 전문성이 가장 뛰어난 사람에게 권한을 위임할 수 있다. 이와 같은 상황에서 권력은 그다지 중요하지 않다.

그러나 대부분의 조직에서는 수많은 사람들이 의사결정에 관여한다. 각자의 작업이 타인의 작업에 의존하고 개개인의 이견차가 크기 마련이다. 상호의존성과 갈등 가능성이 높으므로 권력이 더욱 중요해진다.

상부층 권력

조직연구자 Afsaneh Nahavandi는 조직 내 최고경영자들이 높은 정당성을 가지므로 상당한 권력원천을 부여받는다고 주장한다. 그 결과 하급자들은 경영진의 공식적 직위와 권한에 대한 존중심을 바탕으로 경영진의 결정을 따른다. 또한 경영진의 직위는 다음과 같은 능력을 포함한 특권을 부여한다.

- **자원분배 결정:** 최고경영진은 각각 혼자서 또는 팀과 협의해 조직 내 자원을 분배한다. 간부들이 자원할당에 대한 투입 및 정보를 요청할 경우 최종결정권은 최고경영진에게 있다.
- **의사결정 기준관리:** 최고경영진은 조직의 임무, 전반적 전략, 운영목표를 설정한다.
- **조직 내 중심성 유지:** 최고경영진은 중대한 정보 및 자원에 접근할 수 있도록 전략적 위치를 점한다.
- **광범위한 접속성 보유:** 최고경영진은 조직의 모든 계층에 대해 덜 제한된 접근성을 지니며, 그들의 권력을 증대시킬 수 있는 전략적인 제휴를 구축할 수 있다.

단지 존경심 때문이 아니라 대다수 직원들은 정치적 영향력이라고도 불리는 강력한 조직적 권력기초를 보유하고 이를 이용 또는 수용하는 사람과 일하기를 선호한다. 정치적 영향력은 가시성을 위한 더 많은 기회와 상향 이동의 가능성으로 이어진다. 또한 권력을 가진 상사는 하급자를 대상으로 지위에 따른 아우라(Aura)나 존경심을 유발해 동기를 부여하고 만족도를 높인다. 반면 권력이 덜하거나 권력을 수용하지 않는 관리자와 일하는 사람은 만족감을 덜 느끼는 경향이 있다.

중간층 권력

조직연구자 Barry Oshry에 따르면 중간관리자는 종종 둘 이상의 개인 또는 집단의 상반된 의제, 관점, 우선순위, 필요, 요구 사이에 놓이게 된다. 따라서 중간관리자는 자신의 상사와 팀 사이에서 수직적 압박을, 고객과 기업 사이에서 수평적 압박을 경험한다. 최고경영진보다 더 낮은 수준의 자원분배, 의사결정 기준관리, 중심성 유지, 핵심 정보 및 자원에의 접근성을 보유하지만 중간관리자에게 이와 같은 권력원천은 여전히 기회다.

초기 경력전문가의 권력

최고경영자와 중간관리자처럼 초기 경력전문가도 제한적인 수준에서 자원관리, 의사결정, 중심성 제고, 조직 내 타인에의 접근성 보유를 포함한 권력원천을 얻는다. 가령 하급전문가는 자원분배를 위한 정보와 투입을 제공하는 대신 자원이 어떻게 분배되는지를 결정하지는 않는다.

초기 경력전문가는 중요 정보에의 접근을 통해 의사결정을 담당하는 타인에게 영향을 미칠 수 있다. 이 접근성은 조직 내 직위에 부수적이거나 고유의 능력일 수도 있다. 가령 기술전문가는 기업에서 비교적 하급직위를 맡고 있지만 전략적 의사결정에 중요한 독특한 식견이나 능력을 가지고 있을 수 있다. 하급전문가는 공식적 권한과 지위적 권력의 여타 측면은 결여되어 있지만 자신의 전문성을 개발하고 임원진에 대한 접근성을 증진함으로써 개인적 및 관계적 권력원천을 발달시킬 수 있다.

권력에 대한 반응

사람마다 조직 내 권력행사에 다르게 반응한다. 그중 경영 의사결정에 대한 3가지 주요 반응은 거부, 몰입, 순응이다(그림 14–2 참조). 거부는 적극적(요청한 바를 하지 않음)이거나 소극적(동의하는 척하고 하지 않음)인 거부로 나뉜다. 이 경우 관리자는 개인이 요청한 바를 이행하도록 강압적 권력에 의존하지만 더 큰 거부반응을 초래할 수도 있다. 이러한 권력사용은 영구히 지속될 수 없다. 관리자와 직원 간의 현저한 단절을 암시하고 사업단위가 기능부전임을 나타낸다.

순응은 감정적 흥분이나 개인적 승인없이 할당된 과업을 완수하는 것을 포함한다. 이 반응을 보이는 직원은 하고 싶어서가 아니라 해야 하기 때문에 업무를 수행한다. 지위적 권력에 의지하고 보상 또는 공식적 권한을 이용하는 관리자는 순응적 반응을 유발하는 경향이 있다. 이러한 권력행사는 통상적 과업에 적합하나 창조성을 요하는 복잡한 문제에는 덜효과적이다. 몰입은 직원이 경영진의 결정에 동의하며 결정이 올바르게 이행되도록 노력할 때 발생하는 가장 이상적인 결과다. 직원의 가치와 관점은 경영진과 조화를 이루며, 직원은 성공을 보장하기 위해 별도의 노력을 기울인다. 몰입은 전문성과 호감도 등 개인적 권력의 측면에서 비롯한다.

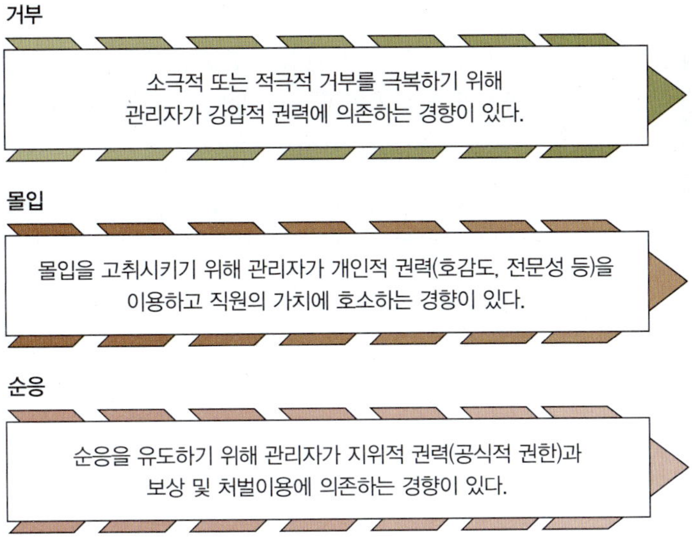

그림 14–2 권력행사에 대한 3가지 반응

Source: Adapted from Gary A. Yukl, *Leadership in Organizations* (Englewood Cliffs, NJ: Prentice-Hall, 1981.

조직이 몰입을 증진시키기 위해 가장 널리 쓰이는 방법은 **권한부여**다. 권한부여는 하급자와 권력을 공유하고 의사결정과 이행을 최하위 계층까지 확장해 모든 직원의 영향력과 자율성을 향상한다. 권한부여는 조직 내 리더를 개발하는 방법이기도 하다. 직원이 새로운 과업을 달성하고 더 큰 책임을 맡게 되면 자신감과 자부심이 커짐에 따라 능력을 제고하게 된다. 여러 리더십 기법과 조직 요인이 권한부여에 영향을 미친다(표 14–2 참조).

의사결정 권력을 공유하면 직원이 조직의 성과를 주도하도록 동기를 부여하고 결국 협조, 협업, 생산성을 제고해 전략적 조직변화를 촉진하므로 권한부여는 중요한 개념이다. 또한 권한부여는 리더가 더 많은 권한을 위임하게 하므로 리더의 역할을 변화시키기도 한다. 더 많은 업무가 위임되면 관리자는 다른 기회를 추구하고 개발을 지원할 수 있다.

권한부여(Empowerment)
하급자와 권력을 공유하고 의사결정과 이행을 최하위 계층까지 확장하여, 모든 종업원의 영향력과 자율성을 향상하는 과정

표 14–2 권한부여에 영향을 미치는 요인

권한부여에 영향을 미치는 리더십 방법	권한부여에 영향을 미치는 조직 요인
긍정적인 정서 분위기 조성	분권화된 구조 이용
높은 성과 기준 설정	리더와 직원을 적절히 선정 및 훈련
솔선수범과 책임 장려	관료적 제약 제거
직원에게 공개적 및 개인적으로 보상	권한부여 행동에 대해 보상
형평성과 협업 실천	신중한 점검 및 측정
하급자에 대한 확신 표현	공정하고 공개적인 조직정책 이용

Source: Adapted from A. Nahavandi, *The Art and Science of Leadership* (Upper Saddle River, NJ: Prentice Hall, 2006).

Victor J. Blue/Bloomberg/Getty Images

권한을 부여받은 직원은 의사결정에 대한 자신의 의견과 관점이 중시된다고 생각한다. 그들의 결정이 존중받지 않으면 권한부여는 실패로 돌아가 박탈감과 사기저하를 초래한다. 요청에 따라 내놓은 자신의 의견이 무시되기를 원하는 직원은 없다.

Black & Decker는 영업팀에게 권한을 부여하는 방식에서 혁신적이었다. 영업훈련 담당자 Rod Sharpe는 영업팀 직원에게 Flip 비디오카메라와 영상편집 프로그램을 제공해 직접 경쟁제품에 대한 영상 —제품의 장단점을 보여주는— 을 제작하도록 했다. 경쟁에 대한 흥미로운 지식을 제공하는 것 외에도 직원들이 제작한 영상은 향후 영업팀의 교육방식을 결정했고, Black & Decker 제품의 상대적 이익을 강조하는 데 일조했다. 제18장에서 동기부여의 동인을 검토하면서 권한부여에 대해 더 설명한다.

권력과 갈등

권력은 조직 내 갈등 해결에 중요한 역할을 한다. 갈등은 자원 또는 기회에 대한 경쟁이 심화되면서 대두된다. 연구자들은 다음과 같이 경쟁심화 또는 조직 내 갈등을 유도할 수 있는 여러 조직 요인을 제시했다.

- 경쟁적인 조직문화
- 사적 관계에 기반을 둔 고용관행
- 단기적 보상
- 중앙집중화된 조직구조
- 높은 수준의 불확실성과 혼란
- 불공평한 권력분배

각 요인은 조직 내 의사결정 방식에 영향을 줄 수 있다. 경쟁과 갈등 개념을 탐구하기 위해 Laura Esserman 박사의 사례를 살펴보자.

캐롤 프랑벅 유방치료센터

암 전문의이자 외과 및 방사선학과 조교수, 캘리포니아 샌프란시스코 주립대학의 캐롤 프랑벅(Carol Franc Buck) 유방치료센터장을 역임한 Laura Esserman은 유방암뿐 아니라 의료 전반의 환자치료 관행을 바꿀 수 있는 정보시스템 프로젝트를 구상했다. 에서만은 유방암 진단을 받은 여성을 위해 원스톱 전담치료 과정을 구축하고자 했다. 모든 진단검사와 치료를 협조적이고 효율적인 방식으로 다루기 위해서다. 에서만은 그런 과정을 통해 환자의 불안과 염려를 완화하기 바랐다.

에서만은 10년 전쯤에 처음 프로젝트를 구상했지만 순조로이 진행되지 않았다. 상당한 금액의 외부자금을 조달했음에도 에서만은 외부인과 UCSF의 다른 부서 및 병원의 자원을 유치하고 프로젝트 성공에 결정적인 핵심 의료 행정가들의 반대를 극복해야 했다. 안타깝게도 에서만은 자신을 현상유지에 거스르고 프로젝트를 검토할 관계자들의 역량을 고려하지 않은 프로젝트에 투자하려 하는 문제아로 인식했던 핵심 행정가들과 오랜 갈등을 빚었다. 유방치료센터의 성공을 위해 에서만이 필요한 나머지 자원을 어떻게 획득할 수 있을까?

에서만의 상황을 분석하려면 경쟁을 유발하고 전략적 조직변화를 저해하는 조직 내 환경조건을 평가할 틀을 이용해야 한다. 이 환경 조건은 상호의존성, 자원 부족, 불일치, 중요도 등을 포함한다.

Leonard F Wilcox/Alamy

상호의존성

조직 내 권력은 의존적 관계에 뿌리를 둔다. 두 개인 간의 상대적 권력은 지속적 인과 업과 정보에 대해 어느 쪽이 상대에게 더 의존하는지에 달려있다. 의존의 비대칭성이 커질수록, 일방이 상대에게 갖는 권력도 커진다. 조직연구자 Ranjay Gulati와 Maxim Sytch는 조직의 맥락에서 개인과 거래기업 간에 존재하는 권력과 의존성의 역학을 연구했다. 연구의 일환으로 다양한 요인을 고려해 제조업자와 공급업자의 의존성을 살펴보았다. 연구결과에 따르면 기업이 협력사에 더 의존할 때 **의존의 비대칭성**이라는 현상이 발생한다. 기업이 협력사에 더 의존하는 경우, 의존성의 차이는 권력의 정도 또는 협력사가 해당 기업에 잠재적으로 가질 수 있는 영향력을 반영한다. 마찬가지로 기업이 협력사에게 덜 의존하면, 의존성 차이의 정도는 협력사에 대한 기업의 영향력을 나타낸다. 두 기업이 공평하게 상대에게 의존하면 **공동 의존**이 존재한다. 결과적으로 양질의 정보 흐름 차원에서 두 협력사 간에 높은 관여 수준이 촉발된다.

의존의 비대칭성 (Dependence asymmetry)
협력사가 한 기업에 의존하는 것보다 기업이 그 협력사에 더 많이 의존하는 경우 존재하는 현상

Gulati와 Sytch의 공동 의존성처럼 페퍼는 개인이 목표를 달성하기 위해 다른 개인의 도움을 필요로 할 때 존재하는 특성인 **상호의존성**을 제안했다. 에서만의 경우, 협조적 치료체계의 비전을 달성하기 위해 외부인과 핵심 의료 행정가의 지원을 구해야 한다. 이 지원이 없으면 정보시스템 프로젝트는 실현될 수 없다. 이 상황에서 외부자가 에서만에 의지하는 것보다 에서만이 외부자 지원에 더 의존하게 된다.

다른 관점

사내정치

사내정치는 선택 사항이다. 가십, 조종, 책임 떠넘기기 등을 수반하는 사내정치는 대인관계 구축, 동료 존중, 도전과제에 대한 상생 해결책 등을 포함한다. 사내정치는 각자의 선택에 달려있다. 캠벨수프의 전 CEO 더그 코넌트는 사내정치의 긍정적 측면을 선택했다. 무엇보다 그는 도움의 기술에 중점을 두었다. 매일 동료에게 편지를 쓴다거나 고마움, 축하, 동정 등을 통해 친절함을 표현했다.

1. 더그 코넌트와 같은 리더에게서 배울 점은 무엇인가? 다른 리더들은 그에게서 무엇을 배울 수 있는가?
2. 리더는 언제 긍정적 영향을 미치는가? 리더는 언제 부정적 영향을 미치는가? 이러한 리더로부터 무엇을 배울 수 있는가?

자원 부족

자원 부족은 돈과 인력 등의 자원이 충분하지 않은 현상으로 조직 내 개인들이 이용가능한 자원을 회사 내에 할당할 수 있는 최선책에 대해 중대한 의사결정을 내려야 한다. 자원이 부족한 경우 다양한 부서가 사무실 공간 또는 장비 등 자원을 공유할 수 있다. 다른 경우에 조직은 한 부서 또는 팀이 타 부서에게 더 많은 자원을 할당할 것을 결정할 수도 있다. 이는 경쟁을 초래한다. 직원 또는 부서는 부족한 자원을 두고 경쟁하고, 결과를 결정하기 위해 권력과 영향력이 이용되곤 한다.

학술적 의료기관으로서 UCSF대학은 인턴, 레지던트, 외과 펠로우 교육과 신약, 신규장비, 신규절차 실험 등을 실시하기 때문에 다른 사립병원보다 비용이 더 많이 든다. 또한 UCSF는 제한된 보상제도를 가지고 보험에 들지 않고 정부로부터 보험처리되는 수많은 환자들을 치료한다. 따라서 일부 수술을 위해 외부보조금에 의존해야 하지만 그럼에도 상당한 예산 부족에 직면하고 있다. UCSF는 자원부족을 경험하고 있는 것이다. 에서만 박사가 프로젝트를 위해 외부로부터 700만 달러를 성공적으로 유치했다 해도 UCSF와 부속병원의 다른 부서로부터 물리적 · 인적 자원을 유치해야 한다. 그러므로 에서만은 타인과 경쟁할 수밖에 없고, 프로젝트의 실행에 차질이 생긴 것이다.

불일치

직장이 점차 이질화될수록 의견 차이가 더 뚜렷하게 드러나고 명백한 불일치가 발생한다. 불일치는 의사결정과 과업 완수에 장애물이 될 때 더욱 문제적이다. 이 상황에서 개개인은 합의를 위한 경쟁수단으로서 타인에게 영향을 미칠 수 있는 자신의 능력을 활용한다.

UCSF의 대다수 상급 행정가들은 에서만의 정보시스템 프로젝트가 급진적이고 불필요하다고 생각한다. 따라서 프로젝트를 진행하려면 에서만은 핵심 행정가의 지원을 얻어야 한다. 그러려면 이견이 발생하는 영역을 최소화하고 공통된 또는 공유하는 관점에 호소해야 한다. 합의를 도출하려면 요구사항의 우선순위를 매기고 일련의 트레이드오프를 통해 걸러내야 한다(제16장에서 협상과정을 더 자세히 설명한다).

중요도

불일치는 당사자들이 상충하는 우선순위를 가질 때 발생한다. 한 개인의 우선순위, 목표, 포부는 타인과 일치하지 않을 수 있다. 문제의 중요성은 문제가 무엇인지뿐 아니라 관계자가 문제를 어떻게 생각하는지에 달려있기도 하다. 예를 들어 에서만 박사에게 정보시스템 프로젝트의 미래는 매우 중요하지만 다른 행정가들은 불필요하고 고비용이라 생각한다. 에서만은 센터에 더 많은 자원을 획득하기 위해 프로젝트의 가치와 중요성을 타인에게 설득하고 이를 높은 우선순위로 만들어야 한다.

공동 의존(Joint dependence)
두 기업이 동일하게 서로에 의존하는 경우 존재하는 현상

상호의존성(Interdependence)
한 사람이 목표를 달성하기 위해 다른 사람의 도움을 요구할 때마다 존재하는 특성

자원 부족(Resource scarcity)
돈과 인력 등 충분한 자원의 결핍이 조직 내 개인들로 하여금 회사 내에 이용가능한 자원을 할당할 수 있는 최선의 방법에 대해 중대한 결정을 내리도록 하는 것.

영향력 이용하기

영향력은 권력이 개인과 조직 차원에서 행사되기 위한 수단이다. 개개인이 다양한 상황과 맥락을 고려할 때 영향력을 구축하기 위한 방법을 탐색해야 한다. 다음은 영향력을 이용해 권력을 행사하는 데 유용한 절차다. 1) 영향력 유형과 영향력 전략 선택, 2) 구체적인 영향력 원칙을 이용, 3) 권력원천 구축, 4) 성과 평가 등이다.

1단계: 영향력 유형과 영향력 전략 선택하기

개인이 선택하는 영향력 유형은 그가 직면하는 상황과 문제의 중요도에 부합해야 한다. 경영훈련 및 전문가 개발기관인 Situation Management Systems는 개별적 영향력 유형을 부문별로 분류하고 관련 영향력 전략을 제안하는 상황적 영향력 모델을 개발했다. 이 모델의 3가지 주 영향력 유형은 밀기, 당기기, 멀어지기 등이다. 각 유형은 에너지가 한 사람에서 다른 사람으로 어떻게 이동하는지 정의한다(그림 14-3 참조).

밀기 유형은 한 사람으로부터 복수의 타인에게 향한다. 이 유형은 설득하기와 주장하기를 포함한다. 이 방식에 따라 추론이나 유인책 · 압박의 적용을 통해 자신의 의견과 관점을 '밀기'를 시도한다. 당기기 유형은 공통된 지점을 파악하기 위해 개인이 타인으로부터 정보를 끌어내는 연계하기와 유인하기를 포함한다. 멀어지기 유형은 이름이 암시하는 대로 일정 기간 해당 상황으로부터 스스로를 분리하고 영향력 과정에서 이탈하는 것을 포함한다. 관리자는 상향 및 수평적 관리를 실시할 때 당기기 전략을, 하향 관리 시에는 밀기 전략을 이용하는 경향이 있다.

밀기 유형

- 설득하기: 요청자가 신뢰할 만하고, 독자적인 정보를 보유하고 있거나 자신의 입장을 뒷받침하기 위해 자료를 이용할 수 있을 때 이 유형이 유용할 수 있다. 관련된 영향력 전략은 해결책 마련과 강력한 논지 주장하기 등이 있다. 가령 에서만 박사가 지원을 얻고자 하는 병원 행정가에게 유방치료센터의 기술 프로젝트가 해당

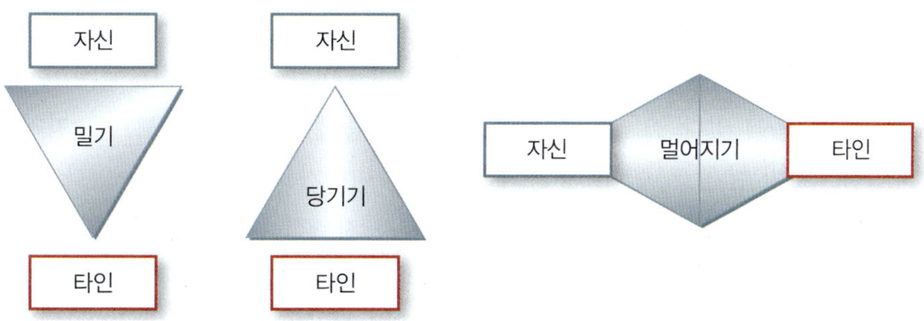

그림 14-3 영향력 유형

Source: Adapted from SMS, Managing Influence (Nashua, NH: Situational Management Systems, 1998).

부서에 얼마나 이득이 되는지 입증하고자 비용편익분석 자료를 마련할 수 있다.

- 주장하기: 양쪽 당사자가 해당 사안에 이해관계를 가지고 있을 때 이 유형이 유용할 수 있다. 관련된 영향력 전략은 기대 설정, 피드백 제공, 원조 교환 등이 있다. 이 전략이 성공하려면 상대에게 동기를 부여하고 감화를 주는 것이 무엇인지 파악해야 한다. 예를 들어 에서만 박사는 해당 프로젝트가 없으면 최대의 능력을 발휘해 환자를 치료할 수 없음을 암시함으로써 의료 종사자들이 동의한 전문가 서약에 호소할 수 있다.

당기기 유형

- 연계하기: 요청자에게 상대의 기여가 유용하거나, 요청자가 영향력에 개방적이거나, 다른 관계자가 요청자와 협업함으로써 무언가를 잃지 않을 경우, 이 유형이 유리할 수 있다. 관련된 영향력 전략은 타인과 관계 맺기, 경청하기, 개인정보 공유하기 등이 있다. 가령 에서만 박사는 사회적 환경에서 다른 병원 행정가들과 회동해 각자 부서에서 직면하는 문제점에 대해 이야기하고 공통된 주제 또는 연결점을 탐색할 수 있다.
- 유인하기: 관련된 영향력 전략은 공통점 생성하기와 목표 전달하기를 포함한다. 요청자와 타인이 공통된 가치, 목표, 포부를 공유하거나, 타인이 요청자를 신임하고 존경할 때 혹은 타인이 무엇을 할지 확신이 서지 않을 때 이 유형이 유용할 수 있다.

멀어지기 유형

- 분리하기: 요청자가 갈등을 줄이거나 해소하고자 할 때, 준비되지 않았을 때, 새로운 정보가 출현할 때, 타인의 행동이 요청자의 성공을 저해할 때 이 유형이 유용할 수 있다. 관련된 영향력 전략에는 연기하기, 주제 전환하기, 휴식 취하기, 상호작용 기피하기 등이 포함된다.

2단계: 구체적인 영향력 원칙 이용하기

심리학자이자 조직 연구자인 Robert Cialdini는 타인에 영향을 미칠 수 있는 능력을 개발하는 데 쓸 수 있는 모델인 '영향력의 무기'를 원칙으로 제안했다. 첫 번째 원칙인 상호성 원칙은 누군가를 위해 무엇을 함으로써 향후 부채가 발생함을 전제로 한다. 즉 "한 번의 선행이 다른 선행을 보장한다"는 것이다. **상호주의 법칙**이라고도 불리는 이 원칙은 모든 호의에는 언젠가 보답이 따라야 함을 요구한다. 보답의 종류에는 호의, 선물, 초대, 정보 등이 있다. 일례로 에서만 박사는 나중에 상대의 프로젝트를 지지하겠다고 제안함으로써 현재 프로젝트에 동의하지 않는 행정가들과 협상할 수 있다.

다음 2가지 원칙인 호감과 권한은 개인적 권력과 지위적 권력에 기반을 둔다. 개인적 권력의 요소인 호감은 어떤 사람이 자신이 좋아하는 개인에게 선뜻 동의함을 암시한다. 호감은 개인의 신체적 매력, 두 사람 간의 유사성, 칭찬 교환, 두 사람 간의 접촉과 협조의 정도에 달려있다. 권한은 지위적 권력에 기초하고, 이 영향력 원칙은 개인이 조직 위계 내에서 상대가 보유한 직위와 권한 때문에 동의하지 않더라도 지시를 따름

상호주의 법칙(Law of reciprocity)
타인이 현재 자신에게 해 준 일에 대해 미래에 보답해야 한다는 개념

을 가정한다. 예를 들어 에서만 박사는 현재 자신에게 동의하지 않는 행정가들의 상사와 관계를 맺을 수 있다. 이 영향력 전략을 이용해 에서만은 상대가 프로젝트를 승인하도록 요구할 수 있다. 그러나 이러한 방법은 향후 타인과의 관계에 해를 입히므로 최선의 전략은 아니다. 따라서 이 접근법은 자주 이용되지 않는다.

마지막 원칙은 잠재적 갈등의 원천, 즉 희소성을 바탕으로 한다. 희소성 원칙에 따르면 가용성이 제한된 상황에서 기회의 가치가 증가한다. 어떤 기회가 "생애 단 한번뿐"인 경우, 처음에 이 기회를 추구해야 할지 의구심을 품은 사람에게 더 매력적이고 흥미로워 보인다. 각자 어떤 영향력 전략이 활용하기에 가장 적합한지 결정하기 위해 해당 상황과 자신의 권력 기초를 평가해야 한다.

3단계: 대인간 권력 원천 구축하기

권력을 관리하는 세 번째 단계는 당사자가 가진 개인적, 지위적, 관계적 권력원천을 검토하는 것이다. 전문성을 구축하거나(도전적인 과업을 맡고 각자의 직위에서 우수한 성과를 냄), 매력을 증진하거나(준수한 옷차림, 타인으로부터 호감받기), 더 많은 노력을 기울이거나(주어진 것을 초월함), 시간에 따라 정당성을 개발함으로써 개인적 권력을 증대할 수 있다. 또한 지위적 권력을 구축하려면 중심성(네트워크 내 위치), 융통성(비통상적 의사결정을 내리는 능력), 가시성(영향력 있는 인사에 대해), 적합성(조직의 우선순위에 대해)을 높일 수 있는 직위를 추구해야 한다. 마지막으로 관계적 권력을 증진하기 위해 네트워크 중심성, 네트워크 범위(네트워크 유형 및 네트워크에 속한 사람들), 네트워크 깊이(관계의 강도)에 치중해야 한다.

4단계: 성과 평가하기

제9장에서 살펴보았듯, 주로 연례 성과 평가 때 상사로부터 공식적 피드백을 얻게 된다. 회의 중에 상사는 직원이 전년도(혹은 고용된 시점)에 설정한 목표를 검토한다. 그러면 직원과 상사는 목표 달성을 향한 진척도를 논할 수 있다.

이러한 피드백은 전년도에 개인이 어떤 성과를 냈는지 이해하는 데 중요하지만 보다 다양한 원천으로부터 주기적으로 투입을 구해야 한다. 또한 자신의 행위를 스스로 점검해야 한다. 자기점검도 성과를 이해하는 좋은 방법이지만 상당한 자각 수준과 환경 및 사회적 단서의 이해가 필요하다.

적절한 영향력 전략과 접근법은 상황과 관계자의 우선순위에 달려있다. 따라서 4단계 과정을 시작하기 전에 맥락을 우선 평가해야 한다. 맥락이 대인간 상호작용에 중요하다면 조직 차원에서는 더욱 중요할 것이다.

조직 내 권력감사 실시하기

대인간 권력의 역학관계를 관리하는 것 외에도 조직 내 권력역학을 분석하고 관리해야 한다. 각자 무엇을 달성하고자 하는지 결정하는 것이 첫 번째 단계다. 이때 검토해야 할 핵심 질문은 목표달성을 위해 무엇을 해야 하고, 누가 영향을 받아야 하는지 포함한다. 이 질문에 답변한 후 다음과 같은 5단계 절차를 통해 권력과 영향력이 목표달성을 위해 이용되는 방식을 정의한다.

1. **상호 의존성 파악하기:** 누가 누구에게 무엇을 위해 의존하는가? 누구의 협조가 필요한가? 누구의 순응이 중요한가?
2. **모두의 권력원천 확인하기:** 누가 권력의 위치에 있고, 이유가 무엇인가? 그의 권력 원천은 무엇인가? 이 원천은 어떻게 유지되는가?
3. **목표, 가치, 위험, 작업방식의 차이 분석하기:** 이 차이는 어떻게 개개인의 가정과 지각을 형성하는가?
4. **보다 넓은 맥락 분석하기:** 갈등의 가능성은 얼마나 되는가? 주요 협력자는 누구이고, 경쟁상대는 누구인가? 핵심 행위자들이 갈등에 어떻게 대응할 것인가?
5. **정기적으로 진단결과 갱신하기**

이 분석은 각자 직위가 가진 장단점과 구체적 목표를 달성하는 데 필요한 영향력 수준을 이해하는 데 도움이 된다. 상대적으로 약한 당사자가 조직 내에서 힘과 권력을 얻는 방법은 **연합체**를 구성하는 것이다. 연합체는 공통의 관심사와 관점을 가진 개개인과 집단을 한데 모은다. 이러한 세력결합은 개인 또는 집단이 홀로 발휘할 수 있는 것보다 더욱 강력한 지위를 생성한다. 공통의 관심사는 장기간에 걸쳐 확장되거나 단기적 거래 목적을 위해 집단을 결집시키는 한 가지 문제를 중심으로 한 광범위한 문제를 포함한다. 예를 들어, 연구개발 집단과 영업팀은 전통적으로 적대적이지만 전도유망한 신상품을 위해 조직 차원의 재원을 확보하기 위해 합심할 수 있다.

연합체(Coalitions)
공통의 관심사와 관점을 가진 개개인 또는 집단

요약

권력과 영향력은 목표를 설정하고 활동의 우선순위를 매기는 데 중요한 역할을 하고, 유능한 리더가 되는 데 핵심적 지렛대다. 권력은 타인의 행동, 사고, 태도에 영향을 미칠 수 있는 개인의 잠재력을 의미하고, 영향력은 권력을 행사하기 위한 수단이다. 권력은 개인의 공식적 권한(합법적 권력), 보상을 제공하거나 처벌을 시행하는 능력(보상적 및 강압적 권력), 지식 또는 전문성의 수준(전문적 권력), 개인의 매력(준거적 권력) 등 여러 요인에 기초를 둔다.

대인간 권력은 개인의 직위, 개인적 속성과 관계를 포함한 여러 원천에서 비롯한다. 지위적 권력은 조직의 공식적 위계 내에서 개인이 맡은 역할을 가리킨다. 조직의 목표에 핵심적이고 적합한 역할을 맡고 높은 융통성과 가시성을 가진 개인은 강력한 지위적 권력을 보유한다. 개인적 권력은 개인의 전문성, 노력, 매력, 정당성 또는 신뢰성을 바탕으로 한다. 좋은 실적, 전문성, 신뢰성을 가진 사람은 강력한 개인적 권력을 지닌 것으로 인식된다. 관계적 권력은 조직 안팎에서 개인이 맺는 관계의 강도를 가리킨다. 높은 관계적 권력을 가진 개인은 광범위하고 깊은 지원 네트워크를 가진다. 권력은 상황에 의존적이기도 하다. 자기자신을 인지하고 변화에 개방적인 능력은 장기적 성공에 필수적이다.

권력은 조직 내 정치와 갈등을 탐색하는 데 핵심 역할을 한다. 권력은 누가 어떤 직위에 배정되는지, 업무가 어떻게 할당되는지, 과업이 어떻게 완수되는지에 대해 결정적 요인이다. 조직을 통틀어 개개인은 핵심적인 의사결정에 영향을 미칠 수 있으나, 보통 간부급 임원들이 다른 사람들보다 더 큰 권력을 행사하는 경향이 있다. 조직은 권한부여를 통해 조직 내에서 리더십 잠재력을 구축하고 해당 현장 경험이 있는 개인에게 의사결정의 특정 측면을 위임할 수 있다.

조직 내 갈등은 상호의존성, 자원 부족, 우선순위에 대한 불일치의 결과로 대두된다. 갈등 해결을 위해 권력과 다양한 영향력 전략이 이용된다. 맥락 또는 상황에 따라, 개개인은 밀기(타인에게 영향력 행사) 또는 당기기(타인의 의견을 이끌어냄) 영향력 전략을 추진할 수 있다. 어떤 권력 또는 영향력을 활용하든 다양한 권력원천은 물론 기존의 다양한 상호의존성을 평가해야 한다.

주요 용어

강압적 권력(Coercive power)
개인적 권력(Personal power)
공동 의존성(Joint dependence)
관계적 권력(Relational power)
권력(Power)
권한부여(Empowerment)
보상적 권력(Reward power)
상호의존성(Interdependence)
상호주의 법칙(Law of reciprocity)
연합체(Coalitions)
영향력(Influence)
의존의 비대칭성(Dependence asymmetry)
자원 부족(Resource scarcity)
전문적 권력(Expert power)
준거적 권력(Referent power)
지위적 권력(Positional power)
합법적 권력(Legitimate power)

과제

토론주제

1. 권력이 어떻게 리더 개인, 부하의 반응, 상황의 맥락에 의존하는지 설명하라.
2. 제12장에서 설명한 카리스마적 리더를 상기해보라. 카리스마적 리더는 어떻게 대인 권력을 얻는가? 어떤 식으로 이 권력을 남용할 수 있는가?
3. 전문성, 노력, 매력, 정당성 등 개인적 권력의 4가지 원천을 고찰해보라. 한 가지 측면이 다른 측면보다 더 중요한가? 존경하는 리더를 떠올려보라. 그 사람이 지닌 권력의 어떤 측면이 가장 매력적이었는가?
4. 정당성이 지위적 권력과 개인적 권력 모두의 원천이 되는 이유는 무엇인가?
5. '내가 아는 사람'은 자신이 하는 일과 자신에게 제시된 기회에 어떤 식으로 영향을 미치는가?
6. 권력은 조직의 라이프사이클 단계에 따라 다르게 행사된다. 갓 창업한 회사에서 기업가는 어떤 형태의 권력에 의존해야 하는가? 위기 상황 또는 회복 상황에서 어떤 형태의 권력이 가장 적합한가?
7. 새로운 직원은 조직 내에서 어떤 식으로 권력원천을 구축할 수 있는가?
8. 리더가 다른 사람에게 권한을 위임하거나 부여할 때 개인적 권력을 얻게 되는가 아니면 잃게 되는가? 어떤 식으로 권력을 얻거나 잃게 되는가?
9. 다양한 밀기 · 당기기 영향력 전략의 장단점은 무엇인가?
10. 이따금 어울리지 않을 것 같던 동료 사이에서 연합이 형성된다. 이러한 동료를 집결하는 연합체를 찾아보라. 그들이 협력하게 된 계기는 무엇인가?

관리연구

1. 지역신문에 프로필이 실린 리더를 선택하고 그의 대인권력 원천을 기술해보라.

2. 동료나 높은 권한을 가진 사람과 함께 영향력 전략 중에서 2가지를 실천해보라. 1~10점 척도를 기준으로 자신의 성과를 어떻게 평가하겠는가? 원하는 결과를 달성했는가? 그렇다면 그 결과를 어떻게 달성했는가?

현장에서

위원회, 이사회 또는 협의회 회의에 참석하라. 회의 중에 중요한 의제와 회의 목표에 대해 적어보라. 의제가 설명될 때, 구성원이 어떻게 권력을 발휘하는지 기록해보라. 다음 표를 서식으로 이용하라.

대인간 권력의 형태	회의에서 도출된 예시
합법적 권력	
보상적 권력	
강압적 권력	
전문적 권력	
준거적 권력	

회의 참석 후 권력에 대해 배운 점은 무엇인가? 배운 점을 직장생활에 어떻게 적용할 수 있는가?

참고문헌

1 Ann Frost and Lyn Purdy, "An Introduc- tory Note on Managing People in Organi- zations," Richard Ivey School of Business Note No. 908C22 (London, Ontario: University of Western Ontario, 2008).

2 Joseph S. Nye , Jr., "Powe r and Leadership," Handbook of Leadership Theory and Practice: A Harvard Business School Centennial Colloquium, Nitin Nohria and Rakesh Khurana, eds. (Boston, MA: HBS Press, 2010); and Abraham Zaleznik and Manfred F. R. Kets de Vries, Power and the Corporate Mind (Chicago: Bonus Books, 1985), p. 3.

3 Warren Bennis and Burt Nanus, Leaders: The Strategies for Taking Charge (New York: Harper & Row, 1985); and "The Necessity of Power: You Can't Manage Without It," Power, Influence, and Persuasion: Sell Your Ideas and Make Things Happen (Boston, MA: HBS Press, 2006).

4 Abraham Zaleznik and Manfred F. R. Kets de Vries, Power and the Corporate Mind (Chicago, IL: Bonus Books, 1985), p. xiii; and Linda A. Hill, "What It Means to Manage: Exercising Power and Influence," Harvard Business School Note No. 9-400-041, rev. February 15, 2000 (Boston, MA: HBS Publishing, 1999).

5 Abraham Zaleznik and Manfred F. R. Kets de Vries, Power and the Corporate Mind (Chicago, IL: Bonus Books, 1985), p. 44.

6 Jeffery Pfeffer, Managing with Power: Politics and Influence in Organizations (Boston, MA: HBS Press, 1992); and "The Necessity of Power: You Can't Manage Without It," Power, Influence, and Persuasion: Sell Your Ideas and Make Things Happen (Boston, MA: HBS Press, 2006).

7 Victoria Chang and Jeffrey Pfeffer, "Keith Ferrazzi," Stanford Graduate School of Business Case No. OB-44, November 15, 2003 (Stanford, CA: Stanford Graduate School of Business, 2003).

8 Victoria Chang and Jeffrey Pfeffer, "Keith Ferrazzi," Stanford Graduate School of Business Case No. OB-44, November 15, 2003 (Stanford, CA: Stanford Graduate School of Business, 2003), p. 4.

9 Victoria Chang and Jeffrey Pfeffer, "Keith Ferrazzi," Stanford Graduate School of Business Case No. OB-44, November 15, 2003 (Stanford, CA: Stanford Graduate School of Business, 2003), p. 6.

10 "The Necessity of Power: You Can't Manage Without It,"

Power, Influence, and Persuasion: Sell Your Ideas and Make Things Happen (Boston, MA: HBS Press, 2006).

11 John R. P. French and Bertram Raven, "The Bases of Social Power," Group Dynamics: Research and Theory, 2nd edition, D. Cartwright and A. Zander, eds. (Evanston, IL: Row, Peterson, 1960), pp. 607–623.

12 Bertram H. Raven, "Six Bases of Power," Encyclopedia of Leadership, George R. Goethals, Georgia J. Sorenson, and James MacGregor Burns, eds. (Thousand Oaks, CA: Sage Publications, 2004), p. 1244.

13 Bertram H. Raven, "Six Bases of Power," En cyc lop ed ia o f Le ad ers hip , Ge or ge R. Goethals, Georgia J. Sorenson, and James MacGregor Burns, eds. (Thousand Oaks, CA: Sage Publications, 2004), pp. 1241–1248.

14 Joseph S. Nye, Jr., "Power and Leadership," Handbook of Leadership Theory and Practice: A Harvard Business School Centennial Colloquium, Nitin Nohria and Rakesh Khurana, eds. (Boston, MA: HBS Press, 2010).

15 D. A. Whetten and K. S. Cameron, Developing Management Skills, 5th edition (Upper Saddle River, NJ: Prentice Hall, 2000).

16 "Power Sources: How You Can Tap Them," Power, Influence, and Persuasion: Sell Your Ideas and Make Things Happen (Boston, MA: HBS Press, 2006).

17 K. Patterson, J. Grenny, D. Maxfield, R. McMillan, and A. Switzler, Influencer: The Power to Change Anything (New York, NY: McGraw-Hill, 2008).

18 "Power Sources: How You Can Tap Them," Power, Influence, and Persuasion: Sell Your Ideas and Make Things Happen (Boston, MA: HBS Press, 2006).

19 Herminia Ibarra, "Managerial Networks," Harvard Business School Note No. 9-495-039, rev. January 25, 1996 (Boston, MA: HBS Publishing, 1995).

20 Herminia Ibarra, "Managerial Networks," Harvard Business School Note No. 9-495-039, rev. January 25, 1996 (Boston, MA: HBS Publishing, 1995).

21 Her minia Ibarr a, " Manager ia l Networks," Harvard Business School Note No. 9-495-039, rev. January 25, 1996 (Boston, MA: HBS Publishing, 1995).

22 Boris Groysberg, "How Star Women Build Portable Skills," Harvard Business Review, February 2008.

23 Boris Groysberg, "How Star Women Build Portable Skills," Harvard Business Review, February 2008.

24 Jeffery Pfeffer, Managing with Power: Politics and Influence in Organizations (Boston, MA: HBS Press, 1992), pp. 306–307.

25 Jeffery Pfeffer, Managing with Power: Politics and Influence in Organizations (Boston, MA: HBS Press, 1992).

26 Linda L. Neider and Chester A. Schriesheim, "Power: Overview," Encyclopedia of Leadership, George R. Goethals, Georgia J. Sorenson, and James MacGregor Burns, eds. (Thousand Oaks, CA: Sage Publications, 2004), p. 1249.

27 Kathleen McGinn and Alexis Gendron, "Robert Moses," Harvard Business School Case No. 9-800-271, rev. January 9, 2002 (Boston, MA: HBS Publishing, 2000).

28 Kathleen McGinn and Alexis Gendron, "Robert Moses," Harvard Business School Case No. 9-800-271, rev. January 9, 2002 (Boston, MA: HBS Publishing, 2000), pp. 2–3.

29 Kathleen McGinn and Alexis Gendron, "Robert Moses," Harvard Business School Case No. 9-800-271, rev. January 9, 2002 (Boston, MA: HBS Publishing, 2000), p. 16.

30 Linda A. Hill, "Chapter 10," Becoming a Manager: How New Managers Master the Challenges of Leadership, 2nd edition (Boston, MA: HBS Press, 2003).

31 John P. Kotter, Power and Influence (New York, NY: The Free Press, 1985).

32 A. Nahavandi, The Art and Science of Leadership (Upper Saddle River, NJ: Prentice Hall, 2006), pp. 169–170.

33 "The Necessity of Power: You Can't Manage Without It," Power, Influence, and Persuasion: Sell Your Ideas and Make Things Happen (Boston, MA: HBS Press, 2006); and Ann Frost and Lyn Purdy, "An Introductory Note on Managing People in Organizations," Richard Ivey School of Business Note No. 908C22 (London, Ontario: University of Western Ontario, 2008).

34 Barry Oshry, "Finding and Using a Manager's Power to Improve Productivity," National, Vol. 10, No. 1, 1990, pp. 19–33.

35 Gary A. Y ukl, Leader ship in Organizations (Englewood Cliffs, NJ: Prentice-Hall, 1981).

36 A. Nahavandi, The Art and Science of Leadership (Upper Saddle River, NJ: Prentice Hall, 2006).

37 Jay A. Conger and Rabindra N. Kanungo, "The Empowerment Process: Integrating Theory and Practice," Academy of Management Review, Vol. 13, No. 3, pp. 471–482.

38 Lynn R. Offermann, "Empowerment," Encyclopedia of Leadership, George R. Goethals, Georgia J. Sorenson, and James MacGregor Burns, eds. (Thousand Oaks, CA: Sage Publications, 2004), pp. 434–437.

39 Edwin P. Hollander and Lynn R. Offermann, "Power and Leadership in Organizations," American Psychologist, February 1990, pp. 179–189.

40 Josh Bernoff and Ted Schadler, "Empowered," Harvard Business Review, July–August 2010.

41 Nina W. Brown, Coping with Infuriating, Mean, Critical People: The Destructive Narcissistic Pattern (Westport, CT: Praeger Publishers, 2006); A. Delbecq, "'Evil' Manifested in Destructive Individual Behavior: A Senior Leadership Challenge," Journal of Management Inquiry, Vol. 10, 2001, pp. 221–226; and Manfred F. R. Kets de Vries, Leaders, Fools,

and Imposters: Essays on the Psychology of Leadership (San Francisco, CA: Jossey-Bass, 1993).

42 Victoria Change and Jeffrey Pfeffer, "Dr. Laura Esserman (A)," Stanford Graduate School of Business Case No. OB-42A, September 30, 2003 (Stanford, CA: Stanford Graduate School of Business, 2003).

43 Jeffrey Pfeffer, "Power Play," Harvard Business Review, July–August 2010.

44 Jeffery Pfeffer, Managing with Power: Politics and Influence in Organizations (Boston, MA: HBS Press, 1992), pp. 38–45.

45 Ranjay Gulati and Maxim Sytch, "Dependence Asymmetry and Joint Dependence in Organizational Relationships," Administrative Science Quarterly, Vol. 52, No. 1, 2007, pp. 32–69.

46 Jeffery Pfeffer, Managing with Power: Politics and Influence in Organizations (Boston, MA: HBS Press, 1992), pp. 38–40.

47 Abraham Zaleznik and Manfred F. R. Kets de Vries, Power and the Corporate Mind (Chicago, IL: Bonus Books, 1985).

48 Ann Frost and L yn Purdy, "An Introductory Note on Managing People in Organizations," Richard Ivey School of Business Note No. 908C22 (London, Ontario: University of Western Ontario, 2008).

49 Victoria Chang and Jeffrey Pfeffer, "Dr. Laura Esserman (A)" Stanford Graduate School of Business Case OB-42A, September 30, 2003 (Stanford, CA: Stanford Graduate School of Business, 2003).

50 SMS, Managing Influence (Nashua, NH: Situational Management Systems, 1998).

51 Kathleen L. McGinn and Elizabeth Long Lingo, "Power and Influence: Achieving Your Objectives in Organizations," Harvard Business School Note No. 9-801-425, rev. July 5, 2007 (Boston, MA: HBS Publishing, 2001).

52 Robert B. Cialdini, Influence: The Psychology of Persuasion (New York, NY: Quill/W. Morrow, 1993).

53 Jeffery Pfeffer, "Understanding Power in Organizations," California Management Review, Winter 1992.

54 Linda A. Hill, "Power Dynamics in Organizations," Harvard Business School Note No. 9-494-083, rev. March 22, 1995 (Boston, MA: HBS Publishing, 1994), pp. 9–10.

55 "Power Sources: How You Can Tap Them," Power, Influence, and Persuasion: Sell Your Ideas and Make Things Happen (Boston, MA: HBS Press, 2006).

제 15 장

의사결정

학습목표

이 장을 공부한 후 다음을 할 수 있도록 한다.

- 합리적 의사결정의 단계별 과정 설명하기
- 시간 제약, 정보 부족, 복잡성이 의사결정 과정에 어떻게 영향을 미치는지 기술하기
- 개인의 관점에 영향을 미칠 수 있는 다양한 편향과 이 편향이 의사결정에 어떻게 영향을 미치는지 기술하기
- 감정, 직관, 사회적 상황이 의사결정에 어떻게 영향을 미치는지 설명하기
- 조직 의사결정이 이루어지는 다양한 방식을 비교 및 대조하기
- 관리자가 의사결정 능력을 높일 수 있는 방법 기술하기

장의 개요

자기성찰 MANAGEMENT

나는 의사결정에 얼마나 능숙한가?

조직의 성공은 관리자가 적시에 올바른 결정을 내리는 데 달려있다. 나는 의사결정에 얼마나 능숙한가? 다음의 질술문에 '네' 또는 '아니오'로 답변해 의사결정 기술을 평가해보라.

1. 나는 조사 결과를 바탕으로 의사결정을 내린다.
2. 나는 뒷받침할 증거를 확보할 때까지 의사결정을 하지 않는다.
3. 나는 의사결정을 내리기 전에 다양한 관점을 찾아본다.
4. 나는 의사결정을 위한 체계적 과정을 갖추었다.
5. 나는 의사결정 과정을 신속히 처리하기 위한 추단법을 갖추었다.
6. 나는 의사결정을 내릴 때 내재된 편향을 인지하고 있다.
7. 나는 의사결정을 내릴 때 직관을 이용한다.
8. 나는 특정 결정에 대해 팀 동료 또는 집단 구성원의 의견에 영향을 받음을 인정한다.
9. 나는 일부 의사결정이 감정적으로 처리됨을 인정한다.
10. 의사결정을 내릴 때 각 대안과 관련된 위험을 분석한다.

위의 답변을 고려할 때, 자신의 의사소통 기술에 대해 무엇을 알게 되었는가? 의사결정 기술을 어떻게 높일 수 있는가?

서론

의사결정은 어떻게 내리는 것인가? 과거 경험에 의존하는가? 주어진 맥락을 진단하고 가용 정보를 이용해 최선의 행동방안을 결정하는가? 타인으로부터 자문을 구하는가, 아니면 직감에 의존하는가? 각자 대학 진학 때를 생각해보자. 가고자 하는 대학을 정했을 때 비용, 위치, 규모, 운동팀 프로그램, 사회적 조직, 대학 가이드북, 학술적 명성 중에서 어떤 기준을 적용했는가? 자신의 재정 상황, 사회적 선호도, 가족과 친구의 의견, 과거 학술적, 스포츠 관련 혹은 예술적 포부 등에 따라 의사결정 과정에서 기준의 비중이 각각 달랐을 것이다. 이와 같은 고려사항 외에도 학교가 자신에게 꼭 알맞는 곳인지 따져봤을 것이다. 어떤 소속감이 느껴졌는가? 캠퍼스에 있는 자신을 상상할 수 있었는가? 그 모습이 적절해 보였는가? 대부분의 경우 이러한 무형적 고려사항은 가장 합리적이고 객관적인 요소를 압도한다. 각 기준의 장단점을 나열하는 것은 쉽지만 그 목록에서 바로 결정을 내리기는 훨씬 더 어렵다. 조리정연하고 합리적인 선택이었는가, 아니면 직감을 따랐는가?

흔히들 자신이 합리적 의사결정자라 생각하지만 스스로의 의사결정 행동을 자세히 들여다보면 오히려 그 반대라는 것을 알 수 있다. 상황의 애매성, 개인적 판단과 편향,

이전에 한 결정이 앞으로의 의사결정에 상당한 영향을 미칠 수 있다. 그러므로 더 나은 의사결정자가 되기 위해 의사결정을 어떻게 잘 이해할 수 있는가? 라는 질문을 던져야 한다.

여러 쟁점을 파악하고 갖가지 대안 행동 중에서 선택을 하는 과정인 **의사결정**은 모든 사업에서 활동의 중심으로 널리 인식된다. 관리자는 매일 수많은 의사결정에 직면한다. 가령 운영절차에 대한 결정처럼 일부 의사결정은 비교적 간단하지만 조직의 전략과 방향을 다룰 때처럼 일부 의사결정은 더욱 복잡하다. 관리자는 어떤 전략을 이용하고, 어떤 업계에서 경쟁하며, 어떻게 조직을 구성하고 자원을 할당하며, 경쟁위협에 어떻게 가장 잘 대응 또는 예상할지, 어떤 성과지표가 중요한지, 언제 조직 변화 과정에 관여할지를 결정해야 한다. 기본적으로 경영은 의사결정에 대한 것이다. 이처럼 모든 의사결정에서 관리자는 조직 가치와 목표, 진화하는 상황 및 맥락에 대해 다양한 대안을 평가해야 한다. 조직의 성공은 관리자가 적시에 올바른 정보를 가지고 올바른 결정을 하는 능력에 달려있다.

의사결정(Decision making)
여러 쟁점을 파악하고 갖가지 대안 행동 중에서 선택을 해나가는 과정.

의사결정에 영향을 미치는 요인을 이해하기 위해 가장 큰 성공을 누린 대학농구팀 코치 중 한 명인 Roy Williams가 내린 중대한 의사결정을 살펴보자.

로이 윌리엄스와 캔자스대학

"어렸을 때 노스캐롤라이나에서 선수생활을 하는 게 꿈이었고, 젊은 고등학교 코치가 되어서는 노스캐롤라이나에서 코치하는 게 꿈이었습니다." Roy Williams는 어릴 때부터 노스캐롤라이나대학(UNC)에 강한 정서적 애착을 가지고 있었고, 2003년 UNC의 헤드코치가 될 수 있는 기회를 얻었다. 수년 동안 지속된 그의 애교심을 감안할 때 UNC에서의 헤드코치가 되는 것은 쉬운 결정처럼 보였다. 그러나 여러 요인들 때문에 그의 인생에서 가장 어려운 결정이 되고 말았다.

윌리엄스는 UNC Chapel Hill에서 320km쯤 떨어진 노스캐롤라이나 스프루스 파인에서 성장했다. 그는 애쉬빌의 재학생으로 전국 및 주립 농구팀에서 두 번이나 지명되었다. UNC에 진학한 후 1학년 때 선수생활을 했지만 대표팀에 선발되지 못해 팀 생활을 계속할 수 없었다. 대신 통계 추적과 연습에 참여하는 팀 매니저 역할을 도맡았는데 그의 농구 지식을 배우기 위한 수업까지 생겨났다. 1972년 학사로 졸업하고 1973년 석사로 졸업한 후 노스캐롤라이나 스와나노나의 고등학교에서 코칭 경력을 시작했다.

윌리엄스는 1978년 전설적인 Dean Smith의 감독하에 UNC 보조 코치로 고용되면서 코칭 인생에서 처음 큰 성공을 거두었다. 스미스는 35년 동안 UNC에서 코치를 지냈고 878승 224패란 놀라운 기록(승률 .797)을 축적했다. UNC는 스미스의 코칭 덕에 NCAA 토너먼트에서 10연승을 거두었고, 6번의 ACC Conference 타이틀을 얻고, 미래의 NBA 스타인 James Worthy, Michael Jordan과 함께 1982년 전국 챔피온십을 획득했다. 윌리엄스로서는 자랑스러운 모교에서 존경하는 멘토와 함께 코치로 지냈으니 더할 나위 없이 좋았다. 그러던 1988년, 윌리엄스는 당시 챔피온십을 획득하면 그 시즌은 성공적이라는 높은 기대를 가지고 있던 캔자스대학의 헤드코치직을 제안 받았다. 출중한 헤드코치 경험을 가진 내로라하는 코치들을 제치고 윌리엄스가 선택된 것이다.

윌리엄스는 어마어마한 도전을 목전에 두고 코치직을 수락했다. 캔자스는 전해 전국챔피온십 타이틀을 땄지만 전해 코치의 임기 동안 NCAA 위반 때문에 보호관찰에 처해 있던 차였다. 윌리엄스는 캔자스의 첫 시즌에서 19승 12패 기록을 거두었다. 더딘 시작처럼 보였으나 팬과 학교 관계자들의 기대를 훨씬 초월한 성적이었다. 이 시즌은 NCAA 역사상 가장 성공적인 코치 경력 중 하나의 시작을 알렸다. 윌리엄스는 향후 15년 동안 캔자스에서 코치직을 맡았고, 그의 팀은 NCAA 토너먼트에서 14연승을 거두었다. 그 기간 동안 캔자스는 4강에 4번 진출해서 준우승을 2번 거두었다. 윌리엄스는 1990년, 1991년, 1992년, 1997년에 올해의 전국 코치로 뽑혔고, 2003년 존R.우든코칭레전드어워드를 수상했다.

2003년 시즌 말기에 UNC가 윌리엄스에게 헤드코치 직을 제안했을 때 생애 가장 어려운 결정을 내려야 했다. 캔자스대학에서 윌리엄스의 누적 기록은 418승 101패였고, 이는 코치가 누구였든 캔자스 역사상 가장 높은 승률이었다. 윌리엄스는 프로그램을 구축하는 데 들인 노력 덕에 앞으로 몇 해 동안 타이틀을 획득하기 위해 경기에 임했을 것이다. 하지만 2003년 UNC 팀은 토너먼트에 참가 자격을 따내지도 못했다. 윌리엄스는 코치로서 자신의 업적을 중시했고 그가 캔자스를 떠나면 위치가 위태로워질 것임을 알고 있었다. "커리어를 통틀어 한 학교에서만 코치를 하면 대우가 달라집니다. 더 존경을 받게 되지요. 커리어 내내 캔자스에서 코치를 한 것은 분명 긍정적 일입니다." 이것이 그의 결정에 강력한 요인으로 작용했지만 사실 가장 큰 영향을 미친 것은 그의 코칭 철학이었다.

Michelle Donahue Hillison/Shutterstock.com

윌리엄스의 책상에는 그의 딸이 준 "통계도 중요하지만 인간관계는 영원히 지속된다"가 새겨진 명판이 놓여 있다. 이는 그의 코칭 철학을 함축하는 말이며, 스카웃부터 코칭, 이전 선수들과 연락하는 것 등 그가 하는 모든 것에서 찾아볼 수 있다. 윌리엄스는 고등학교 선수를 스카웃할 때 선수의 집에 찾아가 선수와 그의 가족과 친분을 쌓는다. 그는 이런 관계가 농구장에서 팀원들이 훌륭한 선수뿐 아니라 전인적이고 존경받는 인간이 되는 데 도움이 된다고 한다. 그는 농구를 할 수 있는 올바른 방법이 있듯 농구장 밖에서 행동할 때나, 의사소통할 때나, 문제를 해결할 때도 올바른 방법이 있다고 믿는다. 이러한 철학을 굳게 믿는 윌리엄스는 2000년에 UNC로부터 처음 코치직을 제안 받았을 때 선수에 대한 헌신감 때문에 거절했다고 한다.

그러나 2003년이 오자 상황은 반전되었고 UNC에서의 코치직을 거절하는 것이 마냥 수월하지만은 않았다. 흥미롭게도 2000년에 캔자스에 머물기로 한 그 이유가 바로 2003년에 그곳을 떠나게 된 이유가 되었다. 2001년 초, 캔자스대학의 스포츠부 디렉터 Bob Frederick이 사임했다. 이 소식이 절망적이었던 이유는 윌리엄스와 프레데릭이 스포츠에 대한 비슷한 철학을 가지고 있었고 둘 다 선수의 이익을 극대화하는 데 헌신적이었기 때문이다. 새 운동부 디렉터 Al Bohl은 자금유치와 캔자스 스포츠부의 재정적 측면에 더 많은 신경을 썼다. 볼은 윌리엄스가 그토록 소중히 한 인간관계를 이해하지 못했고, 후원자들을 달래기 위해 캔자스 선수들을 종종 착취했다. 결국 윌리엄스는 자신의 직업에 점점 더 만족하지 못했다.

윌리엄스는 의사결정을 내리기 위해 한쪽에는 노스캐롤라이나, 다른 쪽에는 캔자스를 둔 목록을 작성했다. 결과적으로 100개 이상의 요인이 도출되었고 너무나 광범위했다. 장단점이 포함된 목록에 의존하기보다 윌리엄스는 가장 중요한 1~2개만을 파악해 직감을 따랐다. 노스캐롤라이나만큼 캔자스에 대한 애정이 컸지만 결국 학교를 이직해 노스캐롤라이나의 헤드코치로서 전설적인 커리어를 이어나가기로 결정했다.

적합한 사례 로이 윌리엄스와 캔자스대학

1. 로이 윌리엄스가 UNC로 이직하기로 결정한 데는 어떤 정보 또는 자료가 중요했는가?
2. 로이 윌리엄스가 2가지 선택사항을 평가하는 방식을 어떻게 특징지을 수 있는가? 사실과 감정 중 어느 쪽에 더 의존했는가?
3. 로이 윌리엄스에게 남으라고 설득하기 위해 캔자스는 무엇을 해야 했는가?

이 장에서는 생산적인 의사결정을 내리기 위해 할 수 있는 것과, 의사결정 과정에 영향을 미칠 수 있는 다양한 요인들에 대해 학습한다. 우선 실질적 의사결정 방식과 비교해 개개인이 의사결정을 어떻게 하는지 살펴본다. 개인마다 특정한 의사결정을 어떻게, 왜 하는지 이해하면, 조직 환경에서 의사결정이 진행되는 방식을 이해하기 위해 조직 맥락에 대해 알아볼 것이다. 마지막으로 개인이 의사결정 능력을 높일 수 있는 방식을 검토한다.

합리적 의사결정

초기 의사결정 연구는 개인이 결과물을 극대화하거나 사익을 달성하는 방식에 치중했다. 연구에 따르면, 개인은 자기 이익을 최적화하는 합리적 사고과정을 기반으로 의사결정을 종종 하는데, 이를 **합리적 선택이론**이라 부른다. 이 이론은 John von Neumann과 Oskar Morgenstern 등 수학자, 통계학자, 경제학자들의 연구에서 발달되었다. 두 사람의 중대한 연구이자 게임이론에 대한 첫 번째 저서인 〈게임이론과 경제적 행동〉에서, 폰 노이만과 모겐스턴은 의사결정에서 효용 또는 이득이 하는 역할을 탐구하고, 개인 행위자가 선택에 직면하면 자신의 기대효용을 극대화하는 최선의 결정을 내린다고 주장했다.

합리적 선택이론
(Theory of rational choice)
자기이익을 극대화하는 합리적 사고 과정을 바탕으로 개인의 의사결정이 이루어진다는 이론

이 기대효용 모델에서 개인은 각 대안에 수치를 부여하고 가장 높은 이득 또는 이익을 제공하는 대안을 선정한다. 이 모델은 의사결정자가 대안을 평가하고 각 선택과 관

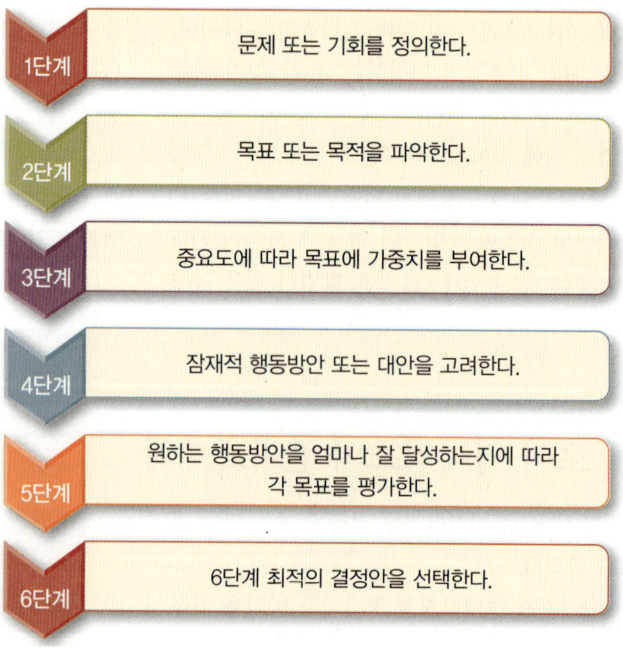

그림 15-1 합리적 의사결정 과정

Source: Adapted from Max Bazerman, *Judgment in Managerial Decision Making*, 6th edition (Hoboken, NJ: John Wiley & Sons, 2006), p. 4.

표 15-1 행동별 합리적 의사결정 모델

단 계	예 시
1. 문제 또는 기회를 정의한다.	조직은 경쟁 이점을 얻으려 한다.
2. 목표를 파악한다.	목표 1: 비용을 절감한다 목표 2: 수익을 증대시킨다 목표 3: 기존 운영능력을 높인다
3. 중요도에 따라 목표에 가중치를 부여한다 (1은 중요도가 가장 낮음).	비용을 절감한다 = 3 수익을 증대시킨다 = 2 기존 운영능력을 높인다 = 1
4. 몇 가지 잠재적 행동 방안(대안)을 파악한다.	행동 1. 새로운 벤처기업에 자금지원을 확대한다 행동 2. 운영효율성을 높이기 위해 프로그램을 시행한다 행동 3. 창조적 인력을 고용한다
5. 원하는 행동 방안을 얼마나 잘 달성하는지에 따라 각 목표를 평가한다(1이 최하점).	**목표 1: 비용을 절감한다** 행동 1. 새로운 벤처기업에 자금지원을 확대한다 = 1 행동 2. 운영효율성을 높이기 위해 프로그램을 시행한다 = 3 행동 3. 창조적 인력을 고용한다 = 2 **목표 2: 수익을 증대시킨다** 행동 1. 새로운 벤처기업에 자금지원을 확대한다 = 2 행동 2. 운영효율성을 높이기 위해 프로그램을 시행한다 = 1 행동 3. 창조적 인력을 고용한다 = 3 **목표 3: 기존 운영능력을 높인다** 행동 1. 새로운 벤처기업에 자금지원을 확대한다 = 2 행동 2. 운영효율성을 높이기 위해 프로그램을 시행한다 = 3 행동 3. 창조적 인력을 고용한다 = 1
6. 최적의 결정안을 도출한다. • 5단계의 점수에 3단계의 가중치를 곱한다. • 각 행동 방안에 대해 가중치가 부여된 모든 목표의 점수를 더한다. • 가중치가 부여된 점수들을 더한 가장 높은 총점을 가진 대안을 선택한다.	5단계의 점수에 3단계의 가중치를 곱한다. **목표 1: 비용을 절감한다** 행동 1. 새로운 벤처기업에 자금지원을 확대한다(→ 1 × 3 = 3) 행동 2. 운영효율성을 높이기 위해 프로그램을 시행한다(→ 3 × 3 = 9) 행동 3. 창조적 인력을 고용한다(→ 2 × 3 = 6) **목표 2: 수익을 증대시킨다** 행동 1. 새로운 벤처기업에 자금지원을 확대한다(→ 2 × 2 = 4) 행동 2. 운영효율성을 높이기 위해 프로그램을 시행한다(→ 1 × 2 = 2) 행동 3. 창조적 인력을 고용한다(→ 3 × 2 = 6) **목표 3: 기존 운영능력을 높인다** 행동 1. 새로운 벤처기업에 자금지원을 확대한다(→ 2 × 1 = 2) 행동 2. 운영효율성을 높이기 위해 프로그램을 시행한다(→ 3 × 1 = 3) 행동 3. 창조적 인력을 고용한다(→ 1 × 1 = 1) **각 과정의 행동에 대한 모든 목적에 걸쳐 가중치를 더한다** 행동 1. 새로운 벤처기업에 자금지원을 확대한다(→ 3 + 4 + 2 = 9) 행동 2. 운영효율성을 높이기 위해 프로그램을 시행한다(→ 9 + 2 + 3 = 14) 행동 3. 창조적 인력을 고용한다(→ 6 + 6 + 1 = 13)

Source: Adapted from Max Bazerman, *Judgment in Managerial Decision Making*, 6th edition (Hoboken, NJ: John Wiley & Sons, 2006), p. 4.

련된 잠재적 이득을 정할 때 주의 깊고 타산적이 되고, 가치를 극대화하는 대안을 선택함을 전제로 한다. 합리적 의사결정은 보통 정해진 과정을 따른다(그림 15-1 참조).

합리적 의사결정 과정을 잘 이해하기 위해 ABC법인이라는 가상 회사가 있다고 가정해보자. ABC법인은 경쟁 기업에 대해 경쟁 이점을 확보한다. 이 목적을 다루는 수많은 방법이 있지만 조직은 3가지 목표에 집중한다(우선순위 순으로 나열).

1. 비용을 절감한다
2. 수익을 증대시킨다
3. 기존 운영능력을 높인다

순위별 구분은 대안을 평가하는 데 유용한 수많은 가치지표 중 하나다. 3가지 행동방안이 제안되었고, 순위를 매긴 목표를 바탕으로 어떤 대안이 최선인지 결정하는 것이 필요하다.

– 행동 1: 새로운 벤처기업에 자금지원을 확대한다
– 행동 2: 운영효율성을 높이기 위해 프로그램을 시행한다
– 행동 3: 창조적 인력을 고용한다

어떤 행동방식을 선택하겠는가? 합리적 체계에 기반을 두고 결정을 내린다면 [표 15–1]에 제시된 것과 유사할 것이다.

이 시나리오의 점수를 감안할 때, 최적의 합리적 선택은 운영효율성을 높이기 위해 프로그램을 시행한다. 이 과정은 체계적이고 조직적이지만 모든 의사결정에 실용적인 것은 아니다. 이러한 합리적 과정은 해당 의사결정 과정의 목적을 나타낼 수는 있어도 모든 사람의 의사결정 방식을 반영하지는 않는다. 어떤 사람은 가능한 한 합리적 태도를 견지하는 반면 대다수의 사람은 의사결정을 위해 다른 메커니즘에 의존한다. 관리자는 이 모든 과정을 거칠 시간이 충분하지 않거나 정확한 평가나 결론을 내리기에 관련 정보를 결여할 때가 있다. 따라서 대부분의 상황에서는 관리자가 여러 요인을 바탕으로 의사결정을 내린다. 더 바쁠수록 덜 합리적인 의사결정 방법에 기댈 확률이 높다.

관리자의 의사결정 방식

관리자는 복잡도가 각기 다른 의사결정에 직면한다. 예를 들어, 중소 벤처기업의 관리자는 팀이 업무를 실시할 수 있는지 확인하는 것부터 신생기업과 사업 목표를 실행하는 것까지 모든 사안에 대해 의사결정을 내려야 한다. 일부 의사결정(가령 주문해야 할 사무실 비품)은 비교적 간단하다. 선택사항이 제한적이고, 두 공급기업 중 하나를 선택할 때 수반되는 대가가 최소한이다. 그러나 자금을 지원할 여러 신생기업 중 하나를 선택하는 것은 훨씬 더 복잡하다. 잘못된 결정을 내릴 경우 그 대가가 더욱 클 뿐 아니라 성공 척도를 파악하는 것도 애매모호하다. 게다가 다양한 신생기업은 다양한 제품을 생산하고 다양한 산업에서 경쟁하므로 똑같은 두 사과가 아니라 사과와 오렌지를 비교

하는 것과 같다. 이렇게 복잡한 의사결정은 다음과 같은 여러 조건의 영향을 받는다.

- 불완전하고 심지어 오해의 소지가 있는 정보
- 제한된 정보처리 능력 또는 배경(예: 경험 부족)
- 의사결정을 내릴 수 있는 제한된 시간
- 조직 내 다양한 관계자들 간에 상충하는 선호도, 유인책, 목표

위와 같은 조건은 합리적 의사결정을 더욱 복잡하게 만들기 때문에 경계 또는 제약 하에서만 이루어지는 의사결정을 **제한적 합리성**이라 부른다. 정보 부족 또는 시간제한 때문에 의사결정자는 모든 대안을 일일이 평가하지 못한다. 대신 양호한 대안을 찾을 때까지 한 가지 행동방안을 탐색하기만 한다. 의사결정자는 고려해야 할 필요사항을 '제한함으로써' 전반적 과정을 촉진하고 단순화한다. 물론 가능한 한 모든 상황과 결과를 탐색해 결정안을 최적화하는 것이 최선의 방법이지만 그러기엔 시간이 불충분하므로 대부분 양호한 대안을 제시한다. 비즈니스에서는 80% 정확성이 대체로 통용되는 기준이다. 이처럼 '적당히 양호한' 대안을 선택하는 행위를 **만족화**라 한다.

합리적 체계의 전제는 최선의 의사결정을 내리는 데 필요한 모든 정보를 가지고 있다는 **확실성 조건**하에 개인이 의사결정을 내린다는 것이지만 제한적 합리성 체계는 불확실성과 위험을 내포해 최적의 결정안이 분명하지 않은 상황을 나타내는 **애매성** 가운데 개인의 의사결정이 이루어진다고 주장한다. 따라서 개인은 이상적이지 않지만 실용적 대안을 선택한다. **위험** 및 **불확실성 조건**은 합리적 의사결정 과정에 영향을 미치고 의사결정 행동이 합리성으로부터 이탈하도록 하는 애매성 조건이다. 위험 조건에서는 개인이 목표, 우선순위, 잠재적 행동방안의 정보를 가지고 있지만 각 행동방안에 대한 잠재적 결과의 정보를 모두 가지고 있지 않다. 불확실성 조건에서는 개인이 목표와 우선순위 관련 정보를 가지고 있으나 대안 행동방안 또는 각각의 잠재적 결과에 대한 완전한 정보를 가지고 있지 않다.

제한적 합리성 (Bounded rationality)
합리적 의사결정 과정을 복잡하게 만드는 경향을 가진 일단의 경계 또는 제약사항

만족화(Satisficing)
적당히 양호한 해결책을 선택하는 행위

확실성의 조건 (Conditions of certainty)
가능한 한 최선의 결정을 내리는 데 필요한 모든 정보를 개인이 가지고 있는 조건

애매성(Ambiguity)
불확실성 및 위험을 내포하고 있고 최적의 결정안이 명확하지 않은 상황

위험의 조건(Conditions of risk)
개인이 목표, 우선순위, 잠재적 행동방안에 대한 정보를 가지고 있지만, 각 행동방안의 잠재적 결과에 대한 정보를 모두 가지고 있지 않은 조건

불확실성의 조건 (Conditions of uncertainty)
개인이 목표와 우선순위 관련 정보를 가지고 있으나, 대안 행동방안 또는 각각의 잠재적 결과에 대한 완전한 정보를 가지고 있지 않은 조건

직관적 의사결정 (Intuitive decision making)
직관을 통해 이용되고 의사결정자가 항상 완전히 이해하지는 못하는 통찰

직관

의사결정 속도가 매우 중요하거나 개인이 까다롭고 모호한 상황에 직면했을 때 직관에 의존한다. 직관은 과거 경험과 연계해 도출되는 경우 '자동화된 전문성'의 형태로 나타난다. 사람의 두뇌는 패턴을 생성하고 과거 결정과의 연결점을 탐색한다. 어떤 연구에 따르면 45%의 임원급 인사가 의사결정에서 합리적 분석 대신 직관 또는 직감에 의존한다.

직관적 의사결정은 무의식적 활동에서 비롯하기도 한다. 의사결정자는 무의식적으로 기능할 때 직관을 통해 발생하는 통찰을 완전히 이해하지 못할 때도 있다. 그저 해당 결정안이나 선택이 맞아 보이는 것뿐이다. 이를 예감이라고도 한다.

Malcolm Gladwell은 2005년 베스트셀러 〈Blink〉에서 직관적 의사결정을 "사고하지 않고 사고하는 힘"이라 부른다. 글래드웰은 무의식적 정신이 아주 가느다란 경험 조각

> **다른 관점**
>
> **블링크**
>
> 책을 겉표지로 판단하는 것이 옳은가? 말콤 글래드웰의 〈블링크〉는 눈 깜박할 새에 이루어진 성급한 판단과 결론이 강력하고 중요하며 매우 좋을 수 있다고 주장한다. 어떤 상황에서는 '덜 하는 것이 더 좋은 것'이다. 가령 소방관이 주택에 난 불에 대응한다고 가정해보자. 소방관이 불을 끄기 위해 집에 들어갈 때 소방대장은 뭔가가 잘못됐다고 생각했다. 그는 빠른 의사결정으로 소방관에게 집에서 나가라고 지시했다. 불과 얼마 후 그들이 서 있던 바닥이 무너졌다. 직관을 이용해 눈 깜박할 새 이뤄진 이 결정이 동료 소방관들을 살린 것이다. 이처럼 중대한 의사결정은 사생활이나 직장생활에서 매일 이루어진다. 〈블링크〉는 독자가 결정을 내리기 전에 모든 정보를 수집하려 기다리는 대신 순간적 결론에 주의를 기울일 것을 권장한다.
>
> 1. 주의 깊게 잘 알고 내린 결정보다 성급한 판단이 더 나았던 상황을 기술해보라.
> 2. 직장생활에서 내린 성급한 결정 또는 판단 중에 옳았던 것은 무엇인가? 이것이 틀렸던 적은 언제인가?
> 3. 리더가 첫 반응을 기준으로 의사결정함으로써 배울 수 있는 점은 무엇인가?

을 바탕으로 상황과 행동의 패턴을 찾아낼 수 있는 능력을 "얇게 조각내기"로 정의한다. 글래드웰은 무의식이 이 얇게 조각내기에 관여할 때 복잡한 상황에 대한 결론을 빠르고 자동적으로 도출한다고 주장한다. 이로 인해 성급한 판단을 내리게 되고, 수많은 성급한 판단은 옳은 것처럼 보인다.

성급한 판단이 견인력을 얻는 사례 중 하나가 스피드 데이팅이다. 수십 명의 남자와 여자가 어느 바에 모여 서로 간에 잠재적 끌림이나 통하는 구석이 있는지 결정한다. 스피드 데이팅 과정에서 남자와 여자는 6분의 대화를 갖는다. 여자는 저녁 내내 같은 의자에 앉아 있고, 남자는 중재자가 벨을 울리면 다음 여자로 이동한다. 데이트 참가자들은 뱃지, 숫자, 간단한 서식과 함께 6분의 대화 후에 상대가 마음에 들면 그 사람의 숫자 옆에 체크를 한다. 만약 체크 표시된 사람도 상대의 숫자 옆에 체크를 했다면 두 사람은 24시간 내로 상대의 이메일 주소를 받는다. 스피드 데이팅은 매우 간단한 문제인 "내가 이 사람과 또 만나고 싶은가?"에 대해 빠른 판단을 데이트의 기조로 삼기 때문에 전 세계적으로 상당한 인기를 얻었다. 이 문제의 답은 상대에 대한 심오한 지식 대신 첫인상 즉 '직감'을 바탕으로 한다.

또 직관은 개인이 도덕적 판단을 내리는 방식에도 중대한 역할을 한다. 연구에 따르면 도덕적 판단은 빠른 도덕적 직관에서 비롯되고 그 후에 점진적 도덕적 추론이 잇따른다. 도덕적 추론이 신중하고 합리적으로 이루어져도, 도덕적 직관이 개인이 인지하지 못하는 새에 의식에 갑자기 자연스레 나타난다. 도덕적 직관이 상충되거나, 특정 시나리오의 모든 측면을 철저히 점검해야 하는 사회적 상황인 경우 도덕적 추론 과정이 필요하다(표 15–2 참조).

연구에 의하면 직관적 의사결정은 수많은 맥락에서 적절할 수 있지만 직감을 이용하는 게 문제적인 경우도 있다. 특히 관리자가 매우 다양한 맥락에서 발생한 과거 상황에 기초한 직관을 이용할 때 그러하다. 패턴인식(두뇌가 과거로부터 비롯된 정보를 합성하고 현재를 이해하거나 미래를 예상할 때 이용하는 방식)은 간단한 조건에 대해 혹은 유사한 맥락에서 유용하지만 패턴을 상황에 적용하려는 직관적 경향성은 인과관계가 절대적이지 않은 복잡한 상황에서는 오해를 일으키기 십상이다. 어떤 학자는 직관은 복잡성을 평가하기는커녕 이를 간과한다고 주장한다.

표 15–2 도덕적 판단에서 직관적 체계와 추론적 체계 비교

직관	추론
빠르고 자연스러움	더디고 신중함
별다른 의도 없이 자동적인 과정	의도적이고 합리적인 과정
맥락에 의존적	맥락에 개별적
개인에 달려있음	과정이 개인 또는 기계에 의해 실시될 수 있음

Source: p. J. Haidt, "The Emotional Dog and Its Rational Tail: A Social Intuitionist Approach to Moral Judgment," *Psychological Review*, Vol. 108, No. 4, 2001, p. 820.

예를 들어 켜진 촛불이 넘어져 종이 위로 타오를 때 직관은 불을 꺼야 한다고 지시한다. 과거 경험(패턴 인식)에 따라 물을 이용하면 작은 불을 끌 수 있다고 확신한다. 그리하여 불 위에 한 잔의 물을 끼얹는다(원인). 그 결과 불이 꺼진다(결과). 그러면 앞으로도 작은 불은 같은 방식으로 처리될 수 있다(패턴 인식)로 예상할 것이다. 이는 문제, 행동, 해결책이 명확한 간단한 상황이다. 그러나 사업에서는 복잡한 상황에 맞닥뜨린다. 가령 급변하는 시장에서 신제품에 수백만 달러를 투자하는 것에 대한 의사결정에 직면했을 때 패턴, 원인, 결과는 분명히 드러나지 않는다. 유사 투자를 비교하는 게 판단에 도움이 될 것(패턴 인식)이라 생각할 수 있지만 회사의 현재 위험감수도, 자원, 시장환경 등 여러 요인이 영향을 미친다. 또한 다양한 투자전략(원인)이 현저히 차이 나는 긍정적 또는 부정적 결과물(결과)을 초래할 수 있다. 따라서 이전 투자에 쓰인 동일한 사고 패턴이 새로운 상황에서는 효과적이지 않을 수 있다.

결국 의사결정 맥락에서 직관은 여러 선택사항을 고려하고 결정을 내릴 수 있는 힘을 가졌지만 직관에만 의존하면 편향되고 제한된 의사결정이 이루어진다. 그러므로 직관과 분석적 과정의 균형을 맞추는 것이 모든 대안을 고려하는 데 더 효과적 방법이고, 가장 적절한 결정을 내리는 데 도움이 된다.

편향이 의사결정에 영향을 미치는 방식

다수의 의사결정자는 결과가 암시하는 것보다 자신이 성공을 예측하고 올바른 접근법을 선택할 수 있는 능력이 더 뛰어나다고 생각한다. 편향은 의사결정 과정을 더 복잡하게 만드는 쟁점 중 하나다. 어떤 편향은 개인이 의식적으로 인식하고, 다른 편향은 덜 명확히 드러난다. 이러한 편향은 차선의 결정을 초래하는 경향이 있다. 편향의 내재적 결함에도 불구하고 의사결정자는 편향을 통해 빠르고 효율적으로 행동한다. 사업의 복잡성이 증가할수록 빠른 결정이 필요하다.

인지적 추단법

의사결정은 정보, 시간, 복잡성 등 여러 요인의 제약을 받을 수 있다. 개인은 의사결정의 정보처리 요구를 줄이고 선택을 확대하기 위해 어림셈범 또는 **추단법**을 종종 이용한다. 이 방법은 때때로 과거 경험을 바탕으로 한다. 유사한 상황을 경험했을 때 이 정보를 이용해 의사결정 과정을 신속히 처리한다. 대다수의 사람은 1차적 어림셈법으로서 가용성, 대표성, 조정추단법을 이용한다.

가용성

어린 시절 기억을 떠올려보면 생일이나 가족과 함께한 여행, 친구나 가족과 나눈 언쟁, 참가한 사회적 이벤트 등의 세세한 것을 기억할 것이다. 반면 특별히 기억할 만한 사건

추단법(Heuristics)
복잡한 의사결정을 내릴 때 시간을 절약하기 위해 개인이 활용하는 어림셈법 또는 손쉬운 방법

이 없었다면 지난 화요일에 무엇을 입었고, 3주 전에 아침식사로 무엇을 먹었는지는 그만큼 잘 기억나지 않을 수 있다. 지난 몇 주 동안 일어난 일에 대한 것보다 어린 시절의 세세한 것을 더 쉽게 기억하는 이유는 어린 시절 기억이 더 감정적이고 생생하기 때문이다. 각종 연구에 따르면 감정이 실린 생생한 사건은 감정이 없거나 애매모호한 사건보다 더 기억할 만하고, 의사결정에 이용하기에 더 가용성이 있다.

새로운 상황이 과거의 어느 상황과 유사할 때 감정적이고 생생한 사건의 세세한 사항을 기억하는 것은 의사결정에 영향을 미친다. 예를 들어, 관리자는 올해 직원의 성과를 평가할 때가 오면 2년 전에 그 직원과의 명백히 부정적 다툼을 회상할 수 있다. 비록 2년이 흘렀고 작년 평가는 아무 사건 없이 실시되었지만 관리자는 그 직원과의 또 다른 부정적 상호작용을 예상할 수 있다. 따라서 관리자는 잠재적 갈등을 중재하기 위해 향후 평가회의 동안 인적자원 대표가 출석하기를 요청할 것이다. 이때 관리자는 어떤 사건(위의 사례에서는 부정적인 마주침)의 경우 또는 기억에서 미리 '가용한' 정도에 따라 개인이 사건의 빈도, 확률, 잠재적 원인을 평가할 수 있다고 주장하는 어림셈법인 가용성 추단법을 적용한다. 해당 사건이 더 감정적이거나 생생할수록 그 사건의 가용성도 커진다. 개인은 의사결정에서 이러한 가용성을 중요한 투입으로 이용한다.

가용성 추단법은 관리자가 의사결정을 위해 정보를 평가할 때 매우 유용하다. 강한 정서적 반응을 유발하는 과거 경험은 관리자나 사업의 성공에 긍정적 또는 부정적 유의미한 영향을 미쳤던 경험일 가능성이 높다. 관리자는 현재 의사결정을 내리기 위해 이런 생생한 기억을 이용해야 한다. 사실 이러한 경험의 축적은 미숙한 관리자보다 능숙한 관리자를 더 유능하게 만들어준다. 능숙한 관리자는 정확한 판단을 도출하고 올바른 의사결정을 내리기 위해 더 많은 긍정적 및 부정적 경험을 이용할 수 있다. 이베이의 전 CEO Meg Whitman은 자신의 성공을 과거 관리자 경험 덕으로 돌렸다. 휘트먼은 하버드 경영대학원에서 연설하던 중 이렇게 말했다. "이베이에서 경험과 직관은 매우 중요합니다. 20년 동안의 사업경험과 15~20년의 고위경영진을 이끈 경험은 저희에게 상당히 유용합니다. 도전 과제에 직면했을 때 우리 중 대다수는 이 상황은 전에 본 적이 있으니 뭔가 다른 것을 하지 않으면 어떻게 끝날지 알고 있다고 말합니다. 대부분의 사람은 같은 것을 두세 번 경험해봤으니 우리에겐 이것이 이득인 셈입니다."

AP Photo/Ben Margot

그러나 관리자는 의사결정에 영향을 미치기 위해 기억에만 온전히 의지해서는 안 된다. 이따금 어떤 경험에 대해 실제로 일어났던 것과 다르게 기억할 때도 있어서 구체적 추가 정보를 회수하는 것이 판단을 내리는 데 중요하다. 마찬가지로 관리자는 각자의 감정적 반응과 기억이 완전히 합리적일 것이라 믿어서는 안 된다. 이를 미연에 방지하려면 추가 맥락을 제공하기 위해 특정 상황에 대해 타인의 의견과 피드백을 요청하는 것이 도움이 된다. 타인은 다른 방식으로 사건 또는 상황을 회상할지도 모른다.

가용성 추단법 (Availability heuristic)
어떤 사건의 경우 또는 발생이 기억에서 미리 '가용한' 정도에 따라 개인이 사건의 빈도, 확률, 잠재적 원인을 평가할 수 있다고 주장하는 어림셈법

대표성

대표성 추단법은 개인이 사전에 형성된 고정관념에 부합하는 타인 또는 상황의 특성을 탐색하는 경향이 있다고 주장한다. 가끔씩 개인은 첫 인상 또는 고정관념을 확인하기 위해 이를 뒷받침하는 증거를 물색한다. 가령 어떤 관리자는 과거 성공했거나 실패한 제품과 신제품의 유사성을 토대로 신제품의 성공을 예측한다. 또 어떤 관리자는 특정 개인이 속한 특정 분류의 직원들에서 관찰되는 성과 또는 행동을 근거로 해당 직원의 성과나 행동을 예측한다.

대표성 추단법은 정보나 시간이 불충분할 때 성과의 근사치를 구하는 데 긍정적으로 쓰일 수 있다. 그러나 이는 강력하게 편향된 판단을 초래한다. 가령 Marianne Bertrand와 Sendhil Mullainathan은 2000년대 초반에 미국 노동시장에 대한 연구를 실시했다. 두 연구자는 보스턴과 시카고에 있는 일자리 공시에 허구의 이력서를 보냈다. 어떤 이력서는 흑인처럼 보이는 이름을, 어떤 이력서는 백인처럼 보이는 이름으로 제출했다. 그 결과 백인의 이름에 면접 요청이 50% 더 많았다. 이 인종 차이는 직업, 산업, 회사 규모를 통틀어 일관적으로 나타났다. 편향된 판단은 평등을 위협할 뿐 아니라 성공할 수 있는 후보가 간과되면서 사업에도 치명적일 수 있다.

조정

의사결정자가 합리적 의사결정으로부터 이탈하는 세 번째 어림셈법을 **조정추단법**이라 한다. 이는 개인이 어떤 강점을 중심으로 추정 또는 선택을 한다고 주장한다. 보통 개인은 어떤 문제나 잠재적 해결책에 대해 취득하는 첫 정보에 더 큰 가중치를 부여한다. 따라서 수많은 사람이 의사결정 과정에서 다양한 대안을 고려하지 못한다. 조정추단법은 첫 인상을 남기는 것이 매우 중요한 1차적 이유 중 하나다. 흔히들 첫인상을 바탕으로 타인을 판단한다. 예를 들어, 타투와 피어싱을 한 사람은 실제로는 보수적 의견과 관점을 지니고 있어도 반항아 또는 이단아로 인식된다. 첫인상을 거스르는 추가 정보를 얻는다 해도 그 정보를 무시하고 첫인상에 고수하는 경향이 있다.

대표성 추단법(Representativeness heuristic) 개인이 사전에 형성된 고정관념에 부합하는 타인 또는 상황의 특성을 탐색하는 경향이 있다고 주장하는 어림셈법

조정 추단법(Adjustment heuristic) 개인이 어떤 강점을 중심으로 추정 또는 선택을 한다고 주장하는 어림셈법

최근 신규 공항 보안직원을 대상으로 이 개념을 실험해보았다. 보안직원은 한 무더기의 시험 가방을 점검하도록 요청받았다. 직원에게 이 가방의 절반은 칼과 같은 위험물을 포함하고 있다고 말하자 오류율은 7% 정도였다. 그러나 가방의 1%만이 위험물을 포함하고 있다고 말하자 오류율은 30%로 급증했다. 그렇게 많은 위험물을 찾을 것이라고 기대하지 않았기 때문에 그들은 위험물을 정말로 발견하지 못했던 것이다.

AP Photo/Jeff Roberson

조정추단범은 몇 가지 잠재적 단점에도 불구하고 의사결정 과정을 신속히 처리하는 데 유용하고, 정확한 판단을 유도한다. 가령 전년도 예산과 매출 성과는 올해를 위한 매우 좋은 기점이 될 수 있다. 이 실적은 이전의 예상에 기반을 둔 것이고, 이 예상은 이전의 실적에, 이 실적은 그 전의 예상에 기반을 둔 것이다. 즉 이 수치는 신뢰할 수 있는 상당량의 자료에서 비롯된 것이므로 꽤 정확하다고 볼 수 있다.

확증 편향

의사결정을 신속히 처리하기 위해 추단법에 의존할 때 **확증 편향**에 넘어가지 않도록 주의해야 한다. 확증 편향은 의사결정뿐 아니라 의사결정을 인식하는 방식에도 영향을 미치는 강력한 요인이 될 수 있다. 연구에 따르면, 확증 편향은 어떤 결정의 정당성을 부정하는 더 강력하고 중요한 정보를 찾기 전에 그 결정을 확증하는 정보를 우선 찾는 경향을 의미한다. 즉 확증 편향에 굴하는 사람은 자신이 잘못된 선택이 아니라 올바른 선택을 했다고 느끼게 해주는 정보에 치중한다.

현상유지 편향

확증 편향은 극적 형태를 띨 때 개인이 변화를 거부하고 현상유지를 선호하도록 유도한다. 대부분의 사람은 알지 못하는 것보다 이미 알고 있고 경험한 것에 더 익숙하고, 이는 제11장에서 설명한 조직 변화가 이루어지기 힘든 이유 중 하나다. 위험에의 도전을 단념하게 하고 실패를 공공연히 처벌하는 회사일수록 변화의 거부가 고착된다. 이 상황에서 직원은 공개적으로 망신당하거나 해고당할 위험을 감수하기보다 아무것도 하지 않는 것을 선호한다. '지금 당장'을 선호하는 이 경향을 **현상유지 편향**이라 한다.

뮤추얼펀드 회사는 실제 은퇴가 수십 년이 남은 개인에게 은퇴에 대비한 저축의 필요성을 설득하는 데 애먹는다. 은퇴 저축의 이익을 뒷받침하는 방대한 자료가 있음에도 저축을 꺼리는 사람들이 많다. 거부는 투자 선택사항에 대한 과잉 정보와 선택권 때문이다. 선택사항이 너무 많아 당사자를 무력하게 만드는 것이다. 또 다른 거부 이유는 시간이다. 다수의 사람은 자신이 은퇴한 모습을 상상하지 못해 여기에 집중하지 않기로 한다. 어떤 연구진은 이 문제를 다루기 위해 연구대상에게 각자 70세가 되었을 때 사진을 컴퓨터로 합성해서 보여주었다. 70세가 된 자신의 모습을 본 사람들은 은퇴 대비 투자를 고려할 확률이 더 높았다.

프레이밍

지금까지 기억, 사전 확률, 기점, 확증이 어떻게 의사결정을 한쪽으로 치우치게 하는지 살펴보았다. 선택에 영향을 미칠 수 있는 또 다른 편향은 바로 **프레이밍**이다. 프레이밍은 어떤 결정을 상당 부분 변경할 수 있는, 동일한 정보의 대안적 표현을 의미한다. 프레이밍 편향을 인정하는 것이 중요한 이유는 개인이 위험 또는 이익을 인식하는 정도에 따라 의사결정에 영향을 미칠 수 있음을 암시하기 때문이다.

영업 매니저는 인수 결정이 제공할 이익을 기준으로 그 결정을 고려할 수 있다. 그러나 리스크 매니저는 이 인수로 인해 발생할 손실을 기준으로 결정을 고려한다. 두 매니저가 다른 프레임을 적용하기 때문에 향후 인수에 대한 각자의 의견이 부딪친다. 프레임 간의 차이가 합리적 결정에 영향을 미치지 않아야 하지만 연구에 의하면 그럴 가능성이 있다. 가령 질병이 발생했을 때 다음과 같은 시나리오를 생각해보자.

확증 편향(Confirmation bias)
어떤 결정의 정당성을 부정하는 더 강력하고 중요한 정보를 찾기 전에 그 결정을 확증하는 정보를 우선 찾는 경향

현상유지 편향(Status quo bias)
'지금 당장'을 선호하는 경향

프레이밍(Framing)
결정을 상당히 변경할 수 있는 동일한 정보의 대안적 표현

미국에서 600여 명을 죽일 것으로 예상되는 희귀 질병의 발발에 대비하고 있다고 가정하자. 질병에 대처할 2가지 프로그램이 제안되었고 결과는 다음과 같이 추정되었다.

프로그램 A: 200명이 살 수 있다.
프로그램 B: 600명이 살 확률은 1/3 정도이고, 아무도 살지 못할 확률은 2/3이다.

둘 중 어느 프로그램을 선호하는가?

이 의사결정을 고찰하기 위해 최선의 결과를 제공하는 대안을 선정할 것이다. 하지만 위의 시나리오에서 두 프로그램의 예상 가치는 동등하다. 프로그램 A는 확실히 200명을 구할 것이고, 프로그램 B는 600명을 구할 확률이 1/3이므로 평균 200명을 구할 수 있다. 연구 결과 대부분의 사람들은 위험-기피 선택인 프로그램 A를 선택한다.

그러나 이 문제의 두 번째 버전을 살펴보자.

미국에서 600여 명을 죽일 것으로 예상되는 희귀 질병의 발발에 대비하고 있다고 가정하자. 질병에 대처할 2가지 프로그램이 제안되었고 결과는 다음과 같이 추정되었다.

프로그램 C: 400명이 죽는다.
프로그램 D: 아무도 죽지 않을 확률은 1/3 정도이고, 600명이 죽을 확률은 2/3이다.

둘 중 어느 프로그램을 선호하는가?

첫 번째 시나리오에서 대다수가 위험-기피 프로그램 A를 선택한 반면 두 번째 시나리오에서는 위험-추구인 프로그램 D를 선택하는 경향이 있다. 연구자들의 설명에 의하면, 사람들은 지각된 이익(즉 인명 구제)에 관한 위험과, 지각된 손실(즉 인명 손실)에 관한 위험을 다르게 대한다. 손실에 대한 의사결정을 내릴 때 위험을 추구하지만 이익에 대한 의사결정을 내릴 때는 위험을 기피한다. 연구에 따르면 의사결정자가 위험을 선호하는 것보다 위험을 기피할 확률이 2배 높다. 위 시나리오에서 프로그램 간의 선택은 기대효용모델의 합리적 극대화를 바탕으로 이루어지며, 선택의 프레이밍은 결정에 영향을 미치지 않는다.

의사결정이 생각보다 합리적이지 않은 이유를 이해하기 위해 편향과 프레이밍을 알아두어야 한다. 또한 이 설명은 의사결정에 영향을 미치고 합리성에서 이탈하게 하는 수많은 요인들, 즉 감정과 사회적 압력을 이해하는 데 도움이 된다.

감정 및 사회적 상황이 의사결정에 미치는 영향

행동주의 의사결정 연구는 의사결정 과정에서의 감정 역할에 주목하지 않고 의사결정자가 인지 추단법과 편향을 이용하는 방식에 관심을 두었다. 의사결정의 최근 연구는 인지적 추론이 진행되기도 전에 의사결정이 무의식적 감정적 평가에 의해 주도된다는 사실을 밝혀냈다.

감정

최근에야 학자들은 의사결정에서 감정의 역할을 이해하기 시작했지만 일부 결론적인 연구에 의하면 사람들이 기분 좋은 상태에서 더 낙관적이고, 기분이 좋지 않은 상태에서 더 비관적이다. 예를 들어, 카지노는 이러한 감정 조작을 이용해 고객의 기분을 좋게 함으로써 낙관적으로 더 많은 돈을 걸게 한다. 카지노는 장식, 음악, 분위기에 각별한 관심을 기울인다. 카지노 내부에 시계를 배치하지 않는 것이나 유사 자연광을 설치하는 것은 하루 종일 꾸준히 희열감을 생성한다.

Kobby Dagan/Shutterstock.com

다른 연구에서는 두려움과 불안이 위험-기피 행동을 유도할 수 있고 행동과 무행동과 관련된 후회감에 차이가 있음을 알아냈다. 어떤 연구는 주식을 매각한 후 매각하지 않았으면 더 많은 돈을 벌 수 있었음을 알게 된 투자자가, 주식 매각을 고려하다가 매각하지 않고 나중에 매각했더라면 더 많은 돈을 벌었음을 알게 된 투자자보다 어째서 자신의 결정을 후회하는지 조사했다. 두 투자자는 동일한 액수의 돈을 잃었지만 행동하지 않은 것보다 행동한 것에 더 큰 후회감을 가진다.

지금까지 감정이 단일한 의사결정에 어떻게 영향을 미치는지 알아보았다. 회사에서 이루어지는 의사결정은 대체로 선택을 수반하며, 판단 오류가 발생하면 결정에는 **몰입의 상승**이라는 감정편향이 따른다. 다음 시나리오를 생각해보자.

유명한 컨설팅 회사로부터 성장 가능성이 높은 회사로 스카웃 제안을 받고 입사했다. 2년 뒤 스스로 자격이 있다고 생각함에도 승진이 되지 못한다. 회사에 자신의 가치를 입증하기 위해 야근(무급)을 많이 하기로 결심한다. 몇 년이 지났으나 마땅히 받아야 한다고 생각한 인정은커녕, 지금 퇴사하면 엄청난 혜택을 잃게 된다. 회사를 그만두겠는가?

상당한 시간, 노력, 자원을 투자했지만 원하는 결과를 얻지 못했다. 몰입의 상승은 의사결정자가 이전의 몰입을 정당화하기 위해 합리성의 수준을 초월한 특정 행동방안에 몰입할 때 영향을 미치는 요인이 된다. 위의 사례에서, 몰입의 상승은 해당 직무가 경력 개발의 원래 목표를 뒷받침하지 않음에도 혜택을 유지하기 위해 계속 근무하기로 결정할 때 존재한다.

특정 주식에 투자 여부를 결정함에 따라 후회감을 경험하는 주식투자자처럼, 이 컨설팅 회사에서 자신의 직위에 투자할지 여부를 결정한 후 결정을 후회할 수 있다. 지난 투자 결정의 몰입감이 미래의 결정에도 과도하게 작용한다. 결과적으로 원래 예상했던 것보다 더 많은 투자를 요하는 '나쁜' 의사결정을 내릴지도 모른다. 모순적이게도 이미 가망 없는 일에 계속 투자해 실수를 인정하지 않으려다 더 큰 오류를 초래한다.

몰입의 상승 (Escalation of commitment) 의사결정자가 이전의 몰입을 정당화하기 위해 합리성이 요구되는 수준 이상의 행동방안에 몰입할 때 발생한다.

사회적 상황

합리적 체계는 의사결정을 내릴 때 이용하는 과정을 강조하지만 선택을 하는 개인에 미치는 사회적 영향을 간과한다. 인류학자, 심리학자, 사회학자는 의사결정이 사회적 환경에서 발생하므로 사회적 상황이 개인과 그의 결정에 어떻게 영향을 미칠 수 있는지 고찰해야 한다고 주장했다. 이러한 의사결정 연구에 따라 사회적 상황이 개인에게 영향을 미치며 합리적 체계 또는 비합리적 체계를 이용하는 것이 생산적 상황이 있음을 알 수 있다.

사회심리학자 Solomon Asch는 개인이 다수에 동조하려는 경향을 강조한 유명한 실험을 실시했다. 실험자는 각각 8명의 남대생(1명은 연구 대상, 7명은 연구 대상인 척한다)을 모은 여러 집단에게 심리실험에 참여하게 될 것이라 말한다. 실험 대상에게 앞으로 주어진 선의 길이를 비교할 것이라고 알린 뒤, 하나는 검은 수직선을, 다른 하나는 다양한 길이를 가진 3개의 수직선을 갖춘 2장의 흰색 카드를 나눠준다. 그들은 두 번째 카드에 있는 3개의 선을 첫 번째 카드의 선에 맞춰야 한다. 3개의 선 중에서 하나만이 후자의 선에 딱 맞고, 나머지 두 선은 더 길거나 짧다.

처음 두 번의 실험 동안 모든 사람이 올바른 선을 맞추었지만 세 번째 실험이 진행되자 불일치가 발생했다. 세 번째와 네 번째 실험 동안 거의 마지막으로 선을 선택한 어떤 사람은 나머지 사람들과 자신이 다른 선택을 하자 놀라워했고, 자신과는 달리 나머지 사람들이 똑같은 선택을 하자 불안한 기색을 보였다. 이 사람은 나머지 사람들이 실험자의 지시대로 일부러 다같이 오답을 내놓았다는 사실을 알지 못했다. 그러나 해당 대상이 의심하지 않도록 지시를 받은 사람들은 가끔씩 정답을 보고하기도 했다. 최종 결과에 따르면, 일부 연구 대상은 자신의 답을 확신했고, 일부 연구 대상은 오답을 내놓은 다수에 동조했다.

애쉬는 실험 대상의 결과를 보고받은 후 자신의 결정을 확신한 사람이 자기 의심으로부터 회복할 수 있는 능력을 갖추고 있음을 알아냈다. 다수 의견에 반했던 다른 사람은 점차 다수가 옳다고 믿기 시작했지만 직접 본 것을 보고해야 할 의무감에 계속 다른 의견을 고집했던 것이다. 다수에 동조한 사람은 자신이 틀리고 다수가 옳다고 생각했다. 어떤 사람은 실험 결과를 '망치지' 않으려 했다. 다수가 어떤 시각적 환영에 속은 것이라 생각했지만 이 확신에도 불구하고 반대 목소리를 내지 않았던 것이다.

이 실험은 합의와 동조에 대한 흥미로운 관점을 드러낸다. 개인이 경험이나 식견보다 '다수의 법칙'에 더 의존하는 경우 동조가 지배적이다. 동조의 지배성은 합리적이고 지적인 사람이 자신의 가치에 거스르는 결정을 하게 만든다. 또 다른 연구는 사람들이 자신이 정말로 성취하고자 하는 것에 모순되는 행동을 종종 한다는 것을 입증했다. 사람들은 자신의 선호나 신념을 서로 정확히 전달하지 못할 때가 있고 이는 의사결정 과정에서 만족도를 저하한다.

이 실험은 비합리적 의사결정이 개인의 실질적 선호를 어떻게 저해하는지 보여주지만 사회적 규범을 내포한 상황은 비합리적 결정이 최적의 결과물을 생성할 수 있는 방식을 설명한다. 규범을 포함한 사회적 의사결정은 "이 상황에서 다른 사람이 내가 어떻게 하기를 바랄까?" "타인은 이런 상황을 어떻게 이해할까?"와 같은 질문을 자문하는 **적합성 체계**에 따라 이루어진다. 이 질문들은 규범적 의사결정을 내리기 위해 개인은

적합성 체계
(Appropriateness framework)
사회적 규범 또는 기대에 기초한 의사결정 과정

잠재적 결과에 대한 사회의 관점을 인지해야 한다.

사회적 규범을 포함한 상황에 직면한 개인은 절충하거나 저버리는 행동으로 타협을 추구한다. 예를 들어, 여러 명이 식당에서 돈을 낼 때 한 사람이 더 많이 시켰음에도 음식값을 50:50으로 나눈다. 즉 상대가 협조적이라는 전제 하에 자신도 기꺼이 협조한다는 것이다. 그래서 신뢰가 핵심 쟁점이 된다. 그러나 한 사람이 자신의 몫을 지불하지 않기로 하면 다른 사람도 똑같이 저버리는 결정을 할 것이다. 그러면 음식값이 적어지고, 이를 지불할 때까지 누구도 정당하게 식당을 나설 수 없게 된다. 의사결정자들은 타협이 최선책이 아니라 최소한의 번거로움을 제공하는 대안으로 여긴다.

사회적 요인이 의사결정에 영향을 미치는 방식을 설명하는 것은 2가지 이유로 중요하다. 첫째, 개인이 모호한 정보, 추단법, 편향, 감정, 직관적 판단의 이용 등 수많은 요인 때문에 합리적 의사결정 과정에서 이탈할 수 있다는 이론을 뒷받침한다. 둘째, 합리적 의사결정 체계를 따르면 모든 상황에서 최적의 결정안을 도출한다는 초기 경제학자의 가정을 타파한다. 이는 의사결정이 개인적 차원에서 연구되는 방식에 영향을 줄 뿐 아니라 조직 환경 맥락에서 의사결정을 조사하는 방식의 기틀을 마련했다.

조직 의사결정

개인의 의사결정은 수많은 요인의 영향을 받으므로 합리성에서 이탈할 수 있다. 이 개념은 조직에서도 유효하지만 조직 맥락에서 상이한 가치관을 가진 여러 의사결정자가 존재한다는 사실도 다루어야 한다. 따라서 조직 의사결정 과정은 매우 다양하고 더욱 비합리적일 수 있다.

조직 의사결정이 가변성을 가지는 원인 중 하나는 유인책, 유사 쟁점에 대한 반복적 의사결정, 갈등이 의사결정 과정에 미치는 영향력이다. 유인책, 그와 관련된 처벌과 결과는 장기적 영향을 미치기 때문에 조직 의사결정에서 유인책은 중대한 역할을 한다. 따라서 자기이익, 위험 선호도, 타당한 정보를 아는 것이 더욱 중요하다.

정형적 의사결정과 비정형적 의사결정

조직 의사결정은 의사결정 과정이 정형화되는 정도에 따라 매우 다양하다. **정형적 의사결정**은 미리 정해진 대안을 수반하는 반복적이고 잘 정의된 문제를 가진다. 문제가 반복적으로 발생하면 이를 해결하기 위해 통상적 절차가 개발된다. 정형적 의사결정의 예는 단골고객의 주문가격을 책정하는 일, 사무실 비품을 재주문하는 일 등을 포함한다. 정형적 의사결정은 관리자나 고위급 직원에 의해 시행되지 않아도 된다. 사회적 합의도 불필요하다.

정형적 의사결정 (Programmed decisions)
반복적으로 발생하는 조직의 문제에 대한 대응으로 이루어지는 결정으로 개인은 수립된 규칙 및 절차에 따라야 한다.

비정형적 의사결정 (Nonprogrammed decisions)
관리자들이 자신이 갖고 있는 최선의 판단능력을 이용하도록 요구하는, 새롭고, 제대로 정의되지 않은, 또는 체계가 없는 상황에 대한 대응으로 이루어지는 의사결정

반면 **비정형적 의사결정**은 새롭고, 잘 정의되지 않고, 체계적이지 않은 상황에 대응해 이루어진다. 비정형적 의사결정은 제한된 정보가 존재하는 위험 및 불확실성 조건

에서 이루어진다. 따라서 관리자는 결정을 내리기 위해 자신의 판단력에 의존해야 한다. 비정형적 의사결정의 예로는, 새로운 시장으로 회사 본부를 이전해야 하는지 여부, 새로 인수한 회사를 통합하는 방법 등이 있다. 이 책의 초반에 설명한 수많은 전략적 선택이 비정형적 의사결정에 속한다.

각 유형의 의사결정을 위해 다양한 방법이 활용되므로 정형적 의사결정과 비정형적 의사결정을 구분해야 한다. 정형적 의사결정은 관리자가 가장 적합한 의사결정을 내리기 위해 습관, 표준 운영절차, 통상적 기대, 잘 정의된 정보 채널에 의존한다. 보통 이 유형의 결정은 합리적 분석을 통해 가장 잘 이루어진다. 반대로 비정형적 의사결정은 추단법과 직관적 판단은 물론 합리적 사고과정에 의존해야 한다. 비정형적 의사결정은 사회 및 정치적 영향력에 매우 민감하다.

적합한 의사결정을 도출하는 방법을 알기 위해서는 맥락을 이해하는 것이 특히 중요하다. 비교적 간단한 상황에서는 합리적 의사결정 방법이 최선이다. 이 상황에서 관리자는 사실관계를 평가하고 과거 경험 또는 절차에 따라 분류한 뒤 대응하거나 행동을 취한다. 이보다 더 복잡하거나 새로운 상황에서 관리자는 사전 경험에 기댈 수 없다. 대신 접근법을 잘 이해하기 위해 상황을 탐색 및 조사해야 한다. 그러려면 타인의 도움을 요청하고 새롭거나 혁신적 접근법에 개방적이어야 한다. 또한 복잡한 의사결정은 직관과 판단의 영향을 받기 쉽다. 추단법과 직관적 판단을 이용하는 것은 복잡한 의사결정 과정을 촉진하는 데 유용하지만 이 방법은 부정적 결과를 수반한다. 부정적 결과는 조직 내에서 엄청나게 확대될 수 있다.

조직 의사결정 모델

조직 의사결정은 해당 의사결정이 정형적인지 여부와 정보의 모호성을 특징으로 하는 정도에 달려있다. 즉 목표가 얼마나 명확하고, 정보가 얼마나 이용가능하며, 위험이 얼마나 확실한지를 가리킨다. 조직에서 관리자는 **고전적 모델**, **관리 모델**, **정치적 모델**, **쓰레기통 모델** 등 4가지 모델 중 하나를 취해 의사결정 과정에 접근한다. 처음 두 모델은 개인적 의사결정에 적용되고, 나머지 두 모델은 넓은 집단 의사결정 상황에서 쓰인다.

고전적 모델(Classical model)
합리적 선택 과정을 이용해 경제적 결과나 기타 결과를 극대화하고자 하는 의사결정 모델

관리 모델(Administrative model)
관리자가 의사결정을 하기에 충분한 정보를 가지고 있지 않기에 경제적으로 합리적 의사결정을 할 수 없음을 인정하는 의사결정 모델

정치적 모델(Political model)
대부분 조직 의사결정에 상이한 목표를 가지고 있고 합의를 도출하기 위해 정보를 공유해야 하는 수많은 관리자가 관여함을 인정하는 의사결정 모델

쓰레기통 모델
(Garbage can model)
문제, 해결, 참여자, 선택이 조직 전체에 관통하는 의사결정 모델. 의사결정 과정은 문제로 시작해 해결로 종료되는 일련의 절차로 간주되지 않는다.

고전적 (합리적) 모델

고전적 의사결정 모델은 합리적 선택 과정을 이용해 경제적 결과나 기타 결과를 극대화한다. 이 과정은 [그림 15–1]에 개괄된 여러 절차를 포함한다.

- 의사결정자는 조직 목표를 달성한다.
- 의사결정자는 완전한 정보를 수집하고, 가능한 한 모든 대안을 정의하며, 각 대안의 잠재적 결과를 계산해 확실성의 조건을 마련한다.
- 의사결정자는 가치를 부여하고, 우선순위를 매기며, 대안을 평가한 뒤 조직 목표의 달성을 극대화하는 대안을 결정하는 논리를 이용한다.

이 모델은 관리자가 충분한 시간을 보유하고 논리적이고 정보에 근거한 의사결정을 내리는 데 필요한 관련 정보에 접근할 수 있을 때 이용된다.

관리 모델

고전적 모델과 달리 관리 모델은 관리자가 어떻게 비정형적 의사결정을 내리는지 설명한다. 이 모델은 관리자 의지와는 달리 의사결정을 내리기에 충분한 정보를 가지고 있지 않기에 경제적으로 합리적 의사결정을 내릴 수 없음을 인정한다. 최선책이 존재해도 시간 제약 때문에 관리자가 문제를 해결할 수 있는 첫 번째 대안을 선택한다는 점에서 제한적 합리성과 만족화가 관리 모델의 핵심이다. 관리 모델은 관리자가 자신의 지식과 경험, 직관에 의존해 의사결정을 내리는 현상을 설명한다. 의사결정 과정을 신속히 처리하기 위해 익숙한 것을 닮은 패턴을 물색하는 경향이 있다.

정치적 모델

관리 모델처럼 의사결정의 정치적 모델도 비정형적 의사결정을 내리는 데 유용하다. 정치적 모델은 대부분 조직 의사결정에 상이한 목표를 가지고 있고 합의를 도출하기 위해 정보를 공유해야 하는 수많은 관리자가 관여함을 인정한다는 점에서 관리 모델과 차별화된다. 각자 추구하는 이익, 목표, 가치가 다르므로 관리자는 문제의 우선순위에 불일치를 보이고, 다른 관리자의 목표나 가치를 이해하거나 공감하지 못할 수 있다. 정치적 모델을 이용하는 관리자는 의사결정을 내리거나 시행하기 위해 다른 관리자와 협상하고 제휴해야 한다. 따라서 관리자가 협상 또는 제휴 능력이 부족하면 부실하거나 근거가 부족한 의사결정을 초래한다.

쓰레기통 모델

고전적, 관리, 정치적 모델이 단일한 의사결정을 내리는 방식에 중점을 둔다면 쓰레기통 모델은 조직 전체에 걸쳐 이루어지는 의사결정의 빈도에 집중한다. 쓰레기통 모델에서 의사결정 과정은 문제로 시작해 해결로 종료되는 절차로 간주되지 않는다. 오히려 구체화된 문제가 없거나 그럴듯한 해결책이 없는 문제가 존재할 때 일정한 해결책이 제시될 수 있다. 이 모델에서 조직 의사결정은 무작위성을 띠고 혼란스러워지므로 극소수의 의사결정만이 조직 목표를 달성한다.

위와 같은 설명을 보면 쓰레기통 모델을 이용할 경우 항상 부정적 결과만 초래하는 것 같지만 이에 반박하는 연구자들도 있다. 어떤 연구자는 관리자가 목표 설정을 일종의 지능으로 여기고 그에 합당한 보상을 주려는 경향이 있지만 이유가 즉각 드러나지 않는 무언가를 하는 것에서 가치를 찾지 않는다고 주장한다. 명확한 목표 없이 무언가를 하는 것은 어리석은 일로 생각되지만 조직 입장에서는 고려하지 않을 가능성을 탐색하는 데 도움이 될 수 있다. James March는 이를 고무적인 '**장난기**'라고 부른다. 마치에 따르면, 장난기는 가능한 한 많은 대안을 탐색하기 위한 의도적이고 일시적인 규칙

장난기(Playfulness)
가능한 한 많은 대안을 탐색하기 위한 의도적이고 일시적인 규칙 완화

완화를 뜻한다. 장난기는 조직이 혁신 또는 창조성을 촉발하고자 할 때 특히 중요하다. 그러나 규칙 완화는 일시적이어야만 한다. 결국 의사결정이 이루어져야 한다. 장난기의 목적은 달리 파악되거나 평가되지 않을 각종 대안과 접근법의 고려를 장려한다.

의사결정 기술 높이기

개인이 최적의 결과를 초래하는 의사결정을 의식적으로 선택할 수 있지만 대부분의 선택이 다양한 요인에 의해 형성된다는 개념을 앞에서 설명했다. 관리자는 불가피한 문제에 어떻게 대비하는가? 관리자는 어떻게 제한된 정보를 가지고 가능한 한 최선의 의사결정을 내리도록 하는가? 관리자는 각자의 의사결정 능력을 개발하기 위해 다종다양한 도구를 이용할 수 있다. 자신의 편향을 잘 이해하고 어려운 의사결정이 발생하기 전에 미리 대비할 수 있게 노력할 수 있다.

주어진 상황에 상관없이 더 나은 의사결정을 내리는 흔한 방법은 여러 대안과 관점을 신중하게 고려한다. 우선 관리자는 자신이 편향에 민감할 수 있음을 인지해야 한다. 이를 인지하고 나서 타인의 의견을 구하고 여러 대안을 객관적으로 검토해야 한다. 복수의 관점을 신중하게 평가하기 위해 다양성을 갖춘 집단에게 의사결정을 위임하는 것이 필요하다.

편향 관리하기

개인은 자신의 편향과 직접 마주해 의사결정 기술을 높일 수 있다. 편향이 의사결정에 영향을 미치지 않도록 하는 유일한 방법은 편향에 대한 이해를 높이는 것이다. 다음 행동은 판단의 편향을 제거하기 위한 것이다.

- **경험과 전문성을 획득한다.** 합리적 의사결정을 구성하는 것의 인식을 함양하고 자신의 합리성을 제한하는 편향을 인지하는 법을 배운다(예: 몰입의 상승, 조정).
- **판단에 내재한 편향을 감소한다.** 우선 고착된 사고와 행동을 제거해 편향을 감소하거나 제거한다. 이 단계를 통해 대안 정보를 고려할 수 있다. 그러고 나서 편향이 왜 존재하고 그것의 기저에 무엇이 있는지 파악해 의사결정 과정을 변화시킨다. 모두가 판단 편향의 영향을 받음을 인정한다. 마지막으로 지속적으로 자신의 의사결정에 편향이 있는지 점검함으로써 새로운 사고를 전파시킨다.
- **분석적 추론에 참여한다.** 문제를 해결하고 의사결정을 내리기 위해 사건, 시뮬레이션, 실제 경험을 이용하는 훈련에 참여한다. 이 훈련을 통해 상황을 개념화할 수 있는 능력을 향상시킬 수 있다. 추상적 메시지를 제거하면 배운 것을 일반화하고 각각 다른 의사결정 맥락에 적용할 수 있는 확률이 높아진다.
- **외부인의 관점을 취한다.** 의사결정을 내릴 때 외부인을 초청해 상황에 대한 통찰 또

는 생각을 공유하게 한다. 이 과정을 통해 자신이 가지고 있던 관점에 의문을 제기하고 다른 시점에서 쟁점을 고찰할 수 있다.

- **통계 모델을 시행한다.** 통계 프로그램이나 다른 컴퓨터 프로그램을 이용해 미래의 의사결정을 분석하고 판단하는 모델을 구축한다.
- **타인에 내재한 편향을 이해한다.** 광범위한 의사결정에 걸쳐 타인이 보여준 편향을 이해하고, 그들과 같은 실수를 반복하지 않도록 행동을 조정한다.

어려운 결정에 대비하기

어려운 결정 또는 고부담 의사결정은 모호한 정보, 가치 충돌, 전문가 이견이 존재하는 상황을 포함한다. 이 경우, 단 하나의 정답이나 쉬운 답은 별로 없다. 관리자가 불가피한 의사결정에 대비할 수 있는 방법은 여러 연구자가 SCRIPTS라고 지칭한 과정을 따르는 것이다.

1. **위협과 기회의 신호를 탐색한다.** 소소하고 관리 가능한 위협과 기회를 파악한다.
2. **원인을 찾는다.** 원인분석을 실시한다. 해당 사건을 초래한 일련의 사건을 확인한다. '왜' 질문에 대한 답을 구한다. 단일한 원인이 다수의 증상을 생성할 수 있고, 다른 원인과 유사 증상을 공유할 수 있음을 인지한다. 또한 한 가지 이상의 원인이 있음을 이해한다.
3. **위험을 평가한다.** 결과, 실수 확률, 놓친 기회를 고찰한다. 과거에 발생한 손실이 현재 의사결정에 영향을 미쳐서는 안 되는 매몰비용임을 인정한다.
4. **직관과 감정을 적용한다.** 합리적 의사결정을 재확인하고 싶을 때, 위기상황이 대두될 때, 합리적 과정으로 2개의 대안 중 하나를 선택할 수 없을 때 직관과 감정을 이용한다.
5. **다양한 관점을 고찰한다.** 자신의 편향에 의문을 제기한다. 다른 의견을 구한다.
6. **시간 제약을 생각한다.** 사전 계획과 리허설을 통해 위기 의사결정에 미치는 시간 압력의 부정적 영향을 최소화한다.
7. **문제를 해결한다.**

SCRIPTS를 이용하면 의사결정의 융통성과 속도를 향상시킬 뿐 아니라, 위기를 효과적으로 관리하고 모험적 의사결정을 내릴 수 있는 능력을 알릴 수 있다. 따라서 자신감과 의사결정 능력에 대한 타인의 확신을 보장할 수 있다.

리더십 개발의 여정 고신뢰 조직(HRO)은 잠재적으로 파국적 오류나 재앙을 방지하기 위한 시스템을 갖춘 조직을 일컫는다. 항공사, 원자력발전소, 병원 등의 조직은 HRO에 상당히 의존한다. HRO는 돌발 상황에 대처할 준비가 되어 있으므로 일관성과 효과성이 뛰어나다. HRO 리더는 다음과 같이 의사결정을 내린다.

- 성공에 집착하지 않고 실패를 분석하는 데 집중한다.
- 일선에서 일하는 전문가에게 의존한다.
- 돌발 상황에서 배운다.
- 복잡성을 수용하고 사실관계를 단순화하지 않는다.
- 인지적 및 운영 능력에 한계가 있음을 예측하되 실패가 발생하면 탄력성을 발휘하도록 노력한다.

고신뢰 조직의 의사결정 관행을 적용한 적이 있다면 그때를 상기해보라. 어떤 상황에서 고신뢰 조직의 의사결정 관행을 이용해야 했는가? 이 경험에 근거해 의사결정에서 신뢰도의 중요성에 대해 배운 점이 무엇인가?

요약

의사결정은 쟁점을 파악하고 여러 대안적 행동방안 중 하나를 선택하는 과정을 수반한다. 합리적 의사결정은 6단계로 구성된다. 1) 문제 또는 기회 정의하기, 2) 목적과 목표 파악하기, 3) 중요도를 바탕으로 목표에 가중치 부여하기, 4) 가능한 행동방안 개괄하기, 5) 목적과 목표에 따라 각 대안을 평가하기, 6) 최적의 해결책 결정하기. 실제로 관리자는 최선의 의사결정을 내리기 위해 필요한 모든 정보를 가지고 있지 않다. 따라서 합리성이 제한된다. 관리자는 불완전하거나 모호한 정보를 가지고 의사결정을 내려야 한다. 대다수의 경우 관리자는 가능한 모든 대안을 고려할 수 있는 충분한 시간이나 자원을 보유하지 않으므로 '적당히 양호한' 해결책을 선택하고 이를 만족화라 부른다. 관리자는 정보처리 및 조사의 필요를 줄이기 위해 추단법 또는 어림셈법을 활용한다.

추단법에는 가용성, 대표성, 조정추단법이 있다. 가용성 추단법은 개인이 유사 사건 또는 상황의 기억을 이용해 의사결정을 내린다. 대표성 추단법에 따르면 개인은 이전에 형성된 고정관념을 바탕으로 의사결정을 내린다. 조정추단법은 어떤 기점에 기반을 둔 의사결정을 일컫는다. 개인은 의사결정을 내릴 때 직관에 의존할 때가 있다. 직관은 성급한 판단을 내릴 때 도움이 되지만 직관에 의존하다가 새로운 정보 또는 관점을 간과할 수 있는 복잡한 상황에서는 위험할 수 있다. 의사결정은 어떤 주장 또는 상황이 프레이밍 되는 방식의 영향을 받을 수 있다.

모두 합리적 의사결정을 내리려 하지만 감정이 의사결정 과정에 필수불가결한 요인이 될 수 있다. 개인이 어떤 행동방안에 정서적으로 몰입하면 새로운 정보나 관점을 인지하지 못할 수 있다. 구체적 상황이나 맥락은 사회적 적합성과 관련된 단서를 제공하므로 의사결정에 영향을 미친다. 개인은 모든 대안을 탐색하는 대신 사회적으로 편리한 방책을 선택할 수 있다.

합리적 의사결정은 조직 차원에서 특히 까다로운데, 다수의 사람들이 의사결정 과정에 영향을 미치기 때문이다. 조직 맥락에서 효과적 의사결정을 하려면 이 환경에서 의사결정이 이루어지는 방식을 이해해야 한다. 따라서 조직 내 의사결정 방식을 분석하기 위해 고전적(합리적) 모델, 관리 모델, 정치적 모델, 쓰레기통 모델 등 4가지 의사결정 모델이 이용된다. 의사결정을 합리성에서 이탈하게 하는 수많은 요인이 영향을 미치므로, 관리자는 이러한 요인을 이해해야 한다. 합리적 의사결정과 직관적 의사결정 과정의 조화를 통해 각종 대안과 선택을 완전한 방식으로 평가해야 한다.

주요 용어

가용성 추단법(Availability heuristic)
고전적 모델(Classical model)
관리 모델(Administrative model)
대표성 추단법(Representativeness heuristic)
만족화(Satisficing)
몰입의 상승(Escalation of commitment)
불확실성의 조건(Conditions of uncertainty)
비정형화 의사결정(Nonprogrammed decisions)
쓰레기통 모델(Garbage can model)
애매성(Ambiguity)
위험의 조건(Conditions of risk)
의사결정(Decision making)
장난기(Playfulness)
적합성 체계(Appropriateness framework)
정치적 모델(Political model)
정형화된 의사결정(Programmed decisions)
제한적 합리성(Bounded rationality)
조정 추단법(Adjustment heuristic)
직관적 의사결정(Intuitive decision making)
추단법(Heuristics)
프레이밍(Framing)
합리적 선택이론(Theory of rational choice)
현상유지 편향(Status quo bias)
확실성의 조건(Conditions of certainty)
확증 편향(Confirmation bias)

과제

토론 주제

1. 내가 과거에 받았던 관리자, 교사, 코치의 의사결정을 떠올려보라. 그들은 의사결정 과정에서 얼마나 합리적이었는가? 그 과정에 감정이 얼마나 영향을 미쳤는가?
2. 진학, 경력과 관련한 의사결정을 떠올려보라. 의사결정을 유도한 요인은 무엇인가? 합리적 의사결정 과정과 직관 중에 어떤 것에 더 의존했는가? 직관이 더 유익하게 작용한 의사결정이 있었는가?
3. 사람들이 의사결정 과정에서 실제보다 더 합리적으로 행동한다고 생각하는 이유는 무엇인가?
4. 시간 또는 정보 제약을 받는 의사결정을 내릴 때 올바른 결과를 위해 관리자는 무엇을 할 수 있는가? 만족화에 따르는 잠재적 위험은 무엇인가?
5. 추단법은 의사결정 과정에 어떻게 기여하거나 저해하는가? 가장 의존하는 추단법은 무엇인가? 이유가 무엇인가? 한 가지 추단법이 다른 추단법보다 더 문제적이라고 생각하는가?
6. 〈블링크〉에서 말콤 글래드웰은 신속한 의사결정을 위해 직관에 주의를 기울여야 한다고 조언한다. 이 방법의 장단점은 무엇인가? 개인이 직관에 의존할 때 어떠한 편향의 영향을 받는가?
7. 몰입의 증가를 경험했던 때를 떠올려보라. 몰입이 어떻게 증가했는가? 몰입 주기를 반전시키기 위해 무엇을 했는가? 앞으로 어떤 징후를 참고할 수 있는가?
8. 사회적 상황과 동료 압력이 어떻게 의사결정에 영향을 미치는가? 특정 사람이 남들보다 동료나 사회적 상황에 더 쉽게 영향을 받는 이유는 무엇인가?
9. 어떤 조건에서 조직은 쓰레기통 의사결정 모델을 이용해야 하는가?
10. 편향은 차선의 의사결정을 초래할 수 있다. 그러나 편향이 건설적으로 작용하는 의사결정이나 상황이 존재하는가?

관리 연구

1. 자신의 대학을 어떻게 선택했는지 떠올려보라. 어떤 기준을 고려했는가? 어떻게 결정을 내렸는가? 그 결정이 어느 정도의 비율로 합리적 분석에 입각한 것인가? 어느 정도의 비율로 비합리적 요인에 입각했는가?
2. 비윤리적이라고 생각하는 의사결정을 찾아보라. 그 결정이 비윤리적이라고 생각하는 이유를 설명하라. 다음의 편향이 의사결정 과정에 부정적으로 영향을 미쳤다고 생각하는가? 그렇다면, 어떤 편향인가?

- 확증
- 가용성
- 대표성
- 조정
- 프레이밍

현장에서

사업을 시작하는 사람을 방문하라. 그가 다음과 같은 과업을 수행하면서 합리적 의사결정을 어떻게 내리는지 그 과정을 기록해보라.

1. 사업 기회를 정의한다.
2. 사업 목표를 파악한다.
3. 중요도에 따라 사업 목표에 가중치를 부여한다.
4. 몇 가지 가능한 행동방안을 파악한다.
5. 각 사업 목표에 입각해 각 행동방안을 평가한다.
6. 사업을 시작하기 위해 최선의 행동방안을 결정한다.

의사결정 과정에 대한 기록을 급우와 공유하라.

참고문헌

1 Richard M. Cyert, Herbert A. Simon, and Donald B. Trow, "Observation of a Business Decision," Management Decision Making, L. A. Welsch and Ronald M. Cyert, eds. (Harmondsworth, England: Penguin Books, 1970).

2 James G. March and J . P. Olsen, "Organizational Choice Under Ambiguity," Ambiguity and Choice in Organizations, James G. March, and J. P. Olsen, eds. (Oslo: Universitetsforlaget, 1976), p. 10.

3 R. Duane Ireland and C. Chet Miller, "Decision-Making and Firm Success," Academy of Management Executive, Vol. 18, No. 4, 2004, pp. 8–12; and Kathleen M. Eisenhardt, "Strategy as Decision Making," Sloan Management Review, Spring 1999, pp. 65–72.

4 Elbanna Said and John Child, "The Influence of Decision, Environmental and Firm Characteristics on the Rationality of Strategic Decision-Making," Journal of Management Studies, Vol. 44, No. 4, 2007, pp. 561–591.

5 Thomas J. DeLong, Christopher Chang, and Scott Schweitzer, "Coach Roy Williams; What's Next? (A)," Harvard Business School Case No. 9-405-070, rev. October 25, 2005 (Boston, MA: HBS Publishing, 2005), p. 3.

6 Thomas J. DeLong, Christopher Chang, and Scott Schweitzer, "Coach Roy Williams; What's Next? (A)," Harvard Business School Case No. 9-405-070, rev. October 25, 2005 (Boston, MA: HBS Publishing, 2005), p. 11.

7 Thomas J. DeLong, Christopher Chang, and Scott Schweitzer, "Coach Roy Williams; What's Next? (A)," Harvard Business School Case No. 9-405-070, rev. October 25, 2005 (Boston, MA: HBS Publishing, 2005), p. 8.

8 Thomas J. DeLong, Christopher Chang, and Scott Schweitzer, "Coach Roy Williams; What's Next? (A)," Harvard Business School Case No. 9-405-070, rev. October 25, 2005 (Boston, MA: HBS Publishing, 2005), p. 3.

9 Thomas J. DeLong, Christopher Chang, and Scott Schweitzer, "Coach Roy Williams; What's Next? (A)," Harvard Business School Case No. 9-405-070, rev. October 25, 2005 (Boston, MA: HBS Publishing, 2005), p. 3.

10 Th omas J . D eLo ng, Chr ist ophe r Chang, and Scott Schweitzer, "Coach Roy Williams; What's Next? (A)," Harvard Business School Case No. 9-405-070, rev. October 25, 2005 (Boston, MA: HBS Publishing, 2005), pp. 6–7.

11 Th omas J . D eLo ng, Chr ist ophe r Chang, and Scott Schweitzer, "Coach Roy Williams; What's Next? (A)," Harvard Business School Case No. 9-405-070, rev. October 25, 2005 (Boston, MA: HBS Publishing, 2005), p. 4.

12 Th omas J . D eLo ng, Chr ist ophe r Chang, and Scott Schweitzer, "Coach Roy Williams; What's Next? (A)," Harvard Business School Case No. 9-405-070, rev. October 25, 2005 (Boston, MA: HBS Publishing, 2005), p. 5.

13 Th omas J . D eLo ng, Chr ist ophe r Chang, and Scott Schweitzer, "Coach Roy Williams; What's Next? (A)," Harvard Business School Case No. 9-405-070, rev. October 25, 2005 (Boston, MA: HBS Publishing, 2005), p. 7.

14 John von Neumann and Oskar Morgenstern, Theory of Games and Economic Behavior (Princeton, NJ: Princeton University Press, 1944).

15 James G. March and J . P. Olsen, "Organizational Choice Under Ambiguity," Ambiguity and Choice in Organizations, James G. March, and J. P. Olsen, eds. (Oslo: Universitetsforlaget, 1976), p. 67.

16 Katherine Milkman, Dolly Chugh, and Max Bazerman, "Intuition vs. Deliberation: How Decision Making Can Be Improved," Rotman Magazine, Winter 2010, pp. 23–27.

17 Herbert A. Simon, Administrati v e Behavior: A Study of Decision-Making in Administrative Organizations, 3rd edition (New York, NY: The Free Press, 1976).

18 K. J. Radford, Managerial Decision Making (Reston, VA: Reston Publishing Company, 1975).

[19] K. J. Radford, Managerial Decision Making (Reston, VA: Reston Publishing Company, 1975).
[20] Er ik D ane an d Mi ch ael G. Pra tt , "Exploring Intuition and Its Role in Managerial Decision Making," Academy of Management Review, Vol. 32, No. 1, 2007, pp. 33–54; C. Chet Miller and R. Duane Ireland, "Intuition in Strategic Decision Making: Friend or Foe in the Fast-Paced 21st Century?," Academy of Management Ex ecutive , Vol. 19, No. 1, 2005, pp. 19–30; and Weston H. Agor, "The Logic of Intuition: How Top Executives Make Important Decisions," Organizational Dynamics, Winter 1986, pp. 5–18.
[21] Eric Bonadeau, "Don't Trust Your Gut," Harvard Business Review, May 2003, pp. 116–121.
[22] Malcolm Gladwell, Blink: The Power of Thinking Without Thinking (Boston, MA: Back Bay Books, 2005).
[23] Malcolm Gladwell, Blink: The Power of Thinking Without Thinking (Boston, MA: Back Bay Books, 2005), p. 23.
[24] Malcolm Gladwell, Blink: The Power of Thinking Without Thinking (Boston, MA: Back Bay Books, 2005), pp. 61–62.
[25] Malcolm Gladwell, Blink: The Power of Thinking Without Thinking (Boston, MA: Back Bay Books, 2005), p. 63.
[26] J. Haidt, "The Emotional Dog and Its Rational Tail: A Social Intuitionist Approach to Moral Judgment," Psychological Review, Vol. 108, No. 4, 2001, pp. 814–834.
[27] C. Chet Miller and R. Duane Ireland, "Intuition in Strategic Decision Making: Friend or Foe in the Fast-Paced 21st C ent ury ?," Academy of Management Executive, Vol. 19, No. 1, 200 5, pp. 19–30.
[28] Eric Bonadeau, "Don't Trust Your Gut," Harvard Business Review, May 2003, pp. 116–121.
[29] Herbert A. Simon, "Making Management Decisions: The Role of Intuition and Emotion," Academy of Management Executive, February 1987, pp. 57–64.
[30] S. Trevis Certo, Brian L. Connelly, and Laszlo Tihanyi, "Managers and Their Not-So Rational Decisions," Business Horizons, Vol. 51, 2008, pp. 113–119.
[31] Max H. Bazerman, J udgment in Managerial Decision Making, 6th edition (Hoboken, NJ: John Wiley & Sons, 2006), pp. 7, 13.
[32] Max H. Bazerman, J udgment in Managerial Decision Making, 6th edition (Hoboken, NJ: John Wiley & Sons, 2006), pp. 8–9.
[33] Max H. Bazerman, J udgment in Managerial Decision Making, 6th edition (Hoboken, NJ: John Wiley & Sons, 2006), pp. 8–9.
[34] Meg Whitman, presentation at Harvard Business School, November 22, 2002.
[35] Max H. Bazerman, J udgment in Managerial Decision Making, 6th edition (Hoboken, NJ: John Wiley & Sons, 2006), p. 9.
[36] Marianne Bertrand and Sendhil Mullainathan, "Are Emily and Greg More Employable than Lakisha and Jamal? A Field Experiment on Labor Market Discrimination," The American Economic Review, September 2004, pp. 991–1013.
[37] Amos Tversky and Daniel Kahneman, "Judgment under Uncertainty: Heuristics and Biases," Science, New Series, Vol. 185, No. 4157, 1974, pp. 1124–1131.
[38] John S. Hammond, Ralph L. Keeney, and Howard Raiffa, "The Hidden Traps in Decision Making," Harvard Business Review, January 2006, pp. 118–126.
[39] Max H. Bazerman and Dolly Chugh, "Decisions Without Blinders," Harvard Business Review, January 2006, pp. 88–97.
[40] Max H. Bazerman, J udgment in Managerial Decision Making, 6th edition (Hoboken, NJ: John Wiley & Sons, 2006), p. 36.
[41] John S. Hammond, Ralph L. Keeney, and Howard Raiffa, "The Hidden Traps in Decision Making," Harvard Business Review, January 2006, pp. 118–126.
[42] Geoff Colvin, "Retirement Guide 2011: Take Control and Win," Fortune, June 13, 2011.
[43] Max H. Bazerman, J udgment in Managerial Decision Making, 6th edition (Hoboken, NJ: John Wiley & Sons, 2006), p. 43.
[44] Max H. Bazerman, Judgment in Managerial Decision Making, 6th edition (Hoboken, NJ: John Wiley & Sons, 2006), p. 41.
[45] S. Trevis Certo, Brian L. Connelly, and Laszlo Tihanyi, "Managers and Their Not-So Rational Decisions," Business Horizons, Vol. 51, 2008, pp. 113–119.
[46] Nitin Nohria and Bridget Gurtler, "Note on Human Behavior: Reason and Emotion," Harvard Business School Note No. 9-404-104 (Boston, MA: HBS Publishing, 2004).
[47] G. V. Bodenhausen, S. Gabriel, and M. Lineberger, "Sadness and Susceptibility to Judgmental Bias: The Case of Anchoring," Psychological Science, Vol. 11, No. 4, 2000, pp. 320–323.
[48] Megan Lane, "The Psychology of Super- Casinos," BBS News Magazine, May 25, 2006, http://news.bbc.co.uk/2/hi/uk_news/ magazine/5013038.stm.
[49] Daniel Kahneman and Amos Tversky, "Psychology of Preferences," Scientific American, Vol. 246, 1982, pp. 161–173; and M. Spranca, E. Minsk, and J. Baron, "Omission and Commission in Judgment and Choice," Journal of Experimental Social Psychology, Vol. 27, 1991, pp. 76–105.
[50] B. M. Staw,"Knee-Deep in the Big Muddy: A Study of Escalating Commitment to a Chosen Course of Action," Organizational Behavior & Human Decision Processes, Vol. 16, No. 1, 1976, pp. 27–44.
[51] Max H. Bazerman, J udgment in Managerial Decision Making, 6th edition (Hoboken, NJ: John Wiley & Sons, 2006), pp. 81–82.

[52] Solomon Asch, "Opinions and Social Pressure," www.panarchy.org/asch/social.pressure.1955.html, accessed August 18, 2008.

[53] J. B. Harvey, "The Abilene Paradox: The Management of Agreement," Organizational Dynamics, Vol. 3, 1988, pp. 63–80.

[54] J. March, A Primer on Decision-Making: How Decisions Happen (New York, NY: Free Press, 1994).

[55] Max H. Bazerman, "The Mind of the Negotiator: The Dangers of Compromise," Negotiation, February 2005, p. 3.

[56] Z. Shapira, "Prescriptive Models in Organizational Decision Making," Debating Rationality, J. J. Halpern and R. N. Stern, eds. (Ithaca, NY: Cornell University Press, 1998), p. 32.

[57] James G. March and Herbert A. Simon, Organizations (Hoboken, NJ: John Wiley & Sons, 1958).

[58] James G. March and Herbert A. Simon, Organizations (Hoboken, NJ: John Wiley & Sons, 1958).

[59] James G. March and Herbert A. Simon, Organizations (Hoboken, NJ: John Wiley & Sons, 1958).

[60] David J. Snowden and Mary E. Boone, "A Leader's Framework for Decision Making," Harvard Business Review , November 2007, pp. 68–76.

[61] James G. March and Herbert A. Simon, Organizations (Hoboken, NJ: John Wiley & Sons, 1958), p. 275.

[62] Paul J . H. Shoemaker, "Strategic Decisions in Organizations: Rational and Behavioral Views," Journal of Management Studies, Vol. 30, No. 1, 1993, pp. 107–129.

[63] James G. March and Herbert A. Simon, Organizations (Hoboken, NJ: John Wiley & Sons, 1958), p. 280.

[64] R. Daft, Organization Theory and Design, 4th edition (New York, NY: West Publishing Company, 1993), p. 364.

[65] James G. March, "The Technology of Foolishness," Ambiguity and Choice in Organizations, James March and J.P. Olsen, eds. (Oslo: Universitetsforlaget, 1972), pp. 69–81.

[66] James G. March, "The Technology of Foolishness," Ambiguity and Choice in Organizations, James March and J. P. Olsen, eds. (Oslo: Universitetsforlaget, 1972), pp. 69–81.

[67] Katherine Milkman, Dolly Chugh, an d Max Baz er man , "Intuition vs. Deliberation: How Decision Making Can Be Improved," Rotman Magazine, Winter 2010, pp. 23–27.

[68] Max H. Bazerman, J udgment in Managerial Decision Making, 6th edition. (Hoboken, NJ: John Wiley & Sons, 2006), pp. 189–206.

[69] J. K. Murnighan and J. C. Mowen, The Art of High-Stakes Decision-Making: Tough Calls in a Speed-Driven World (New York, NY: John Wiley & Sons, 2002), pp. 64–65.

[70] K. E. Weick and K. M. Sutcliffe, Managing the Unexpected: Resilient Performance in an Age of Uncertainty, 2nd edition (San Francisco, CA: Jossey-Bass, 2007).

제 16 장

갈등과 협상

학습목표

이 장을 공부한 후 다음을 할 수 있도록 한다.

- 대인 갈등과 집단갈등의 차이 설명하기
- 갈등의 가장 흔한 원천 기술하기
- 관리자가 갈등에 대응하거나 관리할 수 있는 방식 개괄하기
- 분배적 협상과 통합적 협상을 구분하고 이 두 접근법이 이용되는 상황 기술하기
- 협상의 준비와 관련된 절차를 개괄하고, 가치 창출과 가치 청구의 차이를 설명하며, 편향이 협상 과정에 어떻게 영향을 미치는지 설명하기
- 문화간 차이가 협상이 실시되는 방식에 어떻게 영향을 미치는지 기술하기

장의 개요

자기성찰

MANAGEMENT

나의 갈등관리 방법은 무엇인가?

갈등은 한 사람 또는 집단의 이익, 관점, 행동이 다른 사람 또는 집단과 다를 때 발생하는 정서적 또는 인지적 반응이다. 대부분의 사람들이 갈등을 꺼리지만 갈등을 효과적으로 관리할 수 있다. 갈등관리 유형은 일상적 경험, 가치, 훈련 등 다양한 요인을 바탕으로 시간의 경과에 따라 발달한다. 다음의 진술문에 '네' 혹은 '아니오'로 답해 각자의 갈등관리 방법을 고찰해보라.

1. 나는 가족 내 상호작용을 통해 갈등관리하는 법을 배웠다.
2. 나는 경쟁심이 강한 사람이고 나의 갈등관리 유형은 승리를 강조한다.
3. 나는 열띤 설명에 관여하는 것을 즐긴다.
4. 나의 갈등관리 유형은 종교적 또는 영적 신념에 의해 주도된다.
5. 나는 갈등을 해결하기 위해 협조적 문제 해결에 의존한다.
6. 내가 가진 문화적 배경이 나의 갈등관리 유형에 영향을 미쳤다.
7. 나는 어린 시절과 청년기 동안 갈등을 회피하는 방법을 배웠다.
8. 나는 어려운 갈등에 직면했을 때 미루는 경향이 있다.
9. 나는 일상적 경험을 통해 타협이 갈등을 해결하는 데 최선의 방법임을 깨달았다.
10. 나는 갈등 상황에서 모든 사람을 달래려고 한다.

자신의 갈등관리 방법을 어떻게 특징지을 수 있는가? 어떤 일상적 경험이 갈등관리 유형에 영향을 미쳤는가? 타인이 자신의 갈등관리 방법에서 배울 수 있는 점은 무엇인가?

서론

타인과 의견이 일치하지 않을 때 이 쟁점을 정면으로 다루는가? 공통점을 찾으려 하는가? 아니면 문제를 일으키거나 상황을 악화시키고 싶지 않아 해당 쟁점을 회피하는 편인가? 어떤 사람은 자신의 관점을 주장하고 타인이 자신의 관점을 지지하도록 설득하는 데서 오는 흥분과 전율을 즐긴다. 토론에 참여하며 에너지를 얻는다. 수많은 정치인과 전문가가 이러한 유형에 해당한다. 유능한 영업담당자도 마찬가지다. 그런가 하면 정반대로 문제를 수습하거나 직접적인 대면을 피하기 위해 문제가 존재하지 않는 것처럼 행동하는 사람도 있다. 그러나 대다수의 사람은 양극단의 중간쯤에 속한다. 어떤 사람과 특정 쟁점에 열정적으로 관여하고 자신의 주장을 옹호하려 애쓴다. 가끔은 다른 사람의 기분을 상하게 하거나 스스로 상처받지 않으려 한발짝 물러나기도 한다. 각자 어느 편에 속하든 불편한 상황에 수차례 맞닥뜨린다. 조직에 존재하는 다양한 개개인, 기능, 이익을 감안하면 의견 불일치는 불가피하다. 따라서 갈등을 효과적으로 처리하는 방법과 협상을 관리하는 방법을 배우는 것은 매우 중요하다.

Universal Images Group Limited/Alamy

갈등은 한 사람 또는 집단의 이익, 관점, 행동이 다른 사람 또는 집단과 다를 때 발생하는 정서적 또는 인지적 반응이다. 대부분 갈등은 인간관계에 부정적 영향을 미치는데 특히 갈등이 확대된 후 미결로 남을 때 더욱 그러하다. 갈등은 새로운 아이디어나 관점 생성을 저해할 경우 차선의 의사결정을 유도한다.

갈등이 수반하는 부정적 결과 때문에 대다수의 사람은 갈등을 꺼리지만 갈등을 회피하고 억제하는 것이 언제나 적절한 방법은 아니다. 갈등 억제는 의사결정에서 극단적 합의를 초래할 수 있는데 이는 위험할 수 있다. 가령 1986년 1월 8일에 있었던 챌린저 우주선 폭발은 합의가 재앙적인 결과를 불러일으킨 상황의 한 사례다. 경고 표지, 우려, 잠재적 재난의 암시 등에도 불구하고 NASA 팀은 서로 상충하는 의견을 억제하고 우주선을 쏘아 올렸는데 발사한 지 1분도 채 되지 않아 폭발했다.

대다수는 불편한 상황에 놓이고 싶지 않아 갈등을 회피하는 경향이 있다. 그러나 갈등이 항상 나쁜 것만은 아님을 명심해야 한다. 이따금 각각 다른 의견이 등장하면 더 나은 의사결정을 유도할 수 있다. 갈등은 올바른 관리 하에 건설적이고 상호이해, 성과 향상, 창조성 증진, 양질의 의사결정을 증진하는 데 도움이 된다. 그러나 갈등을 무제한으로 방치해서는 안 된다. 어느 시점에서든 갈등을 해결해야 하며, 갈등을 해결하는 데 쓰이는 흔한 방법 중 하나는 **협상**이다. 협상은 양쪽 관계자가 다양한 입장 또는 행동방안을 제시하고 검토함으로써 어떤 쟁점에 합의를 도출하려는 과정을 의미한다.

조직 구성원은 매일 자원 획득, 쟁점 해결, 새로운 아이디어나 콘셉트에 대한 지지 구축 등을 위해 협상에 관여한다. 관리자는 재정 부서와 예산을 협의한다. 직원은 다른 구성원과 업무 분장을 놓고 협상한다. 또 개개인은 자원과 보상을 얻기 위해 협상한다. 노력해서 업무를 잘 해내면 인정과 보상을 얻기 마련인데 대부분의 상황에서 직원들은 연봉인상, 근로시간 변화, 승진을 위해 협상해야 한다. 이 상황에서는 여러 이익 사이에 갈등이 발생할 수 있다. 요지는 갈등에 대해 협상된 합의를 도출한다.

이 장에서는 개인 간과 집단 간에 발생하는 갈등의 성격과 원천, 효과적으로 갈등을 관리하는 데 쓰이는 전략을 살펴본다. 갈등은 파괴적이면서 동시에 건설적이므로 상이한 갈등 유형을 지지하고 저해하는 요인을 이해해야 한다. 갈등의 성격을 이해하면 훌륭한 협상자가 될 수 있다. 협상 결과물이 직원의 동기부여와 사업의 전체 성과에 상당히 유의미하므로 특히 중요하다. 다음 사례는 둘 이상의 기업이 합병할 때 발생할 수 있는 흔한 갈등을 나타낸다.

갈등(Conflict)
한 사람 또는 집단의 이익, 관점, 행동이 다른 사람 또는 집단의 그것과 다를 때 발생하는 정서적 또는 인지적 반응

협상(Negotiation)
양쪽 관계자가 다양한 입장 또는 행동방안을 제시하고 검토함으로써 어떤 쟁점에 대해 합의를 도출하려는 과정

니콜라스피라말의 마이클 페르난데스

제약회사 니콜라스피라말인디아(NPIL)에서 맞춤제조운영 부장으로 재직 중인 Michael Fernandes는 3명(글로벌사업개발 부장(R. Ananthanarayanan), 유럽사업개발 부장(Ian Grundy), NPIL의 주요 사업 중 하나를 담당한 사업부장(Veronica Scherre-PangKa)이 제출한 보고서를 두고 대인갈등을 어떻게 해결해야 할지 고심했다. 세 사람 간의 갈등은 각각 고유의 관행과 문화를 가진 Avecia(NPIL의 첫 국제 인수 대상)의 사업부서들, Avecia의 캐나다 자회사 Torcan, NPIL의 합병을 위태롭게 했다. NPIL은 의약개발 과정을 통틀어 고객의 필요를 충족하고자 하므로 이전에 독립적이었던 회사들의 사업개발 부서들을 통합하는 것이 매우 중요했다.

다양한 사업 부문을 총괄하는 세 사람은 다양한 배경, 경험, 방법을 갖추었으나 Ananthanarayanan(아난스)의 감독하에 협력해야 했다. 아난스는 NPIL의 맞춤제조운영을 위한 글로벌 사업개발을 담당했고, 대규모 다년 계약을 성공적으로 따낸 것으로 유명하다. 그는 회사의 맞춤제조 전략을 개발하는 데 깊이 관여하기도 했다. 아난스가 공식적으로 글로벌사업개발 부장이지만 그에게 보고하는 영국과 캐나다 부서들이 전략을 무시하고 독자적인 사업개발을 하는 건 아닌지 우려하던 차였다.

화학공학을 수학했던 그룬디는 NPIL의 인수 전까지 모든 사업활동을 도맡았던 Avecia의 유럽사업개발 부장이었고, 대형 제약회사 고객들과 일하는 데 익숙했다. 그룬디는 새로운 전략적 이니셔티브를 주도했고 수많은 전략적 의사결정에서 영향력을 행사했다. NPIL가 Avecia를 인수하자 그룬디는 NPIL의 유럽 고객을 담당했고, 인수 전에 비하면 좌천된 것이나 다름없었다. 그룬디는 이제 주요 전략적 의사결정에서 밀려난 것처럼 느끼고 유럽 시장만을 관리하게 된 것에 언짢아했다.

화학을 공부했던 셰러-팡카는 Avecia가 인수한 캐나다 제약회사인 Torcan의 사장이었다. 셰러-팡카는 NPIL에서 제품개발업무 부장으로 임명되었다. 캐나다 내 사업개발을 담당했기 때문에 소규모인 기업고객을 대상으로 일하는 데 익숙했다. 그녀는 고객에 대한 헌신과 지원으로 명성을 얻었다. Avecia와 Torcan의 이전 오너들과 갈등을 빚은 후 NPIL의 경영진에게 조심하는 태도를 보였고, 모든 쟁점에 완전한 정보를 제공받았는지 확신할 수 없었다.

페르난데스는 3명의 부장을 둘러싼 갈등에 주목하게 되었다. 그룬디는 기업 행사 corporate retreat에 마지못해 초대받았다고 생각해서 불쾌해 했고, 셰러-팡카는 아난스의 사전 승인을 득하지 않고 '작은 계약'을 성사시킬 뻔했으며, 아난스는 그룬디와 셰러-팡카가 자신의 말을 듣지 않는다며 불평했다.

페르난데스는 이 갈등을 해결하는 최선책을 결정하기 위해 갈등의 성격을 고찰했다. 3명의 부장은 원래 리더십 직위를 보유하고 있었다. 그러나 NPIL이 Avecia를 (그리고 이후 Torcan을) 인수한 후에 그룬디와 셰러-팡카는 사실상 조직 위계에서 좌천된 것이나 다름없었다. 그룬디와 셰러-팡카는 이전에 전략적이고 의사결정 과정에 핵심적이었던 역할을 담당했다가 새로운 상황에 적응하는 데 어려움을 겪었다. 글로벌 사업개발을 주도하는 데 익숙한 아난스는 자신의 지시나 미리 정해진 통합전략을 따르지 않는 두 부장이 못마땅했다. 아난스는 자신이 통제권을 상실할지도 모른다고 우려했고, 그룬디, 셰러-팡카, 페르난데스도 똑같은 두려움을 느꼈다.

페르난데스, 아난스, 셰러-팡카, 그룬디는 각자의 집단 경험을 개선하기 위해 전문성과 이익에 호소해 역할 및 책임을 정의하고 과업을 할당할 수 있도록 함께 노력해야 한다. 정서적 갈등(예: 두려움, 불안, 분노)을 관리하는 방법보다는 과업 갈등을 해결하는 방법(예: 해당 프로젝트의 연대기를 작성)에 더 중점을 두면 생산적 결과를 얻을 가능성이 높아진다.

적합한 사례 니콜라스피라말의 마이클 페르난데스

1. 페르난데스에게 갈등의 관리가 중요한 이유는 무엇인가?
2. 페르난데스의 세 부장이 가진 상이한 배경, 경험, 방식은 세 사람의 경영 유형을 어떻게 형성했는가? 왜 이러한 경영 유형의 차이가 갈등을 초래하는가?
3. 페르난데스에게 어떤 갈등관리 방법을 권장하겠는가?

갈등 수준

어떤 조직이든 모든 구성원은 활동을 완수하기 위해 집단의 일원으로 일하고, 조직 목표를 달성하기 위해 여러 집단을 넘나들며 일한다. 가령 영업조직에 합류한 뒤 마케팅과 홍보 등의 직무를 완수하기 위해 영업전문가들과 협력해야 한다고 가정해보자. 그러면 영업 물품이 잘 전달되도록 제조팀과 서비스팀 등 비영업 관련 집단과도 일한다. 이 유형의 집단에서 일하면 같은 집단의 일원들 사이(**대인 갈등**) 또는 집단들 사이(**집단 갈등**)에서 갈등이 발생할 수 있다.

대인 갈등

집단의 구성원이 자신의 학습과 발전, 집단 활동에 기여할 때 집단의 일원이 되는 것은 보람차고 즐거운 일이다. 스포츠팀이나 활동 중심 클럽과 같은 집단은 자부심을 육성할 수 있는 공통된 쟁점, 신념, 가치 하에 통합된다. 이 자부심은 개개의 구성원이 혼자서는 달성할 수 있는 것을 훨씬 넘어선 탁월한 결과물을 가져온다.

집단 상황에서 구성원은 공통 목표를 달성하기 위해 서로 의지한다. 따라서 해당 팀의 행동을 조율해야 할 필요성이 커지고, 구성원은 서로에게 효과적으로 영향을 미치는 방법을 깨우쳐야 할 때도 있다. 협업은 개개인이 공통 목표와 이익을 향해 일하고 있음을 의식할 때 발생하지만 한 개인의 목표가 다른 사람의 목표 달성 능력을 희생시킨다고 의식하면 경쟁과 갈등이 발생한다.

제14장에서 설명했듯 상호의존성은 2명 이상의 직원이 공통된 목표를 달성하고자 협력할 때 존재한다. 조직이 공식적 중앙집중형 구조에서 분권화된 네트워크형 구조로 점차 이행하면서 상호의존성의 필요성이 증대됐다. 이 환경에서 어느 한 개인이나 팀만이 조직 목표를 달성할 수는 없다. 여러 개체들이 때로는 공식적 보고 위계 없이 서로 의존해야 한다.

상호의존성이 존재하면 양립할 수 없는 목표와 이익이 대인 갈등의 근거가 된다. 상호의존성과 성과를 내야 한다는 압박 때문에 비교적 덜 효과적인 집단의 구성원은 집단의 무능력에 대해 집단 전체 활동에 책임을 돌리기보다는 1~2명의 구성원을 탓한다. 이 과정은 갈등이 존재함을 인지하게 하지만 실망과 분노 등 부정적 감정이 보복으로 이어질 때 분열을 초래한다.

대인 갈등은 종종 집단 구성원이 의사소통하는 방식에서 명백히 드러난다. 의견 불일치가 개인적 문제가 되고 참가자들이 타인을 공격하거나 자신을 옹호하는 데 더 많은 시간을 할애할 때 갈등은 심화될 수 있다. 이 맥락에서 대화 자체가 무례해질 수 있다. 의사소통 부족이 타인의 동기나 의도를 단정하는 계기가 될 경우 갈등을 회피하는 것 역시 궁극적으로 갈등의 확대를 초래한다.

대인 갈등(Interpersonal conflict) 동일한 집단의 구성원인 두 명 이상의 개인들 사이에 발생하는 갈등

집단 갈등(Intergroup conflict) 두 개 이상 집단 사이에 발생하는 갈등

집단 갈등

공통된 쟁점, 신념, 가치 하에 통합된 집단은 구성원에게 자부심을 고취하고, 구성원이 자신의 집단 또는 팀에 충성심을 가지도록 장려한다. 충성심이 발달하면 구성원은 집단 내 위치를 중심으로 통합한다. 이는 집단의 응집성을 증진하는 데 유리하지만 이따금 해당 집단이 타 집단과 맺는 관계에 부정적 영향을 미칠 수도 있다. 특히 다른 두 집단 간의 차이점이 과장될 수도 있다. 이는 집단갈등의 증가로 이어진다.

대부분 집단갈등은 부족한 자원을 둘러싼 집단 간의 경쟁이 있을 때 발생한다. 특히 다른 집단이 자본집중적 사업이나 기타 활동에 자금지원을 요구할 때 그러하다. 자원이 제한적이면 어느 한 집단은 반드시 지게 되어 있다. 기업의 정보기술(IT)팀과 같은 실무자 집단은 이런 유의 갈등에 종종 휘말린다. 시간과 자원이 제한적일 때 IT팀은 기술 사업의 우선순위와 서열을 매겨야 한다. 예를 들어, 새로운 웹사이트를 공개하는 마케팅 집단은 제조부서가 새로운 재고관리시스템을 입고할 때까지 대기해야 한다.

집단갈등은 상대 집단을 적으로 간주할 때 발생한다. 가령 제조라인 작업자들은 영업팀이 아무 상의 없이 제품을 판매하고 어떤 약속을 해버리면 그들을 적이라 여길 수 있다. 이는 고객과의 약속이 제조과정의 중대한 변화를 요구하는 경우에 특히 해당된다.

공통 이익을 가진 집단에 속하면 집단에 대한 개인의 자부심과 충성심을 높일 수 있지만 집단 구성원이 집단 간의 차이를 과장하고 견고한 고정관념을 낳을 수 있다. 경쟁, 차이의 과장, 고정관념은 모두 집단갈등을 유발한다. **사회 정체성 이론**과 **현실적 갈등이론**은 집단갈등의 성격을 설명하는 데 도움이 된다.

사회 정체성 이론

사회 정체성 이론은 내집단의 구성원이 외집단의 부정적 측면을 찾아내 자신들의 자아상을 제고한다고 주장한다. 즉 집단 구성원이 공공의 적을 찾아냄으로써 응집력을 강화하지만 향상된 응집력은 외부 집단과의 갈등을 심화할 수 있다. 연구자들은 내집단 구성원의 행동을 사회적 범주화, 사회적 동일시, 사회적 비교 등 3단계 과정으로 정의했다. 사회적 범주화는 외집단을 희생시키고 내집단에게 유리한 방식으로 내집단의 규범을 정의하는 시도를 뜻한다. 흑인, 백인, 학생, 교수 등이 사람들을 이해하고 파악하는 데 쓰이는 사회적 범주의 예시다. 사회적 동일시는 자기 자신을 집단에 속하는 일원으로 규정해 해당 집단의 정체성을 채택하는 시도를 의미한다. 사회적 동일시는 집단의 규범에 순응함으로써 이루어지는데, 이는 집단에 대한 자부심과 충성도를 높이고, 자신의 자아존중감을 집단소속감에 결부하는 행동이다. 사회적 비교는 집단 간의 경쟁에 대한 반응으로 발생한다. 두 집단이 서로를 경쟁상대로 인식하면 두 집단은 자원을 놓고 경쟁한다. 이 3단계 과정을 통해 내집단은 집단갈등의 증가와 함께 집단의 응집력을 육성한다.

사회 정체성 이론
(Social identity theory)
내집단의 구성원들이 외집단의 부정적 측면을 찾아내 자신들의 자아상을 제고한다고 주장하는 이론

현실적 갈등이론
(Realistic conflict theory)
제한된 자원이 집단 간 갈등을 유발한다고 주장하는 이론

현실적 갈등이론

현실적 갈등이론은 사회심리학 선구자인 Muzafer Sherif와 Carolyn Sherif가 고안한 이론으로, 제한된 자원이 집단갈등을 유발하고, 이것이 차별과 고정관념이 사회에 존재하는 직접적 원인임을 주장한다. 그들의 연구는 오클라호마에 위치한 여름캠프에서 실시됐다. 유사한 배경을 가진 22명의 11세 소년들이 두 집단으로 분류되어, 기존의 교우관계를 갈라놓음으로써 새 집단에 대한 각 소년의 동일시가 더 빨리 이루어지도록 했다. 두 집단 중 어느 쪽도 다른 집단의 존재를 알지 못했다. 이 과정을 촉진하기 위해 두 집단을 멀리 떨어진 두 지역에 배정했다. 셰리프의 관찰 결과 집단갈등은 내집단 형성에서 마찰, 통합으로 진전됐다.

내집단 형성 단계에서 두 집단은 이름을 정해야 했다. 한 집단은 '래틀러(Rattlers)', 다른 집단은 '이글스(Eagles)'라는 이름을 택했다. 각 집단의 이름은 팀 소속감을 형성하는 데 강력한 기반이 되었다. 또한 두 집단은 자발적으로 내부 위계질서를 구축해 리더를 임명하고 집단 규범(이탈 행동에 대한 제재 포함)을 개발했으며, 내집단 교우 선호도가 성립되었다(제17장에서 팀 과정과 발달에 대해 자세히 다룬다).

마찰 단계에서 두 집단은 경쟁 상황에 함께 놓였다. 이 경쟁 상황은 팀 내부의 정체성을 강화하는 경향이 있다. 구체적으로, 이 상호작용은 강력한 내집단 유대를 구축하고, 존경을 바탕으로 한 내집단 상호작용을 지지하며, 내집단 교우관계를 증진한다. 게다가 경쟁 상황은 타 집단에 대한 적대감, 험담, 싸움을 조장했다. 두 집단이 서로에 대해 더욱 적대적일수록 각 집단의 응집력은 더욱 강해졌다.

마지막 통합 단계에서 연구자들은 하위 목표를 도입했다. 이 목표를 달성하려면 두

리더십 개발의 여정 이슈 셀링(issue selling: 쟁점 설득)은 어떤 개인이 특정 상황, 사건 또는 동향에 대한 타인의 이해에 영향을 미치는 과정을 의미한다. 이슈 셀링의 일환으로 개인은 아이디어를 고안하고 효과적으로 발표, 포장, 마케팅하기 위해 타인과 협력한다. 이슈 셀링 기술을 갖춘 리더는 갈등을 관리하고 협상할 수 있다. 새로 선출된 리더는 다음과 같은 지침을 준수해 이슈 셀링을 할 수 있다.

1. 위계를 존중하기
2. 타이밍이 중요함을 깨닫기
3. 자신의 아이디어를 설득할 근거 마련하기
4. 아이디어를 논리적으로 제시하기
5. 아이디어를 지속적으로 제안하기
6. 아이디어를 점증적으로 포장하기
7. 아이디어를 타 구성원의 목표, 가치, 관심사에 맞추기
8. 해당 과정에 기여하거나 결과에 영향을 미칠 다양한 이해관계자를 관여시키기

이슈 셀링에 관여하고 이 과정에서 다른 리더가 관여하는 것을 관찰한 경험을 생각해보라. 갈등관리 또는 협상을 위한 상황에서 어떤 이슈 셀링 전략이 활용되었거나 활용될 수 있었는가?

집단이 가령 음용수 부족의 원인을 파악하기 위해 협력해야 한다. 연구 결과 포괄적 목표는 집단 내 정체성을 초월하고 집단 간의 협조와 협업을 이끌어내는 기회를 조성한다. 집단갈등은 두 집단이 협력해야 할 때 필연적으로 감소한다.

갈등의 원천

정서적 갈등

집단 업무는 성격상 다양한 경험, 배경, 개성을 가진 개개인이 공통된 목표를 달성하고자 한데 모여야 한다. 개인적 갈등이라고도 하는 **정서적 갈등**은 복수의 집단이나 개인 간에 분노, 불신, 실망이 존재할 때 명백히 드러난다. 이 상황에서 당면한 과업에 집중하는 대신 개개인은 비판, 위협, 모욕을 통해 상대의 인격을 공격하는 경향이 있다.

목표 및 성공 지향적 개인은 비교적 덜 목표 및 성공 지향적 사람과 높은 빈도의 정서적 갈등을 경험한다. 마찬가지로 과거 업적이나 지각된 권력 혹은 경쟁 때문에 큰 포부를 가지고 있는 사람은 다른 배경과 동기를 가진 타인과 갈등을 겪을 확률이 높다.

대다수의 경우, 두 사람의 관계에 불평등이 존재하는 경우 갈등이 발생한다. 예를 들어 한 사람이 상대보다 더 많은 권력을 가지거나 위계질서에서 더 높은 지위를 가진 경우, 더 약한 사람이 더 강한 사람의 영향력을 거부하거나, 갈등을 권력 증대 수단으로 여길 수 있다. 두 행동 모두 정서적 갈등을 심화시킨다.

정서적 갈등을 경험하는 직원은 자신이 속한 집단에 덜 만족하고, 같은 집단의 다른 구성원을 싫어하거나 미움 받을 때 자신의 집단에 대해 더욱 부정적이게 된다. 이러한 갈등은 당사자로 하여금 수행 중인 과업의 균형감을 상실하고, 나아가 무능한 업무관계, 나쁜 개인 성과, 전반적인 집단 생산력 저하를 초래한다.

인지적 갈등

정서적 갈등이 대인 간 충돌에서 비롯한다면, 과업 관련 갈등이라고도 불리는 **인지적 갈등**은 회의 일정, 업무 할당, 과정 혹은 과업 그 자체 등 업무와 관련된 쟁점에 대한 불일치로부터 도래한다. 여기서 갈등의 핵심은 감정이 아니라 당면한 과업이다. 따라서 비교적 간단한 과업보다는 매우 복잡한 과업이 인지적 갈등을 유발할 가능성이 더 높다.

정서적 갈등은 대개 파괴적인 데 비해 인지적 갈등은 해당 팀에 긍정적 영향을 미치기도 한다. 갈등의 핵심이 과업과 관련된 불일치인 복수팀은 더 나은 해결책을 도출하기 위해 서로의 차이를 조정하기 위한 방법을 탐색할 것이다. 이 경우 리더는 정서적 갈등을 완화하는 동시에 인지적 갈등을 육성해야 한다.

이따금 인지적 갈등은 인지적 불일치와 개인적 갈등을 구분하지 못하는 사람들에 의해 개인적 공격으로 해석될 수 있다. 즉 당사자들이 과업 달성에 서로 다른 방법을 가

정서적 갈등(Affective conflict)
비판, 위협, 모욕을 통해 상대의 인격을 공격하는 경향이 있는 갈등

인지적 갈등(Cognitive conflict)
회의 일정, 업무 할당, 과정 혹은 과업 그 자체 등 업무와 관련된 쟁점에 대한 불일치로부터 비롯한 갈등

지고 있을 뿐인데 어떤 사람은 타인이 자신을 싫어하기 때문에 의견을 달리하는 것이라 생각한다. 이때 인지적 갈등은 정서적 갈등으로 재빨리 변모한다. 이 상황은 집단 구성원 간에 긴장과 불만족을 야기한다. 그러나 인지적 갈등은 개인에 대한 것이 아니라 과업과 관련된다.

의사결정 과정에서 복수 집단이 집단사고 또는 극단적 의견일치를 경험할 수 있는 상황에서 인지적 갈등이 조장되는 경우 어느 정도의 인지적 갈등은 건설적일 수 있다. **집단사고**는, 집단의 의사결정 과정에서 합의의 관점에 동조하는 경향을 의미하고, 옳아야 하거나 호감을 사야 할 필요성에서 비롯한다. 이 상황에서 매우 중요할 수도 있는 다른 관점이나 접근법은 적절하게 고려되지 않는다. 집단사고는 구성원이 다른 모든 기준보다 합의를 가장 높이 살 때, 특히 합의가 부족한 판단을 반영하고 창조성을 저해할 때 발생한다.

연구자들은 집단사고의 3가지 핵심 증상을 다음과 같이 파악했다.

- **집단의 의견을 과신함**: 집단이 외부 요인에 영향을 받지 않을 것이라고 생각함.
- **편협한 폐쇄성**: 다른 의견을 구하려 하지 않음.
- **획일성의 압력**: 조화를 유지하기 위해 반대 의견을 억누름.

집단사고(Groupthink)
의사결정 과정에서의 극단적 의견 일치

확대(Escalation)
어떤 사람의 부정적 행동이 타인의 부정적 행동을 조장하거나 부추길 때 갈등이 증대된다.

팀 내 의사결정에서 집단사고를 방지하려면 리더는 구성원 간의 지적 토론을 자극하고 해당 팀과 구성원이 현상유지에 반대 또는 거부할 때 타인에게 어떻게 보이는지에 대한 우려를 완화해야 한다. 이때 집단이 당연시하는 가정에 의문을 제기할 '악마의 변호인'을 지정하는 것도 바람직하다. 적은 갈등은 집단사고를 초래할 수 있고, 많은 갈등은 구성원의 스트레스와 이탈을 야기할 수 있다. 효과적 팀은 정서적 갈등을 최소화하는 한편 적정 수준의 인지적 갈등을 육성할 수 있어야 한다(그림 16-1 참조).

개인적 특징, 대인관계 요인, 과업 등에서 비롯한 모든 갈등은 확대되거나 축소될 수 있다. 갈등의 **확대**는 한 사람의 부정적 행동이 타인의 부정적 행동을 조장하거나 부추

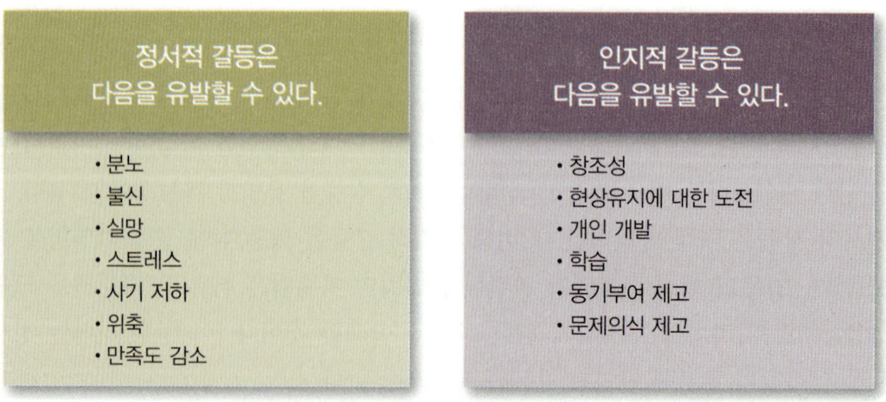

그림 16-1 정서적 갈등과 인지적 갈등의 결과

Source: Adapted from K. Jehn, "Affective and Cognitive Conflict in Work Groups," *Using Conflict in Organizations*, Carsten K. W. De Dreu and Evert Van de Vliert, eds. (London: Sage Publications, 1997).

길 때 발생한다. 어떤 사람이 타인을 적으로 인식할 때도 갈등 확대가 발생할 수 있다. 연구에 따르면, 갈등은 팀 내 다양성이 크거나 개개인 사이에 오래된 적대감이 존재할 때 확대되는 경향이 있다. 갈등의 축소는 갈등이 감소되거나 제거될 때 발생한다. 갈등 상태에 있던 당사자들이 공공의 적을 인지하거나, 교착상태에 있거나 혹은 시간의 경과에 따라 당사자들이 애초에 갈등 원인이 무엇인지 고찰할 때 갈등이 축소된다.

갈등관리

개개인마다 갈등에 다르게 반응한다. 어떤 사람은 갈등을 회피하고, 어떤 사람은 갈등을 적극 수용한다. 자신의 이익을 희생해 타인의 요구에 순응해 갈등을 처리하기도 하고, 상호 이익을 도모하기도 한다. 그런가 하면 일부 사람은 타인으로 하여금 자신의 이익을 받아들이도록 강요해 갈등에 대응한다(표 16–1 참조).

가장 적합한 대응책을 결정하려면 주어진 상황을 진단해야 한다. 갈등 회피는 특정 상황에서 단기적 이익을 제공할 수 있지만 근본 대응이 되어서는 안 된다. 동기가 무엇이든 갈등 회피는 주로 약한 리더십과 연관된다.

갈등을 효과적으로 관리하려면 불일치의 본질을 인지하고 불일치를 해결하기 위해 개별적 단계를 이행하는 2단계 과정에 관여해야 한다.

불일치 진단하기

갈등을 해결하려면 1) 당사자 간에 존재하는 차이의 본질, 2) 이 차이의 기저를 이루는 요인들, 3) 차이가 진전된 정도 등 3가지 핵심 쟁점을 다루어야 한다. 우선 불일치가 사

축소(De-escalation)
갈등의 감소 또는 제거

표 16–1 갈등에 대한 대응 전략

대응	설 명	적합한 경우
회피	의견 불일치로 인한 긴장이 발생할 것을 우려해 갈등을 회피함. 대인 간 문제가 해결되지 않으며 장기적 욕구좌절을 야기함.	사소한 쟁점인 경우, 혹은 이러한 지연으로 개인이 더 많은 정보를 수집하고 양측이 진정할 수 있는 경우.
순응	조화로운 관계를 유지하는 것이 최우선이므로 타인을 불쾌하지 않게 하려 함. 어떤 경우 순응하는 사람은 상대에 의해 이용당함.	상대에게 더 중요한 쟁점인 경우, 미래를 위해 사회적 자본을 구축하고자 하는 경우, 우호적 관계를 유지하는 게 중요한 경우.
타협	장기적 갈등은 업무에 방해가 되고 서로에 대한 유감을 유발할 수 있으므로 신속하게 합의를 도출함. 이 접근법은 보다 덜 효과적인 해결책을 초래함.	양측 목표가 동등하게 중요한 경우, 혹은 일시적이고 편의적인 해결책이 필요한 경우.
강압	어떤 쟁점에 몰입하는 것이 타인을 불쾌하게 하는 것보다 중요하기 때문에 타인의 필요보다는 자신의 필요를 충족하는 합의를 도출함.	위기에 직면하거나 지지를 얻지 못한 의사결정을 시행해야 하는 경우.
협력	양쪽 당사자 입장이 동등하게 중요하다고 인식되므로 함께 문제를 해결함. 이 접근법은 쌍방이 해당 해결책에 몰입하고 공평한 대우를 받을 때 만족감을 가지므로, 문제를 해결할 수 있는 유일한 접근법이 됨.	양쪽 당사자 관점이 너무 중요해서 어느 한쪽을 저버릴 수 없고, 양측의 몰입이 필요한 경우.

Source: T. Ruble and K. Thomas, "Support for a Two-Dimensional Model of Conflict Behavior," *Organizational Behavior and Human Performance*, Vol. 16, 1976; and D. Whetten and K. Cameron, *Developing Management Skills* (Upper Saddle River, NJ: Prentice Hall, 2002).

실관계, 목표, 방법론, 가치 등과 관련되는지 여부를 확인해야 한다. 사실관계와 관련된 불일치는 개인마다 문제를 다르게 정의하고, 다른 정보를 가지고 있으며, 각자의 권력과 권한에 대해 다르게 지각할 때 발생한다.

불일치 진단의 두 번째 단계는 이 불일치의 기저를 이루는 요인을 파악한다. 그러려면 당사자들이 동일한 정보에 접근했는지, 이 정보를 다르게 인식했는지, 당사자가 조직에서 맡은 역할이 그에게 상당한 영향을 미치는지 여부를 결정해야 한다. 다양한 관점이 다양한 사실관계를 바탕으로 발달할 때 정보 요인이 갈등의 원천이 된다. 지각은 당사자들이 같은 정보를 다르게 해석할 때 갈등의 원천이 된다. 마지막으로 개인이 자신의 위치와 지위를 이용해 타인에게 영향을 미칠 때 역할이 갈등의 원천이 된다.

불일치 진단의 마지막 단계는 불일치의 진전 상태를 파악한다. 예상된 갈등인가, 아니면 갈등이 완전히 발달된 긴장으로 확대되었는가? 갈등은 불일치가 드러날 때 더욱 수월히 다루어진다. 긴장이 증가하고 불일치가 커지면 개개인은 각자의 입장을 고착화하고, 이는 문제해결을 더 복잡하게 만든다.

불일치 해소하기

불일치를 충분히 진단하면 이를 해결하기 위해 구체적 조치를 취해야 한다. 생산적으로 불일치를 해결하려면 당사자와 해당 문제를 분리하는 효과적 의사소통이 필요하다. 또한 개인이 주어진 쟁점에 대해 취한 입장이 아니라 이해관계에 집중해야 한다.

쟁점은 토론의 주제고, **입장**은 개인이 쟁점에 대해 취하는 관점이다. 쟁점에 관계된 당사자의 근원적 이유나 필요, 혹은 상대적 **이해관계**가 다르기 때문에 입장은 저마다 다르기 마련이다. 청소년은 친구와 함께하는 사회적 시간을 놓치므로 부모가 정한 통금이 엄하다고 생각할 수 있다. 청소년의 부모는 이른 통금을 강요해야 자녀의 안전을 지킬 수 있다고 생각한다. 이 시나리오에서 쟁점은 통금이고, 입장은 이른 또는 늦은 통금, 이해관계는 사회화와 안전이다. 효과적인 의사소통을 위해, 대놓고 타인을 비난하기보다 우선 해당 문제에 대한 주인의식을 유지해야 한다.

또한 필요할 때 추가 정보를 구하면서 양방향 토론을 장려해야 한다. 결국 주어진 쟁점에 대한 각자의 입장을 상대에게 설득시키는 대신 상대의 근원적 목표와 이해관계를 이해하는 것이 성공의 관건이다. 상대가 자신의 이해관계를 인지하지 못하면 갈등을 해결하기 매우 어렵다.

쟁점(Issue)
토론의 주제

입장(Position)
개인이 쟁점에 대해 취하는 관점

이해관계(Interests)
쟁점에 관계된 당사자의 근원적인 이유나 필요

협상의 유형

결국 갈등 해결의 목적은 상호 합의된 의사결정을 향해 노력한다. 양쪽이 수용할 만한 의사결정을 도출하는 것은 일종의 협상에 관여함을 의미한다. 어떤 협상은 가격 또는 연봉 등 단일 쟁점에 관한 것으로 한 사람이 타인을 희생해 무언가를 얻는다. 이 시나리오에서 한 사람의 이득이 타인의 손실이므로 '한정된 파이'가 전제된다. 이 상황에서는 상대가 해당 파이를 먹을 수 없도록 '파이의 조각들'을 가져가는 것이 협상의 대부분이다. 각자의 상대적 이해관계에 호소하기 위해, 단일 쟁점 협상의 협상 당사자들은 자신의 이익에 부합하는 범위 내에서 신중하게 협상(또는 교섭)하는 경향이 있다.

각 협상자에게 더 많은 가치를 창출하기 위해 다른 쟁점이 협상에 추가되기도 한다. 그러면 일방이 한 쟁점에서 더 많은 것을 받는 대신 다른 쟁점에서는 단념하는 교환기회가 발생한다. 협상 중에 쌍방은 자신의 이해관계와 우선순위가 쟁점마다 다르다고 생각하고, 복수의 쟁점에 상대적 이해관계를 진단하려 한다. 이 과정에서 각 당사자는 우선순위가 더 높은 쟁점에 대한 이익을 유지하기 위해 한 쟁점의 이익을 트레이드오프(교환)한다. 이 협상 유형은 당사자가 합의에 도달하는 것이 그렇지 않은 것보다 더 유리하므로 합의에 응한다. 가령 연봉협상은 언뜻 한정된 파이처럼 보인다.

그러나 근원적 이해관계가 가치 창출을 유도할 수 있다. 가령 직원은 더 긴 휴가, 유연한 근로시간, 더 많은 혜택에 관심을 둔다. 고용자는 더 높은 동기부여나 더 높은 품질에 관심을 두고, 직원과 고용자 모두에게 도움되는 훈련비용을 지불할 의향이 있을 수 있다. 양측은 협상 테이블 위에 더 많은 파이를 놓음으로써 합의에 도달할 수 있는 융통성과 창조성을 얻는다.

분배적 협상

분배적 협상 또는 단일 쟁점 협상은 당사자의 이익 획득에 치중한 활동들로 구성된 복잡한 체계를 포함한다. 분배적 협상은 한정된 파이(가치 한정)를 전제로 하고, 각 당사자는 파이의 더 큰 조각을 얻으려 한다. 한쪽이 이기면 다른쪽이 지게 되어 있다. 따라서 흥정이나 정보의 은폐 등 경쟁적 또는 적대적 행동이 잇따른다. 이 협상 유형은 당사자가 상대와 앞으로 소통할 생각이 없을 때 흔히 발생한다. 즉 장기적 관계를 형성하거나 유지해 얻을 수 있는 지각된 이익이 부재하다.

분배적 협상
(Distributive negotiations)
'한정된 파이'의 일부로 간주되는 단일 쟁점 협상으로, 한 사람의 이득이 상대방의 손실이다.

단일한 쟁점이 가격(예: 자동차 매매)인 협상은 완전히 분배적 협상의 좋은 예다. 고객은 자동차의 가치를 금액으로 인식하지만 자동차 판매원은 자동차가 그보다 더한 가치를 가진다고 주장한다. 두 사람 간의 상대적 이해관계 차이가 다른 입장을 낳는다. 고객은 저렴하고 할당된 예산 범위 내에 있는 좋은 가격에 차를 구입한다. 자동차 판매원은 대리점 수익과 자신의 커미션을 극대화하는 높은 가격에 차를 판매한다. 고객 입장에서 좋은 가격에 차를 산다는 것은 대리점에게는 잠정적 수익, 판매원에게는 잠재적 커미션 손실을 의미한다. 이 매매 과정에서 각자의 상대적 이해관계가 다르므로 쌍방은 협상 중에 가격을 놓고 교섭하고, 교착상태에 놓일 수 있다.

Yuri Arcurs/Shutterstock.com

분배적 협상은 1) 자원의 배분, 2) 승리에의 집중, 3) 한계의 개념, 4) 교섭 영역의 틀 등 4가지 특징을 갖춘다.

자원의 배분

모든 협상은 물리적, 인적, 재정적 자원 등 자원 배분을 수반한다. 예를 들어 공사 관련 협상에서 시공업자와 토지 소유자는 공간 배분에 관심을 둔다. 가사 관련 상황에서 룸메이트는 집안일의 배분에 관심을 둔다. 연봉협상에서 직원과 관리자는 돈의 배분에 관심을 둔다. 직원은 더 높은 보수를 원하지만 관리자는 부서별 비용을 제한한다. 모든 시나리오에서 당사자는 각자 원하거나 응당 받을 만하다고 생각하는 자원을 얻기 위해 협상한다.

승리에의 집중

분배적 협상의 주요 목표는 이기는 것이다. 공사 협상에서 시공업자와 토지 소유자는 사업을 완수하는 데 얼마의 공간이 필요한지에 대해 상이한 관점을 가진다. 양쪽 당사자는 공간이 제한된 자원임을 인지하고, 자신이 내건 조건대로 이기려 한다. 토지 소유자는 제한된 공간을 이용가능하게 하면 이 공간을 높은 가격에 팔 수 있다고 생각한다. 시공업자는 남은 공간을 저렴한 가격에 구입할 수 있어야 한다고 생각한다.

집안일과 관련된 가사 상황에서 룸메이트는 상대가 더 많은 집안일을 맡도록 하거나 상대가 달갑지 않은 집안일을 맡도록 함으로써 이기게 된다. 이때 분배될 한정된 파이는 2가지다. 집안일을 할 수 있는 사람의 수와 반드시 완수해야 하는 집안일 유형이다.

각 당사자는 승리하기 위해 협상 중에 자신의 이해관계를 숨기기도 한다. 이 이해관계를 밝히면 질 수도 있기 때문이다. 상대가 자신의 주요 이해관계를 알면 이 정보가 불리하게 쓰일 수도 있다. 또한 당사자는 특정 대안이 다른 대안에 비해 나아보일 때 협상 중에 교섭할 수도 있다. 예를 들어 두 룸메이트 모두 화장실 청소를 싫어하면 화장실 청소를 포함하지 않는 가사를 위해 교섭을 시도할 것이다.

한계의 개념

분배적 협상에서 양쪽 당사자는 협상 조건을 한계로 인식한다. 어느 쪽도 협상 조건의 상한 또는 하한을 이탈하려 하지 않는다. 양측은 이 범위 내에서 이익을 얻으며 조건이 높을수록 한쪽 당사자는 더 많은 이익을 얻는다.

주택 매매를 협상할 때 구매자와 판매자는 한계를 가진다. 구매자가 지불하고자 하는 최대 가격이 판매자가 수락하고자 하는 최소 가격이거나, 판매자가 아예 받아들일 수 없는 가격일 수도 있다. 구매자가 지불하고자 하는 최대 가격은 판매자가 수용할 수 있는 가격의 범위 내에 있으므로 각 당사자는 범위 내에서 협상하려 할 것이다. 예를 들어 판매자는 집을 30만 달러에 내놓았지만 매매가를 27만 5천 달러까지 낮출 의향이 있다. 구매자는 26만 달러에 집을 사기를 원하지만 융통성을 발휘해 28만 5천 달러까지 지불할 용의가 있다. 이때 달러 가치는 각 당사자에게 한계로 인식되며 쌍방은 정해진 조건의 상한을 넘거나 하한 아래로 내려가려 하지 않는다. 판매자는 집을 27만 5천 달러 미만에 팔기를 원하지 않고, 구매자는 28만 5천 달러 이상을 지불해 집을 사려 하지 않을 것이다. 쌍방은 이 범위 내에서 이익을 얻을 수 있으나 판매자가 27만 5천 달

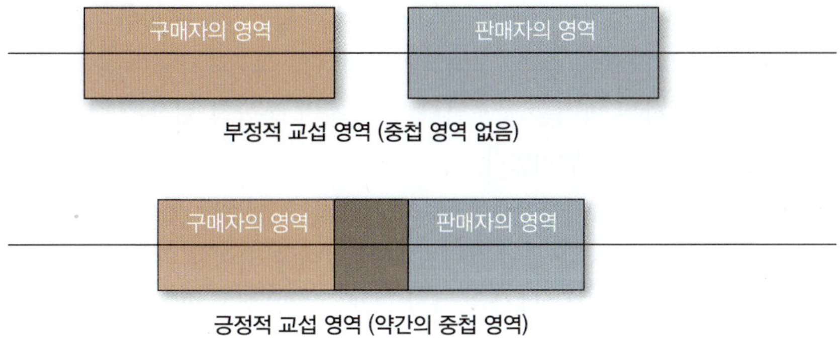

그림 16-2 교섭 영역

러 이상을 받거나 구매자가 28만 5천 달러 이하를 지불할 경우 해당 당사자가 더 많은 이익을 획득한다.

교섭 영역의 틀

교섭 영역의 틀은 협상자가 선호하는 어떤 지점 또는 숫자(예: 275,000달러 이상 또는 285,000달러 이하)가 있음을 가정한다. 이 지점을 유보점이라 부른다. 각 당사자의 유보점은 **교섭 영역**의 투입이 되며, 교섭 영역은 양쪽 당사자가 합의하지 않는 것보다 합의하는 게 더 바람직한 해결책의 범위를 포함한다. 이는 쌍방이 수용할 수 있는 가격 범위가 중첩되는 영역을 나타낸다. 최종 합의는 각 당사자의 가격 범위 사이에서 이루어진다.

어떤 경우, 교섭 영역은 긍정적이다. **긍정적 교섭 영역**에서 협상자들이 받아들일 수 있는 입장이 겹친다. 예를 들어 직원의 연봉인상 교섭 범위가 3~6%이고 회사의 연봉인상 교섭 범위가 1~5%인 경우, 긍정적 중첩 영역은 3~5% 사이이다. **부정적 교섭 영역**에서는 겹치는 부분이 없다. 따라서 양쪽 당사자가 받아들일 수 있는 해결책이 부재한다(그림 16-2 참조). 가령 직원의 연봉인상 교섭 범위가 3~6%이고 회사의 연봉인상 교섭 범위가 0~2%인 경우, 긍정적 중첩 영역이 부재하므로 협상자들은 다른 대안을 강구해야 한다.

통합적 협상

분배적 협상이 자동차 가격 같은 단일 쟁점에 치중한다면 **통합적 협상**은 자동차 가격, 서비스 지원, 금융 등 복수의 쟁점에 치중한다. 여러 쟁점이 걸려 있어도 협상 당사자들이 언제나 통합적 결과물을 얻는 것은 아니다. 통합적 협상에 관여하는 협상자들은 협상 테이블에 제안된 다양한 쟁점에 각자의 상대적 선호도나 이해관계를 진단하고, 각자의 이해관계와 우선순위가 쟁점마다 다를 수 있다고 생각한다. 이 과정에서 각 협상자는 자신을 위한 가치를 추가 또는 창출하기 위해 트레이드오프를 하고, 각자 합의에 도달하지 않는 것보다 낫다고 판단할 때 최종 합의가 도출된다. 따라서 통합적 협상

교섭 영역(Bargaining zone)
양쪽 당사자 모두에게 합의하지 않는 것보다 합의하는 것이 더 바람직한 해결책의 범위

긍정적 교섭 영역 (Positive bargaining zone)
협상자가 받아들일 수 있는 입장이 겹치게 되는 경우 존재하는 영역

부정적 교섭 영역 (Negative bargaining zone)
협상자들이 받아들일 수 있는 입장이 겹치지 않으며 양측 모두가 받아들일 수 있는 해결책이 부재하는 영역

통합적 협상 (Integrative negotiations)
'파이를 확대'하기 위해 복수의 쟁점에 초점을 두고, 양측 모두를 만족시키는 대안 해결책을 적극 추구하는 협상

은 당사자의 목표 달성이 상대의 목표와 부딪치지 않는 활동들을 포함한다.

통합적 협상도 자원의 배분, 승리, 한계, 교섭 영역을 내포하지만 통합적 협상은 적극적으로 파이를 확대하는 방식을 강조한다. 성공적인 통합적 협상은 당사자들 간의 강력한 신뢰와 협조할 의향에 달려있다.

고객과 판매원은 자동차 가격을 놓고 불일치를 보일 수 있지만 협상에 다른 쟁점(예: 보증금, 서비스 지원, 금융 조건)을 추가하면 교착 상태를 초래할 확률이 적고 의견 일치를 볼 수 있다. 예를 들어, 긴축예산을 가진 고객은 지불해야 할 보증금 액수가 적거나 연장보증 서비스가 제공되는 경우 더 높은 가격에 차를 구입하는 데 동의할 것이다. 넉넉한 판매 커미션을 받고자 하는 자동차 판매원은 고객이 연장보증 서비스를 구입하거나 제조업자를 통해 자금을 융통할 의사가 있을 때 더 낮은 가격에 자동차를 판매하는 데 동의할 것이다. 협상에 보증금, 서비스 지원, 금융 조건을 추가하면 협상 파이가 확대되고 합의에 도달할 더 많은 기회가 창출된다.

협상에 쟁점을 추가하려면 협상자는 쟁점이나 쟁점에 대한 입장뿐만 아니라 각자의 이해관계의 정보를 공유하고 정직하게 소통해야 한다. 직원은 자신의 연봉이 생활비에 맞지 않는다고 밝혀야 한다. 관리자는 해당 부서의 예산이 제한되어 있음을 인정해야 한다. 이러한 정보 공개는 당사자들이 이해관계를 의식하면서도 스스로를 위해 가치를 창출하는 방식을 브레인스토밍할 수 있다.

통합적 협상을 하는 동안 각 당사자는 트레이드오프를 한다. 트레이드오프를 한다해서 당사자가 이해관계를 양보해야 한다는 뜻은 아니다. 오히려 공동의 문제해결 환경을 유지하면서 다수의 쟁점에 각자 이해관계의 우선순위를 매겨야 한다. 가령 직원은 더 유연한 근로 일정이 허용되면 더 작은 연봉인상을 수락할 수 있다.

효과적 협상

능숙한 협상자는 교섭 과정에 바로 착수하지 않고 준비 과정을 거친다. 협상이 시작되기 전에 모든 당사자의 이해관계, 우선순위, 대안을 평가한다. 연봉인상 관련 협상에서 협상자는 다음과 같은 질문을 할 수 있다. "내가 존중 받는 직원인가? 내 상사의 이해관계는 무엇인가? 연봉인상을 받지 못하면 어떻게 할 것인가?"

협상 준비

협상자는 상대로부터 수락하고자 하는 최저의 제안은 물론 협상이 교착 상태로 귀결될 경우 행동방안을 자체적으로 평가함으로써 협상을 준비한다. 또한 협상자는 상대가 지불하고자 하는 최고의 금액뿐 아니라 현재 협상이 교착 상태로 귀결될 때 상대가 무엇을 할지를 진단함으로써 협상을 준비한다.

통합적 협상에서, 이 가치는 관련 쟁점 전부를 포함해야 한다. 협상자는 여러 이해관계와 상대의 이해관계를 파악해야 한다. 경력을 쌓다 보면 성과평가를 받고 연봉인상 협상에 관여한다. 대부분의 협상이 잘 풀려도 직원은 회사가 제공하는 액수보다 더 높은 인상을 받을 자격이 있다고 생각한다. 협상자는 이 상황에 대비해야 한다. 다음의 9단계는 협상 과정의 성공에 중요하다.

1단계: 자신의 BATNA 평가하기

협상 준비의 첫 단계는 **협상안에 대한 최선의 대안**(BATNA)을 진단한다. 현재 협상이 결렬되면 무엇을 해야 할지 자문해야 한다. 이것이 BATNA이며, 협상이 교착상태로 귀결될 때 협상자가 취하는 행동방안을 뜻한다. BATNA를 인지하면 최종 제의를 수락하거나 다른 대안을 강구할 수 있다. BATNA를 평가하려면 3단계를 따라야 한다.

- 상대와 합의에 도달하지 못하면 구할 수 있는 모든 대안을 파악한다. 다른 제안을 가지고 있는가? 직무 없이 얼마나 오래 견딜 수 있는가?
- 각 대안과 관련된 가치를 추정한다.
- 최선의 대안을 선정한다.

2단계: 유보가치 계산하기

협상 준비의 두 번째 단계는 **유보가치**를 계산하는 것이다. 자신이 수락할 용의가 있는 최저의 제안이 무엇인지 자문한다. 유보가치는 대안을 현실적으로 평가한 결과를 바탕으로 한다. 이 시점에서 협상자는 제안을 수락하는 것과 BATNA를 추구하기 위해 제안을 거절하는 것의 차이에 무관심하다. 연봉협상에서 당사자가 현실적으로 3~6% 연봉인상을 협상할 수 있다고 생각하면, 유보가치는 이 범위에 해당해야 한다. 당사자가 위험 회피형이면 유보가치는 3%일 수도 있다. 위험 추구형이면 유보가치는 5%일 것이다.

3단계: 상대의 BATNA 평가하기

협상 준비의 세 번째 단계는 상대의 BATNA를 평가한다. 협상이 결렬될 경우 상대가 무엇을 할지 자문해본다. 연봉인상 합의가 불가능하고 다른 곳에서 직업을 구하기로 했을 때 회사는 적격의 대체자를 찾을 때까지 당사자의 사업 또는 지위를 유보한다. 그러나 회사에서 빠듯한 마감이 걸린 사업을 완수하는 데 적합한 후보자를 찾기 어려울 수 있다. 따라서 회사는 연봉인상을 협상하는 데 더 관심을 둘 수 있다.

4단계: 상대의 유보가치 계산하기

협상 준비의 네 번째 단계는 상대의 유보가치를 계산한다. 회사의 유보가치를 평가하려면 직원에게 보통 주어지는 인상 범위를 조사하고 이 범위의 중간점을 결정해야 한다. 예를 들어 연봉인상의 정규 범위가 1~5%라면 중간점과 회사의 유보가치는 3%로 결정할 수 있다.

협상안에 대한 최선의 대안
(Best alternative to a negotiated agreement, or BATNA)
협상이 교착상태에서 끝나는 경우 당사자가 취하는 행동방안

유보가치(Reservation value)
협상자가 받아들일 용의가 있는 가장 낮은 제안. 이 시점에서 협상자는 제시된 제안을 수락하는 것과 자신의 BATNA를 추구하기 위해 제안을 거절하는 것의 차이에 무관심하다.

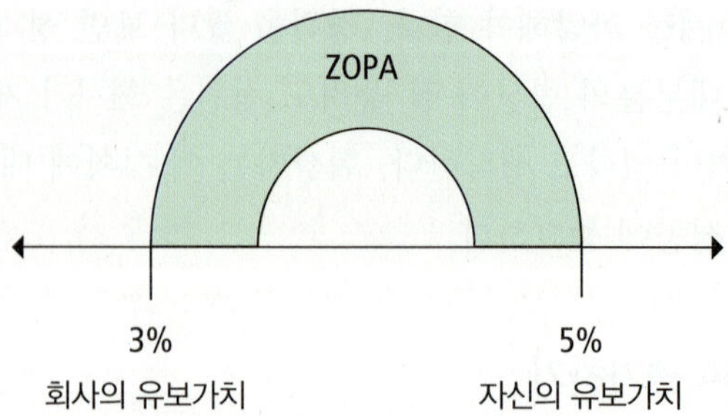

그림 16-3 합의 가능 범위

5단계: ZOPA 평가하기

협상 준비의 다섯 번째 단계는 **합의 가능 범위**(ZOPA)를 평가한다. ZOPA는 양쪽 당사자의 유보가치 간에 존재하는 영역이다. 이 범위에 속하는 어떤 지점이든 쌍방이 합의할 수 있는 최종 협상안일 수 있기 때문에 합의 가능 범위는 모든 잠재적 합의를 포함하지만 한쪽이 이 범위 밖에 있는 지점을 거절할 수도 있다. 따라서 상대의 유보가치에 가까우면서 가능한 한 높은 제안에 합의해야 하지만 상대는 가능한 한 낮은 안에 합의하기를 원할 것이다. [그림 16-3]은 연봉인상 시나리오의 ZOPA 예시를 강조한다. 협상 준비의 다음 4단계는 협상에 통합 잠재력이 있는지에 대한 평가를 포함한다.

합의 가능 범위
(Zone of possible agreement, or ZOPA)
양쪽 당사자가 수락할 수 있는 가능한 모든 합의안. ZOPA는 한쪽의 유보가치와 상대의 유보가치 사이에 존재하는 공간이다.

6단계: 복수의 이해관계 파악하기

상대가 제공하고자 하는 것 중에 자신이 중시하는 것이 무엇인지 자문한다. 예를 들어 연봉 협상 외에도 보상적 휴가나 승진을 협상할 수 있다. 협상 목적은 까다롭게 구는 것이 아니라 당사자에게 보상을 제공하는 다양한 방식을 상대에게 제시한다. 회사가 연봉을 인상할 수 없다면 직원에게 장기 휴식이나 승진을 보장함으로써 동등한 만족감을 줄 수 있고, 이는 양측에 모두 이득이다. 회사는 사칙에 예외를 허락하지 않고도 동기가 부여되고 재능 있는 직원을 보유하게 되고, 직원은 자신을 만족시키는 보상 패키지를 얻는다. 그러려면 양쪽 당사자는 초기 협상 입장을 초월해 각자의 입장의 바탕이 된 이해관계를 이해하려 한다. 이러한 이해를 통해 상대가 이루고자 하는 잠재적 트레이드오프를 파악할 수 있다.

7단계: 평가 시스템 구축하기

관련 쟁점을 나열하고 중요도에 따라 쟁점에 가중치를 부여할 수 있는 평가시스템을 구축한다. 100점부터 시작해 상대적 중요도에 비례해 연봉, 휴가, 승진에 걸쳐 점수를 배분할 수 있다. 여기서 중요한 요인은 모든 쟁점에 적용하는 척도를 통해 상대가 제시하는 패키지 제안을 평가하고, 신중하고 전략적으로 수정 제안을 구성할 수 있다.

8단계: 패키지 유보가치 계산하기

복수의 쟁점을 한꺼번에 포함하는 패키지 제안에 수락할 용의가 있는 최저 가치가 무엇인지 자문한다. 각 쟁점에 수락 가능한 최소 한계치를 가지고 있다면 한계치들을 조합한 것이 **패키지 유보가치**가 된다. 쟁점(예: 연봉, 휴가, 승진)의 유보가치를 가지는 대신 평가시스템을 이용해 평가한 제안의 총 가치를 나타내는 패키지 유보가치를 계산할 수도 있다.

9단계: 상대가 가진 복수의 이해관계 파악하기

협상 준비의 최종 단계는 상대의 여러 이해관계를 파악한다. 모든 협상에 당사자는 관심을 두지 않지만 상대에게는 매우 중요한 쟁점이 존재한다. 직원이 회사가 개발 중인 새로운 프로젝트에 무관심해도 회사는 해당 직원이 프로젝트를 감독하기를 원할 수 있다. 이때 직원은 회사에게 제안을 하고 그 대가로 유용한 것을 얻을 수 있는 입장이므로 이는 유리한 정보다.

합의에 도달하기

준비가 끝나면 협상을 시작해야 한다. 협상은 당사자와 상대가 이용하고자 하는 전략에 따라 완전히 분배적이거나 통합적일 수 있다. 모든 협상은 분배적 요소(자원의 배분, 승리에의 집중, 한계, 교섭 영역)를 내포하지만 모든 협상이 자기이익에만 호소해야 하는 것은 아니다. 합의에 도달하기 위해 협상 당사자는 **가치를 요구**할 뿐 아니라 각자 **가치를 창출**하기 위해 노력해야 한다.

가치 요구

가치 요구는 분배적 과정이므로 협상자는 '파이를 나눌 수 있는' 방법을 지속적으로 강구한다. 협상에서 가치를 요구하려면 협상자는 어떻게 최대한을 달성할 수 있을지 자문해야 한다. 이 질문에 답하려면 협상자는 자신의 한계와 교섭 영역을 인지해야 한다.

가치를 요구하기 위해 각 당사자는 합의가 가능한 지점에 대한 상대의 인식에 영향을 미치려 한다. 협상 당사자는 제안된 합의가 합의 결렬보다 더 낫지 않다는 인상을 주어야 할 때도 있다. 각 당사자는 가치 요구를 위해 목표를 높게(혹은 낮게) 잡고, 최종 합의안이 자신의 이익을 극대화하기를 바란다. 양쪽 당사자는 상대의 요구를 낮추고 높은 요구를 달성하는 데 따르는 도전을 언급할 수 있다.

연봉 협상에서 직원은 목표 수준의 가치를 요구하기 위해 10% 연봉인상을 제안할 수 있다. 관리자는 예산 제약 때문에 요구를 받아들일 수 없을 때 목표 가치에 상응한 가치를 요구하기 위해 2% 인상을 제안할 수 있다. 그러면 양측은 2~10% 범위 내에서 교섭해 자신의 가치를 요구해, 어느 한쪽의 한계치에 부응하는 합의안이 해당 당사자의 승리임을 인정할 것이다.

패키지 유보가치(Package reservation value)
협상자가 패키지 제안에 대해 수락할 용의가 있는 최저의 가치

가치 요구(Claim value)
협상자가 자신의 입장에 대해 이익 또는 양보를 얻기 위해 시도하는 과정

가치 창출(Create value)
협상 중에 평가 가능한 기회나 쟁점을 확대하는 과정. 쟁점을 확대하면 각 당사자가 일정한 수준의 만족도를 달성할 확률이 더 높아진다.

다른 관점

까다로운 대화

불가피한 것을 미룬다. 누구나 불편한 대화를 회피하려 노력한 경험이 있을 것이다. 비즈니스 맥락에서 직원은 고객에게서 옷이 너무 불편하다는 말을, 원하는 상품이 늦는다는 말을, 공급업자는 서비스가 더 이상 필요하지 않다는 말을 들을 때가 있다. 이 대화가 까다롭기는 하지만 수월한 대화를 위해 적용할 수 있는 전략과 접근법이 있다. 이 전략에는 나쁜 소식을 가장 처음에 전하는 방법, 문제해결에 집중하는 방법, 피드백을 가능한 간단히 하는 방법 등이 포함된다.

1. 까다로운 대화를 수월하게 하기 위해 어떤 전략을 이용할 것인가?
2. 내가 경험한 까다로운 대화를 기술해보라. 상대의 입장에서 대화를 수월하게 하기 위해 어떤 전략을 실시했는가? 이를 올바르게 실시했는가? 그 대화에서 바꾸고 싶은 점은 무엇인가? 결과는 성공적이었는가?
3. 내가 목격한 까다로운 대화를 기술해보라. 상대가 이 대화에 어떻게 반응했는가? 대화를 시작한 사람은 어떤 전략을 이용했는가? 내가 그 입장이라면 어떤 점을 달리 하겠는가?

언제 첫 제안을 할지 혹은 첫 제안에 어떻게 응할지를 아는 것도 가치 요구의 중요한 측면이다. 협상에서 첫 제안을 제시하면 상대의 관심과 기대에 치중하는 숫자를 정할 수 있는 이점이 있으므로 협상의 최종 결과에 영향을 미칠 수 있다. 제15장에서 설명한 대로 첫 제안은 닻과 같다. 향후 수정제안은 이 초기 입장에 기초한다. 첫 제안을 제시하기로 결정하면 다음과 같은 지침을 고려해야 한다.

- 협상이 시작하기 전에 달성하고자 하는 결과물을 수립해 높지만 현실적인 목표를 설정한다. 보다 공격적 목표를 가진 사람은 더 수수한 목표를 가진 사람보다 유리한 결과를 달성한다.
- 상대가 수락하지 않을 것 같은, 즉 ZOPA 밖에 해당하는 제안을 제시한다. 이때 당사자의 목적은 상대가 ZOPA에 진입하도록 협상한다. 4% 인상이 표준이고 목표 인상이 6%인 경우, 상대가 6%에 가까운 수치에 합의하도록 10% 인상을 요구할 수 있다.
- 제안을 정당화하는 설명을 제공한다. 가령 연봉 협상 시 "내 업무의 질이 이 직무와 직위에서 요구되는 수준을 상회하므로 10% 연봉 인상을 제안한다"고 말할 수 있다.
- 상대와의 관계를 강화하면서 최선의 협상안을 도출할 수 있다. 연봉 협상 시 "내 요구가 예산에 영향을 미칠 수 있다는 것을 알지만 내가 이 부서와 회사에 기여하는 추가 가치가 그 비용을 능가할 것이라고 생각한다"고 말할 수 있다.

이따금 첫 제안은 아직 때가 이를 수도 있고 그 대가가 클 수도 있다. 따라서 상대의 유보가치에 대해 충분한 정보를 가졌을 때 첫 제안을 제시해야 한다. ZOPA의 충분한 정보를 갖지 않으면 더 많은 정보를 수집할 때까지 기다려야 한다. 어떤 경우에는 상대가 첫 제안을 제시할 것이다. 그때 다음과 같은 전략을 활용할 수 있다.

- 닻으로 기능할 수 있는 상대 제안을 무시한다. 그러면 닻을 언급하는 대신 대화 주제를 전환해 협상 주도권을 잡는다.
- 상대의 첫 제안을 이해하는 데 유용한 정보가 있는지 확인한다. 예산 제약이 있는가? 자신이 얼마나 좋은 성과를 냈는지에 대해 상대가 이의를 제기했는가?
- 높은 수정 제안을 제시한다. 상대의 제안과 내 제안 간의 편차를 좁히도록 노력해야 함을 암시한다.
- 제안을 거절하고 상대가 제안을 재고할 수 있는 시간을 준다.
- 요구사항을 충족하고 유보가치에 부합하는 경우 제안을 수락한다.

가치 창출

가치 요구는 이해관계의 교섭을 포함하지만 가치 창출은 가능한 한 모든 기회를 탐색하기 위해 당사자의 선호도나 이해관계를 신중히 평가하는 것을 포함한다. 가치 창출은 복수의 쟁점에서 교섭을 포함하는 통합적 과정이다. 가치 창출의 가능성은 대부분의 협상에 존재한다.

가치를 창출하는 합의는 협상자들 간의 관계를 강화하는 높은 수준의 합의를 이끌어낼 수 있다. 가령 회사는 지금 당장 직원 연봉을 올려줄 수 없지만 휴가 일수를 늘리면 직원을 똑같이 만족시킬 수 있다. 마찬가지로 직원은 다른 보상 패키지를 수락함으로써 회사가 사칙에 예외 사항을 허용할 필요 없이 회사를 만족시킬 수 있다. 가치를 창출하려면 다음과 같은 전략을 적용할 수 있다.

- 신뢰를 구축하고 정보를 공유한다. 그러려면 협상 당사자는 각자 요구의 기저에 깔린 실질적 이해관계 측면에서 자신의 요구에 대한 근거를 상대에게 설명해야 한다. 그러면 협상자는 이 요구를 충족할 수 있는 대안을 탐색할 수 있다. 투명성 부족은 협상 중에 흔하므로 협상자는 앞으로의 관계를 강화하는 데 있어 개방 토론의 필요성을 강조할 수 있다.
- 질문을 제기한다. "얼마만큼의 손해를 볼 수 있는가?" 혹은 "얼마의 비용이 들 것인가"와 같은 간단한 질문을 물을 수 있다. 어떤 경우 당사자들은 이해관계를 완전히 공개하지 않을 수 있다. 그러면 협상을 시작하기 전에 상대로부터 무엇을 필요로 하는지 진단하고, 정보를 수집하는 데 필요한 질문을 제기한다.
- 전략적으로 정보를 공개한다. 질문에 대한 상대의 답변이 유용하지 않으면 일부 정보를 공개하되 BATNA를 공개하지 않는다. 정보를 전략적으로 공개해 이루고자 하는 거래에 집중한다.
- 패키지 제안과 다수의 제안을 동시에 제시한다. 협상자가 한 가지 제안만 제시하고 거절당할 때 첫 제안을 제시하기 전보다 상대의 우선순위를 알게 되는 정보가 적을 수밖에 없다. 따라서 협상자는 모든 쟁점을 설명하고 상대적 선호도를 비교하는 데 중점을 두어야 한다.

흔한 실수 방지하기

협상 준비에도 불구하고 수많은 협상자들은 효과적 협상을 저해하는 값비싼 실수를 저지른다. 당사자가 이해관계와 관련된 정보를 공개해도 상대는 그만큼 솔직하지 않을 수 있다. 상대는 가치 창출보다 가치 요구에 더 치중할 것이다. 이와 같은 행동은 신뢰를 훼손할 수 있다. 따라서 가장 효과적인 협상은 가치 요구와 가치 창출에 중점을 둔다는 것을 명심해야 한다.

제15장에서 설명한 편향과 가정의 교훈이 협상 과정에 적용될 수 있다(표 16-2 참조). 흔한 실수를 방지하기 위해 협상 과정을 시작하기 전에 준거틀을 이해해야 한다.

표 16-2 협상 중의 흔한 실수

협상 중의 흔한 실수	설 명
비합리적 몰입의 상승	특정 유형의 협상에서 한쪽 당사자가 초기 행동방안에 비효율적으로 몰입하는 경우가 있다. 이 행동은 지각 및 판단 편향을 초래하고, 협상자로 하여금 실패를 인정하지 않거나 일관적으로 보이고 싶어 한다는 이유로 비합리적 의사결정을 내리게 한다.
닻 내림과 조정	모든 유형의 협상에서 한쪽 당사자는 첫 제안을 제시해야 한다. 대부분 좋은 대안이나 높은 권력을 가진 협상자는 부실한 대안이나 낮은 권력을 가진 협상자보다 첫 제안을 제시할 확률이 더 높다. 첫 제안은 협상에 닻을 내리고 결과를 결정할 수 있는 권한을 가진다.
프레이밍	대안이 제시되는 방식은 협상자가 대안의 가치를 지각하는 방식을 변화시킬 수 있다.
정보 가용성	효과적으로 협상을 분석할 수 있는 개인의 능력에 결정적일 수 있다. 따라서 협상자는 대안, 이해관계, 우선순위를 평가할 때 신뢰할 만한 정보가 아니라 이용가능한 정보를 활용함으로써 비교적 덜 만족스러운 합의에 도달할 수 있다.
협상자 과신	협상자는 판단과 선택에 부풀려진 자신감을 갖는다.

어떤 상황에서 협상자는 한 당사자의 이해관계가 상대의 이해관계에 상충함을 전제로 한다. 협상자는 다수의 쟁점이 걸려 있고 각 당사자가 중시하는 쟁점이 다를 때도 가장 큰 파이 조각을 얻기 위해 분투한다. 어떤 협상은 승리에의 지나친 집착과 상호이익적 트레이드오프를 간과하기 때문에 통합적이 되지 못한다. 이때 당사자는 이해관계가 경쟁적이기보다 양립할 수 있음을 깨닫지 못한다.

어떤 협상에서는 협상자가 낮은 제안을 제시하고 상대가 이를 즉각 수락한다. 이를 '승자의 저주'라 부른다. 첫 제안을 한 협상자는 제안이 수락되면 기뻐하겠지만 상대가 더 많은 정보를 보유한 덕분에 기대보다 더 나은 결과를 얻었을 수도 있다.

언제 자신의 BATNA를 시행할지 인지하기

이따금 협상자는 합의에 도달하지 못할 수 있다. 그러면 협상자는 BATNA가 상대가 제시할 수 있는 제안보다 나은지, BATNA를 실시하는 것이 최선의 전략인지 결정해야 한다. 결렬이 최선의 결과인지 결정하려면 다음과 같은 징후를 찾아내야 한다.

1. 상대에게 다른 제안을 알려주었을 때 이 대안의 가치에 부응하거나 보다 높은 가치를 제시할 수 없다.
2. 상대가 나의 요구에 맞추는 대신 내가 가진 이해관계가 내가 생각하는 것과 다름을 설득하려 한다.
3. 상대가 정보 교환, 관계 구축, 합의안을 구상하는 것보다 협상을 연장하는 데 더 관심을 보인다.
4. 최선을 다했음에도 상대가 나의 질문에 답하지 않고, 나의 필요나 이해관계에 궁금해 하지 않는다.

효과적 협상을 하려면 협상 효과성을 지지하고 저해하는 요인들을 고려해야 한다. 효과적 협상을 위해 나의 이해관계뿐 아니라 상대의 이해관계를 고찰해야 한다. 마찬가지로 상대도 나의 이해관계를 고려해야 한다. 신뢰할 정보를 상호 교환하지 않는 한 합의에 도달하기 어렵다. 이 조건에서는 ZOPA가 존재하지 않는다. ZOPA가 부재한다면 "그렇게 합시다"에 이르는 대신 BATNA를 실시해야 한다.

조정과 중재

위 방법들이 모두 실패하고 협상을 둘러싼 감정 때문에 각 당사자가 제3자, 즉 **중간자** 혹은 **중재자**와 협의해야 할 때가 있다. 중간자는 최종 결정을 내리는 사람이 아니라 쌍방이 합의할 수 있는 공통점을 찾을 수 있도록 각 당사자를 돕는 사람이다. 유능한 중간자는 양측과 친밀감과 신뢰를 구축하고 창의적 브레인스토밍에 관여하며 성급한 결론을 내리지 않도록 한다.

중재자는 양쪽 당사자가 교착상태에 있을 때 최종 결정을 내린다. 판사와 같은 역할을 하는 중재자는 불일치에 대한 양쪽 의견을 경청하고 양쪽 주장을 근거로 최종 결정을 내린다. 대부분 중재안은 구속력을 지닌다. 즉 양쪽 당사자는 중재자의 결정을 지지하고 준수함에 동의한다.

문화 간 협상

협상에 관여한 두 사람은 이해관계, 우선순위, 대안을 협상 테이블에 올린다. 여기에는 각자의 문화도 포함된다. 협상 시 문화적 차이는 각 협상자가 왜 현재의 입장을 취했고, 어떤 쟁점이 왜 다른 쟁점보다 우선순위가 높으며, 어떤 전략을 이용할지에 영향을 미칠 수 있을 정도로 중요하다. 특히 협상전략은 개인주의 대 집단주의, 평등 대 위계, 저맥락 대 고맥락 소통규범 등 3가지 주요 문화적 가치에 따라 다양하다.

개인주의와 집단주의

개인주의와 집단주의는 개인의 필요를 집단의 필요보다 우위에 놓는 문화와, 집단의 필요를 개인의 필요보다 우위에 놓는 문화를 각각 의미한다. 개인주의 문화(예: 미국, 영국, 캐나다, 이탈리아, 덴마크)는 개인의 자율성을 중시하므로 개인의 업적을 보상하고 개인의 권리를 보호한다. 집단주의 문화(예: 브라질, 그리스, 멕시코, 홍콩, 파키스탄)는 집단 구성원의 상호의존성을 중시하므로 집단에 대해 보상하고 개인의 권리보다 집단의 이익을 지지한다.

평등과 위계

평등과 위계는 차별화된 사회적 지위를 강조하는 위계 문화와 그렇지 않은 평등 문화를 각각 의미한다. 따라서 위계 문화 배경을 가진 사람(예: 중국, 터키, 일본, 브라질)은 협상 중에 상대에 대립하는 것이 높은 지위에 있는 사람을 비존중하는 행동일 경우

중간자(Mediator)
최종 결정을 내리는 사람이 아니라, 양쪽 당사자가 합의할 수 있는 공통점을 찾을 수 있도록 돕는 사람

중재자(Arbitrator)
양쪽 의견을 경청하고 양쪽의 주장을 근거로 최종 결정을 내리는 사람

꺼리는 경향이 있다. 평등 문화 배경을 가진 사람(예: 이탈리아, 스페인, 프랑스, 덴마크, 그리스)은 BATNA 개념뿐 아니라 대립에 더 익숙하므로 협상자가 원하는 대로 지위를 향상할 수 있다.

저맥락과 고맥락 소통규범

저맥락과 고맥락 소통규범은 직접 소통하는 것을 선호하는 저맥락 문화와 간접적인 소통을 선호하는 고맥락 문화를 각각 의미한다. 저맥락 문화권(예: 독일, 스칸디나비아, 스위스, 미국)에서는 정보가 명시적이고 의미가 명확하다. 대개 의미하고자 하는 바를 직접적으로 말한다. 고맥락 문화권(예: 아랍에미리트, 프랑스, 일본, 인도, 러시아)에서는 정보가 메시지 맥락에 내포되어 있고, 그 의미가 이해되려면 추론이 필요하다. 이 상황에서 개인은 자신이 의미하는 바를 명시하지 않을 수 있다. 한쪽 당사자가 메시지의 의도를 완전히 이해하기 위해 질문을 해야 한다.

이러한 차이 때문에 협상전략은 문화적 차이를 고려해 수정 및 확장되어야 한다. 따라서 문화 간 협상에서 협상자는 점진적으로 진행하고, 상대에 대해 어떤 전략이 효과적인지 각자의 가정을 검증하며, 목표를 달성하기 위해 전략을 수정해야 한다. 다른 문화적 배경을 가진 당사자와 가장 효과적으로 협상하는 방법을 파악할 때 다음과 같은 핵심 질문이 유용하다.

- 관계를 형성하는 것이 목표인가, 계약을 성사시키는 것이 목표인가?
- 소통의 본질이 직접적인가, 간접적인가?
- 공식적 유형과 비공식적 유형 중에 무엇이 가장 효과적인가?
- 의사결정이 얼마나 시간에 민감한가?
- 일반적 지침을 위한 합의인가, 특수한 지시를 위한 합의인가?
- 의사결정이 하향식인가, 상향식인가?

요약

갈등은 개인(또는 집단)의 이해관계, 관점, 행동이 다른 개인(또는 집단)과 명백히 다른 경우 발생하는 정서적 또는 인지적 반응이다. 갈등은 파괴적이면서 건설적이므로 2가지 유형의 갈등을 지지하거나 저해하는 요인을 이해하는 것이 특히 중요하다. 차이의 본질과 그 근거가 되는 요인을 이해하고, 효과적으로 의사소통하며, 갈등에 관여한 개인과 집단의 이해관계를 고려한 행동방안을 개발함으로써 관리자는 어떤 유형의 갈등도 효과적으로 관리할 수 있다.

동일 집단의 구성원 간에 발생하는 갈등을 대인 갈등이라 한다. 대인 갈등은 2명 이상의 개인이 공통된 목표를 달성하기 위해 협력해야 할 때 상호의존성 때문에 출현한다. 당사자의 이해관계나 관점이 일치하지 않으면 갈등이 발생할 수 있다. 다른 집단의 구성원 간에 발생하는 갈등은 집단갈등이라 부른다. 집단갈등이 확대되는 2가지 이론은 사회 정체성 이론과 현실적 갈등 이론이다. 사회 정체성 이론에 따르면, 집단 구성원은 타 집단의 부정적 측면을 찾아냄으로써 이미지를 제고하려 하므로 갈등이 발생한다. 현실적 갈등 이론에 따르면 제한된 자원에의 접근이 갈등을 유발하고 한 집단이 타 집단에 대항해 더 강력히 응집한다.

인지적(또는 과업 관련) 갈등은 개인이 각자 다른 이해관계, 관점, 신념을 이용할 때 긍정적이거나 생산적 결과를 유도할 수 있다. 그러나 미결로 남은 갈등은 치명적이고 의사결정, 창조성, 의사소통의 효과성을 제한할 수 있다. 과업이 아니라 개인을 향한 갈등을 정서적 갈등이라 하며, 이는 집단이 효과적으로 협업할 수 있는 능력을 저해한다.

갈등을 관리하는 데는 회피, 타협, 협조 등 다양한 방법이 있다. 관리자는 가장 적합한 행동방안을 결정하기 위해 주어진 상황을 진단해야 한다. 복수의 개인 또는 집단 간의 불일치를 해결할 수 있는 한 방법은 양쪽 당사자 입장과 이해관계를 개괄한다. 그러면 분쟁에 관여한 개인은 공통점을 찾아낼 수 있다. 이따금 불일치가 수월하게 해결되지 않고, 양쪽 당사자는 협상의 공식적 과정에 의지해야 한다. 협상의 2가지 주요 유형은 분배적 협상과 통합적 협상이다. 분배적 협상은 개인의 승리가 타인의 패배임을 전제로 한 단일 쟁점 협상이다. 통합적 협상은 양쪽 당사자가 일정 수준의 승리 또는 만족을 얻을 수 있는 가능성을 가진 복수의 쟁점에 집중한다.

효과적 협상을 위해 협상자는 협상이 시작되기 전에 각 당사자의 이해관계, 우선순위, 대안을 평가해야 한다. 유능한 협상자는 가치를 요구하는 법과 가치를 창출하는 법을 이해한다. 또한 복수의 쟁점을 동시에 협상하고 모든 기회를 탐색하는 것의 장점을 이해하고 협상테이블에 더 이상 남은 자원이 없도록 한다. 유능한 협상자는 원래 입장에 지나치게 몰입하거나, 첫 제안을 성급히 수락하거나, 협상에 기여하는 가치를 과신하는 등 실수를 방지한다.

협상의 유형과 방법은 특정 지역 또는 국가 내에서 중요한 문화적 가치에 따라 다양하다. 예를 들어 평등한 문화 배경을 가진 개인은 대립에 더 개방적인 데 비해, 위계적 문화 배경을 가진 개인은 직접적 대립을 불편해 한다. 국경을 초월한 협상에서 협상자는 영향을 미칠 수 있는 문화적 함의를 이해해야 한다.

주요 용어

가치 요구(Claim value)
가치 창출(Create value)
갈등(Conflict)
교섭 영역(Bargaining zone)
긍정적 교섭 영역(Positive bargaining zone)
대인 갈등(Interpersonal conflict)
부정적 교섭 영역(Negative bargaining zone)
분배적 협상(Distributive negotiations)
사회 정체성 이론(Social identity theory)
유보가치(Reservation value)
이해관계(Interests)
인지적 갈등(Cognitive conflict)
입장(Position)
쟁점(Issue)
정서적 갈등(Affective conflict)
중간자(Mediator)
중재자(Arbitrator)
집단 갈등(Intergroup conflict)
집단사고(Groupthink)
축소(De-escalation)
통합적 협상(Integrative negotiations)
패키지 유보가치(Package reservation value)
합의 가능 범위(Zone of possible agreement: ZOPA)
현실적 갈등이론(Realistic conflict theory)
협상(Negotiation)
협상안에 대한 최선의 대안(Best alternative to a negotiatedagreement: BATNA)
확대(Escalation)

과제

토론 주제

1. 갈등 회피가 흔한 이유는 무엇인가?
2. 대인갈등과 집단갈등의 차이점을 설명하라. 각 갈등 유형의 주요 원인은 무엇인가?
3. 사회 정체성 이론에 어떻게 영향을 받게 되었는지 떠올려보라. 소속 집단이나 팀의 충성도를 강화하는 계기가 되었던 활동이나 행동이 무엇이었는가? 이러한 종류의 동일시가 지니는 위험은 무엇인가?

4. 팀이 정서적 갈등이 아니라 과업 관련 갈등을 어떻게 촉발할 수 있는가? 집단은 어떤 방식으로 정서적 갈등을 감소시킬 수 있는가?
5. 분산적 협상과 통합적 협상의 차이점을 개괄하라.
6. 협상에서 자신의 입장을 먼저 제시할 때 장단점은 무엇인가?
7. 상대의 입장과 대안을 이해하는 것은 효과적 협상의 핵심이다. 당사자는 어떤 식으로 상대의 입장과 대안을 파악할 수 있는가?
8. 협상 중에 가치 창출과 가치 요구의 균형을 맞추는 방법은 무엇인가?
9. 과신은 어떻게 협상 결과에 영향을 미치는가?
10. 감정은 어떻게 협상 결과에 영향을 미치는가?

관리 연구

1. 내가 소속되었던 최고의 팀과 최악의 팀을 떠올려보라. 두 팀의 차이점은 무엇이었는가? 갈등이 어떻게 처리되었는가? 최악의 팀을 개선하기 위해 무엇을 할 수 있었을까?
2. 룸메이트, 친구, 형제(자매)와 의견이 달랐던 상황을 떠올려보라. 갈등에 직면했을 때 기본적인 입장이 무엇이었는가? 상대 입장을 수용하는 편인가, 자신의 입장을 강요하는 편인가?
3. 최근의 중요 구입 또는 의사결정을 떠올려보라. 예를 들어, 새 자동차, 새 컴퓨터, 새 핸드폰의 구입 등이다. 의사결정을 내릴 때 중요한 측면이 무엇이었는가(가격, 서비스, 기능 등)? 어떠한 트레이드오프를 할 의향이 있었는가? 어떻게 합의에 도달하거나 의사결정을 내렸는가?

현장에서

캠퍼스나 지역사회에서 한 조직을 선택해 갈등관리 및 해결 과정을 관찰하라. 그 갈등관리 과정에서 다음 사항을 살펴보라.

- 관계 당사자가 누구인가?
- 갈등을 야기한 쟁점은 무엇인가?
- 쟁점이 갈등을 야기한 이유는 무엇인가?
- 갈등이 어떻게 관리되었는가?
- 당사자가 갈등을 해결하기 위해 협상했는가? 그렇다면 어떤 협상 전략이 효과적이었는가?
- 갈등이 어떻게 해결되었는가?
- 이해관계자가 갈등 해결에 어떻게 반응했는가?
- 급우와 정리한 내용을 공유하고 이 장에서 설명한 개념 중 무엇을 관찰했는지 설명하라.

참고문헌

[1] Carsten K. W. De Dreu, "Productive Conflict: The Importance of Conflict Management and Conflict Issue," Using Conflict in Organizations, K. Carsten K. W. De Dreu and Evert Van de Vliert, eds. (London: Sage Publications, 1997).

[2] Carsten K. W. De Dreu, "Productive Conflict: The Importance of Conflict Management and Conflict Issue," Using Conflict in Organizations, Carsten K. W. De Dreu and Evert Van de Vliert, eds. (London: Sage Publications, 1997).

[3] M. E. Turner and A. R. Pratkanis, "Mitigating Groupthink by Stimulating Constructive Conflict," Using Conflict in Organizations, Carsten K. W. De Dreu and Evert Van de Vliert, eds. (London: Sage Publications, 1997).

[4] Carsten K. W. De Dreu, "Productive Conflict: The Importance of Conflict Management and Conflict Issue," Using Conflict in Organizations, Carsten K. W. De Dreu and Evert Van de Vliert, eds. (London: Sage Publications, 1997).

[5] Linda Babcock and Sara Laschever, Women Don't Ask: Negotiation and the Gender Divide (Princeton, NJ: Princeton University Press, 2003).

[6] Michel Anteby and Nitin Nohria, "Michael Fernandes at Nicholas Piramal," Harvard Business School Case No. 9-408-001, rev. December 18, 2008 (Boston, MA: HBS Publishing,2007).

[7] J. Richard Hackman, Leading Teams: Setting the Stage for Great Performances (Boston, MA: HBS Press, 2002).

[8] M. A. Korsagaard, S. S. Jeong, D. M. Mahony, and A. H. Pitariu, "A Multilevel View of Intragroup Conflict," Journal of Management, Vol. 34, No. 6, 2008, pp. 1222–1252.

[9] Nitin Nohria and Carlos Garcia-Pont, "Global Strategic Linkages and Industry Structure," Strategic Management Journal, Vol. 12, Summer 1991, pp. 105–124.

[10] Richard E. Walton, Managing Conflict: Interpersonal Dialogue and Third-Party Roles, 2nd edition (Boston, MA: Addison- Wesley, 1987), p. 3.

[11] M. A. Korsagaard, S. S. Jeong, D. M. Mahony, and A. H. Pitariu, "A Multilevel View of Intragroup Conflict," Journal of Management, Vol. 34, No. 6, 2008, pp. 1222–1252.

[12] M. A. Korsagaard, S. S. Jeong, D. M. Mahony, and A. H. Pitariu, "A Multilevel View of Intragroup Conflict," Journal of Management, Vol. 34, No. 6, 2008, pp. 1222–1252.

[13] Carsten K. W. De Dreu and Evert Van de Vliert, "Using Conflict in Organizations," Using Conflict in Organizations, Carsten K. W. De Dreu and Evert Van de Vliert, eds. (London: Sage Publications, 1997).

[14] Carsten K. W. De Dreu and Evert Van de Vliert, "Using Conflict in Organizations," Using Conflict in Organizations, Carsten K. W. De Dreu and Evert Van de Vliert, eds. (London: Sage Publications, 1997).

[15] Martin N. Davidson, "Managing Conflict in Organizations," University of V irginia Case No. UV0416 (Charlottesville, VA: Darden Business Publishing, 2001), p. 2.

[16] Richard E. Walton, Managing Conflict: Interpersonal Dialogue and Third-Party Roles, 2nd edition (Boston, MA: Addison- Wesley, 1987), p. 68.

[17] H. Tajfel and J. C. Turner, "The Social Identity Theory of Intergroup Behavior," Psychology of Intergroup Relations, Stephen Worchel and William G. Austin, eds. (Chicago, IL: Nelson-Hall Publishers, 1986).

[18] H. Tajfel and J. C. Turner, "The Social Identity Theory of Intergroup Behavior," Psychology of Intergroup Relations, Stephen Worchel and William G. Austin, eds. (Chicago, IL: Nelson-Hall Publishers, 1986).

[19] M. Sherif, O. J. Harvey, B. J. White, W. R. Hood, and C. W. Sherif, Intergroup Conflict and Cooperation: The Robbers Cave Experiment (Boston, MA: Houghton Mifflin, 1954/1961).

[20] M. Sherif, O. J. Harvey, B. J. White, W. R. Hood, and C. W. Sherif, Intergroup Conflict and Cooperation: The Robbers Cave Experiment (Boston, MA: Houghton Mifflin, 1954/1961).

[21] J. Dutton, S. Ashford, R. O'Neill, and K. Lawrence, "Moves that Matter: Issue Selling and Organizational Change," Academy of Management Journal, Vol. 44, 2001, pp. 716–736; and J. Dutton, and S. Ashford, "Selling Issues to Top Management," Academy of Management Review, Vol. 18, 1993, pp. 397–428.

[22] M. Sherif, O. J. Harvey, B. J. White, W. R. Hood, and C. W. Sherif, Intergroup Conflict and Cooperation: The Robbers Cave Experiment (Boston, MA: Houghton Mifflin, 1954/1961).

[23] Martin N. Davidson, "Managing Conflict in Organizations," University of Virginia Case No. UV0416 (Charlottesville, VA: Darden Business Publishing, 2001).

[24] Robert A. Baron, "Countering the Effects of Destructive Criticism: The Relative Efficacy of Four Interventions," Journal of Applied Psychology, Vol. 75, No. 3, 1990, pp. 235–245.

[25] Robert A. Baron, "Countering the Effects of Destructive Criticism: The Relative Efficacy of Four Interventions," Journal of Applied Psychology, Vol. 75, No. 3, 1990, pp. 235–245.

[26] D. G. Pruitt and J. Z. Rubin, Social Conflict: Escalation, Stalemate, and Settlement (New York, NY: McGraw-Hill, 1986).

[27] D. R. Peterson, "Conflict," Close Relationship, H. H. Kelley, E. Berscheid, A. Christensen, J. H. Harvey, T. L. Huston, G. Levinger, E. McClintock, L. A. Peplau, and D. R. Peterson, eds. (New York, NY: W. H. Freeman, 1983).

[28] Karen A. Jehn, "A Multimethod Examination of the Benefits and Detriments of Intragroup Conflict," Administrative Science Quarterly, Vol. 40, No. 2, 1995, pp. 256–282.

[29] C. Argyris, Interpersonal Competence and Org anizational Effecti v eness (Homewood, IL: Dorsey, 1962); and W. Evan, "Conflict and Performance in R&D Organizations," Industrial Management Review, Vol. 7, 1965.

[30] James A. Wall and Ronda R. Callister, "Conflict and its Management," Journal of Management, Vol. 21, No. 3, 1995, pp. 515–558.

[31] R. A. Baron, "Countering the Effects of Destructive Criticism: The Relative Efficacy of Four Interventions," Journal of Applied Psychology, Vol. 75, 1990; and R. S. Ross, "Conflict," Small Groups in Organizational Settings, R. Ross and J. Ross, eds. (Englewood Cliffs, NJ: Prentice Hall, 1989).

[32] M. E. Turner and A. R. Pratkanis, "Mitigating Groupthink by Stimulating Constructive Conflict," Using Conflict in Organizations, Carsten K. W. De Dreu and Evert Van de Vliert, eds. (London: Sage Publications, 1997).

[33] L. Thompson, Making the Team: A Guide for Managers (Upper Saddle River, NJ: Prentice Hall, 2000).

[34] L. Thompson, Making the Team: A Guide for Managers (Upper Saddle River, NJ: Prentice Hall, 2000).

[35] L. Thompson, Making the Team: A Guide for Managers (Upper Saddle River, NJ: Prentice Hall, 2000).

[36] Katsuhiko Shimizu and Michael A. Hitt, "Strategic Flexibility: Organizational Preparedness to Reverse Ineffective Strategic Decisions," Academy of Management Executive, Vol. 18, No. 4, November 2004, p. 52.

[37] R. J. Fisher, The Social Psychology of Intergroup and International Conflict Resolution (New York, NY: Springer-Verlag, 1990).

[38] James A. Wall and Ronda R. Callister, "Conflict and Its Management," Journal of Management, Vol. 21, No. 3, 1995, pp. 515–558.

[39] James A. Wall and Ronda R. Callister, "Conflict and Its Management," Journal of Management, Vol. 21, No. 3, 1995, pp. 515–558.

[40] Martin N. Davidson, "Managing Conflict in Organizations," University of V irginia Case No. UV0416 (Charlottesville, VA: Darden Business Publishing, 2001), p. 5.

[41] W. H. Schmidt and R. Tannenbaum, "Management of Differences," Harvard Business Review, November–December 1960.

[42] W. H. Schmidt and R. Tannenbaum, "Management of Differences," Harvard Business Review, November–December 1960.

[43] W. H. Schmidt and R. Tannenbaum, "Management of Differences," Harvard Business Review, November–December 1960.

[44] W. H. Schmidt and R. Tannenbaum, "Management of Differences," Harvard Business Review, November–December 1960.

[45] Whetten and Cameron identify four steps that should be taken to resolve conflict effectively: (1) establish superordinate goals, (2) communicate effectively, (3) generate solutions, and (4) formulate an actionplan. D. Whetten and K. Cameron, Developing Management Skills (Upper Saddle River, NJ: Prentice Hall, 2002).

[46] R. E. Walton and R. B. McKersie, A Behavioral Theory of Labor Negotiations: An Analysis of a Social Interaction System, 2nd edition (Ithaca, NY: ILR Press, Cornell University, 1991).

[47] Roy J. Lewicki, Stephen E. Weiss, and David Lewin, "Models of Conflict, Negotiation, and Third Party Intervention: A Review and Synthesis," Journal of Organizational Behavior, Vol. 13, 1992, pp. 209–252.

[48] Max Bazerman, J udgment in Managerial Decision Making, 6th edition (Hoboken, NJ: John Wiley & Sons, 2006).

[49] Max Bazerman, J udgment in Managerial Decision Making, 6th edi- tion (Hoboken, NJ: John Wiley & Sons, 2006).

[50] L. Thompson, The Mind and Heart of the Negotiator (Upper Saddle River, NJ: Prentice Hall, 2001).

[51] Max Bazerman, J udgment in Managerial Decision Making, 6th edi- tion (Hoboken, NJ: John Wiley & Sons, 2006).

[52] Roy J. Lewicki, Stephen E. Weiss, and David Lewin, "Models of Conflict, Negotiation, and Third Party Intervention: A Review and Synthesis," Journal of Organizational Behavior, Vol. 13, 1992, pp. 209–252.

[53] Michael Wheeler, "Negotiation Advice: A Synopsis," Harvard Business School Case No. 9-905-059, rev. June 2, 2009 (Boston, MA: HBS Publishing, 2005), p. 1.

[54] D. Malhotra and Max Bazerman, Negotiation Genius (New York, NY: Bantam Books, 2007).

[55] R. Fisher and W. Ury, Getting to Yes (New York, NY: Penguin Books, 1981).

[56] D. Malhotra and Max Bazerman, Negotiation Genius (New York, NY: Bantam Books, 2007).

[57] D. Malhotra and Max Bazerman, Negotiation Genius (New York, NY: Bantam Books, 2007).

[58] D. Malhotra and Max Bazerman, Negotiation Genius (New York, NY: Bantam Books, 2007).

[59] Max Bazerman and M. Neale, Negotiating Effectively (New York, NY: The Free Press, 1992).

[60] Max Bazerman and M. Neale, Negotiating Effecti vely (New York, NY: The Free Press, 1992); and Max Bazerman, Judgment in Managerial Decision Making, 6th edition (Hoboken, NJ: John Wiley & Sons, 2006).

[61] D. Malhotra and Max Bazerman, Negotiation Genius (New York, NY: Bantam Books, 2007).

[62] D. Malhotra and Max Bazerman, Negotiation Genius (New York, NY: Bantam Books, 2007).

[63] Ma x B aze rm an, J udg men t in Managerial Decision Making , 6th edition (Hoboken, NJ: John Wiley & Sons, 2006).

[64] D. Malhotra and Max Bazerman, Negotiation Genius (New York, NY: Bantam Books, 2007).

[65] Leigh Thompson and Reid Hastie, "Social Perception in Negotiation," Organizational Behavior and Human Decision Processes , Vol. 47, 1990, pp. 98–123.

[66] D. Malhotra and Max Bazerman, Negotiation Genius (New York, NY: Bantam Books, 2007).

[67] D. Malhotra and Max Bazerman, Negotiation Genius (New York, NY: Bantam Books, 2007).

[68] Roy J. Lewicki, Stephen E. Weiss, and David Lewin, "Models of Conflict, Negotiation, and Third Party Intervention: A Review and Synthesis," Journal of Organizational Behavior, Vol. 13, 1992, pp. 209–252.

[69] Stephen B. Goldberg, "Beyond Blame: Choosing a Mediator," Negotiation (Harvard Business School Publishing and the Program on Negotiation at Harvard Law School), January 2006.

[70] Roy J. Lewicki, Stephen E. Weiss, and David Lewin, "Models of Conflict, Negotiation, and Third Party Intervention: A Review and Synthesis," Journal of Organizational Behavior, Vol. 13, 1992, pp. 209–252.

[71] Jeswald W. Salacuse, Making Global Deals: Negotiating in the International Marketplace (Boston, MA: Houghton Mifflin, 1991).

[72] J. M. Brett, Negotiating Globally: How to Negotiate Deals, Resolve Disputes, and Make Decisions Across Cultural Boundaries (San Francisco, CA: Jossey-Bass, 2001).

[73] J. M. Brett, Negotiating Globally: How to Negotiate Deals, Resolve Disputes, and Make Decisions Across Cultural Boundaries (San Francisco, CA: Jossey- Bass, 2001).
[74] J. M. Brett, Negotiating Globally: How to Negotiate Deals, Resolve Disputes, and Make Decisions Across Cultural Boundaries (San Francisco, CA: Jossey- Bass, 2001).
[75] J. M. Brett, Negotiating Globally: How to Negotiate Deals, Resolve Disputes, and Make Decisions Across Cultural Boundaries (San Francisco, CA: Jossey- Bass, 2001).
[76] Jeswald W. Salacuse, Making Global Deals: Negotiating in the International Marketplace (Boston, MA: Houghton Mifflin, 1991), pp. 42–71.

제 17 장

팀 이끌기

학습목표

이 장을 공부한 후 다음을 할 수 있도록 한다.

- 팀과 작업집단을 구분하고 팀의 설립에 필수적인 핵심 요소들을 개괄하기
- 팀이 지닌 측면 및 특징들과 다양성이 팀의 성과에 어떻게 기여하거나 저해하는지 기술하기
- 팀 발달 단계와 팀 내 규범이 수립되는 방식을 개괄하기
- 팀이 어떻게 기능하고, 팀 구성원이 팀 목표 및 목적을 달성하기 위해 어떻게 상호작용하는지 설명하기
- 팀 유효성의 주요 측면을 정의하고, 팀 성과에 영향을 미치는 리더의 역할을 설명하기

장의 개요

자기성찰 M A N A G E M E N T

여러분은 팀워크에 어떻게 기여하는가?

팀은 공통된 목표를 달성하기 위해 사람들이 상호의존적으로 협력해야 하는 구체적 과업을 추구한다. 팀 성공은 집단적 행동을 통한 목표 달성을 위해 동기가 부여된 구성원, 서로에게서 배울 수 있는 능력, 건설적 업무관계를 구축할 의향에 달려있다. 팀에 공식적인 리더가 있어도 모든 구성원이 재능을 기여하고 팀 효과성에 책임을 져야 한다. 다음 진술문에 답변해 팀의 효과성에 어떻게 기여하는지 평가해보라.

1=전혀 아니다, 2=거의 아니다, 3=가끔 그렇다, 4=대개 그렇다, 5=항상 그렇다

1. 팀 구성원으로 일할 때 팀의 과제나 목적에 유념한다.
2. 구성원으로 일할 때 팀이 목표를 달성할 수 있도록 내가 가진 고유의 기술과 재능을 활용한다.
3. 가상적 팀의 일원으로 일할 때 팀 구성원과 의사소통하기 위한 기술을 이용하는 데 능하다.
4. 팀 구성원으로서 팀이 운용하는 규범을 준수한다.
5. 팀 구성원으로 일할 때 팀 구성원에게 내가 가진 지식을 공유한다.
6. 팀 구성원으로 일할 때 팀 구성원에게서 배우려고 노력한다.
7. 팀 구성원으로 일할 때 팀 구성원과 건설적 갈등에 관여한다.
8. 팀 구성원으로 일할 때 팀의 외부관계를 관리한다.
9. 팀 구성원으로 일할 때 경쟁 환경을 살펴본다.
10. 팀 구성원으로 일할 때 낙관적이고 칭찬하는 태도를 취해 긍정적 에너지를 창출한다.

나는 팀 구성원으로 일할 때 어떤 식으로 기여하는가? 나의 기여는 얼마나 효과적이며, 어떻게 팀에 유익한가?

서론

"팀에서 '나'라는 것은 없다." 코치와 팀 리더는 동료애를 조성하고 공통 목표를 향한 협업의 중요성을 강조하기 위해 이러한 표현을 자주 쓴다. 집단적 전문성과 모두의 노력이 없다면 팀이 성공할 수 없음을 전하기 위함이다. 수많은 연구에서 입증했듯 여러 복잡하거나 간단한 과업에 임할 때 개개인이 혼자 일하는 것보다 팀으로서 협력할 때 더 나은 성과를 낸다. 구성원 다수가 이 정서에 공감해도 "팀에서 '나'라는 것은 없다"지만 '나'는 분명히 있다고 반박하는 사람도 있을 것이다. 팀이 효과적이기 위해서는 팀을 결성한 이유인 집단적 목표나 과업뿐 아니라 개별 구성원의 욕구를 충족해야 한다.

개인이 팀의 일원이 되는 것을 선호하든 꺼리든 팀은 조직이 운영상 과업, 전략적 과업, 창조적 과업을 달성하기 위한 지배적 수단이다. 조직은 수많은 개인의 집단적 경험과 관점을 이용해 효과적으로 경쟁하고 변화하는 맥락과 상황에 잘 적응할 수 있다. 개인이 팀에 기여하는 다양한 기술과 관점을 통해 팀은 개별적 노력의 총합보다 더 우수

한 집단적 산출물을 낼 수 있다. 또한 팀은 개인이 설득, 협상, 합의 구축, 과정 관리 등 리더십 기술을 발휘할 수 있는 최초의 기회를 제공한다. 유능한 구성원이 될 수 있는 개인의 능력은 경력에 영향을 미칠 뿐 아니라 동료와의 관계에도 중대한 역할을 한다.

팀 단위로 업무를 수행하는 것은 조직과 조직에 속하는 개인 모두에게 중요하지만 대다수에게 이러한 업무 방식은 힘들다. 팀에서 경험하는 욕구 좌절은 개인적 갈등, 개별 과제, 신뢰 부족, 부실한 정보 교환, 무능한 리더십 등을 포함한다. 즉 팀 단위로 업무를 수행하는 것은 중요한 동시에 좌절감을 준다. 팀 구성원 만족과 조직 성과의 균형을 성공적으로 이룬 대표적인 두 기업이 Whole Foods와 Kyocera다.

Whole Foods의 팀워크와 Kyocera의 아메바 경영

Whole Foods는 340개의 지점을 운영하고 110억 달러 이상의 연간매출액을 낸다. 평방피트(약 0.09m^2) 당 이익을 기준으로 Whole Foods는 미국에서 가장 높은 수익을 내는 식료품 소매기업이다. Whole Foods의 성공은 미국에서 자연식품과 유기농식품을 식료품 업계에서 가장 급성장하는 분야로 만든 건강지향적 소비자들의 욕구를 충족시키는 능력 덕분이다. Whole Foods가 소비자에게 서비스를 제공해온 방법 중 하나는 개별 지점에 효과적인 팀을 유치하고 육성하는 것이다.

각 Whole Foods 지점에는 대략 8개의 팀이 해산물, 농산물, 제과 등 다양한 매장을 감독한다. 각 팀은 가격결정, 발주, 인사, 매장 내 승진과 관련된 의사결정을 책임진다. 각 팀은 노동생산력을 기준으로 평가되며, 회사는 매장 내 각 팀에 대해 노동시간 당 이익을 계산한다. 정해진 생산력 목표치를 초과한 팀은 다음달 월급에 보너스를 받는다. 또한 팀은 각자의 과거 생산력을 기준 삼아 스스로와 경쟁하고, 매장 내 다른 팀은 물론 회사의 유사 팀과 경쟁한다. Whole Foods에서 팀 성공은 향후 경력의 핵심 결정요인이다.

Rebecca Cook/Reuters/Landov

마찬가지로, 핸드폰이나 TV 등 각종 첨단기술 제품용 부품을 공급하는 일본 기업 Kyocera는 제조업무에 '아메바 경영'이라는 팀 중심 과정을 채택했다. Kyocera 창업주 이나모리 가즈오는 독립채산제를 이용하고 특정 업무 프로세스 및 수익성의 특정 요소를 책임지는 5~50명의 근로자로 구성된 소집단 단위로 제조공정을 나누어야 한다고 생각했다. 팀은 더 작은 규모의 하위 팀으로 분할되어 회사가 수익성에 더욱 정확한 관점을 발전시키도록 한다. 회사가 성장을 거듭할수록 아메바가 스스로 모습을 바꾸고 분할하는 것처럼 분할 과정이 더 이상 합리적이지 않을 때까지 지속된다. Kyocera는 71,000명 이상의 근로자를 보유한 회사로 확장되면서도 아메바 경영 프로세스를 통해 기업정신을 유지하면서 생산력을 자극할 수 있었다. Whole Foods처럼 Kyocera의 구성원도 성과 제고와 팀 내 또는 제조공정 내 다른 팀과의 협력에 보상을 받는다.

Whole Foods, Kyocera와 같은 기업은 개인이 개별적으로 일하는 것보다 팀 일원으로 일하는 것이 더 효율적이고 생산적이라는 전제 하에 기능한다. 두 기업 모두 1) 유의미하고 유형적인 성과 창출, 2) 팀 구성원의 학습능력, 변화적응 능력, 건설적인 협업 능력 개발, 3) 개인 성장 및 발달 기회 발굴 등 팀 유효성의 3가지 핵심요소를 가진 팀을 운영한다. 이 조직은 과업을 완수하기 위해 여러 팀 구성원의 통합 지식과 전문 능력을 이용하면 높은 바텀라인(bottom line) 성과뿐 아니라 혁신적이고 생산적인 업무 솔루션을 도출한다. Whole Foods나 Kyocera 같은 기업이 팀워크를 이용하는 성공적 노력에도 불구하고 팀이 언제나 유효하고 적절한 것은 아니다.

적합한 사례

Whole Foods의 팀워크와 Kyocera의 아메바 경영

1. Whole Foods는 팀에게 어떻게 권한을 부여하는가?
2. Whole Foods 경영진이 팀 성과를 평가하는 이유는 무엇인가?
3. Kyocera의 아메바 경영은 무엇인가?
4. 아메바 경영은 Kyocera 팀 성과에 어떻게 영향을 미치는가?

팀을 언제 이용하고 어떻게 조직하는지 아는 것은 관리자의 중요한 역할이다. 전화응대와 일정짜기 등 일부 과업은 개인이 혼자 처리하면 더 좋은 결과를 낼 수 있다. 이 상황에서 개인은 자신의 업무만을 담당하고, 상호책임성이라는 개념이 존재하지 않는다. 한편 어떤 과업은 최선의 결과를 달성하기 위해 2명 이상의 근로자가 협력해야 할 정도로 복잡하다. 특히 신제품 개발 계획과 같은 복수의 투입물을 요하는 복잡한 분야가 해당된다. 신제품개발팀은 고객에 대한 이해(마케팅 및 판매), 제조공정에 대한 이해(제조), 신기술 또는 Apple리케이션에 대한 이해(연구개발)를 가진 개개인으로 구성된다. 수많은 개인의 상호의존적 관점을 요하는 과업은 팀에 더 적합하다.

이 장은 팀 구조, 특징, 발달단계, 규범, 과정을 개괄하고 팀 유효성에 대한 모델을 제시한다. 우선 팀의 특징을 기술하고 팀 특징이 조직에 어떻게 내재하는지 설명한다. 이후 팀 발달과 팀 과정, 지속적으로 변화해 리더가 이해하고 적응해야 하는 역동적 요소를 기술한다. 마지막으로 관리자가 팀을 통해 최선의 결과를 낼 수 있는 방법을 설명한다. 또한 팀의 특수 목적을 소개하고, 다양성 쟁점, 참여 양상, 갈등관리를 포함한 팀 유효성의 기여 요인과 저해 요인을 탐색한다. 구성원과 리더는 팀 노력을 통해 양호한 결과물을 생성할 공동 책임을 짐으로써 팀 능력을 성장시키고, 모든 구성원에게 긍정적 학습경험을 증진시킨다. 따라서 조직생활에서 팀의 필수적인 역할을 이해해야 한다.

팀이란 무엇인가?

팀을 언제 어떻게 이용하는지 아는 것은 경영에 필수적이다. 팀이 제공하는 장점이 강력하기도 하지만 팀에서 일한 경험을 통해 장점을 달성하고자 한 노력이 어떤 구성원에게는 매우 어려울 수 있다. 성공적인 팀은 일정 수준의 갈등과 욕구 없이 성과를 달성하지 못한다. 그런 점에서 팀이 필요한 때를 결정하는 것은 매우 중요하다. 우선 팀이란 무엇인가?

팀은 여러 측면으로 정의된다. 첫째, 팀은 공통된 결과 또는 목표를 달성하기 위해 다양한 사람들이 상호의존적으로 협력해야 하는 명확한 과업을 가진다. 팀은 구성원 간의 상호의존성으로 정의된다. 대부분 팀의 업무는 지식과 기술의 공유를 요한다. 둘째, 팀은 누가 팀에 속하고 누가 속하지 않는지 경계가 뚜렷하다. 팀은 같은 건물이나 작업 영역에 있는 개인을 아무렇게나 모아둔 것이 아니다. 팀은 조직적 경계 또는 최고

경영진의 지시에 의해 규정된다. 셋째, 팀은 고유의 업무 프로세스를 관리할 수 있는 권한을 보유한다. 각 팀은 고유의 목표를 설정하지 않더라도(상부 경영층이나 기타 외부 개체에 의해 설정), 팀 내 목표를 달성하기 위한 업무 방식을 정할 수는 있다. 다수의 상황에서 팀은 고유 목표와 성공기준을 정의한다. 넷째, 팀은 정해진 기간 동안 구성원이 협력할 수 있도록 일정한 안정감을 갖춘다. 즉 **팀**은 특정 목표를 달성하기 위해 협력하는 데 몰두하고 상호보완적 기술을 가진 2명 이상의 사람들이 모인 집단이다. 가장 효과적 팀은 공통 목적을 개발하고 이 목적을 추구함에 있어 서로 동조하는 구성원을 보유한다.

팀과 개별 작업집단 비교

팀은 작업집단일 수 있지만 작업집단이 언제나 팀인 것은 아니다. 다양한 개인으로 구성된 집단을 관리하고 공통된 목적과 목표를 개발하는 데 따르는 복잡성을 감안하면 팀이 조직에서 최선의 수단이 아닐 때도 있다. 대신 명확한 구조를 포함하고 집단 목표를 달성하는 데 효과적인 작업집단이 더 적합할 수 있다. 작업집단은 계층적 조직과 여러 특징을 공유한다. 우선 리더가 분명히 정해져 있고, 안정된 집단 관계와 집단에 기여할 책임을 진 개인들을 포함한다(그림 17-1 참조). 앞서 조직구조와 리더십에 대한 내용에서 살펴봤듯, 명확한 역할과 개인의 책임은 더 복잡한 과업을 달성하는 집단 능력을 제한할 수 있다. 작업집단은 홀로 업무를 수행하는 개인보다 낫지만 복잡하고 정교한 과업에 임하거나 과업이 다수 구성원의 동의와 지지를 요할 때는 팀이 월등히 낫다. 다수의 개인이 공통 목적과 임무를 개발하기 위해 협력하면, 즉 개개인이 팀을 이루면 더 손쉽고 효과적으로 이러한 동의를 득할 수 있다.

팀(Team)
특정 목표를 달성하기 위해 협력하는 데 몰두하고 상호보완적 기술을 가진 두 명 이상의 사람들이 모인 집단

과업 복잡성(Task complexity)
과업을 이해하기 위해 처리해야 할 정보의 양, 잠재적 결과에 대한 불확실성 정도, 다양한 능력과 지식을 요하는 수많은 하위 과업의 존재 혹은 과업을 실시하기 위한 표준 절차의 부재

과업이 복잡해질수록 한 명의 개인이 과업 완수나 문제 해결에 필요한 지식과 능력을 모두 갖출 가능성이 낮다. **과업 복잡성**은 과업을 이해하기 위해 처리해야 할 정보의 양, 잠재적 결과에 대한 불확실성 정도, 다양한 능력과 지식을 요하는 수많은 하위 과업의 존재 혹은 과업을 실시하기 위한 표준 절차의 부재를 일컫는다. 위와 같은 요인이 하나라도 존재하면 복잡한 과업으로 간주된다.

팀	작업집단
• 공통된 리더십 역할 • 개인 책임 및 상호 책임 • 팀에 특수한 목적 • 복잡하고 상호의존적 과업을 특징으로 함 • 집합적 업무 산출물 • 개방 토론 및 문제해결 장려	• 분명히 정해진 리더 • 개인 책임 • 집단 목적이 조직 임무와 동일 • 간단하고 독자적 과업을 특징으로 함 • 개별적 업무 산출물 • 미리 정해진 업무 구조

그림 17-1 팀과 작업집단의 비교

Source: Adapted from Jon R. Katzenbach and Douglas K. Smith, "The Discipline of Teams," *Harvard Business Review*, July–August 2005.

팀 구성원이 독자적으로 대규모 과업의 일부를 완수할 수도 있지만 효과적 팀은 상호의존적 과업을 가진다. **과업 상호의존성**은 구성원이 집단의 집합적 산출물을 내기 위해 협력하고 서로 의존해야 하는 정도를 뜻한다. 과업 상호의존성은 과업 자체에 내재하기도 한다. 관리자는 여러 방식으로 과업 상호의존성을 증대할 수 있다. 관리자는 개별 요소들이 하나의 일관된 전체를 이루는 과업을 생성하거나, 각 구성원이 과업의 한 단계를 수행하면 다음 구성원이 과업을 수행하도록 업무를 위임한다. 마찬가지로 과업 상호의존성은 각 구성원이 업무를 완수하기 위해 같은 공간에서 다른 구성원과 만날 때 존재한다.

효과적 팀은 복잡하고 상호의존적 과업 외에도 팀 구성원에게 동기를 부여하는 명확한 방향과 과업 완수를 위한 구체적 일정을 갖추며, 이는 모두 과업 목표 개발을 통해 수립된다. **과업 목표**는 구성원이 각자의 목표와 우선순위를 지향하고 자신의 업무가 거시적 차원에서 어떤 기능을 하는지 이해하도록 한다. 구성원은 과업 목표를 바탕으로 팀 활동이 실시되는 예상 기간을 알 수 있으므로 일을 적당히 안배해 필요한 산출물을 낼 수 있다.

장기에 걸쳐 과업을 완수하는 팀은 진도를 측정하고 동기부여를 유지하기 위해 일련의 단기 목표를 수립한다. 예를 들어 Eli Lilly의 주변 시스템 부서에 속한 제품개발팀은 의사들이 심정맥과 동맥을 찾도록 하는 초음파 탐촉자를 시장에 도입하는 목표를 설정했다. 개발팀은 각 목표가 달성되는 시기를 바탕으로 과업 진도를 측정함으로써 개발 과정 내내 팀 위치를 파악할 수 있었다. 전 세계 유수 제약회사 중 하나인 Eli Lilly는 초음파 탐촉자를 비롯한 제품개발 업무에 종사하는데, 이는 매우 광범위하고 상당한 시간을 요한다. Eli Lilly의 제품개발팀은 단기 이정표를 설정함으로써 장기간 업무가 진행되면서 탄력과 자극을 유지한다.

팀의 특징

팀 구성원은 집단 생산성을 유지하고 개인의 만족감을 위해 성공적 업무관계를 발전시켜야 한다. 업무관계는 팀 구성원 간의 상호작용과 소통을 양성하는 방식으로 팀 환경을 조성함으로써 발달될 수 있다. George C. Homans는 〈The Human Group〉에서 집단의 공식적 구조가 집단 효과성에 어떻게 영향을 미치는지 설명한다. 호만스는 팀이 적절하게 조직되지 않거나, 집단 구성, 과업 설계, 공식적 조직이 협업을 지원하지 않으면 그 팀은 부실한 성과를 낸다고 주장한다.

잘 설계된 팀은 공통된 목표 달성을 위해 협력하는 데 몰두하는 개개의 구성원으로 이루어진다. 구성원은 자신에게 부여된 과업과, 이 과업을 완수하기 위한 각자의 역할과 책임을 이해한다. 잘 설계된 팀은 주어진 과업을 완수함에 있어 탁월한 전문성을 갖추고 동료 구성원에게 동기를 부여하는 '알맞은' 팀 구성원으로 구성된다. 이제 팀워크와 팀 유효성에 영향을 미치는 여러 팀 설계 요인을 살펴보자.

과업 상호의존성(Task interdependence)
집단 구성원들이 집단의 집합적 산출물을 내기 위해 협력하고 서로 의존해야 하는 정도

과업 목표(Task objectives)
팀구성원들이 각자의 목표와 우선순위를 지향하고 자신의 업무가 거시적 차원에서 어떤 기능을 하는지 이해하도록 돕는 쟁점

팀 구성 및 규모

제대로 기능하는 팀은 특정 문제를 해결하는 데 관여하고 의욕을 가진 구성원을 포함한다. 문제해결 방식에서 의견을 달리 해도 구성원은 공통 목표와 과제를 가져야 한다. 상이한 과제나 불일치한 목표를 가진 구성원으로 이루어진 팀은 주어진 과업을 달성하기 위해 구성원을 한데 모으기 힘들다. 공통 목적과 목표 외에도 팀 구성원은 팀의 제안이 집단 지성과 투입물에 반영될 수 있도록 과업에 동등하게 몰입해야 한다.

복잡한 문제와 쟁점을 할당받은 팀은 대개 다양한 전문기술과 능력을 갖춘 구성원을 포함한다. 팀이 가진 과업의 본질에 따라 제시된 대안을 적절히 점검하는 데 어떤 유형의 개인이 필요한지 결정된다. 예를 들어 신제품 개발팀은 제조, 엔지니어링, 마케팅, 제품 · 브랜드 관리, 연구 분야의 대표들을 포함해야 한다. 심지어 고객관리 대표를 팀에 영입해야 하는 경우도 있다. 처음부터 적정 수준의 전문능력을 갖춘 개개인이 적정 비율로 구성된 팀이 해결 또는 제안 과정을 통해 새로운 구성원을 팀에 포함시키는 일도 흔하다. 새 구성원이 팀에 들어오면 팀에 잘 동화하고 팀의 임무를 지원할 수 있도록 주의를 기울여야 한다.

팀 구성원은 대체로 전문능력을 바탕으로 임명되지만 대인 기술을 기준으로 선정되기도 한다. 타인과 업무를 잘해내는 능력, 새로운 아이디어에 대한 개방성, 지지, 행동지향성, 긍정적 태도 등은 효과적 팀을 설계하는 데 고려해야 할 중요한 대인 기술이다. 팀 과정은 정보와 협업의 균형을 특징으로 한다. 팀 구성원은 건전한 갈등과 합의를 효과적으로 조정할 줄 알아야 한다. 협업 외에도 팀 구성원은 새로운 아이디어에 개방적이고 행동 지향적이어야 한다. 마지막으로, 유효한 팀은 상호책임 의식을 공유하는 구성원으로 이루어져야 한다. 모든 구성원이 자기 나름의 영향력을 가지고 팀 목표에 기여한다.

팀이 갖추어야 할 최적의 규모는 없지만 규모는 과업의 본질을 반영해야 한다(예: 원하는 목표를 달성하는 데 필요한 기술과 관점을 적정 비율로 갖추었는가). Sun Microsystems는 각각 규모가 다른 팀을 운영하는데, 각 팀은 다양한 전문성을 갖춘 개개인으로 이루어져 있다. 구성원은 재능, 위치, 현재 작업량을 기준으로 팀에 배정된다. 각 팀은 5~20명의 구성원을 갖춘다. 대규모 팀이 소규모 팀보다 과업을 더 빨리 달성할 것 같지만 사실은 대체로 정반대다. 너무 많은 수의 구성원보다는 너무 적은 수의 구성원이 차라리 낫다는 것이다. 대규모 팀은 구성원 수가 늘수록 의사소통 문제와 갈등이 증대하므로 관리하기 더 힘들다. 팀의 규모가 20명을 넘으면 조정 활동이 증가하면서 구성원이 협력할 가능성이 낮아진다.

관리자주도형팀과 자기주도형팀의 비교

잘 설계된 팀을 구축하려면 팀의 규모를 고려하는 것만큼이나 구성원을 특정 역할에 신중히 배정하는 것도 중요하다. 예를 들어, Southwest Airlines이 운영하는 팀에는 탑승 안내직원, 승무원, 수하물 관리직원, 조종사 등이 포함되며, 이들은 비행기가 정시에 도착 및 출발할 수 있도록 각자 다른 역할을 담당한다. 어떤 구성원은 팀의 목표 정의, 목표 달성을 위한 과정 수립, 구성원에 동기부여, 조직 내 타인에게 팀의 진도 보고 등을 책임지는 리더십 역할을 배정받는다. 어떤 팀에서는 구성원이 이와 같은 리더십 역할을 분담한다. 그러나 모든 팀은 혼란을 최소화하고 문제를 조정하기 위해 개개의 팀 구성원 역할을 구체적으로 정해야 한다.

팀 구성원의 역할은 팀 유효성을 보장하기 위해 명확히 규정된다. 각자의 역할이 팀에 따라 어떻게 결정되느냐는 팀이 관리자주도형인지 아니면 자기주도형인지에 달려 있다. 일부 팀은 구성원에게 미리 배정된 역할을 갖추고 형성된다. 메사추세츠종합병원(MGH)의 심장외과의 David Torchiana는 심장병 전문의, 외과의, 마취 전문의, 다양한 레지던트, 간호사, 기타 병원 내 여러 진료과목에 속한 직원들을 포함한 팀을 이끈다. 이 팀의 과업은 지연을 최소화하고, 효과적으로 자원을 활용하며, 관상동맥우회수술(CABG)을 받는 환자에게 양질의 의료를 제공하기 위해 여러 의사, 간호사, 직원들이 수행할 진료를 가장 효과적으로 안배하는 방식을 정한다. 이 과정에서 토치아나는 구성원이 정기회의를 개최하고, 분명히 의사소통하며, 진료 과정에서 각자의 역할이 얼마나 중요한지 설명하도록 유도한다. 결국 토치아나가 이끄는 CABG 진료경로팀은 환자 치료를 위한 MGH의 목표를 뒷받침하는 계획을 성공적으로 개발했다. 이 유형의 팀을 **관리자주도형팀**이라 부른다. 관리자주도형팀에서 리더는 팀 구성원과 그들이 수행하는 업무에 최대한의 통제력을 발휘한다. 관리자는 성과 과정을 점검 · 관리하고 팀 진도를 조직 전체에 보고할 책임을 진다.

MGH의 진로경로팀과 같은 관리자주도형팀에서 관리자는 팀 리더 격으로서 팀의 목표, 방법, 기능을 정의한다. 관리자주도형팀은 **수직적 팀** 또는 **수평적 팀**으로 분류될 수 있다. 수직적 또는 기능적 팀은 주로 하나의 기능적 부서(재정 또는 인적자원 등) 내에서 공식적 지휘 계통에 관리자와 부하직원으로 구성된다. MGH 진료경로팀과 같은 수평적 또는 교차기능 팀은 조직 내에서 동일한 계층에 속하지만 여러 다양한 부서 출신의 직원들로 이루어진다. 관리자주도형팀이 교차기능적이면 다중관점적 문제해결 방법을 이용할 수 있다.

관리자주도형팀(Manager-led teams)
관리자가 팀 리더 역할을 하는 팀

수직적 팀(Vertical teams)
주로 하나의 기능적 부서에서 공식적 지휘 계통 하에 관리자와 그의 부하 직원으로 구성된 팀

수평적 팀(Horizontal teams)
조직 내에서 동일한 계층에 속하지만 여러 다양한 부서 출신의 직원들로 구성된 팀

자기주도형팀(Self-directed teams)
고유의 목표와 그를 달성하기 위한 고유의 방법을 결정하는 팀

흔히들 관리자주도형팀이 가장 효율적이라 생각하지만 **자기주도형팀**을 운용하는 조직은 모든 구성원에게 팀 구축 및 팀 진도에 대한 권한과 책임을 부여해 근로자에게 권한을 부여한다. 자기주도형팀에서 팀 구축 및 의사결정 역할은 각각 다른 구성원에게 배정되고, 각 구성원은 팀의 진전에 도움이 되는 과정에 참여할 책임이 있다. 관리자주도형팀과 마찬가지로 자기주도형팀은 개인 책임, 역할의 명확화, 구성원 간의 효과적 팀워크를 고취해야 한다. 이 기준이 정착되지 않으면 분열을 초래하고 생산성에 부정적 영향을 미칠 수 있다. 리더가 지정되지 않으면 자기주도형팀은 구성원 간의 불일치가 교착상태에 이르며 팀 목표를 달성하는 데 어려움을 겪는다. 다른 구성원이 대안을 찾지 못하면 팀 밖의 임원이 개입해야 한다.

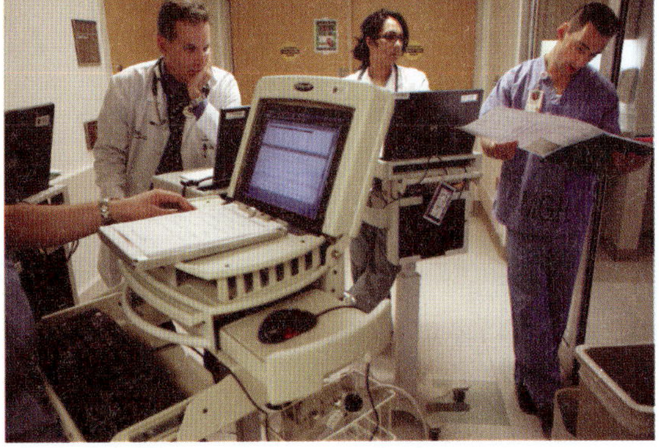

Todd Heisler/The New York Times/Redux Pictures

한곳에 위치한 팀과 지리적으로 분산된 팀

관리자주도형 또는 자기주도형팀이 유효하려면 구성원이 의사소통과 상호작용을 지원하는 환경에서 함께 일해야 한다. Whole Foods처럼 **한곳에 위치한 팀**은 운영상 의사결정을 내리기 위해 대체로 면대면 의사소통을 이용한다. 한곳에 위치한 팀은 근접한 상태에서 업무에 임하고, 수많은 사회적 상호작용에 관여하며, 팀 진도에 대한 신속한 피드백을 교환한다.

연구에 따르면, 면대면 상호작용은 협업과 팀워크를 용이하게 한다. 팀 구성원은 면대면 상호작용과 비공식적 대화에 임할 때 친밀감을 가진다. 팀 구성원은 상대의 발언이 믿을 만한지 결정하기 위해 표정, 신체적 용모, 몸짓 언어를 관찰한다. 또한 면대면 소통은 구성원이 공통된 물리적 공간에서 경험을 공유함을 의미하고, 이 요인은 팀 경험에의 몰입을 암시한다. 신뢰 및 유대 구축과 공통된 팀 경험에의 몰입은 팀 구성원 간의 관계를 발전시키는 데 중요하다.

기술이 발달하고 세계화로 인해 구성원 간에 시공간적 거리가 생기면서 더 많은 기업이 **지리적으로 분산된 팀**을 형성하게 되었다. 지리적으로 분산된 팀은 구성원이 다양한 시간대에 걸친 여러 국가에서 일하기도 하므로 관리하기가 까다롭다. 따라서 이러한 팀은 소통을 위해 이메일, 팩스, 보이스메일, 전화, 화상회의 등 전자도구에 의존한다. 지리적으로 분산된 팀의 구성원은 이러한 도구를 통해 물리적 경계를 넘어 의사소통과 피드백을 교환한다. 또한 구성원은 다양한 문화적 배경과 업무 방식을 가지고 있고, 이는 효율적 의사소통을 저해한다. 이 같은 쟁점을 해결하기 위해 Sun Microsystems 같은 기업은 지리적으로 분산된 팀을 지원하기 위해 특수 프로그램을 제작했다.

Sun Microsystems의 최고경영진은 지리적으로 분산된 팀이 경험하는 도전과제를 해결하기 위한 프로그램을 선보였다. 오픈워크를 통해 직원들은 여러 시간대를 초월해 서로 협력하고, 현재 직장에서 효과적으로 기능하며, 유연한 근무일정과 개선된 삶과 일의 균형으로부터 이익을 얻을 수 있다. 오픈워크 프로그램은 3가지 요소로 구성된다. 직원이 여러 사업장 간을 이동하고 개인컴퓨터에 이동 중 접근할 수 있게 하는 기술, 직원이 영구적 위치에 있지 않을 때 당일 직장에의 접근성, 이동 중인 직원을 위한 인터넷 · 전화 · 하드웨어 비용을 포함한 월간 수당 등이다. Sun Microsystems의 프로그램을 통해 회사의 지리적으로 분산된 팀은 조정 및 상호작용과 관련된 문제를 덜 경험하게 되었다.

한곳에 위치한 팀
(Collocated teams)
운영상 의사결정을 내리기 위해 대체로 면대면 의사소통을 이용하는 팀. 서로 근접한 상태에서 업무에 임하고, 수많은 사회적 상호작용에 관여하며, 팀의 진도에 대한 신속한 피드백을 교환한다.

지리적으로 분산된 팀
(Geographically distributed teams)
상호 소통을 위해 이메일, 팩스, 보이스메일, 전화, 화상회의 등 전자도구에 의존하고 지리적 또는 조직적으로 분산된 구성원으로 이루어진 팀

다양성 이용하기

지리적으로 분산된 팀은 높은 다양성을 지니는 편이고, 다양성은 기회는 물론 도전과제를 유발한다. 구성원이 지닌 개인적 및 전문적 경험의 범위와 깊이를 감안할 때 다양한 팀 구성원은 동질적 구성원을 가진 팀보다 장기적으로 창조적이고 혁신적 대안을 도출한다. 다양한 구성원은 대체로 상호보완적 정보와 전문성뿐 아니라 이용가능한 폭넓은 네트워크를 보유해 무수한 아이디어와 방법을 생성할 수 있다. 그러나 과업이 간

AP Photo/PRNewsFoto/Sun Microsystems, Inc

단하고 속도와 효율성이 더 중요하면 동질적 팀이 적합할 수 있다. 동질적 팀은 집단 업무 프로세스를 용이하게 하고 촉진할 수 있는 공통된 언어와 방식을 가진다.

다양성이 장기적으로 창조성을 증진할 수 있지만 다양성을 지닌 팀은 구성원이 제한된 지식과 경험을 지니므로 단기적으로 집단 정체성과 과정에 어려움을 겪는다. 따라서 다양한 집단은 모든 구성원이 서로의 관점과 견해를 이해할 수 있도록 팀과 리더가 시간과 노력을 들이지 않으면 역기능적 갈등과 오해를 겪는다. 다양성을 지닌 팀에 속한 개인이 자신의 관점이 존중되지 않는다 생각하면 기피 행위를 보인다. 결과적으로 집단은 다양성의 가치를 낭비하고, 집단의 제안이 부실해진다. 다양한 팀에서는 성과 차이가 크기 때문에 유능한 리더의 적극적 지도는 성공에 매우 중요하다.

다양한 팀은 라이프사이클 초기 단계에서 팀 내 갈등이 고조될 수 있는데, 팀은 장기적으로 복수의 관점과 견해가 존재할 때 더 나은 제안을 도출한다. 다양한 팀은 구성원이 서로의 장점과 한계를 이해할 때 더 성공적이다. 또한 팀이 서로 협력하고 구성원 간의 차이를 존중하기 위해 공통된 규범을 채택할 때 성공할 확률이 높아진다. 마지막으로, 팀 구성원이 지닌 관점이 팀의 관점과 일치해야 한다. 다양한 팀을 이끄는 것의 목적은 친밀감을 바탕으로 오해를 최소화하고 창조성을 발휘하도록 한다.

점점 더 많은 기업이 인력 다양성을 전략적 중점 분야로 간주해 상당한 재정적 이익을 실현해왔다. 1995년 IBM 최고경영책임자(CEO) Lou Gerstner는 IBM의 인사전략의 핵심이 될 다양성 태스크포스 이니셔티브를 실행했다. IBM은 8개의 태스크포스를 신설했고, 각 팀은 동양인, 흑인, 히스패닉, 네이티브아메리칸, 백인, 게이 · 레즈비언 · 양성애자 · 트랜스젠더, 장애인, 여성으로 이루어진 다양한 직원 집단을 강조한다. 주요 목표는 집단의 태도를 학습하고, IBM의 업무 환경에 대한 제안을 파악하고, 고객 구매에 영향을 주는 기회를 파악한다. 각 태스크포스에는 최고경영진과 성과를 공유하

리더십 개발의 여정 리더는 팀에 역기능을 유발할 수 있는 흔한 위험요인을 인지해야 한다. 이러한 위험요인은 다음을 포함한다.

- 팀 구성원 간의 신뢰 결여
- 팀 구성원 간의 갈등에 대한 두려움
- 몰입하지 않는 팀 구성원
- 책임을 회피하는 팀 구성원.
- 성과에 집중하지 않는 팀 구성원

역기능적 팀에서 일했던 경험을 떠올려보라. 이 경험에 근거해 팀이 역기능적인 이유는 무엇인가? 이를 돌이켜볼 때 팀의 효과성을 어떻게 개선할 수 있었는가?

다른 관점

X팀

MIT 슬론경영대학원 교수 Deborah Ancona와 INSEAD 교수 Henrik Breman은 'X팀'이라는 개념을 고안했다. 혁신을 주도하기 위한 노력의 일환으로 X팀은 외부에 중점을 둔 아이디어와 관계를 성공적 팀의 핵심 요소로 간주했다. X팀 구성원은 동료와 협력하고 조직 내 시스템을 운용할 수 있는 능력을 기준으로 선정되지만 무엇보다 구성원의 관계와 조직 외부에서 새로운 아이디어를 발전시킬 수 있는 능력에 초점을 두었다. 가령 Motorola 레이저 핸드폰은 X팀의 산물이다.

Motorola는 1980년대 핸드폰 산업의 선구자였으나 2004년에 이르러 Nokia나 삼성 등 경쟁기업과 차별화를 두는 데 어려움을 겪었다. 업계에서 차별성을 재수립하기 위해 Motorola의 IT 부서에 속한 팀은 0.5인치(1.27cm)보다 더 두께가 얇은 폰의 프로토타입을 제작하기로 했다. 이 프로토타입은 팀에게 성공 제품을 개발할 자유를 허용한 고위직 임원의 이목을 끌었다.

이 팀은 엔지니어들이 폐기했던 개념을 재고찰해 각각 다른 아이디어로부터 비롯된 요소를 통합해 스케치를 완성했다. 5명의 엔지니어를 파견해 각자 문제를 해결할 2가지 디자인을 고안하도록 했다. 이 중 3개의 디자인이 가장 큰 잠재력을 가지고 있었지만 2주 동안 진행된 치열한 과정 끝에 팀은 한 가지 디자인을 결정했다. 2004년 Motorola 레이저폰이 출시됐다. 무게는 3.35 온스(약 94.7g), 두께는 0.5인치인 신제품은 그 어떠한 핸드폰보다 간단하고, 작으며, 맵시 있었다. Motorola는 출시한 후 6개월 동안 개당 450달러인 핸드폰을 백만 대 이상 판매했다.

1. 레이저 핸드폰의 성공에 필수적인 X팀의 요인은 무엇인가?
2. X팀이 유용했던 상황은 무엇인가?
3. X팀의 혁신적 아이디어로부터 조직이 어떤 이익을 얻을 수 있었는가? X팀을 조직에 어떻게 통합시킬 수 있는가? X팀의 목표는 무엇인가?

는 사내 후원자는 물론 여러 명의 인적자원 및 법적 관리자가 배정된다. IBM은 6개월의 연구를 마친 후 최고 인력을 유치, 보유, 개발, 육성하고, 핵심 목표 고객에게 외적으로 치중하기 위해 구체적 목표를 수립했다. 직장 내 다양성을 증진하는 것이 첫 단계이며, IBM은 인력 다양성을 높이기 위해 통합된 노력을 기울였다. 다음 단계는 혁신과 창조성을 높이고자 하는 약속을 실현하기 위해 다양성을 관리하고 이용한다.

팀 발달

팀 과업을 완수하는 과정은 팀이 잘 설계된다 해도, Motorola 레이저팀의 사례처럼 항상 원활히 진행되는 것은 아니다. 예를 들어 팀 구성원은 과업에 접근하는 최선의 방법에 동의하지 않거나, 일부 구성원은 과업에 충분한 노력을 기울이지 않는다. 결과적으로 스트레스가 만연한 환경이 조성되고 팀이 과업을 완수하는 데 더 오랜 시간이 걸린다. 업무가 마침내 완료되어도 팀 구성원은 최종 결과물에 만족하지 않을 수 있다.

올바른 팀 설계 외에도 유효한 팀은 구성원이 긍정적인 팀 내 경험을 가질 수 있도록 소통하고, 의사결정을 내리며, 과업을 완수하는 팀이다. 이러한 결과를 달성하려면 각 팀의 구성원은 팀의 과업에 동등하게 몰입하고 생산적인 업무관계를 발전시켜야 한다.

발달 단계

Bruce Tuckman은 팀 연구를 통해 모든 팀이 5단계(형성, 소란, 규범설정, 수행, 휴지 단계)로 이루어진 집단 발달 과정을 거친다고 밝혔다(그림 17-2 참조). 이 5단계는 팀의 의사결정 과정에 속한 5단계에 일치한다.

형성 단계에서 구성원은 어떤 과업을 완수하고 어떻게 과업을 달성해야 하는지 정의하고, 팀의 기본규칙을 정한다. 예를 들어, Royal Bank of Scotland(스코틀랜드왕립은행)의 리더는 현실적 성과 목표를 상세히 기술하고 완수해야 할 업무와 일정을 계획한다. 필요한 자원을 팀에게 제공하고 팀 활동을 조정하는 데 노력을 기울인다. 또한 형성 단계에서 구성원은 서로의 능력과 역량을 알아간다. 팀 설립 과정은 미래의 팀 성과에 중요한 동인이 된다. 팀이 형성될 때 구성원이 설립 과정에 목적의식을 가지고, 시간을 들여 모든 구성원이 팀 임무에 동의해야 한다. 또한 구성원은 각자 팀에 기여하는 바와 팀 임무를 지원하기 위해 경험을 최대한 활용하는 방법 등 서로에 대해 차차 알아가야 한다.

소란 단계에서 구성원은 대인 간 쟁점과 관점 차이에 대한 갈등을 겪는다. 구성원은

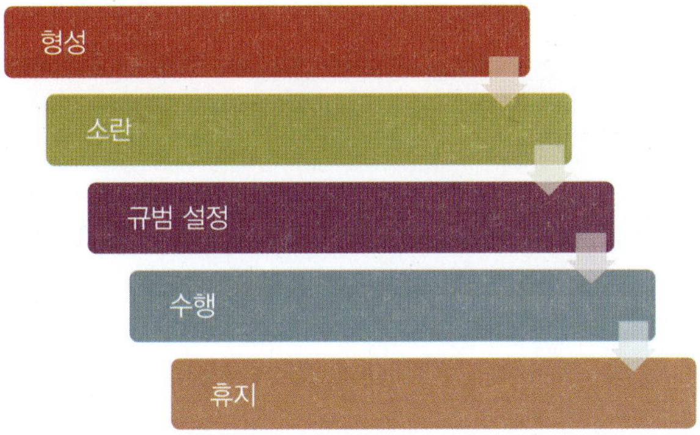

그림 17-2 집단 발달의 5단계

Source: B. Tuckman, "Developmental Sequence in Small Groups," *Psychological Bulletin*, Vol. 63, No. 6, 1965, pp. 384–399; and B. Tuckman and J. Jensen, "Stages of Small-Group Development Revisited," *Group & Organization Studies*, Vol. 2, No. 4, December 1977, pp. 419–427.

대인 간 쟁점을 둘러싸고 양극화되며, 이는 고조된 대인 간 갈등에 의해 더 악화된다. 내분과 통합 결여는 흔히 나타나고, 과업에 대한 팀 업무와 집단 구성원의 대인관계 발달을 저해한다. 가령 IBM에서 여성으로 이루어진 태스크포스는 여성 임원이 성공적 경력과 가정 중에 하나를 선택해야 하는지를 놓고 의견이 분분했다. 따라서 나머지 경영진에게 단일화된 입장을 내놓지 못해 지지를 확보하지 못했다.

규범설정 단계에서 구성원은 협력적 행동을 증진하는 새로운 기준을 수립하는 방법을 도출한다. 구성원은 집단에서 생성된 새로운 기준과 역할을 채택한다. 종종 개인적 의견을 공유하고, 구성원은 서로의 투입물에 개방된 태도를 갖는다. 결과적으로 구성원은 동료 구성원의 차이점을 받아들이고, 집단 응집성과 조화가 정착된다. Standard Chartered Bank의 경우, 상부층 팀은 임원의 행동을 가시화하기 위해 비교적 짧은 회의에도 대대적으로 이동한다. 이 행동은 조직을 통틀어 협업 문화를 증진하는 데 필수적이다.

수행 단계에서 구성원은 과업을 완수하기 위해 서로의 차이를 좁히고 협력한다. 이 단계에서 구성원은 집단 활동을 개선하는 역할을 채택하고 담당한다. 각자 맡은 역할은 과업 활동 완수와 팀 내 문제해결을 지원하는 방식으로 이용된다.

마지막으로 휴지 단계에서 팀은 과업을 완수하고 해체된다. 어떤 팀 구성원은 팀에 의존해 이 단계에서 아쉬움을 느끼고 스스로를 평가한다. 어떤 구성원은 다음 도전과제를 맡을 수 있다는 확신이 생겨 안도감을 느낀다.

턱맨은 팀이 생산적 업무관계를 구축하기 위해 미리 정해진 순서를 따른다고 제안했지만 다른 연구자들은 이의를 제기한다. Connie Gersick은 집단은 팀의 첫 회의에서 정해진 틀을 통해 각종 프로젝트에 접근하는 경향이 있다고 주장한다. 팀은 초기에 구성원이 협력할 수 있는 최선의 방법을 파악하지 못해 가시적 성과를 거의 내지 못할 수 있다.

팀의 라이프사이클 중간 지점부터 구성원은 과업을 제때 완수하기 위해 새로운 아이디어를 탐색하고 업무의 새로운 관점을 채택하기 시작한다. 이 시점에서 팀은 우선순

형성 단계(Forming stage)
팀구성원이 어떤 과업을 수행하고 어떻게 과업을 달성해야 하는지 정의하고 팀의 기본규칙을 규정할 때 발생하는 단계

소란 단계(Storming stage)
팀구성원이 대인관계 쟁점과 관점 차이에 대한 갈등을 경험할 때 발생하는 단계

규범설정 단계(Norming stage)
팀구성원이 보다 협조적인 행동을 장려하는 새로운 기준을 수립하는 방식을 파악할 때 발생하는 단계

수행 단계(Performing stage)
팀구성원이 집단의 활동을 제고하는 역할을 채택하고 담당할 때 발생하는 단계

휴지 단계(Adjourning stage)
팀이 과업을 완수하고 팀이 해체될 때 발생하는 단계

표 17-1 팀 규범

규범 유형	설 명
회의 규범	언제, 어디서, 얼마나 자주 회의를 소집할 것인가. 출석, 적시성, 준비에 대한 기대를 포함한다.
업무 규범	기준, 마감기한, 업무 배분, 업무 검토 과정, 책임(자신의 직무를 완수하지 않은 구성원 지적)
의사소통 규범	의사소통이 언제 발생해야 하는지, 누가 책임을 지는지, 의사소통이 어떻게 이루어져야 하는지, 팀 또는 구성원에 대한 감정(특히 갈등의 쟁점과 관련해)을 어떻게 설명해야 하는지
리더십 규범	어떠한 리더십 구조를 이용해야 하는지, 리더십을 어떻게 행사해야 하는지
배려 규범	상호존중심을 가지고 타인을 대우하고 구성원의 욕구를 배려함

Source: Adapted from A. Nahavandi, *The Art and Science of Leadership* (Upper Saddle River, NJ: Prentice Hall, 2006).

위를 재평가하고, 맥락적 요인에 의해 정해진 산출물 또는 평가 기준이 변하지 않았음을 확인하기 위해 외부 집단과 다시 연계한다. 특정 발달단계가 완료되어서가 아니라 구성원이 시간과 마감기한을 의식하기 때문에 과도기적 이행이 이루어진다. 대부분의 팀은 생산적 팀으로서 제대로 기능하기 위해 과도기적 이행을 거친다. 팀이 위치한 단계가 무엇이든 형성 단계, 중간 단계, 수행 단계가 구분되어 존재한다. 팀 리더는 팀이 각각 다른 단계를 거치는 데 결정적 역할을 한다. 이러한 항해 과정은 팀이 구체적 규범을 수립할 때 생산성이 높아진다.

팀 규범

팀의 첫 정규회의는 허용되는 팀의 행동과 과정을 개괄하는 팀 규범을 수립하는 데 필수적이다. 처음부터 팀 리더는 팀의 기본규칙(예: 출석, 참여, 기밀유지), 구성원의 역할, 성과 기대를 명시적으로 표명해야 한다. **팀 규범**은 대개 회의 규범, 업무 규범, 의사소통 규범, 리더십 규범, 배려 규범 등 5개 범주로 분류된다. [표 17-1]은 각 유형의 규범을 정의한다.

팀 구성원은 팀 규범을 설명하는 데 불편을 느끼기도 하지만 규범을 수립하면 허용되는 팀 행동에 기준을 설정하지 않은 팀에서 발생하는 일부 집단갈등을 방지할 수 있다. 따라서 팀이 설립될 때 구성원은 파탄적 행동을 관리하기 위한 공통된 방식에 동의하기 위해 규범을 설명하는 데 시간을 할애해야 한다. 또한 팀 규범은 구성원에게 각자의 기여에 책임을 물을 수 있고 **사회적 태만**을 방지할 수 있다. 사회적 태만은 구성원이 팀 과정에서 이탈하고 팀 제안 또는 기타 산출물에 기여하지 못할 때 발생한다. 이는 구성원 간의 욕구과정과 갈등 고조를 유발한다. 팀 규범은 과업을 완수하는 과정의 중간 시점에서 재점검해야 한다. 이 단계에서 구성원은 무엇이 유효하고 무엇이 변해야 하는지 현실적 평가를 실시하기 위해 서로를 충분히 알아가게 된다.

팀 규범(Team norms)
예상되는 팀 행동

사회적 태만(Social loafing)
팀 과정에서 이탈하고 팀의 제안 또는 기타 산출물에 기여하지 못함

팀 과정

효과적 팀은 목표 달성을 위해 협업하는 방식을 일컫는 생산적 팀 과정을 지지하기 위해 지속적으로 규범을 재점검해야 한다. 팀 과정은 1) 의도적이고 엄격한 의사결정, 2) 효과적인 참여와 유의미한 영향력, 3) 건설적 갈등 등 3가지 핵심 요소로 구성된다.

의도적이고 엄격한 의사결정

견고한 팀 과정은 비판적 사고와 구성원 간의 토론을 장려해야 한다. 팀이 제안 또는 문제해결 과정을 거칠 때 확산적 관점에서 수렴적 관점으로 이행한다. 즉 수많은 가능성을 고려하고 점차 수효를 줄이며 소수의 제안을 도출한다. 다양한 가능성에서 단일한 제안으로 이행하는 과정은 5단계를 포함한다(그림 17-3 참조). 2단계와 3단계는 팀

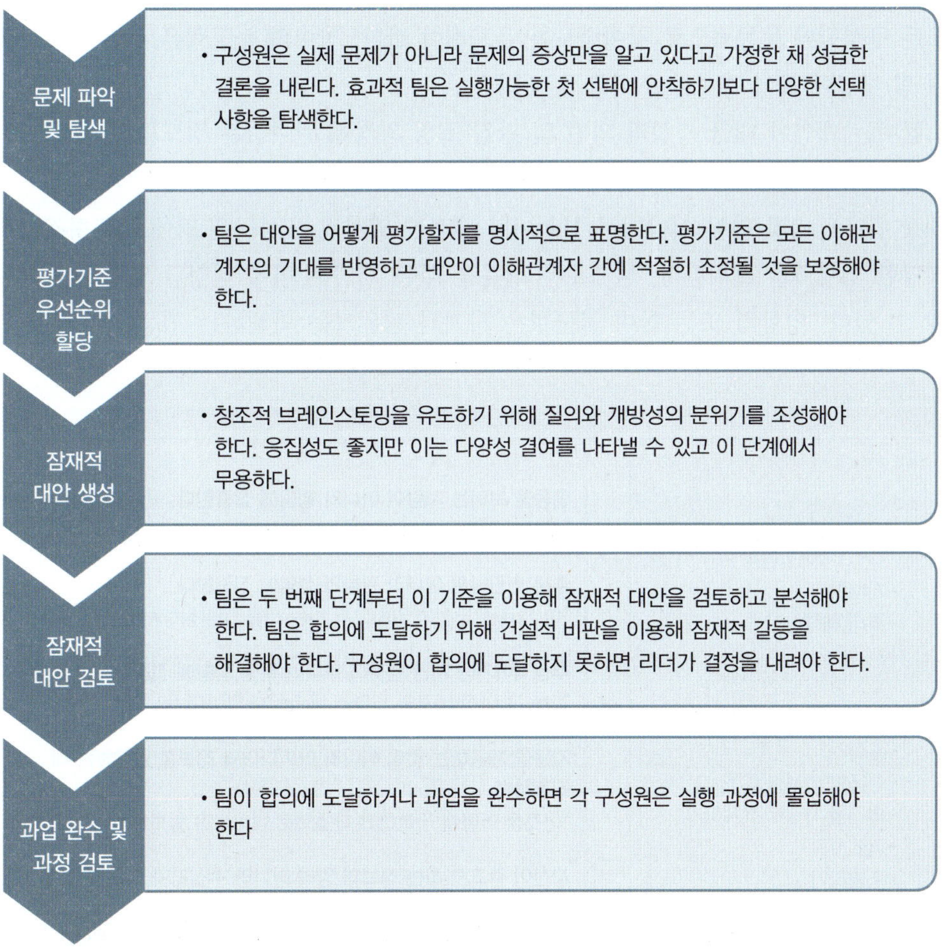

그림 17–3 팀 의사결정 과정

Source: These five steps are a modified version of the process discussed in Linda A. Hill and Maria T. Farkas, "A Note on Team Process," Harvard Business School Note No. 9-402-032 (Boston, MA: HBS Publishing, 2001).

선호도에 따라 뒤바뀔 수 있다. 일부 팀은 평가기준의 제약 없이 대안을 수월히 생성한다. 이러한 방식이 아이디어 생성을 위한 더 폭넓은 기회를 제공한다.

효과적 참여와 유의미한 영향력

엄격한 의사결정 과정은 모든 구성원의 적극적 참여와 신중한 참여를 요하지만 구성원은 토론을 지배하거나 창조성을 억제하지 않아야 한다. 팀은 누가 참여하고, 얼마나 자주 또는 언제 참여하는지, 참여가 팀 과정 또는 생성될 잠재적 대안에 어떤 영향을 미치는지 주의를 기울여야 한다. 대체로 조직 내에서 비교적 높은 직위를 가진 구성원의 참여도가 높은데, 이는 팀의 다른 구성원이 의견과 관점을 공유하는 것을 단념케 하고 팀 과정을 기피한다. 당면 쟁점 또는 문제에 더 많은 지식을 가진 구성원이나 타인보다 더 수다스러운 구성원은 보다 적극적 참여자가 된다.

마지막으로, 해당 쟁점에 가장 많이 신경 쓰는 구성원은 타 구성원보다 더 많이 참여한다. 관계구축 역할을 담당한 팀 리더나 구성원은 소수 의견이 고려될 수 있도록 팀의 모든 구성원이 능동적으로 참여하도록 유도해야 한다. 참여의 불균형은 부실한 제안이나 팀 제안에 몰입 결여를 초래할 수 있다.

참여는 개인이 대안 생성과 의견 및 관점 표명 과정에 관여하는 정도를 반영하는 반면 영향력은 개인의 의견 또는 관점이 팀 과정이나 대안에 미치는 영향을 의미한다(제14장 참조). 가장 많이 이야기하거나 어떤 쟁점에 열성적 구성원은 팀에 불균형적으로 상당한 영향력을 발휘한다. 날카로운 질문을 하는 개인은 팀에 엄청난 영향력을 발휘할 수 있다. 영향력 또는 참여 불균형은 사기와 팀워크를 와해하는 행동을 유발한다.

참여(Participation)
개인이 대안을 생성하고 자신의 의견과 관점을 표명하는 과정에 관여하는 정도

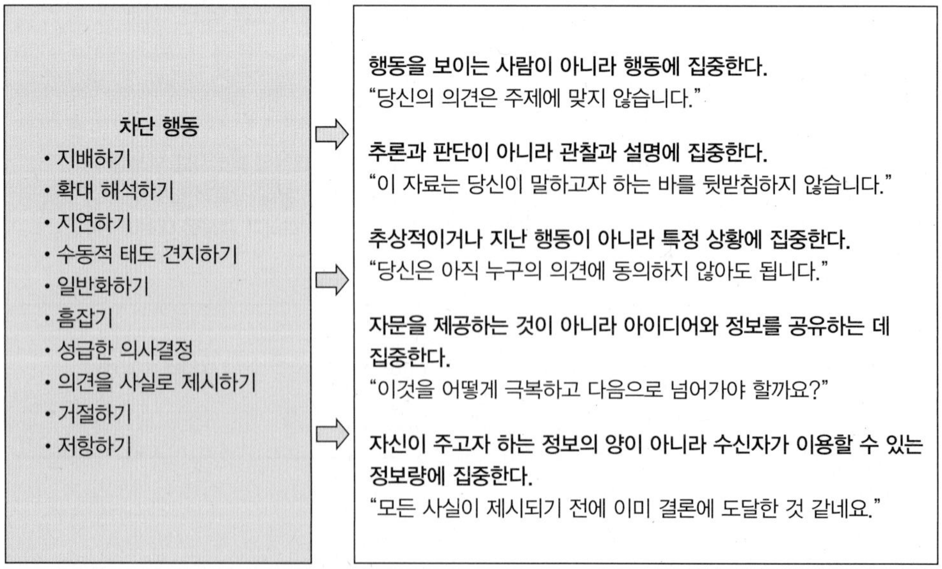

그림 17-4 흔한 차단 행동과 효과적 관리전략

Source: Adapted from D. A. Whetten and K. S. Cameron, *Developing Management Skills*, 5th edition (Hoboken, NJ: Prentice-Hall, 2002), pp. 467–489.

이 행동은 팀과 구성원의 목표 달성을 저해하기 때문에 **차단 행동**이라 부른다. 능숙한 리더는 적절하고 위협적이지 않은 (대개 사적인) 맥락에서 피드백을 제공함으로써 이 행동을 관리한다. [그림 17-4]는 가장 흔한 10가지 차단 행동과 이를 관리하는 방법을 제시한다.

건설적 갈등

매우 생산적인 팀은 건설적 갈등에 관여해 다양성을 이용할 수 있는 능력을 개발해야 한다. 그러나 의사결정 과정 중에 팀은 위험요인에 직면하기도 하고, 이 요인 중 하나는 동조와 관련된다. **동조**는 사람들이 집단의 기대와 신념에 일치하도록 행동할 때 발생한다. 동조는 의사결정 과정을 촉진할 수 있지만 이상적이지 않거나 심지어 부정적 결과를 초래한다. 효과적 팀은 다양한 관점을 공개적으로 표현해 팀의 응집성의 패러독스를 관리해야 한다(그림 17-5 참조). 팀이 어느 지점에서 합의에 도달해야 할 때 너무 성급하게 토론과 탐색 과정을 마무리하지 않도록 주의해야 한다.

갈등이 너무 심화되어 효과적 의사소통이 저해되면 대개 과업을 중지하고 팀 과정이나 팀 규범을 점검하는 것이 적절하다. 특히 갈등이 너무 개인적이면 토론을 중단해야 한다. 팀은 해당 과업에 대한 복수의 관점과 견해를 용인하고 정서적 갈등을 최소화하는 과업 관련 갈등을 장려해야 한다.

팀 학습 증진하기

연구자들은 과정을 효율적으로 실시하는 것뿐 아니라 보다 빠르게 학습하는 데 집중하는 팀이 더 효과적이라 주장한다. 다수의 팀 리더와 구성원은 협업과 학습을 증진하는 대신 과업을 시행하는 데 집중하는 경향이 있다. 팀 학습을 증진하려면 구성원이 타인의 판단, 실패, 보복에 대한 두려움 없이 편안하게 아이디어를 제안하고, 질문을 제기하며, 관심사를 설명할 수 있는 환경을 조성해야 한다. 안전한 학습 환경을 조성하려면 구성원은 개방성과 호기심을 조성하고, 팀이 답을 가지고 있지 않을 때 이를 명시적으로 인정하고, 투입물을 인정함을 보여주는 질문을 제기하고, 학습에 보상해야 한다.

그러므로 대화에 참여하는 것은 팀 학습을 증진하는 데 필수적이다. 대화의 의도는 탐색, 발견, 통찰이지만 대화의 목적은 구성원이 결론, 결정, 계획을 도출하도록 돕는 것이다. 그러려면 구성원은 각자 불일치로부터 배움을 얻도록 합의에 도달해야 한다.

차단 행동(Blocking behaviors)
팀과 구성원의 목표 달성을 저해하는 행동

동조(Conformity)
집단의 기대와 신념에 일치하도록 행동하는 사람들의 행위

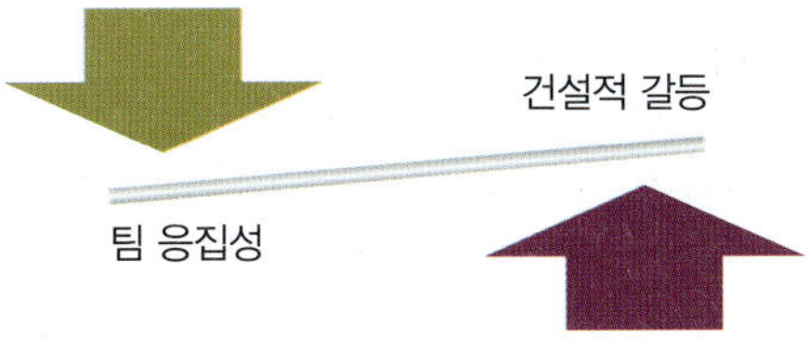

그림 17-5 팀 응집성과 건설적 갈등의 균형

구성원이 대화로부터 배울 수 있도록 하는 5가지 전략은 다음과 같다.

- 모든 팀 구성원이 앞으로 닥칠 토론의 목적을 이해하도록 한다.
- 구성원의 관점에 이의를 제기하기보다 질의하는 데 집중한다. 가령 "우리는 이런 방식으로 해야 한다고 생각합니다"라고 말하는 대신 "이 방법이 유용하다고 생각하는 이유를 설명해주시겠습니까?"라고 말해야 한다.
- 구성원 간의 혼란을 야기할 수 있는 부정확한 언어를 구사하지 않아야 한다. "그저 이것을 더 해야 한다"고 말하는 대신 "우리의 주장을 입증하기 위해 더 많은 정량적인 자료가 필요하다"고 말한다.
- 혼란, 분노, 좌절을 경험하면 자신의 감정에 대해 다른 구성원에게 책임을 돌리지 않고 집단에 대한 우려를 제기한다. "당신이 꾸물거리면 우리 모두 마감 기한을 어기게 될 거예요"라고 말하는 대신 "아직 결정을 내리지 못한 채 회의가 끝날 것 같아서 서서히 걱정됩니다"라고 말한다.
- 팀이 교착상태에 있으면 "우리가 무엇에 대해 동의하고, 무엇에 대해 의견을 달리하나요?"라고 물음으로써 불일치의 원천을 확인한다.

팀 유효성

팀이 효과적인지를 어떻게 평가하는가? 팀이 효과적이라고 인식되려면 3가지를 수행해야 한다. 1) 팀은 조직을 위해 유의미한 성과를 창출해야 한다, 2) 팀은 구성원을 만족시켜야 한다, 3) 팀은 구성원이 앞으로 협력할 수 있는 능력을 제고해야 한다(그림

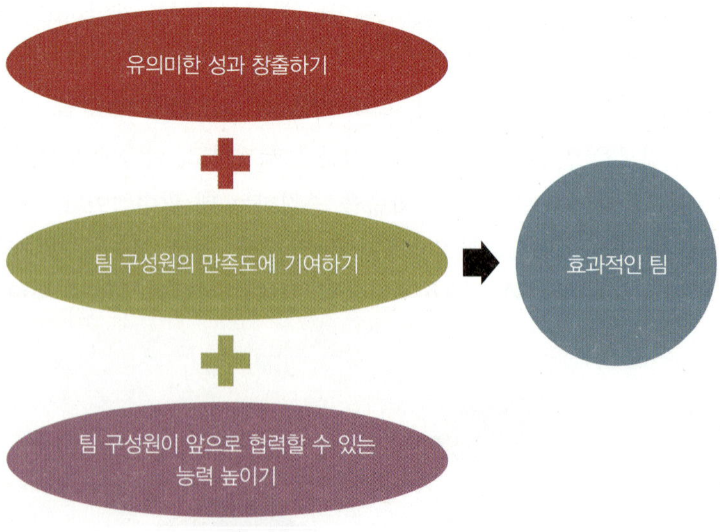

그림 17-6 팀 유효성의 조건

Source: Adapted from J. Richard Hackman, *Leading Teams: Setting the Stage for Great Performances* (Boston, MA: HBS Press, 2002).

17–6 참조). 유의미한 성과는 완료된 과업 또는 사업일 수도 있고, 혹은 향후 검토를 위한 다양한 제안의 분석과 우선순위 할당일 수도 있다. 팀의 산출물(예: 제품, 서비스, 결정)은 팀의 고객(예: 해당 산출물을 수령, 검토, 이용하는 사람)이 기대하는 수량, 품질, 적시성의 기준을 충족하거나 초과해야 한다. 일부 구성원은 사적 과제를 지원하기 위해 팀에 관여하는 것을 이용할 수 있다. 리더는 개인의 목표와 팀 목표 간의 적절한 균형을 이루고 구성원의 개인적 과제가 집단적 목표에 부차적이 되도록 한다.

효과적 팀은 구성원의 개인 만족과 복지에 기여해야 한다. 각 구성원은 자신의 역할이 팀 성공에 중요하고 다른 구성원이 자신의 기여를 존중한다고 생각해야 한다. 가장 효과적 팀은 개인에게 성취도를 제공할 뿐 아니라 조직 내에서 구성원의 전반적 지식과 기술을 높이는 중대한 발달 기회를 제공한다. 개인은 어떤 경험이 개발을 촉진하고 조직의 전반적 임무를 지원한다고 생각할 때 팀에 유대감을 가지고 조직 임무에 기여한다.

마지막으로, 효과적 팀은 공통된 목적의식과 강렬한 상호 신뢰를 구축해 앞으로 협력할 수 있는 구성원의 능력을 향상시킨다. 팀은 제한된 라이프사이클을 가지고 있을 수 있지만 구성원은 다른 분야에서 협력할 수 있는 장기적 기회를 가질 수 있다. 팀은 조직 내에서 개인의 관계 네트워크를 확장하도록 돕는다. 이러한 네트워크는 조직 내에서 과업이 공식적 또는 비공식적으로 달성되기 위한 필수 수단이 된다.

팀이 성공을 달성하려면 관계를 능숙하게 관리해야 한다. 구성원의 동기를 유발하고 유지해야 하며, 혼란 · 조정과 관련된 문제를 최소화해야 한다. 구성원이 팀의 산출물에 의지하는 외부 관계자와 효과적으로 소통하는 것은 팀 내 역학을 관리하는 것만큼이나 중요하다. 리더는 구성원이 서로 또는 외부인과 상호작용하는 방식에 영향을 미치는 데 특히 중대한 역할을 한다.

팀 리더의 역할

Aspen Photo/Shutterstock.com

유능한 리더는 구성원의 욕구에 주의를 기울이고 팀 목표를 달성하는 데 전념한다. 유능한 리더는 우수한 성과를 내는 팀을 구축한다. 따라서 구성원이 과업 책임을 분담하고 타 구성원을 신뢰하도록 동기를 부여한다. 구성원은 자신의 경력에서 언젠가 리더가 될 것이므로 유능한 팀 리더가 되는 데 필요한 기술을 이해해야 한다.

1996~2004년까지 USA 농구는 정규 농구시즌 동안 적수인 NBA 올스타를 선정해 여름 올림픽을 위한 미국 남성농구팀의 명단을 선정했다. 이 전략은 1996~2000년까지 효과적이었으나 2004년에는 팀 내 성격 갈등 때문에 실패했다. 미국팀은 준결승전에서 아르헨티나에 패배했다. 베이징에서 열린 2008년 올림픽 동안 미국 농구는 남성농구팀을 조직하는 방법을 변경해 각 선수에게 2006년 월드챔피온십과 2008년 올림픽까지 3년 동안 전념할 것을 요청했다. 듀크대학의 전설적 남성 농구 코치인 Mike Krzyzewski(코치 K)가 코치로 임명되었다. 농구에 대한 그의 팀플레이 방식의 일환으로 코치는 공

표 17-2 유능한 팀 리더의 행동

유능한 팀 리더의 행동	설 명
전인적 품성을 내보인다	자신이 말한 바를 행하고 개인적 가치에 일치하는 행동을 한다. 품성을 갖춘 리더는 신임을 얻고, 숨은 의도를 가지지 않으며, 행동의 공정함을 유지한다.
명확하고 일관적이다	자신이 원하는 바와 이를 어떻게 달성하는지에 대한 명확함을 표현한다. 행동이 예측가능하다.
긍정적 에너지를 창출한다	낙관적이고, 칭찬을 곧잘 하며, 진척을 인정하는 리더가 더 큰 영향력을 갖는다. 언제나 비판적이고 냉소적인 것은 도움이 되지 않는 행동이다.
공통점을 찾는다	집단을 대할 때 타협을 요하는 분야를 다루기 전에 공통점을 파악한다.
합의와 불일치를 관리한다	자신의 견해와 뒷받침하는 증거를 제시하거나, 2가지 관점을 제시하고 한쪽이 더 적절한 이유를 보여준다.
장려하고 코칭한다	타인이 용기를 내 불확실성에 대면하고 현재보다 더 많은 것을 달성하도록 돕는다. 정보나 자문을 제공하고, 과업에 대해 구성원을 원조하고, 팀이 도전과제에 직면할 때 상대방을 강화하는 피드백을 제공한다.
정보를 공유한다	외부 출처로부터 정보를 득하고 이를 팀과 공유하는 리더가 더 큰 영향력을 갖는다. 여기에는 질문을 제기하고 팀의 쟁점과 욕구를 진단하기 위해 팀과 함께 확인하는 것을 포함한다.

Source: Adapted from D. A. Whetten and K. S. Cameron, *Developing Management Skills*, 5th edition (Hoboken, NJ: Prentice-Hall, 2002), pp. 460–462.

통 목표를 달성하는 데 성공하도록 구성원이 협력하는 데 집중했다. 앞서 제시한 3년은 팀이 그저 올스타를 모아놓은 집단이 아니라 진정한 팀이 되는 데 충분한 시간이었다. 2008년 코치 K는 미국 남성농구팀에 복귀해 금메달을 따는 데 이바지했다.

효과적으로 팀을 이끌기 위해 리더는 성공적 경력을 나타내는 좋은 실적을 가지고 있어야 할 뿐 아니라 구성원의 존경과 몰입을 획득해야 한다. 존경과 몰입을 얻으면 영향력을 발휘할 수 있고, 영향력을 발휘하면 조직 목표를 효율적으로 달성할 수 있는 탁월한 기능의 팀을 조직할 수 있다. 연구자들은 리더가 존경을 얻고 몰입을 보장하며 신뢰를 유지하려면 7가지 행동을 개발해야 한다고 제안한다(표 17–2 참조).

팀 유효성을 이해할 때 팀 내부에 존재하는 역학에 중점을 두기 쉽지만 외부 관계자를 간과하면 팀의 수행 능력에 영향을 미칠 수 있다. 팀 리더는 팀이 핵심 이해관계자의 관점과 기대를 운용하고 인정하는 맥락적 틀을 이해할 수 있도록 팀 경계를 관리해야 한다. 핵심 관계자는 대개 관리자나 임원 등 조직 내 개인이지만 조직 밖의 외부인(고객)도 팀의 최종 산물 또는 제안의 영향을 받을 수 있다.

대체로 가장 효과적 팀은 관리자, 임원, 고객 등 외부인과 상당한 접촉을 유지하고, 외부인에게 팀의 진척 상태를 알리며 팀이 의사결정을 내릴 때 외부인의 투입물을 이용한다. 이는 관리자와 임원이 자원을 할당할 권한과 현재 구성원을 재배정하거나 새 구성원을 모집할 수 있는 능력을 보유하기 때문에 중요한 사항이다. 외부인과 대화에 관여함으로써 팀은 기대되는 바를 명확히 알 수 있고, 혹은 최종 산물이 무엇을 반영할지에 명확한 방향을 알게 된다.

경계 관리자(Boundary manager) 고객, 고위경영진, 팀의 산출물에 대한 기타 이해관계자와 협력하는 방식을 결정하는 관리자. 팀을 조직 내분으로부터 보호하고, 최고경영진이 팀의 업무를 지원하도록 설득하고, 업무 기한에 대해 타 집단과 조정하거나 협상한다.

경계 관리하기

경계 관리자는 팀이 고객, 고위경영진, 팀 산출물에 대한 기타 이해관계자와 협력하는

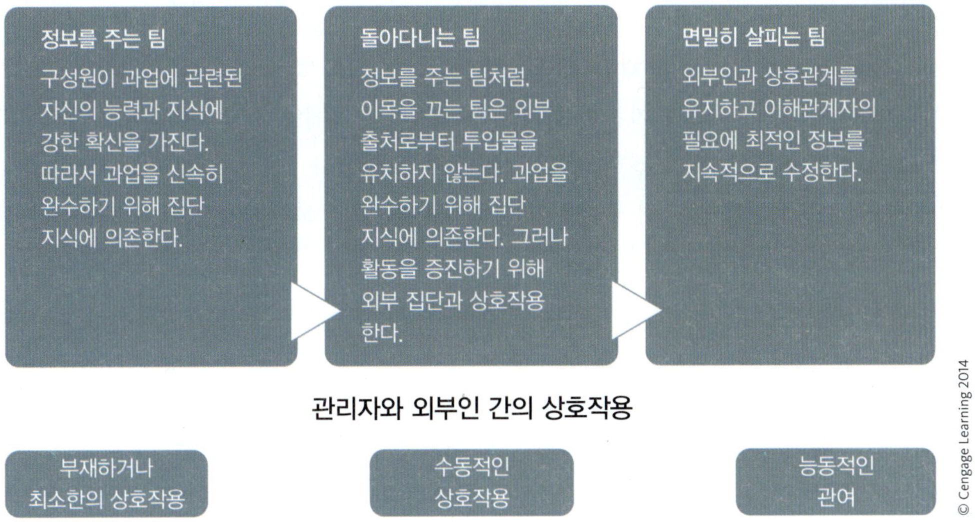

그림 17-7 경계 관리에 대한 다양한 방식

Source: Adapted from Deborah Ancona, "Outward Bound: Strategies for Team Survival in an Organization," *Academy of Management Journal*, Vol. 33, No. 2, 1990, pp. 334–365.

방식을 결정한다. 이 역할은 대개 팀 리더가 담당하지만 타인도 주어진 맥락을 잘 이해하는 데 도움이 될 수 있다. 경계 관리자는 팀을 조직 내분으로부터 보호하고, 최고경영진이 팀 업무를 지원하도록 설득하고, 업무 기한에 관해 타 집단과 조정하거나 협상한다. 유능한 경계 관리자는 집단 업무에 영향을 주거나 영향을 받는 핵심 인물을 파악한다. 또한 경계 관리자는 팀이 외부인의 위치를 이해할 수 있도록 해야 할 것을 결정하는 데 핵심 역할을 한다. 이러한 과업은 팀 산출물이 조직의 기대를 충족하거나 초월하는 데 필수적이다.

Deborah Ancona는 팀에 대한 연구를 통해, 팀이 전략과 의사결정을 전달하는 데 이용할 수 있는 연속적인 경계관리 활동(최소한부터 광범위한 외부 상호작용)을 파악했다. 안코나는 각각 정보를 주는 팀, 돌아다니는 팀, 면밀히 살피는 팀을 정의했다(그림 17–7 참조). 가장 적합한 방식은 팀 과업의 본질, 구성원의 지식, 필수 정보에 대한 팀의 접근성, 의사결정과 실행의 자율성 수준을 바탕으로 정해진다.

지리적으로 분산된 팀 또는 가상의 팀 이끌기

구성원이 같은 위치에 있지 않은 팀을 운영하는 것은 팀 유효성을 구축하는 데 매우 까다로운 도전과제다. 가상적 팀에게는 프로세스 기술이 더욱 중요하다. 따라서 팀을 이끌기 위해 학습전략을 활용하는 것 외에도 지리적으로 분산된 팀을 이끌 때 다른 방식에 의존해야 한다.

- 뛰기 전에 걷는다. 관리자는 우선 한곳에 위치한 팀을 관리하는 데 능숙해야 한다.
- 아무것도 가정하지 않고 모든 것을 자세히 설명한다. 팀이 어떻게 소통하고 일정이 어

떻게 될지 지침을 수립한다. 효과적인 의사소통 기술은 면대면 소통이 드물고 명확화의 기회가 거의 부재한 지리적으로 분산된 팀에 특히 중요하다.

- **더욱더 소통한다.** 팀과 가능한 한 자주 소통한다. 이메일 전달, 프로젝트 웹사이트에 정보 업로드, 팩스 전달, 전화 걸기 등을 포함한다.
- **배경 정보를 공유한다.** 팀 구성원이 서로에 대해 알면 오해하거나 상대의 동기에 그릇된 가정을 할 가능성이 적다.
- **동지를 찾는다.** 조직 내에서 팀을 지원할 수 있을 정도로 높은 직위에 있는 사람과 제휴관계를 맺는다. 이 사람은 팀을 대신해 원조를 요청할 수 있다.
- **갈등에 주의하고 관리할 방법을 찾는다.** 이메일을 재확인하고 "괜찮으시겠습니까?"와 같은 질문을 함으로써 잠재적 문제 여부를 면밀히 살핀다. 면대면 소통이 부재하면 가상적 팀에서는 오해와 갈등이 재빨리 확대된다.
- **다음에 더 잘한다.** 해당 프로젝트가 마무리되면 구성원과 팀 내 경험을 공유한다. 다음에 지리적으로 분산된 다른 팀에 관여하거나 관리할 때 이 정보를 이용한다.

모국어가 다른 구성원을 포함한 팀은 더욱 많은 도전과제에 직면한다. 이 상황에서 구성원은 오역이나 오해를 초래할 수 있는 전문용어나 속어 사용을 자제해야 한다. 또한 팀은 팀 과정을 정기적으로 점검하고 상호 이해를 도모하기 위해 회의 중에 여러 번 휴식을 계획해야 한다. 이 상황에서 팀 규범은 더욱 중요해진다. 구성원은 어떻게 소통할 것인지, 모든 구성원이 의사결정 과정에 어떻게 참여할 것인지, 갈등을 어떻게 다룰 것인지 합의를 도출해야 한다.

요약

팀은 특정 목표를 달성하기 위해 협력하는 데 몰입하고 상호보완적 기술을 갖춘 2명 이상이 모인 집단이다. 팀은 과업이 복잡하거나 다양한 상호의존적 관점과 전문성을 요할 때 혹은 과업이 다양한 구성원의 동의를 요할 때 독자적으로 일하는 개인 또는 작업집단보다 대체로 월등하다.

팀을 신설할 때 고려해야 할 측면에는 팀에 누가 속하고, 팀이 얼마나 커야 하는지 등을 포함한다. 팀은 특정 목표를 해결하려는 의욕이 있고, 이 목표에 적합한 전문기술을 갖춘 구성원으로 이루어져야 한다. 구성원은 과업이 특정 분야에 특수한 경우 하나의 기능 분야로부터 비롯할 수 있고, 과업이 광범위한 관점과 전문성을 요하는 경우 교차기능적일 수 있다. 팀이 효과적이려면 팀에 속한 개개인이 뛰어난 대인기술을 보유하고 새로운 아이디어와 관점에 개방적이어야 한다. 뛰어난 대인기술은 다양한 팀일 경우 더욱 중요하다. 다양한 팀은 초기에는 어려움을 겪지만 적절히 운용되면 혁신적 대안을 개발할 수 있다.

팀은 정보 교환, 문제해결, 사업 납품까지 다양한 기능을 수행한다. 팀이 가진 기능의 본질은 팀에 속할 구성원과 팀의 존속기간을 결정한다. 어떤 팀은 유한한 기간과 특정 목표를 가지고 수립된 단기 프로젝트 팀일 수 있다. 어떤 팀은 지속적일 수 있다. 한곳에 위치한 팀은 효과성을 높이기 위해 일관된 사회적 상호작용을 이용한다. 지리적으로 분산된 팀은 구성원이 소통하고 정보를 배포하는 방식에 매우 신중해야 한다.

팀 발달은 보통 5가지 주요 단계로 진행된다. 1) 구성원이 완수할 과업을 정하는 형성 단계, 2) 구성원이 갈등을 겪는 소란 단계, 3) 구성원이 행동 지침이 될 기준을 정하는 규범설정 단계, 4) 구성원이 과업을 완료하는 수행 단계, 5) 구성원이 해산하고 경험을 점검하는 휴지 단계다. 효과적 팀은 중간점검을 통해 정해진 규범을 조정하고 공통된 목표 또는 목적에 재몰입한다.

효과적인 팀 과정은 엄격한 의사결정, 능동적인 참여, 유의미한 영향력, 건설적 갈등을 포함한 여러 구성요소로 이루어진다. 구성원이 소속감을 가지려면 자신의 의견과 관점이 존중되고 중요시됨을 확신해야 한다. 구성원이 팀 과정에 적절히 참여하지 못하면 팀에서 이탈하고 팀의 최종 제안을 지지하지 않을 가능성이 높아진다.

효과적인 팀은 고객이 수용할 수 있는 제품을 개발하고, 각자 개인적 능력을 육성하며, 구성원이 상대로부터 배울 수 있는 팀이다. 여러 역학 관계가 팀 유효성 수준에 영향을 미친다. 이러한 역학에는 팀 유형, 팀 설계, 팀 과정과 구성원이 외부인과 상호작용하는 방식이 포함된다. 리더는 팀 구성과 과정 등 내적 측면과 중요 자원에의 접근성, 임원진의 동의 등 외적 측면을 관리해야 한다. 분산된 팀 또는 가상적 팀을 이끄는 경우 리더는 구성원이 참여하고 정보를 확보할 수 있도록 각종 과정과 의사소통에 각별히 주의를 기울여야 한다.

주요 용어

경계 관리자(Boundary manager)
과업 목표(Task objectives)
과업 복잡성(Task complexity)
과업 상호의존성(Task interdependence)
관리자주도형팀(Manager-led teams)
규범설정 단계(Norming stage)
동조(Conformity)
사회적 태만(Social loafing)
소란 단계(Storming stage)
수직적 팀(Vertical teams)
수평적 팀(Horizontal teams)
수행 단계(Performing stage)
자기주도형팀(Self-directed teams)
지리적으로 분산된 팀(Geographically distributed teams)
차단 행동(Blocking behaviors)
참여(Participation)
팀(Team)
팀 규범(Team norms)
한곳에 위치한 팀(Collocated teams)
형성 단계(Forming stage)
휴지 단계(Adjourning stage)

과제

토론 주제

1. 작업집단 또는 혼자 일하는 개인보다 팀이 더 효과적인 조건은 무엇인가?

2. 팀은 적절한 전문기술과 대인기술을 갖춘 개인을 포함해야 한다. 2가지 기술을 적정 비율로 갖춘 구성원이 포함된 팀이 이상적이지만 각각 한쪽 분야가 다른 분야보다 더 강한 구성원 중에서 선택해야 하는 경우도 있다. 전문기술이 뛰어난 구성원과 대인기술이 뛰어난 구성원 중 누구를 선호하는가? 각 접근법의 장단점은 무엇인가?

3. 자기주도형팀의 도전과제와 이점은 무엇인가? 관리자주도형과 자기주도형팀 중에 어떤 것을 선호하는가? 이유가 무엇인가?

4. 자신이 소속했던 다양한 팀을 떠올려보라. 언제 다양성이 팀 성과에 기여 요인이거나 저해 요인이었는가? 다양성을 가장 효과적 방법으로 이용하기 위해 무엇을 할 수 있는가?

5. 성공적인 팀 설립을 위해 새로운 팀이 실시해야 할 활동은 무엇인가?

6. 팀의 누군가가 "은근슬쩍 남모르게" 사회적 태만을 하면 그 구성원을 다시 몰입하게 하기 위해 무엇을 할 수 있는가? 다른 구성원은 이 행동에 어떻게 대처해야 하는가? 팀 성과에 대해 동료에게 책임을 묻는 것이 어려운 이유는 무엇인가?

7. 팀에 완전히 참여하도록 장려하기 위해 리더는 무엇을 할 수 있는가? 완전한 참여가 이루어지지 않는 경우 위험 요인은 무엇인가?

8. [그림 17-6]에 설명된 팀 유효성의 3가지 측면을 검토해보라. 성과 측면에서 어떻게 순위를 매기겠는가? 3가지 측면이 똑같이 중요한가? 어떤 상황에서 혹은 어떤 팀에서 한 가지 기준이 다른 기준보다 더 중요한가?

9. [그림 17-7]에 개괄된 경계관리의 다양한 방법을 고찰해보라. 각 방법에 대해 팀 구성과 팀 과정이 어떻게 바뀌어야 하는가?

10. 지리적으로 분산된 팀의 장단점은 무엇인가? 단점을 최소화하기 위해 리더는 무엇을 할 수 있는가?

관리 연구

1. 뉴스에서 한 팀을 조사하고 그 팀의 사례연구를 작성하라. 사례연구에는 다음 사항을 기록해야 한다.
   a. 팀 구성원 파악하기
   b. 팀 유형 파악하기
   c. 팀이 어떤 리더십(관리자주도형 또는 자기주도형)에 있는지 기술하기
   d. 팀이 다양성을 이용하는 방법에 대한 사례 제시하기
   e. 팀 규범 기술하기
   f. 팀이 학습을 증진하고 경계를 관리하는 방식 분석하기
   g. 팀의 유효성 평가하기

2. 사례연구를 위해 모은 정보를 바탕으로 팀이 어떻게 운영되는지 모델을 개발하라.

현장에서

캠퍼스에서 한 팀을 지정해 코치로 자원해보라. 이 팀과 협력해 다음을 달성하라.

a. 목표를 분명히 밝히고 목표에 대한 성과 측정을 개발한다.
b. 경계관리 전략을 결정한다.
c. 공식적 의사결정 과정을 개발한다.
d. 갈등을 건설적으로 관리하는 법을 배운다.
e. 정보 공유와 긍정적 에너지 창출을 위한 관행을 개발한다.

코칭 시간이 마무리되면, 팀이 코칭의 어느 측면을 유익하다고 생각하고 코치의 조언을 어떻게 적용할 것인지에 대해 팀에게 말해보라고 한다.

참고문헌

[1] Linda A. Hill and Maria T. Farkas, "A Note on Team Process," Harvard Business School Note No. 9-402-032 (Boston, MA: HBS Publishing, 2001).

[2] "Whole Foods, Inc. Company Profile," www.hoovers.com, accessed November 20, 2012.

[3] "Whole Foods, Inc. Company Profile," www.hoovers.com, accessed June 29, 2009.

[4] G. Hamel and B. Breen, The Future of Management (Boston, MA: Harvard Business School Press, 2007).

[5] G. Hamel and B. Breen, The Future of Management (Boston, MA: Harvard Business School Press, 2007).

[6] Anthony J. Mayo, Masako Egawa, and Mayuka Yamazaki, "Kazuo Inamori, A Japanese Entrepreneur," Harvard Business School Case No. 9-408-039, rev. April 6, 2009 (Boston, MA: HBS Publishing, 2008), pp. 8–9.

[7] J. Richard Hackman, Leading Teams: Setting the Stage for Great Performances (Boston, MA: HBS Press, 2002).

[8] Jon R. Katzenbach and Douglas K. Smith, "The Discipline of Teams," Harvard Business Review, July–August 2005.

[9] Jeffrey T. Polzer, "Leading Teams," Harvard Business School Note No. 9-403-094 (Boston, MA: HBS Publishing, 2003), p. 1.

[10] Jon R. Katzenbach and Douglas K. Smith, "The Discipline of Teams," Harvard Business Review, July–August 2005.

[11] Jon R. Katzenbach and Douglas K. Smith, "The Discipline of Teams," Harvard Business Review, July–August 2005.

[12] R. J. Volkema, "Problem Complexity and the Formulation Process in Planning and Design," Behavioral Science, Vol. 33, pp. 292–327.

[13] Jeffrey T. Polzer, "Leading Teams," Harvard Business School Note No. 9-403-094 (Boston, MA: HBS Publishing, 2003).

[14] Paul R. Lawrence and Jay W. Lorsch, Organization and Environment (Boston, MA: Graduate School of Business Administration, Harvard University, 1967); and James D. Thompson, Organizations in Action: Social Science Bases of Administrative Theory (New York, NY: McGraw-Hill, 1967).

[15] R. Wageman, "The Meaning of Interdependence," Groups at Work: Theory and Research, M. E. Turner, ed. (Mahwah, NJ: Lawrence Erlbaum Associates, 2001), pp. 197–217.

[16] Jeffrey T. Polzer, "Leading Teams," Harvard Business School Note No. 9-403-094 (Boston, MA: HBS Publishing, 2003).

[17] Jeffrey T. Polzer, "Leading Teams," Harvard Business School Note No. 9-403-094 (Boston, MA: HBS Publishing, 2003).

[18] J. R. Katzenbach and D. K. Smith, "The Discipline of Teams," Harvard Business Review, July–August 2005.

[19] G. C. Homans, The Human Group (New Brunswick, NJ: Transaction Publishers, 2004).

[20] G. C. Homans, The Human Group (New Brunswick, NJ: Transaction Publishers, 2004).

[21] F. LaFasto and C. Larson, When Teams Work Best (Thousand Oaks, CA: Sage Publications, 2001).

[22] Tsedal Beyene, Thomas J. DeLong, Alison Comings, and Patricia Hernandez, "Managing a Global Team: Greg James at Sun Microsystems, Inc. (A)," Harvard Business School Case No. 9-409-003, rev. November 1, 2009 (Boston, MA: HBS Publishing, 2008).

[23] J. R. Katzenbach, and D. K. Smith, "The Discipline of Teams," Harvard Business Review, July–August 2005.

[24] Jeffrey T. Polzer, "Leading Teams," Harvard Business School Note No. 9-403-094 (Boston, MA: HBS Publishing, 2003), p. 7.

[25] I. Steiner, Group Process and Productivity (New York, NY: Academic Press, 1972).

[26] L. Gratton and T. J. Erickson, "Eight Ways to Build Collaborative Teams," Harvard Business Review, November 2007.

[27] S. Jeanquart Miles, and W. G. Mangold, "Positioning Southwest Airlines Through Employee Branding," Business Horizons, Vol. 48, pp. 535–545.

[28] Stephen C. Wheelwright and Mikelle Fisher Eastley, "Massachusetts General Hospital: CABG Surgery (B)," Harvard Business School Case No. 9-697-021 (Boston, MA: HBS Publishing, 1997).

[29] J. Richard Hackman, Leading Teams: Setting the Stage for Great Performances (Boston, MA: HBS Press, 2002).

[30] L. Thompson, Making the Team: A Guide for Managers. (Upper Saddle River, NJ: Prentice Hall, 2000).

[31] H. Seifter, "The Conductor-less Orchestra," Leader to Leader, Summer 2001.

[32] G. Hamel and B. Breen, The Future of Management (Boston, MA: HBS Press, 2007).

[33] P. J. Hinds and S. Kiesler, Distributed Work (Cambridge, MA: The MIT Press, 2002).

[34] P. J. Hinds and S. Kiesler, Distributed Work (Cambridge, MA: The MIT Press, 2002).

[35] P. J. Hinds and S. Kiesler, Distributed Work (Cambridge, MA: The MIT Press, 2002).

[36] Linda A. Hill and Maria T. Farkas, "A Note on Team Process," Harvard Business School Note No. 9-402-032 (Boston, MA: HBS Publishing, 2001).

[37] Tsedal Beyene, Thomas J. DeLong, Alison Comings, and Patricia Hernandez, "Managing a Global Team: Greg James at Sun Microsystems, Inc. (A)," Harvard Business School Case No. 9-409-003, rev. November 1, 2009 (Boston, MA: HBS Publishing, 2008).

[38] Tsedal Beyene, Thomas J. DeLong, Alison Comings, and Patricia Hernandez, "Managing a Global Team: Greg James at Sun Microsystems, Inc. (A)," Harvard Business School Case No. 9-409-003, rev. November 1, 2009 (Boston, MA: HBS Publishing, 2008).

[39] Kathleen M. Eisenhardt, "Strategy as Decision Making," Sloan Management Review, Spring 1999, pp. 65–72.

[40] Linda A. Hill and Maria T. Farkas, "A Note on Building and Leading Your Senior Team," Harvard Business School Note No. 9-402-037, rev. June 6, 2002 (Boston, MA: HBS Publishing, 2002), pp. 15–17.

[41] Jeffrey T. Polzer and Hillary Anger Elfenbein, "Identity Issues in Teams," Harvard Business School Note No. 9-403-095 (Boston, MA: HBS Publishing, 2003).

[42] David A. Thomas, "Diversity as Strategy," Harvard Business Review, September 2004.

[43] David A. Thomas, "Diversity as Strategy," Harvard Business Review, September 2004.

[44] David A. Thomas and Ayesha Kanji, "IBM's Diversity Strategy: Bridging the Workplace and the Marketplace," Harvard Business School Case No. 9-405-044 (Boston, MA: HBS Publishing, 2004).

[45] Patrick Lencioni, The Five Dysfunctions of a Team (San Francisco, CA: Jossey-Bass, 2002).

[46] S. D. Anthony, "Making the Most of a Slim Chance," Strategy and Innovation: Breakthrough Insight and Ideas for Driving Growth (Harvard Business School Publishing and Innosight, July–August 2005).

[47] S. D. Anthony, "Making the Most of a Slim Chance," Strategy and Innovation: Breakthrough Insight and Ideas for Driving Growth (Harvard Business School Publishing and Innosight, July–August 2005).

[48] L. Gratton, A. Voight, and T. Erickson, "Bridging Faultlines in Diverse Teams," Sloan Management Review, Vol. 48, No. 4, Summer 2007.

[49] David A. Thomas, "Diversity as Strategy," Harvard Business Review, September 2004.

[50] L. Gratton and T. J. Erickson, "Eight Ways to Build Collaborative Teams," Harvard Business Review, November 2007.

[51] C. J. G. Gersick, "Time and Transition in Work Teams: Toward a New Model of Group Development," Academy of Management Journal , Vol. 31, No. 1, pp. 9–41.

[52] Deborah Ancona, Thomas Kochan, Maureen Scully, John Van Maanen, and Eleanor Westney, Managing for the Future: Organizational Behavior & Processes (Boston, MA: South-Western College Publishing, 1999).

[53] L. Thompson, Making the Team: A Guide for Managers (Upper Saddle River, NJ: Prentice Hall, 2000).

[54] Jeffrey T. Polzer, "Leading Teams," Harvard Business School Note No. 9-403-094 (Boston, MA: HBS Publishing, 2003), p. 15.

[55] Linda A. Hill and Maria T. Farkas, "A Note on Team Process," Harvard Business School Note No. 9-402-032 (Boston, MA: HBS Publishing, 2001).

[56] D. A. Whetten and K. S. Cameron, Developing Management Skills, 5th edition (Upper Saddle River, NJ: Prentice Hall, 2002).

[57] Linda A. Hill and Maria T. Farkas, "A Note on Team Process," Harvard Business School Note No. 9-402-032 (Boston, MA: Harvard Business School Publishing, 2001).

[58] Amy C. Edmondson, "The Competitive Imperative of Learning," Harvard Business Review, July–August 2008.

[59] Amy C. Edmondson, Richard Bohmer, and Gary P. Pisano, "Disrupted Routines: Team Learning and New Technology Adaptation," Administrati ve Science Quarterly, Vol. 46, 2001, pp. 685–716.

[60] R. B. Ross, "Skillful Discussion," The Fifth Discipline Fieldbook: Strategies and Tools for Building a Learning Org anization , P. Senge, A. Kleiner, C. Roberts, R. B. Ross, and B. J. Smith, eds. (New York, NY: Doubleday, 1994).

[61] R. B. Ross, "Skillful Discussion," The Fifth Discipline Fieldbook: Strategies and Tools for Building a Learning Org anization , P. Senge, A. Kleiner, C. Roberts, R. B. Ross, and B. J. Smith, eds. (New York, NY: Doubleday, 1994).

[62] J. Richard Hackman, Leading Teams: Setting the Stage for Great Performances (Boston, MA: HBS Press, 2002).

[63] James Ware, "Managing a Task Force," Harvard Business School Note No. 9-478-002, rev. April 6, 1995 (Boston, MA: HBS Publishing, 1995), p. 2.

[64] L. Thompson, Making the Team: A Guide for Managers (Upper Saddle River, NJ: Prentice Hall, 2000).

[65] J. Robinson, "U.S. Men's Basketball Roster Announced," The New York Times, June 23, 2008.

[66] PR Newswire, "USA Basketball Coach Mike Krzyzewski (Duke University's Coach K) to Write About World-Class Team Building and the Olympic Gold Medal Quest," MarketWatch, September 13, 2008.

[67] Deborah Ancona, "Outward Bound: Strategies for Team Survival in an Organization," Academy of Management Journal, Vol. 33, No. 2, 1990, pp. 334–365.

[68] Deborah Ancona, Thomas Kochan, Maureen Scully, John Van Maanen, and Eleanor Westney, Managing for the Future: Organizational Behavior & Processes, (Boston, MA: South-Western College Publishing, 1999).

[69] Deborah Ancona, Thomas Kochan, Maureen Scully, John Van Maanen, and Eleanor Westney, Managing for the Future: Organizational Behavior & Processes (Boston, MA: South-Western College Publishing, 1999).

[70] Deborah Ancona, "Outward Bound: Strategies for Team Survival in an Organization," Academy of Management Journal, Vol. 33, No. 2, 1990, pp. 334–365.

[71] C. Wardell, "The Art of Managing Virtual Teams: Eight Key Lessons," Harvard Management Update, November 1998.

[72] Jeanne M. Brett, Negotiating Globally: How to Negotiate Deals, Resolve Disputes, and Make Decisions Across Cultural Boundaries (San Francisco, CA: Jossey- Bass, 2001).

[73] Jeanne M. Brett, Negotiating Globally: How to Negotiate Deals, Resolve Disputes, and Make Decisions Across Cultural Boundaries (San Francisco, CA: Jossey- Bass, 2001).

제 18 장

동기부여

학습목표

이 장을 공부한 후 다음을 할 수 있도록 한다.

- 내재적 보상과 외재적 보상을 구분하고 두 유형의 보상이 동기부여에 어떻게 영향을 미치는지 기술하기
- 5가지 주요 동기부여 내용 이론을 개괄하고 유사점과 차이점 설명하기
- 주요 동기부여 과정이론과 각 이론이 무엇을 평가하고자 하는지 기술하기
- 조직 내에서 바람직한 행동이 강화되는 다양한 방식과 동기부여를 유발하는 데 있어 직무설계의 역할 설명하기

장의 개요

자기성찰 MANAGEMENT

나에게 동기를 부여하는 것은 무엇인가?

동기부여는 어떤 행동방안을 추구하기 위한 욕구, 유인 또는 자극을 의미한다. 개인은 각각 다른 요인으로부터 동기를 부여받는다. 무엇이 나에게 동기를 부여하는지 이해하는 것은 목표 설정, 경력 선택, 성과관리에 도움이 된다. 다음의 진술문에 '네' 혹은 '아니오'로 답변해 무엇이 동기를 부여하는지 고찰하라.

1. 나는 재정적 보상에 의해 동기를 부여받는다.
2. 나는 처벌의 두려움에 의해 동기를 부여받는다.
3. 나는 인정에 의해 동기를 부여받는다.
4. 나는 도전에 의해 동기를 부여받는다.
5. 나는 목표에 의해 동기를 부여받는다.
6. 나는 업적에 의해 동기를 부여받는다.
7. 나는 발전 기회에 의해 동기를 부여받는다.
8. 나는 타인을 도움으로써 동기를 부여받는다.
9. 나는 친교나 소속감에 의해 동기를 부여받는다.
10. 나는 학습 욕구나 과업 완수 욕구에 의해 동기를 부여받는다.

무엇이 나에게 동기를 부여하는가? 이러한 동기부여 요인이 경력 선택에 어떤 영향을 미칠 것인가?

서론

조직은 성공하기 위해 경쟁 대상보다 더 신속하고 경제적으로 우수한 성과를 내기 위한 방법을 강구해야 하지만 직원이 일을 수행하도록 동기를 부여하지 않고는 달성할 수 없다. 위대한 리더는 개인이 조직의 비전 또는 방향에 확신을 가지도록 감화를 주는 데 능숙하지만 진정한 리더십을 결정하는 것은 이 비전을 추구하기 위해 직원의 행동을 자극할 수 있는 능력이다. 이를 추구하기 위해서는 특정 행동방안을 추구하기 위한 욕구, 유인, 자극을 의미하는 **동기부여**가 필요하다. 일을 수행하는 데 동기를 부여하는 근원적 요인은 보편적이지 않다. 일부 직원은 주어진 일이 성취감을 주기 때문에 업무를 수행하도록 동기를 부여받는다. 이들은 직무에 따르는 책임, 도전, 다양성, 자율성에서 동력을 얻는다. 다른 직원은 경쟁적 연봉 또는 성과급 제도 등 유형적 보상에 의해 동기를 부여받는다. 그런가 하면 널리 인정받는 것을 중시하는 직원도 있다. 또한 동기부여는 처벌을 회피하고자 하는 욕구에 의해 유발되기도 한다.

실제로는 이렇게 다양한 동인은 상호 배타적이지 않다. 예를 들어, 직원은 일하는 것을 즐기고, 업무가 넉넉한 보상과 인정받을 수 있는 기회를 제공하기 때문에 동기를 부여받는다. 동기부여는 보상, 성과급, 인정, 가변적 급여 등 외적 보상에서 비롯한 동기

동기부여(Motivation)
특정 행동방안을 추구하기 위한 욕구, 자극 또는 유인

부여를 외재적이라 부른다. **외재적 보상**은 구체적이고, 유형적이며, 쉽게 비교 가능하다. 외재적으로 동기부여 받는 직원은 물질적 또는 사회적 보상을 얻을 수 있는 방식으로 업무를 수행하려는 욕구를 가진다.

외재적 동기부여와는 반대로 내재적 동기부여는 "일을 하는 것"에 내재한 측면에서 비롯한다. 여기에는 흥미롭고 도전적인 업무, 자기주도 및 책임, 다양성, 기술과 능력을 이용할 수 있는 기회, 노력에 대한 충분한 피드백이 포함된다. **내재적 보상**은 대체로 개인적 만족감을 제공하고 학습, 자율성, 의미, 도전, 다양성을 제공하는 기회에 치중한다. 내재적 보상의 가치는 자신의 가치에 대한 개인의 지각을 바탕으로 한다. 따라서 개인의 가치는 저마다 비교하기 더 어려운 경향이 있다.

각 요인(내재적 또는 외재적)의 중요도는 개인마다 다르다. 성공적인 기업과 리더는 조직에서 직원에게 동기를 부여하기 위해 자유롭게 쓸 수 있는 각종 지렛대를 파악하고 활용한다. 어떤 연구에 따르면 몰입하고 동기부여된 인력을 구축한 기업이 경쟁기업보다 2배 정도 높은 주가성장을 달성한다. 이와 비슷한 다른 연구에 의하면, 직원의 몰입이 높은 기업은 여타 기업보다 평균 18% 높은 생산성과 49% 낮은 회전율을 보인다. 이 자료를 바탕으로 직원 몰입을 육성하는 것이 중요함을 알 수 있다. 실제로 세계적인 유수 기업을 분석한 결과 해당 인력의 20%만이 높은 몰입도를 보였다.

주어진 직무에 노력을 기울여야 할지 판단하려면 이 직무가 제공하는 것이 무엇인지, 자신의 노력이 더 나은 성과에 기여할지, 이 성과가 공정하고 형평성 있는 방식으로 보상되는 정도를 고려해야 한다. 이 조건이 모두 충족되면 필요한 만큼의 노력을 기울이도록 동기를 부여받을 가능성이 높아진다.

동기부여를 잘 이해하려면 특정 행동을 이끄는 동인을 파악해야 한다. 이 장은 동기부여에 대한 여러 이론과 리더가 강화 및 보상을 통해 직원의 동기부여를 어떻게 고취할 수 있는지 살펴본다. 다양한 동기부여 접근법을 적용해 직원 몰입을 제고한 기업의 좋은 사례가 HCL Technologies다.

외재적 보상(Extrinsic rewards)
과업 수행을 용이하게 하거나 동기를 부여하는 데 쓰이는 급여, 승진, 복리후생, 직업 안정성 등을 포함한 보상

내재적 보상(Intrinsic rewards)
'일을 하는 것'과 관련되며 흥미롭고 도전적인 업무, 자기주도 및 책임, 다양성, 기술과 능력을 이용할 기회, 노력에 대한 충분한 피드백을 포함한 보상

비니트 나야르와 HCL Technologies

HCL Technologies는 1976년 인도에서 컴퓨터 하드웨어 산업을 이끌고자 했던 소수의 엔지니어에 의해 설립되었다. HCL는 연구개발(R&D)에 집중 투자하고 인도 내 최고 인재를 유치함으로써 세계 하드웨어 산업의 선두주자로 도약했다. Apple에 앞서 컴퓨터시스템을 출시했고, Oracle보다 먼저 프로그래밍 언어를 창안했다. 창업주 Shiv Nadar의 리더십 하에 HCL는 1980년대의 황금기 동안 번창했고, 하드웨어 사업을 통해 컴퓨터 산업을 지배했다. 1990년에 이르러 소프트웨어 및 서비스가 업계의 판도를 바꾸기 시작했지만 HCL는 하드웨어 핵심 기술에만 집중하기로 했다. 이 전략에 따른 대가는 컸다. 1997년 HCL는 경쟁기업을 따라잡기 위해 구조조정에 돌입하고 컴퓨터 서비스 사업에 뛰어들었다. 그러나 계속해서 뒤처지기만 했다. 2000년 HCL는 더 이상 인도에서 가장 일하기 좋은 곳이 아니었고, 30%의 소모율을 기록했다. HCL의 재무 실적은 여전히 하드웨어 사업이 주축을 이루었다.

2005년 HCL는 전략을 재수립하기 위해 Vineet Nayar를 영입했다. 나야르의 1차 전략은 IBM이나 Accenture 등 업계

강자가 간과하고 있던 중간 규모의 고객층에게 다중서비스 제안을 제시하는 것이었다. 그러나 새 전략보다 더 중요한 것은 회사 통합이었다. 나야르는 처음부터 HCL이 가진 수많은 문제가 직원의 문화와 가치에서 비롯됨을 깨달았다. 당시 직원들은 모두 뛰어난 인재였지만 단결성이 부족했다. 다들 사일로에서 일하는 데 익숙해져 있었던 것이다. 나야르는 무슨 전략을 쓰든 직원이 함께 대안을 파악하고 시행하려면 서로 협력해야 한다고 생각했다. 나야르는 이 문제를 다루기 위해 소수의 사업 영역에 집중해 구조조정을 꾀했고, '비즈니스 금융' 집단이라는 개념을 도입하고 다중서비스 전달 유닛을 위한 기반을 다졌으며, 각종 사업 분야에 걸쳐 자동화 과정을 개시했다. 그러나 가장 중요한 변화는 기업문화를 주도할 '직원 우선, 고객은 둘째'라는 새로운 슬로건이었다.

직원 협업을 향상시키고자 발족된 '직원 우선' 캠페인은 4가지 전략목표를 내세운다. 독특한 고용환경을 제공하고, 반전된 조직구조를 주도하고, 조직 내 투명성과 책임감을 조성하고, 가치주도 문화를 장려한다. 수많은 직원들이 이 제도에 실체가 없다며 회의적 반응을 보였지만 나야르는 단호히 캠페인을 강행하고, HCL가 직원 개발에 투자하고 바텀라인 실적을 내기 위해 직원의 잠재력을 이끌어낼 것을 강조했다. HCL는 이 목표를 이행하기 위해 3가지 핵심 제도를 실시했다.

UPPA/ZUMApress/Newscom

첫 번째 발안은 인터넷에서 직원들을 연계하는 데 흔히 쓰이는 시스템인 기존 인트라넷을 개선했다. 새로 도입된 도구 중 하나는 관리자가 다루어야 할 부서 내 쟁점을 직원이 기록하기 위해 이용할 티켓 기반 시스템을 개발하는 스마트 서비스 데스크(SSD)였다. 직원은 거래 후 관리자의 해결에 대한 만족도를 평가한다. 또한 나야르는 직원이 질문을 제기할 수 있는 시스템인 U&I를 시행했다. 나야르는 투명성과 신뢰를 증진시키기 위해 매주 100가지 질문에 답변했고 모두가 이를 볼 수 있도록 인트라넷에 공개했다. 두 시스템은 모두 투명성을 높였다.

두 번째 발안은 모든 관리자가 360도 피드백에 참여하는 것이었다. 이 도구를 통해 관리자는 하급자, 동료, 상급자로부터 성과에 대한 긍정적 강화와 건설적 비판을 구한다. 이 도구는 사업 환경에서 각각 다른 성공률을 가지고 널리 쓰였지만 나야르는 사람들의 사고방식과 회사 내에서의 행동방식을 바꾸고자 했다. 나야르는 모든 관리자가 공개 게시판에 의견을 올릴 것을 장려했다. 이 시스템에 대한 확신을 입증해보이기 위해 나야르는 솔선수범했다. 다수의 직원들이 주저했지만 관리자는 자신이 숨길 것이 없음을 보이기 위해 나야르를 따라 게시판을 이용했다.

세 번째 제도는 '신용 급여'이다. 14,000루피의 기본급여와 6,000루피의 성과급을 포함하는 성과 기반 급여를 제공하는 대신 HCL는 각 직원에게 20,000루피를 전부 지불했다. 이는 비용의 증가뿐 아니라 신뢰의 제고를 의미했다. 급여 전체를 선급함으로써 관리자는 직원이 실적을 내리라는 믿음을 효과적으로 보여주었다. 신뢰를 더 증진시키기 위해 이 정책은 조직의 85%에서만 실행되었다. 회사의 상위 15%는 성과급을 수령하기 전에 성과목표를 달성해야 했다.

'직원 우선' 캠페인이 시행되기 전 나야르는 어려운 의사결정에 직면했음을 인정했다. 기존 아이디어를 참고할 것인가, 아니면 완전히 바꿀 것인가? 매년 자사보다 10~20% 높은 성과를 내는 경쟁기업들을 생각하면 완전한 변화를 감행하는 수밖에 없다고 생각했다. 그리고 이 시도는 성공적이었다. HCL는 수개월의 구조조정과 기업문화 변혁을 통해 IBM, Accenture, HP 등 유수 경쟁기업을 제치고 캘리포니아에 위치한 Autodesk와 5천만 달러 계약을 성사시켰고, 이는 HCL이 따낸 최고의 계약이었다. 2006년 1월 HCL는 DSG International과 3억3천만 달러 계약을 체결해 인도 역사상 최대의 아웃소싱 계약을 성사시켰다. 나야르는 투명성과 직원 개발의 강조를 통해 HCL의 조직문화와 운영을 변혁시켰고, 기업의 시장 경쟁성을 개선했다. 이 변혁은 몰입과 동기부여 수준이 높은 인력을 개발한 덕분에 성공할 수 있었다. 나야르는 직원 동기부여를 높이기 위해 이처럼 여러 제도를 지원했다.

적합한 사례 비니트 나야르와 HCL Technologies

1. 나야르가 HCL의 기업문화를 변혁시키고자 한 이유는 무엇인가?
2. '직원 우선' 캠페인이 HCL 문화를 어떻게 변화시켰는가?
3. 나야르는 직원들이 협력하도록 어떻게 동기를 부여했는가?
4. 직원 개발 투자가 중요한 동인인 이유는 무엇인가?
5. 직원에게 동기를 부여하는 것이 HCL의 성과를 향상시킨 이유는 무엇인가?

동기부여 내용이론

성과를 주도하기 위해서는 직원의 유인책과 욕구를 조직의 전체 목표에 맞추어야 한다. 연구에 따르면, 직원은 회사와의 업무관계와 관련된 조건을 포함한 심리적 계약을 내면화한다. 이는 공식적인 문서가 아니라 동기부여와 행동을 결정하는 직원의 마음속에 존재하는 암시적 이해를 의미한다. 이 계약 조건은 직원으로부터 기대되는 것과 회사로부터 기대되는 것의 근거를 마련한다. 어떤 성과의 대가로 직원은 그에 상응하는 보수, 인정, 기타 승인을 기대한다. 이 심리적 계약의 조건에는 문화적 측면(예: 공개적인 아이디어 교환, 우수사례 공유)과 공정한 급여, 직업 안정성, 기타 혜택에 대한 기대가 포함된다. 조직이 이와 같은 합의를 지지하는 정도가 회사에 대한 직원의 신뢰, 고객을 대접하고자 하는 동기부여, 최선을 다해 일을 수행할 의향에 영향을 미친다.

어떤 조직은 직원과의 심리적 계약을 명백히 이해하고 이를 유지하기 위해 노력한다. Southwest Airlines은 심리적 계약을 지지하는 것이 직원의 동기부여에 필수적이라 생각하며, 직원이 조직에 대한 우려를 표현할 기회를 제공해 심리적 계약을 이행한다. 9개월 이하의 기간 동안 근무한 직원을 무작위로 선정해 사장 및 임원들과의 식사에 초대한다. 식사 동안 대화의 주제는 신입사원의 기대가 충족되었는지, 회사가 모집, 선정, 훈련, 오리엔테이션 과정을 어떻게 개선할 수 있는지에 대한 것이다. 이 과정이 직원과 회사의 긍정적·정서적 유대를 장려하고 회사와 상품을 보다 효과적으로 고객에게 판매하는 데 동기부여가 될 것이라 생각한다.

AP Photo/PRNewsFoto/AFLAC Incorporated

애틀랜타 소아병원은 직원이 욕구를 충족하도록 동기를 유발해야 함을 인지하고 있다. 병원은 애틀랜타의 급증하는 소아환자 인구를 치료할 수 있는 의료 인력을 개발하기 위해 직원이 개인적 복지 목표를 달성할 수 있도록 돕는 전사 차원의 Strong4Life를 발족했다. 최고인사책임자는 "직원이 자기 자신을 잘 돌보도록 회사가 도우면, 직원이 소아 환자를 더 잘 돌볼 수 있을 것이라 생각한다"고 설명한다.

직원의 욕구(예: 심리적 계약에 대한 필요 또는 복지 욕구)를 충족하는 것이 직원으로 하여금 우수한 성과를 내도록 동기를 부여하는 이유를 설명하기 위해 여러 동기부여 이론이 제시되었다. 개인이 특정 방식으로 수행하도록 동기를 부여하는 유인책과 욕구에 대한 연구를 **내용이론**이라 부른다. 이 장에서는 욕구단계이론, ERG이론, 2요인이론, 후천적 욕구이론, 4가지 동인이론 등 5가지 내용이론을 살펴본다.

욕구단계이론

Abraham H. Maslow가 제안한 **욕구단계이론**은 개인이 최고의 만족도를 보장하기 위해 정해진 단계별로 충족되어야 할 다양한 욕구를 가진다고 주장한다. 구체적으로 매슬로는 개인이 충족해야 할 5가지 욕구를 가지고 있다고 생각했다(그림 18-1) . 직원이 상위단계 욕구의 충족을 기대하기 전에 우선 하위단계 욕구를 추구한다는 점에서 5가지 욕구에는 서열이 존재한다. 첫 번째 욕구단계는 음식, 물, 주거, 산소 등 생존에 필요한 생리적 욕구다. 매슬로에 따르면, 상위단계의 문제를 생각하기 전에 이 기본 욕구가 우선 만족되어야 한다. 비즈니스에 적용했을 때 기본 욕구는 개인의 연봉으로 충족된다. 그 다음 단계는 안전 욕구다. 안전은 물리적 및 정서적 환경의 안정과 보호를 의미한다. 조직에서는 직업 안정성과 복리후생이 안전 욕구로 간주된다.

세 번째 단계는 가족, 친구, 친밀감 등 소속감의 욕구를 포함한다. 이 욕구는 개인의 친애 욕구를 만족하는 데 일조한다. 개방적이고 포괄적인 팀워크와 정보 공유를 지원하는 조직은 개인의 소속감 욕구를 충족할 수 있다. 기업문화의 여러 측면이 개인의 소속감 욕구를 증가 또는 감소시킨다.

두 상위 단계에는 존경과 자아실현 욕구가 있다. 존경 욕구는 자신감, 성취감, 존중을 포함한다. 인정과 발전 기회를 포함한 대부분의 보상제도가 존경 욕구를 충족한다. 마지막 욕구는 자아실현으로, 개인이 가능한 한 최고의 사람이 되기 위해 성장하고 발달할 수 있는 능력을 가리킨다. 자아실현은 목적의식과 방향을 발견하고 충족할 때 고

내용이론(Content theories)
개인이 특정 방식으로 수행하도록 동기를 부여하는 유인책과 욕구에 대한 연구

욕구단계이론
(Hierarhy of needs theory)
개인이 최고 수준의 만족을 누리기 위해 단계별로 충족되어야 할 다양한 욕구를 가진다는 이론

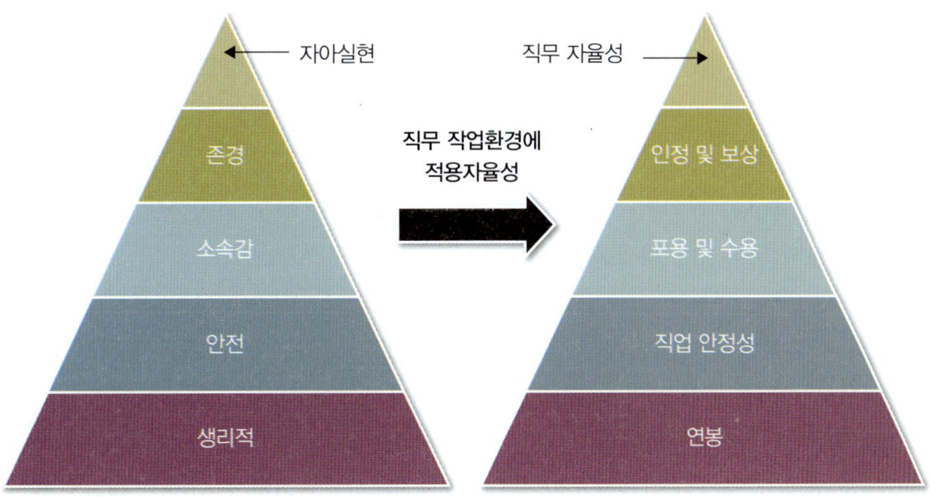

그림 18-1 매슬로의 욕구단계이론

Source: Adapted from Abraham Maslow, "A Theory of Human Motivation," *Psychological Review*, Vol. 50, 1943, pp. 370–396.

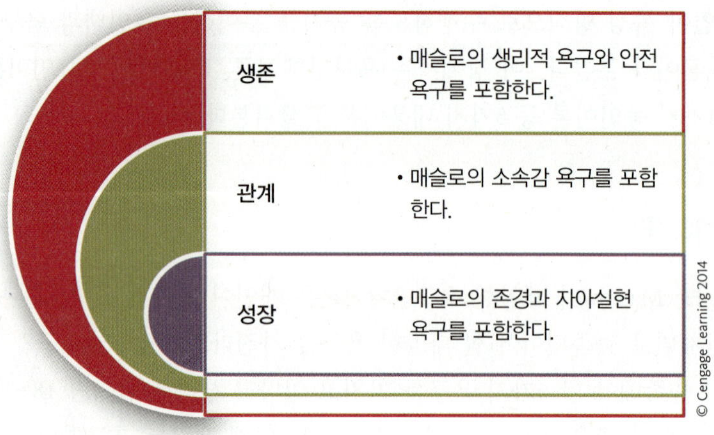

그림 18-2 매슬로의 욕구 단계와 비교한 ERG이론

조되는 자아의식을 의미한다.

매슬로에 따르면, 하위 단계 욕구가 가장 시급하므로 상위 단계 욕구를 처리하기 전에 먼저 만족되어야 한다. 가령 사람은 안전 욕구에 신경쓰기 전에 우선 생리적 욕구를 충족한다. 그리고 소속감 욕구를 염려하기 전에 안전 욕구를 먼저 충족한다. 매슬로 이론에 의하면, 대부분의 사람이 소속감과 존경 욕구를 먼저 충족하도록 노력한다.

ERG이론

Clayton Paul Alderfer는 매슬로의 욕구단계이론을 변형한 이론을 제안했다. 매슬로의 5단계를 3단계로 축소한 뒤 각각 생존 욕구, 관계 욕구, 성장 욕구라 명명했고, 이를 ERG이론이라 한다(그림 18-2 참조).

- **생존**: 사람이 생존하고 생산적으로 기능할 수 있게 하는 기본 욕구다. 매슬로의 생리적 욕구와 안전 욕구가 앨더퍼의 생존 욕구에 포괄된다.
- **관계**: 매슬로의 소속감 욕구와 유사하며, 타인과 상호작용하고 전체의 일부가 되고 싶은 욕구를 가리킨다. 개인은 타인과 관계하고, 감정을 공유하며, 자신의 생각을 공개적으로 표현하고 토론할 기회를 추구한다.
- **성장**: 이 욕구는 개인이 잠재력을 실현하고자 하는 욕구를 의미하며, 높은 존중감과 고조된 자아실현 의식을 초래한다.

ERG이론(ERG theory)
개인이 생존(기본 신체적 욕구), 관계(타인과 관계), 성장(개인 개발) 등 3가지 기본 욕구에 의해 동기를 부여받는다는 이론

앨더퍼는 욕구가 단계화된다는 매슬로의 신념에 동의하지만 만족을 성취하는 과정에 대해서는 의견을 달리한다. 매슬로는 개인이 직선적인 순서로 욕구를 만족시킨다고 했지만 앨더퍼는 개인이 다양한 욕구를 동시에 추구할 수 있다고 주장한다. 앨더퍼는 상위 단계 욕구가 좌절된 사람은 다시 하위 단계 욕구로 복귀할 것이라고 생각한다. 가령 성장 욕구를 성취할 수 있는 능력에 실망할 때, 관계 욕구를 충족하기 위해 더 많은 노력을 기울일 수 있다.

2요인이론

Frederick Herzberg는 매슬로와 앨더퍼의 이론을 검증하기 위해 직원의 직무 태도와 직무만족도 수준을 조사했다. 그의 연구결과는 상위 단계 및 하위 단계 욕구에 대한 이론을 뒷받침했지만 허즈버그는 모든 욕구가 동기요인이라는 데는 동의하지 않았다. 그의 **2요인이론**에 따르면, 상위 단계 욕구야말로 진정한 **동기요인**인 데 반해 하위 단계 욕구는 잠재적 불만족 요인이다. 잠재적 불만족 요인을 충족한다 해서 동기가 더 부여되는 것은 아니다. 그보다는 불만족을 덜 느끼게 된다. 반대로 동기요인을 충족하면 더 만족하게 되고 일정 수준을 유지하며 업무를 수행한다. 허즈버그는 2가지 측면을 각각 **위생요인**, 동기 요인이라 불렀다.

위생 요인 또는 잠재적 불만족 요인은 생리적, 안전, 소속감 연구와 관련된다. 이 요인들은 작업환경을 구성하는 주요 요소다. 예를 들어 직원은 고용주가 생존을 위한 임금, 안정적 직업, 팀워크와 협업 기회, 도전적 업무 기회를 제공하기를 기대한다. 이 중 어느 한 측면에서라도 기준에 미치지 못하는 조직은 불만족 여건을 조성할 수 있다. 허즈버그는 잠재적 불만족의 주요 원인은 제한적 사내 정책, 과도한 감시, 부실한 근무조건, 불충분한 연봉 등임을 알아냈다. 허즈버그에 따르면, 직무 환경의 이러한 측면을 개선하는 것이 만족감을 유발하거나 직원이 더 좋은 성과를 내도록 동기를 부여하지 않는다. 이는 직원이 기대하는 기본 조건이다.

이와 정반대인 동기 요인은 업무 수행의 직접적 결과와 만족감의 1차 원인이다. 동기요인은 매슬로의 존경 및 자아실현 욕구에 상응한다. 매슬로와 허즈버그는 이러한 상위 단계 욕구가 업무를 더 잘 수행하도록 동기를 부여한다는 데 동의한다. 허즈버그는 만족감이 도전적 업무, 성취와 개인적 인정의 기회, 자율성, 개인의 책임감에서 비롯된다고 밝혔다.

또한 허즈버그는 직원이 만족과 불만족을 동시에 느낄 수 있다고 주장한다. 직원은

2요인이론(Two-factor theory)
위생요인과 동기요인 등 2가지 조건이 만족과 불만족의 동인으로 동시에 작용한다는 이론. 하위단계 욕구는 위생요인이자 잠재적 불만족 원천이며, 동기요인은 상위단계 욕구이자 잠재적 만족 원천이다.

동기요인(Motivators)
업무 수행의 직접적 결과와 직무 만족감의 1차적 원인

위생요인(Hygiene factors)
심리적, 안전, 소속감 욕구와 관련된 잠재적 불만족 요인인 직무 요인. 이 요인은 작업환경을 구성하는 주요 요소이다.

그림 18-3 허즈버그의 2요인 연속체

Source: Adapted from A. B. Shani and J. B. Lau, *Behavior in Organizations: An Experiential Approach*, 7th edition (New York, NY: Mc-Graw Hill, 2000), pp. 242–244.

Andrew Spiers/Alamy

경력 발전을 위한 직무 제안 기회에 감사해 하지만 연봉에 대해서는 여전히 만족하지 않는다. 동기요인은 0(만족 결여)부터 시작해 성취와 발전이 향상될수록 매우 만족함으로 증가한다. 위생요인도 0(불만족 결여)부터 시작해 연봉, 사내 정책, 안정성의 기대가 충족되지 않으면 매우 불만족함으로 증가한다(그림 18-3 참조). 나야르가 HCL에서 '신뢰 급여' 정책을 실시했을 때 직원에 대한 믿음과 신뢰를 암시함으로써 급여의 잠재적 불만족을 제거하는 동시에 직원에게 보상하고자 했던 것이다.

허즈버그는 매슬로의 욕구 단계가 외재적 또는 내재적 동기부여에 의해 주도된다고 보았다. 심리적, 안전, 소속감 욕구는 외재적이다. 연봉과 안정성이 대표적 외재적 동기요인이다. 존경과 자아실현은 내재적 동기부여에 의해 주도된다. 개인은 상위 단계 욕구를 충족하기 위해 생각, 감정, 기분에 의존한다.

후천적 욕구이론

개인이 근원적 욕구를 가지고 태어난다는 매슬로와 허즈버그와는 달리 David McClelland는 특정 유형의 욕구가 시간의 경과에 따라 습득되고 생애 경험을 통해 다듬어진다고 주장한다. 이 욕구는 성공을 획득하고, 과업을 달성하며, 타인을 능가하고픈 욕구를 포함한다. 또한 관계를 형성하고 갈등을 회피하며, 타인에게 영향력과 통제력을 행사하고자 하는 욕구를 포함한다. 맥클랜드는 초기 생애 경험이 이 욕구를 습득할지 여부와 욕구의 우선순위를 결정한다고 주장한다.

맥클랜드와 동료는 **후천적 욕구이론**을 개발하면서 직원이 선호하는 과업 유형, 도전적이고 만족스럽다고 여기는 업무 유형, 다양한 작업 환경에서 얼마나 효과적인지 확인하기 위해 직장에서의 개인차를 검토했다. 연구 결과에 의하면 개인은 **성취 욕구**, **친화 욕구**, **권력 욕구** 등 3가지 욕구로부터 동기를 부여받는다. 성취 욕구는 목표 설정, 달성, 초과 욕구를 포함한다. 성취가 동기부여 요인인 개인은 과업주도형이다. 경쟁과 도전을 성공적으로 완료하고자 하는 욕구에서 힘을 얻는다. 즉 성취형 사람이 이기고 싶어 한다. 성취형 사람은 자율적으로 일하기를 좋아하고 목표를 달성하기 위해 자기 자신에만 의존한다.

반대로 친화 욕구가 동기부여 요인인 사람은 관계주도형이다. 상호작용, 사회화, 우호관계 발달 기회로부터 동기를 부여받는다. 매우 친화적인 사람은 팀에 속하고 호감 얻는 것을 선호한다. 이처럼 관계 형성 욕구는 친화형 개인이 갈등과 사회적 분열을 꺼림을 의미한다.

맥클랜드가 발견한 마지막 욕구는 권력 욕구이며 이는 개인화 욕구와 사회화 욕구 2가지 형태로 나타난다. 단어가 암시하듯 개인화 권력에 동기부여 받는 사람은 개인의 지위에 관심을 두고 대인관계에서 지배적이다. 이 유형의 사람은 출세를 추구한다. 반대로 사회화 권력으로부터 동기를 얻는 사람은 주로 타인에게 영향을 미치고자 한다.

후천적 욕구이론(Acquired needs theory)
개인이 성취욕구, 친화욕구, 권력욕구 등 3가지 욕구로부터 동기를 부여받는다는 이론

성취욕구(Need for achievement)
목표를 설정, 달성, 초과하고자 하는 욕구

친화욕구(Need for affiliation)
상호작용, 사회화, 우호관계 발달 욕구

권력욕구(Need for power)
출세를 추구하거나(개인화 권력) 타인에게 영향을 미치고자 하는(사회화 권력) 욕구

표 18-1 성취욕, 친화욕, 권력욕 주도형 관리자별 영향

구 분	1차적 욕망	영 향	가장 효과적일 때
성취주도형 관리자	– 목표를 달성 또는 초과함 – 새로운 것을 달성함 – 장기적 경력 발전을 계획함 – 타인을 능가함	– 미세(마이크로) 경영 – 모든 것을 혼자서 하려 함 – 피드백을 거의 제공하지 않음 – 명령–통제 리더십 방식을 이용함 – 타인에게 참을성이 없음	– 기업가적 벤처
친화주도형 관리자	– 우호적 관계를 형성, 복구, 유지함 – 호감과 수용을 얻고자 함 – 집단 활동과 교제에 참여함	– 갈등과 부정적 피드백을 회피함 – 규칙을 천편일률적으로 적용하지 않음 – 문제를 해결하기보다 원만히 넘어가려 함 – 성과보다 사람에 대해 더 염려함	– 서비스 관리 – 인적자원
사회화 권력주도형 관리자	– 사람을 설득함 – 조언, 코칭, 지원을 제공함 – 타인에게 강한 긍정적 감정을 고취함 – 조직 안팎에서 명성을 유지함	– 코칭하고 지도함 – 팀에 주의 집중함 – 타인을 경유해 업무에 임함 – 정치적 요령이 있고 인맥이 넓음	– 복잡한 조직 – 관료주의

Source: Adapted from Scott W. Spreier, Mary H. Fontaine, and Ruth L. Malloy, "Leadership Run Amok: The Destructive Potential of Overachievers," *Harvard Business Review*, June 2006.

타인을 압도하지 않고 함께 일하거나 타인을 경유해 일하는 것을 선호한다. 따라서 자기 자신 개발은 물론 팀 발달과 타인 개발에 집중한다.

대개 후천적 욕구 중에서 한 욕구를 나머지 욕구보다 우선시하지만 각 욕구를 충족하고자 하는 동인이 높음에서 낮음까지 다양하기 때문에 어느 한 가지 욕구만 동기부여를 유발하는 것은 아니다. 만족감을 얻으려면 어느 시점에서 3가지 욕구를 모두 충족시켜야 한다. 예를 들어, SC존슨의 직원들은 각양각색의 방식으로 후천적 욕구를 충족한다. 회사에서 일하는 것이 성취 욕구를 충족시키는 방식에 대해 한 직원은 "기업문화가 주인의식과 즉각적인 기여를 장려합니다"라고 말했다. 권력 욕구와 관련해 다른 직원은 "내 업무가 중요하다고 상기시켜주는 책임감을 부여받습니다"라고 귀띔했다. 친화 욕구에 대해 다른 직원은 "SC존슨은 신나는 직장이에요!", "회사에서 저를 배려해줍니다" 등의 의견을 내놓았다.

모든 사람은 어느 정도 3가지 욕구를 가지고 있지만 맥클랜드는, 개인은 다른 욕구보다 한 가지 욕구를 충족하는 데 더 의욕적이라고 주장한다. 특정 욕구를 선호하는 이 성향은 개인의 리더십 방식에 영향을 미친다(표 18–1 참조). 매우 성취지향적인 관리자는 꼼꼼한 마이크로 매니저가 되기 쉽다. 성공과 승리 주도형이기 때문에 성취형 관리자는 누구보다 더 주어진 일을 잘할 수 있을 거라 생각할 때 권한을 위임하는 것을 어려워한다. 성취형 관리자는 다른 사람에게 기회를 주지 않고 명령–통제 리더십 방식을 취하는 경향이 있는데, 이는 팀 구성원을 맥빠지게 한다. 역설적이게도 성취주도형 개인은 지속적 피드백과 격려를 구하지만 구성원에게 같은 수준의 피드백을 제공하는 데 인색하다. 극단적 경우, 성취형 개인은 절차를 무시하거나 윤리적 경계를 넘어서는 한이 있더라도 이기기 위해서라면 무엇이든 한다. 물론 성취욕을 가진 대부분의 사람은 긍정적인 일에 에너지를 쏟는다. 다수의 성취형 개인은 개인적 욕망이 상당히 유용

한 사업적 상황에서 성공을 거둔다.

맥클랜드는 친화적 관리자가 공감과 연민을 토대로 의사결정을 내리고 문제를 해결하기보다 원만히 넘어가는 성향이 있음을 알아냈다. 또한 이 유형의 관리자는 과업이 구성원에게 너무 부담 될까 우려해 권한위임에 애를 먹는다. 이 상황에서 관리자는 종종 직접 과업을 도맡는다. 타인에 대한 배려가 깊고 갈등을 매우 싫어하기 때문에 친화적인 관리자는 수차례 예외를 허용하고 조직 규칙을 보편적으로 적용하지 않는다. 모순적이게도 이러한 일관성의 결여와 갈등 회피는 관리자 의도와는 반대로 팀 응집성과 만족도를 감소시킨다. 친화적 관리자는 규칙과 경계를 어려워하지만 스트레스가 심한 특정 상황이나 서비스 관리 역할에 매우 효과적이다.

사회화 권력 욕구에 의해 동기를 부여받는 개인은 좋은 코치이자 강사이다. 조직 내외부에서 사람들에게 좋은 인상을 남기려 한다. 타인을 경유해서 영향력을 행사하고자 하고 권한위임에 매우 능숙하다. 권력주도형 관리자는 정치적 요령과 자각이 큰 도움이 되는 복잡한 대규모 조직에서 성공을 거둔다. 물론 권력은 양날의 검과 같다. 관리자의 권력이 사적 이익에 근거하면 개인의 명성과 이익에 더 관심을 두고 영향력보다는 조종하는 데 더 치중한다.

대부분의 사람은 성취, 친화, 권력 등 3가지 욕구에 의해 동기가 부여된다. 위의 방식이 특정 욕구에 주도되는 개인의 관리 방식에 부합하지 않을 수도 있다. 좋은 관리자는 자신의 동기와 경향을 인지하고 효과적으로 이를 드러낸다. 각 접근법은 특정 상황에서 유독 효과적일 수 있다.

동기의 발현과 강도는 문화마다 다르다. 예를 들어, 개인주의 문화를 가진 미국에서 성취 동기는 개인의 업적과 과업에 집중된다. 집단주의 문화를 가진 일본에서는 개인 행위보다 팀이나 집단의 집단 업무가 성취동기를 주도한다. 이 장에서 설명한 동기부여 요인은 해당 문화의 관점에서 고려되어야 한다. 특정 사회의 문화, 규범, 가치는 중요하고 유익하다고 간주되는 것에 영향을 미치며, 핵심적 동기부여 요인에 영향을 미친다.

4가지 동인이론

지난 10년 동안 Paul Lawrence와 Nitin Nohria는 신경과학, 생물학, 진화심리학 분야의 연구를 통합해 동기부여를 탐구해왔다. 두 연구자는 3가지 측면에서 여타 동기부여 이론에 동의한다. 1) 근원적 욕구는 선천적이고, 2) 이 욕구의 충족은 만족감을 생성하고, 3) 이 욕구가 충족되지 않으면 불만족이 생긴다. 그러나 두 사람은 욕구가 충족되기 위해 어떤 위계가 필요하지 않으며 한 가지 욕구를 충족하는 것이 다른 욕구의 충족에 달려있는 것은 아니라고 주장한다.

4가지 동인이론(Four-drive theory) 획득 동인, 결속 동인, 이해 동인, 방어 동인 등 4가지 동인을 충족하는 것이 동기부여의 기저를 이루고, 동인이 충족되는 정도가 종업원의 정서와 행동에 직접 영향을 미친다고 주장하는 이론

로렌스와 노리아의 연구 결과에 따르면, 사람들은 4가지 기본적 정서 욕구를 충족시키기 원하고, 욕구를 충족하고자 하는 동인이 공통된 진화적 유산의 산물이다. **4가지 동인이론**은 획득 동인, 결속 동인, 이해 동인, 방어 동인을 포함한다. 로렌스와 노리아

표 18-2 4가지 동인 충족하기

동 인	직장에서 충족하는 방법
획득 동인	**보상제도** – 우수한 직원을 평균 · 열등한 직원과 차별화 – 보상이 성과에 직결됨 – 경쟁적 연봉과 혜택을 제공함
결속 동인	**문화** – 동료 간 상호의존성과 우호관계를 육성함 – 협업과 팀워크를 중시함 – 우수사례 공유를 장려함
이해 동인	**직무설계** – 조직에서 차별화되고 중요한 역할을 갖춘 직무를 설계함 – 유의미하고 조직에 기여 의식을 고취하는 직무를 설계함
방어 동인	**성과관리 및 자원할당 과정** – 모든 과정의 투명성을 높임 – 공정성을 강조함 – 신뢰를 구축함

Source: Adapted from N. Nohria, B. Groysberg, and L. Lee, "Employee Motivation: A Powerful New Model," *Harvard Business Review*, July–August 2008.

는 4가지 동인을 충족하는 것이 인간 동기부여의 기저를 이루고, 동인이 충족되는 정도가 직원의 정서와 행동에 직접 영향을 미친다고 제안한다. 그러므로 직원에게 동기를 부여하기 위해서는 어느 시점에 이르러 4가지 동인이 모두 충족되어야 한다(표 18-2 참조).

우선 직원은 희귀 재화와 사회적 지위를 획득하려는 동인을 가진다. 따라서 직원은 자신이 가진 것을 타인이 가진 것과 비교하고 항상 더 많은 것을 원한다. 직장에서 획득 동인은 1) 우수한 직원과 나머지 직원을 차별화하는 보상제도, 2) 성과와 명백히 연계된 직원 보상, 3) 회사의 경쟁기업 수준에 상응하는 연봉 등이다. 획득 동인은 개인의 재정적 보상과 지위를 타인과 비교하기 쉬운 평가 잣대가 된다.

매슬로의 소속감 욕구와 앨더퍼의 관계 욕구처럼 결속 동인은 직장 안팎에서 타인과 유대하고자 하는 개인의 욕구에서 발현된다. 이와 같은 유대 형성을 통해 직원은 조직에 대한 자부심을 갖는다. 직장에서 결속 동인은 동료 간의 상호의존성과 우호관계를 육성하고, 협업과 팀워크를 중시하며, 우수 사례 공유를 장려하는 문화로 충족된다.

친화와 소속 의식을 추구하는 것 외에 직원은 호기심을 충족하고 주변 세상을 터득하고자 하는 동인을 가진다. 직장에서 이해 동인은 조직 내에서 차별화되고 중요한 역할을 수반하고, 유의미하며, 조직에 기여하는 직무를 설계함으로써 충족된다. 이해 동인은 개인의 내재적 동기부여와 유사하다. 직원은 도전, 학습, 개발 기회를 추구한다.

마지막으로, 직원은 외부 위협에 자신을 방어하고 정의를 증진시키기 위한 동인을 가진다. 직장에서 방어 동인은 투명성을 높이고, 공정성을 강조하며, 신뢰를 구축하는 성과관리와 자원할당 과정을 통해 충족된다. 직원은 이러한 동인을 통해 고용주에게 공정성과 형평성을 요구한다. 직원이 스스로 자신의 기여에 대해 정당한 보수, 인정, 보상을 받는다고 생각할 때 직원 몰입이 높아진다.

5가지 내용이론은 사람이 일을 수행하도록 동기를 부여하는 근원적 욕구와 이 욕구를 충족할 수 있는 방식을 설명한다. 이 이론은 각각 다르지만 모두 신체적, 사회적, 심리적 욕구를 충족하고자 하는 개인 욕망에 중점을 둔다. 이제 행동 방식과 그 행동에 얼마만큼의 노력을 기울일지 결정하는 사고과정을 설명하는 이론을 다룬다.

동기부여 과정이론

동기부여의 내용이론은 행동의 기저에 있는 인간의 욕구와 특정 행동을 유도하는 직장 내 각종 요인을 설명할 수 있지만 직원이 행동을 결정하는 과정을 설명하지는 않는다. 이와 반대로, 과정이론은 인간이 왜 욕구를 만족시키도록 행동하는지와 욕구를 충족하려 시도한 후 전반적인 만족도를 어떻게 평가하는지 설명한다.

동기부여 내용이론과 달리, 동기부여 **과정이론**은 개인을 미리 정해진 변수에 따라 욕구를 만족하는 사람이 아니라 능동적 의사결정자(즉 심리 과정에 관여하는 자)로 간주한다. 몇몇 과정이론은 직원이 노력에 따른 보상과 관련해 기대를 강조한다. 어떤 과정이론은 유사한 노력, 능력, 기대수준을 가진 다른 직원의 보상과 비교하는 방식을 의미하는 보상의 공정성을 강조한다. 과정이론은 행동이 어떻게 촉발, 주도, 지속, 중단되는지 설명하고 분석한다. 마지막으로, 과정이론은 직장 내 행동에 영향을 미치는 맥락적 요인과 개인적 요인을 설명한다. 예를 들어, 실업률이 높고 경제가 어려울 때 개인에게 연봉과 직업 안정성이 큰 비중을 차지한다. 반면 경제적 호황기에는 발전 또는 기술 향상 기회가 우선시된다. 이제 동기부여의 3가지 주요 과정이론인 목표설정이론, 기대 이론, 공정성이론을 살펴보자.

> **다른 관점**
>
> **Drive**
>
> 무엇이 직원에게 동기를 부여하는가? Daniel Pink는 〈Drive〉에서 직원 동기부여를 설명하며, 오늘날 사고할 줄 아는 사람이라면 재정적 유인책과 같은 외재적 보상에 의해 동기를 부여받지 않는다고 주장한다. 오히려 직무를 잘 해냄에 따른 내적 만족감에 의해 동기를 부여받는다. 핑크는 개인의 성공에 진정한 동기를 부여하는 것은 삶을 주도할 수 있는 자율성, 지속적으로 개선하고자 하는 통제력, 더 위대한 것을 해내고자 하는 목적의식이라 한다.
>
> 1. 어떠한 보상이 동기를 부여하는가? 외재적 보상인가, 내재적 보상인가?
> 2. 비즈니스 경험에서 자신 또는 동료에게 어떤 유형의 보상이 제공되었는가? 이 보상은 얼마나 효과적이었는가?

목표설정이론

Edwin Locke와 Gary Latham은 연구 결과를 통해 높은 목표를 설정하고 목표 달성을 향해 직원을 이끄는 것이 동기부여의 핵심 동인이라 주장한다. 두 연구자는 일부 직원에게 구체적 목표를 달성하기 위한 자극과 노력이 목표 달성과 관련된 유형적 보상만큼이나 중요함을 알아냈다. **목표설정이론**은 어렵지만 달성 가능한 목표를 설정하는 것이 성과의 주요 동인이라 주장한다. 로크와 레섬은 목표 설정이 4가지 방식으로 직원의 동기부여와 성과에 영향을 미칠 수 있다고 제안한다.

1. 목표는 직원이 주의와 노력을 목표와 상관없는 활동이 아니라 목표 관련 활동에 기울이게 한다. 즉 목표는 직원이 조직의 전반적 목표를 지원하는 활동을 추구하

과정이론(Process theories) 인간이 왜 자신의 욕구를 만족시키도록 행동하는지와 욕구를 충족하려고 시도한 후 전반적인 만족도를 어떻게 평가하는지를 설명하는 이론

목표설정이론(Goal-setting theory 어렵지만 달성 가능한 목표를 설정하는 것이 성과의 중요 동인이라는 이론

그림 18-4 SMART 목표

Source: Adapted from George T. Doran, "There's a S.M.A.R.T. Way to Write Management's Goals and Objectives," *Management Review*, November 1981, pp. 35–36.

도록 동기를 부여한다.

2. 어려운 목표는 설정 주체가 경영진이든 직원이든 상관없이 직원이 더 노력하도록 한다. 어려운 목표에는 대개 더 많은 노력, 집념, 집중이 수반된다.
3. 목표 완수를 위한 빠듯한 마감 기한은 더 신속한 업무 속도를 유도한다.
4. 개개인은 다른 활동에서 얻은 지식과 기술을 활용해 새로운 목표를 달성하는 데 적용한다.

두 연구자에 따르면, 직원이 적시에 제공된 피드백을 바탕으로 목표 달성을 향한 진도를 점검할 수 있게 하며 직원이 받아들일 수 있는 구체적이고 도전적인 목표를 설정하는 조직이 향상된 동기부여로부터 더 큰 이익을 실현할 수 있다. 목표가 애매모호하지 않고 명확하고 측정 가능하며, 목표 완수까지 구체적 일정이 짜여 있을 때 성과가 높아진다. 이 기준에 맞게 목표를 개발하는 데 유용한 줄임말은 SMART이다(그림 18-4 참조). SMART 목표는 구체적이고 잘 정의돼 있으며, 효과적으로 측정될 수 있으며, 달성 가능하다. 또한 SMART 목표는 해당 사업과 관련되며 정해진 기간 내에 완료될 수 있어야 한다.

도전적 목표를 달성하면 개인이 조직뿐 아니라 자기 자신에 대한 만족감을 얻을 수 있다. 실제로 직원만족도는 우수한 성과의 원인이 아니라 그 결과다. 특히 개인의 목표와 조직 목표가 알맞게 일치할 때 더욱 그러하다. 효과적 행동은 작업환경에서 주어지는 보상과 조건이 해당 직무와 관련되고 동기를 부여할 때만 유도될 수 있다. 따라서 조직은 직원의 근원적 욕구를 반영하며 직원이 행동방안을 계산해 선택하는 방식을 고려한 조건을 조성해야 한다.

개인 목표와 조직 목표 간에 단절이 발생하거나 한 사람의 목표가 타인의 목표와 매우 상이하면 갈등이 잇따른다. 이 현상은 2개 부서가 매우 다른 목표를 가지고 달성할

표 18-3 목표설정 위험요인 및 잠재적 해결책

위험요인	잠재적 해결책
지나친 위험 감수	허용되는 위험수준과 이 수준을 넘어설 때의 결과를 규정한다
스트레스 증가	직원이 기술을 갖추도록 하고 훈련을 제공한다
최저치가 아닌 최고치의 목표	목표를 지속적인 과정의 일환으로 재조정한다. 초과 달성이 적절히 조정된 경우 보상한다.
비목표 분야 간과하기	목표가 포괄적이도록 한다
근시적 사고	목표를 조직의 보다 넓은 임무에 연계한다
부정 및 사기	정직의 본보기를 마련하고 부정을 처벌한다

수 있는 능력을 기준으로 평가될 때 흔히 발생한다. 예를 들어, 제품개발팀은 신제품 혁신이나 개선의 성공 여부에 따라 평가된다. 이 팀은 새로운 아이디어를 검증하기 위해 직접 생산에 적용해야 하는데 이는 새로운 공정이나 원자재의 새로운 원천을 필요로 하기 때문에 비용이 많이 든다. 반대로 제조부서는 가능한 한 낮은 원가에 산출물을 제조한다. 표준 공정으로부터의 이탈은 목표치를 달성할 수 있는 부서의 능력에 영향을 미칠 수 있으므로 새로운 활동에 관여하기를 꺼린다. 이 상황에서 조직은 각종 부서나 사업단위에 특수한 요소를 비용관리와 신제품 소개가 모두 포함될 수 있는 사내 성과 척도와 결합해 목표를 설계한다. 조직 성과는 물론 개별 부서 성과를 포함하기 위해 성과급을 계획할 수도 있다.

목표 설정이 제공하는 장점은 단점이 될 수도 있는데, 특히 유인책이 부적절한 행동을 초래하는 계기가 될 때 그러하다. 정해진 재정적 목표를 달성해야 한다는 압박 때문에 어떤 사람은 근시적인 의사결정을 내리기도 한다. 일부 직원은 도를 넘어 비윤리적 행동을 저지르기도 한다. 2000년대 초반 몇몇 최고경영책임자들이 주가 성과로부터 보수를 수취했던 경우가 좋은 예다. 이 최고경영책임자들은 조직의 장기적 안정성을 희생해 단기적 주식 이익을 생성했던(어떤 경우 생성하는 것처럼 보였던) 의사결정을 내렸다. 몇몇 CEO들은 재무 성과 목표를 달성하기 위해 수익을 과장하거나 비용을 과소보고했다. 효과적 목표는 적절한 유인책과 연계되어야 하고, 잠재적 위험요인을 미리 다루어야 한다(표 18-3 참조)

기대이론

개인은 특정 목표를 향해 일하기로 결정하기 전에 노력-보상 트레이드오프를 의식적으로 평가한다. Victor Vroom이 개발한 **기대이론**은 직원이 직무에서 2가지 기본 양상이 나타나기를 기대한다고 주장한다. 첫째, 많은 노력이 인정받는 좋은 성과로 이어지고, 둘째, 좋은 성과는 이에 합당한 보상으로 이어진다는 것이다.

기대이론(Expectancy theory)
많은 노력이 좋은 성과로 이어지고 좋은 성과는 보상으로 이어질 것이라고 직원들이 기대한다는 이론

또한 직원은 부실한 성과를 낸 타인에게도 같은 원리가 적용하기를 기대한다. 즉 부실한 노력은 낮은 성과로 이어지고, 이는 제한된 보상으로 이어진다. 기본적으로 모두

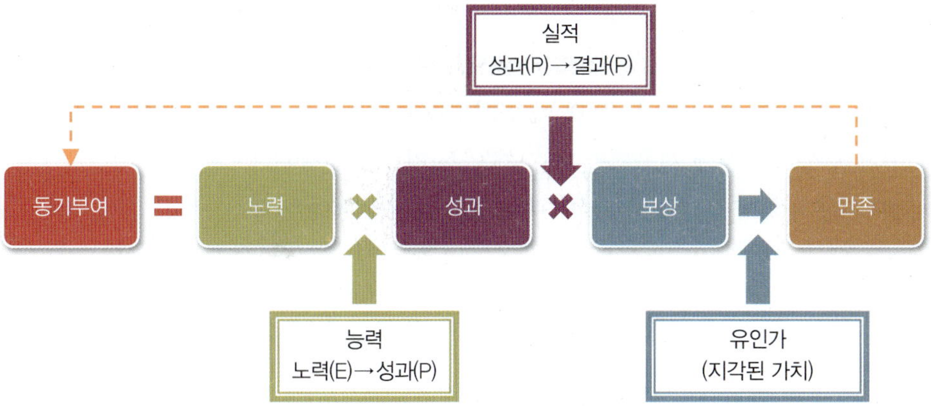

그림 18-5 기대이론 모델

Source: Adapted from Michael Beer and Bert A. Spector, "Note on Rewards Systems," *Harvard Business School* Note No. 9-482-017 (Boston, MA: HBS Publishing, 1981), p. 4.

가 노력, 성과, 보상(또는 결과) 간에 어떤 관계가 성립하기를 기대한다. 기대이론의 연구는 리더십의 경로-목표 이론(제12장 참조)의 기틀을 마련했다.

직원들은 특히 상당한 에너지와 노력을 필요로 할 때 업적이 보상되기를 기대한다. 예를 들어, 주중과 주말에 걸쳐 장시간 근무한 사람은 더 높은 보수를 받을 것이라 생각한다. 마찬가지로 회사의 성공을 견인한 도전적 과업을 담당한 사람은 자신이 승진될 것이라고 생각한다.

기대 이론은 직원이 얼마만큼의 노력이 필요한지 결정할 때 사고과정에 관여하는 3가지 변수를 제시한다. 즉 노력 대 성과 기대, 성과 대 결과 기대, 유인가 등이다(그림 18-5 참조). 3가지 변수 중 어느 하나라도 부재하면 동기부여가 결여되므로 세 변수의 관계는 승법적이다.

노력 대 성과(E to P) 기대는 성과에 상응하는 노력을 기울여야 하는지에 대한 평가를 포함한다. 직원은 이 결정을 내리기 위해 성과에 요구되는 능력, 사전 경험, 도구를 갖추고 있는지 진단한다. 가령 어려운 업무를 성공적으로 수행하려면 직원은 그에 걸맞는 교육, 전문능력, 대인기술을 보유해야 한다. 만약 할당된 과업에 필요한 기술을 가지고 있지 않으면 직원의 노력은 좋은 성과로 이어지기 어렵다. 또 다른 요소는 관리자가 직원을 위해 성과 기대를 명확히 정의하는지 여부다. 대부분 정확한 기대치가 명백히 정해지지 않고 직원이 자신에게 기대되는 바를 추측해야 하므로, 노력이 그에 상응하는 성과로 어떻게 전환될지 예측하기 어렵다. 직원이 노력하면 좋은 성과를 낼 수 있을 것이라 생각할 때 노력 대 성과 기대는 높다고 간주된다. 노력 대 성과 기대가 높으면 직원이 일을 수행하는 데 있어 매우 의욕적이다.

성과 대 결과(P to O) 기대는 우수한 성과가 원하는 보상으로 이어질 것인지에 대한 평가다. 예를 들어 직원은 어려운 업무를 성공적으로 수행하면 승진이나 연봉 인상을 얻을 수 있다고 생각한다. 성과 대 결과 기대가 높으면 직원은 일을 수행하는 데 있어 매우 의욕적이다.

유인가는 구할 수 있는 결과가 직원에게 매력적인지 여부를 평가한다. 높은 동기부여를 유도하려면 직원이 구할 수 있는 보상을 중시해야 한다. 이 보상은 성과급처럼 외재적일 수도 있고, 지식 또는 능력 향상 기회처럼 내재적일 수 있다. 보상의 시기도 중요하다. 보상이 적시에 제공되면 더 가치 있는 것으로 인식된다.

기대이론의 영향을 향상시키려면 관리자는 다음을 해야 한다.

- 각 직원이 어떤 보상을 중시하는지 확인한다.
- 조직이 직원에게 어떤 행동을 기대하는지 명확히 한다.
- 바람직한 성과 수준이 도전적이나 달성 가능하도록 한다.
- 바람직한 결과물을 바람직한 성과에 연계한다.
- 잠재적 갈등의 상황을 분석한다.

공정성이론

직원이 직무에서 기대하는 보상에 어떻게 반응하는지 살펴보았다. 동기부여와 보상의 또 다른 핵심 요소는 직원이 자신의 성과를 타인의 성과와 비교하는 사회적 맥락에서 업무에 임한다는 사실이다. 공정함과 형평성 의식은 동기부여를 이해하는 데 필수적이다. 직원들은 업무 중에 작업 영역의 규모는 물론 특정 직위에 대한 직장 내 편의를 비교한다. 예를 들어 대다수의 직원은 낮은 계층의 직원이 안락한 사무실을 가질 수 없다고 생각한다. 대신 이 보상은 고위 관리자에게 주어진다고 생각한다. 이 직원이 승진하면 고위관리자와 동등한 사무실을 보상으로 받아야 한다고 생각한다. 만약 새로 주어진 편의가 비슷한 직위의 직원이 누리는 편의와 동등하지 않으면 조직과 리더의 대우가 불공정하다고 인식한다.

기대 이론은 개인이 특정 과업이나 목표를 추구하기로 결정하기 전에 행하는 노력–보상 트레이드오프를 이해하는 데 유용하지만 그것이 전부는 아니다. 개인은 자신의 노력에 보상 받는 것만을 기대하지 않는다. 보상이 공정하고 공평해야 한다고 생각한다. 이러한 동기부여 기대는 **공정성이론**으로 설명된다.

공정성이론(Expectancy theory) 사람은 자기 자신을 유사한 상황에 처한 타인과 비교하고 이 행동을 통해 자신의 성과가 공정하게 보상되기를 원한다고 주장하는 이론

심리학자 J. Stacy Adams가 개발한 공정성이론은 사람은 자기 자신을 유사한 상황

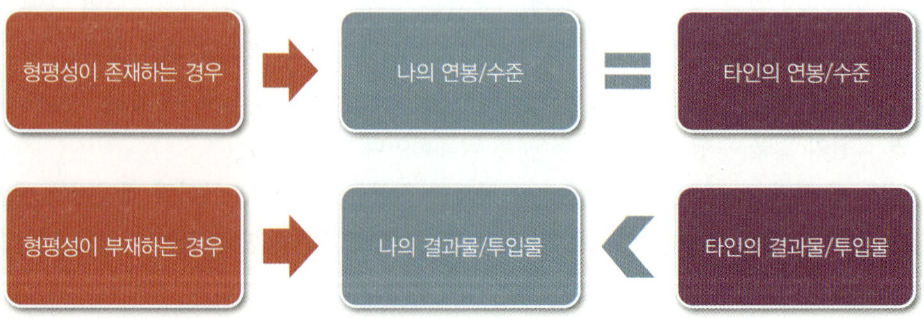

그림 18–6 공정성이론 예시

에 처한 타인과 비교하고 이 행동을 통해 성과가 공정하게 보상되기를 원한다고 주장한다. 공정성이론은 개인이 고용주로부터 특정 한계 보상을 받기 위해 어떠한 노력과 기술이 필요한지 인지함을 전제로 한다. 또한 공정성이론은 사람들이 형평성을 이루기 위해 동기부여됨을 가정한다. 형평성이 부재하면 어떤 사람은 상황을 합리화하고, 어떤 사람은 조직과의 관계를 종료하기로 결심한다.

안락한 사무실 예시에서 보았듯 직원은 투입물(예: 직위, 교육, 선임자 우대, 노력, 기술)에 대한 결과물(예: 승진, 안락한 사무실, 급여, 인정)의 비율을 기준으로 형평성을 평가한다. 형평성은 개인의 투입물에 대한 결과물의 비율이 타인의 투입물에 대한 결과물의 비율과 동등할 때 존재한다(그림 18–6 참조).

어떤 직원이 교육수준에 대한 연봉 비율이 타인보다 더 낮다고 지각하면 그는 보상을 덜 받는다고 생각할 것이다. 결과적으로 그는 동기 결여 상태에 있다. 반대로 어떤 직원이 자신의 비율이 경험이 적은 타인의 비율보다 높다고 지각하면 일을 수행함에 있어 의욕적일 것이다. 두 동료가 공정한 보상(두 사람의 투입물에 대한 산출물의 비율이 동등)을 받는다고 지각하면 두 사람 모두 의욕적이다.

위와 같은 비교의 핵심은 바로 지각이고, 따라서 언제나 객관적인 것은 아니다. 예를 들어 두 사람이 동일한 학위를 가지고 있더라도 둘 중 한 사람은 상위권 대학에 재학했기 때문에 상대보다 더 우월하다고 생각할 수 있다. 연구에 따르면, 대부분의 사람은 타인에 비해 자신을 과대평가하는 성향이 있다. 조직은 공정성의 현실과 지각이 이루어지도록 보상을 개인에 맞추어 제공해야 한다.

홀푸드의 리더는 개인의 보수가 회사 평균 연봉의 19배가 넘지 않도록 연봉 상한을 정했는데, 이는 〈Fortune〉이 선정한 500대 기업의 평균치인 400:1과 매우 다르다. 또한 여타 기업이 부여하는 스톡옵션의 75%가 5명 이하 소수 고위직에 배분되는 반면 홀푸드에서 스톡옵션의 93%는 사외이사에게 부여된다. 홀푸드는 이러한 조치로 직원이 공정하고 공평하다고 여기는 환경을 조성했다.

동기부여 강화하기

보상은 직원에게 동기를 부여할 때 필수 역할을 한다. 직원에게 유의미하고 조직 기준에 합당한 보상을 파악하는 것 외에도 동기부여가 지속적으로 강화되는 환경을 조성하는 것도 중요하다. 환경 자극이 행동에 미치는 영향은 20세기 초에 처음 연구되었다. 러시아 심리학자이자 의사였던 Ivan Pavlov는 개를 대상으로 한 실험에서 개가 먹이가 아니라 먹이를 주는 연구자가 있을 때 침을 흘림을 알아냈다. 이후 개에게 먹이를 주기 전에 여러 번 종을 울린 결과 개가 종에 반응해 침을 흘리는 것을 발견했다. 파블로프의 개가 보인 행동에 따르면, 조건화되지 않은 자극(고기)이 조건화된 자극(종)과 반복적으로 나란히 제시될 때 두 자극이 연계되며 조건화된 자극에 대한 행동 반응(침)이 생성된다.

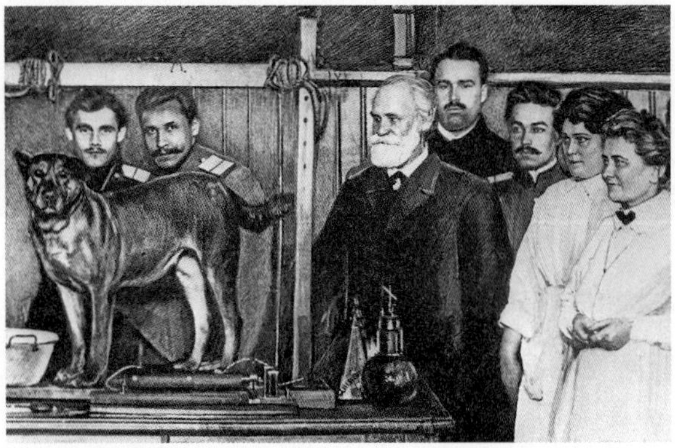

RIA Novosti/Alamy

특정 행동 또는 행위를 유도하기 위해 보상 또는 처벌을 이용하는 것은 **강화이론**에 핵심적이다. 저명한 강화이론가 B.F. Skinner는 긍정적 강화와 부정적 강화가 특정 행동을 증가시키는 반면 소거와 처벌은 행동을 감소시킨다고 주장했다. 스키너의 정의에 따르면 **긍정적 강화**는 바람직한 행동을 보상하는 행위, **부정적 강화**는 바람직한 행동에 대한 반응으로 혐오 조건을 제거하는 행위, **처벌**은 바람직하지 않은 행동에 대한 반응으로 혐오자극을 제시하는 행위, **소거**는 행동이 더 이상 보상 또는 처벌되지 않으므로 행동이 중단된다는 개념이다.

스키너는 쥐 실험을 통해 배고픈 쥐가 매번 먹이를 받는 한 계속해서 상자 안의 바를 누름(행동)을 발견했다. 쥐의 행동에 먹이로 보상하는 것은 긍정적 강화이다. 다른 실험에서 쥐의 발에 약한 전기충격을 가했다. 쥐가 바를 누르면 전기가 멈추었다. 또 다시 충격이 가해지면 쥐는 충격을 멈추게 하기 위해 계속 바를 눌렀다. 혐오 자극, 즉 전기충격을 제거하는 것은 부정적 강화다. 쥐가 여러 번 바를 누르고 매번 전기충격을 받았을 때 쥐는 더 이상 바를 누르지 않았다. 이 행동에 혐오 자극을 전달하는 것은 처벌이다. 마지막으로, 쥐가 반복적으로 바를 누르고 아무 일도 일어나지 않았을 때 쥐는 더 이상 바를 누르지 않았다. 이전에 보상 받았던 행동에 보상을 중단하는 것은 소거이다. 실험 결과 스키너는 처벌과 소거가 행동을 감소시키는 반면 긍정적 강화와 부정적 강화는 행동을 증가시킨다고 결론지었다. 결국 스키너는 행동은 학습되며, 직원이 바람직한 행동을 되풀이하고 바람직하지 않은 행동을 중단하도록 장려하려면 보상이 중요하다고 생각했다. 이 개념을 **조작적 조건화이론**이라 부른다.

조작적 조건화이론은 직장 내 행동이 어떻게 조건화되는지 설명하는 데도 쓰인다. 가령 직원이 고객과의 문제를 관리자에게 보고하지 않는다고 가정해보자. 문제가 생길 때마다 관리자가 곧잘 화를 내기 때문에 직원이 이 문제를 의논하기 꺼렸다는 사실을 관리자가 알게 되었다. 그래서 직원은 분노의 대상이 되기 싫어서 관리자에게 문제를 보고하지 않았다. 이럴 때 관리자에게 문제를 보고하는 것은 관리자가 직원에게 화를 낼 때 처벌받는 조작적 행동이다. 결국 직원은 관리자에게 문제를 더 이상 보고하지 않는다. 그러나 관리자가 더 이상 분노하지 않는다면 직원은 관리자에게 고객과의 문제를 빠짐없이 말할 것이고, 이는 부정적 강화를 나타낸다. 관리자가 고객과의 문제를 밝힌 것에 대해 직원에게 감사를 표한다면, 직원의 행동은 긍정적으로 강화된다.

성공적 조직은 부정적 강화가 아닌 긍정적 강화에 집중해 직원 몰입과 자극을 발달시킨다. 이러한 조직은 기대되는 행동과 관련된 보상을 명시하고, 보상을 일관적으로 적용한다. 예를 들어 Four Seasons Hotel은 지점마다 이달의 직원상을 수여한다. 수상자에게는 1000달러의 현금과 2인용 패키지여행, 1주일 휴가가 제공된다. 마찬가지로 Nordstrom은 회사에서 고위직으로 승진하기를 원하는 직원이 노력할 수 있도록 동기를 부여하는 방식으로 보상한다. 그러나 적절히 계획되지 않은 보상제도는 바람직하지 못하고, 예상하지 못했으며, 의도치 않은 결과를 불러일으킨다. 예를 들어 회사는 팀

강화이론(Reinforcement theory)
긍정적 강화와 부정적 강화가 특정 행동을 유도할 수 있다는 이론

긍정적 강화
(Positive reinforcement)
바람직한 행동을 보상하는 행위

부정적 강화
(Negative reinforcement)
바람직한 행동에 대한 반응으로 혐오 조건을 제거하는 행위

처벌(Punishment)
바람직하지 않은 행동에 대한 반응으로 혐오 자극을 제시하는 행위

소거(Extinction)
더 이상 보상 또는 처벌되지 않는 행동이 중단된다는 개념

조작적 조건화이론(Theory of operant conditioning)
처벌과 소거는 행동을 감소시키는 반면, 긍정적 강화와 부정적 강화는 행동을 증가시킨다는 이론

표 18-4 희망사항과 보상 대상의 불일치

경영진의 희망사항	보상 대상
장기 성장	분기별 수익
팀워크	개인적 노력
도전적 목표 설정	정해진 수치에 맞추기
전체 품질에 전념	결함이 있어도 일정에 맞춰 납품
혁신적 사고와 위험 감수	검증된 방법과 안전성
솔직함과 개방성	좋은 소식, 상사에 동의하기

Source: Adapted from S. Kerr, "On the Folly of Rewarding A, While Hoping for B," *Academy of Management Journal,* December 1975.

워크를 증진하는 문화를 조성하고자 하지만 개개인의 노력에 대해서만 보상한다. 결과적으로 어떤 직원은 팀의 목표보다 개인적 욕구를 위해 업무에 최선을 다한다. 이러한 행동을 방지하려면 어떤 행동이 보상되는지 파악하고 조직이 원하는 행동이 강화될 수 있도록 보상체계를 변혁시켜야 한다(표 18-4 참조).

수많은 회사가 저지르기 쉬운 실수 중 하나는 재정적 유인책이 가장 중요한 동기부여 동인이라 단정한다. 대다수의 사람들이 자기 자신과 타인을 바라보는 방식을 생각하면 재정적 보상을 강조하는 것은 놀라운 일이 아니다. 대부분의 사람은 타인이 보수 등 외재적 보상에 의해 동기를 부여받는 정도를 과대평가하고, 유의미한 업무와 도전 같은 내재적 보상의 역할을 과소평가한다. 스스로 내재적 보상에 의해 동기를 부여받는다고 말하는 사람도 다른 이들이 동의하지 않을 것이라 생각한다. 가령 법대 지망생을 대상으로 한 조사에서, 64%의 응답자들이 지적 흥미와 유의미한 직업을 근거로 법대에 지망한다고 답했다. 동료의 동기부여 질문에 대해 응답자들은 12%의 동료만이 법대에 대한 의견에 동의할 것이라고 단정했다. 응답자들은 대다수의 사람이 재정적 이익을 얻을 기회에 의해 동기를 부여받는다고 생각했다.

업무설계

보상도 중요하지만 업무설계도 직원의 동기부여를 강화하는 데 중요한 동인이다. 동기부여 수준이 높은 인력을 개발하는 데 성공한 조직은 직원이 유의미하고 조직 목표에 연계된 과업에 종사할 기회를 제공한다. 조직이 일을 중시한다고 지각하는 직원은 자신의 업무에 대해 만족하고 다른 직장을 구할 생각도 하지 않을 것이다. 20,000명의 유력 지원자들을 대상으로 Corporate Executive Board가 실시한 조사에 따르면, 기업전략에 유대감을 갖는 것이 매우 중요한 직무 동인이다. 유의미한 업무를 경험하는 것 외에도 직원은 업무 결과에 책임감을 가지고 지속적으로 진도를 점검할 수 있어야 한다. 직원은 다양한 기술을 활용하고 처음부터 끝까지 과업에 책임을 질 때 자신의 직무가 더 유의미하다고 생각할 것이다. 직원이 최종 결과물에 단절감을 가지는 단편적인 업무는 덜 흥미롭다. 그러므로 직원이 자신의 일이 중요하고 조직 목표에 기여한다고 생각할 때 유의미함이 향상된다.

직원 몰입은 개인이 업무에 대해 주인의식과 책임의식을 느낄 때 발생한다. 대체로 높은 자유도와 자율성을 제공하는 직무는 높은 수준의 책임감을 수반한다. 관리자가 책임을 위임하는 데 얼마나 익숙한지는 인간 본성에 대한 관리자의 근본적 신념과 관련된다. 조직이 높은 수준의 동기부여와 직원 몰입을 유발할 수 있는 방법 중 하나는 특정 과정, 행동, 과업 달성을 위해 직원에게 책무와 책임을 위임하는 과정인 권한부여이다. 물론 권한부여는 관리자가 조직 목표와 목적을 지지하기 위해 직원이 최선을 다할 것이라고 확신함을 전제로 한다.

Douglas McGregor는 관리자와 하급자의 관계 연구를 통해 경영에 대한 2가지 상이한 접근법을 도출했는데, 바로 X이론과 Y이론이다. X이론에 부합하는 관리자는 직원이 선천적으로 일을 꺼리므로 기대되는 일을 하도록 지속적으로 점검되고 평가되어야 한다고 생각한다. X이론은 직원이 독자적으로 일할 때 생존을 위한 최소한만 할 것이라고 가정한다. 직원이 기대되는 수준의 성과를 내기 위해 기능하도록 X이론 관리자는 동기부여를 위해 두려움, 협박, 처벌 위협을 이용한다. 또한 X이론 관리자는 직원이 보수 등 외재적 보상에 의해 주로 동기부여된다고 생각한다. 이 유형의 관리자는 당근과 채찍 경영법을 취한다. 여기서 채찍은 처벌에 대한 두려움이고, 당근은 잠재적인 재정적 보상이다.

반면 Y이론 관리자는 직원이 게으름뱅이가 아니라 잠재력을 발휘해 업무에 최선을 다한다고 생각한다. Y이론 관리자는 이러한 마음가짐으로 명령과 통제형 리더십보다는 참여형 리더십에 집중한다. 이 유형의 관리자는 자유롭게 권한을 위임하고, 직원에게 더 높은 자율성과 책임을 부여할 때 난국을 극복할 수 있다고 생각한다. Y이론 관리자는 합의를 추구하고 직원이 자유롭게 새로운 것을 시도하고 혁신할 수 있는 개방적 분위기를 조성하려 한다. Y이론 관리자는 직원에게 동기를 부여하기 위해 적절히 조합된 외재적 보상과 내재적 보상을 제공한다.

후행 연구에 따르면, X이론 관리자와 Y이론 관리자의 태도와 신념은 자기충족적 예언을 불러일으킨다. 예를 들어 직원이 무책임하고 게으르다고 생각하면 실제로 그렇게 될 것이다. 혹은 직원이 의욕적이고 선의를 가지고 있다고 생각하면 이러한 특징을 발견하고 권한부여와 참여 중심의 경영에 더 집중하게 될 것이다.

의사결정에의 높은 참여나 권한부여를 통해 향상된 직원 몰입이 제공하는 장점은 이미 잘 알려져 있다. 어떤 연구에 따르면 직원 몰입도가 높은 기업은 견고한 재정적 성과, 낮은 직원 회전율, 직원 사기 진작 등을 경험한다. 직원 몰입이 높은 조직의 특징은 1) 참여형 의사결정, 2) 정보 공유, 3) 훈련 및 개발, 4) 성과주의 결과 또는 보상을 갖춘 풍토를 가진다. 즉 직원이 기대되는 바를 인지하고, 성공을 위해 훈련을 받고, 노력에 대해 보상을 받으면 조직에 높은 몰입감을 가지고 성공을 향해 업무를 수행하도록 동기를 부여받는다.

이러한 몰입감은 조직 목표에 도달할 수 있다는 신념을 의미하는 **자기효능감**을 유발한다. 직원이 각자 보유한 기술을 육성할 수 있도록 장려하고 조직 내에서 성장 및 발

X이론(Theory X)
종업원이 선천적으로 일을 꺼리므로 기대되는 일을 하도록 지속적으로 점검되고 평가되어야 한다는 신념

Y이론(Theory Y)
종업원이 잠재력을 발휘하고 최선을 다하기 위해 동기가 부여된 상태라는 신념

자기효능감(Self-efficacy)
자신이 조직 목표에 도달할 수 있는 능력을 가지고 있다는 신념

표 18-5 동기부여 문제 진단하기

잠재적 문제	사후조치
필요한 새로운 직무나 기술을 이해하지 못함	이 사람은 적절한 역할 모델을 가지고 있는가?
노력과 성과의 관계를 파악하지 못함	이 사람은 필요한 기술을 가지고 있는가?
성과와 결과물의 관계를 파악하지 못함	보상과 유인책이 기대되는 행동에 부합하는가?
조직의 보상을 통해 개인 욕구를 충족하지 못함	이 사람은 자신의 기여에 대해 제대로 인정받았는가? 잠재적 보상을 인지하고 있는가?

달할 수 있는 기회를 제공할 때 직원의 자기효능감이 높아진다. 더 복잡한 과업을 완수하면 자기효능감이 향상된다. 직원은 자신감을 가지고 점차 더 도전적 기회를 추구하며, 권능을 갖춘 자아상을 강화한다.

요약하면, 개인의 경험과 능력이 업무의 요구사항에 일치하면 조직이 전반적으로 성공할 확률이 높아진다. 결과적으로 직원의 만족감과 동기부여 수준도 높아진다. 직원 몰입도가 낮거나 성과가 기대에 못 미치면 동기부여 검사를 실시해 잠재적 원인을 확인해야 한다(표 18-5 참조). 부실한 성과의 근원적 이유를 파악하는 것이 시정조치를 취하는 데 있어 첫 단계다.

최근 '친사회적 동기부여'에 대한 연구에 의하면 직원이 타인의 삶에 긍정적 영향을 미칠 수 있는 기회를 얻었을 때 동기부여가 높아질 수 있다. 직원이 고객이나 다른 업무 수혜자의 시각으로 자신이 기여한 업적의 가치를 인식할 수 있도록 설계된 직무는 직원의 몰입도와 직무만족도를 향상시킨다. 직원은 이러한 기회를 통해 유의미한 방식으로 행위에 따른 직접적 결과를 확인할 수 있다. 직원이 업무로 이익을 얻는 사람과 직접 소통할 기회를 가질 때 동기부여 수준이 높아진다.

일례로 의료기기 기업인 Medtronic은 직원이 페이스메이커나 기타 인명구조 장비를 공급받은 환자와 만날 수 있도록 정기 간담회를 개최한다. 이 간담회를 통해 직원이 매일 하는 일에 따르는 진정한 영향을 인지할 수 있기 때문에 전 CEO Bill George는 이 간담회를 "진실이 밝혀지는 순간"이라 부르기도 했다.

장점 강화하기

유능한 리더가 되기 위해서는 각자 다른 개인에게 동기를 부여하는 것이 무엇인지 이해해야 한다. 동기부여는 보상과 업무설계를 개인의 욕구에 맞춤으로써 높아질 수 있다. 점차 널리 알려지고 있는 신흥 연구분야에서는 이러한 맞춤에서 나아가 관리자가 직원의 장점에만 집중하도록 장려한다. 긍정적 조직심리학계에서 비롯된 이 연구는 개인의 약점을 다루려고 하는 대신 장점을 강조하면 개인의 동기부여와 생산성 수준이 높아진다고 주장한다.

피드백 과정을 연구한 학자들은 대부분의 사람들이 비판을 기억하는 한편, 행동을 자극하는 것은 칭찬이라 지적한다. 건설적 비판도 중요하지만 비판에 적절히 대응할

리더십 개발의 여정 리더가 직원에게 동기를 부여하기 위해 이용하는 방법 중 하나는 직원 몰입 문화를 조성한다. 직원 몰입은 직원이 조직에 가지는 긍정적인 정서적 유대를 의미한다. 정서적 유대는 업무에 대한 직원의 관여, 열정, 몰입을 유도한다. 몰입된 직원은 조직 목표에 기여하기 위해 자신의 재능을 이용하는 데 전념한다. 리더는 다음과 같이 직원을 몰입시킬 수 있다.

- 신뢰 문화를 조성하기
- 윤리적으로 행동하기
- 지적으로 자극되는 업무를 설계하기
- 경력 발달 기회를 제공하기
- 직원 개발에 투자하기
- 건전한 대인관계의 중요성 강조하기
- 조직에 대한 자부심 고취하기
- 개인의 성과를 조직의 목표와 연계하기

리더가 자신을 몰입하게 한 상황을 생각해보라. 리더의 몰입 전략은 무엇이었는가? 리더의 몰입 능력이 업무 수행에 어떻게 동기를 부여했는가?

수 있는 현실적 기회를 갖지 못하면 오히려 개인을 무력하게 할 수 있다. 긍정 심리학자들은 개인이 이미 잘하는 것에 집중할 때 잠재력을 발휘할 가능성이 높다고 주장한다. 10%의 역량을 20%로 끌어올리는 것보다, 80%에서 90%로 끌어올리는 것이 더 수월하다는 것이다. 비록 동일한 격차지만 기존의 장점을 확대하는 것보다 기본적 역량을 구축하는 데 더 많은 노력이 든다. 직원의 장점을 이용하고 강화할 줄 아는 조직은 더 견고한 성과를 창출하고 직무만족도를 높일 수 있다. 물론 조직은 부정적인 면을 간과해서는 안 된다. 단점도 해결되어야 하지만 핵심은 장점을 강조한다.

기회와 보상을 직원 개개인에 맞추어 조정하려면 관리자는 3가지 질문을 고려해야 한다. 1) 그 사람의 장점은 무엇인가? 2) 장점을 활성화하는 촉발요인이 무엇인가? 3) 개인의 학습 유형은 무엇인가? 이 질문에 대한 답은 직원의 동기부여를 높이기 위한 기반을 마련하는 경력 기회는 물론 보상을 이끄는 데 도움이 된다.

요약

유능하고 동기가 부여된 직원이 부재한 조직은 경쟁력을 오래 유지하지 못한다. 성공적 조직은 동기부여와 직원 몰입을 주도하는 환경을 조성할 수 있어야 한다. 직원 몰입과 동기부여는 내재적 보상과 외재적 보상의 영향을 받을 수 있다. 내재적 보상은 "일을 하는 것"과 관련된다. 이 유형의 보상은 주로 흥미롭고 도전적인 업무, 자율성, 다양성, 기술 및 능력을 발휘할 기회를 직원에게 제공한다. 외재적 보상은 급여, 승진, 복리후생, 직업 안정성 등이 있다. 관리자는 무엇이 직원에게 동기를 부여하는지 파악해야 내재적 보상과 외재적 보상을 적절히 조합해 제공할 수 있다.

각종 현대 동기부여 이론은 직원의 근원적 욕구를 반영하고 직원이 행동방안을 계산하고 선택하는 방식을 고려하는 조건을 설명한다. 사람이 일을 수행하도록 동기를 부여하는 근원적 욕구를 강조한 동기부여 이론을 내용이론이라 한다. 어떤 이론은 개인의 근원적 욕구를 선천적이라 여기고, 어떤 이론은 동기적 욕구와 욕망이 시간의 경과에 따라 획득되고 생애 경험을 통해 다듬어진다고 주장한다. 개인이 변하고 성장할수록 동기적 욕구도 변한다. 초기 학자들은 직원의 욕구가 단계적으로 충족되어야 한다고 생각했다. 오늘날 대부분의 연구는 한 가지 욕구의 충족이 다른 욕구의 충족과는 별개이며 개인이 동시에 다양한 욕구를 추구한다는 생각을 뒷받침한다. 즉 개인은 물리적, 사회적, 심리적 욕구 등 다양한 욕구를 충족해야 한다.

직원이 대안 행동과 노력 수준을 선택하는 방식에 중점을 두는 동기부여 이론을 과정이론이라 한다. 대다수의 학자들은 높은 성과 목표를 설정하는 것이 강력한 성과 동인이 될 수 있다고 생각한다. 또한 과정이론은 직원이 노력에 따라 얻어야 할 보상에 대해 가지고 있는 기대를 강조한다. 노력-보상 트레이드오프에 대한 직원의 평가는 동기부여 수준을 결정할 수 있다. 다른 과정이론은 보상의 공정성, 즉 유사한 노력, 능력, 경험 수준을 가진 다른 직원의 보상과 자신의 보상을 비교하는 방식을 강조한다. 직원은 공정하고 공평한 보상의 배분을 추구한다.

회사가 주어진 작업환경에서 동기를 유발하는 직무 관련 보상과 조건을 제공할 때만 직원이 효과적 행동을 하도록 유도할 수 있다. 특정 행동 또는 행위를 유도하기 위해 보상과 처벌을 이용하는 것을 강화이론이라 부른다. 또한 신중한 업무설계, 의사결정에의 직원 참여, 개인의 장점 강화를 통해 동기부여를 높일 수 있다.

주요 용어

2요인이론(Two-factor theory)
4가지 동인이론(Four-drive theory)
ERG 이론(ERG theory)
X이론(Theory X)
Y이론(Theory Y)
강화이론 Reinforcement theory)
공정성이론(Equity theory)
과정 이론(Process theories)
권력욕구(Need for power)
긍정적 강화(Positive reinforcement)
기대이론(Expectancy theory)
내용이론(Content theories)
내재적 보상(Intrinsic rewards)
동기부여(Motivation)
동기요인(Motivators)
목표설정이론(Goal-setting theory)
부정적 강화(Negative reinforcement)
성취욕구(Need for achievement)
소거(Extinction)
외재적 보상(Extrinsic rewards)
욕구단계이론(Hiearchy of needs theory)
위생요인(Hygiene factors)
자기효능감(Self-efficacy)
조작적 조건화이론(Theory of operant conditioning)
처벌(Punishment)
친화욕구(Need for affiliation)
후천적 욕구이론(Acquired needs theory)

과제

토론 주제

1. 회사가 조직 목표와 직원 목표를 어떤 식으로 조정할 수 있는가? 회사는 어떻게 직원이 올바른 목표에 집중하도록 할 수 있는가?
2. 동기부여의 5가지 내용이론을 비교/대조해보자. 각 이론은 어떤 식으로 유사하거나 다른가? 자신의 동기부여 동인을 생각해보고, 어떤 내용이론이 가장 와닿는가?
3. 동기부여의 2요인이론이 시사하는 바는 무엇인가? 회사는 양측에 어떻게 효과적으로 반응할 수 있는가?
4. 목표는 어떻게 동기부여 동인으로 기능하는가? 제13장에서 통제 위치를 다루었다. 통제 위치가 목표 설정 및 성취에 대한 개인의 방식에 어떤 영향을 미치는가?
5. 목표설정이론과 기대이론은 어떤 식으로 유사한가?
6. 공정성에 대한 개인의 인식이 동기부여 수준에 어떤 식으로 영향을 미치는가?
7. 직무 설계가 직원의 동기부여 수준에 어떻게 영향을 미치는가? 직원의 동기부여 수준을 높이기 위해 고용주가 어떤 수단을 이용할 수 있는가?
8. 문화적 요인은 동기부여에 어떤 식으로 영향을 미치는가? 글로벌 업무의 관리자는 동기부여를 어떻게 인식해야 하는가?
9. 각각 X이론과 Y이론의 리더십 접근법을 생각해보라. 어느 쪽이 더 와닿는가? 매우 성공적인 X이론 또는 Y이론 리더의 사례를 생각해보라. 그는 성공을 달성하기 위해 무엇을 했는가?
10. 직장이나 학교에서 최선을 다했던 때를 떠올려보라. 최선을 다하는 데 있어 무엇이 동기를 부여했는가? 외재적 보상과 내재적 보상 중 어느 쪽에 의해 동기를 부여받았는가? 장점에 집중하는 것이 성과를 어떻게 높이는가? 이러한 동기부여 방식의 잠재적 단점은 무엇인가?

관리 연구

1. 제9장에서 일하기 좋은 곳으로 인정받은 회사에 대해 다루었다. 현재 위대한 기업 목록을 참조해 직원에게 어떻게 동기를 부여하는지 진단해보라. 직원을 어떻게 인정해주는가? 어떤 유인책을 이용하는가?
2. 올해 달성하고자 하는 목표를 생각해보라. 목표를 기술하고, SMART 기준에 따라 해당 목표의 실행가능성을 평가해보라.
   - 목표가 구체적인가?
   - 목표가 측정 가능한가?
   - 목표가 달성 가능한가?
   - 목표가 적합한가?
   - 목표를 달성하기 위해 일정을 수립했는가?

현장에서

베이비부머 세대와 Y세대 각 한 명씩을 면담하라. 그들에게 경험과 목표가 동기부여에 어떻게 영향을 미쳤는지 상세히 설명해달라고 부탁하라. 그들의 동기부여가 가진 유사점은 무엇인가? 동기부여의 차이점은 무엇인가? 왜 차이점이 존재한다고 생각하는가? 이 차이점이 경영과 관련해 시사하는 바는 무엇인가?

참고문헌

[1] Michael Beer and Bert A. Spector, "Note on Rewards Systems," Harvard Business School Note No. 9-482-017 (Boston, MA: HBS Publishing, 1981), p. 1.

[2] Marcus Buckingham, "What Great Managers Do," Harvard Business Review, March 2005.

[3] James L. Heskett, W. Earl Sasser, Jr., and Leonard A. Schlesinger, The Service Profit Chain: How Leading Companies Link Profit and Growth to Loyalty, Satisfaction, and Value (New York, NY: The Free Press, 1997).

[4] Rodd Wagner and James K. Harter, "When There's a Freeloader on Your Team," Harvard Management Update, January 1, 2007.

[5] Tamara J. Erickson, "Chapter 4," Plugged In: The Generation Y Guide to Thriving at Work (Boston, MA: HBS Press, 2008).

[6] "Motivation: The Not-So-Secret Ingredient of High Performance," Performance Management: Measure and Improve the Effectiveness of Your Employees (Boston, MA: HBS Press, 2006).

[7] Linda Hill, Tarun Khanna, and Emily Stecker, "HCL Technologies (A)," Harvard Business School Case No. 9-408-004, rev. July 17, 2008 (Boston, MA: HBS Publishing, 2007), pp. 1–2.

[8] Linda Hill, Tarun Khanna, and Emily Stecker, "HCL Technologies (A)," Harvard Business School Case No. 9-408-004, rev. July 17, 2008 (Boston, MA: HBS Publishing, 2007), p. 3.
[9] Linda Hill, Tarun Khanna, and Emily Stecker, "HCL Technologies (A)," Harvard Business School Case No. 9-408-004, rev. July 17, 2008 (Boston, MA: HBS Publishing, 2007), pp. 5–6.
[10] Linda Hill, Tarun Khanna, and Emily Stecker, "HCL Technologies (A)," Harvard Business School Case No. 9-408-004, rev. July 17, 2008 (Boston, MA: HBS Publishing, 2007), p. 4.
[11] Linda Hill, Tarun Khanna, and Emily Stecker, "HCL Technologies (A)," Harvard Business School Case No. 9-408-004, rev. July 17, 2008 (Boston, MA: HBS Publishing, 2007), pp. 6–7.
[12] Linda Hill, Tarun Khanna, and Emily Stecker, "HCL Technologies (A)," Harvard Business School Case No. 9-408-004, rev. July 17, 2008 (Boston, MA: HBS Publishing, 2007), p. 7.
[13] Linda Hill, Tarun Khanna, and Emily Stecker, "HCL Technologies (A)," Harvard Business School Case No. 9-408-004, rev. July 17, 2008 (Boston, MA: HBS Publishing, 2007), p. 8.
[14] Linda Hill, Tarun Khanna, and Emily Stecker, "HCL Technologies (A)," Harvard Business School Case No. 9-408-004, rev. July 17, 2008 (Boston, MA: HBS Publishing, 2007), p. 8; and Vineet Nayar, "A Maverick CEO Explains How He Persuaded His Team to Leap into the Future," Harvard Business Review, June 2010.
[15] Linda Hill, Tarun Khanna, and Emily Stecker, "HCL Technologies (A)," Harvard Business School Case No. 9-408-004, rev. July 17, 2008 (Boston, MA: HBS Publishing, 2007), p. 8.
[16] Linda Hill, Tarun Khanna, and Emily Stecker, "HCL Technologies (A)," Harvard Business School Case No. 9-408-004, rev. July 17, 2008 (Boston, MA: HBS Publishing, 2007), p. 9.
[17] Vineet Nayar, "A Maverick CEO Explains How He Persuaded His Team to Leap into the Future," Harvard Business Review, June 2010.
[18] Linda Hill, Tarun Khanna, and Emily Stecker, "HCL Technologies (A)," Harvard Business School Case No. 9-408-004, rev. July 17, 2008 (Boston, MA: HBS Publishing, 2007), pp. 9–10.
[19] Vineet Nayar, "A Maverick CEO Explains How He Persuaded His Team to Leap into the Future," Harvard Business Review, June 2010.
[20] Linda Hill, Tarun Khanna, and Emily Stecker, "HCL Technologies (A)," Harvard Business School Case No. 9-408-004, rev. July 17, 2008 (Boston, MA: HBS Publishing, 2007), pp. 11–12.
[21] D. Rousseau, Psychological Contracts in Organizations: Understanding Written and Unwritten Agreements (Thousand Oaks, CA: Sage Publications, 1995).
[22] S. J . Miles and W. G. Mangold, "Positioning Southwest Airlines Through Employee Branding," Business Horizons, Vol. 48, 2005, pp. 535–545.
[23] S. J . Miles and W. G. Mangold, "Positioning Southwest Airlines Through Employee Branding," Business Horizons, Vol. 48, 2005, pp. 535–545.
[24] S. J . Miles and W. G. Mangold, "Positioning Southwest Airlines Through Employee Branding," Business Horizons, Vol. 48, pp. 535–545.
[25] Children's Healthcare of Atlanta, 2008, "Children's Healthcare Becomes the Only Atlanta Hospital Named Among Atlanta's Best Places to Work," www .choa.org, accessed October 17, 2008.
[26] G. Huizinga, Maslow's Need Hierarchy in the Work Situation (Groningen, The Netherlands: Wolters-Noordhoff, 1970).
[27] Clayton P. Alderfer, Existence, Relatedness, and Growth: Human Needs in Organizational Settings (New York, NY: The Free Press, 1972).
[28] F. Herzberg, "One More Time: How Do You Motivate Employees?," Harvard Business Review, January 2003.
[29] Abraham Maslow, Moti vation and Personality, 3rd edition (Reading, MA: Addison Wesley Longman, 1970).
[30] David C. McClelland, Human Motivation (Glenview, IL: Scott, Foresman, 1985).
[31] John J. Gabarro and Wallace Wormley, "A Brief Note on Social Motives," Harvard Business School Note No. 9-477-053, rev. November 1, 1980 (Boston, MA: HBS Publishing, 1976).
[32] David C. McClelland, Human Motivation (Glenview, IL: Scott, Foresman, 1985).
[33] SC Johnson, 2008, "Building a Career with You," http://www.scjohnson.com/en/ Careers/overview.aspx.
[34] SC Johnson, 2008, "Building a Career with You," http://www.scjohnson.com/en/ Careers/overview.aspx.
[35] SC Johnson, 2008, "Building a Career with You," http://www.scjohnson.com/en/ Careers/overview.aspx.
[36] Scott W. Spreier, Mary H. Fontaine, and Ruth L. Malloy, "Leadership Run Amok: The Destructive Potential of Overachievers," Harvard Business Review, June 2006.
[37] Abraham Sagie, Dov Elizur, and Hirotsugu Yamauchi, "The Structure and Strength of Achievement Motivation: A Cross-cultural Example," Journal of Organizational Behavior, Vol. 17, No. 5, 1996, pp. 431–444.
[38] Paul R. Lawrence and Nitin Nohria, Driven: How Human Nature Shapes Our Choices (San Francisco, CA: Jossey-Bass,

2002).
[39] N. Nohria, B. Groysberg, and L. Lee, "Employee Motivation: A Powerful New Model," Harvard Business Review, July–August 2008.
[40] N. Nohria, B. Groysberg, and L. Lee, "Employee Motivation: A Powerful New Model," Harvard Business Review, July–August 2008.
[41] N. Nohria, B. Groysberg, and L. Lee, "Employee Motivation: A Powerful New Model," Harvard Business Review, July–August 2008.
[42] N. Nohria, B. Groysberg, and L. Lee, "Employee Motivation: A Powerful New Model," Harvard Business Review, July–August 2008.
[43] N. Nohria, B. Groysberg, and L. Lee, "Employee Motivation: A Powerful New Model," Harvard Business Review, July–August 2008.
[44] N. Nohria, B. Groysberg, and L. Lee, "Employee Motivation: A Powerful New Model," Harvard Business Review, July–August 2008.
[45] S. Tietze, "Motivation and the Meaning of Work," International Journal of Applied HRM, Vol. 1, No. 1, www.management- journals.com/journals/hrm/article19-p2. htm, accessed October 17, 2008.
[46] P. A. Gambrel and R. Cianci, "Maslow's Hierarchy of Needs: Does It Apply in a Collectivist Culture?," Journal of Applied Management and Entrepreneur ship , Vol. 8, No. 2, April 2003; and J. B. Miner and H. P. Dachler, "Personnel Attitudes and Motivation," Annual Review of Psychology, 1973.
[47] E. A. Locke and G. P. Latham, A Theory of Goal Setting & Task Performance (Englewood Cliffs, NJ: Prentice Hall, 1990).
[48] E. A. Locke and G. P. Latham, A Theory of Goal Setting & Task Performance (Englewood Cliffs, NJ: Prentice Hall, 1990).
[49] Edwin A. Locke and Gary P. Latham, "Building a Practically Useful Theory of Goal Setting and Task Motivation," American Psychologist, September 2002, pp. 705–717.
[50] Gary P. Latham and Edwin A. Locke, "Enhancing the Benefits and Overcoming the Pitfalls of Goal Setting," Organizational Dynamics, Vol. 35, No. 4, 2006, p. 333.
[51] Edwin A. Locke and Gary P. Latham, "Building a Practically Useful Theory of Goal Setting and Task Motivation," American Psychologist, Vol. 57, No. 9, September 2002, p. 712.
[52] V. H. Vroom, Work and Motivation (Classic Edition) (San Francisco, CA: Jossey-Bass, 1995).
[53] Michael Beer and Bert A. Spector, "Note on Rewards Systems," Harvard Business School Note No. 9-482-017 (Boston, MA: HBS Publishing, 1981), p. 5.
[54] J . S. Adams, "Injustice in Social Exchange," Advances in Social Psychology, 2nd edition, L. Berkowitz, ed. (New York, NY: Academic Press, 1965), and J. S. Adams, "Toward an Understanding of Inequity," Journal of Abnormal and Social Psychology, Vol. 67, No. 5, November 1963, pp. 422–436.
[55] M. A. Hitt, J. S. Black, and L. W. Porter, Management (Upper Saddle River, NJ: Prentice Hall, 2005).
[56] Carole K. Barnett, "Motivation Theories: Integration," (University of New Hampshire, Whittemore School of Business and Economics, 1999).
[57] J . Stacy Adams, "Towards an Understanding of Inequity," Journal of Abnormal and Social Psychology, Vol. 67, No. 5, 1963, pp. 422–436.
[58] G. Hamel and B. Breen, The Future of Management (Boston, MA: HBS Press, 2007).
[59] G. Hamel and B. Breen, The Future of Management (Boston, MA: HBS Press, 2007.
[60] G. P. Latham, Work Motivation: History, Theory, Research and Practice (Thousand Oaks, CA: Sage Publications, 2007).
[61] Greg Kearsley, "Operant Conditioning (B.F. Skinner)," Theory Into Practice, http:// tip.psychology.org/skinner.html, accessed September 2, 2008.
[62] B. F. Skinner, Science and Human Behavior (New York, NY: Macmillan, 1953).
[63] Alexander D. Stajkovic and Fred Luthans, "A Meta-Analysis of the Effects of Organizational Behavior Modification on Task Performance, 1975–95," Academy of Management Journal, Vol. 40, No. 5, 1997, pp. 1122–1149.
[64] Fortune, "100 Best Companies to Work For 2008," Fortune, February 2008.
[65] Nordstrom, "Nordstrom Careers," 2008, http://careers.nordstrom.com/careers/careerpaths/index.asp.
[66] S. Kerr, "On the Folly of Rewarding A, While Hoping for B," Academy of Management Journal , Vol. 18, No. 4, December 1975, pp. 769–783.
[67] Chip Heath, "The Social Psychology of Agency Relationships: Lay Theories of Motivation Overemphasize Extrinsic Rewards," Organizational Behavior and Human Decision Processes, Vol. 78, 1999, pp. 25–62.
[68] Chip Heath, "The Social Psychology of Agency Relationships: Lay Theories of Motivation Overemphasize Extrinsic Rewards," Organizational Behavior and Human Decision Processes, Vol. 78, 1999, pp. 25–62.
[69] Elizabeth J. Hawk and Garrett J. Sheridan, "The Right Staff," Management Review, June 1999, pp. 43–48.
[70] David E. Bowen and Edward E. Lawler, III, "The Empowerment of Service Workers: What, Why, How, and When," Sloan Management Review, Spring 1992, pp. 31–39.
[71] Jena McGregor, "Giving Back to Your Stars," Fortune, November 1, 2010.
[72] J. Richard Hackman and Greg R . Oldham, Work Redesign (Reading, MA: Addison-Wesley, 1980), pp. 69–98.
[73] Douglas McGregor, The Human Side of Enterprise (New York, NY: McGraw-Hill, 1960).

74 "Motivation: The Not-So-Secret Ingredient of High Performance," Performance Management: Measure and Improve the Effectiveness of Your Employees (Boston, MA: HBS Press, 2006).

75 John Nirenberg, "Theories X, Y, and Z," Encyclopedia of Leadership, George R. Goethals, Georgia J. Sorenson, and James MacGregor Burns, eds. (Thousand Oaks, CA: Sage Publications, 2004), pp. 1538–1541.

76 Christine M. Riordan, Robert J . Vandenberg, and Hettie A. Richardson, " Employee Involvement Climateand Organizational Effectiveness," Human Resource Management, Vol. 44, No. 4, Winter 2005, pp. 471–488.

77 Edward E. Lawler, III, High-Involvement Management: Participative Strategies for Improving Organizational Performance (San Francisco, CA: Jossey-Bass, 1986); and Christine M. Riordan, Robert J. Vandenberg, and Hettie A. Richardson, "Employee Involvement Climate and Organizational Effectiveness," Human Resource Management, Vol. 44, No. 4, Winter 2005, pp. 471–488.

78 Albert Bandura, Self-Efficacy: The Exercise of Control (New York, NY: W. H. Freeman, 1997).

79 Jay A. Conger and Rabindra N. Kanungo, "The Empowerment Process: Integrating Theory and Practice," Academy of Management Review, Vol. 13, No. 3, 1988, pp. 471–482.

80 Adam Grant, "Relational Job Design and the Motivation to Make a Prosocial Difference," Academy of Management Review, Vol. 32, No. 2, 2007, pp. 393–417.

81 Bill George, Authentic Leadership: Rediscovering the Secrets to Creating Value (San Francisco, CA: Jossey-Bass, 2003).

82 Kim S. Cameron, Jane E. Dutton, and Robert E. Quinn, "Foundations of Positive Organizational Scholarship," Positive Organizational Scholarship: New Foundations of a New Discipline, Kim S. Cameron, Jane E. Dutton, and Robert E. Quinn, eds. (San Francisco, CA: Berrett- Koehler, 2003).

83 Laura Morgan Roberts, Gretchen Spreitzer, Jane Dutton, Robert Quinn, Emily Heaphy, and Brianna Baker, "How to Play to Your St rengt hs," Harvard Business Review, January 2005.

84 Donald O. Clifton and James K. Harter, "Investing in Strengths," Positive Org anizational Sc holar ship: New Foundations of a New Discipline, Kim S. Cameron, Jane E. Dutton, and Robert E. Quinn, eds. (San Francisco, CA: Berrett-Koehler, 2003), pp. 110–121.

85 Marcus Buckingham, "What Great Managers Do," Harvard Business Review, March 2005.

86 John Gibbons, "Employee Engagement A Review of Current Research and Its Implications," The Conference Board, Inc., November 2006.

제 19 장

의사소통

학습목표

이 장을 공부한 후 다음을 할 수 있도록 한다.

- 효과적 의사소통과 비효과적 의사소통이 조직에 어떻게 영향을 미치는지 기술하기
- 대인 의사소통의 구성요소를 개괄하고 다양한 방식의 의사소통 기술하기
- 관리자가 조직 내에서 어떻게 신뢰를 쌓으며 팀을 설득하는 데 의사소통이 어떻게 쓰이는지 설명하기
- 다양한 의사소통 매개체와 채널의 장점과 단점 기술하기
- 의사소통 과정이 다양한 문화적 상황에 맞게 수정되거나 조정되는 방식 기술하기

장의 개요

자기성찰 MANAGEMENT

의사소통 기술 평가하기

의사소통은 관리자의 중요한 과업이다. 성공적 관리자는 행동을 계획, 고취, 유도하기 위한 도구로서 의사소통을 이용한다. 관리자의 업무는 조직의 모든 계층에 속한 구성원과 외부 이해관계자와 소통하는 것을 포함한다. 나의 의사소통 기술은 얼마나 효과적인가? 다음의 진술문에 답변해 자신이 가진 의사소통 기술의 효과성을 평가해보라.

1=전혀 아니다, 2=거의 아니다, 3=가끔 그렇다, 4=대개 그렇다, 5=항상 그렇다

1. 나는 적극적으로 경청한다.
2. 나는 비언어적 단서를 이용해 의사소통을 할 수 있다.
3. 나는 대인 의사소통에 능하다.
4. 나는 서면 의사소통과 자료 이용을 통해 설득력 있는 주장을 개진할 수 있다.
5. 나는 문화적 차이를 인지하고 서로 다른 문화 간 소통 맥락에서 나의 의사소통 방식을 조정한다.
6. 나는 의사소통 상황에 맞게 목소리를 조절할 수 있다.
7. 나는 이메일과 소셜미디어를 이용할 때 전문가적 태도로 의사소통한다.
8. 나는 연설하는 데 능하다.
9. 나는 타인과 의사소통할 때 표정의 중요성을 인지한다.
10. 나는 타인과 의사소통할 때 명료화를 위한 질문을 어떻게 해야 하는지 알고 있다.

나의 의사소통은 어떤 장점을 가지고 있는가? 어떠한 의사소통 기술을 개발하고자 하는가?

서론

위대한 비즈니스 리더의 연구에서 가장 흔히 인용되는 위대함의 기준은 리더가 하급자들에게 설득력 있는 전략과 비전을 분명히 표현할 수 있는 능력이다. 장기적 성공은 공동 목적이나 비전을 구축하고 강화하는 것에 달려있고, 이는 명료하고, 일관되며, 유의미한 메시지에 달려있다. 제11장에서 설명했듯 의사소통은 변화를 위한 노력의 성패를 좌우하는 결정적 요인 중 하나다. 변화가 수용되고 시행되기 위해서는 의사소통이 논리와 감정 둘 다에 입각해야 한다. 개인의 감정을 이용하는 것은 개인이 위험을 감수하고, 새로운 것을 시도하며, 자신의 행동을 바꾸도록 격려하는 데 매우 중요하다.

결국 의사소통은 개인이 가진 리더십의 핵심이다. 이 책에서 다룬 각종 주제(권력, 의사결정, 협상, 팀 이끌기, 동기부여)에 대해 생각해보자. 이 모든 것은 의사소통 기술을 필요로 한다.

관리자는 매일 다양한 관점과 목표를 가진 조직의 모든 계층과 다양한 이해관계자와 소통한다. 관리자는 회사 목표를 이해하기 위해 질문을 한다. 회사가 올바른 방향으로

나아가는 데 필요한 의사결정을 의논한다. 자원을 확보하기 위해 예산과 회사의 재정 상태와 관련된 질문을 한다. 고객의 욕구가 무엇이고 회사가 이를 어떻게 충족할 수 있는지 고객에게 묻기 위해 포커스그룹과 설문조사를 이용한다. 또한 팀에게 동기를 부여하고 격려하기 위해 의사소통을 이용한다.

관리자가 전달하는 메시지와 관리자가 이용하는 소통 방법은 매우 다양하다. 유능한 관리자는 자신의 메시지를 청중과 상황 맥락에 맞추어야 한다. 음악회사의 어떤 고위 임원은 재무팀과 마케팅 직원과 각각 다른 방식으로 소통하며, 아티스트와는 전혀 새로운 방식으로 소통한다고 말했다. 재무팀과의 소통은 주로 수익성과 비용에 관한 것이다. 마케팅 직원과의 대화는 히트곡의 차트 순위와 홍보 효과에 치중하고, 아티스트와의 소통은 음악과 영감을 중심으로 한다. 그는 "집단마다 다른 방식을 취해야 한다. 내가 변호사와 의논할 때와 같은 방식으로 아티스트를 대하면 그는 아마 나를 때릴 수도 있을 것이다"라고 말했다. 이 임원이 실제로 맞을 일은 없겠지만 아티스트와 대화할 때 '아티스트의 언어'로 소통하지 않으면 무시당할 가능성이 높다.

의사소통은 기본적으로 정보를 교환하기 위해 소리, 단어, 그림, 상징, 제스처, 몸짓언어를 이용한다. 흔히들 의사소통을 '산출물'(말하기, 쓰기, 움직이기)로 인식하기 쉽지만 '투입물'(듣기, 관찰하기, 읽기)이기도 하다. 의사소통은 상호 간에 관계가 성립되거나 성립을 시도하는 사람들이 정보를 해석하는 행위를 의미한다. 따라서 의사소통은 정보 전달, 교환, 처리, 평가의 양방향 과정이다.

의사소통의 중요도를 감안할 때 효과적 의사소통 능력의 결여는 치명적일 수 있다. 직접 보고의 불만족 이유로 가장 자주 언급되는 것이 관리자가 정보를 제공하지 못한다는 점이다. 비즈니스 관점에서 관리자는 부실한 직장 내 의사소통이 기업 성과를 높이는 데 가장 큰 장애물이라 지적한다. 효과적 의사소통 기술의 결여는 개인의 경력에 장애물이 될 수 있다. 〈Fortune〉 500대 기업에 재직 중인 매우 유망한 직원들을 대상으로 한 조사에 따르면 효과적 의사소통이 지속적 성공을 누리는 데 결정적 요인이다.

기업은 변화하고 도전적인 사업 환경에서 경쟁해야 하므로 직원, 동료, 고객, 기타 주주와 효과적으로 소통할 수 있는 능력은 무엇보다 중요하다. 정교한 정보기술 도구(화상회의, 실시간 메시지, 이메일, 소셜미디어)의 발명은 다양한 의사소통 교환을 더욱 복잡하면서 용이하게 했다. 마찬가기로 사업이 점차 세계화되면서 의사소통에서 다문화 인식과 감수성이 강조된다.

민첩하고, 융통성 있으며 경쟁력 있는 조직을 만들기 위해 효과적 의사소통을 촉진해야 한다. 조직은 사람들이 상호작용하고 메시지를 전달하는 다양한 방식을 인지하고, 효과적 대화를 지원하는 의사소통 체계를 실시해야 한다. 이 장에서는 개인과 조직의 관점에서 의사소통 방식의 다양한 측면을 살펴본다. 성공적 관리자는 대규모 집단 환경뿐만 아니라 1:1 상황에서 효과적으로 소통해야 한다. 개인적 의사소통과 조직 의사소통에 모두 통달한 사람이 바로 Oprah Winfrey다.

의사소통(Communication)
정보 교환을 위해 소리, 단어, 그림, 상징, 제스처, 몸짓언어를 이용하는 과정

오프라 윈프리

대체로 모든 기준에서 연예계에서 가장 부유한 여성은 TV '오프라 윈프리 쇼'로 세계적으로 잘 알려진 오프라 윈프리다. 오프라의 방송 경력은 1971년 백악관 청소년 회담에 참여하면서 시작됐다. 여기에서 화제가 된 덕분에 오프라는 각종 장기자랑과 미인대회에 참가할 것을 권유받았다. 지역 라디오 방송국이 후원한 경연대회에서 오프라는 방송기자가 되고 싶다는 꿈을 밝혔다. "저는 진실을 믿기 때문에 방송기자가 되고 싶습니다. 제 관심사는 전 세계에 진실을 알리는 것이에요."

오프라는 이 대회에서 우승했고, 방송국 경영자는 오프라가 뉴스를 명료하고 원만하게 읽는 모습을 보고 뉴스캐스터 직을 제안했다. 1984년 오프라는 아침 토크쇼를 맡게 되었다. 첫 해에 그녀의 쇼는 에미상을 수상했고, 2년 뒤에는 시카고에서 시청률이 가장 높은 토크쇼가 되었다. 1988년 후반에는 미국에서 무려 1천1백만 명의 시청자가 오프라윈프리쇼를 매일 시청했다. 시청자들은 오프라가 게스트에게 공감하는 능력, 토크 주제에 대한 열정, 약한 모습을 보일 줄 아는 대담함에 매료되었다.

Lisa Maree Williams/Getty Images Entertainment/Getty Images

오프라는 쇼를 통해 시청자에게 삶을 스스로 주도하고, 자기 자신을 포용하며, 전략적으로 고난을 극복할 것을 조언했다. 오프라는 자기계발서 작가들과 다양한 심신 건강 전문가들을 초대해 시청자들과 질의응답 시간을 가지도록 했다. 오프라는 이 대화에 적극 참여했고 개인적인 단점과 고생을 솔직히 털어놓았다. 경쟁 토크쇼를 진행하는 Maury Povich는 오프라가 시청자에게 친근하게 다가가는 방법을 취한 첫 방송인이라고 지적했다. 포비치는 "그 누구도 오프라처럼 개인적 문제를 털어놓은 적이 없었다. 보통 토크쇼 호스트는 자신에 대해 이야기하지 않는다. 시청자가 오프라에게 공감할 수 있었기 때문에 오프라는 시청자들에게 새로운 창구를 제시한 셈이다"라고 말했다. 오프라는 "모든 사람이 경험했던 것을 자신도 경험했기" 때문에 시청자에게 개인사를 낱낱이 말할 수 있었다고 밝혔다.

오프라는 위험을 감수하고 TV를 시청자를 위한 쌍방향의 경험으로 탈바꿈시켰고, 시청자와 새로운 아이디어, 시청자와 시청자 사이를 연결하는 가교 역할을 했다. 오프라는 시청자 간에 공동체 의식을 형성하고 행동으로 옮기도록 동기를 부여하는 데 능숙하다. 오프라는 자신의 성공과 노력을 회고하면서 "처음 이 일을 시작했을 때, 저는 제가 아닌 다른 사람인 것처럼 굴었어요. 기자회견에 가는 날이면 일을 하는 것보다 상대에게 좋은 인상을 남기는 데 더 관심을 두는 사람이 으레 그러듯, 저는 답변에 경청하기보다 질문을 어떻게 표현할지, 질문이 얼마나 유창하게 들리는지에 더 관심을 두었어요." 오프라는 개방적이고, 직설적이고, 공감을 중시하는 방식으로 다양한 청중과 효과적으로 의사소통할 수 있었다.

나의 의사소통 방식과 행동은 성공에 어떻게 기여 혹은 저해했는가? 자신의 의사소통 방식을 타인이 어떻게 인식한다고 생각하는가?

적합한 사례 오프라 윈프리

1. 오프라의 어떤 삶의 경험과 포부가 소통 방식에 영향을 미쳤는가?
2. 오프라의 소통 방식이 청중의 공감을 얻는 이유는 무엇인가?
3. 공동체 의식 형성이 오프라의 소통 방식의 핵심 측면인 이유는 무엇인가?
4. 오프라의 소통 방식은 어떻게 TV 프로그램 시청을 변혁시킨 혁신의 원천이 되었는가?

대인 의사소통

의사소통의 핵심 요소는 당사자(정보 전달에 관여하는 수신자와 송신자), 메시지(언어적 혹은 비언어적으로 전달되는 것), 매개체(의사소통에 쓰이는 형식), 해석(수신자가 메시지를 어떻게 이해하는지), 반응 또는 피드백(메시지에 대한 반응으로 전달되는 것) 등이다. 의사소통을 한 개인에서 다른 개인으로 이동하는 일련의 직선적 교환으로 인식하기 쉽지만 사실 의사소통은 반복적이고 쌍방향적 과정이다. 의사소통은 무엇을 말하고 들었는지 만을 포함하지 않는다. 의사소통은 당사자의 신념, 태도, 가정을 포함한 지각을 나타낸다.

의사소통은 형식적, 개인적, 상황적 요인의 영향을 받는다. 생산적 상황에서 의사소통 과정에 참여한 개인은 잘못 이해한 경우 명료화를 위해 질문을 하거나, 질문을 받았을 때 명료화를 위한 답변을 제공한다. 보다 덜 효과적인 상황에서는 권력역학이나 다른 요인 때문에 개개인마다 명료화 없이 의미와 의도를 단정하므로 혼란이나 아이디어의 묵살을 초래할 수 있다. 의사소통의 개인적 측면은 당사자의 방식, 어조, 접근법을 가리키고, 이는 메시지의 해석과 강도에 영향을 미친다.

또한 메시지와 메시지의 해석은 의사소통 시기, 수신자가 메시지를 들을 때의 기분이나 준비성, 기타 대인 간 요인과 조직 내 요인의 영향을 받는다. 이러한 요인은 송신자의 의도나 수신자의 해석을 왜곡하므로 의사소통 과정에서 잡음이라 불린다(그림 19-1 참조). 잡음은 명료화를 위한 지속적인 주고받기 과정을 통해 최소화될 수 있다. 이로써 메시지의 의도가 원하는 효과에 상응한다. 의사소통의 잡음을 처리하고 명료한 메시지가 적절한 대상에게 전달될 수 있도록 다음과 같은 의사소통 요인을 고려해야 한다.

그림 19-1 의사소통 과정

- **청중**: 의사소통의 대상이 누구인가? 어떤 관점과 의제를 가지고 있는가? 의사소통을 위해 고려해야 하거나 의사소통의 영향을 받을 기타 하위 청중이 존재하는가?
- **목표**: 의사소통의 목표가 무엇인가? 행동을 유발하는 것인가, 다른 사람의 마음을 바꾸는 것인가, 정보를 알리는 것인가? 성공을 평가하는 척도는 무엇인가?
- **맥락**: 어떠한 상황 변수들이 메시지나 의사소통 과정에 영향을 미치는가? 권력역학이 작동하는가? 어떠한 보고 관계가 존재하는가? 당사자의 과거가 포함되는가? 시스템에 어떤 잡음이 존재하는가?
- **메시지**: 구체적으로 무엇이 전달되어야 하는가?
- **매개체**: 메시지가 어떻게 전달되며, 의사소통을 위해 면담, 이메일, 공식 제안, 발표 등 어떠한 도구가 이용되는가?
- **반응 또는 피드백**: 대상이 의사소통에 어떻게 반응할 것인가? 좋은 의사소통자는 좋은 경청사이나. 피느백에 열린 태노를 가시고 상대를 석극석으로 관여시킨다.

1:1이나 소집단 환경에서 발생하는 의사소통을 **대인 의사소통**이라 한다. 대인 의사소통의 성공 여부는 스스로 자각하고, 타인에게 공감하고, 설득력 있고, 경청하며, 반성할 줄 아는 능력 등 개인 특징에 달려있다. 능숙한 의사소통자가 되려면 단어 선택, 시각적 이미지, 몸짓언어가 명료해야 하고, 소통 당사자가 상대 메시지를 의도된 대로 지각해야 한다. 제13장에서 강한 자아의식과 타인을 이해할 수 있는 능력을 포함하는 정서 지능의 개념을 다루었다. 정서 지능을 갖춘 개인은 대인 의사소통에 대체로 능숙하다.

언어적 및 비언어적 의사소통

점차 사업이 세계화되고 분산된 팀과 네트워크 조직이 발달하면서 언어적 형태의 의사소통에 더 의존하는 경향이 있지만 대부분 면:면 의사소통은 언어적 활동과 비언어적 활동의 조합으로 구성된다. **언어적 의사소통**은 소리, 글자, 단어, 그림, 상징으로 이루어진다. 언어적 의사소통을 '말하기'로만 생각하는 경향이 있는데, 언어적 의사소통은 듣기, 읽기, 쓰기를 포함한다. 말하기와 쓰기(예: 이메일, 문자, 게시판 글)는 의사소통이 전달되는 방식이다. 말하기와 쓰기는 물리적 및 인지적 행동에 의해 주도된다. 예를 들어 메시지를 보내려면 의사소통자는 기억에서 관련 소리, 글자, 단어, 상징을 불러와 문어 또는 구어 형식으로 생성해야 한다. 반대로 듣기와 읽기는 의사소통이 이해되는 방식이다. 듣기와 읽기는 정보를 보내고(예: 듣기와 보기) 수신된 정보에 대해 생각함으로써(예: 이해와 처리) 이루어진다.

메시지를 이해하려면 수신자는 관련 소리, 문자, 단어, 그림, 상징을 듣거나 보고 이를 처리해 메시지에 의미를 부여해야 한다. 이 처리 과정의 일부는 메시지의 구성 또는 전달 방식에서 미리 결정된다. 따라서 단어 선택이 매우 중요하다. 다음의 2가지 진술의 차이점을 살펴보자.

대인 의사소통
(Interpersonal communication)
1대1이나 소집단 환경에서 발생하는 의사소통

언어적 의사소통
(Verbal communication)
메시지를 전달하기 위해 소리, 문자, 단어, 그림, 상징을 이용하는 것.

1. 휴일 파티와 여름휴가가 취소되었다.
2. 현재 경제위기 때문에 일에 전념하는 인력을 유지하기 위해 모든 지출을 철저하게 관리해야 한다. 비용관리 과정에서 일부 사회적 활동을 희생해야 한다. 따라서 올해는 휴일 파티와 여름휴가를 취소하기로 했다. 힘든 시기를 함께 헤쳐나가기 위한 여러분의 노고에 감사를 표하고, 앞으로 취소된 이벤트를 다시 개최해보도록 하겠다.

첫 번째 진술은 간략하지만 인간미가 없고 사기를 저하시킬 수 있다. 두 번째 진술은 같은 내용을 전달하지만 사내 정책 변화에 대한 합리화와 설명을 포함한다. 회사가 상황 맥락을 설명했기 때문에, 직원은 두 번째 메시지가 희생의 필요성을 잘 뒷받침하고 이해시킨다고 생각할 것이다. 이 사소한 예시는 화자가 청중과 특수하고 유의미한 방식으로 유대할 수 있도록 메시지를 구성(프레이밍)하는 것의 중요성을 강조한다. 또한 프레이밍은 화자의 의도가 청중에게 원하는 효과에 상응하도록 한다.

의사소통은 비언어적이기도 하다. 비언어적 의사소통은 신체를 이용해 상대에게 관심을 주고, 의미를 전달하기 위해 몸짓언어, 음색, 공간과 사물을 이용하는 것을 포함한다. 각각의 특징은 메시지가 지각되는 방식에 영향을 미친다(표 19-1 참조). 몸짓언어는 자세, 신체 움직임, 손과 팔 제스처, 표정, 눈 마주침을 포함한다. 상대에게 자신의 생각을 설득하려 해도 팔을 꼬거나 상대방을 내려다보는 행위는 확신이 부족함을 암시할 수 있다. 반면 화자가 일상적 제스처를 사용하고 가끔씩 상대의 눈을 똑바로 보고 이야기하면 화자의 확신이 메시지에 투영된다. 표정도 화자를 잘 드러내는 요소다. 표정은 지루함, 흥분, 열정, 고통을 표현할 수 있다. 유능한 의사소통자는 적절한 표정을 드러내고 타인의 표정을 읽을 줄 안다.

비언어적 의사소통(Nonverbal communication) 메시지의 의미를 전달하기 위해 몸짓언어, 음색, 공간과 사물을 이용하는 것.

몸짓언어(Body language) 메시지의 의미를 전달하기 위해 자세, 신체 움직임, 손과 팔 제스처, 표정, 눈 마주침을 이용하는 것.

표 19-1 비언어적 의사소통 행동

몸짓언어	음색	공간과 사물
자세 똑바로 앉거나 서기, 청중을 똑바로 쳐다보기, 발로 무게 균형 잡기, 구부정함, 옆으로 움직이기, 좌우로 흔들기	**억양** 목소리 크기 변화, 단조로운 목소리, 너무 높은 목소리	**자리 배치** 의자나 테이블 배치: 직선형, 곡선형, 원형
신체 움직임 앞으로 또는 뒤로 기대기, 좌우로 걷기, 가만히 서기	**속도** 발화속도: 너무 느림, 너무 빠름	**높이와 거리** 한 사람은 서 있고 상대는 앉아 있음, 둘 다 앉아 있음
손과 팔 제스처 손뼉 치기, 등에 팔 접어 올리기, 한쪽 손으로 반대쪽 팔 잡기, 귀 잡아당기기, 팔 긁기	**삽입어** 잠시 멈추는 언어: 어, 음, 그러니까, 말하자면	**사물** 송신자와 수신자 사이에 사물 존재, 송신자와 수신자 사이에 사물 부재
표정 웃기, 찡그리기, 찌푸리기, 진지한 표정 짓기 **눈 마주침** 순식간, 오래 쳐다보기	**발음** 발음의 명료함: 중얼거림, 말을 더듬거림, 자음을 빠트림, 분명하게 말함, 또박또박하게 말함	**옷차림** 정장, 넥타이, 드레스, 치마, 어두운 색의 옷, 장신구

Source: Adapted from M. Munter, Guide to *Managerial Communication: Effective Business Writing and Speaking* (Upper Saddle River, NJ: Prentice Hall, 1997).

음색은 억양 변화, 발화 속도, 삽입어, 발음을 포함한다. 말할 때 '어'와 같은 삽입어를 사용하는 사람은 확신이 없고 아는 것이 적어 보인다. 반대로 자신의 생각을 정리하기 위해 일부러 잠시 멈추는 사람은 더 신중해 보인다. 음색에 주목하는 것은 다문화 배경을 가진 팀에서 특히 중요하다. 이러한 유형의 팀은 상호이해를 보장하기 위해 의사소통의 명료함과 어조에 더욱 신경써야 한다.

공간과 사물은 의사소통의 전달과 해석에 영향을 미칠 수 있고, 대화 시 자리 배치, 옷차림이나 용모를 포함한다. 가령 두 사람 사이에 책상처럼 큰 사물이 존재하면 어떤 권력 또는 거리감의 메시지를 전달할 수 있다. 또한 어떤 사람이 테이블의 상석을 차지하면, 더 권력이 많은 사람으로 인식된다. 따라서 그의 의견은 더 큰 비중을 갖는다. 예를 들어 일본에서는 자리 배치가 특히 중요하고 문화적 가치가 사업 환경에서 어떻게 드러나는지를 반영한다. 3명이 참석한 발표 시간에 세 자리는 보통 발표자와 수직으로 배치된다. 가장 높은 직위에 있는 사람이 중간에 앉는다. 두 번째로 높은 직위에 있는 사람이 발표자와 가장 근접하게 위치해 발표자와 최고위 참석자의 중간자 역할을 한다. 세 번째 사람은 만약 최고위 참석자가 바깥에서 무엇을 요구할 경우에 대비해 발표자에서 가장 멀리 떨어지고 출입구에 가까운 곳에 앉는다.

회의에 너무 간소한 옷차림을 한 화자는 주어진 상황에 부적절할 수 있는 자유로운 분위기를 전달한다. 예를 들어 입사지원자가 짧은 바지나 운동화를 신고 면접에 임하면 면접 담당자는 지원자가 전문적이지 않다고 생각할 수 있다.

음색(Vocal qualities)
억양변화, 발화속도, 삽입어, 발음

공간과 사물(Space and objects)
대화 공간의 배치, 사물의 이용, 개인의 옷차림을 통해 의미를 전달하는 비언어적 형태의 의사소통

의사소통 방식

능숙한 의사소통자가 되려면 명료한 언어적 및 비언어적 의사소통을 구사하고, 생산적

표 19-2 의사소통 방식

개방성	직접성	경청
개방적 행동 – 활발함 – 말할 때 표정 사용 – 감정을 내보이고 의논함 – 사적인 정보를 공유함 – 수다스러움	**직접적 행동** – 의견을 표현하는 데 있어 주장이 강하고 노골적임 – 단호하고 신속하게 의사결정을 내림 – 대립을 일삼음 – 아이디어와 의견을 자주 내놓음	**쌍방향적** – 상대의 말에 반응함 – 대화에 적극적으로 참여함 – 상대가 말할 때 아~ 또는 아하~ 등으로 반응함 **공감적** – 쌍방향적임 – 화자와 상의함
내성적 행동 – 감정을 알리지 않음 – 자신을 덜 드러내 보임 – 대화를 사업 관련 주제에 한정함	**간접적 행동** – 협조적이고 공손함 – 절제된 언어를 구사함 – 갈등을 회피함 – 아이디어와 의견을 내놓는 데 있어 속내를 드러내지 않음	**세심함** – 화자의 말에 의식적으로 집중함 – 다른 과업을 수행하지 않고 경청함 **수동적** – 다른 사람이 말할 때 언어적 또는 비언어적 반응을 자제함 – 대화 중에 집중하지 않음

Source: Adapted from M. Shapiro, "Communication Styles on Team Dynamics," Simmons School of Management Course Note: Communication Strategies, 2006.

교류를 조성하는 방식으로 메시지를 전달해야 한다. 의사소통 중에 당사자가 상대와 상호작용하고 정보를 전달하는 방식을 그 사람의 **의사소통 방식**이라 부른다. 의사소통 방식의 3가지 주요 측면은 1) 당사자의 의사소통이 개방적 또는 내성적인 정도, 2) 당사자의 의사소통이 직접적 또는 간접적인 정도, 3) 당사자가 상대를 어떻게 경청하는지 등이다(표 19–2 참조).

개방성은 의사소통 중에 상대에게 자신의 감정을 보이고 상대가 자신에게 감정적으로 접근하기 쉬운 정도를 의미한다. 개방적 행동은 활동적, 말할 때 표정 사용, 감정을 내보이고 의논함, 사적 정보를 공유함, 수다스러움을 포함한다. 개방적 의사소통자는 상대에게 완전히 주의를 집중함을 보이기 위해 상대가 말할 때 눈을 마주치려 한다. 동시에 개방적 의사소통자는 상대가 말하거나 자신의 생각과 아이디어를 공유할 때 자주 말참견하는 경향이 있다. 반대로 내성적 행동은 감정을 알리지 않음, 자신을 덜 드러내 보임, 대화를 사업 관련 주제에 한정함을 포함한다. 결과적으로 내성적 의사소통자는 직원 회의 중에 간섭을 자제하거나, 타인의 관점을 하나의 견해로 정리해 모으는 종합자 역할을 한다.

직접성은 의사소통에서 행사하려 하는 통제력의 정도를 의미한다. 직접적 행동은 의견을 표현함에 있어 자기 주장이 강하고 노골적이며, 의사결정을 내릴 때 단호하고 신속하며, 대립을 일삼고 아이디어와 의견을 자주 내놓음을 포함한다. 직접적 의사소통자는 명료화를 위한 핵심 질문을 제기하고 상대의 메시지에 내포한 의미를 단정하는 경향이 있다. 그러나 이 유형의 사람은 타인을 불편하게 할 정도로 억제된 감정을 드러낸다. 반대로 간접적 행동은 협조적이고 공손함, 절제된 언어를 구사함, 갈등을 회피함, 아이디어와 의견을 내놓는 데 있어 속내를 드러내지 않음을 포함한다. 간접적 의사소통자는 말참견하거나 질문을 하기 전에 상대의 말이 끝날 때까지 기다린다. 이 유형의 사람은 어떤 쟁점에 대한 진정한 감정을 드러내지 않으므로 양쪽 당사자 모두 좌절감을 가지는 경우도 있다. 직접성의 결여는 다양성을 갖춘 팀에서 특히 문제다. 이러한 팀은 정보가 개방적으로 공유되지 않으면 팀이 가진 다양성을 이용할 수 없고 차선의 결과물을 생성한다.

경청 방식도 의사소통의 중요한 특징이다. 경청은 메시지의 수신자가 화자 · 송신자의 의도한 바를 듣는 정도를 뜻한다. 경청 방식은 수동적, 세심한, 쌍방향적, 공감적 방식으로 분류된다. 수동적 경청자는 상대가 말할 때 언어적 또는 비언어적 반응을 자제한다. 수동적 경청자는 기분에 따라 집중을 제대로 하지 못한다. 이 유형의 사람은 대체로 다른 업무를 수행할 때 배경 음악을 틀어놓는다. 세심한 경청자는 주의를 딴 데로 돌리지 않고 화자의 말에 의식적으로 집중하려 한다. 세심한 경청자는 다른 과업을 수행하지 않고, 지시사항, 보고, 기타 중요한 정보에 귀를 기울인다. 쌍방향적 경청자는 자신이 듣는 것에 언어적 또는 비언어적으로 반응한다. 쌍방향적 경청자는 화자의 말에 동의할 때 '아–'나 '아하' 등의 소리를 내며 화자에게 반응한다. 공감적 경청자는 반응을 보이기도 하고 참여하기도 한다. 공감적 경청자는 화자와 상의하면서 주어진 메시지에 내포한 감정이나 관심사를 화자에게 털어놓는다. 이 유형의 경청자는 화자 의

의사소통 방식(Communication style)
당사자가 상대와 상호작용하고 정보를 전달하는 방식

개방성(Openness)
의사소통 중에 상대에게 자신의 감정을 보이고 상대가 자신에게 감정적으로 접근하기 쉬운 정도

직접성(Directness)
의사소통 상황에서 당사자가 행사하려고 하는 통제력의 정도

경청(Listening)
메시지의 수신자가 화자 · 송신자의 의도한 바를 듣는 정도

견에 대한 반응으로 "그래서 느낌이 어땠어?"와 같은 말을 한다.

의사소통에 관여한 당사자들이 다른 방식을 이용할 때 의사소통은 단어 선택과 몸짓 언어 외에는 별다른 효과를 보이지 않는다. 아래에 제시된 2개의 대화를 읽고, 어떻게 의사소통을 효과적으로 또는 비효과적으로 만드는지 알아보자.

대화 A

제니퍼: 잭한테 직접 가서 문제가 어떻게 시작됐는지 알아내야겠어요.

제인: 동의해요. 관계자 모두에게 이메일을 보내 어떻게 생각하는지 알아냅시다.

제니퍼: 먼저 이메일부터 보내시고, 저는 잭을 찾으러 가는 게 어떨까요?

제인: 좋은 생각이에요. 잭을 찾으면 뭐라고 했는지 저에게 알려주세요.

제니퍼: 그럴게요.

대화 B

제니퍼: 잭한테 직접 가서 문제가 어떻게 시작됐는지 알아내야겠어요.

사라: (침묵)

제니퍼: 당신의 생각은 어때요?

사라: (침묵)

제니퍼: 아무 의견이 없나요?

사라: 음, 그건 아니지만, 잭에게 가는 게 최선의 방법인지는 모르겠어요.

제니퍼: 무슨 뜻인가요?

사라: 제게 생각할 시간을 더 주시면 안 될까요?

제니퍼와 제인의 대화는 두 사람이 유사한 방식을 가지고 있어 효과적 의사소통 상황을 나타낸다. 반대로 제니퍼와 사라의 대화는 근본적으로 다른 의사소통 방식을 가지고 있는 상황이다. 제니퍼와 제인은 개방적이고 직접적인 의사소통 방식을, 사라는 내성적이고 간접적인 방식을 구사한다. 제니퍼와 제인은 감정과 의견을 개방적으로 의논하고 문제에 맞서는 데 아무 지장이 없어 보인다. 또한 두 사람은 신속한 의사결정자이다. 두 사람이 가진 시너지 덕분에 벌써 해결책에 합의한 것처럼 대화를 종료한다. 반면 사라는 갈등을 회피하고, 제니퍼의 개방적이고 직접적 방식에 부딪친다. 사라는 감정을 드러내지 않고 생각과 의견을 표현하는 데 있어 내성적이다. 제니퍼는 사라와 대화하면서 좌절감을 느끼고 사라에게 의견이 없다고 생각한다. 제니퍼는 사라가 대화에 참여하고 싶지 않다고 생각할 수도 있다. 반면 사라는 제니퍼가 너무 공격적이고 참을성이 없다고 생각할 수 있다.

비즈니스에서 의사소통의 목표는 가능한 한 유연하고 융통성 있는 태도를 취한다. 상황적 요인이 작동함을 이해하고 상황 요구에 맞게 방식을 수정하도록 노력하는 것이 중요하다. 상황 요인을 이해하는 것 외에도 상대의 방식을 이해해야 한다. 특정 소통 방식을 취하거나 이에 순응하는 데 불편할 수 있지만 차이가 존재함을 인정하는 것만으로도 상호 이해와 존중감을 구축하는 데 도움이 된다.

성별에 따른 의사소통 차이

남녀의 의사소통 방식에 대한 연구에 따르면 성별에 따라 상당한 차이가 존재한다. 이러한 차이가 모든 남성과 여성에 해당하지는 않지만 대체로 남성은 여성보다 지위와 서열을 더 중시하고, 자신이 지닌 권력의 위치를 강조하는 발화 기회를 선호한다. 남성은 불리하거나 낮은 위치에 처하는 상황을 회피하는 경향이 있고, 따라서 질문을 하거나 타인에게 정보를 구하는 것을 자제한다. 남성은 질문을 함으로써 약해보일 것을 우려한다. 그러나 모순적이게도 취약함을 드러내면 구성원과 유대를 쌓고 리더로서의 개인 능력을 높이는 데 도움이 된다.

반대로 여성은 의사소통에 내재한 권력역학에 주의를 덜 기울이고 상대와 공감대를 형성하고 협조하는 것을 선호한다. 여성은 질문을 하고, 정보를 공유하며, 상대에 흥미를 표현함으로써 대인관계를 형성하는 데 집중한다. 여성은 더 민주적 리더십 방식을 취하는 경향이 있으므로 업적에 생색을 내거나 공을 차지하려 들지 않는다. 남성과 달리 여성은 조직 내에서 의사소통에 더 많은 시간을 할애한다. 이러한 상향적 의사소통은 사적 문제보다는 업무 관련 쟁점이나 관심사에 치중한다. 사실 여성은 타인이 자신을 진지하게 대하지 않을 것을 우려해 사적 정보를 공개하지 않으려 한다.

남성도 상향적 의사소통에 상당한 시간을 들이지만 취약하거나 무능해보일 것을 염려해 고위 경영진으로부터 조언을 구하는 것을 꺼린다. 여성에 비해 남성은 자기 홍보에 애쓰고, 공격적 의사소통 방식을 취하고, 강하고 태연한 이미지를 구축하려는 성향이 있다. 여성은 자기 홍보에 비교적 적은 시간을 들이지만 동료 구성원이나 파트너의 욕구를 옹호할 때는 남성보다 더 성공적이다. 그러나 자기 이익을 위한 협상에서는 남성보다 덜 성공적이다. 남성은 협상 과정에서 자신의 이익과 타인의 이익을 동등하게 대변한다.

예일대 사회심리학자 Victoria Brescoll의 연구는 남녀 간의 의사소통 차이를 잘 이해하고자 실시됐다. 특히 브레스콜은 권력과 의사소통의 관계를 파악하기 위해 권력에 있는 사람들이 타인보다 더 많이 발화하고 더 큰 권력을 가진 사람으로 인식된다고 가정했다. 연구 결과, 권력에 있는 남성은 타인보다 더 말을 많이 하는 편이고, 브레스콜의 가설은 남성에 한해 입증되었다. 그러나 여성의 경우 같은 결과가 나타나지 않았다. 여성은 직위에 상관없이 남성보다 더 말을 적게 했다.

브레스콜은 후속 연구를 통해 여성이 '너무 강력'해 보임으로써 반발에 부딪칠 것을 우려해 회의 중에 소통하는 것을 자제함을 알 수 있었다. 브레스콜에 의하면, 남성과 여성 모두 직위에 상관없이 여성이 더 많이 말하는 것에 부정적 인식을 갖고 있었다. 그러나 양쪽 모두 남성이 더 많이 말하는 것에 대해서는 부정적으로 반응하지 않았다. 실제로 그 반대 현상이 일어났다. 남성이 말을 덜 할수록 덜 유능한 리더로 인식되었다.

이와 같은 행동 양상은 대부분의 남성과 여성에서 발견된다. 메시지를 상대에 맞게 전달하려면 의사소통 방식 차이를 이해해야 한다. 또한 이 차이를 이해하면 메시지를 수신할 때 메시지가 구성되는 방식과 그 이유를 파악할 수 있다.

대인 의사소통 개선하기

메시지를 올바르게 해석하는 조건을 마련하는 것은 대인 의사소통의 중요한 측면이다. 사회학자 Erving Goffman은 의사소통 시에 효과적으로 전달되고 해석되는 것은 대부분 의사소통자가 '앞 무대'에서 수행하는지 '뒷 무대'에서 수행하는지 여부와 관련된다고 강조한다. 수행이 실제로 이루어지는 앞 무대에서는 의사소통을 할 때 일정한 기준의 공손함과 예의를 따라야 한다. 예를 들어 상대가 말을 할 때 끼어들거나 질문하지 않고 끝날 때까지 기다린다. 혹은 상대의 말을 경청할 때 주의를 집중하고 있음을 보여주기 위해 눈을 마주친다. 즉 주의를 딴 데로 돌리지 않고 화자의 말에 의식적으로 집중하려 한다. 기본적으로 규칙을 따르는 셈이다. 그러나 규칙을 따르다 보면 융통성이 부족해진다. 공손함을 갖추기 위해 명료화를 위한 중요한 질문을 못하게 되고, 메시지에 내포된 의미에 올바르지 않은 결론을 도출할 수 있다.

뒷 무대 영역에서는 앞 무대에서의 행동을 고의로 거스르고 억제한 감정을 언어적 또는 비언어적으로 드러내며 '연기를 중단'한다. 화자의 말을 가로막기도 한다. 회의 중에는 의견을 내놓지 않고 무관심함을 보이기 위해 팔짱을 끼기도 한다. 기분에 따라 주의가 산만해지기도 한다. 이러한 행동이 더 솔직하고 유익한 토론으로 이어질 것이라고 기대하지만 타인을 불편하게 하고 대화를 꺼리게 한다. 결국 유해한 갈등을 초래한다.

고프만의 제안에 의하면 모든 의사소통자가 타인과 효과적으로 소통하기 위해서는 의사를 제대로 전달하고 메시지가 불분명할 때 명료화를 위해 질문을 해야 한다. 적절한 질문을 하고, 제안을 하며, 타인의 의견과 관점에 열린 태도를 취해야 한다.

새로운 관점에 열린 마음을 가지면 의사소통을 개선할 수 있는데, 이것이 그토록 어려운 이유가 무엇일까? 저마다 가지고 있는 내적 편향과 기대 때문에 전달 내용에 성급한 결론을 내리기 십상이다. 모든 사람은 타인이 어떻게 행동하고 왜 그렇게 행동하는지 이해하기 위한 심적 모델을 하나씩 가지고 있다. 심적 모델은 과거 경험과 타인과의 상호작용을 토대로 한다. 개인이 매일 마주치는 수많은 자료와 자극은 이 세상이 어떻게 작동하는지를 설명할 심적 모델을 필요로 한다. 이 모델을 바탕으로 개인은 주어진 상황과 사람을 재빨리 분석할 수 있다. 이러한 모델이 없다면 우리는 정보 과잉에 시달릴 것이다.

그러나 안타깝게도 심적 모델은 그릇된 논리를 바탕으로 할 때가 있다. 조직심리학자 Chris Argyris는 사람들이 어떤 결론에 도달하기 위해 무의식적으로 **'추론의 사다리'**라는 7단계 과정을 거친다고 주장한다(그림 19–2 참조).

1. 관찰 가능한 데이터를 살핀다(개인이 특정 상황에서 행동하는 방식)
2. 데이터의 특정 측면을 취사선택한다.
3. 문화적 인상과 개인적 인상을 포함해 세상에 대한 각자의 심정 모델을 바탕으로 데이터에 의미를 부여한다.
4. 자신이 부여한 의미에 근거한 가정을 내린다.

추론의 사다리 (Ladder of inference)
개인이 타인의 의도를 판단하기 위해 과거 경험에 의해 형성된 가정 또는 편향을 이용하는 과정

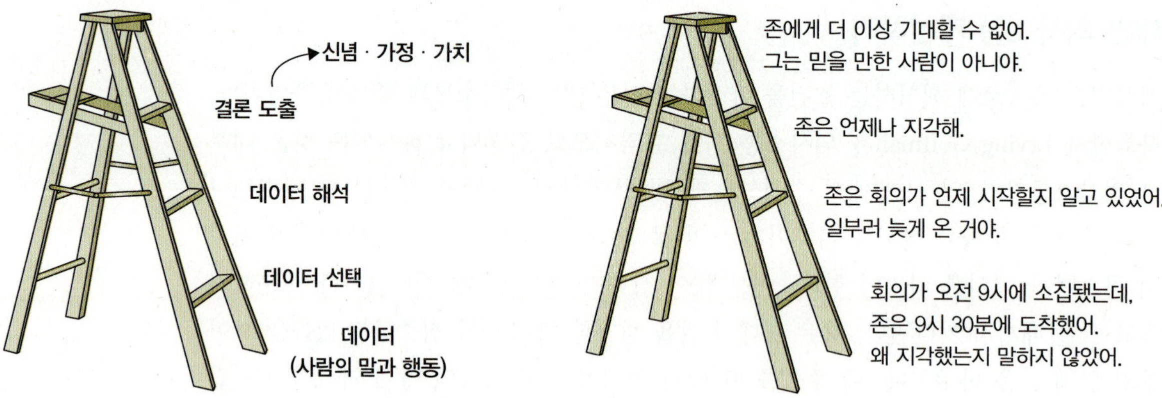

그림 19–2 추론의 사다리

Source: The ladder of inference is described in Chris Argyris, Overcoming Organizational Defenses (Upper Saddle River, NJ: Prentice Hall, 1994), p. 88–89; and P. M. Senge, A. Kleiner, C. Roberts, R. B. Ross, and B. J. Smith, *The Fifth Discipline Fieldbook: Strategies and Tools for Building a Learning Organization* (New York, NY: Doubleday, 1994).

5. 이 가정에서 결론을 도출한다.
6. 이 결론으로부터 신념을 채택하고 일반화를 도출한다.
7. 이 신념과 일반화에 근거해 행동을 취한다.

사람들은 스트레스를 받거나 중대한 시간 압력이 걸린 상황에서 일할 때 추론의 사다리에 의존하는 경향이 있다. 이 사다리를 이용해 과거 경험이나 지식에 근거해 신속히 정보를 처리하고 연관 짓기를 한다. 신속한 연관 짓기는 그 사람을 결단력 있게 보이도록 한다. 물론 단점은 이 사고과정이 편향에 근거한다는 것이다. 타인이 왜 그렇게 행동하는지 안다고 단정하고 자신의 논리에 의문을 제기하지 않는다. 이와 같은 단정은 개인이 그릇되거나 편향된 결론에 성급히 도달함으로써 난처한 상황에 빠지게 할 수도 있다.

표 19–3 지지적 의사소통의 유형

반응 유형	예 시	합리화
조언	"나의 제안은 바로 이거야…"	화자에게 방향, 평가, 개인적 의견, 지시사항을 제공한다. 화자의 문제에 대한 해결책을 찾도록 돕는다. 화자가 문제를 어떻게 해석해야 하는지 명료함을 제공한다.
전환	"나한테도 유사한 일이 있었는데 말해줄게"	화제를 돌림으로써 화자의 문제를 청자의 문제로 초점을 전환한다. 화자의 메시지가 불분명함을 암시하고 오해를 개선할 수 있는 예시를 이용한다.
탐색	"그게 무슨 뜻이야?"	화자가 방금 말한 것이나 청자가 선택한 주제에 대해 질문한다. 추가 정보를 유도한다. 화자의 메시지가 불분명할 때 화자가 주제에 대해 말을 더 하도록 돕는다.
반영	"내가 올바르게 이해했다면, 네가 말한 것이 바로…"	화자가 방금 말한 것을 화자에게 반복한다. 청자가 들은 것을 다른 방식으로 재진술한다. 화자의 메시지를 이해하고 수용함을 전달한다.

Source: Adapted from D. A. Whetten and K. S. Cameron, Developing Management Skills, 5th edition (Upper Saddle River, NJ: Prentice Hall, 2002) p. 220.

추론의 사다리와 관련된 위험을 방지하고 의사소통의 효과성을 높이는 좋은 방법은 능동적 경청과 **지지적 의사소통**에 참여하는 것이다. 능동적 경청은 2가지 활동을 포함한다. 화자의 관점을 이해하고 그 이해를 화자에게 반영한다. 화자의 관점을 이해하려면 청자는 자신의 판단과 신념을 잠시 제쳐 두어야 한다. 열린 마음으로 대화에 참여한다. 지지적 의사소통은 조언이나 제안을 제공하기(조언), 유사 경험을 이야기하기(전환), 명료화를 위해 사후 질문하기(탐색), 핵심을 반복하기(반영) 등을 포함한다(표 19-3 참조).

지지적 접근법은 언어적 및 비언어적 의사소통에 모두 적용할 수 있다. 지지적 의사소통은 상대가 전달하고자 하는 바를 경청하거나 읽은 후 처음 '관찰 가능한' 데이터에만 의존하지 않고 추가 정보를 얻을 수 있도록 반응하는 것을 강조한다. 지지적 의사소통은 청자와 독자가 화자 또는 작가로부터 적극적으로 의미를 끌어내고자 하므로 전달된 내용에 의미를 따로 부여하지 않도록 한다. 그러므로 지지적 의사소통을 이용하는 청자와 독자는 자신이 지각한 내용이 아니라 화자나 작가가 실제로 전달한 내용에 대해 결론을 도출할 수 있다.

의사소통을 이용한 설득

효과적 의사소통이란 궁극적으로 자기 주장과 질문을 균형 있게 사용한다. 즉 자신의 입장과 목표를 내세우되(자기 주장), 질문과 명료화(질문)를 통해 타인의 관점과 견해를 이해해야 한다. 흔히들 자기 주장에만 치중해서 점수를 따내려 한다. 자기 주장만 하다 보면 타인에게서 더한 자기 주장을 유발하고 결국 의사소통은 교착 상태에 이르게 된다(그림 19-3 참조). 자기 주장과 질문의 균형을 맞춤으로써 상호 학습을 달성할 수 있다. 자기 주장과 질문의 균형에서 비롯한 상호 학습은 설득력 있는 의사소통의 중요한 측면이다. **설득**은 개인 또는 집단이 청중을 사로잡고 청중의 관점, 견해, 행동에 영향을 미치고, 변화시키거나 강화하는 과정이다.

지지적 의사소통(Supportive communication) 조언이나 제안을 제공하기(조언), 유사 경험을 이야기하기(전환), 명료화를 위해 사후 질문하기(탐색), 핵심을 반복하기(반영)의 과정

설득(Persuasion) 개인 또는 집단이 청중을 사로잡고 청중의 관점, 견해, 행동에 영향을 미치고, 변화시키거나 강화하는 과정

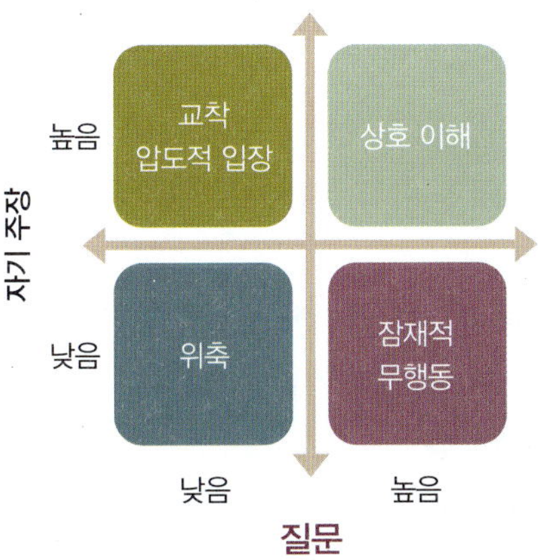

그림 19-3 자기 주장과 질문의 균형

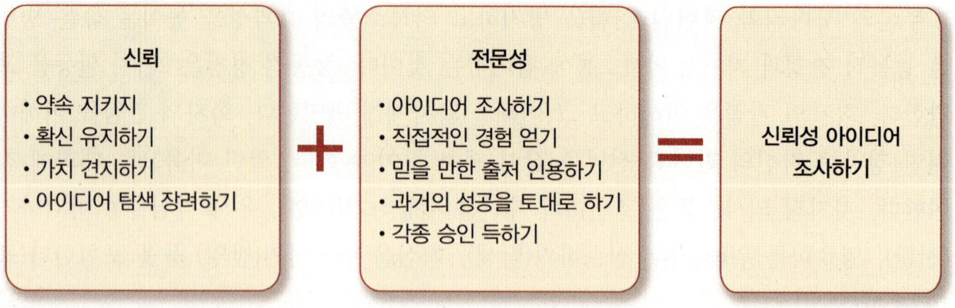

그림 19-4 신뢰성 구축

Source: Adapted from "Persuasion I: The Basics," *Power, Influence, and Persuasion: Sell Your Ideas and Make Things Happen* (Boston, MA: HBS Press, 2006).

설득 기술의 유래는 고대 민주주의 시대까지 거슬러 올라간다. 아리스토텔레스는 의사소통의 3가지 핵심 요소를 로고스(logos), 파토스(pathos), 에토스(ethos)로 정의했다. 로고스는 전달해야 할 메시지나 사실에 쓰인 논리를 가리킨다. 즉 행위에 대한 합리화다. 사실 외에도 좋은 의사소통자는 자신의 주장에 대한 열정 또는 파토스를 드러낸다. 파토스의 목적은 청중과 정서적 유대를 형성한다. 청중의 머리뿐 아니라 마음에 호소한다. 제11장에서 설명했듯, 성공적 변화 시도는 논리와 감정에 모두 호소한다. 논리는 변화에 대한 합리화를 제공하고, 파토스는 행동에 대한 자극제가 된다. 세 번째 핵심 요소는 에토스로, 화자 또는 소통자의 신뢰성을 의미한다. 에토스는 청중이 말하는 사람을 신뢰하고 존중하는 정도이다. 에토스는 그 사람의 명성에서 비롯한다. 이 사람이 자신이 말하는 바를 실천하는가? 이 사람이 믿을 수 있도록 행동해왔는가? 이 사람은 무엇을 할지 알고 있는가? 이 사람은 관련 경험을 가지고 있는가? 아리스토텔레스는 에토스 또는 신뢰성이 설득의 가장 중요한 요소라 생각했다. 즉 신뢰성은 신뢰와 전문성을 합친 것이다(그림 19-4 참조).

효과적인 의사소통자는 이 모든 요소를 갖춘다. 적절한 사실을 제시하고 해석함으로써 자신의 주장을 구성하고, 청중과 정서적 유대를 형성하며, 자신의 신뢰성을 구축한다. 한 연구진은 관리자와 직원이 설득의 이용을 높이기 위해 6가지 원칙을 따를 것을 제안했다.

1. 메시지는 간결해야 한다.
2. 메시지는 현실적이어야 하고 상대에게 의사결정에 필요한 정보를 제공한다.
3. 말하기 전에 경청한다.
4. 타인이 투입을 제공하도록 격려함으로써 두려움을 자극으로 전환한다.
5. 메시지를 개인적으로, 일관적으로 반복한다.
6. 단어를 신중히 선택한다.

회사가 명령과 통제 중심 구조와 방식보다는 분권화된 리더십에 더 의존하게 되면서, 설득은 더욱 중요한 경영기술이 되었다. 네트워크형 조직의 성장과 다양하고 분산된 팀의 확산으로 권한의 경계가 모호해졌으므로 유능한 리더는 아이디어를 효과적으로 개진하고 개개인과 구성원의 의견에 영향을 미칠 수 있는 능력에 의존해야 한다. 특히 공식적 보고 관계가 부재한 경우 더욱 그러하다.

스토리텔링

andipantz/iStockphoto.com

청중과 유대를 형성하는 능력은 설득의 중요한 측면이다. 개인적 유대를 형성하는 가장 효과적 방법은 스토리텔링이다. 어떤 메시지나 주제를 전달하기 위해 이야기, 은유, 비유를 이용하는 것은 화자와 청중 간의 정서적 유대를 형성하는 방법 중 하나다. 이야기는 대개 화자에게 무엇이 중요한지를 드러내고 화자가 중시하는 가치를 파악하게 한다. 이야기는 화자와 청중 간의 신뢰를 구축하는 데 도움이 된다. 청중의 누군가가 화자에게 감정을 이입한다면, 그 청중이 전달 내용을 신뢰할 가능성이 높아진다. 설득력 있는 이야기는 청중과의 유대를 형성해 청중에게 무엇이 중요하고 왜 특정 방식으로 행동해야 하는지 상기시킨다. 정서적 유대는 변화를 위한 강한 동인 또는 행동을 위한 동기부여가 될 수 있다. 오프라 윈프리는 게스트와 청중과 유대를 쌓기 위해 이야기를 이용하는 데 능숙하다.

이야기는 회사 문화의 핵심 측면을 강조하는 데도 쓰인다. 제8장에서 Google이 특정 행동과 접근법을 강화하기 위해 이야기를 이용하는 방식을 설명했다. 수많은 다른 기업도 같은 방식을 취한다. Marriott의 국제숙박 책임자인 Ed Fuller는 새로 고용한 관리자들에게 고객 접대에 대한 회사의 우선순위를 가르치기 위해 이야기를 이용한다. 풀러는 보스턴 코플리 메리어트에서 본부장을 역임했을 때 회사의 최고경영책임자 Bill Marriott와 만났던 경험을 곧잘 이야기한다. 그는 처음에 케이터링 매출과 관련해 예산을 초과한 데 대해 문책을 당할 것이라 생각했었다. 그러나 빌은 차가운 클램차우더 수프에 대한 고객의 불만에 직원의 대응 방식을 문제 삼았다. 그 고객은 빌의 친척이었고, 직원이 전문적 태도로 문제를 처리하지 않았다는 것이다. 빌은 예산 부족을 염려하지 않았다. 그보다는 고객 서비스 기준 달성 여부를 더 우려했다. 고객을 잘 대하면 매출과 성과가 높아진다. 풀러는 이 이야기를 통해 메리어트에서는 사소한 것이 큰 차이를 낳음을 관리자에게 강조한다.

리더십 개발의 여정 스토리텔링은 효과적 리더십 기법이다. 정보를 기억하기 더 쉽게 하는 의사소통 도구다. 따라서 이야기는 전통적 의사소통 형태보다 더 오래 보유된다. 이야기는 주어진 상황을 더 명확하고 생생하게 묘사하고 청자가 화자의 경험에 공감할 수 있게 한다. 의사소통 수단으로 스토리텔링을 이용했던 때를 상기하고 다음 질문에 답해보라.

- 이야기의 배경이 무엇인가?
- 이야기의 주요 인물이 누구인가?
- 이야기의 줄거리는 무엇인가?
- 메시지를 전달하기 위해 배경, 인물, 줄거리를 어떻게 통합했는가?
- 청중이 이야기에 어떻게 반응했는가?

이 경험을 고려할 때, 리더로서 의사소통을 위해 스토리텔링을 어떻게 이용하겠는가?

조직 의사소통

의사소통의 중요성은 조직 차원에서 증대되고, 이는 미국 항공관리 사례에서 잘 드러난다. 미국 항공교통관제센터(ATCSCC)는 미 대륙의 항공교통을 관리하는 연방항공청(FAA) 산하 부서다. 항공교통관제센터는 1일 교통량이 대략 50,000대에 이르는 피크 동안 4,000~6,000대의 항공기가 전미항공시스템(NAS)에 의해 운영된다. 항공교통관제센터는 날씨, 장비, 활주로 차단, 기타 영향을 미치는 조건이 NAS에 스트레스를 가할 경우 항공교통을 조절한다(그림 19–5 참조).

이 시스템의 정확도를 위해 항공교통 관제사와 조종사 간의 음성 메시지는 높은 정확도로 송수신되어야 한다. 메시지에 담긴 의미가 서로 일치하도록 조종사는 관제사가

그림 19–5 미국 항공시스템의 항공교통

Source: Air Traffic Control System Command Center, 2008, www.fly.faa.gov/Products/Information/information.html, accessed October 23, 2008.

메시지를 보낼 때마다 피드백(예: "알았다")을 주고, 관제사는 조종사가 필요한 비행 메뉴버를 실시할지 여부를 표시해야 한다.

그러나 항공교통관제용 의사소통 체계의 난제는 관제사가 할당된 항공 공간에서 비행하는 모든 조종사들과 같은 음성 채널을 통해 소통한다는 점이다. 그러므로 관제사의 할당된 항공 공간에 더 많은 조종사가 진입하면서 시스템이 혼잡해지면 한 조종사가 다른 조종사나 관제사의 소통을 방해할 확률이 더 높아진다. 이 방해가 더 잦아지고 메시지가 지연되고 잘못 해석되거나 분실되면 안전이 저하되고 사고가 발생할 수 있다.

이러한 이유로 첨단항공시스템개발센터(CAASD)는 음성 채널에서 데이터 채널로 전달되는 비시간임계적 메시지의 부하를 제거하기 위한 관제사-조종사 데이터 링크 커뮤니케이션스(CPDLC)를 구축했다. 이 의사소통 변화는 성공적으로 음성 채널 점유율을 75% 감소시켰고 누락, 반복, 오해 소통이 적어지면서 비행 안전과 효율성이 향상되었다.

CAASD와 같은 기관은 의사소통 전달 방식을 촉진하는 공식적 · 비공식적 구조인 **의사소통 체계**가 효율적일 때 조직 내 의사소통이 더 효과적임을 잘 이해한다. 공식적 조직체계는 규칙 지정, 보고 서열, 지휘계통, 물리적 배치도에서 비롯된 관계를 모두 포함한다. 이 관계는 조직 내에서 상향적, 하향적 혹은 수평적 의사소통의 흐름을 결정한다. 반면 비공식적 조직체계는 조직에 재직하는 동안 동료 사이에서 발전하는 비공식적, 사회적 관계로 구성된다. 정보 전달이 덜 공식적이기 때문에 조직 내 다른 부서에 속한 개개인이 공식적 직위나 지위에 상관없이 중요한 정보에 쉽게 접근할 수 있다.

의사소통 체계가 효과적으로 작동하려면 의사소통 흐름이 지원되어야 한다. 조직에서 의사소통 흐름을 지원하는 기능을 각각 의사소통 매개체, 의사소통 채널, 의사소통 네트워크라 부른다. 각 요소를 더 자세히 살펴보자.

의사소통 체계
(Communication systems)
의사소통이 조직 전체에 전달되는 방식을 촉진하는 공식적 및 비공식적 구조

의사소통 매개체

의사소통 매개체
(Communication media)
메시지를 전달하는 데 쓰이는 구두, 서면, 전자 형식

의사소통에 쓰이는 매개체는 메시지의 성격, 민감성, 중요도 혹은 기대되는/원하는 청중의 행동에 따라 다양하다. 대부분의 조직은 구두, 서면, 전자 등 여러 형태의 **의사소통 매개체**를 이용한다. 구두 매개체는 전화통화, 면대면 회의, 간담회, 연설을 포함한

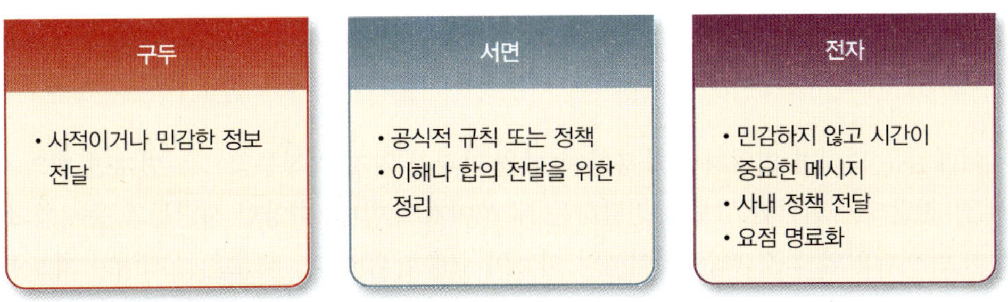

그림 19-6 특정 의사소통 방법을 이용하는 시기

다른 관점

위기 의사소통

조직은 매일 대중의 비판에 직면한다. 위태로운 상황이 닥치면 조직은 홍보의 일환인 위기 의사소통을 통해 명성을 유지하고 장기적 손해를 최소화한다. 준비와 기획은 위기 의사소통의 성공에 필수적이다. 부정적 상황에 대응할 때 민첩하고, 정직하며, 철저한 반응을 목표로 한다. 2006년, Taco Bell은 대장균증 발병에 신속하게 대응하지 못해 비판을 받았다. 반대로 Johnson & Johnson은 1980년대 중반에 잘못된 타이레놀이 발견되었을 때 재빠르게 대응했다. 새로운 용기(容器)를 설계할 때까지 시중에서 모든 제품을 회수했다.

1. 위기 상황을 처리하려면 어떤 조치를 취해야 하는가?
2. 부정적 여론에 직면했다가 좋은 명성을 유지할 수 있었던 기업을 찾아보라. 어떤 적절한 행동을 취했는가?
3. 위기 상황에 성공적으로 대응하지 못한 기업을 찾아보라. 그 조직은 어떻게 행동을 취했어야 하는가?

다. 서면 매개체는 서신, 메모 및 보고서, 사보, 책자, 설명서, 게시판, 포스터를 일컫는다. 전자 매개체는 팩스, 이메일, 화상회의를 포함한다. 각각 다른 상황에서 여러 다른 방법이 쓰여야 한다(그림 19-6 참조).

특정 의사소통 매개체의 형식은 메시지의 중요도를 나타내는 데 일조한다. 예를 들어, 면대면 회의와 음성 메시지는 구두 의사소통이지만 어떤 행동방침을 의논하기 위한 면대면 회의는 대개 음성 메시지보다 더 큰 영향력을 가진다. 직접 만나 진행하는 회의는 중요하거나 민감한 정보를 전달할 때 유용하다. 민감한 의사소통 내용은 직접 만나야 최선의 결과를 내는 이른바 주고받기 명료화 과정을 요한다. 직접 만나는 회의는 몸짓언어와 어조를 읽고 해석할 수 있는 장점이 있고, 이는 메시지의 권한을 강화할 수 있다. 음성 메시지와 녹음 메시지는 적시에 전달되어야 할 민감하지 않은 정보에 유용하다. 가령 신규 사내 정책이나 절차에 대한 정보가 해당된다. 음성 메시지는 어조에 대한 단서를 제공할 수 있지만 일방적이므로 반복적인 명료화에는 별 도움이 되지 않는다.

서면 의사소통은 목소리의 어조나 실시간 대화 기회가 결여되어 있기 때문에 해석하기에 가장 어렵다. 서면 의사소통은 공식적 사내 정책을 전달하거나 이해와 합의를 입증하기 위해 대화를 정리할 때 유용하다. 이메일은 공식적이거나 비공식적 서면 의사소통 형태다. 이메일이 공식적 사내 정책을 전달하는 데 쓰인다면, 문서의 대안으로서 이러한 목적에 유용하다. 비공식적 교류의 일환으로 이메일을 이용하면 오해를 방지하는 데 도움이 되지만 이메일은 능동적 경청을 효과적이게 하는 비언어적 단서 읽기나 질문하기 등의 요소를 결여하므로 오해와 갈등을 확대할 수 있다. 이메일 교류는 순간적 의사소통의 형태지만 기업의 영구적인 기록으로 남는다. 따라서 이메일 소통 시에는 네트워크 에티켓, 즉 네티켓을 준수해야 한다. 어떠한 이메일 교환이라도 개인은 다음을 해야 한다.

- **쓰기 전에 생각한다.** 감정이 깃든 메시지에 답하기 전에 24시간의 시간을 들이는 게 바람직하다.
- **메시지에 대문자만 쓰지 않도록 한다.** 대문자만 쓰면 수신자에게 소리를 지르는 것처럼 보인다.
- **전송하기 전에 모든 메시지를 신중하게 읽는다.** 문법, 철자, 어조를 점검한다.
- **간결하고 명료해야 한다.** 다른 쟁점으로 화제를 돌리는 것을 자제한다. 이메일은 간결할 때 가장 효과적이다.

이메일은 면대면 회의처럼 풍부한 속성을 가지지 않지만 전통적으로 면대면 회의에서 잘 전달되는 민감한 정보를 전달하는 데 쓰이기도 한다. 다양한 사람들과 동시에 소통하는 이메일의 특징 때문에 이메일 사용이 급증한 것이다. 새로운 소식이나 제도를 공유하고자 팀 회의를 실시하기 위해 전 지구를 이동하는 것이 실행 가능하지 않을 때 네트워크 작업을 하거나 분산된 조직에서 이메일은 특히 유용하다.

AP Photo/Charlie Riedel

이메일 사용이 증가했음에도 직원이 모든 유형의 의사소통에 비해 이메일을 반드시 선호하지는 않는다. 최근 연구에 따르면, 직무나 사업단위를 의논할 때 면대면 회의가 가장 만족스러운 의사소통 형태로 평가되었다. 면대면 회의는 이메일에 비해 더 양질의 정보를 제시한다고 인식된다. 의사소통이 개인의 직위나 성과에 직결되면 더 쌍방적인 매개체 형식이 선호된다. 직원은 메시지의 내용뿐만 아니라 화자의 어조와 성향을 평가할 수 있다. 같은 연구에 따르면 이메일 소통은 사내 정책을 배포하거나 긴급 소식을 전달할 때 가장 선호된다.

과업의 특성도 어떤 유형의 의사소통 매개체가 적합한지 결정한다. 표준적이거나 통상적인 과업의 경우, 이메일과 서면 의사소통이면 충분하다. 이 형식은 지시를 제공하고 준수해야 할 구체적 절차를 설명한다. 또한 대개 쌍방향 의사소통을 요하지 않는다. 더 새로운 상황이나 통상적이지 않은 과업이면 면대면 회의나 상호교환이 더 적합하다. 새로운 사업에 착수하면 관계자가 원하는 목표를 공통적으로 인지하고 이해할 수 있도록 면대면 회의를 소집하는 것이 더 합당하다. 새로운 사업이면 회의의 핵심 결과물이 각종 과정이나 절차의 명료화이거나 성공의 척도에 대한 합의일 수 있다.

American Century Investments는 인터넷, 격월 기업잡지, 전자 질의응답 데이터베이스, 정기적 팀 회의를 포함해 회사 내부와 고객과의 개방적 의사소통을 육성하기 위해 다양한 매개체를 이용한다. 회사는 이 도구들이 성과에 중요하다고 믿고 이렇게 말한다. "오늘날 경쟁적인 비즈니스 세계에서 의사소통은 중요한 도구다. 회사와 업계에 대해 더 많이 알수록 더 현명한 사업 결정을 내릴 수 있다. 회사가 직원들을 경청하고 다양한 의견을 포용하면, 회사가 더 강해지고 응집력과 경쟁기업을 능가할 수 있는 능력을 갖추게 된다."

의사소통 채널

의사소통의 공식성은 맥락에 따라 다르다. 따라서 의사소통은 상황 역학에 맞게 조정되어야 한다. 직원 회의나 이해관계자와의 외부 브리핑 등의 상황에서는 공식적인 의사소통 과정이 적합하다. 이보다 덜 체계화된 환경에서는 개방적 의사소통과 주고받기 교환이 보통이다. 의사소통 과정에서 공식성의 정도는 조직문화와 리더십과도 관련된다. 엄격한 명령–통제 리더십 접근법이 적용되는 관료제에서는 대체로 하향식 의사소통 접근법이 이용된다.

의사소통 매개체는 의사소통이 조직에 전달되는 방법이지만 **의사소통 채널**은 구두, 서면 · 인쇄물, 전자매체를 전달하는 통로다. 오늘날 조직에서 쓰이는 2가지 의사소통

의사소통 채널
(Communication channels)
수직적 채널과 수평적 채널을 포함하며, 구두, 서면 · 인쇄물, 전자매개체를 전달하는 데 쓰이는 통로

그림 19-7 수직적 및 수평적 의사소통

채널은 수직적 채널과 수평적 채널이다(그림 19-7 참조). 2가지 유형의 의사소통 채널은 각각 다른 용도로 쓰인다. 수직적 채널은 지휘계통에 따라 매개체를 전달한다. 여러 계층의 직원을 보유한 관료주의 조직은 행동을 지시하고 직원의 태도에 영향을 주기 위해 하향식 소통에 의존한다. 하향식 의사소통은 지시 및 훈련 제공, 회사 관련 정보 배포, 지시와 정책에 대한 근거 제공, 업무성과 평가에 쓰인다. 책자, 사용설명서, 게시판, 성과평가, 부서 회의, 이메일 등의 도구가 이러한 용도에 쓰인다.

또한 수직적 채널은 메시지 전달을 위해 상향식 의사소통에 의존한다. 어떤 조직은 직원이 관심사를 표현하고 경영진에 고충을 제기할 수 있는 통로를 제공하기 위해 상향식 의사소통을 장려한다.

의견조사 또는 만족도조사, 긴급연락처, 제안상자, 이메일 등은 직원 몰입을 유도하기 위해 자주 쓰이는 도구다. 상향식 의사소통 과정에 관여하는 직원은 관리자를 신뢰하고 관리자가 의견과 관점에 더 관심이 있다고 생각할수록 조직에 더 만족한다. 즉 이 과정은 직원 몰입을 촉진한다. 물론 상향식 의사소통의 정도는 관리자를 너무 압도하지 않도록 관리되어야 한다.

수직적 의사소통 채널에 대한 연구에 따르면 관리자가 상향식(하급자로부터 고위 경영진)으로 이동하는 메시지를 이해하는 능력보다 직원이 하향식 의사소통(고위 경영진으로부터 하급자)의 의도를 읽고 이해하는 능력이 더 뛰어나다. 이는 상향식 의사소통이 대상에게 도달하기 전에 경영 계통의 다양한 개개인에 의해 조정되고 분석되는 반면 하향식 의사소통이 조직을 관통하면서 여과되지 않기 때문이다.

수평적 채널에서 매개체는 기능적 부서 사이에서 조직을 관통한다. 시간을 절약하고자 하는 조직은 서열을 따라 메시지를 전달할 필요 없이 메시지를 다른 부서의 개인에게 직접 전달하는 수평적 채널을 이용한다. 수평적 채널에서 동료들은 필요한 정보를 구하기 위해 직접 소통한다. 메모나 보고서, 점심시간 대화, 비공식적이고 즉흥적인 접촉과 회의, 위원회, 태스크포스, 이메일 등이 수평적 의사소통을 촉진하는 데 쓰이는 도구다.

가령 애틀랜타 소아병원(CHOA)은 환자, 부모, 간병인 간의 효과적 의사소통이 일류

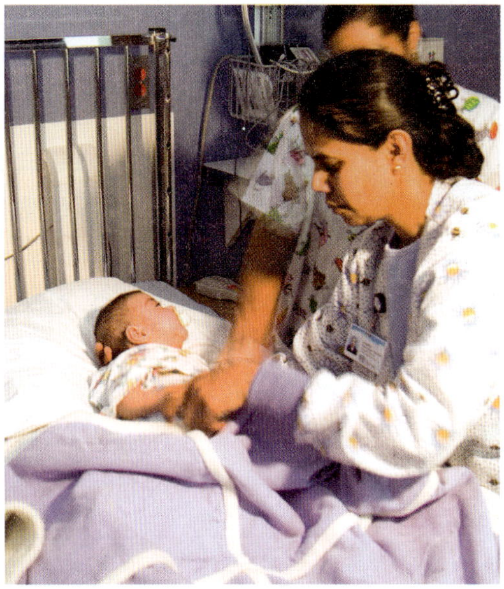

소아치료를 제공하기 위한 협업과 신뢰의 문화를 육성하는 데 필수적이라 생각한다. 따라서 병원은 이 목표를 달성하고 수직적 · 수평적 의사소통을 개선하는 데 도움이 될 3가지 제도, 즉 상황배경 평가제안(SBAR) 간호보고서, 자원 간호사, 빠른 대응팀을 신설했다.

- **SBAR 간호보고서:** SBAR 기법은 임상전문의 간의 중요 환자 정보를 효율적이고 효과적으로 전달할 수 있는(수평적) 틀을 마련한다. SBAR 지침은 의료전문가가 적절한 치료를 적시에 제공할 수 있도록 중요 환자 데이터를 신속하게 파악하고 전달하게 한다.
- **자원 간호사:** 환자 상태를 평가하고 의사에게 관련 정보를 전달할 때 경력이 더 오래된 자원 간호사가 미숙한 간호사를 도울 수 있도록 한다. 병원은 이 제도를 통해 환자가 가능한 가장 효과적인 치료를 제공받고 수석 간호사의 지식이 미숙한 간호사에게 효과적으로 전달(수직적 의사소통)된다고 생각한다.
- **빠른 대응팀:** 이 팀이 수행하는 주요 목적은 환자가 병원 내 최적의 병동에서 최고의 치료를 제공받도록 한다. 간호사가 환자 상태에 대해 염려하면 간호사는 빠른 대응팀의 평가를 요청할 수 있다. 이 팀은 의사와 직접 소통하거나 1차 치료 간호사를 도와 중환자가 최적의 치료를 받도록 한다.

애틀랜타 소아병원은 이 제도를 통한 성과를 인정받아 의료 수준과 안전기준을 준수한 기관에 수여되는 공동위원회(Joint Commission)의 황금승인훈장(Golden Seal of Approval)을 받았다.

의사소통 네트워크

혁신적인 고어텍스 소재로 잘 알려진 W.L.Gore에는 전통적인 조직도, 지휘계통, 미리 정해진 의사소통 채널이 존재하지 않는다. 직원들은 어떻게 소통할까? 의사소통을 하기 위해 소통 채널에 의존하지 않는 사람은(그리고 의존하는 사람도) 네트워크를 이용한다. 의사소통 네트워크는 개인이 타인과의 관계를 이용해 메시지를 주고받는 공식적 · 비공식적 연결망이다. 제20장에서 네트워크에 대해 자세히 다룬다. 지금은 규모, 기능, 중심성, 지배성 측면에서 의사소통 네트워크가 어떻게 다른지 살펴본다.

- **네트워크 규모:** 조직의 전 구성원에게 메시지를 전달하기 위해 조직 전체를 관통하는 대규모 네트워크를 '전체 시스템' 네트워크라 부른다. 조직 내 특정 집단을 연계하는 소규모 네트워크는 '소집단' 네트워크라 한다. 대인관계와 개인 간 접촉을 기반으로 한 네트워크는 '개인' 네트워크라 부른다. 네트워크 규모는 한 지점에서 다른 지점으로 메시지를 이동하는 데 필요한 개인의 수에 의해 정의된다.

- **네트워크 기능:** 다양한 의사소통 네트워크는 다양한 목적을 수행한다. 조직에서는 생산(업무 수행), 유지(구조 운영 유지), 사회적 유대(사기 진작, 지원 제공), 혁신(운영 평가 및 수정, 새로운 기회 창출)을 포함한다.
- **네트워크 중심성과 지배성:** 지배적 네트워크에서 한 개인 또는 집단이 메시지 흐름을 통제한다. 공식적 관료주의는 일종의 지배적 네트워크다. 모든 메시지가 하향식 지휘계통을 거쳐야 한다. 이러한 네트워크에서 한 개인은 정보의 문지기 역할을 한다. 이를 위해 그는 네트워크 중심성을 갖는다.

관료주의 서열은 공식 의사소통 네트워크로 간주되는 반면 개인 네트워크는 비공식 의사소통 네트워크로 인식된다. 특히 조직을 통틀어 소문과 가십이 이동하는 방식을 가리키는 그레이프바인(포도넝쿨)은 매우 강력한 비공식적 개인 의사소통 네트워크다. 한 연구결과 조직 내 의사소통의 70%는 그레이프바인을 통해 이동하고, 이를 통해 전달되는 정보의 대부분이 정확하다. 그레이프바인은 조직이 변혁을 거치는 중이거나 어려운 시기에 직면할 때 더 활발해진다. 경영진의 신뢰가 낮을 때 그레이프바인 활동이 증가한다. 이 상황에서 직원은 다양한 장소에서 정보를 물색한다.

그레이프바인은 근거가 없거나 피상적 가십을 퍼뜨릴 수 있지만 적절한 조직 경계를 전달하는 데 유용하기도 하다. 예를 들어 가십은 조직에서 개인이 어떻게 행동해야 하는지 공통된 신념을 공유하는 데 쓰인다. 일개 직원이 그레이프바인을 통해 특정 상황에서 행동방식이 부적절함(예: 다른 사람의 아이디어를 차지하거나 부적절한 시기에 말을 함)을 알게 되면, 가십은 일종의 행동 수정 기능을 하는 셈이다. 또한 가십은 조직에 대한 소속감을 높이는 데 쓰인다.

의사소통 단절

조직 의사소통 체계의 어디에서든 의사소통이 단절될 수 있다. 이는 의사소통 당사자가 대인 의사소통을 전달하고 해석하는 데 얼마나 능숙한지와 관련된다. 그러나 조직 의사소통의 단절은 대체로 의사소통 체계가 스트레스를 다루는 데 얼마나 잘 설계되어 있는지와 관련된다. 의사소통 매개체가 기술적 장애를 겪거나, 중심성을 가진 개인이 의사소통 채널 또는 네트워크에서 부재하면 어떤 현상이 발생하는가? 이 체계가 적응할 수 있는가? 허리케인 카트리나에 대한 미국 연방정부의 대응은 비효율적이고 비효과적 의사소통 과정의 좋은 예다.

2005년 8월 29일, 허리케인 카트리나가 루이지애나 뉴올리언즈를 강타해 수천 명의 목숨을 앗아갔고, 전화선과 전력 공급이 끊겼으며, 도시를 둘러싼 제방시스템이 망가진 데다, 수만 명의 주민들이 집을 잃고 더 많은 사람들이 미처 대피하지 못해 고립되었다. 허리케인이 닥친 후 연방긴급사태관리청(FEMA)은 피해 주민들에게 적시에 충분한 자원을 공급하지 못해 강도 높은 비판을 받았다.

Gregory Pelt/Shutterstock.com

추후 조사에서 연구진은 긴급대응체계 내부에서 여러 의사소통 단절이 발생했음을 알아냈다. 사건의 시초는 루이지애나 주지사였던 Kathleen Blanco가 허리케인이 몰아치기 며칠 전에 비상사태를 선포하고 연방정부의 원조를 구하고자 재난 선언을 요청하는 서신을 조지 W. 부시 대통령에게 전했다. 연방정부가 대응하기 전에 서신은 FEMA의 여러 사무실을 거쳤다. 중대한 연방 차원 대응이 수립될 때쯤에는 이미 며칠이 경과했고 음식과 물 없이 옥상에 고립된 사람들의 모습이 대중의 머릿속에 각인된 후였다. 대중의 분노가 잇따랐고, 2주 후 FEMA 청장 Michael Brown이 사임했다.

조직은 의사소통 체계의 단절을 방지하고 생산적으로 처리하기 위해 의사소통 프로토콜 감사 등 특정 전략을 적용할 수 있다. **의사소통 감사**를 통해 조직은 통상적 · 비통상적 위기 상황에 대응하는 방식을 개선할 수 있다. 효과적 의사소통 감사는 다음을 포함한다.

- **직원 포커스그룹 또는 면접:** 직원은 직무와 회사에 관련된 정보를 수신하는 방식을 의논할 수 있다. 수신 정보가 유용한지, 개선 제안을 받을지 여부를 진단한다.
- **설문조사:** 직원은 조직 정책, 직무, 기술 변화, 조직 성과에 대해 수신하는 정보의 양 또는 질을 평가한다.
- **네트워크 분석:** 관리자는 의사소통이 조직 내에서 상향적, 하향적, 수평적으로 적절히 이동하는지 여부를 확인하기 위해 조직 내 공식 네트워크를 진단한다. 직원은 조직의 어느 곳에서 가장 타당한 정보를 얻는지 결정한다.
- **의사소통 일지:** 서비스 부서는 회사 직원의 서비스 요청 기록과 그에 상응하는 반응성 수준을 진단한다.
- **간행물, 설명서, 책자의 내용 분석:** 각 부서는 오류 또는 개선 부분을 점검하기 위해 각종 인쇄물을 검토한다.
- **기술 또는 매개체 분석:** 정보기술 부서는 장비를 검사하고 과거 기술 고장 기록을 검토한다.

의사소통 감사는 주어진 시기에 조직 내 의사소통 상태를 파악하는 데 유용하다. 조직은 의사소통 감사를 통해 의사소통 흐름의 실질적 단절이나 약점 가능성을 강조하는 객관적 설명을 얻을 수 있다. 특정 개인의 효과성이 아니라 의사소통 체계를 평가할 때 의사소통 감사가 유용해진다.

의사소통 감사
(Communication audit)
조직 내에 마련된 의사소통 체계를 검토하는 과정

문화 간 의사소통

세계화가 확산되면서 관리자는 문화적, 지리적으로 다양한 개개인과 소통해야 한다. 따라서 문화 간 의사소통 중에는 문화적 차이를 유념해야 한다. 효과적 의사소통을 위해서는 모든 단어, 그림, 상징을 당사자가 이해할 수 있어야 한다. 작업자가 수많은 머리글자나 축약형을 써서 소통하는 직무에서는 이것이 문제가 된다. 이 '언어'에 익숙하지 않은 사람은 전달 내용이 무엇인지 놓치기 십상이다. 몸짓언어도 의사소통 효과성에 영향을 미친다. 어떤 사람은 입으로는 한 가지를 말하고 신체 움직임으로 다른 것을 말하기도 한다. "듣고 있다"고 말해 놓고 화자와 눈을 마주치지 않거나 그를 바라보지 않는 사람은 자기모순적으로 보인다.

제16장과 제17장에서 효과적인 문화 간 협상과 지리적으로 분산된 팀을 이끄는 방법을 설명했다. 여기서 얻은 교훈은 문화 간 의사소통에도 해당한다. 지역과 문화가 다르면 특정 관습, 규범, 방식을 배우는 데 시간을 할애해야 한다. 예를 들어 쿠웨이트에서 비즈니스 회의는 대체로 느리게 시작해 가족과 건강에 대한 이야기를 포함한다. 장시간의 침묵을 불편해 하는 미국인과 달리 쿠웨이트인은 참을성 있고 대화 중의 긴 침묵을 예상한다. 반대로 네덜란드에서 사업과 관련된 대화는 다른 잡담 없이 즉시 시작된다. 네덜란드에서 사업을 하려는 사람은 화려한 프레젠테이션이나 과장된 주장을 자제해야 한다. 네덜란드인은 현련한 영업 권유보다 수수함과 정확함을 선호한다.

모든 언어와 문화의 구체적 규칙을 배우는 것은 유용하지만 의사소통 상대의 언어나 문화에 상관없이 이용할 수 있는 몇 가지 규칙이 있다. 언어와 소통 차이를 줄이는 방법은 다음과 같다.

- 또렷하게 발음하고 느리게 말한다.
- 은어, 구어적 표현, 비속어를 자제한다.
- 문화적으로 민감할 수 있는 농담을 주의한다.
- 이메일 전달 시 하얀 공백을 많이 사용한다.
- 달리 허락받지 않는 한 이름(존슨)보다는 올바른 직함과 성(스미스 씨)을 쓴다.
- 숫자에 주의한다. 예를 들어, 숫자 1과 7은 다른 국가에서 다르게 표기한다.
- 날짜에 주의한다. 어떤 국가에서는 해당 일자를 먼저 표기하고, 어떤 국가에서는 월을 먼저 표기한다(예: 1 March 2012, March 1 2012, 01/03/12, 03/01/12)
- 언어나 문화 기준에 제대로 확신이 서지 않으면 믿을 수 있는 사람에게 진정성 있고 개방적인 태도로 소통한다.

요약

대다수 사람들이 자신을 유능한 의사소통자라 생각하지만 실상은 그렇지 않다. 어떤 사람은 업무에 좋은 생각을 가지고 있어도 설득력 있게 전달하지 못하거나 청중을 파악하지 못한다. 그러므로 중요한 의사결정을 내릴 때 그들의 생각은 고려되지 않는다. 어떤 사람은 생각을 잘 전달해도 타인을 경청하지 않는다. 다른 사람이 말할 때 업무에 대해 생각하거나 상대가 말을 끝내면 어떻게 반응할지 생각하느라 쉽게 산만해진다. 그래서 현재 설명되는 쟁점을 제대로 이해하지 못한다. 이렇게 비효과적 의사소통은 조직의 생산성과 성과를 저해할 수 있다. 직원이나 고객과 효과적으로 소통하는 능력은 사업 성과에 필수적이다.

의사소통은 정보 교환을 위해 소리, 단어, 그림, 상징, 제스처, 몸짓언어를 이용한다. 의사소통은 언어적이거나 비언어적이다. 몸짓언어, 어조, 음고 등을 통해 메시지를 전달하는 다양한 방식에 주목해야 한다. 의사소통 방식은 메시지가 어떻게 지각되는지에 영향을 미친다. 어떤 사람은 직접적인 접근법을, 어떤 사람은 간접적이거나 미묘한 의사소통 방식을 선호한다. 다양한 사람과 의사소통할 때 개방적 자세를 유지하고 성급한 결론을 내리지 않도록 주의해야 한다. 상대의 동기나 의도를 단정하는 것은 위험할 수 있다. 성공적 의사소통자는 질문과 자기 주장을 균형 있게 사용하고 능동적으로 경청한다.

설득은 개인 또는 집단이 청중을 사로잡고, 청중의 관점, 견해, 행동에 영향을 미치거나, 변화시키거나 혹은 강화하는 과정을 의미한다. 설득의 핵심은 논리, 열정, 신뢰성에 입각해 의사소통할 수 있는 능력이다. 또한 신뢰성은 신뢰와 전문성에 달려있다. 설득력을 갖추기 위해서는 믿을 만한 사람으로 인식되고 자신의 관점을 입증할 수 있는 전문성을 보유해야 한다. 매우 효과적 설득 기법 중 하나는 스토리텔링이다. 화자는 스토리텔링으로 유의미하고 의도적인 방식으로 청중과 유대를 형성할 수 있다.

조직은 의사소통이 효과적일 수 있는 조건을 마련해야 한다. 다양한 의사소통에 적합한 매개체를 고려하는 것은 조직 차원에서 특히 중요하다. 예를 들어 면대면 회의는 민감하거나 사적인 정보를 전달하는 데 유용하고, 이메일은 사내 정책 또는 절차를 전달하는 데 효과적이다. 또한 조직은 수직적·수평적 정보 흐름을 고려해야 한다. 메시지가 적절히 해석되고 있는가? 정보의 수신자가 송신자의 의도를 이해하는가? 개방된 의사소통 채널은 의사결정 과정을 촉진하고 협업을 장려한다. 폐쇄된 채널은 혼란과 분란을 조장한다. 조직은 의사소통 체계의 효과성을 진단하기 위해 의사소통 감사를 실시해야 한다.

마지막으로 사업이 점차 세계화되면서 의사소통의 문화적 규범 차이를 이해하는 것이 중요하다. 유능한 의사소통자는 문화적 상황과 맥락에 따라 방식을 수정하거나 조정할 수 있다. 어떤 상황에서는 직접적 의사소통이 필요하고, 어떤 상황에서는 간접적 의사소통이 요구된다.

주요 용어

개방성(Openness)
경청(Listening)
공간과 사물(Space and objects)
대인 의사소통(Interpersonal communication)
몸짓언어(Body language)
비언어적 의사소통(Nonverbal communication)
설득(Persuasion)
언어적 의사소통(Verbal communication)
음색(Vocal qualities)
의사소통(Communication)
의사소통 감사(Communication audit)
의사소통 매개체(Communication media)
의사소통 방식(Communication style)
의사소통 채널(Communication channels)
의사소통 체계(Communication systems)
지지적 의사소통(Supportive communication)
직접성(Directness)
추론의 사다리(Ladder of inference)

과제

토론 주제

1. 의사소통 교환 중에 잡음을 줄이기 위해 무엇을 할 수 있는가?
2. 메시지가 전달/수신되는 방식에 주어진 상황 맥락이 어떤 영향을 미치는가? 각각 다른 상황 맥락(창업, 위기, 회생 등)을 생각해보라. 리더가 의사소통 방식을 어떤 식으로 바꾸어야 하는가? 어떤 상황에서 직접적 또는 내성적 소통이 더 적합한가?
3. 메시지에 의미를 전달하기 위해 어떤 비언어적 의사소통 도구를 쓸 수 있는가? 수신자 입장에서 이해했음을 암시하기 위해 언어적/비언어적으로 무엇을 할 수 있는가?
4. 수많은 연구가 남성과 여성의 의사소통 방식 차이를 강조한다. 이 차이는 어떻게 설명할 수 있는가? 남성과 여성 모두 회의에서 말을 더 하려고 하는 여성에게 부정적 인식을 가지는 이유는 무엇인가? 왜 남성에게는 해당되지 않는가? 이것이 바뀔 수 있다고 생각하는가? 그렇다면 어떻게 바꿀 수 있는가?
5. 추론의 사다리는 어떻게 잘못된 전달과 오해를 초래하는가? 어떤 방법으로 자신의 영향(전달 내용 또는 수신자의 해석)이 의도(무엇을 전달하고자 하는가)에 상응하도록 할 수 있는가?
6. 화자로서 신뢰성을 높이는 방법은 무엇인가?
7. 이야기가 강력한 의사소통 형태인 이유가 무엇인가? 특히 공감했던 이야기를 생각해보자. 그 이야기가 그런 영향을 미친 이유는 무엇인가?
8. 다양한 의사소통 매개체(구두, 서면, 전자)의 장단점은 무엇인가? 기업이 소셜미디어에 나날이 의존할수록 무엇을 유념해야 하는가? 소셜미디어와 관련된 잠재적 의사소통 문제는 무엇인가? 장점은 무엇인가?
9. 회사 문화와 가치를 전달함에 있어 가십은 어떻게 도움이 되는가?
10. 글로벌 전략에 착수하려는 회사를 위해 의사소통 훈련 프로그램을 설계하는 중이라면, 이 과업을 어떻게 접근하겠는가? 훈련 프로그램에 무엇을 포함하겠는가? 성공 여부를 어떻게 평가할 것인가?

관리 연구

1. 조직 리더가 행한 각종 자료(재무, 생산성, 판매, 동향 등)를 포함한 서면 연설을 찾아보라.
   - 연설의 의도된 청중은 누구인가?
   - 리더가 자료를 어떻게 이용하고 해석했는가?
   - 리더가 자료에 어떤 결론을 내렸는가?
   - 리더가 청중을 설득하기 위해 신뢰를 쌓거나 전문성을 이용했는가?
   - 연설의 효과성을 어떻게 평가하는가?
2. 최근 위기를 조사해보라. 위기 상황에서 리더가 어떻게 의사소통했는지 평가하라.
   - 리더가 위기에 책임을 졌는가?
   - 리더가 이해관계자와 신뢰를 구축했는가?
   - 리더가 위기를 해결하기 위한 계획을 전달했는가?

현장에서

대학을 대상으로 의사소통 감사를 실시하고, 의사소통 관행을 이루는 다음의 구성요소를 평가하라.

- 뉴스와 이벤트 알림
- 조직 변화 및 전략적 이니셔티브 발표
- 학생, 직원, 학부 간 의사소통
- 외부 이해관계자 메시지 전달
- 소셜미디어 사용
- 이해관계자 설문조사

의사소통 감사를 실시하면서 배운 점이 무엇인가? 감사를 통해 수집한 정보에 근거해 여러 제안을 도출해보라.

참고문헌

1 Anthony J. Mayo and Nitin Nohria, In Their Time: The Greatest Business Leaders of the 20th Century (Boston, MA: HBS Press, 2005), pp. xx–xxi.

2 Rudi Gassner, "Rudi Gassner at BMG International," lecture and question-and- answer session, Harvard Business School, Boston, MA, June 1, 1994, available from Katherine S. Weber and Linda A. Hill, "Rudi Gassner at BMG International, Video" (Boston, MA: HBS Publishing, 1994).

3 Carol W. Ellis, Management Skills for New Manager s (New York, NY: AMACOM, 2005), p. 24.

4 M. Buckingham and C. Coffman, First, Break All the Rules: What the World's Greatest Manager s Do Differentl y (New York, NY: Simon & Schuster, 1999).

5 Bill George and Andrew N. McLean, "Oprah!," Harvard Business School Case No. 9-405-087, rev. April 11, 2007 (Boston, MA: HBS Publishing, 2005); and Nancy F. Koehn and Erica Helms, "Oprah Winfrey," Harvard Business School Case No. 9-809-068, rev. May 13, 2009 (Boston, MA: HBS Publishing, 2009).

6 Academy of Achievement, "Oprah W infrey Interview, " http://www.achievement.org.

7 Paul Noglows, "Oprah: The Year of Living Dangerously," Working Woman, May 1, 1994, p. 52

8 C. Lavin, "It's All Going Oprah's Way," Chicago Tribune, December 19, 1985.

9 Academy of Achievement, "Oprah Winfrey Interview, " http://www.achievement.org.

10 W. W. Neher, Org anizational Communication: Challenges of Change, Continuity and Diversity (Needham Heights, MA: Allyn & Bacon, 1997).

11 Michael E. Hattersley and Linda McJannet, Management Communication: Principles and Practice (New York, NY: McGraw-Hill, 1997), p. 3.

12 Michael E. Hattersley and Linda McJannet, Management Communication: Principles and Practice (New York, NY: McGraw-Hill, 1997), pp. 4–6.

13 David A. Garvin and Michael A . Roberto, "Change Through Persuasion," Harvard Business Review , February 2005.

14 Lyle Sussman, " How to Frame a Message: The Art of Persuasion and Negotiation," Business Horizons, July– August 1999, pp. 2–6.

15 M. Mun ter, Gui de to Manag erial Communication: Effecti v e Business Writing and Speaking (Upper Saddle River, NJ: Prentice Hall, 1997).

16 Gary Genard, "Leveraging the Power of Nonverbal Communication," Harvard Management Communication Letter , April 1, 2004.

17 M. Shapiro, "Communicatio n Styles on Team Dynamics," Simmons School of Management Course Note: Communication Strategies, 2006.

18 M. Shapiro, "Communicatio n Styles on Team Dynamics," Simmons School of Management Course Note: Communication Strategies, 2006.

19 M. Shapiro, "Communicatio n Styles on Team Dynamics," Simmons School of Management Course Note: Communication Strategies, 2006.

20 M. Shapiro, "Communicatio n Styles on Team Dynamics," Simmons School of Management Course Note: Communication Strategies, 2006.

21 A. H. Bell and D. M. Smith, Management Communication (New York, NY: John Wiley & Sons, 1999).

22 A. H. Bell and D. M. Smith, Management Communication (New York, NY: John Wiley & Sons, 1999).

23 A. H. Bell and D. M. Smith, Management Communication (New York, NY: John Wiley & Sons, 1999).

24 A. H. Bell and D. M. Smith, Management Communication (New York, NY: John Wiley & Sons, 1999).

25 A. H. Bell and D. M. Smith, Management Communication (New York, NY: John Wiley & Sons, 1999).

26 Anne Field, "What You Say, What They Hear," Harv ard Management Communication Letter, Winter 2005.

27 Kathleen E. Allen, "Women's Value Orientation," Encyclopedia of Leadership, George R. Goethals, Georgia J. Sorenson, and James MacGregor Burns, eds . (Thousand Oaks, CA: Sage Publications, 2004), pp. 1688–1692.

28 Deborah Tannen, "The Power of Talk: Who Gets Heard and Why," Harvard Business Review, September–October 1995.

29 Linda L. Carli, "Gender Issues in Workplace Groups: Effects of Gender and Communication Style on Social Influence," Gender and Communication at Work, Mary Barrett and Marylyn J. Davidson, eds. (Hampshire, England: Ashgate Publishing, 2006), pp. 69–83; and Deborah Tannen, "The Power of Talk: Who Gets Heard and Why," Harvard Business Review, September– October 1995.

30 Michael J . Glauser, "Upwar d Information Flow in Organizations: Review and Conceptual Analysis," Human Relations, Vol. 37, No. 8, 1984, pp. 613–643.

31 Dina W. Pradel, Hannah Riley Bowles, and Kathleen L. McGinn, "Whe n Does Gender Matter in Negotiation?" Negotiation, November 2005.

32 Victoria L. Brescoll, "Who Takes the Floor and Why: Gender, Power, and Volubility in Organizations," Administrative Science Quarterly, Vol. 56, No. 4, 2011, pp. 622–641.

[33] E. Goffman, The Presentation of Self in Everyday Life (New York, NY: Doubleday Anchor, 1959).

[34] E. Goffman, The Presentation of Self in Everyday Life (New York, NY: Doubleday Anchor, 1959).

[35] Linda A. Hill, "Building Effective One- on-One Work Relationships," Harvard Business School Note No. 9-497-028 (Boston, MA: HBS Publishing, 1996).

[36] James G. Clawson, "Active Listening," University of Virginia Darden School Note No. UV0118, rev. December 28, 2001 (Charlottesville, VA: Darden Business Publishing, 1986).

[37] Peter Senge, The Fifth Discipline: The Art and Practice of the Learning Organization (New York, NY: Doubleday, 1990).

[38] Linda A. Hill, "Building Effective One- on-One Work Relationships," Harvard Business School Note No. 9-497-028 (Boston, MA: HBS Publishing, 1996).

[39] "Persuasion I: The Basics," Power, Influence, and Persuasion: Sell Your Ideas and Make Things Happen (Boston, MA: HBS Press, 2006).

[40] Nitin Nohria and Brooke Harrington, "Principles of Effective Persuasion," Harvard Business School Note No. 9-497-059 (Boston, MA: HBS Publishing, 1997).

[41] Kevin W. Dean, "Rhetoric, " Encyclopedia of Leadership, George R. Goethals, Georgia J. Sorenson, and James MacGregor Burns, eds. (Thousand Oaks, CA: Sage Publications, 2004), p. 1328.

[42] Jay A. Conger, "The Necessary Art of Persuasion," Harvard Business Review, May–June 1998.

[43] Nitin Nohria and Brooke Harrington, "Six Principles of Successful Persuasion," Harvard Business School Note No. 9-494-037 (Boston, MA: HBS Publishing, 1993).

[44] "Persuasion I: The Basics," Power, Influence, and Persuasion: Sell Your Ideas and Make Things Happen (Boston, MA: HBS Press, 2006).

[45] Beverly Kaye and Betsy Jacobson, "True Tales and Tall Tales: The Power of Organizational Storytelling," Training & Development, March 1999.

[46] Rob Goffee and Gareth Jones, "Chapter 7," Why Should Anyone Be Led by You? What It Takes to Be an Authentic Leader (Boston, MA: HBS Press, 2006).

[47] Stephen Denning, "Telling Tales," Harvard Business Review, May 2004.

[48] Cynthia Trapani Matthew and Robert J. Sternberg, "Intelligence, Verbal," Encyclopedia of Leadership, George R. Goethals, Georgia J. Sorenson, and James MacGregor Burns, eds. (Thousand Oaks, CA: Sage Publications, 2004), p. 732.

[49] Vickie Elmer, "How Storytelling Spurs Success," Fortune, December 6, 2010.

[50] W. W. Neher, Org anizational Communication: Challenges of Change, Continuity and Diversity (Needham Heights, MA: Allyn & Bacon, 1997).

[51] MITRE Corporation Center for Advanced Aviation System Development, 2008, Controller Pilot Data Link Communications, www.caasd.org/work/ project_details.cfm?item_id=110, accessed October 23, 2008.

[52] MITRE Corporation Center for Advanced Aviation System Development, 2008, Controller Pilot Data Link Communications, www.caasd.org/work/ project_details.cfm?item_id=110, accessed October 23, 2008.

[53] MITRE Corporation Center for Advanced Aviation System Development, 2008, Controller Pilot Data Link Communications, www.caasd.org/work/ project_details.cfm?item_id=110, accessed October 23, 2008.

[54] W. W. Neher, Org anizational Communication: Challenges of Change, Continuity and Diversity (Needham Heights, MA: Allyn & Bacon, 1997).

[55] Carol W. Ellis, Management Skills for New Manager s (New York, NY: AMACOM, 2005), pp. 29–32.

[56] Carol W. Ellis, Management Skills for New Manager s (New York, NY: AMACOM, 2005), p. 34.

[57] M. Lynne Markus, "Electronic Mail as the Medium of Managerial Choice," Organization Science, Vol. 5, No. 4, 1994, pp. 502–527.

[58] Zinta S. Byrne and Elaine LeMay, "Different Media for Organizational Communication: Perceptions of Quality and Satisfaction," Journal of Business and Psychology, Vol. 21, No. 2, 2006, pp. 149–173.

[59] Ronald E. Rice, "Task Analyzability, Use of New Media, and Effectiveness: A Multi- Site Exploration of Media Richness," Organization Science, Vol. 3, No. 4, 1992, pp. 475–500.

[60] Ri ch ard L. Da ft an d Norman B. Macintosh, "A Tentative Exploration into the Amount of Equivocality of Information Processing in Organizational Work Units," Administrati ve Science Quarterly, Vol. 26, 1981, pp. 207–224.

[61] American Century Investments, "Our Culture," www.americancentury.com/careers/our_culture.jsp#1946, accessed October 28, 2010.

[62] W. W. Neher, Org anizational Communication: Challenges of Change, Continuity and Diversity (Needham Heights, MA: Allyn & Bacon, 1997).

[63] W. W. Neher, Org anizational Communication: Challenges of Change, Continuity and Di v er sity (Needham Heights, MA: Allyn & Bacon, 1997).

[64] Michael J. Glauser, "Upward Information Flow in Organizations: Review and Conceptual Analysis," Human Relations, Vol. 37, No. 8, 1984, pp. 613–643.

[65] Bruce Harriman, "Up and Down the Communications Ladder," Harv ard Business Review, September–October 1974.

[66] W. W. Neher, Organizational Commu- nication: Challenges of Change, Continuity and Diversity (Needham Heights, MA: Allyn & Bacon, 1997).

67 Children's Healthcare of Atlanta web- site, www.choa.org/default.aspx?id=5687, accessed October 23, 2008.

68 Children's Healthcare of Atlanta web- site, www.choa.org/default.aspx?id=5687, accessed October 23, 2008.

69 W. L. Gore & Associates website, www.gore.com/en_xx/aboutus/culture/index.html, accessed October 23, 2008.

70 Rob Cross, Nitin Nohria, and Andrew Parker, "Six Myths About Informal Networks—and How to Overcome Them," Sloan Management Review, Spring 2002, pp. 67–75.

71 W. W. Neher, Org anizational Communication: Challenges of Change, Continuity and Diversity (Needham Heights, MA: Allyn & Bacon, 1997).

72 Suzanne M. Crampton, John W. Hodge, and Jitendra M. Mishra, "The Informal Communication Network: Factors Influencing Grapevine Activity," Public Personnel Management, Vol. 27, No. 4, 1998, pp. 569–584.

73 Suzanne M. Crampton, John W. Hodge, and Jitendra M. Mishra, "The Informal Communication Network: Factors Influencing Grapevine Activity," Public Personnel Management, Vol. 27, No. 4, 1998, pp. 569–584.

74 Don Cohen and Laurence Prusak, In Good Company: How Social Capital Makes Organizations Work (Boston, MA: HBS Press, 2001), pp. 103–132.

75 MacNeil/Lehrer Productions, Online Newshour: After Hurricane Katrina, 2005, www.pbs.org/newshour/bb/weather/july-dec05/katrina/fema_background.html, accessed October 23, 2008.

76 MacNeil/Lehrer Productions, Online Newshour: After Hurricane Katrina, 2005, www.pbs.org/newshour/bb/weather/july-dec05/katrina/fema_background.html, accessed October 23, 2008.

77 R. Abelson, A. Feuer, L. K. Altman, and S. Lohr, "10,000 Patients and Staff Members Await Evacuation from Barely Functional Hospitals," The New York Times, September 1, 2005.

78 W. W. Neher, Org anizational Communication: Challenges of Change, Continuity and Di v er sity (Needham Heights, MA: Allyn & Bacon, 1997).

79 W. W. Neher, Org anizational Communication: Challenges of Change, Continuity and Di v er sity (Needham Heights, MA: Allyn & Bacon, 1997).

80 Terri Morrison and Wayne A. Conaway, Kiss, Bow, or Share Hands, 2nd edition (Avon, MA: Adams Media, 2006), pp. 288–298.

81 Terri Morrison and Wayne A. Conaway, Kiss, Bow, or Share Hands, 2nd edition (Avon, MA: Adams Media, 2006), pp. 322–331.

제 20 장 네트워킹

학습목표

이 장을 공부한 후 다음을 할 수 있도록 한다.

- 사회자본이 어떻게 형성되는지 설명하기
- 다양한 유형의 대인 네트워크와 각 유형과 관련된 장점 기술하기
- 중심성과 중개가 네트워크 강도에 어떤 영향을 미치는지 설명하기
- 네트워크의 강한 연대와 약한 연대를 구분하고 각 유형의 장단점 설명하기
- 강력한 내부 네트워크 및 외부 네트워크를 개발할 수 있는 방식 기술하기

장의 개요

자기성찰 MANAGEMENT

나의 네트워크는 얼마나 폭넓은가?

네트워크는 개인이 과업과 목표를 달성하고 개인적 · 전문적 개발을 도모하기 위해 이용하는 관계망이다. 네트워크의 핵심 활동은 정보 교환, 자원 공유, 새로운 관계 형성을 포함한다. 네트워크는 개인의 생산성, 학습, 경력 성공에 긍정적으로 기여한다. 다음 진술문에 '네' 또는 '아니오'로 답변해 자신의 네트워크를 분석해보라. 나의 네트워크는…

1. 정보의 원천을 제공하는가?
2. 멘토와 코치처럼 좋은 조언을 제공할 수 있는 사람들을 포함하는가?
3. 다양한 배경과 경험을 갖춘 사람들을 포함하는가?
4. 각각 다른 세대를 대표하는가?
5. 기회의 접근성을 제공하는가?
6. 문제 해결에 도움이 되는가?
7. 나의 목표를 달성하는 데 도와줄 수 있는 인맥을 가진 사람들을 포함하는가?
8. 서로 알고 지내는 수많은 사람들로 구성되는가?
9. 나의 관심사를 공유하는 사람들을 포함하는가?
10. 특정 조직, 동호회 또는 집단에의 소속을 대표하는가?

나의 네트워크에서 결여된 것은 무엇인가? 네트워크를 확장하기 위해 타인과의 관계를 어떻게 구축할 것인가?

서론

'자본'하면 가장 먼저 떠오르는 것은 개인 또는 조직이 소유할 수 있는 금융자본일 것이다. 기업은 매일 내부 제도를 지원하거나 구체적 사업에 착수하기 위해 금융자본을 조달할 수 있는 활동에 종사한다. 개인도 저축금을 쓰거나 은행에서 돈을 빌려 금융자본을 구한다. 제9장에서 설명한 인적자본은 개인이 보유하고 경력에 활용하는 재능, 기술, 전문성을 가리킨다. 금융자본과 인적자본을 이용하는 것도 중요하지만 중대한 사회자본을 가지는 것도 개인과 개인을 고용하는 기업에 매우 중요하다. 사회자본은 개인이 계약에서 얻을 수 있는 가치를 의미한다. 일반 관리자를 대상으로 한 연구에 따르면, 일관적으로 우수한 성과를 내는 개인은 견고한 관계 네트워크를 구축한 사람이다. 즉 사회자본을 형성하기 위해 노력한 사람이다.

개인은 조직 내 사업 또는 프로젝트가 조달된 금융자본을 지원받도록 하는 의사결정에 영향을 미치기 위해 사회자본을 이용할 수 있다. 또한 개인은 조직 내 인적자본을 운용하기 위해 사회자본을 이용한다. 새로운 프로젝트, 직무, 기회가 매일 발생하지

사회자본(Social capital)
개인이 사회적 관계로부터 얻을 수 있는 이익

만 이를 일찍이 발견하고 조직 내에서 영향력과 가시성을 가진 사람만이 그 기회를 최대한 활용할 수 있다. 개인이 기술과 재능을 적용하고 입증하기 위해 이 기회를 이용할 수 있는 능력은 1) 개인이 소유한 정보, 2) 기회와 관련된 의사결정자와의 관계와 관련된다. 따라서 인맥이 풍부한 개인은 조직이 중요한 기회에 접근하고 개인적으로 개발하기 위해 사회자본을 이용할 수 있다.

사회자본을 구축하고 운용할 수 있는 능력은 글로벌 조직의 운영구조에서 점차 확산되는 변화를 감안하면 더욱 중요하다. 지난 수십 년 동안 경계 없는 조직이라는 개념이 자리잡혔다. 제7장에서 살펴봤듯 이 유형의 조직은 의사결정에 수평적이고 융통성 있으며 교차기능적 방법을 촉진한다. 이 조직에서 공식적 구조는 더 이상 정보가 흐르거나 의사결정이 이루어지는 1차적 통로가 아니다. 개인은 보고 관계와 공식적 권한이 모호해지고 규칙과 기존 절차가 예전만큼 일반적이지 않은, 덜 체계적 맥락에서 업무를 수행하게 될 것이다. 이 맥락에서 개인은 정보를 수집하고 일을 해내기 위해 자신이 가진 사회자본을 이용해야 한다.

덜 체계적이고 더 유연한 조직을 만드는 것 외에도 대다수 기업은 전략 실행과 성과 목표 달성을 하층 직원과 관리자에게 맡겨왔다. 결과적으로, 정보 흐름의 장애물이 제거되고, 모든 계층 직원의 비공식 네트워크가 사업활동에 상당한 영향을 미치게 되었다. 따라서 조직의 CEO든 신입사원이든 영향력을 발휘하려면 조직 내에서 적절한 사회자본을 구축해야 한다.

사회자본은 조직 내 개인뿐만 아니라 조직 자체에도 유익하다. 비공식적 네트워크가 공식 조직도에 포함되어 있지는 않지만 점차 조직 성과와 조직 성장 및 전략 실행에 밀접하게 관련된다. 따라서 업무에 접근하는 이 새로운 방법이 계속 발전할수록 조직 내 상향, 하향, 수평적 관계 관리는 더욱 중요해질 것이다. 조직 내 리더는 이 사실을 인지하고 직원 간의 네트워킹을 육성할 수 있는 방법을 물색하게 될 것이다.

네트워킹은 과업을 달성하고 개인적 · 전문적 발달을 도모하는 개인 능력에 필수 관계(또는 사회자본)를 형성하고 구축하는 것과 관련된 활동을 의미한다. 네트워크 작업은 정보를 필요로 하는 사람, 정보가 필요한 시기, 정보가 필요한 곳 사이의 정보 교환을 촉진한다. 네트워킹 활동은 당사자의 관련 여부에 상관없이 어떤 프로젝트의 토론에 다른 부서의 동료를 참여시키는 것, 새로운 프로젝트의 지원을 얻기 위한 최선책에 관리자의 조언을 구하는 것, 정상 업무시간 외에 동료와 사회적 모임에 참석하는 것을 포함한다. 대체로 네트워크는 각자의 개인적 · 전문적 성공과 밀접하게 관련된다. 어려운 과업을 완수하거나 불가능해보이는 마감 기한을 준수하고자 할 때 네트워크에 의존하곤 한다.

더 많은 사람을 알수록 더 좋은 네트워크를 가진다는 것이 통념이다. 연결이 많을수록 정보 노출도가 높아지기는 하지만 유사한 배경과 서로 잘 알고 있는 수많은 사람과 관계를 맺는 것은 다른 출처로부터 같은 정보를 반복적으로 얻는 것에 지나지 않다. 같은 정보를 반복해서 듣는다 해서 이를 에코 체임버(울리방)라 부르는 이들도 있다.

네트워킹(Networking)
개인이 과업을 달성하고 개인적 · 전문적 발달을 도모할 수 있는 능력에 필수적인 관계를 형성하고 관리하는 일과 관련된 활동

연구 결과에 따르면 같은 정보를 포함한 폐쇄적 네트워크를 가지는 대신 새로운 정

보에 노출되고 광범위한 대상에 영향을 미칠 수 있는 기회를 얻도록 다양한 관계로 구성된 네트워크를 꾸리는 게 유리할 수 있다. 네트워크의 다양성을 높이는 데는 2가지 방법이 있다.

첫째, 강한 관계와 약한 관계로 이루어진 네트워크를 형성한다. 강한 관계는 자주 소통하고 높은 수준의 친밀감을 형성한 사람과의 유대관계를 일컫는다. 반대로 약한 관계는 가끔씩만 보는 사람과의 유대관계를 말한다. 강한 관계는 신뢰와 정서적 지지라는 장점을, 약한 관계는 다양한 정보에 노출될 가능성 증가라는 장점을 제공한다. 가끔 보는 사람은 대부분의 시간을 나와는 가깝지 않은 다른 집단과 어울리는 데 할애하기 때문이다. 반면 강한 관계는 자신이 이미 알고 있는 정보를 제공하고 강화한다.

본인이 중개자 혹은 이미 연계되지 않은 사람을 이어주는 핵심 인맥이면 다양한 네트워크를 형성하는 데 매우 성공적일 수 있다. 연구에 따르면, 조직 내 중개자는 더 빨리 승진하고, 업무의 가시성을 득하며, 조직 내에서 더 큰 영향력을 행사할 수 있는 가능성이 높은 편이다. 중개자는 적시에 새로운 정보를 접하고, 여러 방식으로 정보를 운용할 수 있다. 개인의 사회자본은 얼마나 많은 사람을 아느냐뿐 아니라 네트워크 내에서 차지하고 있는 위치로부터 비롯함을 명심해야 한다.

개인이 형성하는 유대관계는 조직과 개인이 업무를 완수할 때나 개인이 성장 기회를 발견하는 데 유용하다. 이러한 유대관계는 직장 내에서도 개인적 성장과 정서적 안정의 원천이 된다.

중개자가 되는 것 다음으로 유리한 것은 광범위한 정보를 제공해 줄 다른 중개자와 관계를 맺는 것이다. 성공적 중개자도 필요할 때 유용한 정보에 접근할 수 있는 다른 중개자와 관계를 맺으려 노력한다. 새로운 조직에 입사하면 조직 내의 중개자가 누군지 재빨리 파악하고 그를 알아가야 한다. 궁극적으로 누구를 아느냐가 얼마나 많은 사람을 아느냐보다 중요하다. Heidi Roizen의 사례를 살펴보자.

하이디 로이젠

Heidi Roizen은 현명한 개인적 · 전문적 개발을 위해 네트워크를 이용한 것으로 잘 알려져 있다. 로이젠은 T/Maker의 공동창업자이자 CEO, Apple컴퓨터의 부사장, 스스로 만들어낸 용어이자 역할인 독자적인 '멘토 자본가'로서 수년 간 네트워크를 구축해왔다. 로이젠은 이 위치들을 이용해 기술 분야에서 가장 영향력 있는 비즈니스 리더들이 포함된 네트워크를 구축했다.

Apple의 전 세계 개발자 관계 담당 부사장으로서 로이젠의 직무는 Apple 플랫폼의 장기적 실행 가능성을 보장하기 위해 Apple과 일하는 12,000여 개의 외부 소프트웨어 개발자들과의 관계를 개선하는 것이었다. 로이젠은 기업들이 Apple과 계속 일하도록 설득하기 위해 예전에 함께 일했던 업계 인맥에게 도움을 요청했다. 이 관계가 상호 이익적이었기 때문에 대부분 로이젠의 요청을 들어줬다. 또한 로이젠은 Microsoft의 Bill Gates나 Sun Microsystems의 Scott McNealy 등 저명인사들을 저녁 파티에 초대함으로써 전문적/사회적 네트워크를 균형 있게 활용하는 능력을 통달했다.

이후 로이젠은 멘토 자본가로서 창업기업을 위한 정규 이사회 임원을 역임했다. 로이젠은 이 역할을 통해 자신이 좋아하고 존경하는 사람들이 경력 성장 기회를 발견하도록 도왔다. 로이젠은 미래에 도움이 될 폭넓은 인맥을 형성할 수 있었다. 로젠의 한 동료에 따르면 "수많은 사람들이 네트워크를 가지고 네트워킹에 열심이지만 네트워크의 핵심이 되는 사람은 드뭅니다. 하이디는 그런 사람 중의 하나예요. 하이디는 네트워크에서 핵심이 되어 그녀의 방대한 관계망에서 다른 네트워크의 핵심과 긴밀한 관계를 구축합니다. 이로써 하이디는 다른 네트워크에 속한 모든 사람과 접촉하는 셈이지요. 하이디가 얼마나 많은 네트워크에 접근할지는 가늠조차 할 수 없어요."

하이디 로이젠이 가진 네트워크의 강도는 각자의 네트워크에 풍부한 인맥을 갖춘 타인과 신뢰할 수 있는 관계를 구축하는 그녀의 능력을 보여주는 증거다. 로이젠의 다른 동료에 따르면, 로이젠은 중추적 연결자로서 다른 네트워크의 중추적 연결자와 긴밀한 관계를 구축한다. 이 중추적 연결자는 보통 영향력 있는 인사이자 의사결정권자다. 로이젠은 이러한 개인과 형성한 관계를 통해 중요한 정보를 득하고, 향후 기회를 파악하며, 도움을 부탁하며, 다른 사람이 새 경력 기회를 발견하도록 돕는다.

적합한 사례 하이디 로이젠

1. 로이젠은 어떻게 자신의 네트워크에 투자했는가?
2. Apple에서 로이젠은 어떻게 네트워크를 유리하게 이용했는가?
3. 로이젠의 네트워크가 그녀의 멘토 자본가 역할에 왜 중요한가?
4. 로이젠의 네트워크 강도에 신뢰가 핵심 기여 요인인 이유는 무엇인가?

이 장에서는 사회자본의 가치를 설명하고 전략적 네트워킹을 통해 어떻게 사회자본을 형성하고 운용할 수 있는지 설명한다. 대인 네트워크는 수평적이고 융통성 있으며 교차기능적 조직에서 정보를 배포하는 데 필수적이므로, 정보와 네트워킹 간의 관계를 이해하는 것이 특히 중요하다. 로이젠처럼 효과적 네트워크를 구축하는 사람은 유사 집단과 연계하는 일의 가치뿐만 아니라 연결되지 않는 집단 간의 가교를 형성하는 일의 가치를 이해한다. 효과적 네트워킹은 개인적 · 전문적 성공에 중요하므로 유용한 네트워크를 구축할 준비가 되어 있는 사람일수록 아이디어를 실천에 옮길 가능성도 높아진다.

유용한 네트워크를 구축할 때는 수많은 유형의 관계를 균형 있게 유지해야 한다. 어떤 사람은 상호신뢰, 호감, 존중을 토대로 한 친밀하고 개인적 관계를 가질 것이다. 또한 덜 강하지만 똑같이 중요한 다른 관계도 맺을 것이다. 이 모든 관계는 공식적이거나(예: 사업 연락처) 비공식적(예: 친구의 친구)일 수 있지만 더 약한 관계는 개인적 · 전문적 개발에 매우 유익하다. 자신의 네트워크를 구축하면서 상호이익적인 진정한 관계를 형성하는 데 중점을 두어야 한다. 그렇지 않으면 맺어온 관계가 아니라 기회에만 관심을 두는, 너무 계산적인 사람으로 인식될 수 있다.

대인 네트워크

로이젠의 네트워크처럼 대인관계는 함께 일하고, 함께 사업을 영위하거나 다른 공동 활동에 함께 종사한 사람들이 관계를 맺음으로써 구축된다. **대인 네트워크**는 과업을 신속하게 완수하기 위해 기능과 부서를 초월해 구축되는 관계 네트워크로 정의될 수 있다. 개인이 대인관계로부터 도출할 수 있는 가치는 사회자본의 기반이 된다. 대인 네트워크는 반드시 공식 조직도에 포함되어 있지 않지만 조직의 성과, 전략 개발, 실행 방식, 혁신 육성 능력과 밀접하게 관련된다.

누구를 아느냐는 앞으로 누구를 알게 될 것인지에 상당한 영향을 미치므로 대인 네트워크는 개인적 생산성, 학습, 경력 성공에 지대한 역할을 한다. 또한 다양한 네트워크는 다양한 자원에의 접근성을 제공하므로 조기 경력 승진, 경력 이동, 관리효과성과 연관된다. 공식적으로 발표되지 않는 채용 기회가 상당수이며, 이 기회에 대한 접근성은 강하고 다양한 대인 네트워크를 유지하고 구축하는 데서 비롯한다.

멘토나 다른 영향력 있고 인맥이 풍부한 사람과 관계를 맺으면 개인적 · 전문적 개발을 지원할 대인 네트워크를 형성한다. 대인 네트워크는 조직 내외부 개인(예: 개발 또는 경력 코치, 동료 전문가, 고위 임원, 교수, 친구, 유용한 조언, 중요한 추천서 혹은 경력의 원조를 제공할 기타 개인)을 포함한다. 중대한 경력 변화나 새로운 개발 기회를 고려할 때 개인적 네트워크를 이용한다. 대체로 개인적 인맥보다는 사업 인맥에 집중하지만 2가지 유형의 유대관계가 반드시 개별적인 것은 아니다. 대다수의 경우, 사업 관계와 사적 관계가 중첩된다. 회사 밖에서 맺은 대인관계를 통해 직업을 구하는 사람이 특히 그러하다. 그러므로 대인관계를 구축할 때 얻는 교훈은 사업 관계와 개인적 관계 모두에 적용해야 한다.

대인 네트워크는 네트워크에 속한 개인뿐만 아니라 네트워크를 운용하는 조직에도 유익하다. 조직은 이 관계망을 이용해 필요한 정보를 입수해 원활하게 작동한다. 대인 네트워크와 이에 속한 중개자는 필요할 때 적절한 사람에게 유익한 정보를 배포할 수 있다.

제14장은 과업, 경력, 사회적 네트워크와 권력 및 영향력과의 연관성을 다루었다. 네트워크는 목적 측면에서 고려될 수도 있다. 이 측면에서 구축할 수 있는 네트워크는 3가지 유형으로 분류되는데, 각 유형은 차별화된 목적을 수행한다. 세 유형은 조언, 의사소통, 신뢰 네트워크다. 각 네트워크는 고유의 목적을 가지고 있지만 이에 속한 사람들은 겹치기도 한다. 그러나 한 사람에게 조언을, 다른 사람에게는 일상 소통을, 또 다른 이들과는 신뢰를 구축하는 경우에는 겹치지 않는다.

조언 네트워크

조직에서 직원은 데이터베이스, 인터넷, 정책 및 절차 설명서보다는 동료로부터 더 많은 정보를 구한다. 컴퓨터 문제가 발생하면 기술지원 부서의 전문가에게 연락한다. 프

대인 네트워크
(Interpersonal networks)
함께 일하고, 함께 사업을 영위하며, 기타 공동 활동에 함께 종사했던 사람들 간의 관계

로젝트의 진척도를 알고 싶으면 가장 최근 담당자에게 연락하거나 핵심 인사와의 회의를 소집한다. 업무가 조직을 관통할 때 문제해결과 과업 완수에 필수적인 정보도 조직을 관통한다.

조직 내 개인의 **조언 네트워크**는 개인이 문제해결에 대한 조언이나 기술정보를 구하고자 할 때 찾는 사람을 포함한다. 어떤 사람은 다양한 쟁점에서 다양한 분야의 사람에게 조언을 구한다. 동시에 그 사람이 다양한 쟁점에 자문을 구하고자 찾아온 사람에게 조언을 제공할 수도 있다. 따라서 조직 내 개인은 조언 주고받기를 통해 관계를 맺는다. 이에 따른 조언 네트워크는 조직 내 정보 흐름과 영향력의 중심을 파악할 수 있게 한다. 예를 들어 조직의 전 구성원이 조언을 구하고자 같은 사람을 찾는다면 그 사람은 회사의 일상업무에서 영향력 있는 사람이 된다. 정보 원천에 더 근접한 사람은 조직 내 직위에 상관없이 정보 배포와 이용에 큰 잠재적 접근성과 통제력을 가진다. 가령 의사결정권이 있는 고위 경영진과 소통하는 직원은 유익한 정보와 지원에 접근할 수 있다. 또한 이 집단(경영진)에 들어가고 나오는 정보를 조정하는 책임을 맡을 수도 있다. 이러한 접근성은 중요한 정보에의 통제력을 부여하며, 당사자에 대한 타인의 의존도를 높인다. 이 사람이 조직을 떠나면 집단 간의 연계가 무너진다.

의사소통 네트워크

의사소통 네트워크는 업무 관련 정보를 교환하는 데 쓰이고, 일상적으로 업무 관련 사안을 이야기하는 직원들 간의 연계 양상을 드러낼 수 있다. 조직에서 의사소통 네트워크는 회사의 모든 부서에 속한 직원들을 포함한다. 의사소통 네트워크를 점검하면 누가 누구와 소통하는지 파악하고, 정보 흐름의 격차, 비효율적 자원 이용, 새로운 아이디어 생성을 가능케 하는 관계를 파악할 수 있다.

조언 네트워크(Advice networks)
문제 해결과 정보 획득에 대한 조언을 구하고 제공하는 조직 내 개인 간 유대관계로 구성된 네트워크

의사소통 네트워크 (Communication networks)
일상적으로 업무 관련 사안을 이야기하는 종업원들 간의 연계 양상을 드러낼 수 있는 네트워크

의사소통 관계를 통해 유대관계를 형성한 직원은 독자적으로 과업을 수행할 수도 있지만 대개 목표를 달성하기 위해 서로에 의존한다. 마찬가지로 의사소통 관계를 통해 조직 내 수많은 타인과 유대관계를 형성한 사람은 같은 정보를 도출할 수 있는 수많은 대안 출처를 가지고 있고, 더 많은 권력을 가질 수 있다. 정보 및 기회 접근성을 가진 사람과 관계를 맺은 사람과 관계를 형성하면 더 많은 권력을 얻는다.

Yuri Arcurs/Shutterstock.com

좋은 식당은 효과적인 의사소통 네트워크를 갖춘다. 식당에서 지배인은 고객을 환영하고 테이블로 안내한다. 청소 담당은 깨끗한 식기구를 테이블 위에 올리고 더러운 식기구를 치우며, 서버는 고객의 주문을 받고, 음식을 내오고, 계산서를 주고 계산을 처리한다. 한편 식당 뒤에서 수많은 사람이 설거지하고, 음식 준비를 하며 접시를 꾸민다. 식당의 의사소통 네트워크가 효과적으로 작동하려면 각 직원이 식당 내 다른 위치에 있는 다른 직원에게 적시에 중요한 정보를 전달해야 한다. 가령 손님이 음식 알레르기가 있다고 지배인에게 알려주면, 지배인은 이 정보를 서버를 통해 주방장에게 최종 전달되도록 한다.

신뢰 네트워크

신뢰는 대인 네트워크의 또 다른 핵심 측면이다. 조직 내 대부분의 사람은 신뢰하는 소수 집단과 관계를 맺는다. 서로 신뢰하면 민감한 정보를 공유하고 위기에 처할 때 서로를 지원한다. 이 관계는 당사자가 미래에 유익할 정보, 기회, 보상에의 접근성을 높일 수 있는 제휴관계를 형성하도록 한다. 이러한 관계망은 신뢰 네트워크라 부른다. 개인의 신뢰 네트워크는 소통 또는 조언 네트워크와 완전히 겹칠 수도, 겹치지 않을 수도 있다. 자신과 소통하거나 조언을 구하는 사람을 반드시 신뢰하지 않을 수도 있다. 의사소통 및 조언 네트워크의 경우처럼, 대다수가 신뢰하고 신뢰 네트워크에 중심적인 사람은 조직 내에서 영향력을 누릴 수 있다. 또한 조직의 신뢰 네트워크에 존재하는 격차는 종종 문제를 드러낸다. 다음과 같은 시나리오를 생각해보자.

메리는 직장 밖에서 동료들과 자주 어울리고, 사회적 이벤트에 참석하며, 사내 소프트볼팀에서도 활약한다. 메리는 이러한 상호작용을 통해 동료의 가족, 경력 포부, 사내 경험의 많은 것을 알게 되었다. 메리는 A팀의 리더로 임명되었다. 구성원에 대해 아는 것은 거의 없지만 과업을 완수하기 위해 비교적 수월하게 팀을 이끈다. 메리가 속한 네트워크 덕분에 구성원이 믿을 만한 정보의 원천이라 생각하는 사람들과 연계된다. 구성원이 자신의 인맥에게 메리와 리더십 기술에 대해 물으면 메리가 믿을 만하고 맡은 일에 최적인 사람이라는 정보를 얻는다.

존은 사내 여러 부서를 대표하는 소수의 동료 집단에 속하지만 직장 밖에서 동료와 거의 소통하지 않는다. 동료와 소통할 때도 존의 대화는 업무에 국한된다. 존은 B팀의 리더로 임명되었다. 존은 팀에 배정된 사람들과 긴밀히 협력한 적이 없으므로 구성원에게 동기를 부여하고 과업에 집중시키는 데 애를 먹는다. 존은 인맥이 풍부하지만 팀의 신뢰 네트워크에 있는 사람들은 거의 알지 못한다. 그러므로 구성원이 자신의 인맥에게 존과 리더십 기술에 대해 물으면 별로 많은 정보를 얻지 못한다. 따라서 구성원은

신뢰 네트워크(Trust networks)
조직 내 서로를 신뢰하고, 민감한 정보를 고유하며, 위기에 처했을 때 서로 지원하는 사람들의 연계 양상

표 20-1 신뢰 증진 행동

신뢰 증진 행동	사 례
신중한 행동	민감한 정보를 기밀로 한다.
언행일치	말한 대로 실천한다.
좋은 의사소통	가능한 한 직접적으로 상호작용한다.
공유 비전과 표현의 수립	공동의 목표와 전문 용어를 개발한다.
상호 관계를 촉진하는 가치 있는 정보의 제공	어려운 동료나 상사에게 대처하는 법을 조언한다.
명확하지 않은 아이디어의 개선을 위한 조력	문제해결을 위한 질문을 격려한다. 찾고 있는 해답을 줄 수 있는 질문을 규정할 수 있게 한다.
공정하고 투명한 의사결정, 의사결정 과정 노출	의사결정에 쓰이는 과정을 노출한다.
신뢰할 수 있는 행동에 대한 책임 부여	신뢰할 수 있는 행동에 대해 인정하고 보상한다.

Source: Data adapted from R. Cross and A. Parker, *The Hidden Power of Social Networks* (Boston, MA: HBS Press, 2004)R. Cross and A. Parker, The Hidden Power of Social Networks (Boston, MA: HBS Press, 2004).

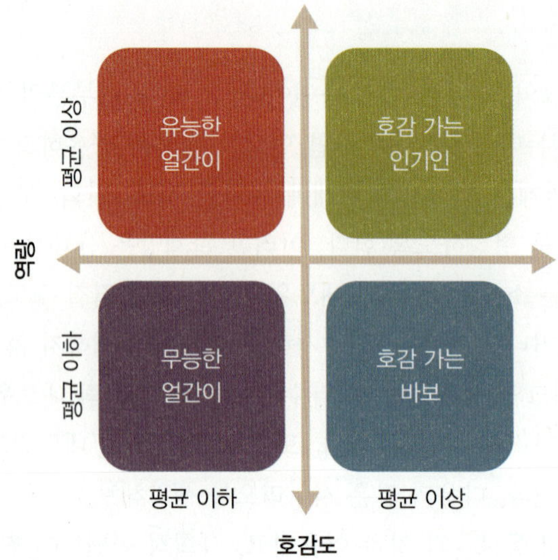

그림 20-1 사회적 네트워크에 내재한 역량과 호감도

Source: Tiziana Casciaro and Miguel Sousa Lobo, "Competent Jerks, Lovable Fools, and the Formation of Social Networks," *Harvard Business Review*, June 2005. Copyright © 2005 by the President and Fellows of Harvard College; All rights reserved. Reprinted by permission of HBS Publishing.

존이 팀 이익을 위해 행동하는지 확신할 수 없으며 과업에 덜 기여한다.

메리와 존은 동료들과 성공적 관계를 구축했지만 메리만이 조직 내 신뢰 관계를 구축하는 데 —특히 메리를 모르는 사람과 접촉하는 데— 적극적이다. 네트워크의 대인 신뢰를 증진하려면 여러 중요 행동을 수행 또는 채택해야 한다(표 20-1 참조).

신뢰 네트워크는 타인의 역량과 호감도를 평가한 결과를 토대로 한다. 한 연구조사에서 2가지 기준으로 평가한 결과, 조언을 구하거나 신뢰 및 조언 네트워크를 구축할 때 호감도가 역량을 압도한다. 연구 결과에 따르면 어떤 사람의 호감도가 매우 낮으면 전문성이 뛰어나도 아무도 그의 조언을 구하려 하지 않는다. 반대로 어떤 사람의 호감도가 높으면 역량 수준에 상관없이 그의 조언을 구하려 한다(그림 20-1 참조). 사람들은 유능하고 호감 가는 사람에게서 조언과 지지를 구하려는 경향이 있다. 이런 사람을 호감 가는 인기인이라 하고, 대다수가 그의 조언을 원한다. 반대로 호감도가 낮고 무능한 사람은 기피 대상이고 조직에서 오래 버티지 못한다. 호감 가는 인기인이 조직에서 드물기 때문에 유능하지만 호감도가 낮은 사람(유능한 얼간이)의 조언을 구해야 할 때가 있다. 그러나 대다수는 이 상호작용을 가능한 한 제한한다. 대신 역량에 상관없이 호감 가는 사람의 조언을 구한다. 이와 같은 인간 행동이 시사하는 바는 매우 중요하고, 유익한 정보와 지식을 가진 사람이 고립되면 회사의 성과를 저해할 수 있다. 유능한 얼간이 대신 호감 가는 바보에게 조언을 구하는 관리자는 차선의 의사결정을 내리는 셈이다.

보통 네트워크에 소속됨으로써 사회자본을 얻지만 되도록 많은 사람을 아는 것이 사회자본을 형성하는 데 충분하다고 착각하기 십상이다. 사회자본의 실질적 원천은 네트워크 또는 '통로'지만 사회자본은 정 관계망의 산물이기도 하다. 이 유대관계를 구축하고 유지하며 이용하는 방법을 배우도록 노력해야 한다. 조직 전체에 있는 동료들로 구성된 네트워크에 소속하는 것이 사회자본의 원천이다. 새로운 프로젝트의 정보를 수신하는 것은 사회적 네트워크에 속함으로써 형성되는 사회자본이다. 여러 관계로 이루어진 네트워크가 구축되면 정보 흐름과 기회가 생성된다. 사회자본 형성에 도움이 되는 다양한 유형의 사람들과 조언, 의사소통, 신뢰 관계를 통해 연계되는 것은 네트워크에 얼마나 많은 사람이 속하느냐보다 더 중요하다.

개인의 대인 네트워크가 사회자본으로 축적되는 방식을 고려할 때 유대관계의 특정 측면을 검토해야 한다. 이제 네트워크의 구조를 자세히 알아보고 각자의 네트워크 위치를 살펴보자. 사회자본을 이해하려면 중요 정보의 중개자 역할을 할 수 있는 능력, 다른 핵심 중개자에의 접근성, 네트워크의 중심성을 고찰해야 한다.

중심성

Pressmaster/Shutterstock.com

중심성은 개인이 대인 네트워크에 참여함으로써 네트워크를 통해 접근할 수 있는 정보 범위를 나타낸다. 중심성은 한 사람이 조직 내 사회적 네트워크에서 얼마나 영향력을 가지는지 확인할 수 있는 흔한 척도다. 조직에서 중심에 위치한 사람은 비교적 높은 정보 접근성을 가지므로 네트워크 주변부에 있는 사람보다 더 큰 영향력을 가진다. 폭넓음의 정도로 특징지어지는 개인의 대인 네트워크는 조직의 각각 다른 계층, 다른 기능, 하위부서에 속하는 사람들, 다양한 외부 집단 구성원, 다양한 정체성 집단 구성원을 포함한 각종 사람들을 아우른다. 폭넓은 네트워크는 당사자가 적시에 다양한 정보 원천에 접근하도록 한다. 이때 그는 네트워크에서 중심 위치를 차지한다고 할 수 있다.

예시를 통해 중심성 개념을 자세히 살펴보자. 조직에서 최적의 시기에 정보에 접근하는 사람은 사무실 관리직이나 행정 보조직이다. 이와 같은 사람은 조직의 신뢰 네트워크에서 중심에 위치하지 않지만(개인의 행동에 따라), 담당하는 직위를 감안할 때 조언 네트워크와 의사소통 네트워크에서 중심에 위치할 것이다. 또한 고위직 관리자나 영향력 있는 집단이 꺼리는 프로젝트나 부서의 일상적 측면을 관리해야 할 때 주로 찾는 사람이다. 사무실 관리자나 행정보조는 사업의 전략적 측면에서는 덜 중심적이지만 회의 개최나 정보흐름 관리 등 중대한 조정 역할을 한다. 특정 정보에 직접 접근하지 못해도 어디에서 어떻게 이 정보를 구하는지 알고 있다. 그러므로 사무실 관리자와 행정보조는 조직에 유리한 인적자원이다.

즉 중심성은 한 사람이 정보의 우선적 접근성을 가지고 네트워크에서 중심에 위치하는 정도를 의미한다. 중심성은 3가지 개념으로 정의된다. 각 개념은 네트워크 중심에 있는 행위자가 해당 네트워크에서 영향력을 가지는 고유의 방식을 반영한다. 각각의 척도는 어떤 유형의 중심적 위치가 어떤 식으로 높은 영향력을 창출하는지에의 가정을

중심성(Centrality)
정보와 영향력에 대해 우선적 접근성을 얻을 수 있도록 개인이 네트워크에서 중심에 위치하는 정도

바탕으로 한다.

중심성의 3가지 개념은 정도, 근접성, 사이성이다. **중심성의 정도**는 가장 간단한 척도로서 개인이 사회적 네트워크에서 연결된 관계의 수를 나타낸다. 이 숫자는 개인이 정보를 필요로 할 때 요청할 수 있는 사람의 수이기도 하고, 당사자의 기회와 권력을 높일 수 있는 요인이다. 이는 정보흐름이 직접적 관계를 통해 발생하고, 더 많은 사람을 알수록 더 많은 장보를 얻게 됨을 전제로 한다.

근접 중심성은 개인이 직간접적 유대관계를 통해 해당 네트워크에서 다른 사람에 얼마나 가까운지를 나타낸다. 간접적 유대관계는 어떤 사람을 통해 타인과 연결되는 관계(예: 친구의 친구)를 의미한다. 이 척도는 얼마나 쉽게(즉 최소한의 직간접적 관계로) 네트워크에 있는 모든 사람에게 접근할 수 있는지를 반영한다. 기나긴 연쇄의 간접적 관계(친구의 친구의 친구)를 통해 타인과 관계를 맺으면 타인이 제공하는 정보, 지식, 조언에 접근하기가 더 힘들어진다. 따라서 직접적 관계나 최소한의 중간관계를 거쳐 네트워크에 속한 모든 사람에 접근할 수 있는 사람은, 더 많은 수의 간접 관계를 통해 타인에게 접근하는 사람보다 사회자본을 잘 이용할 수 있다. 이 중심성 유형은 한 사람이 가장 적은 수의 단계를 거쳐 네트워크에 있는 모든 사람에게 접촉할 수 있는 정도를 나타낸다. 타인에 근접한 사람은 정보를 구할 때 중간자에 덜 의존한다.

사이성은 서로 접근하려 짝을 이루는 다른 사람들 사이에 끼어드는 정도를 나타낸다. 사이성은 개인이 네트워크에 속한 두 사람을 연결하기 위한 최단 경로에 위치한 정도를 기준으로 측정된다. 사이성은 타인이 네트워크에 있는 또 다른 사람에게 접근하기 위해 자신을 거쳐가야 하는 가능성을 반영한다. 이는 그 사람이 네트워크에서 중심성을 갖추도록 한다. 따라서 사이성은 정보는 물론 타인이 접근하고자 하는 특정 인물과의 관계에서 잠재적 통제력을 의미한다. 어떤 사람이 서로 관계를 맺고자 하는 다른 사람들 사이에 더 끼어 있을수록, 후자가 서로 관계를 맺기 위해 전자를 거쳐야 하므로 전자가 해당 네트워크에서 더 높은 중심성을 갖게 된다.

중심성이 가장 높은 사람은 집단의 공식 리더는 아니지만 다수 구성원을 연계한다. 집단 내 모든 사람과 알고 지내는 사람은 정보나 전문성이 필요할 때 누구에게 접근해야 하는지 알고 있다. [그림 20-2]에서 AM은 중심적 연결자로서 여러 사람에게 1차적 접근성을, 더 많은 다수에게 2차적 접근성을 가진다. 가령 AM은 JL을 통해 LY에 접근할 수 있고, AM은 MN에 직접 접근하지 못하는 대신 DJ, OC, DS, WR, TP를 통해 접근할 수 있다. 또한 AM은 서로 모르는 사이지만 자신을 알고 있는 다양한 개인을 연계할 수 있다. 예를 들어 AM은 JL을 네트워크의 NN, MW, TC에게 연결할 수 있다.

21세기의 첫 10년 동안 새로운 사업의 유입으로 사용자는 각종 온라인 콘텐츠를 생성해 동료 사용자에게 쉽게 배포할 수 있게 되었다. 사진을 공유하는 Flickr, 정보 공유를 위한 Wikipedia, 영상 공유를 위한 YouTube가 좋은 예다.

중심성의 정도(Degree of centrality)
사회적 네트워크에서 개인이 연결된 관계의 수를 나타낸다.

근접 중심성(Closeness centrality)
개인이 직간접적 유대관계를 통해 자신의 네트워크에 속한 타인에 얼마나 가까운지 나타낸다.

사이성(Betweenness)
서로 접촉하려고 시도하는 대인 네트워크의 타인들 사이에 끼어 있는 정도를 나타낸다.

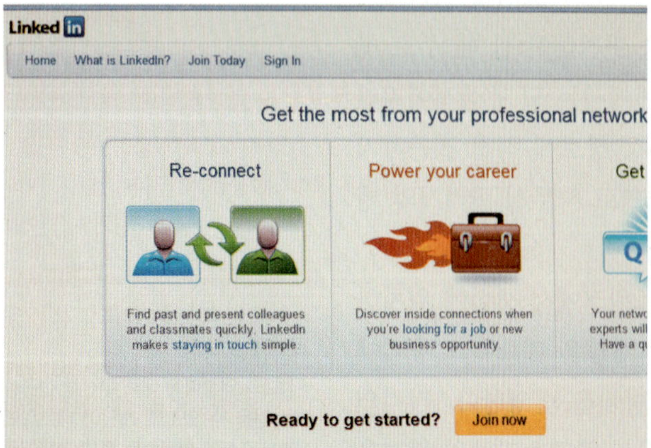

Screenshot/Alamy

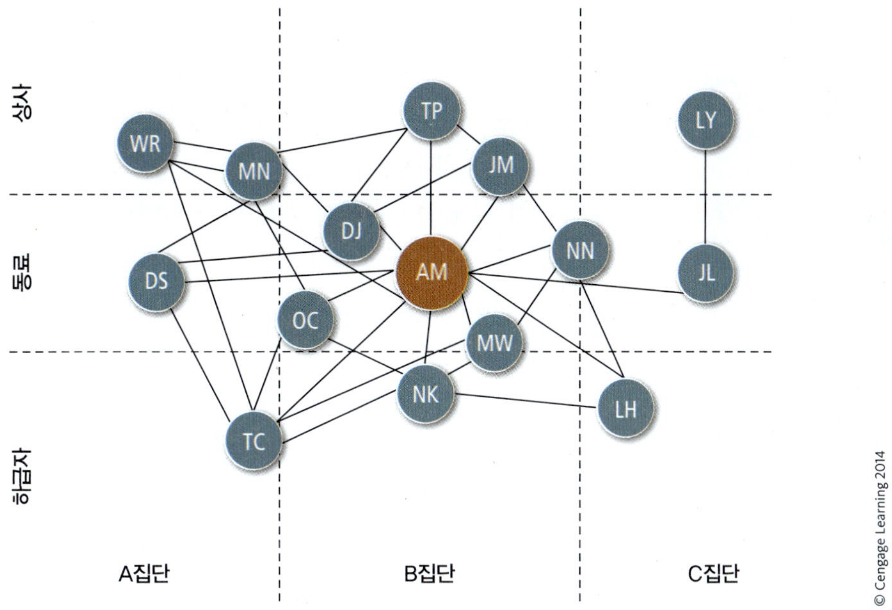

그림 20-2 네트워크 맵 예시

이러한 동향에 가세한 가장 대중적인 웹사이트 중 하나는 소셜 네트워킹 서비스(SNS)인 LinkedIn이다. 사용자가 프로필을 만들고 개인 네트워크를 구성해 등록하면 간단하게 다른 사용자와 소통할 수 있다. LinkedIn은 다른 소셜네트워킹 서비스(페이스북, 마이스페이스 등)와 유사하지만 전문적 네트워크에만 치중한다. LinkedIn에서 모든 전문가가 자신만의 네트워크를 구축하고 시각화, 관리하여 네트워크 간의 연결점을 파악할 수 있다. 사용자는 1순위, 2순위, 3순위 관계를 파악해 본인의 네트워크 중심성과 관계를 맺은 사람의 네트워크 중심성을 이해하는 능력을 갖추게 된다.

중개자

사회자본과 관련 이익은 많은 사람을 아는 사람(높은 중심성을 갖춘 사람)뿐만 아니라 가장 적은 수의 유대관계를 통해 다수의 타인과 연계하는 사람(근접 중심성)에게도 해당된다. 이 연결자 역할을 하는 사람은 높은 정보 접근성과 정보흐름 통제 기회를 가진다. 이러한 사람을 중개자라 한다. 중개자는 다른 사람과의 높은 연결성을 가지고 있어 사람들 간의 정보를 전달하고, 정보흐름을 통제하기 위해 대인관계를 이용한다. 정보와 통제야말로 중개의 가장 두드러지는 특징이고, 중개자는 이 특징들을 통해 상당한 사회자본을 얻는다. 유익한 정보에 접근하고 이 정보를 적시에 수신하는 것이 중개의 핵심 요소다. 사람에 따라 정보가 배포되는 수단의 통제력이 더 큰 영향력으로 간주되기도 한다. 유익한 정보를 얻으면 누구에게 전달할지 결정할 수 있다. 조기에 정보를 입수하면 다른 사람과 공유하기 전에 사적으로 친한 사람과 먼저 공유할 수도 있다. 타인에 대한 정보를 얻으면, 그 누구보다 기회가 먼저 제공되도록 적시에 적절한 곳에서

중개(Brokerage)
정보를 생성하고 통제할 목적으로 보통은 서로 연계되지 않는 사람들을 연결하기 위해 네트워크 위치를 이용하는 행위

Library of Congress Prints and Photographs Division [LC-USZ62-102393]

이름을 언급할 수도 있다. 이는 훗날 호의를 요청할 기회가 되기도 한다.

Pavl Revere는 정보 중개자의 대표적인 사례다. 1775년 4월 18일 밤, 폴 리브르와 William Dawes는 영국군이 보스턴 항에 당도했다는 사실을 알리기 위해 보스턴에서 말을 타고 달렸다. 미국은 상비군을 가지고 있지 않으므로 영국군에 대항하기 위해서는 가능한 한 조속히 민병을 동원해야 했기 때문에 매우 중대한 과업이었다. 미국 독립일 전날 자정에 이르러 도스는 서쪽으로, 리브르는 북쪽으로 달려가 지역 주민들에게 준비 태세를 갖출 것을 일렀다. 리브르가 전언한 마을은 영국군에 대항할 준비가 되어 있었다. 심지어 40마일이나 떨어진 마을에서도 리브르의 경고를 듣고 성공적으로 영국군에 맞설 수 있었다. 도스가 달려간 서쪽 지역 마을은 영국군에 대항할 준비를 미처 하지 못해 저항 태세를 갖추는 데 어려움을 겪었다. 리브르는 다른 네트워크에 소식을 전파하기 위해 자신의 네트워크와 인맥을 이용했다. 그러나 도스는 인맥이 비교적 적었기 때문에 많은 사람들에게 경고를 전달하지 못했다. 리브르는 협조를 유도하고 메시지를 빨리 전달하기 위해 원래 단절되어 있던 집단을 집결시켰다. 리브르는 각양각색이지만 잘 단결된 집단에게 영국군이 당도했음을 전언한 결과 영국군에 맞서 싸운 민병을 모집하는 데 공을 세운 인물로 역사에 길이 남게 되었다. 인맥이 적어 비교적 적은 수의 사람들에게 같은 경고를 전한 윌리엄 도스는 잘 알려지지 않은 인물이 된 것이다.

중개자가 되기 위해 어떠한 관계를 형성해야 하는가? 많은 관계를 맺을수록 유익한 정보에의 노출도가 높아지지만 서로 관련되고 유사한 사람들과의 관계는 같은 정보를 반복해서 제공한다. 이들 관계는 서로 연결되어 있고 유사한 견해, 지식, 정보를 반복해서 배포한다. 이를 **중복적 관계**라 부른다. [그림 20-3]에서 네트워크 I과 네트워크 II는 중복적 관계로 가득하다. A와 E의 관계는 서로를 알고 있으므로 동일 정보가 다른 원천으로부터 반복적으로 도래한다. 유일한 차이는 E가 네트워크 II에서 H와 연결되어 있다는 점이다. 이와 같은 유형의 네트워크는 모든 사람이 서로를 알고 있고 네트워크

중복적 관계(Redundant contacts) 서로 알고 소통하며 유사한 정보를 제공하는 경향이 있는 네트워크의 관계

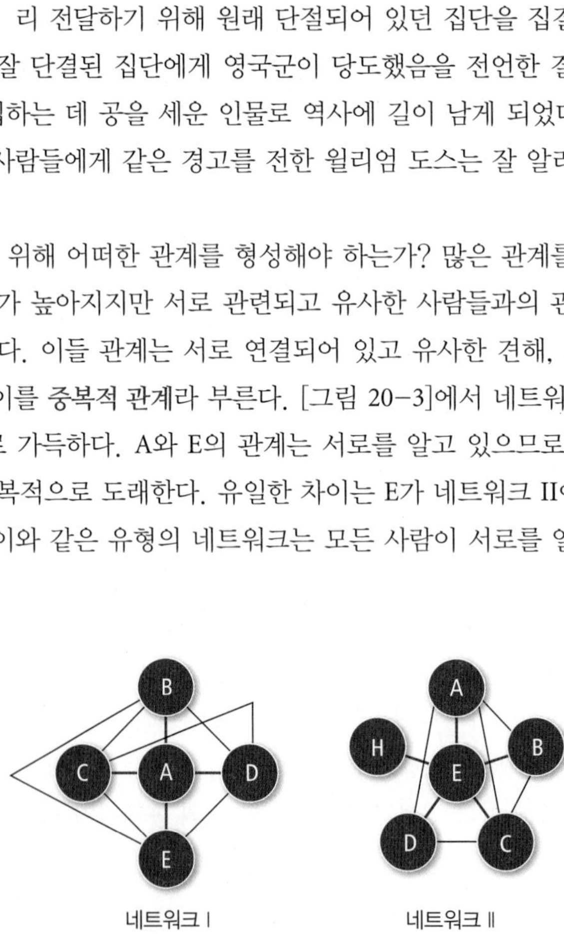

그림 20-3 중복적 관계를 가진 네트워크 예시

밖의 노출 또는 접촉이 적으므로 폐쇄적 네트워크라 한다. 이 네트워크는 통상적이거나 표준 업무 절차를 통해 효율적으로 일할 때 유용하지만 새롭거나 창조적 노력에 착수할 때는 별 도움이 되지 않는다.

가장 중요한 것은 개인이 자신의 네트워크에 가지고 있는 **비중복적 관계**의 수, 혹은 같은 사람으로 이어지거나 같은 정보를 제공하지 않는 관계의 수다. Ronald Burt는 비중복적 관계의 중요한 장점은 구조적 공백을 메우는 것이라고 주장했다. **구조적 공백**이란 2명의 인간에 존재하는 격차를 의미한다. 버트의 연구는 구조적 공백이 많은 네트워크를 가진 사람, 즉 서로 연결되지 않은 타인과 연결된 사람은 보상적 기회에 노출될 가능성이 높음을 암시한다. 버트는 구조적 공백을 갖춘 네트워크는 정보를 어떻게 누구에게 배포할지 통제하는 데 있어 당사자에게 장점을 제공한다고 제안한다. [그림 20-4]에서 M이 가운데에 있는 네트워크 III은 F를 통해 연결된 수많은 비중복적 관계를 포함한다. M과 F의 관계 덕분에 X의 네트워크와 G의 네트워크에 연결된다.

자신의 네트워크를 회사의 다른 부서나 다른 조직의 다른 사회적 네트워크에 연결하는 사람은 특수한 유형의 중개자다. 자신의 업무 공동체를 조직 내부 또는 외부에 존재하는 타인과 연계하기 때문이다. 이를 **경계 확장자**라 부른다. F, Y, G는 각자의 네트워크 사이의 경계 확장자 역할을 한다. 경계 확장자는 직접적인 과업 환경의 경계 밖에 있는 사람들과 정기적으로 소통하고, 협의하고, 조언하고, 관계를 육성한다. 이 활동 덕분에 경계 확장자는 조직 내부와 전체를 통틀어 연계를 수립하는 데 중요한 역할을 한다. 대다수가 다양한 집단이 수용하기 위해 필요한 전문성의 범위, 사회적 관계의 풍부함, 성격 특질을 가지고 있지 않으므로 경계 확장자가 되는 것은 매우 어렵다.

비중복적 관계(Nonredundant contacts) 같은 사람으로 이어지거나 같은 정보를 제공하지 않는 네트워크의 관계

구조적 공백(Structural holes) 비중복적 관계에 대한 접근성을 제공하는 두 개인 사이에 존재하는 격차

경계 확장자(Boundary spanners) 자신의 작업집단을 회사의 다른 부서나 다른 조직의 집단에 연결하는 개인

유대관계의 강도

지금까지 사회적 네트워크에 속한 개개인 사이에 발달하는 관계의 강도가 다르지 않다고 가정해왔다. 관계는 그 사이에 흐르는 것(조언, 의사소통, 신뢰)에 따라 다를 수 있

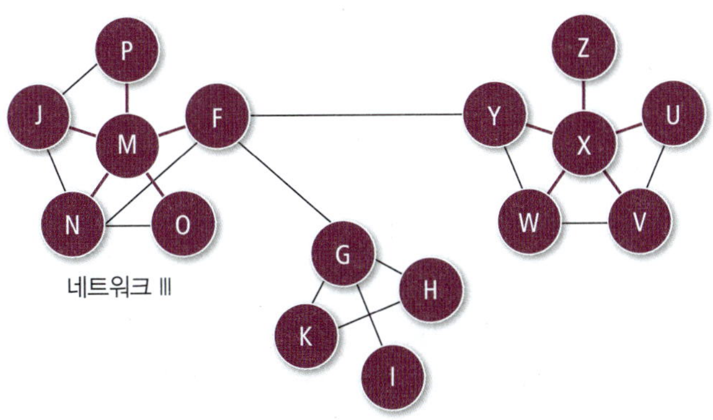

그림 20-4 비중복적 관계와 구조적 공백을 가진 네트워크 예시

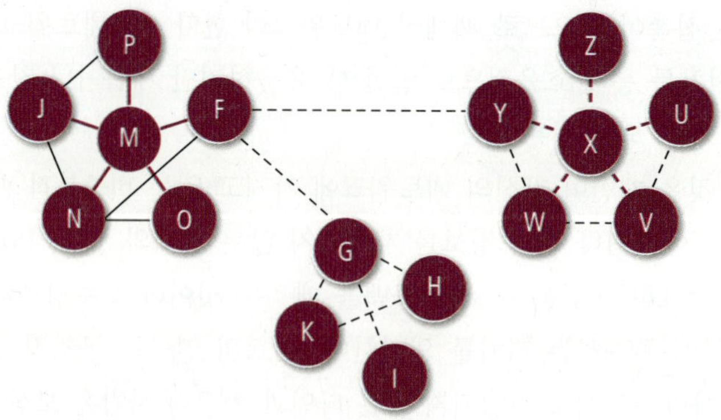

그림 20-5 강한 유대관계와 약한 유대관계를 가진 네트워크 예시

> **다른 관점**
>
> **비영리 네트워킹**
>
> 성공적인 일부 대규모 비영리조직은 네트워킹에 상당히 의존한다. 네트워크는 비영리조직이 제도, 해결책, 혁신을 촉진할 수 있도록 서로 연계하고 아이디어를 공유할 수 있게 한다. 가령 청년비영리전문가네트워크는 비영리조직 내 전문가 개발, 네트워킹, 사회적 기회를 통해 리더를 지원한다. 이 조직 네트워크는 단일 개체가 달리 얻을 수 없는 자원을 제공한다.
>
> 1. 비영리조직 리더는 네트워킹에 어떻게 관여하는가? 비영리조직에 중요한 네트워킹의 측면은 무엇인가?
> 2. 네트워킹에 의존하는 비영리조직은 어떤 것이 있는가? 이것이 조직의 성공을 어떻게 견인했는가?
> 3. 네트워킹이 비영리 부문에 제공하는 영리 부문과 차별화되는 이점은 무엇인가?

지만 실제로 차이가 있을 수 있는 유대관계의 강도는 아직 다루지 않았다. 유대관계 강도의 다양한 수준을 **유대관계의 강도**라 부른다. 유대관계의 강도는 정서적 강도, 친밀성, 상호작용 빈도 등의 특징으로 정의된다. 어떤 유대관계는 두 사람이 많은 공통점을 가지고 자주 접촉하기 때문에 더 강하다. 다른 유대관계는 서로 비교적 낯선 사람 사이에 맺어지므로 더 약하다. 어떤 유대관계는 지식 전달을 촉진하고, 어떤 관계는 정보 흐름을 까다롭게 한다.

[그림 20-4]는 나머지 두 네트워크에 연결된 네트워크 III을 묘사한다. 2개의 노드를 연결하는 선의 유형에 따라 강한 유대관계와 약한 유대관계의 개념을 설명할 수 있다. 실선은 강한 유대관계, 점선은 약한 유대관계를 나타낸다(그림 20-5 참조). M이 F에게 직접 연결되는 반면(강한 유대관계), M이 Y 또는 W와 맺는 관계는 F와의 관계를 토대로 한다. 이 경우 Y와 W는 약한 유대관계를 가진다.

강한 유대관계

앞서 들었던 예시에서 A팀의 리더 메리는 직장 밖에서 동료와 자주 어울리고 상호작용을 통해 구성원과 신뢰할 수 있는 관계를 형성할 수 있었다. 메리는 강한 유대관계를 구축하는 데 성공한 것이다. 강한 유대관계는 잦고 친밀한 접촉을 바탕으로 하여 아이디어의 저항을 줄이고, 안정감을 제공하며, 정보 공유를 증진한다. 신뢰, 시간 할애, 유사한 관심사가 강한 유대관계의 특징이다. David Krackhardt는 친애의 관계(즉 강한 유대관계)는 상호작용, 애착, 시간 등 네트워크에 유익한 3가지 특징을 가진다고 설명한다. 크랙하트는 이러한 특징이 없으면 신뢰 기반이 무너지므로 강한 유대관계를 형성하는 데 3가지 특징이 모두 필요하다고 주장한다. 상호작용은 정보 교환 기회를 창출하며, 이 중 일부 정보는 기밀정보일 수 있다. 애착은 긍정적으로 상대방을 대할 수 있는 동기를 유발한다. 시간은 당사자가 상대가 공유된 정보를 어떻게 이용할지 관찰하는 데 필요한 경험을 마련해준다.

유대관계의 강도(Strength of ties) 두 당사자 간의 관계를 특징짓는 정서적 강도, 친밀성, 상호작용 빈도

약한 유대관계

강한 유대관계를 가진 개인이 정보를 공유하는 데 능숙하지만 강한 유대관계는 주로 같은 정보에 노출된 유사한 개인이 모여 형성되므로 중복된 정보를 제공할 수 있다. Mark Granovetter는 대다수의 사람들은 약한 유대관계를 통해 직업 정보 등 가장 가치 있는 정보를 얻게 된다고 주장한다. 단순히 약한 유대관계가 본질적으로 더 낫다는 것이 아니라 약한 유대관계는 다양한 네트워크에 속한 개인 사이에 존재하고, 중복적인 강한 유대관계를 통해 구할 수 없는 새로운 정보에 접근할 수 있는 통로라는 것이다.

"약한 유대관계의 강함"에 대한 그라노베터의 근거는 네트워크 구조와 구직의 관계를 검토하는 연구에서 비롯한다. 그라노베터는 연구 대상에게 어떻게 지금의 직업을 찾았느냐고 물었고, 가까운 관계나 강한 유대관계를 통해 일을 구한 응답자가 드물다는 사실을 발견했다. 취업 기회 정보를 얻기 위해 개인적 관계 중에서도 주로 고등학교 동창이나 최근 이벤트에서 만난 사람 등 거리가 있는 관계를 이용했다고 한다. 약한 유대관계가 언제나 신뢰, 시간 할애, 유사 관심사를 바탕으로 하지는 않지만 다양한 집단의 구성원과 관계를 맺을 가능성은 강한 유대관계보다 더 높다.

버트의 구조적 공백이론과 그라노베터의 약한 유대관계 이론은 유사점과 차이점을 가지고 있다. 두 이론 모두 새로운 정보와 기회가 직접적 네트워크 바깥에서 비롯됨을 제안한다. 그러나 그라노베터와 달리 버트는 관계의 강도가 아니라 구조적 공백이 새로운 정보와 기회 확산을 초래한다고 주장한다. 또한 약한 유대관계가 새로운 정보 원천으로 효과적인 이유는 관계가 약해서가 아니라 구조적 공백을 연계하기 때문이라고 주장한다.

효과적 네트워크는 관계의 범위와 관계의 깊이 또는 강도를 적절히 조합한다. 범위로 특징지어지는 네트워크는 다양한 잠재적 기회와 정보에의 접근을 제공하는 수많은 중복적 관계를 포함한다. 네트워크의 폭넓은 범위는 관계의 깊이가 부재함을 의미하기도 한다. 소수의 깊은 관계를 포함하는 네트워크는 대개 신뢰할 수 있고 우수한 정보의 원천이다. 관리자는 적절한 사람이 적시에 적절한 정보에 접근할 수 있도록 범위와 깊이 간의 적절한 균형을 찾기 위해 노력해야 한다.

유용한 네트워크 구축하기

이 장의 대부분은 사회적 네트워크의 중요성과 가치를 설명했다. 정보 공유와 잘 알려지지 않은 기회에 접근성을 제공하는 데 효과적인 사회적 네트워크의 특징을 살펴보았다. 이제 개인적 · 전문적으로 유용한 네트워크를 구축하는 데 필요한 전략과 방법을 살펴보자. 우선 유용한 네트워크에 대한 6가지 오해를 알아보자.

- 오해 1: 더 나은 네트워크를 구축하려면 더 많이 소통해야 한다. 어떤 사람은 가장 효과적 네트워킹 방법이 정규 회의를 계획하고 이메일을 자주 주고받는 것이라 생각

한다. 그러나 네트워크 구축을 의사소통 및 사교와 동일시하는 것은 착오다. 의사소통과 사교는 네트워크 구축에 중요하지만 모든 소통과 사교 활동이 개인적 · 전문적 개발을 높이는 것은 아니다. 네트워크 구성원이 얼마나 자주 만났는지가 아니라 네트워크가 무엇을 했고 현재 무슨 기능을 하는지를 기준으로 사회적 네트워크가 효과적인지 구분해야 한다.

- 오해 2: 대규모 네트워크를 구축해야 한다. 어떤 사람은 수많은 관계를 맺을수록 더 좋은 네트워크를 가지고 있다고 생각한다. 네트워크의 질을 평가할 때는 유대관계의 강도 및 다양성이 가장 중요한 기준이다. 다수의 사람과 관계를 유지하는 데 집중하는 대신 전략적 가치를 지니고 경계를 초월한 협업에 치중한 관계를 형성 및 유지해야 한다.
- 오해 3: 사회적 네트워크를 지원하기 위해 할 수 있는 것이 별로 없다. 어떤 사람은 사회적 네트워크가 리더 역할을 하는 사람에 의해 계획되는 것이 아니라 개인적 관계에서 자발적으로 발생한다고 생각한다. 그러나 특정 사회적 네트워크 구성원이 전략 실행에 필수적인 협업 관행을 개발하면 이 네트워크는 사업에 전략적 중요성을 가진다. 따라서 관리자와 리더는 직장 내에 덜 공식적인 사회적 네트워크를 촉진해야 한다(예: 직원 친목집단).
- 오해 4: 어떤 사람이 네트워크에 부합하는지 여부는 성격 문제다(바뀔 수 없다). 대부분의 사람은 성격과 관련된 특질인 외향성, 사교성, 적극성을 갖추어야 좋은 네트워커(네트워크 작업자)라 생각한다. 그러나 매우 내향적인 사람도 강력하고 다양한 사회적 네트워크를 가질 수 있다. 사회적 네트워크 능력을 선천적이라고 단정하기보다 구체적 단계를 거쳐 효과적 네트워크 작업을 학습할 수 있다는 사실을 인지해야 한다. 사실 내성적인 사람은 깊은 상호신뢰를 토대로 한 관계를 구축하는 데 능할 수 있다.
- 오해 5: 중심에 위치한 사람은 자신의 접근가능성을 높여야 한다. 어떤 사람은 조직 내 중심에 위치한 사람은 타인이 필요한 때면 언제든 접근 가능해야 한다고 생각한다. 그러나 중심에 위치한 사람은 모든 과업과 요청을 처리하기 때문에 꼼짝도 못하는 경우가 있고, 이는 집단 전체의 업무 속도를 늦춘다. 대신 중심에 위치한 사람은 과업 위임과 의사결정에 집중하고, 답을 내놓는 데 필요한 전문성을 갖춘 다른 사람에게 구성원을 안내한다.
- 오해 6: 나의 네트워크에서 무슨 일이 일어나는지 이미 알고 있다. 어떤 사람은 새로운 정보나 기회가 등장하면 자신이 알 수 있기 때문에 사회적 네트워크에 속한 사람들과 정기적으로 연계하지 않아도 된다고 생각한다. 이 생각의 문제점은 사회적 네트워크 작업이 끊임없이 유지 · 보수가 필요한 지속적 행동이라는 사실을 간과한다는 것이다.

내부 네트워크 구축하기

Brian Uzzi와 Shannon Dunlap은 유용한 내부 네트워크를 구축하기 위한 모델을 개발했고, 이는 네트워크 맵 그리기, 더 나은 관계 구축, 중개자 양성 등 3가지 주요 전략을 포함한다.

네트워크 맵 그리기

유용한 내부 네트워크를 구축할 때 첫 번째 단계는 네트워크의 맵을 그리는 것이다(표 20–2 참조). 네트워크 맵을 만들기 위해 다음과 같은 지시사항을 따른다.

1. 네트워크에서 가장 중요한 관계, 즉 사적 정보, 특성화된 전문성, 조언, 창조적 영감의 교환을 위해 의존할 수 있는 사람들의 이름을 적는다. 각각의 이름을 적으면서 그 사람과 교환했던 자원과 유대관계의 강도를 생각해본다.
2. 핵심 관계를 파악한 뒤 언제 그들을 처음 만났는지 생각해본다. 두 번째 열에는 이 관계를 소개해준 사람의 이름을 적는다. 그 관계를 직접 만났다면 '나'라고 적는다. 이 열은 네트워크의 중개자를 나타내고, 그와 관계를 맺기 위해 적용한 네트워킹 관행을 파악할 수 있다.
3. 세 번째 열에 핵심 관계를 소개해준 타인의 이름을 적는다. 이 열은 타인을 위해 자신이 어떻게 중개자 역할을 했는지 보여준다.
4. 다음 두 열에는 해당 관계가 조직 내부 또는 외부에서 알게 된 사람인지, 어떤 종류의 관계인지(예: 상사, 동료, 하급자, 친구)를 나타낸다. 이 정보는 네트워크의 범위를 한눈에 볼 수 있게 해준다.

표 20–2 네트워크 맵 그리기

관계의 이름	이 관계를 소개해준 사람은 누구인가?	이 관계를 누구에게 소개해주었는가?	조직 내부/외부	상사, 동료, 하급자, 친구

Source: Adapted from B. Uzzi and S. Dunlap, "How to Build Your Network," *Harvard Business Review*, December 2005.

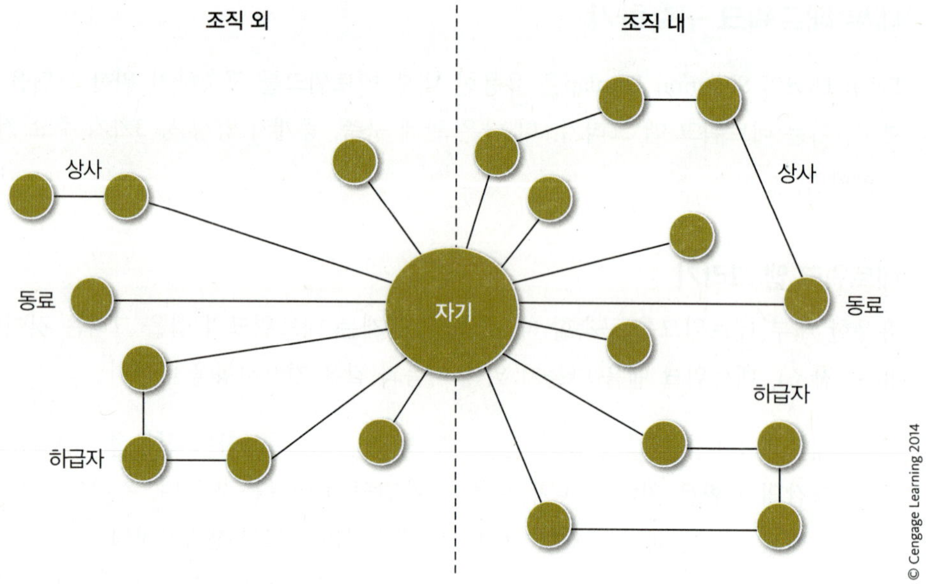

그림 20-6 네트워크 맵 그리기

5. 데이터가 모두 작성되면 두 번째 열에 '나'가 몇 번이나 등장하는지 세어 본다. 자신을 핵심 관계에 소개한 빈도가 65% 이상이면 자신의 네트워크는 너무 많은 수의 근접한 사람이나 같은 종류의 사람을 포함할 수 있다.

네트워크의 초기 분석은 해당 네트워크의 장단점을 신속하게 개괄한다. 이 네트워크가 너무 폭넓은가, 너무 협소한가? 이 네트워크가 다양한 사람을 포함하는가, 유사한 사람을 포함하는가? 관계의 성질(직접 보고, 동료, 상사)을 묘사하는 격자도는 네트워크 맵을 만드는 데 유용할 수 있다(그림 20-6 참조). 네트워크의 시각적 표현은 기회와 공백을 파악하는 데 도움이 된다.

더 나은 관계 구축하기

유용한 네트워크를 구축할 때 다음 단계는 다양한 사람과 더 나은 관계를 구축한다. 대다수의 사람은 공간적 근접성과 자기유사성 등 2가지 핵심 원칙을 기준으로 유대관계를 형성한다. 공간적 근접성은 사무실이 근처에 있거나 작업 · 사적 공간을 공유하기 때문에 근접한 관계를 일컫는다. 자기유사성은 여러 인구통계학적 또는 개인적 속성을 토대로 나와 유사한 사람이나 유사한 관심사를 공유하는 사람과 관계를 맺는다는 개념이다. 2가지 원칙으로 인해 상당수의 중복적 관계를 포함한 폐쇄적 네트워크를 형성한다. 이러한 네트워크는 친밀감과 소속감(아마도 계속해서 이러한 관계를 구축하는 이유)을 주지만 조직 내에서 중개자나 가교 형성자가 되기는 어렵다.

폐쇄적인 네트워크 함정에서 벗어나는 방법은 달리 만날 방도가 없는 타인을 만나기 위한 '공통된 활동'을 수용한다. 또한 열린 마음을 가지고 자신과 다르거나 조직 내에서 완전히 다른 부서에 속한 사람과 관계를 맺는다. 예를 들어 조직 내 다양한 계층, 하위 단위, 집단에 속한 직원들을 대표하는 사내 소프트볼팀에 가입한다. 공통된 활동에 참여함으로써 달리 관계를 맺지 못했을 다양한 사람과 밀접한 업무관계를 누릴 수 있다. 공통된 활동은 나와 다른 사람의 상호작용 패턴을 변화시키고 그 사람이 일상적 역할에서 벗어나게 하여 유대관계를 강화할 수 있다.

폭넓지만 강한 유대관계를 강화하기 위해 다수의 회사가 직원 네트워크 집단을 주관하거나 지원하는데, 이 집단에서 직원은 자신과 동일시하는 집단 구성원과 개방적으로 소통할 수 있다. 이러한 집단은 인종, 국적, 성별, 성적지향, 능력별로 형성된다. 혹은 공통된 관심사, 배경, 직종을 기준으로 형성되기도 한다. 유사 집단은 조직 외부에도 존재한다. 예를 들어, 흑인회계사협회(NABA)는 회계 직종에 종사하는 흑인과 소수집단을 위한 자원 역할을 하는 전문 사회적 네트워크 집단이다.Net Impact도 기업의 사회적 책임에 관심 있는 사람들의 자원 역할을 하는 사회적 네트워크 집단이다.

중개자 양성하기

유용한 네트워크 구축의 마지막 단계는 정보 중개자와 잦은 접촉을 지원할 수 있는 활동을 파악한다. 맵의 첫 번째 열에 적은 사람의 이름을 훑어보고 어떻게 그를 만났는지 생각해본다. 자신을 그 사람에게 소개한 다른 사람이 바로 네트워크의 중개자다. 유용한 네트워크를 구축하려면 공식적 권한 여부와 상관없이 중개자와 관계를 형성하도록 한다. 또한 다음과 같은 사항을 고려해야 한다.

- 일을 수행하기 위해 의존하는 사람들을 파악하고 이 사람들과의 관계를 구축하는데 에너지를 할애한다. 미래에 구축해야 할 관계는 물론 지금 알아야 할 사람이 누구인지 생각해본다.
- 잠재적 관계가 중시하는 핵심 목표와 자원을 인지하고 상호이익 영역을 찾아본다.
- 다양한 사람에 대해 다양한 관계구축 전략을 적용하고, 개인적 선호도와 상호작용 방식을 인지한다. 나와 같은 유형의 사람에게 끌리는 경향이 있는가? 이 관계가 핵심 정보나 새로운 기회에의 접근을 제한하는가?
- 타인으로부터 얻은 정보와 서비스 대가로 그 사람에게 정보와 서비스를 제공한다. 제14장에서 배운 상호주의의 교훈을 상기해본다.
- 한 사람에게 지나치게 의존하지 않는다. 심지어 가장 강한 관계도 나빠질 수 있으므로 정보가 필요하면 여러 명의 네트워크 구성원을 이용한다.

외부 네트워크 구축하기

네트워킹 클럽(Networking clubs) 구성원에게 직장 밖에서 전문적 관계를 학습하고 구축할 수 있는 기회를 제공하는 외부 네트워크의 일종

네트워킹 클럽은 직장 밖에서 타인을 만나고 전문 관계를 구축하기 위한 지역사회 기반 조직이다. 네트워킹 클럽은 네트워킹에 몰입하고 개인의 전문적 네트워크 구축에 필수

적인 타인과 관계를 맺고 소개하기 위해 조직된다.

네트워킹 클럽은 중점 분야, 클럽 규모, 구성, 규칙과 절차 등 4가지 측면에서 각각 다르다.

- **중점 분야**: 어떤 네트워킹 클럽은 일반적 임무를 가진다. 여성사업가협회는 여성 임원의 경력개발 및 네트워킹 필요를 충족한다. 다른 네트워킹 클럽은 구체적 활동에 전념한다. 가령 보스턴 지역 128 벤처그룹은 자금조달이 필요한 비공식적 투자자들과 첨단기술 혁신자들을 한데 모은다.
- **클럽 규모**: 어떤 네트워킹 클럽은 제한적 규모를 가진다. 노스웨스트교외(시카고) 상공협회가 조직한 네트워킹 클럽인 NSACI 네트워커스는 강한 관계를 구축하기 위해 구성원 수를 45명으로 제한한다. 반면 시카고랜드상공협회는 500명 이상이 참여하는 네트워킹 이벤트를 주관한다.
- **클럽 구성**: 어떤 네트워킹 클럽은 여성 사업가로만 구성된다. 어떤 클럽은 재무 임원으로만 구성된다. 또 어떤 클럽은 사회적 책임에 관심을 둔 MBA 학생들로 이루어진다.
- **규칙과 절차**: 어떤 네트워킹 클럽은 상당히 체계적으로 운영된다. 시작과 종료 시간이 엄격하고, 이벤트의 모든 구성요소가 의도적이며, 구성원은 구체적 목표를 달성한 뒤 이벤트를 떠난다. 다른 네트워킹 클럽은 더 여유로운 일정 하에 운영되며, 사교 시간이 더 많고 규정은 극소수다.

클럽이나 연합체를 통해 외부 네트워크를 구축하고자 할 때 몇 가지 중요 질문을 자문해야 한다(표 20-3 참조). 네트워킹 클럽은 개인의 경력과 잠재적 성공에 중대한 영향을 미친다. 예를 들어 한 은행 지점장은 부임 첫 해에 주변에 있는 네트워킹 클럽에 가입했고, 관계망을 통해 7명의 신규 고객을 확보했는데 이들은 총 매출액의 1/3에 기여했다.

표 20-3 네트워킹 클럽에 가입하기 전에 답해야 할 중요 질문

1	클럽의 구체적 목적은 무엇인가?
2	클럽이 자신의 관심 대상인 시장이나 지역을 대변하는가?
3	클럽의 구성이 자신의 필요를 충족하는 데 적합한가? 구성원이 전문적 학습과 성장에 도움이 될 수 있는가?
4	클럽은 얼마나 자주 모이는가? 언제 만나는가?
5	클럽은 공식적 규칙과 규정을 갖추고 있는가? (기존 정책과 절차를 가진 클럽이 가장 효과적이다.)
6	구성원이 서로 친숙해질 수 있도록 구성원 수가 합리적인가?
7	구성원은 집단 전체에 발표할 수 있는 정기적인 기회를 갖는가?
8	별도 추천이 요구되고, 기록되고, 보고되는가? 현재 구성원은 가입 대상에 대한 의결권을 가지는가?
9	클럽의 실적은 어떠한가? (클럽이 추천수나 청구비용 등 성과 기록을 유지한다면 좋은 징조이다.)
10	경쟁기업이 이 집단에 가입할 수 있는가?

Source: Adapted from W. Baker, *Networking Smart: How to Build Relationships for Personal and Organizational Success* (Lincoln, NE: Iuniverse.com, 2000)W. Baker, Networking Smart: How to Build Relationships for Personal and Organizational Success (Lincoln, NE: Iuniverse.com, 2000).

리더십 개발의 여정 리더는 일을 해내기 위해 사회자본을 이용한다. 사회자본은 자신이 가진 네트워크의 집합적 가치이자 네트워크 구성원이 상호 협력하려는 의향이다. 리더는 역량을 갖추고 믿을 만하며 쌍방향적인 태도를 취해 사회자본을 구축한다. 다음은 사회자본을 높이기 위해 시도할 수 있는 몇 가지 활동을 나타낸 것이다.

- 친구, 급우, 교수, 가족과 양질의 관계를 형성하는 데 시간을 할애한다.
- 멘토나 코치와의 관계를 돈독히 다진다.
- 비영리조직에서 자원봉사를 한다.
- 목표를 달성하는 데 도움이 된 사람에게 감사편지를 쓴다.
- 타인을 돕기 위해 자신의 기술이나 재능을 이용한다.
- 공통된 관심사를 가진 2명의 사람을 소개해 관계를 구축한다.
- 새롭고 다양한 집단의 사람들에게 접근할 수 있는 동호회에 가입한다.

자신의 시도를 돌이켜볼 때, 사회자본이 어떻게 제고되었는가? 사회자본 개선을 위해 급우와 나눌 만한 조언이 있는가?

이 장은 네트워킹의 중요성과 사회자본의 가치를 다루었다. 사회자본을 형성하려면 기본적으로 기술, 시간, 훈련이 필요하고, 심지어 높은 주변 인식도 요구된다. 높은 사회자본을 가지고 있다는 것은 유용한 사회적 네트워크를 가지고 있음을 의미하고, 탁월한 네트워커는 바쁜 일상에도 관계를 구축할 수 있는 방법을 찾는다. 네트워킹은 억지로 하는 활동이 아니라 자연스럽게 발생한다.

요약

경계 없는 조직에서는 회사 전체에 정보가 원활하게 흐를 수 있도록 직원이 대인 네트워크를 구축해야 한다. 또한 회사 내의 상향, 하향, 수평적 관계를 구축하고 관리하는 데 능숙해야 한다. 경계 없는 조직을 구축하기 위한 주요 동인은 유연하고 교차기능적 의사결정 방식을 육성하는 조직구조의 촉진이지만 직원도 이 새로운 업무 방식으로부터 개인적 · 전문적 이익을 얻을 수 있다. 대인 네트워크의 이점을 누리려면 동료 집단 구성원뿐 아니라 서로 다른 동료와 효과적 관계를 구축해야 한다. 달리 연계되지 않을 집단 사이에 가교를 놓는 행위는 더 높은 정보 및 기회 접근성을 제공하고, 직원이 개인적 · 전문적 목표를 달성하는 데 도움이 되는 매우 강력한 대인 네트워크 기술이다. 관계 구축의 중요 결과물은 사회자본 개발이다. 사회자본을 이용해 중요 의사결정에 영향을 미치거나 필수적인 정보에 접근할 수 있다.

개인은 개인적 · 전문적 삶에서 조언, 의사소통, 신뢰 네트워크 등 다양한 유형의 네트워크에 의존한다. 조언 네트워크는 업무를 효과적으로 완수하기 위해 도움을 요청하고자 하는 사람들을 포함한다. 의사소통 네트워크는 정보가 조직 전체에 흐르는 방식에 상응한다. 신뢰 네트워크는 개인적 · 전문적 개발을 위해 찾는 사람들을 포함한다. 이 네트워크는 정보 공유와 상호성을 특징으로 한다. 신뢰는 개인의 호감도와 역량을 토대로 한다.

대인 네트워크는 관계의 범위와 강도를 기준으로 평가될 수 있다. 네트워크의 범위는 개개인의 수나 관계의 수를 가리킨다. 폭넓은 네트워크는 수많은 관계를 포괄한다. 네트워크의 범위를 평가하려면 네트워크의 중심성을 살펴볼 수 있다. 중심성은 개인이 네트워크에서 차지하는 위치를 일컫는다. 중심성은 정도, 근접성, 사이성으로 정의된다.

중심성의 정도는 한 사람과 연계된 관계의 수를 나타낸다. 근접은 네트워크에서 다른 사람과의 근접성을 나타낸다. 사이성은 서로 접근하고자 하는 한 쌍의 타인 사이에 끼어 있는 정도를 의미한다.

효과적 네트워크는 중복적 관계와 비중복적 관계(잘 아는 사람들과 잘 모르는 사람들)를 포함한다. 비중복적 관계의 장점은 더 많은 사람들뿐만 아니라 새로운 정보와 기회에 접근할 수 있다는 점이다. 네트워크의 모든 사람이 서로 아는 사이이면(중복적 관계) 업무는 효율적일지 모르지만 새로운 아이디어와 기회에의 접근에 방해가 될 수 있다.

네트워크의 범위는 네트워크에 속하는 관계의 수를 나타내는 반면 강도는 네트워크에 속한 관계의 유형을 의미한다. 네트워크에서 서로 아는 사이고 상호성을 나누는 사람들을 강한 유대관계라 한다. 강한 유대관계는 비교적 잦고 친밀한 접촉을 바탕으로 한다. 약한 유대관계는 뜸한 접촉을 바탕으로 하고 다양한 정보와 사람에 접근할 수 있는 가능성을 제공한다는 점에서 비중복적 관계와 유사하다.

성공하려면 조직 내에서 강한 내부 네트워크를, 조직 밖에서 외부 네트워크를 구축해야 한다. 이 과정의 첫 단계는 네트워크 맵을 그리는 것이다. 네트워크를 구성하는 사람들과 관계를 어떻게 맺어야 하는지 파악하기 위해서다. 이 맵을 이용해 잠재적 취약점 또는 제약 존재 여부와 위치를 진단할 수 있다. 가령, 같은 정보와 유사한 관계를 가진 사람들이 너무 많아 폐쇄적 네트워크인가? 약한 유대가 특징인 관계가 대다수인 폭넓은 네트워크인가? 외부 네트워크는 네트워킹 클럽이나 다른 전문 연합체 가입을 통해 확장될 수 있는가? 이 확장된 네트워크는 향후 경력 기회나 사업 성장에 필수 원천이 될 수 있다.

주요 용어

경계 확장자(Boundary spanners)
구조적 공백(Structural holes)
근접 중심성(Closeness centrality)
네트워크 작업(Networking)
네트워킹(Networking)
네트워킹 클럽 Networking clubs
대인 네트워크(Interpersonal networks)
비중복적 관계(Nonredundant contacts)
사이성(Betweenness)
사회자본(Social capital)
신뢰 네트워크(Trust networks)
유대관계의 강도(Strength of ties)
의사소통 네트워크(Communication networks)
조언 네트워크(Advice networks)
중개(Brokerage)
중복적 관계(Redundant contacts)
중심성(Centrality)
중심성의 정도(Degree of centrality)

과제

토론 주제

1. 사회자본은 왜 중요한가? 사회자본을 어떻게 형성할 수 있는가? 사회자본은 타인에게 영향을 미치거나 특정 프로젝트나 목표에 대해 지원을 확보하는 데 어떻게 쓰일 수 있는가?

2. 조직은 공식적 · 비공식적 차원에서 기능한다. 조직도는 공식적 구조와 공식적 권한 계통을 정의한다. 이러한 공식적 구조는 조직 내 권력과 영향력의 본질을 전달하지 않을 때도 있다. 비공식적 조직구조는 어떤 방식으로 회사 내 권력 기초를 정의하는가? 신입사원이 비공식적 네트워크의 역할을 어떻게 이해할 수 있는가?

3. [그림 20-1]을 살펴보자. 왜 사람들은 유능한 얼간이보다 호감 가는 바보에게 더 끌리는가? 유능한 얼간이와 상호작용해야 할 때 어떤 전략을 고려해야 하는가? 호감도와 역량 중 어느 것을 더 중시하는가? 이유가 무엇인가? 이 선호도가 시사하는 바는 무엇인가?

4. 폭넓음 또는 협소함으로 특징지어지는 네트워크의 장단점은 무엇인가?

5. 어떤 상황에서 폐쇄적 관계 네트워크가 유익한가? 네트워크가 수많은 중복적 관계로 구성되면 무엇을 배울 수 있는가? 더 많은 비중복적 관계를 구축하기 위해 어떤 전략을 이용할 수 있는가?
6. 중심성과 중개는 어떤 면에서 권력 원천이 되는가?
7. 소셜미디어는 네트워킹 환경을 어떻게 변화시켰는가?
8. 어떤 상황 또는 환경에서 약한 유대관계가 강한 유대관계보다 더 유익한가?
9. 대인 네트워크의 구축을 고려할 때 주목해야 할 점은 무엇인가? 네트워크를 구축할 때 적용해야 하는 기준은 무엇인가?
10. 네트워킹은 외향적인 사람이 가장 활발하게 추구하는 자기 위주의 활동으로 간주된다. 이러한 시각에 어떠한 오류가 포함되어 있는가? 전략적 관점에서 네트워킹을 어떻게 봐야 하는가? 경력 개발 관점에서 네트워킹을 어떻게 봐야 하는가?

관리 연구

1. 자신의 다양한 네트워크에 있는 사람들의 이름을 적어보라. 1~3점 척도(1=매우 강함, 2=강함, 3=강하지 않음)를 기준으로 이 관계가 얼마나 강한지 평가해보라. 향후 6개월 동안 개선하고자 하는 관계 옆에 별을 표시하라.
2. 실행 공동체는 관심사나 대의에 대한 열정을 공유하고, 함께 문제를 해결하거나 상황을 개선하기 위해 상호작용하는 사람들의 네트워크다. 이 유형의 네트워크는 다음과 같은 행동을 통해 학습을 촉진한다.
   - 문제 해결을 위해 협력함
   - 정보, 경험, 자원을 공유함
   - 활동을 조정함
   - 지식을 기록하고 매핑함
   - 동향과 우수 사례를 의논함

   실행 공동체 중 하나를 조사하고, 다음 질문에 답하라.
   - 실행 공동체의 목적이 무엇인가?
   - 실행 공동체에 어떤 구성원이 소속되어 있는가?
   - 실행 공동체는 어떻게 학습을 촉진하는가?

현장에서

캠퍼스나 지역사회에서 문제를 해결하려는 리더가 누구인지 확인하라. 이 리더와 함께 문제를 해결하는 데 도움이 될 사람들의 네트워크 맵을 작성한다. 리더가 네트워크 맵을 작성한 후, 각 구성원이 문제 해결에 어떻게 기여할 수 있을지 분석한다. 문제를 해결하기 위해 리더에게 네트워크 맵에 있는 사람들에게 연락하거나 회의를 소집할 것을 권한다. 문제 해결을 위한 네트워크 맵 작성의 효과성에 대해 수업시간에 발표해보라.

참고문헌

[1] John P. Kotter, The General Managers (New York: Free Press, 1982).

[2] Gretchen M. Spreitzer, "Leading to Grow and Growing to Lead: Leadership Development Lessons from Positive Organizational Studies," Organizational Dynamics , Vol. 35, No. 4, 2006, pp. 305–315.

[3] R. S. Burt, "The Contingent Value of Social Capital," Administrative Science Quarterly, Vol. 42, No. 2, June 1997, pp. 339–365.

[4] Herminia Ibarra, "Managerial Networks," Harvard Business School Note No. 9-495-039, rev. January 25, 1996 (Boston, MA: HBS Publishing, 1995).

[5] Don Cohen and Laurence Prusak, In Good Company: How Social Capital Makes Organizations Work (Boston, MA: HBS Press, 2001), p. 58.

[6] Rob Cross and Laurence Prusak, "The People Who Make Organizations Go—or Stop," Harvard Business Review, June 2002.

[7] Brian Uzzi and Shannon Dunlap, "How to Build Your Network," Harvard Business Review, December 2005.

[8] R. Burt, Structural Holes (Cambridge, MA: Harvard University Press, 1992).

[9] R. Burt, Structural Holes (Cambridge, MA: Harvard University Press, 1992).

[10] R. Burt, Structural Holes (Cambridge, MA: Harvard University Press, 1992).

[11] Nicole Tempest and Kathleen McGinn, "Heidi Roizen," Harvard Business School Case No. 9-800-228, rev. April 28, 2010 (Boston, MA: HBS Publishing, 2000).

[12] Nicole Tempest and Kathleen McGinn, "Heidi Roizen," Harvard Business School Case No. 9-800-228, rev. April 28, 2010 (Boston, MA: HBS Publishing, 2000).

[13] Nicole Tempest and Kathleen McGinn, "Heidi Roizen," Harvard Business School Case No. 9-800-228, rev. April 28, 2010 (Boston, MA: HBS Publishing, 2000).

[14] Don Cohen and Laurence Prusak, In Good Company: How

Social Capital Makes Organizations Work (Boston, MA: HBS Press, 2001), p. 69.
[15] D. K rackhard t and J. R . Hans on, "Informal Networks: The Company Behind the Chart," Harvard Business Review, July–August 1993.
[16] W. Tsai and S. Ghoshal, "Social Capital and Value Creation: The Role of Intrafirm Networks," Academy of Management Journal , Vol. 41, No. 4. 1998; and R. Cross and A. Parker, The Hidden Power of Social Networks (Boston, MA: HBS Press, 2004).
[17] H. Mintzberg, The Nature of Managerial Work (New York: Harper Row, 1973); and D. J. Brass and M. E. Burkhardt, "Centrality and Power in Organizations, " Networks in Organizations: Structure, Form, and Action, N. Nohria and R. Eccles, eds. (Boston, MA: HBS Press, 1992).
[18] R. Burt, Structural Holes (Cambridge, MA: Harvard University Press, 1992).
[19] Herminia Ibarra and Mark Hunter, "How Leaders Create and Use Networks," Harvard Business Review, January 2007.
[20] R. Burt, Structural Holes (Cambridge, MA: Harvard University Press, 1992).
[21] A. Linden, R. Ball, A. Waldir, and K. Haley, Gartner's Survey on Managing Information, Note #COM-15-0871, Gartner, Inc.; and D. J. Brass and M. E. Burkhardt, "Centrality and Power in Organizations," Networks in Organizations: Structure, Form, and Action, N. Nohria and R. Eccles, eds. (Boston, MA: HBS Press, 1992).
[22] D. K rackhard t and J. R . Hans on, "Informal Networks: The Company Behind the Chart," Harvard Business Review, July–August 1993.
[23] D. J. Brass and M. E. Burkhardt, "Centrality and Power in Organizations," Networks in Organizations: Structure, Form, and Action, N. Nohria and R. Eccles, eds. (Boston, MA: HBS Press, 1992).
[24] D. K rackhard t and J. R . Hans on, "Informal Networks: The Company Behind the Chart," Harvard Business Review, July–August 1993.
[25] D. J. Brass and M. E. Burkhardt, "Centrality and Power in Organizations," Networks in Organizations: Structure, Form, and Action, N. Nohria and R. Eccles, eds. (Boston, MA: HBS Press, 1992).
[26] D. J. Brass and M. E. Burkhardt, "Centrality and Power in Organizations," Networks in Organizations: Structure, Form, and Action , N. Nohria and R. Eccles, eds. (Boston, MA: HBS Press, 1992).
[27] Tiziana Casciaro and Miguel Sousa Lobo, "Competent Jerks, Lovable Fools, and the Formation of Social Networks," Harvard Business Review, June 2005.
[28] R. Burt, Structural Holes (Cambridge, MA: Harvard University Press, 1992).
[29] D. J. Brass and M. E. Burkhardt, "Centrality and Power in Organizations," Networks in Organizations: Structure, Form, and Action, N. Nohria and R. Eccles, eds. (Boston, MA: HBS Press, 1992).
[30] Rob Cross and Laurence Prusak, "The People Who Make Organizations Go— or Stop," Harvard Business Review, June 2002.
[31] Linton C. Freeman, "Centrality in Social Networks Conceptual Clarification," Social Networks , 1978, pp. 215–239; and D. J. Brass and M. E. Burkhardt, "Centrality and Power in Organizations," Networks in Organizations: Structure, Form, and Action, N. Nohria and R. Eccles, eds. (Boston, MA: HBS Press, 1992).
[32] D. J. Brass and M. E. Burkhardt, "Centrality and Power in Organizations," Networks in Organizations: Structure, Form, and Action, N. Nohria and R. Eccles, eds. (Boston, MA: HBS Press, 1992).
[33] D. J. Brass and M. E. Burkhardt, "Centrality and Power in Organizations," Networks in Organizations: Structure, Form, and Action, N. Nohria and R. Eccles, eds. (Boston, MA: HBS Press, 1992).
[34] D. J. Brass and M. E. Burkhardt, "Centrality and Power in Organizations," Networks in Organizations: Structure, Form, and Action, N. Nohria and R. Eccles, eds. (Boston, MA: HBS Press, 1992).
[35] David B. Yoffie, Michael Slind, and Nitzan Achsaf, "LinkedIn Corp., 2008," Harvard Business School Case No. 9-709-426, rev. August 25, 2009 (Boston, MA: HBS Publishing, 2008), p. 2.
[36] R. Burt, Structural Holes (Cambridge, MA: Harvard University Press, 1992).
[37] R. Burt, Structural Holes (Cambridge, MA: Harvard University Press, 1992).
[38] B. Uzzi and S. Dunlap, "How to Build Your Network," Harvard Business Review, December 2005; and M. Gladwell, The Tipping Point (Boston, MA: Little, Brown and Company, 2002).
[39] B. Uzzi and S. Dunlap, "How to Build Your Network," Harvard Business Review, December 2005; and M. Gladwell, The Tipping Point (Boston, MA: Little, Brown and Company, 2002).
[40] B. Uzzi and S. Dunlap, "How to Build Your Network," Harvard Business Review, December 2005; and M. Gladwell, The Tipping Point (Boston, MA: Little, Brown and Company, 2002).
[41] R. Burt, Structural Holes (Cambridge, MA: Harvard University Press, 1992).
[42] Ronald S. Burt, Neighbor Networks: Competitive Advantage Local and Personal (Oxford: Oxford University Press, 2010).
[43] R. Burt, Structural Holes (Cambridge, MA: Harvard University Press, 1992).
[44] R. Burt, Structural Holes (Cambridge, MA: Harvard University Press, 1992).

[45] R. Burt, Structural Holes (Cambridge, MA: Harvard University Press, 1992).

[46] D. J. Brass and M. E. Burkhardt, "Centrality and Power in Organizations," Networks in Organizations: Structure, Form, and Action, N. Nohria and R. Eccles, eds. (Boston, MA: HBS Press, 1992).

[47] D. J. Brass and M. E. Burkhardt, "Centrality and Power in Organizations," Networks in Organizations: Structure, Form, and Action, N. Nohria and R. Eccles, eds. (Boston, MA: HBS Press, 1992).

[48] D. J. Brass and M. E. Burkhardt, "Centrality and Power in Organizations," Networks in Organizations: Structure, Form, and Action, N. Nohria and R. Eccles, eds. (Boston, MA: HBS Press, 1992).

[49] D. Krackhardt, "The Strength of Strong Ties: The Importance of Philos in Organizations," Netw or ks and Organizations: Structures, Form, and Action, N. Nohria and R. Eccles, eds. (Boston, MA: HBS Press, 1992).

[50] R. L. Moreland and R. B. Zajonc, "Exposure Effects in Person Perception: Familiarity, Similarity, and Attraction," Journal of Experimental Social Psychology, Vol. 24, 1982, pp. 283–292.

[51] D. Krackhardt, "The Strength of Strong Ties: The Importance of Philos in Organizations," Netw or ks and Organizations: Structures, Form, and Action, N. Nohria and R. Eccles, eds. (Boston, MA: HBS Press, 1992).

[52] D. Krackhardt, "The Strength of Strong Ties: The Importance of Philos in Organizations," Netw or ks and Organizations: Structures, Form, and Action, N. Nohria and R. Eccles, eds. (Boston, MA: HBS Press, 1992).

[53] D. Krackhardt, "The Strength of Strong Ties: The Importance of Philos in Organizations," Netw or ks and Organizations: Structures, Form, and Action, N. Nohria and R. Eccles, eds. (Boston, MA: HBS Press, 1992).

[54] D. Krackhardt, "The Strength of Strong Ties: The Importance of Philos in Organizations," Netw or ks and Organizations: Structures, Form, and Action, N. Nohria and R. Eccles, eds. (Boston, MA: HBS Press, 1992).

[55] R. S. Burt, "The Contingent Value of Social Capital," Administrative Science Quarterly, Vol. 42, No. 2, 1997, pp. 339–365.

[56] M. Granovetter, "The Strength of Weak Ties," American Journal of Sociology, Vol. 78, 1973.

[57] R. S. Burt, "The Contingent Value of Social Capital," Administrative Science Quarterly, Vol. 42, No. 2, 1997, pp. 339–365.

[58] M. Granovetter, "The Strength of Weak Ties," American Journal of Sociology, Vol. 78, No. 6, 1973, pp. 1360–1380.

[59] M. Granovetter, "The Strength of Weak Ties," American Journal of Sociology, Vol. 78, No. 6, 1973, pp. 1360–1380.

[60] M. Granovetter, "The Strength of Weak Ties," American Journal of Sociology, Vol. 78, No. 6, 1973, pp. 1360–1380.

[61] R. Burt, Structural Holes (Cambridge, MA: Harvard University Press, 1992).

[62] Kathleen L. McGinn and Elizabeth Long Lingo, "Power and Influence: Achieving Your Objectives in Organizations," Harvard Business School Note No. 9-801-425, rev. July 5, 2007 (Boston, MA: HBS Publishing, 2001).

[63] R. Cross, N. Nohria, and A. Parker, "Six Myths About Informal Networks— and How to Overcome Them," Sloan Management Review, Spring 2002.

[64] B. Uzzi and S. Dunlap, "How to Build Your Network," Harvard Business Review, December 2005.

[65] B. Uzzi and S. Dunlap, "How to Build Your Network," Harvard Business Review, December 2005.

[66] National Association of Black Accountants, 2009, www.nabainc.org, accessed February 16, 2009.

[67] Net Impact, 2009, http://netimpact.org, accessed February 16, 2009.

[68] B. Uzzi and S. Dunlap, "How to Build Your Network," Harvard Business Review, December 2005.

[69] B. Uzzi and S. Dunlap, "How to Build Your Network," Harvard Business Review, December 2005.

[70] Her minia Ibarr a, " Manager ial Networks," Harvard Business School Note No. 9-495-039, rev. January 25, 1996 (Boston, MA: HBS Publishing, 1995).

[71] W. Baker, Networking Smart: How to Build Relationships for Personal and Organizational Success (Lincoln, NE: Iuniverse.com, 2000).

[72] W. Baker, Networking Smart: How to Build Relationships for Personal and Organizational Success (Lincoln, NE: Iuniverse.com, 2000).

[73] W. Baker, Networking Smart: How to Build Relationships for Personal and Organizational Success (Lincoln, NE: Iuniverse.com, 2000).

[74] W. Baker, Networking Smart: How to Build Relationships for Personal and Organizational Success (Lincoln, NE: Iuniverse.com, 2000).

[75] Susan G. Parker, "Are You Ready to Get Serious About Networking?" Harvard Management Communication Letter , February 2003.

[76] E. Wenger, R. McDermott, and W. M. Snyder, Culti vating Communities of Practice (Boston, MA: HBS Press, 2002).

용어 설명

가

가용성 추단법(Availability heuristic)
어떤 사건의 경우 또는 발생이 기억에서 미리 '가용한' 정도에 따라 개인이 사건의 빈도, 확률, 잠재적 원인을 평가할 수 있다고 주장하는 어림셈법

가치(Value)
많은 소비자들이 어떤 제품 또는 서비스에 대해 기꺼이 지불하려고 하는 금액으로 이는 경쟁사보다 더 낮은 가격을 제시함으로써 또는 그것이 지닌 이점이 더 높은 잠재적 비용을 능가하는 독특한 제품을 제공함으로써 나온다.

가치사슬 분석(Value chain analysis)
한 기업이 수행하는 모든 활동을 조사하고 그것들이 어떻게 상호작용하여 경쟁력 있는 이점의 원천을 형성하는지 결정하는 체계적 방법

가치 요구(Claim value)
협상자가 자신의 입장에 대해 이익 또는 양보를 얻기 위해 시도하는 과정

가치 제안(Value propositions)
고객이 가장 가치 있게 여기는 제품 또는 서비스의 정량적 내지는 정성적 측면

가치 창출(Create value)
협상 중에 평가 가능한 기회나 쟁점을 확대하는 과정. 쟁점을 확대하면 각 당사자가 일정한 수준의 만족도를 달성할 확률이 더 높아진다.

갈등(Conflict)
한 사람 또는 집단의 이익, 관점, 행동이 다른 사람 또는 집단의 그것과 다를 때 발생하는 정서적 또는 인지적 반응

강압적 권력(Coercive power)
어떤 사람이 타인의 행동에 대해 처벌할 수 있는 능력을 부여하는 대인간 권력

강화이론(Reinforcement theory)
긍정적 강화와 부정적 강화가 특정 행동을 유도할 수 있다는 이론

개발(Development)
종업원의 개인적인 능력을 시간을 두고 개선시키려는 장기적이고, 진행형의 훈련 과정

개방성(Openness)
의사소통 중에 상대에게 자신의 감정을 보이고 상대가 자신에게 감정적으로 접근하기 쉬운 정도

개성(Personality)
사회적, 문화적, 환경적 요인에 의해 생득 또는 형성된 내적 특징, 성향, 기질을 지속하는 체계

개인적 권력(Personal power)
타인이 욕망하는 개인적 속성을 지님으로써 얻어지는 권력

거래비용(Transaction costs)
하청업자 또는 공급업자로부터 제품 또는 서비스를 획득하기 위한 비용과 더불어 이들 제품과 서비스를 위한 계약을 작성하고 관리하는 일과 관련된 비용

거래적 리더십(Transactional leadership)
리더가 하급자들에게 그 하급자가 원하는 그 무엇을 대신하여 무언가를 제공하게 되는 과정

결정권(Decision rights)
다양한 유형의 전략적 또는 전술적 결정사항들을 발의하며, 승인하고, 이행하며, 통제하는 것 등이 포함되는 권리

경계 관리자(Boundary manager)
고객, 고위경영진, 팀의 산출물에 대한 기타 이해관계자와 협력하는 방식을 결정하는 관리자. 팀을 조직 내분으로부터 보호하고, 최고경영진이 팀의 업무를 지원하도록 설득하고, 업무 기한에 대해 타 집단과 조정하거나 협상한다.

경계 확장자(Boundary spanners)
자신의 작업집단을 회사의 다른 부서나 다른 조직의 집단에 연결하는 개인

경쟁우위(Competitive advantage)
기업은 그들이 다른 회사들은 따라 하기 어렵거나 불가능한 전략에 관여함으로써 경쟁자들보다 더 많은 경제적 가치를 창출해내는 경우 경쟁우위를 달성하게 된다.

경쟁자(Competitor)
유사한 고객집단을 목표로 하여 재화나 용역을 창출해내는 모든 조직

경제적 차원(Economic dimension)
기업이 활동을 수행하고 있는 시장 내에서의 전반적인 경제 환경(예를 들면 GDP, 인플레이션, 실업)

경제적 책임(Economic responsibilities)
수익을 내고 주주의 가치를 늘려야 하는 사업체의 임무

경청(Listening)
메시지의 수신자가 화자 · 송신자의 의도한 바를 듣는 정도

계획적 변화(Planned change)
변화의 노력이 회사의 전략부서로부터 또는 하향식 지시로부터 계획되어 추진되는 과정

고객(Customers)
한 기업의 제품 및 서비스를 구매하는 사람들 또는 다른 조직들

고객 관점(Customer perspective)
시장점유율 및 유지와 같은 중요한 고객 기반의 측정기준을 기업의 재무적 성과와 연계시키는 것.

고전적 모델(Classical model)
합리적 선택 과정을 이용해 경제적 결과나 기타 결과를 극대화하고자 하는 의사결정 모델

공간과 사물(Space and objects)
대화 공간의 배치, 사물의 이용, 개인의 옷차림을 통해 의미를 전달하는 비언어적 형태의 의사소통

공급자(Supplier)
한 기업이 제품 및 서비스를 창조하는데 도움이 될 수 있도록 자원 또는 서비스를 제공해주는 회사

공동 의존(Joint dependence)
두 기업이 동일하게 서로에 의존하는 경우 존재하는 현상

공리주의(Utilitarianism)
만약 어떤 행동이 최대 다수의 사람들을 위한 최대 선, 또는 효용을 만들어 낸다면 그러한 행동은 도덕적인 것으로 간주된다고 주장하는 윤리 철학

공정성이론(Expectancy theory)
사람은 자기 자신을 유사한 상황에 처한 타인과 비교하고 이 행동을 통해 자신의 성과가 공정하게 보상되기를 원한다고 주장하는 이론

과업 목표(Task objectives)
팀구성원들이 각자의 목표와 우선순위를 지향하고 자신의 업무가 거시적 차원에서 어떤 기능을 하는지 이해하도록 돕는 쟁점

과업 복잡성(Task complexity)
과업을 이해하기 위해 처리해야 할 정보의 양, 잠재적 결과에 대한 불확실성 정도, 다양한 능력과 지식을 요하는 수많은 하위 과업의 존재 혹은 과업을 실시하기 위한 표준 절차의 부재

과업 상호의존성(Task interdependence)
집단 구성원들이 집단의 집합적 산출물을 내기 위해 협력하고 서로 의존해야 하는 정도

과업지향 행동(Task-oriented behavior)
효율적이고 신뢰성 있는 방식으로 과업을 달성하는 것에 우선순위를 매기려는 행동

과업 환경(Task environment)
직접적으로 한 기업에 지속적인 기반에서 영향을 미치는 실체들이 포함되는데 이에는 경쟁자, 공급자, 고객들이 포함된다.

과정(Process)
변화의 노력을 이행하려는 일련의 계획(의사소통, 측정 등)과 접근방법

과정이론(Process theories)
인간이 왜 자신의 욕구를 만족시키도록 행동하는지와 욕구를 충족하려고 시도한 후 전반적인 만족도를 어떻게 평가하는지를 설명하는 이론

과학적 관리(Scientific management)
어떻게 직무, 작업, 인센티브 계획을 설계해 생산성을 개선할 수 있는지 등에 산업공학 방법을 이용하는 것.

관계 라이프사이클(Relationship life cycle)
모르는 사람, 지인, 성숙한 동반자 단계 등에 의해 규정되는 개념으로, 리더와 부하는 부하들이 내집단의 일부가 될지 아니면 외집단의 일부가 될지 여부를 결정하는 과정을 겪게 된다.

관계적 권력(Relational power)
개인이 속한 네트워크의 유형, 이 네트워크에 속한 사람의 유형, 네트워크 내에 존재하는 관계의 강도로부터 얻어지는 권력

관계지향 행동(Relations-oriented behavior)
대인관계, 인간으로서 근로자의 가치, 그리고 구성단위 및 그 임무에 대한 강한 집념 등에 우선순위를 정하는 행동

관련 다각화(Related diversification)
하나 이상의 비즈니스를 갖고 있는 기업이 유사한 일단의 유형 및 무형의 자원을 이용하는 것.

관료적 접근방법(Bureaucratic approach)
시스템이 고도로 형식화되어 있으며 방대한 규칙, 절차, 정책 그리고 지시사항 등에 의해 규정되는 조직 통제의 극단적 형태

관료적 조직구조(Bureaucratic organization structure)
개인 사이의 과업 및 책임에 대한 명확한 차별화, 엄격한 권위 및 결정권의 계층을 통한 조정, 표준화된 규칙 및 절차, 기획 및 집행의 수직적 분리로 인해 계획은 조직의 상위 서열층에서 만들어지고 집행은 하위 서열층에서 이루어진다.

관리(Management)
어떤 집단의 사람과 함께 그리고 그들을 통해 일을 하여 효율적이고 효과적인 방법으로 원하는 목표 또는 목적을 성취해내는 행위

관리격자도(Managerial grid)
특정한 방식의 리더십에 기인하는 과업지향 및 관계지향 행동에 대한 리더의 다른 수준을 보여주는 2차원적 격자도

관리 모델(Administrative model)
관리자가 의사결정을 하기에 충분한 정보를 가지고 있지 않기에 경제적으로 합리적 의사결정을 할 수 없음을 인정하는 의사결정 모델

관리비(Administrative costs)
비즈니스 단위들 사이의 활동을 조정하는데 드는 비용

관리자 관점(Managerial view)
기업을 고객들에게 판매하기 위해 원자재를 제품으로 전환시키기 위한 메커니즘으로 보고 있는 사업체제

관리자주도형팀(Manager-led teams)
관리자가 팀 리더 역할을 하는 팀

교섭력(Bargaining power)
공급자 또는 구매자가 어떤 회사에 대해 행사하는 압력

교섭 영역(Bargaining zone)
양쪽 당사자 모두에게 합의하지 않는 것보다 합의하는 것이 더 바람직한 해결책의 범위

구조적 공백(Structural holes)
비중복적 관계에 대한 접근성을 제공하는 두 개인 사이에 존재하는 격차

국제적 전략(International strategies)
다국적 및 글로벌 전략의 요소들을 해외 계열사를 이용해 결합시켜 제품을 생산하고 유통시키는 전략

권력(Power)
특정 개인 또는 집단이 다른 개인 또는 집단의 행동, 사고, 태도에 영향을 미칠 수 있는 잠재력

권력욕구(Need for power)
출세를 추구하거나(개인화 권력) 타인에게 영향을 미치고자 하는(사회화 권력) 욕구

권한부여(Empowerment)
하급자와 권력을 공유하고 의사결정과 이행을 최하위 계층까지 확장하여, 모든 종업원의 영향력과 자율성을 향상하는 과정

규모의 경제(Economies of scale)
한 기업에 의해 생산된 제품의 양이 단가에 대하여 줄일 수 있는 것이 가능한 경우 달성된 원가 절감

규범설정 단계(Norming stage)
팀구성원이 보다 협조적인 행동을 장려하는 새로운 기준을 수립하는 방식을 파악할 때 발생하는 단계

균형 성과기록표(Balanced scoreboard)
사업의 성공을 추진하기 위한 가장 중요한 수단들을 확인하고 장기적인 전략 목표를 단기적인 운영 행위와 연계시킴으로써 전략을 행동으로 전환할 수 있도록 돕기 위해 창안된 방법. 이는 4가지(재무, 고객, 사업 과정, 학습 및 성장) 관점을 이용한다.

근접 중심성(Closeness centrality)
개인이 직간접적 유대관계를 통해 자신의 네트워크에 속한 타인에 얼마나 가까운지 나타낸다.

글로벌화(Globalization)
다양한 지리적 지역 전반에 걸친 경제적, 기술적, 사회문화적, 그리고 정치적인 시스템의 통합 및 상호의존

글로벌 전략(Global strategies)
지역적 취향의 요구를 들어주는 대신 전체적인 규모의 경제와 글로벌 한 효율성을 개발하는 것에 초점을 맞추는 전략

긍정적 강화(Positive reinforcement)
바람직한 행동을 보상하는 행위

긍정적 교섭 영역(Positive bargaining zone)
협상자가 받아들일 수 있는 입장이 겹치게 되는 경우 존재하는 영역

기능적 구조(Functional structure)
생산, 마케팅, 판매, 회계 등과 같이 수행하는 것이 필요한 주요 활동에 관하여 기업을 조직하는 구조

기대이론(Expectancy theory)
많은 노력이 좋은 성과로 이어지고 좋은 성과는 보상으로 이어질 것이라고 직원들이 기대한다는 이론

기술적 차원(Technological dimension)
한 기업이 결과물을 생산해내기 위해 이용하는 공정, 기술 또는 시스템

기업사명(Mission statement)
한 기업의 존재 이유를 정의하는 진술서

기업 수준의 전략(Corporate-level strategy)
다수시장 활동의 구성 및 조정 등을 통해 가치 창조를 추구하는 회사의 방식

기업우위(Corporate advantage)
기업이 그들의 자원을 극대화하여 사업단위 전반에 걸쳐 경쟁우위를 구축하는 경우에 일어난다.

기업의 사회적 반응(Corporate social responsiveness)
사회적으로 책임 있는 방식으로 종사해야 한다는 사회로부터의 압력에 반응하는 사업체의 실천 내용

기업의 사회적 책임(Corporate social responsibility)
사회의 목적 및 가치에 부합하는 정책, 결정 그리고 행위를 추구함에 대한 사업체의 의무

기업의 자원 기반 관점(Resource-based view of the firm)
기업이 자원의 수집과 수확을 통해서 경쟁력 있는 장점을 개발할 수 있다는 이론

나

내부 고발(Whistle-blowing)
한 회사의 경영간부들 또는 회사 외부의 통제 기관들에게는 불법적 또는 비도덕적 행위임이 분명한 한 조직의 구성원에 의한 정보의 공개

내부 통합(Internal integration)
기업 내에서 일이 어떻게 완수되는지에 대한 것.

내부 환경(Internal environment)
소유주, 이사회, 종업원, 그리고 문화 등이 포함되는 기업, 당사자들 또는 요인들의 집단

내용이론(Content theories)
개인이 특정 방식으로 수행하도록 동기를 부여하는 유인책과 욕구에 대한 연구

내재적 보상(Intrinsic rewards)
'일을 하는 것'과 관련되며 흥미롭고 도전적인 업무, 자기주도 및 책임, 다양성, 기술과 능력을 이용할 기회, 노력에 대한 충분한 피드백을 포함한 보상

내적 적합성(Internal fit)
회사의 전략에 대한 지원으로서 인적 자원의 실행을 구축하고 조정해 나가는 과정

네트워크 구조(Network structure)
지식 근로자가 개별적 기여자로서의 일을 하기 위해 또는 조직을 위해 어떤 전문적 기술을 제공해주는 작업 집단의 일부분이 되기 위해 구성되는 구조

네트워킹(Networking)
개인이 과업을 달성하고 개인적 · 전문적 발달을 도모할 수 있는 능력에 필수적인 관계를 형성하고 관리하는 일과 관련된 활동

네트워킹 클럽(Networking clubs)
구성원에게 직장 밖에서 전문적 관계를 학습하고 구축할 수 있는 기회를 제공하는 외부 네트워크의 일종

능력급(Skill-based pay)
한 사람의 개인적인 기술 및 지식에 의해 결정되는 보수

다

다각화(Diversification)
독립적인 실체로 있었던 것보다 더 많은 가치를 창출하려는 시도에서 관련이 있을 수도 아니면 없을 수도 있는 여러 가지 서로 다른 비즈니스에 기업이 관여하는 전략

다국적 전략(Multinational strategies)
모기업이 지역의 계열사를 조직하여 지역의 취향에 맞추어진 제품을 개발할 수 있는 자율성을 주는 전략

단일제품 전략(Single-product strategy)
기업이 대개는 하나의 시장에서, 하나의 특정 제품에만 집중하는 전략

단체교섭(Collective bargaining)
노조의 대표들이 기업 경영진과 협상을 하여 임금, 수당, 고용보장, 또는 노조원 들의 연공서열 등에 대해 어떤 양해를 보장 받으려는 과정

대인 갈등(Interpersonal conflict)
동일한 집단의 구성원인 두 명 이상의 개인들 사이에 발생하는 갈등

대인기술(Interpersonal skills)
타인들과 상호작용할 수 있는 리더의 능력

대인 네트워크(Interpersonal networks)
함께 일하고, 함께 사업을 영위하며, 기타 공동 활동에 함께 종사했던 사람들 간의 관계

대인 의사소통(Interpersonal communication)
1대1이나 소집단 환경에서 발생하는 의사소통

대인효과성(Interpersonal effectiveness)
타인과 관계를 형성하고 효과적으로 의사소통함에 있어 자신의 역할을 인정하고 책임을 질 수 있는 능력

대표성 추단법(Representativeness heuristic)
개인이 사전에 형성된 고정관념에 부합하는 타인 또는 상황의 특성을 탐색하는 경향이 있다고 주장하는 어림셈법

덕 윤리학(Virtue ethics)
도덕성의 주요 기능은 덕성을 개발하는 것이라고 주장하는 윤리철학

도덕성(Morality)
사람들이 무엇이 옳고 아니면 무엇이 그른지, 무엇이 선이고 무엇이 악인지를 판단하기 위해 이용 하는 기준

동기부여(Motivation)
특정 행동방안을 추구하기 위한 욕구, 자극 또는 유인

동기요인(Motivators)
업무 수행의 직접적 결과와 직무 만족감의 1차적 원인

동조(Conformity)
집단의 기대와 신념에 일치하도록 행동하는 사람들의 행위

라

라이센싱(Licensing)
라이선스 공여자(판매하는 기업)가 기술, 특허, 상표, 디자인, 공정, 노하우, 지적재산권, 또는 기타의 등록된 이권을 라이선스 수혜자(구매하는 기업)가 수수료를 내고 이용할 수 있도록 허가해주는 계약적 방식

리더-구성원 교환 이론(Leader-member exchange theory)
리더가 각각의 부하직원을 서로 다르게 다룸으로써 각 구성원과 독특한 관계를 발전시키는 리더십 방법

리더십(Leadership)
감화와 동기부여를 통해 변화와 혁신을 추진할 수 있는 능력

리더십 경로–목표 이론 (Leadership path-goal theory)
리더십에서 가장 중요한 측면은 이 과업을 달성할 수 있고 그것이 보상으로 이어질 것이라는 부하의 기대임을 주장하는 이론

리더십 대체물(Leadership substitutes)
리더십을 불필요하게 만드는 상황의 양상

리더십 유형(Leadership style)
리더들이 상황에서 이용하는 행동의 방식

리더십 중화물(Leadership neutralizers)
특정 방식으로 행동할 수 있는 리더의 능력을 저해하는 상황의 양상

마

만약 그렇다면 진술문(If-then statements)
인과관계를 분석하는 단순하면서도 효과적인 방법

만족화(Satisficing)
적당히 양호한 해결책을 선택하는 행위

매트릭스 구조(Matrix structure)
부문별 및 기능별 관리자 양쪽 모두가 조직 내에서 동일한 권한을 갖고 있는 구조

멘토링(Mentoring)
경험이나 지식이 풍부한 사원이 각자에게 맡겨진 신입사원을 지도해주는 시스템

모델(Model)
변화를 위한 모습의 하나

목적(Goal)
조직적으로 요구되는 결과, 생산물, 또는 최종 상태

목표(Objectives)
한 기업이 그 진행을 평가할 수 있는 정량화가 가능하고 연속적인 중요한 단계 또는 기준

목표설정이론(Goal-setting theory)
어렵지만 달성 가능한 목표를 설정하는 것이 성과의 중요 동인이라는 이론

목표에 의한 관리(Management by objectives: MBO)
규정된 기한 내에 충족시킬 것으로 기대되는 일련의 특정한 목표 또는 중요한 단계에 대한 개요를 정해줌으로써 종업원들을 관리해 나가는 과정

몰입의 상승(Escalation of commitment)
의사결정자가 이전의 몰입을 정당화하기 위해 합리성이 요구되는 수준 이상의 행동방안에 몰입할 때 발생한다.

몸짓언어(Body language)
메시지의 의미를 전달하기 위해 자세, 신체 움직임, 손과 팔 제스처, 표정, 눈 마주침을 이용하는 것.

문화(Culture)
조직 내의 개인들이 독특하게 그리고 집단적으로 생각하고, 느끼며, 행하는 방식

문화지능(Cultural intelligence)
서로 다른 문화적 맥락과 상황을 이해하고 적절히 대응할 수 있는 능력

바

반응적 변화(Reactive change)
변화가 어떤 알려진 외부 위협 또는 기회에 대한 대응으로 시작되는 과정

범위의 경제(Economies of scope)
동일한 기업구조를 가지고 2건 이상의 사업을 운영하거나 또는 2가지 이상의 제품을 생산하는데 드는 원가가 독립적으로 그 사업을 운영하는 원가 또는 각각의 제품을 별도로 생산하는 원가 이하인 경우 존재한다.

법률적 책임(Legal responsibilities)
한 사업체가 자신의 경제적 책임을 법률의 경계 내에서 추구해야 하는 의무

법적 차원(Legal dimension)
한 기업이 자신의 시장에서 맞닥뜨리게 되는 규정 및 법률

벤치마킹(Benchmarking)
해당 업계의 최고 회사들로부터 데이터를 수집하고 그 기록들을 회사의 성과를 평가하기 위한 목표 및 지침으로 이용하는 과정

변혁적 리더십(Transformational leadership)
리더가 자신들의 조직 및 사람들을 더 좋아지게 하려고 변혁하거나 변화시키기 위해 이용하는 일단의 행동

변혁적 변화(Transformative change)
일반적으로 중요한 경쟁상의 위협 또는 기업의 외부 또는 내부 환경에 있어서의 상당한 변화에 대한 대응으로 변화가 급진적 또는 와해적으로 이루어지는 과정

보상적 권력(Reward power)
어떤 사람이 타인의 행동에 대해 보상해 줄 수 있는 능력을 부여하는 대인간 권력

복합 기업의 형성(Conglomeration)
관련성이 없는 다각화, 본질적으로는 서로 다른 산업 내의 회사들을 인수하는 일을 통하여 성장해가는 행위

부정적 강화(Negative reinforcement)
바람직한 행동에 대한 반응으로 혐오 조건을 제거하는 행위

부정적 교섭 영역(Negative bargaining zone)
협상자들이 받아들일 수 있는 입장이 겹치지 않으며 양측 모두가 받아들일 수 있는 해결책이 부재하는 영역

분권적 조직(Decentralized organization)
중요한 결정이 상부로부터 강제되는 것이 아니라 기업의 모든 수준에서 이루어지는 조직구조

분배적 정의(Distributive justice)
사회 구성원들 사이의 부에 대한 분배를 다루는 정의의 부분집합

분배적 협상(Distributive negotiations)
'한정된 파이'의 일부로 간주되는 단일 쟁점 협상으로, 한 사람의 이득이 상대방의 손실이다.

분업(Division of labor)
기업 내의 작업이 직원들 사이에 나누어지는 방법

불만족(Dissatisfaction)
현상에 대한 불만족을 창출하여 사람들 및 조직들이 무사안일주의 또는 타성으로부터 벗어날 수 있도록 도움을 주는 변화과정 중의 한 구성요소. 이는 종종 변화과정의 시작을 위해 필요로 하는 기폭제를 창출해 내기도 한다.

불확실성의 조건(Conditions of uncertainty)
개인이 목표와 우선순위 관련 정보를 가지고 있으나, 대안 행동방안 또는 각각의 잠재적 결과에 대한 완전한 정보를 가지고 있지 않은 조건

비관련 다각화(Unrelated diversification)
기업이 타당한 연관성도 없는 여러 가지 사업을 관리하고 있는 것.

비교우위(Comparative advantage)
국가가 그들이 가장 낮은 생산 기회비용을 갖기 위해서는 생산하는 재화를 특화해야 한다고 선언하는 경제 이론

비언어적 의사소통(Nonverbal communication)
메시지의 의미를 전달하기 위해 몸짓언어, 음색, 공간과 사물을 이용하는 것.

비전(Vision)
한 기업이 성취하기를 원하는 그리고 그것을 완수하기 위해 어떻게 계획해야 하는지에 대한 개념 또는 모습

비정형적 의사결정(Nonprogrammed decisions)
관리자들이 자신이 갖고 있는 최선의 판단능력을 이용하도록 요구하는, 새롭고, 제대로 정의되지 않은, 또는 체계가 없는 상황에 대한 대응으로 이루어지는 의사결정

비중복적 관계(Nonredundant contacts)
같은 사람으로 이어지거나 같은 정보를 제공하지 않는 네트워크의 관계

비즈니스 과정 관점(Business process perspective)
고객에게 가치 제안을 제공하고 전달해 줄 수 있는 회사의 능력을 개선 시키게 될 측정에 대해 초점을 맞추는 것.

비즈니스 환경(Business environment)
한 기업의 내적 및 외적 환경에서 전후관계의 모든 힘과 요소들의 조합

사

사명(Mission)
기업이 고객을 위하여 수행하는 활동

사생활(Privacy)
한 사람이 자신에 관해 공개되는 정보의 유형과 정도를 결정할 수 있는 권리

사업부제 구조(Divisional structure)
집단들이 기능을 별도의 사업부로 나누는 구조

사업부 전략(Business-level strategy)
회사가 정해진 비즈니스 및 자신의 위치에서 경쟁사와 어떻게 경쟁할 것인지에 대해 결정하는 것.

사이성(Betweenness)
서로 접촉하려고 시도하는 대인 네트워크의 타인들 사이에 끼어 있는 정도를 나타낸다.

사일로(Silos)
자체 규칙과 지침에 의해 운영하는 기능적 또는 부문적 구성단위이며 다른 구성단위들과는 정보를 공개적으로 공유하지 않는다.

사회문화적 차원(Sociocultural dimension)
사회의 가치 및 관습과 더불어 인구학적인 특성

사회자본(Social capital)
개인이 사회적 관계로부터 얻을 수 있는 이익

사회적 가치(Social value)
일상적인 선택 및 상호작용에서 사람들을 이끌고 있는 원칙에 깊이 뿌리를 두고 있는 시스템

사회적 태만(Social loafing)
팀 과정에서 이탈하고 팀의 제안 또는 기타 산출물에 기여하지 못함

사회 정체성 이론(Social identity theory)
내집단의 구성원들이 외집단의 부정적 측면을 찾아내 자신들의 자아상을 제고한다고 주장하는 이론

사회화(Socialization)
어떻게 일이 행해지고 어떻게 개인들이 조직 내에서 상호작용해야 하는지를 이해해가는 과정

산출결과(Outcomes)
과거의 성공을 관찰하는 균형 성과기록표의 측정 내용

산출물(Outputs)
조직이 생산하는 제품 또는 서비스

상호의존성(Interdependence)
한 사람이 목표를 달성하기 위해 다른 사람의 도움을 요구할 때마다 존재하는 특성

상호적응(Mutual adaption)
기업이 그에 의해 자신의 가장 중요한 업계 환경의 성격에 영향을 주고 조직을 진화해가는 전후 맥락적인 요인들에 대응하여 적응해가는 과정

상호주의 법칙(Law of reciprocity)
타인이 현재 자신에게 해 준 일에 대해 미래에 보답해야 한다는 개념

상황맥락 지능(Contextual intelligence)
한 기업에 미치는 환경적 요인의 영향을 이해할 수 있는 능력 그리고 그 동일 요인에 대해 어떻게 영향을 주는지를 이해할 수 있는 능력

상황적 관점(Contingent view)
효과적인 조직구조는 그것이 갖고 있는 환경 속에서 조직과 다양한 측면 사이의 적합성 또는 연결을 바탕으로 하고 있다는 기업 관점

상황적 리더십(Situational leadership)
리더가 보여주는 과업과 관련된 행동의 양. 리더가 보여주는 관계와 관련된 행동의 양. 부하들이 특정의 과업, 기능, 또는 목표를 수행할 만큼 성숙한 수준 사이의 상호작용을 바탕으로 한 리더십 이론

상황적 보상(Contingent reward)
리더와 그 부하들 사이의 교환과정으로서 지도자는 부하들에게 봉사에 대한 교환으로 보상을 제공한다.

생존자 증후군(Survivor syndrome)
인원삭감에서 생존한 특정 종업원들이 소심해지고, 자신에게만 몰두하고, 억울해 하고, 또는 위험 기피적이 되는 것.

선발자 이익(First-mover advantage)
한 기업이 고객의 충성을 확보하는 바람직한 제품 또는 서비스를 처음으로 제공하는 경우 일어나는 경쟁상의 이익

선택적 복지제도(Cafeteria plans)
직원들이 복리후생의 선택권에 대해 자체적으로 선택할 수 있도록 해주는 방식

설득(Persuasion)
개인 또는 집단이 청중을 사로잡고 청중의 관점, 견해, 행동에 영향을 미치고, 변화시키거나 강화하는 과정

성격(Character)
가변적인 상황에서 행동을 추동하는 핵심적인 가치 및 근본적인 신념

성장단계(Growth stage)
사업 사이클의 시작에 있는 단계로 고도의 투자활동이 특징이다.

성취욕구(Need for achievement)
목표를 설정, 달성, 초과하고자 하는 욕구

소거(Extinction)
더 이상 보상 또는 처벌되지 않는 행동이 중단된다는 개념

소란 단계(Storming stage)
팀구성원이 대인관계 쟁점과 관점 차이에 대한 갈등을 경험할 때 발생하는 단계

소유주(Owners)
한 조직의 법률적 통제권을 유지하고 있는 사람 또는 기관

수직적 통합(Vertical integration)
기업이 동일한 기업 내에 다른 비즈니스 단위에 쓰이는 투입물을 만들어 내는 비즈니스 단위를 소유하는 경우 일어난다.

수직적 팀(Vertical teams)
주로 하나의 기능적 부서에서 공식적 지휘 계통 하에 관리자와 그의 부하직원으로 구성된 팀

수출(Exporting)
한 기업의 제품을 그 회사의 국내 본거지로부터 전세계 시장으로 선적하는 것.

수탁자(Fiduciary)
수혜자를 대신하여 행사할 수 있는 재산, 정보, 또는 권력을 맡은 사람

수평적 다각화(Horizontal diversification)
기업이 일단의 유사한 유형 및 무형의 자원들을 공유하는 사업을 추구하는 관련 다각화에 대한 또 다른 별칭

수평적 팀(Horizontal teams)
조직 내에서 동일한 계층에 속하지만 여러 다양한 부서 출신의 직원들로 구성된 팀

수행 단계(Performing stage)
팀구성원이 집단의 활동을 제고하는 역할을 채택하고 담당할 때 발생하는 단계

시나리오 구축(Scenario building)
여러 일들과 이해관계자가 함께 연계되어 있을 때 일어날 수 있는 결과를 예측하는 것.

시너지(Synergy)
기업이 다수의 사업 전체에 걸쳐 중복되는 활동들을 결합시키고 또는 충분히 활용되지 않고 있는 자산들은 효율적으로 사용함으로써 지속 가능한 비용절감을 생성하는 경우 창출된다.

시장지배력(Market power)
기업이 그들이 판매하고 있는 제품의 가격을 시장에서 확인되는 정상 가격 이상의 수준까지 올리려고 시도하는 경우에 달성되는 것.

신념과 가치(Beliefs and values)
어떤 조직의 구성원들이 인위적 사항들에 대해 부여하는 의미

신뢰 네트워크(Trust networks)
조직 내 서로를 신뢰하고, 민감한 정보를 고유하며, 위기에 처했을 때 서로 지원하는 사람들의 연계 양상

쓰레기통 모델(Garbage can model)
문제, 해결, 참여자, 선택이 조직 전체에 관통하는 의사결정 모델. 의사결정 과정은 문제로 시작해 해결로 종료되는 일련의 절차로 간주되지 않는다.

아

애매성(Ambiguity)
불확실성 및 위험을 내포하고 있고 최적의 결정안이 명확하지 않은 상황

언어적 의사소통(Verbal communication)
메시지를 전달하기 위해 소리, 문자, 단어, 그림, 상징을 이용하는 것.

업적 평가(Performance appraisal)
조직 내에서의 개인별 성과에 대한 확인, 측정, 관리

연합체(Coalitions)
공통의 관심사와 관점을 가진 개개인 또는 집단

영업비밀(Trade secret)
어느 유형이든 다른 사람들에 의해 흔히 알려져 있지 않은 사업을 수행하는 데 이용되는 정보. 이는 종종 한 회사가 그 경쟁사에 대해 우위에 있게 하는 전략적 이점을 제공해 주기도 한다.

영향력(Influence)
권력을 행사하기 위한 수단 또는 매개체

예산 편성 과정(Budgeting process)
재원을 할당해주고 기업의 예상되는 정량적 및 정성적 결과를 측정하는 과정

예외에 의한 관리(Management-by-exception)
하급자가 기준에 부합하려는 노력을 더 많이 하도록 리더가 개입하여야 하는 경우에 규정되는 수동적 또는 능동적으로 행해지는 리더십의 방법

오프쇼링(Offshoring)
한 사업체의 활동을 외국에 있는 하청업자에게 외주를 주는 일

와해성 기술(Disruptive technologies)
주류 고객들이 가치가 있다고 생각하는 것들과는 다른 일단의 속성이 포함되어 있는 혁신적인 힘

완전소유 자회사(Wholly owned subsidiary)
한 기업이 시장에서 사업을 수행하기 위해 외국에 설립하는 완전히 운영되고 있는 독립적인 실체

외부 환경(External environment)
기업의 비즈니스에 영향을 미치는 모든 외적인 힘을 나타낸다.

외재적 보상(Extrinsic rewards)
과업 수행을 용이하게 하거나 동기를 부여하는 데 쓰이는 급여, 승진, 복리후생, 직업 안정성 등을 포함한 보상

외적 적응(External adaptation)
환경적 변화가 어떻게 기업의 전략에 영향을 미치는지에 대한 것.

외적 적합성(External fit)
기업의 구조, 시스템, 인적자원, 경영 실행 등을 경쟁 상황에 맞추어 가는 과정

외주(Outsourcing)
회사 외의 한 업체와 회사가 자체적으로 하던 어떤 과업 또는 기능을 수행하도록 계약을 맺는 것.

요구평가(Needs assessment)
어떠한 유형의 훈련이 실시되는 것이 필요한지 그리고 누가 그것을 전달하는데 최선의 위치에 있는지의 개요를 조직이 정해주는 과정

요인비용차이(Factor cost differences)
원자재 또는 저임금 노동과 같은 기타의 요인들에 대한 접근에 의해 달성되는 원가 절감

욕구단계이론(Hierarhy of needs theory)
개인이 최고 수준의 만족을 누리기 위해 단계별로 충족되어야 할 다양한 욕구를 가진다는 이론

우발 기획(Contingency planning)
조직을 위해 가능한 범위 내에서 대안적인 미래를 준비하기 위해 마련해야 하는 외적 환경의 체계적 평가

운용 효과성(Operational effectiveness)
한 기업이 경쟁사들이 하는 것보다 더 효과적으로 운영할 수 있도록 해주는 어떤 활동을 수행하는 것.

원가우위(Cost leadership)
가능한 낮은 가격에 광범위한 대중들에게 제품 또는 서비스를 제공하는 것을 목표로 하는 전략

위생요인(Hygiene factors)
심리적, 안전, 소속감 욕구와 관련된 잠재적 불만족 요인인 직무요인. 이 요인은 작업환경을 구성하는 주요 요소이다.

위인설(Great Man theory)
리더십을 역사적으로 위대한 리더로 간주되는 사람들의 발자취 및 특성을 조사함으로써 설명한 리더십 이론

위임(Delegation)
관리자가 결정권을 개별적인 직원들에게 이전하는 과정

위험의 조건(Conditions of risk)
개인이 목표, 우선순위, 잠재적 행동방안에 대한 정보를 가지고 있지만, 각 행동방안의 잠재적 결과에 대한 정보를 모두 가지고 있지 않은 조건

유기적 변화(Organic change)
혁신을 하고, 문제를 해결하며, 자신의 일을 수행하기 위한 더 효과적인 방법들을 찾아보고, 커다란 환경적 변화에 반응하며, 또는 교차기능적인 위치에서 타인과 함께 상호 반응할 때 그에 의해 개인 또는 팀으로부터 변화가 드러나게 되는 과정

유대관계의 강도(Strength of ties)
두 당사자 간의 관계를 특징짓는 정서적 강도, 친밀성, 상호작용 빈도

유보가치(Reservation value)
협상자가 받아들일 용의가 있는 가장 낮은 제안. 이 시점에서 협상자는 제시된 제안을 수락하는 것과 자신의 BATNA를 추구하기 위해 제안을 거절하는 것의 차이에 무관심하다.

윤리/윤리학(Ethics)
도덕적 표준 및 그것이 행동 및 행실에 미치는 영향에 대한 학문

윤리적 책임(Ethical responsibilities)
자신의 경제적 및 법률적 책임 이상으로 사회의 기대에 부합해야 하는 사업체의 책임

음색(Vocal qualities)
억양변화, 발화속도, 삽입어, 발음

의사결정(Decision making)
여러 쟁점을 파악하고 갖가지 대안 행동 중에서 선택을 해나가는 과정

의사소통(Communication)
정보 교환을 위해 소리, 단어, 그림, 상징, 제스처, 몸짓언어를 이용하는 과정

의사소통 감사(Communication audit)
조직 내에 마련된 의사소통 체계를 검토하는 과정

의사소통 네트워크(Communication networks)
일상적으로 업무 관련 사안을 이야기하는 종업원들 간의 연계 양상을 드러낼 수 있는 네트워크

의사소통 매개체(Communication media)
메시지를 전달하는 데 쓰이는 구두, 서면, 전자 형식

의사소통 방식(Communication style)
당사자가 상대와 상호작용하고 정보를 전달하는 방식

의사소통 채널(Communication channels)
수직적 채널과 수평적 채널을 포함하며, 구두, 서면 · 인쇄물, 전자매개체를 전달하는 데 쓰이는 통로

의사소통 체계(Communication systems)
의사소통이 조직 전체에 전달되는 방식을 촉진하는 공식적 및 비공식적 구조

의존의 비대칭성(Dependence asymmetry)
협력사가 한 기업에 의존하는 것보다 기업이 그 협력사에 더 많이 의존하는 경우 존재하는 현상

이사회(Board of directors)
주주들에 의해 선출되어 그 기업의 전반적인 방향을 감독하는 일을 부과 받은 사람들의 집단

이익공유제(Profit-sharing)
수익성에 있어서의 개선을 기준으로 보상을 공유하는 팀 기반의 보상구조

이해관계(Interests)
쟁점에 관계된 당사자의 근원적인 이유나 필요

이해관계의 충돌(Conflict of interest)
종업원 또는 관리자가 회사를 대표하는 활동에 관여할 때 그 활동의 결과에 대해 개인적인 이해관계를 갖고 있는 경우에 발생하는 충돌

이해관계자 관점(Stakeholder view)
기업과 상호작용하는 다수의 집단을 조직하며 분석하려고 시도하는 사업 체계

인간관계 운동(Human relations movement)
조직이 기업의 생존 속에서 그리고 효과적인 기능 속에서 공통적 이해를 공유하는 상호의존적 인간 시스템으로서 이해되어야 한다는 신념

인과관계(cause-effect relationships)
관련이 있고 상호간에 보강이 되는 일단의 정량적 및 정성적 측정 내용

인위적 사항(Artifacts)
가시적인 조직적 구조와 과정, 언어

인지기술(Cognitive skills)
내적 및 외적 환경을 이해할 수 있고, 의사결정을 할 수 있는 타당한 추론을 이용할 수 있으며, 효과적으로 의사소통을 할 수 있는 리더의 능력

인지적 갈등(Cognitive conflict)
회의 일정, 업무 할당, 과정 혹은 과업 그 자체 등 업무와 관련된 쟁점에 대한 불일치로부터 비롯한 갈등

일반 환경(General environment)
한 기업의 외부 환경에 영향을 미치는 기술적, 경제적, 정치적 · 법률적, 그리고 사회 문화적 차원들이 포함된다.

입장(Position)
개인이 쟁점에 대해 취하는 관점

자

자각(Self-awareness)
자신의 사고, 느낌, 행동을 이해하는 것.

자기자본수익률(Return on equity ROE)
보통주 소유자들의 소유지분(주주의 지분)에 대한 이익률의 수단

자기점검(Self-monitoring)
자신의 환경으로부터 자신의 행동을 평가하기 위한 단서를 읽을 수 있는 개인적 능력. 사람은 고도의 자기 점검자로부터 낮은 자기 점검자로 달라질 수 있다.

자기주도형팀(Self-directed teams)
고유의 목표와 그를 달성하기 위한 고유의 방법을 결정하는 팀

자기효능감(Self-efficacy)
자신이 조직 목표에 도달할 수 있는 능력을 가지고 있다는 신념

자원 부족(Resource scarcity)
돈과 인력 등 충분한 자원의 결핍이 조직 내 개인들로 하여금 회사 내에 이용가능한 자원을 할당할 수 있는 최선의 방법에 대해 중대한 결정을 내리도록 하는 것.

장난기(Playfulness)
가능한 한 많은 대안을 탐색하기 위한 의도적이고 일시적인 규칙 완화

재무적 경제(Financial economies)
기업이 비즈니스 단위들 간의 자본 분배를 통해 달성하는 원가 절감

재무적 관점(Financial perspective)
전략적 목표에 도달하기 위해 가장 중요한 재무적 측정을 선택하는 것.

쟁점(Issue)
토론의 주제

적합성 체계(Appropriateness framework)
사회적 규범 또는 기대에 기초한 의사결정 과정

전략(Strategy)
고객에게 가치를 제공하는 일단의 독특한 활동을 추구하는 것; 어떠한 사업들을 추구할지, 무슨 제품들을 생산할지, 그리고 어떠한 고객들에 대해 봉사할지 등에 대해 균형을 맞추는 것; 그리고 조직의 목표를 달성하기 위해 자원들을 조정하는 것.

전략의 수립(Strategy formulation)
한 기업이 어떻게 자원을 조정하여 판매시장에서 방어적인 위치를 개척할 수 있을지를 확인해가는 과정

전략적 CSR(Strategic CSR)
비즈니스 활동에 직접적으로 관련이 되는 그리하여 사회복지를 재정복지와 결합시킬 수 있는 기업의 사회적 책임 활동

전략적 검토 과정(Strategic review process)
한 기업의 고위직 리더가 사업 구성단위 관리자와 만나 특정 목표를 향한 진행을 검토하는 과정

전략적 위치(Strategic position)
제공하고 있는 제품 또는 서비스의 방식 및 그것들을 전달하기 위해 선택하는 방법 등에 의해 기업이 점유하고 있는 산업 내의 한 부분

전략적 유연성(Strategic flexibility)
외부 환경에 있어서의 변화에 대하여 확인하고 대응할 수 있으며 내부 자원을 동원하여 이들 변화를 처리할 수 있는 능력

전략적 통제(Strategic control)
한 기업의 전략을 외부 환경에 비추어 재검정하거나 확인해가는 과정

전문기술(Technical skills)
조직 및 직무와 관련된 활동에 대한 리더의 지식

전문적 권력(Expert power)
전문화된 지식 또는 기술을 가지고 있는 사람에 기초를 둔 대인간 권력

전방통합(Forward integration)
기업이 고객 또는 유통채널을 자신의 주요 제품을 위해 소유하거나 통제하는 경우 일어난다.

전향적 변화(Proactive change)
변화가 어떤 예상하고 있는 사건 또는 곧 있게 될 기회 등을 바탕으로 하여 시작되는 과정

절치적 공정성(Procedural justice)
규칙이 명확하게 언명되고, 지속적으로 복종이 되어야 하며, 그리고 불편부당하게 시행되어야 한다고 주장하는 공정성의 부분집합

점증적 변화(Incremental change)
작은 개선내용 또는 변화내용이 진행형의 기반 위에서 과정 및 접근방법에 대해 이루어지는 과정

정서적 갈등(Affective conflict)
비판, 위협, 모욕을 통해 상대의 인격을 공격하는 경향이 있는 갈등

정서지능(Emotional intelligence)
자기 자신의 감정과 타인의 감정을 인지하고, 스스로에게 동기를 부여하며, 자기 자신의 정서와 대인관계를 생산적으로 관리할 수 있는 능력

정의(Justice)
사회가 무엇이 도덕적으로 옳은지 아니면 그른지, 공정한지 아니면 불공정한지 판단할 수 있는 틀을 제공해주고 도덕적으로 옳지 않은 방법으로 행동하는 사람들을 평가하거나 처벌할 수 있는 방법들을 수립해주는 윤리 철학

정치적 모델(Political model)
대부분 조직 의사결정에 상이한 목표를 가지고 있고 합의를 도출하기 위해 정보를 공유해야 하는 수많은 관리자가 관여함을 인정하는 의사결정 모델

정치적 차원(Political dimension)
한 기업에 영향을 주는 정치적인 사건 및 활동을 말한다.

정형적 의사결정(Programmed decisions)
반복적으로 발생하는 조직의 문제에 대한 대응으로 이루어지는 결정으로 개인은 수립된 규칙 및 절차에 따라야 한다.

제한적 합리성(Bounded rationality)
합리적 의사결정 과정을 복잡하게 만드는 경향을 가진 일단의 경계 또는 제약사항

제휴(Alliance)
파트너들이 시장에서 공동으로 활동에 관여하기 위해 계약에 의해 합치는 구조

조언 네트워크(Advice networks)
문제 해결과 정보 획득에 대한 조언을 구하고 제공하는 조직 내 개인 간 유대관계로 구성된 네트워크

조작적 조건화이론(Theory of operant conditioning)
처벌과 소거는 행동을 감소시키는 반면, 긍정적 강화와 부정적 강화는 행동을 증가시킨다는 이론

조정 추단법(Adjustment heuristic)
개인이 어떤 강점을 중심으로 추정 또는 선택을 한다고 주장하는 어림셈법

조직구조(Organizational structure)
직원들 사이에 조정된 행위를 가능하게 해주는 조직의 역할, 관계 그리고 절차의 경향

조직 몰입(Organizational commitment)
직원들이 조직과 그 목표에 전념하게 되는 사회화의 원하는 최종 결과

조직 변화(Organizational change)
조직이 사업환경 내에서의 내적 및 외적 변화에 자신들을 맞추어 조정하기 위해 살펴보는 그리고 앞으로의 잠재적 기회에 대비하기 위한 과정 및 활동

조직설계(Organizational design)
조직이 그들의 전략을 추구하면서 채택하거나 이용하는 공식적인 시스템, 수단 그리고 결정사항

조직주의자(Organizers)
더 많은 통제가 직무들이 만족스럽게 그리고 효율적으로 수행되는 것이 보장되도록 조직 설계에서 보증해 준다고 여기는 사람

조직행동(Organizational behavior)
대인적 태도 및 선호, 행동 역학, 조직 성과에 대한 연구

종업원(Employees)
한 기업이 존재하는 것이 가능하도록 제품을 만들고 서비스를 제공하는 사람들

주주 관점(Shareholder view)
최고관리자의 임무가 그 회사의 자산에 대해 가장 높은 주식시장 평가를 만들어내는 것에 있는 사업 체제

준거적 권력(Referent power)
어떤 사람이 타인에 대해 가지고 있는 개인적 호감에 기초를 둔 대인간 권력

중간자(Mediator)
최종 결정을 내리는 사람이 아니라, 양쪽 당사자가 합의할 수 있는 공통점을 찾을 수 있도록 돕는 사람

중개(Brokerage)
정보를 생성하고 통제할 목적으로 보통은 서로 연계되지 않는 사람들을 연결하기 위해 네트워크 위치를 이용하는 행위

중복적 관계(Redundant contacts)
서로 알고 소통하며 유사한 정보를 제공하는 경향이 있는 네트워크의 관계

중심성(Centrality)
정보와 영향력에 대해 우선적 접근성을 얻을 수 있도록 개인이 네트워크에서 중심에 위치하는 정도

중심성의 정도(Degree of centrality)
사회적 네트워크에서 개인이 연결된 관계의 수를 나타낸다.

중재자(Arbitrator)
양쪽 의견을 경청하고 양쪽의 주장을 근거로 최종 결정을 내리는 사람

지능(Intelligence)
경험으로부터 이익을 얻고, 지식을 획득하며, 추상적으로 생각할 수 있고, 환경 변화에 적응할 수 있는 한 사람의 능력

지능의 삼위일체 이론(Triarchic theory of intelligence)
다음과 같은 3가지 지능의 구성요소를 소유하고 있다는 이론: (1) 계산적(분석적), (2) 경험적(창조적), (3) 전후 맥락적(실제적)

지능지수(Intelligence quotient(IQ))
한 사람이 가진 정신적인 능력의 전체적인 특성에 대한 측정치

지리적으로 분산된 팀(Geographically distributed teams)
상호 소통을 위해 이메일, 팩스, 보이스메일, 전화, 화상회의 등 전자도구에 의존하고 지리적 또는 조직적으로 분산된 구성원으로 이루어진 팀

지속가능한 기술(Sustainable technologies)
주요 시장에 있는 주류 고객들이 역사적으로 가치를 부여해 주었던 차원의 성능과 함께 제품의 확립된 성능을 개선해주는 혁신적인 힘

지속단계(Sustain stage)
투자수익률을 최대화하려는 노력으로 돈을 투자 및 회수하는 단계

지원 활동(Support activities)
중요한 활동이 일어나는데 필요한 지원을 제공해주는 활동.

지위적 권력(Positional power)
조직구조 내에서 개인이 차지하는 공식적 위치로부터 비롯한 권력

지지적 의사소통(Supportive communication)
조언이나 제안을 제공하기(조언), 유사 경험을 이야기하기(전환), 명료화를 위해 사후 질문하기(탐색), 핵심을 반복하기(반영)의 과정

직관적 의사결정(Intuitive decision making)
직관을 통해 이용되고 의사결정자가 항상 완전히 이해하지는 못하는 통찰

직무급(Job-based pay)
특별한 직무의 성격에 의해 결정되는 급여

직무 분석(Job analysis)
정밀한 직무 기술을 제공하고 그 자리에 대한 이상적 후보자의 특성을 정의하기 위해 특정의 직무 과업에 대한 정보를 분석하는 것.

직접성(Directness)
의사소통 상황에서 당사자가 행사하려고 하는 통제력의 정도

진입장벽(Barriers to entry)
기업이 시장 또는 산업에 진입하기 위해 노력하는 중에 직면하게 되는 장애물

집권적 조직(Centralized organization)
결정사항을 하향식, 계층적 방식으로 집중화시킴으로써 종업원의 행동을 통제하고 있는 형식적인 구조가 특징인 조직구조

집단 갈등(Intergroup conflict)
두 개 이상 집단 사이에 발생하는 갈등

집단사고(Groupthink)
의사결정 과정에서의 극단적 의견일치

집단성과 배분제도(Gain-sharing)
생산성, 효율성, 또는 품질과 관련된 어떤 측정기준의 성취를 바탕으로 보상해주는 팀 기반의 보상구조

집중화(Focus)
회사가 판매 노력을 특정의 지리학적 지역에, 특정의 구매자 집단에, 또는 특정의 제품 유형에 대해 집중하는 전략

차

차단 행동(Blocking behaviors)
팀과 구성원의 목표 달성을 저해하는 행동

차별화(Differentiation)
고객들이 가치가 있다고 생각하는 어떤 차원 또는 일단의 차원들을 따라 한 기업이 자신의 업계에서 독특해지는 것을 추구하는 전략

참여(Participation)
개인이 대안을 생성하고 자신의 의견과 관점을 표명하는 과정에 관여하는 정도

창조성(Creativity)
새롭고 유용한 대안을 생성하기 위해 여러 아이디어를 새로운 방식으로 결합 또는 연계하는 능력

처벌(Punishment)
바람직하지 않은 행동에 대한 반응으로 혐오 자극을 제시하는 행위

초국가적 전략(Transnational strategies)
한 기업의 국가간 활동을 효율성, 현지 반응성, 조직의 학습성 사이에서 균형을 맞추는 전략

총 사이클 시간(Total cycle time)
제품과 서비스를 개발하여 고객에게까지 전달하기 위해 요구되는 시간의 양

추단법(Heuristics)
복잡한 의사결정을 내릴 때 시간을 절약하기 위해 개인이 활용하는 어림셈법 또는 손쉬운 방법

추론의 사다리(Ladder of inference)
개인이 타인의 의도를 판단하기 위해 과거 경험에 의해 형성된 가정 또는 편향을 이용하는 과정

추세분석(Trend analysis)
주요 변수가 관찰되고 모델화되어 환경 속에서 일어날 수 있는 변화를 예측하는 도구

추정(Assumption)
더 이상 가시적이지는 않지만 해당 조직 내에 깊이 자리잡게 된 어떤 집단이 가지고 있는 신념으로부터 기인하는 행동

추진 요인(Drivers)
미래의 성공을 예측하는 균형 성과기록표의 측정 내용

축소(De-escalation)
갈등의 감소 또는 제거

측정(Measurement)
기준이 충족되었는지 또는 목표가 얻어졌는지의 여부를 확인하기 위해 행동 및 산출물을 평가하는 과정

친화욕구(Need for affiliation)
상호작용, 사회화, 우호관계 발달 욕구

카

카리스마적 리더(Charismatic leaders)
감화를 주는 비전 또는 강렬한 개인적 속성을 통해 강한 복종심을 유발하는 사람

칸트주의(Kantianism)
동기와 보편적인 규칙이 무엇이 옳고 아니면 그른지 판단하는데 중요하다고 주장하는 윤리철학

클랜방식(Clan approach)
일단의 과업에 책임이 있는 자체적인 감독 팀들이 포함되는 조직 통제의 유형

타

타성(Inertia)
환경만큼 신속하게 변화하지 못하는 조직의 무능

탄력성(Resilience)
어떤 사건 및 결과물을 통제하거나 이에 적응하여 어려움을 극복할 수 있다는 신념

통제사이클(Control cycle)
메커니즘과 시스템을 제공하여 전환 과정을 관찰할 수 있게 함으로써 산출물이 조직과 그 고객들이 요구하는 품질, 수량, 사양에 맞추어 생성되고 있음을 보장해주는 4단계의 과정

통제위치(Locus of control)
개인이 사건의 결과물을 통제하고 이에 영향력을 미칠 수 있다고 생각하는 정도

통합적 협상(Integrative negotiations)
'파이를 확대'하기 위해 복수의 쟁점에 초점을 두고, 양측 모두를 만족시키는 대안 해결책을 적극 추구하는 협상

특성 기반의 리더십 이론(Traits-based leadership theory)
모든 리더십 상황에 해당하는 일단의 보편적인 특성을 드러내기 위한 리더십 이론

팀(Team)
특정 목표를 달성하기 위해 협력하는 데 몰두하고 상호보완적 기술을 가진 두 명 이상의 사람들이 모인 집단

팀 규범(Team norms)
예상되는 팀 행동

파

패키지 유보가치(Package reservation value)
협상자가 패키지 제안에 대해 수락할 용의가 있는 최저의 가치

프랜차이징(Franchising)
한 기업이 자사의 소매 단위점들을 운영할 수 있는 하청계약을 개별적인 소유주들과 맺고 있는 소매 사업체에서의 일반적인 방식. 이 방식은 일반적으로 한 기업이 수수료 및 그 단위점의 수익 중 일정 퍼센트에 대한 답례로 경영과 마케팅 기법을 소유주와 공유하는 일이 수반된다.

프레이밍(Framing)
결정을 상당히 변경할 수 있는 동일한 정보의 대안적 표현

피들러의 상황 모델(Fiedler contingency model)
리더가 리더십 상황의 호의성에 실질적으로 의존하고 있다는 상황이론으로, 리더-구성원의 관계, 과업 구조, 리더의 지위 권한으로 기술된다.

하

하위문화(Subcultures)
지리적으로 또는 회사 내의 조직 구성단위 주위에 형성되는 문화

학습과 성장 관점(Learning and growth perspective)
비즈니스 과정을 수행하고 고객과 상호작용하며, 장기적인 재무적 성장을 달성하기 위해 필요로 하는 인프라와 기술을 확인하는 것. 능력 또는 자원에서의 격차를 확인하는데도 도움이 된다.

한곳에 위치한 팀(Collocated teams)
운영상 의사결정을 내리기 위해 대체로 면대면 의사소통을 이용하는 팀. 서로 근접한 상태에서 업무에 임하고, 수많은 사회적 상호작용에 관여하며, 팀의 진도에 대한 신속한 피드백을 교환한다.

합리적 선택이론(Theory of rational choice)
자기이익을 극대화하는 합리적 사고 과정을 바탕으로 개인의 의사결정이 이루어진다는 이론

합법적 권력(Legitimate power)
조직 내에서 개인이 가지고 있는 공식적인 지위에 기초를 둔 대인간 권력

합의 가능 범위(Zone of possible agreement, or ZOPA)
양쪽 당사자가 수락할 수 있는 가능한 모든 합의안. ZOPA는 한쪽의 유보가치와 상대의 유보가치 사이에 존재하는 공간이다.

합자투자(Joint venture)
두 기업이 시장에서 하나의 새로운 회사를 형성하기 위해 함께하는 구조

핵심역량(Core competencies)
전략적으로 서로 잘 맞으며 모방하기 어려운 독특한 활동의 네트워크

행동(Behavior)
개별적인 직원들의 행위 또는 결정

행동주의자(Behaviorist)
역할 및 책임이 느슨하게 정의되는 좀 더 개방적인 조직구조를 지지하는 사람

현상유지 편향(Status quo bias)
'지금 당장'을 선호하는 경향

현실적 갈등이론(Realistic conflict theory)
제한된 자원이 집단 간 갈등을 유발한다고 주장하는 이론

현실적 직무소개(Realistic job review)
조직이 직무 후보자에게 그에 대한 긍정적 및 부정적인 측면을 포함하여 직무의 가장 중요한 조건을 강조하는 정보를 제공하는 것.

현장 계약(Spot contracts)
어떤 구매자에게 특정한 가격에 상품을 구매할 수 있도록 해주는 계약

협상(Negotiation)
양쪽 관계자가 다양한 입장 또는 행동방안을 제시하고 검토함으로써 어떤 쟁점에 대해 합의를 도출하려는 과정

협상안에 대한 최선의 대안(Best alternative to a negotiated agreement, or BATNA)
협상이 교착상태에서 끝나는 경우 당사자가 취하는 행동방안

형성 단계(Forming stage)
팀구성원이 어떤 과업을 수행하고 어떻게 과업을 달성해야 하는지 정의하고 팀의 기본규칙을 규정할 때 발생하는 단계

확대(Escalation)
어떤 사람의 부정적 행동이 타인의 부정적 행동을 조장하거나 부추길 때 갈등이 증대된다.

확실성의 조건(Conditions of certainty)
가능한 한 최선의 결정을 내리는 데 필요한 모든 정보를 개인이 가지고 있는 조건

확증 편향(Confirmation bias)
어떤 결정의 정당성을 부정하는 더 강력하고 중요한 정보를 찾기 전에 그 결정을 확증하는 정보를 우선 찾는 경향

환경탐사(Environmental scanning)
사업에 영향을 미칠 중요한 일 및 경향을 살펴보기 위해 관리자가 이용하는 도구

활동기준원가(Activity-based costing, ABC)
제품 또는 서비스의 생산에 드는 특정 원가의 구성요소를 평가하기 위해 이용되는 회계시스템

회수단계(Harvest stage)
비즈니스 라이프사이클의 마지막으로 이 단계에서 회사는 비즈니스 활동으로부터 가능한 한 많은 현금을 뽑아 내려 시도한다.

후방통합(Backward integration)
기업이 자사가 사용하는 투입물을 소유하거나 통제하는 경우에 발생한다.

후천적 욕구이론(Acquired needs theory)
개인이 성취욕구, 친화욕구, 권력욕구 등 3가지 욕구로부터 동기를 부여받는다는 이론

휴지 단계(Adjourning stage)
팀이 과업을 완수하고 팀이 해체될 때 발생하는 단계

기타

360도 피드백(360-degree feedback)
다면평가. 종업원이 핵심역량의 자기평가를 수행한 다음 관리자, 동료, 직속 상사, 거래처 등이 포함되는 조직 내의 타인에 대하여 그들의 반응을 비교하는 시스템

1차적 활동(Primary activities)
제품의 물리적 창조와 판매 그리고 구매자로의 이전 등에 관여하는 활동

2요인이론(Two-factor theory)
위생요인과 동기요인 등 2가지 조건이 만족과 불만족의 동인으로 동시에 작용한다는 이론. 하위단계 욕구는 위생요인이자 잠재적 불만족 원천이며, 동기요인은 상위단계 욕구이자 잠재적 만족 원천이다.

4가지 동인이론(Four-drive theory)
획득 동인, 결속 동인, 이해 동인, 방어 동인 등 4가지 동인을 충족하는 것이 동기부여의 기저를 이루고, 동인이 충족되는 정도가 종업원의 정서와 행동에 직접 영향을 미친다고 주장하는 이론

ERG이론(ERG theory)
개인이 생존(기본 신체적 욕구), 관계(타인과 관계), 성장(개인 개발) 등 3가지 기본 욕구에 의해 동기를 부여받는다는 이론

SWOT 분석(SWOT analysis)
관리자가 외부 환경에서 눈에 띄는 기회 및 위협의 내용과 더불어 자기 기업의 내적인 강점과 약점에 대한 핵심 정보를 얻을 수 있도록 해주는 도구

X이론(Theory X)
종업원이 선천적으로 일을 꺼리므로 기대되는 일을 하도록 지속적으로 점검되고 평가되어야 한다는 신념

Y이론(Theory Y)
종업원이 잠재력을 발휘하고 최선을 다하기 위해 동기가 부여된 상태라는 신념

찾아보기

가

나

다

사

아

자

숫자

A

B